古文字詁林編纂委員會編纂

古文字詁林

修訂本

第十一册

上海教育出版社

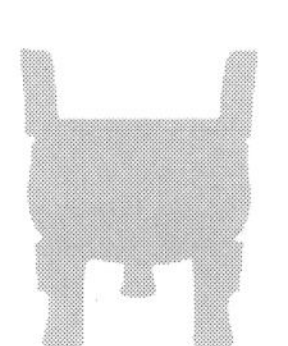

第一版出版工作人員

責任編輯　韓焕昌
封面設計　郭偉星
版式設計　侯雪康　俞　弘
特約審校　俞　良
校　　對　王　瑩　劉順菊　蔡鑫龍
出版統籌　王爲松　談德生
出版指導　陳　和
印刷監製　周鎔鋼
總 監 製　包南麟

修訂本出版工作人員

責任編輯　徐川山　毛　浩
封面設計　陸　弦
責任校對　馬　蕾　魯　妤　陳　萍　何懿璐
　　　　　丁志洋　方文琳　任換迎　宋海云
印刷監製　葉　剛
技術支持　楊鉷應

封面題簽　王元化

上海市古籍整理出版規劃重點項目

古文字詁林學術顧問

以姓氏筆劃爲序

朱德熙　李學勤　胡厚宣　馬承源

張政烺　裘錫圭　戴家祥　顧廷龍

古文字詁林編纂委員會

主　編　李　圃

副主編　汪壽明

編　委　以姓氏筆劃爲序，有*號者爲常務編委

*王元鹿　王文耀　*王世偉　王　鐵　史舒薇　吴　平

吴振武　*李　圃　李露蕾　何　崝　*汪壽明　徐時儀

*徐莉莉　*傅　傑　華學誠　董　琨　*詹鄞鑫　*臧克和

*劉志基　*鄭　明

資料工作人員

張春華

張友榮

袁根娣

凌玉泰

目録

第十一册檢字表

筆劃檢字表

囝 三三　伎 三三　[仯] 一三　仵 三三　伒 三四　伏 三四　[𢦏] 四四　杀 三四　叐 三六　伞 四二　狂 四三　犳 四三　圣 四三　忏 四四　[弃] 四四

关 四四　泛 四九　[沪] 三　[汚] 三　宂 五〇　实 五〇　屲 五一　宇 五一　[尿] 一三　弔 五一　[弖] 五一　蚁 五二　財 五二　妙 五二　㚬 五二

[妃] 二〇　孖 五三　矣 五四　台 五四

【七劃】

邵 五四　戓 五四　匝 五六　变 五七　卌 五七　芇 五八　忟 五八　丙 五九　杊 五九　叚 五九

匧 五九　拼 六〇　态 六〇　秅 六〇　抔 六三　抾 六三　抇 六三　托 六三　㐂 六三　怗 六五　坒 六五　𡉉 六八　卣 六八　辻 八〇　星 八〇

囩 八〇　昗 八一　峕 八一　串 八三　吼 八三　炭 八三　奐 八三　叙 八三　邗 八三　攼 八七　伱 八七　佢 八八　伹 八八　伵 八九　甶 八九

彷 八九　舡 八九　企 九〇　妥 九〇　肜 九五　犾 九七　狆 九七　务 九七　返 一〇〇　庍 一〇〇　疚 一〇〇　疠 一〇一　声 一〇一　犾 一〇一　姿 一〇一

汫 一〇三　沌 一〇三　沘 一〇三　泮 一〇三　沃 一〇三　泪 一〇六　洀 一〇七　沙 一一〇　巛 一一〇　宇 一一〇　宎 一一一　穿 一一一　岧 一一一　𡱂 一一三　弞 一一七

卌 一一七　卯 一一七　姅 一一九　娀 一一九　妐 一一九　姒 一二〇　姝 一二一　畆 一二一　迂 一二一　陂 一二三　阦 一二三　阣 一二三　阤 一二三　沓 一二三　䜣 一二三

晋 一五三 肵 一五三 朋 一五三 曹 一五六 免 一六〇 迿 一六五 𤜵 一六五 𤝞 一六五 阜 一六六 𨛜 一六六 备 一六六 畄 一六八 𡖐 一六九 妟 一六九 𢇛 一六九

𨑘 一七〇 𤕻 一七〇 𤸰 一七〇 豹 一七〇 旁 一七一 怇 一七一 𢘑 一七一 炋 一七一 炘 一七一 炈 一七二 炆 一七二 沶 一七二 洹 一七二 洰 一七三 洮 一七三

泪 一七五 沃 一七五 泃 一七五 洞 一七五 寅 一七六 宣 一七六 宛 一七六 戊 一七六 穼 一七七 [勒] 一八〇 妻 一八〇 𡱂 一八四 邴 一八四 卲 一八四 本 一八六

鼎 一八六 姌 一八七 𡜎 一八七 [姐] 三〇 𡛢 一八七 [妳] 七五九 姛 一八七 姖 一九一 梁 一九一 否 一九二 盃 一九二 陕 一九二 陀 一九三 䌮 一九三 函 一九三

丞 一九四

【九劃】

⿱夫㣺 一九四
玝 一九四
珆 一九四
臾 一九五
歪 一九六
衼 一九六
袚 一九六
⿰衤开 一九六
⿰礻凡 一九七
吾 一九九
芫 一九九
茉 二〇一
苜 二〇一

茀 二〇一
菝 二〇一
哉 二〇二
⿱𠀎女 二〇二
耶 二〇二
郱 二〇二
敕 二〇三
勅 二〇三
歌 二〇三
柾 二〇四
柁 二〇四
椗 二〇四
爽 二〇四
亟 二〇六
屄 二〇六

砓 二〇八
［⿰豸乚］ 二〇八
戜 二〇八
弆 二〇八
剢 二〇八
⿰歹殳 二一〇
⿰扌后 二一〇
⿰扌卯 二一〇
⿱㠯心 二一一
矣 二一一
⿱止豆 二一三
⿱止乇 二一三
⿺辶皮 二一三
⿰目比 二一四
⿰貝力 二一四

昜 二一四
冒 二一五
昲 二一五
⿰口朿 二一五
⿰口百 二一五
⿺辶甲 二一六
晚 二一六
呂 二一六
响 二一七
敀 二一七
⿱𠆢舛 二一八
咬 二一八
⿰⿷匚大欠 二一八
昕 二一九
⿱罒殳 二一九

罢 二三〇
㕭 二三〇
刚 二三〇
羿 二三〇
囷 二三〇
𩚧 二三〇
盂 二三一
耕 二三一
笅 二三一
竽 二三一
敏 二三四
兵 二三四
佶 二三四
柴 二三四
帛 二三五

既 二三五
欥 二三五
奥 二三五
徉 二三五
舦 二三二
舮 二三二
郝 二三三
［拼］ 三六
鄉 二三四
胢 二三四
𦚢 二三四
胴 二三四
脯 二三四
盜 二三五
貿 二三五

郘 二三八
遡 二三八
狟 二三九
猾 二三九
殇 二四〇
蝦 二四〇
亭 二四〇
［訙］ 四〇五
衰 二四〇
庚 二四〇
庣 二四二
痳 二四五
疾 二四五
膏 二四六
旍 二四六

忒 二四六
惭 二四六
炬 二四六
炷 二四六
炤 二四七
羘 二四七
恙 二四七
郑 二四八
垤 二四八
洱 二四八
洓 二四八
洄 二四九
涘 二四九
洀 二四九
洴 二五一

帍 二八七
[厡] 二〇六
[厧] 二〇六
豙 二八九
瓬 二八九
彩 二八九
剢 二八九
捍 二九〇
刻 二九〇
逄 二九〇
鄄 二九四
郌 二九四
峕 二九四
慮 二九四
𢘑 二九五

京 二九五
登 二九五
昬 二九五
眤 二九六
[婜] 一八七
[㫚] 四二一
部 二九六
眭 二九六
過 二九六
叟 二九六
晦 二九七
蚘 二九七
昷 二九八
罘 二九八
𦋃 三〇〇

圁 三〇一
牧 三〇一
𤇾 三〇一
焦 三〇二
㹀 三〇三
放 三〇三
䂓 三〇三
秬 三〇三
笈 三〇四
呈 三〇四
偖 三〇七
倸 三〇七
倈 三〇七
悠 三一〇
俿 三一〇

俚 三一一
倕 三一二
偕 三一二
俯 三一二
敀 三一三
[昁] 四七〇
蚨 三一三
𢗝 三一三
衧 三一三
徣 三一四
衛 三一四
律 三一四
航 三一五
逍 三一六
[虎] 五九二

叜 三一七
畱 三一七
［𦣞］ 四
脨 三一八
䑙 三一八
𦙵 三一八
胉 三一八
胶 三一九
𠿟 三一九
𤞔 三一九
狽 三一九
𤞞 三二〇
𢼸 三二〇
𠨽 三二〇
訑 三二〇

麻 三二〇
痏 三二一
疣 三二一
痕 三二二
疭 三二二
痞 三二二
逬 三二二
郈 三二二
叙 三二二
悋 三二二
熜 三二二
戕 三二二
羗 三二四
逆 三二四
欶 三二四

𨤷 三二五
浗 三二六
涅 三二六
溲 三二六
涚 三二七
洎 三二七
洸 三二七
宔 三二七
寙 三二八
宩 三二九
宨 三二九
臭 三二九
祀 三三〇
逮 三三〇
𠬪 三三〇

屗 三三一
陮 三三一
娕 三三二
娊 三三二
娸 三三二
娃 三三二
娢 三三二
婞 三三二
娘 三三二
婑 三三四
盈 三三四
垔 三三四
盇 三四二
［𡚁］ 一八七

𤩪 四九六
[祱] 一九七
𥙲 四九七
𥜥 四九七
𡒃 四九八
䞦 四九九
𧯆 四九九
塢 四九九
塝 五〇一
塚 五〇二
範 五〇七
萰 五〇七
教 五〇七
愗 五〇八
敲 五〇八

鄗 五〇八
鄸 五〇九
款 五〇九
勎 五一一
𡗝 五一一
𣏟 五一一
𢧢 五一一
䣭 五一二
𨠔 五一二
𦕒 五一二
肙 五一三
雁 五一三
㕡 五一三
[屦] 四五〇
碒 五一三

𢋇 五一四
肄 五一四
𣧢 五一四
雵 五一四
携 五一五
搖 五一五
盞 五一五
亶 五一六
肆 五一七
緜 五一七
𩡧 五一九
賁 五一九
戲 五一九
[虡] 五八四
𥺊 五二三

棠 五二三
𣢻 五二五
𣦬 五二五
敡 五二五
逷 五二五
𢾕 五二五
閞 五二七
剄 五二七
唬 五二七
畕 五二八
勵 五二八
䍐 五二八
罬 五二九
𦉼 五二九
[𦋇] 三七八

罬	圜	稓	筆	筩	[illegible]	傰	煲	[illegible]	[集]	雋	儆	獃	奐	馭
五二九	五二九	五三〇	五三〇	五三〇	五三一	五三一	五三一	五三一	八二六	五三一	五三二	五三二	五三三	五三三

[illegible]	辟	[illegible]	[戚]	衕	徣	鈷	鉠	鈲	鉘	愈	魚	追	[illegible]	郛
五三四	五三四	五三四	四四三	五三四	五三五	五三五	五三五	五三五	五三六	五三七	五三七	五三七	一五六	五三八

貊	磐	[皁]	[腦]	猿	猾	頍	鋈	誀	[illegible]	貳	詨	[illegible]	[illegible]	[illegible]
五四〇	五四二	一六六	五九八	五四二	五四二	五四四	五四四	五四四	五四五	五四五	五四五	五四五	八九三	五四五

廝	瘦	詹	[illegible]	瘩	[illegible]	[illegible]	[illegible]	旒	[illegible]	幣	猷	馮	[illegible]	涼
五四六	五四六	五四六	五四七	五四七	五四七	五四七	五四八	五四八	五五二	五五二	五五二	五五三	五五三	五五三

【十五劃】

暖 六九九
鼻 六九九
䰛 七〇〇
骼 七〇〇
頣 七〇一
還 七〇一
罴 七〇五
獸 七〇五
毀 七〇六
鄛 七〇六
嗞 七〇六
國 七〇七
［圖］ 七四四
膜 七〇七
犆 七〇八

穓 七〇八
篹 七〇九
鋃 七〇九
壆 七一〇
㽞 七一一
儞 七一一
警 七一一
徻 七一一
遝 七一二
槃 七一二
艨 七一二
艦 七一二
鍂 七一三
鋿 七一三
過 七一三

逕 七一三
腪 七一三
膣 七一四
䑿 七一五
盦 七一五
鮓 七一五
魯 七一六
鄐 七一六
諻 七一六
訓 七一七
亭 七一七
廊 七一七
康 七一七
旒 七一八
遊 七一八

誙 七一八
懅 七一九
燁 七一九
焇 七一九
澫 七二一
澑 七二一
澷 七二三
［戠］ 四四三
鼓 七二三
鼔 七二三
敲 七二三
殸 七二三
新 七二三
節 七二四
䆺 七二四

◉郭沫若　乞字作三，與大豐𣪕乞字同。中畫特短。舊誤釋為三，今改正。卜辭習見。均用為迄至之迄。大豐𣪕及本銘則用為訖止之訖，言事已畢。【令𣪕　兩周金文辭大系圖録考釋】

◉戴家祥　丰己觚　丰己　𢽋祖丁𣪕　王賜□𢽋玉十丰□

甲骨文朋字作　，金文作　，均象兩系玉，且作為貨幣單位用。據王静安先生考證「古者五貝一系，二系一朋」。詳見朋字條。是玉為貨幣之證。𢽋祖丁𣪕「玉十丰」，丰為量詞，意一系玉，為朋之半。【金文大字典中】

◉戴家祥　中山王嚳方壺　邵友皇工　中山王嚳方壺　明友之于壺而時觀焉

商承祚曰：友字不識，與明為聯詞，殆將那可信的話明白刻於壺上之意。中山王嚳鼎壺銘文芻議，古文字研究第七輯。趙誠定作跋，無釋。中山壺中山鼎銘文試釋，古文字研究第一輯。按跋字从犮，犮字篆書作　，「走犬皃，从犬而丿之，曳其足則剌犮也」，與本銘形義均不相符。疑友即蔡侯缶之　，馬叙倫曰：其字从大而械其足。讀金器刻詞一二四葉父癸彝。　是友的繁體，蔡在銘文中讀作察。【金文大字典上】

◉戴家祥　免盤　免蔑　免卣　王蔑免曆　免簠　令免作嗣土　免𣪕　卑册令免曰　免𣪕　免對揚王休　史免簠　史免作旅匡　免𣪕　井叔有免即令　免𣪕　免卣　免簠　免其萬年永寶用　免盤　令作册内史賜免鹵百𨻰

　字从人从　，阮元釋冘積古齋鐘鼎彝器款識卷七第十七葉冘盉。吴式棻從之攈古録金文三之一第三十一葉冘彝。其後三體石經僖公三十一年春秋經殘石發現「乃免牲」免篆文作　，古文作　，與　形近，遂定為免字。説文無免字，而多从免聲之字。商承祚石刻篆文編補於十篇㲋部兔字之後。唐韻免讀「美辨切」，明母之部。【金文大字典上】

◉羅振玉　　　許書無爿字。而牀狀牆戕等字皆从之。今卜辭有爿字。是許君偶遺之耳。【增訂殷虚書契考釋卷中】

◉王慎行　甲骨文有「　」字，作　(乙2778)　(掇2·132)形，舊釋「床」之古文，以為象床形，不確。因為它在卜辭裏均作豎立狀，從不作横放的　形(床形)。《説文》有「片」而無「爿」字，段玉裁《説文注》根據《六書故》「唐本有爿部」，遂補「爿」字于片部之末，并謂：「反片為爿，讀若牆。」段説至確，張參《五經文字·爿部》曰：「爿音牆」；《九經字樣》鼎字《注》云：「下象析木以

卌　邛

炊，篆文⿰爿片析之兩向，左為爿，音牆；右為片。」李陽冰亦云：「木字右旁為片左為爿，音牆。」均其讀若牆之佐證。今按《說文》凡言某字讀若某，下一某字不僅擬其聲，也往往用其字以為假借，故筆者以為甲骨文「⿰爿片」字似應為「牆」之假借字。有的學者以為甲骨文「⿰爿片」字，象版築土牆時「版」、「幹」的側視面略形，其說頗具新意，可從，此示意如(圖一)。揆其初，象形字無法表現牆壁的形狀，遂假「⿰爿片」字之音，并用這套築牆的設備以示之。

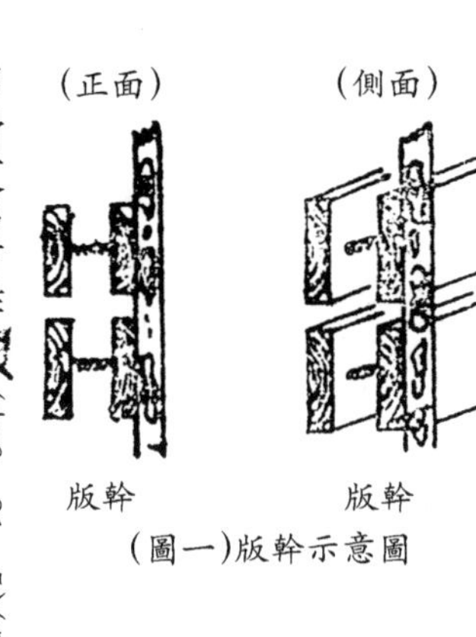

(圖一)版幹示意圖

甲骨文另有作⿰⿰爿片攴(前6·31·5)(粹373)、⿰爿片(佚194)諸形之字，隸定為「⿰⿰爿片攴」，疑即「將」字，正象築牆時用雙手豎立版幹之狀。于此，我們可推知殷人的版築之法：版築即指建築牆壁時，在一堵預築牆的四角豎四根立柱，稱之為「幹」，柱間固定木板，稱之為「版」；相對之版，兩兩夾住以為框，填土于版夾之中，再以杵層層夯打而築之，一版築好，再向上移夾第二版，如法填土夯實，再向上移夾第三版、第四版……終成一牆。這種版夾杵打而成的牆垣叫做版築牆，築牆用此法，故謂之「版築術」。【商代建築技術考　殷都學刊一九八六年第二期】

◉羅福頤　[古璽字形]　說文所無，玉篇：邛，鄉名。【古璽文編卷六】

◉徐中舒　[甲骨字形]一期　佚四三　[甲骨字形]一期　後下四一·一二　[甲骨字形]一期　前四·八·三　[甲骨字形]四期　屯南六三六　[甲骨字形]五期　前二·三三·二　[甲骨字形]五期　前二·二七·一

并連四枚豎直之算籌以表示四十之數，《說文》所無，見於《廣韻》。漢孔龢碑有之，作卌。表示數目。【甲骨文字典

卷三】

◉饒宗頤　辛未卜，穷貞：召……□。（屯乙一九一八）

□即丂字，卜辭習見䔡字，作□及□，并从此。　【殷代貞卜人物通考】

◉于省吾　□新寫一九五背又甲釋圖版零貳零　安陽發掘報告第一册新獲卜辭寫本一九五背有辭云。「己卯卜酉三匚至□甲十示。」陳夢家釋甲十示三字為十七示。燕京學報第二十七期商王名號考。按陳釋非是。□字从□。上下从二又。□即說文□字。句字从之。今隸作丩。金文句字通作□。其彤句鑃作□。是句之从丩作□或□。反正無別。至上从□。下从□。即□及□之省畫也。如㪅字佚存一九四作□。受字後下三三・五作□。他如系字作□。亦作□。𦥑字作□。亦作□。皇字作□。亦作□。至从一又與二又每亦無別。⊘然則□从丩从二又即扎字。集韻十八尤收古文作扎。凡古文字从又从手一也。从攴从手一也。如金文扞作攼扶作𢻫是其例。三匚至扎甲十示者。三匚即匚乙匚丙匚丁也。繼之以示壬示癸大乙大丁大甲沃丁及小甲共為十世。由匚乙數至十世。適當小甲雍己大戊兄弟三人之世。而三人之中衹小甲稱甲。是扎甲之名非小甲莫屬。御覽八十三引竹書紀年「小甲高即位居亳」。是可證小甲名高。扎从丩聲。古即讀如丩。章氏文始丩字下云「收音如丩」。按高扎乃一音之轉。猶皋陶之即咎繇。爾雅釋天「五月為皋」。釋文「皋或作高」。左哀二十六年傳「越皋如」。吳越春秋勾踐歸國外傳作「句如」。按句从丩聲。金文殸毁騊字作嗃。杲同毁苟字作□。从句从丩一也。說文「𧺆。从走丩聲。讀若鐈。」按鐈从喬聲。邵鐘喬字作□。从高聲。又說文「嚻。高聲也。从㗊丩聲。」按嚻高疊韻。是扎从丩得聲。可讀為高。例證至顯。紀年作高。扎之借字也。小甲名扎。可稱扎甲。猶河亶甲名整。吕氏春秋音初篇作「整甲」矣。要之。□字从丩。从二又。象兩物相句曲而上下以手掣之。有糾結縮斂之義。故从丩之字。如句糾叫收均一義之引伸也。今既考知□為扎之初文。又可知小甲之本名扎。紀年作高者借字也。

【釋扎甲　雙劍誃殷契駢枝續編】

◉朱德熙　（厲羌鐘銘文）第九字或釋「戎」，或釋「伐」。這個字下文還要討論，釋文中暫時寫作「戎」。

唯廿又再祀，屭羌乍（作）戎厥辟韓宗敲達征秦遨齊，入張（長）城、先會于平陰。武侄寺力，富敓楚京。賞于韓宗，令于晉公，昭于天子，用明則之于銘。武文咸（？）刺（烈），永枼（世）毋忘。

這個字過去或釋「戎」，或釋「伐」。不論釋「戎」釋「伐」，都認定這個字右半从「戈」，只是對左半的「ナ」解釋不同。由於這兩種說法都無法讀通銘文，我們不妨對這個字的形體采取另一種分析辨法，看看是否有助於釋讀銘文。

戰國時期的「弋」字，無論是作為獨體字或作為偏旁，都可以寫得跟「戈」字一樣。李家浩《戰國邙布考》（《古文字研究》第三輯）曾經舉出一些確鑿的例證，如：

(1) 賊　蔡侯鐘：「為命祗祗，不愆不賊。」末一字从戈从貝，其實就是「貣」字。「不貣」當讀為「不忒」。

(2) 罭　杕氏壺：「罭獵毋后，簋在我車。」字从网从戈，郭沫若認為是「弋」字的繁文。

(3) 伐　信陽楚簡：「皆三伐之子孫。」「三伐」就是「三代」。

(4) 戈　長沙帛書：「瀧汩繇澫（漫），未又（有）日月，四神相戈，乃步以為歲，是隹（惟）四寺（時）。」又：「帝曰：繇，□之哉。毋弗或敬，惟天作福，神則各（格）之，惟天作夭（妖），神則惠之。惟敬（警）惟備，天像是惻。成隹天□，下民之戒，敬之毋戈。」

這兩處的「戈」字實際上都代表「弋」字。前一段的「相弋」當讀為「相代」，後一段的「毋弋」當讀為「毋忒」。這兩段文字都是有韻的。前一段「弋」字與「寺」字為韻，後一段「弋」字與「備、惻、戒」為韻，都是古之部字。這尤其可以證明這兩處的「戈」確實是「弋」字。

既然戰國時期的「弋」字常常跟「戈」字混淆，那末厵羌鐘銘第九字所从的「戈」自然也有可能是代表「弋」字。如果我們認為左側的弋是人旁，這個字就可以釋為「代」字。

把這個字釋為「代」，鐘銘開頭的部分可以得到合理的解釋。銘文應在「逹」字下讀斷，「逹」字則是「帥」的假借字。在「厵羌作代厥辟韓宗敲帥」裏，「帥」是「作」的賓語，「代厥辟韓宗敲」是「帥」字的修飾語。銘文「作」「代」二字的用法與《尚書・多方》「乃惟成湯克以爾多方簡代夏作民主」一句裏的「作」「代」相同，只是句法結構不一樣。銘文這句話的意思是說：「厵羌被任命為代其君韓宗敲出征伐齊的帥。」

這樣解釋銘文要比以往的幾種說法合理得多，因為：

第一，按照這種解釋，銘文「征秦迡齊」等語說的是厵羌自己的功績，因此下文說他受到周天子和晉公的嘉獎和賞賜是很自然的。這種解釋沒有為楊樹達所批評的郭說的缺陷。

第二，因為厵羌是奉晉公之命代韓君為帥伐齊，他在銘文裏提到這項任命的時候，自然可以直稱韓君的名字。這就圓滿地解釋了上文提出的矛盾。

第三，厵羌稱韓君為「厥辟」，并且明點出「韓」字來，這只有在轉述晉公的命令時纔是合理的。

第四，過去不知道「逹」字的意思，只好說它是語詞，不了了之。現在讀「逹」為「帥」，銘文文義明白曉暢，沒有含糊的地方。

不過這裏有一個問題。我們把銘文第九字釋為「代」字，可是這個字左旁作：

[illegible]

橫筆與豎筆相交，古文字裏的「人」字从未見過有這樣寫的。從字形看，這個偏旁與下列各字所从的「力」寫法相近，很有可能是「力」字。

勶[illegible] 古璽彙編3983　加[illegible] 同上4108　勁[illegible] 同上843

如果這個推測不誤，那末鐘銘第九字應釋為从弋从力的「⿹弋力」字。湊巧的是戰國璽印文字裏確實有這樣一個字，而且所从的「弋」正好也有寫作「戈」的。

[illegible] 古璽彙編930　[illegible] 同上3031　[illegible] 同上1718

我們覺得鐘銘此字釋「⿹弋力」比釋「代」更合理。「⿹弋力」字在銘文中仍應讀作「代」，是一個从力弋聲的字。

銘文「武侄寺力」句亦有「力」字，寫法與「⿹弋力」字所从不同。這個現象并不奇怪，因為偏旁的寫法跟作為獨體字時的寫法不

同是常見的事。【關於屭羌鐘銘文的斷句問題 中國語言學報一九八四年第二期】

由

◉張燕昌 □ 海寧周耕厓云。作由為是。鄭云。西非也。【石鼓文釋存】

◉孫詒讓 「余□幽□」八十七之一。「雀□立□」八十九之一。〔一四二〕「□□五車癸」九十一之四。〔一四三〕「貝彡貝令雨□」百八之四。〔一四四〕「彡□敏」百廿三之三。「戊□卜□奴□曰□且乙且丁豕奴」百四十二之三。「立貝□」百八十六之三。〔一四五〕「亯□大□□□回曰」二百廿二之二。

「□」、「□」諸字瑑畫略異，諦宷之實即一字。以「□曰」及「□回曰」之文推之，似是占者之名，但其字《說文》未見，金文有□作父乙爵，「□」舊釋為「甘」，亦無塙證。竊疑當為「由」字。《說文》無「由」篆而有由聲。金文如冗卣冑字作□，盂鼎別器冑字作□，〔一四六〕偏旁由字並與此相近。又云：「卜㱿貝□其戈雀」一之二、「寅卜□卜鼠辛□□之」百廿之四，「□」、「□」疑亦並「□」之變體，附箸于此，竢更研覈焉。又金文京姜鬲寶字作□，與此□尤相近。附箸之以葡一義。【栔文舉例下册】

◉孫詒讓 說文苗迪伷䌷胄笛柚邮甹宙冑䡩重文舳岫窗重文䡩怞油妯紬軸甹袖褎重文抽播重文僫㷞榑俜騁聘娉卌有一文。竝从由為形聲。而正文無由字。顧氏玉篇始補録由字。隸於用部。而不詳其形聲所從。唐宋以後異説蠭起。殆近十家。李陽冰則以為即缶字同。見說文繫傳疑義。徐鍇則以為說文甹字。注云。商書若顛木之有甹枿。古文言由枿。葢古文省马而後人因省之。通用為因由等字。繫傳無此說。見徐鉉說文注。近段氏若膺則以為繇之古文。云。或當从田。有路可入。引韓詩橫由其畝傳。東西曰橫。南北曰由。證之說文注。江氏子屏則以為許書奪田字。由為甲之倒文。同倒子為□之例。易彖傳。百果艸木皆甲宅。三統厤。出甲於甲。甲皆由之誤。隸經文。鈕氏非石則以為訓鬼頭之甶形最相近。說文注訂。鄭氏子尹則以為說文从大从十之本即由本字。以十合書於内即成由。且云本讀若滔。滔从舀聲。古舀正同由。論語滔滔。鄭本作悠悠。詩滔滔叶由求。左旋右抽。說文引作搯。皆一聲之轉。說文逸字。以上諸家。或主重文。或云奪字。或謂異文。異説蠭起。幾於聚訟。覈以六書義例。則皆不可通。⊘竊謂字書自說文字林外。以顧氏書較為近古。今以其部分諦審之。竊疑由即用之異文。非古别有由字也。請先證之以其形。用之為文。从卜从中。增其上之横畫以屬于左。彝器文用周諸字多如此。而微殺其下之從畫。使不外出。則成由字。且古中字固不作用。而作篆者。變其體諧其聲以為用。則變用為由之例也。古金款識無由字。其從由為形者。若甹字。鐘鼎款識聘鐘作□。積古齋鐘鼎款識甹父盉作□。原釋為册考二字。目為册父考盉誤。近濰縣陳氏所臧毛公𢉩鼎諤字作□。三器同一甹字。而或从□。或从□。是由用之形可互通矣。又甫字从用為形。其孳生字為専為鎛為博。

鐘鼎款識董武鐘鑄字作□。楚良臣余義鐘鑄字作□。合肥劉氏所臧虢季子伯盤博字作□。竝變用為□。曶鼎專字作□。上形亦近由篆。是由用形變之譌也。請更證之以其聲。古音用入東鐘江部。由入尤幽部。而聲相轉于文。周从口用。用亦聲。說本宋氏保諧聲補逸。而周與由同部。故詩車攻。楚辭離騷。東方朔七諫。竝以調同為均。阮氏鐘鼎款識。散氏盤以用為周。虢季子伯盤以用為琱。古金文多省形存聲。亦可證周从用聲也。韓詩横由其畝。即毛詩南山之横從其畝。由即用字。從用同部。故得藉由為之。古帝祝融氏。武梁祠畫象作祝誦。素問移精氣篇祝由。全元起曰祝由。南方神誦諧甬聲。甬又諧用聲。故得與由通。用是由用聲轉之譌也。請更證之以其義。經傳中用由二字互訓者更僕難數。古人名字相配。仲由字子路。孟子介然用之而成路。言用猶言由也。禮運故兵用是作而謀由是起。用是作與由是起語同。是由用義同之譌也。竊謂自古籀遞變。一字分為數形。而孳生之字又各從之為形聲。以說文六百四十部言之。如凶自人儿首頁百大介之類。皆本一字。而各為建首。曼根岐榦。儛而同氏。由用之變。蓋亦猶此。展轉傳習。遂或昧為一字。於是竝音讀而變之。說文舊本。當有其說自。迻寫失捝。後世治小學者遂各為一說。不可殫究。顧希馮雖知以由字隸用部。而其書婁經删改。不復辨用由同字異形之本。幸金刻所存偏旁。及古籍通藉之字。博稽精覈。猶可得其轍迹。【籀廎述林卷三】

◉余永梁　□書契卷三三十八葉　□同上　□書契後編上三十八葉　□同上卷下十四葉

此由字。殷虛古文有□字从由。猷字从犬由聲字作□。可證也。說文□即由字。許云「東楚名缶曰甾。」甾乃由形近致譌。魏石經迪字篆作□。亦其證也。說文囟之古文作□。余謂即由字古文。許君誤以由之古文為囟之古文。蓋形相近也。曩觀堂師深然此說。於拙著說文古文疏證書中圈識之。今又於殷文中得由字矣。欽罍有□字。舊誤以為二字。余謂即說文甹字。說文。「甹。相付與之約在閣上也。从丌。由聲。」由。乃由之譌。甹从由丌、由亦聲。甹譌作甹。猶艹部甹字从由、徐鍇本从田、或又誤作鬼頭之甶矣。蓋由甶形既相似而聲亦近。故致誤耳。書契後編下之□字乃艹部甹字。从艹从由。師酉敦有甹字作□。蓋與甹異字。書契卷二十三葉有□字。與鼻尊□字。疑是一字。皆以甹為聲。王先生謂說文分甹甹為二字或失之者。是也。上戴字从由作□。即其證也。【殷墟文字續考】

◉孫海波　□甲二一二三　于省吾釋由。□甲三〇〇三　地名。疑□字別體。【甲骨文編附録】

◉葉玉森　□之異體作□。本辭曰。「□曰吉。」若釋古。誠未安。疑即孫釋之由。繇由古通。本辭似叚由為繇。蓋繇辭曰吉也。亦有云「□囚」藏龜第二百二十二葉之二者。即言繇辭凶也。至卜辭「□王事」之習語。則□當釋由。訓从。【殷虛書契前編集釋卷四】

◉唐 蘭 第六十二片甲

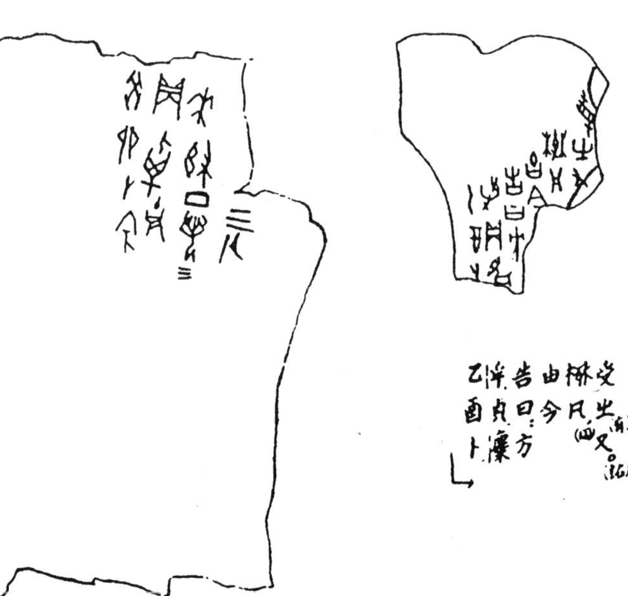

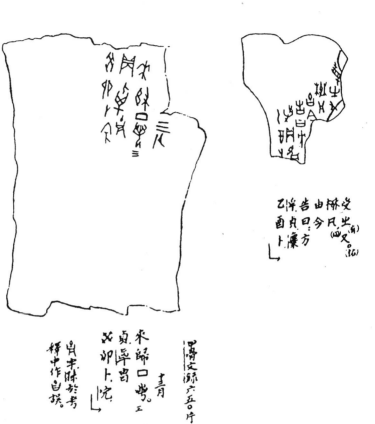

按前編七・二八・四一辭云：「……宂，貞麋告曰：方由今楙凡，受屮又。」除卜人為宂外，餘全與此同。麋作□，知此脫下半字。今楙為今椓紀時之稱，詳十七片。□舊不識，余謂是由字，或作□，見附圖。象冑形，與小盂鼎冑字作□者，正合。其作□或□者，□形之省，猶甗厌白晨鼎冑之作□也。說文有由之偏旁而無由字。後人說者甚多，繫傳引李陽冰云即缶字同，今按古有由字亦未審也。疑義篇。徐鉉說文注引徐鍇說謂是甹之省。夢瑛說文部首於甾下注由字。段玉裁補為䌛之古文。江藩謂是甲之倒文。鈕樹玉以為訓鬼頭之□，形最相近。鄭珍謂本即由本字，以十合書於內則成由。王煦謂柙古文作□，柙由古音通轉，故得為柙。蓋以□為由。孫詒讓疑由即用之異文。自戴侗嚴可均姚文田桂馥苗夔王筠朱駿聲等皆用徐說以甹為由，獨王

國維作釋由二篇，以甾為由，與夢瑛同，為近學者所宗。其所持之證，除由作□與甾近外，僅據原本玉篇用部末由字注云「說文以從由為𦉭字在言部，今為由字。說文以由東楚謂缶也，音側治反，在由部」一證較為重要。蓋王意在證明由字古作□，然由何以得為甾，則除玉篇及夢瑛所書外無證據也。考萬象名義新撰字鏡等書於從甾之字，俱書作由，是六朝人書甾由二字不別。萬象名義由部「由側治反，又與周反。甴，古。㽕，古。甾，今由。此側治反之由，實是甾字，云『甾今由』者蓋本是甾字，今書作由也。」萬象名義當本玉篇。然則側治反之甾與餘周反之由，顯是兩字。前者在玉篇有甾部與說文同，後者為說文所無，即因其形似倒用而入用部。惟以六朝人書甾亦作由，故顧氏於由下既言「說文以『由東楚謂缶也』，音側治反，在由部」，而於由部兼舉與周一音云「甾今由」，蓋俗書字形無別，則惟有以聲音訓義別之矣。夢瑛以由照甾篆，亦當是承六朝唐人之習，非謂甾讀餘周反之由也。玉篇甾由既是二字，則王說根本無據。古文甾由二字之形固相近，然不可謂是一字。王謂甾不讀側治反，最誤。尸鑄淄字，陳尚陶量作甾。皆即臨菑。是甾之讀可知。今由卜辭金文觀之，則由即冑字。□象人戴冑之形。唐以來所紛紛聚訟者，當以此為定讞矣。夢瑛書甾為□，音為方九，則亦以甾與缶同。李陽冰之說也。於此可見其以由照甾篆省為隸變，而非以甾為由從之由也。【天壤閣甲骨文存考釋】

◉于省吾　𠂤父丁隮有王□伎田𪋻之語。□一器作□。阮元釋主積一·二十。徐同柏釋睛從十·十四。劉心源釋旨奇五·十一。按釋主釋睛釋旨並誤。□□乃由之初文。盂鼎冑字从由作□。栔文有□字。唐蘭釋由天考四九是也。□作□。从□从一也。□从□。中有橫畫乃文飾。伎與𪋻均為地名。栔文習見。爾雅釋詁。由自也。王由伎田𪋻者。言王自伎而往田於𪋻也。【釋由　雙劍誃古文雜釋】

◉丁　山　伐下由——甲骨文所常見：

□鐵一五〇·三　□前七·三八·一　□戩一三·四　□鐵二一二·二

其形殊詭，舊所未釋。山謂，此武丁時代的寫法，帝乙以後甲骨文則簡寫為□(前二·三八·一)□(前二·三八·二)諸形。宗周以後，則孳乳為：

□毛公鼎　□虢季子白盤　□趞鼎。讀為莊

凡所从□，王國維嘗釋為由，謂「與逌同義，象缶形」，是也。那麼，甲骨文所常見的□，無疑的，當釋下由⊘漢志臨淮郡有厹猶縣。這個厹猶，我認為即商代所屢加征伐的下由。【商周史料考證】

◉屈萬里　□王事之語，卜辭習見。⊘汗簡及古文四聲韻至有迪字作□以證甲編二三六九之□乃迪字(說見該片考釋)。□乃迪之偏旁，知其實為由字也。方言六：「由。輔也；燕之北鄙曰由。」又廣雅釋詁二：「□，助也。」然則「由王史」者，乃輔助王事也。【殷墟文字甲編考釋】

◉陳夢家　（三）六十二片釋由字，至確。金文胄字從此，故知由象兜鍪。卜辭「由王事」，由王事我疑由假作蘖，盤庚「若顛木之有由蘖」，由蘖義同，而古音亦同：逌由古通，金文番生毁大克鼎「柔遠」的柔都從逌聲，柔蘖發聲近。由王事就是蘖王事，金文毛公鼎「襄薛厥辟」，「薛我邦我家」，克鼎「薛王家」「保薛周邦」，晉邦器「保薛王國」，凡此薛字都與卜辭「由」相同，都有保義。【讀天壤閣甲骨文存　圖書季刊新一卷三期】

◉張玉金　卜辭有「□」字，唐蘭先生釋為「由」，認為即「胄」字，看《天壤閣甲骨文存考釋》50至52頁。于省吾先生也把此字釋為「由」，看《甲骨文字釋林》69頁。饒宗頤則釋為「古」，看《殷代貞卜人物通考》11卷745頁。晁福林釋為「甶」，看《甲骨文考釋兩篇，釋□》，載《語言文字研究專輯》（下）195頁。

甲骨文中有「古」字，寫作「□」。字从「口」从「毌」。「毌」就是盾牌，「古」是「固」的初文，盾牌的特點是堅固，因之，古人就在「毌」字上加區别性符號「口」，造成「古」字來表示堅固的意思。「□」跟「□」在形體上差别較大，顯然不是一個字。饒宗頤說不可信。

晁福林認為，「□」字从「□」从「□」，「□」乃是盛物器具的象形，「□」是「土」之省，所以他把「□」釋為「甶」（塊）。但是，甲骨文中的「土」，無論是單獨成字的，還是作偏旁的，一般都作「□」形，而少作「□」形。甲骨文中「□」字所从的「□」，其下面從來没有一横畫，而且它與「土」字省去下邊横畫者亦不相同。所以，釋「□」為「甶」，于形無據。

甲骨文中的「□」，應如唐蘭、于省吾兩先生所説的那樣，是「由」字。

在《説文解字》之中，有从「由」之字而無「由」字。王國維認為，「由」和「甾」是一個字，此説不足信。唐蘭先生對此曾批駁過，我們在這裏還想强調兩點：

首先，「甾」和「由」聲音并不相近。在《説文》中，有「𩟁」字，在許慎看來，此字从「丮」从「食」，「才」聲。周代金文裏也有「𩟁」字，它也从「丮」从「食」，但其聲符則或為「才」，或為「甾」。由此看來，「甾」與「才」聲音相近。既然如此，那麼王國維認為「甾」不讀「側詞反」是没有根據的，「甾」與「由」的聲音是不相近的。

其次，在金文裏，「甾」與「由」字形并不相同。「甾」在金文裏寫作「□」（子陵鼎，《三代吉金文存》3·13），作「𩟁」的聲符的「甾」也都作此形而不作他形；「由」字在金文裏寫作「□」（王由尊，《三代吉金文存》11·30），作「胄」的聲符的「由」也都作此形而不作

「[glyph]」形。可見兩者字形上也不相同。

既然「甾」和「由」聲音不相近，字形又有别，那麼，它們就不是一個字，「甾」是「甾」，「由」是「由」。

「甾」、「由」本是兩個不同的字，但是，到後來兩者多有混淆，尤其在作偏旁時更是這樣。在大徐本《説文》裏，「畁」字作「[glyph]」形，「甹」字作「[glyph]」形，這兩個字所从的「由」都與「[glyph]」(胄)字所从的「[glyph]」無别。但是，在金文裏，「畁」、「甹」都从「甾」，作「[glyph]」形；而「胄」字从「由」，作「[glyph]」形，從不例外。可見，在《説文》裏作偏旁的「甾」和「由」已經混淆了。王國維曾指出，漢簡裏「由」字作「[glyph]」形，那麼單獨成字的「由」和「甾」在漢代也相混了。

前面講過，金文裏「胄」字所从的「由」作「[glyph]」形。在甲骨文裏，也有「胄」字，作「[glyph]」(哲庵315)、「[glyph]」(文650)形。甲骨文「胄」字所从的「由」字作「[glyph]」或「[glyph]」形，跟金文「胄」字所从的「由」形體相同或相近。甲骨文中常見的「[glyph]」字，正跟甲骨文「胄」字所从的「由」形體相同或相近，它們都是「由」字，只不過一個單獨成字，一個作偏旁罷了。可見，唐蘭、于省吾兩先生把「[glyph]」釋為「由」字是可信的。

但是，唐蘭先生以為「由」即「胄」字，則缺乏根據。「胄」只是从「由」為聲旁，「胄」所从的「[glyph]」纔是「胄」的象形。「胄」和「鹵」一樣，都是象形字，後來被加上了聲旁。「由」跟「胄」是兩個字，它不是「胄」的省形。

在甲骨卜辭裏，有一種「由」字，出現在「時間詞語＋VP」(「VP」代表動詞或動詞性詞組)前，把「時間詞語」介紹給「VP」。這種

釋「[glyph]」、「[glyph]」為「由」，于形有據。又從其用法來看，這種釋法也是妥當的。

「由」字，可以看成是介詞，其意思應是「從」。例如：

(1) 壬寅卜，貞：由郭往，㞢⊠。(合集3417)

此例裏的「郭」，應是個時間詞，他辭或言「今日乙郭攴，不雨」(合集30203)、「昃至郭不雨」(掇1・394)、「⊠至郭攴」(粹652)，可以為證。這條卜辭卜問：從郭時起出去好不好。

在古代文獻裏，有這種用法的「由」字。例如：「由周而來，七百有餘歲矣」(《孟子・公孫丑下》)、「由孔子而來至于今，百有餘歲矣」(《孟子・盡心下》)。

(2) □□〔卜〕，賓貞：[罒果]告曰：方由今春凡，受㞢又。(合集4596)

(3) 乙酉卜，争貞：[罒果]告曰：方由今春凡，受㞢又。(合集4597)

上引兩例中的「凡」，于省吾先生讀為侵犯之「犯」，可信；其中的「由」字，于先生以「從」字釋之，亦有據。看《甲骨文字釋林》

69頁。

這兩例裏的「由」，有人讀為「酉」，認為「方由」即是「方酉」，此説不可從。從「壬戌卜：方其凡」（鐵237·1）一辭來看，「方由今春凡」中「凡」的施事者應是「方」；又把「方由今春凡」和前面舉過的「由郭往」相比較，可知這兩小句中的「由」都是把其後的「時間名詞語」介紹給動詞語的介詞，都應當譯為「從」。

「方由今春凡」是敵人從今年春天起會進犯的意思。

上引三例裏的介詞「由」，出現在「時間名詞語＋VP」前，把「時間名詞語」介紹給「VP」。有些「由」字，則出現在「VT＋VP」前或者「VP」與「VT」之間（VT代表表示時間的動詞語），把「VT」介紹給「VP」。例如：

(4) 戊子卜，㱿貞：王勿由咎往出。（合集16108）

(5) 貞：王勿往出由咎。（合集16107）

試把上引例(4)裏的「由咎往出」和前引例(1)中的「由郭往」相比較，可知例(4)中的「由」跟例(1)裏的「由」一樣，都是用來表示時間關係的介詞，也可知道例(4)中的「咎」同例(1)裏的「郭」一樣，是表示時間的。「咎」本是祭名，但由于這種祭祀舉行的時間是固定的，所以常用來表示時間。他辭或言「升歲，丁劦遘」（合集34615），可以為證。大王「往出」這種活動是要經歷一段時間的。試對有「王往出」的卜辭進行考察，可以知道，「王往出」後的動詞有「狩」、「省」、「田」等等，如「王勿往出狩」（七T14）、「王往出省」（佚381）、「王往出田」（合220）；「王往出」後的處所詞有「甘」、「𠙵」、「𩫏」、「□」等等，如「王往出于甘」（後上12·4）、「王往出于𠙵」（存1·616）、「王往出于𩫏」（簠·游13）、「〔王〕往出于□」（佚538）。由上述兩點來看，「王往出」這種活動是需時較久的。例(4)中的「由咎」即是表示往出這種活動的時間起點的。例(4)卜問：大王不應該從「咎」祭時起出去嗎？例(4)中的「由咎」出現在「往出」前，而例(5)裏的「由咎」出現在「往出」之後，雖然如此，例(4)、例(5)兩條卜辭的命辭是基本同意的。

上面所舉的，都是意思為「從」的介詞「由」引介「時間詞語」的例子。下引一例，則是介詞「由」引介「處所詞語」的例子：

(6) 王由攸田𤟥，𤟥作父丁䵼。（王由尊）

此例系殷代金文，其中的「攸」，應當是地名。「田」後第一個「𤟥」也應當是地名，「田」後第二個「𤟥」，應當是指人，大概是指𤟥地的犬人。例(6)是説，大王從「攸」地到「𤟥」地田獵，𤟥地的犬人為此製作了祭祀父丁的禮器。

由上述可見，釋「□」、「□」為「由」，從其用法上看，也是可信的。

在甲骨文中，「由」字還有一種常見的用法，即作動詞「㞢」（有）和「亡」的賓語。例如：

⿴囗卜

(7) 己丑貞：王乎，唯㞢由。（合集26186）

(8) 貞：子商矣，㞢由。

貞：子商矣，亡由。（乙2307）

(9) 貞：㞢疾齒，不唯㞢由。㞢疾齒，唯㞢由。（合203）

(10) 王自癸巳，唯㞢由。（乙2823）

這種「由」還可以作謂語動詞。例如：

(11) 貞：唯帝蚩我年。

貞：不唯帝蚩我年。

王固曰：不唯帝蚩，唯由。（乙7456、7457）

(12) 貞：父乙由匃。（遺882）

(13) 父乙由蚩王。（乙6235）

試把上引例(9)和「壬戌卜，亙貞：㞢疾齒，唯有蚩」（續5·5·4）一例相比較。似乎可以說，「㞢由」中的「由」含有不吉不祥之義。但是，這種「由」字的意義到底是什麼，這還有待進一步的研究。【卜辭中的「」為由字說　考古與文物一九九五年第四期】

前八·一四·二　从卜在上或从卜在中蓋盛卜之器唐蘭以為即卣也卣咎聲相近卜辭假為咎字亡⿴囗卜即亡咎　鐵二〇七·三　旬亡⿴囗卜　鐵二二二·三　旬亡⿴囗卜　鐵二六〇·三　鐵二六一·三　拾一四·二　前四·三九·一　前五·四一·八　前七·三九·二　後二·一七·九　林一·七·二　戩三〇·六　甲三六〇五　乙三二四六　㞢⿴囗卜　乙六三九〇　乙八八〇三　粹一二六四　乙四六九二　甲二二二八　甲二二四九反　甲三六〇三　乙三三九六　隹⿴囗卜　乙六五九四　降⿴囗卜　乙七七五二反　隹⿴囗卜　福一三　佚二九　佚三〇四

燕一一七 燕四五五 菁五・一 京津一七四五 前一・二六・四 前六・六四・五 前七・六・一 乙五二九六 乙二一三五 乙七九〇〇 乙八七一六 乙九〇三一 佚七五八 燕七六二 福一七 不从卜 燕六〇一 燕一〇四 拾一〇・一二 前六・三八・六 前七・二・二 前六・三八・六 戩三〇・二 戩三〇・三 戩三〇・四 戩四六・五 京津一八七六 貞大囚告 乙六三四三 乙七三六〇 貞勿乎取方囚馬 乙七四五二 戩二九・一〇 鐵二一五・四 前一・四三・六 林二・二・四 林二・三〇・一二 乙六六三八 林二・六・一三 後二・一七・一三 前五・一〇・一 前四・九・三 貞人名 前四・三六・五 後一・一九・一五 後二・一四・九 林二・三〇・一 戩四六・一三 燕三二五 燕八一〇 粹二・一・三 師友二・一七六 河七三 佚七四九 佚三六二 佚四〇二 粹一五二六 器名囚八 粹一五二八 囚七 林一・七・三 佚八 佚一〇六 甲七五九 囚二 鄴三下・三五・一三 囚三 鐵一四九・四 天八七 乙三八三 乙四四三 續一・四七・二 珠七一七 珠九六九 前五・二四・四 【甲骨文編】

◉葉玉森 羅振玉氏曰。説文解字。皿。飯食之器也。象形。與豆同意。卜辭中皿字或作。若豆之有骹。故許書云與豆同意。增訂書契考釋中一二十九葉。森按。與卷五第三葉之七塙非一字。本辭之大為大囚凶。卷七第二葉二版之。卷八第六葉一版之。亦同為囚字。羅氏概釋為皿。殆偶疏耳。【殷墟書契前編集釋卷五】

◉孫海波 前八・一四・二 从卜在上。或从卜在中。蓋盛卜之器。唐蘭以為即卣也。卣咎聲近。卜辭假為咎字。亡囚。即亡咎。

前四・九・三。貞人名。

粹一五二六。器名。囚八。 【甲骨文編卷五】

⿴囗马

◉于省吾　甲骨文⿴囗卜字作[字形]、[字形]、[字形]等形。晚期作[字形]。⿴囗卜字不見于說文，其造字本義待考。舊釋⿴囗卜為禍為凡為骨為卟為戾為凶，均臆測無據。又舊也讀亡⿴囗卜為亡咎，可信，但無佐證。晚期甲骨文常見「亡徭才畎」和「亡徭自畎」之貞，郭沫若同志釋繇一文讀畎為繇(爻)，頗有道理。⿴囗卜字的音讀，可于周代金文、西漢竹簡和後世字書得到驗證。今特分別加以引述：一、周代金文魯侯簋：「唯王命明公遣三族伐東國。才[字形]。魯侯又(有)⿴囗卜工。」⿴囗卜字金文編誤釋為卟(稽)。⿴囗卜工郭沫若讀為猷功(殷周銘文研究三九)。這是說，魯侯奉王命率三族以伐東國。既有謀猷又有功勳。二、前年羅福頤同志以所著臨沂漢簡佚書零拾見贈。其中務遇篇殘簡，有「堯問許⿴囗卜曰」之詞，許⿴囗卜二字凡三見。其即許由無疑。由此可見，西漢時還借⿴囗卜為由。三、龍龕手鑑□部上聲有⿴囗卜字，音「其九反」。這是由于古音往往平上不分的緣故。總之，依據以上三項證明，則甲骨文之以⿴囗卜為咎，以畎為繇，周代金文以⿴囗卜為猷，漢簡之以⿴囗卜為由，字書之音⿴囗卜為「其九反」，均屬古韻幽部。其音讀之遞嬗相承，由來已久。【釋⿴囗卜　甲骨文字釋林】

◉何琳儀　楚簡文字「[字形]」，形體奇譎，或釋「圓」中山大學古文字學研究室《戰國楚簡研究》(二)，二四頁。見下列各簡：

革[字形]一　五里牌簡，《長沙發掘報告》五六

葦[字形]二　望山簡

二[字形]缶《信陽》二·〇一

二[字形]監《信陽》二·〇一

按，隨縣簡「圓」作「圎」，與小篆基本相同，均从「員」得聲。可見上揭楚簡「[字形]」並非「圓」字。「[字形]」之所从「[字形]」乃楚文字「巳(马)」。《說文》「马，嘾也。艸木之華未發函然，象形。」小篆「[字形]」和楚文字「[字形]」均象莖端蓓蕾含苞之狀。

長沙帛書「[字形]則至」，讀「範則至」。《說文》「範，軷也。」「軷，出車將有事于道，必先告其神。」帛書文意指啟程前祭路神則能達到目的地何琳儀《長沙帛書通釋》，《江漢考古》一九八六年二期。

鄂君啟舟節「逾夏入[字形]」，讀「逾夏入氾(汎)」。《水經注》卷二八「沔水又南，汎水注之。」汎水是漢水(沔水)中上游的支流，在今湖北省穀城縣附近會合。「逾夏(漢)」然後「入汎」，逆水而上，水路明確何琳儀《長沙帛書通釋》，《江漢考古》一九八六年二期。

望山簡「[字形]」作「[字形]」，亦从「[字形]」。

《璽彙》三五一七「[字形]」，讀「范」，為姓氏。

帛書《老子》甲本「肥」作「[glyph]」，仍保存戰國楚文字特點。

「马」秦系文字作「[glyph]」（參詛楚文「犯」）。《説文》「卮」古文作「[glyph]」，三體石經作「[glyph]」，均从「马」。（「马」、「户」雙聲，故以「卮」為「岉」。）這反映戰國文字「马」可作「[glyph]」，與秦系文字「[glyph]」同。填實「[glyph]」的空間，即與楚系文字「[glyph]」同。

上揭楚簡諸「[glyph]」形均應隸定為「⿴囗马」，但仍不識。

「圅」，本作「[glyph]」形。王國維曰：「象倒矢在圅中，小篆[glyph]字由此譌變，[glyph]殆古文圅字……[glyph]象圅形，[glyph]其緘處，所以持也。」王國維《不𡢁敦蓋銘考釋》七——八頁，《王國維遺書》六册，上海古籍書店。按，王説甚確。其實「[glyph]」即「圅」字，其中既可盛「矢」，也可盛「弓」（九年衛鼎「[glyph]」）。本義為皮囊。其封緘處「[glyph]」譌變為「[glyph]」，並以其為音符。楚簡文字「[glyph]」則是將「[glyph]」形移于囊内而成。類似的置换偏旁可參看：

開　[glyph]　𩵦鐘　　[glyph]《中山》五六

闌　[glyph]　闌卣　　[glyph]王孫誥鐘

昌　[glyph]《璽文》七・一　　[glyph]同上

睘　[glyph]望山簡　　[glyph]《三孔》六三

然則「[glyph]」即「圅」之異文。以「圅」讀上揭楚簡，均可貫通。

「革⿴囗马」即「革圅」，乃革製皮囊。五里牌出土一件革製品。《報告》五十九頁：「黑褐色已朽成一團……可能是革囊一類的東西，和上面的皮帶均出土在内槨外面的東北角即原來放置兵器的地方。」這件革製品很可能就是盛矢的「圅」，因此與兵器放在一起。

「葦⿴囗马」讀「葦圅」，應是葦製的囊，與「葦笥」類似。

「⿴囗马缶」、「⿴囗马監」分别讀「圅缶」、「圅鑑」。「圅」有容受之意。　【戰國文字通論】

⿰牜一

◉李孝定　[glyph]後下・五・五　[glyph]續一・四・一

从牛从一。説文所無。按當解云。⿰牜一。一歲牛也。从牛。从一。一亦聲。　【甲骨文字集釋第二】

□ 㐌【汗簡】

◉宋鎮豪　殷墟甲骨文有字寫作□（《粹》393，《合集》27522），過去，郭沫若先生隸寫為仰，無説，《殷契粹編考釋》，62頁，日本東京文求堂，1937年5月。李孝定先生以為此字「从人从卩，説文所無」，寫成仰。《甲骨文字集釋》，卷八，2673頁，中央研究院歷史語言研究所專刊之五十，1965年10月。細審此字，寫作仰者與甲骨文字形相合，而寫作仰者漏掉了中間的一個點。這個字是什麼意思，不見有人論及，現在試作考釋。

甲骨文□字，从人从丨从人跽形。丨是此字的重要組成部分，在考釋時不可忽視之。傳世商代銅器有「丨庚」兩爵，（《三代》15·27·8，《筠清》1·16），□是丨的肥形，金文好用肥筆，而甲骨文因契刻的關係變作細刻短劃。《説文解字》云：「□，有所絶止，□而識之也。」清人段玉裁以為，「凡物有分别，事有可不，意所存主，心識其處者，皆是，非專謂讀書止，輒乙其處也。」近人王獻唐先生也認為，《説文》所説，「乃以漢代點讀書句為釋，……字既早見商代爵文，彼時無此制，不能以此説也。」《古文字中所見之火燭》，49頁，齊魯書社，1979年7月。

今案兩説甚是。□字早見于殷商時代，實乃後世的主字。《説文解字》主字條段玉裁注云：「□主古今字。……凡主人、主意字本當作□。」甲骨文□字从丨字，象一人側身而立，另一人跪而伺之，中間以□相分别，意思即《吕氏春秋·審分》所云「凡人主必審分」，《韓非子·揚權》亦云「審名以定位」。這個字用□來分别□與□兩人的身分，用□來定人主與侍者上下之分，生動地表明了殷代社會不同階級之間嚴然的等級區别。這個字是象意兼聲字，从□亦聲，以聲求之，當即後世的住字，唯後世的住是個形聲字。而甲骨文□象一人伺候人主之意。

《説文解字》未收住字，但立却有云：「立，住也」；□字條亦云：「讀若住。」由此可知，古文有住字，而為《説文解字》正字部分所遺漏。

甲骨文另有从丨的□字，辭例如：

丁丑卜貞，王其射獲，□。（《甲》3919）

壬午卜貞，今日不雨，兹□。（《林》1·23·11）

戊戌，王卜貞，田□，往來亡災。王占曰：吉，兹[glyph]，獲鹿八。（《前》2·34·4）

陳邦懷先生説：「[glyph]所从之丨即《説文解字》之丨。丨主古今字。[glyph]从[glyph]，主聲，當即住之初字。『兹住』者，謂今住于田狩所在之地，意猶後世之『駐蹕』歟？」（《甲骨文零拾考釋》25～26頁，天津人民出版社，1959年9月。此説一直未引起重視，但以為[glyph]从主聲，實為高識。

據朱駿聲《説文通訓定聲》駐字條云：「《蒼頡篇》，駐，止也，《一切經音義》十七駐，古文作住。」甲骨文此字大都用于田獵的場合，或即後世駐的初字，含有住、止之意。而从人从[glyph]的[glyph]才是住的本字。

甲骨文[glyph]象一人伺候人主之意，又引伸為止宿、住定之義。王獻唐先生云：「止宿亦為主，……既就止宿，其義為住。」（《甲骨古文字中所見之火燭》，57頁，齊魯書社，1979年7月。其説甚確。

甲骨文住是個時間副詞，其辭云：

其又妣庚，叀入自己夕祼酒。

叀住酒。

叀入自枖祼酒。（《粹》393，《合集》27522）（附圖）

這是一片殘牛胛骨，共有卜辭三條，所卜一事，但辭有省簡，内容是占卜以祼酒的儀式又（侑）祭妣庚，在夕時、住時還是枖時。其中的夕、住、枖分别為三個不同的時間專詞。

甲骨文夕字用為時間副詞者主要有二義，一指整個夜間，與白天之義的「日」相對言，如：

叀入自父庚夕酒，王受又。（京人1811）

□□卜，王其又父己，叀入自日，王受又。（蘇聯61）

「入自夕」和「入自日」辭例略同，入是祭祀中的舉動，夕是夜間，日是白天，一夕一日是為一個全日。夕的另一義指夜間某一段特定的時間，如：

王其省盂田，暮往枖入，不雨。

暮往夕入，不□雨。（屯南2383）

枖、夕對卜，則兩個時稱當分别指某一個夜間的兩個不同時段。枖字的解釋甚多，有釋莤、埶、燭等等，《甲骨文字集釋》，卷三，869～876頁，中央研究院歷史語言研究所專刊之五十，1965年10月。《古文字中所見之火燭》17～25頁，齊魯書社，1979年7月。而以唐蘭先生的埶字説最為精審，他認為該字「本義則人持中木為火炬也，……為執之初字，而其義則當于後世之爇若爇。……或以紀時，……殆如上燈時候矣。」《天壤閣甲骨文存考釋》46頁，輔仁大學叢書之一，1939年4月。 ⿰木丮是天黑後的掌燈之時，夕則要更晚些。《春秋經》莊公七年云：「夜，恒星不見。 夜中，星隕如雨。」這條卜辭的夕恐怕也是指夜中而言。

現在再回過來看上舉《粹》393的三條刻辭的意義。 夕、⿰木丮是殷人的紀時專詞，住的詞性也不例外是紀時專詞。 據它辭云：

叀夕酒。（後上5・12）

叀⿰木丮酒。（合集27052）

叀暮酒。（美國438）

叀昃酒。（合集30835）

叀食日酒，王愛又。（屯南2666）

我們曾經指出：「叀……酒」這種語辭與祭名動詞相組合的甲骨文例，介于中間的幾個字專用于紀時或紀日。拙作《試論殷代的記時制度》，收入《全國商史學術討論會論文集》306頁，1985年2月。 上舉諸例的暮、昃、食日也均是紀時專詞。 與此相同，《粹》393一條刻辭的「叀住酒」，中間的住字決為紀時專詞無疑。

然則己夕、住、⿰木丮同卜，己夕即己日的夕時，而由命辭「其又妣庚，叀入自己夕裸酒」來看，大概是用夕字的第一義，指整個夜間，乃總起卜問是否在己日的夜間以裸酒的儀式侑祭妣庚。 接着又卜問該日夜間舉行祭祀的具體時間，是在住時，還是⿰木丮時。

甲骨文住的本義是伺候人主之意，又引伸為止宿之義，用作時間專詞蓋取意于「日入而息」（《莊子・讓王》）。 古以日月區分白天和夜間，即所謂「日照晝，月照夜」（《國語・魯語下》韋昭注），住時和⿰木丮時均在日落以後，自當屬于夜間的紀時詞。

疑住時相當于後世的「人定」時，雲夢睡虎地秦簡《日書》乙種第1051簡有「〔鷄鳴丑，平旦〕寅，日出卯，食時辰，莫食巳，日中午，日昃未，下市申，舂時酉，牛羊入戌，黄昏亥，人定〔子〕」；《居延漢簡甲編》第1781簡有「人定時使塢上苣火一通」；《後漢書・耿弇傳》云：「自旦至昏，……人定時步果引兵去」；《敦煌曲・白侍郎作十二時行考文》云：「夜半子，鷄鳴丑，平旦寅，日出卯，食時辰，隅中巳，正南午，日昃未，晡時申，日入酉，黄昏戌，人定亥」。

前舉住字含有「審名以定位」的意義，是住與定意思相近。《爾雅・釋詁》云「定，止也」，《蒼頡篇》云「駐，止也」，《文選・東征賦》李善注引《蒼頡》作「駐，住也」，可知住、定意義一也。 後世的「人定」時約當今之21至23時，準此，姑定殷代的住時亦在此前後，而⿰木丮時在天黑後上燈之時，約當今之19時前後，是在住時之前。 顯然住和⿰木丮是殷人在夜間的紀時專詞。

應該提起的是，1945年董作賓先生在《殷曆譜》中曾對殷代的紀時法作過考察，認為殷人紀時，「全夜不分」，「總稱之曰夕」。《殷曆譜》，上篇卷一，第二章第一節，中央研究院歷史語言研究所，1945年4月。他對這一說法一直未作修正，董作賓《殷代的紀日法》，刊《臺灣大學文史哲學報》第5期，1953年12月。又徐匡梁《董作賓先生的年曆學》，刊《中央研究院歷史語言研究所集刊外編第四種》下冊，588頁，1961年6月。又董作賓、嚴一萍《甲骨學六十年》，114頁，臺北藝文印書館，1965年6月。由于新考定了甲骨文住是屬于夜間的紀時專字，再加上過去已識得的杋時，那麼所謂殷人全夜不分的說法也就不能成立了。殷人于夜間亦分作若干時段，并以不同的時間專詞命名之，住即是其中的一個。

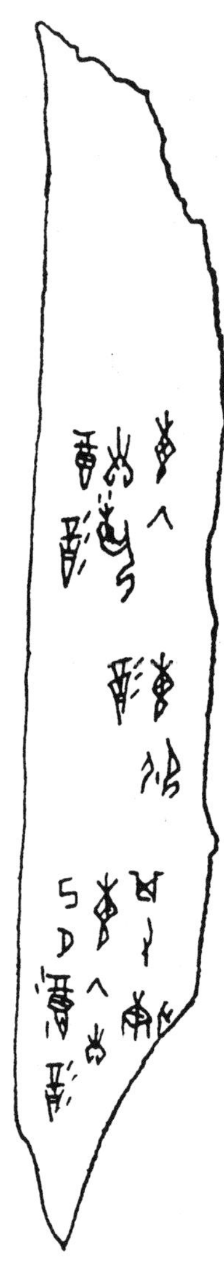

總之，甲骨文住字从人从人跽形从丨亦聲，是個象意兼聲字，本義是伺候人主，後因止宿的引伸義而又被用為夜間的紀時專字，後世的人定時或即是殷代住時的時間所指。【釋住　殷都學刊一九八七年第二期】

◉戴家祥　王⿰亻凡鼎　烏王⿰亻凡作尊彝　字从人，从凡，字當釋⿰亻凡。「凡」，古帆字，象張帆形，亦即說文十篇之颿字。散氏盤凡作，大豐殷作，頌殷「佩」作。可與字偏旁佐證。揚子方言十「⿰亻凡、僄，輕也。楚凡相輕薄謂之相⿰亻凡，或謂之僄也。」同聲通假，亦作汎、剽。文選左思魏都賦「過以汎剽之單慧」，劉逵注「楊雄方言曰：汎、剽，輕也。」玉篇二十三⿰亻凡，讀「扶彤切」，并母耕部，又音「孚劍切」滂母談部。廣韻颿讀符儼切并母談部。即其字也。【金文大字典上】

◉郭沫若　介字原作，余以為琮之側視形，剡上前後絀丿者其纅藉。艅字从此，此讀為渝。【⿰黹令鎛　兩周金文辭大系圖録考釋】

⿹勹士

◉尤仁德　□⿹勹士　戰國璽。銅質，鼻鈕。長、寬各1.5釐米。《古璽文編》收于附録108。《説文解字·肉部》：「□（⿹勹士），食所遺也。从肉仕聲，……阻史切。」璽文□从□士聲。□不是人字，而是勹字古文，隸寫作⿹勹士。由璽文例之，許書□字，似應作「从肉⿹勹士聲」，其音讀不變。由此可知，許氏「仕聲」之説，恐怕有誤。【春秋戰國八璽考釋　考古與文物一九八二年第三期】

⿹勹中

◉馮良珍　□　□　在古文字中，尚未發現獨立的□字。甲骨文有□字（乙七三八），舊不釋，甲骨文編收入附録，并誤摹作□，缺少表示手爪的一筆。其外形□，象人曲身有所抱聚，内之□，即草的象形字。从勹、从中，會其抱草之意，當隸定為⿹勹中，蓋為芻之異體字。説文艸部：「芻，刈艸也。象包束草之形。」甲骨文芻字作□（甲九九〇）、□（乙六三四三）、□（珠六八三）等。象以手取草之形，當隸定為㲋。羅振玉云：「从又持斷艸，是芻也。」（見增訂殷虚書契考釋三六頁）各家無異詞。周晚金文作□（散盤），字形稍有變化，戰國作□（印，陳簠），秦時騶之右旁作□（陶𠪚録十·一）其所从之□已訛變，小篆更訛作□，分一又（手形）為二勹。許慎據訛變之形解為「象包束草之形」，顯然是錯誤的。但是從甲骨文形體來看，⿹勹中為人曲身以手抱草，□為以手取草，二者為同字異形當可説通。

由上□字觀之，□（古文反正無别）當為抱之初文，引申之則有包裹義。字形在變演中失去表示手爪的一筆（□又作□，甲二三五七），成為□，説文包，匊所从之勹，即來源于甲骨文□。包，早期古文字未見。説文包部：「包，象人裹妊，已在其中，象子未成形也。」此又失之附會。説文子部：「孕，裹子也。」孕、包為二字。故包斷非懷子字，包當从巳（古巳子同）、从□，□亦聲，即胞之初文。説文包部：「胞，兒生裹也。」兒生裹，即胎衣。蓋因包用為凡包之稱，遂又製胞字為「胎衣」之專字。【説文勹及从勹之字探源　文物研究第一期】

忉

□　3·1014　獨字　説文所無正韻忉音刀憂心貌　【古陶文字徵】

⿰氵乃

◉唐　蘭　⿰氵乃孫　⿰氵乃字舊闕。郭釋順，非。字作□，笵稍損，當是⿰氵乃字。陳介祺藏一簋云「且日辛乃孫乍寶簋」，故宫藏一巨鼎云「乃孫乍且已宗寶」，乃孫即⿰氵乃孫也。一曰仍孫，《爾雅·釋親》「晜孫之子曰仍孫」，所言世數雖不可信，然仍孫之名，古固有之。

沕 泻 沪

【周王䝿鐘考　唐蘭先生金文論集】

◉郭沫若　沕字作[古文字]，所从刀字與銘中剌(烈)字作[古文字]所从者全同，故知當為沕字。沕者舠之異文，《詩·河廣》以刀字代之「誰謂河廣，曾不容刀。」舠行于水，故字从水。

沕字余舊釋為泻，謂泓字之省，固不確。容庚于省吾等復釋為沪，亦僅憑臆斷。【者沕鐘銘考釋　文史論集】

◉戴家祥　[古文字]　[古文字]四　者沪鐘　者沪　吳大澂釋泻，疑即泓省。容庚釋沪，疑即洩字。郭沫若釋沕。高田忠周釋汲。衆説紛紜，迄無定論。金文用作人名，義不可考【金文大字典中】

◉戴家祥　[古文字]蓋　[古文字]器　中子𡘷觥　中子𡘷[古文字]作文父丁尊彝

赤塚忠曰：[古文字]以水為意符，而以弓又或弘為音符之字，蓋泓字也。𡘷為族名，泓則為私名也。殷金文考釋六三葉中子𡘷泓觥　林深明譯。按周名煇釋「引」，柯昌濟謂周説自相矛盾。隸定為泻字。均有待再考。【金文大字典中】

沘

◉劉　桓　甲骨卜辭有沘地：

戊寅卜，才(在)[古文字]貞：王步于盟(?)，亡災。(合集36946)

[古文字]字从水从匕，即沘字。卜辭用匕為妣習見，故沘可讀為沘。

考古之沘水有二，一為《漢書·地理志》所載的「盧江灊縣沘山，沘水所出」。一為《後漢書·光武紀》所載：「漢軍與甄阜梁丘賜，戰于沘水西。」注：「沘水在今唐州沘陽縣南，盧江灊縣亦有沘水，與此別也。」以上兩地，當以後者為是。因為前一沘水今稱淠河，在安徽省境內，殷人活動範圍一般還没有那樣遠。後一沘水，使人聯想起殷代的比國，《路史·國名紀》四：「商後有比國，即沘水，為比干之封。」比干為紂諸父，亦稱王子比干，曾任少師之職，其所封之地應在沘水流域。沘水應指河南省的沘陽河，沘陽縣即由此河得名。【卜辭雜釋五則　殷都學刊一九九六年第一期】

𡿺

◉李孝定　[古文字]　契文女作[古文字]，或作[古文字]，此作[古文字]，實象面縛之形，非女字。金(祖同)氏隸定作𡿺，可商，契文[古文字]字諸家釋𦳝，此象𦳝人之形，金氏讀此為𦳝，其意是也。然非謂此即𦳝字。姑附之於此以俟考。【甲骨文字集釋存疑】

㚤

甲三〇〇〇　从力从女說文所無卜辭每妫連文郭沫若讀為冥妫即娩嘉也　甲三〇九六　乙四九六　乙五八六　鐵五・二　鐵三六・四　鐵五三・二　鐵一四二・一　前四・二六・五　前七・一四・四　林一・三・六　佚五八六　佚六七五　福一六　京津二〇四四　京津二〇五三　京津二〇六二　輔仁二三　粹一二三六　庫一八三四　藏九一或从妾　【甲骨文編】

◉朱歧祥　，从女力聲，隸作㚤。郭沫若《粹編》考釋160頁謂「乃妿省，讀為嘉。此言婦有孕將分娩，卜其吉凶也。」郭說可從。卜辭習言「冥㚤」，假借為「娩嘉」。生子曰：「㚤」，生女則稱「不㚤」、「不其㚤」、「不吉」，顯見殷代社會已有重男輕女的觀念。字有作，有娩孕生子意；从子从女同。由辭例亦得互證。

〈佚556〉壬戌卜，賓貞：婦好冥㚤？

〈乙1424〉庚戌卜，我貞：婦鼓？【甲骨學論叢】

𢀛

甲二二七九　从工在口中說文所無唐蘭說卜辭為國名當是邛之本名林義光于省吾並釋由由方即鬼方　甲三一七三　乙七九三　武丁早期卜辭工字作　乙一四一七　乙四〇五五　鐵一〇・一　鐵一一八・二　鐵一五九・四　戩一二・九　戩一二・一一　前七・二・一　前七・二二・二　後一・一六・三　菁一・一　林二・九・一　安四一二　簠征九　粹一〇八九　𢀛人　佚一七　佚八六二　燕六六三　師友二・八六　【甲骨文編】

◉吳其昌　「𢀛」者。實「𢀛方」之簡稱。所以知者，卜辭中于「𢀛方」之名，緟見疊出，奚翅百數，然或亦㳙稱為「𢀛方」之名。二〇片疏，或亦省稱為「𢀛」。其㳙稱為「𢀛」者，尤所習見。他辭又云：「𢀛亡从」、鐵・一〇・一。「戌㞢𢀛」拾遺四・一四。「叀𢀛」、鐵一五九・四。「三命伐𢀛」、續・三・七・三。「圓半圓般伐𢀛。貞参伐𢀛。帝禘……」，前・六・五八・四。皆簡稱「𢀛」，與本片同例。更明顯之證，則如「𢀛方出」，鐵・一二一・一。有時直稱「𢀛出」。鐵・二三四・一。「乎望𢀛方」，鐵・二四一・二。有時直云「乎望𢀛」。林・二・五・五。「隹王往伐𢀛方」，後・一・一六・一二。有時直云「王往伐𢀛」。後・一・一六・一。「乎多𠂤伐𢀛方」，前・七・三五・一。有時直云「乎𠂤伐𢀛」。前・六・三〇・五。「貞乎伐𢀛方」，前・三・一二九・七。有時直云「貞乎伐𢀛」。後・一・一六・二。且更有一片之中，上下節內，而「貞乎伐𢀛方、貞乎伐𢀛」雜然遣出者，知「𢀛」與「𢀛方」無別，絶無疑矣。「𢀛方」者，為武丁時殷人之巨患，每出以寇殷。其出也，則殷人奔走評號，告禱于先公、先王、先劬、先妣。

其出也，恆于夜。

其出也，恆與「土方」相偕而入寇。

殷人之伐𢀛方也，則往往「大命衆人」。

至于𢀛方地域之所在，則似居于殷邦之西鄰。

故卜辭有「𢀛方牧我西啚田」見上之語，又卜辭云：「……𢀛方𢓊征我，其自西。」前・七一七・一。「𢓊」當與征伐之「征」為一字，从「𠂤」者，當謂以師旅出征也。斯亦其證也。

殷人之逆伐𢀛方也，似亦以「臬」地為前線。

故卜辭云：「乙酉卜，𡧊貞。往復以臬，㚔𢀛方。二月。」前・五・一三・五。「㚔」後衍而為𡴘，即「執」字之初文。像兩手被桎梏。是被執也。亦即「執訊」之詞所从出。是亦記戰爭之語也。「臬」地，當即「湶」地，又為殷人「伐盂方白炎」之前線。参上前第三九片疏。

其後𢀛方似卒為武丁擊破，而臣服于殷。

故卜辭云：「𢀛方謝。」前・五・二三・四。「巳卯卜，㱿貞。𢀛方𡧊賓，至于𢀛。」續三・一・三。是其證也。此殷商一代𢀛方入寇，與殷人禦侮之史實，其源委本末，今可從卜辭中鉤沉重見者也。【殷虚書契解詁】

◉董作賓　𢀛，从工，从𠙵。卜辭中，𠙵多為附加之體，可有可無。而工則實為工字。工典之工作工及𠃑，可證也。余疑𢀛方即鬼方，此念蓄之已久，以卜辭別有鬼方，故未能決，今乃知蓋同音假借，先後異文也。工、鬼，同屬見母，同屬合口，而韻別陰陽，殆如「胡」與「匈奴」之演變矣。⊘𢀛方之名，不見於祖庚以下，而文武丁世又有鬼方與𢀛方，意者武丁征伐𢀛方之後，更易以鬼方之新名乎？鬼方𢀛方，當皆殷人呼之之名，而先後異字耳。在卜辭中，先後異字之例甚多，其最顯著者，為貞與

鼎，囗與畂，巛與戈，黄尹與伊尹、唐與大乙之類。則易𢀛為鬼，不足怪也。【殷厤譜下編卷九】

◉饒宗頤　𢀛　「𢀛」字，向來異説紛紜，多誤以𠃭為工，故或釋為「邛」。今知𠃭與古為一文，即示之異寫，則𢀛字隸定應為从示从口。玉篇有「㖋」字，為嗜之古文，則𢀛乃㖋字（李亞農已發此説）。視之古文作眎，集韻亦作「睹」。五帝紀注：堯姓伊祁，禮記郊特牲作伊耆，由示與耆通用證之，知𢀛方即耆方。尚書「西伯戡黎」，史記黎作耆。尚書大傳：「文王出則克耆。」周本紀云：「明年。敗耆國。」正義曰：「即黎國也。鄒誕生云：『本或作黎。』孔安國云：『黎在上黨東北。』括地志：『故黎城，黎矦國也。在潞州黎縣東北十八里。』」以卜辭所記𢀛方地望徵之，蓋在殷之西，常侵戉（越）唐諸地，當在太行山一帶，與上黨之黎，地理吻合。𢀛亦作「𢀛」，如云：「乎取𢀛」（金璋五六七）「自𢀛」（屯甲十一）「𢀛叀戉」（京津四九一〇）「己酉：弜𢀛方」（屯甲三六一三），并即𢀛方，而省口作「𢀛」。卜辭又屢言「呼臣𢀛」，則𢀛曾入事于殷。故又有「𢀛侯」之記載（前編六·二九·七）。𢀛之作𢀛，亦猶册之作𠕋，目之作𥄉矣。耆為殷西大國，周之翦商，必先伐耆，乃克陳師東指，尚書因有戡黎之篇。今由卜辭之𢀛（㖋），以證周本紀之耆，知漢人傳寫尚書，其作「黎」與「飢」（集解引徐廣説）并後來假借，而非其朔，是則有裨于經典者矣。【殷代貞卜人物通考】

◉李孝定　𢀛字孫釋昌王己駁之，王疑𢀛𢀛之異體，林謂𢀛方即土方，古並即「古方」，即經傳習見之鬼方。二説葉己並駁之，駁之是也。惟葉釋苦，亦臆説耳。無論𢀛之非舌，已見唐氏所駁。即如其説，則吐舌出口安知其不為辛辣字邪。唐氏釋為从口从工，是也。然謂當於今之邛縣，則亦無確證。且卜辭𢀛方不下數十百見，其為殷邊患實至頻數，以地望言，邛縣之去殷都且數千里，以當時交通情形言之，𢀛之寇殷似不能若是其數也。𢀛蓋殷西大國，相去當在數百里之間，地望今不可考，則闕之可也。隸定作𢀛與𢀛同意，而音則不必同，亦猶口吅品之不同讀也。説文所無。

于氏謂工誤為士，以今隸言之固有可能。而古文𢀛之與𢀛，則字形懸異，似不當謂𢀛為𢀛之譌。至謂𢀛方即鬼方，舍音近外。二者無若何其他之關係，𢀛方是否即為鬼方，似仍以存疑為是也。且即令假為鬼方，此字仍祇能依新定收之於此也。

【甲骨文字集釋第二】

◉徐南洲　卜辭中所見的𢀛字甚多，然而不外乎四種形式即：𢀛、𢀛（《殷虛書契前編》第五卷一九頁六片）、𢀛（《殷虛書契前編》第四卷三二頁六片）、𢀛（《鐵雲藏龜》第一五九頁四片）。按此諸式，下部均有𠙵，中部均有丨，上部均有口。故此字的基本形式或初形應當是「𢀛」，其餘皆為變體。

此字下部的「𠙵」，各家都釋為「口」，可從。惟孫詒讓釋為「曰」，但他又以為「曰」與「口」只是形式上稍有差別而已，故本文不擬再作討論，仍定為「口」字。

字中部的丨、十、丄、[glyph]四種形象，應當表示同一事物。如果釋「十」為甲文的「甲」字，釋「丄」為甲文之「示」字，并非不可，但「示」與「甲」意義各别，又都不能解釋丨、[glyph]二形，故不宜用已經隸定之甲骨文作解，當從生活、生産之器物中求之。竊以為此四者都是指古代祭祀時所用的一種名叫「互」的器具之形。

「互」之為物，為何有四種形狀？這并非是筆畫之省衍，實因器物之演進而成。最初，僅立柱于地即用以懸掛祭品，故呈「丨」形。次作「十」字形，大約可懸之肉益多。又次而作「丄」形，象其下置横木，其全形或作為「[glyph]」，優點是懸肉多，又可隨意挪動其位置。最後改作「[glyph]」形。由于前者懸肉既多，容易傾倒，所以改用[glyph]形的兩根斜木以分其柱所受之重力。故此式有掛肉多、能移動和格架牢固等三個優點，至今屠宰業仍沿用不衰。馬叙倫《説文解字六書疏證》簝字條云：「其實，《牛人》之互乃梐之省借。」梐即梐枑，《周禮·天官·掌舍》注曰：「梐枑謂行馬。」所謂行馬即封建社會衙門前用以阻攔人、馬隨意通行的木杈，俗稱為「拒馬叉子」或「捄衆」（見《説文通訓定聲》枑字條）。其形製與[glyph]相差，由此可證[glyph]確為互字之一式無疑。

字的上部為[glyph]形。中部諸形既為互，而[glyph]又在互之上，應當是互上所懸掛之祭品或稱為「互物」者也。

[glyph]之釋為肉，可以甲文中之[glyph]字證之。[glyph]擬釋為「搏」即今之「捕」字。甲文另有肉字作「夕」（《殷虚文字甲編》一八二三片），竊以為泛指生物之小塊肌肉而言，而[glyph]則為大塊的鳥獸魚鼈之肉。⊘「大臠也」。既有大臠，甲文之夕即指小塊，而[glyph]字則表示大臠。

據此可知：胡字的造作，實為其下部之口字、中部之互字及上部之肉字三者組合而成。⊘此與已隸定之甲文「古」字若合符節，另將象互物的長方形肉塊口析離為單獨的偏旁，寫作「月」，從而構成「胡」字。《説文》曰「胡，从肉，古聲」可證。【「吿」字門外談　考古與文物一九八七年第三期】

◉朱歧祥　𢀛　𢀛　从工口，隸作𢀛、或𢀛。《説文》無字。卜辭用為殷武丁時西北强族，相當文獻中的鬼方《周易》、鬼戎《竹書紀年》、吉金文中的䰝方《盂鼎》、魃蠻《梁伯戈》。𢀛方、鬼方屬於同族異稱，由下列刻辭、文獻、曆法、地望都可以互證。

（一）用刻辭、文獻互證。

現存記載𢀛方的卜辭多達四百八、九十片，全都是屬於武丁時期。而只有一片據貞人「出」推論是第二期祖庚卜辭的。⊘𢀛方卜辭集中於武丁一代，卜辭或言觀望敵踪，或述攻伐吉凶，或稱封賜以誘敵酋，或道擒執以示武功。單是卜問「伐𢀛方」此行能否獲勝的，便已有兩百餘條，遭受𢀛方蹂躪的殷地，所見亦不下數十處。

（二）由曆法證。

根據殷曆考訂武丁伐𢀛方的時間，亦合三年之數。

（三）由卜辭地望證。

殷民族的活動範圍是在現今陝西、河南省境内的黄河流域，而𢀛方大致出没於殷西。「圁水流域」正是文獻中鬼方盤踞的地方，《竹書紀年》武乙三十五年述周王季伐「鬼戎」而俘「翟王」；《春秋》、《世本》皆謂：狄族，隗姓；鬼方，隤姓。可知鬼、狄本是同源。狄族本發源於圁、洛附近。《史記・匈奴傳》：「晉文公攘戎狄于河西圁、洛之間，號曰：赤狄、白狄。」圁水出漢代上郡白土縣西，東入黄河，今總稱無定河，位於陝西北部；洛水即陝西以北的洛河。

此外，由羌族與卜辭中的𢀛方《柏33》和文獻中的鬼方《竹書》同辭；刻鑄有「鬼方」的彝皿都出土於陝西省内；及由語音看，𢀛字从工聲，與鬼字同屬見母合口字，都可以作為𢀛方，鬼方同族異名的佐證。【殷墟甲骨文字通釋稿】

◉徐中舒　□ 一期 遺一七五　□ 一期 遺九五八

從□工從口，孫詒讓釋昌；王國維疑當釋吉，丁山、衛聚賢從之；林義光釋古，謂古鬼音近，故𢀛方即鬼方；董作賓釋工，又以工鬼同屬見母，可通假，故𢀛方即鬼方。于省吾從之。但卜辭中另有鬼方，鬼作□，參見卷九鬼部鬼字説解；葉玉森釋苦，謂同楛；唐蘭釋工，謂即邛之本字；胡厚宣釋共。迄今尚無定論。

方國名。【甲骨文字典卷二】

□9・94　肖⿰土卩　説文所無集韻⿰土卩鄉名【古陶文字徵】

◉孫海波　□甲二五八一　不从口形。與羌近。又疑苟从羌得聲。【甲骨文編卷九】

◉郭沫若　⿱艹丂字原銘作□，象狗貼耳而坐之形。【旅鼎　兩周金文辭大系圖録考釋】

◉屈萬里　□與□□相似，諸家定為⿱艹丂字，蓋是。⊘卜辭中所見者，多為卜問向⿱艹丂求雨之辭，疑乃神祇之類也。【殷墟文字甲編考釋】

杏

◉朱歧祥　[glyph]、[glyph]——[glyph]、[glyph]

[glyph]、[glyph]，象枝葉上生茂盛貌。字有增口。比照𢦏字的[glyph]，从才聲，是知[glyph]當隸作杏，讀為載。《爾雅·釋天》：「夏曰歲，商曰祀，周曰年，唐虞曰載。」卜辭習言「今杏」，即「今載」，相當於現今所謂的「今年」。前人有釋此為春或秋字，皆不確。卜辭中卜問「今杏」事情的月份包括三、四、五、十一、十二、十三諸月，如：

〈後上31·6〉　丁酉卜，㱿貞：今[glyph]王登人五千征土方，受㞢又？三月。

〈鐵151·2〉　丙戌卜，今[glyph]方其大出？五月。

〈存1·627〉　壬寅卜，争貞：今[glyph]王伐[glyph]方，受㞢又？十三月。

由三月算到十三月，或由十一月算到五月，都長達八九個月。前人有釋此為春或秋字，唯若謂殷代的春或秋的時限可以涵蓋如斯廣闊，實難以置信；且甲骨文春字作[glyph]，秋字作[glyph]，與此字不混。是以「今杏」宜釋作「今載」為合。由辭例知[glyph]、[glyph]、[glyph]、[glyph]同字。

(a)〈鐵151·2〉丙戌卜，今[glyph]方其大出？五月。

〈掇2·488〉今[glyph]方其大出？

〈粹1053〉☒㱿貞：今[glyph]王出？

(b)〈餘13·2〉丁亥卜，出貞：來[glyph]王其𡧊祊。

〈掇1·91〉☒來[glyph]☒从望☒？【甲骨學論叢】

朳

[glyph] 9·47　左朳立木　説文所無集韻　朳齒杷也　【古陶文字徵】

朼

◉徐錫台　（十二）H11:108號卜辭：

「自不朼」。

「不」同丕，義為大。「[glyph]」即朼。《儀禮·喪禮》。「乃朼載」注：朼，以出牲體載而受于俎也。「自不朼」，即用丕(大)朼也。

【周原出土卜辭試釋　古文字論集(一)　考古與文物叢刊第二號】

◉張亞初　[古文字](綜類一八八頁)　[古文字]字从木从又，卜辭之又有為同字，故可隸定為栯。集韻栯，乙六切或尤救切，音郁或宥。廣韻：「栯，李也。」卜辭以「栯棗」連文，「栯棗」即李與棗。【古文字分類考釋論稿　古文字研究第十七輯】

◉徐中舒　[古文字]一期　乙三八四三　從大從大，大字卜辭亦用作大，但偶作「顛頂」之義則讀作天，故于省吾謂[古文字]象一人騎在另一人頭上。《甲骨文字釋林·釋尼》。疑為神祇名。【甲骨文字典卷十】

◉徐中舒　[古文字]一期　後下一九·四　從二[古文字]，象二人攜手竝立之形。疑為祭物名。【甲骨文字典卷十】

[古文字] 121 【包山楚簡文字編】

[古文字] 布方　反書　典五二　[古文字] 布方　亞四·二〇　[古文字] 仝上　[古文字] 布方　晉高　[古文字] 仝上　[古文字] 仝上　[古文字] 布方　晉高　[古文字] 仝上　[古文字] 仝上　[古文字] 布方　晉高　[古文字] 布方　典四五　[古文字] 布方　反書　典四三　[古文字] 布方　左旁反書　典四六　[古文字] 布方　反書　典四八　[古文字] 布方　典五〇　[古文字] 布方　亞四·二〇　【古幣文編】

◉饒宗頤　「辛卯卜邲：彡彫。其又于四方」(南北明六八一)。

邲卜僅此一見。銅器有邲卣三事，為馬叔平摹本，載殷曆譜後記，字作[古文字](丁山釋邲，文物周刊第三十七、三十八期)。其銘文有云：「丙辰，王令邲其兄(祝)釐。……在正月。遘于妣丙。彡日，大爽。隹王二祀。既𫝈(戒)于上下帝」(器一)。「乙巳，王曰：障文武，帝乙宜。……己酉，王在梌，邲其易貝。在四月。隹王四祀，羽日」(器二)。由銘詞有「文武，帝乙宜」語，文武應即文武丁。邲名見于卜辭，則卜人邲之年代當屬殷晚期。是器丁山讀作「邲其」。謂邲是邲之初文。詩淇奧「有斐」。韓詩作「有邲」，云：美貌。又引東天民藏卜辭拓本云：「……邲至，……兄先，大雨」(胡氏甲骨六録所無)。按以卜辭證之，但稱曰邲，「其」字當是語

詞，非人名。邙器言及帝乙，則其人乃當帝辛之世矣。【殷代貞卜人物通考】

◉李家浩　戰國貨幣裏有一種面文如下的平首方足布：

（一）（《我國古代貨幣的起源和發展》圖版一九·一）

舊釋為「郕」或「戈邑」二字，認為即《左傳》襄公四年「寒浞處其子于戈」之「戈」，其地春秋時在鄭宋之間。從表面上看，把此字釋為「郕」似乎是毫無問題，但是在古文字裏「戈」旁往往有用為「弋」的現象。因此這個字也可能是「邙」字。下面我們舉幾個古文字「戈」旁用為「弋」的例子，並略加説明。

（二）：鵝（為）命祇祇，不愆（愆）不貳。（蔡侯鐘。《壽縣蔡侯墓出土遺物》圖版四七、五一、六九）「貳」應釋作「貳」。「不貳」當讀為「不忒」。貳忒二字都从「弋」得聲。

（三）：罭獵母（毋）遂（後），寳（纂）在我車（杕氏壺·《兩周金文辭大系》圖録二六六）。此字从网从戈，郭沫若先生釋為「罭」，認為是「弋」字的繁文，郭沫若：《兩周金文辭大系考釋》二二八頁。科學出版社，一九五七年版。甚確。《史記·范雎傳》：「且夫三代所以亡國者，君專授政，縱酒馳騁弋獵，不聽政事。」

（四）：……皆三伐之子孫……（信陽楚簡。《文物參考資料》一九五九年第九期二七頁一〇七）。「三伐之子孫」自當讀為「三代之子孫」。在古書裏，代伐二字混用也是常見的現象。

（五）：或敢不閛八（其）腹心，台（以）事六宗（《侯馬盟書》一八〇頁一：九四）。此字當是「忒」字，在盟書中為人名。

以上所舉的一些例子都是作為偏旁的「戈」用作「弋」的例子，獨體的「戈」字與「弋」相混的例子如：

（六）：瀧汩□澫（濿），未又（有）日月，四神相戈，乃步以為歲，是隹（惟）四寺（時）。（長沙帛書。《文物》一九六四年第九期二一頁《戰國帛書摹本》）。

（七）：帝曰：繇，□之哉，母（毋）弗或敬。隹（惟）天乍（作）福，神則各（格）之；隹天乍夭（妖），神則惠之；隹敬隹備，「備」字舊釋為「僕」，不可信。今從朱德熙先生説，改釋為「備」。天像是惻；成隹天□，下民之戒，敬之母戈（同上）。

上録二「戈」字都應該釋為「弋」。（六）的「相戈」當讀為「相代」。「四神」指的是竈（伏）虘（戲）與女堇（媧）所生的四個兒子。（六）的意思是説四神相互更替步行一周成為一歲，這就形成了四時。四神分行四時，也就是説分掌四季。此段文字是有韻的，濿、月、歲，月部；代，職部；時，之部，職之合韻。（七）的「母弋」當讀為「毋忒」。郭沫若、安志敏、陳公柔等把「毋戈」之「戈」徑釋成「忒」。雖然他們没有説明原因，但他們似乎也認為「弋」字而讀為「忒」。見郭沫若《古代文字之辨證的發展》。《考古》一九七二年第三期；安志敏、陳公柔《長沙戰國繒書及其有關問題》,《文物》一九六三年第九期。這一段文字也是有韻的,以哉、福、之、之、備、惻、戒、忒相叶。除哉、之屬之部外,其它的字都屬職部,也是職之合韻。

由以上所舉的例子可知,在古文字中,「戈」這個形體無論是作為偏旁還是作為獨體字,往往用來代表「弋」。因此,我們認為所謂的⿰戈阝布的「⿰戈阝」很可能是从邑从弋的一個字。因為是地名,故从邑。「⿰弋阝」當讀為「代」。代本來是古國名,戰國初年為趙襄子所滅,其地遂歸趙所有。到了趙惠文王三年(公元前二九六年)改建為郡。公元前二二二年被秦占領,秦仍于此置代郡,漢因之。《漢書·地理志》代郡有代縣,其地在今河北省蔚縣。此布當是秦置代郡前趙國所鑄。

《簠齋手拓古印集》四〇·八著録如下一方古鉩:

(八)

第一字也應釋為「⿰弋阝」,讀為「代」。

⿰弋阝字又見于下揭古鉩:

(九)(《簠齋手拓古印集》一·三,一三·五,一八·三)

「⿰弋阝易」當讀為「弋陽」。《漢書·地理志》汝南郡有弋陽縣,在今河南潢川縣西,戰國時期屬楚。

最後需要説明一下,(一)和(九)的「⿰弋阝」字,以及(二)的「貣」字,所从「弋」旁横畫下邊的一筆寫得較平,與「戈」字一般寫作斜筆者略有不同。我們知道,古文字裏直畫上往往可以加一短横,例如:

市(《金文編》三三一)

先(《侯馬盟書》三三八)

每(同右三〇八)

母(《古鉩文字徵》十二·三)

弓(同右十二·五)

「弋」寫成(一)、(二)、(九)偏旁的形狀,可能是同類現象。因其與「戈」字形近,所以發生混淆。【戰國⿰弋阝布考 古文字研究第三輯】

◉張 頷 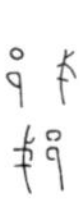 古鉩⿰戈阝昜君鉩即从戈邑與此字同。尖足布武安、武平之武字皆作,河南孟縣出土空首布武字作,所从戈字形均與此同。四年⿰戈阝相樂寞戈文同。【古幣文編】

非

◉湯餘惠 □121 郊、弋阝 右旁从弋，加・為繁飾，簡文弋字均作□，與此有異。【包山楚簡讀後記 考古與文物一九九三年第二期】

◉劉心源 非。舊依荷屋釋鼎。㠯鼎从□。為析木形也。小篆如此。古刻鼎作□。从□。象鼎足枝持形。擽古録二之一既尋卣引徐籀莊説。析木即析薪。箸子孫上負荷也。心源案。左傳云。其父析薪。其子弗能負荷謂之不肖。則析木之訓深矣。【奇觚室吉金文述卷二】

⿱止丂

◉陳世輝 「淫⿱止丂甚亂」：此句由兩個並列的詞組所構成，詞組的前一字都是修飾後一字的，即淫與甚是修飾⿱止丂與亂的。因此，甚字不必像過去那樣改讀成另外的字，照原來的字面去講就可以。淫、甚二字都是過甚的意思。這裡解釋一下⿱止丂字。⿱止丂字原作□，郭沫若先生隸定作⿱止丂，這是很合適的。此字从止丁，丁為古丂(音考)字。金文「皇考」的考字，就有很多省作丁。《頌簋》、《頌壺》的考字作□、□。一般情況下，丁字是不出頭的，這兩件頌器就出了頭。詛文的丁字也在上面出頭，這是不足為奇的。詛文「不敢曰可」的可字，从口丁，丁字的筆勢和⿱止丂字所从的丁也相同。⿱止丂字从止丂聲，當即⿱止可字。《説文》：「丂，气欲舒出，勹上礙於一也。丂，古文以為亏(于)字，又以為巧字。」《詛楚文》有于字，字形區別很明顯，于字一説可以置而不論。金文既然借丂為考，以丂為巧是可信的。考、巧都省作丂，可字也就能省作丂。甲骨文的河作汅，那是最早的例子。因此，⿱止可字是可以寫成⿱止丂的。《説文》又説：「□，反丂也。讀若呵。」我們知道，古文字字形的反正每無別；《説文》的「讀若某」往往就是某字。那麼，丂應當就是呵本字。這與「丂，氣欲舒出」的解釋是完全符合的。丂既是呵，⿱止丂也就是⿱止可字。⿱止可與苛字古時通用。《説文序》：「廷尉説律，至以字斷法，苛人受錢，苛之字止句也。若此者甚衆。皆不合孔氏古文，謬於史籀。」可見苛、⿱止可是相通的。⿱止可字本从止可，而當時的官吏卻説是从「止句」，這遭到許氏的非難。郭忠恕的《汗簡》可部有⿱止可字，作□，《説文》所謂的「孔氏古文」，或許與此類似。詛文的⿱止丂字，當是「古文」⿱止可的一種寫法。《廣韻》：「苛，政煩也。」《禮記・檀弓》：「苛政猛於虎也。」詛文説：「淫⿱止丂(苛)甚亂。」淫苛和上文的「無道」，下文的「暴虐」正相適應。【《詛楚文》補釋 古文字研究第十二輯】

⿱山儿

◉楊樹達 □ □ □ □ □ 南方之風曰⿱山儿，胡君讀⿱山儿為微，字形甚合。獨曰風暖則微，又引鳥獸析革，謂希微義近，則似非是。今謂⿱山儿當讀豈。説文豈下云：「從微省聲。」微下云：「從敳聲。」敳下又云：「從豈省聲。」許君於敳豈二字得聲之説繳繞不明，然微豈同微部字，二字聲音相近，自無疑義。知⿱山儿當讀為豈者：詩邶風凱風云：「凱風自南。」爾雅釋天云：「南風謂之凱風。」吕氏春秋有始覽云：「南風曰巨風。」高注云：「一曰凱風。」淮南子地形篇云：「南方曰巨風。」高注云：「一曰愷風。」豈凱愷并同，甲文所言與詩爾雅吕覽淮南並相合也。【甲骨文中之四方風名與神名，積微居甲文説】

◉吴式芬 [glyph]囝　説文所無　鼎文〈10129〉「囝」　[glyph]父辛簋〈0995〉「囝乍父辛彝」　[glyph]父辛爵〈1727〉「囝父辛」　[glyph]爵文〈1511〉「囝」

許印林説[glyph]乃四圍邊界。如亞形之例。其文則子。若唐顧況囝詩。方言俗體，非古所有。【攈古録金文卷一之一】

◉劉心源　囝。或釋包。案。青箱雜記。閩人呼子曰囝。正字通。閩音讀若宰。亦作崽。楊時偉正韻箋解韻逸字收崽。讀若瀧。心源案。今湖北崇陽蒲圻通城通山皆呼子如宰。即囝字。非獨閩也。又通志六書略謂囝即月字。焦竑俗書刊誤引唐武后字曰作[glyph]月作囝。集韻。囝音月。武氏所製字亦有所本。[glyph]即説文日下古文作[glyph]者。囝已見於此銘。特用為月字無謂也。【囝爵　奇觚室吉金文述卷七】

◉强運開　[glyph]　囝父辛爵。説文所無。集韻。九件切。音蹇。閩人呼兒曰囝。正字通。閩音讀若宰。青箱襍記。唐取閩人子為宦官。顧況有哀囝詩。據此。爵文是古本有囝字矣。吴愙齋以為即包之古文。未塙。【説文古籀三補卷六】

◉戴家祥　[glyph]囝父辛爵　囝父辛　[glyph]囝父辛彝　囝作父辛□　金文用作人名。無義可考。【金文大字典上】

◉戴家祥　[glyph]蓋　[glyph]器　王古伎卣　王古伎田精𤇾作父丁尊彝　[glyph]一蓋　[glyph]一器　[glyph]二　𤇾父丁尊　王古伎田精𤇾作父丁尊彝

伎字从人，从支。説文所無。古文四聲韻上聲九麌侮字籀韻作伎。六書統云：籀文侮，从人从支。戯以支擊人，與伎字異。按説文「侮，傷也。从人，每聲。」在六書為形聲。伎字从人，从支。説文「支，小擊也。」在六書為會意。古代實有其字，許氏失收。唐韻侮讀「文甫切」，明母魚部。【金文大字典上】

◉陳偉武　件，《陶彙》6·18作[glyph]，未釋，《文字徵》第364頁入于附録。今按，首字不識，次字疑即件字，《説文》所無。《玉篇》：「件，偶敵也。」戰國文字人符每加飾筆。或點或短横不拘，如《古璽彙編》中信字或作[glyph]1954，又作[glyph]5509，侯馬盟書伐字作[glyph]。午字金文作[glyph]（農卣）、[glyph]（陳侯午錞），與陶文件字所从相近。【《古陶文字徵》訂補　中山大學學報一九九五年第一期】

杀　伕　伒

◉朱歧祥

，从斤，象以斤斧伐夷人，隸作伒。《説文》無字。卜辭用為動詞，有砍伐意。字復用為地名和人名。字形有左右移位作。由辭例「呼伒」得證同字。

〈乙6697〉　乙酉卜，賓貞：呼奴，若？

〈掇1·352〉　貞：勿呼？【甲骨學論叢】

◉商承祚　佚·四二九　乃行字。與為一字。【殷契佚存】

◉何琳儀　《璽彙》三二三三著録一方齊璽，印文三字：

鉩

釋文「郳退鉩」。戰國文字「兒」旁習見，其上多作「臼」形（參《璽彙》二一二七「郳」），而與旁有別。故舊釋「郳退」均應重新考慮。

檢三體石經《僖公》「殺」作：

其左旁與上揭齊璽首二字所从偏旁形體吻合。由《説文》「殺，戮也，从殳，杀聲。」類推，石經左旁應釋「杀」。

首字从「邑」，从「杀」，可隸定「郄」，亦可隸定「鄵」（「杀」、「祟」古本一字，詳下文）。《廣韻》「鄵，頳下。」「郄」在璽文中讀「殺」，姓氏，見《姓苑》。

第二字从「辵」，从「杀」，應隸定「逫」，字書所無，璽文中似是人名。該字亦見子禾子釜，凡二見：

中刑□逫

厥辟□逫

句中縱有不識之字，然與「刑」、「辟」相關之「逫」讀「殺」，似亦可通。

《説文》無「杀」有「殺」，从「殺」得聲字則有「榝」、「粲」、「鎩」等。至于其他字書中「弒」、「刹」等更是習見之字。因此有必要對這一偏旁有所認識。《說文》「殺」下附有古文三字：

□ □ □

錢大昕《說文答問》「杀不成字，當从古文□。」實則第三古文應隸定「𠂒」，與「杀」形體無涉。《說文》以「𠂒」為「殺」，取其音近可通而已。另外二古文則確與戰國文字「殺」有演變關係：

□ 盟書三二六　□ 盟書三二六

□ 帛書　□ 叔孫殺戈

上揭第一古文如果剔除其「介」旁不計（「介」與「殺」疊韻，為附加音符），則與叔孫殺戈之「殺」形體最近，又與三體石經「㱿」作□，亦有筆畫演變軌迹。「㱿」乃「㪙」之譌變，甲骨文、金文習見：

□ 粹二七五　□ 𢦏簋

晚周文字「又」多作「攴」或「殳」，「木」譌變為「出」，遂與古文甚近。古文字「木」與「禾」旁往往互作，此盟書、帛書「殺」左上从「禾」之故。《五音篇海》「殺」作□，適與盟書密合。《孟子·萬章》上「殺三苗」，《說文》引作「竄三苗」。沈兼士《𠂒殺祭古語同源考》指出「祟」為「殺」之古文，甚有見地，從古文字演變分析，「殺」為「㪙」（㱿）之分化字。

由此類推，《璽彙》下列晉璽之字亦可釋「杀」：

□ □

以其與盟書比較，璽文豎筆上端多一斜筆，頗似「人」形。類似現象在《璽彙》中習見：

赤　□ 四〇七二　□ 四〇七〇

康　□ 一一一四　□ 二〇五九

呈　□ 四五一七　□ 四五二〇

城　□ 一三一〇　□ 〇一五〇

晉璽中「杀」為人名。另外下列燕璽：

□ 二二二三

□ 三八七二

應分別釋「郣」、「剎」。前者為姓氏，已見上揭齊璽。後者為人名，見《說文新附》「剎，柱也，从刀，未詳。殺省聲。」

綜上分析，大致可見「杀」之演變序列：

中國文字 新十七期

a ——————

—— ——————

b ————

b式與a式之關係尚不明瞭，b式與傳鈔古文之關係則至為明晰。b式形體或另有來源，然其讀「杀」似無疑義。從戰國文字地域特點分析，「杀」齊系作 ，燕系作 ，晉系作 ，楚系作 。【古璽雜釋再續 中國文字新十七期】

𠦃

布方郯背一𠦃通于半字說文所無侯馬盟書作 晉高 仝上 布方郯背一𠦃 晉高 仝上 仝上 布尖晉易𠦃 晉高 仝上 布尖膚虒𠦃 晉原 布尖 晉易𠦃 晉原 布尖𠦃 晉原 布尖閃𠦃 晉高 布尖閃𠦃 晉高 布尖茲氏𠦃 晉高 仝上 布尖 茲氏𠦃 晉高 布尖𠦃 晉高 布尖閃𠦃 晉原 布尖閃𠦃 晉原 布方小 茲氏𠦃 晉原 仝上 布方小 茲氏𠦃 晉高 布尖 茲氏𠦃 晉原 布尖𠦃 晉高 布尖𠦃 晉高 布尖大陰𠦃 晉朔 布尖晉易𠦃 晉原 布尖閃𠦃 晉原 布尖膚虒𠦃 晉高 布尖大陰𠦃倒書 晉盂 布尖晉易𠦃倒書 晉原 布尖 倒書 僅此一字背六 晉高 布方郯背一𠦃 典五一 布方郯背 典四四 布方郯背一𠦃 典四五 布方戈背 典四九 布方𠦃釿 典一二五 仝上 典一二六 布方𠦃釿倒書 典一九八 布方陰晉𠦃釿 典二七〇 布方㡿𠦃釿倒書 典二八九 布方鄠氏𠦃釿 典三一九 仝上 典三二〇

布尖大陰𠦃反書 展貳拾 布尖大陰𠦃 典三五六 布尖于（?）𠦃倒書 典三六〇 布尖易𠦃 典三六八 布

尖首易尒　典四二〇　[字形]　布方梁尒　尚二全当寽　典二二二　【古幣文編】

◉丘光明　以實測器物容量校釋子禾子銅釜銘文之𣂑字：

陳純銅釜銘：「左關之釜，節于廩釜。」子禾子銅釜銘：「左關之釜節于廩釜，關鉚節于廩𣂑。」這兩句銘文中的左關釜是指陳純銅釜與子禾子銅釜，關鉚當即左關之鉚。鉚用作容量單位名稱，雖未見史書記載，但它確曾用作齊國量器單位名稱已毋容置疑，可補史書記載之闕。節，節度、法度，在此有校量、檢定之意。廩，官府貯藏糧食的倉庫。銘文大意可理解為：左關用的量器必須以倉廩所用量器為標准進行比對、校量。銘文中「𣂑」字，有人釋為半升。郭沫若：《兩周金文辭大系圖録考釋》。經實測，十鉚正合一釜，如果一鉚相當於半升，一釜僅相當於五升，與釜的實際容量相差太遠。也有人認為「𣂑」為「料」之誤，當是半斗。楊樹達：《子禾子釜跋》，載《積微居金文説》。如按半斗推算，一釜則相當於五斗，兩種説法相差十倍，也仍與齊國量制不合。

《説文》斗部有「料」字。「料，量物分半也，從斗從半，半亦聲。」故「料」或「𣂑」不是半斗或半升的專用字，只是一定量的一半。「𣂑」字在戰國銘文中常見，寫法的變化很多，有[字形]、[字形]、[字形]、[字形]、[字形]等。朱德熙：《戰國記容銅器刻辭考釋四篇》《語言學論叢》第二輯，1958年。如：

公芻[字形]石(銅權)(《貞松堂集古遺文續編》卷下，頁24)

再四兩[字形](小銀人)(《洛陽金村古墓聚英》第18圖)

安邑[字形]釿(貨幣)

鄭東□[字形]　[字形](銅鼎)(《陶齋吉金録》卷5，頁6)

以上幾例皆可説明「[字形]」、「[字形]」均為數詞「半」字，既可以冠在容量單位前面，又可以冠在重量單位前面，而不是半斗或半升的單位量名。可知「關鉚節于廩𣂑」的「𣂑」也當作「半」解釋，只是在半字的後面省略了容量單位。朱德熙：《戰國記容銅器刻辭考釋四篇》，《語言學論叢》第二輯，1958年。戰國銅器中記容的數字後面省略量名的例子很多，如：

中私官容半(鼎)(《三代吉金文存》卷2，頁53)

□□城，三半鎮(鼎)(《三代吉金文存》卷2，頁54)

右胅三半(鼎)(《三代吉金文存》卷2，頁53)

上樂床容[字形](三分)(鼎)(《三代吉金文存》卷2，頁53)

那麽，在「關鉚節于廩𣂑」的𣂑字後面省略的容量單位應該是什麽呢？既然從《管子·輕重》已知齊國五區等于一釜，十斗也等于一釜，今已知十鉚的容量正合一釜，一鉚即相當於半區之量，因此可推證「關鉚節于廩料」料字後面省略的是「區」。【試論戰國容量制度　文物一九八一年第十期】

◉朱　華　在小方足布中有一種常見的戈邑布。這種布有周郭，正面中間有一道豎紋，「戈」字在左，「邑」字在右。戈字與周宅毀、楚帛書中的戈字極為相似，邑字傳形。背文多數為「⿸」，少數則為「⿸」。通長4.9至5釐米，寬3釐米，重9.3至10.7克。布的形體較其他方足布厚大，鑄造工整，且大小基本一致。

戈邑布

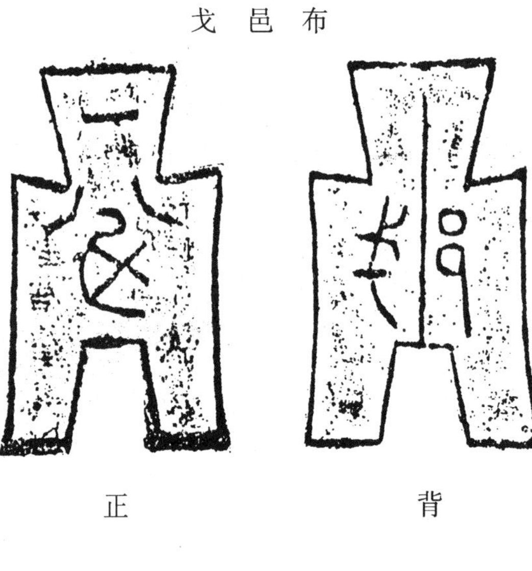

背　　正

背文「⿸」，衆釋不一，舊泉譜中有釋「一八化」，丁福保：《古錢大辭典》，有釋「分」劉心源：《奇觚室吉金文述》。有釋「八化」，李佐賢：《古泉彙》。還有釋「一分×」即一分五者，一貨為五布值。現在研究古錢幣的學者都隸定為「半」字，認為是貨幣單位的面額即其值。《山西陽高橋出土的戰國貨幣》作者認定為「一半」二字，山西省文物管理委員會：《山西陽高天橋出土的戰國貨幣》《考古》1965年第4期。但未作進一步剖析探討。

「⿸」，从八，从斗，即斗，即半斗，是半斗的專用量詞。《說文・斗部》：「料，量物分半也。从斗、半，半亦聲。」量物分半，是指容量單位。這在戰國時期的青銅器和太原市發現的漢初量器漢初量器銘「尚方半」1979年9月10日《人民日報》均有銘刻。近幾年

《睡虎地秦墓竹簡》和江陵鳳凰山八號西漢墓的遺册中亦有半和一半的記載。

半字的出現是較晚的，最早見於春秋時期的秦公毁，「[古文字]」，小篆寫作「半」，秦半兩錢則書作「[古文字]」、「[古文字]」。在我國使用半字者甚夥，如古代儀仗有「半仗」，黄鐘等十二律有「半律」。

朱德熙和裘錫圭先生説：「戰國時代的斗，一般用作半字……半的習慣當有時代或地域上的不同。」朱德熙、裘錫圭：《戰國時代的「料」和秦漢時代的「半」》《文史》第八輯。這是很對的。

布幣面文除署有地名者外也有「[古文字]」、「[古文字]」、「[古文字]」字者，如尖足布中的大陰、晉陽、榆、韋、兹氏、閔等布。从「八」从「[古文字]」，與《侯馬盟書》一・一之「[古文字]」，字形極為相似。所以戈邑布背文與以上各類尖足布上的錢文半字相同，釋半應無異議。其次，布幣的面背紋飾，無論是尖足布或方足布均為竪紋，竪紋有直或稍斜，但未見有横紋者，特别是布的首部。布身部若有横紋者則為鑄布範的次第之紀號。如「一二三」等，這在尖足布中多見，方足布少有，且多鑄於背面布身中間，或稍偏一側，少數在足部靠上。而戈邑布之半字上一横劃，當為數字，從其部位看，也不是鑄布的範次號，與半字相連結，也決非布之紋飾，因此這一横劃應與半字連讀，為「一半」二字。

貨幣既然是商品交換的媒介，是衡量一切商品價值的尺子，因此它和稱量單位有着極為密切的關係。為測量商品價值更方便，有必要確定一定重量作為一個貨幣單位，為了適應買賣大小不等的需要，貨幣單位又分成更小的等分。因此在布面文上出現了半字，這是一種應有的正常現象。布幣面文中的半字，在「三晉」布幣中屢屢習見。如前所列之尖足布大陰、晉陽、榆等，以及兹氏、閔布的半字，它的含意正如王毓銓先生所述：乙型晚期布有大小兩種（指尖足布），小的有關貨幣單位的文字只有一個「半」字，其未用文字表明而錢的大小輕重和記半字相同的兩個小的重量正符合一個大型的晚期布的重量。王毓銓：《我國古代貨幣的起源和發展》。就是説，面文有半字的兩個小型尖足布約相當於一個大型的尖足布，即兩個大陰或晉陽布相等於一個甘丹大型尖足布。

從布幣面文所示的鑄幣地名判斷，半字多出現於趙國鑄幣，而魏幣則明顯地揭示出「半釿」、「一釿」、「二釿」，如安邑布、甫反布、陝（狹）布、[古文字]布、[古文字]布等等，以釿為稱量單位。趙幣雖只有半字，但這不過沒有標明稱量單位的詞而已，卻仍三晉「釿」字的體系，這可能是屬於區域性的習慣而已。

《漢書・李陵傳》説：「令軍士人持二升糒，一半冰。」江陵鳳凰山八號西漢墓104號簡也有：「一半飲梔（卮）。」《文物》1976年第6期72頁。一半冰和一半飲卮是指容量言。金屬鑄幣是依靠本身的價值進行商品交換的，所以戈邑布背文一半二字則應屬於貨幣面額的幣值，其所表達的量詞應屬一致。在鑄造此幣時，除有一定的型體外，也限定了一定的重量和標明面額的幣值。簡言之，一枚戈邑布的幣值似乎應相當於某一種布幣一個半，同時也因其重量的限定而決非所有的同類的方足布的一個半的重量都相當於一枚戈邑布的重量。這一在三晉布幣中無不存在的現象，除上述王毓銓先生所舉的乙型晚布外，可再舉出實測安邑布的數據為例，安邑半釿布平均重為6.5克；一釿布為13.35克；二釿布為27.4克，按此重量，三種安邑布基本上是半釿為一釿之半，一釿半於二釿之值。戈邑布平均每枚重10.9克，背文一半之意何在，是對另一種布幣之值而言呢，還是屬於商品交換中自身之值呢。這兩種可能性似乎都有所存在，但根據三晉布幣的慣例，前者的可能性應大於後者。從戰國中期以後在各大諸侯王國內，各地出現了大量的金屬鑄幣，充分地反映了當時經濟發達和商業的繁榮，這從現在所遺存下來秦、燕、齊、三晉、楚等各類不同型制的貨幣得以印證。同時也反映了我國在這個時期已進入貨幣經濟時代，當然也還保存着一些布帛等實物進行交易的情況，睡虎地出土秦簡中就有錢和布的交易的記載。因此，戈邑布背文一半二字有可能存在適應這種形勢而標明布幣自身值的必要性。另一方面由於戰國時期諸侯王國各自為政，沒有統一的鑄幣規定，即使在一國之內也是由各城邑地方自行鑄造，從而出現了型體、輕重以及自身幣值之不同的差別。如型體較大的聳肩尖足甘丹、大陰布和小型的晉陽、茲氏、閃等布均有明顯的差別，它們的重量也不同，前者平均13.6或10.8克；後者平均6.6或5.5克，說明一枚大型尖足布倍於小型尖足布，即兩枚小型尖足布的重量相當於一枚大型尖足布。即使多數小型尖足布不注明半字，按實測數據也同樣如此，這大概是因為這些布錢已流通較久，人們在天天使用中早已熟習不同的面額，不需要再加標明而已，如同後來的摺二、摺三方孔圓錢。署有一半二字的戈邑布應屬這類範疇，至於它應倍於何種布幣，我們只能在同期同坑以及同一國屬的布幣中以實測數據的方法求其戈邑布與那一種布幣之間的相等量。

山西陽高縣天橋村出土布幣共有13000枚，根據《陽高天橋出土布幣的類別、數量、國別和今地名》山西省文物管理委員會：《山西陽高天橋出土的戰國貨幣》《考古》1965年第4期統計表中的數目分析，其中有半字（僅107枚）和無半字的小型尖足布只有455枚，佔出土總數0.35%。在11611枚方足布中，有形體較大、分量較重的安陽布和梁布4970枚，再加上有一半二字的戈邑布610枚，則共有5580枚，佔方足布總數48%。從以上數目中，不難看出古代人在錢幣儲存方面已經知道儲存較多的大面額貨幣的道理。在這一窖藏的布幣中，方足布佔絕大多數，而方足布中又以安陽布為多數，計有4720枚，佔方足布總數4%强。根據簡報所述安陽布有三型，即大中小三式，其形體與重量均按型式而遞減，如重量，大型者為11.3至11.7克，中型6至7.5克，小型僅3.1克。出土其它方足布如中都、鄔、閃、壤垣、同是、祁、平陽、北屈、屯留、長子、宅陽等均重5至5.5克，安陽布不僅在陽高天橋村與戈邑布同坑出土，在别處如朔縣秋寺院、右玉縣梁家油坊、左云等縣亦有此現象。而這種現象由朔縣南下，除1954年永濟縣薛家崖發現與其他銅器伴出的雜窖(非完全錢窖)中只有安陽布而無戈邑布外，暢文齋：《山西永濟薛家崖發現的一批銅器》《文物參考資料》1955年第8期。所有出土布幣處，如祁縣子洪、洪洞縣師士、浮山縣大邢村、芮城縣黄河邊所出土的大量方足布中就從未見有戈邑布和安陽布同出一窖。這是從出土區域與同期同坑共存的迹象觀察之。此其一。

我們再就戈邑布和安陽布(中型)實測數據對戈邑布的貨幣單位與安陽布(中型)的相互關係進行分析：

戈邑布		安陽布（中型）	
标　本　号	重　量（克）	标　本　号	重　量（克）
S160	9.3	S568	6
S843	10	S567	7
S21919	10.7	S569	7
S183	12	S492	7
S179	12.4	S839	7.5
平均每枚重10.9		平均每枚重6.9	

從上表中可以明顯地看出，戈邑布平均每枚重10.9克，安陽布(中型)平均每枚重6.9克。安陽布半枚重量則為3.45克，一枚半安陽布共重10.35克，與一枚戈邑布重量相比較，僅差0.55克，除去當時流通過程中的磨損與千年以來的鏽蝕外，其重量，一枚

戈邑布與一枚半安陽布(中型)基本吻合。而其他方足布實測的數據與此相較則懸殊甚大，如中都布僅重5.5克，一枚半中都布也不過8.25克，與一枚戈邑布相差較多。因此，戈邑布背文「一半」二字的内函約當於一個半中型安陽布的貨幣面額。實測數據是衡量與换算古代金屬鑄幣的重要佐證之一。此其二。

戈邑、安陽二種布幣，絶大多數出於三晉趙的區域，且為同期一坑之内。而魏、韓區域内則出土甚少，幾乎未有這二種布幣，尤其是同出一坑之内。趙國的金屬鑄幣不僅數量多，鑄造地區也較韓、魏多，達三十餘處。其種類和形式也較複雜，有早期的聳肩尖足如甘丹、大陰等大型布，有演變到聳肩和平肩尖足的晋陽、榆、兹氏、閔等小型布，以及晚期的方足中都、安陽、北屈、鄔、武安等布。在這龐雜的情況下，作為流通手段的貨幣，在幣制方面必然會出現貨幣單位的面額大小之别，因此在許多聳肩、平肩尖足小型布面上出現了「半」字，從形制大小到輕重分量則為大型尖足布的一半。進而在方足戈邑布也出現了「一半」二字，作為和同類形的其他布幣中型安陽布的一又二分之一的倍數流通於頻繁的日常交换之中。總之，在當時的商品交易中，這些貨幣作為大面額的貨幣單位活躍在我國戰國時代晚期趙國的經濟發展的市場中。【戈邑布背文試探　中國錢幣一九八六年第二期】

[⿱乂収]

◉丁　山　字有本象實物，許書不得其誼而强作解人者，乂字是也。其説曰：「乂，芟艸也，从丿乀相交。刈，或从刀。」按，「丿乀相交」，語殊不辭。山謂乂之初形，當作乂，實象剪刀形。詩葛覃：「是刈是濩。」大戴禮用兵：「以刈百姓。」刈，皆當如盧植注云：「剪也。」管子小匡：「時雨既至，挾其槍刈耨鎛從事于田野。」舊注：「刈，鐮也。」非是，此刈，正謂除艸之剪刀。剪刀之形作乂。恐與交字形混，故甲骨文特从収作[⿱乂収]。

□巳卜，子……學[⿱乂収]。後・下・42・5.

□丑貞，學又[⿱乂収]。金璋・556.

……卜，旅貞……多子……[⿱乂収]……于禾。佚・576.

「于禾」二字，如屬[⿱乂収]讀，則[⿱乂収]正為刈濩本字。辭又云：

乙卯……彝……獲……[⿲彳乂亍]。粹編・1307.

其罕，叀[⿰長乂]執用。粹編・1281.

[⿰長乂]疑讀為㚇，許書所謂「日狎習相慢也」；[⿲彳乂亍]疑讀為㚇，許書所謂「至也」。則甲翼刻辭云：

[glyph]入。後・下・28・1.

[glyph]當亦象是刈是濩形；刈中之[glyph]，殆即說文所謂：「卣，艸木實垂卣卣然，讀若調。」詩周頌臣工：「命我衆人，庤乃錢鎛，奄觀銍艾。」銍，說文訓「穫禾短鐮」；錢，說文訓「銚也，古田器」。錢，徐中舒先生已證明即晚周所通用之錢刀，詳耒耜考。錢刀正象短鐮，則穫禾之銍，宜即刈艸之[glyph]。小爾雅廣物：「截穎謂之銍。」[glyph]正象截穎形，頗疑書禹貢「二百里納銍」，銍當為[glyph]，[glyph]即刈矣。

乂，孳乳為艾，許書釋為「冰臺」，經傳則多假刈字。周書世俘：「霍侯艾侯俘佚侯小臣四十有六，禽禦八百有三十兩，告以馘俘。」以世俘全篇文法例之，霍侯下當敓「令伐」二字，猶言命霍侯伐艾侯也。艾侯，當是商之屬國。甲尾刻辭所稱[glyph]氏固其先君。艾侯故地，疑在魯南。春秋隱公六年：「公會齊侯盟于艾。」杜注：「泰山牟縣東南有艾山。」此水經所謂「沂水出泰山蓋縣艾山」也。艾山，在今山東蒙陰縣西北，即蒙山支阜。意者，艾山之陽，沂水上游，即商乂氏舊地矣。【[glyph] 殷商氏族方國志】

◉郭沫若 第十九片 二狂字原作[glyph]，腹下有物挺出，蓋牡犬也，故今書作狂字以識別之。【殷契粹編考釋】

[glyph] 1015 說文所無玉篇犳獸豹文 【古璽文編】

◉李零 劉雨 此器實測重2509克，當秦衡制八斤之多，而銘文所記不過是一些比銖略大或略小的單位，因此不像是指器重。銘文分兩次計值，第一次似較大，十[glyph]、四[glyph]連在一起，下面没有朱這一位，直接是圣朱。第二次計值似較小，最大一位是朱，次于朱的是圣朱，最末一位摹出的字不一定准確，隸定暫缺。

[glyph]、朱、圣朱和二行末字也許是大小相次的四種幣值。「[glyph]」字不識，但從銘文看，似是「朱」的上一位。「朱」的下一位是「圣朱」。「圣朱」見于楚銅貝即所謂蟻鼻錢，過去釋法頗有爭議，近人有釋為「各一朱」等的，今按應隸定為圣朱。「圣」字，出土

忕　关𢦏𢦒𢍿𠬥

材料中見的不多，過去壽縣朱家集出土酓肯盤和兩件匕(舊稱勺)上有這個字，都是人名用字，對此啟發不大。比較重要的是《楚文物展覽圖録》六八所録湖南長沙出土的一件鐵足銅鼎，鼎銘刻在蓋内外以及器內，三處同作「后圣刃」三字。刃，似與中山王墓出土銅器中記重的「刀」為一回事，在該墓所出器銘中，「刀」次于「石」下，「石」大于「刀」上千倍，因此「刀」就是「兩」，與刃為同一字，乃「梁」字上半所从。圣字的讀法，還未便遽定。圣字，各書所無，惟《古文四聲韻》卷三收為「在」字。我們分析夏氏并非別有所見，他所謂「在」字的這個字，應即《說文》「圣」字。聖字在《說文》中的解釋是「汝穎之間謂致力于地曰圣，从土从又，讀若兔窟」，是個方言字。《說文》所收「怪」字從之。怪，後世俗體作恠，夏氏取半邊為讀，遂以為「圣」與「在」可以相等。圣與圣字形相近，但并不一定是一個字。就此器銘文的前後關係看，圣朱當是次于朱、表示若干分之一朱的一種單位。而且如果這一銘文是以若干固定的幣值累計，則圣還有可是表示半的意思。銘文分兩次計值，其義不甚了然。【楚鄴陵君三器　文物一九八〇年第八期】

愯　徒各切出義雲章【汗簡】

◉黄錫全　愯徒各切出義雲章　鄭珍云：「忖度加心，已是俗別。此又因古度，宅通用从乇作之。」夏堪碑㤞字作。中山王鼎讀為度。《集韻·鐸韻》㤞，或作忕、愯。【汗簡注釋卷三】

◉孫詒讓　說文無关字。而有关聲。葢傳寫挩之。此讀為倂。說文。倂。送也。【毛公鼎　古籀拾遺卷下】

◉孫詒讓　說文有从「关」聲字四，又有从关孳生字十有五，而無关字，當有闕佚。金文毛公鼎云：「易錫女𢆶茲，用歲𢦏用政征。」此即「关」字。舊釋為朕字，未是。葢假关為倂，謂錫以倂送之臣僕也。說文人部「倂，送也。从人关聲。呂不韋曰：『有侁氏以伊尹倂女』，古文以為訓字。」倂即今媵字，說文亦無媵，而金文有之。此文可補說文之闕，而其形聲不可知。今攷毛公鼎关字偏旁亦从師酉敦、鼄友父鬲同，與此正同。它器或變為从十中伯壺，从虢尗鬲，从叔伯父敦、豐兮敦。又有作孟鼎，作陳侯鼎朕字，干叔子盤媵字从此，作先獋鼎，作龔妊甗賸字从此。又有作姬單匜，作魯伯愈父敦，又鬲，作戈尗朕鼎、尗朕簠，作朕敦朕字从此。則與原形絶遠，不知从何形也。小篆从火，與古文不同，疑即形之變。又金文媵字皆作「賸」，如賸侯簋作，又鼄伯御戎鼎賸姬字作，皆从火。小篆从火或即涉賸字而誤，未可定也。今以字推之，似本从十从収，說文共部「共，同也。从廿収」。金文作善鼎，作叔向父敦，與此字可相比例，但其本義無可徵。竊疑倂遂字皆从此，或當含有共給侍奉之意，與共義

儻相邇邪。灷上从仐，與肸亦相近。然説文十部肸，从十，肹聲。與灷聲頗遠，當非从肸省也。【名原卷下】

◉張之綱（孫詒讓釋）倂云。説文無灷字而有灷聲。蓋傳寫捝之。此讀為倂。説文送也。【毛公鼎斠釋】

◉高鴻縉 灷。金文偏旁作□。送朕等字從之得聲。近人由朕字之音讀此字為贈。是也。爾雅釋詁。朕。予也。郭注。皆賜與也。與猶予也。是其證。【毛公鼎集釋】

◉高鴻縉 朱駿聲通訓定聲曰□。火種也。按朱説本玉篇。是也。字象兩手持火分之之形。字倚□（拱）畫火形。由物形—生意。故為火種。周人或加八（分）為意符。作□。謂火種必分也。又或作繁形滕。从火。朕聲。形聲字。此繁形後借為滕薛之滕（見金文）。後世通叚滕以代滕。日久而滕字廢。今火種字隸作关。只存於朕倂送等字偏旁中。【中國字例二篇】

◉王　襄 □，古关字，或作□，許書無之，关作父乙卣作□，子立畝作□，是古文有关字。段氏云：「□，許書無此字，而送倂朕皆用為聲，此亦許書奪扁之一也。」【簠室殷契徵文考釋第二編】

◉孫海波 □，庫一三九七 説文無关字。而有从关得聲之字。蓋傳寫奪佚。【甲骨文編卷三】

◉饒宗頤 □為射官，故稱「射□」，此冠官名于人名前之例。【殷代貞卜人物通考】

◉考古所 □：在此片卜辭中為動詞，從文例看，與征、伐義相近。

□：從字形與文例看，此字可能是□字之異體。【小屯南地甲骨】

◉姚孝遂 肖 丁 「□」字之用法則較為複雜，形體亦變化多端。

其用法為人名、地名者，如：

「□方其至于□」 續1·4·6

「使人于□」 佚41

卜辭地名與人名往往是一致的。

「□」在卜辭亦有用為動詞，與征伐之事有關，如：

「乎□吕方」 京都895

「□以衆□伐召方，受又」 粹1124

「王令□以衆□，受又」 寧滬1·348

「□」字諸家或釋关即倂；或釋臾即蕢；或釋臿。根據各方面材料，似釋关較為近是。

此處「雷」為名氏，「射」則為職官名。故卜辭或但稱「㞢」，而不稱「射㞢」。正如「亞」或稱「亞亞」是一致的。後1·25·7「丙辰貞，射㞢以羌，汎用自囗」，與第9片之第(2)辭及636片之第(1)、(2)辭內容略同。意為用㞢所進致之羌人，殺取其血以致祭于先祖。

「㞢」用作動詞時，乃指某種具體的軍事行動而言。卜辭常見「逆伐」。金㞢：「呂方其來，王逆伐」，逆伐謂迎擊。「㞢伐」疑為追擊之義。

「㞢」字王襄類纂釋「关」，蓋是。侯，𦨅，遊字均从此作，小篆𢍁乃㞢形體之訛變。【小屯南地甲骨考釋】

◉劉釗　卜辭关字作「关」、「关」、「关」諸形，金文作「关」、「关」等形，為金文「鉄」、「䞆」、「滕」、「朕」、「佚」、「賸」等字所从。卜辭「关伐」。送从关聲。「关」、「送」于音可通。「送伐」與「逆伐」相對。義為追擊，追伐。【卜辭所見殷代的軍事活動　古文字研究第十六輯】

◉丁山　关。毛公鼎作关。曰錫汝兹关。用歲用政。吳大澂釋云。兹當即絲。关古弁字。說文。覍。冕也。籀文作关。或作关。詩絲衣其紑。戴弁俅俅。傳云。絲衣。祭服也。箋云。弁。爵弁也。公羊宣元年傳注。皮弁武冠。爵弁文冠。愙齋集古録。孫詒讓云。关古𢦏字。似從十從収。其本義無可徵。疑含有侍奉供給之意。名原下。山謂关即舂之上半。從収持杵。丨象杵形。有所撞擊。蓋舂牘之本字。釋名釋樂器。舂牘。舂撞也。牘築也。以舂築地為節也。周官笙師。舂牘應雅。以教祴樂。鄭玄注。舂者。謂以築地。鄭衆注。舂牘以竹。大五六寸。長七尺。短者一二尺。其端有兩空。髹畫以兩手築地。應長六尺五寸。其中有椎。金文作关者。上象應。卜辭作关者。上象竹形。至明白。意至顯然。古者婦人犯罪不任軍役之事。但令舂以食徒者。後漢書明帝紀城旦舂注。鼎文錫女兹关。猶言賜汝女奴矣。【說文闕義】

◉朱芳圃　关毛公鼎　說文無关字，而有从关得聲之𠬝、栚、佚、朕諸字，蓋偶奪佚。林義光曰：「关象贈物之形。丨象物，兩手奉之以送人也。」文源六、五。按字象兩手奉棁形。毛公厝鼎銘云「易女兹关」，郭沫若謂「兹关當讀為兹贈」，兩周金文辭大系圖録考釋七·一三九。其說是也。孳乳為侯，說文人部：「侯，送也。从人，关聲。」一作媵，儀禮燕禮「媵觚于賓」，鄭注：「媵，送也。」為賸，貝部：「賸，物相增加也。从貝，朕聲。一曰，送也，副也。」為騰，馬部：「騰，傳也。从馬，朕聲。」為謄，言部：「謄，迻書也。从言，朕聲。」金文又有作左揭形者：

关 㑗卣 爵

关上增八。八者别也。考古文通例，凡别於本義之字，恆增八以識之，如𠙵大瓮也，假為公私之公作𠔁；㕯大獸也，假

為現象之象作𢍃，是其證也。【殷周文字釋叢卷中】

◉馬叙倫　父丁卣　□□

舊釋□為子立形。於□無釋。倫謂□即説文之立。位之初文也。□字金文屢見。舊釋册父甲觚作□。子立敢有□。與此同文而□作□。金文朕字多作□毛公鼎。□善夫克鼎。□舀鼎。□秦公敢。□盂鼎。□仲辛父敢。而魯伯鬲作□。邿造鼎作□。脖侯盤作□。其從□即此字。此所從之丨。以秦公敢作□齊侯敢作□所從之十證之。即説文之十字。尋説文朕送皆從灷得聲。而金甲文朕字率不從灷。其□蓋從□仐聲。□則從収十聲。仐即説文肸字所從得聲之仐。仐蓋從十八聲。為博之轉注字。亦十之轉注字也。八為臂之初文。而俗呼臂為胳膊。此博仐為轉注字之證。十為阡陌之陌初文。而甲從十得聲。音入見紐。封見同為清破裂音。八博音同封紐。此十之轉注字得為博仐也。史記魯世家肸誓。尚書作費誓。説文棐下引作棐誓。則仐從八得聲之證也。八讀脣齒音入非紐。非心同為次清摩擦音。脣齒與舌尖前又最近。故送得從□為聲。又十音禪紐。古讀禪歸定。而定之一部分轉入喻四。喻四亦次清摩擦音也。肸從仐得聲而音入曉紐。曉亦次清摩擦音也。以此相明。此□即朕字所從之灷。特其義今不可遽證耳。立灷未詳何義。説文賸字從朕得聲。此或為賸之省文。豈此器為為賸者所作。或立賸乃父丁之賸邪。【讀金器刻詞卷中】

◉張日昇　説文有从灷聲字，而灷字則闕。吴大澂釋弁。劉心源謂夷之古文。説文叚作皃。丁山謂字从収持杵，乃舂牘之本字。古婦女犯罪者令舂以食徒，故毛公鼎「錫汝兹灷」當解作錫汝女奴。朱芳圃謂象兩手奉棁，而□上从八者為別於本義之另一字。高鴻縉謂象兩手持火分之之形。諸家之説並有可商。字所从□究為舂為棁，誠難確定。然謂从火，則斷非。孫詒讓疑小篆从火乃仐形之變，是也。朕若賸所从，金文兼具□□兩體，八乃後增繁飾，與訓別之八為異，若强以八為意符，恐亦蛇足矣。郭沫若讀錫汝兹灷為錫汝兹贈，其説近是。斛□小量云：「斛，料灷。」灷當讀作賸，言其器容半斗有餘。説文云：「賸，物相增加也。从貝辦聲。一曰送也副也。」段注云：「人部曰：倂，送也。賸訓送則與倂音義皆同，副，貳也。貳、副，益也。訓送訓副皆與增加義近。」毛公鼎之灷亦可讀作賸也。【金文詁林卷三】

◉李孝定　□字説文所無，舼字从此，而小篆从灷，容氏遂隸定此字作灷，是以小篆定古文，似有未安；孫氏説此字在金文偏旁中形變甚詳，究以何者為正，其朔誼云何，均難確指，段玉裁氏从其師戴氏説舼為舟縫，實有佳致，然則舼字从□者，殆象以物填塞縫隙之形，惟説無佐證，姑妄言之耳。此篆當隸定作㚏若灷。高田氏説此為扦，未安，収但象竦手，無相擊之象，文字變化中，亦未見有以□个人八□等形為指事之符號者，説為兩手奉物之形，林義光氏之説，似亦可通。【金文詁林讀後記卷三】

◉温少峰　袁庭棟　卜辭有「□」、「□」字，甲骨文字集釋釋為「畚」，誤。此字即「□」加「八」符，朱芳圃先生謂甲金文字加「八」或「□」，乃表示詞性變化(見殷周文字釋叢)，其説甚允。故知「□」即「□」，其本義為雙手持有結之繩，即送、媵所从之「关」，本為傳遞信息之意。

「□」在卜辭中或用作人名與地名，但在下列卜辭中當讀為騰，説文：「騰，傳也。从馬，朕聲。」一切經音義卷十二引作「騰，傳也。傳音知戀反，謂傳遞郵驛也。」淮南子繆稱訓：「子產騰詞」，高注：「騰，傳也，有人傳言詰之。」漢書禮樂志：「騰雨師，灑路陂」，謂傳言于雨師使灑路陂也。後漢書隗囂傳：「因數騰書隴蜀」，謂傳書隴蜀也。卜辭云：

(166) 戊辰[卜]，☒貞：羽(翌)辛……亞乞(迄)氏(氏)衆人□(騰)丁录，乎(呼)保我。(前七·三·一)

此辭大意為：殷王呼召亞(官名)率同衆人乘傳來到丁录(可讀為麓)，以保衛殷王。

(167) 貞：奠(鄭)□(騰)氏(氏)芻于可(河)？(人四二四)

此辭卜問：是否由鄭地以騰傳致芻(牲畜)于河？

(168) 貞：令介(？)□(騰)𠂤(師)般？十二月。(卜二九〇)

此辭卜問：是否令介(人名)傳告師般呢？

(169) 叀(惟)□(騰)令周？(掇二八二)

此辭卜問：是否傳令于周？

(170) 逕(馹)□(騰)□(令)。(粹一一五一)

此辭不全。「逕」即馹，「□」疑是令之繁文。此辭「馹騰」連文，當謂以驛傳遞命令也。【殷墟卜辭研究——科學技術篇】

◉鄭慧生　我國古代有媵送制度。所謂媵，就是送女出嫁。

《説文解字》無「媵」字。但有「佚」字。「佚，送也。从人，关聲。吕不韋曰：有侁氏以伊尹佚女。」「佚」即是「媵」；「关」卻不是簡化字关心之「关」，而是「朕」、「送」所从之「关」，音ying。

甲骨文不見「媵」字，但出現過「关」字。《庫方二氏藏甲骨卜辭》1397説：「丙辰卜，酌关……祖般庚。」「关」字寫如圖(1)。該書係摹本，原辭殘缺，文義不明，《甲骨文合集》就没有收它，《英國所藏甲骨集》也没見著録。但金文中確有「关」字，寫如圖(2)，見毛公鼎。銘曰：「易女幺关」。林義光以為「关」字「象贈物之形……兩手奉之以送人也。」《文源》六·五，1920年北京中國大學石印本。郭沫若以為「幺关當讀為玆贈。」《兩周金文辭大系圖録考釋》七·一三八，科學出版社，1957年12月新一版。朱芳圃同意郭説，以為

沚

「关」者，孳乳為倓，《説文》人部：「倓，送也。从人，关聲。一作媵。」《殷周文字釋叢》，中華書局1962年第一版，79頁。孫詒讓更干脆認為它就是倓的假借字：「《説文》有从关聲字四，又有从关孳生字十有五，而無关字，當有闕佚。金文毛公鼎云：『易（錫）女丝（兹）关，用歲（戉）用政（征）』，此即关字（舊釋為朕字未是）。蓋假关為倓，謂錫以倓送之臣僕也。」《名原》，1905年上海千頃堂刻本，下卷29、30頁。西周既有此假关為倓之字，商代則會有媵送之人。因此説伊尹為媵臣之説當有所本。《楚辭・天問》説：「水濱之木，得彼小子。夫何惡之，媵有莘之婦？」王逸注：「小子為伊尹……有莘惡伊尹從木中出，因以送女也。」這樣的解釋，不是没有道理的。

毛公鼎「关」字的出現，給甲骨文「关」字的釋讀提供了很好的條件。二者字形相去甚微，均作「兩手奉之以送人」狀。所奉之物，甲文為丨，金文為十，二者在各自的文字系統中都是「十」字。用《説文》的分析字形法，都該稱作「从十从廾」當作「卉」。但是卻訛為「弁」，最後隸定為「关」了。

甲骨文又有「媵」字，寫如圖(3)。該字从女从廾，依《説文》分析字形法，可以看作是从女从关省，原體當為「妖」字。它與倓字一字異體，从人从女不同而已。而人、女二字作為偏旁，在甲骨文許多字中都是可以通用的。如儐可作嬪等。所以妖、倓相通都是「媵」字。《甲骨文合集》五八五正（武丁卜辭）説：「丁巳卜，媵多宰于柄？丁巳卜，勿媵多宰于柄？」

(1)　(2)　(3)

「宰」字從郭沫若釋，疑為「宰之初字」。《甲骨文字研究》，科學出版社，1962年新一版，70、71頁。胡厚宣先生認為，宰「乃殷代奴隸的專稱」。《殷代的刖刑》，載《考古》1973年第2期。那麼「媵多宰」就是陪送一批奴隸了。聯繫這條卜辭來看商代，説明那時的媵送奴隸之制是存在的。「伊尹為宰」（《韓非子・説難》），宰而被媵，伊尹也是一個奴隸。伊尹又被稱作「小臣」，「宰亦猶臣」《甲骨文字研究》，科學出版社，1962年新一版，70、71頁。還是一個奴隸。所以「媵多宰」仍然是「媵多臣」，它證明商代的媵臣制度是的確存在過的。【商代的媵臣制度　殷都學刊一九九一年第四期】

◉羅振玉　後編上第十葉　曰沚。【殷虚書契考釋卷四】

◉楊樹達　後・上・十・十一　説文廣韻玉篇並無此字。以地望及字音求之。蓋即滍水也。蚩從㞢聲。㞢蚩古音同故也。【釋沚　積微居甲文説】

◉白玉崢　□：籀廎先生釋完讀賓見貞卜篇。王國維氏曰：「卜辭多作□，或作□作□作□。其所从之□或□，與□同意，皆象屋形。□，上从屋，下从人从止，象人至屋下，其義為賓。金文及小篆易从止為从貝者，乃後起之字。古者，賓至，必有物以贈之，其贈之之事謂之賓，故其字从貝」見戩壽堂殷虚文字考釋。吳其昌氏曰：「宔，即賓也。所以知者，卜辭王宔之宔作□，宆貞之宆作□；雖絶然不同，但王宔之宔，在數千片甲骨中，有三處例外：即鐵五九・四及續二・一〇・六，與後上七・十一。據此三例外，故知□亦通□；□即賓字也」詳解詁十五頁崢。按：王宔之字，除吳氏所舉三版外，如：

1鐵二五七・四、

2前五・三〇・四、

3前六・三六・三、

4後下一〇・一三。

字皆作□或□。吳氏三處例外之説，似嫌臆斷。雖然，貞人專名之□，卻未發現有作□者。是□可借作□，而□卻不能為□。蓋以□乃專名之故也。至本辭之□，乃貞人宆之專名也。

據彦堂先生斷代例，宆為第一期武丁時之貞人，亦為貞人中之壽老者，故其傳世之卜辭亦較多。

又「宆貞」者，蓋乃殷世史官之名「宆」者，代時王卜貞之謂也。【契文舉例校讀　中國文字第三十四册】

◉蔡全法　「宆」陶罐：「宆」陰文，是陶器燒成後刻寫于罐肩的。與甲骨文金文中的「宆」字近同，故隸釋為「宆」。「宆字用作動詞者均作宔」(于省吾《甲骨文字釋林》)。【近年來「鄭韓故城」出土陶文簡釋　中原文物一九八六年第一期】

◉陳夢家　□　宊　癸亥卜明日辛帝降，其入于獄大宊才宸(卜)　于獄小乙宊　寧滬一・五一六+五一七

又于宊，叀今羌甲日鼎　明續五七九

叀于王宊　鄴三四〇・四

⿱宀山　⿱宀千　⿰弓口弖

丁丑卜彭貞于大宊　甲二六八四

丙子卜王其宊自日戊室　京津四三四五

乙丑卜訊父甲宊　續三・三一・五

才八月乙丑帝且乙弜易……才宊彝　續二・三一・一

宊字从矢，與作寘者或是一字。「矢」「昃」古與「側」相通。內則「居側室」注云「謂夾之室，次燕寢也」。爾雅釋宮「室有東西廂曰廟」，注云「夾室前堂」，郝疏云「按廟之制。中為大室，東西序之外為夾室，夾室之前小堂為東西廂，亦謂之東西堂。」疑所謂夾室、側室在大室的兩旁，大室在正中。【殷墟卜辭綜述】

◉徐中舒　[glyph]三期　南明五七九　[glyph]三期　寧一・五一七　[glyph]三期鄴三・四〇・四

從宀從[glyph]矢，《說文》所無。矢古與側通，[glyph]疑當讀為側。疑為宗廟之側室。【甲骨文字典卷七】

◉朱歧祥　[glyph]　从宀从山，隸作⿱宀山。《說文》無字。卜辭用為殷地名。《南誠2》自[glyph]。【殷墟甲骨文字通釋稿】

◉徐中舒　[glyph][glyph]一期　乙六九二九　[glyph]一期　戩四七・七

從宀從[glyph]，[glyph]疑即千字。《說文》所無。【甲骨文字典卷七】

◉柯昌濟　[glyph]⿰弓口　說文所無　盟⿰弓口卣　〈2638〉「盟⿰弓口作寶尊彝」　[glyph]亳父乙鼎　〈0469〉「『亞中⿰弓口』亳作父乙尊彝」　[glyph]⿰弓口鬲　〈0689〉「⿰弓口亼彝」

卜詞亦有⿰弓口字。⿰弓口字不見說文。象口在弓中。誼音皆未詳。或字从弓聲。【亳鼎　韡華閣集古録跋尾】

◉孫海波　[glyph]乙八二八。从口从弓。說文所無。人名。【甲骨文編卷二】

◉孫海波　[glyph]後二・一七・六。疑弖字。【甲骨文編附録上】

◉朱歧祥　[glyph]—[glyph]

[glyph]　从弓口，隸作弖。《說文》無字。第一期卜辭用為附庸族名，復用為子名。字有移口於弓內作[glyph]。由辭例見二形同字。

《佚921》　癸亥卜，出貞：子⿰屮又弗疾？

《乙2374》　子⿰屮又入五。【甲骨學論叢】

◉李孝定　⿰屮又　从又从㞢。說文所無。卜辭又㞢每通用。【甲骨文字集釋第三】

⿰屮又

◉張秉權　⿰女在，从女在(才)，說文所無，今楷寫為⿰女在(⿰女才)，是一名詞，他辭有：

叀⿰女在烄㞢雨？(乙編一二二八)

勿烄⿰女在亡其〔雨〕？(乙編六三一九)

貞：□⿰女在烄㞢从雨？(前五·三三·三)

貞：烄婞㞢雨？

貞：姣⿰女在亡雨？(佚一〇〇〇)

與本版所卜之事相同，而佚一〇〇〇又以姣婞和姣⿰女在對貞，至于「烄⿰女在」或「⿰女在烄」之⿰女在，倒底是人名呢？還是地名？很值得細細研究。胡厚宣認為「蓋焚人以祭也」，陳夢家亦以為：「卜辭烄以求雨之⿰女才婞等，係女字，乃是女巫。」。但是日人島邦男氏則據烄祭卜辭中的「烄高(粹六五七)」「烄環(粹六五三)」「烄𡆥(佚九三六)」「烄凡(鄴三·四八·三)」等和其他卜辭的「在高(前二·一二·三)」「田玟(前二·三五·一)」「征于𡆥(前六·一·八)」「在凡(粹一〇)」等相比，認為羅氏所引說文「烄，交木然也」及玉篇「交木然之以尞柴天也」之說為至確，而以為那是在某地舉行燃燒交木以祈雨的祭祀，但是卜辭中人名與地名往往相同，而且卜辭中的辭句，有時會省略得毫無道理，至於在一句之中省掉一個「于」字，更屬常見。【殷虛文字丙編考釋】

⿰女才

◉孫海波　⿰女彡　从女从彡。即从女彡聲之⿰女彡。女姓矣。此字說文所無。舊釋汝。失之。【甲骨文錄考釋】

⿰女彡

奺　說文所無陳邦懷謂即古籍曹國風姓之風曹伯狄簋　【金文編】

◉孫海波　後・下・十五・十三　从女从凡。說文所無。王國維謂當是任宿顓臾須句風姓也之風。【甲骨文編卷十二】

◉陳邦懷　，从女，凡聲。《殷虛書契後編》卷上十五頁有「」字，王國維曰：「此當是《左傳》『任、宿、須句、顓臾風姓也』之風字。」余永梁曰：「按：此字从女，凡聲，殷虚古文風、鳳一字，鳳从凡聲，故凡、風通用；《集韻》帆、颿同字，杋、楓同字，皆其例也。」(《甲骨學文字編》第十二第六頁)按：王、余之說皆是也。

⿰歹風為風姓之國，故銘云「⿰歹風奺公」。今以⿰歹風奺連文證之，知王說奺當是風姓之風，確切無疑。【曹伯簋考釋　文物一九八〇年第五期】

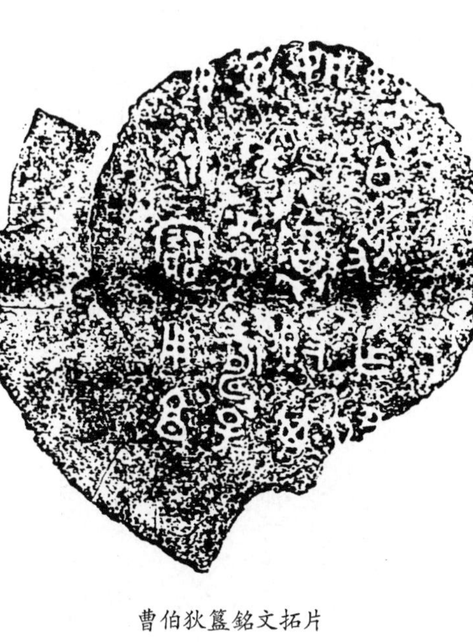

曹伯狄簋銘文拓片

◉徐中舒　一期　乙一八一四

從二子並立，《說文》所無，見於《玉篇》：「孖，雙生子也。亦作滋，蕃長也。」【甲骨文字典卷十四】

奚　台　邵　戓

◉朱歧祥　，从人，首具編髮之形，示奚隸之意。隸作奚。首附四點示用法與專作為人名的字相異。字見於晚期卜辭，乃殷王田狩地名，與殷西的敦地同辭〈前2·43·1〉。奚字有增爪作奚，復增鳥旁作雞。由以下諸例見三字同為晚期卜辭中殷王田狩地，俱見狼群出沒。其中的前二辭見於同版。由同作「田奚，往來亡災」的辭例可證。

〈前2·43·3〉　戊辰王卜貞：田奚，往來亡災？獲狼七。

〈前2·43·3〉　壬申卜貞：王田奚，往來亡災？王占曰：吉。

獲狼三十。

〈續3·10·3〉　戊寅王卜貞：田雞，往來亡災？王占曰：吉。

茲卬。獲狼二十。【甲骨學論叢】

◉丁　驌　　甲三〇〇〇，魯对貞辭作台。辭曰：「壬午卜魯㚤，允㚤，征死。壬午卜台子㚤。台子其㚤。壬午卜台子亡其㚤。允不。魯不其㚤，魯不其，壬午㚤。五月。」「不台黽」為「不魯黽」於此可證。實狀魚骨也。殷人契龜之器殆以魚骨為之。【諸帚名　中國文字八卷三十四冊】

◉湯餘惠　22卲·邵。此字又見于楚鄂君啓節，「逾夏内～」，殷滌非首釋為「邵」，讀為「涢」（《壽縣出土的鄂君啓金節》，《文物參考資料》1958年4期）。簡文用為地名，疑即鄂君啓節之「邵昜」。日人船越昭生謂「芸昜」之「芸」讀為「鄖」；即《水經·漢水注》之鄖關，在今湖北省鄖縣。【包山楚簡讀後記　考古與文物一九九三年第二期】

◉王　輝　十七片中有十一片出現「戓」字，如下：

1. 85AGMM42:1：「□公□，戓一」。
2. 85AGMM54:1：「子□，戓一。」
3. 85AGMM54:3：「子□辛，戓一。」
4. 85AGMM54:6：「□子□□，戓。」
5. 85AGMM54:7：「□子□，戓一。」
6. 85AGMM54:8：「戓……。」

7. 85AGMM7:1：「□子小史，[戈土]一。」

8. 85AGMM57:3：「□白，[戈土]一。」

9. 85AGMM64:2：「[戈土]一。」

10. 85AGMM64:4：「[戈土]一。」

11. 85AGMM64:5：「……祖甲，[戈土]。」

附圖

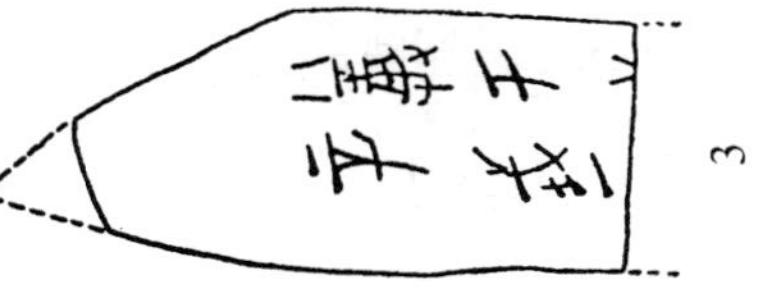

3

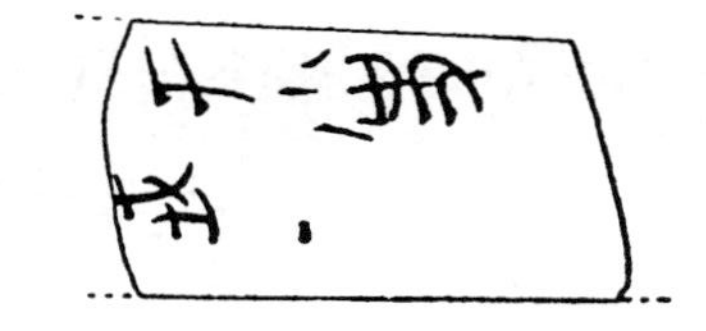

7

8

「[戈土]」字字書未見，由字形分析，可看作从戈，从土，土亦聲之字。此字所从之「土」，「土」應是「圭」之本字，這裡隸作土，只是權宜之法。殷墟甲骨文土地之土作□（合集6354）、□（合集34185）、□（合集36975），與此絕不相同。「土」應為圭之象形。圭字西周金文作圭（師遽方彝）、圭（多友鼎），从重土，「土」正圭字所从二土之一。

《說文》：「圭，瑞玉也，上圜下方。……从重土。……」許氏所謂圭字「从重土」之説，近世學者多不相信。白川静云：

「金文之字形，非重土之象。《文源》曰：『按重土非瑞玉之義。圭，畫也。……』蓋以圭為矩之類者也。西周金文中所見之土不作其形者也。惟至戰國期之文字，䞇、基等字中有从其形者。然圭字因在西周中期之師遽方彝中與篆形之字相同，故謂此乃重土之象者，誤也。又若為矩畫之字，則不必重疊之也。圭當是圭玉之象形字。玉器大抵皆作為呪器，含有某種象徵性意義者也。故繫之於身，以為袚邪之具，用於儀禮，用於喪祭，《周禮》中稱為六瑞之種種圭，是也。玉器又為含有某種屬靈之意義之物，故其授受表示靈之交涉之持續。有符信之意。鮑鼎氏之《釋圭》、《釋圭外篇》（《說文月刊》2.11.12）、凌純聲氏之《中國古代瑞圭的研究》（《民族學研究所集刊》二〇）中試圖集多種文獻及遺器，林巳奈夫之《中國古代之祭玉、瑞玉》（《東方學報》，京都四）有詳密之考察，謂圭為兩戈之戈身重疊之玉飾也，一般的形狀而言，圭頭多近於長方，其兩旁有所謂圻鄂，圭為其象形字也。其後作為身份之表示，而加上種種形狀或花紋之變化。」（《說文新義》卷十三下，林潔明譯。轉引自周法高《金文詁林補》3905—3907頁。）

可見鮑鼎、凌純聲、林巳奈夫、白川静皆以為圭為戈之象形字。

這種看法，亦可由甲骨、金文吉字的構形得到說明。吉字殷墟甲骨文作□（合集118）、□（藏159・1）、□（前1・20・4），周原甲骨文作𠮷(周甲探15)，金文作吉(敔簋)、吉(虢季子白盤)，故知土、土、土、𠆢為一物。吉象盛𠆢狀物於笭箵之中，𠆢于省吾先生以為象句兵之形《雙劍誃殷契駢枝》三《釋吉》，其實我們也不妨看作圭形。圭為禮器，置於笭箵或器皿之中，用以禮神，自可辟邪，為吉祥義。玉璋朱書文字時代屬殷墟四期偏晚，即殷末之物，周原甲骨為商末周初物，二者時代略同，故朱書土字應即周甲之土。

戜字从戈，説明圭與戈類兵器有淵源關係。《説文》：「璋，剡上為圭，半圭為璋。……」依《説文》及《周禮》等典籍，圭與璋有嚴格分別，且皆有各種名目。不過這種分別，恐怕主要反映後世的情形，在上古似無嚴格分別。如四川廣漢三星堆所出牙璋，柄有齒牙，一般都稱為牙璋，但它又不作半圭形，除了鋒部有或大或小的歧外，便與圭、戈幾乎無別。在上古，圭與璋應為同類玉器，故劉家莊玉璋亦可以大類稱之為「圭」。

戜字後來繁化作戜。安徽省博物館藏越王者旨於睗戈，銘：「戜亥郐(徐)□至(姪)子戉(越)王者旨於睗。」「戜亥」何琳儀《皖出二兵跋》《文物研究》第三期，黄山書社1988年版讀為癸亥，甚是。《莊子·徐無鬼》「奎蹄曲隈」，《釋文》：「奎本亦作睽。」

玉璋朱書「戜」或「戜二」，記用圭、璋類玉器隨葬。圭、璋一類玉器，前人多以為是禮器，唯夏鼐先生以為是兵器，稱「刀形端刃器」，夏鼐：《商代玉器的分類、定名和用途》，《考古》1983年5期。不過夏先生的説法似未得到學術界的認可。我以為這兩種看法似皆有片面性，只有把二者結合起來，才能真正説清圭、璋的功能。圭、璋固象兵器，但它不是實用的兵器，只是禮儀用器；圭、璋是禮器，但又因它源於兵器，有象徵性的擊殺功能，故可用於隨葬，祓禳邪物。【殷墟玉璋朱書「戜」字解　于省吾教授百年誕辰紀念文集】

匜

匜　从匚古聲説文所無為侈口長方之稻粱器　虢弔匜　伯旅魚父匜　季良父匜　史頌匜　吉父匜　夐侯匜

曾伯霥匜　魯伯匜　陳侯匜　鑄子匜　王仲媯匜　鄦子匜　大司馬匜　射南匜　𠂤匜

慶孫之子匜　陳公子仲慶匜　楚子匜　隮侯匜　齊陳曼匜　蔡侯𩄽匜　曾子遵彝匜　鄀

伯受匜　蔡公子義工匜　曾子匜　大賔匜　鄶肯匜　虢弔作弔殷穀匜　弇匜　鑄弔

㚇　卌

匩　樊君匩　召弔山父匩　邾大宰匩　商丘弔匩　鄀公匩　季宮父匩　魯士匩

不从匚　鑄公匩　奢虘匩　旅虎匩　交君匩　从金　西替匩　又从皿　伯公父匩

省古　仲其父匩　陳逆匩　【金文編】

◉朱鳳瀚　「侯」上一字殘，但據其所餘形體看，應即是「㚇」字。「㚇侯」之稱還見于《甲骨文合集》33071、33072、33073，皆係卜雀伐㚇侯之事。《甲骨文合集》20509可能亦與此有關。這幾片刻辭從字體、風格、文例觀察，應歸屬𠂤組，與《甲》436相比較，只是筆劃較纖細而已，風格是一致的，特别是「侯」字上面一横畫多作下傾，成為或形，所以它們大抵可以認為是同時的卜辭。《甲》436很可能也是卜問征伐㚇侯之事。㚇字或釋為𠬪，不確，字从米从又，米可能是示字的異體，卜辭中（即「祐」）字所从或作（）可為證，故字可隸定作㚇。【關于殷虚卜辭中的周侯　考古與文物一九八六年第四期】

◉王襄　卌　拾・八・七　拾・十五・四　前・二・二七・一　前二・三三・二　前・四・八・三　後下・四一・十二

古卌字。説文所無。廣韻引説文有之。意後人失録也。【簠室殷契類纂存疑】

◉商承祚　此字今本説文所無，廣均引説文有之。又林部𣡡「从大卌，數之積也」。則卌為後人寫挩。今據此當補入卅部下曰「四十并也。古文省多」。金文曶鼎作。與此同。【甲骨文字研究下編】

◉商承祚　卷二第二十七葉　卷四第八葉

説文解字有廿卅而無卌。博古圖卷十七載敔敢有之文。即訊卌矣。宋人誤釋作傒白。曶鼎卌秭之卌亦作。與卜辭同。凡數在二十三十四十以上者。卜辭皆用廿卅卌字。如二十人作卷六第四葉。二十五作卷二第三十四葉。四十一作一卷二第二十七葉。四十八作八卷二第三十三葉。【殷虚文字類編卷十三】

◉孫海波　廣韻引「字統云『插糞杷』。説文云『數名』。今直以為四十字」。説文林部𣡡字説解云。「从大卌。數之積也。」是古本有此字。今本奪佚。讀若先立切。【甲骨文編卷三】

⿰芇攴　芇

◉劉心源 冊 廣韻引說文有此字林部無字　說解亦引之今本奪佚　曶鼎　〈0679〉「𠟱付卌秭」

即卌。廣韻二十六緝卌先立切下引說文云。數名。今本說文無卌。而林部㯽下云。卌。數之積也。耒部耤下云。卌叉。知許書原有卌字。傳本奪耳。漢石經論語年卌見惡焉。直㠯四十字為卌。敔敨執縴亦此字。【曶鼎　奇觚室吉金文述卷二】

◉高田忠周　造字之例。合形者不過三。凡合四形者。實合二形者也。如四字或作亖。合二二為之。非合四一為之。可以為證。又㗊者二吅之合。茻者二艸之合。許云从四冂从四屮非。然則卌亦二廿之合也。非从四十也。今定收于本部。以補許缺云。又按。此文卜辭有之。古出可知。其音亦當四十合音。廿丗皆然矣。【古籀篇十八】

芇　說文所無席字𦎞字从此說文云席从巾庶省非　芇伯簋　又芇于大命　【金文編】

◉連劭名　此字僅見于歷組一類卜辭。

此字當分析為从芇，从又。不是羊字，因為卜辭中凡从羊的字皆寫作，上部分無一字作此回旋内轉之形，所以此字不當看作羊字，應當釋為。《說文解字》卷四：「芇，羊角也。象形，凡芇之屬皆从芇。」許慎的解説是很有道理的。西周青銅器銘文中也見有此字，扶風左白一號窖藏出土的《瘐鐘》銘文云：「瘐其萬年芇角義文神無疆。」

甲骨文中常見、，筆者曾考訂為「苜」、「芇」二字，其字多與否定詞「弜」、「不」等連用，構成一種否定之否定的句式。拙作《甲骨文苜、芇及相關問題》《北京大學學報》1981.6。

歷組一類卜辭中的字，用法與苜、芇一致，可見他們的含義與辭性都是相同的。例如：

「甲辰貞：弜酚奉，乙巳易日？」《屯南》2605

歷組一類卜辭中的字有時又寫作，二者用法一致，例如：

丁巳貞：弜兄丁？《鄴》三·46·1

苜、芇皆讀為蔑。蔑者，不也。歷組一類卜辭中的「⿰芇攴」字從「芇」聲，也當讀為蔑。弜，裘錫圭先生考釋其詞義為「不

圅　朷　叚　匧

要……」，裘錫圭《説弜》，《古文字研究》第一輯。那麼，「弜犮」就是「不要不……」的意思，是對于肯定性陳述句的另外一種表達方式。【甲骨文考釋　考古與文物一九八八年第四期】

◉李孝定　甲編・三一一三　佚・九四七　録・八四一

从又。从覆皿。説文所無字。當與盥字同義。从覆皿者。奉匜沃盥之意也。甲編三一一三辭云。「庚戌卜叜隻獲一网雉隻八。」叜疑為人名。屈翼鵬云。「未識。疑亦狩獵之法」。見甲釋四〇二葉。恐未然也。【甲骨文字集釋第三】

◉劉　釗　「朷」《漢徵》六、十一第2欄有字作「」，《漢徵》釋作「杉」。按字从川不从彡。漢印訓字作「」可證，字應釋作「朷」。朷字見于《玉篇》、《集韻》。【璽印文字釋叢（一）　考古與文物一九九〇年第二期】

◉戴家祥　章白毀　賜章伯叚貝十朋　小臣單觶　王後叚

字从庄又。説文所無。方濬益釋叚即假，通作格。郭沫若釋坂。假為反。若叛。陳夢家認為假作屈詘絀黜。⊘衆説紛紜。莫衷一是。據字形分析。郭説近是。【金文大字典上】

◉孫海波　乙五五　人名。丁丑卜。今日令匧。【甲骨文編卷七】

◉白玉峥　：金祥恒先生續文編，入方匚部之後十二・二五頁。李孝定先生作集釋，既録葉玉森氏之説，列為存疑字四五〇一，又録粹九一六之文，入于侍考四七三〇。葉玉森氏釋嗇，曰：「、即省。、之變體。从乚，象垣蔽，藏禾于亩，以垣蔽之，叚借作嗇」前釋六・五七。或隸作匧，亦亩字粹考一二〇頁。峥按：字从乚从禾；準之六書，當為會意。其初義疑為秋收堆禾於野；从乚者，或表其所堆積之範圍歟？兹姑隸作匧，以俟考定。至其在卜辭中之為用，率多為人名；餘以辭殘，難於肯定。字于本辭，疑亦為人名。【契文舉例校讀（二十一）　中國文字第五十二册】

栱　忎　秅劢利叔

◉孫海波　甲二九四七，或从井从大。大亦象人形。【甲骨文編卷八】

2890　2936　2424　說文所無玉篇忎奢也　【古璽文編】

◉李學勤　劢見于殷武丁卜辭(前六・一九・二〔一一〕)和三期二類卜辭(綴一八〇)，也就是噩侯馭方鼎所記馭方所居的劢。【殷代地理簡論】

◉于省吾　甲骨文的「气耏彡秅，自上甲衣至于多毓」(鄴初四〇・一〇)，和「王室秅，自上甲至于多毓，衣」(林一・二七・四)，此類貞卜屢見。秅字作，从不乇聲，也應讀為磔。因為王室秅與它辭的王室戠和王室伐辭例相同，都指殺牲言之。【釋舌、括甲骨文字釋林】

◉常玉芝　(出組以五種祀典祭祀先王)祭上甲及多后的合祭卜辭。辭例如：

(1) 癸酉卜，洋，貞：翌甲戌乞耏脅自上甲，衣，[至]于多后，[亡巷]？寶二・一四

(2) 庚戌卜，王，貞：翌辛亥乞耏彡劢自上甲，衣，至于多后，亡巷？在十一月，鄴初下四〇・一〇(京三二二五)

(3) 辛亥卜，涿，貞：王賓翌日劢自上甲，衣，至于后，亡尤？合集二二六二一

這種合祭卜辭共見到上述三種文例。其中以第(1)例的數量最多，第(2)例的只見到三版，第(3)例的則僅此一版。三者雖皆以五祀典祭上甲及以後諸王，但卜辭文例卻很不相同。如第(1)辭于癸日卜問第二天甲日開始祭上甲及以後諸王，這與黃組合祭卜辭較相似，稍有差異的是黃組只記卜日癸日，不記祭日甲日(出組此種文例的合祭卜辭也是于癸日卜問第二天甲日開始祭祀的)。黃組附記年、月，而出組則極少記月，更無記年的。第(2)辭于庚日卜問第二天辛日開始祭上甲及以後諸王，第(3)辭在辛日卜問當天祭上甲及以後諸王，兩例卜辭記載的都是于辛日開始祭上甲及各位先王的。上甲在辛日被祭，則祭日的天干日與王的日干名不一致，這是不符合五種祭祀的規律的。其所以如此，可能與五祀典之後的「劢」字(其義不明)有關。第(2)辭作「彡劢」，第(3)辭作「翌日劢」，這在第(1)例的卜辭，即癸日卜甲日祭上甲及各先王的卜辭中是絕對見不到的。黃組中的合

祭卜辭，也有類似的情況，如：

(4) 辛亥卜，貞：王賓劦自上甲至于多后，衣，亡尤？龜一・二七・四（通二九七）

(5) 辛巳卜，貞：王賓上甲劦至于多后，衣，亡尤？前二・二五・五（通二九二）

(6) 癸亥卜，貞：王賓劦自上甲至于多后，衣，亡尤？前二・二五・二＋前二・二五・四（通二九六＋通二九一）

以上是僅見到的三辭。雖然各辭中均有「劦」字，但都不記有五祀典，也即不是周祭卜辭了。其中第(4)、(5)兩辭于辛日卜當天祭上甲及以後各王，這與上舉出組第一種合祭卜辭第(3)辭的祭日相同。文例也較近似。第(6)辭于癸日卜祭上甲和以後諸王，這與黄組五祀合祭卜辭和出組五祀合祭卜辭中的第(1)辭的祭日相同。由此可以看到這種帶「劦」字的合祭卜辭的演變過程是：出組時，尚記五祀典名稱，祭日均為辛日，到黄組時，就不記五祀典名稱了。祭日先也在辛日，後來就改定在癸日了。從而可以推測，出組時代的此類卜辭可能是周祭尚未定型之前的卜辭，也即不是周祭卜辭（因祭上甲在辛日，不符合周祭中先王在其日干名之日受祭的原則）。那末出組周祭上甲及以後諸王的合祭卜辭，就只有第(1)例（即于癸日卜）卜辭了。【商代周祭制度】

◉考古所　利：在卜辭用為人名或地名。在此片卜辭中當為人名。【小屯南地甲骨】

◉楊樹達　書契前編卷貳（廿伍之伍）云：「辛巳卜，貞，王賓上甲权至于多毓，衣，亡尤？」上甲权亦即上甲微也。权字蓋从又不聲。與謂微同為脣音字。【釋[illegible]　積微居甲文説】

◉張亞初　权字在甲骨文中是作為方國名出現的：

① 丙寅卜，争貞，呼[illegible][illegible]侯專殺权（丙一）

② 其㚔权（存二・二三九）

③ □巳，权出（乙九〇九一）

④ 癸丑卜，貞，貯权（拾九・一五）

第一條卜辭之[illegible]即先，為地處山西境内的一個方國名。專是先侯之名。卜辭所説的呼先侯專殺权，就是命令先侯專去殺伐权。第二、三條卜辭貞卜权國族是否出動，能否把他們捉住。第四條之貯，説文訓積，積权是权積的倒裝句（由卜辭「基貯」為證，此辭方國名在前，貯字在後，見遺一・四六三），意為权被征服後，向商王納貢。

我們認為，权就是丕字。权之作丕，又旁隸變為十，與卒字作[illegible]，又旁隸變為十是一致的。丕是山西的一個古老的國族。春秋時期晉國有丕鄭（即丕鄭父，或者省稱為丕，見左傳僖公十年傳、十一年經、昭公四年傳）和丕豹（僖公十年、十三年傳）。丕鄭、丕豹之丕當是以國為氏。

廣韻上平聲六脂下以㔻丕為同字，「丕，大也，亦姓，左傳晉大夫丕鄭」。丕在甲骨文和金文中都作不，㔻則作权，不㔻古本為二字，後世㔻丕才混為一字。

我們釋权為㔻，從字形上講，是有根據的，從方國位置上看，與文獻記載也是符合的。所以，可以肯定，权（㔻）是商代在今天山西境内的一個方國。從卜辭看，它與商王國是相敵對的。【殷墟都城與山西方國考略 古文字研究第十輯】

抔

◉葉玉森 陳邦福氏曰。當釋抔。説文有裒掊無抔字。禮記禮運云。汙尊而抔飲。注。手掬之也。殷栔辨疑十二葉。森按。抔為祭名。【殷虛書契前編集釋卷二】

◉李孝定 古文偏旁从又从手得通。陳説是也。許書手部無抔有捊。訓「引取也」。當與权抔為一字。【甲骨文字集釋補遺】

拡

◉徐在國 簡一八三有字作「」，又見簡一六九作「」，原書隸作「拈」。湯餘惠先生指出此字應隸作「拡」，至確。

今按：此字應分析為從手厷聲，讀為「肱」。厷，甲骨文作《後》下二十·一七，在臂肘上加指事符號以表意，是股肱之「肱」的本字。後來，形變作，與右字的區分還是非常清楚的。「右」字在戰國文字中作「」（《璽彙》四四·〇二五八）、「」（簡一三三），均從「」，與厷所從的「」不同。《説文》：「厷，臂上也。」簡文增加「手」，是贅加的義符，實際上仍是肱字。贅加義符，這種現象在包山簡中習見。如：訓字，簡一九三作，簡二一七則作；用作路神講的「行」字，簡二〇八作「」，簡二一九則作「」。如此，則此字可讀為「肱」。字在簡文中均用作人名。【包山楚簡文字考釋四則 于省吾教授百年誕辰紀念文集】

抇

◉郭沫若 舀舊釋為笏，非是。此字從爪從曰，殆是抇字。從爪與從手同意。【陝西新出土器銘考釋 説文月刊三卷十期】

托

◉尹盛平 字象以手執牦牛尾之形，趙誠先生隸定為托，以為「麾」的本字，並引《尚書·牧誓》「武王右秉白旄以麾之。」《鬻子》：「武王率兵車以伐紂。紂虎旅百萬，陳於商郊。武王乃命太公把白旄以麾之」為證。趙誠：《牆盤銘文補釋》，《古文字研究》第五輯。「麾」為「托」的後起字，以後又被「揮」代替。「揮伐」與「奮伐」同義。《詩·商頌·殷武》：「奮伐荊楚。」「揮伐夷童」是説武

𠯑

王奮勇指揮討伐帝紂的東夷戰俘奴隸軍。【西周微氏家族青銅器群研究】

◉唐蘭 𠯑餘一三・二片、續二・九・八片、續三・三六・三片 丁亥卜，出，貞來𠯑王其袜丁。□新…… 𠯑鐵二四九・丙戌卜，乎，二片貞今𠯑王从㚇乘伐下旨。我受㞢又。

右𠯑字，除上二辭外，如：

𠯑王 乍馬 鐵八三・二片

貞今𠯑乎从㚇乘伐曰，弗□受㞢又。 鐵二四五・二片

今𠯑乎伐呂方。 前四・三九・四片

貞今𠯑王弓拃从㚇乘伐下□。 前五・二五・三片

于𠯑酌。 前六・五六・三片

己卯卜，乎，貞今𠯑令龟田从戣，至于瀧，隻羌。 前七・二・四片

貞今𠯑王从㚇乘。 前七・六・二片

貞今𠯑王伐典方。 前七・十五・四片

丁酉卜，㱿，貞今𠯑王収人五千正土方，受㞢又。三月 後上・三一・六片

丁酉卜，乎，貞今𠯑王□人五千□□方。 後下・一・三片

貞今𠯑王拃从…… 菁十・九片

……𠯑王□从㚇□伐下旨。□若，不我□□□。 林一・二四・十五片

庚申卜，㱿，貞今𠯑王循伐土方。 林一・二七・一一片

貞今𠯑伐呂方，受㞢又。 林二・八・一三片

……㱿，貞今𠯑王伐土方。…… 林二・九・一片

……貞今𠯑王甫下旨。…… 同上

庚申卜，㱿，貞今𠯑王循□土方。……㞢口。 林二・九・二片

□□卜，㱿，貞……于𠯑來十…… 林二・九・九片

貞今𢀛王弓从旲乘伐下旨，弗其受㞢又。　戩十三・三片　續三・十二・二片

貞今𢀛王弓伐下旨，弗其……　戩十三・四片　續三・十一・二片

……𣪕，貞今𢀛王伐土方，受㞢□。　簠征三五片　續三・九・一片

貞今𢀛王甫下旨伐，受……　簠征二四片　續三・九・一片

壬辰卜，𣪕，貞今𢀛王循土方，受㞢□。　簠遊三片　續三・十・一片

癸巳卜，𣪕，貞今𢀛王循土方，受㞢口。　同上

丙申卜，𣪕，貞今𢀛王弓伐下旨，弗其受㞢又。　簠征二八片　續三・十一・四片

□□卜，𢦏，貞今𢀛王从旲乘伐下旨，受㞢又。　簠征二六片　續三・十一・五片　佚九七九片

辛巳卜，𢦏，貞今𢀛王弓从旲乘伐下旨，弗其受㞢又。　同上

□申卜，𣪕，貞今𢀛王从旲乘伐下旨，……若。　簠征二五片　續三・一二・一片

……𢦏，貞今𢀛王弗方，受……　簠征三七片　續三・一二・四片

□午卜，𣪕，貞伐今𢀛王循方，帝受我……　簠游一片　續五・一四・四片

𢀛　明五三六片

𢀛王　旲　明一五八四片

……卜，𣪕，貞今𢀛王……　續二・二一・五片

……𢀛甫王从旲乘伐下旨，受㞢又。　續二・三一・二片　佚二〇片

辛巳卜，宂，貞今𢀛王从旲乘伐旨，受㞢又十一月　續三・八・九片

……卜宂，貞今𢀛収正土方。　同上

庚申卜，𢦏，貞今𢀛王从旲乘伐下旨，受㞢又。　續三・十一・三片

貞今𢀛王弓収人正……　續六・一七・六片

貞今𢀛王弜从旲乘伐旨。　佚五三三片

□□□，出，貞乘𢀛王其祼丁。　拏二九片

貞今𢀛王伐……　拏八二片

……今旾王……受㞢……　絜八三片

壬戌卜，……今旾……　絜七〇四片

今旾　新二〇七片

己丑卜，完，貞今旾商秎。　大龜四板之二

貞今旾不秎。　同上

字形均畧同。孫詒讓釋和，非是。葉玉森釋春，謂即日，謬甚。卜辭之，可釋為口，如「鳴」「名」等字所從是也。又可釋為，凵盧，「𠕋」「魯」等字所從是也。二字相混，此所從當是凵盧之，而旾為聲也。旾字字書所無，其本義不可詳。卜辭云「今旾」「來旾」與屯字同，蓋亦叚借為春字也。

第三葉前十一行　丁酉卜，㱿。

正曰：㱿當作㪉，詳後釋青。本書寫定時，作者意見畧有變更，故前後考釋，容有參差，要之，以後說為定論。後悉仿此。

第五葉前七行　此所從當是凵盧之，而屯為聲也。旾字字書所無，其本義不可詳。

正曰：象中有屮本之狀，郭沫若卜辭通纂云：「説為象盆中草木，欣欣向榮之形，較覺妥善」。以象意字聲化之例推之，則從屯聲。【釋屯旾　殷虚文字記】

3·787 孨忐　説文所無集韻忐音毯忐忑心虛也　【古陶文字徵】

◉張政烺　《甲骨文零拾》第九十一片：

貞：勿令□田。十一月。

陳邦懷同志考釋以為「田蓋亦力田之事」。

按田又見于《殷虚文字·甲編》，如：

甲戌卜……令𠂤田……不……。《甲編》3459

癸未卜,賓,貞:□□田,不來歸。十二月。《甲編》3479

這三條卜辭記事相同,皆第一期之物。□字和甲骨文中往來的往(□)字略似而實不同,今欲解釋此字,必需把往字先説清楚。甲骨文中□(往)字常見,从□,从□。□象足趾形,趾端向外表示人要向前進。□即王,在此字中是聲音符號。甲骨文中王字有三種寫法,早期作□,祖甲以後上部加一横畫作□,晚期又把豎畫填實作王(皆見《甲骨文編》15頁,字號33)。□字从王,因為這個字出現早,當時王字還没有上端一横畫,既已定形,後來就没跟着加上去,只是到晚期也把豎畫填實了。今各舉一例如下:

乙丑卜,□□。《殷虚書契前編》1·29·2

辛未卜,宂,貞:□其□田。《前編》4·41·4

壬寅卜,貞:王戋于召,□來亡災。《前編》2·26·7

根據這些材料,可以斷言□是从□,□聲。

西周金文不見往字,但從一些字的偏旁看,如《曶鼎》□、《汪伯卣》□、《叔家父匡》□等,所从的□和晚期甲骨文差不多。春秋以降變化較大,如《陳逆簠》□、《王孫鐘》□,止下多出一横畫,和小篆作□接近。《説文·□部》:

□,草木妄生也,从□在土上,讀若皇。

許慎根據春秋以來的文字資料,把□當作會意字,分析為从□、从土,兩部分全錯了。從上述字形的發展看問題,□字下部決不是土。

□田的□字,上部从□即足趾,下部从土,字旁有些小點是屬于土字的(甲骨文中土字常帶小點,參考《甲骨文編》518頁,字號1589)。□和□、□類似(參考《甲骨文編》270—271頁,字號770),大約是為了容易區别,所以寫字的人特别突出了這些小點。□字字書不見,按字形分析當是从止、土聲,依照字音去求義,蓋讀為度,試説于下。

《周禮·春官·典瑞》:「土圭以致四時日月,封國則以土地。」

鄭玄注:「土地猶度地也。封諸侯以土圭度日影,觀分寸長短,以制其域所封也。」

這段注文講度地比較清楚,故先引以作説明。

《周禮·地官·大司徒》:「凡建邦國,以土圭土其地而制其域。」

鄭玄注:「土其地猶度其地。」

大司徒官職高，是度地之主持者。

《周禮・夏官・司馬》：「土方氏掌土圭之法，以致日景，以土地、相宅，而建邦國都鄙。」

鄭玄注：「土地猶度地。」

土方氏是技術人員，參加度地的具體工作。

《周禮・考工記・玉人》：「土圭，尺有五寸，以致日，以土地。」

鄭玄注：「致日，度景至不。夏日至之景尺有五寸，冬日至之景丈有三尺。土猶度也。建邦國以度其地而製其域。」

玉人是土圭即度地儀器的製造者。從以上引文可以看出：一，土音可讀為度；二，古代度地工具是土圭。

《禮記・王制》：「司空執度，度地居民，山川沮澤，時四時，量地遠近。」

鄭玄注：「司空，冬官卿，掌邦事者。度，丈尺也。」

按《王制》是今文學，鄭玄即依今文學説之，故與《周禮》古文學不同。這裏説度是丈尺，但是像「時四時，量地遠近」似不及土圭為有效。地要度就不免有個長短盈虧問題，截長補短自所不免。《荀子・富國》言「量地而立國」，又《王霸》言「農分田而耕」，皆度地之所有事，卜辭𡧊田大約屬于後者。這幾片甲骨所記月份是十一月、十二月，正是農隙之時，收獲已過，場功亦畢，而殷代開荒、除田等最煩勞的工作都在冬至以後小寒大寒時舉行，此時還未開始，殷王在此時命人度田，是完全可能的。

第一期卜辭常見殷王命𦎫𡉚（裒）田即開荒，如：

癸卯〔卜〕，賓，貞：〔令〕𦎫𡉚田于京。《殷契卜辭》417

貞：……令𦎫𡉚〔田〕。《戰後南北所見甲骨録・明》200

癸亥卜，賓貞：令𦎫〔田〕于京。《殷虛書契前編》4・45・5

貞：勿令𦎫田于京。《殷虛卜辭》52

《殷虛文字・甲編》這兩片又記𦎫被命𡧊田，大約𡧊田的工作和𡉚（裒）田是相關連的，至于尊田則當在裒田幾年之後了。我過去曾寫過《卜辭裒田及其相關諸問題》（《考古學報》1973年第一期）及《甲骨文肖和肖田》（《歷史研究》1978年第三期）等文，有些談過的問題這裏就不多作重複了。【釋甲骨文尊田及土田　中國歷史文獻研究集刊第三集】

⿱止厶

◉黄錫全　甲骨文有⿱止幺(京津四一〇五)、幺(明二五三)等字,甲骨文編列入止部隸作⿱止午,認為「从止从午,説文所無」。李孝定的甲骨文字集釋(一三:三九〇一)收一⿱止幺字,隸作𥿊,認為「从糸从之,説文所無」。甲骨文又有⿱止幺(前二·一五·四)字。甲骨文編列入附録上十七:有从収作⿱止幺(前六·一三·三)之字,甲骨文編列入附録上二五,甲骨文字集釋列入待考字(四六二二頁)。島邦男殷墟卜辭綜類又將上列諸字與幺字混為一談。

按幺字,思泊先生釋為先後之「後」,確切無疑,顯然與⿱止幺等形並非一字。上列諸字所从之幺幺即糸。……止或止乃是聲符,聲韻並同,故可通作。因此,上舉諸字可以隸作⿱止糸或⿱之糸,釋為𥿊。

𥿊字見于集韻、韻會,並音齒。類篇「績苧一端謂之𥿊」,汗簡録義雲章耻作𥿊,均與卜辭文義無涉。古文字中「志」每每作止。如侯馬盟書「敢有志復趙尼及其子孫于晉邦之地者」「志」字有作止(二〇三:三);楚簡中人名志,又作「止」。準此,則𥿊可視為綕。汗簡糸部録王存乂切韻織作𥿊。玉篇「綕」為古文「織」。長沙馬王堆漢墓帛書老子甲本「織」作「志」。西周金文假戠為織,還未見有从糸之織。鄂君啓節織字作戠(齊鎛作䊀),从糸戠聲。説文:「紅,樂浪挈令織,从糸从式」,止、戠、志、式、戠諸字音近。因此,𥿊當是織或綕,⿱之糸字之初文。⿱之糸字又加收作⿱止幺。猶如登字或作⿱癶豆(前五·二·一)……,福字或作福(前四·二三·七)……,其字或作⿱止幺(京都二六三)……等,其捧絲治理之義尤為鮮明。小爾雅廣服:「治絲曰織。」

卜辭中有𥿊字的辭例多已殘缺,現摘録幾條如下:

(1)己巳卜兄貞尊告⿱止卣室其𥿊　前四·三三·二

(2)貞其𥿊⿱止卣　前六·一三·三

(3)貞……⿱止卣……𥿊　南坊三·一〇七

(4)貞其𥿊三月　明二五三

「⿱止卣室」即「盟室」,葉氏認為即告祭盟俘之室,以上幾條辭例,大概都是在「盟室」就該不該紡織舉行告祭。【古文字考釋數則　古文字研究第十七輯】

卣

◉阮　元　(商父己卣)卣象盛酒之器。如今之瓶。上乃哆口。非提梁也。酉字亦象酉形。卣則酉之半面形。二字可分可合。惟八月建酉之酉。與丣字相對。乃天地門户開闔之時。説文以盛酒之酉為八月所建之酉。誤矣。

。父己

錢獻之云。首一字文與酉相近。當釋為卣。吳侃叔云。卣為中尊。尊字從酋。說文云。酉。就也。八月黍成。可以釀酒。象古文酉之形。元謂此正古提梁卣之象形。

。作父丁

尊彝

錢獻之云。古器有作足跡形者。說文云。止。下基也。象艸木出有址。故以止為足。取子孫基址相承之義耳。【積古齋鐘鼎彝器款識卷二】

◉羅振玉　古金文作𠧪作𠧪，卜辭又省之，其文曰「鬯六卣」，故知為卣矣。【殷墟書契考釋卷中】

◉羅振玉　爾雅釋器「彝卣罍器也」。說文無卣字。玉案其字當作卣或精用卣攸脩。考卣即說文𠧪字。象艸木實下垂𠧪𠧪然。中从土象果實坼文。傳繕譌作仌。古人从土从仌之字多相亂。如角字本从仌。後人作角从土。此類其多。古从土之字或又譌作丁，如因字東魏北丘僧惠造象記作囙，唐少林寺碑及唐玉真公主受道記又作囙，是其證。於是卣字遂有𠧪卣二形，其實並囙之譌變也。說文乃部之鹵，鹵部之㮚，考之古金文石刻並从卣不作鹵，石鼓文中卣㮚字可證。它金文亦然，從無作鹵者，此鹵即卣譌字之確據，卣字本義為草木實垂皃，借為尊卣字。吴彝「歔鬯一卣」，此尊彝字當作卣之確據。伯晨鼎彔伯戎敦毛公鼎又作一卣，詩大雅江漢「秬鬯一卣」，釋文「卣本作攸」。周禮鬯人「廟用脩」注「脩讀為卣」，釋文「脩中罇」，此卣字或藉用卣攸脩之確據。說文卣讀音調，此調字當如詩惄如調饑之調，讀為周，不當讀徒急切。卣攸脩音近，例得叚借也。段茂堂王菉友雨先生均已謂卣即說文卣字，其說甚確而引證未詳。爰推闡二家未中之義作釋卣。【釋卣】

◉王國維　□　此疑卣字。哈氏所藏卜文，卣字有从回者。【觀堂書札　中國歷史文獻研究集刊第一集】

◉王國維　卣，卜辭作□。案盂鼎卣字作□，他器或作□，或作□。說文鹵卣分為二字，其卣字注云：「从卣乃聲。」今此卣字作□，則知从凵作者，乃从□（即皿字）之省，說文以為从乃，失之矣。【戩壽堂所藏殷墟文字考釋】

◉王國維　古文卣字作□（盂鼎）、作□（毛公鼎）、作□（伯晨鼎）、作□（彔伯簋及吴尊蓋），石鼓文逌字亦作□，而殷虛卜辭盛鬯之卣則作□，作□，知□所从之乚乚即□之省，又知說文㡯盧二字一从由，一从甾，即□與□之變，實一字而繁簡異也。【釋由　觀堂集林卷六】

◉孫海波　□甲一一三九　亦卣字。說文系于乃部。訓气行皃。殆後起義。今列為卣字重文。□京津四三三四　或从皿。【甲骨文編卷七】

◉吴其昌　「卣」者，有提梁之壺屬，所以盛鬯者也。卜辭作□本片、□前・五・一七・三、□前・五・三九・五、

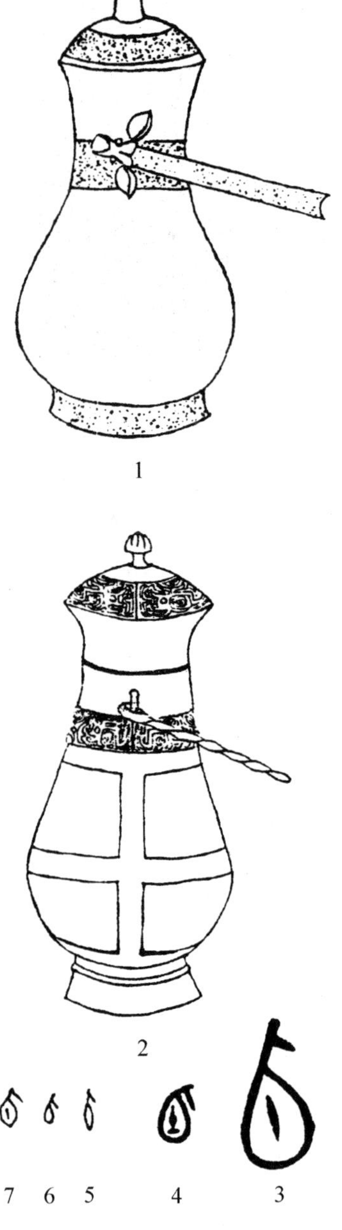

卣前・六・一五・五、卣後・二・一七・一六、卣戩・二五・一〇、卣後・二・三九・一三、卣戩・二五・九諸狀。金文亦畧同。象卣之左右側旁，斜垂其提梁之形；而下承以盤。盤實外物，可承可離；地下出土之卣，無一附有盤者，則知承盤之卣，乃用時須臾之傾為然耳。今取卜辭金文諸「卣」字，不連盤。與傳世古卣實物相比較，一、卣父辛卣。攈秋・一・三三。二、父乙卣。善齋・三・一三。三、大盂鼎。四、吕鼎。五・六・七見上。按此外如西清・一六・三四父癸卣、陶齋・二・三二功卣、長安獲古・一・二一、弓父庚卣……等，若側斜其提梁，其狀無不與上列諸古文相肖，此不舉。則亦可顯著其宛肖之狀矣。所以知其必盛香酒者，金文凡「鬯」必盛于卣，未嘗例外。卜辭亦同；如此片即云「鬯□卣」其證更明。其在經典則書文侯之命，詩大雅江漢，春秋僖公二十八年左氏傳，並有「秬鬯一卣」之文；書洛誥則有「秬鬯二卣」之文，斯竝可推見卣為盛鬯之罇器矣。李巡注爾雅釋器曰：「卣，鬯之尊也」。得之。【殷虛書契解詁】

◉唐　蘭　第五片骨　續編四，四四，二片著録

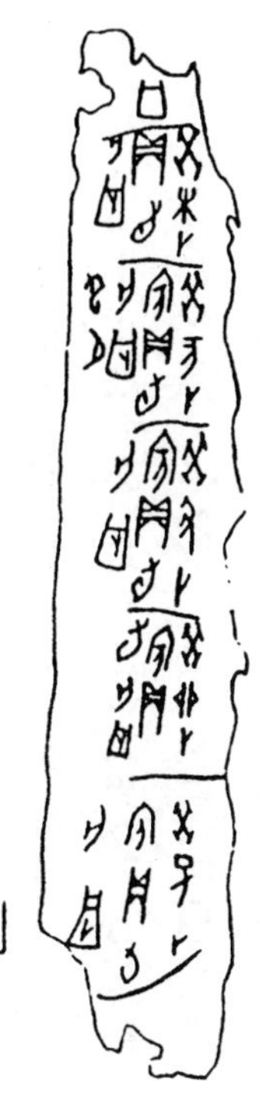

𠧪亦作𠧪，卜辭習見。

余既考定卣象卣形，則與卣有關之字，及其在卜辭中之讀法，可迎刃而解矣。然尚有一事宜注意者，𠧪字象卜在凵中，吴氏謂卣𠧪同象器形，實誤。郭氏之所以訓𠧪為契骨呈兆者，蓋謂卜象兆璺之狀，故不得不謂𠧪為契骨。及其釋𠧪為冎，則又畧去從卜一點而不問矣。余按説文：「卜，灼剥也。象炙龜之狀，一曰象龜兆之縱横也。」又云：「𠧞，灼龜坼也。从卜兆象形。𠧞，古文兆省。」是謂卜兆二字，俱象龜之璺坼也。然余意異於是。攴字從又從卜，許氏説為從又卜聲，以卜辭金文之從攴之字考之，則卜者所以扑擊之物，攴者手持卜以扑之，其讀如卜聲者，象意字之聲化也。鄉射禮：「取扑搢之。」月令：「司

徒搢扑。」舜典：「扑作教刑。」偽孔傳：「扑榎楚也。」學記：「夏楚二物收其威也。」注。「夏槄也。　楚荆也。」左文十八傳：「歜以扑抶職」，注：「箠也。」余謂此諸扑字。　皆當叚為卜。　蓋卜象物形，為名詞，攴與扑為動詞，諸書叚動詞為名詞耳。　夏是山楸，或謂用其枝，箠楚之類，則或以荆，或以竹，不妨有枝，故卜字象之也。　卜既扑之本字，無緣更為炙龜與龜兆之形，明許氏誤也。⊘總之，卜兆兩字，本皆不象璺坼之形，則□字之從卜，當別有故。　余謂原始民族，占卜之法極多。　見於書傳者，如史記孝武紀有雞卜，風俗通有瓦卜。　番禺雜編舉嶺表之俗，有鷄卜、鼠卜、米卜、著卜、牛骨卜、鷄卵卜、田螺卜、蔑竹卜。　今民間猶有杯珓卜、紫姑卜之類。　其來均甚古。　荆楚歲時記已載之。　則古代中國之卜，不必限於著龜也。　以□字之形觀之，當是以荆條竹枝之類，投於卣中，驗其所向或俯仰，以定吉凶。⊘綜上所論，卜字本象箠楚之類，或即籌策，古人用為占卜之具，後世承之，為一切占卜之公名，本與龜兆無涉也。璺坼與卜字略相近，固可襲卜之名，然此特魚腸為乙，魚尾為丙之類，非乙丙之字由魚起也。　因為卜在卣中，當讀卣聲，書傳並借繇或由為之，本當為卜所得吉凶之象，引申之，則為象之繇辭矣。　占字從口從卜，為見卜象而以口占之。　然□之與占，其事至近，聲亦相轉，猶酉之為尊，卣之為倉也。

卜辭□即卣字，用法有八。　最習見者，為㞢□亡□等辭，其字作□前六・三八・六、□後下十四・二、□戩三十・四、□後下十一・六、□□戩三十・五、□□戩三十・二、□□戩三十・三、□戩三十・七、□拾十・十二等形，或作□戩二九・十，與酉相近。　其讀皆當借為咎。　王國維引易「雖旬無咎」，以釋卜辭之勹亡□，或勹亡□，最確。　卣咎聲相近。　書曰「非予有咎」，有咎即㞢□也。　其次為□凡□㞷之辭，其字作□鐵五・五、□前五・二一・七、□林二・二・四、□鐵二一五・四、□前七・二一・四、□林二・六・十三、□前一・四三・六、□鐵七二・一、□續三・四七・七、□林二・十四・十六、□前五・十・一、□後下十四・九、□林一・二二・二〇、□後下三七・五、□後下一七・一三等，變形甚多，學者往往以為非一字，其實作□□等形，本狀卣之有流。□或作□，其所從之□形，最為傳神，此類均其嬗變也。　卣凡郭讀為游盤，非是，或釋骨盤，尤屬可笑。　余按凡卜辭讀為同，蓋同作□者當為從□凡聲也。　卜辭卣凡或作卣□前五・二一・七，□從兩手持□即挏之本字。　又有殘辭云：「……史。……𢍏……疒」，前五・二一・八。及「……卜，平，……𢍏……㞢……」，續五・二二・九。　當是卣𢍏㞢疒之闕文，𢍏即興字也。說文興字從舁從同，同力也。　卜辭作□則象兩人奉□，以象意聲化例推之，當為□聲，□□一字，故後世從同作興。　然則卣同卣㞷與卣𢍏，其聲義當相同。　古書用興字者，義多若同。　微子云「小民方興相為敵讎」，即小民方同相為敵讎也。　又云「殷邦方興沈酗于酒」，即殷邦方同沈酗于酒也。　又云「我興受其敗」，我同受其敗也。　吕刑云「民興胥漸」，民同相漸也。　詩抑「興迷亂于政」，同迷亂于政也。　是則卣興當讀為卣同。　卣當讀若逌，尚書攸字，漢書多作逌，是卜辭之卣凡即古書之攸同。　禹貢「灃水攸同」,「九州攸同」,詩蓼蕭「萬福攸同」,文王有聲「四方攸同」,可見為習語。攸與猶猷通,盤庚「暨予一人猷同心」,猷同即攸同也。攸者維也,攸同即維同,猷同心即維同心。故卜辭習見之卣凡有疒若由與㞢疒,當讀為猷同有疾,亦即維同有疾,如「子𨛜卣凡㞢疒」,林二・十四・十六。「㞢疾𤉲弗其卣凡㞢疒」,後下三七・五。是其例。其曰:「癸未卜𡧊貞,卣弗疒,㞢疒卣凡」,前八・六・一。則首貞弗疒,次貞㞢疒卣同,即有疾攸同矣。尚有特異之一例,曰:「貞,羽乙子子漁卣凡㽙。㞢且戉」,續三・四七・七。不與㞢疒連文,似當讀為猷同儐,謂維同儐也。逌攸猷並與由通,卜辭又云「方由今𣏟門」,詳本書六二片。由凡當即卣凡,卣當釋卣,此亦一證。三曰卣告,如「癸酉卜王,□卣告」,鐵八六・一。「癸酉卜,□弜卣告」,拾八・十。「……貞大卣告,前五三・三。卣告于大邑商」。通纂五九二,郭以卣屬上句作「不𠭰哉囚」。非是。昔人或誤以卣為豆字,雖非,然可見其為器形也。卣告當讀如猷告,多士曰「王曰猷告爾多士」;多方曰「猷告爾四國多方」、「猷告爾有方多士」,並可證。大誥云「猷大告爾多邦」,猷大告殆即大卣告矣。四為「四豕㞢一卣」之文,林二・三〇一二。卣即郭氏所誤釋為骨者。余意當釋為四豕有一卣,豕即豕字,詳本書十七片。卣讀為猷,說文「隴西謂犬子為猷」,卣幼聲極相近,卣義殆為豕之幼者。如他辭之言㞢青。青讀若穀詳本書六十三片。明義士所藏有一辭云:「癸丑三卣一用一……」詳附圖。其義不可詳。卣字或亦當讀為猷若幼。五為「……矢三,𠬝卣三」、戩四六・五。「……𠬝卣二」,林一・七・三。「丁未,矢三,卣六」、粹一五二四。「……三,𠬝卣八」、粹一五二六。「□卯,矢三卣三」,粹一五二七。「……矢三,卣七」、粹一五二八。「……矢三卣七,自□」、粹一・五二九。「……卣三,自矢」、粹一五三〇。「卒子,矢三,卣……」、粹一五三一。「丁亥,矢三,卣……」、粹一五三二。「卒酉,矢三,卣八」、粹一五三三。「壬辰,矢三,卣三𠬝」明義士藏骨等辭。郭沫若謂「殷人于龜甲亦稱𠬝」,因讀矢為鎸及鑽卣為剮,謂「鑽若干龜,鑿若干骨也。」下繫以自□者,志龜骨所自來。」粹編考釋二〇四。按郭說假擬太多,不可從。𠬝從貝而以勹繞之,勹即勹字,亦即句字,𠬝即是貟,當釋為眗。玉篇:「眗稟給。」新撰字鏡:「眗贖也。」天治本十・十七。王仁昫切韻:「眗稟給又貨贖。」掇瑣本。說文偶遺其字,羅振玉釋為珍,郭又以為龜甲,並非也。矢蓋矢及寅之異文,釋鎸鑽亦誤。矢及𠬝,他辭均用為人名,此不知何義。以句例推之,似當以矢幾𠬝,貞幾𠬝為句,其僅作矢幾卣幾而無𠬝字者省文也。六為祖庚祖甲時之卜人名,其字作卣,前人目為奇字,今以卣凡㞢疒一辭之作卣形者證之,知亦卣字也。卣字在卜辭中變化頗多,而此卜人之名則有固定之書法,一如後世之簽名。此可證商代文字往往因用途之別,有特殊之寫法也。七為「戊辰卜,王,貞,𠬝卣田㞢事」,粹六〇一。卣為卣字,疑讀作由。八為今卣巫九畚之辭,及今卣五九囚。其字作卣林二・二五・八、卣前五・二四・二、卣簠文八三、卣簠文八四、卣前四・三七・五等形,為帝乙帝辛時期之卜辭。卣當讀為繇若由,亦即說文卜問之卟。般庚「不其或稽」,漢石經作「不其或迪」。迪從由聲,則由稽之聲可相轉也。此外如：「貞，羽甲申子大㞢囗」，鐵百四九・四。似是國名，而疑有闕文。「丁卯卜，王囗元」，前四・三二・四。其義未詳。「己未囗各蚩」，前五・二四・四。「丁酉卜，王囗」，前六・五八・八。囗囗二字，疑卣之異文，義亦未詳。

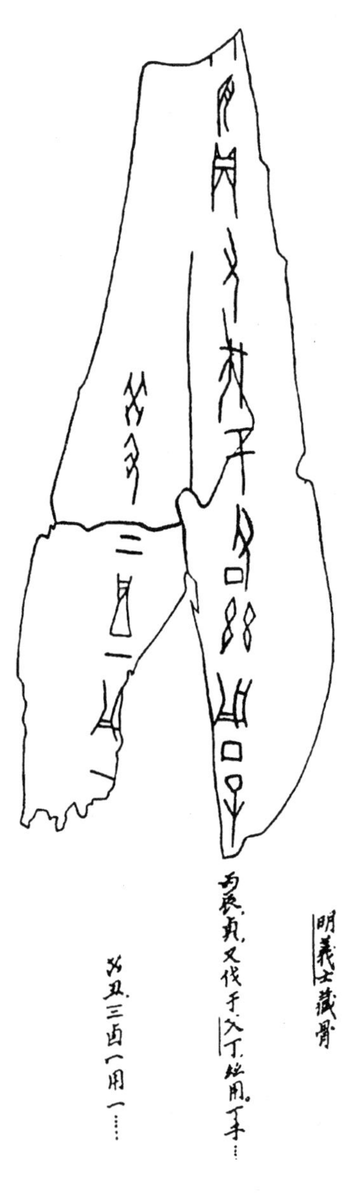

囗字象卜朴在卣中，當讀卣聲，故卜辭多與囗通用。亦即卟字，蓋囗之異構為囗，前八・一四・二。移卜於囗上，此猶𠦍為𠦍申為寅，古多有之。或又移卜於卣旁，如寅為貯。則囗可為卟，有似從口矣。

囲亦卜辭奇字之一，舊多不釋。頃郭氏論之云：當是黑之初文，象卜骨以火灼處呈黑也。字有作囲者，即牛胛骨之象形，囗象骨臼，上有點者示臼上有刻辭也。凡曾與卜骨接觸者，一見即可知此字與骨之施鑿面相似，而其面之顯箸印象則灼處之黑也。金文作𤈦，下從赤，上端猶存其遺意。釋亢黃四。今按此說殊多可議。骨上灼痕，無由代表黑色。金文𤈦字當由𤈦若𤈦變來，與此無關。且同一點也，在上則為刻辭，在下乃為灼處，可見其矛盾。蓋郭氏以囗為象骨形，又因卜辭言「囟囲犬，𣏟三宰，卯黃牛」，續二・一八・九。以為囲犬黃牛同例，故定為黑字。其實殷人於黑色用幽字，而卜辭別有一例云：「囲一犬，一青。𣏟四豭，四羊，𣏟二。卯十牛。青一。」庫一九八七。囲與𣏟卯同例，則囟囲犬者當是囟犬兼囲犬，非色名也。余按囲或囲仍是卣字，卜辭醜作𨡓，其囗作囗可證。卣以盛鬯，其為倉則以盛米穀。故於囗或囗形中實以點，象鬯或米穀形也。卜辭此字之用法有六。曰「隹囲我才囗」，前五・二二・五。曰「……方出，不隹囲我才囗」，戩四六・一二。其囲字仍當讀為咎，隹囲我才囗者，唯咎我在繇，猶後之言亡砦在囗矣。此一也。曰「㞢二囲不隹𡆥」，契六五八。「貞……二囲……出……从……蚩」，契五七九。此當為名辭，其義未詳。二也。曰「……囲雨疒」，鐵六四・一。疑與鹵雨之鹵同。三也。曰「……其㞢來……尤㞢來……□乎……東啚，戈二邑。王步自䣻。于䑕司……丑夕良。壬寅，王亦終夕𠧪」，菁六。郭氏釋夕良為月蝕，郭說誤。其辨見余殷虛文字記四二。因謂𠧪為惡意之動詞，通纂攷釋九一。余謂非是。𠧪當作留，若休，「王步自䣻于䑕司，辛丑之夕良，壬寅。王亦終夕稽留」也。有一辭曰「貞王𠧪其虒」，佚六六四。此辭或有缺字。𠧪或亦讀為留。四也。曰「尞于西，𠧪一犬一青，尞三豜三羊青二，卯十牛青一」，庫一九八七。「尞于東三豖三羊，𠧪犬，卯夷牛」，簠典一八。「帝于東，𠧪犬，尞三宰，卯夷旱」，續二・一八・八。此為北大藏龜。「㞢于……母𠧪犬，……三羊三豖一……卯……」，鐵一五〇一，今歸馬衡氏。「……東，𠧪……，西𠧪犬尞白……幽……」，後下九・五。「己卯……礿……𠧪犬……」，前六・三・六。「……𠧪犬，尞……」，續二・五五・六。此北大藏骨。凡此𠧪字，皆用于犬，疑當讀若辜，磔狗以祭也。大宗伯「以疈辜祭四方百物」，此云尞于東，尞于西，正是方祭也。𠙵及𠧪卜辭往往借為咎，咎音如皋，當可轉為辜。五也。曰「卯𠧪于父乙」，後上二三・七。「……卯……𠧪」，鐵餘十・一。皆為人名。六也。前六・五九・四云「𠧪㠯王固曰乃」，其義未詳。【天壤閣甲骨文存考釋】

◉饒宗頤　「……旅……鬯五𠧪。……」（戩壽二五・九）　書洛誥：「予以秬鬯二卣，曰明禋。」此辭云「五𠧪」，即五卣也。疑是禋祭之事。惜辭殘缺。凡郊祭稱禋，以先王合祭於明堂也。【殷代貞卜人物通考】

◉屈萬里　卜辭「貞：叀卣，王受又又？吉。」卣，酒器。此處作動詞用，蓋謂以卣陳酒而祭也。

卜辭：「貞：其㠯。」甲編二〇二四。㠯，當是㠯字，其義當與甲編五五五片「射𠧪㠯羌」之㠯字同，偕也。【殷墟文字甲編考釋】

◉李孝定　酒器之卣，說文無之。段氏注云：「𠧪之隸變為卣，周書雒誥曰『秬鬯二卣』，大雅江漢曰『秬鬯一卣』，毛云：『卣，器也』。鄭注周禮『廟用修』曰：『修讀曰卣，卣，中尊』。凡彝為上尊。卣為中尊。罍為下尊。中尊為獻象之屬。』按如許說。則木實垂者，其本義叚借為中尊字也。」又云：「中尊之義，平久反，又音由。」王筠說文釋例云：「詩書爾雅皆有卣字，而說文無之，似即𠧪之變文。𠧪讀若調，乃部㢿从𠧪。而讀攸。廣韻或作𠧪。是其比也。書云：『秬鬯二卣』、『秬鬯一卣』，知卣所實者鬯也。𠧪讀若調，蓋取芬芳條暢之義乎。」雷浚說文外編卷三卣字條云：「洛誥『秬鬯一定按當作二卣』說文無卣字，大雅『秬鬯一卣』，陸釋文曰『卣本或作攸』，又周禮鬯人『廟用脩』，注：『鄭司農云脩器名，玄謂脩讀曰卣』，知脩亦卣之假借字，案康成謂脩讀曰卣，是康成時有卣字，而說文不載者，或卣即𠧪之形變。然說文部首『𠧪艸木實垂𠧪𠧪然象形』，器名字作𠧪，亦假借，此殆亙古無正字者」。徐灝段注箋則謂「卣者西之變體」，朱駿聲通訓定聲則兩存之。桂馥義證云：「艸木實垂𠧪𠧪然者，或借油字。箕子麥秀歌『禾黍油油』。」按段、王、雷三家之說是也。桂氏謂字或借油為之，而不謂字有徒遼、羊久二反者，蓋慎之也。據周禮鬯人鄭注。知康成時必有卣字，據箕子麥秀之歌，知艸木實𠧪之義，亦有羊久反一讀，且此音當較徒遼切為早也。惟諸家或謂器名之卣亦叚借，則似有未安。蓋物名之字，多屬象形，且必早出。重言形况之字，例當後起也。卣字契文作、或，金文作盂鼎、毛公鼎、舀壺，其形並同。當象器形圓底，上象提梁，下其座也。或謂𠧪象艸木之實，然艸木之實千百其形，安得以一𠧪字盡象之乎？字本象酒器之形，至重言形况之義，則為假借。此義初亦但讀羊久反，麥秀之歌可證，及後始另有徒遼反一讀耳。攸之為條，于省吾氏論之已審，見前六卷條字下。【甲骨文字集釋第五】

◉馬薇廎　盂鼎毛公鼎杏白每亡卣

卣為有提之尊，有蓋。爾雅釋器「卣，器也」，注「盛酒尊」，疏「卣中尊也，孫炎云尊、彝為上，罍為下，卣居中。郭云不大不小，在罍彝之間」。關於字形，各家析之甚多，不外以為象器形，似覺未甚確切，余於甲骨文原，亦襲其舊，今知非是。因雖象卣器形，則不象提梁，且卣從未發現有承盤，故決非卣之形也。愚意象柚子，為枝與蒂，丶為枝旁小葉，器中一點示實心而非中空，為日之作是也。凵為省，置柚於皿示為可食之物。柚為果名，早已見於經典，夏書「厥苞橘柚」。柚叚為卣，久而忘其本義矣。李時珍本草「柚色油然，其狀如卣，故名」。余謂卣狀如柚，故借柚為卣。卣盂鼎作，其中之點作，毛公鼎誤為，再誤為，三誤為，隸更誤為，因未解原形之意義，致謬誤百出也。說文解字注「草木實𠧪𠧪然象形讀若調，籀文从三作」。按韻會「𠧪古文卣，以九切」讀調非是。卣又為之誤，（石鼓文已誤）因卣亦叚為攸，不必卣也。【從彝銘所見彝器之名稱　中國文字第四十二冊】

◉吴　匡　卜辭

……于河（寧一・五九九）

……先又且辛（存一・二六五）

既（京四〇三八）

既（文五二九）

鬯一（寧三二三二）

鬯一（後下七・五）

鬯五（戩二五・七）

彝銘

鬯一□(盂鼎)

鉅鬯一□(舀鼎)

鬱鬯一□(彔伯毁)

秬鬯一□(吴方彝)

詩江漢

　秬鬯一卣

書洛誥

　秬鬯二卣

文侯之命

　秬鬯一卣

□、□、□、□、□之為卣，無可疑義見李孝定甲骨文字集釋、容庚金文編、周法高金文詁林、李孝定金文詁林讀後記。按卣、西、甾、由、逌、迺古一字。其下作□、□、□者承盤，盤内或有液滴。卣象一盛酒漿器物，腹鼓、頸稍殺，有流，流多高於口：或有鋬有足。形如

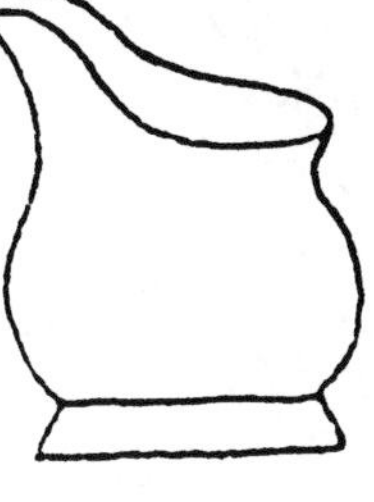

古陶器銅器中屢見，銅器多帶蓋。

鄭玄云：「卣，中尊也，謂戲(犧)象之屬。」鄭玄周禮鬯人注。以卣之形制合鄭説觀之，卣即彝器中之觥及鳥獸尊觥及鳥獸尊之名稱，依容庚商周彝器通考。容氏定名大致依據宋人考古圖，惟觥之名稱為王國維所定，見觀堂集林「説觥」。

（一）觥

（二）𦣻弘觥

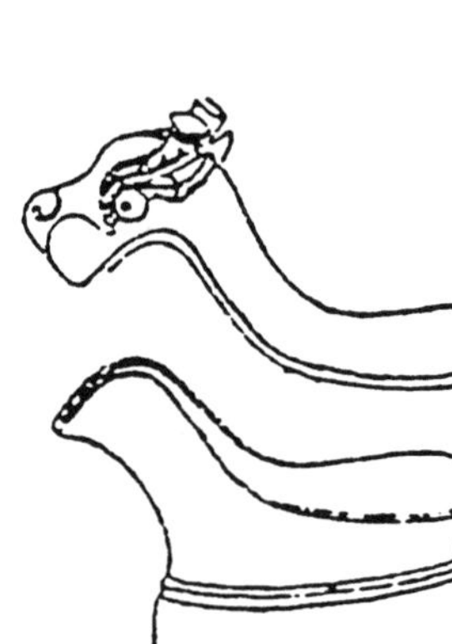

（三）□子□觥圖片採自容庚通考上册第四二七、四二八及四二九頁。下册尚有觥之圖版甚多。

牛尊圖採自容庚通考上册第四三二頁下册尚有鳥獸尊圖版。

容庚説觥云：

然余尚有疑問者，則守宮作父辛觥中藏一勺，則此類器乃盛酒漿之器，而非飲酒之器。與「稱彼兕觥」及罰爵之義不合也。

又云：

中央研究院發掘安陽，得一器與西清續鑑之兕觥同而有蓋，則王(國維)先生所定觥之名，或須更定。余以未得更善之名之故，姑仍觥稱，非謂觥之名至當不易也。容庚通考上册第四二五頁。

爾雅釋器：「彝、卣、罍器也。小罍謂之坎。」周禮小宗伯：「辨六彝之名物，以待果將。」六彝者，雞彝、鳥彝、斝彝、黄彝、虎彝、蜼彝。又司尊彝：「掌六尊六彝之位，詔其酌，辨其用與其實。」尊有犧尊象尊等，彝卣一類，鳥獸尊之為卣亦明矣。

銅器之前身為陶器。近年出土新石器時代陶器如

1.2 鬶第一式A型：1.山東文口景芝鎮；2.江蘇新沂。3.8 鬶第一式B型：3.山東 崗上村；4.上海馬富林；5.6山東曲阜西夏侯；7.青蓮崗；8.江蘇新沂縣花廳村；9.10鬶第一式C型：山東濰坊 庄。

者甚多。考古學者據說文「鬹，三足釜也。有柄有喙」。定名為鬹。說及圖片見黃士强「中國新石器時代的鬹與盉」，國立臺灣大學文史哲學報第二十六期一～三四頁。按鬹為炊器，不應有流。此具流者顯非鬹。至具三足者，角、爵、盉皆有，並不限於炊器請參閱容庚通考下册角、爵、盉圖片。所謂鬹者亦卣也。

卣之定名，始於宋人。其稱卣者，既無流，又非犧象之屬。宋人不知彝尊為器之共名，而非專名，以觶觚壺罍之屬為尊容庚通考上册第三九一頁。復依鄭注「卣中尊也」，稱觶觚壺罍之較小者為卣，而以卣為匜，為鳥獸尊王國維之觥宋人稱匜。自此世代相因，積重難返矣。【說卣　大陸雜誌六八卷六期】

◉徐中舒　[glyph](甲二〇四〇)[glyph](甲一一三九)　此卣字，為古時盛酒的葫蘆，底部不穩，故盛以盤，作[glyph](前六·四一·五)。金文作[glyph](㠯壺)。銅器中有瓠壺，就象葫蘆形，這是真正的卣。此器最近山西省曾經發現。現在許多金文書籍，把提梁壺稱為卣，這是沿襲宋人的錯誤，應該糾正，凡有提梁的，都應稱壺，與卣有別。【怎樣研究中國古代文字　古文字研究第十五輯】

◉趙　誠　[glyph]卣，象盛鬯酒之卣器之上半部，似與卣器為同類，本為象形字。甲骨文用作卜官之私名，則為借音字。如「[glyph]」(癸亥卜，卣貞)(後下十六·十六)。【甲骨文簡明詞典】

囩　星　辻

[glyph]2828　[glyph]3177　[glyph]3384　[glyph]5573　鄂君啟節借為上字【古璽文編】

◉劉心源　[glyph]拍盤　星从日。阮釋吐，非。集韻「星，埕省。下也，塞也」，即此義。【奇觚室吉金文述卷八】

◉劉　釗　《漢徵補》六·四第9欄有字作「[glyph]」，《漢徵補》釋「园」。按字从口从无，釋园誤，字應釋為「囩」。囩字見于《正字通》。【璽印文字釋叢(一)　考古與文物一九九〇年第二期】

旲

◉林清源　「滕（滕）侯旲之艁（造）敌（戟）。」第三字作「[glyph]」形，當隸定為「旲」，此為滕侯之私名。

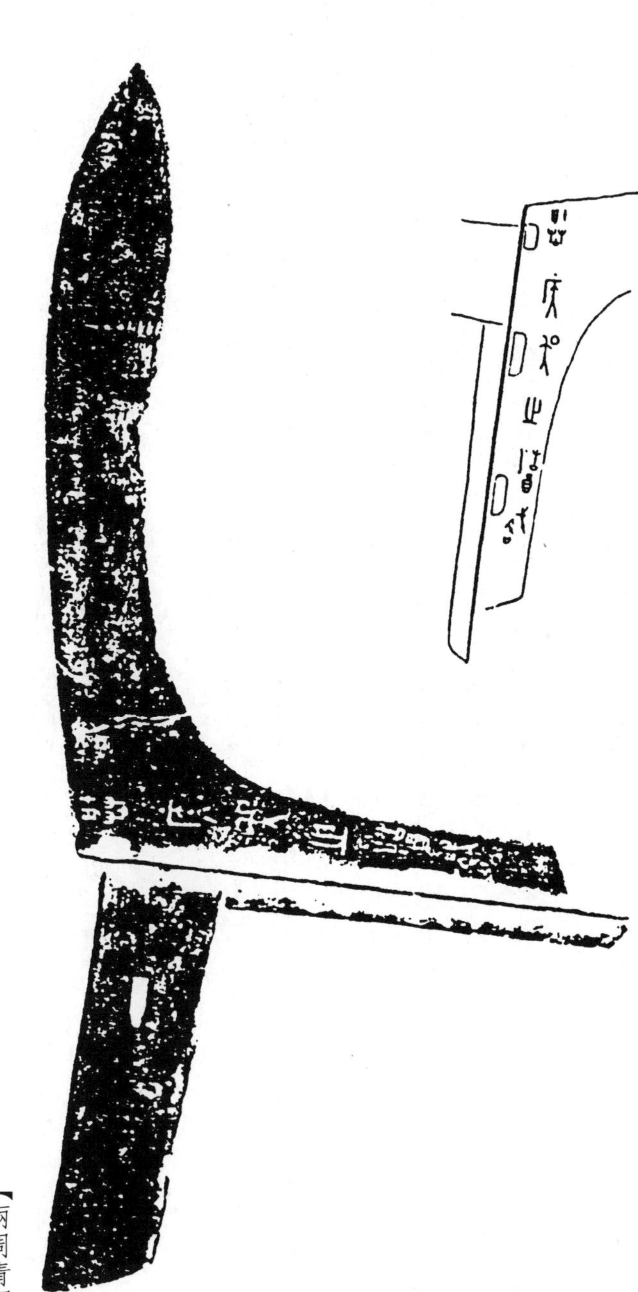

【兩周青銅句兵銘文彙考】

𠙹

◉張秉權　𠙹　唐蘭釋為「古」字，但卜辭中自有古字作[glyph]形，而且這個字从無作[glyph]者，而「古王事」之古，亦从無作這樣的形體的，所以二者恐非一字。𠙹是第一期武丁時代常見的貞人之名，在這一版上，𠙹是族或族長之名，而非貞人。他辭或稱𠙹子，例如：

癸丑卜，貞：[glyph]𠙹子？（京津二〇九七）

這和㐭稱子㐭，韋稱子韋，亘稱子亘，兄稱子兄，洋稱子洋，何稱子何，取稱子取，尹稱子尹，[glyph]稱子[glyph]，帚稱子帚的情形相同。可見殷代的貞人之職，是掌握在一群貴族的手裏的。【殷虛文字丙編考釋】

串　吼　炭　臾

◉李孝定　串釋中釋啚釋吉均於字形不合。且絜文中作□□諸形。吉作□。與此迥異。唐氏釋古。謂是从口毋聲。宜若可信。然絜文亦自有古字作□若□。與此亦有別。金文之□□乃由□所衍化。此亦唐說。見一卷天字條下引。非从毋聲也。至□字如確是「古」字。則當為□之異構。□字雙鉤作□。增一橫畫則作□。亦非从毋聲也。至中。唐謂即毋。郭沫若亦有此說。見三卷千字條。其說可从。字當隸定作串。从口。从中毋。說文所無。字在卜辭為貞人名。【甲骨文字集釋第二】

◉陳　晉　□字當釋串，即詩皇矣之串夷。藏龜作□，作□。甲骨文字作□，並同。【龜甲文字概論】

◉李孝定　□前六・十六・五　从口从丮。當隸定作吼。說文所無。卜辭另有沫字。作□。說詳十一卷沫下。

又上所舉从□。說文所無。字實皆从凵。許訓凵盧飯器之本字均象以凵盧貯物之形。此字亦象一人就凵取物之形。原當收入凵部。今仍就其字形收之於此。所从實非口舌之口也。【甲骨文字集釋第二】

◉李孝定　□乙・六一一二　从火从山。說文所無。辭云。「口寅口貞炭□」。其意不詳。契文火山二字形每無別。而此字以此二字為偏旁。其形體之別則至顯。又字或从火山二字會意。為火山之專字。謂山下有火也。存以俟考。【甲骨文字集釋第十】

◉饒宗頤　□□　「貞：乎帚井氏臾」(福氏七)。「甲寅卜，事貞：王□(内)叀吉」(京津三四五九)。□字从内从大，集韻有「□」，云古内字。疑即此之變。此字隸定可作臾形。內，說文云：「入也。」王內，猶言王入或王納；其言「王内叀吉」，謂「王入惟吉」也；「隮內，叀吉」，謂福納，惟吉也；「王内□」，謂「王入燕」，燕言燕息，詩北山「或燕燕居息」，燕經典又作嬿或讌，安也。

其異形又作□(京津四八一〇)，□(續編四・二八・八)，□(京津四八一一)，則為从無从内。考「無」與「大」同意(爾雅方言并云：「憮，大也。」說文：「無，豐也。」無與膴廡并訓豐大)，故从大亦作从無。此字余釋臾，林二・一九・一二「王□叀吉」字，與集韻内古文之閃(十八隊)形尤近。「臾(納)惟吉」成語。【殷代貞卜人物通考】

◉方濬益 ![ancient character]執矢觚 説文部首。![ancient character]。弓弩矢也。从入。象鏑栝羽之形。古者夷牟初作矢。此文為象形。最初之字。餘器銘皆作![ancient character]。【綴遺齋彝器款識考釋卷十六】

◉高田忠周 ![ancient character] 依此篆。右明从又與父乙彝作![ancient character]同。然則。一从卜。一从又。其省略之恉無異也。又按。如此篆明从![ancient character]。即矢字。詩周頌。束矢其搜。周禮大司寇。入束矢于朝。矢束義相關如此。故此束字以涉矢形耳。亦筆者心匠可見矣。【古籀篇六十】

◉裘錫圭 卜辭的𠨪字,大多數是用作祭名的。這次所出諸骨的𠨪字,從文例上看也應該是祭名,當讀為御(繁體為「禦」)。御是御除災殃的一種祭祀。卜辭或言:

鼎(貞):疒(疾)齒,𠨪于父乙? 《前編》1·25·1

這是因為患牙病而卜問是否舉行御祭于父乙。或言:

鼎:𠨪疒身于父乙? 《乙編》6344

這是卜問是否御除腹病于父乙。或言:

甲子卜,㱿,鼎:𡆥![ancient character]才疒,不从王古?

鼎:其从王古?

壬午卜,㱿,鼎:𠨪𡆥于丁?

鼎:于帚(婦)𠨪𡆥? 《甲編》2121

丙辰卜,鼎:![ancient character]告![ancient character]疒于丁,新![ancient character]?

戊午卜,鼎:今日至(致)![ancient character],𠨪于丁?

□□卜,[鼎]:𠨪![ancient character]于帚,三宰?五月。 《續編》1·44·6

這是因為𡆥和![ancient character]有病而卜問是否為他們舉行御祭于丁或婦。或言:

甲午卜:王馬![ancient character]駢(孽?)其祁(禦)于父甲亞? 《甲骨文録》312

這是因為王的馬有災殃而卜問是否舉行御祭于父甲亞(「亞」義近于宗、廟)。或言:

辛酉[卜]:𠨪大水于土(社),宰? 《遺珠》835

這是卜問是否御除水害于社。或言：

戊子卜，鼎：卬年于囯？五月。《庫方》1684

這是卜問是否御除農業年成的災害于報甲。

這次所出卜辭，或言卬衆，應該是指御除衆人的災殃；或言卬牧，應該是指御除牧奴或牧事的災殃；或言卬臣，應該是指御除家臣的災殃。至于鳶和吳，疑都是人名，卬鳶、卬吳與上引卜辭言卬[字形]、卬[字形]同例。

上引卜辭或言「卬[字形]于帚三宰」，文例與「卬衆于且(祖)丁牛……」等辭相同。他辭或言「卬[字形](弜，為第一期常見人名)大乙宰」(《前編》1·24·4)，「卬帚[字形]匕已二牡」(《前編》1·33·7，二牡疑指一牝一牡)，文例與「卬臣父乙豚……」等辭相同。「卬且癸豕」「[字形]卬父甲羊」「又卬父庚羊」等辭之卬，也應指御祭而言。[字形]、又當指御祭時所采取的用牲方法。他辭或言「□戌卜：[字形]奔司，卬子[字形]」(《續編》5·6·6)，蓋謂御子[字形]于奔司而用[字形]祭(甲骨文「[字形]」「又」通用)，可與此參證。

12號一辭言「[字形][字形]父乙豕……」。第一字是「乍」字，《甲骨文編》「乍」字下所收有與此相似者。第二字疑是御疾之御之專文，或御疒二字之合文，申論之于下。

甲骨文有[字形]字：

乙亥鼎：[字形]弜(否定詞，與「勿」相近)[字形]方囚

弜正(征)方才囚 《拾掇》一·415

又有于此字加注魚字之字：

壬戌卜，狄，鼎：其又(有)來方，亞旛其[字形]，王受又(有)又(佑)？(末四字轉在另一側)

壬戌卜，鼎：弗受又又？ 《甲編》3913

這個字象一人抵御另一持杖者的攻擊，疑即御之初文。御、魚古音同聲同部，所以字或加注魚聲，與[字形]加注凡聲而為[字形](鳳)、[字形]加注昔聲而為[字形](耤)同例。上引卜辭讀為「弜御方」「其有來方，亞旛其御」，文義頗覺妥貼。又《前編》6·6·3一辭云：

鼎：甶(讀惠，與「唯」相近)帚好乎(呼)[字形]伐？

伐上一字疑即[字形]之變形而加午聲者，[字形]伐即御伐。由此形省去攴旁，就成卜辭中常見的卬字了。這和「䎳」字省去「丮」旁而成「耤」字，是十分類似的。午是卬的音符，所以卬字可以省作午：

癸未卜：[字形](午)余于且庚，羊豕艮？

于且戊钔余，羊豕㞋？《乙編》4521

上引第一辭的午字顯然應該讀為钔。

12號卜骨的□字，應該看作□與□（疒）的合體字，□當即□的省體。《後編》下11·8一辭云：

鼎：帚好不徙□？

末一字為疒身二字的合體字，可以看作疒身之疒的專字，也可以看作疒身二字的合文。《京都大學人文科學研究所藏甲骨文字》3053一辭云：

庚寅卜鼎：叀（讀惠，與「唯」相近）丁酉酒□？

末一字為伐羌二字的合體字，可以看作伐羌之伐的專字，也可以看作伐羌二字的合文。以上二例，情況與□字相類，所以我懷疑這個字是御疾之御的專字或御疒二字的合文。卜辭或言「乍（作）大钔自𠚤」（《後編》下6·12），或言「乍钔，斷（祈）庚不廾」（《京都》994），可證御祭可以言「乍」。【讀《安陽新出土的牛胛骨及其刻辭》考古一九六六年第五期】

◉丁　驌　由契辭所見求钔某于妣某，其妣名除甲外，其餘皆有。求钔于母某者除甲、乙、丁三干外餘皆有之。其中以求钔于妣庚、母庚者最為繁多。

母庚舍武丁之母、小乙之配外，並無他母庚可言。因承求于母庚者有帚妌、帚□、帚□、帚好、帚媟，有子漁、子定、子廣、子央、子□，有貍之子單子。諸帚子多是一期。辭中所見者，帚貍稍遲其子單，係武丁孫輩。故母庚不可能為武丁非法定配偶。

卜辭妣名庚者五，一般祭祀之辭中，妣庚未必定是小乙配，往往視辭句排列便可了然，如高妣己、妣庚、毓妣己（粹三九七）同祀，當是中丁、且乙、且丁之配。如在二期辭中，妣庚即可能為羌甲之配，蓋因祖甲周祭有羌甲也。又如妣庚、兄庚在二期同見，當是小乙妣庚及王兄祖庚無疑。惟妣己妣庚同祀之例特多，一般言之，均以且乙兩配當之，契辭如指且乙之配，亦有注明「且乙奭」者（南明六六一）。如指小乙之配，或稱后母庚，妣或注明「新宗」，因小乙在新宗也（南明六六八）。如有疑難之時，但視祀典隆重者，必是且乙之配。契辭奉祀且乙之辭最多，在七百餘條等於上甲，較之其次乙大乙及唐尚多三百餘條，可見中宗且乙在後王室中之崇高地位，宜其配妣庚、妣己之受多人求钔也。就宗法言且乙為武丁高祖五世之宗也，特受重視自無疑義。

卜辭求母己钔者有子央、唐子、子妥、單子，并無一帚。四子之中單子為小輩。又有辭以子癸附祭於且丁、父甲、母己、兄辛、兄丙。兄辛為廩辛，母己為祖甲一代之配偶，單子為帚貍之子，可知帚貍即是母己。如謂母己為武丁配，武丁三子明載典籍，未有子丙、母辛，故如二期稱母己即無兄丙、兄辛也。如母己為小乙一輩之配，武丁亦無兄丙、兄辛也。（按陳夢家廟號下一章分析甚精，惟在武丁諸子下列子丁、子癸、子庚三人。如以鄴初三九、一一之辭為據，則「隹父甲囚丁𠬝、隹父庚𠬝、隹父辛𠬝、隹父乙、子癸𠬝」之解釋，應是子丁、子癸皆武丁諸兄，不是武丁之子，因子丁、子癸各附於父甲、父乙也。陳氏作「父甲囚丁」，殆因武丁有兄丁，遂補之為兄字。如補為子丁，則武丁諸子契辭與歷史可相吻合也）。子央見於武丁時代，與王同墮車。在此尚求钔於母己則其人必高壽矣。

契辭求钔於妣己者不多，佚一八七辭為王使子雍代求钔于丁宗，妣庚及二妣己丁宗：辭但曰丁：妣庚為且乙配，「二妣己」為第二之妣名己，亦是且乙配，如言此二為數目，則求于丁宗之妣己當是中丁、且丁之兩妣己也。子雍各見於𡆥方二人貞辭。方雖下及二期，但各辭無論有無貞人名，記月無在，字形則王無上畫，車馬二字皆作象形，月字作月等，俱一期辭。為王求钔於丁，此王當是武丁無疑。子雍想必垂垂老矣，貞問其生死之卜，亦是一期形態也。

帚貍亦曾求钔于妣己。前已訂帚貍為祖甲一輩之婦。

庫九七四有「妣己钔子妥」同版為卜王辭，子妥亦在二期時可知。

除上述母庚、妣庚、母己、妣己外，求钔於其他母妣者，以帚好為主。求钔帚好者有妣甲、妣丙、妣癸、妣丁、母辛、母丙，他帚好者有龔后。求钔於先王者有父乙高、晌甲。求父乙钔乃屬當然。父乙即武丁之父，母庚即其配。妣庚、妣己乃且乙配，亦無疑問。妣甲當是且辛配，妣癸中丁配，妣丙大乙配，皆無問題。惟妣丁、母辛、母丙，不見法定配偶之列。妣丁一辭與小甲連稱，疑妣丁為小甲之配。母辛、母丙，惟有歸之為武丁諸母。帚好一人之見重於武丁如是。非他帚可比擬者。武丁為其他帚求钔之辭甚少，均集中于母庚。求钔於先妣者，只有帚妊于妣壬，此且辛之配，辭在一期中。钔帚妌于母丙二例而已。

有關帚好貞辭在二百餘條，大致有三類。一為帚好钔禳，身後祔祭于祖廟。钔帚好者除上列諸妣母外，于父乙者為最多。一類為貞問帚好健康之事，帚好之病為骨風，乙六六九一辭言「帚好有身弗與帚死」，似帚好死于生產。（辭中之與即氏字，或讀祇。疷也、病也，病不翅也。）一類為帚好參與征伐，行政之事，如伐土、巴、尸各方均有參與。

按钔乃求于某神以祓除不祥，求佑，非御之本義。故契辭求钔均生人求佑於先人也。其例外為乙五三八四一辭，曰：「钔母辛于妣乙」，妣乙單文，母辛平列，應俱為亡人。此辭當是钔母辛于妣乙宗，或父乙宗，或钔母辛及于妣乙之意也。

御、禦契文作乢（參閱許進雄釋中國文字第十二期），與钔不同。【説求钔　中國文字第三十七册】

◉何琳儀　郾王職兵器銘文中，往往在兵器名稱上加一前綴，例如：

郾王職乍(作)敀鋸《三代》二十・十六・一戟

郾王職乍(作)巨敀鋸《三代》二十・十七・一戟

郾王職乍(作)敀釪《三代》二十・三八・一矛

郾王職乍(作)巨敀釪《三代》二十・三七・四矛

這一前綴亦見左軍戈：

左軍之敀僕大夫殸之卒公孶里雎之□，工椃里瘟之鍴戈《劍吉》下・二十

「敀」或隸定「玫」、李學勤《戰國題銘概述》，《文物》一九五九年七期。或隸定「鈠」、黄茂琳《新鄭出土戰國兵器中的一些問題》，《考古》一九七三年六期。或隸定「玟」李孝定、周法高、張日昇《金文詁林附録》一五九五頁等。其中第一種隸定是正確的，下面補充説明：

檢《説文》古文「[glyph]」作「[glyph]」形。前人已指出左从「乇」，以《説文》古文「宅」作「厇」按驗，確切無疑。該字右从「[glyph]」乃「[glyph]」形之譌變。然則燕兵器銘文之「敀」，應即《説文》之「[glyph]」，讀「[glyph]」。

檢《説文》「𠂹，艸木華葉𠂹，象形。」後世往往以「垂」代「𠂹」。「[glyph]」《説文》古文作「[glyph]」，應是假借。「敀」从「乇」得聲，屬透紐，魚部。「垂」，禪紐，歌部。禪紐古讀定紐，透、定同屬端系。魚、歌例可旁轉。《莊子・知北遊》「大馬之捶鉤者」，《釋文》「捶，郭音丁果反」，正與「敀」音同。《説文》「埵讀若朵」、「邁讀若住」，《廣韻》「唾湯卧切」、「棰徒果切」，均屬此類通轉。

戈銘「敀」應據《説文》古文讀「捶」。《説文》「捶，以杖擊也。」引申為泛言「擊殺」。《廣雅・釋詁》三「捶，擊也。」《後漢書・杜篤傳》「捶驅氐僰」。上引戟、矛自銘「敀鋸」、「敀釪」，意謂擊殺之器。至于左軍戈銘「左軍之敀僕大夫」應是官名，「敀僕」似讀「捶撲」。《後漢書・申屠剛傳》「捶撲牽曳於前」。《後漢書・左雄傳》「加以捶撲」。或作「捶朴」，《三國志・魏志・何夔傳》「加其捶朴」。燕國的「捶僕大夫」可能是隸屬「左軍」的下級軍官。至于該銘之「敀戈」應讀「捶戈」，訓「擊戈」。【戰國文字通論】

◉于省吾　伱鄂君啓節　伱鄂君啓節　顕伱之月

伱字郭釋為㞒，謂爾雅釋天夏季月名之「余」本當作㞒，羅讀伱為禘，殷釋為祁，都不可从。伱字从人，示聲，即商器「祁盉」的「[glyph]」字。古文字从人从卩往往無别。説文：「示，天垂象，見吉凶，所以示人也。从二(上)，三垂，日、月、星也。」許解示字系臆為之説。卜辭示字作「丅」或「亍」，既非从上，也不从三垂。示與主古同字，卜辭示字間或作工，卜辭先公中的示壬，示癸，

但　佢

史記殷本紀作主壬、主癸。天神地示之示，經傳通作祇，示與祈，祁音近字通，史記晉世家的示眯明，公羊傳宣公六年作祁彌明，吕氏春秋開春論的祈奚，左傳成公八年作祁奚，説文，祁，从邑，示聲。是其證。卜辭多以氣為祈求之祈，金文自西周中葉以來，祈求之祈，作旂、旂、旂，間或作气。以六書之義求之，伱或伱从人示，象人跪于神主之前以祈福，示亦聲，係會意兼形聲。伱字係由伱滋化為伱，典籍則代以从示斤聲的祈字。節文稱「夏伱之月」，即夏祈之月。周禮大祝有「六祈」，鄭注以為「祈，嘄(叫)也，謂有災變，號呼告神以求福。」古代祀典的祭禮與祈禮有別，所以，禮記禮器謂「祭祀不祈」。禮記月令稱季夏之月，「以共皇天上帝、名山大川、四方之神，以祠宗廟社稷之靈，以為民祈福。」這是季夏舉行「祈禮」之證。【鄂君啓節考釋　考古學報一九六三年第八期】

◉戴家祥　祈讀「渠希切」郡母脂部。祇讀「巨支切」郡母支部，示讀「神至切」牀母至部，支、脂、至三部韻位相近，可以通假。气讀「去既切」溪母脂部，聲異韻同，亦可通假，惟主字讀「之庾切」照母侯部。不能與示通假。【金文大字典上】

◉湯餘惠　□(5)佢・傈　簡文云：「□□之田，南與鄗君～疆，東與蔆君～疆，北與鄝昜～疆，西與鄱君～疆。」～疆，154簡皆作「執疆」，注288：「佢，讀為岠，訓為至。」今按兩簡的内容都是記載土地四至，與某人至疆，語意欠通。疑「佢」即《集韻》上「傈」的古文，「佢疆」、「執疆」猶言「際疆」、「接疆」，都是今語交界的意思。【包山楚簡讀後記　考古與文物一九九三年第二期】

◉戴家祥　□ 但口圣勺但口圣　□ 蓋　楚王酓忎鼎　但帀吏秦差苛燕為之

但字从人口从二，初義不可識。劉體智根據説文四篇剛之古文作伝，集韻引作但，認為就是剛字。周法高認為剛可借為工，因為剛工同屬見母，剛屬陽韻，工屬東韻，「晚周秦漢多東陽互用，楚方言如老子、楚辭東部字皆可與陽部字叶韻」江有誥古韻凡例第六葉。金文但多與師字相連，「但師」即「工師」。工師一詞，戰國時屢有記載，如孟子梁惠王下「為巨室，則必使工師求大木」，趙岐注：「工師、主工匠之史。」禮記月令「季春之日……令工師令百工審五庫之量」，鄭注：「工師，司空屬官也。」又「孟冬之月……命工師效功」，鄭注：「工師，工官之長也。」金文零釋。朱德熙歷史研究一九五四年一期壽縣出土楚器銘文研究亦謂剛可通工。按金文宗周鐘銘云：「服孳乃遣閒來逆邵王。南夷東夷具見廿有六邦。惟皇上帝百神，保余小子，朕猷有成亡競。我惟司配皇天王，對作宗周寶鐘。倉倉葱葱，銑銑雝雝。用邵各不顯祖考先王。其嚴在上，熊熊數數。」以王陽邦東競陽鐘蔥雝東王上陽數東協韻。周氏讀「剛師」為工師，聲韻可通。劉節釋侃。壽縣所出楚器考釋。楊樹達同意劉釋而讀為錬。積微居金文説卷五楚王酓忎鼎跋。唐韻剛讀「古郎切」見母陽部，工讀「古紅切」見母東部，侃讀「空旱切」溪母元部，鍊讀「古晏切」見母元部。兩說比較，周說較長。【金文大字典上】

[glyph] 3·1090　獨字　說文所無集韻同佪　【古陶文字徵】

◉于省吾　獵碣文。舫舟由逮。由舊釋西非是。吳人石。𨱇西𨱇北之西作[glyph]。與此有別。由即說文囟頭會𡿺蓋也之囟。栔文叚𡿺為西。亦叚囟為西。其叚囟為西者。作[glyph]或[glyph]。詳唐蘭釋四方之名。金文且子鼎西作[glyph]。陳伯元匜作[glyph]。西囟無別。國差𦉜西作[glyph]。楚王鐘西作[glyph]。蓋自春秋以降。西囟分化為二。獵碣文由囟並見。自非一字。[glyph]變為[glyph]。中間二畫與三畫橫畫與斜畫無別也。舫舟由逮。由應讀為斯。斯乃句中語助。師訇𣪘。訇其萬囟年。囟亦應讀作斯。詩下武。於萬斯年。是其證。舫舟斯逮。與詩賓之初筵。弓矢斯張。皇矣。柞棫斯拔。松柏斯兑。句例同。【釋由　雙劍誃古文雜釋】

◉余永梁　[glyph]書契卷五第四十二葉　此从旁㛹聲。意即彷徨之彷。雖不見于許書。然莊子史記皆有之。【殷虛文字考】

◉戴家祥　[glyph]中山王譽鼎　救人才彷　彷字說文不收。玉篇第一百一十九「彷，彷徨也。」字从彳方聲。彳乃行字之半，象道路之形。彷徨原意即在道旁徘徊。集韻唐部「彷，彷徉。徘徊也。」張政烺在中山王譽壺及鼎銘考釋載古文字研究第一期一文中，釋「栽人在彷」句，謂「彷，讀為旁。」彷旁古音相同，可以假借。「栽人在彷」即「仇人在旁。」【金文大字典上】

◉温少峰　袁庭棟　甲文又有[glyph]字，其辭云：

(60) 于[glyph]。(《粹》一五六七)

「[glyph]」字乃「[glyph]」字之繁體，當即字書之舡字。《廣韻》、《集韻》并音屹，「舟行謂之舡」。此辭用作地名。【殷虛卜辭研究——科學技術篇】

企 妥

◉徐中舒 [glyph]四期 佚九一三 從止從亻,所會意不明。疑為[glyph]途字省體,義不明。【甲骨文字典卷二】

[glyph]前五・一九・一 說文無妥字儀禮士相見禮妥而後安注古文妥為綏甲骨金文皆作妥知妥為古字今本說文脫佚也 [glyph]菁一〇・一四 [glyph]甲二七〇〇 [glyph]乙七七一八 [glyph]乙七八六三 [glyph]乙八七二二 [glyph]續二・二三・五 [glyph]京津一四〇六 [glyph]京津一四〇七 [glyph]珠五四一 [glyph]粹一二四〇 [glyph]陳九二 【甲骨文編】

[glyph]甲183 [glyph]1350 [glyph]2700 [glyph]乙743 [glyph]2903 [glyph]4628 [glyph]8722 [glyph]8763 [glyph]8958 [glyph]珠541 [glyph]京1・35・2 [glyph]粹1275 【續甲骨文編】

[glyph]妥 爾雅釋詁妥安止也說文奪佚偏旁有之儀禮士相見禮妥而後傳言注古文妥為綏 子妥鼎 [glyph]鼎文 [glyph]簋文 [glyph]沈子它簋 [glyph]師𩵦鼎 [glyph]寧簋 [glyph]彧者鼎 [glyph]蔡姞簋 [glyph] [glyph]癲簋 [glyph] [glyph]癲鐘 [glyph]𢦏鼎 [glyph]鄭井弔鐘 [glyph] [glyph] [glyph]曾侯乙鐘 妥賓 【金文編】

[glyph]妙如 12 說文所無集韻妥安也【古陶文字徵】

◉王筠 爾雅。妥。安坐也。案妥衹是安。爾雅連言坐者。為詩以妥以侑注解耳。妥與安皆從女得義。而安從宀女。是會意。妥從女爪聲。則形聲。與委從女禾聲同法。[glyph]非手爪字。乃是[glyph]之反文。即乑字也。知者積古齋甲午簋[glyph]字。天錫簋[glyph]字。曾伯霥簠[glyph]字。皆釋作綏。[glyph]從乑者。乑之省也。博古圖齊侯鎛鐘。差作[glyph]。亦省乑為乑。鄭邢叔綏賓鐘。[glyph]釋作綏。則綏之省文。從[glyph]者。[glyph]之反文也。小篆取配合始作[glyph]。妥之聲似不與乑協者。如唾從垂而讀湯卧切也。綏從妥聲。則復歸乑之本聲也。【說文釋例】

◉方濬益 [glyph]鄭井叔蕤賓鐘 妥古綏字。積古齋款識引儀禮士相見禮鄭注。古文妥為綏。周禮夏采鄭注。士冠禮及玉藻。冠緌之字。故書亦多作綏者。今禮家定作蕤。知妥字古通綏。綏又同蕤也。濬益按。說文無妥字。徐楚金疑綏字不當从妥。以為从爪从安省。是不知妥為綏之古文也。歸安姚秋農尚書文田說文聲系。謂今本說文綏下奪古文。據此銘是古有妥字之證。姚說是矣。緌與綏形近。蕤與綏古同聲。荀子儒效篇。綏綏兮其有文章也。楊倞注。綏或為葳蕤之蕤。此又綏緌蕤互通之證。今經傳皆作蕤賓。禮記月令。仲夏之月。其音徵律中蕤賓。注曰。蕤賓者。應鐘之所生。仲夏氣至則蕤賓之律應。國語曰。蕤賓。所以安靖神人。獻酬交酢也。【綴遺齋彝器款識考釋卷二】

◉高田忠周　[glyph]或者鼎　阮氏云。綏字非唯妥字。許書逸文。朱氏駿聲補出云。妥安也。从爪从女。會意。飲食男女。人之大欲存焉。故寧从皿。安晏皆从女。此字許書奪佚。今據偏旁補。詩楚茨。以妥以侑。爾雅釋詁。妥止也。又妥安坐也。禮記郊特牲。詔妥尸。儀禮士相見禮。妥而後傳言。注古文妥為綏。漢書燕剌王旦傳。北州以妥。孟康曰。古綏字。按綏从糸妥會意。妥綏義相近。非同字也。文賦。或妥帖而易施。亦雙聲連語。又叚借為朶為陊為墮。凡訓下落者是也。朱說為是。但解字形有未盡者。今試辨之。說文。爪丮也。覆手曰爪。爪部[glyph]部解曰。卵即孚也。从爪子。古文作[glyph]从禾。禾古文保字。然則女母孚育。保養丮持。此謂之妥也。安靜定止之意。出於此耳。經傳皆借綏為之。詩樛木。福履綏之。正與銘意相合可證。諸家或謂妥即娞字異文。[glyph]者[glyph]之省。妄矣。又按妥字从女與安同意。从爪與手同意。妥亦古挼字。挼或作捼。委妥形音近而通用。要妥挼古今字。猶安按古今字。【古籀篇三十八】

◉羅振玉　[glyph]　古綏字作妥。古金文與卜辭並同。說文解字有綏無妥。而今隸反有之。雖古今殊釋。然可見古文之存於今隸者為不少也。【增訂殷虛書契考釋卷中】

◉吳其昌　其第四字[glyph]，从[glyph]从[glyph]，乃「妥」字也。按卜辭及金文俘虜之「孚」作[glyph]，从[glyph]作[glyph]，象手爪捕一男子之狀，則此[glyph]字乃象手爪捕一女子之狀，當亦為俘虜之屬矣。孚之屬，有男子，亦有女子，故師寰𣪘云「孚士女羊牛」矣。後世「俘」字通男女而言之，而在卜辭則「男曰孚，女曰妥」矣。此則「妥」字最初之朔義；稍後則假「妥」為「綏」矣。

羅振玉曰：「古綏字作妥，古金文與卜辭並同。……」按羅說是也，而未嘗舉證。今按：[glyph]古廔所藏鄭井叔鐘愙·一·一七「用綏賓」作「用妥賓」。又海寧鄒氏藏鄭井叔鐘周金·一·七一于右鼓有「妥賓」二字。「妥賓」即「綏賓」，亦即後世十二律之「蕤賓」也。此皆古「妥」「綏」一字之明證。本為女性之俘虜，俘虜必以索而引伸為升車之索矣。詩韓奕正義「綏是升車之索」，左傳哀公二年正義「綏者，挽以上車之索」。儀禮士婚禮：「婿授綏，姆辭。」此新婦車上所執之索也。又說文亦云：「綏，車中把也。」可證。車上執綏，則身可以安，故綏字之義又得引伸為安。如詩樛木「福履綏之」，鴛鴦「福祿綏之」，南有嘉魚「嘉賓式燕綏之」，民勞：

「以綏四方」，桓「綏萬邦」……等傳箋並皆訓綏為安可證。自「綏，安也。」之訓立，而綏之本義長埋矣。然此片絜文所詔示于我儕者甚明。【殷虚書契解詁】

◉徐中舒　金文妥用於祝嘏語中。有與㫃匃對文者。

此妥字詩皆作綏。雝綏我眉壽。介以繁祉。綏介對文。綏與妥同。介與匃同。載見綏以多福。亦與用妥多福語同。毛鄭傳箋綏皆訓安。而此兩處均無釋。陳奐毛詩傳疏於雝則釋為安。而於載見則詮其義曰。天乃予以多福。蓋綏於此。似以釋予為安。然偏查舊詁皆無此訓。案此孚字。當讀如士虞禮祝命佐食隋祭之隋。各本皆作墮。胡培翬儀禮正義依周禮改為隋。鄭注。下祭曰隋。隋之言猶墮下也。⊘今文墮為綏⊘齊魯之間謂祭曰隋。隋祭之隋。儀禮今古文互有不同。據鄭注此篇古文作隋。今文作綏。而特牲饋食禮祝命挼祭。鄭注。墮與挼讀同耳。今文改挼皆為綏。古文此皆為挼祭也。是古文隋又作挼。此篇下文又云。佐食授挼祭。鄭又注云。妥亦當為挼⊘今文或皆改妥為挼。是此處古文為妥。而今文為挼。又少牢注亦云。綏或作挼。是妥挼綏隋。今古文多參差互不一致。按妥墮古同聲字。同屬透母魚部。苕溪漁隱叢話曰。西北方言以墮為妥。故得相通。墮有墮下之意。墮下猶言降。上舉妥綏諸例。如均以降釋之。則不至扞格難通矣。【金文嘏辭釋例　歷史語言研究所集刊六本一分】

◉唐桂馨　□段補从爪从女與安同意。

許書無妥有綏。綏。車中靶也。从糸。妥聲。鐘鼎文綏有□□□。全部象形。第三籀文象形尤顯。□象手爪。中象絡絲之具。文言曰籰。俗話曰線拔子。□象絲之猶在爪而將絡入具中者。蓋絲本一一束易亂難治。必絡入具中使就條理。即綏安義也。姞敵用妥多福。詩福履綏之。妥綏本一字。車中靶乃引伸義。秦篆誤識□為女字。竟作妥字。爪女成何意義。段注以男女大欲釋之。殊可發噱。【說文識小録】

◉馬叙倫　妥字不見說文。而說文有綏實從妥。昔人率謂緌訛為綏。其實綏自可從妥作。妥蓋為挼之初文。從爪。女聲。此借為安。安亦從女得聲也。【讀金器刻詞卷下】

◉楊樹達　周禮春官大司樂云。以六律六同五聲八音六舞大合樂。以致鬼神示。以和邦國。以諧萬民。以安賓客。以說遠人。以作動物。銘文云用妥賓。即大司樂之以安賓客也。妥古訓安坐。引申訓為安。詩楚茨云。以妥以侑。毛傳云。妥安坐也。漢書燕刺王旦傳臣瓚注云。妥安也。妥為古文綏字。詩樛木云。福履綏之。毛傳云。綏安也。阮元釋妥賓為律呂之蕤賓。方濬益從之。並名其器曰井叔蕤賓鐘。誤矣。見綴遺齋攷釋弍卷壹葉。戲鐘云。用濼好賓。王孫遺諸鐘舍武鐘並云。用樂嘉賓。郄王子沇兒鐘云。以樂嘉賓。與此鐘文小異而義同。皆周禮所謂以安賓客。可為此銘之旁證者也。吳大澂云。妥古綏字。鐘銘中多以樂嘉賓之文用綏賓者。用以燕樂賓客。明非宗廟祭祀之器也。阮氏以妥賓為古褻賓字。愙齋壹之拾柒下。按吳説妥賓為燕樂賓客。是矣。而又兼采阮氏之誤説。不加糾駁。知其所見不堅矣。【鄭井叔鐘跋　積微居金文説】

◉李孝定　从女从爪。説文所無。段氏云。从爪女會意。是也。蓋以手撫女。有安撫之意。字在卜辭或為人名。粹・一二七五言「小臣安」是也。或當訓安。甲編二七〇〇云「☐眔☐妥余☐上下于㲋☐邑商亡壱☐六月」是也。金文作[glyph]子安鼎。[glyph]沈子簋。[glyph]蔡姞簋。[glyph]或者鼎。[glyph]鄭井叔鐘。蔡姞簋銘云。「用安多福」。亦當讀綏訓安。【甲骨文字集釋第十二】

◉丁　驌　嘗讀陳夢家引乙四八五六「帚妥子曰亶」(四九九頁)又見粹編一二四〇「帚敏子曰[glyph]」,前編八・八・三「余卜貞取帚妥」,因疑亶或是稟辛,遂思細究以帚妥之時代關係。及至檢視拓本,大玆疑竇。蓋因乙四八五六之拓「妥」字作[glyph]形(見坰:帚名第三二),殷綴重文之拓本更不明晰,只見一[glyph]字。京津三〇一三及粹一二四〇重,其妥字作[glyph]、[glyph]。郭釋為敏者,殆因其中一文,女上多横為每形也。前八・八・三之妥字,據饒宗頤釋,原拓不明。前葉玉森釋亦只書「帚女」,無一辭中之字堪與妥字比當也。余因檢視其他有妥字者二十餘辭,均無帚字,但有小臣妥、子妥。故以為帚妥事出有因查無實據。惟子妥雖是男名,小臣却有娩妫者(拾二四八頁)丙八三是妥為男,亦有同名之女為小臣者也。由所見之辭一部份之妥當是人名,一部份之妥字實為妥善,安泰之意。例如「癸巳卜隹妥」「貞妥、从巫」均未必是人名。

乙五三〇五辭云「勿令妥南、[glyph]氏」二字一確是妥,一則作奴字。又乙八七二二「癸巳卜隻妥」,乙八九五八「癸巳卜[glyph]」,一是妥一是奴字。又有「妥氏」(合四〇五),故妥奴兩字疑為一字異寫而已。兩字皆从又从手,當可為一文。契文字分男女,往往从女,从人,形異而義同。契文㠯字作[glyph],按字作[glyph],㠯訓治也,亦與安意類同。字之構造與此妥字奴字如出一轍。㠯字安字亦見於一類同之辭。如「㠯啟、不見雲」(外二二二),「按啟不見雲」(乙四四五),㠯、按二字實為一義。因悟契文字構造之特非後來文字之例可範。此㠯、按、奴、妥四字,實本是一字,訓安妥之意。故斷「帚奴」乃是「帚妥」,可謂東隅桑榆矣。契辭釋一二四〇「乙巳卜貞帚奴子亡若。辛亥子卜貞帚奴子曰:㲋若」之帚奴應即帚妥(契文別有安字故隸妥)。郭氏釋此妥字為敏,或因見其又之寫法與妥字之从爫寫法略有不同。按此字近似妫字,妫字在契文从力(又),安字之作奴字形者作(ナ)形,無强力彎折之狀。又妫字力旁在女字側,妥、奴二字之手形多在女字上側,位置不同。惟此郭釋之敏字手旁稍下居於女字側,故有敏字之釋也。帚妥雖有其子則非亯亯帚妸之子也。按帚妥子曰㲋。見粹一二四〇。其上尚有一辭曰「乙卯子卜貞其矣,若从」,粹録未列「从」字。因此辭知帚子實名矣乃由㲋矣二名中選出而「从」者。【釋妥　中國文字第三十九册】

◉朱歧祥　从爪从女，有抑壓意。隸作妥。《釋詁》：「安止也。」武丁卜辭用為殷附庸族名，屢致貢品於殷。

《乙5303》☐貞：致羊。

《乙2903》☐卜：𣪘貞：致，㞢取。

亦用為小臣名，殷子名。

《粹1275》叀小臣作自魚。

《乙4074》子禍凡。

从手抑女，與字同。隸作妥，安也。卜辭中用為殷婦姓。

《粹1240》乙巳卜貞：婦子亡若。【殷墟甲骨文字通釋稿】

◉徐中舒　從爪、女，或作又，同。諸家釋妥，可從。妥字《說文》失收而偏旁有之。《爾雅》：「妥、安、按、止也。」郭璞注：「妥者，坐也。」甲骨文正會以手抑女使之止坐之意，引伸有安定之義。《儀禮·士相見禮》：「妥而後傳言。」注：「古文妥為綏。」故諸家皆以妥為綏之本字，可從。

人名：婦妥，諸婦名；子妥，諸子名；小臣妥，小臣名。【甲骨文字典卷十二】

◉戴家祥　阮元曰：妥賓即蕤賓，鐘所應之律。儀禮士相見禮「妥而後傳言」，鄭注「古文妥為綏」。周禮夏采鄭注士冠及玉藻冠綏之字，故書亦多作綏者，今禮家定作蕤。知妥字古通綏，綏又同蕤也。積古齋鐘鼎彝器款識卷三第三葉鄭邢叔綏賓鐘。方濬益曰：按說文無妥字，徐楚金疑綏字不當从妥，以為从爪从安省，是不知妥為綏之古文也。歸安姚秋農尚書文田說文聲系謂今本說文綏下奪古文，據此銘是古有妥字之證，姚說是矣。緌與綏形近，蕤與綏古音同聲。荀子儒效篇「綏綏兮其有文章也」。楊倞注「綏或為葳蕤之蕤」。此又綏緌蕤互通之證。今經傳皆作蕤賓。禮記月令仲夏之月，「其音徵，律中蕤賓」，注曰「蕤賓者，應鐘之所生。」「仲夏氣至，則蕤賓之律應。」周語曰蕤賓所以安靖神人，獻酬交酢也。」綴遺齋彝器款識卷二第一葉鄭井叔蕤賓鐘。按唐韻緌蕤俱讀儒佳切，不但同部而且同母，同聲必然同義，方謂兩字形近非也。綏讀息遺切，心母脂部，聲雖不同，韻部則同。阮說無可誹議。【金文大字典中】

◉羅振玉　彡彡彡彡彡　書肜日之肜。不見許書。段先生謂即肜字。公羊宣八年傳注。肜者。肜肜不絕。是肜之義為不絕。卜辭有彡日或作彡彡諸形。正象相續不絕。殆為肜日之本字。彭字蓋從此得聲。故卜辭中彭字或从彡。其明證也。卜辭中又有彡月。其誼則今不可知矣。觥尊亦有彡日。博古圖卷六載父丁彝。亦有彡日隹王六祀語。【增訂殷墟書契考釋卷中】

◉葉玉森　羅氏釋彡為肜。至塙。予疑彡為古代表示不絕之幖識。猶後世作……也。卜辭曰肜日肜月。竝為祭名。【殷墟書契前編集釋卷一】

◉容　庚　第一九七片　肜字卜辭多作斜畫，或五或四或三，此「三」字作三平畫，上下兩畫長而中畫短，疑亦肜字。《書契菁華》云「癸巳卜㱿貞旬亡𡆥王固曰㞢求其㞢來鼓三至五日丁酉允㞢來鼓」，三亦當釋肜，言繼續不絕也。癸巳至丁酉為五日，《類篇》釋為三，非。【殷契卜辭考釋】

◉金祥恆　甲骨卜辭如殷虛書契前編卷一第五三頁第四片：

丁卯卜，貞：王宾報丁彡日，亡尤？

又卷一第一頁第八片：

壬寅卜，貞：王宾示壬彡日，亡尤？

其彡或彡字，羅振玉釋為肜。

羅氏云卜辭除彡日外，又有彡月。其實非彡月，乃彡夕。如：

甲戌卜，行貞：王宾大乙，彡夕，亡□？　續存二・六〇四

甲戌卜，尹貞：王宾大乙，彡夕，亡𡆥？

甲戌卜，尹貞：王宾，蘁福，亡𡆥？

甲戌卜，尹貞：王宾大乙，福，亡𡆥？　南北明三三九

乙酉卜，尹貞：王宾外丙，彡夕，□𡆥？　粹一八〇

丙寅卜，□貞：王宾中丁，彡夕，亡𡆥？　七P一〇六

戊午卜，行貞：王宾邑，彡夕，亡𡆥？　佚八七一

戊戌卜，尹貞：王宾兄己，彡夕，亡𡆥？　佚三九七

癸丑□，貞：今□帚□又，不放，在正月，遘小甲，彡夕，隹王九祀。　明六一

癸酉卜，貞：王宾大甲，彡夕，亡□？　續存二・八六八

乙酉卜，貞：王宾外丙，彡夕，亡尤？　前一・五・一

己卯卜，貞：王宾大庚，彡夕，亡尤？　前一・六・二

圀丑卜，貞：□宾小甲，□夕，亡尤？　粹二〇二

癸卯卜，貞：王宾戔甲，彡夕，□尤？　前四・二一・三

甲戌卜，貞：王宾且乙，彡夕，亡尤？　新五〇二九

庚戌卜，貞：王宾且辛，彡夕，亡尤？　續一・一九・一

癸丑卜，貞：王宾，虎甲，彡夕，亡尤？　天二六

己丑卜，貞：王宾般庚，彡夕，亡尤？　前一・一六・四

戊戌卜，王宾且己，彡夕，□□？　新五〇四六

己巳卜，貞：王宾且庚，彡夕，亡尤？　前一・一九・四

丙辰卜，貞：王宾庚□□彡夕，亡尤？　續存一・二二八七

董師彥堂殷曆譜曾云：

在祖甲卜祀之辭中，發見「彡夕」「彡龠」與「彡」祭之關係，因知「彡」祭之前夕，有「彡夕」之祭，「彡」祭之明日，又有「彡龠」之祭也。其例如下：

甲戌卜，尹貞：「王宾大乙，彡夕，亡囚？」

貞：「亡尤」？在十月

彡大乙必于乙日，即甲戌之次日乙亥，今于甲戌卜「彡夕」，知「彡夕」之祭，當在彡祭之前夕也（殷曆譜上卷三・祀與年十三頁）。

董師編祀譜，「彡夕」之祭雖僅舉一例（祖甲八年十月乙亥下），然斷「彡夕」為「在彡祭之前夕」，今彙輯「彡夕」之卜辭，計得十二條，無一例外者，其真知灼見，不待言矣。董師又云有「彡龠」之祭，如：

戊辰卜，旅貞：「王宾大丁，彡龠，亡尤？」在十一月。

彡大丁必于丁日，即丁卯日，此戊辰為彡大丁之次日，故知「彡龠」在彡祭之明日也（殷曆譜上卷三・祀與年十三頁）。

除董師所舉之例外，尚有：

戊辰卜，旅貞：「王穷大丁彡龠，亡囚？」　七W一二

大甲彡龠，叙，亡尤？在十二月。　庫一三六九

戊戌卜，□貞：王穷中丁，彡龠，亡囚？十月。　粹二二〇

□戌卜，王貞：其穷中丁，彡龠，亡尤？　續存二・六二

乙巳卜，旅貞：王穷戔甲，彡龠，叙☒？　粹二二六

☒，□，□穷小乙，彡龠，叙，亡尤？　後上四・三

戊戌卜，即貞：王穷父丁，彡龠，亡囚？十月　新三二五三

戊戌卜，尹貞：王穷父丁，彡龠，亡囚？　佚三九七

戊戌為丁酉「彡祭」中丁或武丁（父丁）之次日；乙巳為甲辰「彡祭」戔甲之次日。故「彡日」為當日之「彡祭」，「彡夕」為「彡祭」前夕之祭，「彡龠」為「彡祭」次日之祭。惟「彡夕」「彡日」「彡龠」三者相聯之卜辭，迄今尚未發見。所謂三者相聯，譬如「彡祭」雍己，在己未，「彡夕」雍己當在己未前一日戊午。「彡龠」雍己當在庚甲。若發見如此完整之卜辭，則三者之關係明確無疑。惜今存甲骨，多斷簡殘片，不易綴合，故三者之聯係，暫付缺如。

「彡夕」「彡日」「彡龠」之彡，爾雅釋天云：

繹，又祭也。周曰繹，商曰肜，夏曰復胙。

尚書高宗肜日，偽孔傳云：「肜，祭之明日又祭。殷曰肜，周曰繹。」孔穎達正義云：

孫炎曰：祭之明日尋繹後祭也。肜者相尋不絶之意。春秋宣八年六月辛巳有事於太廟，壬午猶繹。穀梁傳曰：繹者祭之旦日之享賓也。是肜者祭之明日又祭也。

公羊宣公八年云：「繹者何？祭之明日也。」何休注云：

禮繹，昨日事，但不灌地降神爾。天子諸侯曰繹，大夫曰賓尸，士曰宴尸，去事之殺也，必繹者。尸屬昨日，配先祖食，不忍輒忘，故因以復祭。禮則無有誤敬慎之，至殷曰肜，周曰繹，繹者據今日道昨日，不敢斥尊言之，文意也。肜者肜肜不絶，據昨日道今日，斥尊言之，質意也。祭必有尸者，節神也，禮天子以卿為尸，諸侯以大夫為尸，卿大夫以下，以孫為尸。夏立尸，殷坐尸，周旅酬六尸。

各家解釋皆據爾雅之説而演繹之，玆據甲骨卜辭「彡龠」為「彡日」次日之祭，其非不待辯矣。肜祭在甲骨文，如：

乙酉卜，行貞：王宂報乙，彡，亡尤？在十月。 金二六

癸酉卜，尹貞：王宂示癸，彡，亡尤？在十月。 前一・二・二

乙巳卜，尹貞：王宂大乙，彡，亡尤？在十二月。 録二六八

丁未卜，尹貞：王宂大丁，彡，亡尤？ 粹一七六

皆以先祖之死日彡祭之。彡祭為五種祭祀之一，董師彥堂五種祀典釋名：

「彡」祭亦稱「彡日」，猶「翌」「劦」之稱「翌日」「劦日」，蓋言彡祭之日也。……以彡為「相續不絶」，似是後起之義，在殷代當是伐鼓而祭之義。祖庚時卜辭有：

辛亥卜，出貞：「其鼓彡告于唐□牛」，一月。 餘六・二

言「鼓彡」，可知彡與鼓有關。侯家莊西北岡殷代陵墓中曾出土一鼓，木革皆朽，由鑲嵌飾物及彩繪花紋，猶可見其形製，與他祭器並陳，此殷人祭祀用鼓之實證也。彡之義殆為鼓聲，此可於彭字證之，彭在卜辭為地名及貞人名，字作[illegible][illegible]，左為鼓形，右象其聲，即彡字也。彭之初誼，殆擬鼓聲之彭彭，故伐鼓而祭，即謂之彡矣。彡之次日有「彡龠」，奏管籥而祭，與鼓相和，亦其旁證也（殷曆譜上卷三・祀與年十四頁）。

董師考彡祭為伐鼓之祭，今以殷虛書契前編卷五第一頁第一片：

貞：其酒，彡，勿鼓？十月

其「彡，勿鼓」，徵董師之説之不可易也。

五種祭祀「彡」、「翌」、「祭」、「壴」、「劦」，惟「彡」祭有「彡夕」「彡日」「彡龠」，較其他四種為隆重。故彡祭不為祀首，如卜辭：

于既酘父己，翌日、劦日、彡日，王迺宂。 南明六二九

而殿其末。「彡夕」疑是索祭，「彡日」為正祭。禮記郊特牲云：

直祭祝于主，索祭祝于祊。

鄭注：「直，正也，祭以孰為正；索，求神也，廟門曰祊。謂之祊者，以於繹祭名也。」由是言之，「彡夕」或為彡祭前夕求神之祀典，「彡龠」為管籥之祭。猶春秋宣公八年「壬午猶繹，萬人去籥」。公羊傳云「籥者何，籥舞也」。孔穎達正義云「詩言碩人之舞云，左手執籥，右手秉翟」，或即送神之祀典。【釋肜 中國文字第二十九册】

⿰犭夫

◉陳偉武　⿰犭夫《文字徵》第336頁附録：「[古文] 3.329。」今按，《文字徵》第152頁「[古文]」字下：「[古文] 3.146，蒦昜南里人⿰犭夫。[古文] 3.243，蒦圆匋里人⿰犭夫。」3.329陶文當釋為「⿰犭夫」，反書。金文獄字或作[古文]（𤔲盤），右邊「犬」符與陶文極近。3.329辭云：「𨛫衢上⿰犭夫里郤吉。」⿰犭夫用為里名。【古陶文字徵訂補　中山大學學報一九九五年第一期】

⿰犭屯

[古文] 6·151　獨字　説文所無類篇⿰犭屯小豕也　[古文] 6·117　廩匋⿰犭屯　【古陶文字徵】

⿱夂刀

◉石志廉　楊桂榮　這件銅鼎是文化部文物局于1958年撥交我館的，傳河南安陽出土。⊘內壁一側有鑄銘陰文一[古文]字，此字為金文中前所未見。上象一條繩兩頭扎結之形，下為一刀，象以刀切繩狀，从冬从刀，隸定為⿱夂刀（⿰冬刂），有用盡終了之意，應是終字的初文。甲骨文冬（終）書作[古文]、[古文]，金文書作[古文]、[古文]等形，與此字實為一字，只不過形略省訛而已。《鄴中片羽》第三集卷上，四十四商[古文]鼎銘文一字作[古文]，《陝西出土商周青銅器》卷一86頁載一商代晚期銅戈，上有銘文一字作[古文]，另外尚有與刀同銘爵二。商《[古文]父辛觶》的[古文]字與[古文]字亦甚相似，疑為一字。關于冬（終）字，馬叙倫認為是綀絲器。郭沫若據《爾雅·釋木》「終，牛棘」認為是一種叢生小棗。葉玉森、董作賓謂：象枝垂葉落殘余一、二枯葉碩果之形，望而知為冬象。林薬園謂：象兩端有結，故引申為終。黄約齋謂：一根絲的兩末端打了兩個結，代表事情終結之意，同時也代表終結的一季。諸家的解説雖有不同，但認為其為冬（終）字則無異議。【中國歷史博物館所藏部分青銅器　中國歷史博物館館刊一九八二年第四期】

⿺辶及 庎 疚

●湯餘惠 [古文字形]122 ⿺辶及(及) 注202：「⿺辶及，⿺辶及字，借為⿱及馬。《説文》：『次第馳也。』即前後相隨而馳。」細審原篆，字當从及。侯馬盟書及字作[古文字形]，中山王鼎作[古文字形]，均與簡文相近。⿺辶及，即彶，今通作及。122簡：「場貯既走於前，孔弗～。」「女⿺辶及，既走於前，孔弗～。」「不割既走於前，孔弗～。」123簡：「郙倖之伇既走於前，孔弗～。」弗⿺辶及，即弗及，意思是没有追上，没有逮到。【包山楚簡讀後記 考古與文物一九九三年第二期】

[古文字形] 庎 説文所無古文四聲韻介引古老子作[古文字形]韻會引説文一曰助也 趙孟壺 趙孟庎邗王之惖金 【金文編】

●陳夢家 [古文字形] 庎為介之孳乳字。賜予也。為趙孟介邗王之惖金者。為趙孟予邗王之敬金也。庎叚為介。其字或作⿱宀介。或作庎。龍龕手鑑。庎音界。到也。廣韻去怪部。庎。古拜切。庎到。訂正篇海。庎。到也。是庎之本義為到。廣韻去怪部。⿱宀介。古拜切。獨居。玉篇。⿱宀介。畜無偶。萬象名義。⿱宀介。特。獨。介字。龍龕手鑑。⿱宀介。音界居。疑居上失獨字。訂正篇海。⿱宀介。又獨也。⿱宀介或以介字為之。左襄十四收介特。杜注。介特。獨身居也。方言六。介。特也。獸無偶曰介。史記陳餘列傳。獨介居河北。廣雅釋詁三。介。獨也。集韻類篇引作⿱宀介。案介之本義為獨。加宀為⿱宀介。意獨居於室也。是⿱宀介介一字。⿱宀介為孳乳字。⿱宀介又作庎。玉篇。庎。獨也。訂正篇海。庎。又獨也。金文厂宀广三部通用。故庎⿱宀介庎並是一字。皆介之孳乳字也。詩七月。以介眉壽。金文作用匄眉壽。廣雅釋詁三。匄予也。【禺邗王壺考釋 王夢旦金文論文選第一輯】

●聞一多 庎字葉慈無釋。唐蘭讀擯介之介。陳夢家云庎為介之孳乳字。與匄通。當訓賜予。案陳此説亦是。詩小明既醉。介爾景福。既醉介爾。昭明雖介。以台繁祉酌。是用大介。介並訓賜予。字一作塈作溉。摽有梅。頃筐塈之。匪風溉之。釜鬵是也。詳詩經新義。陳引七月以介眉壽為證。則以匄取之匄為匄予之匄。舉例未確。【禺邗王壺跋 聞一多全集卷二】

[古文字形] 3·830 來疚 説文所無類篇疚病也 【古陶文字徵】

疓　庿　㹸　姯

◉温少峰　袁庭棟　「[illegible]」字舊無釋。按此字从[illegible]从[illegible]，應隸定為「疓」字。《廣雅·釋詁》：「疓，病也。」《廣韻》、《集韻》均訓「病也」。疑此字當是表示奶部疾病之專字。【殷墟卜辭研究——科學技術篇】

◉朱歧祥　[illegible] [illegible] [illegible] [illegible]

[illegible]，象鹿首形，隸作庿。《說文》無字。為第一期卜辭地名，靠近滴地。第四、五期卜辭字復增口作[illegible]、作[illegible]。由辭例互較得證。

(a)〈乙718〉☐㱿貞：王往于[illegible]自？

〈摭續162〉☐子貞：令☐自在[illegible]？

(b)〈京1553〉貞：王于[illegible]？

〈前1·52·5〉貞：于[illegible]？【甲骨學論叢】

[illegible] 甲三一八　从犬从亡說文所無商承祚釋狼郭沫若釋狐　[illegible] 甲一二八二　[illegible] 前二·二七·一　[illegible] 前二·二七·五　[illegible] 前二·二九·一　[illegible] 前二·三四·六　[illegible] 前二·三五·四　[illegible] 前四·三六·三　[illegible] 後二·一五·一二　[illegible]　[illegible] 後二·四一·一三　[illegible] 粹九二四　[illegible] 粹九五六　白㹸　[illegible] 佚八一　[illegible] 佚五四七　[illegible] 存下三五九　[illegible] 續三·二七·三　[illegible] 佚七八五　[illegible] 林一·七·一三【甲骨文編】

◉戴家祥　[illegible] 盠　[illegible] 器　宰甶毁　王姯　宰甶貝五朋

[illegible]字从女从火，說文所無。卜辭作[illegible]，亦作[illegible]，甲骨文編卷十二第四八五葉。楊樹達云姯字，吴氏大澂缺釋，余謂其字上从火，下从女，即光字也。說文十篇上火部「光明也，从火在儿上。」儿，為古人字。銘文从女與从人同⊘光，當讀為貺，詩小雅彤弓云「中心貺之」，毛傳云：「貺，賜也。」積微居金文說卷三第九十二葉。按廣韻光，音古黄切，古讀見母陽部。兄，音許榮切古讀曉母

洴 沌 沘 泮 沃

陽部。古字牙音見溪兩紐每與喉音曉匣混諧，故金文兄字有加旁从光作䨀形者。集韻去聲四十一漾貺、䩶同字，說文玉篇怳怳同義。爾雅釋詁上「賚、貢、錫、畀、予、貺，賜也。」釋文「貺，本作況。」況从兄聲，古止作兄。儀禮燕禮「君貺寡君多矣。」鄭注「貺，賜也。」楊説形義聲訓，翔實可據，故特表而出之。【金文大字典中】

◉徐中舒 㶥一期 林一·八·一三 從水從井井，《説文》所無。見於《玉篇》：「洴涏，小水貌也。」義不明。【甲骨文字典卷十一】

◉徐中舒 汑五期 前二·一〇·六 從水從屯屯，《説文》所無。見於《廣韻》：「沌，徒損切。混沌，元氣未判也。又，徒渾切，水勢也。」地名。【甲骨文字典卷十一】

◉葉玉森 沘 王襄氏釋沘為斤類纂。第十四第六十二葉森按予舊釋沘為从水从匕。即沘字。此亦當釋沘。即「虎方其涉沘」卷六第六十三葉之六之沘水也。殘文𣲙。【殷虚書契前編集釋卷二】

◉李孝定 泮 从水从牛。説文所無。卜辭用此為祭時用牲之法。羅氏説其意固不誤。然逕定為沈字則非。今沈没字小篆作「湛」。已為形聲字。「沈」則許訓「陵上滈水也。」然則此字即以意定之。亦當作湛。不作沈也。【甲骨文字集釋第十一】

◉黄奇逸 抗日戰争前，吴其昌先生《殷虚書契解詁論雍己》一文，武大文哲季刊。在卜辭中找出了𠮦、𠮦，認為是殷之先王雍己，對商史研究作出了較大貢獻。一九八零年春，我們認定《庫》一二九四版，《粹》一二二版之𣲙，當是小甲合文。補充了小甲的另一形體，並指出小甲可能當是直系先王。四川大學學報叢刊第十輯《古文字研究論文集》黄奇逸、彭裕商合作《釋小甲》。到現在，不見於卜辭的殷先王就只剩下中壬、沃丁二王了。多年來，我一直注意此問題，終於在殷卜辭中找出了沃丁其人。其形因太隱晦，所以不被學者們注意，其形作𠀬、𠀬、𠀬等（見圖一）。

後七下七・七

鐵二四一・三

京四一九

甲文此字從爵從丁，丁藏在爵的腹内。為什麼説[glyph]、[glyph]、[glyph]等形就是沃丁，這必須要先知道[glyph]、[glyph]、[glyph]等形為什麼就是沃字，我們不得不作一些簡單的考訂工作。甲文中有字形作[glyph]者：

丙午卜[glyph][glyph]一牢　前四・一六・三

丙子卜[glyph][glyph]一牢　甲五七一

癸巳卜[glyph][glyph]牢　遺六三五

□寅卜[glyph][glyph]一牢　寧一・三三四

□□囚[glyph][glyph]一牢　人二三三五

□□囚[glyph][glyph]三牢　續二・二一・二

丙寅卜[glyph][glyph][glyph]三牢　人二三一五

丁亥卜[glyph][glyph][glyph]丝用，三牢　南明五九二

丙辰卜于宗[glyph][glyph][glyph]、丝用　寧二・一〇六

丙申卜□□枫　寧一・一六〇

卜先……□□　佚五六三

這一類卜辭都用了一種專門的不常見的祭法——□。此是象形字，象從器皿中往外傾倒液體之狀，□為何物，我們認為是爵，爵多兩柱或單柱的，但也有無柱的：

□　三代一六・二六《□爵》一字

□　三代一六・二三《父癸爵》三字

□　三代一二・五五《父癸卣》三字

甲文中□與上舉爵狀相同，□為爵之流，□為爵之尖狀高足。

由於有了以上的證明，這樣我們可知□為爵中傾倒液體之狀，這應是沃字的原始字形，因為沃字之原始意義也正是從器皿中倒酒以祭祀鬼神：

（五年）十二月，詔曰：「先王製禮，所以昭孝事祖，大則郊社，其次宗廟，三辰五行，名山大川，非此族也，不在祀典。叔世衰亂，崇信巫史，至乃宮殿之内，户牖之間，無不沃酹，甚矣其惑也。」《三國志・魏書・文帝紀》

薦祀祖考，叔都沃醊神坐。《風俗通義・十反》

在這兩段典籍中，古人把沃與酹、醊二字聯配成詞，可見沃與酹、醊二字之義相同。《後漢書・王渙傳》：「（王渙卒），致奠醊以千數。」顔師古注：「《説文》，醊，祭酹也。」今本《説文》不見醊字，僅有餟字。《集韻》：「餟，《説文》，祭酹也，或從酉。」可見醊、酹之意，均謂祭祀時傾酒以祭神，均為祭名。沃字既與醊、酹義同，其義也當是以酒澆灑而祭鬼神，是一種祭名，甲文中之□也是從爵中傾倒酒液以祀先王，並且也是祭名。這樣，我們可從字義上證明□與沃是一字。

沃與□的上古讀音怎樣，其聲紐我們已不好假擬。但沃字與爵字的韻部，我們從其所在的韻文裏還能推知，均在藥部。從這兩字讀音，還留下二者是一字的蛛絲馬迹。

沃字可寫成□，也可寫成□形，如我們前面所舉《寧》一・三三四版，後者省去了傾出的液體□，但還可以明顯地看出其流之狀，有意地顯著其流是為了要表現傾倒液體之意，所以□還是沃字，在甲文中省去液體□之形者不少，如□掇一・三八五可寫成□京都一九五五，□掇二・四一・七可寫成□粹二三二。這樣，□、□、□、□之義應相同，只不過後三者有柱。有以上形音義三方面的論證，□、□、□等形是沃丁合文可以無疑了。

現在我們需要在卜辭中去檢查，看[illegible]、[illegible]、[illegible]等形所代表的身份，與殷之先王沃丁相不相合呢（為了讓讀者看到沃丁的全部形體，我們仍照録其原形，不加隸定）？現在我們列出有沃丁合文的全部卜辭：

貞于河……

貞勿㞢于王恒……

……卜……[illegible]……囝𣥅…… 後下七・七

戊子卜古貞唐

戊辰卜韋貞[illegible]子𣥅…… 鐵二四一・三

□亥卜亘圓……𣥅……[illegible]……子白 前五・五・二

弗[illegible] 前五・五・一

王其㞢[illegible] 後下七・八

甲午卜古貞[illegible] 林二・六・一三

丁巳卜亘貞則牛[illegible] 鐵二五〇・一

[illegible] 京二四六一

王貞韋……[illegible]凡…… 後下七・一〇

貞[illegible]示

貞勿[illegible] 京四一九

……[illegible]…… 拾一二・一三

……[illegible]…… 拾一二・一二

……[illegible]示凡…… 後下七・九

[illegible]于牡 合四六五

丙申貞來日[illegible]其……[illegible]…… 南輔四〇（合集二〇三七一）

乙丑卜婦亡[illegible]，[illegible] 乙八八九八

……叀㞢……[illegible] 京八五六

……[illegible]　乙三〇五
丙寅卜木[illegible]于祖乙
戊寅卜不雨……
丙子卜于丑木其父丁　存一・一四五八
庚戌卜王曰，貞其凡[illegible]，用　後下五・一五
野弜于苗……[illegible]……　鄴三・三八・四
王征，父癸兆商在[illegible]　前二・三・五
卜在[illegible]　續三・三一・六
……[illegible]……禍……　前二・二〇・七

我們從上舉《鐵》二四一・三版可看出，[illegible]與唐對貞，唐為殷之先王，所以[illegible]當為殷之先王是無疑的。《後下》七・七版也可以看出，卜問者從自然神祇「河」一直問到人鬼「王恒」、「[illegible]」，《京》四一九版，《後下》七、九版均有「[illegible]示」，都可證[illegible]為殷之先王。

沃丁之丁字，有作口，也有作[illegible]者，這與雍己作[illegible]、[illegible]者同。沃丁也有爵中不見丁字者，如《前》二・二〇・七版，是因甲文殘泐過甚，未拓印出來的緣故。【釋沃丁・盤庚　考古與文物一九八七年第一期】

汌

◉周名煇　[illegible]古鉩　匀旬義同。[illegible]是旬之省。原書謂説文所無。或云湖之省。[illegible]古鉩　丁氏定為洵字。今考定為汌字。

此文从川从[illegible]。而古鉩文月字作[illegible]者。丁氏本書第七篇月部諸篆下。所徵引者。皆可為證。从水从月。隸定當作汌。惟此遺文。今所未見。然古文失傳者多。不得以今無其字。遂亂附諸它文也。丁氏以為洵字。洵从水从旬。旬殷虚卜辭作[illegible]或作[illegible]。説文金部。鈞古文作[illegible]。而使夷毁銘金五十鈞字作[illegible]。是旬字古文皆作[illegible]。無作[illegible]者。丁氏之誤。由是可明矣。

復次。古文月夕二字多同用。董作賓謂卜辭中月夕同文。且與篆文恰反。以[illegible]為夕。以[illegible]為月。是此文作汌。殆即汐字矣。汐為潮汐之專字。言汐者。據夕至也。見抱朴子。【新定説文古籀考卷中】

洀

◉朱德熙　裘錫圭　遣策數見「髹洀」二字連文：

髹洀幸食杯五十(192)

髹洀幸食杯五十(193)

右方髹洀幸食杯一百(194)

髹洀食檢(奩)一合盛稻食(212)

「髹」下一字「考釋」未釋。此字習見于過去發現的漢代漆器銘文，寫法不很一致，大體上可以歸納成以下三種：

(1) 洀　《支那漢代紀年銘漆器圖説》圖版1之3

(2) 洀　同上圖版22

(3) 洀洀　《貴州清鎮平壩漢墓發掘報告》，《考古學報》1959年1期

下面舉一條完整銘文，以見此字的一般用法：

建平四年蜀郡西工造乘輿髹洀畫紵黄扣飯槃，容一斗。髹工壺、上工武、銅釦黄塗工禁、畫工譚、洀工衆、清工日、造工屯造。護工卒史嘉、長褒、守丞合、掾譚、令史宗主(夾紵漆盤銘文，見《圖説》圖版12)。

過去對這個字有「彤」、「汈」、「泪」、「彫」、「羽」等不同釋法(出處見「考釋」145頁)。馬王堆遣策出土後，唐蘭先生提出了一個新説，認為這個字應該釋作「洀」，即「般」字，「髹洀」當讀為「髹𩊚」，𩊚即後世所謂拋光(本文所引唐説皆見于唐先生在我們的遣策考釋初稿上所加的批語，以下不再注)。「考釋」雖然没有把這個字釋作「洀」，但認為「就製造漆器程序而言，似指畫花紋後的打磨拋光」(145頁)，實際上采用了唐先生讀此字為「𩊚」的意見(「考釋」認為拋光在畫花紋以後，恐非唐先生原意)。

馬王堆一號墓發現後不久，在雲夢大墳頭發現了一座秦或西漢初的墓葬，墓中出了一塊記陪葬物的木牘，牘上所記的好幾種漆器都冠以「髹洀畫」的修飾語(《文物》1973年9期35頁圖四四)。「髹」下一字顯然是我們討論的這個字的異體，陳振裕同志在《雲夢西漢墓出土木方初釋》中也把它隸定為「洀」(同上38頁)。

此字亦見于雲夢秦簡的「效律」部分：

殳、戟、弩、髼(髹)、洀相易毆(也)，勿以為贏不備，以職(識)耳不當之律論之(《睡虎地秦墓竹簡》第一册25頁下第45簡)。

秦簡整理小組把這個字隸定為「洀」，并加注説：「髼是黑色，洀是紅色」(同上第五册81頁上)。

現在我們來衡量一下以上幾種意見的得失。大墳頭木牘證明這個字的左旁確實从「水」，因此釋「羽」、釋「彫」、釋「彤」等説

都不能成立。這個字的右旁分明不是「日」字或「月」字，釋「⿰氵月」、釋「泪」兩種説法也應該排除。這樣，剩下來的就只有釋「洀」、釋「⿰氵丹」二説了。對于這個字的大多數寫法來説，釋作「洀」似乎是可以説得過去的，可是上面舉出的漢代漆器上的第二種寫法，顯然不从「舟」。雲夢秦簡「丹」字作月(《睡虎地秦墓竹簡》第二册53頁下第36簡「朱珠丹青」)，武威漢代醫簡「丹」字作月(《武威漢代醫簡》86號甲「丹沙」)，孔霙碑「丹」字作月，漢隸中用作偏旁的「丹」又往往寫作月。如果把這個字的右旁認作「丹」，無論對于哪一種寫法都講得通。所以秦簡整理小組把這個字隸定為「⿰氵丹」是很對的。他們認為「䰍是黑色，⿰氵丹是紅色」，也是正確的，下面就來談這個問題。

「⿰氵丹」字不見于字書。從這個字从「丹」，并且經常與「髤」連文(包括與「髤」對舉的情況，如秦律)來看，它顯然是指丹漆的一個字。「丹」的本義是丹砂。大概古人為了區別丹砂的丹和丹漆的丹，便在指稱後者的「丹」字上增加了「水」旁，或是假借一個現成的「⿰氵丹」字來指稱後者(古代也許曾為丹水造過从「水」的專字)。漆本是流體，所以能跟「水」聯繫起來。漢以後人喜歡以「漆」代「桼」，這跟秦漢人以「⿰氵丹」指稱丹漆，可能出于同樣的心理。

根據以上的分析，「⿰氵丹」應該讀為「丹」。但是從古書裏關于丹漆的資料來看，把它讀為「彤」，似乎更合適些。

古書裏「漆」和「髤」不言色者往往指黑漆。《周禮·春官·巾車》有「漆車」，鄭注：「漆車，黑車也。」賈疏：「凡漆不言色者皆黑。」《急就篇》「革轖䰍(髤)漆油黑蒼」。顏注：「䰍漆者以漆漆之，油者以油油之……其色或黑或蒼，故云黑蒼也。」丹漆一般稱「彤」。《左傳》哀公元年《釋文》：「彤，丹漆也。」《文選·魯靈光殿賦》呂注：「彤，朱漆也。」因此古書有時以彤和髤并稱。例如《漢書·孝成趙皇后傳》「其中庭彤朱而殿上䰍(髤)漆」，《文選·景福殿賦》「列髤彤之綉桷」(李周翰注釋「髤彤」為「丹漆」不確)。把地下發現的秦漢文字資料裏常見的「髤⿰氵丹」，跟《景福殿賦》的「髤彤」對照起來看，讀⿰氵丹為「彤」似乎比讀「⿰氵丹」為「丹」更為合適。

古代對于「丹」、「彤」二字可能不是區分得很嚴的。《説文》「丹」字古文作彬，各家多以為即「彤」字，可見「彤」有時也當「丹」字用。「⿰氵丹」字很可能也有「丹」、「彤」兩種讀法(秦簡「䰍」字有時用來指漆本身，似乎也有「髤」、「漆」兩種讀法)。看來，釋「⿰氵丹」為「彤」的説法雖然在字形上有錯誤，在音義方面却基本上是正確的。

銘文或遣策稱「髤⿰氵丹畫」的漆器，一般都在施黑漆、朱漆後再加文飾。馬王堆遣策屢稱「髤畫」，大概是以「髤」兼指施黑漆和朱漆。單稱「髤⿰氵丹」而不加「畫」字，應該是施黑漆、朱漆而不加文飾的意思。樂浪王盱墓所出建武廿一年漆耳杯，銘文自稱「髤⿰氵丹木俠(夾)紵杯」，其器外黑内朱無文飾(《圖説》圖版39，又45頁)。上引遣策所記的「髤⿰氵丹幸食杯」，據發掘報告也是「杯内均髤紅漆……兩耳及杯外髤黑漆，光素無紋飾」(83頁)。但是遣策所記的「髤⿰氵丹食奩」，據報告却有彩繪雲氣紋(88頁)，是一個例外。不

知是寫遺策者誤記，還是別有原因。【馬王堆一號漢墓遺策考釋補正　文史第十輯】

◉于豪亮　洀　《效律》：「殳、戟、弩，髼洀相易殹（也），勿以為贏不備，以職（識）耳不當之律論之。」

在漢代漆器銘文中洀字常見，均書作洀，以前不識此字，從這條秦律「髼洀相易」，知此字當隸定為洀，即丹字。《墨子閒詁》所引《墨子》佚文及《淮南子・説山》均有「工人下漆而上丹則可，下丹而上漆則不可，萬事由此。」《呂氏春秋・貴信》：「百工不信，則器械苦偽，丹漆染色不真。」律文所謂的「髼洀相易」大約就是「下丹而上漆」或「丹漆染色不真」之類。【秦律叢考　于豪亮學術文存】

◉黄文傑　《睡簡・效律》簡313號：「殳、戟、弩，髼洀相易殹（也），勿以為贏、不備，以職（識）耳不當之律論之。」譯文為：「殳、戟和弩，塗黑色和塗紅色的調换了，不要認為是超過或不足數的問題，應按標錯次第的法律論處。」賀潤坤先生在《從雲夢秦簡「日書」看秦國的農業水利等有關狀況》一文中，引用了睡簡這條材料，并采用了《睡簡》的説法。

后德俊先生在《「汨」及「汨工」初論》一文中，對賀氏的説法提出了異議。他認為：殳、戟、弩等兵器需髹漆的主要是桿、柄等木質部分，僅從髹漆的角度看，無論髹成紅色或黑色都無本質的區别。如果將「髹」釋為「塗黑色漆」，「汨」釋為「塗紅色漆」，那麽，無論是「贏」或「不備」，都只能是指漆而言，不可能是指被髹漆的兵器桿、柄的數量。髹漆實踐表明，在同樣的質量條件下，無論是髹黑色或是紅色漆，所花費的漆量是差不多的，不存在「贏」或「不備」的問題。所以，「汨」既不是指髹紅色漆，也不可能是指紅色的塗料。如果將「汨」釋為漆後的漆膜乾燥工序，那麽秦簡上的記載就比較容易解釋了，即殳、戟、弩等兵器的髹漆部分，在髹漆過程中，如果將「髹工」與「汨工」的工序搞亂了而使産品出現質量問題，不是工匠們貪污了漆料（贏）或漆料不足的原因（不備）造成的，而應以工序（職）不當的法律論處。

按，首先，后先生將睡簡□字隸定作「汨」，就顯然錯了。此字右旁實从「丹」。睡簡169號「以丹若髼書之」，714號「朱珠丹青」，兩「丹」字均作月，放馬灘秦簡《墓主記》墓二「丹」作日，馬王堆帛書《戰國縱横家書》二「丹」作月，故睡簡此字可隸作「洀」。（在秦漢文字中，「丹」字中間一筆，即《説文》所説的「丹形」，多與旁邊兩豎相接，字形與「舟」字混同。）睡簡169號「丹若髼」，丹為紅色，髼為黑色，丹髼并舉：「丹」，《説文》古文或作彤，《汗簡》引義雲章作□，可證睡簡此字很可能是「丹」之别體。睡簡「月」字均作月，與此字右旁截然不同，故此字隸作「汨」是錯誤的。（后先生把「髼」字隸作「髹」，也不妥。）

其次，后氏對簡文句子的解釋，也值得商榷。由于后氏把□隸作「汨」，解釋作「髹漆後的漆膜乾燥工序」，以致把「髼洀相易也」解釋為「將『髹工』與『汨工』的工序搞亂了而使産品出現質量問題」，把「贏」解釋為「貪污了漆料」，「不備」釋為「漆料不足」，整句話譯文離簡文原意甚遠。《睡簡》「髼汧相易也」譯為「塗黑色和塗紅色的調換了」，從字詞對譯看，似没有問題，但從整句話的意思理解看，就有些含糊。不過，《睡簡》本條的注引用了《淮南子·説山》「工人下漆而上丹則可，下丹而上漆則不可」句，對理解文意是有輔助作用的。為了更好地理解簡文原意，我們不妨把這句話的上下文句列出：「染者先青而後黑則可，先黑而後青則不可。工人下漆而上丹則可，下丹而上漆則不可。萬事由此，所先後上下，不可不審。」這裏分明是指染和漆的工序問題，即所謂先後上下不可不知，和簡文所指是一致的。故「髼汧相易也」，應是指把髹漆的次第搞錯了。假如原先要髹一道黑色漆，再髹一道紅色漆，結果反而是先髹一道紅色漆，再髹一道黑色漆，就把髹漆的工序搞亂了。后先生也認為是「工序搞亂了」，但所謂「工序」内容與我們不同，把「髼」隸作「髹」，理解為一種髹漆工序，把「汧」隸作「汨」，解釋作髹漆後的漆膜乾燥工序，而「髼汨相易也」作「將『髹工』與『汨工』的工序搞亂了而使產品出現質量問題」解，就與簡文原意相違了。殳、戟、弩等兵器，大概上漆之時必須按一定的次第(比如下漆上丹)進行，如果把這種次第上下先後搞錯了，那麽，不要把這作為用漆多或少的問題去處理，而應以搞錯次第的法律論處之。這才是簡文的本意。【秦系簡牘文字譯釋商榷(三則) 中山大學學報一九九六年第三期】

⿰氵刅

◉朱芳圃 ⿰氵刅字从水刅聲，當為梁之本字。説文木部：「梁，水橋也，从木水，刅聲。」按：梁為⿰氵刅之後起字，橋以木為之，故增木為形符，當云从木⿰氵刅聲，陳公子甗銘借為稻粱之粱。【殷周文字釋叢】

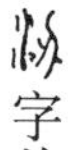

◉李孝定 ⿰氵刅1416 古文累增偏旁者甚多，⿰氵刅為梁之本字，其字从水、刅聲；增木為梁，則木與水皆是意符，不得云⿰氵刅聲，許説不誤。【金文詁林讀後記卷十一】

⿰氵巛

◉孫海波 □亡⿰氵巛利 ⿰氵巛字从巛从水。卜辭罕見。以字形言之。疑即淄。或淺之古文。今淄淺字説文文皆失收。又説文巛害也。从一雝川。卜辭巛字中多誤从才。此形似易譌也。【誠齋甲骨文字考釋】

⿱宀午

◉屈萬里 [古文字形]，與甲編八六七片之[古文字形]，當為一字，隸定之當作⿱宀午，地名。【殷墟文字甲編考釋】

◉李孝定 从宀从午。説文所無。字在卜辭為地名。無義。陳氏謂午吾古音同部説雖可通。然卜辭⿱宀午字無一有害瘖之義者。形音雖有可説。而於辭義無徵。不敢必其為害瘖之異構。聞氏謂是网之異體則尤有未安。蓋字上明為从宀。與网之从冂象

其網者已迥不相侔。XX之與ꭓ形亦大異。倘謂俱象縱橫交午即為同字。則準此以求古文字間不幾于大半可通乎。又羅字从ꭓ。聞氏亦明知為糸。糸者絲之古文。網羅之屬以絲為之。故字从糸。與縱橫交午象网形之XX殊不相涉。固非「綴者」並存之也。【甲骨文字集釋第七】

◉高　明　「絓絀達亂，卉木亡尚，□□实」⊘，[glyph]字過去釋夷或实，按金文走字從[glyph]寫作「[glyph]」，當釋实為宜，通作殀或夭。《國語·魯語》「澤不伐夭」，韋昭注：「草木未成曰夭。」夭前二字殘壞，據其它詞例推測，當為「是謂」二字，全詞則謂：「絓絀達亂，草木不長，是謂夭。」【楚繒書研究　古文字研究第十二輯】

[glyph]　穽　說文有㝱部而無宀部穽部此即宀字寤寐等字从此高景成說　叉穽簋　【金文編】

◉戴家祥　[glyph]　高景成曰：「說文有㝱部而無宀部，此即宀字，寤寐等字从此。」按高說是也，說文「㝱，从宀从爿，夢聲」。寤、寐、寣、寢、寐、寱、寎、寢、寤等字皆云「从㝱省」。然秦泰山刻石「夙興夜寐」从穽，與說文不合。知穽為爿之加旁字，聲義不變。說文無爿部，而𤖯、牂、斨、牆、壯、戕、狀、將等字皆云「从爿聲」。清儒徐灝謂即古牀字。說文解字段注箋。孔廣居伸其說曰：「牀古作[glyph]，象形。以為偏旁之用，不便橫書故作[glyph]，猶[glyph]之為舟，[glyph]之為車也。或省作[glyph]，通。加木作牀，贅。說見吳元滿正義及魏校精蘊。」說文疑疑。按爿為木器，加旁作牀，猶「木豆謂之梪」，六篇木部。户之「古文作床」，十二篇户部。由象形變為形聲，亦漢字發展變化之通例也。今本說文「牀，安身之坐者。」玉篇四七四「牀，身所安也。」初學記卷二五器用部、太平御覽卷七百六服用部並云「牀，身之安也。」安身必須置寢處所，故詞之訓安者，多隸宀部。宀象屋頂形，故云「寧，安也。」「宓，安也。」「宴，安也。」「宜，所安也。」广亦屋頂之一類，牀之俗體作床，休之「古文作庥」，與爿之加旁作穽，義實相似。㝱、寐、臥覺、囈語、驚魘，非牀簀不能形成，加旁从牀，與字例自相密合。許氏不知爿為牀之初文，又不知穽為牀之更旁字，竟指寤寐等字為从㝱省。乃與原始本形，違失殊遠。【金文大字典上】

◉于省吾　[glyph]　甲骨文[glyph]字屢見，舊釋為昚。按其字从心从口，和敗字作昚者迥別。甲骨文稱：「貞，王㞢⿱心口，不之○貞，王㞢⿱心口，允之」(乙四五八四)、「癸子卜，于槷月又⿱心口」(前八·六·三)、「⿱心口牛」(前一·三五·一)。按⿱心口牛之⿱心口，葉玉森誤釋為「从貝在口上」(集釋一・一一〇)。郭璞三倉解詁謂「吣音狗吣之吣」,今本譌作沁。玉篇口部謂「吢,七浸切,亦作吣」。但與甲骨文語意不符,存以待考。【釋心　甲骨文字釋林】

仦仯屎⿸尸小⿸尸少

乙八二九五反　从人从少說文所無其義與少同　仯雨即少雨　前五・二七・六　前五・四一・六　後二・三五・七　京津二七二八　佚七四五　【甲骨文編】

◉陳夢家　「羽癸未⿸尸少西單田受㞢年」旅順博物館、「⿸尸少㞢足乃囟田」前・五・二七・六、「⿸尸少㞢足田」珠・四〇五,以上都是武丁卜辭,與種田之事有關。胡厚宣釋⿸尸少為屎,以為是糞田;並引齊民要術所述氾勝之書「伊尹作為區田,教民糞種,負水澆稼,區田以糞氣為美,非必須良田也」,韓非子內儲説上「殷法刑棄灰」、「殷之法棄灰於公道者斷其手」以為殷人施肥之證。武丁卜辭云「⿸尸少我御史」珠・一一四釋屎則無法説通。我們以為此字不當釋屎,但與農事確乎有關。【殷墟卜辭綜述】

◉裘錫圭　一期卜辭有時卜問「⿸尸少田」之事,下引的是文字比較完整的一些例子:

庚辰(卜□)貞:翌癸未⿸尸少西單田,受㞢年。十三月。　合九五七二

甲申卜爭貞:令逆⿸尸少㞢田,受年。　合九五七五(甲一一六七已殘)

貞:勿令……⿸尸少㞢田。　合九五七六

貞:勿令……⿸尸少㞢(田)。　合一四九九〇

貞:勿令⿸尸少㞢(田)。　合九五七九

□⿸尸少㞢田。　合九五七八

還有幾條一期卜辭卜問「于翌乙丑⿸尸少⿱日共」(合九五七〇、九五七三、一二五九五、燕六三四),一般把「⿸尸少⿱日共」解釋為「⿸尸少⿱日共田」。

「⿸尸少」字多形。胡厚宣先生以為此字後來變作「屎」;屎田就是在田地裏施糞肥(再論殷代農業施肥問題,社會科學戰線一九八一年一期)。胡先生把「⿸尸少田」解釋為用糞肥,是否合乎事實,有待進一步研究;把「⿸尸少」跟説文「徙」字看作一個字,則是可信的。李家浩同志認為卜辭「⿸尸少田」就應該讀為「徙田」,可能跟古書中所説的「爰田」意近(見其讀書筆記,未刊)。那麼「⿸尸少田」便可能是安排荒地跟耕地輪換的一種工作了。這是值得考慮的一個意見。

此外,還可以為「⿸尸少田」找出一種跟上説相類的解釋。金文中講到戈的時候,往往提到一種叫「彤沙」的飾物。這樣看來,

「𡰯」的古音當與「沙」相近，「𡰯田」似可讀為「選田」。因為「沙」是生母字，「選」是心母字，上古為一聲。「沙」字古屬歌部，「選」字古屬「元」部，歌、元陰陽對轉。所以卜辭裏的「𡰯……田」有可能應該讀為「選……田」，指在某地的撂荒地中選定重新耕種的地段。此外，選擇可開闢的荒地的工作，或許也可包括在內。

前五・二七・六一辭說：

𡰯有正（或釋「足」），乃𡰯田。

可能是選好或選夠地再𡰯田的意思。【甲骨文中所見的商代農業　全國商史學術討論會論文集】

◉姚孝遂　□□　字當隸定作「𡰯」，至於究竟相當於現在的什麼字，尚有待於進一步的研究，所可以確定者，是與農作有關。諸家或以為農田施肥，或以為輪作。卜辭簡略，資料有限，難以確指，是一個有待於進一步加以考索的問題。【甲骨文字詁林第一册】

◉葉玉森　□　□　□乃小字。卜辭小臣一作「□臣」，雨小一作「雨□」可證。□（前五・四十二・六）當與□同，亦从小也。【殷墟書契前編集釋卷四】

◉李孝定　雷浚說文外編云：「說文無屎字，辵部徙古文屎，屎即屎之變。大雅『民之方殿屎』。毛傳『殿屎呻吟也』。說文『吚逗唸吚逗呻也』唸下引詩『民之方唸吚』。此殿屎之正字。至以屎為糞，其正字當作菡，說文『菡，糞也。从艸胃省，式視切。』是也。亦通作矢。文公十八年左傳『殺而埋之馬矢之中』。」雷氏殆謂訓糞之字，其正字當作菡。至作屎作矢者，皆假借也。屎乃屎徙之異體。其說宜若可信，惟證以卜辭□字，則屎當為訓糞之初文。字正象人遺屎形。契文育亦作□，象育子之形，正與屎之構造法同。从□若□乃象所遺屎形，非少若小也。契文尿字作□，象人遺溺形，與此同意。說見後。胡氏釋屎解為糞田，其說甚善。惟陳氏引其說未注出處，致不能檢讀胡氏原文為可憾耳。至「屎我御史」之文，見珠・一一四。原辭影本漫漶不能通讀，御字但餘「□」字，或是他字。屎字在此辭亦當讀為他字也。字从□或从□作者，遂為後世屎字。許書殆偶失録耳。【甲骨文字集釋第八】

◉胡厚宣　殷武丁時甲骨卜辭中有字作□□□，象人「遺矢」形。从尸从□□□□字通，甲骨文「□臣」也作「□臣」，「□雨」也作「□雨」，「□宰」也作「□宰」可證。故「□」「□」字同。唐蘭同志釋「𡰯」，謂「𡰯」即「屎」字。說：「屎即𡰯字，古文少象沙形，而𡰯則象人大便之形，𡰯屎聲近，古相轉。」商承祚同志也說：「說文，屎，古文徙。按金文陳侯因資鐘作□，口部唸，吚呻也，詩曰，民之方唸尸，今詩作殿屎，則屎為本字，吚借字，此乃屎之古文，借為徙。」舒連景也說：「按陳侯因資鐘銘，屎嗣趄文，屎作□，即屎字，□亦屎字，屎徙音近，古文蓋借屎為徙。」這些說法是完全正確的。

說文：「胃，穀府也。从肉⿴囗※象形。」又：「𦳊，糞也，从艸胃省。」又：「糞，棄除也。从廾推𠦒棄采也。官溥說，似米而非米者矢字。」徐灝說：「糞下去，似米而非米者矢字，謂米也。與⿴囗※中之※形近。」又說：「米即𦳊之省。」王筠說：「𦳊中之※與采相似。」錢坫說：「⿴囗※中之※，其形近于矢。」姚文田、嚴可均說：「艸部𦳊，糞也，从胃省。肉部胃从⿴囗※象形。⿴囗※中之※即采，則采為古𦳊字矣。」是「糞」字所从的「采」即「胃」字「𦳊」字所从的※，乃是𦳊之省，即古𦳊字，又借為矢，實象糞便之形。其字乃由甲骨文⿸尸少字所从的⁝⁝演變而來，所以雖象米而并非米。「胃」字从肉⿴囗※，象糞便尚在腹中，抱樸子所謂「欲得不死腹無屎」。「糞」字說文「从廾推𠦒棄采」，甲骨文作□□□，象手持箕帚掃除糞便。「𦳊」字从艸⿴囗※會意，示糞便被糞除于草野。甲骨文⿸尸少字則生動的象人「遺矢」之形。

說文無「⿸尸少」字，也沒有「屎」字，但「徙」字下面有「徙」字的古文作「⿸尾米」。鈕樹玉說：「⿸尾米古文徙，疑殿屎字。」⊘案甲骨文「⿸尸少」字，象人「遺矢」形，本來很明顯。後來尸變作尾，少變作似米而非米的「采」，又省而為米，又成了屎字。「⿸尸少」變作「屎」，亦猶甲骨文「尿」說文變作「屎」。「屎」訛而成「⿸尾米」，即今說文「徙」字的古文。再省即成了「屎」字。所以說，⿸尾米即屎，亦即⿸尸少字。說文既以「屎」為「徙」，糞屎之字，乃另以「𦳊」為之。

其實「屎」字見詩大雅板，說：「民之方殿屎。」「殿」讀作「𣪠」。⊘「殿屎」猶言殿着于屎。⊘是古代本有「屎」字，用為糞便之義。

總之，甲骨文的「⿸尸少」，後來變作「屎」，「屎」又變作「屎」，簡化成「⿸尾米」，假借作「徙」。糞便之字，說文就以後起的「𦳊」字當之，史傳又假借「矢」字為之。幸而賴有詩經、莊子、韓非子、史記等書，糞便之字作「屎」，說文「徙」之古文作「⿸尾米」，又「胃」「𦳊」「糞」字所从似米而非米之矢字，實與甲骨文「⿸尸少」字所从的小少字相類同，才可得知「⿸尸少」本就是糞便之屎字，从尸从小少，乃象人大便之形。

知尿⿸尸少為屎，則甲骨文裏好多殷人農作施肥的占卜，就都可以講得明白。

武丁時卜辭或言尿西單田，⊘卜辭說：

1. 庚辰卜，貞翌癸未尿西單田，受㞢(有)年。十三月。(甲骨續存下一六六)

就是一條完整的貞問在農田上施用糞肥能否得到豐收的卜辭。

「尿」亦作「⿸尸少」，兩字相同，即說文的「⿸尾米」和「𦳊」，詩經作「屎」，義為糞便，在這裏用作動詞。「單」讀為「墠」。說文：「墠，野土也。」段玉裁注：「野者，郊外也；野土者，于野治地除草。」禮記祭法：「一壇一墠。」鄭玄注：「封土曰壇，除地曰墠。」漢書文帝紀：「壇場珪幣。」顔師古注：「築土為壇，除地為場。」段玉裁説：「墠即場也。」詩鄭風：「東門之墠。」毛傳：「墠，除地町町者。」釋名州國篇：「鄭，町也，其地多平。町町然也。」段玉裁説：「町町，平意。」華嚴經音義引韓詩傳：「墠猶坦，言平地也。」由此看來，「單」的意思，猶「墠」、「坦」、「場」，除地平平，就是説在郊野開闢的平地。「西單」甲骨文常見，除本辭外，如説：「敀云自北，西單雷。」「西單」之外，也有稱「東單」、「南單」、「北單」的，⊘猶言東南西北四方郊野開闢的平坦田地。所以又稱「西單田」。⊘全辭大意説，在殷武丁某年十三月的庚辰日占卜，問由庚辰起到第四天癸未日，在西郊平野的田地上，施用糞肥，將來能否得到豐收。

武丁時卜辭又或言㞙有足：

3. 㞙㞢足。二月。（甲骨續存補編七一九五）

4. 㞙㞢足。乃坚田。（殷虚書契前編五·二七·六）

3辭大意説，在二月間，施用糞肥，要充足。坚田的「坚」，我嘗從徐中舒同志説釋「貴」，「貴田」猶言「耨田」。全辭大意説，施用糞肥充足了以後，乃耕耨農田。

武丁時卜辭或言㞙田，或㞙有田：

5. 㞙田，雨。（殷虚文字乙編八二九五）

6. 㞙㞢田。（殷契遺珠四〇五。書道博物館藏甲骨文字二〇八）

5辭卜問施糞肥于農田是否下雨？6辭卜問是否要施用糞肥于農田？「㞢田」即「有田」，有在這裏用為語助詞。王引之經傳釋詞説：「有，語助也。一字不成詞，則加有字以配之。若虞、夏、殷、周皆國名，而曰有虞、有夏、有殷、有周是也。推之他類，亦多有此。」裴學海古書虚字集釋説：「有，語助也。有字為語助，必位于名詞之上。」「田」為名詞，「有田」即田意。

7. 貞令⿱亼内㞙㞢田。（甲骨續存上一七七）

8. 貞勿令⿱亼内㞙㞢□。（甲骨續存補編八七四）

9. 癸亥□，賓，□令□㞙㞢□。（甲骨續存補編七三六〇）

10. 甲申卜，争，貞令後㞙㞢田受年。（殷虚文字甲編一一六七照片）

11. 貞勿令㞙㞢□。（甲骨續存補編六二〇五）

7辭卜問命令𠬝去施用糞肥于農田好麽?8辭卜問不要命令𠬝去施用糞肥于農田好麽?

9辭有殘文。⊘大意説，癸亥日占卜，貞人賓問卦，問命令什麽人在田裏施用糞肥好麽?

10辭⊘大意説，甲申這一天占卜，貞人𡆥問卦，問要命令後這個人在農田上施用糞肥，將來能否得到豐收?其農作施肥的意義，尤為明顯。

武丁時卜辭又或言𡰥𣅀:

12. 甲子卜，㐱，貞于翌乙丑𡰥𣅀乙丑允𡰥𣅀，不□□。（甲骨續存補編二一八）

13. 貞于翌乙丑𡰥𣅀，不冓雨。乙丑□□□，□□□。（殷虚書契前編三・一八・四）

14. 翌乙□𡰥𣅀。□𡰥𣅀，不冓雨。（殷契卜辭六三四）

「𣅀」地名。集韻類篇都説：「𣅀，古國名。」

12辭較全，⊘卜辭大意説，甲子日占卜，貞人㐱問卦，問次日乙丑施用糞肥于𣅀田，會不會遇到雨?「乙丑允」以下，乃記占驗，説次日乙丑日，果然施用糞肥于𣅀田，没有遇到雨。

武丁時卜辭又或言𡰥𢆶:

16. 壬□□，𠹋，□令𡰥𢆶。（殷虚書契前編五・四二・六）

「𢆶」字王襄氏釋「𢇍」，葉玉森釋「斷」，乃地名，卜辭常見。⊘武丁時卜辭如殷虚文字乙編六三九＋六四〇＋七七一＋七七三＋一〇四四又説：「己巳卜，㱿，貞我受黍年。□𢆶。己巳卜，㱿，貞我弗其受黍年。」又説：「貞我受畬年。在𢆶。□□弗□受畬年。」又如殷虚文字乙編四二二九＋七八一一也説：「丙寅卜，畬，貞今來歲我受年。□寅卜，𡆥，貞今□歲我不其受年。在𢆶。十二月。」知𢆶地在殷武丁時，又確實是一個重要的農業地區。這片卜辭大意説：壬某日占卜，貞人𠹋問卦，問若是命令施用糞肥于𢆶田，好不好?

武丁時卜辭又或言𡰥有衛:

17. 己亥卜，大，貞乎般𡰥㞢衛。（殷虚書契續編六・二一・一〇）

18. 己亥卜，大，貞乎般𡰥㞢衛。（庫方二氏藏甲骨卜辭一六六）

「大」一般地認為是祖庚祖甲時貞人。但「般」為武丁時人名，又稱𠂤般，或以為即武丁之師甘盤。這有兩種可能，或者兩辭為武丁時所卜，大在武丁時就作了貞人；或者兩辭為祖庚祖甲時所卜，在那時般還没有死。我們以為前者的可能性，或者更大一

斦 [弓攴]　　[爿弋]　　[爿口]

些。⊘「衔」卜辭不多見，當是地名。卜辭大意說，己亥這一天占卜，貞人大問卦，問要呼喚般這個人去施用糞肥于衔地之田好麼？【再論殷代農作施肥問題　社會科學戰線一九八一年第一期】

◉商承祚　王徵君說此字从水从人，殆即許書之休字。予疑从水與此字不類，乃少字，殆从人从少。【殷墟文字類編待問編卷四】

◉屈萬里　，从人，从小，隸定之當作仦。字彙補有此字。音娲，云：「小兒也。」說者謂字彙補此字。當是仯字之訛。仯字見唐韻及集韻。集韻音藐。云：「僬仯，小貌。」按：甲骨文字，小少二字通用；則仦仯無別。此字雖不見於說文等早期之書，然後出之書，亦未必前無所承也。惟本辭仦字，未詳何義，當是地名。【殷墟文字甲編考釋】

◉唐　蘭　此字說文所沒有，疑是誓的本字。玉篇誓同弩，說文闕。【古文字學導論下】

◉屈萬里　从弓从斤，隸定之當作斦。龍龕手鑑有此字，音引。然於此未詳何義。【殷墟文字甲編考釋】

◉李孝定　从斤从弓。或又从又。說文所無。以字形言之。象以斤斫弓形。唐說較近。段注於弓部補弩篆。解云「弓戾也。」弓戾者很戾不調以斤斫而正之也。然斦字在卜辭之義不明。唐說亦無由證明也。【甲骨文字集釋第十四】

◉李孝定　前·六·三六·三。从弓从斤从又。說文所無。與斦當為一字。【甲骨文字集釋第十二】

◉徐中舒　伍仕謙　[爿弋]，从爿，弋聲。偏旁弋作，與冉尊及叔姒簋所从之形同，當隸定為弋。工為匠人所用的工具，爿象俎側立形。俎有足，形如，側視之則如。古人食肉，持刀于俎上切而食之如（古將字），象从鼎中取肉，用刀切而食之之形，則省鼎刀形，而以手持之。匠人需用工具，人持肉而食需用刀俎，其意實同。【中山三器釋文及宮圖說明　中國史研究一九七九年第四期】

◉丁　山　殷虛書契續編卷五，葉五之六版尾甲云：

侯來。

與該版卜辭云：

戊午卜，王上求子房，㱿。

戊午卜，王勿御子房。

中子子房。

……于……左氏。

事不相屬。子房事跡，見于卜辭者，尚有：

戊午卜，王貞，勿御子房，余弗其子。金璋・415。

癸亥卜，𠂤御小宰兄甲。同上版。

此與續編所箸，似為一版之折，使「兄甲」即祖甲；則「侯卟來」，宜為祖甲既陟，廩辛尚未即位時紀事，不得斷在武丁時代。

侯卟，卜辭一稱卟人云：

己卯卜，王……咸𡗜……余曰雀……卟人……伐面。後・下・15・5。

卟，殆即走馬亥鼎𤖯字初文。鼎銘曰：「宋𤖯公之孫走馬亥，自作膾鼎。」𤖯，與牆籀文作𤗹者形近，郭沫若讀為「宋莊公」是也。詳兩周金文辭大系考釋一八四葉。山按，說文艸部莊字古文作𤖫，象床上列殘骨形，實葬之本字。葬者，藏也，𤖯則象以缶藏物，或屍骨之灰。而護以木版，正𤖫字初寫。𤖫讀為莊，知卟碻是莊字。管子小問：「苗，至其壯也，莊莊乎何其士也。」莊莊，即廣雅釋訓云：「藏藏，茂也。」臧，籀文从土作𡐨，俗作藏，說文通訓定聲嘗謂，臧藏實臧之別體；則㚤鼎所見𢦒字，當是「眾臧」合文。方言三：「凡民男而婿婢謂之臧，亡奴謂之臧。」荀子王霸：「雖臧獲不肯與天子易埶業。」楚辭哀時命：「釋管晏而任臧獲。」臧獲，皆謂掠奪戰俘以為奴隸者也。鼎銘曰：「㚤作眾臧鑄鼎。」蓋㚤作鼎以飯其奴婢者，此周初銅器銘文所僅見。有此鼎銘為證，知卜辭所謂「卟人」，又讀為臧人，即戰俘被繫為奴僕者已。

鼎・三代・二・50。

「侯卟來」，卟，若非諸侯之名，可能為「卟侯」倒文。襄二十八年左傳：「齊陳桓子曰，得慶氏之木百車于莊。」又，昭十年

姅

傳：「齊，欒高敗，又敗諸莊。」此兩莊字，杜注皆釋為「六軌之道」。舊疏曾以為即孟子所謂，「引而置之莊嶽之間」，是臨淄城中街里也。山按，孟子梁惠王篇下言孟子在齊；有「莊暴欲見」。趙注：「莊暴，齊臣也。」齊國大夫，既有莊氏，宜有地名為莊者，左傳所謂得木于莊，宜即莊暴食地。莊氏何在？水經淄水注云：「濁水又東北流，逕東陽城北；又北，逕臧氏臺西；又北，逕益城西；又北，流注巨淀。」此臧氏臺，在今山東臨淄之東，壽光之西，益都縣北，意者，殷時「侯㚸」食地，即于是在。【侯㚸 殷商氏族方國志】

◉戴家祥 字从女从，說文未見。徐同柏云：「姅字集韻音丰，方言云：凡好而輕者曰姅，此當讀為奉字。从女，女卑，奉承之意。」從古堂款識學卷十五第十五頁。按徐釋近是，然未盡也。鄭風丰篇「子之丰兮」，毛傳「豐，滿也。」釋文「方言作姅」，知姅為丰之加旁字。玉篇三十五姅容，好貌。同妦。廣雅釋詁一姅，好也。廣韻上平三鐘「丰茸，美好。」玉篇姅讀「孚庸切」幫母東部，茸讀「面容切」日母東部，「姅容」「丰茸」一語之轉。同聲通假，姅亦讀奉，唐韻奉讀「扶隴切」並母東部，韻同聲近。左傳僖公二十八年「重耳敢再拜稽首，奉揚天子之丕顯休命」，與𣪘銘「君夫敢姅揚王休」文例正同，奉揚猶言對揚也。許印林釋對，攈古録三之一第二十五頁。吳大澂愙齋集古録十一册四頁、劉心源奇觚室吉金文述卷四第二頁從之，陳夢家釋每，金文論文選六十六頁西周銅器斷代召尊。郭沫若、兩周金文辭大系考釋五十八頁君夫𣪘及六十七頁縣妃𣪘。王獻唐中國文字三十五册第一頁釋每美從之，李孝定釋封，金文詁林附録二二八八頁。周法高釋毒，同上。均非是。【金文大字典上】

妭

前六・二六・七 从女从戈說文所無廣雅妭投也 續四・二七・八 京津二〇六八 庫一七七 【甲骨文編】

妐

0190 說文所無玉篇妐夫之兄也 【古璽文編】

娰 妃 ⿰女吕

◉吴式芬 □師父鼎 許印林説。説文無「娰」字。古通用似。隸續司農劉夫人碑跋云。「其云德配古列任似者。」以「似」為「娰」也。而隸釋郭輔碑云。「行追太娰」。是漢世固有「娰」字。古器銘則借始字為之。阮氏款識頌鼎壺敦銘。「皇母龔娰」。篆皆作⿰巾中。釋皆作娰。吴氏金石録殳季良壺銘云。「作敬娰尊壺」。篆作□□。誤釋「效始」。吴子苾改釋「敬娰」。云。「古台目字通用。」是也。【攈古録古文卷三之一】

◉王　襄　□　古妃字从女从巳，殷契巳作□，亦作□，古文以作□，□即□之倒文，疑古似字本从女从巳也。【簠室殷契類纂存疑】

◉王　襄　□　疑古娰字。按殷契凡十二支之巳作□、□、□諸形，無作□者。惟人名概作□，如子漁、子亦是。又巳作□、□、□諸形，無作□者。而祀妃皆从□作，疑古文□與□□與□不相通也。【簠室殷契徵文考釋第十一編】

◉許青松　原銘較模糊，加以銘文位置難于施拓，故其拓本很難拓得清晰。

器銘釋文如下：

季娰贊乍寶罍，隹用萬人(年)亯孝于厥皇公事，萬人(年)子子孫孫寶用。□。

季娰贊即作器者，西周金文中，婦女名字不外國氏、行第、姓、名等項中之若干項。這裏的季，為行第之「少稱也」(《説文》)。但未必就是行四，行三之後者皆可稱季。娰，夏之姓也。⊘銅器中有一季娰簋見于《商周金文録遺》136，器主季娰名例亦同于此類。該簋銘中的娰字與季娰贊罍銘中的娰字寫法大同小異，由此亦可知司字所从之□，實即□之稍變而已。《金文編》姛字下所收□(乙未鼎)等實亦娰字。過去有的學者謂《説文》無娰字，或者認為「秦漢人乃造娰」，高鴻縉：《頌器考釋》44。這是不够確切的。娰字字形最初當如上文所舉季娰簋銘中的寫法，後簡化作□(叔向父簋、衛娰鬲)、□(叔簋)等。娰字所从以字的演化就是金文以字由□、□簡化為□的過程。但同時□又發生了增繁的情形，産生了□(即始，見頌鼎、頌壺)的寫法，即增加□形，這在古文字演化中是很常見的。從而證明方濬益等古文字學家認為「娰」與「始」古本一字的看法是正確的。見方濬益：《綴遺》4、12，吴大澂《古籀補》71阮元《積古》3·19等也有「以」「台」為一字的論述。從字義上講也是如此，《説文》：「始，女之初也。」《爾雅·釋親》：「女子同出，先生為娰。」可證娰、始義近。從字音上講，娰、始皆從□(以)得聲，二字聲母極近，并皆為之部開口三等韻。總之，上古娰、始本為一字，後來在使用中逐漸分化。但《説文》中仍以「始」概「娰」，可見直到這時二字的分化還不是絶對的。

【季娰贊罍跋　中國歷史博物館館刊一九八四年第六期】

◉李孝定　□　妃字説文所無，許印林氏以為「妃」字，然金文已有从「己」之「妃」，此从「巳」，固當有別。周名煇氏引古文

㚾

「巳」、「子」通作之例，釋此為「好」，於義雖較長，然金文別有从子之「好」，則从「巳」者當別是一字。【金文詁林讀後記卷十二】

◉戴家祥　始㚾古音同屬之部齒音，故可通假。【金文大字典上】

◉朱歧祥　[glyph]——[glyph]

[glyph]，从女水聲，隸作㚾。《說文》無字。乃武丁時婦姓，有孕。字有作[glyph]，从[glyph]从[glyph]通。由辭例亦得證。

〈福35〉　辛未，婦[glyph]示☐。

〈粹1483〉　戊寅，婦[glyph]示二屯。☐。【甲骨學論叢】

畣

◉丁　驌　陳夢家以此字為畬。説文之「穧，稻也。」因字之或體作粢，而粢為稷，故陳説此[glyph]或是稷。于省吾既已釋上所言之秝字為穧，故於此文未知何種穀類，未曾有釋。按陳引「稻也」誤，當為「稷也」。

余曾釋[glyph]形為厽，為厶。説文齊，[glyph]：禾、麥吐穗上平也，象形，「从二」。余以[glyph]為禾、麥之穗。其下之[glyph]即十二支之「子」字。故[glyph]為穀類之有頂穗者。[glyph]者从田，乃種此穀類之田地也。辭皆言受年，為武丁之卜辭。此當是稷田。[glyph]形隸當作厶，私者禾也。

稷：不粘之禾類，仍是panicum之一種。

按此字之解釋，當存疑。説文之畜田、畬田皆近似。前者為美田。【東薇堂讀契記(三)　中國文字新十五册】

迀

◉徐中舒　[glyph]一期　京三〇四五　[glyph]一期　後下一四・一四

從[glyph]止從[glyph]子，《説文》所無。甲骨文從止從辵每可通，故[glyph]可隸定為迀。《集韻》有迀字，以為遊之或體。【甲骨文字典卷二】

阦　阷　阥　阤

6·72　君阦　説文所無集韻阦音節治也　【古陶文字徵】

◉考古所　殹、、㲋：皆為用牲法。【小屯南地甲骨】

◉朱芳圃　　从𠂤从心，説文所無。【甲骨學文字編卷十四】

◉姚孝遂　肖　丁　「阥」為地名，字从阜从心。為心字，與貝有别。屈萬里隸作「阥」是對的。一般隸作「陨」，則非是。于省吾先生釋林有釋心一文，論之甚詳。【小屯南地甲骨考釋】

◉朱歧祥　—、

，从阜心聲，隸作阥。《説文》無字。字又作，隸作陨。由辭例皆屬殷耕地名，見二形从心从貝混同無别。

〈粹837〉　☐其求年于？

〈京3871〉　☐求☐？【甲骨學論叢】

◉黄錫全　古璽有字，《文編》列入附録二四。兩方印文是：

(《彙編》三四五五)　(《彙編》三四五七)

按字左从阜，如古璽陵作(《彙編》一一二八)，陰作(《彙編》四〇七二)，陽作(《彙編》四〇四三)等。品式石經《皋繇謨》予作，石鼓文迂作，字所从之應是予字稍省。《汗簡》阜部録碧落文序字作，今碑作，與古璽字形體類同，應是一字。《説文》無阤字。《玉篇》阤，「今作序」，不排除是宋代修訂《玉篇》時據《汗簡》增補。

古有序姓。《禮記·射義》「序點揚觶」，疏：「序，氏。點，名也。」字所从之當是古矢，如医作(詛文)、(康侯𣪘)、(《彙編》一〇八四)等。从宀从矢即宊，字書不見，疑為室字，乃至字倒書省一劃。古文字中倒書之例習見，如至字就有倒作、者。璽文第二字下筆借邊款作，與侯馬盟書、三體石經同，即亡字。「阤亡宊璽」，當讀「序亡室璽」或「序無室

沓　⿰幺斤　我　⿰王殳

璽」。【利用《汗簡》考釋古文字　古文字研究第十五輯】

◉朱歧祥　[glyph]—[glyph]

[glyph]，从水口，隸作沓。《說文》無字，晚期卜辭用為田狩地名，與[glyph]地相近。由以下同版二辭例見沓有增彳作[glyph]。

〈綴176〉　叀⿰彳沓田，亡𢦏？

其逐沓麋自西東北，亡𢦏？【甲骨學論叢】

◉李孝定　从斤从幺，說文所無。契文力作[glyph]，此明是从斤，葉說誤，唐說亦無佐證。【甲骨文字集釋第十四】

◉徐中舒　[glyph]一期　粹一四六九　郭沫若謂為一倒我字《殷契粹編考釋》，可從。義不明。【甲骨文字典卷十二】

◉楊樹達　殷契粹編一〇五九片云：

丁卯貞，王令[glyph]奠[glyph]舟。于來乙亥告。

又一〇六〇片：

庚寅……癸巳卜，復[glyph]舟。貞……貞……[glyph]

余按[glyph][glyph][glyph]三字皆从殳，當釋為⿰王殳杸般。戬壽堂殷虛文字第四葉丙辭云：

弜从[glyph]舟。

辭云[glyph]舟，與前二例同。王静安釋[glyph]為敉，余謂字亦从殳，當釋為殺。以粹編一〇六〇片杸般二字例之，左旁似亦當从木，疑朱字本从木，此假朱字作木字也。

杸字見說文，三篇下殳部云「杸，軍中士所持殳也。从木从殳。司馬法曰：「執羽从杸。」按義與舟字義不相承，知甲文所用非此義也。余謂⿰王殳杸般殺四字皆从殳聲，字蓋皆假為殳。知者說文八篇下舟部云：「般，辟也，象舟之旋也。」徐鍇云：「殳，檝

玐　玟　玢

之屬。」按許云殳所以旋舟，徐鍇謂殳為櫂屬，而櫂則所以推舟也。古人名字動字義多相因，然則甲文之殳舟，蓋即旋舟推舟之義與！【釋投舟　積微居甲文説】

◉魯實先　玬亦𤣩之或體。凡卜辭方名其在都邑畿甸亦或緐體作玉，如衣韋曾為王都，亦作袠瑋，役乍二方近在畿甸，蓋為殷王常所遊幸，故亦从玉作玬，乍或从玉為[illegible]。所以从玉者，是猶姬周為有國之號，故其文或从玉作琱，所以取尊重之義也。【卜辭姓氏通釋之一　東海學報第一期】

◉李孝定　玬　从殳从玉，説文所無。余釋攻，説有可商。古文工玉固有通者，見一卷玉字下。然卜辭自有攻字作[illegible]，明此非攻字。楊謂為投之異體，魯謂玬即役字，以其地為王所常遊幸，故从玉以尊之，説並無據。但當隸定作玬，以為説文所無字。【甲骨文字集釋第三】

玢　5·23　咸鄏里玢　説文所無玉篇玢玉名【古陶文字徵】

◉戴家祥　大豐𣪘「文王」，何尊作「玟王」，玟字的王旁是从下文王字類化來的。㦴𣪘「赤𤔲市」，揚𣪘作「赤[illegible]市」；番生𣪘「玉睘」，毛公鼎作「玉環」，[illegible]加市旁，環加玉旁，皆與玟同。玟是文王二字連用時的類化字，專門用於玟王義，故又可以玟表示文王。𦬂伯𣪘䑌丕顯且玟珷雁受大命」，玟即指文王。【金文大字典中】

◉劉心源　玐。人名。玉篇作玐。息進切。玉名。集韻玐。古勇切。璧也。通作拱。案此字从[illegible]。即[illegible]。説文。持也。象手有所丮據也。讀若戟。古刻从丮之字作[illegible][illegible]。即[illegible]。又从玉。象人執玉拱立形。集韻音拱是也。亦可讀琥。丁琥卣器作[illegible]。蓋作[illegible]。阮文達公云。虎形旁加玉是也。亦可讀揚。封敔緐對[illegible]。王休蓋古刻對揚字作[illegible]頌鼎。[illegible]師奎父鼎。此省丮。【奇觚室吉金文述卷一】

◉戴家祥 [glyph]伹盤勹秦忑為之 忑即怍，廣韻「怍，喜樂也」，金文用作人名。【金文大字典上】

◉孫詒讓 [glyph] 金文楚良臣余義鐘云：「曾孫僕兒余迭斯于之孫，據編鐘。余茲辂疑韓之異文，舊釋佫，未塙。之元子。曰，於嘑敬哉！余義楚之良臣，而迭之字慈父余邁阮釋如是，又疑勸字，杞伯壺「萬季」字，與此略同。迭兒得吉金鎛鋁，台鑄訴鐘，台追孝侁先且祖。」此鐘為楚人僕兒作以祭其祖者，所紀世系甚詳。蓋余義生迭斯于，斯于迭字。迭生茲辂，茲辂生僕兒，是余義為僕兒之曾祖，迭則僕兒之祖也。故「迭」字三見。前作[glyph]，後二作[glyph]、作[glyph]，下增冂形，當即且字。說文且，古文作冂，詳前。因偁祖之名，特加冂以為幖識，故與上文殊異。古文多叚且為祖。金文龜甲文通例如是。非古文「迭」字或从且也。又因其為幖識文，非正字，故作冂與下文「侁且」字亦異，皆金文之變例也。【名原卷下】

◉劉心源 [glyph]即[glyph]。古文矢字。見說文𢎘下。古器多有亞吴二字。或云吴亞。吴字或正或反或旁有羨文。象矢脫手發出形。古人銘功多作弓矢戈矛刀斧字。亞者記次也。今橅形同者於此吕資參考。[glyph]觚[glyph]鼎[glyph][glyph][glyph]並彝[glyph]盤[glyph]敦[glyph][glyph]並尊[glyph][glyph]並爵。又有匽侯盉[glyph]。大角[glyph]。𧴪彝[glyph]。皆吴字。【奇觚室吉金文述卷六】

◉羅振羅 康王器麥方尊：「王令辟井侯出坯，侯于井。雩若二月，侯見于宗周……。」

穆王器競卣：「唯白犀父以成師即東，命戍南夷。正月既生霸辛丑，在[glyph]。白犀父皇競各於官……。」

厲王器鄂侯馭方鼎：「王南征，伐角，鄱，唯還自征，才坯。噩侯馭方納禮于王……。」

厲王器翏生盨：「王征南淮夷，伐角、淮，伐桐、遹，翏生从……。」

井，即《後漢書·郡國志·河內郡》所云之邢丘，今河南溫縣東南。坯地，即與邢丘僅隔黃河、相距不遠的大坯。

[glyph]，即坯字。古文字中从土與从𩫖者可以通用。競卣之𩫖地即麥方尊之坯地。大坯山在成周東面，競卣也說「……成師即東，……在𩫖」，足證𩫖即坯字，其地在成周東面的大坯山附近。

周王戍南夷，在𩫖賞賜；周王伐南夷回來又在坯賞賜，看來坯地戰略地位非常重要，是成周的東大門，進可以伐東夷和南夷，退又可以保衛成周。正因為坯地是重要的軍事重鎮，才有「官」署，有宮室，鄂侯馭方鼎云「王休宴，乃射」，射，指舉行射禮，

坤 ⿱艹仆 苜

必在宫室。【關於西周金文地名的點滴認識 中山大學研究生學刊一九九〇年第二期】

◉石志廉 會平坤鉨(圖版柒：4，圖二)

圖二 “會平坤鉨”

第三字□為坤字，與戰國「鄞啚坤罂(鏞)」的坤作「□」，「丕鄌坤罂(鏞)」的坤作「□」，戰國「高坤鉨」的坤作「□」，「坤」字璽的坤作「□」，戰國陶量殘片的坤字作「□」，十分相似。一九七二年山東濟南天橋區戰國墓出土的「坤」陶量書作「□」者，更為近似，□即□字的變體。【館藏戰國七璽考 中國歷史博物館館刊一九七九年第一期】

◉鄭珍 □扑 辥本作⿱艹仆。玉篇集韻類篇皆同。當是从竹仆聲。隸書竹例作艹。因寫成⿱艹仆。扑系支俗別从手卜聲也。此更誤仆作二人。夏沿之。⿱竹仆亦攴之俗別。非古文。【汗簡卷一】

◉于省吾 唐蘭云。早期卜辭有□方。晚期則恆見伐□。字或為□□□等形。疑為一國。□者從人戴□。□則□之變也。□當即説文卣字古文之□。□則即説文死字古文之□。其用為祭法之芇。當讀為詩生民載燔載烈之烈。其用為國名之芇若□。則當讀為列。天壤閣考釋四十。陳邦懷釋□字云。此字當即説文解字□字所從之□字。惜聲誼不可考耳。考釋小箋二六。按唐説誤矣。□亦作□芮。下均从丙。前四・一・五。丙寅之丙作□。商器□父丙觶。丙作□。與芇苜下从冂曰有別。卜辭晚期於芇每言伐言征言仙言步。如藏四・四。王于來屯□伐□。拾四・十五。令奞伐□。續五・三十・十二。令奞正□。六・二四・八。余仙□。甲二・十四・六。令奞步□。其為方國之名。自不待言。陳邦懷以為即説文□字所從之□。頗具見地。惟説文□之籀文作□。林義光謂□即□之變。按林説未知然否。存以待考。卜辭用為祭法之

[字形]。亦作[字形][字形]形。惟前一·四·七有[字形]字。上有[字形]字。下有方大丁三字。辭已不完。吴其昌疑為[字形]之殘文。解詁二續六四零。是也。卜辭苜與苜字多就祭上甲言之。即莬字所从之苜。苜同苜。象以羊角為飾之帽形。說文。曰小兒蠻夷頭衣也。段玉裁云。曰即今之帽字也。後聖有作。因曰以制冠冕。而曰遂為小兒蠻夷頭衣。按段說是也。許氏蠻夷頭衣之說。當有所本。卜辭苜字。以羊角形為帽飾。當係古代蠻夷所戴之帽形。莬字既孳變為矛。以當經典之髳髦。則苜字之音。必亦讀如冒矛毛。斷可識矣。釋名釋形體。髦冒也。覆冒頭頸也。廣雅釋器。髦毛也。釋名釋兵。矛冒也。刃下冒矜也。文選枚叔七發。冒以山膚注。冒與芼古字通。是冒與矛毛為音訓之證。前四·十九·三。才三月。甲𡿺。苜祭上甲。六·五九·三。才十月二。酢苜祭上甲。六·六一·一。甲𡿺卜。貞。王窐苜。旬亡尤。孫氏甲骨文編合摹苜旬作[字形]入于坿録失之。後上二十·十三。才十月又二。甲申。苜酢祭甲。上二一·三。其苜。又才十月。酢苜祭上甲。明七八九。才十二月。甲午。苜祭上甲。苜苜均應讀為詩閟宫毛炰胾羹之毛。傳。毛炰豚也。炰同炮。詩瓠葉。炮之燔之傳。毛曰炮。說文。炮毛炙肉也。漢書楊惲傳。烹羊炰羔注。炰毛炙肉也。即今所謂爊也。由是可證用牲之禮。毛而炰之曰毛。卜辭之苜。即就毛炰為言。要之。因莬字之形譌為矛。而知其當於經傳蠻夷之髳髦也。因莬字之音讀為髳髦。而知苜字之當於經傳用牲之言毛炰也。【釋苜　雙劍誃殷栔駢枝續編】

◉陳偉武　[字形]　《文字徵》第128頁「⿰木疋」字下：「[字形]3·399，關里馬⿰木疋。《說文》所無。《集韻》梳字別體作⿰木疋。……」今按，此字當從湯餘惠先生釋⿰木乏，他說：「陶文有一個从木、从乏的字，用作人名。《鐵雲》76·1著録的陶文云：閉(關)馬里[字形]。字又作[字形]、[字形](見《陶文編》附録29頁)，當即古文⿰木乏字。《玉篇》：『⿰木乏，扶嚴切。木皮可以為索。』」【古陶文字徵訂補　中山大學學報一九九五年第一期】

◉朱歧祥　[字形]—[字形]

[字形]，从木心，隸作杺。《廣韻》侵部：「木名。其心黄。」卜辭用為祭地名。字又作[字形]，从木从屮無別。

〈後上9·6〉貞：㞢于[字形]？

〈佚14〉☐㱿☐呼子武㞢于[字形]，叀犬㞢羊？【甲骨學論叢】

◉于省吾　甲骨文常見的[字形]字，也作[字形]，从木从屮古每無別。甲骨文的「㞢于⿱木心」(後上九·六)，⿱木心字舊不識。按⿱木心即杺字，爾雅釋木謂「㯂樸，心。」廣韻侵部謂「杺，木名，其心黄。」甲骨文的「㞢于⿱木心」，⿱木心為被祭對象，未知所指，存以待考。【釋心　甲骨文字釋林】

杋 帆

◉陳昭容　甲骨文中有「□」字，从□持屮，或作□，从□持木，所持之屮或木上常加小點，作□□之形。从屮或从木，事類相近，古文字偏旁中多有互作之例，不勝舉。屮或木上之小點，以甲骨文尞字作□例之，像火星上騰之狀。

甲骨文中的杋字以用於田獵卜辭與祭祀卜辭中為最多。首先討論杋字用於田獵卜辭者。

杋字在田獵卜辭中大抵有兩種格式，以下略舉數例以便說明：

1. 王其田遘大風。大吉。
其遘大風。吉。
王其田杋亡災。　（《合集》二八五五四）

2. 王其田杋不遘雨。　（《合集》二八五七四）

3. 叀□……亡災。
王其田不雨。
其遘大雨。
……其田杋亡災。　（《合集》二八五四四）

4. ……王其田杋入不雨。　（《合集》二八五七一）

5. ……日乙王弜省……
弜省喪田其雨。
王其省田杋入不雨。　（《合集》二九〇〇三）

6. 弜田其悔。
叀盂田省亡災。
叀喪田省亡災。吉。
王杋入亡災。　（《合集》二八九八四）

甲骨卜辭中卜問田獵是否遇到風雨，有無災禍，其例甚多，不勝枚舉。上舉例1.、例2.、例3.是田獵卜辭中含有「杋」字之例。唐蘭把這類「杋」字解為「燒，火烈俱舉也」，于省吾則認為「杋」讀一字句，即「王其田，杋，亡災」，將杋釋為「獮」，謂「獮殺」也。唐、于二氏都將這一類「杋」字解釋為一種田獵的手段或方法，在上舉諸例中固然可通，但試比較如下諸例，則須有不同的想法：

7. 戊，王其田，湄日不冓大雨。

其冓大雨。

王其田杋亡災。

于旦亡災。（《合集》二八五一四）

8. 翌日壬，王其省喪杋不大雨。

……暮不冓大雨。（《合集》二八九七三）

9. 王其田杋亡災。

于旦……吉。（《合集》二八五六八）

10. ……田湄日亡災。擒。

弜至于燮。

壬，王其田杋亡災。（《合集》二九三一二）

11. 戊，王其田虘杋亡災。

于旦亡災。（《合集》二九三七三）

這些例句中的「杋亡災」對應的是「于旦亡災」或「湄日亡災」，「杋不大雨」對應的是「暮不遘大雨」，從辭例的比較上看，「杋」與「旦」「暮」「湄日」諸時間詞對舉，這個現象不容忽視，也是把「杋」釋為田獵的手段或方法時不足以饜人心之處。再看田游卜辭的慣例「王其田亡災」「王其田，湄日亡災」，或在「王其田」後加一地名，如「王其田盂，湄日亡災」。從這些習見的辭例來看，「王其田杋亡災」的「杋」字可能可以解釋為地名。但是從例8.「王其省喪杋不大雨」及例11.「王其田虘杋亡災」來看，「喪」及「虘」都是卜辭中常出現的田游地名，假若句中的「杋」也是地名，那就是兩個地名並列，王同時去兩個地方田游。再細讀例10.，可知「王其田杋亡災」是省略了地名「燮」。這麼看來，把「王其田杋亡災」的「杋」釋為地名並不妥當，將之視為「王其田」後省略了地名的可能性是很高的。

再來討論例4.至例6.「王其田杋入不雨」「王杋入亡災」的例子。于省吾把「杋入」釋為「埶入」，讀為「邇入」，訓為「近入」，「言王其近入不遇雨，近入謂為期不遠也」。以這個説法去讀「王其田杋亡災」似乎可通，但卻不是很「文從字順」。再看如下諸例：

12. 王其田杋入不雨。

夕入不雨。（《合集》二八五七二）

13. 方奠叀庚彡有大雨。大吉。

叀辛彡有大雨。吉。

翌日辛，王其省田杋入不雨，吉。兹用。

夕入不雨。

……日入省田，湄日不雨。（《合集》二八六二八）

14. 莫……不……

王其杋入不遘雨。

王夕入于之不雨。（《合集》三〇一一三）

上舉例12.、例13.、例14.都是以「杋入」和「夕入」對文，非常清楚。下引小屯南地甲骨二三八三片尤其是個珍貴的例子姚孝遂、肖丁合著《小屯南地甲骨考釋》（北京，中華書局，一九八五）〈釋文〉頁三〇讀此片第五句為「王其盂田藿往每入不雨」，又在〈考釋〉頁一四四釋「藿往每入」之「每」假為「晦」。其釋讀並誤，細審拓片，應為「藿往[illegible]入」。中國社會科學院考古所編《小屯南地甲骨》（北京，中華書局，一九八三）下册第一分册〈釋文〉頁一〇一〇讀此句為「藿往[illegible]入」，並認為「[illegible]」是一個表示時間概念的字，此説正確可信。

15. 王其省盂田，不雨。

藿往夕入……遘雨。

王其省盂田，藿往杋入不雨。

夕入其雨。（《屯南》二三八三）

這個例子不僅讓我們知道「杋入」「夕入」的「入」是與「往」對文，指的是王往來出入省田之事，也清楚呈現「藿」與「夕」、「藿」與「杋」、「杋」與「夕」之關係，「杋」必須是個與「藿」「夕」性質用法都相類似的詞，其用為時間詞應無疑義。

從以上的討論大致可知前賢釋田游卜辭中的「杋」字為一種田獵手段（燒田、獮殺）、近入、或釋為地名，郭沫若將《粹》九八四（即《合集》二八五六六）「王其田杋湄日亡災。于旦王廼田亡災。」句中的「杋」與「旦」皆釋為地名。張秉權先生在《丙篇》一五四片「王其田杋入不雨」讀為「王其田杋，入，不雨」，亦以「杋」為地名。皆有不妥，唯唐蘭將「杋入」認為是紀時之詞，「殆如上燈時候矣」，最為恰當，只可惜其言太過簡略，沒有得到應有的重視。

甲骨文中的「杋」字除了出現於上述的田游卜辭之外，最常見於「王穵」祭祀卜辭。⊘「杋」字出現在王穵卜辭的格式相當固定，大抵皆為「□□卜，□貞，王穵杋祼亡囚」，多見於二、三期卜辭。第一期卜辭中有一條例子是：

24. ……巳卜，行貞：王穵大丁杋祼亡囚。（《合集》二七六一）

二期卜辭中也有：

25. 癸巳卜，何貞：王……上甲杋祼……遘雨。（《合集》二七〇六四）

但仍以省略祭祀對象者為常模。

這類「王穵杋祼亡囚」的「杋」字，唐蘭没有討論，于省吾讀為「禰」，謂「親近之廟」，祭於禰廟亦謂之「禰」。其說是否可信，值得再作討論。以下試舉幾個例句，並將其對貞卜辭列出，仔細對照，發覺其中饒有興味：

26. 戊辰卜，旅貞：王穵夕祼亡囚。
戊辰卜，旅貞：王穵祼亡囚。（《合集》二五五七二）

27. 丙申……，……貞：王穵杋祼亡囚。
丙申卜，行貞：王穵夕祼亡囚。（《合集》二五五一六）

28. 甲申卜，貞：王穵夕祼亡囚。
甲申……，貞：王……穵祼亡囚。（《合集》二五五二一）

29. 甲寅……，……貞：王穵杋祼亡囚。在九月。
貞：亡尤？
甲寅卜，[illegible]貞：王穵夕祼亡囚。在九月。（《合集》二五四八八）

例26.兩條對貞卜辭的區別在於一個「夕」字，例27.28.29.更是明顯的以「杋祼」與「夕祼」對貞。如果照于氏之説釋「杋」為「禰廟」，那「夕」該如何解釋呢？

「夕」字在卜辭中最常用於「今夕」「之夕」「終夕」等，其為時間詞殆無疑義。

再比較如下諸例：

35. ……巳卜，父戊歲叀旦𢼄王受有又。（《屯南》四〇七八）

36. 于夕𢼄王受又。（《合集》三一一一七）

37. 翌丁未杋皀攵于丁一牛。（《合集》一九六五）

38. 甲辰卜，貞：翌乙巳杋㞢于母庚牢。（《合集》二五四三）

39. 庚戌卜，□：夕㞢般庚伐卯牛。（《合集》一九七九八）

40. 貞：王往于夕祼不遘雨□叀吉。（《合集》二七八六二）

41. 乙丑卜，何貞：王穷杋不遘雨□叀吉。（《合集》三〇五二八）

從詞例的比對來看，「杋」相當於「夕」或「旦」的位置。前賢將祭祀卜辭中的「杋」字釋為「禰廟」，于省吾之說，見於《殷契駢枝》三九至四〇頁。于氏曾將《殷契駢枝》、《殷契駢枝續編》、《殷契駢枝三編》共九十六篇，刪去四十三篇，存五十三篇，編入《甲骨文字釋林》上卷，一九七九年出版。《釋杋》一篇並未收入《釋林》中。祭法、孫海波《誠齋甲骨文字考釋》頁十二。孫氏曰：「埶祭之法，後世禮書不載，莫可考知，意者殆舉火以祭者與？」又趙誠編《甲骨文簡明詞典》（北京，中華書局，一九八八）頁二三五亦認為杋為祭名。被祭者之名，張秉權先生《丙篇》一五四片考釋將「王穷杋祼亡尤」的「杋」字認為是被祭者的名字。皆有未的。唯唐蘭釋為紀時之詞，最為恰當。唐蘭並未討論祭祀卜辭中的「杋」，只舉了「杋入不雨，夕入不雨」為例，指「杋」為紀時之時。【說杋　中國文字新十八期】

◉李宗焜　杋字有□、□、□等形。卜辭云：

(94) 叀杋酒。　27052

(95a) 王其田，杋入，不雨。

(95b) 夕入，不雨。　28572

(96a) 暮往夕入，不冓雨。

(96b) 王其省盂田，暮往杋入，不雨。

(96c) 夕入，不雨。　屯南2383

從例(94)知杋為時稱。從例(95)(96)推知其時間應在暮後夕前。唐蘭謂：「其本義則人持中木為火炬也。……或以紀時，……殆如上燈時候矣。」

把杋定為時稱，並看作是暮後夕前的時間，有些卜辭需要加以解釋。

(97a) 王其田，杋，湄日亡𢦏。

(97b) 于旦王廼田，亡𢦏。　28566

卜辭用「于」指的時間一般較後，例(97b)的「旦」亦當在「杋」之後，疑「旦」指的是翌日的旦，古書中多有這樣的例子。《漢書·高帝紀上》「旦日合戰」，顔師古注「旦日，明旦也」，即為顯例。例(97a)的杋或以為地名，卜辭「王其田」底下往往接的是地名，所以説杋是地名也不是完全没道理，但例(97)應是卜問何時去田獵才没有災害，杋與旦一樣，也是指時間的。這一點通過跟下引卜辭對比，可以看得更加清楚：

(98a) 戊，王其田虞，杋，亡𢦏。

(98b) 于旦，亡𢦏。 29373

(99a) 王其田牢，杋，湄日亡𢦏。

(99b) 暮田，亡𢦏。 29250

「虞」、「牢」才是地名，杋是分别與「旦」、「暮」對貞的時稱。例(99)卜問是從杋的時候開始去田獵，則這一天整天没有災害，還是從暮的時候開始去田獵没有災害。黄昏以後去田獵，也是於古有徵的，《詩·鄭風·大叔于田》：「叔在藪，火烈具舉。」孔疏：「此為宵田，故持火炤之。」可為杋時田獵佐證。

把杋解釋為時稱，上舉無名組卜辭都能講通，但有一個問題需要説明。在無名組卜辭中，時稱一般都放在主語之前或主謂之間，而不放在謂語之後，但是上舉例(97)(98)(99)中的杋，卻放在謂語之後，這是比較特殊的現象，有待進一步研究。【卜辭所見一日内時稱考 中國文字新十八期】

◉朱芳圃 □前二·二七·四 □前四·二三·五 □前六·一六·一 □後上·一四·二 □後上·二八·四 □後下三七·五 □後下三九·一四 □後上一四·六 □戩三三一四 □粹一五四五 □屯乙九〇九一 □燕七九五

上揭奇字，羅振玉釋為苣，謂「説文解字『苣，束葦燒也』。此从丮執火，或从□，象爇木形，與烎同意，殆苣之本字。或从木，省作□」。殷虚書契考釋中五〇。王襄析為三。以□□為古爇字，「象人執火形」。殷契類纂正編四七。□□為古埶字，「許説種也，石鼓埶作□，从木从土从丮，此省土。」同上一二。□為風之本字，引華學涑説，謂：「□象指風向八方之形。□即凡之所由譌，今隸夙之从凡，亦一證。説文風篆文从□，即十之譌，十為米之省。古文从□，即古日字，金文作□，與米形近，故譌从日也。」同上五九。商承祚釋□為烎，謂「象人燔積木之形」，殷契佚存攷釋一一。又謂「□與□一字」。同上五七。唐蘭謂：「此字當以王釋爇及埶之本字為較近，惜彼誤分為二耳。古□、□通用，故□或作□，其本義則人持□木為火炬也。後人謂是種植之形，則增土而為□，其形小變則更為□，而火炬之本義湮。其本義因别孳乳為從火埶聲之熱，詩曰『誰能執熱，逝不以濯』，熱當即火炬，故必濯手也。又孳乳為爇，燒也。然則此本人執火炬之形，為執之初字，而其義則當於後世之熱若爇。卜辭用於田某地之下者，當解為燒，火烈俱舉也。或以紀時，如云『㠶入不雨，夕入不雨』，讀為爇入，殆如上燈時候矣。」天壤閣甲骨文存考釋四六。按諸家之說非也。字象人坐而兩手執苣。禮記檀弓上「童子隅坐而執燭」，管子弟子職：「昏將舉火，執燭隅坐。」考古代所謂燭，實即火苣，束薪蒸為之，然燒極速，舊苣將盡，接以新苣，故必有人焉專司其事。詩小雅庭燎「庭燎之光」，毛傳：「庭燎，大燭。」儀禮士喪禮「宵為燎于中庭，」鄭注：「燎，火燋。」釋文：「燋，本作燭。」按燋燎為一複音之分化，與燭同實而異名。考卜辭古之[illegible]，依文義皆當釋為燎，如「庚寅卜，何貞叀[illegible]戒禘于妣辛」，通六三。「丙寅卜，貞[illegible]用雝歲」，天四六。意謂燔柴以祭。吕氏春秋季冬紀「乃命四監，收秩薪柴，以供寢廟及百祀之薪燎」，高注：「燎者，積聚柴薪，置璧與牲於上而燎之，升其煙氣，故曰以供寢廟及百祀之薪燎也。」是其證矣。又如「戊申卜，王往田，[illegible]」，前二·二七·四。「王其田，[illegible]，亡𢦔」，後下三九·一四。意謂夜間持火以獵。詩鄭風大叔于田「叔在藪，火烈具舉」，孔疏：「此為宵田，故持火炤之」；爾雅釋天：「宵田為獠」，郭注：「獠猶燎也，今之夜獵載鑪照者也。江東亦呼獵為獠。」是皆夜間持火以獵之證也。蓋㠶原為執燭照明之專字，假借為燎。借義行而本字廢，故不復見於載籍矣。【殷周文字釋叢卷上】

迊

[illegible] 迊　說文所無高景成云廣韻同帀周也子㛛迊子壺　【金文編】

[illegible] 6·28　迊豆　說文所無類篇迊周也　[illegible] 3·814　迊上　【古陶文字徵】

屏

◉劉　釗　《文編》九·六第6欄有字作「[illegible]」(2871)、(2873)、(2874)，《文編》隸作「屏」，以不識字列厂部後，按字从厂从弄，應釋作「屏」，古璽有「[illegible]」(《文編》三·七第12欄(3144)、(3145)字，湯餘惠先生據《古文四聲韻》弄字作「[illegible]」，漢代金文筭字作「[illegible]」，釋古璽「[illegible]」為「弄」，其說甚是。古文字从厂之字，後多變為从广作。「[illegible]」字从厂从弄，故可釋為「庰」。庰字見於《集韻》、《廣韻》等書。【璽印文字釋叢(1)　考古與文物一九九〇年第二期】

◉劉 釗 《文編》九·六第1欄有字作「⿸厂曳」(2850)，《文編》隸定作「⿸广曳」，以不識字列厂部後，按字从厂从曳，應釋為「⿸广曳」，古文字从厂之字，後多變為从广作。⿸广曳字見于《玉篇》、《廣韻》、《集韻》等書。【璽印文字釋叢(1) 考古與文物一九九〇年第二期】

拾一四·一六 从二不說文所無金文有此字義同丕【甲骨文編】

坏 說文所無 師遽簋 敢對揚天子不坏休 與彔伯簋對揚天子不顯休文句正同昔人定為顯字許瀚曰書大誥弼我丕丕基立政以並受此丕丕基傳並訓為大大基爾雅釋訓丕丕大也謂此疑此不坏即丕丕上丕借不下丕作坏以見重意 師奎父鼎 善鼎 召卣二 長甶盉 師虎簋 芇伯簋 番生簋 坏昌簋【金文編】

◉吳式芬 虎敦 許印林說⊘阮吳並釋坏為顯。不知何據。瀚案。書大誥。弼我丕丕基。立政。以並受此丕丕基。傳並訓為大大基。爾雅釋訓。丕丕大也。謂此。疑此不坏即丕丕。上丕借不。下丕作坏。以見重意。或當時自有此書法。故轉相仿效耳。【攈古録金文卷三之二】

◉劉心源 師遽敢 坏舊釋顯。意謂即㬎之𢆶而省者。詳噩侯鼎。許印林⊘其說甚精。【奇觚室吉金文述卷四】

◉郭沫若 許說得之。近出守宮尊不否字作不𠀾。否可作𠀾。則不可作坏矣。【班段 兩周金文辭大系圖録考釋】

◉李孝定 从二不。說文所無。金文中此字習見。容庚金文編十二卷二葉坏字條云。「師遽簋『敢對揚天子不坏休』與彔伯簋『對揚天子不顯休』文句正同。昔人定為顯字。許瀚曰。書大誥『弼我丕丕基』。立政『以並受此丕丕基』。傳並訓為『大大基』。爾雅釋訓『丕丕大也』。謂此。疑此不坏即丕丕。上丕借不。下丕作坏。以見重意。」顯字無作坏之理。容氏引「丕丕基」說之於義為長。「不坏休」猶言「丕丕休」。與「丕丕基」語法正同。卜辭云。「癸亥☐貞☐坏」。拾·十四·十六。殘泐。其義未詳。【甲骨文字集釋第十二】

◉徐中舒 一期 拾一四·一六 從二不，《說文》所無。金文中師遽簋：「敢對揚天子不坏休。」而《尚書·大誥》有「弼我丕丕基」之語，《爾雅·釋訓》：「丕丕、大也。」容庚謂此不坏即丕丕。《金文編》卷十二坏字條。義不明。【甲骨文字典卷十二】

歪 炔 昚 盅 迍

◉李孝定 从止从不，説文所無。字在卜辭與宋伯連文佚一〇六當是人名。粹一五九三片。歪上亦與伯字連文。【甲骨文字集釋第二】

◉趙誠 炔。甲骨文寫作，或寫作。均象矢「箭」射向人之形。本義似為人受外傷。卜辭用來表示急速，趕快之義：

炔歸于宰（粹一五六八）。——趕快歸于宰地。

從現代的詞義觀念來看，「人受外傷」和「急速」之間沒有意義上的聯繫，則炔用為副詞只是借音字。如果當時的人們認為被矢射傷包含有急速之義，則炔用為副詞為本義之引申。【甲骨文虛詞探索 古文字研究第十五輯】

◉張燕昌 薛音合。鄭云。疑即倉字。音響。施云。上雖磨滅。上从𠄡尚可追尋。非从亼也。潘云。恐是晤字。古从五从日。趙云。二日五日並匌文。當格如秦盄和鍾銘。小子西夏。四方昌宜。及他款識二百三千之類。並二字合格。【石鼓文釋存】

◉趙烈文 □昚 孫作。薛音合。鄭疑倉字。音響。潘云。鼓文作昚。恐晤字。古从五从日。趙宧光云。五日合文。吳東發讀曉。云。乂者。交之象。爻之省也。日未出土而其光已肴列於上。曉之象也。烈按。吳説雖臆。而言昚二文必从日生義。上既讀昏。則此讀曉。以協上句。鰲道亦殊可通。阮撫本昚上微泐。不見上畫。然潘音訓外諸家亦無言有上畫者。孫薛昚下均有孫字。實誤。或云甲鼓角弓上之㟒字錯列此。今删。【石鼓文纂釋】

◉葉玉森 此似非泉或宗之倒文。他辭云「□□卜，㦰貞，弇□。」（徵文雜事七九）與疑同字，殆為國名。一作，如又辭云「貞□」（拾遺十四・十一）。【殷虛書契前編集釋卷六】

◉孫海波 甲五〇六 从辵从屯。説文所無。桉。説文走部有趁字。注云。邅也。纂文關以西逐物為趁。經典以屯為之。易屯六二。屯如邅如。馬融注。邅。難行不進之貌。字又作迍。與卜辭同。迍當是屯邅之本字。王其迍向亡𢦏。甲五八〇 甲八九三 甲九〇七 甲一四六四 甲一五三七 前二・二〇・五 後一・一二・三 戩九・一七 戩三九・一二 戩三九・一三 粹九七六 粹一〇一八 佚八七 佚一〇四 佚一九六 佚四六八 佚

五二三 [glyph] [glyph]燕四七 [glyph]安一・二 [glyph]掇一・四〇四 [glyph]寧滬一・四一三 [glyph]京津四五八一 [glyph]京津四五八三 [glyph]師友一・一六八 [glyph]存二〇〇一 [glyph]寧滬一・四一四 或从彳。 [glyph]零四 【甲骨文編卷二】

◉湯餘惠 晚周朱文私名璽有：

[glyph]䡓信鉨(3748見圖版叁5)

首字《上海博物館藏印選》釋「郕」(20.1)，或以為即「武」字，似均可議。疑其字當釋為「䢀(越)」，仰天湖楚簡「一䢀(越)鋯(造)鐳(劍)」字作[glyph]，印文[glyph]旁當即[glyph]形析書。此璽從文字風格、結體看，攸、鉨等字為典型的楚文字寫法，韋旁作[glyph]尤具楚文字特色，可以肯定是戰國時期楚人的印鑑。「䢀」典籍通作「越」。古人有以「越」為氏的，齊人越石父，齊相晏嬰贖其身于縲紲之中，後來延為上客，事見《史記・管晏列傳》。《廣韻》一書以為越姓出自「勾踐之後」或有所據。【略論戰國文字形體研究中的幾個問題 古文字研究第十五輯】

◉戴家祥 [glyph]越王劍 䢀王鳩淺自作用劍 䢀从邑戉聲，經籍作越，从邑表示國邑之義。【金文大字典下】

◉張之綱 [glyph] 此字左从[glyph]。非从[glyph]。當為少。殷栔少字皆作[glyph]可證。右从[glyph]。當即攴。非及字。惟㳆字說文所無。音義未詳。考伯庶父敢有[glyph]字。父丁卣有[glyph]字。敢文與此同。左从[glyph]微泐。卣文左从入。右从[glyph]。亦有闕蝕。此鼎㳆字當即仯省亻。玉篇人部有仯字。則省攴。廣韻三十六效亦載仯字。注云。仯仯小子。似即用書顧命眇眇予末小子文。若然。此銘㳆茲云者。實王自謙之詞。葢仯當為正字。㳆仯為省減。眇則叚借字。今借字行而正字與省體均廢矣。卣文仯敢文㳆舊竝釋及。非。自徐同柏釋汲而讀為及。諸家皆沿其誤。實則以上文弗彶彶字右从及作[glyph]校之。此㳆字右作[glyph]。篆勢首筆一曲一直明晳可辨。其證也。【毛公鼎斠釋】

◉唐復年 細審銘文[glyph]字，實左從[glyph]右從[glyph]。孫釋作汲，並云：「徐，吳讀為及。」王、郭、于並從徐、吳之說作及。按：本字左側所從之[glyph]，甲骨文中屢見，即少字，故孫釋從水誤。右側所從亦非及，應隸定作攴(或作殳，二偏旁在古文字中常通)，故此，本字應隸定為㳆字，《說文》未見。近讀舊書亦見有人曾作此說，惜音義未考。該人以伯庶父簋和父丁卣銘為例，細審二器銘文，伯庶父簋字作[glyph]，父丁卣字作[glyph]，字右上角為銹所掩，均與本字字形相去甚遠。

《說文》：「少，不多也。」在甲骨文和古書中，少和小常常通用。字書中從少之字多作聲符，亦多具小義，如：眇、吵、訬、渺、

⿰亻眇、仯、莏、篎、杪、紗、妙、⿰眇阝等皆是，則此字也應作從攴少聲。《說文》：「攴，小擊也。」也有小義，故本字可同音假借為渺或眇，其義為微小。

如此說可成立，這句話的大意就應是：像卿士寮（僚），太史寮（僚）的統帥以及管理公族等，直至扞（捍）吾王身這些微末小事，也請父厝管起來吧！此稱微末小事是與前文中國家大政相對而言。【毛公鼎銘斠補　第二届國際中國文字學研討會論文集】

◉張亞初　□（綜類九四頁）　此字从小从殳，可隸定為⿰小殳。毛公鼎有□字，容庚先生以為即及字，不確（金文編一四七頁）。此字从少从殳，應隸定為⿰少殳。古文小字少音同字通，小牢可作少牢（綜類四九七頁），雨小可作雨少（同上五八六頁）。⿰少殳即⿰小殳。它與後世何字相當，尚待研究。疑與抄字有關。【古文字分類考釋論稿　古文字研究第十七輯】

昊

□　昊　說文所無爾雅釋天夏為昊天疏昊者元氣博大之貌牆盤　昊照亡斁　【金文編】

◉葉玉森　□　孫詒讓氏曰。說文本部。臯。气口之進也。从白本。祝曰臯。周禮詔來瞽臯舞。此疑即臯字。省白為◇。變本為□也。金文無臯。鼎□字與此相近。舊釋為斆。未塙。周禮樂師詔來瞽臯舞注。鄭司農云。瞽曰當為鼓。臯當為告。呼擊鼓者又告當舞者。持鼓與舞俱來也。鄭康成云。臯之言號。告國子當舞者舞。據後鄭義。臯與評義畧同。故多與乎同舉矣。契文舉例上十七。孫氏又釋臭。說文。臭。大白澤也。从大白。疑甲文諸字亦當為睪。讀為澤。古者澤藪為牧地。或即衡牧之義歟。名原下十一葉十二葉。森桉。□之異體作□□□□等形。疑昊之所由譌變。許君謂昊俗字。予謂昊乃初文。皞為後起。昊臯形近。故帝昊一作帝臯。太昊少昊之昊。復繫日作暤也。卜辭中之昊字有用為人名者。如「貞乎昊廾牛」、藏龜第二十六葉之二。「己亥卜貞令昊小耤臣」、卷六第十七葉之六。「辛丑貞王令昊□□子侼方奠于□」後下第三十四葉之三及本辭貞昊之昊。似均人名。有用為國名者。如「庚戌卜戔貞□乎臣昊」藏龜第十五葉之四與「貞勿執乎臣苦」又第三十九葉之四辭例同。苦為苦方。則昊亦國名。【殷虛書契前編集釋卷一】

昪

⊙□　布空大　豫孟　集韻昪竦手也音恭　⊖□　布空大　歷博　⊖□　仝上　典八一二　【古幣文編】

◉李孝定　珠・三九三。　金祖同曰。㫚从日从内。玉篇。「㫚。奴骨切。日入色也」。「㫚歲」疑即晚祭（見遺珠三十二葉）。从日从内。說文所無。金氏謂即玉篇之㫚。可從。【甲骨文字集釋第七】

◉張秉權　　　昌，乃目字，亦作目。在這裏是被祭的人名，又如：

壬午卜，㱿貞，于昌？（戩九・一〇）

屮于昌卅人？

貞：屮于昌十人？（乙編五三一七）

貞：于昌𡗗？八月。（粹七〇）

也都是被祭者的名字，又有稱子昌者，是一個活着的女子，可見卜辭所稱的子不一定是指男性的，例如：

□□〔卜〕，□（貞）：子昌娩妨？（乙編二六一四）

□□卜，（㱿）貞：子昌娩不其妨？（乙編六九〇九）

甲辰卜，（爭）貞：子昌娩妨隹衣？

甲辰卜，爭貞：子昌娩不妨？女。（乙編三三七三十三四九八十三九五四：丙編待刊）

或稱子昌，例如：

庚午，穷貞：子昌娩妨？

貞：子昌娩不其妨？王固曰：隹茲勿妨（乙編三〇六九）

貞：子昌亦毓隹臣？（乙編七八四五）

貞：子昌亦毓不其（隹）臣？（乙編七九〇九）

或僅稱昌而為人名者，例如：

癸卯卜，穷貞：叀〔貝〕令目𨸏子？（後下三四・五）

乎目于河屮來？（丙編一〇七）

或僅稱目而為地名者，例如：

（辛）（于）目北亡𢦔？（鄴初下三三・九）

貞：乎雀征目？（乙編五三一一）

王其田敹至于目北亡戋？（京津四四六八）

這情形，和卜辭中其它許多的名詞一樣（參閱本編圖版壹叁叁，一四二考釋PP・二〇九——二一〇）。【殷虚文字丙編考釋】

昆

◉林清源　去昆戈（邱集8261、嚴集7409）

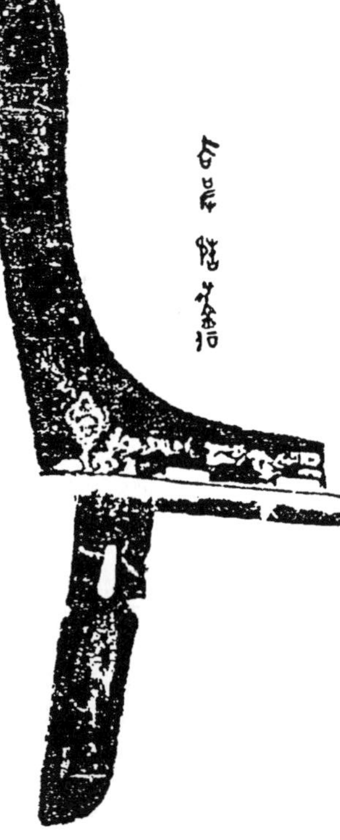

第二字似作「昆」，方濬益隸定為「皮」（綴遺30・10），劉心源隸定為「呈」（奇觚10・17・2・）。「皮」字金文作「皮」（弔皮簠），「呈」字作「呈」（鄂君啟舟節「郢」字偏旁），皆與戈銘有別，此字未識，姑隸定作「昆」。【兩周青銅句兵銘文彙考】

呂

◉王玉哲　「𢀛方」，到底是古史上的什麼方國，還不清楚。通過本人的研究，我認為即西周史中的玁狁。

殷墟武丁時期卜辭有「𢀛方」，「𢀛」字過去有人釋昌、釋苦、釋吉，均未取得學術界的承認。于省吾先生從林羲光釋為《説文》中之「𢀛」字，篆文或作「䰢」，䰢以鬼為聲。于先生因此證明此即殷周時之鬼方。于省吾：《雙劍誃殷契駢枝三編》第5—6頁，1943年。從文字學角度看，釋𢀛似有些道理，但謂為鬼方，除音相近外，可説無其它任何線索和理由，并且卜辭中明明有「鬼」字，又有「鬼方」之族，則其非鬼方，完全可以斷言。唐立庵先生認為𢀛字上部之𢀛為工字，𢀛从口、工聲，是邛之本名，𢀛方就是邛方唐蘭：《天壤閣甲骨文存考釋》第54頁，1939年。從字形言，唐先生説法更為合理。但又謂邛方地望即在四川之邛縣（今名邛崍縣），則仍有未安。李孝定先生非之曰：「卜辭𢀛方不下數十百見，其為殷邊患實至頻數，以地望言，邛縣之去殷都且數千里，以當時交通情形言之，'呂'之寇殷，似不能若是其數也。」李孝定：《甲骨文字集釋》第二卷420—421頁，對唐説所作之按語。台北中央研究院歷史語言研究所專刊之五十，1970年10月版。其言誠是。邛方距殷決不會如是之遠。那末，這個邛方到底是文獻上的什麼方國？由于資料有限，確實不易推定。從卜辭中邛方當時活動的地域，大概是在商王都的西部和北部。陳夢家先生推測在中條山，東界沚而西鄰唐。大約在安邑與濟源之間。陳夢家：《殷墟卜辭綜述》，274頁，科學出版社1956年7月版。李學勤先生綜合與之有關的地名，考證邛方當在太行山北的山西的東南隅和中部。李學勤：《殷代地理簡論》64頁，科學出版社，1959年。兩人推測的地望，大致相合。卜辭中記載商王朝征伐邛方的次數非常頻繁，而且所動用的武力，有的多達三千人。參看《殷虚書契續編》有卜辭稱：「貞，登人三千乎伐邛方，受㞢又。」(1·10·3)。則其為殷的强大敵人可知。這樣一個强大的方國，為什麼到周代竟看不到她的一點踪迹呢？很可能商人所稱之邛方到周代又改稱别的什麼名字，後人對他們名字的前後轉變關係，已經失傳。于是，邛方的後裔，便不為人所知了。

我們看到周代在今山西南部有一强大的方國，古文獻和金文中稱之為「玁狁」，其活動的地域是比較清楚的。可是説到玁狁的先世，卻也有些渺茫。近來我們考校卜辭、金文、文獻中有關資料，覺得卜辭中的邛方，到周代可能就是玁狁。

周代的玁狁的玁，金文作「[illegible]」(不嬰簋)、「[illegible]」(虢季子白盤)。此字明顯从敢得聲。而「敢」字據《説文》篆作「[illegible]」，許慎謂「从受、古聲」。從諧聲原則看，許氏此説是錯誤的。因為「敢」與「古」二字古音不同部(「古」在五部，而「敢」則在八部)。因此「敢」字決不可能是从古得聲。按《説文》中籀文「敢」字作「[illegible]」不从古而从𠔼。凡从「敢」之字如厰、嚴等字，《説文》均从籀文的敢，从𠔼，不从古。當然這也就不會有从古得聲之可言。籀文敢字所从之「冃」段玉裁《説文解字注》認定是冒字所从之𠔼，恐未是。因𠔼、冒二字古音在三部，而敢字則在八部，古音相距太遠。按籀文「敢」所从之「冃」，實為「甘」字之倒，金文中有其例。按「甘」字在古文字中有時倒書，如《毛公旅鼎》之「[illegible]」，《友簋》即作倒書為「[illegible]」，即其例。金文敢字从甘作「[illegible]」(大簋)，或从口作「[illegible]」(番生簋)。《説文》敢字篆作「[illegible]」，形體與金文差不多，从「[illegible]」从「口」(許慎作从「古聲」是錯誤的)。所从之[illegible]象兩手爭一物。所从之「口」，也就是「甘」，為聲符。按古文字往往甘、口不分，如「曆」字金文作「暦」(見穆公鼎、兢卣、屯鼎)，从口，而多數則从「甘」。《説文》中「甚」字，篆作从「甘」，而古文作「口」；《説文》中，「昏」篆从「口」，而古文从「甘」，可見甘、口二字通用。甘、敢古音同部。古文獻上二字可以互相假借。按近發現的「阜陽漢簡」中，《詩經》殘字，有「甘與子同夢」之「甘」，作「敢」。可見「敢」字从甘得聲，段玉裁的从古得聲乃臆説。「阜陽漢簡」見《文物》1984年第8期。由此更可證明「敢」字之从甘得聲了。

敢、玁等字古時既是从甘得聲，則此字古音在段氏八部，其《切韻》音為〔kâm〕，上古音應為〔*kam〕。卜辭邛方之邛从工得聲,「工」在段氏九部,其《切韻》音為〔kiuŋ〕,上古音應為〔*kiuəm〕根據音韻學理論,上古音〔-m〕尾因避合口介音(由于u或w與-m同類相避)而異化為「〔-ŋ〕或〔-n〕尾。例如「風」字《切韻》音〔piuŋ〕,而其所从之「凡」,則讀〔b'iwbm〕。在《詩經》中「風」與「心」〔siəm〕、「林」〔liəm〕字押韻,則其上古音應讀〔*Pium〕,殆無可疑。又如「熊」字《切韻》音為〔jiuŋ〕,而其所从「炎」〔-iəm〕省聲,應為〔-m〕尾。其由〔jium〕變為〔jiuŋ〕,恰與「風」字演變相似。現代廈門及汕頭兩地方言,仍讀「熊」為〔him〕,蓋因元音由〔u〕變〔i〕,已無合口作用,故得保存〔-m〕尾。又按《詩經》中「侵部」與「東部」押韻者頗不乏例。如參與中(小戎),飲與宗(公劉),音與膺、弓、興(小戎),林、心與興(大明)。都可證明侵部〔-m〕與東部〔-uŋ〕互轉。「玁狁」之「玁」與「邛方」之「邛」,二字上古音同為見紐,同為閉口韻,只是元音有稍微差異而已。「邛方」之「方」和「玁狁」之「狁」均為附加字,(「方」意為方國,「狁」乃其族之姓氏)稱其族時可以省略。所以,從古音通轉上説,卜辭中的「邛方」,後來稱為「玁狁」,完全可以講得通。

再從地望上看,過去從清儒到王國維等多數學者,均以為玁狁在今陝西的西北境,稱為西戎。其實這是不正確的。根據《詩經》和出土的有關金文資料,我們重新作過研究,才知道玁狁在周代應當是位于山西中南部一帶的一個少數民族。關于玁狁地望的詳細考證,請參看拙稿:1.《西周時太原之地望問題》(《紀念李埏教授從事學術活動五十周年史學論文集》,云南大學出版社1992年9月出版);2.《西周莽京地望的再探討》(《歷史研究》1994年第1期);3.《啚慮與余吾》(待刊);4.《玁狁起于晉北》(未刊);5.《瓜洲、九洲與厹由》(未刊)。這就和前面我們所談到的邛方的地望符合了。

現在,我們綜合起來,從兩族族名聲音演變上的合一,與兩族活動地望上的前後一致,很自然地會推論出:殷商時的邛方,可能就是周代的玁狁。當然這仍是一個假説。截止到今日,這也許是一個較合理的假説。【卜辭邛方即玁狁説 殷都學刊一九九五年第一期】

◉徐中舒 一期 乙八四九八 一期 乙八五〇二 一期 合集六〇五七 一期 合集 二〇四四一

從□從 ,《説文》所無。卜辭中或與 正義同,或與之用法有別,如敵方來犯則只用 。

一、征伐也,與 正義同。侵犯也。

二、地名或方國名。

三、義不明。【甲骨文字典卷二】

吆

◉唐　蘭　□簠地二六片　續三・三一・五片　乙丑王吆乂才宊。

右吆字，簠室殷栔類纂列存疑，四葉注云：「疑訊字。」按敔毀云「執□」，薛氏款識十四。宋人釋為係。虢季子白盤云「執□五十」，徐同柏釋噝，云：「古文鹹從口系虢省聲。」從古堂十・三五。張石匏釋繫，云：「係字不見説文，當是繫字。說文奚從𦃃省聲，𦃃籀文系字。淮南子本經訓：『係人之子女』，注『係與囚繫之繫同』。」攈古録・三二・四〇。陳壽卿釋訊，云：「訊古文作□，又作□，言古有作□者，詩：『執訊蒦醜』，云：『訊云』，此從□，從口，與古言同，□即凡，或謂女非，從□者寓繫維之義。詩出車，采芑，兩言執訊，此銘亦述伐玁狁事，文義當同，是訊字也。」同上四七。孫詒讓釋絢，謂「右辺系，左辺句，形甚明晢，下增𠬢者，……經典通用絢為履絢字，故又辺、行遲之𠬢。……執絢者，絢拘聲類同，書酒誥曰：『厥或誥曰，羣飲，汝勿佚，盡執拘𠬤歸于周』，此云執絢與書執拘者正同。」古籀拾遺卷上二六。劉心源釋緯，謂「□□即韋，□即韋，說文韋作□，從□，從□，即此。伯晨鼎韓字從□，幃字從□，並可證也。此將□施于旁，故難識耳。緯者束也。」奇觚室八、十八。按此字諸說紛紜，惟陳說信者頗多，吳大澂、王國維、容庚等均采用之，以執訊與詩合，故也。然陳氏釋字，支離殊甚，以字形言，□固決非訊字，而牽强傅合，是其失也。吳大澂易其說，謂：「古訊字，從糸從口，執敵而訊之也。」古籀補。其說字形較優，而□與訊之關係，則仍茫昧如故。余按卜辭作□，左象口右象有人反縛其手也。金文作□兮甲盤□揚毀□不嬰毀等形，並相近，惟並示其人之足形，或誤為女。而幺或變為糸耳。作□虢季子白盤者已有變譌，作□師寰毀者省變更甚矣。然其右側，正當作□或□形。□象人反縛兩手，即伭之古文也。蓋文字之過近於圖畫而用逆筆者，後人悉淘汰之，□省逕作□，□省則為□矣。說文「□很也，從人弦省聲」，則古義既湮後之說也。以索縛繫，其讀自應近係，係字本作□。固不須從弦省聲也。

□字說文所無，以字形觀之，一人被反縛兩手，而別有一口，自含訊囚之義，蓋訊𦃃之本字也。以象意字聲化之例推之，則問從口門聲，□從口□聲，即從口從貝聲，則此吆字亦當是從口伭聲，伭讀如弦或係，而得轉為訊者，正如户之轉音為所矣。

然則吆本訊𦃃之專字，其音當讀如係，轉音如訊。後世吆字既湮，經傳多借訊為之。陳簠齋以詩執訊謂即金文之執□，本為極佳之發見，然如謂吆即訊字，在文字學上，不能謂非過失也。【釋吆　殷虛文字記】

□

◉徐中舒　□　從吅從乂，于省吾隸定為罒字所從之吅甲骨文釋林・釋罒，可從。義不明，于省吾讀為汨没之汨。【甲骨文字典卷二】

固 ⿱亞止 ⿱罒大 冒

◉商承祚 固書契卷四第二十五葉 固第二十九葉 固卷七第五葉

此字知其形而不知其音誼。疑即後世之呫字。而讀占聲。文曰王固曰其雨。曰王固曰之。下缺。其字上皆冠以王字。或王躬自占卜則用此字。所以別于太卜也。【殷虛文字考 國學叢刊二卷四期】

◉李旦丘 邵鐘銘云：「余頡⿱亞止事君。」郭隸化為岡(兩周，第二百三十二頁)，于隸化為罡(雙，上之一，第九頁)，兩家所定，雖大致不差，然實應定為⿱亞止，是剛强的剛的原始形，天罡星之罡，即由此出。字从止，止是表示前進的意思，而止前又有網以阻之，這表現着衝破網羅而出的意象。廣雅云：「鞅⿱亞止，無賴也。」性格剛强的人，其行為是往往逸出於世俗的禮教和國家的法律之外的，在這一點上面，頗類於無賴子。

⿱亞止在邵鐘銘為頏的借字。頡頏二字，本是古代的習用語。詩邶風「燕燕于飛，頡之頏之」，傳：「飛而上曰頡，飛而下曰頏」。王昭君怨詩：「志念抑沈，不得頡頏。」邶風及怨詩所用者，皆為其引申誼。至於本誼，則應如說文所云：「頡，直項也」，「頏，人頸也」。頡頏二字所形容的，當是持正不阿的氣象。故頡⿱亞止頏事君，即正直事君之意。【金文研究一册】

⿱罒大 說文所無案𦌔从三大三目二目為䀠三目為𦌔則說文必當有从目大之字今佚去耳縣妃簋【金文編】

◉馬叙倫 ⿱罒大爵 舊釋為於。孫詒讓謂不類。是也。此與舊釋於鐘之。於方鼎之。其。皆即說文睪字𦌔字所從之⿱罒大。𦌔字艾伯鬲作。以其排列之形狀及說文𦌔讀若易虙羲氏證之。即左傳所謂伏甲之伏本字。說文睪下校語曰。今吏將目捕罪人也。蓋即清代捕役之所謂眼也。亦與伏甲之義同。爵此從大而側其首。象有所伺。執殳以戒不虞。爵文作此。蓋造器者有事於此者也。其作亞於上者。亞為亞省。亞為家之初文。明為⿱罒大者之家也。⿱罒大與毛公鼎肆皇天亡之一字。亦即說文疑字肆字所從之矣。【讀金器刻詞卷上】

◉丁山 以聲類求之，蒙澤又當是甲骨文所見之⿱雨目邑：

呼鳴从戉使⿱雨目。貞，勿呼鳴从戉使⿱雨目。 鄴初下四二·九

庚寅卜，吕貞，⿱雨目三千人伐□。 佚九八二

壬午卜，𠂤貞，王令多雷御方于□。　後下四二·九

壬申卜，多雷舞，不其从雨。　鄴初下四〇·五

□□卜，在雷貞，王今夕亡𡆥　前二·二五·一五

甲午卜，在雷貞，□从東，叀今日弗每。在十月。茲卸。王征□。隹十祀。　續三·二九六

貞，勿雷人。　林一·二五·一

雷，篆作，从雨从目，象雨點迷目形，詩豳風東山「零雨其濛」，是其本誼，音當讀與濛同。⊘（蒙澤，北蒙）我認為決在今河南商邱北大蒙城。【商周史料考證】

◉饒宗頤　卜辭「甾牛百」（前編三·二三·三），甾牛疑戠牛之省，戠即馘字。爾雅釋詁：「馘，穧，穫也。」說文穫訓刈，廣雅釋詁：「刈，斷也，殺也。」故戠牛即殺牛。【殷代貞卜人物通考】

2461　說文所無玉篇忎逆也　【古璽文編】

◉屈萬里　，隸定之當作好。【殷墟文字甲編考釋】

◉許進雄　S0083　第一期　右尾甲

☑帝☑茲邑☑

帝與茲邑之間當有字，有災害之義。殘遺有第一期式的尖針狀突出頭部。【懷特氏等收藏甲骨文集】

◉李孝定　字从乃巳若子字。易作。其別在中直之上達與否，此非易也。當隸定作矩，从矢从巳，說文所無。【甲骨文字集釋第五】

◉唐　蘭　是穛之本字，其義當為穫禾。【天壤閣甲骨文存考釋】

◉于省吾　卜辭柬字作等形。葉玉森釋秋。謂狀禾穀成孰。見鉤沈二葉。郭沫若釋稈。謂从禾加束。以示莖之所

在。指事字也。見粹編考釋八四八片。唐蘭釋穛。謂其義當為穫禾。見天壤閣甲骨文存考釋二三葉。按釋秉為秋為稈為穛。均疏於分析偏旁。莫由徵信。古化蒲坂幣。蒲字作□乃□形之譌變。與秉字無涉。卜辭□字从禾从□。雖似朿禾之形。然與朿字迥異。卜辭朿縛字作□。金文有刺字。同剌。剌卣作□□。从亻即禾之省如年字霍鼎作□師旦鼎作□上从禾即其證。剌鼎鼎作□。大鼎作□。大毁作□□。揚毁作□。單伯鐘作□。秦公毁作□。剌字左从秉。或作秉朿朿。其从禾與从木一也。如金文休字亦作侎曆字亦作厤即其證。其加點為飾與不加點一也。又剌字克鐘作□。師虎毁作□。厲羌鐘作□。其中譌變為□□□。但在商器及周初器均作□□□。商器勅𣪕鼎。勅字作□。由是可證卜辭秉字。即剌與勅所从之朿朿秉秉。墉無可疑。又前五・三八・三有□字。左从□。佚存五〇一及八三九有𣪘字。左从□。均不識。但與剌勅所从之偏旁同。

説文朿部。剌戾也。从朿从刀。刀者剌之也。盧達切。按剌戾為聲訓。惟説文入於朿部。又以為會意字。並誤。剌係形聲字。應从刀朿聲。凡經傳稱列考或功烈字。金文通作剌。是列烈與剌以音近相假。又説文。勑勞也。从力來聲。洛代切。敕誡也。从攴朿聲。恥力切。漢代人書敕字多作勑。勑即勅之譌。勅同敕。易噬嗑。先王以明罰勑法。釋文。此俗字也。字林作勅。按清儒多以為勑正勅俗。疏矣。陳猷釜。敕成之敕作□。左从□。略存原形。秦公毁。萬民是敕之敕作□。已譌變矣。勅及敕讀與飭同。剌勅並諧朿聲。盧達切與恥力切。乃一聲之轉。凡金文剌剌剌剌勅敕所从之秉秉朿朿。即卜辭秉字。秉當讀盧達切。與剌同音辢。説文。瘌楚人謂藥毒曰痛瘌。从疒剌聲。玉篇。辢辛辢也。痛也。按瘌同辢。瘌从剌聲。辢从朿聲。是从剌从朿音同之證。卜辭每稱今秉或今秉月。秉應讀作臘。秉臘雙聲。臘盧盍切。秉盧達切。並來母一等字。以後世方音言之。説文。楋木也。从木剌聲。朱駿聲説文通訓定聲補遺云。即吾蘇所云白蠟杆子也。廣韻二十八盍邋字注。邋遢不謹事。宋項安世詩。辢闒山頭破草亭。按辢闒乃邋遢之轉語。是亦从巤从剌从朿字通之證。

風俗通義祀典。禮傳夏曰嘉平。殷曰清祀。周曰大蜡。漢改為臘。臘者獵也。言田獵取獸以祭祀其先祖也。或曰。臘者接也。新故交接。故大祭以報功也。廣雅釋天。夏曰清祀。殷曰嘉平。周曰大禮。秦曰臘。按廣雅與風俗通所記各異。惟臘祭之名。不始於秦漢。左僖五年傳。虞不臘矣注。臘歲終祭衆神之名。禮記月令。臘先祖五祀注。此周禮所謂蜡祭也。臘謂以田獵所得禽祭也。韓非子五蠹。夫山居而谷汲者。膢臘而相遺以水。史記秦本紀。惠文君十二年初臘。秦始皇本紀。三十一年十二月。更名臘曰嘉平。禮記郊特牲。伊耆氏始為蜡。明堂位注。伊耆氏古天子有天下之號也。按此可證臘祭不始於秦漢。師寰毁。余用作朕後男巤尊毁。孫詒讓謂巤當為臘之省。是也。周禮羅氏。蜡則作羅襦注。鄭司農云。蜡謂十二月大祭萬物也。玄謂蜡建亥之月。此時火伏。蟄者畢矣。包慎言云。先鄭但以蜡為十二月大祭萬物。不辨周正夏正。故後鄭補其義。謂建亥之月即周十二月夏十月也。按御覽三十三引杜公瞻云。蜡者息民之祭。故孔子云。百日之勞。一日之澤。其所祭八神者。皆報其成功。則於十月農隙是也。後世臘有新故交接之義。遂移於夏正之十二月。按杜說是也。

卜辭以朿為臘。祭名多用通借字。猶匚之即祊。衣之即殷。啓之即祫。叙之即塞。𠕋之即礿。是其證。戩三六·十三。庚申囚。今朿月図史。簠室殷契類纂存疑十四。今采月。采作𥝢即朿之異構。拾七·六。庚申卜。我今朿又史。前八·十·四。丁未卜。囟朿又史。又史即有事。有事均指祭言。詳孶契枝譚。是今朿月即今臘月。今朿即今臘。前四·二九·三。友朿即有臘。簠室殷契類纂存疑三八。又朿即有臘。粹編七八〇。朿于盂。冓大雨。朿如讀為獵亦通。後下六六。弜雚朿。簠室殷契類纂存疑三八。朿弜雚。即弜雚朿之倒文。雚朿即觀臘。臘祭即蜡祭。禮記雜記。子貢觀於蜡。語例同。粹編八四五。其朿乃霖。其朿即其臘。但霖字未詳。郭沫若讀為雩。未塙。遺珠四〇二。癸酉卜。其束三示。束作□。金祖同誤釋為帝。其臘三示者。其臘祭三示也。

葉玉森釋朿為秋。不特於形不符。且今秋月不詞。又殷代紀時。有萅秋而無夏冬。由一月至六月為萅。由七月至十二月為秋。稱今秋可也。稱今秋月。不知其為秋之某月。古人紀月。均冠以數字。不應如此籠統。卜辭亦稱今月。以其月數紀於詞尾。然則今朿月必就一年十二月中之一月為言。斷可識矣。朿既應讀為臘。臘就一月為言。故但冠以今字。萅秋乃季名。故稱今亦稱來。臘屬於秋。故不復稱來矣。

總之。朿字即金文剌剌刺剌勅敕所从之朿朿朿朿。其音讀如䇲。卜辭以朿為臘。臘為祭名。引伸之則名臘祭之月為臘月矣。【釋朿　雙劍誃殷契駢枝】

◉陳夢家　武丁晚期的子組卜辭中，有兩種月名：

Ⅰ、今朿月㞢又史　簠一一·二〇

今采又(史)　拾七·六

今采用　簠存疑一四

Ⅱ、于□月又𣅀　前八·六·三

□月又史　前八·五·六

Ⅰ有兩體，其第二體从采，即說文穗字的篆文，當指穫禾。Ⅱ象奉禾於示，當指𢍏禾之祭。此二月名，都和農事有關。東周時代的齊國銅器，亦有附月名的，如陳逆毁的氷月，晏子春秋以為十一月；子禾子釜的稷月，當是祀稷之月，凡此皆與天時祭祀農事

有關，和卜辭相似。【殷墟甲骨卜辭綜述】

◉李孝定　秉字从禾从口，葉釋秋，郭釋稈，唐釋稍，均於字形無徵。郭説為會意字雖若可信，然卜辭言「今秉」或「今秉月」讀為今旱或今旱月亦不詞，于氏讀為臘以讀卜辭雖較順適，然其主要論據不外二端，一曰卜辭之□即金文刺之偏旁所从，二曰「説文刺於束部又以為會意字，並誤刺係形聲字，應从刀束聲」，以證束字應讀盧達切。今按金文刺字偏旁除刺卣作□與卜辭之□略近外。餘作□□□□□□□□諸形，均與□形迥異，不可遽認為一字。又刺字篆文从束已未必可據，于氏謂刺應从刀束聲，束應讀盧達切。尤屬臆定。且束即讀盧達切亦與秉字無與，蓋卜辭之□與金文刺之旁从固非一字也。于氏又引玉篇辛部之辢以證束之當讀盧達切。按玉篇不言从某某聲，辢字實當解云「从辛刺省聲」非束有盧達切一讀也。于氏又謂古文从禾从木一也，其言固可从（古文有从禾从木通作者）。然金文諸刺字偏旁固無一从木作者，遑論从禾。而栔文□字則明明从禾，于氏讀此為臘於字形亦屬無徵也，今隸定作秉，以為説文所無字，亦多聞闕疑之義也。【骨甲文字集釋第七】

◉姚孝遂　肖　丁　(2)「叀庚午秉于喪田不遘大雨」

「秉」字的用法較特殊，過去未見此種辭例。

粹845：「翊日庚其秉乃雩邙至來庚又大雨」

郭沫若先生考釋謂：「『秉』字『葉玉森釋為秋，今與夏祭之雩共見，足證其謬。以辭意推之，余意當是稈之古文，从禾加束，以示莖之所在，指事字也，字在此則讀為旱。』」

否定釋秉為秋是對的，讀「秉」為「旱」則是以意為之，缺乏根據。所有卜辭諸「秉」字，都不可能讀作「旱」。陳夢家先生曾以「秉」為月名，以為「與農事有關」，亦不可據。關于「秉」字的解釋，只能存疑。【小屯南地甲骨考釋】

◉考古所　□為動詞，是加工卜骨之動作。

□：在此為人名，武乙、文丁記事刻辭中常見此字，為地名，置于□乞與若干骨之間或在骨若干之後。【小屯南地甲骨】

奂

◉袁國華　「□」見「包山楚簡」第136簡，〈字表〉隸定作「佀」，「㠯」「包山楚簡」作□37，亦即「以」字；另外亦从「㠯」的「官」字，或作□5，或作□121，與「□」所从的「□」近似，而稍有分別。「□」字〈釋文〉釋為「⿰亻亘」字是對的。西周金文「官」字作□訇簋、□師奎父鼎；「宣」字作□虢季子白盤，而戰國文字「官」字作□平安君鼎、□大梁鼎；「宣」字作□曾子仲宣鼎、□石鼓文，由兩字的演化情形來看，西周金文的分別相當明顯，到了戰國文字則有的字形已露混同之勢。西周金文「官」「宣」二字的最大差別，是「□」的直畫出頭，「□」的直畫不出頭，因此要隸定「□」字時候，便需考慮此一大筆畫上的特徵，既然「□」字所从的「□」字不出頭，則「□」釋作「⿰亻亘」的可信度便較高。

此外，由簡131至簡139的一件殺人事件的內容看，被告，「⿰亻亘卯」的「⿰亻亘」字，除作□136外，亦寫作□135反，也寫作□132與□134，同指一人。既然「□」字音同「⿺走亘」與「宣」，則字所从之音亦應作「亘」，方有諧聲的條件，因此，從字形與字音兩方面看，「□」字應隸定作「⿰亻亘」，古屬「心」紐「元」韻，與「宣」音同。【包山楚簡文字考釋　第二屆國際中國文字學研討會論文集】

◉郭沫若　□　侄與挃通。淮南兵畧訓。夫五指之更彈。不若捲手之一挃。高注云。挃。擣也。【驫芌鐘　兩周金文辭大系圖録考釋】

◉于省吾　武侄猶言武鷙。後漢書吳漢傳注。凡鳥之勇鋭。獸之猛悍者。皆名鷙也。史記王翦傳。李將軍果勢壯勇。吳摯甫先生讀勢為摯。左僖廿六年傳。熊摯。世表作鷙。唐謂侄當與說文墊字義同。按說文。墊。忿戾也。讀如摯。是摯鷙侄墊皆同聲相假。【驫羌鐘　雙劍誃吉金文選】

◉劉　節　侄鐘作□。从人从至。說文所無。侄即騶吾。詩所謂騶虞也。海內北經。林氏之國有珍獸。大若虎。五采畢具。尾長於身。名曰騶吾。郭璞曰。大傳謂之侄獸。(太平御覽八百九十引作怪獸。乃淺人不解字義妄改。)侄騶。實雙聲字也。【驫氏編鐘考　古史考存】

◉張日昇　□　字从人从至。說文所無。廣韻云。「堅也」。或釋到。或釋致。並非。侄字伯侄簋从□。餘皆从□。□為□之繁。从□則□為人而非刀之譌。致从夊。與从人不同義。【金文詁林卷八】

佫

0049 說文所無玉篇佫人姓【古璽文編】

17

◉蔡全法 「郎」字陶盆：

一件，為泥質灰陶殘口沿，戰國時器。1984年7月，東城T4H5出土。「郎」陰文無框印，豎向鈐印于盆沿上（圖一：17）。从邑从白，說文所無。捺印時因盆沿中部卷起，字的兩側筆劃有缺。《陶香録》郎字作「」可證，應是陶工私名印。【近年來「鄭韓故城」出土陶文簡釋 中原文物一九八六年第一期】

郎

佯

2726 說文所無玉篇佯詐也博雅云弱也【古璽文編】

◉戴家祥 秋氏壺 歲賢佯于 佯字从人，从羊，說文所無，玉篇二十三「佯，詐也。博雅云弱也」。淮南子·兵略訓「此善為詐佯者也」。廣韻下平十陽「佯，詐也。或作詳」。史記·田叔列傳「以為任安為佯耶」，集解「徐廣曰：佯，或作詳」。吴太伯世家「公子光詳為足疾」，索隱「詳，即偽也」。又蘇秦傳「詳僵而棄酒」，索隱「詳，詐也」。同聲通假，字亦通「陽」，左傳定公十二年「子偽不知」，陸德明經典釋文「一本偽作為佯，本亦作陽，音同」。漢書田儋傳「儋陽為縛其奴」，顔注「陽，即偽也」。

壺銘「歲賢佯于」，佯當讀揚，揚佯聲同。唐韻亐讀「羽俱切」，匣母侯部，說文「扜，指麾也」。扜讀「億俱切」，影母侯部，韻同聲近。方言十二「扜揁揚也」。地官小司徒「歲終，則攷其屬官之治成，而誅賞」，賈公彦疏「據其考狀，有罪則誅責之，有功則賞」。說文四篇「晚賢，目視貌」。歲賢，謂歲之晚賢，揚扜者，表揚獎賞之謂也。郭沫若讀佯為「鮮」，鮮于即鮮虞，以魯昭公十二年見於春秋，入戰國後，改稱中山。兩周金文辭大系考釋卷八第二二八葉。按唐韻鮮讀「相然切」，心母元部，玉篇佯讀「余章」「似羊」二切，前者喻母陽部。後者邪母陽部，與鮮字聲韻絶遠，讀佯為鮮，謬明甚。【金文大字典上】

◉容　庚　[字形]陳侯因資鐘佅盌趠文　敉，説文「撫也」，或从人作佅。書大誥「从于敉寧（文）武圖功」，又云「肆予害敢不越即敉寧（文）王大命」，洛誥「亦未克敉公功」，立政「亦越武王率惟敉功」，敉義當如繼，訓安撫者非也。【陳侯因資錞　善齋彝器圖録】

◉戴家祥　鐘銘「佅盌趠文」。按春官小祝「寧風旱彌烖兵」，鄭玄注。「彌讀曰敉，敉，安也」。唐韻敉讀「緜婢切」，明母支部，集韻彌音「民卑切」，不但同部而且同母。左傳提彌明高渠彌史記彌並作眯，左傳彌子瑕，大戴禮記彌作迷，是彌米聲同之證。詩傳彌，終也。容氏以訓安撫為非，未必然也。【金文大字典上】

◉何琳儀　石鼓《霝雨》：「徒馭湯湯，佳（維）舟以衍，或陰或陽。枝深以□，□于水一方。」

「衍」，原篆作「[字形]」形，與《汗簡》上一，十「道」作「[字形]」形吻合，但此字在石鼓文絶不能讀「道」。因為此字與「湯」、「陽」、「方」均為入韻字，屬陽部。錢大昕根據這一特定辭例謂「當讀户郎切，即古行字。」錢大昕釋，引羅振玉《石鼓文考釋》。頗有見地。然而釋「衍」為「行」，在古文字中並無確證。

按，甲骨文「永」作「[字形]」形，其異體作「[字形]」形。卜辭「[字形]王」或作「[字形]王」（《綜類》三二三）。然則「[字形]」亦「永」之異體。殷商與秦代文字對比如下：

[字形]永攺磬　[字形]《甲骨》二·二九

[字形]石鼓《吾水》　[字形]石鼓《霝雨》

如果再參照殷商文字「永」與六國文字「衛」的關係：

[字形]《甲骨》二·二九　[字形]《甲骨》一一·一〇

[字形]《璽文》一三·五　[字形]《璽文》一三·五

「[字形]」釋「永」應無疑義。另外秦文字「詠」作「[字形]」（《秦陶》三八六），从「永」亦可資旁證。

「[字形]」本是會意字，誤形為音作「[字形]」，則成為形聲字（參第四章第四節）。即「从人行聲」。「永」和「行」，古韻均屬陽部，在石鼓仍為入韻字。

「佳舟」當讀「維舟」。《爾雅·釋水》「天子造舟，諸侯維舟」，注「維連四船」。「永」訓「引」（《詩·唐風·山有樞》「且以永日」傳）。「維舟以永」，意謂「以維舟引導」。

總之，石鼓「佳舟以衍」由于韻文的限制，「衍」祗能屬陽部字。又據卜辭推勘，應讀「永」，訓「引」。《汗簡》以「道」釋「衍」，是

因為「道(導)」與「永」的義訓「引」意義相近的緣故。【戰國文字通論】

佣

●朱歧祥

，从彳用聲，隸作佣。《說文》無字。卜辭用為外族名。字復增止作迵。互較下二辭例得證。

〈合332〉辛未卜，王一月𦎫佣，受又？

〈京3136〉己亥☐𦎫迵，受又？

𦎫，即敦，有攻伐意。又，讀如佑。【甲骨學論叢】

伲

●于省吾　甲骨文無尼字，而有从尼的伲秜二字。伲秜二字均屬第一期。伲為常見的人名。秜為「自生稻」(詳釋秜)。說文：「，從後近之，从尸匕聲。」王筠說文句讀：「匕者比也，人與人比，是相近也；人在人下，是从後也。」王說頗有道理，但和其他說文學家一樣，都誤從許氏以尼為形聲字。林義光文源：「按匕尼不同音。，人之反文，亦人字，象二人相昵形，實昵之本字。」按林說甚是，但舉不出具體事實以說明問題。

甲骨文㚢字从夸作，象一人騎在另一人的脊背上(詳釋㚢)。又甲骨文有字(乙三八四三)，象一人騎在另一人的頭上。漢武梁祠堂畫像，畫夏桀騎在二婦人的背部，即後漢書井丹傳所謂「桀駕人車」(詳瞿中溶漢武梁祠堂畫像考)。又漢書叙傳謂成帝屏風上「畫紂醉踞妲己」。這是說，商紂醉後，伸其兩腿盤踞於妲己的背部。依據上述，夏桀和商紂或騎或坐於婦人背部，既已在漢代畫像和漢書得到驗證，而甲骨文从尼之字作，从夸之字作，正象人之坐或騎於另一人的背上，可見漢人所畫所記，是有着一定來歷的。

關於从尼之字在義訓方面的滋化源流，今特略加闡述。尼字的構形既然象人坐於另一人的背上，故爾雅釋詁訓尼為止為定；人坐於另一人的背上，則上下二人相接近，故典籍多訓尼為近。爾雅釋詁訓即為尼，郭注謂「尼者近也」(按尼後世作昵或暱)。典籍中多訓即為就，就則相近，故即訓為尼，尼又訓為近。由於尼字之訓止訓近，故从尼之字多含有停留之義。論語子張的「致遠恐泥」，鄭注謂「泥謂滯陷不通」。爾雅釋邱謂「水潦所止，泥邱」。易姤初六的「繫於金柅」，馬融注謂「柅者在車之下，所以止輪不動也」。甲骨文有秜字，說文謂「秜，稻今年落來年自生謂之秜」。按自生之秜，無須人之勞動培植，故也與止義相因。由此可見，尼與从尼之字的本義和引伸義，詁訓相涵，既有區別，又有聯繫。【釋尼　甲骨文字釋林】

◉李孝定　从彳或从行从出，説文所無。貞人名。金文作𢓃矢簋𢓃郭伯馭簋𢓃魚鼎匕𢓃臣辰卣。【甲骨文字集釋第二】

◉張日昇　冒字从爪从曰。説文所無。劉心源方濬益阮元吴大澂等釋舀。實誤。金文勿字作㫚。與爪字絶不相同。譚戒甫釋扣。謂字象手持銜勒入馬口中。故説文訓扣為牽馬。惟曰字非象口中有物。而一短畫即説文誤為乙聲之乙在口外。實指詞之自口出也。徐中舒釋昌。郭沫若釋扣。其説未詳。【金文詁林卷六】

◉唐蘭　肵　此字説文没有，疑是脈的本字。廣雅釋器：「脈脂也。」説文闕。【古文字學導論下】

甲七七七　説文以鳳字古文為朋與古文朋字之形不類疑有譌奪今系朋字於貝部之後　乙六七三八　前一·三〇·五　前五·四·七　前五·一〇·五　前六·二六·七　後二·八·五　林二·八·六　粹四四一　鄴三下·四五·四　掇二·五八　燕八三二　佚四七六　佚六六四【甲骨文編】

朋　詩菁菁者莪錫我百朋箋古者貨貝五貝為朋説文以為鳳之古文誤也故改附于貝下倗友之倗从此中作且癸鼎　侯錫中貝三朋　𩑒尊　𢦏方鼎　𤔲弔簋　𢍰刲尊　衛盉　豐鼎　二朋合文　𤔲卣　寢敖簋　女𡠦鼎　辛巳簋　戍甬鼎　彥鼎　三朋合文　季受尊　昜𡗚簋　攸簋　衛宋𤔲尊　四朋合文　𠬝卣二　五朋合文　宰椃角　宰甫簋　小臣𧮫鼎　敷簋　𢍰簋　小子省卣　能匋尊　我鼎　趞尊　趞　卣　周𢔶鼎　小臣邑斝　十朋合文　小臣單觶　盂卣　庚贏卣　𨞦伯馭簋　史𠯑簋　文父丁簋

弔德簋　王來奠新邑鼎　不晢方鼎　彔卣　師遽簋　令簋　遽伯簋　十朋又三朋　旅鼎　戍甬鼎　廿朋合文　匽侯鼎　德簋　德鼎　效卣　衛盉　何尊　卌朋合文　從鼎　呂鼎　商卣　商尊　刺鼎　效卣　五十朋合文　榮簋　百朋合文　㝬鼎　【金文編】

◎孫詒讓　說文字注云。鳳飛羣鳥從以萬數。故以為朋黨字。此說朋即鳳之叚借也。然金文朋友字如多父盤作。豐姞敨作。先□□。金文此字甚多。其無朋友朋文者今悉不箸。其貝朋字。則遽白還彝作。且子鼎作。戊午鼎作。二形絕異。竊疑古自有兩字。與鳳古文竝不同。貝朋字象連貝形。漢書食貨志蘇林注云。兩貝曰朋。毛詩小雅菁菁者莪鄭箋云。五貝為朋。二數不同。以字形推之。疑古貝以兩貫為朋。而一貫則或兩貝或多貝不定也。互詳後。金文子荷貝形有省作子女鼎且癸卣子荷貝解者。朋之為。即从彼省。子荷貝有連四貝者。亦詳後。與王象三玉相連形例同。豐姞敨从。與二玉字同。朋友字上从。疑即勹形之變。下从。即之省。蓋从勹聲。朋黨字亦此字段借。字與古文鳳形敓相類。故古書多譌掍。實則鳳象羽毛形。與字略同。而兩朋字則象連貝形象。義固渺不相涉。許君不采。既昧鳳鳥之形。復失之字。小學專家有斯臣謬。良足異已。【名原卷上】

◎高田忠周　劉心源云。古朋字从拜从一。象連貝形。六書故豐下引唐本說文。从豆从山拜聲。儀禮注。豐从豆幽聲。今說文奪去拜字。擘經室文集云。豐从豆。凵象形。丰丰聲。今按經傳作朋。朋古文鳳字。篆作。與形近聲同也。按劉謂為別字。其見迥愈前人。而謂豐之丰丰為此字甚非。即丰字耳。而自是別一字。最古象形文也。易損或益之十朋之龜。崔憬注。雙貝為朋。詩菁菁者莪。錫我百朋。箋。古者貨貝五貝為朋。蓋五貝者。一隻之貫也。下己酉方彝文可證。而合之為朋。崔注所謂雙貝是也。二家說實相同也。如此篆。即象緡絲連衡。即之省略。即之略。實之省也。子字有荷貫貝者。一作。一作。可證。而倗友倗黨之倗。亦从聲。詳見人部。又倗與鳳古音相通。故載籍有借鳳為倗者。後人字亦或借鳳字為之。妄矣。要隸書併作朋。故混亂至無分別。故許書淜㠗掤棚弸繃諸字。悉作。未知其當否矣。⊘後得莊述祖說文古籀疏證。云說文朋即古文鳳。無朋貝之朋。鐘鼎朋貝之朋。从二貝省。从一或从二。以繫之。鐘鼎鳳从此。漢書食貨志。大貝二枚為一朋。鄭氏毛詩箋云。古者貨貝五貝為朋。疏以漢志大貝牡貝么貝小貝不成貝為五。言五種之貝。貝中以相與為朋。非總五貝為一朋也。仍从漢志以二貝為朋。今以鐘鼎證之。則二貝為朋益明矣。蓋莊說為發見前出者。故再追記云。【古籀篇九十九】

◉商承祚　説文𩿧。古文鳳。象形。鳳飛羣鳥從以萬數。故以為朋黨字。鵬亦古文鳳。案鳳羽長而美。故甲骨文作□□以象之。此作□。省其冠。遂象半翼。甲骨文又作□。象鳳始飛。塵土起揚。故商人叚為風字。此从鳥作者。嫌其重複。且形與小篆同。汗簡引作□。或是後以□為朋。乃用鵬為鵬鳥字。後世朋友之朋。甲骨文金文作□。朋黨之朋。即古朋貝之朋。甲骨文金文作□□。【説文中之古文考】

◉孫次舟　□。古文鳳。象形。鳳飛羣鳥從以萬數。故以為朋黨字。桉凡許書別著古文形體。而復説假借者。是古文形體為許慎所録流傳之古字。而所説假借。則據所見古書也。二者並説。實為兩事。此當嚴分淄澠者也。如此□字。是許慎所見流傳之古字作如此形體。因採而著之。其字於六書屬象形。至言故以為朋黨字者。是許慎所見古書寫本有以鳳黨作朋黨者。因取以為説。但就實言之。説文此説頗有商榷餘地。□為鳳之古文。就形體核之。當無疑問。至假鳳為朋。不惟現行古書不見其例。即徵諸甲骨金文亦不見其然。甲骨文有鳳字。作□□諸形。與□近似。羅振玉曰。卜辭中諸鳳誼均為風。古金文不見風字。周禮之飌乃卜辭中鳳字之傳譌。⊘據此。知古者假鳳為風矣。是古只假鳳為風雨之風。其假為朋黨字者乃未之聞。卜辭又別有朋字。其字作□□□諸形。金文形體亦略同。王國維曰。殷時玉與貝皆貨幣也。⊘其用為貨幣及服御者。皆小玉小貝而有物焉以系之。所系之貝玉。於玉則謂之珏。於貝則謂之朋。是朋之本誼為朋貝。古有其字也。朋友之朋。小篆作□。从人朋聲。此篆从古文鳳。實有譌誤。金文倗字作□杜伯簋□朋仲毁□倗尊等形。从人。从朋貝之朋為聲。不从鳳之古文也。後世不明古文古誼。假朋貝之朋為朋友字。於是倗字廢。誤以鳳字為朋黨字。於是倗之篆文所从。譌朋貝之朋而為鳳之古文矣。實則朋黨乃朋友之引伸。倗既假朋貝字為之。故朋黨字亦假之也。凡此曲折。許慎殆未能瞭。清代治説文者亦多眩惑而不得其底蘊也。【説文所稱古文釋例　金陵齊魯華西三大學中國文化研究彙刊】

◉高鴻縉　□。貝之二系也。一系五貝。二系十貝為一□。此象形字。五而以三表之。三謂多也。王國維曰。余意古制貝玉皆五枚為一系。合二系為一珏。若一朋。故□者乃系貝單位之名。本字秦以後失傳。乃通叚朋以代之。【中國字例二篇】

◉王國維　殷時玉與貝皆貨幣也。商書盤庚曰。茲予有亂政同位。具乃貝玉。於文。寶字从玉。从貝。缶聲。殷虛卜辭有□字。殷虛書契前編卷六第三十一葉。及□字。同上後編卷下第十八葉。皆从宀从玉从貝而闕其聲。蓋商時玉之用與貝同也。貝玉之大者。車渠之大以為宗器。圭璧之屬以為瑞信。皆不以為貨幣。其用為貨幣及服御者。皆小玉小貝。而有物焉以系之。所系之貝玉。於玉則謂之珏。於貝則謂之朋。然二者於古實為一字。玨字殷虛卜辭作□。後編卷上第二十六葉。作□。前編卷六第六十五葉。或作□。後編卷下第二十及第四十三葉。金文亦作□。乙亥敦云玉十丰。皆古玨字也。說文。玉。象三畫之連。丨其貫也。丰意正同。其作□作□者。□皆象其系。如束字上下从屮□也。古系貝之法與系玉同。故謂之朋。其字卜辭作□前編卷一第三十葉作□卷五第十葉。金文作□遽伯寰敦。作□庚罷卣。作□且子鼎。又公中彝之貝五朋作□。撫叔敦蓋之貝十朋作□。戊午爵乃作□。甚似玨字。而朋友之朋。卜辭作□前編卷四第三十葉。金文作□杜伯簋。或作□豐姞敦。或从□。或从玨。知玨朋本一字。可由字形證之也。更以字音證之。玨自來讀古岳反。說文亦以瑴字為玨之重文。是當从𣪊聲。然竊意玨與瑴義同意異。古玨字當與琡同讀。說文琡讀與服同。詩與士喪禮作服。古文作□。古服葡同音。玨亦同之。故琡字以之為聲。古者玉亦以備計。即玨之假借。齊侯壺云璧二備。即二玨也。古音服備二字皆在之部。朋字在蒸部。之蒸二部陰陽對轉。故音變為朋。音既屢變。形亦小殊。後世遂以玨專屬之玉。以朋專屬之貝。不知其本一字也。又舊說。二玉為玨。五貝為朋。詩小雅菁菁者莪箋。然以玨拜諸字形觀之。則一玨之玉。一朋之貝。至少當有六枚。余意古制貝玉皆五枚為一系。合二系為一玨。若一朋。釋器玉十謂之區。區瑴雙聲。且同在侯部。知區即瑴矣。知區之即瑴。則知區之即為玨矣。貝制雖不可考。然古文朋字確象二系。康成云。五貝為朋。五貝不能分為二系。蓋緣古者五貝一系。二系一朋。後失其傳。遂誤謂五貝一朋耳。觀玨拜二字。若止一系三枚。不具五者。古者三以上之數。亦以三象之。如手指之列五。而字作□。許君所謂指之列不過三也。余目驗古貝。其長不過寸許。必如余說。五貝一系。二系一朋。乃成制度。古文字之學。足以考證古制者如此。【說玨朋 觀堂集林卷三】

⿰禾𣍝⿰禾冊𣍝

◉孫詒讓 「𣍝」字甚多，字皆作「□」，如云：「□貝立□□不𣍝」，廿一之四。「百牛𣍝牢」，六十五之一。「𣍝□伐□」，百十一之三。「戈□𣍝□」，百十五之二。「□卜亘貝□□于父乙𣍝牢夘□」，百四十五之三。「𣍝丁」，百五十二之三。「□之𣍝酒□庚」，百六十九之二。「戊申卜十牛𣍝兄丁乎雀」，百七十六之二。「□申卜宂貝夘于且辛𣍝」，百七十六之三。「之𣍝于立」，百八十五之二。「□寅卜□之且□三牢𣍝十牢之虫□」，二百十九之四。〔四五〕「□子漁之𣍝于」，二百卅一之一。「己未卜亘貝不𣍝」，二百四十八之三。「𣍝白牢」，二百五十一之三。〔四六〕「酉□□貝子漁之𣍝丁女戊酒」，二百六十四之一。或作「⿰禾𣍝」字，如云：「㕘⿰禾𣍝兄于豕」，廿五之二。「⿰禾𣍝」作「□」。兩字皆《說文》所無。今考从「□」者即「禾」之古文，與「季」字偏旁同，詳《釋禮篇》。从「□」者「册」之省。「𣍝」者，《說文・龠部》：「龠，樂之竹管，三孔，以和衆聲也。从品侖，侖、理也。」「龢，調也。从龠，禾聲。」此「⿰禾𣍝」當為「龢」之省，「⿰禾𣍝」又省則成「𣍝」矣。《說文・曰部有「𣍝」字，與此異。又《說文・册部》：「嗣，諸侯嗣國也，从册口，司聲。」竊疑古自有㗊字，金文散氏盤有

[glyph]字，亦即龠之省。𠕋从兩口，更省一口則為𠱩，「𠕁」即𠱩之變文。古龢字或即从[glyph]，後世孳益，乃變从龠耳。「𠕁」似即調和之義。「不𠕁」者，卜不吉，猶云神不和也。【契文舉例卷下】

◉商承祚　栅亦𠕁字，文曰：「羊，卯一牛，栅用，𡨦，𠭰，𢆶。」从示，以示𠕁於神也，今𠕁行而栅廢矣。【殷墟文字類編卷五】

◉張秉權　𠕁，就是告的意思，有時从口作𠕁或𡋰，有時不从口作册，其意義是一樣的。説文五上，曰部：「𠕁，告也，从曰从册，册亦聲。」𠕁祖丁就是𠕁祭祖丁，祭祀的禮物是十個人和十窐。【殷虛文字丙編考釋】

◉饒宗頤　「丁巳卜，争貞：降，𠕁千牛。不其降，𠕁……」(屯乙五三九三)

𠕁為尞祭時，以册記牲數祀神，此辭所記𠕁牛，至於千數，殊屬僅見。

按𠕁與册為一字，亦作栅及𡋰。「爯册」亦作「爯𠕁」、「爯𢿢」。「𠕁用」亦作「栅用」(南北明四五四又坊・二・一八七)。𠕁即𠕁字。説文：「𠕁，告也。」卜辭凡言𠕁若干窐，謂記牲數于册，獻告于神也。【殷代貞卜人物通考】

◉屈萬里　卜辭「☐示壬，血一牛，𠕁十窐？一月。」甲編二二一。𠕁，在此亦為用牲之法，而非𠕁告之義。【殷墟文字甲編考釋】

◉白川静　説文二下云：「扁，署也，从户册，户册者，署門户之文也。」亦即門户栅上交木之意。册字的古義大概就在扁字之中，册當即栅之初文，象扁門的扉形。考卜辭金文中的册字⊘都是編木成扉的形狀，不可能是長短不齊的簡札或龜版。金文之中，有不少兩册字左右相向並排的，據我調查的結果，在含有册字金文一百三十多例中，含有這種兩册並排之形的，就有五十一器之多。因此我認為册是編扉的象形，而兩册是雙扉的象形，其本義蓋指牢閑而言。

總之，𠕁的儀禮都與犧牲的畜養侑薦有關。𠕁的原義，當是把這種畜養侑薦的犧牲祝告神靈之謂。至於册字，很明顯的，是將犧牲納之於牢閑闌檻之形；而𠕁則是將其犧牲祝告神示之意。詳言之𠕁的[glyph]是納祝告辭之器，[glyph]上的册字則為闌檻之象，亦即畜養牲獸之意。後來凡是記録牲獸數目的簿書，大概也叫做册了。原始的奉奏神靈的祝詞，無疑都用最素樸的形態，多半只列供物的名稱，因而册又衍變為記載祝詞的簿書之意，至於奉奏祝詞，則另用𠕁字來表示。換言之，册是名詞，𠕁是動詞。如上所述，册的原義不在簡札，也不在龜版，而是起源於牲獸的芻養與侑薦的神聖儀禮。【作册考　中國文字第三十九册】

◉白玉峥　𠕁字甚多，字皆作[glyph]。⊘或作𥠇字；如云「㐱𥠇兄于豕」，𥠇作[glyph]，兩字皆説文所無。今考从[glyph]者，即禾之古文，與年字偏旁同。从册者，册之省。𠕁者，説文龠部：「龠，樂之竹管三孔，以和衆聲也；从品侖，侖，理也」「龢；調也；从龠禾聲。」此𥠇，當為龢之省。𥠇，又省，則成𠕁矣(説文曰部有𠕁字與此異)。又説文册部：「嗣，諸侯嗣國也；从册口司聲。」竊疑古自有𠕋字；金文散氏盤有𠕋字，亦即龠之省。𠕋从兩口，更省一口，則為𠕋，𠕋即𠕋之變文。古龢字或即从𠕋，後世孳益，乃變从龠耳。𠕋，似即調合之義；不𠕋者，卜不吉；猶云神不和也。【契文舉例校讀十七　中國文字第五十二册】

◉于省吾　清代宋保諧聲補逸：「刪，王先生（按指王念孫）曰，册聲，説文刪珊姍姗四字皆从册得聲，册在支部，刪珊姍姗四字皆在元部，支與元通故也。今本説文刪从刀册，册，書也，而珊姍姗三字並从刪省聲，由于後人不知古音妄改者也。」因此可知，説文珊姍姗三字並非从刪省聲，古讀册字本如刪削之刪。漢書刑法志「不若刪定律令」，顏注：「刪，刊也，有不便者，則刊而除之。」周禮柞氏「夏日至，令刊陽木而火之」，鄭注：「謂刊去次地之皮。」刪刊迭韻，二字音既相通，義也相涵。𠕋以册為音符，應讀如刪通作刊，俗作砍。篇海謂「砍，斫也」，説文謂「斫，擊也。」甲骨文于祭祀用人牲和物牲之言𠕋者習見，例如：

一、貞，钟于父乙，𠂤三牛，𠕋卅伐卅宰（佚八八九）。

二、𠕋且丁十伐十宰（丙三二）。

三、貞，𠕋且乙十伐㞢五，卯十宰㞢五（綴合二五四）。

四、來庚寅，酌𥁕三羊于匕庚，𠕋伐、廿鬯、卅牢、卅𠬝、三𡚤（後上二一・一〇）。

五、丁丑卜，㝑貞，子雍其钟王于丁中二匕己，𣪘羊三，𠕋羌十（佚一八一）。

六、甲戌卜，亘貞，钟婦好于父乙，𠕋𠬝（庫一七〇一）。

七、𠕋匕庚十𠬝，卯十宰（乙七五一）。

以上所列七條，其言𠕋若干伐或𠕋伐，以伐為名詞，伐指以戈斷頭的人牲為言。其既言伐又言𠕋者，這是説，已被斷頭的人牲而又砍斷其肢體。第五條的𠕋羌十，是説砍斷羌俘的肢體，與言𠕋伐者有别。其于物牲言𠕋者，則物牲的肢體也同樣被砍斷。其言𠕋𠬝或𠕋若干𠬝者，指砍斷降虜之肢體言之。【釋𠕋　甲骨文字釋林】

◉王玉哲　甲骨文中的𠕋字，學者大都以為就是説文曰部中的「𣅀」字。許叔重謂：「𣅀，告也，从曰从册，册亦聲」。從字形結構上看，甲骨文𠕋確是説文的𣅀字，不過許氏的説解卻不是字的原義，而是後來的引伸義，是流不是源。在殷虚卜辭中有很多「𠕋牛」「𠕋宰」的辭例：

1.「辛亥卜，王貞：𠕋父乙百宰。十一月。」（乙五四〇八）

2.「𠕋且丁十伐、十宰。」（丙二九）

3.「貞：𠕋且乙十伐㞢五，卯十宰㞢五。」（綴二五四）

4.「丙寅卜殻……丁卯𡧊于……丁卯……𠕋三十宰。」（後上二三·一一）

5.「丁亥卜，𡧊于兕、𠕋二牛。」（福一八）

6.「貞：桒年于丁，㞢三勿牛，𠕋卅勿牛。九月。」（佚四六）

按從卜辭文法看，第一辭「𠕋父乙百宰」其義不是𠕋父乙，而是𠕋百宰于父乙。同樣，第二辭第三辭也不是𠕋祖丁、𠕋祖乙，而實是𠕋十伐十宰于祖丁，𠕋十五伐、卯十五宰于祖乙。「𠕋」在卜辭裏是什麼意思，于思泊先生說：

「甲骨文于祭祀用人牲和物牲之言𠕋者，凡二百餘見。𠕋从冊聲，古讀冊如刪，與刊音近字通，僞作砍。商代統治階級為了乞福于鬼神，砍殺那麼多的人牲和物牲，其凶狠殘虐已達到無以復加的地步。」

于先生認為「𠕋」在甲骨文中是砍殺的意思，這是很正確的。𠕋牛、𠕋宰實即殺牛、殺羊用以祭祖。……日本甲骨學者伊藤道治教授也說過。「這個𠕋字根據卜辭通例，是祭祀時把人作為犧牲之禮——不一定殺死」。按殷虚卜辭中有「𠕋千牛、千人」（合三〇一），「𠕋百羊、百牛、百豕」（金六七〇）。所「𠕋」的數字這麼大，伊藤教授的不一定殺死的說法很有道理。𠕋牛羊或𠕋人可能最初確是真正殺祭，并把殺的牛羊數字和人牲的名字刻在典冊上用以祭祀，後來發現這實在太浪費了，於是逐漸演化為對物牲或人牲不真正殺死，而是只把數目字或名字登記在典冊上用以祭祀。【陝西周原所出甲骨文的來源試探　社會科學戰線一九八二年第一期】

◉朱歧祥　**𠕋**　从冊口，隸作𠕋。《說文》無字。卜辭用為名詞，字與冊、𠕁同，習稱「冊𠕋」《存2·293》、「𢼸𠕋」《人1876》、「㞢𠕋」《續1·28·5》、「爯𠕋」《合233》。有書策告祖之意。「冊𠕋」，前一冊字用為動詞，有書寫意，即作冊書以禱告於鬼神。

《金491》貞：其㞢**𠕋**南庚。

《粹230》乙酉卜貞，王又**𠕋**于祖乙。

屢見於祭祀卜辭中。𠕋下每書列所祭獻之數。

《佚889》貞，𢀛于父乙：盟三牛。**𠕋**：卅伐、卅宰。

《庫1701》甲戌卜，亘貞：𢀛婦好于父乙，**𠕋**：奴。

《合254》貞：**𠕋**祖乙：十伐㞢五，卯十宰㞢五。

《佚118》**𠕋**奴二人。

《粹387》☐其**𠕋**㓝。

⿰女卩，即女奴。卜辭用為人牲。【殷墟甲骨文字通釋稿】

◉林政華　貞：子商㞢𠕋于父乙，乎酒。　續一·二八·五

乙酉卜，貞：又𠕋于且乙⊠？　粹二三〇

㞢、又二字通用，皆釋為「有」。𠕋，从册从口，可知其為册告之義，有𠕋即指有所册告於神示也。【甲骨文成語集釋上　文物與考古研究第一輯】

◉姚孝遂　再如「否」、「𠕋」、「杏」、「吾」、「哉」、「㕯」等等，也都是如此，這些字所从之「口」，實際上就其功能與作用來説並不是什麽形符或意符，而僅僅是屬于區别符號的性質。【古文字的符號化問題　古文字學論集初編】

免

免　从宀从人據魏三字石經免古文作　篆文作　知之説文奪去補附于此段玉裁訂入免部非是　免簋　免簋二　免卣　免尊　免盤　史免匜　【金文編】

免　説文所無魏三字石經免古文作　篆文作　从宀从人容庚《金文編》免入人部今从之　效一八　十例　秦五九　七例　秦一五五　十例　日甲三六　三例　封三八　法一〇二　三例　法一四五　二例　【睡虎地秦簡文字編】

石經僖公　乃免牲　説文無免而多从免聲之字　應補　【石刻篆文編】

◉郭沫若　免字原作　，與三字石經、春秋既免牲古文作　、篆文作　者同。余謂乃冕之初文，象人箸冕之形。【免毁　兩周金文辭大系圖録考釋】

◉唐桂馨　　説文無　鄭子尹説文逸字云。免。子脱胞也。从二儿。上儿母也。下儿子也。从　省。此蓋生免正字。按免字象形。當横看　。長耳圓頭長尾短足皆見。免字則象人之免冠形。當直看　。人免冠則髮飄於外。頭與身足皆見。凡从免得聲者。皆免冠之免字。習許書者遂有免不見獲於人謂之免。兔逸不見足為免。皆由誤免免為一字之故。至生娩之免。不過為免之旁通義。免冠免身其義一也。鄭説義頗回曲不可從。【説文識小録】

◉李孝定　　字疑為冕免之異構，與金文作　者相似，象人戴冠免之形。冃免音亦相近也。篆文免作　即由　形省矣。省

為，後又增作冕，已為後起形聲字矣。說文無免字，段氏注於兔部末補此字。解云：「兔逸也。从兔不見足會意。」注云：「許書失此字，而形聲多用為偏旁，不可闕也，今補。兔免之異，異於其足。⊘兔象其蹲居之形，有足有尾。其字當横視之。兔之走最迅速，其足不可諟見，故免省一畫，兔不見獲於人則謂之免。⊘此二字之別也。引申之，凡逃逸者皆謂之免。⊘錢氏大昕云『兔免當是一字，漢人作隸誤分之』。似未然。俛從免自是會意。」鄭珍說文逸字云：「『子脱胞也。从二儿，上儿母也，下儿子也，从从㔾省。』此蓋生免正字。子之生脱胞而出，以其脱免故曰免，造脱免字因取象焉。⊘今案玉篇免在儿部，當依許君部屬之舊，乃由偏旁推其義如此。然後凡从免者可得而說。鞔晚冕絻浼鮸勉輓九字从免聲，屬形聲字。頮或从人免，頮訓氏頭，人生時頭向下，故从免。嬎从女从生从免，今本譌作免聲。一生一免是孿生也，故訓生子齊均。挽从子免，子免是子已生也，故訓生子免身。此三文皆會意。段氏於兔部補免⊘，珍案此襲六書正譌『免从兔而脱其足』之說，非也。兔象向左蹲踞形，前其足，後乀其尾，若横視則其尾不見，且省去後乀一畫，無論横視直視止是不見其尾，而足之踞如故也，安見其走速逸免乎。就如段說省一畫是足，則左直為尾，右直必是足，其可諟見如故亦難通。」李楨說文逸字辨證說與鄭說略同，謂娩嬎挽均當是从免生子取義，其字當从免不从兔。說文之挽，定按當作挽李據己意改字作挽。即經典之免，是以挽身為免之本義也。他家則多謂兔免同字，玆不具引。今據栔文字觀之，免實冕之本字。象人戴冃之形。金文作免簋中伯御人鼎。免盤免簠史免匡父乙觶作父癸免彝等形，與契文形近。陳邦懷氏謂契文之即許書夐字所从之𥄎，惟聲誼不可知。其說極碻。今按夐字所从「𥄎」即「免」之省，其籀文作，其上半正與免之省儿者全同。夐當从免省聲，二者聲韻並同也。免字本當入冃部，惟冃字篆文已省兩耳形，而免則尚餘一耳作，遂無所屬。玉篇免隸儿部，或許書本有之而轉寫敚佚，或許君偶失收，今不可知，然篆文必有免字則無可疑。玉篇免下解云「去也止也脱也」，去脱之訓猶與戴冃之本誼相因也。段氏謂从兔省一足，鄭氏已辨其非。惟鄭說亦支離不經。免字倘果从二儿从也省，則古人制字殆象逆產。蓋免下从儿，鄭以「子也」說之，是手足先出也。且所謂「也」字在上，「儿」字足下，亦乖常例，其說之誣昭然也。免當以戴冃為本義，脱免、免身皆由去脱之義所引申也。契文冃字之用為祭名者，于氏所說是也。【甲骨文字集釋第七】

◉李孝定　上出諸形，各家說者紛紜，于氏已辨其誣。葉氏釋蒙雖誤，然謂字象人戴帽之形則極塙。于氏之說實即申衍葉氏此義，于說甚辨，宜若可信。然謂契文此字即金文敄字偏旁之，則大誤。蓋實即矛字象形文所譌變，與契文此字象人戴帽形者實截然有別。此即免之古文，从人戴冃。許書偶佚此字而收其後起形聲字「冕」，免、冕實古今字也。許書冕从免聲，蓋許君不知免即冕之古文，遂以古文為篆文之聲耳。【甲骨文字集釋第八】

◉張亞初　銘文中的族氏名□，數量多達六十餘條。此字説法很多，迄無定論，成為銘文考釋中的老大難問題。薛尚功、王黼釋之為舉，阮元釋甲，方濬益釋覆爵形，覆角形，吴榮光釋懸弓形，劉心源釋宀（音綿），吴大澂、吴闓生釋入，劉體智釋厄，此外，還有釋為尺的，等等，説法多達十餘種，但都根據薄弱，不能令人首肯。下面準備通過字形分析，結合考古材料作一解釋。

先分析字形。容庚先生于《金文編》四五六頁免字條云：「从□从人，據魏三字石經免古文作□，篆文作□知之，《説文》奪去，補附于此，段玉裁訂入兔部，非是。」容説甚是。但應補充一句，此免為冕之本字，象人戴冕冠之形。這一點很明顯，無需多説。

這裏要介紹免（冕）字的另一種寫法。《録遺》三八八爵銘作□，从□从目。我們知道，在古文字中，可以以目代表頭部。⊘□在目上，説明□是戴在人的頭部的物品。

再論讀音。《説文》「鞭，驅也，从革㑊聲，□，古文鞭。」鞭觥匜作□（《文物》一九七六年第五期四十二頁），□、□从□、从□，過去對它的造字本意是不大清楚的。我們認為這是聲符，是冕的象形本字。□、□應為从攴，从□（冕）聲。鞭、冕都是元部脣音字，所以鞭字可以用□（冕）作它的聲符。鞭字初文應作□、□，以之驅馬，从馬作駊（參《金文編》九十頁），以之打人，便从人作㑊。駊、㑊不是單純的會意字，而是形聲兼會意，基本聲符是□（冕）。

□、□是冕字的象形初文，這從字形和讀音上都是很清楚的。□、□則都是它的繁體字，是它的幾種不同的形體。⊘最後，我們再來看看考古材料。解放後，在山西吕梁縣石樓等地，多次發現了一種所謂弓形的金屬裝飾品（見《文物》一九六○年第七期五十一至五十二頁《山西吕梁縣石樓鎮又發現銅器》，一九六二年第四、五期三十三頁《石樓蘭家溝發現商代青銅器簡報》等，一般是金質的），作□，據一九六○年第七期《文物》報道：「器高十七釐米，寬三·五釐米（按此數據有誤，從器形看，寬度大于高度，寬之數當不能小于十七釐米，可能是二十三點五釐米之誤）。據説此物是在死者頭部出土的，形似弓，兩邊後部有穿孔各一個。」從其形狀看，與金文冕字所从的□和□，完全一致。值得注意的是，這種貴金屬裝飾品在考古材料中的確是出在頭部的。據一九六二年的報道，其尺寸是，高十三點五釐米，下寬二十四點五釐米，尺寸與頭部大小正相應。既然是用在頭部的，大小尺寸又正合適，那就更有力地證明它是冕上的裝飾品了。這就是□、□从□、□的由來。考古材料與文字材料若合符節。【甲骨文金文零釋　古文字研究第六輯】

◉于省吾　周代金文的免字，免簋作□，免盤作□，史免匡作□。容庚《金文編》謂：「从□从人，據魏三字石經免古文作□篆作□知之。」按容説甚是。又商器觚文有□字（一九七九年《考古學報》第一期），尊文有□字（《三代》十一·二九），均為舊所不識。

依據从天从人往往無別驗之，則和形皆為免之初文，是很明確的。【釋从天从犬从人的一些古文字　古文字研究第十五輯】

◉徐中舒　從從人，象羊角形為飾之帽，故即從人戴冃之免，免字《說文》失收，而以後起之形聲字冕字代免。今據免字從人而列於儿部。【甲骨文字典卷八】

◉楊子儀　甲骨文中有「兔」字，是真正畫成其物的象形字，「象兔子長耳朵翹尾巴之形」，「甲骨文用其本義，為獵獲之對象」。「兔」字的象形特徵是直到小篆都還讓人看得分明的，「石文兔，象兔蹲踞形，仍與小篆略同。小篆『兔』，象兔面向左而足向右稍屈，右下為尾。」

甲骨文中無「免」字而金文有，始見于「免簋」、「免尊」、「免盤」、「史免匡」等器。容庚分析了「免」字最初的形體——从从人，而并未釋義。郭沫若在《兩周金文辭大系考釋》中指出，「免」是「冕」的初文，象人着冕形。傅東華在《字源》中說：「(免)，這本是冠冕的冕字，古代一種大禮帽的名稱，通俗叫做平天冠，前面有旒而略俛，故畫作，後來這一部分變成，又在頭上加個人，竟像一個兔字。」很明顯，無論郭說、傅說，都仍沿襲着《說文》釋冕為「大夫以上冠」的成說。是否還可以將「免」字的本義推溯得更早一些呢？康殷在《文字源流淺說》：「免，象人頭上戴形的免——冕。大概即周代的免——冕的略形，如下圖(按：該書第523頁繪有洛陽金村出土的周銅俑正背面二圖。銅俑頭上戴的是一種極普通的形頭盔)。冕帽概由同一語源而來，因而免是冕曰帽的本字。」康說不僅突破了「平天冠」的舊說，從語源和實物印證了「免」即帽子的本義。王慎行在《古文字義近偏旁通用例》中舉出了金文中「免」字的不同寫法，免簋中寫作「」——从从人，而商器觶文中寫作「」——从从天。王文以這一組字為例是用來說明古文字義近偏旁(从人、从天)可通用的論點，而用于本文卻可以作為補充康說的新論據：即冕之象形，而且是自商即有之，非僅「周代的免」。

「免」字的流變過程又是怎樣的呢？高鴻縉在《字例》中說：「免自借用為脫免字，久而不返，乃又加曰(帽之次初文)為意符，作冕。」這一論斷是可以從古籍的用字中得到證實的。在古籍中，「免」字的常用義有「脫、隤、釋放、除去、避免」等項，但都可以被認為是「脫免」的引伸，而唯獨不見作為「禮帽」的本義的「免」字。這既是久借不返的結果，也是因為有了「冕」字的緣故。「冕」字正是屬于王筠所說的「既加偏旁即置古文不用」的「累增字」之一種。

「冕」字在古籍中有兩個義項：一是「禮帽」。「冕」字的「禮帽」義已略異于「免」字的本義，即其外延縮小，由一般的禮帽變成了「平天冠」，由一般武士均可戴的「免」變成了「大夫以上冠」。沿着外延縮小的軌迹發展，南北朝以後，「冕」成為帝王的專用品,由總名發展成了專名。詞義範圍的縮小是詞義發展的規律之一。二是「戴禮帽」。用作動詞。如《論語》:「子見齊衰者、冕衣裳者與瞽者,雖少,必作。」(《論語·子罕》)「見冕者與瞽者,雖褻,必以貌。」(《論語·鄉黨》)《禮記》中也有「周人冕而祭」之語。

在《説文》的「冕」字條下許氏有「絻,冕或从糸作」之語,將「絻」當作了「冕」的或體。「冕」與「絻」是否真是音義完全一致的正體與或體之分呢?

「絻」的四個義項:一是「禮帽」。例如:「雖乘軒戴絻,其與夫民無以異。」(《荀子·正名》)「長安東北有神氣,成五采,若人冠絻焉。」(《史記·封禪書》)二是「戴禮帽」。例如:「夫端衣玄裳,絻而乘路者,志不在食葷。」(《荀子·哀公》)「紱絻而親迎。」(《淮南子》)這兩個義項也是「名」「動」與「冕」字同。三是「喪服」。《玉篇·糸部》「絻,喪服」。《左傳·哀公二年》杜預注:「絻者,始發喪之服。」四是「着喪服」。如「使太子絻」(《左傳·哀公二年》)。「季氏不絻」(《左傳·哀公十二年》)。

然而,作為「喪服」義的「絻」與作為「禮帽」義的「絻」或「冕」仍有緊密聯繫,它們的意義都與「帽子」有關。原來「絻」這種喪服的裝束就是「去冠括髮」,即脱去禮帽而用一寸寬的布從脖頸中往上交于額前,然後又向後繞于髻上而將頭髮包扎起來。所以,《集韻》才釋「絻」為「喪冠也」。可見,無論「冕」還是「絻」,廣義而言都有帽子的意思,只不過一為吉冠,一為喪冠罷了。

漢時經典有今古文之分,鄭玄注經善以今古文相對勘,記其異同,這為研究文字流變提供了可貴的資料。關于「絻」字,《儀禮》鄭注中有兩則材料:其一,《覲禮》「侯氏裨冕」句鄭注曰:「今文冕皆作絻。」鄭玄的這一結論用以説明今文經的用字特徵也許是正確的,而對于漢字的流變來説卻并非如此。雖然在先秦典籍中有以「絻」為「冕」的用例,但并不多。徐鍇在《説文系傳》「冕」字條下的按語曰:「(韓詩外傳)及管子皆作此絻字。」而據我們所查,《管子》中有10例「冠冕」義字,作「絻」的也只有5例,而仍為「冕」的也有5例。應該承認,「冕」字一直是「冠冕」義的正字。其二,《喪禮》「衆主人免于房」句鄭注曰:「今文免皆作絻。」鄭玄的這一結論不僅對于今文經而且對于漢字的流變來説也是完全正確的。作為「喪冠」義的「免」字,只是比較集中地出現在「三禮」正文中——僅《禮記》就達30例之多,而無一例「絻」字。但是在其它的古籍中卻很少再見到以「免」為「絻」的用例了。這也應該是由于「免」字被借用為「脱免」義後使用的頻率愈來愈高的結果。例如《左傳》共出現99例「免」字,用于「免脱」義的竟達98例。

作為喪冠義的「免」字雖逐漸為「絻」字所取代,但作為表冠義的「免」卻顯示出「免」字流變過程中的一個重要環節。原來,當作為「禮帽」本義的「免」字被借用為「免脱」義的常用字,而其本義引伸之一的吉冠義又為「冕」字所代替以後,「免」字的本義并未湮没,而是仍被保留在作為喪冠義的「免」字之中。從經籍中「免」字的喪冠義可以反過來證明「免」字本義為禮帽的正确性。

我們還可以從字的音讀去證實「免」字的流變及其與「冕絻」的關係。

在《經典釋文》、《廣韻》、《集韻》中，這三個字的音讀被分為兩組：一是「免(脱免義)」、「冕絻(冠冕義)」。二是「免絻(喪服義)」」。顯然，字音的分組是與字形字義的分組相一致的。但字音的分組能否進一步反映出源流的關係呢？答案應該是肯定的。

從中古音而言，三字兩個反切并不同音，但在上古音中這三個卻是同音的，同為明母文部。

綜上所述，可將「免」字源流勾勒如下：

「免」，上古音為明母文部，音問，可依黄生説讀為謨忿切(悶)；其字形為从冂从人，象人着冕形，其本義為禮帽。以後循着本義而引伸為大夫以上冠(即吉冠)及喪冠二義。作為脱免義，是「免」字的假借義，始借為「脱」，後由「脱」而引伸為「止、除、隤、黜、避、放」諸義，由于使用頻率較高，遂使假借義成了「免」字的常用義；其字音的演變與「冕」同。【「免」字源流綜議　古漢語研究一九九五年第一期】

⿺辶勿

◉戴家祥　⿺辶勿字从辵从勿，説文失收，孫詒讓釋克鼎「易女井⿺辶勿緰人」⿺辶勿為徵。述林卷七第十三葉。以字形審之，或即⿺辶勿之别構。説文九篇「勿，州里所建旗，象其柄有三遊」。「㫚，勿或从㫃」。集韻入聲八勿「⿺辶勿，遠也。」讀「文拂切」，明母脂部。又收在十一没讀「呼骨切」，曉母脂部，義亦為遠。【金文大字典下】

⿰犭氏

3·348　楚章衢蘆里⿰犭氏　説文所無玉篇⿰犭氏犬名　如妙　55　同上【古陶文字徵】

⿰犭召

6·186　獨字　説文所無類篇⿰犭召。犬之短尾者【古陶文字徵】

畢畢畢　郤　备

◉葉玉森　[glyph]　孫詒讓氏疑卤字。説文𠫓部。卤。蟲也。从𠫓。象形。讀與偰同。契文舉例下册二。商氏類編列[glyph][glyph]于[glyph][glyph][glyph]下。謂古羅與離為一字。離篆文作[glyph]。即[glyph]之變也。其从[glyph][glyph]者。以文觀之。亦是羅字。象鳥正視之形。類編第七第十五葉。聞宥氏曰。類編釋畢為羅。不知畢實畢之繁文。殷虛文字孳乳研究。森按。謂畢與羅非一字。良塙。證之卜辭如云。「庚寅卜貞。畢弗其羅卜[glyph]。」後上第十二葉之十一。畢羅二字在一辭内可知其殊。至聞氏謂畢畢一字。予尚不能無疑。因卜辭亦云。「貞畢弗其畢。」藏龜第二百四十葉之四。與「貞畢弗其羅」句法辭誼竝同。畢畢二字亦在一辭内。似畢仍非畢。【殷虚書契前編集釋卷一】

◉丁　山　[glyph]上之匕當是朼字。其下之[glyph]實象桑義。定按，丁文前段引儀禮特牲饋食「執畢」，鄭注「畢狀如叉……神物恶桑叉」之説。此字決是朼之本字。當為从𠬶从匕，匕亦聲。【亞𠬶　𠬶氏　亞𠦬　緝　殷商氏族方國志】

◉李孝定　[glyph]　字不从隹。其从隹作[glyph]者亦當釋離。羅説非是。丁説亦無據。字當隸定[glyph]或𠬶。説文所無。以許書無𠬶部又不能入匕部。从𦊆字之例。姑隸定作[glyph]。收入网部之末。【甲骨文字集釋第七】

◉劉彬徽等　郤，簡文作[glyph]。《古文四聲韻》綌字作[glyph]，與簡文右旁所從相同。【包山楚簡】

◉唐　蘭　[glyph]字又作[glyph]，皆見於「今囙巫九备」之辭。其辭或作「今[glyph]巫九囙」，則备與囙通，其聲亦應為卣若卟矣。郭氏初以巫九备為人名，後又謂未能明，殷契餘論十九。而於萃編考釋寫备為咎，而無説。余謂此語當讀為今卟巫九繇，或今卟巫九占，巫九占當為占法之一種也。以字論，則[glyph]與各相近，由卟咕之例推之，得變為各。古自有各字，此特相混耳。西伯戡黎云：「格人元龜，罔敢知言。」格人舊不能解，余謂當作[glyph]人；即占人也。般庚云：「非廢厥謀，弔由靈各。非敢違卜，用宏玆賁。」舊以各非敢違卜為句，不可通，各亦當作[glyph]，弔由靈各，謂淑由靈繇或靈占也。[glyph]之字象有足來至囙上，其本義或是卜而神靈來降於繇歟？【天壤閣甲骨文存考釋】

◉唐　蘭　巫九當即九巫。余謂巫者筮也，筮及毉同，皆巫術，故字並从巫耳。則卜辭之巫九备，疑即周禮之九筮也。【天壤閣甲骨文存考釋眉批】

◉于省吾　郭唐二君前後自易其説，巫九咎既不詞，九繇九占九各九筮於文理辭例，均不可通也。备字下从囙，以其用於貞卜，故中从卜也。卜辭晚期以𠙵犬代𠙵，郭唐二君均釋為猷，又均謂與繇通。按𠙵酉均象酒器，是从𠙵从酉一也。𠙵犬通猷，猷即猶，郭唐二君已詳言之，茲不繁述。备从夂𠙵聲，既可讀為繇。載籍繇猷搖通用，書大誥：「王若曰……『猷大誥爾多邦』。」釋文：「猷，馬本作繇。」詩巧言：「秩之大猷。」漢書叙傳注引作「秩秩大繇。」小旻：「我龜既厭，不我告猶。」孔廣森讀猶為繇。以上三證，郭沫若已言之矣。繇搖古同用，周禮追師注：「其遺象若今步繇矣。」釋文：「繇本或作搖。」禮記明堂位注：「今之步搖是也。」釋文：「搖本又作繇。」素問氣交變大論：「筋骨繇復。」注：「繇搖也。」史記蘇秦傳：「二日而莫不盡繇。」索隱：「繇音搖，搖動也。」爾雅釋詁：「繇喜也。」注：「禮記曰：『人喜則斯陶，陶斯詠，詠斯猶。』猶即繇也，古今字耳。」禮記檀弓：「咏斯猶。」注：「猶當為搖，聲之誤也。搖為身動搖也。秦人猶搖聲相近。」淮南子脩務：「君子有能，精搖摩監。」要略：「精搖靡覽。」二搖字均應讀作猶，詳淮南子新證。是均备猷搖字通之證。备當係形聲字，从夂為倒趾，有舞意，𠙵其聲也。卜辭备字均應讀作搖。說文：「搖動也。」管子心術：「搖者不定。」搖謂舞搖也。是九搖即九舞、九伐之謂也，亦即檀弓詠斯猶之猶。古者樂與歌與舞往往並作，其節奏每以九計。書臯陶謨：「簫韶九成。」列子周穆王：「奏承雲六瑩九韶。」周禮春官鍾師：「凡樂事以鐘鼓奏九夏。」大司樂：「若樂九變，則人鬼可得而禮矣。」楚辭天問：「啟棘賓商，九辯九歌。」左文七年傳：「九功之德，皆可歌也，謂之九歌。」楚辭有九歌九章。山海經海外西經：「大樂之野，夏后啟於此儛九伐。」藝文類聚四十三樂部，引蔡邕月令章句：「樂聲曰歌，樂容曰舞。」是歌舞與樂相比附，樂與歌多以九為變節奏，故舞亦九為度矣。卜辭恆云「今𠙵巫九备。」今𠙵之𠙵，應讀為由。备从𠙵聲，既與猷繇搖字通。至猷由古籍尤多通用，詳經傳釋詞。郭沫若亦讀𠙵為由自之由。按由用也。今𠙵巫九备者，即今用巫九搖也。殷契遺珠九八二有「令用备」之語，即令用搖舞也，與「今用巫九搖」之義可互證。一說今𠙵之𠙵讀繇，即爻，謂爻詞也。於義亦通。前引檀弓注訓搖為身動搖。是初動為搖，繼動為舞，實則搖即舞也，對文則殊，散文則通耳。說文：「巫，祝也，女能事無形以舞降神者也。象人兩褎舞形。」按巫乃男女巫之通稱，初不涉於男覡女巫之說也。周禮春官司巫：「若國大旱，則帥巫而舞雩。」御覽七百三十五方術部，引桓子新論：「昔楚靈王驕逸輕下，信巫祝之道，躬舞壇前。吴人來攻，其國人告急，而靈王鼓舞自若。」為古文尚書伊訓「敢有恆舞于宮，酣歌于室，時謂巫風。」卜辭巫九备下每言祭祀征伐，是有祈於神，每用巫舞以事之也。總之，备字从倒止，从𠙵聲，备搖為一聲之轉。巫九搖猶言巫九舞，古者歌舞恆以九為節，巫祝以歌舞為其重要技能，所以降神致福也。

【釋巫九备　雙劍誃殷契駢枝】

◉李孝定　从夂从𠙵，說文所無。郭釋咎，與其釋𠙵為𠙵之說不合。唐氏釋繇或占，其誤乃緣𠙵之釋𠙵。說見四卷𠮧字條下。于氏謂唐氏前後自易其說實屬誤解，唐謂九筮乃釋「巫九」二字，非謂𡙇當釋筮也。于氏讀此為搖，其誤與唐氏同。蓋□當釋𠮧，从之得聲之字固不得為搖也。且卜辭自有舞字作□，何不逕用此字而必叚「𡙇」為搖再轉以會「舞」意乎。竊謂此字之義不可塙知，當以存疑為是。至于氏謂繇搖通叚，歌舞以九為節，巫以舞事神諸說則均是也。【甲骨文字集釋第五】

㽙

◉裘錫圭　賓組卜辭曾以「受㽙年」與「受黍年」同卜：

己巳卜㱿貞：我受黍年。在……

己巳卜㱿貞：我弗其受黍年。

貞：我受㽙年。在……。

□弗〔其〕受㽙年。　合9946正

㽙也應是一種糧食作物，但其字難識。

□「齊」所從的□跟此字上部相似，所以陳書疑此字可釋為《說文》訓為「稷」的「粢」(528頁)。如陳說可信，其字形似可為關於稷的討論提供一些線索。先秦古書中的稷究竟指哪種穀物？在這個問題上長期以來存在不同意見，比較流行的有粟、穄和高粱三種說法。高粱說起得最晚，但清代學者程瑤田在《九穀考》裏加以闡發之後，一度曾占有壓倒的優勢。今人大都不信此說，齊思和《毛詩穀名考》闢之尤力。可是如果㽙確是「粢」的表意初文的話，它所象的植於「田」上的穗大而直的作物，與其說成粟或穄，卻還不如說成高粱合理。陳書認為稷指比較好的穀子，跟㽙的字形不合。

反對稷為高粱說的學者所持的重要理由之一，是高粱在中國開始種植的時間比較晚。但是從解放後的考古發現來看，在西漢和戰國遺址裏都發現過炭化高粱(參看于文81—82頁、萬國鼎《五穀史話》41頁)，甚至在仰韶晚期的新石器時代遺址裏也發現了炭化高粱(《鄭州大河村遺址發掘報告》，《考古學報》1979年3期372頁)。可見它的歷史還是相當古老的。所以稷為高粱的說法恐怕也還不是絕對沒有考慮的價值的。

陳書把《乙》3426的□字看作㽙的異體(525頁)。這是不正確的。這個字形，在甲骨文中多形，跟㽙顯然不是一個字，用法也不同。【甲骨文所見的商代農業　殷都學刊增刊一九八五年二月】

◉唐　蘭　[illegible]　䳩字从夗，字作[illegible]，是蛩或蚢的原始象形字。殷虚書契後編下三十九葉三片「弜弗省夗」，作[illegible]（過去是不認識的），象爬蟲一類動物虯曲之形。【論周昭王時代的青銅器銘刻　古文字研究第二輯】

◉戴家祥　[illegible]䣄侯毁　㚈作皇妣𤔲君中妃祭器八毁

[illegible]字从女尒聲，按説文二篇辵部邇，古文作迩。六國古璽以鉨為璽，玉篇三十五妳同嬭。【金文大字典上】

◉李步青　林仙庭　銅鼎口内有銘文，共2行6字（圖四）。為：「[illegible]監乍（作）寶䵼彝。」第一字字形特殊，已出金文中未見，字中

圖四　銅鼎銘文拓片（原大）

「[illegible]」當釋為句。句字在西周金文中一般作「[illegible]」，如三年瘐壺銘文中之句字。周原考古隊《陝西扶風莊白一號西周青銅器窖藏發掘簡報》，《文物》1978年第3期。但駒尊「駒」字中的句，則作「[illegible]」或「[illegible]」。李長慶、田野《祖國歷史文物的又一次重要發現》，《文物參考資料》，1957年第4期。可知口字以外的兩筆書無定勢。此字中句部的寫法雖在金文中少見，卻是甲骨文中的通常寫法。如羅振玉《殷墟書契前編》八·四·八，胡厚宣《戰後京津新獲甲骨集》一九一，句字均與此鼎寫法一致。故可釋為「㚉」。餘五字金文中習見。「㚉監」當系作器者之名。【山東省龍口市出土西周銅鼎　文物一九九一年第五期】

迈　疨　疰　㝉

◉温少峰　袁庭棟　甲文又有迈字，即迈，《玉篇》：「迈，急行也。」卜辭中有「迈禾」之文：

(173) 弜(弗)迈禾？(《掇二》一七三)

此辭之「迈」，當讀為「耪」。今北方農田苗長之後，用鋤在苗間松土即稱「耪地」，此辭之「迈禾」即「耪禾」，謂中耕松土之事。【殷墟卜辭研究——科學技術篇】

疨 0791　說文所無玉篇疨病也　【古璽文編】

疰 3·527　鹹圞疰　說文所無唐韻疰俗莊字　【古陶文字徵】

◉吴其昌　「㝉」字未詳。在本片(指前一・三〇・五十前二・二五・六)中，似當為一人名。故云「戠于㝉宗」，「㞢于五后，至于龏㝉」，以文例推之自見。他辭又云：「貞□于㝉，……宰」(鐵・九五・二)。蓋謂以少宰祀于㝉也，並可與本片互證。此外，在他辭，又屢以「小㝉」為一人名。綜合各書觀之，約計「小㝉」之凡七見(一見于前・二・二五・六，二見于前七・二八・一，三見于後二・九・一三，四見于後二・一〇・一，五見于續二・一八・一，六見于林・一・二六・七，七見于明・一九八三)。其在續編之文云：「壬午卜，大貞，翌癸未。㞢于小㝉，二宰，□一牛」(二・一八・一)。謂以一牛二羊致祭于小㝉，則小㝉自為一殷代先人之名，至無可疑耳。「小㝉」，似更有別作「三㝉」者，他辭又云：「癸丑卜，大貞：于㞢于三㝉羊五」(林・一・五・一四)。謂以五羊致祭于三㝉也。諦案此二辭「㞢于……」之文並同，則「小㝉」，殆即能不令人疑其為一人之名也。【殷虛書契解詁】

◉孫海波　㝉鐵九五・二　从弓从亏。說文所無。人名。【甲骨文編卷九】

◉楊樹達　太平御覽八十三引古本紀年云：「小辛頌即位，居殷。」今本紀年云：「小辛名頌。」按書契前編柒卷廿捌頁壹版云：「△大貞，乍奇小㝉，亡𡆥？」⊘按小㝉即小辛也。㝉字从弓，又所從之辛字下皆作曲出之形。殷契叕存貳拾肆版云：「△丑，侑于五后，至于龏㝉。」㝉字同，余謂龏㝉即小辛也。知者小辛名頌，頌從公聲，古讀與公同。史記呂后紀云「未敢訟言誅之」，集解

㫄　恒　㤝　炋　炘

引徐广云：「頌，一作公」，是其證也。龔與公音同，小辛名頌稱龔犳，猶河亶甲名整稱整甲，陽甲名和稱和甲矣。【竹書紀年所見殷王名疏證　積微居甲文說】

[glyph] 布空小　官㫄　豫洛　按金文[glyph]斿字作[glyph]古鉨旗作[glyph]旂作[glyph]族作[glyph]均與此字所从者[glyph]同集韻有㫄字　[glyph] 布空小　官㫄　豫洛　[glyph] 布空小　官㫄　典七〇〇　[glyph] 仝上　典七〇一　[glyph] 布空大　官㫄　展啚版拾伍2　[glyph] 布空小　官㫄　典六九九　[glyph] 仝上　歷博

【古幣文編】

[glyph] 3·978　獨字　說文所無集韻恒慢也　【古陶文字徵】

◉湯餘惠　[glyph]278反　㥯(愻)·[glyph](㤝)　弜即弘之繁文，此字从心，弘聲，應即㤝字，見於《廣韻》、《集韻》等書。侯馬盟書參盟人名有[glyph]1:199，亦此字。【包山楚簡讀後記　考古與文物一九九三年第二期】

◉徐中舒　[glyph]一期　前七·二一·四　從火從[glyph]不，《說文》所無，見於《篇海》：「炋，火也。」義不明。【甲骨文字典卷十】

◉于省吾　甲骨文稱：「朿羗〇朿炃。」(佚七〇八)炃字作[glyph]，舊不識。按典籍炃作炘，即焮字的古文。漢書楊雄傳：「揚光曜之燎燭兮，乘景炎之炘炘。」顏注：「炘炘光盛貌。」文選甘泉賦李注：「廣雅曰，炘，熱也，音欣。」玉篇火部炘同焮：「許勤、許靳二切，炙也。」左傳昭十八年的「行火所焮」，杜注也訓焮為炙。但甲骨文以朿羗與朿炃對貞，則炃當為先公之名。【釋炃　甲骨文字釋林】

炈 炆 沶 沍

◉徐中舒 [glyph]三期 佚七〇八 從[glyph]斤從火，《説文》所無，見於《玉篇》：「炘，炙也，熱也。」神祇名。【甲骨文字典卷十】

◉魯實先 [glyph] 此為[glyph]之或體。【卜辭姓氏通釋之一 東海學報第一期】

◉李孝定 从火从殳。説文所無。古文偏旁从殳从攴固可相通。然从人从火無相通之例。魯説可商。【甲骨文字集釋第十】

◉王 輝 卜辭又有[glyph]字，孫海波《甲骨文編》隸定作炆。我們以為[glyph]是[glyph]的訛變。人三〇八二「甲辰[glyph][glyph][glyph][glyph]」，[glyph][glyph]同版對貞，足見為一字。又前六・二一・五有[glyph]字，雖為殘辭，然從字形分析，[glyph]殆交脛人，象索係其頸，投之火上之形，其義與[glyph]通，[glyph]當是[glyph]之繁變。《説文》：「文，錯畫也，象交文。」這個説法其實是不對的。朱芳圃曰：「文即文身之文，象人立正之形，胸前之[glyph]、[glyph]、[glyph]、[glyph]、[glyph]即刻畫之紋飾也。《禮記・王制》：『東方曰[glyph]，被髮文身，有不火食者矣』。」（《殷周文字釋叢》六七—六八頁）「文」既為人之象形字，[glyph]乃文之繁文（疑炆之本義與烄通。又甲文赤字作[glyph]，從大從火。古人以大人形為大，以[glyph]為子，[glyph]頭部特大，僅露雙手，象嬰兒在襁褓之中，故赤之本義亦為焚人而祭），我們以為上古烄、炆、赤本為一字，後來烄赤保存下來，但意義有了分化，赤逐漸用為赤橙黄緑之赤，喪失了原來焚人以祭的意義，炆不見於《説文》，成為死字，這是古文字分化滋乳的一個例子。

卜辭炆字從句例看，與烄完全相同。粹十：「乙未卜，于[glyph]炆從雨。」甲六三七：「戊戌卜，隹炆風雨，于舟炆雨，于[glyph]炆雨。」皆祈雨之祭。掇一・五〇九：「丙戌卜，炆母。丙戌卜炆[glyph]。」人三〇八一：「甲辰卜，炆[glyph]……」上二例明言焚燒女奴，與前述焚烄女奴之辭例略同。掇一・五〇九之[glyph]象索係之女奴，[glyph]象被焚者身上的火苗，其慘狀真是令人不忍目睹。【殷人火祭説 四川大學學報叢刊古文字研究論文集第十輯】

[glyph] 秦906 宮沶 説文所無玉篇沶水名【古陶文字徵】

[glyph] 香録11・1 獨字 [glyph] 3・1346 同上 説文所無集韻沍水貌【古陶文字徵】

0288 説文所無集韻水中物鏍曰洰 【古璽文編】

◉商承祚 王徵君説：「水北曰汭，僅見尚書僞孔傳。毛傳云：『芮，水涯也。』鄭云：『芮之言内也。』許云：『汭水相入也。』無水北之説。此字从水北，未可遽以為汭字。」附此待考。【殷墟文字類編卷十一】

◉饒宗頤 沘當即詩邶鄘衛之邶，漢書地理志：「河内本殷之舊都，周既滅殷，分其畿内為三國，詩風邶鄘衛國是也。」然觀卜辭沘上繫有南北西諸名，則其所指之地極廣。説文邶下云：「故商邑自河内朝歌以北，」殷時之沘，當是水名。

沘字，或釋洮。然審其文作(見續編三・三〇・三)，明為从水在北中，實應釋沘。其辭云：「王往，㠯于沘」(續編一・四・六)。「……貞：㞢不若，在沘」(續編三・三〇・三)，又有「南沘」(續一・五三・三)「北沘」(續三・三〇・五)之名。亦稱北方，「辛亥卜，北方其出」(雙劍一八七)，則沘乃方國名。沘，北當為一字也。西周彝銘，北伯器有鼎、鬲、卣；北子器有觶、尊、盤，許印林以為北即邶國。北伯諸器出于燕，自屬可信(參西周銅器斷代三)。故卜辭之沘，可能即邶。若然，邶乃殷北鄙之國，且有南北之分矣。許君以為邶故商邑，自河内朝歌以北，乃於商之邦畿求之。王静安以為邶即燕。王亥託于有易，已履其境，其説近是。【殷代貞卜人物通考】

◉李孝定 从水从北。説文所無。羅氏釋汭。王氏已辨其非。唐于兩氏均釋兆。于氏更舉漢金文為證。按早期金文兆及从兆之字均未見金文編。姚下所收數文均从涉。似非姚字。于氏謂「从水从步。即涉。或兆之變體」。涉何以為兆之變體。其説未聞。于氏或以兆从二人相背从二止。故得相通歟。然古文从人从止無相通之例。且漢金諸從兆之偏旁。除姚壺及新嘉量外。餘二例中亦非从水。京兆官弩鐖兆字兩旁亦非从人。後世兆逃有通用之例者。蓋亦以音近之。故于氏之説未敢遽信。今謹就其偏旁隸定如上。字在卜辭為地名。陳氏以邶當之地望相近。其説可从。如于氏言。則字當讀洮。於地望相遠矣。【甲骨文字集釋第十一】

◉朱歧祥 从水北聲，隸作沘。《説文》無字。卜辭為殷駐軍、田狩地名。地分東、南、北，曰：東沘、南沘、北沘。陳槃庵《春秋大事表・列國爵姓及存滅表譔異》頁一三七引《路史》：「今滑之白馬有鄁水，即邶水。」滑即今河南滑縣附近。

《餘12・2》☒貞：㞢(有)不若，在。

若，讀如諸。

《佚647》☒貞：我勿涉于東。

《續1·53·3》今春王黍于南☒于南。

《續3·30·5》庚申王卜在貞：其从☒北。

字又作。

《續1·46》☒㱿貞：王往𠂤于。

𠂤乃師的初文。字復作。

《存1·1967》丁酉卜，戊王其田从，亡𢦏。

作，由下二文例互較可證。

《存1·1796》☒七牛，大乙卅牛。

《存1·241》☒卜亘貞☒在牛。

東沘地接黃河。

《前6·63·6》☒虎☒方其涉河，東其☒。【殷墟甲骨文字通釋稿】

◉丁　驌　　屯南四四八九辭云：「丁未卜王令卓共衆伐。在河西。」字未確知。有此字之辭尚多。字為地望之稱，有東、南、西、北，四方俱全。字狀二人背水，不能謂之「涉」。惟背人有時亦契為之形，可能偶有誤契，或則字非必从人也。讀各辭此字義似為河道分歧個別之稱謂。其為水流，故得曰「涉」(佚六四七)。其非某一水之專名，故得曰：「于滴南北」(甲六二三)，「滴東」(通XI五)。據考滴即今之漳。殷世黃河經安陽東，東北流，漳水入河之處分流，往往有多道，地則沮洳。殷人於水邊植漆(續一·五三·三)，此乃製酒之有粘性者，非民食之黍，契字有从水不从水之別。河道之間荒蕪亦有野獸，故王有田獵罕罭(摭續一三三)阱麋(前六·六三·五)隻虎(天八〇)之記。

字前賢有釋為「汭」者，李孝定兄不以為然。漳水入河固可曰汭，惟以此為汭河之專名則有誤。余亦不以「汭」為碻釋。初以為黃河高出平原之上，此「二人背水」之形或為堤防之字。又見有作从之文，惟終不得其字。繼思河道分流當為「𠂢」字。說文「𠂢」从反永，故以此字為釋，說之如上。各辭中所見水名有「河」(前六·六三·六)曰「河東𠂢」，有「滴」，有渚(續三·三十·五)似在北。

泪 浂 洵 洞

陳邦福釋此字作「邶」。殷邑雖有「邶」在朝歌以北。姑不言此稱乃武王所分。其南為鄘，其東為衛，斷不能稱「南邶」，「東邶」也。唐于二公以此字為兆，蓋見字作二人背水，意以為其逃亡也。惟「兆」字不从「人」。如是則「北」字亦當訓逃申引為兆矣。【東薇堂讀契記(二) 中國文字新十二期】

2588 2589 2025 2544 說文所無集韻涌泪波 【古璽文編】

◉柯昌濟 浂字从水从矢。當从矢聲。以从矢音之古地求之。當即左傳晉之智地。穆天子傳之智氏矣。左傳載晉荀首封知。其後號知伯。古書或作智是也。穆天子傳三。己亥天子東征。癸未至戊口之山。智氏之所處。案智氏當為西周之國。而其地即後春秋時之知地矣。此器字从水。當取以浂水為地名也。【浂伯寺畝 韡華閣集古録跋尾】

◉陳偉武 《文字徵》第146頁「浂」字下：「5·90，咸平浂貪。《說文》所無。」今按，《陶匯》5·90辭云：「咸□里□。」《文字徵》所引實為《陶匯》5·129號陶文。【古陶文字徵訂補 中山大學學報一九九五年第一期】

文存 6·13 武平都晉圖吞匋里弄洵人鉢 說文所無集韻洵水聲也 【古陶文字徵】

0119 說文所無玉篇洵水聲也 0017 0359 【古璽文編】

◉戴家祥 洵城小器 洵成盤 集韻「洵，水名也」。正字通「洵，水名。漢臨洵，今三河縣」。【金文大字典中】

集拓 3·44 說文所無集韻洞水名 【古陶文字徵】

⿱宀⿰亻乚　⿱宀白　⿱宀⿰夂乂　⿸户戈

◉徐中舒 [glyph]一期　京一二五五　從宀從[glyph]丮持丨，丨或作[glyph]、[glyph]、[glyph]等形，象人持械在屋下執事之形。郭沫若釋宰，甲骨文字研究釋臣宰。葉玉森釋寇，殷虛書契前編集釋。胡厚宣釋僕，甲骨學商史論叢。並與字形相去較遠。此字實《說文》所無，自字形及辭例觀之，當為地位近於奴隸之人，戰時用為士兵，祭祀時則用為人牲，而時有逋逃之事。地位近於奴隸之人。【甲骨文字典卷七】

◉饒宗頤 [glyph]（官）　銅爵上氏名。舊釋官。按字不從𠂤（《說文》官字在𠂤部，從𠂤，𠂤猶衆也），知非「官」字。以卜辭白字作[glyph]證之，當是從宀從白，《廣韻》入聲二十陌：「白，亦姓，秦師有白乙丙。」【婦好墓銅器玉器所見氏姓方國小考　古文字研究第十二輯】

◉徐中舒 [glyph][glyph]三期　粹六六四　從宀從[glyph]夂從[glyph]又，郭沫若謂乃䆪之省，即客之古字殷契粹編。讀與各同，來也，至也。【甲骨文字典卷七】

◉丁　山　……⿸户戈亞十。　佚存·340·

⿸户戈亞，猶言亞⿸户戈。⿸户戈字，卜辭常見之，云：

……百人⿰日工亩……。　鐵·63·4

……皁⿰日工……。　林·1·6·12

庚申卜，勿⿰日工受。　文録·570

丙申卜，貞，⿰日工馬，左右中人三百，六月。　前·3·31·2

⿰日工字从戈，从户，當是肇之初文。肇，在金文中常見之，云：

汝肁不墜。　彔伯㦰毁

王肁遹眚文武，勤疆士。　宗周鐘

不肁，汝小子，肁誨于戎工。　不肁毁

父厝，今余唯肁巠先王命。　毛公鼎

肇之言始也，謀也，今本詩書多譌為肇字。説文：「肇：擊也。」此就从攴為説也。實則肇上所从之戉，猶是甲骨文戉字正寫，象以戈破户形；使户為國門之象徵，則戉之本誼，應為攻城以戰之朕兆，卜辭曰：「百人戉。」曰：「戉馬，左右中人三百。」皆謂戰争之先鋒；曰：「戉受」。蓋謂始受矣。辭又云：

貞，隹帝戉王疾。　盧静齋藏片。

戉之言始也，謂王疾之朕兆，上帝所降也。戉，孳乳為㜸云：

貞，㜸……。　鐵·106·1

貞，于㜸禦。　前·1·39·1

字特从女，宜即武丁夫人氏族也。書堯典：「肇十有二州」。尚書大傳作「兆十二州」。兆肇古字音同字通，則卜辭所見㜸字，當讀為姚。世本：「帝舜，姚姓。」哀公元年左傳：「昔夏后少康逃奔有虞，虞思妻之以二姚，而邑諸綸。」綸在東土，姚姓的虞國，也該在東土。水經沔水注：「漢水又東，逕媯虛灘。世本曰，舜居媯汭，在漢中西城縣。或言媯虛在西北，舜所居也。或作姚虛，故後或姓姚，或姓媯。」趙一清朱箋刊誤力證漢中之媯虛當為姚虛，其説非也。姚虛當在瓠子河沿岸。水經瓠子河注：「瓠子故瀆，又東，逕桃城南。春秋傳曰，分曹地自洮以南，東傅于濟，盡曹地也。今鄄城西南五十里有姚城，或謂之洮也。」趙釋又曰：「一清按，方輿紀要，桃城，亦曰姚城，因姚虛而名。援神契，舜生姚虛。應劭曰，姚虛，與雷澤相近，世稱為姚城，是也。」此姚城者，不必虞舜故居，亦必殷商王朝的㜸氏舊地。換言之，「亞戉」之戉，應在今山東鄄城縣西南，或即傳説的帝舜之後裔，帝舜事跡，也就不能視為莫須有了。【亞戉　㜸姚　殷商氏族方國志】

◉李裕民　《侯馬盟書》宗盟類二之二〇〇：五　此字亦見甲骨文，《甲骨文編》附録上·七二收入下列諸形：

金文有下列二字：

《金文編》附録下·二五。

《殺毁》、《文物》一九七九年二期。

諸字舊均不識。按：應是罙字，《中山王壺》「屢愛深則孯人新（親）」的深字偏旁正作

《文物》一九七九年一期。

與上述諸形同。□、□、□均為穴之象形。□象洞穴之外形。□、□象水滴，或作□。穴内潮濕，不免有水滲入。正因為是滲入的水滴，只作□、□等形，而與河水之水作□者不同。宀、穴本意相同，故二者通用，甲骨文中所見有：

安 □ □ □ □

[宀卩] □ □ □ □ □

宔 □ □ □

[宀命] □ □

[宀帚] □ □ □

突 □ □ □

後二字《甲骨文編》釋作[宀帚]、濅、突、宊四字，當是不明穴之水滴與水形及穴、宀通用所致。除上舉各例外，《甲骨文編》附録上、七三尚收入一字

□ □ □

象人在穴(宀)中之形。古人、女通作，如佳也作婕，此宂疑為安之異體字。

□為手形，罙字象以手伸入穴中摸取東西狀，應為探之本字。《爾雅・釋詁》：「探，取也。」注：「摸取也。」以其向穴中摸取，深淺難測，故又引伸為深。《爾雅・釋詁》：「深，測也。」《老子》：「深矣遠矣。」注：「深不可測也。」

罙字戰國時代的《石鼓文》已形變為□(深字偏旁)，小篆同。以後又隸變為㴱，下端與火形相仿。漢印則譌變為□(《漢印文字徵》十一・四深字偏旁)，□寫成□。唯《天璽紀功碑》作□(深字偏旁)，尚保留着原貌。

□是罙的簡體。商代銅器銘文作□(《守觚》)，《金文編》釋作守。按：字與甲骨文同，仍應是罙的簡寫。看守之守西周時才從罙中分化出來，為了與本字區別，□下加一點成□，其淵源關係從其字義中尚可看出。《後漢書・竇融傳》：「守猶求也。」《孟子》：「勿求于心。」注：「求者，取也。」這正與「探，取也」之義相同。

《甲骨文编》七・一三收有□字，釋作秫。《説文》：「□，稷之黏者。从禾、术。象形。□秫或省禾。」按：此字根本不象稷一類的農作物，它和□一樣，也是罙的簡體，只是簡省的部位不同而已。再考察與术有關的字的含義。《金文编》二・二四收有下列字形：

□ □ □

郭沫若釋述，甚是。字从辵从朮，朮為𥥈之省形，从辵表示循深邃之洞行走之意，故《説文》云：「述，循也。」

𥥈字字形的演變及其分化可以下表表示之：

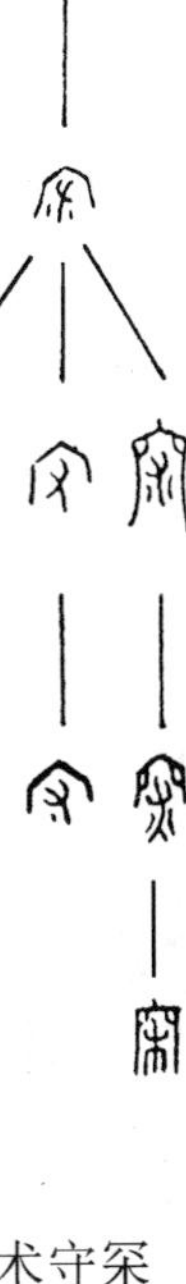

朮守𥥈

【侯馬盟書疑難字考　古文字研究第五輯】

◉趙平安　器物有銘文七字，為「弜白乍井姬[字形]鼎」。[字形]字《簡報》和《殷周金文集録》都隸定為「㝯」字，《金文編》容庚撰集、張振林、馬國權摹補的第四版《金文編》，中華書局1985年7月則將它隸定作「穸」字。我們通過對火、少二字的全面考察，發現㝯字所從與少字有別。「㝯」是西周早期的文字，火的寫法具有西周早期的特徵，即豎畫與横畫的接口處筆道較粗，而少字無此特徵，所以應將[字形]隸定為㝯字為宜。

㝯也就是𥥈字。《漢語古文字字形表》收𥥈字，作[字形]。此字見於沁陽載書，原文説「韓□韓杏韓𥥈」，從文例看，應是人名。侯馬盟書裏也有𥥈字，作[字形]，文曰「𥥈敢不侑半(閘)其腹心而以事其宗」，𥥈也是人名。據陳夢家研究，沁陽載書與侯馬盟書的内容、年代相近，出土地相距不遠，可能同是晉國的東西。《東周盟誓與出土載書》，《考古》1966年5期。如此説不誤，𥥈與韓𥥈有可能是同一人。兩批盟書裏的𥥈都是從穴從火。火字，在春秋後期到戰國時期普遍作[字形][字形]之形。兩批盟書正當春秋晚期，所以火上加了一横畫。

𥥈字形體演變的序列，略如下表：

[字形](弜𥥈𥥈鼎)——[字形](沁陽載書)——[字形](石鼓文深字偏旁)——[字形](中山王壺深字偏旁)——[字形](馬王堆醫書養生方)——[字形](熹平石經儀禮)——𥥈(楷書)

這當中，我們有必要説明一下𥥈字所從火從[字形]到[字形]的變化。該變化的特點是上面的横畫兩端折向上邊。這種現象在古文字中是不鮮見的，如「朿」在《王朿奠新邑鼎》、《康侯鼎》、《作册大鼎》中上面一横是直的，到小篆中則兩端向上折起。還有個很明顯的例子是「尢」字，讀者可查看有關古文字字典。

從上表可以清楚地看出，在石鼓文時代(春秋戰國之交)𥥈字中的火已經發生了訛變，致使本義淹滅不顯。弄清了𥥈的形體演變軌迹之後，讓我們來追索𥥈的本義。

今將武威出土的簡本《儀禮》甲本《有司》第一簡移録如下：「有司徹。掃堂。司宮攝酒。乃深尸俎。卒深，乃升羊、豕、魚三鼎，無腊與膚；乃設扃密，陳鼎于門外，如初。」其中的兩個「深」字，今本《儀禮》作「燅」，燅，《玉篇》説「温也」。古籍中燅或作尋，加火為燖。《儀禮·有司徹》鄭注：「古文燅皆作尋，記或作燖。」又作燂爓，《説文》：「燂，火熱也。從火覃聲。」《集韻》：「火熱物也，或作燖燅。」《儀禮·郊特牲》鄭注：「爓或為燖。」燅燖爓在邪母談部，燂在曉母侵部，它們之間語音或相同，或鄰近，而且這些字都有温煮的意思，所以前人注疏時把它們處理成異體字。

燅燖爓燂都是形聲字，不見於小篆以前的文字，是後起的。罙是書母侵部字（深字古音與之相同）。从罙聲的字與从覃聲的字古時可以通用。如《周禮·夏官·撢人》注：「撢，與探同也。」《集韻》：「探或作撢。」罙聲與尋聲也相通。如《集韻》：「撏，取也，或作探。」從簡本《儀禮》我們還知道深（從罙聲）與燅也是相通的。爓作為燅燖燂的異體，自當不外乎此例。可見，罙與燅燖爓燂音理上都相通。

我們認為罙是燅燖爓燂的本字，罙字從火在穴中會意，本義當為微火。這一點可以從它的增累字[火罙]得到證明。馬王堆漢墓帛書《五十二病方》殘簡中有[火罙]字，簡文為：「痿入中者，取流水一斗，炊之，令男女☐完者相雜咀，以铁鬵煮，煮☐其火□[火罙][火罙]然，飲之……」「[火罙][火罙]然」是形容温煮時火的樣子，指的就是微火，罙由微火引申為用微火温煮食物。《𢐗白鼎》銘文「𢐗白乍井姬罙鼎」中的「罙」用的當是引申義。「罙鼎」就是温煮食物的鼎。《𢐗白鼎》的這種文例與《㝬毁》相似。《㝬毁》：「用乍宮中念器。」念通飪。《武威漢簡·特牲饋食禮》：「請期，曰『羹念。』告事畢，賓出，主人拜送。」今本「羹念」作「羹飪」。可證。【釋罙　考古一九九二年第十期】

勅𦘒𦘒

甲二一三四　从聿从乂説文所無舊釋畫金文亦有此字其義與乂同卜辭用為人名地名　甲三六三九　田于𦘒卒大豕　乙六三三六　乙六七五二　朱書　𦘒入三　鐵二四・一　前二・二八・七　前七・四〇・二　後二・四・一一　後二・三七・二　佚五九二　粹一四九八　粹一五〇九　續五・一三・一　燕七八六　京津二　朱書　【甲骨文編】

◉丁　山　叓氏，四夕，亘。粹·1499·骨臼。

叓氏，四夕，敨。粹·1468·骨臼。

叓氏十㞢……。林·1·2·7。

叓入百。佚·370·甲翼。

叓來十三，在𦎫。院十三次·甲翼。

關于叓氏的刻辭，在骨臼和甲翼裏尚不止此；因為辭多殘佚，或文無新意，在此，不必要全録，所以從略了。叓，王國維「疑是畫字」，郭沫若說「實古規字」。山按，叓，篆書作𦘒或𦘒。𦘒，从聿，从𠫓；𠫓殆乂字古寫。乂孳乳為艾，為嬖，漢前古籍常作治理字用。師望鼎：「不敢不分不叓。」叓當讀為嬖。㝵生𣪘：「用作季日乙叓。」叓彝音近，此當讀為彝。由西周金文所見叓字的音讀測之，我認為，叓即「肄，習也」肄習的本字。𦘒，大概象人執筆習畫形，所以又讀如畫。叓氏，卜辭或稱為叓：

隹丁蚩叓。燕大·721。

貞，令叓。燕大·775。

貞，今十三月，叓乎來。盧靜齋藏片。

癸巳貞，叓亡囚。戩壽·31·4。

或稱為子叓：

貞，叀失，令𠆢子叓。燕大·16。

貞，叀子叓往……續·6·14·12。

□子卜，穷貞，子叓其□𢍏（？）。前·2·5·4。

乙丑貞，王令子叓，叀丁卯。誠齋·350。

𣪘·三代·6·9。

子叓遺物，傳于今者有𣪘二（三代吉金文存誤為彝），子叓，當是王子叓的省稱。叓，究為何王之子？卜辭雖無明文，然觀：

……父妻……。鐵・24・1。

一辭，可決其不是武丁的兒子。此辭如為祖庚祖甲時紀事，則「父妻」應為子漁子央的弟兄行；如為武丁時紀事，則「父妻」應為小辛小乙的弟兄行，而為武丁諸父了。近人考釋卜辭者，將「子某」之名，概定為武丁之子，就依據那個不健全的解釋統計武丁的兒子有五六十名之多；這種統計，硬將武丁的諸父兄弟都降為子孫，未免故亂宗法的綱常，而好作驚人之論了！

妻氏的地望，由卜辭看：

丙午，允出來嬉，自東。妻告曰，兒……。前・7・40・2。

……東。妻告曰，兒伯……。後・下・4・14、通纂・551。

妻當與兒伯國為鄰。又：

癸未卜貞，旬亡囚。三日乙酉，出來自東。妻乎卓告旁戈……。後・下・37・2。

妻又當與旁戈為近國。兒伯，郭沫若謂：

「兒即从邑作之郳國。春秋莊五年：『郳犂來來朝。』杜注：『附庸國也，東海昌慮縣東北有郳城。』在今山東滕縣東。孔疏云：『郳之上世出于邾，國譜云，小邾，邾俠之後也。夷父顏有功于周，其子友別封為附庸，居于郳。曾孫犂來始見春秋，數從齊桓尊周室，王命為小邾子。』今卜辭已有兒伯，可知郳之為國，不始于周。又金文有郳始鬲，其文為『郳始遥母鑄其羞鬲』，用知郳國為殷所舊有，入周後為邾所滅，以封其子孫。然則小邾之郳，與郳始之郳，地同而國有先後之異。」通纂考釋120葉。

按，「邾顏之子友居郳」之説，出于世本。世本：「邾顏居邾，邾肥徙郳。」説經者多以為郳即小邾。實則，春秋既見「郳國」，又見「小邾子」，襄公九年。小邾自為邾肥之後，則郳自為郳，不必為邾顏之別封也。與妻相近之旁，郭沫若「疑是防字」。按，襄公十八年左傳：「諸侯伐齊，齊侯塹防門而守之廣里。」杜注：「平陰城南有防，防有門。」顧棟高大事表因謂：「此即齊築長城之始。齊長城首起平陰縣二十九里。」防，在今平陰；兒在今滕縣，則胡厚宣謂「妻即孟子去齊宿晝之晝，在今山東臨淄之西北三十里」（詳見殷代封建制度考），是也。史記田單傳：「燕之初入齊，聞晝邑人王蠋賢，令軍中曰，環晝邑三十里無入。」括地志：「澅邑，因澅水為名，在臨淄西北三十里。」此其説出于水經淄水注，其説曰：「澅水之南有王蠋墓。」又引「孟子去齊，三宿而後出澅」，以證澅水澅邑箸名于戰國之世，今按卜辭云：

……田妻，今……上雝……。前・2・28・7。

叀妻田，亡𢦏。戩・11・2。

戊寅卜，貞，今日，王其田淒，不遘大雨。茲御。前・2・28・8。

叀淒田，亡𢦏，𡆥。粹・986。

戊辰卜，在淒，犬中告麋，王其射，亡𢦏，𡆥。粹・935。

隹南妻……。文録・819。

則澅水流域，在殷之末世，已成為天子游田之地；子妻之封，正因澅水得名，此東畫也。卜辭又曰：

南畫，疑即水經泗水注所謂「畫門」：

「漷水又逕魯國鄒山東南而西南流。……秦始皇觀禮于魯，登于嶧山之上，命丞相李斯以大篆勒銘山巔，戴校作嶺，趙改作頂。名曰晝門，詩所謂『保有鳧繹』也。」

晝門，御覽引作「盡門」，山東通志作「書門」，可能即「畫門」之誤。此嶧山之畫，對淒水言：方位在南，宜有南畫之稱了。

【妻氏郕伯　殷商氏族方國志】

◉李孝定　金文編妻下注云：「師望鼎『不敢不家不妻』，義與乂同。」其說甚是，徐同柏氏釋書，郭沫若氏釋規，吳大澂、吳闓生兩氏釋肅，並有可商。王國維氏疑古畫字，說見戩壽堂殷虛文字考釋廿四頁，蓋以金文畫字从此，說實未安。魯實先氏駁郭氏釋規之說，而從吳氏釋肅，見殷契新詮之三第一至四頁，說長，不具引。丁山曰：「妻，王國維疑是畫字，郭沫若說實古規字，山按妻篆書作妻，或妻、妻，从聿从乂、乂，乂字古寫，孳乳為艾、為嬖，漢前古籍常作治理字用，師望鼎：『不敢不分不妻』，妻當讀為嬖，鳧生毁：『用作季日乙妻』，妻㜸音近，此當讀為㜸；由西周金文所見妻字的音讀測之，我認為妻即『肄，習也』肄習的本字，妻大概象人執筆習畫形，所以又讀如畫。」見殷商氏族方國志七十八至八十頁。丁氏讀妻為嬖，說文：「嬖，治也，从辟，乂聲。虞書曰：『有能俾嬖』。」師望鼎「不敢不家不妻」，家讀為遂，周法高氏之言是也，不遂不嬖，義甚覈協。【金文詁林讀後記卷三】

◉李旦丘　妻　師望毁銘云：「望肇刑皇考，虔夙夜，出内納王命，不敢不家遂不妻」。妻字今人多定為妻，而未能通其讀。其實應釋為勅。蓋乂所象者為鉗子一類的事物，乃是增强力量的工具，或即力字的初形，後始變而為力。

集韻謂勅與勩同，詩小雅：「莫知我勩。」說文云：「勞也。」師望毁的不敢不家不勅，即不敢不順(于省吾氏云：遂，猶順也)不勞之意。師望的職務既為出納王命，自然以順從王命，不辭勞苦為其美德。又順勞兩種觀念，在古人的思想中是有密切的關聯的。論語里仁，子曰：「事父母幾諫，見志不從，又敬不違，勞而不怨。」不違即順也。順勞兩種觀念，在孔子的腦筋中，也是聯繫在一起的。

又師訇毀銘云：「王曰，師訇，哀才哉！今日烸疾畏降喪，首德不克勒，故無承于先王。」郭沫若氏云：「首，謂元首；德，謂君德也。」(兩周，第一百三十九頁)是首德不克勒，即元首之德，不克勞苦為民的意思。【金文研究一册】

⿸尸氏

◉張世超　師袁簋銘中的「⿸尸氏」，其字原作[古文字形]，劉心源釋「印」，《奇觚室吉金文述》卷四，27頁。吴式芬釋「兆」，《攈古録金文》三之二，54頁。皆未確，郭沫若隸定為「⿸尸爪」而無説。《大系考釋》146頁。按其字下部所從作[古文字形]，中劃異長，師袁簋二器四銘皆如此，可證其并非「爪」字，亦顯然不是「自」字殘形。吴鎮烽先生認為「⿸尸爪」當即「眉」之殘損。詳其《史密簋銘文考釋》，《考古與文物》1989年3期。我們認為，這就是「氏」或「氏」的古字異構，「氏」字形至春秋時期才出現，後來人們用它把某些意義與姓氏之義區別開來。[古文字形]是在[古文字形]字上增加一小劃而成，也許是當年人們為了分化「氏」、「氏」而有意加的志别符號，只是這種形體没有流傳到後代罷了。這樣説來，師袁簋銘的這個字應當隸定為「⿸尸氏」，从「尸(夷)」「氏」聲，氏羌字後世用「氏」，可能就肇源于此字。【史密簋「眉」字説　考古與文物一九九五年第四期】

⿺辶卩

◉劉彬徽等　⿺辶卩，簡文作[古文字形]、[古文字形]。⿺辶卩昜，地名。【包山楚簡】

⿰出卩

◉徐寶貴　[古文字形]　此字見於《古璽彙編·姓名私璽》七六頁：

[古文字形]　二一七〇釋文作「□□」。

[古文字形]　二一七一釋文作「□均」。

[古文字形]　二一七二釋文作「□得」。

[古文字形]　二一七三釋文作「□固」。

[古文字形]　二一七四釋文作「□□」。

《古璽彙編》釋文均作「□」，以為不可辨認的字。案中山王圓壺(亦稱䖒蚉壺)：「殅殅(世)母(毋)⿰出卩」的「⿰出卩」字作[古文字形]形。李學勤、李零二先生謂：「[古文字形]，從范省聲。《古徵》附録三〇頁有[古文字形]，五三頁有[古文字形]字，都是范字的省作。」張守中《中山王嚳器文字編》五

○頁。張政烺先生從之謂：「李學勤先生謂從范省聲，然則字蓋讀為貶。貶，損也，減也。」張政烺《中山國胤嗣𡢁蚉壺釋文》載於《古文字研究》第一輯。容庚先生《金文編》第四版謂：「殂殂毋竩，義如犯。」容庚《金文編》第四版七一一頁。案謂「讀為貶」，「義如犯」皆可從，竩貶音同，竩犯均從㔾聲。李學勤、李零二先生的考釋是極為正確的。竩所從的岜是范字的省寫，它與古璽文郶所從的岜是完全相同的，也同樣是范字的省寫。范，《説文》：「艸也，從艸氾聲」。氾，《説文》：「從水㔾聲」。可見范氾的基本聲符是㔾。篆文范是以㔾所孳乳之氾字為聲，當然是晚起字。其基本聲符既是㔾，則古字當然可以㔾為聲。《説文》中有不少這樣的例證。如：艸部之「薇」字，「從艸微聲」。「微」，「从彳敚聲」。篆文從敚所孳乳之「微」為聲，而籀文則直以「敚」為聲寫作「𦱳」；篆文蓬字作「蓬」，「從艸逢聲」。「逢」，「從辵夆聲」。「逢」是「夆」的孳乳字，篆文以之為聲，而籀文則直以「夆」為聲作「荃」；篆文「霚」作「霚」，「從雨敄聲」。「敄」，「從攴矛聲」。篆文以矛的孳乳字「敄」為聲，而籀文則直以「矛」為聲作「雺」，都是很好的例證。又從「艸」之字從「屮」作在古文字中也是不乏其例的。如「芬」字《説文》正篆作岎，從屮分聲，或體作芬，從艸分聲；甲骨文「焚」字從艸作焚，董作賓《殷虚文字乙編》五五〇〇。或從屮作焚；孫海波《甲骨文編》一九六五年版四一三頁。侯馬盟書「茀」字作茀從屮；《汗簡》「葥」字作葥，「薦」字作薦，均從屮；「蒼」字，《汗簡》從艸作蒼，《古文四聲韻》唐部引《籀韻》作蒼，古陶文作蒼，劉鶚《鐵雲藏陶》九〇·三。均從屮。岜字與以上所舉同例。岜是從艸省㔾聲，此岜(范)字在古璽中均作姓氏。古地名及姓氏用字，多加邑旁。古璽文中這樣的例子很多，此略舉數例：

齊 𨛣（《古璽彙編》一六〇八）

徐 郐（《古璽彙編》一九四一）

曹 鄷（《古璽彙編》一六四三）

秦 䣆（《古璽彙編》一六三二）

吕 郘（《古璽彙編》一六四三）

梁 䣼（《古璽彙編》一七〇一）

和 𨛰（《古璽彙編》一八七九）

狄 䢺（《古璽彙編》二〇八七）

這些字都是證明郶字是從邑從范省的最好例證。郶字當隸作郶，是姓氏「范」的專字。從來姓氏字「范」則借「范」為之，其專字「郶」遂廢矣。【戰國璽印文字考釋　中國文字新十五期】

⿰爿片 苿

布空大 典六〇三 布空大 亞二・一一七 按苿字或體古中艸可通如芬或作芬苿艸叢生也【古幣文編】

◉阮元 彝器每作析木形。說文解鼎字云。易卦巽木於下者為鼎。象析木以炊也。明以目下⿰爿片字為析木形矣。又解片字云。

商父辛卣

博古八法帖十二並作子孫父辛彝

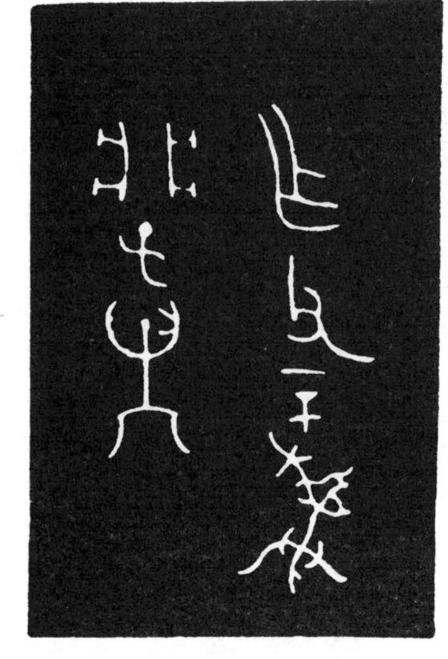

作父辛彝

析子孫

判木也。從半木。而無爿部。壯牀等字皆從爿聲。不應無此部。戴氏六書故云。爿在良切。李陽冰曰。右為片。左為爿。徐鍇曰。說文無爿字。李妄也。按唐本說文有爿部。張參五經文字亦有之。李氏未可厚非。據此知說文爿字義與片同。合文為⿰爿片。鼎字從之。今本似有闕字矣。金壇段茂堂玉裁云。著書者但當云反片為爿。不得直于片部下鼎部上云有闕文。此類事毋質之哉。【積古齋鐘鼎彝器款識卷二】

妠 㚸 𡛜

姛 𡛝姛𡬶𡛝

◉李孝定　𡚢前·四·八·四、𡚢菁·六·一、𡚢甲·一·二十·十七

商承祚類編十二卷五葉上。朱芳圃文字編十二卷五葉上。孫海波文編十二卷八葉上。金祥恆續文編十二卷十葉下。並收此作妠。【甲骨文字集釋第十二】

◉劉心源　𡚸　𡚸字無考。或曰从女兄會意。為姉字。或曰从兄女會意。為姪字。案川篇妃音兄。嬉也。即此字歟。【孖商盤　奇觚室吉金文述卷八】

◉徐同柏　𡛜鄦始鬲　伯从女从白。長女之謂。【從古堂款識學卷十六】

◉劉心源　𡛜鄦始鬲　𡛜亦不載字書。徐籀莊云。从女从白。長女之謂。【奇觚室吉金文述卷八】

◉高田忠周　擴古説曰。伯从女从白。長女之謂。又吳氏古籀補引曰。𡛜説文所無。按古人女兩部通用。𡛜亦或為伯字異文。而文義至順。然是字形甚明晳者。恐別有此字。从女白聲。伯𡛜同聲。故叚借通用耳。【古籀篇三十八】

◉馬叙倫　𡛜鄦始鬲　吳式芬引徐籀莊説。⊘伯從女。從白。長女之謂。⊘𡛜字説文所無。徐説無據。若然。則為伯字異文。説文人部之儒即女部之嬬。而女部媠或作㑭。人部之俟亦或作娭也。【讀金器刻詞卷下】

◉孫詒讓　𡚴田强敨　舊釋為强。考説文虫部。强从虫。弘聲。此文从女。與强絶不類。諦審當為从女从司。疑姒之異文。後諸女方爵者。諸𡚴大子障彝。又諸女匜文同。〔攈古〕二之一舊分女司為二字。非。即此字。但此�司于女上。形小變耳。後郘白達敨郘作𡚴〔攈古〕二之二。似亦从台从𠂆。司反文。即司之異文。又公𡚴敨姒作𡚴。借始為姒。亦从司省。並與此可互證。【古籀餘論卷二】

◉陳邦懷　𡚴龜甲獸骨卷二第二十五葉　此字從女從司。當即姛字。諸姛角舊釋諸女娱作𡚴。與此同。集韻嫓之重文作姛。注云。女字。或從司。此條新補。當附考釋姘字條後。【殷虛書契考釋小箋】

◉余永梁　𡚴龜甲獸骨文字卷二第二十五葉　始公似敨作𡚴。吳中丞謂即𡚴之緐文。卜辭作娶。疑又𡚴之𡚴也。【殷虛文字考】

◉郭沫若　彝姛乃女子之名。姛同姒。此辭雖殘缺。數字大意似某王卜其配彝姛之將見於其祖也。王國維云。「殷以前女子不

以姓稱」。又云。「晉語『殷辛伐有蘇氏。有蘇氏以妲己女焉』。案蘇國己姓。其女稱妲己。似已為女子稱姓之始。然恐亦周人追名之。」觀・十・十・殷周禮制論。得此足證其説不確。見卜通一六六葉七六九片。釋文又云。「知㚸之為姒者。金文杳殷之公姒作[glyph]。與此同。此省厶而已。又寧遹殷之甲[glyph]亦即姒字。」【卜辭通纂】

◉吴闓生　[glyph]匽侯鼎　台以同字。㚸即姒字。又加手耳。【吉金文録卷一】

◉强運開　[glyph]　㚸啟从女从㕥。當即古姒字。【説文古籀三補卷十二】

◉王獻唐　[glyph]　從女司聲即姒。説文無姒，經傳亦不劃一。春秋左襄四年經「夫人姒氏薨」。公羊作「弋氏」。定公二十五年「姒氏薨」，穀梁作「弋氏」。漢司農劉夫人碑字又作似，皆同聲通假者也。金文姒體，先後亦有別。有作㚸者，殳季良父壺器是也；有作㚰者，叔向父敦是也；衹有作台者，仳姒鼎是也；有作㚸者，已未鼎、鬹姒鼎、公姒敦諸器是也；有作㚸者，孝姒鼎、伯達敦諸器是也；有作㚸者。形體雖異，皆以所從之聲，變其制作，古㠯即以字下均改以台同音，從以亦猶從台，更或省女作台，皆屬一事。其作㚸者，即此罍文之㚸，又作㚸㚸，於司聲之外，兼從以台。何以字從司聲，或司以兩從，此關係聲音字體之演變不可不申説也。夏姓之姒，歷來韻書皆讀齒音，得姓之原，今不所知。帝王世紀謂禹母曰脩已。世本大戴禮名女志，已姒同音，并與志通。疑或出於母氏，姓者生也，殆母家之氏。聲讀如此，而論衡，吴越春秋諸書，又謂禹母吞薏苡生禹，因姓姒。説出緯書，本不足信。然能證姒音薏苡之苡讀姒，實即薏子，猶今言薏米，子巳古同音。契金文干支之巳，皆作子，例證甚多。并與姒同，乃以音聲比附説之，苡又即苢。説文言「芣苢令人宜子」，即今之車前子，亦以子名比附宜子。凡此足知姒之本讀為齒音矣。以齒音求之，司姒同音，此及陝角諸器從司，正以本讀之字諧聲，而齒音姒字，以時間及空間關係，每與舌上音之以相混，亦或讀以，此類通轉例證甚多，不備舉。演為齒音舌上音兩讀。讀舌上音者，因又從旁別注以聲成司以兼從諸體。司亦作㠯，金文本通用者也。迨後從司之體，為以所奪，更直去司從以，成專從以聲諸體，又或省女為台。通觀前後，姒從司者，書體最早，司以兩從者次之，從以者又次之。龜甲獸骨文字二卷二五葉有姒字正從司。此罍尊爵與陝角諸器從司者，以銘辭書體求之，亦皆商器，最晚為周初，鬹姒鼎等稍後矣，叔向父敦等又後矣。大抵殷商至周初姒均從司，繼兼從以，其專從以台者，皆西周中葉以下器，可以器之早晚，證書體之先後也。【釋醜　説文月刊第四卷合刊本】

◉馬叙倫　[glyph]陳猷　孫詒讓謂[glyph]疑始之異文。[glyph]。從女。司聲。祠從司得聲。詩生民傳。以太牢祠於高禖。釋文。祠。本作祀。爾雅釋天。商曰祀。而甲文佀祀亦佀司。祀從已得聲。己巳一字。詳疏證。始從台得聲。台從已得聲。而始實為胎之異文。已之後起字也。則孫説可從。㚸疑即夏姓之姒字。説文無姒。字從己得聲。金文鄦侯敢之[glyph]。陳侯午

敢之[glyph]。叔向父敢之[glyph]。皆姒字也。姛姓。甲或其次或六甲日生者也。【讀金器刻詞卷下】

◉楊樹達　彝銘文字。往往任意排列。不主故常。故形體不同。實為一字。卷十二之姛與姛。一字也。本書析為二字。【金文編書後　積微居小學述林】

◉周法高　金文器蓋往往同銘，諸女匜有器名作敵而蓋銘作女的，也許是同字異體吧。但是如容庚金文編卷十二頁十七認為：

姛，説文所無。者姛尊，他器有省作女者。

是不能成立的。王氏也説，字可省女，不能省司，我疑心銘文裏的女㠯二字本是一個姒字，分成上下兩格書寫，便好像兩個字了。有時在女字左邊多一個司字，和下面的㠯字合起來也是一姒字。這字的異體很多。⊘我們看金文編卷十二頁十五的始和頁十七的姛㚶飼下所收，都是此字的異體。而頁十五弔簋衛姒鬲叔向父簋作䢅，頁十七鬲姒鼎鬲姒簋作姛。正和諸女彝的姒字兩體一樣。

我們再看諸銘文上面都有亞形內一個醜([glyph])形的氏族徽識，加下面的者女㠯(或者敢㠯)三字為一行，大子尊彝四字另為一行，恰好相當於八個字的地位，分作兩行書寫。金文裏有時為了行款的相稱，而把字的地位移動的，如十二家吉金圖録貯十二邑斝銘文首行末作[glyph]，次行末作[glyph]。商承祚云：

此書銘者因寫至末行餘格，不能容[glyph]或[glyph]字，遂析書於兩行之下。此例彝器中亦偶見也。

同書雪八㪙[glyph]冀作父癸寶障彝。商氏云：

銘文九字因欲兩行相齊，故將父字寫入作彝二字中間，此例罕見。

至於把一字分占二格書寫的例，頗為常見。如方濬益綴遺齋彝器考釋卷七頁五曆盤下云：

曆字分文。彝器銘二字合文者習見。分文見令鼎學字，應公鼎包君婦鼎肇字，墓臨父乙鼎墓臨二字。

吳闓生雙劍誃吉金文選序云：

甚諆臧鼎云：甚諆臧聿作父丁尊彝。吳以臧為臧，謂甚諆臧為人名，不知臧聿二字乃肇之合文。……沈子它敦沈子戊聿敢用貝責作茲段，肇字亦分為戊聿二文。

又如楚公鐘，吳雷的雷字分寫作雨畾二字，後人都不得其解，丁山氏才把牠認了出來。可見在金文裏一個字分開來寫是相當常見的。再説銘文中女字左旁的司字和女字的大小距離也不相配合，所以以前諸家都認為是兩個字，直到孫詒讓氏才認為是一個字。現在經過我的解釋和下面的㠯字再合認做一個字，這也是不足為奇的。【諸女彝考釋　金文零釋】

◉李孝定 从女从司。説文所無。商氏釋始。按金文始作頌鼎頌壺仲師父鼎殳季良父壺鄧伯氏鼎弔簋衛姒鬲弔向父簋。从㠯或从台為聲。而此从司為聲。當非一字。容庚於金文編始字條下引吳大澂説曰。「婦之長者。爾雅『女子同出謂先生者為姒。』凡經典姒字皆當作始。古文台以為一字。許書無姒字。」按吳説是也。容氏引此見金文編十二卷十五葉上。陳氏釋姛。郭亦隸定為姛。是也。而郭謂姛即姒始字。亦有可商。按金文亦有姛字作者姛尊者姛匜者姛罍與此同。而與始若姒字迥異。容氏金文編初亦混始姛為一字。至民國廿七年重訂本已加校正。別録姛字於女部之末。十二卷十七葉上。以為説文所無字。是也。惟重訂本於姛字之次又録㚸字作姛簋寧遹簋保侃母壺則似有未安。竊以為作姛作㚸者當為一字。古文偏旁位置每無定格也。金氏謂姛為女祠。非是。此蓋緣誤釋上字作禖致譌。本辭云。「☐姛其☐文武帝乎此文漫漶郭氏定為夔字其形雖近似然未敢確指也。姛于癸宗彡王弗每。」以它辭之媟好姪娥妶妌均為女字例之。姛當亦為女字。王氏之説是也。即以夔姛連讀。亦不能證姛必為女姓。蓋如郭氏之言。則它辭之媟妌好諸亦當為女姓。然何以獨此辭並姓字偁之。姛為女姓則彝當為女字。而它辭則否是。亦不可解也。【甲骨文字集釋第十二】

◉周法高 柯昌濟云。又按別一鼎文字與此鼎殆出一人。文曰作敄姒尊。疑亦即匽侯所作器。敄姒即此器之姒也。皆當為同時同出之器。韡華乙篇上四二頁(一〇七)。白川静以為器名未見。郭氏離析為又始二字。字形上有困難。金文通釋三八匽侯旨鼎白鶴美術館誌第八輯四一六頁。案吳闓生説為姒字。是也。姒字之異體字最多。參拙著金文零釋八九至一〇一頁諸女彝考釋一五六八姛。【金文詁林卷十三】

◉戴家祥 王説是也。保侃壺𡛷休段寧遹段有，舊釋為𡛷，不確，當是姛的變體。惟司旁的口字移置于女上，其餘結構完全一致。從𤔲例看，保侃壺「揚姛休」，寧遹段「寧遹乍甲姛尊段」，亦與姛，姒用法同。

𦇭姛簋 𦇭姛作寶尊彝　班段 毓文王王㚸聖孫　𡛷字从姛从厶始省，㚸字从始从彐姛省都是始和姛的簡略合寫。金文始姛義同，合寫的𡛷與㚸意義也完全一樣，用作姒。

娶與姛字結構相似。姛段作，寧遺段作，此篆作，唯口換成目，口目均人臉組成部分作形符變換，字屬重文。如廣韻瞋或體作嗔。故娶當是姛之異體，亦即姒字。金文用作人名，與姒姛同。【金文大字典上】

妃

◉劉心源　妃。女旁。从㐬乃兩人字累書之。攷説文㞋下云。㞋。古文夷字。遲重文亦从㞋。而夷下失收。尸部有尼。許不云古文夷而㠯為从匕聲非也。蓋篆法人作。尸乃人字側書之。作仍是人形。㞋為尸下二者。古人於連用重出字。下一字多省。作二。謂二即上一字也。㞋本字實作㐬。寫者省下體為二。故成㞋。謙卦篆人道之人作。碧落文誼越人倫之人作。汗簡引華岳碑人作㐬。皆从累人不省。正如説文㤗古文作。而叔弓鎛無㤗無已之㤗作。毛公鼎歐天㤗威之㤗作。汗簡引古老子作。説文籀文𢍰从孖。而陳孖匜作。陳公孖叔㲋作。孖商盤作。説文女部有妐字。而井㞋妐鐘作。拍盤𨟻作。省一幺而㠯二代𨟻字。竝可證从二即重體之省也。重體亦有作者。守敢兩夷字作本書。筠清館攈古録。宋槧重文亦有作匕者。㠯此知尼即㞋。特許分為二。後人遂不能糾正耳。此銘即妮。見廣韻。即姨。更無可疑。人與尸同形。古文多用尸為㞋。師寰敢。敔敢。曾伯霥簠。仲偁父鼎。師酉敢。皆㞋。實則尸字人字也。人尸㞋不惟同形。例得通叚。且是雙聲也。古音人如夷。今小兒語音正如此。支微真文部字往往諧聲。⊘人尸㞋同字。又何疑乎。苗仙麓聲訂未免執今誣古。余并謂仁亦㞋字。篆作。从人。从二。即从。从二。其古文作。移人於二上。為少變耳。復古編辨之未知古人通例。蓋㞋人一字。人仁亦一字。中庸。仁者。人也。廣雅釋詁四。人。仁也。繫辭。何以守位曰人。釋文。王肅本作仁。論語。井有仁焉。朱子從劉君聘説仁當作人。當云人仁古字通用。竝可取證。魯伯愈父鬲字亦是㞋。余向釋季非也。【奇觚室吉金文述卷八】

梁

布方　梁正尚全當寽　鄂天　布方　梁正尚全當寽　典二一八　仝上　典二一九　仝上　典二二〇　布方　梁夸釿全當寽　典二二三　仝上　典二二四　布方　梁夸釿五十二當寽　典二二六　布方　梁夸釿五十二當寽　典二二七　布方　梁夸釿全當寽　亞四・六四　仝上　布方　梁正尚全當寽　亞四・六三　仝上　仝上　反書　布方　梁正尚全當寽　展啚版拾柒7　布方　梁夸釿全當寽　仝上5　布方　梁夸釿五十二當寽　仝上4　布方　梁夸釿五十二當寽　亞四・六四　仝上　【古幣文編】

𥎦

◉朱芳圃　藏一・二　前三・三三・四　前五・一二・六　前八・一二・五　後上九・七　後下二・一一　林二・五・一三　屯乙二一〇八

上揭奇字，从，从。即矛之初文。象形。金文楙字有作左列形者：小臣遳𣪕。免卣。其所从之矛皆如此作，是其證矣。字在卜辭中為方國之名，故增以別之，例與為兵器，引伸為吉利之義，增作相同。

說文矛部：「矛，酋矛也。建於兵車，長二丈。象形。」徐鍇曰：「鉤兵也。酋矛，長矛也。矛也，其上所注旄屬。」段玉裁曰：「考工記謂之刺兵。其刃當直而字形曲其首，未聞。直者象其柲，左右蓋象其英。」按矛為刺兵，篆文作，蓋象矛刃曲折，當即後世所謂蛇矛也。【殷周文字釋叢卷上】

𡵂

◉戴家祥　須𡵂生鼎　須𡵂生之飤鼎　商承祚曰：柯昌泗云𡵂从山从矛，即嵍之省。此字本从矛得聲，攴旁固可省也。顏氏家訓云：「嵍字依諸字書即旄邱之旄也。」經典釋文詩旄邱下引字林作嵍。今案晚周金文已有此字，知嵍為旄邱之本字。嵍正而旄假也。十二舊二葉須𡵂生鼎蓋。【金文大字典上】

陕

◉張燕昌　　施氏曰。鄭本戎字作我。下有陣止二字。今考碑本。戎世二字上下相承。不容有陣止二字于其間。又陕字。鄭云今作陸。薛作陕。施疑為跌字。潘氏陕疑作陸吾。邱氏曰。右邊乃矢字。合作陕。未詳。朱竹垞云。二字。鼓文甚明。下接宮車字。潘愜山讀為陸。近是。鄭漁仲以為陣。又顛倒其文。置止字下。章升道則以止字誤世字。施武子又疑為跌。于是字數溢出。與鼓文不合矣。【石鼓文釋存】

◉趙烈文　鑾𨌺戎止陕宮車　陕薛作陕。施作阬。又疑作跌。潘疑作陸。朱彝尊云。陸近是。烈按。坴字異文也。自土義近。矢至音近。且與下寫射為韻。陸則不可韻矣。【石鼓文纂釋】

◉孫海波　鐵二四九・一　从𨸏从矢，說文所無。人名。存六六　地名。令多馬亞𡵂菁襪𣦼陕圖。【甲骨文編卷十四】

◉李孝定　朱說是也。契文矢作。交作。形近易混。其別在「」「」二形相距之遠近。在矢字「」象鏃。「」象羽栝。故相距遠。其在交字「」象人之兩臂。「」象兩脛相交。故相距近。上出諸文類皆从矢。其或類交者乃作字之艸率急就者耳。【甲骨文字集釋第十四】

◉白玉峥　，籀廎先生釋陵（見文字篇），商承祚氏隸定作陔，謂即郊字（類編十四）王襄氏作類纂，孫海波氏作文編等均從之，曰：

「从阜从交，説文所無。」葉玉森氏謂為[glyph]字之省（前釋四·三六）。朱芳圃氏釋阦，曰「从阜从矢，説文所無」（文字編十四·五）。李孝定氏从之（集釋十四·四一五三頁）。金祥恆先生作續文編，以之列於阜部之末（十四·八）。峥按：字从阜从寅，説文所無，以今隸書之，則當作陾。於甲文中僅見於第一期武丁時之卜辭，或為人名，或為地名；字於本辭，疑為地名。【契文舉例校讀十一 中國文字第四十三册】

◉張政烺 [glyph] 陀字見秦繹山刻石：「功戰日作，流血於野，自泰古始。世無萬數，陀及五帝，莫能禁止。」陀蓋讀為施。《詩·大雅皇矣》：「既受帝祉，施于孫子。」箋：「施，猶易也，延也。」【中山王譽壺及鼎銘考釋 古文字研究第一輯】

◉唐 蘭 ⿰糹夗字從夗，字作[glyph]，是蜑或蜿的原始象形字。《殷虛書契後編》下三十九葉三片「弜弗省夗」，作[glyph]（過去是不認識的），象爬蟲一類動物虯曲之形。《史記·司馬相如傳》「宛宛黄龍」作宛，《離騷》「駕八龍之蜿蜿兮」，《西京賦》「狀蜿蜿以蝹蝹」，薛綜注：「龍形皃也。」作蜿。蜿這個詞，演化為叠韻連語，則為蜿蟬，王逸《九思·守志》「乘六蛟兮蜿蟬」，注：「羣蛟之形也」。又為蜿蟤，《九思·哀歲》「龍屈兮蜿蟤」。又為蜿蜒，《史記·司馬相如傳·大人賦》「駿赤螭青虬之蝴蟉蜿蜒」，《易林·剥之節》「蛇行蜿蜒，不能上坂」。又為蜑蟺，《文選·魯靈光殿賦》：「虬龍騰驤以蜿蟺。」又為宛壇，劉歆《甘泉宮賦》「黄龍遊而宛蟺。」由這個意義引申出來，蚯蚓也叫做蜿蟺。再引申而為夗轉，《説文》：「夗轉卧也。」由於許慎已經不知道夗字的原來意義，所以解釋為從夕從卩，迂曲而不能通。從夗的字，甲骨文有眢字，見中華本《甲骨文編》附録上三六九一，舊亦不識。金文常見⿱宀眢字（詳後麥尊），所從的夗，在臣辰諸器中或從[glyph]，或從[glyph]，而吕鼎作[glyph]，可為《説文》夗作[glyph]形所從出。能匋尊有[glyph]字，眢簋作[glyph]，又作[glyph]，並當釋眢，就是《説文》的眢字。由此可見[glyph]當釋夗，⿰糹夗為綩字，也就是綩字。《原本玉篇》有綩字，「於遠反」。《韓詩》：我遺之子，綩衣繡裳。綩衣纁衣也（蘭按《毛詩·九罭》作「衮衣繡裳」，此《韓詩》佚文）。《蒼頡篇》：「綩紘也。」《集韻》或體作⿰糹夗。可見漢以前原有綩字，《説文》遺漏未收。【論周昭王時代的青銅器銘刻 古文字研究第一輯】

◉伍仕謙 圅弊壋犀：圅，王子午鼎作[glyph]，王孫弄鐘作[glyph]，王静安先生謂：「圅字，金文作[glyph]，象倒矢在函中，小篆圅字由此譌變。[glyph]殆即古文函字。藏矢所用者為函，全矢皆藏其中。函本藏矢之器，引申而為他容器之名。」（見《觀堂集林》二〇五八頁）按永盂之司徒圅父，字形作[glyph]，[glyph]乃弓字之譌變。此二銘從[glyph]，從[glyph]，亦弓字。藏矢與藏弓，意義相同。弊，即龏，假為恭敬之恭。

糖屖，王孫萛鐘作䟣遟。䟣，假借為甫；《詩》：「周道倭遟」，「可以棲遟」，《韓詩》兩遟字並作夷。故遟、夷二字古通。鬲攸從鼎之「周康徲宮」，唐蘭先生釋為康夷宮，是也。䟣屖即甫夷，甫訓為大，夷訓為平易。故圅龏䟣屖，謂恭敬謙讓，平易近人。

【王子午鼎王孫萛鐘銘文考釋　古文字研究第九輯】

丞

◉張燕昌　〓　鄭云。丞見秦權。郭云。讀如烝。昌按。石本有重文。【石鼓文釋存】

惷

◉戴家祥　毛公鼎　惷于小大政

劉心源曰：惷，說文云「愚也」，此即專壹之意。奇觚室吉金文述毛公鼎。靜安先生曰：惷讀為蠢，考工記「則春以功」，注：「春讀為蠢，作也，出也。」尚書大傳、廣雅釋詁皆云：「春，出也。」觀堂集林毛公鼎銘考釋。【金文大字典上】

玝

乙二三九二　从乍从王說文所無其義與作同　我玝邑　乙三〇六〇　卜玝邑　鄴三下·四二·一　我玝邑　明藏二二三　玝中　師友二·一一七　玝邑　續五·二二·六　京津一六〇三　我玝邑　京津一六〇八　玝大邑　京津一六五一　前四·一〇·六　前五·一三·一　前七·二八·一　後一·二二·五　存二二一〇　戩四〇·一一　燕一七九　佚一〇〇【甲骨文編】

珆

3·1354　獨字　說文所無玉篇珆玉也【古陶文字徵】

◉高田忠周　䍀　毛公鼎。「唯天䍀集乃命。又敃天疾畏。司余小子。弗及邦䍀。」拓本。按从爿與从牆同意。䍀即庸省。以庚為庸。省文叚借耳。此䍀即鄘也。集韻。墉或作鄘。彼有所原可知矣。銘意上文叚借為用。與以同意。與經傳以庸為用同。同聲通用。下文即為附庸。王制注。小城曰附庸。墉為本字。此銘此篆可以為證。【古籀篇十】

◉高田忠周　孫氏詒讓云。庸。說文从用从庚。此上从爿者疑爿庚聲近。故變庚為爿。下从䍀者。疑由之古文。由用古字同。余別有說。阮款識召白虎敦庸作𠭯則似从兩由字傎到之。石鼓文與召白虎敦散異。孫氏此說非。愚初謂䍀即說文由字。許說由者缶也。古文作由。而鐘鼎古文𢍏字从之。亦作䍀。又僕字亦或从𢍏作𡦹。𢍏字元从甶聲也。又如粵字。或作𢍏。亦从甶字。然則䍀字亦从䍀者也。然再按此篆之䍀形。明是𠭯之䍀也。與𢍏𢍏粵之䍀形相近者偶然耳。因謂此从爿者與从土同。墉或作鄘。見集韻。古文作𦉫作𡉚者。即鄘之省。墉从庸聲。故墉亦通用為庸也。【古籀篇二十九】

◉郭沫若　䍀字舊或釋庸，或釋菁，均以今隸形近之字任意揣擬，非也。王國維較矜慎，云「未詳」。余案此乃古文牆今作醬字。說文牆古文牆，字乃从酉爿聲。今字作䍀，乃从由爿聲，由即說文「東楚名缶曰甾」之甾，亦今通行之由字。王國維說見觀堂集林卷六釋由。酉者，甕之象形，从由與从酉同意，而同从爿聲，故知䍀牆為一字。有走馬亥鼎曰：「宋䍀公之孫趞亥。」走馬官名。二字合書舊釋為一字。公上一字乃牆之籀文𤮦，古文皿字亦有作□形者，卜辭血作□即其例，非口字。宋牆公即宋莊公。本銘之「唯天䍀集乓命」當讀如商頌烈祖「我受命溥將」之將，將，大也。下文之邦䍀害吉，即常用表示未來之將字。虢季白盤有𢍏武于戎工功語，舊亦釋庸。案彼由上爿下與此自為一字。時當讀為壯，古牆將莊壯均同音。同音之字，例可通假。【毛公鼎金文叢考】

◉戴家祥　[illegible]毛公鼎　邦䍀害吉　静安先生曰：䍀未詳，虢季子白盤作𢍏，其文曰「𢍏武于戎工」，諸家釋為庸，然余見丹徒劉氏所藏一編鐘，其銘有「舍武于戎公」語，古器文句頗有相襲者，則𢍏舍似一字。毛公鼎考釋。郭沫若認為䍀即說文「牆古文牆」之古字，从由爿聲。由，缶也，从由與从酉同意。本銘二䍀字均讀為將，「唯天將集乓命」者唯天大集乓命也。商頌烈祖「我受命溥將」，爾雅釋詁「將，大也」。「邦將害吉」者即是未來或推定之語。兩周金文辭大系考釋七册一三六葉。【金文大字典中】

◉崔東華　䍀，銘文作䍀等。副詞

一猶「大」也。

唯天䍀集厥命，亦唯先正𡿺辥（襄乂）厥辟……（《毛公鼎》）

郭沫若曰：𠙴即《說文》「𤗕古文𤖨」之古字，從由爿聲。由，缶也，從由與從酉同意。本銘「𠙴」字讀為「將」，「唯天將集厥命」者唯天大集厥命也。《詩・商頌・烈祖》「我受命溥將」，《爾雅・釋詁》：「將，大也。」（《兩周金文辭大系圖録考釋》一三四頁）

一猶「將要」之「將」也。

敃天疾畏（威），司（嗣）小子弗役（急），邦𠙴（將）害（曷）吉？

郭沫若曰：「『邦將害吉』者即是未來或推定之語。」【兩周金文虛詞集釋】

歪

◉徐中舒 一期 人三一三一 從示從止，示上止下，疑為祉之異文。地名。【甲骨文字典卷一】

⿰礻支

◉饒宗頤 丘即祈丘，為字增益。旁，余釋為⿰礻支。丘乃祭山之禮，爾雅所謂「祭山曰庪縣」是也。此骨同版辭云：「己丑卜，舞羊，今夕从雨。玝庚，雨。己丑卜：舞，庚从雨，允雨。」蓋自己丑舞雩，卜庚寅降雨，壬又在庚之後兩日，即壬辰也。【殷代貞卜人物通考】

⿰礻友

◉陳夢家 ⿰礻友字从示友聲。疑當作祐。【西周銅器斷代 考古學報第九册】

◉張日昇 字从示从友。說文所無。保卣「迨王大祀⿰礻友于周」。乃據郭沫若文史論集頁三二〇陳夢家西周銅器斷代（一）則讀作「遘于四方迨王大祀。⿰礻友于周。」所謂遘于者。遘于某種祭祀。卜辭習見。戊甬鼎云。「王令宜子迨西方于省。」與此「四方迨王⊘」同例。故知陳是而郭非。然陳讀⿰礻友為祐。蔣大沂中華文史論叢五輯保卣銘考釋謂即助祭之誼。於文句似有未安。又不若郭氏之祀⿰礻友連讀也。⿰礻友疑亦祭也。【金文詁林卷一】

◉李孝定 陳夢家氏讀⿰礻友為祐，以聲理求之，其說可從。【金文詁林讀後記卷一】

⿰礻升

甲三九四〇 鹿頭刻辭从示从升說文所無 粹一五三 寧滬二・一〇七 【甲骨文編】

◉徐中舒 從示從升，《說文》所無。或不從示，以升為之。本為量器，柄上之斜畫為所附之繁飾，容器口，或周圍所加之點，表示容納或散落之物。以手持升於神前，表示祭祀時進獻品物。

祭名。舉行祭祀之地。【甲骨文字典卷一】

◉阮　元　祇　說文所無　禽簋周公某禽祇禽又敃祇　〈1274〉「周公某謀禽祝」「禽又有敃祝」按郭氏所釋與容氏異

視从示从兒。錢釋作祝。吴作禂。按之字形殊未的。而視字又字書所無。今據前後文義考之。當即宜社之宜。禮王制天子將出征。宜乎社。宜鄭注以為祭名。說文祭名凡𥛱禧禡等字皆从示。古宜字當亦从示。宜字古通儀。詩角弓。如食宜饇。釋文引韓詩作儀。國語楚語。采服之宜。周禮春官序官司農注作采服之儀。儀又通俔。隸釋費鳳别碑。黎儀瘁傷。斤彰長田君碑。安惠黎儀。俔竝作儀。說文覞字或作𩑺。知二字古通。周公謀禽視者。春官太祝大師宜於社。禽或居其職。故周公謀使涖。【積古齋鐘鼎彝器款識卷五】

◉孫詒讓　金文禽彝云。王伐蠶矦。周公某謀禽。禽又有敃。王易錫金百爰鍰。禽用作寶彝。此字。奇古難識。諦宷之。當為从丮从示。舊釋為視為祀並非。字書未見。尋文討義。當為𥛱之省。書舜典。歸格於藝祖。馬融王肅並釋為禰。漢人引亦並作禰。說文示部無禰字。徐鍇繫傳本有一字。云。秋畋也。从示爾。此非許君元文。不足據。古文葢作𥛱。从示埶聲。即丮。金文丁珥卣珥字作□。𢈠之省即其例也。不从坴者。文省。埶爾聲近。故經典又作禰也。祇即禰廟。周公某禽𥛱。謂周公隨王伐許而館於禽之禰廟。因以謀訪政事。禽又敃𥛱。謂禽有敃祭於禰廟。故王賜金以助祭也。推繹情事。其義昭然。與尚書義亦可互證也。【名原卷下】

◉高田忠周　此字舊釋皆失。阮氏元云。視从示从兒。錢釋作祝。吴釋作禂。按之字形殊未的。而視字書所無。今據前後文義考之。當即宜社之宜。禮王制鄭注以為祭名。說文祭名凡𥛱禧禡等字皆从示。古宜字當亦从示。宜字古通儀。儀又通俔。說文覞字或作𩑺。知二字古通。周公謀禽視者。春官大師。宜于社。禽或居其職。故周公謀使涖其事。禽右敃視者。古右同佑。敃玉篇訓為擊。此當讀為脤。左成十三年傳。成子受脤于社。杜注脤宜社之肉也。阮氏曲盡甚務。然尚未察篆形也。此篆右旁作。與兒字異。此即丮字也。丮有手持之義。故揚字作。此右形即此篆之也。然則此字當釋作祇。而字書無祇祔二字。此為古字逸文也。但銘意為人名。周公某禽祇。禽又敃祇者。某字讀謀。當如阮說。周公將興師問謀禽祇二臣。字阮釋敃甚非。此實敦字異勢。凡金文敦皆作。與此篆同。可證。但銘意疑叚借為諄字。說文諄訓告曉之熟也。是也。禽職任重於祇。故禽又諄諄有所諭祇也。【古籀篇九】

◉吴其昌　或釋為祝。或釋為祝。其實祝與祝為一字。象人跪於示前舉手通祝之形。其字形體當作祝。而意義則為祝也。【金文厤朔疏證卷二】

◉L.C.HopKins　我們應該注意這些結構的特别的地方是，牠們同本篇前此所討論過的卻只代表人的四肢裏面的兩肢，並且從側面看到的四肢，並不完全相同。這裏我們看他的兩手都伸展開來，這類字大都是别字的偏傍，但四十四〔〕和四十五〔〕兩圖是獨立的。這裏前兩個圖表明祈禱祝福和虔敬的態度，至於第三圖〔〕即圖四十六〔〕，看牠兩隻手的關係似乎表明很小心地握着什麼東西，雖在實際上並没有畫出一點什麼東西，牠好像剛要舉行犧牲的禮節，這可看牠含有示字的一種變形就可知道，後者表明幽靈的指示和各種禮節。四十七〔〕和四十八〔〕兩圖分明完全和四十六圖〔〕相同，雖因為這位缺乏相當的技術，把兩手畫成從一隻手出來那樣。吴大澂從一個銅器底下有個祀字的地方引來四十七圖〔〕。高田忠周亦在同一個銅器上面引來看作古逸字，他説，現在寫起來應該是祇。【中國古文字裏所見的人形　中山大學語言歷史研究所周刊第六册】

◉張日昇　字从示从丮。説文所無。阮元釋祝。讀作宜。即春官太祝大師宜于社之宜。吴子馨謂祝祝一字。象人跪于示前。舉手通祝之形(吴其昌字子馨)。柯昌濟謂説文無祝字。兒爾同聲。乃祖禰之古文。从兒之説於字形不類。金文兒作。甲骨文作。象幼兒腦由未合之形。與象兩手向前之狀全異。徐同柏釋禡。謂古文犕通麾。亦錯認偏旁致誤。高鴻縉謂字倚示畫一人拜手頟首之形。乃祈禱之禱字。Hopkins謂兩手象握物狀。然所握之物並未畫出。二人所説以前者為長。蓋丮雖有持誼。金文从丮之字並與此近似。如執作執觚。埶作丁未角。然手中無物。正表于示前跪拜之動作。惟直謂禱字亦未可。蓋禱乃告事求福。徒以拜手頟首之形不足以盡其意。孫詒讓謂字从丮从示乃禨之省文。埶爾聲近。讀作禰。高田忠周亦釋祇。乃古字逸文。於禽毁銘則為人名。釋祇是也。然謂禨之省解作禰廟。則尚有可商。金文言某廟某宫某室等甚衆。獨未見省廟字而單稱某者。孫氏之言恐有添字解説之嫌。周名煇謂字从丮从示。示亦聲。乃祋古文。為軍中師旅之祭。然丮與殳未見可以互通之理。徒以毁銘載有征伐之事而牽附軍中師旅之祭。實未可信。郭沫若斯維至並與祝混為一字。前祝字下已辨之不贅。【金文詁林卷一】

◉白玉峥　□　王氏釋豊，丁氏釋展，均極辯解，析理頗當，然皆乏碻證，不能予人以肯定，故迄今未有定論。且字於卜辭，率為貞人之專名，而同為第一期者。□與□究否為同字，就卜辭觀之，應為二名；緣斯之故亦必為二字矣。【契文舉例校讀十六　中國文字第五十二册】

◉于省吾　卜辭□字亦作□□□等形。王襄釋羌。徵文考釋征伐三四片。葉玉森云。□从茻从人。或古雲夢之夢。前編卷四第四十五葉之□方。卷六弟六葉之□方。疑為一國。鈎沈甲。又云。諦察□□為冃形。即帽之初文。冒為準初文。其上之□□為帽飾。猶□子上之□亦帽飾也。□□即篆文□之旁从□所由孳。篆文蒙下从冢。卜辭□□下則从人。疑即蒙字。集釋四·六十。商承祚云。説文解字。死古文作□。與此形近。待問編四·五。唐蘭謂□从人戴□。□當即説文𠧪字古文之□。□則即説文死字古文之□。天壤閣考釋四十。按王説之失。自不待辨。葉釋蒙亦非。惟葉後説以冃冃為帽。以□□為帽飾。已較前説為優。商與唐説尤誤。説文𠧪之古文作□。𣦼字作□者。以□當𠧪。而移右側之人於下耳。契文𠧪字作□。𣦼字作□。金文𣦼字作□。晚期金文綸鎛。𣦼字从𠧪作□。説文所引古文。係六國時古文。□即□之形譌。非契文金文中別有□□字以當𠧪𣦼也。説文。冃重覆也。冃小兒蠻夷頭衣也。王筠徐灝以冃冃為一字。段玉裁冃字注。謂冃即今之帽字。均是也。荀子哀公。古之王者。有務而拘領者矣。楊注。務讀為冒。按冃冃即帽之初文。務乃冃之借字。□□象人戴有羊角形之帽。即商器般甗敄字所从之□。周器毛公鼎敄字所从之□。兹臚陳其説於下。

一　苋字上从□或□。互作無別。如契文□亦作□。□亦作□。□亦作□。□亦作□。羊字金文父庚鼎作□。羊卣作□。茍字楚季茍盤作□。大保𣪘作□。斯例夥矣。不可勝舉。至苋字中从□與□。或有横或無横。本無別也。

一　矛係直兵。金文鉦文有□字。即矛字。金文編列入坿録。失之。善夫克鼎。遹字从矛作□。宗周鐘。遹字从矛作□。鄭楙弔壺。楙字从矛作□。郤醬尹鉦。柔字从矛作□。須柔生鼎。柔字从矛作□。古鉩文。茅字从矛作□。其柲均作直豎。無岐出者。以近世出土之商代矛形證之。上象其鋒。中象其身。下端有銎。所以納柲。一側有耳。耳有孔。蓋恐納柲於銎之不固。以繩穿耳以縛之。亦有兩側有耳者。此其大較也。

一　金文敄字所从之矛形。商器敄觶作□。般甗作□。周器毛公鼎作□。郘公𣪘作□。説文矛作□。其古文𢦦左从□。乃形之譌變。然矛係直兵。其柲亦應作直形。而金文敄字所从之矛。下端岐出。蓋□字與直兵之作□者。迥然有別。而後人不知其為二字矣。

一　芫字之演變。係由而而而而而。克鼎。于上下。从。疑亦形之變。葉玉森謂為曰形。按契文囘字从冂作。金文鄧孟壺。晏字从曰作。曼龏父盨。曼字从冂作。可資佐證。然則之从變為之从。其上半形音並相近。因而譌捃矣。古文字之形錯體譌。層出疊見。且既係形譌。如其譌變之迹相銜。則無理之可言。如契文爽字从火之繁縟。詳駢枝釋爽。覍字作亦作。見余所藏墨本。若無辭例之比勘。認為同字。其孰信之。此在卜辭二百餘年之中。形之遞變。已如是之甚。又如字金文弻之偏旁誤從因。見古文字學導論下編五八。古文圅字。後世譌作亥。他若契文羔岳之無别。人尸之不分。均以其形音並近而相捃者也。

一　前四・四四・六。貞。今□从侯虎伐芫方。受出又。六・五・七。貞。弓伐芫方。六・十八・六。乎戛芫。續三・十二・五。辛子卜。㱿貞。王叀□侯□。从伐芫□方。受□出□又。其稱芫方或芫。芫後世譌為矛。矛當即髳。字亦通髦。書牧誓。及庸蜀羌髳微盧彭濮人。偽傳。髳微在巴蜀。括地志。隴右岷洮叢等州以西羌也。姚府以南。古髳國之地。詩角弓。如蠻如髦傳。髦夷髦也。箋。髦西夷别名。武王伐紂。其等有八國從焉。説文。鬏从髟敄聲。詩曰。紞彼兩鬏。重文作髳。漢令有髳長。按詩柏舟作髧彼兩髦。是髳髦字通之證。胡嗣運鵬南文鈔庸蜀羌髳微盧彭濮人考云。與羌為鄰者髳也。髳一作髦。詩所謂如蠻如髦是也。依姓路史國名紀一引山海經有髦民國。黄帝後。其居近積石。疑即武丁時編髮來朝者。此戎種。非蠻族。按積石。地理今釋以為在今河州北一百二十里。水經注謂之唐述山。又後漢書桓帝紀。燒當羌叛叚頞追擊於積石。則髳戎殆與枹罕鄰者。此髦字讀若牟。至國名紀四。髦國商氏後。引世本。讀若旄音。此又後世所據以為姓者。牧野助討。是為黄帝後之髳國。非為商氏後之髦國。省吾按胡説以髦為商氏後。以牧野助討之髳為黄帝後。不知此乃傳記異文。未可强為分别也。

綜之。契文字。象人戴有羊角形為飾之帽。即金文敄字偏旁所從之。形雖遞變。迹本相銜。金文直兵之矛作形。隸定應為。後世捃而為一。不知其為二字。芫字孳演為矛。契文稱芫或芫方。即書牧誓之髳。從髟者為繁文。經傳亦作髦者。借字也。【釋芫　雙劍誃殷契駢枝續編】

◉于省吾　甲骨文芫字常見，作、、、、等形。王襄釋羌（簠考・征伐）三四）。葉玉森謂：「疑即蒙字。」（集釋四・六一）唐蘭同志謂：「則即説文死字古文之。」（天考四〇）按以上各説均屬臆測。金文敄字所從之矛，商器般甗作，周器毛公鼎作，郘公毁則變作。又克鼎有字，舊誤釋為項。其字右從，乃由形所譌變。又直兵之矛字，商器鉦文作（金文編入於附録），周器鄭楙弔壺楙字从矛作。周代金文遹字屢見，其所从之矛作或。以上所列直兵之矛字，與甲骨文

茦 苐 苩 茮

[字]字及商周金文敄字後世隸定為左从矛者迥然有别。[字]字本象人戴羊角形之帽。古代狩獵，往往戴羊角帽並披其皮毛，以接近野獸而射擊之（詳釋羌苟敬美）。甲骨文羌字之作[字]，即象此形。但羌與直兵之矛形近音同，因而後世混淆不分。甲骨文稱：「丁子卜，㱿貞，王[字]（學，讀為教）眾，尢于羌方，受虫又○丁子卜，㱿貞，王弓[字]眾（眾下當有缺字）羌方，弗其受虫又。」（丙二二）「貞，今□比[字]医虎伐羌方，受虫又。」（前四・四四・六）「□□卜，㱿貞，王伐羌，帝受我又。」（續存上六二七）以上羌方亦省稱為羌。甲骨文之羌，即書牧誓「及庸、蜀、羌、髳、微、盧、彭、濮人」之髳，亦即詩角弓「如蠻如髦」之髦。詩鄭箋：「髦，西夷别名。武王伐紂，其等有八國從焉。」按髳乃後起之變體繁文，髦又為髳之借字。以甲骨文驗之，則其初本作羌。其遞嬗演變之源流，宛然可尋。【釋羌　甲骨文字釋林】

[字]3・678　茮衢□里[字]忞　説文所無玉篇　茮草名【古陶文字徵】

[字]2248　説文所無集韻苩姓也百濟有苩氏【古璽文編】

[字]3・1374　獨字　[字]存陶3:46　説文所無玉篇作苐集韻苐與第同　[字]9・105　第五【古陶文字徵】

◉朱歧祥　[字]—[字]

[字]，从女从又持屮，隸作妏。《説文》無字。字用為第四、五期卜辭地名。或增水旁作[字]，由辭例互較可見。

〈前2・3・5〉癸未卜，[字][字]貞：王[字]亡畎？

〈續3・29・2〉癸未王卜在[字]貞：旬亡畎？王占曰：吉。在十月唯王[字]西喪。【甲骨學論叢】

敁　㠇　耶　郰

◉曾憲通　敍 敍敁不義　丙一〇・三　選堂先生謂：「敍敁謰言，猶言除去。」見《楚繒書疏證》。【長沙楚帛書文字編】

◉徐中舒　［古文字］　象以手持畢以會田獵之意，乃以田網捕獸之狩獵方式。人名。【甲骨文字典卷四】

［古文字］甲三五三六　从耳从口説文所無魏石經古文以為聽字　［古文字］乙五五二二　［古文字］鐵二・三　［古文字］前一・二六・五　［古文字］前六・一二・二　［古文字］後二・三〇・一八　［古文字］戩四五・一〇　［古文字］乙三三三七　或从二口　［古文字］乙三三九六　［古文字］乙五三一七　［古文字］拾四・七　［古文字］前六・五四・六　［古文字］前六・五四・七　［古文字］前六・五四・八　［古文字］戩四五・九　［古文字］簠文二二　［古文字］掇一・二一四　［古文字］佚七六八　［古文字］存四二九【甲骨文編】

◉明義士　十九　本片為柏根氏舊次第四十二。

貞王［古文字］不隹［古文字］。

［古文字］从［古文字］耳从吕，疑耶字。戩壽第四十五葉第十片「丁卯卜貞王［古文字］隹㞢壱」，與本片文句略同。【柏根氏舊藏甲骨文字考釋】

◉戴家祥　張政烺曰：耶，从耳从口。説文所無，甲骨文、古壐文有之。三體石經尚書多方以為古文聽字，不聽命，疑指下文「詒辠死罪之有若赦」。古文字研究第一期第二二八葉。按耶，从耳从口，口説耳聽，字屬會意。金文或用作人名，如太保殷「王伐彔子耶」，即是。或借作聖，如辛巳乍子丁彝等。【金文大字典下】

◉林清源　郰戈（《邵集》8162、《嚴集》7328）戈内銘文二字，前一字作「［古文字］」，左旁所从與《奩㫖匜「共」字作「［古文字］」全同；增邑旁乃春秋戰國時期地名專字習見現象。【兩周青銅句兵銘文彙考】

◉王 輝 甲文有、、、四字，前人不釋，這些實際上都是火祭之一種。從束從又，象持柴束祭神，當隸定作敕。從雙手，為之異體。所從之—義不明，然字從束，用為祭名，是沒有疑義的。京三八六六「其敕又大雨」，此言行束祭于火神以祈雨。粹一五三九「其敕。 勿敕。 㯻」，為火神。（丁山先生說、為火神，見《中國古代宗教與神話考》五二—五三頁；郭老《殷契粹編》一五三九片考釋亦云為殷人所祀之神名。）且粹一五三九敕㯻同版對貞，疑㯻亦敕之異構。 南明六七六「辛酉卜，其敕妣庚……」，續一・二一・二「于祖丁冏，勿若，即于宗」，皆云行束祭于先祖。 粹一五三八「……申卜，其㯻」，人一九四三「其㯻岳，又宗雨」，謂行束祭于戰神及自然神岳。 【殷人火祭說 四川大學學報叢刊古文字研究論文集第十輯】

◉戴家祥 丁侯鼎 勑𢼸作丁侯尊彝 此字說文未收。集韻：「蓄力切，音敕，誡也。本作勅，或作飭。」字屬形聲，从力束聲，初義不詳。丁侯鼎用作人名。 【金文大字典上】

◉裘錫圭 甲骨文有一個寫作等形的字，《甲骨文編》把它附在寫作等形的「何」字之後（212—213頁。「何」即負荷之「荷」的本字，參看《甲骨文字集釋》262頁，《文編》定為「丂」字別體，是錯誤的）。 這個字也見于金文。《金文編》把字收入附録（1247頁），把「子何爵」的和「何尊」的收入「何」字條（562頁。「何尊」銘拓本中此字不清晰，似手臂形本有上彎之筆）。 同書「河」字條收「同簋」字，注曰：「从水，𣄰聲」（727頁）。 唐蘭先生在《𣄰尊銘文解釋》中，把一般釋作「何」的字隸定為「𣄰」，並說：「𣄰當是歌的異體，《廣雅・釋詁》二說：『歌，息也。』」（《文物》1976年1期63頁注15）此說當可信。《集韻》歌韻虎何切「訶」小韻以「呵」「歌」為一字，注曰：「《博雅》：呵呵・啞啞，笑也。 一曰氣出。」

從字音和甲骨、金文的字形來看，「歌」顯然是從「何」字分化出來的一個字。 甲骨、金文的「歌」字象人荷物而張口出氣。 人荷重或從事其他重體力勞動時，呼吸的動作比較顯著（即一般所謂「氣粗」），「歌」字訓「息」或「氣出」，正與字形表示的意義相合。「歌」與「歌」形音並近，這恐怕不是偶然的（金文「歌」作「訶」，從「可」聲，見《金文編》621頁）。 荷重或從事其他重體力勞動者，往往發出有節奏的呼喊聲如「杭呵」「杭育」之類，以減輕疲勞的感覺。 這種呼喊聲大概就是最原始的歌。「歌」很可能是由「歌」派生出來的一個詞。 【說字小記 北京師院學報一九八八年第二期】

柸 柁 [木疋] 夾

◉黃錫全 柸 夏韻灰韻柸下録《義雲章》作，録《汗簡》作，今本《汗簡》有無。《說文》桮字籀文作（鉉本）。【汗簡注釋補遺】

◉徐中舒 從木從它，《說文》所無，見於《玉篇》：「柁，正船木也。設於船尾，與舵同，一作柂。」

用與它同，柁示即它示，指直系先王（大示）以外之先王，即旁系先王。張政烺說。參見卷十三它部它字說解。【甲骨文字典卷六】

3·399 闞里馬[木疋] 說文所無集韻梳字別體作[木疋] 3·400 同上 3·401 同上 3·402 同上【古陶文字徵】

粹三二二 此字變形甚多而卜辭多用於祖妣之間變例或在祖妣之末其義為匹配比偶其形不可識羅振玉據形釋赫謂古文赫奭一字有妃比之義唐蘭釋夾于省吾據形釋爽郭沫若釋奭奭字說文失收無字下引或說即規模字母模音近故甲骨金文用為母 父庚夾

甲二八九三 乙二五一〇 乙三〇三七反 伊夾 後一·二二·四 戩三三·七 佚八九二 京津二二九五 續二·二二·五 掇二二三二 明藏四二二 人名 其𠦪雨于伊夾 明二〇四 前一·三三·五 前一·三七·三

夾妣辛 前一·三四·三 珠八六八 甲一六四二 妣丙大乙夾 乙四六八 王賓大庚夾妣戊 前一·三·二

前一·三·七 前一·三一·八 後一·二一·一 後一·二·二 後一·二·七 後一·四·九 後一·三·九 後二·二·五 京津五〇八〇 粹二五五 于妣庚羌甲夾 掇二·二一五 明藏六五九

京都一七九·二 甲二七九九 卯于小乙夾妣庚 前一·一二·二 前一·三四·二 戩二·一一 後

一・二・九 □ 佚五六六 □ 佚八七八 □ 京津三三二二 □ 前一・二・四 □ 前一・八・一 □ 前一・五・八 □
後一・一・六 □ 前一・二・八 □ 後一・二・一六 □ 佚一七八 □ 佚三五三 □ 佚六一七 □ 前一・八・一 □
前一・三四・四 □ 前一・四一・六 □ 後一・一八七 □ 後一・三・八 □ 後一・四・一〇 □ 掇二・一二四 □ 掇
二・四一五 □ 後一・二・五 大甲奭妣辛 □ 乙四五三四 人名掇于黃奭 □ 乙四六四二 □ 前六・二一・三 帝黃奭三犬
□ 金六三九今日用二犬二豕黃奭 □ 庫四七一 □ 乙五三一七 □ 前一・一・五 【甲骨文編】

◉楊樹達　甲文有□字，或作□，或作□，或作□，或作□，其他變體至夥。凡王賓之以妣配食者，於王賓與妣某之間必以此字間之。羅振玉釋其字為奭，謂由从㸚二火者誤為从䀠。然說文奭訓盛，無由有配匹之義，羅氏欲改奭字之形以就甲文，義仍不可通也。葉玉森釋為夾。然甲文此字變體至多，絕無从二人者。形既不符，夾亦無配偶之義，是其說形義皆不相合，與羅說無異也。近日有文字學者據召公名奭而史篇名醜，毛詩賓之初筵篇「賓載手仇」，鄭箋讀仇為斢，欲釋此字為奭，而讀為仇匹之仇，音義頗為密合，殊見用心。然說文奭字从䀠，甲文此字絕無从二目者，於形又無當也。郭沫若云：「此字有與母字通用之例，如祖丁□妣己，有一例言祖丁母妣己，大乙□妣丙，一例言大乙母妣丙。說文林部□無注，从林□，□或說規模字，从大冊。然以金文□字言，□當作□，不从大冊，此與卜辭本字之作□者形同，是□古有用為規模字者，雖不必即是模字，其音必近於模。」通纂考釋壹之貳貳。樹達按：甲文此字為一最常見最重要之字，然自來甲文學者皆未說通。郭君根據說文無字下說解明此字之形與音，又用甲文□母同用之例以明其義，此種創造性之發明，可謂石破天驚，得未曾有。問題到此，再進一步研究，即有兩問題隨著發生。母字從來古韻學家皆定為咍部字，甲文何以與模部規模字之模通用，此字音問題也。母是父母字，甲文何以用為匹配之義，此字義問題也。此兩關不通，則問題似仍未能澈底解決也。請先談字音問題。或謂母模雙聲通用，此決非究極之說。余疑母字最古之音本在模部。何以言之？古文母字與女字同用，甲文毓字或从女，或从母。妻字說文謂从女，而金文農卣卻从母而不从女，女字乃模部字也，此一證也。金文母毋二字不分，毋字音韻學家皆定為模部字也。此二證也。詩經中母字雖多與咍部字為韻，然鄘風蝃蝀二章母與雨叶，雨固模部字也，此真古韻之殘餘也，此三證也。父字古音與巴同，今作爸字，此數千年來流傳於嬰孩口中，始終未變之字音也。母字今小兒云媽，由流溯源，父字在模部，知母字亦當在模部，故其流

⿱内止

⿸厂旲　⿸厂昊　⿸厂奡　⿸厂奰

變與父字如出一轍也。此四證也。然則母字真古音本在模部，故甲文以模部之模字與之相通用也。合觀甲文金文母字與模女毋三字同用之痕跡，則母字由模部演變入咍部之跡象甚明，如謂初本在咍部，後變入模部，則時代後先顛倒失次，為令人不可想像之事矣。此字音問題之説也。次談字義問題。今皆以父母之母為母字之初義，余謂殆非也。父者，男子也，母者，女子也。許君訓父為家長率教者，非朔義也。金文男子之字，字皆作父，不作甫。甫為父之後起字，説文訓為男子之美稱，猶得父字義之髣髴。古文母女通用，知母本謂女子也。王静安著女字説，見觀堂集林卷三。歷舉金文中「虢改魚母」之類凡十七事，謂皆女子之字，其説是也。此雖周代史實，然父為男子，母為女子之訓義，實受自殷人。惟静安謂男女既冠笄，有為父母之道，故以某父某母字之，則説恐非是。余謂字男子曰父者，所以別於女子，明其為男子也；字女子曰母者，所以別於男子，明其為女子也。孟子稱五母雞二母彘，母雞母彘但謂牝雞牝豬，絶無父母母字之義也。然則甲文稱大乙母及祖丁母者，猶今人言某某的女人耳，正不必以父母之義為嫌，而別求解説也。此字義問題之説也。兩説通，此字或可得終極之解決乎！

又按今人稱雄雞為公雞，牡豬為公豬，公者，廣雅釋詁云：「父也。」然則公雞即父雞，公豬即父豬，此與母雞母彘正相對，此父母二字皆只別性之陰陽，非與子相對之父母義也。又按説文牛部云：「牡，畜父也；特，朴特，牛父也；牝，畜母也。」諸父母字亦皆只示陰陽性之不同，非常言父母義也。【釋⿱内止　積微居甲文説】

◉饒宗頤　𡧊　𡧊　⿱内止字，郭氏釋空，誤。上體明為内而非穴。【殷代貞卜人物通考】

◉吴式芬　⿸厂旲⿸厂旲　説文所無　⿸厂旲弔多父盤　〈2921〉「日⿸厂旲右父母」

許印林説。⊘⿸厂旲即夭之變體。加厂取高義。或釋昊亦通。【攈古録金文卷三之一】

◉孫詒讓　⿸厂旲多父盤　舊釋為昊。許瀚又釋為天。案此从旲。雖與昊字相近。然不當从厂字。書亦無从厂。从昊之字攷後召伯虎敢云。⿸厂旲令弟二敢㖼⿸厂旲我考我母令〔攈古〕三之二。當即此字。以兩器文參合校之。疑當為⿸厂奰之省文。説文亣部。奰壯大也。从三亣三目。一曰迫也。讀若易虙羲氏。厂部。⿸厂奰滿也。从厂奰聲。此是其例也。从旲者。奰之省。前〔攈古〕二之三單伯鐘云。單白旲生。舊亦無釋。疑亦奰之省也。以目為⊖者。省文。後曶鼎眔字作⿱⊖⿰目目〔攈古〕三之三。亦變目為⊖。與此正同。又變亣為矢者。中偶增一横畫。召伯敢从亣。乃其正字。惟省⊖為○。則又小異。要皆横目形之變也。此文曰。⿸厂旲又者當讀為密宥。與召伯敢借戻為服小異。說文。𩾊讀如虙密。聲類同。虙羲漢書古今人表亦作宓羲。又宥亦同聲。叚借字。詩周頌昊天有成命云。夙夜基命宥密。毛傳云。宥寬。密寧也。又有聲類亦同。金文多通用。前𢼸父鼎云。有女多兄〔攈古〕二之三。此云戻又父母。亦謂寬寧父母。即下文孝慈之事。與召伯敢㕁戻我考我母命文意亦正相合。儻得其義也。

戻召伯虎敢　戻字从厂从吳。吳氏不箸其讀。攷說文戻吳二字皆未載。惟夨部吳古文作𠱾。段玉裁謂从吳。前吳生鐘吳字亦作吳癸亥父己鼎作吴。他如夰部𢍜从臼夰。介部界从介白。古文以為澤字。又前無斁鼎斁字作吳〔攈古〕一之三。後毛公鼎亾斁之斁作吳〔攈古〕三之三。似皆吳之變體。故叚借為斁。以上諸字並與吳形近。而與从厂皆不合。詩周頌絲衣不吳不敖。釋文引何承天云。吳當為吴。从口下大。此繆說不足據。惟前多父盤云。戻又父母〔攈古〕三之一。戻吳釋為昊。與此戻似皆一字。但彼下从昊。此下从吳。形復小異。彼疑當為㕢。即說文𤕫部𤕫字之省。以目為㒳者。亦變文。𢍜睪互通。此變目為𠙵又省中點。或范鑄不具。或拓本不析。皆未可知也。說文𤕫从𩾊聲。𩾊讀若易虙犧氏。易釋文云。虙服也。虙莊子人間世篇作伏。亦與服通。此戻令之戻疑亦讀為服從之義。與㕁義畧同。前敢云。戻命猶云服命。書康誥云。明乃服命。偽孔傳云。當明汝所服行之命令。又召誥云。越厥後王後民前服厥命是其證。合言之則曰㕁戻。書無逸文王卑服即康功田功。釋文引馬融本卑作俾。云使也。案馬本作俾是也。而訓使未塙。書卑服承上文太王王季克自抑畏言之俾。當詁為從言。從服祖父之德。此㕁戻與書卑服正同。云㕁戻我考我母命。亦猶云順從我父母之命。【古籀餘論卷三】

◉孫詒讓　金文又有戻字。如多父盤云。戻又右父母。或又作戻。如召白虎敢云。余以邑嬰俾有𤔲司余典弗敢封今余既嬰有𤔲曰。戻令。又弟二敢云。召白虎曰。余既嬰戻我考我母令。余弗敢辭。通校諸文。从厂从吳。說文無此字。唯𤕫部有𤕫字。云。滿也。从𤕫𩾊聲。金文从𤕫字多省从厂。如㾕作𤸪。𤸇作𢊛。並見毛公鼎。是其例也。戻疑即㕢之省。𩾊作吳

吳者目之省變。與㒳鐘文同。

多父盤戻字。召白敢戻字。蓋亦當讀為服戻。又父母猶服右父母。謂順服右助父母也。戻令者。服從命令也。書康誥云。明乃服命。又召誥云。越厥後王後民茲服厥命。即戻命之義證也。嬰戻我考我母令者。嬰讀為拼。與俾亦一聲之轉。可以通用。爾雅釋詁云。俾拼抨使也。俾拼抨使從也。嬰拼同聲叚借字。亦謂使從服我父母之命令。書無逸云。文王卑服。即康功田功。釋文引馬融本卑作俾。云使也。書云。俾服亦即敢文嬰服之義證也。【名原卷下】

◉戴家祥　戻二　召伯虎段有𤔲曰戻令　戻召伯虎段　余既嬰戻我考我母令

戻字說文所無，从厂从吳。金文睪有寫作吳見斁字條釋文，此字當隸定為厡。「厡」字不見說文篇海云：「餘昭切，音遥。座

砓 𢦚 弆 剢𧰲

也。」斁、犀聲近，犀當从厂畢聲。座古通作坐。古者謂跪為坐。禮曲禮「先生琴瑟書策在前，坐而遷之。」注：「坐，跪也。」召伯虎段「厚犀令」、「厚我考我母令」，厚犀都作為跪拜解，即跪拜受命的意思。【金文大字典上】

◉徐中舒 一期 存一·七四六 一期 前八·六·一 二期 京三三七六

從石從殳，《說文》所無，疑與磬為一字。【甲骨文字典卷九】

◉高田忠周 舊釋為戎。然審篆形，从戈从。即古文終字。而說文無此字也。如戎字从戈从。或从古文甲作。與此迴別。蓋古字逸文。劉氏吉金文述云。彔當國名。太保敦王伐彔子亦國也。𢦚字不見字書。或釋戎。或釋戒。然从明是終字。玩下文。自乃祖考。有晉于周邦。皇考釐王。則彔伯𢦚為周釐王子而封于彔者。可補內外傳缺。此攷尤佳。或云。冬終戎古音通。【古籀篇二十六】

◉孫詒讓 字與後彔伯戒敢字正同。後吳釋為戒，此無釋。攷說文収部云：「戒，警也。从収持戈，以戒不虞。」此从與収不類。吳大澂引舊釋為戎，近是。蓋當為从戈聲。說文仌部，古文終字。後井人鐘頌鼎、頌敦，終字並作，疑即戎之異文。說文戎从，此以聲類變从，於字例亦得通也。【古籀餘論卷二】

◉劉心源 彔伯𢦚敢 𢦚字不見字書。或釋戎。或釋戒。然从明是古文終字。【奇觚室吉金文述卷四】

◉戴家祥 矢令段 令用弆展于皇王 郭沫若曰：弆字當是敬之古文，从昚古文慎省，井聲。兩周金文辭大系考釋第五葉。按從矢令段銘文的詞例看，郭釋可備一說。但弆字的結體未必从昚省，作為「敬之古文」證據不足，有待再考。【金文大字典中】

◉唐蘭 字羅振玉誤釋為牝，學者多從之。今按當釋為剢，非牝或𧰲字，其作者，乃真𧰲字耳。剢於卜辭當讀若遂。銅器静段有鞞，亦即剢字，吳大澂讀為射韝之遂是也。射韝以革製故番生段鞞韝字从革。【天壤閣甲骨文存考釋】

◉徐中舒 從刀從豖，與從匕從豖為牝字異文之非一字。金文有作三代六·三者，以刀剸豖之形宛然可見，即此字之簡化。以刀剸豖，故引申之而有傷害之義。唐蘭謂：「應釋剢，即金文静段之。」天壤閣甲骨文存考釋二三頁。剢字《說文》及字書皆無。傷害也。【甲骨文字典卷九】

◉李孝定　从豕从匕。説文所無。唐氏又分此為豝㓹二字。前・一・一・三「貞㞢豕于父甲」。同片它辭云。「丙辰卜争貞𠂤㞢」。此字當即唐氏釋㓹者。其辭例與上辭言「㞢豕」例全同。仍是牝豕之豝。不當讀為遂也。【甲骨文字集釋第九】

◉張秉權　，楷寫為豝，即牝字，偏旁从豕，專指母豬而言。青，郭氏讀為彀，唐蘭説是畜子之通稱。按二氏之説甚是，豝青當是小母豬的意思。又庫方二氏藏甲骨卜辭一〇六〇片有

癸未卜，帚鼠㞢妣己青豕？

青字似為形容詞，青豕或是小豕之意，但是説為青與豕，亦無不可，另一辭作「羊豕」，是羊與豕二牲。豕字郭氏引作犬，恐非。【殷虚文字丙編考釋】

◉陳煒湛　甲骨文匕(妣)多作或，然亦可作或，遂與人形相近，又可作(《佚》一九二)，乃與刀同形。而人字，除一般作外，亦可作(《契》四)或(《京津》四一三三)，與匕同形，偶亦作(《京津》二九九二)，與刀形同。卜辭有方者，或釋尸(夷)方(《殷契粹編》)，或釋刀方(《甲骨文編》、《殷虚卜辭綜類》)，均似有理，其實即釋為人方亦無不可。可見，甲骨文人與匕基本同形(且從人之字亦多作)；匕與刀、人與刀也有少數同形之例，唯據文義均可判斷，不致相混，故其例亦可從畧。今復得從刀與從匕者同形之一例，即豝與㓹共作形，需略為一説。

《甲骨文編》卷二牝字條下注云「匕形誤為刀」，復列從豕之等十三文為異體，謂「或從豕」。案此十三文中實包含豝㓹兩字。像《戩》四三・五片「勿𠂤」、《後》下二五・一二片「貞叀小」、《甲》三〇二二「勿乎取芻」、《甲》三〇七〇片「庚申卜乎取芻」、《乙》五六八九片「㞢于祖辛青」，諸例之，釋豝(牝)誠可，其義為牝豕，且在辭中均為名詞。而其餘諸文，如《鐵》一五・一片「壬戌卜王貞勿㞢」、《後》下三六・七片「王固曰：其㞢。允弃，弗得亏」、《陳》一六片(《甲骨文編》誤為一三)「丙辰卜，争貞：𠂤㞢」均稱「㞢」，辭例與「㞢帚」、「㞢囚」、「㞢來嬄」等同，其義頗與災異不吉之事有關，與牝無涉，當是㓹字，不應釋牝。㓹，從豕從刀，其本義當為殺豬，引申之則或有殺伐、凶殺義。此字古金文亦屢見，作一手操刀向豬的腹部(或背)砍去之形，容庚先生定為圖形文字，《金文編》入之附録(見附録上第二七頁)。甲骨文不如金文形象、填實，而是完全線條化，抽象化，但其寫作，從豕從刀，則與古金文一脈相承。

除《甲骨文編》所列十三文外，或之當釋豝(牝)者還有：

貞：青于父乙？　　《乙》二八三三

貞：[字形]邕于祖乙？ 《前》一·九·七

勿[字形]邕。 《戩》四三·五

等數例，而當釋刿者為例尚多，其辭較完整可讀者如：

戉亡其[字形]。 《續》六·七·五 《佚》一四二

射𠂤亡其[字形]。 《南·明》二五一

貞：我在沚亡其[字形]？ 《寧滬》二·五二

丙辰卜，争貞：𠂤出[字形]？ 《前》一·二四·三 《續存》下·一八二

☐征其出[字形]？六月。 《續》二·二三·一

☐酉卜，☐貞：弜出[字形]，隻正方？ 《拾遺》四·三

☐未卜，貞：弜出[字形]？ 《庫》六九六

均是其例。案[字形]實即[字形]之倒形，死刿之共作[字形]形與此不無關係。【甲骨文異字同形例 古文字研究第六輯】

⿰扌卯 ⿰扌后 ⿰灭殳

◉戴家祥 [字形]北伯尊 [字形]北伯卣 北伯⿰灭殳作寶尊彝

林潔明曰⿰灭殳字說文所無。字从殳从灭，疑乃威之初文。从手持杸以撲滅火也。一在火上，示威火之意。說文：「威，滅也。从火戌，火死於戌。」按火死於戌，乃漢陰陽家之言，無關造字之旨。金文⿰灭殳用為人名，無義可說。【金文大字典中】

[字形] 执音仇 【汗簡】

◉湯餘惠 (6)近年鄭州地區出土戰國陶文單字戳記有[字形]（《中原文物》1981年第一期第15頁圖14）字，其字又見於

[字形]司工 （2227，見圖版叁3）

圓形朱文璽。其字右从邑，很可能是地名用字；左旁即省略斤旁的「折」。古璽折字或作□（4299）；抵字从折或省作□（4953）、□（4971），前形省去像斷草形的□，後形連斤旁也一併省略了，戰國文字中的「折」繁省差別甚大，因此我們可以把這個字釋為「扌阝」，用「六書」條例分析，原篆應是从邑、折省聲。

扌阝字不見于字書，從形、音推測，疑即古地名「制」的專字。折、制並照母、脂部，古音相同，古書中多有通用之例。近年出土的雲夢睡虎地秦簡有□（910簡）字，又作□（1024簡），李學勤先生釋為「製」，字从折與小篆从制同。所以地名制古寫作「扌阝」是極有可能的。

制邑西周時屬東虢，春秋屬鄭，後歸于晉，戰國屬韓，其地在今河南滎陽東北，因地勢險峻素有「巖邑」（《左傳·隱公元年》）之稱。扌阝字陶文在這一帶地區出土，對于古制邑地理位置的確定無疑是很有價值的。

如此看來，「扌阝司工」璽則應該是制邑司工所用的官印。此璽「扌阝」或隸為「郝」，還有人釋為「挹」，看來都有可商的餘地。

近年河南登封陽城遺址出土一批陶文，其中單字刻款有

□（《古文字研究》第七輯第230頁圖叁伍2）

字，與古璽抵字从折作□、□、□等形者略同，應即「折」之省體。陶文「折」如果不是陶工的私名，那很可能和前考「扌阝」的性質相同，同屬制邑工官標記，標明是在制邑工官的監督檢查下製成的。【略論戰國文字形體研究中的幾個問題　古文字研究第十五輯】

矦　怇

◉顧廷龍　□怇。說文所無。按□古文巨。集韻。怇慢也。潘。□周右宮怇。【古匋文孴録卷十】

◉李孝定　从矢从止，説文所無。絜文族作□，此非族字也。【甲骨文字集釋第五】

◉孫海波　□乙二三〇七　从矢从止。説文所無。人名。【甲骨文編卷五】

◉商承祚　集韻謂矦為古族字。而許書無。【殷墟文字類編卷五】

歨

◉王慎行　武丁卜辭中有[glyph]字；或省作[glyph]、[glyph]、[glyph]諸形；卜辭中另有[glyph]字，从止从王，與上揭[glyph]字形體迥異，但羅振玉認為當是一字，均釋為「往」。羅振玉《增訂殷虛書契考釋》第57頁。其後研契諸家多從之。

胡厚宣先生則認為：「[glyph]字从止从立，與往字从止从王者不同。止有向前之義，立與位同，象人本來安居其位，因受逼迫而出走，其義當為逃亡，字疑即《說文》㞷之古文㞷。㞷即[glyph]，㞷即[glyph]，兩字本來不同，自從許氏混而為一；以一為篆文，一為古文，後世難以分辨，㞷字遂亦成了㞷字，即是往來之往的古文。」又謂：「卜辭亦有亡字，但皆用為有無之無，絕無用作逃亡之義者；凡是逃亡之字，皆作歨。」胡厚宣《甲骨文所見殷代奴隸的反壓迫鬥爭》，《考古學報》1976年第1期。今案胡氏釋[glyph]為㞷之古文㞷，訓為逃亡之義，均不誤；但說解字形似嫌迂曲。甲骨文[glyph]字，應隸定作歨，其構形本意與《說文·之部》㞷之古文「㞷」有相通之處；[glyph]字下部所从之「立」，象正面人形立於地上；而「㞷」字下从「壬」，壬字甲骨文作[glyph]（後2·38·1）、[glyph]（誠377）、[glyph]（後2·6·1），象側面人形立於土上。古文字偏旁从[glyph]（側面人形）與从[glyph]（正面人形）每無別，屬於義近偏旁通用（王慎行《古文字義近偏旁通用例》，待刊。）而人立地上與人立土上意義相同，故古文字从立與从壬義近可通用。清人朱駿聲亦云「壬字从人立土上會意，挺立也，與立同誼」，即其佳證。是知《說文·之部》「㞷」字當是卜辭中義為逃亡之「歨」字。【卜辭所見羌人的反壓迫鬥爭　考古與文物一九九二年第三期】

壱

◉孫海波　[glyph]甲一六五四　卜辭它从止。[glyph]前二·二八·一　或从[glyph]。【甲骨文編卷十三】

◉姚孝遂　肖　丁　卜辭的「壱」者多為祖妣神祇，其它則罕見。

粹1166有「隹西方壱我」，此二「西方」可能是指西方之神祇，即地祇，但也有可能為西方之敵國。

乙3407：「壬辰卜，争貞，隹鬼溦。」其反面之驗辭為：「允隹鬼眔周溦。」

鬼與周皆為殷之敵國。

卜辭「溦」一般為用牲之法，此則與「壱」同。

「犬壱」謂犬方為禍。「犬」為方國名。【小屯南地甲骨考釋】

◉姚孝遂　上古艸居患「它」，行道而遘「它」，即為災患之義。「壱」从止从它會意。在殷人之心目中，一切禍福均為神祖所司掌。凡有災疾，均屬神祖所降。故卜辭中每見此類之占問，多稱之為「壱」：

「貞，疾隹父乙壱」：

[辶夂]

不隹父乙壱」　乙三四〇二

「母己壱王；

母己弗壱王」　乙七八九三

「河壱雨；

河弗壱雨」　乙九二〇

「隹帝壱我年；

不隹帝壱我年」　乙七四五六

「壱」或假「它」為之，但尚難以證明「它」、「壱」同字。粹一一「隹河壱禾？隹夒壱禾？」郭沫若謂壱「用為患害義」是對的。綜類誤摹為不从「止」之「它」，並混入巳字。【甲骨文字詁林第二册】

◉朱歧祥　[glyph]—[glyph]—[glyph]

[glyph]，从止，它亦聲，隸作壱；害也。第四、五期卜辭字增偏旁彳。由害蟲的出現，引申有降災意。卜辭多貞問「㞢壱」、「亡壱」。即言是否有禍。

〈林2・28・16〉庚子卜，王貞：余亡壱？

〈通別2・1〉丁未卜，在[glyph]貞：王其入大邑商，亡[彳壱]？

字復省止作它。由以下辭例互較得證。

〈庫407〉河弗壱我年？

〈粹11〉庚寅卜，隹河[glyph]禾？【甲骨文論叢】

◉徐中舒　伍仕謙　(9)[glyph]，从夊聲，當讀為致。《說文》「夊，从後至也，讀若黹」。黹、至，古脂韻字。致，送詣也。建退[辶夂]乏者，言以財貨私自送給乏者。【中山三器釋文及官圖說明　中國史研究一九七九年第四期】

眦　⿰貝力　易

◉戴家祥　[glyph] 易鼎　休眦小臣金　眦字从目，从比，説文所無，以形聲審之，字當釋睤。比、畀聲同聲符更旁字也。唐韻比讀「毗至切」，並母至部，古卑畀同，集韻「必至切」，幫母至部，韻同聲近。荀子・宥坐篇「天子是庳」，楊倞注「庳，輔也」。今毛詩小雅節南山作「天子是毗」，毛傳「毗，厚也」，鄭箋「毗，輔也」，是其證。玉篇四十八睥，「普計切，左睥右睨」。集韻去聲，十二霽「睥睨，邪視也，或作俾睥」。史記信陵君傳「俾睨故久立」。皆其義也。鼎銘「小臣」官名，「眦」人名。趞叔毁云「休于小臣貝三朋」，沈子毁云「休沈子田」，季受尊云「□休于世季受貝三朋」，辭例相近。楊樹達讀眦為畀，「休畀」謂賜與也。積微居金文説卷三第八十四葉易鼎跋。【金文大字典中】

◉孫稚雛　[glyph]　首字从貝从力，可隸定作⿰貝力。徐同柏、陳介祺釋賜，《攈古録金文》(三之一・二七頁)引許瀚釋鼎，以為古得字，孫詒讓從之。劉心源釋⿰貝力，郭沫若隸定作⿰貝力而注作「賀」。聞一多曰：「⿰貝力字不識，⿰貝力爵蓋爵名。」孫作云釋作勛，以為从貝从加。孫常叙曰：「⿰貝力字是一個从貝力聲的形聲字，是以『賜』『予』為訓的『賚』的音變。『來』『力』雙聲，一在之部，一在職部。之職陰入音變，正象『來』在之部，而从『來』得聲的『麥』卻在職部一樣。」(《天亡毁問字疑年》)【天亡簋銘文彙釋　古文字研究第三輯】

◉戴家祥　[glyph] 大豐毁　王降亡⿰貝力　字从貝从力，説文所無。劉心源釋助，从且，與字形不合。郭沫若讀為賀之省，於義勉强。竊疑讀為勩之省。説文十三篇：「勩，勞也。詩曰：莫知我勩。」【金文大字典下】

◉劉昭瑞　濬縣辛村M68所出銅泡，⊘背壁陽識銘文三字：「衛自易」，郭寶鈞：《濬縣辛村》圖版陸玖：1，科學出版社，1964年。自同師，易作[glyph]形，同錫；M72所出⊘易則作傷。郭寶鈞：《濬縣辛村》圖版陸玖：1，科學出版社，1964年。圖版陸玖：2。近年發現的北京琉璃河燕國早期墓葬群，《1981—1983年琉璃河西周燕國墓地發掘簡報》，《考古》1984年5期。其中M1029所出一泡狀飾⊘，背壁陽識銘文四字「匽侯舞易」⊘。辛村所出「衛師易」即衛國師旅之錫，琉璃河M1029所出「燕侯舞錫」即燕侯舞之錫，「錫」系該器自名，按照青銅器定名中名从主人慣例，該類器物稱為「錫」是没有疑問的。

錫也見於西周金文中，常與戈等一起賞賜給臣下。宋代人著録的師毁簋，記伯和父册錫師毁：「余令汝死我家」，「易汝戈琱戉、厚必、彤屡，[glyph]五錫。」王俅：《嘯堂集古録》上53，中華書局，1985年；薛尚功《鐘鼎彝器款識法帖》等書著録。均訛作十。近長安張家坡出土的五年師旋簋凡三件，蓋器同銘，銘文記：「王曰：師旋，令汝羞追於齊，儕汝[glyph]五易、登[glyph]、生皇畫内；戈琱戉、[glyph]必、彤沙，敬毋敗迹。」《長安張家坡西周銅器群》，文物出版社，1965年。近陝西永壽縣好畤河出土的逆鐘銘文記：「叔氏令史寷召逆，叔氏若曰：逆，乃祖考許政於公室，今余錫汝干五錫。」曹發展、陳國英：《咸陽地區出土西周青銅器》，《考古與文物》1981年1期。三器都是西周晚期器，師旋簋作昜，同於泡飾上文字，師毀簋、逆鐘皆作錫。三器銘文都作「干五錫」，可見在當時已是常例。

師旋簋、師歔簋、逆鐘的「干五錫」應讀為「干五錫」，在三件器銘中都與戈同賜，其例又同上述虘簋等，所以「干五錫」即是鑲有五個錫的盾。【説錫　考古一九九三年第一期】

◉陳世輝　冒字銘文作[glyph]，中間的一個空心點，形狀既不規整，地位又不適當，這應是銅鼎内壁表皮的剥落，並非文字的筆畫。據報導，鼎下有較厚的烟炱。可見這只鼎是經過長時間使用的。由於使用或在地下埋藏久遠，鼎腹内壁的表面有某些脱落是很難免的。這究竟是否剥蝕，只要目驗實物就很容易斷定。我暫定為表面的剥落，以供討論。冒字上面所从的曰，是冒的象形字，冒字現作帽。鄧曼壺説：「鄧孟作監曼尊壺。」曼字作[glyph]。王國維氏説：「从曰从女，曼者鄧姓。」本銘冒字所从的曰，與晏字所从的曰完全相同。冒字从甘曰聲，當讀為冒或帽。《説文》：「曰，小兒、蠻夷頭衣也。」戎人頭衣稱帽，正合文意。如果以為「戎金冒（冒）是軍戰用帽，讀冒為鍪也可以。《荀子・禮論》「有鍪」注：「鍪之言蒙也，冒也，可以冒首。」鍪、曰、冒古音相同，義也相關。鍪，後世稱兜鍪，如現在軍隊所用的鋼盔。金冒也許是這種東西。【師同鼎銘文考釋　史學集刊一九八四年第一期】

[glyph] 3・524　甗圛昲　説文所無玉篇乾物也【古陶文字徵】

[glyph] 3・1208　獨字　魏三體石經蹟古文作[glyph]即速字此應即玉篇[口束]字　[glyph] 3・1209　同上【古陶文字徵】

◉黄錫全　[glyph]嚍　《説文》百字古文作[glyph]，與此字右旁形同，从口从百即咟字。《玉篇》咟同嚍。嚍寫誤。【汗簡注釋卷一】

迪

◉容　庚　迪字一見于郙比父豆。作[古文字]。从邑。文云。郙比父乍孟姜豆子=孫=永𦔻用。殆同屬中國之器。不知是否出于河南南陽耳。近定毁為簋。而長方之盨另是一器。直稱為盨。【周迪仲簋　周慶雲夢坡室獲古叢編】

畯

◉崔永東　畯，銘文作[古文字]等。

副詞　猶「永」也，「長」也。

（一）用𣥀壽，匃永令，畯才（在）立（位）。（《𨽾簋》）

張政烺先生曰：「𣥀」與「匃」皆祈求之意。《師俞簋》：「天子萬年，眉壽黃耇，畯在位。」《秦公鎛》：「秦公其畯𩁹（命）才位。」「畯」即「畯」，讀為「駿」。《詩・周頌・清廟》：「駿奔走在廟。」傳：「駿，長也。」《書・文侯之命》：「俊在厥服。」又「予一人永綏在位。」語意皆相同（見《古文字研究》第三輯張文）。是知「畯才立」乃言永在位也。

（二）𨽾其萬年，畯（畯）保四或（域）。（《宗周鐘》）

言𨽾期望萬年永保天下也。

（三）頌其萬年釁（眉）𦇓（壽），畯（駿）臣天子，霝冬（令終）。（《頌鼎》）

言頌期望萬壽無疆，永遠臣事天子而善終也。【兩周金文虛詞集釋】

吕

◉丁　山　臼辭，「癸亥，旬乞自雩，十夕，吕。」吕，在甲巽刻辭一稱

[古文字]氏。善齋藏片。

或省稱，曰：

[古文字]。院・7・0・0776。裏甲。

[古文字]氏，在武丁時代時常為王貞卜，如卜辭云：

辛酉卜，[古文字]貞，季𣞤王，五月。前・5・40・3。

……[古文字]……。後・下・23・12。

丙午卜，[古文字]貞，翌丁未，㞢于丁。前・6・49・8。

癸酉卜，[古文字]貞，旬亡囚。前・6・39・7。

⿰兄攴　响

其字則由㗊或省為⿱𢀚口，⿱𢀚口上所从之𢀚，當是㠭字的初文。說文：「㠭，極巧視之也。从四工。」按，四工與兩工之誼同，皆謂善其事也。疑⿱𢀚口，从口，从𢀚，即詩小雅所謂「巧言如簧」，其音則讀與展同。展，孳乳為囅。左思吳都賦：「東吳王囅然而咍。」劉淵林注：「囅，大笑貌。莊子曰，齊桓公囅然而笑。」囅然，今本莊子達生作䀡，䀡，釋文猶音「敕然反」，與李善文選注云「囅，敕忍反」音同。則今本莊子「䀡然」，實「囅然」傳寫之誤。囅然，既為「大笑貌」，意其字本當从口作嘱，而⿱𢀚口實其本字。周官司徒充人：「展牲則告牷。」鄭司農注云：「展，具也；具牲，若今時選牲也。」鄭玄注云：「展牲，若今夕牲也。」按，儀禮聘禮，「展幣」，注：「展猶校録也。」左傳襄公三十一年：「各展其物。」哀公二十年：「敢展謝其不恭。」杜注則云：「展，陳也。」卜辭：

……出㗊□五月。前·4·13·5。

此「⿱𢀚㗊」，正與展牲，展幣，展物同誼；此⿱口⿰口口之所以必讀為展也。左傳成公四年：「鄭師疆許田，許人敗諸展陂。」春秋彙纂：「展陂，在今河南許州西北。」此其因商㗊氏所居而名歟？【貯氏雩氏㗊氏　殷商氏族方國志】

◉白玉峥　⿱吅口：籀廎先生釋品。商承祚氏釋禮曰：「⿱𢀚口、⿱吅口，王徵君謂即豐之省文。」類編卷五頁七。峥按：王國維氏釋禮之文，見觀堂全集二七二頁，蓋以⿱𢀚口、⿱𢀚口二文為豐，未及⿱吅口文；⿱吅口之釋豐，蓋自商氏類編始，商氏云云，乃「幪人」之說也。今通隸定為㗊，音義未詳。或有申籀廎先生之説而釋品者，然甲骨文字中，自有从三口之品字，此蓋為貞人之專名也。據彥堂先生考證，⿱吅口為第一期武丁時之貞人；其傳世之卜辭甚多。【契文舉例校讀　中國文字三十四册】

◉饒宗頤　□丑卜，⿰旬口：……隻……不（屯乙二二二八）

丙子卜，⿰旬口：冢隻……（屯乙三一六）

按⿰旬口从旬从口，乃「响」字，玉篇：「响，飲也。」楚世家有熊响，史記作眴，集韻十八諄：詢、𧬊、响一字。他辭云：「□子卜……貞：响……二月。」（屯甲二〇四）响殆人名。【殷代貞卜人物通考】

◉洛陽市文物工作隊　Ⅰ式壺上的兩個陶文，乃「⿰兄攴事」二字。第一字左邊作「卄八」，東周時的「兄」字常作此形，如侯馬盟書中的兄弟之兄作兄，《古文字類編》第24頁，祝字作祝。同上書，175頁。右邊的「攴」，即反文，所以此字从兄从攴，識作⿰兄攴。第二字為「事」字的東周習見寫法之一。侯馬盟書中「以事其主」的事字，作事、事等形，古璽「敬事」之事作事、事、事等形。⿰兄攴字字書

⿰匚犬　咬　舁

所無，估計是以兄為聲符的字。兄古音在陽部，讀音和黃相近。事字和吏字古代是一個音，也就是使字。我們認為前字是陶壺主人的姓氏或名字，這二字之意是説明此器是何人所享用的。【洛陽市西工業區212號東周墓　文物一九八五年第十二期】

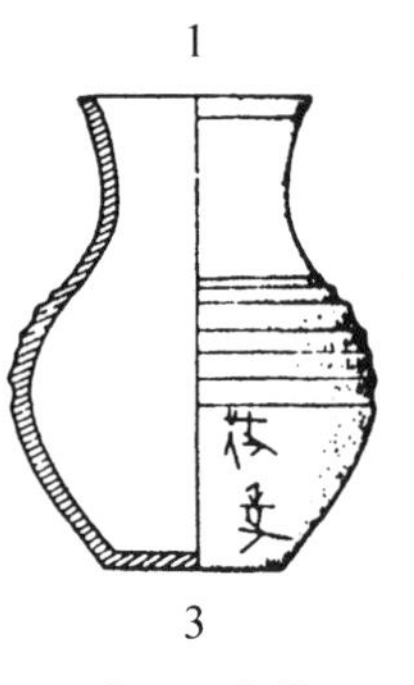

圖二　陶器
3. I式壺(M212:1)

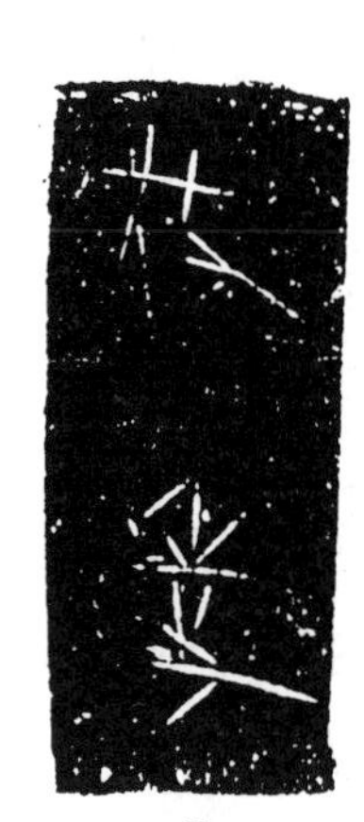

Ⅱ
圖三　陶壺刻文拓片(1/2)
1. I式壺

◉葉玉森　□　孫詒讓氏釋咎。説文人部。咎。災也。从人各。各者相違也。各从口夊。金文集咎彝作□。咎作父癸卣作□。則从夊屮相竝。此與彼正同。但省人耳。若然。□雖與□形似。相對而韋。从舛為夊形所孳生。各从舛為各之變。則夊形所孳生二文迴不同。龜文似不甚分別也。栔文舉例下四。森桉。本辭仍當讀舁。訓違客較適。【殷虛書契前編集釋卷四】

◉饒宗頤　壬戌卜，㞢貞：钔疒，□妣癸。钔疒，□于妣癸。貞：勿钔于妣癸。（屯乙四五四〇整龜）

按□以金文交字證之，乃从口从交。今本説文無咬字，沈濤古本考據文選注引補之。齊物論「咬者」，即號呼之意，此辭咬為祭名，殆周禮太祝鄭注：「祈嘷也。」謂有災變號呼告神以求福之義，謂號于妣癸，以禦疾也。【殷代貞卜人物通考】

□甲一四一九　从犬从囗説文所無亡囗猶言亡咎卜辭前期作囗後期作⿰匚犬　□甲一八一八　□甲一九六四　□甲二五一〇　□甲二六三三　□乙一六五二　□鐵二五六・一　□前二・一三・一　□前二・一四・四　□前四・一・五　□□前五・一八・三　□前八・七・一　□□後一・一〇・四　□後一・一八・七　□後一・二〇・一三　□

⿰囙斤

林一·五·二 [甲骨文] [甲骨文]林二·一八·一二 [甲骨文] [甲骨文] [甲骨文] [甲骨文]林二·二〇·一 [甲骨文]甲三四六 [甲骨文]戩三一·三 [甲骨文] [甲骨文] [甲骨文] [甲骨文]佚五三 [甲骨文] [甲骨文] [甲骨文]佚一七七 [甲骨文]佚三八一 [甲骨文]粹一二〇六 [甲骨文]粹一三九五 [甲骨文]粹一四〇三 [甲骨文]乙九〇三〇 [甲骨文]京津五三六一 [甲骨文]京津五六一四 【甲骨文編】

◉李朝遠　晉侯方座簋⊘器内鑄有銘文四行二十六字，移釋如下：

隹九月初吉庚

午，晉侯⿰囙斤乍障毁，

用享于文且皇

考，其萬年永寶用。

銘中晉侯名⿰囙斤。⿰囙斤，以往銘文中不見。字形結構分析，當是[囙]和[斤]的合體形聲字。[斤]，為斤字，《説文》中列為部首，「斫木斧也，象形，凡斤之屬皆从斤」。在⿰囙斤字中，[斤]為形旁。甲骨文中有[囙]、[囙]、[囙]等字，金文中有[囙]字，見魯侯尊銘「魯侯又[囙]工」句。這些字一般均隸定為囙，然其音、義，學人各有分説，于省吾先生曾歸納衆説，並申以己見，云：「囙字不見於説文，其造字本義待考……。甲骨文以囙為咎，以𡆧為繇，周代金文以囙為猷，漢簡之以囙為由，字書之音囙為其九反。」思泊先生所論極是。⿰囙斤字左邊之[囙]，其形其音同於甲骨文和魯侯尊中的囙字。作為人名⿰囙斤的組成部分，[囙]字不論是訓為咎、繇，抑或猷、由，其音讀在上古音中均屬羣紐、幽部，囙當為⿰囙斤字的聲旁。故⿰囙斤字从斤囙聲，可隸定為⿰囙斤，字義不詳。【晉侯⿰囙斤方座簋銘管見　第二届國際中國文字學研討會論文集】

⿱罒弋

◉戴家祥　[金文]杕氏壺　⿱罒弋獵毋後　此銘字迹模糊，郭沫若隸定為⿱罒弋，認為當是弋之繁文。兩周金文辭大系考釋二七葉杕氏壺。【金文大字典中】

罬　㱿　剛　羿　圂　𣪠

◉商承祚　[古文字]　金文癸旻爵作[古文字]，中伯御人鼎作[古文字]。説文罬：「舉目使人也。从攴从目。」此又或从又，與从攴意同。【甲骨文字研究下編】

◉孫海波　[古文字]寧滬三·四〇　疑㱿字。【甲骨文編附録】

◉李孝定　[古文字][古文字]　字从刀从网。予初亦疑與剛為同字。惟其辭例與剛全異。辭云「乙未卜争貞[古文字]亡禍　貞[古文字]有禽」外四五四。「己巳王[古文字]圣田」粹一二二一。始知與剛有別。當隸定作[古文字]。説文所無。魯氏謂是宿字。非是。从刀與从人既殊。[古文字]又非象茵席之[古文字]。安得為宿字乎。【甲骨文字集釋第四】

◉劉彬徽等　羿，簡文作[古文字]。【包山楚簡】

[古文字]　秦下表76　説文所無玉篇圂地名【古陶文字徵】

◉饒宗頤　[古文字]為圂字。「圂犬」為用牲名，蓋讀為珥與衈。周禮士師：「凡刉珥則奉犬牲。」鄭注：「珥讀為衈，釁禮之事。」圂音莫兮切，疑通作珥。（如弭之通侎，麊之通麋矣）。

[古文字]从米在口中，乃玉篇口部之「圂」字，音莫兮切。每用作疾病名。如云「車不[古文字]」（明義士一三三四）。王會：「佩之，令人不眯。」西山經郭璞注云：「或曰眯，眯目也。」亦作寐，即昏迷字。「不[古文字]」，猶不迷也。他辭言「王亦冬夕[古文字]」（菁華六·一），謂王終夕迷不醒也。又言「貞：钔[古文字]于且乙」（屯乙六九〇），謂于祖乙禦眯疾，禳以弭災也。【殷代貞卜人物通考】

◉郭沫若　[古文字]　𣪠字从殳乍聲。當即攸字之異。此讀為殂。説文殂之古文作[古文字]。亦从乍聲。

容庚云。「𣪠當讀為胙。賜也。左氏隱公八年傳。胙之土而命之氏」。⊘今案。師和父賜𣪠市。何以當告于王。此不可

盂　　枅　　笶　　竽

解。故仍維持舊說。【師嫠毁　兩周金文辭大系圖録考釋】

◉容　庚　銘云「師龢父役師嫠叔市巩告于王」。役當讀為胙。賜也。巩或體作𢀜。舉也。猶言師龢父賜嫠叔市。嫠舉告于王也。【商周彝器通考】

◉周法高　郭説非也。當从容説。蓋師龢父吴其昌郭沫若皆以為即共伯和賜師嫠叔市時。共伯和攝政。宣王尚幼。若周公之輔成王也。故師龢父賜師嫠叔市。而師嫠舉告于幼王也。〔西周年代考Chronology of the Western chou Dynasty〕香港中文大學中國文化研究所學報四卷一期。【金文詁林十】

◉朱歧祥　□—□

□，从皿壬聲，隸作盂。《説文》無字。卜辭用為地名，復用為武丁時婦名，乃「子商」之妾，有孕。字有作□。由辭例得證从皿从凵無別。

〈金548〉☐寅卜，賓☐子商妾□冥☐月。

〈粹1239〉丁亥卜，亘貞：子商妾□冥，不其㚖？【甲骨學論叢】

□　此疑枅之譌脱夏無所見本已失注【汗簡】

◉李孝定　从女从□。□乃竹字。見五卷竹字條字。當隸定作笶。説文所無。辭言「妻笶」菁・六・一。當為女字。它辭言「帚笶」甲・一・二十・十七。同一笶也。一偁□。一偁婦。知□當釋妻矣。【甲骨文字集釋第十二】

◉劉信芳　「□」字見以下用例：

既發□，執勿遊(包八〇)

既發□，遈以廷(包八五反)

既發⿱竹孑，廷疋昜之酷倌之客（包一二五反）

緐丘少司敗遠悸（？）謏⿱竹孑（包九〇）

客發⿱竹孑（包一四八反）

客發⿱竹孑（包一五〇反）

「⿱竹孑」字或釋「⿱竹引」（整理小組釋文）；或釋「札」（湯餘惠說）。按字从竹从孑，「孑」應即《說文》「孑」（孑、孑乃一字之分化），从「⿱竹孑」之辭例看，用與「孑」同。《左傳》莊公四年：「楚武王荆尸，授師孑焉，以伐隨。」《方言》卷九：「戟，楚謂之孑。凡戟而無刃，秦晉之間謂之釨。」楚簡「戟」字作「⿰孑戈」（包二七三），孑應與一般的戟有所區別。從上引《左傳》之文例看，「孑」是一種象征軍事指揮權的特殊兵器，《左傳》隱公十一年：「鄭伯將伐許，五月甲辰，授兵于大宮。」楚武王之「授孑」與鄭伯之「授兵」均是在祖廟進行的授以兵權的儀式，持「孑」持「兵」者，即接受委任以行使職權者。

簡文「⿱竹孑」字从竹作，應是一種以竹為杆，用作授以使命的信物。「⿱竹孑」之用例與漢代的「節」頗為類似，《漢書・高帝紀》：「封皇帝璽符節。」師古注：「節以毛為之，上下相重，取象竹節，因以為名，將命者持之以為信。」《漢書・蘇武傳》：「杖漢節牧羊，卧起操持，節旄盡落。」《後漢書・光武帝紀》：「持節北度河。」章懷太子注：「節所以為信也，以竹為之，柄長八尺，以旄牛尾為其眊三重。馮衍與四邑書曰：『今以一節之任，建三軍之威，豈特寵其八尺之竹，犛牛之尾哉。』」又節與兵器同授以為信，《三國志・魏書・武帝紀》：「天子假太祖節鉞。」《孔叢子・問軍禮》：「天子當階南面，命授之節鉞。」

惟楚系文字「⿱竹孑」、「節」不是一字（「節」字見鄂君啓節），所指實物也不會相同。「⿱竹孑」字雖不見於後世字書，然其形、音、義均是明確的，字从孑聲，義為信物，其實物與漢代的「節」相類，亦不會有太大的問題。

「發⿱竹孑」猶言「發書」，《睡虎地秦簡・語書》：「發書移書曹。」古代發書必輔以節為信，《周禮・地官・掌節》：「掌守邦節而辨其用，以輔王命。」鄭玄注：「王有命則別其節之用，以授使者，輔王命者執以行為信。」所謂「謏⿱竹孑」即返節，《掌節》又云：「門關用符節，貨賄用璽節，道路用旌節，皆有期以返節。」

包簡又省「⿱竹孑」作「孑」，簡一二二：「孑執雇女返，加公臧申、里公利畬返孑，言胃女返既走於前，孑弗⿺辶及；孑執競（景）不割，里公吴⿰牛句、亞口、鄗輮返孑，言胃競不割既走於前，孑弗⿺辶及；孑收郊倴之⿰亻攵（孥），加公軦戌，里公畬口返孑，言胃郊倴之⿰亻攵既走於前，孑弗⿺辶及。」原報告釋「孑」為「孔」，讀作「孔言胃：女返既走於前，孔弗⿺辶及……」遂不可通。所謂「孑執」即奉司法官府之命持孑捉拿人犯；所謂「返孑」即嚮官府復命；所謂「孑弗⿺辶及」，根據上下文義，謂被捉人犯已嚮官府自首，未及持孑捉拿。

包簡二六九：「絑署：一百⿰羽予四十⿰羽予，獔之首。」牘：「絑署，百紓四十予獔之首。」「紓」字从糸从予，應隸定作「紓」；「⿰羽予」字从羽从予，應隸定作「⿰羽予」（該字左部「予」，由辭例對照可知是「予」之異形，右部从「彐」，李家浩先生《包山楚簡研究五篇》指出是「羽」之省，這是很正確的見解）；「予」即「予」字（與前引「予」、「予」的寫法不同，應是書寫風格的差異而不是字形結構的差異）。蓋「予」之制，或以絲織品作飄帶，或以羽毛扎束，故字或从絲作，或从羽作。「獔之首」者，謂一百四十紓均為注于竿首之用。

上引辭例在訓解上，句讀上均有難度，原整理小組對有關文字未予隸定，李家浩先生隸定為「攸」或「絛」，並將其理解表述為：「意思是説朱旌的旗杆之首飾有一百四十根羽毛。」

依筆者的理解，此一百四十「紓」不可能注于一旌之首。《左傳》既記有楚武王「授師予焉」（如前引），又于成公十六年記云：「欒鍼見子重之旌，請曰：『楚人謂夫旌，子重之麾也。』」若果筆者對「予」以及从「予」諸字的考釋不誤，那麼就只能依據《左傳》將「旌」與「紓」理解為具有聯係的兩種器物。簡文所記之「旌」可以單獨使用，然而系上「紓」，就具有了特殊的使命意義。左尹作為司法官府的主要官員，備有一百四十紓以應不同使命之用（亦有可能備分派隨員執法之用），亦是容易理解的。

至於「紓」之實物，該墓車馬器以部件入葬，遣策與實物不能一一對照。不過對於「予」之實物的理解似不可拘泥，以上所引與「予」有關之字或从竹作，或从糸作，或从羽作，説明同是信物之「予」，因用途不同而形制有異。楚武王授師之「予」，可以理解為一種兵器，此《方言》「戟，楚謂之予」之所从出；司法官府領發的「⿱竹予」，可以理解為符節之類，其上系帛幅「紓」，或系羽毛「⿰羽予」，形制類似漢代的「節」；遣册車馬器所記之「軒」、「軒」，可能僅是一百四十幅絲織品（旗幡之類），或一百四十束羽毛，使用時捆扎於竹竿——或注於旌首——即成信物。《左傳》成公十六年：「乃納旌於弢中。」疏云：「弢是盛旌之囊也。」「紓」之收藏恐與「内旌於弢」類似。另外，《國語·晉語》云：「楚為荆蠻，置茅蕝，設望表。」《説文》云：「朝會束茅表位曰蕝。」束茅、束絲、束羽的共同作用在於作為某種標志，且「蕝」與「紓」古音同在泰部，聲紐亦近，因而可以認為簡文之「紓」與經典之蕝亦是同類器物。若是，楚人用「紓」已肇自西周初年，淵源既久，形制自然隨時代變遷而有不同。【楚簡文字考釋三則　于省吾教授百年誕辰紀念文集】

敏　兵　俈　祡

◉郭沫若　第一二四〇片

乙巳子卜貞帚敏子亡若。

辛亥子卜貞帚敏子曰𦯬若。

乙卯子卜貞其矣若。

二敏字一作□，一作□，與盂鼎□字相近。此當是婦名，卜問其子名𦯬者之安否也。【殷契粹編考釋】

◉陳偉武　□《文字徵》第326頁附録「□3·941」。今按，魏國兵器銘文有「□（甾）□」（《三代吉金文存》20·22）、「□（頓）□」（《考古》73·3），黄盛璋先生釋□為□（丘）。那麼上引陶文也當釋為□（丘），□是聲符。【古陶文字徵訂補　中山大學學報一九九五年第一期】

◉湯餘惠　銘文第三字舊釋為「偖」，誤。細審此篆的右旁應是「告」，戰國楚文字的「告」或作：

□　郙陵君銅豆之一，散字所从

□　□並采戈，散字所从

□　郙陵君銅鑑，散字所从

構形都跟此篆告旁相近，可以為證。戰國楚文字的「告」的寫法頗象後世隸書的□（者），所以前人誤以此篆右旁从「者」是不足為怪的，但隸書者字下方从「甘」不从「口」，此殆兩者之大别。更何況如釋為「偖」銘文則難以讀通。我們認為這個字應是「俈」，《集韻》：「俈，同嚳。」《史記·五帝本紀》《正義》引《帝王紀》「俈母無聞焉」，以俈為帝嚳字，由此推之；俈字肯定是从人，告聲。「俈」、「嚳」同諧告聲故得通假。「俈」，銘文讀為「造」。【楚器銘文八考　考古與文物叢刊第二號古文字論集（一）】

◉曾憲通　□曑祡墟逃　甲二·二二　祡字从化从示甚明。選堂先生謂祡指大化、玄化（見《易乾鑿度》）。化作祡，與鬼字古文作䰠正同。【長沙楚帛書文字編】

帛　既　欥　奥　徉

◉考古所　帛、𦎫：地名。【小屯南地甲骨】

◉徐中舒　五期　前五・二四・一　從旡從白，《說文》所無。疑為皀之省，故或為既之異體。地名。【甲骨文字典卷八】

◉徐中舒　二期　金四八　從欠從白，《說文》所無。疑與即同，疑為皀之省。義不明。【甲骨文字典卷八】

◉考古所　奥：著録如京都二八九三、前四・九・八等有此字，皆地名。於本辭亦為地名。【小屯南地甲骨】

◉葉玉森　商承祚氏列與卷六第二十三葉之五于類編牧字下。謂从行者與从止之意同。又或从二羊。森桉𧗳徉一字可信。惟謂即牧字恐非。【殷墟書契前編集釋卷一】

◉孫海波　前六・二三・五　从行从羊。説文所無。疑為徉字異文。京津二六一九　或从羍。从彳从羊，説文所無，經典通作佯，廣雅釋訓「仿佯徙倚也。」又「徜徉戲蕩也。」【甲骨文編卷二】

◉李孝定　从彳从羊，説文所無，而經籍多有之。古祇作羊，後或作佯或作徉。如離騷「聊逍遥以相羊」，王逸注「逍遥相羊皆游也。逍遥一作須臾，羊一作佯」。史記司馬相如傳「招搖手襄羊」。索隱引郭璞曰「襄羊猶仿佯也」。廣雅作「儴徉」。王氏疏證云「開元占經石氏中官占引黄帝占云『招摇尚羊也』。尚羊與儴徉古亦同聲，或作徜徉。」王氏廣雅疏證卷六釋訓「逍遥儴徉也」及「仿佯徙倚也」「徜徉戲蕩也」諸條下説此甚詳。呂氏春秋行論篇作仿佯。史記吴王濞傳作彷徉，齊風載驅傳作彷徉均是，此不具引。契文徉字似是人名，辭云「貞于徫」前一・四八・一。「今御于徫」前一・四八・二。與後世用徉字義無涉。惟契文及經籍中多有此字而許書無之，殆偶然佚耳，商釋牧非是，孫説是也。【甲骨文字集釋第二】

◉金祥恒　殷虚書契前編第一卷第四十八頁第一片：

貞：「王去矢，于𦎫？」

貞：「于徉？」

以

前一・四八・一

又第二片：

令[illegible]于徉？

前一・四八・二

粹一三二三

葉渼漁考釋云：「[illegible]，商承祚氏列[illegible]與[illegible]（卷六第二十三葉之五）于類編牧字下，謂从行者與从止之意同。又或从二羊。森按𧗳徉一字可信，惟謂即牧字恐非。」其義葉氏無釋。郭氏殷契粹編第一三二三片，解釋為黨徉字。考釋云：「此殘片存月豐𧗳三字，𧗳即黨徉之徉。」粹編一三二三片之徉，原拓模糊，不甚清晰，其字是否作𧗳尚不敢斷言，是否與徉同義，更是可疑。惟以戰後南北所見甲骨録，明義士所藏第四三九片：

乙未貞：□徉石(磬)雨？

生月雨？

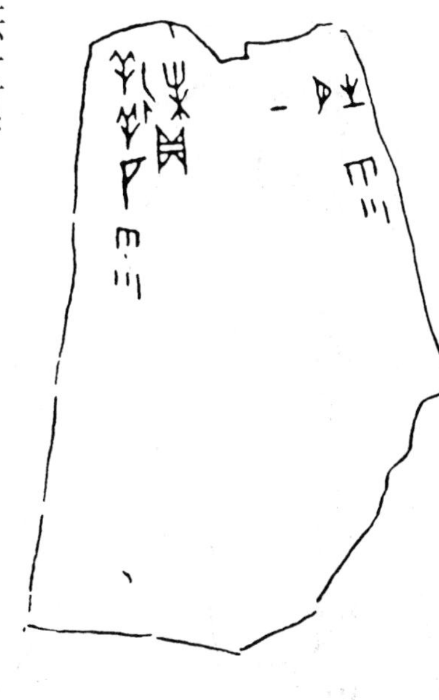

南北明義四三九

第五六一片：

于且乙。勺，徉來羌？

且，勺，登

南北明五六一

其來作朩，徉作[illegible]，恐胡氏摹録有所缺誤。因金璋所藏甲骨卜辭第一一八片：

卜(外)丙勺？

己卯貞：「徉來羌，其用于父□？」

己未今日雨？

不雨？

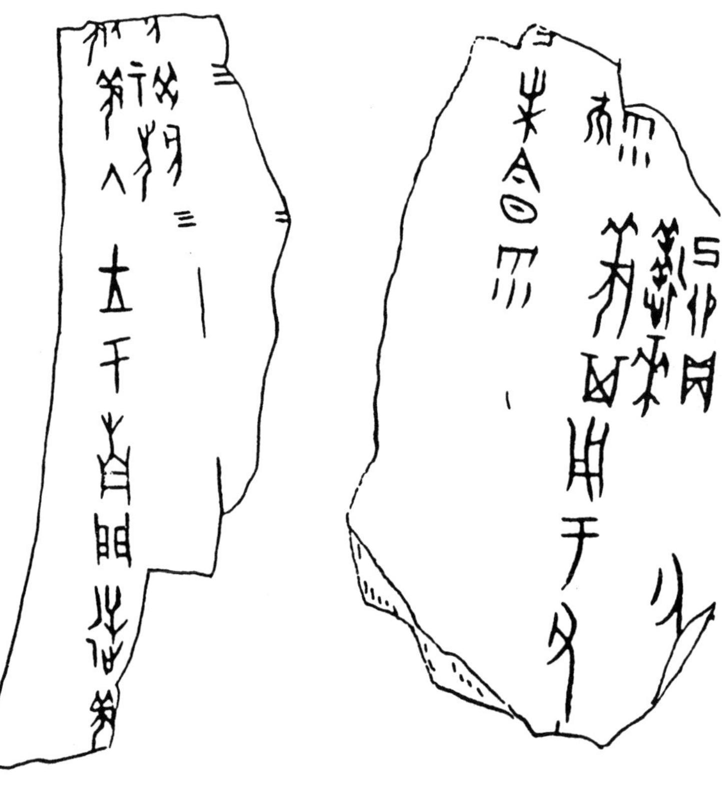

金璋一一八

南北明七三〇

其徉作[glyph]。蓋[glyph]與[glyph]所以或彳或辵，在甲骨文中意多同。如遘之與𢔎，逆之與𢓜，迨之與佮，迵之與𢓭等屢見不鮮。許氏說文解字，如遍、延、造、逡之與偏、征、往、後等，亦不乏其例。故[glyph]與[glyph]，同為一字無疑。而「于且乙勺，徉來羌」與「己卯貞：徉來羌，其用于父□。」其語法、文例相似。其「徉來羌」，猶南北所見甲骨錄，明義士所藏七三〇片：

王于南門逆羌？

小屯甲編八九六：

王于宗門逆羌？

甲八九六

嚴一萍先生釋屰(見中國文字第四期)云：「逆羌之逆，猶周禮大祝「隋釁逆牲」之逆，亦即禮記明堂位「君肉祖迎牲于門」之迎，其説是也。隋釁迎尸之前必先行逆牲之禮。「王于宗門逆羌」，知王在祖廟。「王于南門逆羌」，南門亦指宗廟之門(見陳氏卜辭綜述廟號下四七八頁)，與「王于宗門逆羌」同意。逆羌以為牲，祭祀其祖先也。故本片卜辭「己卯貞，徉來羌，其用于父□。」「于且乙勺，徉來羌。」知徉為逆，其義甚明。「來羌」之來，猶小屯乙編六六六七「㞢來自南以龜」之來，謂貢也，獻也。「來羌」猶獻來之羌人為牲也。明義士所藏甲骨四三九片：「□未貞，□徉石(磬)，雨？」逆磬之禮，雖不見於禮經，然磬新成，王出迎之。如鐘新成，釁於宗廟，先必迎之也。説文無徉字，始見於玉篇。「徉，自得。」廣韻「徉，徜徉，戲蕩也。」是否為其朔義，難言之也。以卜辭言之，其字从彳或从辵，羊聲，與逆迎同意。【釋徉　中國文字第十五期】

◉白玉崢　[illegible]：疑為[illegible]字之殘。[illegible]，商承祚氏釋牧，曰：「从行與从止意同。又或从二羊。」類編三・一九。葉玉森氏曰：「衜、衜一字，可信；惟謂為牧字，恐非。」前釋一・一三一頁。孫海波氏釋徉，曰：「从彳从羊，説文所無。經典通作佯，廣雅釋訓：仿佯，徙倚也；徜徉，戲蕩也。」文編一・二五。崢按：孫氏釋徉，是也。字蓋从彳，羊聲；亦為契文中之形聲字。其有从行作[illegible]者，亦同。又从一羊與从二羊同，此在契文中類例甚多，略不贅摹。惟孫氏謂「經典中通作佯」，頗有可商。蓋孫氏之説，僅執廣雅疏證一書之隅，以説經典，殊為非是。茲就孫氏所例「仿佯」一辭，夷考秦漢古籍，其所用之佯，不若此之狹隘也。茲表列如後：

徜徉：文選思玄賦	彷徉：史記吴王濞傳
倘佯：文選風賦	仿佯：吕氏春秋行論篇 楚辭招魂篇 史記司馬相如傳索隱
尚佯：淮南子覽冥訓	仿洋：淮南子原道訓
尚羊：楚辭惜誓	方洋：漢書吴王濞傳
常羊：漢書禮樂志	方羊：左哀十七年傳
相佯：後漢書張衡傳 同書馮衍傳	仿羊：文選東都賦薛综注
相羊：楚辭悲回風 離騷 文選東都賦	儴佯：廣雅
相翔：周禮野廬氏	襄羊：史記司馬相如傳

就右列諸詞觀之，即有徉、佯、洋、羊之異，且甚有作翔者。而佯之本字，至漢，仍在流傳；然説文都予失録，致後世遂以訛誤之佯當之也。字於卜辭，多為地名。於本辭，疑亦為地名。【契文舉例校讀　中國文字第五十二册】

◉徐中舒　從彳從𦍌羊，彳或作行、辵，同。從羊從𦍌為繁簡異文，故可隸定為徉。徉字見於《廣雅》：「徜徉，戲蕩也。」國族名或地名。【甲骨文字典卷二】

◉温少峰　袁庭楝　在卜辭中，還有一些表示人乘舟的會意字，如：

(49) 貞：□……氏(氐)㞢……乎……(《六》元一五七)

此辭之「□」字从人从舟，會人乘舟以行之意，當即後之「舦」字，古文字偏旁从人从大可通用。《玉篇》：「舦，音大，舟行也。」此辭雖殘，當是卜問有關乘舟以行之事。【殷墟卜辭研究——科學技術篇】

◉何琳儀　《璽彙》一八五六著録一方私名璽，其文為：

事(史)□

第二字是人名，形體奇譎，編者未釋。

此字左部从「舟」。戰國文字「舟」旁參見：「朝」作「□」(朝訶右庫戈)、「□」(《璽彙》四〇六五)，「洀」作「□」(郾王職戈)、「□」(《璽彙》〇三六三)。其中「□」、「□」與「□」有明顯的嬗變之迹。而《璽彙》二六五七「朝」作「□」，是「□」應釋「舟」的確證。

此字右部从「□」，已見於戰國文字：

□(《中山》九)　□(《璽彙》三二七八)

前者有明確的辭例，公認讀「尺」；後者是古姓氏，但古無「尺」姓。這一形體亦見於戰國文字偏旁：

□(《中山》二五)　□(郾王職戟)

前者或據三體石經古文「□」，釋「宅」讀「度」；後者據《説文》古文「垂」作「□」，應隸定為「□」(古讀「捶」如「乇」)。凡此説明「乇」與「尺」似有一定聯係。

嚴格説來，「□」應隸定為「厈」，从「厂」，从「斥」。清代小學家多以「斥」為「㡿」之俗字。《説文》：「㡿，卻屋也。从广，屰聲。」段玉裁云：「俗作厈，作斥，幾不成字。」其實以戰國文字驗證，隸定「□」為「斥」十分合理。而「斥」漢代文字作「□」(《隸辨》五·四八)與上引石經古文「宅」作「□」，更有明顯的筆畫對應關係。「乇」與「斥」形體演變順序如次：

□→□→□→□→□→□

從古音考察，「斥」與「乇」實乃一字。「斥」，昌石切，穿紐，魚部；「乇」，他各切，透紐，魚部。穿紐古讀透紐，正是舌上音和舌頭音的關係。《易傳·解》「百果草木皆甲坼」，釋文「坼，馬、陸作宅」。是其證。

從古義考察，「斥」與「乇」亦同源。《說文》：「㡿(斥)，卻屋也。」段玉裁云：「卻屋者，謂開拓其屋使廣也。」《小爾雅・廣詁》：「斥，開也。」《說文》：「厇，開張屋也。」由此可見，「斥」「厇」(乇)義訓相涵。

下面再討論「尺」。《說文》「尺，十寸也。人手卻十分動脈為寸口，十寸為尺。尺所以指尺規榘事也。从尸从乙，乙所識也。周制寸、尺、咫、尋、常、仞諸度量皆以人之體為法。」迄今為至，青川木牘「尺」可能是古文字中最早的「尺」字，與小篆「尺」形體基本吻合。但若以「从尸从乙」解釋青川木牘「尺」字，殊覺牽強。許慎从「乙」之說頗值得懷疑。「尺」是否為「斥」的誤寫？尚有待進一步研究。但「斥」可讀「尺」，則無疑義。「尺」，昌石切，與「斥」同音。《莊子・逍遥遊》「斥鴳笑之」，釋文：「司馬云，小澤也。本亦作尺。崔本同。」《文選・七啟》「山鵽斥鷃」，注：「斥與尺古字通。」《爾雅・釋蟲》「蚇蠖」，釋文「蚇亦作尺」，《周禮・考工記・弓人》作「斥蠖」。銀雀山漢簡《王兵》「尺魯」，即「斥鹵」。典籍以「斥」為「尺」，猶之乎以「又」為「寸」(二字形、音均通)。「尺」和「寸」都是長度單位，祇能借用已有的文字以替代，而與「人之體為法」無關。兆域圖以「乇」(斥)為「尺」，不能直接釋「尺」。

總之，从形、音、義綜合考察，「乇」、「斥」古本一字，與「尺」通用。

上面提到古璽中「乇」是古姓氏，應釋「斥」。《元和姓纂》云「斥」姓，出于斥章，以地為氏。案，「斥章」見《漢書・地理志》「廣平國」，在今河北省曲周縣東南。

「舟乇」，从「舟」，从「乇」，應隸定「舴」。《五音集韻》「舴，舟名。」又《字彙》「舴，就舟也。」【古璽雜識續 古文字研究第十九輯】

郍

◉裘錫圭 近年，北京大學等單位的考古工作者在調查河南温縣東南10公里的北平皋村古城遺址時，采集到一些很有價值的東周陶文。調查簡報報導說：「我們在這一帶采集的陶器(主要是豆)標本中，曾發現數十件有戳印陶文，大都是一器一章，而印『郉公』二字，或僅印一『公』字……郉字……或从邑加土……或从阜加土…… 因陶文出土于一地，可見這幾種寫法是相通的。……從陶文所屬之盆、豆的形製來看，大都與晉文化第七、八段者相類似，亦即相當於春秋中期到春秋戰國之交。」(《晉豫鄂三省考古調查簡報》，《文物》1982年第7期7頁)。 根據舊說，周代的邢丘就是漢以後的平皋。「邢」字古代本寫作「郉」，所以調查簡報認為「郉公」陶文的發現，確證「春秋晉國『地近河內懷』的邢丘，就是今天温縣的北平皋村」(同上8頁)。 這是很正確的。

需要指出的更重要的一點，是簡報把北平皋村所出的「郍公」陶文也釋為「郉公」，使這種重要性一點也不低於「郉公」陶文的資料没有起應有的作用。我們如果對簡報圖六(《文物》1982年第7期7頁)所發表的北平皋村遺址出土的幾種陶文仔細觀察一下，就可以發現左起上層第一、二兩種陶文都不能釋為「邢公」。第一種陶文的首字作□，顯然是从邑舟聲之字。第二種陶文的首字作□。李家浩同志在《信陽楚簡「澮」字及从「关」之字》一文裏已經指出，在戰國文字裏「舟」字可以寫作□、□等形(《中國語言學報》第一期191—192頁)，可知這個字跟第一種陶文的首字是一字的異體。

戰國古印所見姓氏字中有□字(王常《集古印譜》6·25「□□」印)。戰國貨幣中有一種方足大布，面文作「□百涅」(《古錢大辭典》197號)；又有一種方足布，面文作□(《東亞錢幣》4·37)、□(《辭典》259號)等形(後一形「水」旁移至上方)。我在《戰國貨幣考》(十二篇)。《榆次布考》中，根據榆次布「榆」字所从的「俞」往往寫作□、□等形的現象，錯誤地推測上舉三字應該分别釋為「鄃」、「俞」、「渝」(《北京大學學報》哲社版1978年第二期70—71頁)。李家浩同志很早就告訴我，他認為這三個字應該釋為「郱」、「舟」、「洀」。他還説「舟」、「州」音同相通，方足大布的「舟」應該指見于《左傳》等書的先屬于周後屬于晉的州邑，「郱」是州邑、州氏的專字。「郱公」陶文在北平皋村出土，證明李説完全正確。

晉國的州邑，漢代置州縣，據《嘉慶重修一統志》卷二〇三引《懷慶府志》，故城在今沁陽縣東南四十里。沁陽是温縣北面的鄰縣，古代的州、邢二邑無疑也是相鄰的，州邑的陶器在邢地出土是極為自然的。「州」、「舟」二字古今都同音。阜陽雙古堆漢墓所出《詩經》殘簡，凡「舟」字皆作「州」(《文物》1984年第8期3頁5035、5049、5052、5053等簡)。北平皋村陶文中的「郱」無疑是州邑之「州」的同音字。「舟百涅」布從形製看應是韓國貨幣(見上引拙文，《北京大學學報》哲社版1978年第二期71頁)。據《史記·韓世家》，春秋末期韓宣子「居州」，戰國時韓國在州邑鑄幣也是完全合理的。

上面提到的「洀」布的鑄造地，也應該在這裏討論一下。先來看一下古書裏的「洀」字。《管子·小問》「一意者君乘駮馬而洀桓」，舊注：「洀，古盤字。」這個「洀」是一個會意字。《集韻》平聲尤韻之由切「周」小韻有「洀」字，訓為「水文」。這個「洀」是从「舟」聲的形聲字。李家浩同志疑幣文「洀」跟《管子》的「舟」是一個字，應讀為陽樊之「樊」，「洀」布是樊邑所鑄的貨幣(樊在今河南濟源縣)。我疑幣文「洀」是从「舟」聲的形聲字，與「舟」通，「洀」布也是州邑所鑄的貨幣。據《水經·沁水注》，舟地有沁水支流朱溝水流經。「舟」、「朱」音近，可能朱溝本名州水，水名與邑名相因，「朱」是「州」的變音。這個推測如果符合事實，幣之「洀」字就應該是州水的專字，跟《集韻》「洀」字只是偶然同形。州邑既瀕州水，所鑄貨幣當然可以用「洀」作地名字。

最後附帶談一下戰國古印裏的□字。我在《戰國貨幣考》裏把這個字釋為「榆」(見70頁)。現在看來，這個字應該釋為「㭘」。「舟」同音，「㭘」有可能是《説文·木部》「椆」字的異體。【古文字釋讀三則　徐中舒先生九十壽辰紀念

文集】

鄉

◉劉彬徽等 鄉，簡文作，同簡此字作鄉，從後釋。【包山楚簡】

䏦

 3206 說文所無廣韻䏦脪也讁也澆也集韻䏦脪畜水腸一曰腹大貌 【古璽文編】

䏠

 2711 說文所無廣雅釋器膜謂之䏠 【古璽文編】

◉羅振玉  音訓今作䏠。博雅膜謂之䏠。錢詹事云即湆字。【石鼓文考釋】

◉張燕昌  吾邱云。郭云。今作䏠。乞及反。博雅膜謂之䏠。此是。鄭作豆大無義理。錢云即湆字。吾說是。【石鼓文釋存】

胴

 2055 說文所無玉篇胴同脺肉脺腦蓋也 【古璽文編】

◉黃錫全 囟音信 从月从司即胴，《說文》無。《玉篇》胴同脺。《說文》脺為囟字或體。《一切經音義》屢云囟古文胴。古璽文作，形與此類同。夏韻震韻注出《天台經幢》，釋為信。鄭珍認為夏韻釋信「蓋原借作信，郭釋囟從本字」，當是，然以為胴是「後世俗字」，則非。【汗簡注釋卷四】

胈

 0529 玉篇胈肉也 【古璽文編】

◉王　襄　古⿱氏皿字。【簠室殷契類纂存疑】

◉郭沫若　古氏字形與匕近似，以聲而言則氏匙相同，是氏乃匙之初文矣。卜辭有从氏之字作，乃象皿中插氏之形，與上舉二鼎形文作、之插匕者同意。雖原文乃地名義不可知，而氏之用途則如匕也。又《前》六·四·一七作，下作圓形。《集古遺文》又箸録一《魚鼎》匕其下亦呈圓形，余意此即古之所謂匙也，此與是字可為互證。是小篆作《說文》「直也，从日正，籀文是，从古文正。」今案古金文是字與此異，《金文編》所輯者大抵作（《毛公鼎》）（《虢季子白盤》）（《陳公子甗》）（《簷鼎》）諸形，僅《儔兒鐘》一器作與小篆同，乃字形之譌變者，是不从日正也。余謂是亦即匙，象匙形，从或一以示其柄，手所執之處也。从止，止乃趾之初文，言匙柄之端掛于鼎脣者，乃匙之趾，故是與匙實古今字，是叚為是非若彼是字而本義廢矣。⊘知是為匙，尤知氏之為匙，古是氏字相通用。《儀禮·觀禮》「大史是右」，注「古文是為氏也」，《曲禮》下「五官之長曰伯是」，注「是或為氏」。《儀禮·士昏禮》「惟是三族之不虞」，《白虎通》「宗族氏」作氏，《韓勑後碑》「於氏憤懎之思」，於氏即於是，而姓氏字漢器中復多作是。茲僅就《集古遺文》所著録者而言，如《柴是鼎》、《趙是鈁》、《劉是洗》、《嚴是洗》、《蜀郡董是洗》等皆是。漢鑈中亦多見，茲不備舉。凡此不僅音同相通，蓋其實一字也。卜辭無是字，亦無从是之字，是字之見於周彝者亦不甚古，蓋古匙字本作氏，逮叚為姓氏字，乃有是字出而代之。是又叚為是非。彼是字乃又有匕字出而代之，氏是之本義是失久矣。【釋氒氏　金文餘釋之餘】

◉魯實先　並是之繁文，猶樂之作，聿之作，羊之作也。【《姓氏通釋》之一　東海學報第一期】

◉考古所　、哭、⿱氏皿、：皆為地名。【小屯南地甲骨】

◉朱歧祥　，从皿氏聲，隸作⿱氏皿。《說文》無字。晚期卜辭用為田狩地名。字有作，从皿从凵通用；由辭例得證。

〈甲653〉　叀田，亡𢦏？

〈人2049〉　叀田，亡𢦏？【甲骨學論叢】

1276　1207　1606　0445　2665　0607　2431　唐蘭釋則以為玉篇之䝭字【古璽文編】

◉丁　山　⿹勹貝入，廿。在□。善齋藏甲翼。

⿹勹貝來。善齋藏甲翼。

□□雩氏□夕。小𠭯。院・1・2・0025。

癸亥，旬乞自雩，十夕。㽙。粹・1503。骨臼。

癸亥，旬自乞雩，十夕。率。帚矛説・80。引骨臼。

丁亥，乞自雩，十二夕。旬氏。𠭯。珠・328。骨臼。

丁亥，乞自雩，十夕。旬氏。率。續・5・22・5。骨臼。

戊戌，雩氏九夕。後・下・13・9。

己卯，雩氏，三夕。岳。佚・162。骨臼。

雩，古文粵字。粵，今本經傳往往借越字為之。春秋桓公元年：「三月，公會鄭伯于垂。夏，四月，公及鄭伯盟于越。」越，公羊傳釋文云：「本亦作粵，音同。」杜預左傳注曰：「越，近垂地名。」春秋大事表云：「垂，左傳作犬邱，一地兩名。濟陰句陽縣東北有垂亭。今山東曹州府曹縣北三十里句陽店，是其地。越，當在曹州府曹縣附近。」按，越，本既一作粵，為雩之形譌；雩从于聲，與盂字例得通假。定公十四年左傳：「衛太子蒯聵獻盂于齊。」杜注：「盂，邑名也。」不詳其所在。江永春秋地理考實曰：「盂，蓋衛東境之邑。」可能即衛國的斂盂了。僖公二十八年左傳云：「晉侯齊侯盟于斂盂。」又宣公十七年傳云：「齊侯使高固會晉侯，至斂盂，高固逃歸。」杜注：「斂盂，衛地也。」大事表：「今直隸大名府開州東南有斂盂聚，是其地。」是地，現在不妨指定就是骨臼刻辭所見「雩氏」的故地；那末，曹縣之北的句陽店，也即可指為「旬氏」所居了。

旬氏，卜辭時見其事跡云：

癸丑卜，穷貞，甶旬令目卓亏。後・下・34・5。

庚子卜，叟貞，令旬取□于龠。續・5・22・2。

貞，乎旬眔丙，入御事。前・4・28・3。

貞，甶旬令。前・6・33・1。

旬，篆刻作□□諸形，羅振玉殷虛書契考釋釋為珍字，顯然與字形的蛻變之跡不相銜繫。自晚周的陶文看：

□□俱見古陶文舂録

這，正承□形一脈演來，依陶文當釋為眴。説文不見眴字，而玉篇有之，云：「稟給也。」眴，从貝，句聲。句，从口，ㄐ聲。按，由ㄐ聲孳乳的觓字，説文云：「角貌。詩曰，兕觵觓觓。」觓觓，今本毛詩桑扈作賕賕。賕，見于説文云：「以財物枉法相謝也。」此就漢律為説，似乎不知⿰貝句即賕本字，許君之疏，無可諱言。現在敢據陶文上溯甲骨文補正説文曰：

「[字形]，賄也。从貝，丩聲。[字形]，古文⿹勹貝。賕，或从求聲。」

知道⿹勹貝諧句聲，那末，臼辭所見的「⿹勹貝氏」，自可指為句瀆之邱了。春秋桓公十二年：「公會宋公盟于穀邱。」左傳作「盟于句瀆之邱」，杜注：「句瀆之邱，即穀邱也。」蓋，穀為⿹勹貝之音譌，句瀆則⿹勹貝之形譌。水經濟水注：「濮水又東，與句瀆合。瀆首受濮水枝渠于句陽縣東南，逕句陽縣故城南；縣處其南，故縣氏焉。又東，左會濮水與濟同入鉅野。」然則，句陽，正因句瀆為名。⿹勹貝又音譌為裘。莊子列禦寇：「鄭也緩也呻吟裘氏之地。」裘氏，即臼辭所謂⿹勹貝氏矣。卜辭：

其㞢⿹勹貝。前・6・32・6。

……矢三，⿹勹貝囗三。戩・46・5。

這幾個⿹勹貝字，當作貨賄解，正是用⿹勹貝字的本誼。

總之：⿹勹貝氏在今山東曹縣北句陽店，雩氏在今河北開縣東南歛盂聚；⿹勹貝氏入朝王都的殷虛，雩氏正其必經之路也。【⿰貝句氏雩氏㽙氏　殷商氏族方國志】

◉陳松長　簡257云：飤室所以[字形]筭，「[字形]」字被釋為「食」，考釋中對此未加解釋，大概是認為此字所釋沒什麼疑問，故可以不論。

按，從文意上看，將此字釋為「食」字，語意不通。因為如果將它視為名詞，則不合古代漢語語法結構的常規。誰都知道，古代漢語中，介詞「以」後面多接指代詞或動詞，很少有直接接名詞者，即使直接接名詞，那該名詞後也不得又接一個名詞。如果我們將「食」視為動詞，那它後面則一般不帶賓語，我們如將「筭」作「食」的直接賓語，那顯然不合邏輯。因此，「所以食筭」在語法和語意上是很難成立的。

既然這種釋法在語法、文意上比較別扭，那其字形上的認識是否可以重新考慮呢？細審該字，其形體應是从貝从句省，其本字或許就是古陶文中所見的「[字形]」字（見《古陶文舂録》六・三和《古陶文匯編》3・449）。「[字形]」字《説文》未録，《玉篇》云：「⿰貝句，稟給也。」《篇海》云：「⿰貝句，治也。」依此注釋，放在簡中釋讀，文意暢通。所謂「飤室所以⿰貝句筭」，也就是對「飤室」功能的一種詮釋，正如簡259所説的「相（箱）尾之器所以行」一樣，「所以行」也就是對「相（箱）尾之器」的一種説明。從字形上論，古文字中，「口」作為衍增符號者是處可見，楚簡中，將其繁飾符號去掉，再合為从勹从貝的「⿹勹貝」字，這也是文字演變過程中極其自然的現象。因此，竊以為此字當重新隸定為「⿹勹貝」字，讀作「⿰貝句」。【包山楚簡遺策釋文訂補　第二屆國際中國文字學研討會論文集】

⿰旨阝

◉陳偉武 ⿹勹貝 《文字徵》第224頁「負」字下：「3·755，王負；3·825，負。」今按，釋負誤，當釋⿹勹貝，⿰貝句之省。《陶匯》本已釋，惜《文字徵》未能信从。句作偏旁省口，可以均字為證。《文字徵》第57頁「均」字下引《季木藏陶》30·8「右司工均」，均作。⿰貝句字或不省，《文字徵》第225頁：「3·449，酷里人匋者⿰貝句。《說文》所無。《玉篇》：『⿰貝句，廩給也。』3·1235，獨字。」古人喜以⿹勹貝(⿰貝句)命名，《古璽匯編》録有「牛⿹勹貝」、「喬⿹勹貝」、「宋⿹勹貝」、「齊⿹勹貝」等人名。⿹勹貝，吴振武先生均改釋為⿰貝句。《古璽文編》雖援引唐蘭先生釋則，也以為是《玉篇》中的⿰貝句字。值得指出的是，《陶匯》3·755和《古璽匯編》0445號同辭作「王⿹勹貝(⿰貝句)」，可作為陶璽文字合證的新例。【古陶文字徵訂補 中山大學學報一九九五年第一期】

◉袁國華 「」「」分别見《包山楚簡》第91簡及第201簡，《釋文》及《字表》將兩字隸定作从「缶」的「⿰缶阝」字及「⿱竹缶」。查《包山楚簡》「缶」字作265、265之形，而其他从「缶」的「銙」、「窑」、「銅」、「鉼」、「鐈」、「缶」字的寫法基本相同，然而「」「」兩字从字形對比得知，實不从「缶」，疑字乃从「旨」。「旨」字，甲骨文作京都七三A、乙一〇五四、後下一·四；西周金文作匽侯旨鼎、伯旅魚父簠、殳季良父壺；戰國文字作國差𦉜、説文古文，皆可為證。簡91的「⿰旨阝」字疑為「人的姓氏」。簡201的「⿱竹旨」字與「央」字合為一詞，「央⿱竹旨」是「卜筮時所使用的蓍筮工具」。【包山楚簡文字考釋 第二屆國際中國文字學研討會論文集】

⿺辶冊

◉何琳儀 黃錫全 ⿺辶冊，原篆作，舊不識。其冊下加「○」，金文首見。應隸定為⿱冊曰。《說文》：「⿱冊曰，告也。从曰从冊，冊亦聲。」段玉裁謂：「簡牘曰冊，以簡告誡曰⿱冊曰。冊行而⿱冊曰廢矣。」《汗簡》引《尚書》冊亦作(卷上之一)，《古文四聲韻》引裴光遠《集綴》冊亦作(入聲麥韻二十一)。鄭珍謂：「《一切經音義》履云『⿱冊曰，古文冊。』蓋漢以後字書有之，裴氏所本。」按⿱冊曰非漢以後文字，甲骨文通常作形。羅振玉謂：「从口，口與曰同意。」卜辭「再冊⿱冊曰某」句式常見，「冊」「⿱冊曰」連文，前者為名詞，後者為動詞，正與段注吻合。⿱冊曰實乃冊之分化字，⿱冊曰从冊得聲，音義相因。甲骨文⿺辶冊或作⿰氵⿱冊曰亦可資佐證。值得注意的是第五期卜辭有一字(《前》五·二一·五)，舊不識。按當隸定為⿱⿱冊曰貝。啓卣的應是甲骨文與《汗簡》之間的過渡形體，其嬗變之跡如次：

《汗簡》及《古文四聲韻》所録⿱冊曰字「曰」内趁隙加點，乃晚周文字通例，不足為異。如甲骨文(《京津》四三〇二)，金文或作(豆閉簋)、(趩簋)；殷代金文(畟尊)，春秋金文或作(蔡侯盤)、(秦公鎛)；甲骨文(《乙》一九八八)，金文或作(國

猧　狚

差鎗)；金文𠙵(矢方彝)，鉩文或作𠙵(右司馬攷鉩)。凡此均早期文字「𠙵」形，晚期則演變為「○」或「○」之佐證。其實即便是同時期銘文中的「𠙵」亦有誤作「○」者。如無㠱簋蓋銘(一)[glyph]，器銘(四)則作[glyph]；新出土伯公父簠器銘[glyph]，蓋銘則作[glyph]；是其例。總之，不同時代和同時代「𠙵」和「○」的形體都有相混的現像。然則隸[glyph]為[glyph]殆無疑義。又由甲骨及後代字書推知[glyph]、册本一字之分化，啓卣之遭即遡。

遡于本銘當讀速或迹。册，楚革切，初紐，古讀清紐；朿，七賜切，清紐。金文中習見的「册命」。典籍多作「策命」。《書·金縢》「史乃册祝」，《史記·魯世家》引「册」作「策」。《左傳·定公四年》「備物典册」，釋文：「策本又作册，或作筴。」王念孫謂册「通作策」。故遡可讀速。又據《說文》「迹，步處也；从辵，亦聲。蹟，或从足責。速，籀文迹从朿。」知迹本應作速。師寰簋「弗速我東國」，速正讀迹或蹟，是其明證。迹的本義為「足迹」，乃名詞，引申為動詞則可訓「循」(《詩·小雅·沔水》「念彼不蹟」，傳「不蹟，不循道也」)，訓「蹈」(《小爾雅》、《廣雅》)，訓「尋」(《漢書·季布傳》「迹且至臣家」，注「謂尋其踪跡也」。《後漢書·儒林傳》注「迹猶尋也」)。啓卣「迹山谷，至于上侯」，與《漢書》「迹且至臣家」語例相近，然則「迹山谷」猶言「循山谷」。【啟卣啟尊銘文考釋　古文字研究第九輯】

[glyph] 狚　說文所無　盜壺　茅蒐狚獵　古籍作田或畋【金文編】

◉李孝定　[glyph]　从犬冎聲。說文所無。當隸定作猧。當即猾之古文。猾字說文失收而古籍中多有。左昭二十六年傳。「無助狡猾」。釋文作滑。漢書酷吏傳甯成傳。「猾賊任威」。史記作滑。故知猾古讀與滑同。字在卜辭均假為禍。說詳一傳禍及四卷冎下。請參看。葉王釋戾。非是。契文自有戾字。作[glyph]見前。且其左旁明是[glyph]之演變。契文户字偏旁多作[glyph]。不能據一二例外之譌變以為比勘也。字之左旁亦非卣。唐釋猷。謂即猷。非是。詳四卷冎下。且契文自有猷字。作[glyph]續存·一九四八。[glyph]粹·一一六四。[glyph]新·三一三八。與此迥異也。金氏从葉王說釋戾。而其說則殊。惟獸闞穴何以於篆文字从户。金氏於此無說。且契文字固不从穴。亦不从户也。【甲骨文字集釋第十】

⿰夕夸

◉朱歧祥　□、□—□，从夸从夕，隸作⿰夕夸。讀與辥同。《説文》：「辠也。从辛𡴎聲。」有災禍意。卜辭與禍、匄對文。字復更易偏旁，从自作□；由辭例互較得證。

(a)〈乙5347〉　貞：王聽唯□？

〈乙4604〉　貞：王聽唯□？

(b)〈南輔16〉　邗疾趾于父乙，□？

〈簠游32〉　貞：唯趾□？【甲骨學論叢】

⿰卯殳

◉孫海波　□河一一〇　从殳从卯。説文所無。地名。在自⿰卯殳卜。【甲骨文編卷三】

⿱亠⿱口冋

◉陳秉新　□　陳釋意非是。⿱亠⿱口冋或即大坰，書仲虺之誥序「湯歸自夏，至幹大坰」，僞孔傳：「自三朡而還，大坰，地名。」孔疏：「大坰，地名，未知所在，當是定陶向亳之路所經。」又一辭不會卜幹二地，雷不當是地名，辭云「雷商孝啚」，待考。【殷虚徵人方卜辭地名彙釋　文物研究第五輯】

⿴衣乇

□0493　説文所無玉篇袳衫【古璽文編】

⿸广束

◉鍾柏生　卜辭云：

47. 丁酉卜：今日丁亥其□（學）（斆）？

于來丁廼□？

于乙□□？

若丙[oracle glyph]?(《南地》六六二)

48. 丁卯卜……

于又𠂤[oracle glyph]?

……甲，叀今日……(《ROM》一八〇三)

例48「于又𠂤[oracle glyph]」，許進雄先生考釋云：

「[oracle glyph]：或作[oracle glyph]，即學字。……又𠂤：在于之後當是地名或建築物，有左右之分的大半是建築物，是卜問於某處開學之事。𠂤是禮器，恐怕佈學有關祭祀之事。」

今按：許先生言「[oracle glyph]：或作[oracle glyph]，即學字。」是對的。因為卜辭有人名「[oracle glyph]」(《乙》七五三)，又作「[oracle glyph]」(《後》下四·十一)、「[oracle glyph]」(《遺》五二二)，「[oracle glyph]」(《前》一·四四·五)；「[oracle glyph]」「[oracle glyph]」「[oracle glyph]」諸形，羅雪堂、李師均釋為「斅」；「又𠂤」，許先生言是建築物，筆者也贊同。《集韻》有「𢈈」字，言與「𢊁」同，董同龢先生𢈈《上古音韻表稿》頁一三七將「𢈈」「𢊁」二字列在幽部陰聲，其二字聲韻完全相同，只是聲調不同(𢈈在平聲、𢊁在上聲)。《類篇》則言其義「簷櫋謂之𢊁。」櫋，《說文》云：「梠也。」段注：「梠，旅也。連旅之也。《士喪禮》注曰：宇，梠也。宀部曰：宇，屋邊也。」《說文解字繫傳》徐鍇云：「按櫋即連檐木也。在椽之耑際。」如果《類篇》所釋之義是正確的話，卜辭之「又𠂤」即是「右𢈈」「右𢊁」。例48則是問：「在屋宇右邊學是否可以？」至𢈈所學為何？是在何種建築物的「右屋宇附近學」？則不可得而知矣！由例48我們再看例47「于乙[oracle glyph]學」，其句子結構顯然與例48「于又𠂤爻」相同，不過例47中多了干支「乙」，表示「乙日」而已！「[oracle glyph]」字在此，如同「又𠂤」，其義是指某種建築物或建築物的某處部位。《廣雅·釋室》云：「[广+朿]，舍也。」《玉篇》云：「下屋也。」《廣韻》去聲卷四寘部列有字，其釋云：「偏[广+朿]，舍也。」卜辭「[宀+朿]」字，雖然從「宀」部，但是古文字中不乏「宀」「广」互用的例子，如：「安」字，睘尊作「[glyph]」(《三代》十一卷三三頁)，格伯簋作「[glyph]」(《三代》九卷十四頁)；「寓」字，寓鼎作「[glyph]」(《三代》三卷五一頁)，古鉢作「[glyph]」(《古璽文編》七·一一)；卜辭「[oracle glyph]」(《甲》六五三)，召伯虎簋作「[glyph]」(《大系》圖一三三頁)；甚至在甲骨文中亦有「[oracle glyph]」「[oracle glyph]」互用的例子，如：

49. 勿[oracle glyph]……(《甲》三八一六)(《合集》一九五二五)

50. ……[oracle glyph]口……(《前》六·二九·六)

因此卜辭的「[宀+朿]」到了後代很可能寫成了「[广+朿]」，其意義就如同諸字書所言為「屋舍」了。因此例47「于乙[广+朿]學」便應當解釋為「在乙日那天，在舍學是否合適？」而其中「舍」到底是指何類建築物，因卜辭並未說明，故不得而知了。　【釋朿及其相關問題　歷

庣

史語言研究所集刊五十八本一分】

◉勵乃驥　一、《考工記》桃氏為劍説

古代社會與禽獸鬥，與異族争，兵器當為其最需要之物，鬥争完畢，從事耕稼，推發土地，即利用兵器。一有戰争，復以田器為戰具，蓋互相為用，厥後又因所用略異而區别之。故田器名⿸庣斗，用以刺地，兵器曰劍，用以刺物。《管子・禁藏篇》「推引銚耨，以當劍戟」(⿸庣斗為銚之假借字，説詳下篇)，推⿸庣斗者能舞劍，製⿸庣斗者能為劍，形似而技同也。《吕氏春秋・簡選篇》「鋤櫌白梃，可以勝人之長銚利兵」，是以銚為劍矣(高注為長矛)。⿸庣斗，古文為庣，後因量名而偏旁加斗(理由詳《説文⿸庣斗字説》篇)，蓋為桃之假字，而鄭康成見《爾雅》⿸庣斗作兆耳。

《説文・金部》「銚，温器也，一曰田器」。段玉裁曰：「⿸庣斗者，金部銚之假借字，銚曰田器，此云古田器，所以明六書之假借也。」(《説文解字段注》)《爾雅・釋草》「萇楚銚芅」，注云：「今羊桃也。」是桃與銚古本相通，猶《説文・木部》中槈枱從木，而其重文皆從金也。

二、《考工記》車人為耒庛長尺有一寸説

《管子・禁藏篇》：「推引銚耨。」《海王篇》：「耕者必有一耒，一耜，一銚。」又《輕重乙篇》：「必有一耜，一銚，一鐮，一槈，一椎，一銍，然後成為農。」《晏子・内篇上諫》第十七：「君將戴笠，衣褐，執銚耨。」《莊子・外物篇》：「草木怒生，銚鎒於是乎始修。」《韓非子・八説篇》：「故有珧銚而推車者。」《國策・齊策》：「操銚鎒與農夫居壠畝之中。」《秦策》：「無把銚推耨之勢。」《鹽鐵論・申韓篇》：「犀銚利鉏，五穀之利。」《爾雅・釋器》：「⿸庣斗謂之疀。」《方言》：「臿，燕之東北，朝鮮洌水之間，謂之⿸庣斗。」是庣為田器，常與耒耜并舉，而屢見於群籍也。宋杜從古編《集篆古文韻海》，自謂博求三代之字，歷年四十，其四宵韻⿸庣斗篆作[illegible](卷二第五葉)，不從斗而從句，馬夷初先生以[illegible]為斗篆之誤，余疑句庣利發，倨句磬摺，從句或有所本。

桃銚庣⿸庣斗同從兆聲字，皆田器也。《易》謂斲木為耜，則上古製器之初，耜亦木製，然木之發土，用力倍而成功難，意未及中古，而已有以金易之者矣。後遂以從金之「銚」為田器，從木之「桃」為果名，桃為田器之古義，從以喪失，亦猶後世取梅為酸果之名，而梅為楳之本義遂廢也(《説文解字段注》)。至於「庣」「⿸庣斗」乃其假借字也。

三、《儀禮・有司徹》桃匕枋説

桃匕與疏勺，升中淺深之不同，疏匕與桃匕，容量大小之不同。蓋桃匕淺而小，即今所謂刀圭是也，桃匕刀圭，音相通也，今江南人謂斟羹之小勺為庣（田聊切）羹，即其物矣。一以推發土地，一以挹取酒漿，其用雖異，其形相同。因其類田器若庣若鍤，遂以桃名，理誠然矣。但所謂形同者，決非因淺斗之故。《說文》銚，温器也。𣂎，斛旁有𣂎。斛深一尺，温器亦有相當深度，此二物之非淺斗可知。鍬臿刺地發土，并淺斗而無之。

四、《爾雅・釋器》𣂎謂之疀説

鄭康成所見《爾雅》𣂎作桃，當為最古，疑又有作庣字者。自𣂎孳乳後，乃由庣而作𣂎，許所引《爾雅》作𣂎謂之疀，蓋為當時通行。并云古田器者，蓋古為田器而今為斛旁專用之字，與錢之在古為田器，而今為貨幣，亦解之曰古田器，同一義也。⊘《文選注》所引《爾雅》作鍬，謂之鍤，是由郭注後而又有所改寫也。是桃、庣、𣂎、鍬，字有古今假借之分，同一物也，亦謂之疀者，方言之不同耳。

五、《說文》𣂎字説

《說文・斗部》：「𣂎，斛旁有𣂎，從斗庣聲，一曰突也，一曰利也，《爾雅》曰，𣂎謂之疀，古田器也。」許書僅有從斗庣聲之𣂎篆而無庣篆，新嘉量量銘有庣旁九氂五豪云云，《漢書・律曆志》載旁有庣焉，此外無多見。𣂎有作𣂎，故⿸厂兆亦有作庣，從广抑從厂，大徐以來，説者紛紛：

總言之：

1. 群書無⿸厂兆字。
2. 𣂎非量旁物，象山旁從厂，於義無取。
3. 說文甾部，疀，𣂎也，從庣不從⿸厂兆。
4. 新嘉量銘有庣篆。
5. 《爾雅》、《釋文》、《五經文字》、《玉篇》、《廣韻》、《集韻》《纂古》《漢志》《隋志》《九章算術》，皆從广。

由此觀之，庣當從广，從厂非也。

六、《漢書・律曆志》旁有庣焉説

《漢書・律曆志》：「旁有庣焉。」蓋據新嘉量五量量銘庣旁云云而總言之也。庣旁九氂五豪之綫段，據量銘及《漢志》文義以庣訓「過」及「不滿之處」則可有下列七種作法：

（甲）庣於方旁。

(子)庣於方旁而規圓者有三種：

1. 以圓周截「方尺」邊中垂綫之綫段為庣。

2. 以圓周截「方尺」對角綫延長之綫段分為庣。

3. 以圓周截「方尺」邊延長綫之綫段為庣。

(丑)庣於方旁作外方而規圓者，有三種：

1. 以截「方尺」各邊兩端延長綫作方而成外接圓之綫段為庣。

2. 以聯「方尺」相鄰二邊一端延長綫作方而成外接圓之綫段為庣。

3. 以聯「方尺」各邊一端延長綫作方而成外接圓之綫段為庣。

庣於圓旁者，謂以「方尺」外接圓距圓之綫段為庣。

上列七種，除第二種與第七種，及第三種與第六種，綫段長度相等外，計有五種。但第二種與第七種及第三種與第六種之説解意義，仍不相同也。則此七種綫段，除第一種之庣為二寸有奇，幾二十二倍於九氂五豪，欠近理外，其餘非藉圓周率不能推定此綫段之作法。然劉歆之圓周率，記載失傳，則其作法多種中，孰為合理，在數理範圍，其技已窮，難定解答矣。

案《周禮·考工記》：「車人為耒，庣長尺有一寸，中直者三尺有三寸，上句者二尺有二寸，自其庣緣其外以至於首以弦其內六尺有六寸，與步相中也。堅地欲直庣，柔地欲句庣，直庣則利推，句庣則利發，倨句磬折，謂之中地。」

上句，與中直，及庣共長六尺有六寸，除庣，上句，與中直成一矩有半外，其弦決不能為六尺，而與步相中也。又《考工記》載：「車人之事，半矩謂之宣，一宣有半謂之欘，一欘有半謂之柯，一矩有半謂之磬折。」(程瑶田《通藝録》《考工創物小記》及《磬折古義》論之甚詳)蓋古之言角度方向，皆以矩為標準也。一矩有半，為一百三十五度。耒庣角度，以三角術精密計算，稍少於一百三十五度，此古時算學不精之故也。田器之庣及上句，與中直為一矩有半，且長短參差，非僅與步相中而已。蓋用力省，剌地易，亦兼含有杠桿之理也。

劉歆作量，仿乎周製，故其銘辭，多引《周禮》，如「嘉量」「方尺而圓其外」，「深尺」等語，即引《考工記》之文，今用庣字，決非釋作攏統之「過」所能盡其義。其曰庣旁九氂五豪者，意即在方尺之旁，作一矩有半之綫段，其長為九氂五豪，如中直之與庣也。「庣旁九氂五豪」，乃襲《周禮》「庣長尺有一寸」之文也。以方邊為中直，四角綫段作一矩有半(即磬折)如庣，固左宜而右有也。是則前所假設之七種綫段，惟第二種合于庣義。用庣一字，而方向遂定，簡潔明了，不能復贊一辭矣。【釋庣　故宮博物院年

刊一九三六年】

◉胡厚宣　與針刺的殷字(㲋)有關的，還有一個𤕫字，武丁時卜辭說：

丁卯卜，争，貞㞢𤕫龍。

貞㞢𤕫不其龍。

這片拓本見殷虛文字乙編六三二二片與六四一二片合，又見殷虛文字丙編二九五片。

𤕫字从疒从木，我釋床，亦即痳字。床之作痳，亦猶疛亦作府，並誤作府字一樣(惠棟惠氏讀説文記)。痳，玉篇：「下痢病也。」集韻：「痳，桼瘡也。」我意字當象一人卧病床上，从木象以火艾灸病之形。

古代有治病之草名為艾。詩經採葛説「彼採艾兮」，毛傳：「艾所以療疾。」孟子離婁説「猶七年之病，求三年之艾也」，趙注：「艾可以為灸人病，乾久益善。」所以師曠稱艾為病草，猶言療疾治病之草。从木與从草同，由甲骨文[甲骨文]亦作[甲骨文]，[甲骨文]亦作[甲骨文]，[甲骨文]亦作[甲骨文]，[甲骨文]亦作[甲骨文]，[甲骨文]亦作[甲骨文]，[甲骨文]亦作[甲骨文]，可證。

以火艾灼病謂之灸。急就篇説「灸刺和藥逐去邪」，顔注：「灸以火艾灼病也。」燃燒艾火以灼療疾病謂之灸。

甲骨文𤕫字，疑即象一人卧病床上，从木，即象以艾木灸療之形。【論殷人治療疾病之方法　中原文物一九八四年第四期】

◉徐錫台　𤕫，此字左从疒，右从休，當即痳字。𤕫，此字左从疒，右从躰，身與人義同，亦當釋其為痳字。痳字，如廣韻「許尤切」；集韻「虚尤切並音休」；玉篇「息下痢病也」；集韻「許救切音齅桼瘡」。其字用法，如殷墟卜辭云：「痳龍(腫)」(乙六四一二)；「……不其痳」(乙六三二二)。【殷墟出土疾病卜辭的考釋　中國語文研究第七期】

[古璽文] 1026 [古璽文] 0794　説文所無玉篇痳疾也　【古璽文編】

⿸产文　⿸㫃土　⿰忄式　⿰忄行　⿰火丘　炷

⿸产文 說文所無說文立彣部彦字从之从金文觀之當別立产部于文部下⿸产文鼎 【金文編】

◉饒宗頤 丁未卜，争：⿰爿殳⿱宀東于⿸㫃土。毋畋。二月。（殷綴三四〇——屯甲一一六七十二〇二九）

⿸㫃土前釋偃，即偃師。其字或从㫃从土作（屯乙四二〇一），繁形有益絲旁作（屯乙五二五七），則如字之作矣。【殷代貞卜人物通考】

拭 【汗簡】

3·114 緜衢東匋里人⿰忄行 說文所無玉篇⿰忄行悦也 3·432 東酷里曰□⿰忄行 3·356 楚章衢□里⿰忄行 【古陶文字徵】

◉林清源 工⿰火丘之戈（邱集8239·嚴集7392）銘文四字，在内末，反書，其行款如下：

羅福頤隸定為「⿰王⿱乂火之戈」（代釋4596），孫稚雛（孫目6739）從之。然第一字當釋為「工」，而非「王」字。銘文第二字，疑从丘、从火，姑隸定為「⿰火丘」，於此為人名也。【兩周青銅句兵銘文彙考】

◉余永梁 （簠室殷契第四九葉）（同上） 說文無炷字。段玉裁曰：「丶主古今字，主炷古今字。」案此字从火主，則古自有炷字矣。【殷虚文字考】

◉顧廷龍 炤。説文所無。集韻。炤即昭。説文。昭。日明也。晉語。明耀以炤之。荀子。炤炤兮其用知之明也。潘丘齊炤里王□同上。【古匋文孴録卷十】

◉孫海波 甲二四八 或从羊。乙一七六四 或从豕。前七・一七・四 或从鹿。【甲骨文編卷二】

◉楊樹達 以爾雅釋獸釋畜及説文牛部馬部諸文觀之，物色形狀，辨析綦詳，事偶不同，别為一字。蓋畜牧時代之殘遺也。假令牛羊鹿犬種類各殊，祇以牝牡相符，即為一字，以此校彼，詳略懸殊，揆之事情，殆不當耳。况母牛為牝，母鹿為麀，牝麀既不同文，牡羘麀豭安能為一字？羅氏不據牝麀之不同。推求諸文之異字，乃反疑麀别為音讀之非，幾於以一手掩天下人之目矣。故余據爾雅釋獸「鹿牡麚」之文釋麀為麚，據「豕牝豝」之文釋豼為豝，據釋畜「牡曰騭，牝曰騇」之文，釋駝為騇，據「羊牡羒牝牂」之文，釋羘為羒、羢為牂，⊘胡厚宣商史論叢殷代婚姻考引卜辭一則云：「辛巳，貞其皋生于妣庚妣丙，牡，羢，白豕？」又一則云：「△△貞△皋生于妣庚妣丙，(牝)，羢，豼？」(原文十七頁下，今見粹編三九六片)一以牡羘連言。又其一以牝羢豼連言，若如羅説，文乃絶不可通，二辭不啻為吾説作確切之證明，羅氏之言，不待攻而自破矣。【釋麀羘羢豼駝 積微居甲文説】

◉李孝定 从羊从土，説文所無。義為羊父。與牡為牛父意同。後世通牡為畜父之偁。而羘豭麀廢矣。説詳前二卷牡字條下。【甲骨文字集釋第四】

◉商承祚 蓋 器 楚王酓恙鼎 楚王酓恙戰隻兵銅 恙即忎，幽王悍也。六國年表作悼，春申君傳索隱作捍，高帝紀索隱作擇。篆从即干，周文作，小篆作。晚周文字緐簡任意，故作羊矣。干旱同聲通假，故⿰旱殳、捍、⿰亻旱、稈、⿰馬旱、⿰旱鳥又得作攼扞仠秆馯鳱也，是忎(忓)即悍悬也。説文訓忓為極，悍為勇，悬為姦之古文，皆非。六國年表作悼，乃由悍譌。高帝紀之擇又由捍誤也。【楚王酓忎鼎 十二家吉金圖録】

◉郭沫若 恙字从心羊聲，羊即干字之異。干金文之較古者作，乃圓盾之象形，上有羽飾而下有蹲，古文凡圓點之字大抵演化為一横，故由而，更進則為干。然亦有演化為二横者，如朱字本作，而師酉毁文作，其它如眉脒鼎、上床鼎及鼄器之鼄，所从朱字亦係二横，故字可以作羊也。説文説干字从一从反入，未得其意，又收羊字于干部。謂「撥也。从干，入一為干，入二為羊，讀若飪」，言稍甚也。又以為南字之聲符，然殷周古文南字均不从羊作，許于干既失，于南亦誤，故羊説尤不足信。【楚王酓恙鼎 兩周金文辭大系圖録考釋】

�

◉劉彬徽等 �，簡文作[古文字]。【包山楚簡】

浧

◉張燕昌 [古文字] 浧。郭云籀文洋。鄭音汗。今作[古文字]。【石鼓文釋存】

洱

◉于省吾 甲骨文稱：「……洀豕于洱○弓□□于洱。」（綴合二四八）洱字作[古文字]或[古文字]形，舊不識。洱字右从耳，象耳之内外輪廓形，他辭耳和从耳之字，作[古文字]或[古文字]。甲骨文雙鈎之字常見，例如：[古文字]字多作[古文字]，龍字作[古文字]也作[古文字]（前四·五三·四），㐌字从它作[古文字]也作[古文字]（外四五一），是其證。其于洱言洀豕與否，則洱為被祭的主名。此段卜辭刻于一版大龜的最上部，次一段為：「□兇卜，□[古文字]于丘商（即商丘）○弓[古文字]于丘商。」因此可知，丘商和洱之均為地名，是肯定的。水經注淯水：「淯水又南，洱水注之。水出弘農郡盧氏縣之熊耳山，東南逕酈縣北，東南逕房陽城北。總之，洱地是由洱水得名。【釋洱 甲骨文字釋林】

◉徐中舒 從水從[古文字]耳，《説文》所無。見於《水經淯水注》：「洱水，出弘農郡盧氏縣之熊耳山。」地名。【甲骨文字典卷十一】

◉陳漢平 甲骨文有字作[古文字]、[古文字]，甲骨文編收入附録。卜辭曰：

[古文字]于[古文字]勿于[古文字] 乙編四五一八

按此字从水从耳，當釋為洱。字在卜辭為地名或水名，蓋其水澤湖泊形似人耳，故名洱。【古文字釋叢 考古與文物一九八五年第一期】

洑

◉陳夢家 [古文字] 説文歲字從戌得聲，卜辭歲從[古文字]與戌字稍異，古或許是一。洑當是濊水。戰國策楚策一「睢濊之間」，淮水注則謂「睢涣之間」；水經注的涣水即濊水，亦即今世的澮水。澮濊音同。澮水入淮處在今五河縣，臨淮關之東北。【殷墟卜辭綜述】

◉曾憲通 □又𡿺亓⿰氵⿷匚日 乙二·二六 此字衆說紛紜，錫永先生因摹本誤作□而釋作洄，李學勤初釋㴸，後改釋為混而讀潰。李棪齋釋汩。何琳儀謂帛文从水从日从比，應定為混，同混或汩，「有淵其混」意謂「洪水甚深」（見《楚辭·天問》）。【長沙楚帛書文字編】

□ 秦1036 洖邦 說文所無集韻洖音吾人名 【古陶文字徵】

□ 洀 說文所無玉篇洀同瀊潘水迴旋也啟尊 在洀水上 【金文編】

◉楊樹達 粹編八四三片云：「辛未，卜，今日王□，不鳳？」郭沫若云：王下一字象舟楫之形，疑是般之古字。說文：「般，辟也。象舟之旋，从舟从殳，殳，令舟旋者也。」此所从之□，亦正殳之象形。考釋一一二。前編六卷二葉之四云：「甲戌，卜，㱿貞，來辛巳，其旬□？」于省吾云：□即洀字。管子小問：「意者君乘駮馬而洀桓，迎日而馳乎？」尹註：「洀，古盤字。」按尹說是也。駢枝三五。樹達按：般盤古通用字，郭于立說互異，而訓義則相同，而以于說為是。□字从水从舟，~是水字，非象殳形也。【洀 卜辭求義】

◉楊樹達 殷契粹編八四三片云：「辛未卜，今日王□，不鳳風？」郭沫若云：「王下一字象舟楫之形，疑是般之古字。說文：般，辟也，象舟之旋。从舟，从殳，殳令舟旋者也。此所从之S亦正殳之象形也。」考釋壹壹貳葉。今按郭君釋字為般，其說至確。余謂S字象水形，乃水字，甲文恆見。水字多在字旁，而此水字横截舟上者，示舟浮行水上之形也。後世字作洀，見於管子小問篇，其文云：「意者君乘駮馬而洀桓，迎日而馳乎？」尹知章注云：「洀古盤字」是也。按周易屯卦云：「磐桓利居，貞。」管子書云洀桓，猶周易云磐桓也。郭君未引管子書，而讀洀為般，與尹注讀為盤者契合，可謂妙悟。惟不知有與甲文形體密合之洀字，而認甲文从水為从殳，不免小失耳。余今據管子書證成郭君之妙解，或者亦郭君所樂聞歟！

古書云般游，偽尚書五子之歌云「乃般游無度」，是也。云般樂，孟子盡心篇云「般樂怠敖」是也。洀為般之初字，字从水从舟，據形課義，洀當為浮舟水上行樂之稱，說文訓般為辟者，非古義也。蓋經傳無般辟之訓，亦無以般辟連言者，漢書八十六卷何武傳云「所舉者召見，槃辟雅拜」，始以槃辟連文，段玉裁注說文，謂般辟乃漢人語，信哉！信哉！【釋□ 積微居甲文說】

◉温少峰　袁庭棟　卜辭中，還有表現船舟在水中航行的記録，甲文有[glyph]字，其辭云：

(59)……卜，貞……且(祖)丁……[glyph]……(《金》一四)。

「[glyph]」字从水从舟，當即㳽字。《管子・小問》：「君乘駿馬而㳽桓，迎日而馳乎？」注：「㳽，古盤字。」此字象水中行舟之意，故有「盤桓」之義。【殷墟卜辭研究——科學技術篇】

◉戴家祥　[glyph]啓尊　在㳽水上　从水从舟，集韻「㳽，水文也」。古籍或通盤，管子小問篇：「桓公問：今寡人乘馬，虎望見寡人，不敢行，何也，對曰：意者君乘駁馬而㳽桓迎日而馳乎，駁食虎豹，故虎疑焉。」注「㳽，古盤字」。金文用作水名。【金文大字典中】

◉陳振裕　李天虹　關於「㳽」字的隸定，舊釋有彤、汨、汩、羽、㳽等。隸定如此不同，從一個側面也反映了它的寫法較多。為了探討其隸定，有必要將幾種不同的寫法抄録如下：

[glyph](元始三年耳杯)[glyph](元始四年盤)[glyph](建武廿一年耳杯)(均樂浪郡出土之漆器)

[glyph](睡虎地秦簡)[glyph](平垻耳杯)[glyph](馬王堆192號簡)[glyph](馬王堆212號簡)[glyph](大坟頭木牘)

需要指出的是，這些不同的寫法，確系同一字之變形，因為他們擁有共同的辭例特徵，即不是與髹共舉，就是與工并提，而且都和漆器有關。

綜合以上幾種寫法，我們可以看到，此字從水是無疑的。而三點水旁與一豎相連的話，是和「羽」旁之「[glyph]」極相似的，易引起錯覺。如馬王堆212號簡之形，若没有192號簡作佐證，我們也會對其是否從水産生懷疑。又周代金文彤字所從「彡」旁已固定在右側，不見在左側之例。因此，將此字釋羽或彤是錯誤的。樂浪出土的元始三年、四年刻銘漆器中的此字右旁確似月字，但先秦及秦漢文字中從不見月字作「[glyph]」、「[glyph]」形者，所以將此字釋汨亦誤。至於釋汩，則顯然與字形不合。

需要詳加探討的是將此字釋為㳽的提法。秦漢文字中「丹」、「舟」二字常相混淆，如表一所列，各例均出自《秦漢魏晉篆隸字形表》。

表一

丹	舟
[glyph](睡虎地簡)	[glyph](老子甲俞從)
[glyph](武威醫簡青字所從)	[glyph](武威簡般從)
[glyph](武威醫簡)	[glyph](馬王堆帛書般從)
[glyph](漢銅鏡)	

從表一可以看到，除作「[illegible]」形的丹字，舟字没有同例外，其他各種字形均為二者共有。作「[illegible]」形的丹字先秦古文字中即已存在，但我們文中討論的此字右旁卻無一例如此作者，這就不得不使我們對將其釋作洀産生懷疑。況且釋洀在字義上也難以講通，這點後文將要談到。所以我們認為，此字應隸定作「洀」。

「洀」字實際上在商代甲骨文中已經出現。于老《甲骨文字釋林·釋洀》：「〈管子·小問〉：『意者君乘駮馬而洀桓迎日而馳乎』，尹注：『洀，古盤字。』按尹説是也。」盤有盤繞、盤旋、盤曲之意，前蜀貫休《智光大師草書歌》：「又見吳中磨角來，舞槊盤刀初觸擊。」可證。【「洀」與「洀工」探析　于省吾教授百年誕辰紀念文集】

洴　宯　宷

◉劉　釗　《文編》附録二六第10欄有字作「[illegible]」。按字从水从「[illegible]」，應釋作「洴」。戰國天星觀楚簡有字作「[illegible]」，朱德熙先生認為「[illegible]」即「覍」字，象人戴冠冕之形，或體作弁，「[illegible]」即笲字。按古璽「[illegible]」所从之「[illegible]」與楚簡「[illegible]」所从之「[illegible]」形同，故「[illegible]」字可釋為「洴」。洴字見于《集韻》。【璽印文字釋叢（一）　考古與文物一九九〇年第二期】

◉朱歧祥　[illegible]——[illegible]

[illegible]，从宀从耳，隸作宯。《説文》無字。卜辭用為祭地名。字復增口作[illegible]，由辭例「宯阜」、「酌于宯」兼用宯、[illegible]二形可證。

(a)〈叕28〉[illegible]固曰：途若，茲鬼降在[illegible]阜。

〈菁1〉王固曰：朕屮[illegible]。屮夢。五日丁丑王賓仲丁，祀降在[illegible]阜。十月。

(b)〈丙44〉貞：翌乙卯酌我宮，伐于[illegible]？

〈甲3588〉癸丑卜，彝在[illegible]、在㲹門祝？乙卯酌品，𠭰自祖乙至后。【甲骨學論叢】

◉考古所　又[illegible]，當為右[illegible]。[illegible]可能屬宮寢廟堂之類。【小屯南地甲骨】

寎 攺

◉林潔明 [glyph]寎字說文所無。郭沫若謂字乃寤之繁文，以寎，寎，為从㝱省，舟聲，稍覺牽强。周名煇釋為从宀舟聲，受之古文，屋下受授之意，其說近是，於銘文義亦適切。受為會意字，寎當為受之後起形聲字也。【金文詁林卷七】

◉孫海波 [glyph]甲二五 从殳从它。古它也一字。象持朴擊它。[glyph]甲四〇四 从攴。【甲骨文編卷三】

◉吳其昌 [glyph]字(前一·三一·四)雖小蝕。諦加宷辨，尚可塙認，其字亦契文所屢見，變態亦頗多；歸納之約有五體：作[glyph](前一·三一·四)者為甲體。作[glyph](前·六·一一·七)[glyph](菁·一〇·一八)者為乙體。作[glyph](拾遺·一一·一九)[glyph](前·六·三一·八)[glyph](前·七·三一·三)[glyph](後·一·二八·四)[glyph](續·五·二五·一〇)者為丙體。作[glyph](鈇一七六·一)[glyph](後·二·二三·三)[glyph](菁·九·二)[glyph](後·二·二六·三)者為丁體。作[glyph](前·六·一一·八)[glyph](後·二·三二·一七)者為戊體。此五體中，甲、乙二體之別異，為字形首尾之顛倒變象。甲丙二體與乙丁二體之別異，為「攴」字作[glyph]，與作[glyph]之繁簡變象。甲、乙、丙、丁四體與戊體之別異，為蛇蟲形之作[glyph]與作[glyph]之或體變象。綜合觀其會通，則象水中有蛇蟲之狀，手持攴以擊之而已。然從其文義而觀之則又自不同。卜辭或云：「[glyph]羊百。」(鈇一·七六·一)或云：「[glyph]羊于𦎫。」(拾遺·一一·一九)或云：「[glyph]牛。」(後·二·二三·三)或云：「貞[glyph]牛。」(續·五·二五·一〇)或云：「[glyph]一牛。」(後·一·二八·四)或云：「[glyph]□牢。」(後·一·二八·五)或云：「[glyph]㲋。」(前一·三一·四)乃實為刑牲之義。然而明明為持攴以擊水中蛇蟲之象形兼會意字，又何故而賦以刑牲之義？此其樞鍵，殆非今日所能曉。其所涵之音讀當何若？亦未詳：姑並闕焉。【殷虛書契解詁】

◉于省吾 卜辭習見[glyph]字，亦作[glyph][glyph][glyph][glyph]等形。孫詒讓疑𢽀之異文(見舉例下三二葉)，柯昌濟釋流(見書契補釋二葉)。按二說並非。[glyph]即[glyph]即攺，从沱从它一也，从攴从殳一也，攴殳或倒或正一也。攺字象以朴擊蛇之形，它即古文蛇字。蛇从虫乃後起字。它形左右有點者，象血滴淋灕之狀。說文：「𢻱，敷也。从支，也聲，讀與施同。」段玉裁云：「今字作施。施行而𢻱廢矣。施旗旖施也，經傳多假借。」朱駿聲云：「當从它聲，經傳皆以施為之。」按段朱二氏說是也。卜辭攺字，初義為以朴擊蛇，引伸為割殺之義。攺即說文𢻱字，經傳假施為之，亦與胣字通。莊子胠篋「萇弘胣」，釋文：「胣本又作肔。崔云：『讀若拖，或作施字，胣裂也。』淮南子曰：『萇弘鈹裂而死。』司馬云：『胣，剔也。』一云『刳腸曰胣』。」按攺既與施胣字通，胣之義為裂為剔為刳腸。卜辭攺字每與人牛羌牢豕㲋連文，前七·三一·三「𠂤亦攺人」，後下二三·三「攺牛」，藏一七六·一「勿攺羌百」，後上二八·五「攺牢」，菁九·二「其攺豕于匕丁」，前一·三一·四「攺㲋」。是卜辭言攺，猶言伐言卯，與「萇弘胣」之胣詁訓不殊矣。【釋攺 雙劍誃殷契駢枝】

◉張秉權　□象以朴擊它(蛇)之形，即㪉字。陳夢家見考古第六期釋𢼸于省吾見雙劍誃殷契駢枝釋㪉第四六頁均以為即説文之𢼸，因為𢼸讀與施同，故經傳借施為𢼸，而施與𢻱，𢻱等字相通，𢻱，讀若拖，其意則為：裂也剔也，㓃腸也。所以𢼸字也應該有：裂，剔，㓃腸的意思，朱駿聲説𢼸當从它聲，這一見解，現在由甲骨文字，把它證實了。朱氏未見卜辭，僅以音理推論，竟與卜辭字形相合，足見他的功力深湛，識見卓越了。小篆它作□，也作□，二者形極相近，金文則它與也為一字，卜辭有它而無也，由此，我們可以假定小篆中的也字，是由卜辭及金文中的它字分化或變訛而成，𢼸字所从的也，當為它字的訛變；𢼸字不但失去了原形，也失去了原義(説文三下「𢼸，敷也」)和本音，而其原始的意義和本音，則反而由他的假借字施、𢻱等字所保留下來，這真是一樁有趣味的事情。此版㪉羌與伐羌對貞，可知㪉與伐，意義相通。伐是以戈擊人，㪉是以攴擊它(蛇)，二字都有割殺之義。亦見𢻱字的：裂，剔，㓃腸之訓和讀為施的字音由來已久，其源甚古的了，而這些意義和聲音，也正是向𢼸(即㪉字)借來的。【殷虛文字丙編考釋】

◉饒宗頤　㪉字于即之卜辭所見特多，象以朴擊蛇形。契文有㪉豕、㪉牛、㪉羊；而㪉羌㪉尸，則指人牲。【殷代貞卜人物通考】

◉白玉峥　本字，大較均見於舊派之卜辭中，其間，前期較為工整，後期較為草率，且將它頭向下，簡作□矣。然此風則為二期時之貞人大及旅所開先，惟皆它頭向上，簡作□。茲將各期之書體略舉數字，以見其概：

1 見於第一期者：

□乙六七四二貞人𡆥　□續二・一・五貞人争

□乙七〇三〇貞人𡆥　□合二八九貞人争

□續五・三四・三貞人㱿　□乙八三五二貞人宂

2 見於第二期者：

□菁九二貞人即　□遺八二貞人即

□文四四七貞人旅　□文五五一貞人大

3 見於第四期者：

□甲六二八　□甲五五〇

右二文，甲考定為第三期之書體，非是。

乙四八一〇　　乙一四六九

寧一・一一三

就右揭諸字觀之，後期時之它均作形者，且其所執，皆作丨形，無一作者矣。就其構形究其初義，為動詞字，其義為擊。

【契文舉例十四　中國文字第五十二册】

◉于省吾　甲骨文𢻱字作、或、、等形。其从沱或它本無別；其从攴或殳以及或倒或正也無別。𢻱字象以朴擊蛇，其或从數點，象血滴外濺形⊘今將有關𢻱字的貞卜，分類擇録于下，然後重加推考。

甲、𢻱

一、貞，至于庚寅𢻱，迺既，若○弓至于庚寅𢻱，不若(丙八三)。

二、旦其𢻱鼎(鬻)，迺名(格)日又正(甲四〇四)。

乙、卯或戉(歲)與𢻱連言。

三、☐卯、𢻱(乙一四六九)。

四、……乙子酌，明雨，伐，既雨，咸伐，亦雨。𢻱、卯，鳥星(乙六六六四)。

五、庚寅卜，父乙戉眔𢻱(續存下七六四)。

六、庚申卜，旅貞，往匕庚宗，戉、𢻱。才十二月(文録四四七)。

七、貞，人戉、𢻱于丁。九月(燕二四一)。

丙、𢻱人

八、𢻱人(乙六三一三)。

九、貞，𢻱人于章旦(拾一一・一九)。

十、……亦𢻱人(前七・三一・三)。

丁、𢻱羌

十一、丙辰卜，古貞，其𢻱羌○貞，于庚申伐羌○貞，𢻱羌○貞，庚申伐羌○貞，𢻱羌○貞，庚申伐羌。(丙七)

十二、貞，率𢻱羌，若(文録五一五)。

十三、癸亥卜，㱿貞，弓𢻱羌(續五・三四・三)。

十四、戊辰卜，争貞，𢦏羌自匕庚〇貞，𢦏羌自高匕己〇貞，𢦏匕庚，㬰(乙六六四六)。

十五、癸亥卜，㱿貞，𢦏羌百……(續二・二九・三)。

十六、甲兇卜，㱿貞，弓𢦏羌百。十三月(藏一七六・一)。

戊，𢦏牲

十七、貞，𢦏牛(戩二四・二)。

十八、貞，𢦏牛五(金六二四)。

十九、己亥卜，穷，𢦏卅年(明一一六四)。

二十、丙寅卜，即貞，其𢦏羊，盄子(續存上一四九四)。

二一、貞，𢦏牢(後上二八・五)。

二二、丙午卜，即貞，□其𢦏宰(珠八二)。

二三、隹征𢦏豕(乙二七二八)。

二四、丁酉卜，即貞，其𢦏豕于匚丁(菁九・二)。

二五、𢦏二豕二豭于入乙(乙四六四四)。

二六、〼𢦏𣪊(前一・三一・四)。

二七、庚辰卜，令多亞𢦏犬(寧滬二・一六)。

二八、于兄己𢦏犬(乙四五四四)。

𢦏字說文作攺，並謂：「攺，敫也，从攴也聲，讀與施同。」按許氏訓攺為敫，並非本義，應改為「𢦏，以攴擊它(蛇)也，从攴它，它亦聲。」又說文：「施，旗皃，从㫃也聲。」按典籍中每借施為攺。莊子胠篋：「昔者龍逢斬，比干剖，萇弘胣，子胥靡。」釋文：「胣本又作肔。崔云，讀若拕，或作施字，胣，裂也。淮南子曰，萇弘鈹裂而死。司馬云，胣，剔也。一云刳腸曰胣。」按胣乃𢦏的後起字，以其割裂腹腸故从肉。以朴擊它為𢦏之本義，異文作胣，訓為割裂乃引申義。

章炳麟新方言：「今語陵遲為剖腹支解，陵遲者猶言夷也。秦法有夷三族，漢書刑法志曰大辟有夷三族之令。……司馬彪云，胣，剔也。古但作施，晉語施邢侯氏，左氏傳國人施公孫有山氏。施其家者，即所謂夷三族也(原注：韋訓劾捕，杜訓行罪，皆非)。施其身者，即今陵遲為夷也。」按章氏訂正舊說之誤，頗具卓識，但還不知施為𢦏的借字。其言陵遲為剖腹支解，剖腹支解乃後世陵遲之刑的起源。攺訓為剖腹支解，是説既剖割其腹腸而又支解其肢體（以下簡稱為「割解」）。今驗之甲骨文，不僅割解牲畜，而且割解俘虜以為祭牲。

前引第一、二兩條只言攺，不言其所攺者為人牲或物牲，但甲骨文用人牲不稱牲，則第二條當指割解物牲言之。第三條卯攺之卯，王國維「疑卯即劉之假借，釋詁劉殺也」（戩考二・二）。卯攺即劉攺，乃先殺而後割解之。

第五條的父乙戉罘攺，郭沫若同志訓歲為歲祭（甲研・釋歲）。唐蘭同志謂「戉當讀為劌，割也。」（天考二七）按説文謂「劌，利傷也，从刀歲聲。」訓劌為利傷，未免費解。朱駿聲説文通訓定聲改利傷為刺傷，并引方言「凡草木刺人，自關而東或謂之劌」為證，其説甚是。此條的歲罘攺和第六條的歲、攺，是説用牲時先刺殺而後割解之。第七條的人歲攺于丁，是説用人牲以祭于丁，先刺殺而後割解之。第八、九、十各條的攺人，也都是就割解人牲言之。

第十一條以攺羌與伐羌對貞，是解決攺與伐有別的有力佐證。甲骨文的伐字作，象以戈砍人之頸。戈為句兵，用以句頸，故砍頭用之，它和直兵之矛用以刺殺者有別。甲骨文凡祭祀言伐者，均指用人牲而砍其頭言之。其言若干伐，則伐字已由動詞轉化為名詞。至於征伐某方之伐，乃殺伐的引伸義。本條是一個完整大龜的占卜，右為攺羌而左為伐羌，凡三次對貞。這是説，割解羌俘以祭還是砍掉羌俘的頭顱以祭，兩種用人牲的作法，哪一種能獲得祖先的福祐呢？至于第十二條至第十六條攺羌的解釋，也同前例。第十七條至第二十八條，有的言攺牛或攺羊，有的言攺牢或攺宰，有的言攺豕、攺豻或攺彘，有的言攺犬，攺字既訓為割解，則和其它各種殺牲的方法就判然有別了。【釋攺　甲骨文字釋林】

◉連劭名　卜辭中的攺字，其義近于經典中的「刳」，玉篇：「刳，空物腸也。」詩經小雅信南山：「執其鸞刀，以啟其毛，取其血膋。」鄭玄箋：「毛以告純也。膋，脂膏也。血以告殺，膋以升臭，合之黍稷，實之於蕭，合馨香也。」孔穎達疏：「先以鬱鬯裸而降神，乃隨從於後，以騂牡之牲迎而入于廟門，以獻于祖考之神，既納以告神，乃令卿大夫執持其鸞鈴之刀，以此刀開其牲之皮毛，取牲血與脂膏之膟膋而退。」卜辭中血祭往往用牡牲，用牲方法采取劌、刉，這些都與文獻中的記載一致，可能在薦血的同時，也有焚燎犧牲腸脂的儀式。【甲骨刻辭中的血祭　古文字研究第十六輯】

◉朱歧祥　　从手持杖以扑它，象它負傷，流血四溢。隸作攺，从它聲，讀如施，有宰殺意。《左傳》昭公十四年「施生戮死」注：「行罪也。」《晉語》「秦人殺冀芮而施之」注：「陳尸曰施。」即宰牲陳尸以獻鬼神。卜辭謂「攺羌」、「攺執」、「攺牛」、「攺豕」，當用戮殺本義。

《乙6746》戊辰卜，争貞：羌自妣庚。

《鐵176・1》甲子卜，㱿貞：勿羌百。十三月。

《續45》☐執羌☐虫圉☐。

《乙3407》允唯鬼罘周。

《明1164》己亥卜，賓，卅牛。

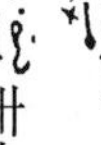

《乙4543》甲子卜，二犬二豕于入乙。【殷墟甲骨文字通釋稿】

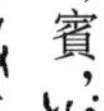

3・926 獨字 說文所無集韻迱行貌或作迤通作佗他 【古陶文字徵】

◉瞿潤緡  藏・十四・三 各家以為宰字。未諦。从牛與从羊不同。从羊者大概皆為小宰。而小宰之宰未有从牛者。猶𦍩牝豼駝骴麀雖皆从匕而種類各異。不必為一字。今豼駝骴犯諸字不見於字書。然牝麀而異其音讀。則宰牢之音讀或亦不同未可知。【殷墟卜辭考釋】

◉吳其昌 「宰」者，象欄內或屋下，着有畜類之意也。此所着之畜類，或為「牛」，則字為「牢」；或為「羊」，則字為「宰」；或為「豕」，則字為「家」矣。羅振玉曰「牢為獸欄不限牛故其字或从羊。」意是而語有病。其所用以限庇畜類之具，或作狀狀狀，則象圈闌之形。或作狀，前・四・一六・五。狀，後・二・三・一四。狀，燕・二六四。則象宇庇之形；亦即說文之部首「宀」字矣。故此字溯其源而言其廣義，則「牢」「宰」「家」三字，但一誼耳。不特此也，貉子卣云：「王牢于㡿。……王命士衛歸貉子鹿三。」建牢於㡿，而取于牢以歸貉子者，乃為鹿三，明「牢」亦可為獸欄之共名，並可以兼鹿而言矣。若分疏其流別而各詳其專誼，則雖牢宰亦自有顯別，牛謂之牢，羊謂之宰。施及後世，則牢謂之大牢，宰謂之少牢矣。詳下九九片。「叀九宰」「叀十宰虫五」者，謂𧦝𠞤少宰九，及十又五也。虫，又也。詳前第一片疏。葉玉森曰：「他辭云：『十宰虫五』，林・二・二七・一六。『𦉎十宰虫九』，鐵・五・二一九・四。『十牛虫五』，明・一九二六。句法並同。」按葉說是也。【殷虛書契解詁】

◉郭沫若 第八二八片 卜辭小牢之牢亦有一例外，从作者，足證牢宰一字。【殷契粹編考釋】

◉李孝定  从宀从羊。說文所無。諸家謂即後世之庠。以文字衍變之情形言。自有可能。然卜辭用宰之義則為小牢。與

窀

庠義無關。不能逕釋為庠也。陳夢家釋□為庠綜述五一三。亦非。【甲骨文字集釋第四】

◉白玉峥 □：小宰二字之合書。吴其昌氏曰：「卜辭通例：牛稱大牢，羊稱小宰；牢上不必盡冠以大、小字。而凡冠以大字者必作牢，寇以小字者必作宰；此蓋數千餘見而未嘗紊。此外，則凡『其牢茲用』之牢字，不翅數百餘見，無不並同；絶無一次自紊，而作宰者。卜辭中，小宰之例尤見頻數，其宰字無一不從羊也。蓋殷人見羊小於牛，故目牛以大牢，而呼羊為小宰，乃最順自然之常情矣。又卜辭記牲犢種類，武丁以上先王之祭儀，宰多而牢少，無慮三與一之比率。自帝乙，帝辛之時，每祭先王，無不曰：『其牢茲用』，以是，宰幾不復再見；而龐然大牢，或羊，或物，又無不求其精好。中葉與叔世，敦樸與奢靡之相去，于此，亦可睹其消息也。」解詁一八八頁。峥按：吴氏謂：凡大牢，字必作牢；小宰，字必作宰。然徵之卜辭，未必為然；如鐵一七六・四，佚二〇八，掇二・一二五等，其大牢字皆从羊作宰；又如：粹八二八，甲三八九，乙四五〇七，四六〇三，京五二四等，其小宰字皆从牛作牢。吴氏之説，無異閉門造車矣。【契文舉例校讀一五 中國文字第五十二册】

◉徐同柏 □周窀匜 周禮小宗伯注。杜子春讀窀為毳。按此當讀若毳冕之毳。【從古堂款識學卷十六】

◉戴家祥 窀字説文所無，徐同柏釋竁，從古堂款識學卷十六第十三頁。劉心源同。奇觚室吉金文述卷八第三十一頁。按説文四篇雥部雧，或省作集，七篇晶部曐，或省作星，曟或省作晨。十篇火部𤇾或省作焦，十一篇灥部厵，或省作原，十三篇蟲部𧕵或省作蜚。集韻上平十七真𪋻塵同字。反之宍，从屮，六聲，籀文作□从三宍一篇屮部，弓，籀文作□五篇部首，卤，籀文作□七篇部首，㮚，籀文作□七篇卤部。竁之為窀，其例亦猶是也，徐説可從。許書「竁，穿地也。从穴毳聲，一曰小鼠。周禮曰：大喪甫竁」。考春官小宗伯「卜葬兆甫竁亦如之」，鄭玄云「鄭大夫讀竁皆為穿，杜子春讀竁為毳，皆謂穿壙也。今南陽名穿地為竁，聲如腐脃之脃。」唐韻毳讀「此芮切」，清母祭部，竁讀「充芮切」，穿母祭部，穿讀「昌緣切」，穿母元部，祭元陰陽對轉，是鄭杜異讀而詁義則同。説文竁，穿地也，穿，通也。文異義同，在六書為轉注。水經注濟水注引漢書「穿中」作竁中。則竁讀為穿，信矣。【金文大字典中】

𡧍

◉阮 元 周敦博古十七法帖十三作周兕敦

剈 居 窛

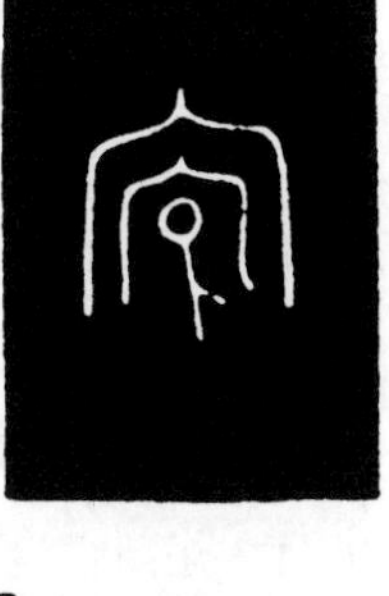

兕

元謂舊釋兕字非是。博古啚云。此器蓋上各有一犀兕之形。故以兕名之。薛氏款識亦云上為屋室之形。今桉。其文明是宗廟重屋之形矣。侃叔云。下一字薛氏書一器作己。與此同。四器並作己。即己字。己古通祀。易己事遄徃。虞本己作祀。祀己也。訓見釋名。此廟中祀器也。【積古齋鐘鼎彝器款識卷六】

◉徐中舒 一期 甲二六九六 五期 續三·三一·五 五期 佚九一五

從宀從大矢從口，或以所從之大為吴字。《説文》所無。

地名。義不明。【甲骨文字典卷七】

戾余𢦏切集類文字【汗簡】

◉文物局古文獻研究室 阜陽地區博物館 阜陽漢簡整理組 (31)剈，見于《武威漢簡》甲本《少牢》第十三簡，今本作「啟」。剈久即刻久。雲夢秦簡《為吏之道》：「久刻職(識)物。」又《秦律十八種·工律》：「公甲兵各以其官名刻久之。」【阜陽汗簡蒼頡篇 文物一九八三年第二期】

遡　盅

盅 說文所無張政烺謂从心皿聲讀如罔中山王嚳壺　盅又寫煬　【金文編】

◉胡厚宣　宋鎮豪　丙子□，大，貞王其……。

丙子卜，大，圓王其[甲骨文]囧東。

55

這是祖庚、祖甲時龜背甲卜辭。

卜辭二條，都略有殘缺。[甲骨文]即[甲骨文]（《屯南》1074）、[甲骨文]（《粹》1011）。裘錫圭同志釋遡，讀為有敕戒鎮撫之義的「毖」。據它辭：

戊子卜，尹，貞王其[甲骨文]，亡[甲骨文]。（《庫》1150）

□□卜，王其[甲骨文]从東。（《佚》196）

則這二辭也可得以全讀。它們屬于同日同事多卜，大意是丙子這天占卜，貞人大問，殷王要往東敕戒鎮撫，没有災禍吧。【蘇聯國立愛米塔什博物館所藏甲骨文字考釋】

◉裘錫圭　[甲骨文]　第五期的「遡」大概也應該讀為「毖」。對某一對象加以敕戒鎮撫，往往要到那一對象的所在地去。洛誥說「伻來毖殷」，上引卜辭說「戌往毖沚」，都反映了這一點。遡字所以加上表示行走義的「辵」旁，大概就是由于這個緣故。

遡字在第五期卜辭裏極為常見，下面擇要舉幾條為例：

癸子（巳）卜，才（在）反，鼎：王力（句）亡（無）畎（咎？）。才五月，王遡于上𩵋。

癸卯卜，才𣛭，鼎：王力亡畎，才六月，王遡于上𩵋。

癸丑卜，才亶，鼎：王力亡畎，才六月，王遡于上𩵋。

癸亥卜，才向，鼎：王力亡畎，才六月，王遡于上𩵋。

癸酉卜，才上𩵋，鼎：王力亡畎，才七月。

（卜通五九六）

辛丑卜鼎：王𨑹于噩，㞢來亡𡿧(災)。
壬寅卜鼎：王𨑹于㠯、㞢來亡𡿧。
乙子卜鼎：王𨑹于㠯，㞢來亡𡿧。　（前二・二一・五）
丁丑王卜鼎：其𨗨(振)旅，𢓊𨑹于盂，㞢來亡𡿧。王𠧟(繇)曰：吉。才□〔月〕　（佚九七一，續二・三三・七，簠遊五一）
乙丑王卜，才佊，鼎：今日𨑹从佊東，亡𡿧。　（金五四四）
己酉卜鼎：王𨑹㠯，㞢來亡𡿧。　（前二・二四・二）
戊辰卜鼎：王𨑹亶，㞢來亡𡿧　（前二・二四・四）

為了說明這些貞𨑹之辭的意義，需要把它們跟同時期的一般田遊卜辭對比一下。

第五期甲骨裏有大量卜問王在行路或田獵時會不會遇到災害的卜辭。這些卜辭，凡是前面說「田」的，後面一定說「往來無災」，例如：

戊戌王卜鼎：田弋，㞢來亡災。王𠧟曰：大吉。才四月。兹[glyph]。隻(獲)犷十又三。　（前二・二七・五）

凡是前面說「步」的，後面一定只說「無災」，例如：

壬寅卜，才曹，鼎：王步于㶣，亡𡿧。　（前二・五・五）

貞𨑹的卜辭多數說「往來無災」，可見𨑹跟一般的行路不同。但是𨑹也不會是田獵一類行為，因為貞田的卜辭常常在辭末附記田獵中的擒獲，貞𨑹之辭的末尾則極少有記獵獲的。偶爾有，所記數量也極少。例如有一條卜辭說：「乙丑卜鼎，王𨑹于㠯，㞢來亡𡿧。才九月。兹[glyph]。隻(獲)鹿一。」這一頭鹿應該是在路途中偶然得到的。上引貞𨑹之辭的第一至第五條，是刻在同一塊卜骨上的一組卜辭。從這組卜辭可以知道商王為了𨑹于某地，可以花很長的時間，走很遠的路程。這說明𨑹是具有很嚴肅的意義的一種行動。第六辭說「其振旅，𢓊𨑹于盂。」這又說明為了「𨑹」還需要興師動衆，以上述這些情況看來，把𨑹讀為有敕戒鎮撫之義的「毖」，是合理的。

我們懷疑是[glyph]字異體的[glyph][glyph]等字，以及懷疑是「𨑹」字異體的[glyph][glyph]等字，用法多數與讀為「毖」的一期[glyph]字或五期𨑹字相似，下面舉幾個例子：

鼎：□[glyph]于𢦏。　（乙七二六）

□寅卜□鼎：令[glyph]犬□。三月。　（京津三〇二九）

鼎：今令以㞢族尹[illegible]㞢友。五月。（金七三二）

鼎：叀（惠）般商令[illegible]鳴友。十三月。（鄴初下三三・一一；存上七四四）

乙卯卜㝊鼎：三卜。王㞢[illegible][illegible]京。若。六月。（佚一九六）

丁酉卜：翌日戊王其[illegible]于安。

□□卜，王其[illegible]从東。

歷組卜辭裏有一個用作地名的[illegible]：

辛丑，茲用，才[illegible]。（掇二三三・京津四一八四）

不知與第一期卜辭的地名「盜」有沒有關係。

第三、四期卜辭裏邲字常見，好像都是用作表示時間關係的介詞的。必、比古音極近，邲似應讀為比。孟子梁惠王下「比其反也」，音義：「比，及也。」論語先進「比及三年」，皇疏：「比，至也。」儀禮既夕禮：「比奠，舉席埽室……卒奠，埽者執帚……」。禮記祭義「比時具物，不可以不備。」鄭玄注把上引兩處文字的「比」都解釋為「先」，其實這兩個比都是臨到、臨近的意思，就是訓為「及」或「至」，也沒有什麼不可以。三四期卜辭裏的「邲」（比）大概也都應該當「及」、「至」或「臨近」講。下面把有邲字的三四期卜辭解釋一下，有些殘缺過甚的卜辭從略：

其㫃（置）庸（鏞）壴（鼓）于既卯。（寧一・七三）

叀（惠，用法與「唯」相近）邲卯。

戍興伐，邲方食▨

于方既食戍迺（乃）伐，𢦏▨（安明二一〇六）

上引一、二兩辭以「于既卯」與「叀比卯」對貞，第三、四兩辭以「比方食」與「于方既食」對貞。第一對卜辭卜問究竟是在卯祭完畢置鐘鼓好，還是到卯祭的時候就置鐘鼓好。第二對卜辭卜問究竟是到敵人吃飯的時候就進攻好，還是等到敵人吃完飯再進攻好。

辛卯卜：邲彡酒其又（侑）于四方。（明後二一六四，南明六八一）

庚子〔卜貞〕鼎：其□□邲日▨（金一四）

第一條卜辭卜問到舉行彡酒之祭的時候，或臨近彡酒之祭的時候，侑祭于四方好不好。第二條卜辭已殘，「日」在這裏應該是祭名。卜辭裏用作祭名的「日」字是很常見的。

執叀邲各(格)于[glyph]用，王受又(祐)。　(存下七五七)

于入自[glyph]用，王受又。

上引卜辭裏的「格」和「入」都是指王在祭祀時的行動，他辭或言「王其各于大乙[glyph]伐」、「王各夕☒」、「王于咎酒于囲入」、「王出(?)，于彡酒迺入」，可證。上引這對卜辭卜問是到王「格于[glyph]」的時候，或臨近王「格于[glyph]」的時候就用執好，還是等到王「入自[glyph]」的時候用執好。用執當指用俘虜作犧牲。

𡍪父己、父庚、叀邲㞢(往)[glyph]。　(粹三一五)

「往」也應該是指王在祭祀時的行動，他辭或言「王㞢于日」、「王㞢于〔夕〕[glyph]」，可證。前面講過三四期的[glyph]可能是「祕」字。上引卜辭最後一字很像它的偏旁，但是如果釋為[glyph]，辭義難以講通。并且同辭邲字所从的[glyph]作[glyph]，[glyph]的字形跟它相差太遠，釋作一字似乎不大合理。我們不敢完全肯定[glyph]等字是祕字，就由于卜辭裏的[glyph]等字有一些似乎不能釋作[glyph]字。

己丑卜彭鼎：其為且(祖)丁𡧊(賓)門于咎衣邲彡。　(甲二七六九)

疑「衣邲彡」作一句讀，意謂至彡祭時行衣祭之禮。「于咎」與「邲彡」為對文。

翌日庚其秉乃霝(雩)，邲至來庚，亡(無)大雨。　(粹八四五)

翌日庚其秉乃霝，邲至來庚，又(有)大雨。

☒夒☒邲至☒又先大雨。　(佚八五七)

「邲至」猶古書言「比及」「及至」。

一二期的有些[glyph]字，用法似與三四期的邲字相同：

丙辰卜即鼎：叀(惠)[glyph]出于夕卯(禦)焉。　(後下六・一)

「出」也應該指王在祭祀時的行動，他辭或言「王弓(勿)由(?)咎㞢出」，可證。夕跟日一樣，在卜辭裏也常用為祭名。「惠[glyph]出于夕」與上引三四期卜辭的「惠邲格于[glyph]」「惠邲格于日」，文例完全相同。

癸亥卜兇鼎：翼(翌)甲子其又(侑)于兄庚，叀[glyph]宐(賓)[glyph]□。　(明後二〇・五〇)

這條卜辭的[glyph]置于祭名之前，也應該跟三四期的「邲」字同義。

乙丑卜出鼎：大事[glyph]酒，先酒其㞢(侑)匚(祊)于丁卅牛。七月。　(前四・三四・一)

書　𡰪

「大事𠤎酒」可能是到酒祭時或臨近酒祭時舉行大規模祭祀的意思。

卜辭裏𠤎字和从𠤎之字的用法，我們所看到的就是以上這一些。【釋柲　古文字研究第三輯】

◉饒宗頤　書从聿从口，集韻十一没：「𠰷，聲也。」又六術：「𠰷、啐、呼，嗚也。」即此字，當是祭祀時祈叫呼告之意。（爾雅釋言：「祈，叫也」漢書服虔注：「告音如嗥呼之嗥。」）【殷代貞卜人物通考】

◉劉　釗　史密簋銘文有一句説：

師俗率齊師、述（遂）人左□伐長必，史密右率族人、釐（萊）白（伯）、僰、周伐長必。

句中的「𡰪」字諸家或不釋，或釋為「夷」。但無一例外地將其視為國族名。對句中的「周」字也都理解為「周密」或「包圍」。按銘文中自有夷字，乃借「尸」字為之，并不从「𠂤」，「𡰪」字顯然不能釋為「夷」。視「𡰪」為國族名也没有任何文獻或金文的積極證據，無法讓人信服。

我們認為「𡰪」字應該釋為「展」，讀為「殿」。句中的「周」字是指周朝軍隊，這與「僰」是指僰國軍隊是一樣的。此句銘文的意思是説師俗率領齊師和遂人從左邊攻伐長必，史密率領族人和萊、僰兩國軍隊跟在周朝軍隊之後從右邊攻伐長必。

甲骨文尻字作「」，在人形臀部部位標示一指示符號。甲骨文稱「癸卯子卜至小宰用豕尻」（《甲骨文合集》21803），是説將豬的「後髀」用於祭祀。史密簋的「𡰪」字从尸从「𠂤」，从尸這一點與甲骨文尻字相同。𠂤字《説文》訓為「小阜」，一般都認為就是「堆」的古字。裘錫圭先生在《釋殷墟卜辭中與建築有關的兩個詞——「門塾」與「𠂤」》一文中指出：

「𠂤」是「堆」的古字，在古代有可能用來指稱人工堆築的堂基一類建築。堆是高出於地面的。从「隹」聲的字往往含有高出的意思。《説文》：「嵟，高也。」「崔，大高也。」「陮，陮隗，高也。」「顀，出頟也。」都是例子。臀部古稱「脽」。《漢書·武帝紀》元鼎四年「十一月甲子，立后土祠于汾陰脽上」，顔師古注：「脽者，以其形高起如人尻脽，故以名云。」臀部所以名脽，大概就是由于它比背部和腿部突出。「脽」、「臀」古聲母相近。「脽」屬微部，「臀」屬文部，二部陰陽對轉。這兩個詞無疑有同源關係。裘錫圭：《釋殷墟卜辭中與建築有關的兩個詞——「門塾」與「𠂤」》，《出土文獻研究續集》1～4頁。

裘先生對「𠂤」字與堆、脽、臀等字關係的分析十分精采，是迄今對這一難題的最好解釋。我們認為對「𠂤」字本形的解釋還存在另一種可能，即「𠂤」字本來就是「脽」的古字，本象尻形，「堆」是其引申義。「堆」「師」古音相近，𠂤字在卜辭和金文中又用作「師」

旅」之「師」，乃是後來由一個形體分化出兩個字造成的不同。「眉」字从尸从自，自又是「堆」或「脽」的古字，則按六書分析，眉字可以分析為从尸聲或从尸从自自亦聲。所以把「眉」釋為「脽」的古字是比較合理的解釋。甲骨文中有「庭自」一詞，裘錫圭先生在上引文章中將其讀為「庭殿」，指出「庭自」是指大庭的殿堂而言。「自」「脽」「殿」「臀」都是同源詞，既然甲骨文的「庭自」可以讀為「庭殿」，史密簋的「眉」字釋為「展」，也就自然可以讀為「殿」。

《集韻》：「軍前曰啟，後曰殿。」殿是指後軍而言。《左傳·襄公二十三年》：「啟，牢成御襄罷師，狼蘧疏為右；胠，商子車御侯朝，桓跳為右；大殿，商子游御夏之御寇，崔如為右。」杜注：「大殿，後軍。」清桂馥《札樸》卷第二「胷」字下謂：「馥謂啟即胷，三者皆取名于身。殿即展，謂脾也。胠即胳，掖下也。」可見後軍稱「殿」，是取象于人體的臀部。史密簋銘文言「史密右率族人、萊伯、僰、眉周伐長必」，就是指史密率領族人和萊、僰兩國軍隊作為後軍，跟在周朝軍隊的後邊攻伐長必。這樣將「眉」字釋為「展」，讀為「殿」，從文意上看非常合適。

與史密簋銘文可資比較的是師寰簋銘文中的一句話：

今余肇命汝率齊師、㠱、釐(萊)、僰、[illegible]左右虎臣征淮夷。

同史密簋相比，所記國族只多出一個「㠱」國。兩器時代相同或接近，所記事件極有可能是指同一次戰爭，只是因作器者不同，叙述略有差異而已。在相當于史密簋「眉」字的位置，師寰簋用的是「⿸尸爪」字。這兩個字都从「尸」，從銘文文意、語法位置和字形結構上看，這兩個字所記録的應該是同一個詞。按「⿸尸爪」字从尸从爪，我們認為應該釋為「展」，在銘文中也讀為「殿」。戰國時期曾侯乙墓竹簡中的「展」字作「⿸尸⿱爪丌」，从尸从爪从丌，其上部結構與師寰簋的「⿸尸爪」字完全相同，只是後來又增加了意符「丌」。可見將「⿸尸爪」字釋為「展」有形體上的根據。如此上引師寰簋的那句話就可以翻譯成「現在我命令你率領齊師和㠱、萊、僰三國的部隊作為後軍，跟在左右虎臣之後征伐淮夷」。

補記：

在今年召開的「周秦文化學術討論會」上，陝西省考古研究所穆海亭先生提交的「𢼸史[illegible]壺蓋銘文考釋」一文，披露了一件新器。銘文中的「[illegible]」字是新出現的字形，字下从「丌」，同史密簋的「眉」字為一字無疑。再聯繫楚簡展字作「⿸尸⿱爪丌」，可以進一步證明釋「眉」為「展」是正確的。又《殷周金文集成》第四册2517號内子仲□鼎有字作「[illegible]」，字顯然也應釋為「展」。【談史密簋銘文中的眉字　考古一九九五年第五期】

弧　肯

◉徐中舒 一期 存二・三三〇　象人一手持弓，一手持盾之形，當會威武之義。《説文》所無。疑為人名。【甲骨文字典卷十】

◉李裕民　安徽壽縣李三孤堆出土楚器有下揭一字：

鼎銘　簠銘　盤銘

此字亦見《雙劍誃古器物圖録》下三。楚玉佩，作

郭沫若、唐蘭、容庚釋肯，劉節釋背，于省吾釋肓，胡光煒、錢小雪釋朏，近人多從郭釋。我對比了歷年出土的楚簡，金文、帛書等資料，發現諸家之釋均有可議之處，實有重新探討的必要。

各家分歧的關鍵在於此字的上部形，今按不是此也是亡，望山二號墓楚簡此作（紫字偏旁），亡作（《文物》一九六六年五期），楚帛書作，與形迥異。

與止字也不相同，楚文字中的止形主要有兩種，一種單獨的止字作，下部為一横筆，不作）形，兩豎筆略斜，成平行線，或近乎平行，它顯然與形異，至於楚玉佩上部形，横筆雖和形相近，但上面兩豎相交而不平行，可知亦非止字。其二是作為偏旁的止，多省去左面一短豎，如鼎、簠的楚字下部作，鄂君啓節政字的左下部作，這是形的簡化，即將横筆和左旁豎筆簡化為），它比形多一筆，但和簠銘之一作者相同。古字書寫有繁有簡，問題是此字以為正體為繁寫，還是以為正體為其簡寫呢？唐蘭認為是正體，因而釋為肯。我認為要確定哪一種寫法是正體應當作全面的考察。首先從這五個字形看，作的祇有一例，鼎、簠及玉佩均比它多一筆。盤銘的形，粗看似乎像止形，其實不然，此盤銘是藝術體，是否止形，應比較盤銘其它文字來確定。盤銘的楚字下部形作，顯然前者比後者多一筆，它就是鼎銘的而不是。形既佔絶對多數，如何能輕易斷定它是變體呢？再説，金文和楚簡中從止的字很多，但遍查止形，沒有發現一例繁化為的，由此，也可反證應為正體，而是其簡體。這裡還需要提一下，肯字，梁鼎作，漢石經作，到隋唐纔變為肯。（參劉節《古史考存》一一八頁）從肯字的歷史演變來看，把簡化的形看作正體而釋成肯，也是不妥當的。

形應釋出，胡光煒等釋出是正確的，但金文中出作、字本像足出於坑之形，）像坑，一和止形不連，故此説未為人們所接受。今按戰國時期各國文字均有自己的特色，在分析字形時，如僅用不同時代不同國別的字作比較，是容易出偏差的，

應盡可能用同時代同國別的字作比較。解放後所出鄂君啓節出內（入）之出作[glyph]，解放前出土的楚帛書「出入」、「出於黃泉」之出作[glyph]，均與[glyph]同，釋出應無可疑。

此字的下部[glyph]，郭沫若、唐蘭、劉節均釋肉。今按此形應釋月，月與肉在楚文中是有區別的，詳下表：

月	肉	出處
[glyph]	[glyph]（能字偏旁）	望山一號墓楚簡
[glyph]	[glyph]（脽字偏旁）	鄂君啓節
[glyph]	[glyph]（胃字偏旁）	長沙楚帛書
[glyph]	[glyph]（膿字偏旁）	酓忎鼎
	[glyph]（有字偏旁）	望山二號墓楚簡
[glyph]	[glyph]（脰字偏旁）	酓肯鼎
[glyph]（肯字偏旁）		酓肯簠

請注意，兩短橫外邊的筆道，月和肉有明顯區別。月字都作一筆書寫，成弧形，無棱角。肉則都作兩筆寫成，頂端有一棱角，此形可細分為三類：一、兩斜筆基本平行，作[glyph]，如第三例；二、兩斜線往內收縮，成[glyph]，如第五例；三、兩斜線往外敞開，成[glyph]，如第六例。月和肉的不同特徵，在西周列國金文中也能見到。月的外框均作弧形，這一特點顯然與月本為月亮的象形有關，月是圓的，外框自然就寫成弧形。酓肯鼎中有[glyph]字，舊多釋𢧵（如《金文編》等），其實[glyph]乃月形，郭沫若改釋此字為戠即歲，稱「歲積月而成，故從月」（《文史論集》）。這是正確的。

以上從字形上說明[glyph]應釋肯。

肯字認識了，器主酓肯的問題也容易解決了。酓肯是誰？舊有五說：

① 楚文王說。這是根據釋[glyph]為歬推論出來的，不可信。從器形看，與酓忎鼎約略同時，不可能早到文王時。

② 幽王說。郭沫若以為酓忎、酓肯為一人，肯忎為一聲之轉，肯字之說既否定，音轉說便不能成立。

③ 哀王說。徐中舒以哀王猶之偏旁和肯字形近為理由，也不充分。

④ 負芻說。劉節等持此說。按肯和負芻字既不同，聲亦不同，且負芻為秦所虜，也不可能以王禮歸葬於此。

⑤ 考烈王說。馬衡、唐蘭主此說，根據是考烈王名元，元肯一聲之轉。

以上五説中，前四説以誤釋之字為據，不可信。第五説結論是正確的，但其論據不足信，試再證之。

楚考烈王，《史記・楚世家》稱之為熊元。元兀古同字，早期祇作[古文]，高景成説兀為元之初文。以後纔出現[古文][古文]兩種寫法。吴季子之子劍元字作[古文]，下部為鳥形裝飾，這是春秋時代元作[古文]之例。陳肪毁元作[古文]，這是戰國時代元作[古文]之例。《説文》：「跀，斷足也，從足月聲，趴、跀或從兀。」《莊子・養生主》「惡乎介也」，陸德明《釋文》：「介音戒，一音兀。司馬云刖也，崔本作[古文]，又作趴。」抈可假為抓。刖與𦨭、杌同（見《説文通訊定聲》泰部），可證月[古文]通作，肯從出月聲，故肯可通兀。酓肯應是楚考烈王之本名，熊元或熊完（《世本》）為通假字。

再從當時楚國歷史情況考察，楚王酓肯器出於壽州，壽州成為楚都是考烈王晚年事，其後唯有三王，酓忎即楚幽王熊悍，哀王立國僅二月即被殺，不可能作那麽多重器。楚王負芻是秦的俘虜。唯有考烈王在位長達二十五年，後雖避地壽州，國力尚能維持，無論遷都前或遷都後，都有足够的人力物力作這許多重器。【古字新考　古文字研究第十輯】

娍　姫　婳

[甲骨文]乙七一九三　从女从丙説文所無疑㑆之異文【甲骨文編】

◉徐中舒　[甲骨文]　從女從[古文]臣，《説文》所無。見於《集韻》：「姫，慎也。」義不明。【甲骨文字典卷十二】

◉白玉峥　[甲骨文]：續編入附録二，定為説文所無之字，寫作[古文]八頁。集釋從之四七五二。察其構形，字从女从戌，隸定之，當作娍；字書所無。娍，據例，宜為文武丁時諸帚之一。

[甲骨文]：續編列女部後卷一二頁一四，無説。校編釋嬰，並謂从掤一二・九。集釋釋嫚，謂：「从女从珏从又，説文所無。」三七〇九。詳查契文構形，釋嬰、釋嫚，於形均未為安，存疑可也。據例，宜為文武丁時諸帚之一。

[甲骨文]：續編列女部後，定為説文所無之字，並迻寫為[古文]卷十二頁十五。集釋隸定為婭：「从女从亞，説文所無，今隸有之。」三七一〇。釋婭，今隸雖有之，但與契文構形不够盡合。存疑可也。【殷虚第十五次發掘所得甲骨校釋　中國文字新十三期】

◉徐中舒 □ 從女從𠂉凵缶,《說文》所無。見於《廣韻》:「⿰女缶,好色貌;一曰女儀也。」人名。【甲骨文字典卷十二】

◉戴家祥 𡛴字从女缶聲,説文所無。卜辭作□或作□甲骨文編卷十二第四八二葉。集韻四十四有⿰女缶,好貌,或作⿰女缶,一曰女儀也。俯九切並音缶。玉篇三十五㚾音方酉切。然則商周古文確有⿰女缶字,許氏失收,玉篇廣韻等猶可見其遺存。【金文大字典上】

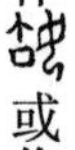

◉徐中舒 □ 從女從□自,《說文》所無。見於《集韻》:「⿰女自,妒也。」方國名。【甲骨文字典卷十二】

◉方述鑫 ⿱劦口,甲骨文作□(續二・二八・五)□(前四・二・四)、金文作□(《丁子卣》),是一個指事字,表示人為之事。上面的「□」象衆耒形,下面的「□」或「□」象大地形。⿱劦口的本義是衆耒在大地上耕耘,卜辭有「王大令衆人曰⿱劦口田,其受年,十一月」(續二・二八・五),即是明證。因⿱劦口有合力耒耕的意思,故其義當與協同。又協合音近字通,古音均屬緝部韻,《詩・大雅・江漢》「洽此四國」,《禮記・孔子閒居》引作「協此四國」,則卜辭所習見之⿱劦口祭,當即《公羊傳》所謂的大合祭。【甲骨文口形偏旁釋例 四川大學學報叢刊古文字研究論文集第十輯】

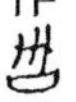

◉許偉建 從我們現在所掌握的甲骨卜辭材料來看,「⿱劦口田」的「⿱劦口」字作協力解釋是甲骨卜辭中的「⿱劦口」字裏唯一不作祭名用的特例;「⿱劦口田」的田字也是甲骨卜辭中作動詞用的田字唯一不作田獵解釋的特例。

一般地說,對于特例的解釋應該比通例有更多和更充分的根據支持才能令人信服。郭沫若同志認為「⿱劦口田」就是「大規模的耕耘」,但他并没有闡明為什麼「⿱劦口田」必須作這樣解釋的理由。《説文解字》第十三卷「劦」字條下説解云「劦,同力也。」這「同力也」只是解釋了劦字的形體結構而已,完全無助于我們理解為什麼甲骨卜辭裏通作祭名的⿱劦口字在「⿱劦口田」一辭中要作協力解釋的問題。「〔王〕大令衆人曰⿱劦口田其受年十一月」與甲骨卜辭中王令某從事農業生產的慣例不類,也和甲骨卜辭卜問「受年」的類型不合。依照卜辭慣例,商王命令某從事農業生產的卜辭一般都會有具體的內容和地點,例如:「王令多羌墾田」。(《粹》1222)「叀小臣令衆黍。」(《前》4・30・2)卜辭卜問「受年」的類型大體可分為四種:(1)卜問某種農作物的收成,如「受黍年」。(2)卜問某耕作地點的受年,如「耤于某地受年。」(3)卜問商王國的受年,例如「我受年」。(4)卜問大邑商受年。

如依舊説,主張「⿱劦口田」就是協力耕田,那麼,「⿱劦口田」的「田」字就必須是動詞;由于「⿱劦口」字最多也只能表示「協力」的意思,所以「⿱劦口田」的田字就必須也是動詞了。然而,在甲骨卜辭中作動詞用的田字卻通為「田獵」字,例如:

戊戌卜，狄貞：王其田，往來之災？（《甲》2165）

辛卯卜貞：田梌。往來亡災？王固曰：吉。（《續》3・239）

因為至今尚未見有作動詞用的田字是准確無誤地表示耕田種地的鐵證，所以，與其說「⿱劦口田」是協力耕田倒不如說「⿱劦口田」是協力田獵更令人滿意。但是，由于甲骨卜辭是占卜之辭，所以卜問的目的都是十分清楚的。從「〔王〕大令衆人曰⿱劦口田其受年」的語氣來看，「⿱劦口田」無疑是一件目的十分明確的事情，因此，「⿱劦口田」的解釋就不可能既是協力耕田又是協力田獵這樣模棱兩可。如果認為「田」字不是動詞，那麼就只能是名詞。「田」字是名詞，不但協力耕田的說法不能成立，而且「⿱劦口」字也不能解釋為協力了。基于上述情況，我認為僅憑兩條理由不充分的根據就論定「⿱劦口田」就是協力耕田顯然是不够慎重的。

我認為，「⿱劦口田」的⿱劦口字其意義和用法均與卜辭中的⿱劦口字的通例無別，同是祭祀的名稱。例如：

乙亥卜，行貞：王賓小乙，⿱劦口，亡尤。在十二月。（《粹》279）

甲子卜，王賓上甲，⿱劦口，亡尤。（《合》49）

在甲骨卜辭裏，祭田的方式除了「⿱劦口」之外，還有「㞢」「酒」「□」「𠦪」，例如：

㞢田。（《存》1・177）

酒田。（《存》2・75・5）

辛未卜，争貞，曰：衆□田。（《零》90頁）

癸酉卜，𠦪田，父甲，一牛。（《南明》606）

癸酉卜，于父甲，𠦪田。（《南明》631）

其中「⿱劦口」和「𠦪」都是合祭。祭田的目的是求地利，報地功，這和卜辭中的祭土、𠦪年于社的意思是基本相同的。「⿱劦口田」就是協力耕田的說法，顯然是和「殷人尊神，率民以事神」（《禮記・表記》），每旬必祭，無日不卜，無事不卜以及崇拜自然力量的殷代社會宗教觀格格不入的。在殷代統治者看來，年成的好壞完全取決于上帝、諸神及祖先的是否「受又」，而與「協力耕田」毫不相干。「⿱劦口田」如依卜辭通例釋讀為祭田，則無牽强作解之弊，且于全辭釋讀亦文從字順。【卜辭⿱劦口田新解　學術研究一九八二年第五期】

郱　瓵　⿱母廾　陝隣陝

◉薛尚功　以愚考之。此字从弁从邑。弁字史籀作。而此敦曰。則謂之郱無疑。吕氏攷古亦作郱字。而劉原父謂之鄭者非也。【歷代鐘鼎彝器款識法帖卷十四】

◉孫詒讓　杞伯盈　吴引許瀚説器似盆而銘作盈。不見于説文。集韻四宵出盄盈二字。注云。説文器也。或作盈。疑説文本有此字。而今逸之也。案許説未塙。今諦審此銘作。其上从。實當為台字右微有缺畫耳。非从召也。此器當為盒。即瓵之異文。爾雅釋器云。甌瓿謂之瓵。郭注云。瓿甊小甖。長沙謂之瓵。字亦作台。史記貨殖傳。鹽豉千合。徐廣云。或作台。孫叔然云。瓵瓦器。受斗六升。台當為瓵。徐説甚塙。列女傳。魯臧孫母傳云。斂小器。投諸台。亦即此。説文瓦部云。甌小盆也。瓵與甌同物。是亦盆類。故其器形如盆而字或从皿作盒矣。【古籀餘論卷二】

◉吴其昌　　二「母」字皆增廾作「⿱母廾」，此為稱「母□」之辭所創見，尚未見有緟出之片也。然在他字，則仍有其例。如「鼎」字亦間有增廾作「⿱鼎廾」者(前八・六・四)，「皿」字亦間有增廾作「⿱皿廾」者(後二・一九・七)。于人名中，亦有于「帝乙」字下增廾作「⿱帝廾乙」者(後二・三九・七)，尤與本片「⿱母廾甲、⿱母廾辛」之例為近也。推原其所以增「廾」之故，「廾」字原象兩手拱捧之形，增廾，殆所以示尊。如「酉」增「廾」而為「尊」，亦遂以為尊崇之本字。「酉」為禮器(象酒甕)，「鼎」與「皿」亦為禮器……亦得增廾而為「⿱鼎廾」「⿱皿廾」矣。皆所以示尊崇於此特殊之禮器也。……故「⿱母廾甲、⿱母廾辛」或「⿱帝廾乙」等特殊字狀殆皆可以後人示敬釋之也。【殷虚書契解詁】

◉李孝定　　从女从収，説文所無。【甲骨文字集釋第十二】

◉丁　驌　(存上一〇四二)「帚⿱女廾娩㚢隹史」⿱女廾即女字加廾，疑即⊘女字重文，猶為母辛然。⊘⿱母廾辛⿱母廾甲即母辛母甲也。【諸帚名　中國文字八卷三十四册】

◉吴榮光　周彝　陝字見玉篇云地名。此从其羨文也。【筠清館金文卷五】

◉吴大澂　　从𠂤。从夷。从⿱艹廾。説文所無。父辛敦。【説文古籀補附録】

◉高田忠周　　此篆从𠂤从荑而左文。顯然者也。唯説文無之。吴榮光云。陝字。見玉篇云。地名。此从。其羨文也。蓋是。説文艸部字大篆从。知此从荑聲。作陝者為省文。作隣者為緐文。又廣韻。陝陝。險阻。別義也。【古籀篇

十五】

◉白玉崢　[glyph]☐字从[glyph]蓋象矢系繳之形；其所以與夷字相淆者，乃緣後世之衍變也。曰之形義俱被流失，遂不得其解矣。當即陝字；説文解字失録，廣韻脂部：「陝，陝陝，險阻。」玉篇阜部：「陝，以之切，地名。」字於卜辭，或為人名，或為地名。均僅見於第一期武丁之時。【契文舉例校讀十一　中國文字第十三册】

◉葉玉森　[glyph]　商承祚氏謂與[glyph]為一字。書契考釋第五第三葉。森桉。[glyph]从自从夷。國名。他辭云。「攻陝若」卷六第三葉之二。猶言「往[glyph]若」又第二十葉之一。「𢍰[glyph]若」又第三十五葉之八。又辭云。「☐貞王賓☐。陝二人。☐人卯☐亡尤」又第三葉之三。曰「陝二人」猶言「羊十人」甲骨文字二第十三葉之二。「羊五人」寫本第百九十八版。羊即羊方。殆竝用以代牲者。陝與第似非一字。【殷虚書契前編集釋卷五】

◉李孝定　从自从矢从己，當隸定作陝。説文所無。字不从夷。夷从大从弓。亦非第字。【甲骨文字集釋第十四】

◉丁　驌　此人名契文作[glyph]、[glyph]，亦作[glyph]。隸定之字有四：陝、阦、陝、陜。後二者見於嚴一萍斷代研究及續編研究，今暫以陝、阦二文分辦二契文，其契文作[glyph]者，非人名。

契文雉字之偏旁矢作[glyph]亦作[glyph]，故余仍隸之為「矢」，二者皆一人之名，見於乙三四六八同辭同人而名之寫法異。乙三四六八：「貞生五月陝至」王固曰吉，阦至。」殻、穷、亘等貞人皆有貞辭涉及此人，其名亦二體並見。稱「生五月」僅武丁世如此。

作陝者　争(後下二六・四)穷(續存上一一四五)殻(前五・七・六)

作阦者　殻(乙三八二二)穷(乙七六四七)亘(藏二四九・一)，四期貞人扶(前八・八・一)自(續五・一・四)

骨臼刻辭(續六・十・十)亦作阦示[glyph]二，署名人為[glyph]。一期辭也。

陝似為武丁之寵臣，或是親屬亦未可非。自有封邑曰「陝亩」(續存上六六)，由殷都至此途經舞侯之地，過此則至倉侯之境(續存上六六)。陝辭中並見之人物名稱有吳、岳、自(般)、子商、倉侯、多馬亞侃、𧾷等咸為武丁時代者。貞人有穷、亘、争、殻，之辭。貞辭大都為陝在外而王屢促之歸期，甚至夢見其人。當有命其「叶王事」之卜(乙三八二二殻辭)。陝又似與馬方有關，前四・四六・三辭曰「貞：馬方☐炆，阦喪☐」，則似陝死於馬方。按此辭之喪字略異。喪在契文中有四小口，今此字只得其三，另一口特大，故集釋、島邦，均作「口喪」二文也。

馬方為殷征伐之對象。争辭有一月甲辰伐馬方帝授我佑之貞(乙五四〇八)。馬方所在當今山西境，由争辭(前四・四六・四)

「告曰馬方……河東來」可知。饒宗頤釋馬方在代郡，漢世有馬城，又雁門有秦之馬邑，今之朔縣是也。

馬方亦稱「馬羌」，亦見爭辭（林二・一五・一八），他貞人則有方辭。因爭方二貞人下及二期，故疑征馬方之事或在祖庚時代。如是，則武丁時三十年前之陾，陾至此當有六七十歲矣。

按武丁時辭亘貞辭同版見「貞乎𠂤取阦」之貞（藏二四九・一）。𠂤為𠂤般，武丁卅年以前已作古人。故與𠂤同世之陾可能有二三十歲，至武丁之末至少已六十左右矣。

疑馬方之征在祖庚世，因前四・四六・一之辭，辭曰：「乙酉卜王（大）余朕南工征（）允隻。余受馬方又，弗其受𠬝方又。二月」王自稱朕，惟在二期方有。一月甲辰，丁未，又九日乙卯，皆有伐馬方之辭。下接二月乙酉，當在一年之中。若在祖庚世，當二、三、四年可合也。

阦亦見於扶、𠂤，二貞人之辭。前八・八・一辭曰：「庚戌卜扶貞阦不葬」，此葬字舊釋死。余審視原拓見字旁有小點，故疑為葬字。原物不可得見，姑言之。𠂤辭曰（續五・一・四）：「戊寅卜𠂤貞阦弗其與（）㞢示𣪊。二月。戊寅卜𠂤貞阦其與㞢示彝（字缺）。」

「𤏲父」疑即康丁妣辛之父，妣辛名嬣也（乙四六七七）。或「漥」之父。故「㞢示」乃四期之事，無論是否，此「阦」乃四期時人。如與前人同是一人，則由祖庚至文丁十三祀共有七十年之多，則其人壽且百三十許矣。故此先後二陾，名同時代則異也。

今將重要辭例列左：

庚寅卜爭貞叀陾吴　八月（後下二六・四）

乎阦沘　勿乎阦沘（乙七四九〇）

乙亥卜貞令多馬亞𢓊冓𩲃。省陾亩。至于倉侯。从𨚔川，从舞侯九月　貞勿省。在南亩（續存上六六）（粹一一二五辭略同）

庚申卜㱿貞阦弗其叶王事（乙三八二二）

貞生五月陾至。王固曰：吉。阦至。（乙三四六八）

貞勿史人于陾。不若。王固曰：吉若。

于王夢陾。若。不隹乎途。齒。（乙一九〇五）

貞乎𠂤取阦于□（藏二四九・一）

貞馬方□犾，阦，喪□（前四・四六・三）

⿰阝关

甲申卜㱿貞子商隻隹。阦从……羽……闌……氏馬。（乙七六七四）【東薇堂讀契記　中國文字新十二期】

◉葉玉森　□□竝□省。【殷墟書契前編集釋卷四】

◉馬叙倫　□父辛盤　從自𦵯聲。𦵯從茻夷聲。即說文之荑字。說文荑篆。廣韻玉篇皆作荑。段玉裁因欲改荑為苐。得此可證荑篆之不譌也。【讀金器刻辭卷下】

◉戴家祥　吳榮光所釋是也。⿰阝关字說文不載。廣韻「隇⿰阝关險阻」，陝為⿰阝关之繁。說文艸部字，大篆多从茻。金文作人名。無義可見。【金文大字典下】

◉戴家祥　□器一　□器二　小臣謎毁　⿰阝关伐海眉

徐中舒曰：⿰阝关字不見字書，當為徵之本字。從关聲之字。與徵字古同在蒸部。詩閟宮「荆舒是懲」，鄭箋「懲，艾也」。漢書嚴朱吾邱傳贊引此語注曰：「懲，創刈也。」創刈正與⿰阝关伐之意相應。中央研究院歷史語言研究所集刊第三本二分二八一葉謎敦考釋。

按⿰阝关金文作人名，無義可見。【金文大字典下】

⿰糸才

◉饒宗頤　□為□之繁形，益収旁。卜辭云：「丁巳，余□彡。丁巳，余勿彡。十月。」（殷綴一二）「□彡」與「勿彡」對言，則□乃語詞。卜辭記兆術語，習見「不□」二字。□从糸从才，隸定殆即⿰糸才字。禮記檀弓釋文「⿰糸才本又作緇」。甾古與載通，詩大田「俶載南畝」，箋讀「俶載」為「熾菑」，故卜辭之□可讀為「載寢」「載弄」之載。詩載馳傳：「載，辭也。」卜辭□字每用於動詞之前，如「翌乙亥□屮于祖乙」（前編七・三二・四）「王□屮于大戊」（續編一・二・一），皆與佚存三二「甲午卜，亘貞：□□于大甲」句法相類，即「載□」「載屮（侑）」「載用」，故知□□用為語詞之「載」。

癸：爭貞：□□于……（燕大六五三）

□即⿰糸才字，讀為語詞之「載」，說見卷七亘條。【殷代貞卜人物通考】

⿰糸刅

◉楊樹達　□　此即雜色帛之本字。引申之雜色牛謂之物。雜色旗謂之勿。【⿰糸刅　卜辭求義】

◉李孝定　从糸从刅犂之古文。說文所無。字不从勿。楊說似有未安。惟从勿之字亦有雜色之義。⿰糸刅之初誼或為雜色絲。本辭殘存「☐帚☐中☐⿰糸刅」三字。其義不詳。【甲骨文字集釋第十三】

◉湯餘惠　（《古泉彙》元7·8）即𦀚字。幺旁通常作，此篆析分為二。中山王墓車馬坑出土衡帽銘有遆字寫作，幺（玄）旁寫法類乎此。【略論戰國文字形體研究中的幾個問題　古文字研究第十五輯】

◉戴家祥　中山王譽鼎　攸𦀚　中山王譽鼎　折𦀚　中山王譽鼎　含之𦀚　中山王譽鼎　語不竣𦀚　中山王譽方壺　允𦀚若言

字从丝从才，丝才古音聲同韻近。𦀚當為聲符重複字。「攸（悠）𦀚」、「折（哲）𦀚」、「含（念）之𦀚」、「語不竣𦀚」、「允𦀚」，此數例𦀚字皆讀作哉。好盗壺「𦀚忎」，當讀作慈。中山王譽鼎「天其有𢦏于𦀚乍邦」，張政烺讀𦀚為宰，治也。古文字研究第一輯第二二七葉。【金文大字典下】

◉徐中舒　一期　乙四〇二　從収從、為倒羊，疑象獻羊之形，《説文》所無。疑為祈雨儀式。【甲骨文字典卷三】

◉商承祚　卷六第五十二葉　王徵君曰。此疑史字。从示。與祝同意。【殷虚文字類編】

◉王　襄　疑或字。簠室殷契類纂存疑。【簠室殷器類纂存疑】

◉黄錫全　趚公祩豆

1981年出土于紀南城内西北部徐崗烏龍遺址，豆殘，缺盤及座。豆把上刻有三字：

公祩

第一字右旁應是「走」，上部形多一横，與（赤）字或作（此鼎、此𣪕）、（吴）字或作（吴季子之子劍）類似。下部止（）即之（止）。古止（）、之（）本來有別，後來每每混同。如歷字本作（甲骨文），禹鼎作；從字本作，或作（攻敔臧孫鐘）；步字本作、（甲骨文），楚帛書作（上从止）、又作（上从止）；此字本作、，侯馬盟書作、也作等。楚

剳 ⿰土每

器有字作[glyph]或[glyph]，過去或釋肯(冐)、肯(朝)、茍(前)等，現在看來，當以釋茍為長(詳陳秉新文)。

⿰走阝字見於戰國古璽文，作[glyph](《古璽彙編》0261⿰走阝□命(令)鉨)，構形類似。「⿰走阝」應是地名。楚除縣令稱公外，縣以下某些組織也可稱公。「⿰走阝公」當與「鄗公」類同(詳前鄗公戈條)，⿰礻乇乃其名。「⿰走阝公⿰礻乇」豆出於紀南城内，很可能⿰礻乇是當時城内某一地區或分管某一方面工作的官員。【湖北出土商周文字輯證】

◉劉心源 [glyph] 剳。説文所無。散盤(2927)「弄剳諸析䠓陵」。剳無攷。或釋割。非。或曰都字。【奇觚室吉金文述卷八】

◉何琳儀 「⿱每土」，舊釋「京」，近或釋「殽」。裘錫圭《戰國貨幣考》(十二篇)，《北京大學學報》1978·2。或隸定「⿱每土」讀「繁」。湯餘惠《戰國時代魏繁陽的鑄幣》，《史學集刊》1986·4。

釋「京」主要依據《辭典》163(左圖)形體。其中「釿」字倒書，所謂「京」亦應倒書。如是右字顯然非「京」，而可能是右圖右字的誤寫。因此，左圖之類橋形布的真僞，頗值得懷疑。

釋「殽」根據三體石經「殽」古文作[glyph]。近年浙江紹興出土徐䝨尹鼎銘中已發現與三體石經古文形體完全相同的「殽」曹錦炎《紹興坡塘出土徐器銘文及相關問題》，《文物》1984·1，但與橋形布形體明顯不同。

檢戰國文字「⿱每土」字習見：

a. 陶匯4・172　b. 璽匯3047
c. 璽匯5376　d. 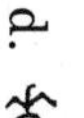大系1390

a式「母」旁省兩點為「女」成b式，b式收縮左方豎筆成c式，如果割裂c式「女」旁中間豎筆則成d式，即橋形布「毎」。凡此省變軌迹十分清晰，故或隸定此字為「毎」可信。

「毎」，字書所無，當是「坶」之異文（「山」與「土」形旁義近可通，例不贅舉）。見隸古定《尚書》「牧」作「坶」，小林信明《古文尚書の研究》126。又《集韻》：「坶，《説文》朝歌南七十里也，《周書》武王與紂戰于坶野。或從每。」「坶」、「坶」均典籍之「牧」。《詩・大雅・大明》「牧野洋洋」，《水經・清水注》引「牧」作「坶」。《韓詩外傳》三「行克紂于牧之野」，《説苑・貴德》「牧」作「坶」。「牧」，春秋衛邑，見《左・隱五》「鄭人侵衛牧」，注「牧，衛邑」。或云即《詩・邶風・静女》「自牧歸荑」之「牧」，惠棟《春秋左傳補注》。戰國應屬魏境，在今河南汲縣。

銳角布有一字（《大系》1238），與橋形布「毎」相近，但非一字，舊釋「垂」可信。【橋形布幣考　吉林大學學報一九九二年第二期】

柦

柦　説文所無韻會棖或作柦　柦父乙壺　斨觥柦侯【金文編】

◉徐中舒　　從木從臣臣，《説文》所無。金文有柦折觥、柦柦父乙壺與此形同。甲骨文相字從木從目作、，目皆作横目形，與臣之作竪目形判然有別。《韻會》有柦字，故隸為柦。

方國名。婦柦，人名。【甲骨文字典卷六】

梸

◉顧廷龍　　梸。説文所無。吴大澂云。疑即黎之省文。潘中蔓圖里人梸。【古匋文孴録卷十】

桁

◉石志廉　左廩桁木璽文的桁即横，音同，可互通假。玉璜也稱玉珩，可為其證。此璽既非秤桿所用者，也不是用來鈐打在裝糧口袋上封泥所用的。桿秤最早見于南北朝時期。戰國時尚無桿秤，故無法嵌鑲秤桿上。戰國的横（衡）桿，已發現者如長沙左家

圖二 "左廩桁木"璽

公山出土的横(衡)桿為木製，扁平長方形。中國歷史博物館藏的戰國楚「王」字銅衡，傳安徽壽縣出土，也是作扁平長方形。湖北雲夢睡虎地出土的西漢嬰家木衡，也是扁平長方形。迄今尚未發現有戰國時的圓形秤桿，故此璽不應是鑲嵌圓形秤桿所用者。戰國時只有衡桿，大都作扁平長方形，有用竹木或銅製作者，但大小不一耳。【戰國古璽考釋十種 中國歷史博物館館刊一九八零年第二期】

◉朱德熙 戰國璽印裡有一個上從行下從木的字，見於下列印文：

(1)平昜桁(簠齋手拓古印集一九，圖一) (2)左桁正木(尊古齋古璽集林一、二、一一，圖二)

(3)右桁正木(同上二、四、三，圖三) (4)左桁𣪘木(同上一、二、四，圖四)

又匋文裡也有與印文同辭的例子：

(5)左桁正木(鐵雲藏匋七二下二，圖五)

案桁當讀為衡。《禮記・雜記》「甕、甒、筲、衡，實見間」，鄭注「衡當為桁」。《漢書・百官公卿表》「水衡都尉」，應劭注「古山林之官曰衡」。上引各辭或單言「衡」，或言「左衡」「右衡」，並當是掌管山林的職司。《周禮・地官・林衡》「掌巡林麓之禁令而平其守，以時計林麓而賞罰之。若斬材木，則受灋於山虞，而掌其政令。」又《地官・山虞》：「掌山林之政令。物為之厲(鄭司農云：遮列守之)，而為之守禁。仲冬斬陽木，仲夏斬陰木。凡服耜，斬季材，以時入之。令萬民時斬材，有期日。凡邦工入山林而掄材，不禁。春秋之斬木不入禁。凡盜木者有刑罰……。」

(2)至(5)各辭「析」字下或言「正木」，或言「螤木」。據《金薤留珍》(府二三・四)著録的「正木之璽」一印(圖六)，可知「正木」是官職名，那麼「螤木」也應是官職名，二者都是林衡的屬官。

此外，《故宮博物院藏印》有「奠木之璽」(《古璽彙編》二〇八，圖七)，「奠木」亦當是林衡的屬官。

上引各辭的字體明顯屬於齊國的風格。(4)的「螤」字與陳純釜和子禾子釜的寫法完全一樣。(1)「平昜」的「平」字與齊國匋文「平陵」「平」字寫法一致。傳世古兵器有平陽戈，銘曰「平陽高馬里鈛」(三代一九・四四上)，與成陽戈銘「成陽辛城里鈛」(三代一九・四四下)文例字體均同。成陽齊地，屬見於齊國匋文，可見戈銘平陽與璽文平陽均應是《漢書・地理志》泰山郡的東平陽，而非河東郡的平陽(戰國魏邑)。《水經・洙水注》「又西逕泰山東平陽縣。《春秋》宣公八年冬『城平陽』，杜預曰今泰山平陽縣是也。河東有平陽，故此加東矣。」綜上所述，本文討論的(1)至(5)各辭應是齊國的官印。【釋析　古文字研究第十二輯】

◉考古所　刺、㦰：二字在此片卜辭中當為人名。【小屯南地甲骨】

◉孫海波　京津二〇〇九。从卪从朿。説文所無。後二・一七・一〇　或从弄。【甲骨文編卷九】

◉林　澐　古璽中有以下兩字，舊不識，《古璽文編》入附録。

一、2659　1208　1720

二、4080

我認為這兩個字的上部均从朿，論證如下。

朿的原始形體作(2・8897)、(朿禾)，《説文》：「朿，禾芒也，象形。讀若刺。」這種解釋是可取的。在甲文中形已有變作形者，後來，朿的形體有多種變化，但以形為多見。例如：

□缶鼎　□𤔲盤　□五年師旋𣪘

□秦公𣪘　□詛楚文

文字形體的早期演變，固然受到每個文字基本符號單位原來是由什麽圖形簡化的制約。但是，隨着文字逐漸喪失圖形性，而在學習和使用者的意識中僅成為區别音義的單純符號，上述的制約性就越來越弱。起源於完全不同的圖形的諸字，只要在局部形體上有某方面雷同，往往便在字形演變上相互影響而採取類似的方式變化字形。這種現象可稱之為「類化」。

衆所周知，在商代文字中，□和□形就有互變之例，如甲文之□或作□。這種形變在周代文字中是常見的。而且，字形中之含有□形者，又往往在東周時變為含有□形。舉證如下：

帝　□井侯𣪘　□陳侯因資敦　□楚帛書　□信陽簡　□中山王壺

彔　□頌鼎　□諫𣪘　□曾侯墓簡（緑）

方（旁）　□召卣　□𡚬𡢁母𣪘　□　□均石鼓

央　□虢季子白盤　□曾侯墓簡　□　□　□均江陵簡

□古璽　□兆域圖

由此，我們可以合理地推論□形的朿，可由「類化」作用而演變為□形和□形。

□形的朿，在三體石經古文中早已見到，即《君奭》的□和《僖公》的□。《古陶文孴録》三·一收□、《古文字類編》從吴大澂説，列入朿字欄，實際是朿字。古陶文的□，也應釋𠴀，可能相當於金文中的誎。新鄭兵器中戟刺（矛）銘文作「旅□」，郝本性同志正確地釋□為朿。楚帛書有□，舊釋脨是對的；高明先生改釋脯，於字形不合。

□形的朿，至今尚未發現。惟新鄭戟刺之「朿」有作□者，當為□形之省體。早在甲骨文中，□就有省作□（如乙5384）者。而新鄭兵器之□也有省作□之例。在温縣盟書中，从帝的□可省為□或□，帝旁即省去下部，中豎可以不貫通。又古璽帝字作□或□，而从帝之字如蒂或作□3115 3114 3083，帝旁亦省去下部。由此可見，□或□無疑可視為□形省去下部而釋為朿。則□、□即相當於楚帛書中的□。《説文》膌之古文作𤵺，脨當即膌之又一種異體。□之下部似是止的變體，該字當即速字異體，文獻中和迹、蹟通用。【釋古璽中从「朿」的兩個字　古文字研究第十九輯】

萛　恓　敀　异　　戫

◉周名煇　戫宮伯段　戫者㫃宮伯尊彝。又一器首云。戫者作旅鼎。末句則曰。作文考宮伯寶尊彝。二器實一人所作也。舊釋戫者為戎都。未塙。運開按拓本戫篆光下。尚隱有一畫。原器未經剔清。然細案有跡可辨。是光戓形雖小異。古壬字作壬。與此形近。定為戓壬之古文。可以無疑。山海經有戓壬國。戓壬民國。此戫者。當讀戓諸。人名也。强氏定為戫字。今考定為戫字。讀如光同。

此篆从戈从光。郭鼎堂隸定為戫字。甚是。尋說文火部云。光古文作炗。又广部云。庶。屋下衆也。从广炗。炗古文光字。而古金文庶字如伯庶父盨銘作庶。子仲匜銘作庶。从厂从光。光字正與此篆所从光文同。惟此為國族名。殷虛卜辭云。□□卜賓貞光來。又云。貞光不其來。龜甲獸骨文字卷二第二十一葉。商史編引。葉玉森謂。光亦國名。路史國名紀引春秋圖。光國今光州。又言、光國為黃帝後。姞姓封。卜辭之光。或即古光國。今考古金文中如獻白彝銘之光父丁。吴子馨金文世族譜。以光為姞姓。見潛夫論志氏姓篇。又定戓壬為姬姓。既無顯證。蓋亦誤為戓字也。余以為戫字从戈。與或國字从戈意同。乃光國名之專字。【新定說文古籀考卷下】

◉李孝定　异佚・五六一「丁巳卜㝴貞异出于犬示」　从廾从臣。說文所無。栔文有异字作[glyph]。此疑其異體。卜辭异亦為人名。【甲骨文字集釋第三】

[glyph] 3955　[glyph] 3864　說文所無玉篇敀動也　【古璽文編】

[glyph] 恓出牧子文　【汗簡】

◉丁　山　萛氏，十夕出一夕。永。歷史博物館藏骨臼。萛來廿。在西。院・十三次・甲翼。

奠入廿。院・十三次・甲翼。

奠氏，見于卜辭者，或曰「亞奠」，似亦甲翼。或曰「侯奠」：

貞，勿曰，侯奠。林・2・7・2。

侯奠即亞奠，奠蓋是畿内的諸侯，故有時稱為「子奠」云：

庚寅卜，𡧊貞，子奠隹令。盧静齋藏片。

子奠即王子奠的省稱，其為武丁之子？抑小乙之子？在無其他旁證以前，不敢强作解人。金文有子奠觶，疑即武丁時代王子奠的遺物。

觶　般存下・29。

奠，孳乳為奠，為鄭，奠氏當即後世所稱的鄭氏。水經：「渭水又東，過鄭縣北。」酈氏注云：「鄭桓公友之故邑也。漢書薛瓚注言：周自穆王以下都于西鄭，不得以封桓公也。幽王既敗，國于鄭父之丘，是為鄭桓公。余按史記，考春秋國語世本言，周宣王二十二年封庶弟友于鄭。又，春秋國語言，桓公為周司徒，寄帑與賄于虢儈之間，平王東遷，鄭武公滅虢儈而兼其地。左傳隱公十一年，鄭伯謂公孫獲曰，吾先君新邑于此，是指新鄭而言矣。班固應劭及諸述作者咸以西鄭為友之始封，賢于薛瓚之單説也。」酈氏辨證，雖然極中肎綮；可是，薛瓚所謂「穆王以下都西鄭」是根據竹書紀年立説，決非無本之談。就史料本身價值看，紀年是不曾經過秦火和漢儒粉飾的原料，其所紀兩周事跡比較史漢所傳述者可信的程度多得多。紀年所謂「西鄭」，穆天子傳則稱為「南鄭」。有「西鄭」就該有「東鄭」；有「南鄭」也該有「北鄭」。水經洧水注引紀年曰：「晉文侯二年，周惠王子多父伐檜，克之，乃居鄭父之丘，名之曰鄭。是曰桓公。」自周穆王居「西鄭」觀之，此鄭父之丘，宜即東鄭了。但在卜辭，則有：

……在奠𠂤東，亡𢦔。前・4・36・3。

南奠，不其□。遺珠・577。

𠂤般以匕于北奠𠂤〇于青𠂤，〇匕于灣𠂤。後・下・24・1。

武丁時代的政權，似不曾達到渭水流域；這裏所稱的「南奠」，決不能用穆天子傳來傅合紀年的「西鄭」。由商代全部地理察之，

㒳

我認為，卜辭所見的「南鄭」，宜即「鄭父之丘」；「北奠」，可能即周人所稱的帝丘。周官大宗伯：「瞽矇諷誦詩世奠繫。」鄭玄注：「奠或為帝。」杜子春曰，「帝讀為定，世奠繫謂帝繫，諸侯卿大夫世本之屬也。」由于帝奠二字，故書通用，那末，春秋僖公三十一年：「狄圍衛，衛遷于帝丘。」左傳昭公十七年云：「衛，顓頊之虛也，故為帝邱。」這個「帝丘」，可能為「奠丘」的音譌。帝丘，杜預注説「今濮陽縣」，春秋大事表也説，「故城，在今大名府開州治西南三十里。」開州，即今河北開縣，位于殷虛的東北；對着殷虛之南的鄭父之丘言，那個帝丘，可以名為「北鄭」。近于北鄭的「青㠯」，疑即清邱。春秋宣公十二年：「諸侯同盟于清邱。」杜注：「清邱，衛地，在濮陽縣東南。」大事表也説：「今開州東南七十里有清邱，高五丈。」是青㠯之距北鄭，不過百里餘。近于北鄭的㴵㠯，也可比擬衛大夫甯氏的私邑。文公五年左傳：「晉陽處父聘于衛，反過甯。」杜注説：「甯，晉邑，在汲郡修武縣。」非也。甯氏自甯跪、寧遠，世主衛國的大政，他們食邑，應該在衛國境内，其地是否在修武，那也不無疑問了。

關于鄭氏的事跡，卜辭尚有：

貞，我奠受年。鐵拾·10·2。

……㞢我奠、戋、四邑。佚·983。

丙辰卜，在奠貞，今日，王步于先，亡巛。前·2·15·2。

丁丑卜，在奠，行貞，父丁歲，亡尤。粹·305。

壬戌卜，狄貞，又出，方其以來奠。侯家莊·4·甲。

貞，乎从奠取岕、珊、啚、三邑。前·7·21·4。

先，即先侯國，左傳僖二十八年所謂「有莘之虚」也。「在奠貞」，應屬北鄭。若「乎取岕、叀、啚、三邑」的岕，即禹貢的「至于大伾」；啚即衛風的「清人在彭」；那末，叀可能讀為邶鄘衛之鄘，地皆近于鄭父之丘。然則，鄭父之丘，正因商朝的王子鄭居此得名，在商一稱南鄭，在周則稱東鄭，商周之世，地名也頗多改易了。【鄭氏　眉微子國　殷商氏族方國志】

◉李孝定　㒳　从二丙，説文所無。楊氏釋更蓋以金更均作㪅𩰫从㒳作也。然金文更字無省文者，惟石鼓文有鯾字，疑即許書之鯁，楊氏釋此為更雖無確證，其説實為近之，魯氏釋丙似為未安，卜辭干支字之丙無如此作者。辭云「辛☐㒳其降敗」藏·十九·二。「壬子卜白㒳其禍」前·三·一·一。「丁酉☐白㒳凡人其眉」後·下·二五·七。「乙丑☐㒳其車☐眔肖」後·下·三八·四。辭義雖未詳，然決非干支之丙。言白㒳，白即伯字，猶他辭言侯某㒳，似為人名。【甲骨文字集釋第十四】

⿰酉彡

◉葉玉森　孫羅二氏並釋⿰酉彡為酒。羅氏且採阮氏説謂即酎之本字。考卜辭惟祭字象手持羣酒，與篆文酎字形近，⿰酉彡字从彡似非酎之本字。先哲如造酒字，挹出之酒點儘可作小直點狀之，何必故與彡(肜)字相溷，且酒祭與嘗酎酒亦不能合為一談，羅氏之説似仍未塙。予謂酉即古文酒字，从彡疑即卜辭彡(肜)日之彡，⿰酉彡蓋肜日酒祭之專名。有時與肜祭並舉，他辭云「癸未王卜貞⿰酉彡彡日自上甲至于多毓衣亡壱自戾在四月佳王二祀」(前・三・七・七)，「貞其⿰酉彡彡勿鼓十月」(前・五・一・二)，「貞⿰酉彡彡衣」(後・上・二十・二)，「甲□貞翼⿰酉彡彡于后祖□亡壱」(後・上・二十・十一)，「乙卯貞⿰酉彡彡于父丁亩鹿」(後・上・二一・十三)，「□貞旬亡囚在四月甲戌[illegible]畀其⿰酉彡彡」(後・下・二十・七)，「□卜彡⿰酉彡□有事」(後・下四二・七)，「辛卯卜亘貞彡⿰酉彡于丁亡壱」(藏・二四九・二)，「彡⿰酉彡于咸」(甲・一・十三・十七)，「□酉□祖乙衣⿰酉彡彡」(殷虛卜辭一二九九)，「庚辰卜[illegible]貞翼辛巳⿰酉彡彡抔自上甲至于后亡壱」(同上・一九二)。玩上諸辭，⿰酉彡祭與肜祭並舉。或言⿰酉彡肜，或言肜⿰酉彡，可知⿰酉彡祭之日即為肜祭之日。故⿰酉彡从彡古當別有此字，姑書作⿰酉彡以存彡(肜)形。【殷墟書契前編集釋卷一】

◉孫海波　⿰酉彡。酒祭也。从酉从彡。有彡續之誼。説文所無。或曰即左傳「見于嘗酎」之酎。【甲骨文編卷十四】

◉考古所　⿰酉彡：祭名。【小屯南地甲骨】

◉陳漢平　甲骨文有⿰酉彡字，在卜辭用為祭名，舊多釋為酒，甚誤。按酒字从水作，⿰酉彡字从彡，非水旁，故⿰酉彡非酒字，顯而易見。古代酒字多直以酉字當之，毛公鼎、盂鼎、咢侯鼎、天君鼎、國差鑰、吴季良父壺、沇兒鐘、乙亥鼎諸銘及魏三體石經古文酒字俱作酉，可以為證。甲骨文有字，舊不識，卜辭曰：

戊子貞丙子余得　甲編二四一八

辭中末一字為名詞，从皿从九，九聲。又古文字从皿从酉可以互用，如説文⿰爿酉字籀文作⿰爿⿱酉皿，醢字籀文作⿱艹醢等，知此字當釋酒。又秦國銅簋有自名軌者，説文：「軌，車轍也。从車九聲。」或曰甲骨文此字从皿九聲，乃簋、𣪘字初文。誌此存疑。因此字皿中數點表示器中所容為液體，故當釋為酒字。【古文字釋叢　考古與文物一九八五年一期】

◉陳士輝　⿰酉彡非酒字。【懷念于省吾先生　古文字研究十六輯】

◉陳佩芬　⿰酉彡是甲骨文中常見的祭名。甲骨文中對先世的特祭、合祭和周祭都可用⿰酉彡，對自然神的祭祀也可用⿰酉彡。⊘⿰酉彡，各家大多釋為酒，但是金文中的酒都寫作酉：

適簋：「王饗酉」。乙亥鼎、宰甾簋同。

小盂鼎：「入服酉」。

盂鼎：「酉無敢醺」，「率肄于酉」。

毛公鼎：「毋敢湎于酉」。

國差𦉜：「用實旨酉」。

凡此酉字都應讀為酒，由此可知酒是酉的孳乳字。金文中的酒字從未有作⿰酉彡的，所以⿰酉彡必定不是酒字，也不是酒祭之酒的專用字，古代祭名中也不見有稱為酒的。因此，不能把⿰酉彡解釋為酒或酒祭。

從甲骨文看，這個字在祭祀中經常用，它既可以是祭名，也可以是祭法，但絕大多數是指祭法。李孝定先生認為：「字从酉从彡，乃象形字，然从彡終嫌與彡易溷，故至篆文變彡為水。是易象形為會意。」甲骨文金文酒字名詞皆作酉。「至作⿰酉彡者則為酒祭之專名，从彡，象酒滴沃地以祭之象也。」這個解釋已經看到⿰酉彡是酒滴沃地以祭；這是對的。因為⿰酉彡字偏旁有作彡形，也有作[illegible]形和[illegible]形的，以彡形的較多，但是與彡的作彡或彡顯然有區別。因此，這字應該可以解釋為酹字，酹字从酉寽聲，是形聲字，⿰酉彡字象以酒滴灑地，是會意字。古代同一個字的形聲和會意字形結構有時是不同的，酹字也應是這類情形……。說文酉部：「酹，餟祭也。」段玉裁注：「食部餟下曰酹，祭也。」「蓋餟、酹皆於地，餟謂肉，故漢書作腏，酹為酒，故从酉。」酹是祭酒，後漢書張奐傳：「召主薄于諸羌前，以酒酹地。」玉篇解酹作「以酒祭地也。」集韻：「酹，祭酒也。」在甲骨文中酹祭的對象如上所述，絕大部分是特祭或合祭先公、先王、先妣。⿰酉彡是單獨的祭名，也可以是多次祭祀中的一個環節。【繁卣、趞鼎及梁其鐘銘文詮釋　上海博物館集刊總第二期】

◉周國正　自羅振玉將[illegible]隸定為「酒」之後(見增訂殷墟書契考釋卷二，頁二五)，不少學者都把這個字解為一種用酒的祭祀(參甲骨文字集釋頁四三九九，又殷墟卜辭研究頁二五八)，甚至視之為說文「祼」的前身。不過羅氏的隸定其實是頗有問題的，正如葉玉森指出，[illegible]字偏旁的「彡」並非「酒」字所从的水滴之形(殷墟書契前編集釋卷一，頁四七)。事實上，甲骨文中水滴之形都刻作碎散的小點，極少作平行的三斜劃。如「水」：[illegible](鐵一四·三)；「洹」：[illegible](前七·一三·三)；「沈」：[illegible](南明四三二)等等。

另一方面，甲骨文中自有「祼」字，即[illegible]、[illegible](殷墟卜辭研究頁二六六)。島(邦男)氏提出以下兩點來證明這字應該解作「祼」：

(a) 此字或體作[illegible]、[illegible]、[illegible]，顯示在丁(示)之前酹酒，「祼」禮的造意躍然紙上。

(b) 此字從不帶「牛、羊」等字為直接賓語，偶然帶直接賓語的話，必然是「鬯」，和毛傳所説的「祼，灌鬯也。」密合無間(十三經注疏卷一六，頁一一)。

當然，我們不能因為[illegible]、[illegible]就是「祼」這一點就否定[illegible]是一種酒祭的説法，理論上説[illegible]亦可以是一種與祼相類似的酒祭

（沼與番不可能是或體，因為兩者可並見于同一條卜辭，如粹三九二、六清一九一）。不能把沼解為用酒之祭的主要原因是文義難安，請看以下的卜辭：

丙午卜，穷貞：岀（逝）八羊眔酚卅牛，八月。　人八三（一）

癸酉卜，争貞：羽甲戌月（刖）十羊；乙亥𨡓十牛。　佚四〇四

上面兩條卜辭是貝塚茂樹先生引用來對羅氏的說法提出質疑的（京都大學人文科學研究所藏甲骨文字釋文篇頁一六七，又五五一）。貝塚氏指出。岀，月（刖）、酚三者地位相當，顯示出酚亦是一種祭牲之法（貝塚氏隸定岀為桎，但對岀、月的字義都没有詳加解釋，見同上頁一六七）。有關岀（逝）的説解，請參于省吾先生雙劍誃殷契駢枝續編頁二九又本文一六。至于「月」字，從下面兩條卜辭中亦可見出是一種祭牲之法：

求年于昌，月（刖）羊，𡩜宰，卯牛。　佚一五三

丙辰卜，乂貞：其月（刖）父丁三宰。　遺七二五

或者有人會認為，「酚十牛」等結構應該分析為「舉行𨡓禮的時候，應該「用」十牛（去助成）」；與「求十牛」之類相當。但事實上在語法行為上𨡓和求（及钔、告）有明顯的差異。以「求」而言，OB極少出現于OV之後（即求＋OV＋（于）＋OB），只有「求＋（于）OB＋OV」的形式。但「𨡓＋OV＋（于）＋OB」的結構却屬見不鮮，例如：

𨡓＋小宰＋于＋父乙　續二・二一・四

𨡓＋三豕＋祖乙　續一・三・三

（南明九九，一二六；前八・一三・四；粹五二八；合二八九亦見。）

以語法行為而言，𨡓與𡩜，岀等相同，其中的OV屬于OP而非OI。

郭沫若先生認為𨡓假借為槱，在卜辭通纂頁三中説：「𨡓假為槱，周官大宗伯：『以槱燎祀司中司令。』槱燎連文與此同。風俗通祀典：『槱者，積薪燔柴也。』」本文中暫取郭氏的説法。　【卜辭兩種祭祀動詞的語法特徵及有關句子的語法分析　古

◉孫海波 䏌佚七三九 从戈从肉。説文所無。金文䏌與此同。【甲骨文編卷十二】

◉戴家祥 金文䏌字从戈从肉，點畫明甚，自宋以來釋戟，吳大澂申其義曰：䏌，古戟字，本作戛，許氏説「戛，戟也，讀若棘」。説文古籀補十二篇第七葉。郭沫若以為乃胾之初字，胾字乃从䏌才聲，許書誤以為从肉𢦏聲也。殷周青銅器銘文研究第一七三葉戈琱䏌䟫必彤沙説。考禮記曲禮「左殽右胾」，鄭注「胾，切肉也」。郭説非是。集韻肉讀「儒遇切」，日母侯部。戟讀「居逆切」，見母魚部。侯魚韻位最近，故戟得从肉為聲也。【金文大字典中】

𠪚 𠪚 説文所無 義如揚 令簋 令敢𠪚皇王宮上云令敢揚皇王宮文例全同 𠪚㚅方鼎 㚅𠪚𡚸賓 【金文編】

◉吳大澂 㕓㕓 説文所無 鄘伯㕓簋 〈1342〉「錫鄘白伯㕓貝十朋」

从厂。从二土。从又。説文所無。章白㕓敦。【説文古籀補卷九】

◉湯餘惠 信陽楚簡帞字數見，是一種隨葬品的名稱，比較清楚的簡文辭例是：

屯（純）黑□之帞 （二〇五號簡）

紫緅之帞 （二〇六號簡）

七布帞 （二一五號簡）

這個字舊釋為「帞」，想來是把上方的偏旁當成「面」字了，這種意見是值得商榷的。

這個字下方的偏旁從巾是沒有問題的，同出的簡文中還有「常」、「綿」等字所從巾旁也都加有横畫；楚鄴陵君銅器銘文我們也見到了與此完全相同的寫法；長沙仰天湖楚簡中的巾旁（布字所從）加點不加横，寫作巾，從古文字形體演變的一般規律來看，其次序應在加横者之前，這對於我們推斷兩批簡的時代先後，提供了一個文字方面的綫索。「巾」字豎畫之上加點或加畫的寫法，列國文字中僅見於楚，可見是楚文字的特有風格。

這個字上面的偏旁值得仔細推敲。我們認為它不大可能是「面」，而應該是「百」，即「首」字。早在西周金文中就出現了「面」字，師遽方彝銘文中「面」字作□（瑂字所從），是在「百」前加〈，小篆「面」字在「百」外加□，作□，構形相去猶不算遠。許慎《說文》：「面，顔前也。從百，象人面形。」段玉裁闡明許意：「謂□也，左象面。」其實，用「六書」的標準來衡量，金文「面」字並非象形字而是一個指事字。揆其造字初誼，乃是在象形的「百」前加上一個〈作為指事符號，表示顔面是在頭的前邊，小篆加□於「百」之外，「百」反而居中背離了造字的初誼。通過金文及小篆的「面」字構形的探討可以明確，「面」字並非獨體，而是由「百」和一個指事符號兩部分組成的；反過來再看簡文上的這個偏旁分明是一個獨體，因此不會是「面」字。

我們認為這個偏旁應是「百（首）」字，下面揭舉四個從「百」的字作為證明：

1. □（望山M2楚簡「項」字）
2. □（信陽一一六號簡「道」字）
3. □（長沙帛書「憂」字）
4. □（楚「□𥢶垂莫囂」璽「囂」字）

例4是一個舊所不識的字，羅福頤釋為「囂」讀為「傲」，認為「莫囂」即典籍記載的楚職官「莫傲」，可信。由以上四例觀之，「百」作□乃是楚文字的通常寫法；與傳統的寫法□、□等形相比較，顯然是由後者演變而來的。因此，簡文上的□可以隸定為「帠」。

「帠」字不見於《說文》，從字形分析，殆從百、巾會意，或許就是楚人頭上某種服飾的名稱。「帠」很可能就是《玉篇》上的「幁」字。古文字的「百」、「首」、「頁」往往可以互作，如《說文》「頤」字的籀文作「𩠐」從「首」不從「頁」；又「髪」字的或體作「𩬊」而古文作「頍」；從「頁」不從「首」；古璽文字有「𡕥」字，丁佛言釋為「頭」是正確的，這個「𡕥」字不僅易「頁」為「百」，而且把左右結構變成上下結構，這跟「帠」和「幁」的關係可謂毫無二致，因此「帠」和「幁」也應該是同一個字。

「幁」字音「須」，異體又作「𢄼」，變會意為形聲。《玉篇》「𢄼」字訓為「帕」，是一種用以束髮的布帛製品。解放前，長沙楚墓曾經出土過一些彩繪木彫人象，無論男女頭上都戴有一種束髮織品，其狀略呈碟形，覆於頂髮之上，兩邊各垂一條狹帶，系結於頷下。這會不會就是楚人的頭𢄼？希望今後能得到進一步證實。

如果上面的推測不誤的話，那麼從簡文可知楚人的頭𢄼確有用布製成的，而且還有純黑，𦆸緅等多種顔色。

解放以來，先後已有幾批戰國時期楚國的遺册出土，簡文多記隨葬物品的名稱、質料、數量和來源等項情況。關於服飾一類，見諸簡文的已有衣、裳、組、帶、紳、縌、鉤、環、縷(屨)等多種。通過「幂」字的考證，更可見品類之豐富，凡生人服飾之物由首至足幾無不備。【戰國文字考釋(五則)　古文字研究第十輯】

豙　㲴　𧰲　剢

◉葉玉森　[甲骨文]　孫詒讓氏曰从大从豕。字書所無。竊疑豕當為羊。說文芉部。羍。小羊也。从羊大聲。讀與逹同。或即羍之古文。契文舉例下廿九。森桉。此字卜辭數見。竝从大从豕。塙非从羊。不能認為羍字。又藏龜拾遺第十三葉有一[甲骨文]字。象一大人騎豕。疑與豙為同字。【殷墟書契前編集釋卷四】

◉考古所　[甲骨文][甲骨文]　豙：人名，武丁時期的一員武將，在「賓組卜辭」和「𠂤組卜辭」中都有他活動的記載。【小屯南地甲骨】

◉劉彬徽等　㲴，簡文作[古文][古文]。【包山楚簡】

◉屈萬里　[甲骨文]字隸定之當作𧰲。桉集韻有𧰲字。云。「同豖」。說文豖云。「豖絆足行豖豖也」。說文之義雖與卜辭𧰲字之義未合。而集韻之有𧰲字要必有所本。疑𧰲乃豖之一種。說文失收。後世遂誤以為與豖同字也。【殷墟文字甲編考釋】

◉趙佩馨　甲骨文中有一個奇字作[甲骨文]、[甲骨文]等形，前人無釋。這個字一邊，顯然是男子生殖器的象形。根據刵(劓)字的例子，此字無疑是椓刑的專字。含有此字的完整卜辭，我所見的只有一條：

庚辰卜，王，朕[甲骨文]羌不[甲骨文](死)？

其辭例與貞「𠚤𡨦」的卜辭非常相近，也可證此字當為用刑之法。

古籍中在說到割去生殖器之刑時，多用椓字，見于「詩」「大雅」「召旻」和「尚書」「吕刑」等篇。「尚書堯典正義」引「吕刑」篇賈、馬、鄭古本文，椓作劅。「說文」引「吕刑」又作𣪠訓為「去陰之刑」。而椓字在「說文」中則只訓為「擊」。因此，過去的文字學者大都認為訓為「去陰」之椓乃是𣪠的借字。但從古文字學來看，這種說法却是不正確的。唐蘭先生根據甲骨文，謂豖字是[甲骨文]字(豭之古文)的形變，並說「剢訓去陰猶之劓為斷鼻」，蓋以為剢刑之本字當作剢。聞一多有「釋豖」篇，認為甲骨文的[甲骨文]字，腹下一筆與腹連著，當為豭字；又有□字，腹下一筆不連，象去勢之豕，乃是豥字：「豥去陰之稱，通之于人，故男子宮刑亦謂豥，詩作椓用借字，鄭作劅，許作斀，並後起形聲字。」我認為豥字象去勢之豕，當如聞釋；但去陰之刑的本字，例之刖（刖）、劓（劓）等字，應從唐蘭先生之說，以㓾字當之。椓為㓾之借字，劅為㓾之後起形聲字，斀又為劅之或体或借字。椓字與豥、豛等字音義並同，王筠「說文句讀」、承培元「廣說文答問疏證」皆以為一字。㓾字在古籍中為椓（即豥）所代替，和劅之或作斀，可說如出一轍。「唐韻」、「集韻」等皆有㓾字，音啄，訓為「刀鉏」，其音尚未譌變，但其訓則已非朔義了。甲骨文的這個字本是去人勢的專字，與義為去豬勢的㓾字是有區別的。入周代，㓾（椓）字的意義擴大到了人身上，而□字遂廢；也即是說，□字的意義已經被包括在㓾字之內了，所以容易合併為一字。為方便起見，把甲骨文的□字逕釋作㓾，應該是可以的。【甲骨文中所見的商代五刑——並釋㐱㓾二字　考古一九六一年第二期】

⿺辶至　㓾　捍

捍 5·132　咸安處捍　說文所無集韻捍同扞稈即捍虢季子白盤搏作摶即其證　□ 秦452　獨字　【古陶文字徵】

□ 詛楚文　欲㓾伐我社稷說文所無玉篇㓾削也　【石刻篆文編】

◉金祥恆　殷契佚存第九四〇片：

大史其□？

佚九四〇

□商承祚隸定為⿺辶至，無釋。□又省止作□，如殷契佚存二九二片：

丙寅卜，狄貞：盂田，其□椒，朝又（有）雨？

佚二九二

商氏考釋□為徉云：「當即彷徉之徉。」蓋誤釋□為羊。□乃□字。說文至古文作□，其形與甲骨文似，金文至亦作□，如朱公牼鐘「以嘉諸士，至于萬年」（三代一·四九）之至。而从至之室，若中殷父段：「中殷父鑄段，用朝夕亯孝宗室。」（三代八·五·一）之室作□，其至作□，與甲骨文之□形近矣。故商承祚隸定為逹，是也。

許慎說文解字無逹而有䢃，訓「䢃，近也。从辵𡍮聲。」臸訓「到也，从二至。」篆隸萬象名義：「䢃，如質反。近，傳，至。」而廣韻上平六脂有：「逹，訓走貌。」雖不知其所本，抑或說文䢃之省，亦未可知。而訓「走貌」，顯然與說文迥異。說文：「走，趨也。」段注云：「釋名曰：徐行曰步，疾行曰趨曰走。」綜合以上諸書而觀之，逹，从辵至，至亦聲。其義當有疾行而至之意。故佚存九

三代八·五·一

四〇「大史其逹」者，「大史其疾來也。」二九二片「丙寅卜，狄貞：盂田，其逹椒，朝又雨」者，「丙寅日卜，貞人狄問，往盂田獵，疾至椒，晨有雨？」殷虛書契前編第五卷三〇頁第一片：

□其逘，至于攸，若，王固曰大吉。

前五・三〇・一

葉玉森考釋云：「□，華學涑氏釋魄，王襄氏謂金文之□若□皆與此相似。許説吳人謂祭曰魄(類纂)，余永梁氏疑古醜字，卜辭醜為人名(殷虛文字考)。森按細玩本辭，尚不能遽定為人名。」葉氏不識逘之義，故不能遽定醜為人名，今知為疾至之意，則醜為人名無疑矣。言醜疾來，至於攸，諾，王固王大吉也。日本京都大學人文科學研究所藏甲骨文字B二一四九片：

伐辟逘止，𢦏？

止，𢦏？

京B二一四九

貝塚茂樹考釋釋文：「伐𡱕□，步哉☒」，因拓片漫漶不清，將逘離析成□其□與下一字□合而為步，忘其偏旁彳。「伐辟，逘止，𢦏？」者「伐辟，疾至此，有𢦏耶？」(止釋此意，詳中國文字第六册釋生)。甲骨續存下第五〇九片：

己

貞

逕

續存二・五〇九

本片雖為殘片，破損過甚，其殘文□，亦必為逕無疑。其為地名者，如小屯甲編第三九一九片：

丁丑卜，狄貞：王其田逕，往？

甲三九一九(背甲)

屈翼鵬先生甲編考釋：「□，當是地名，而不可識。」屈先生釋逕為地名，是也。其字乃逕字，倒□為□，而□移至其上而已。

小屯甲編第三九一三片：

壬戌卜，狄貞：亞旌其陟逕，入？

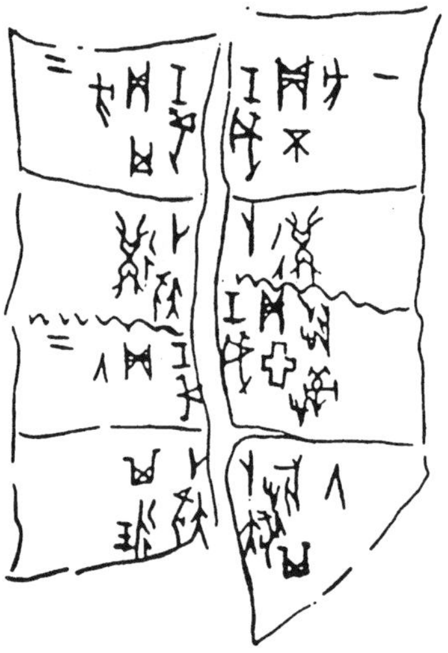

虑　⿱止正　⿰⿱止土阝　郢

甲三九一三（腹甲）

其[古文]，乃省彳，與[古文]形同。而與甲編三九一九片之[古文]相似，僅倒正省與不省之差耳。殷虚甲骨文字，倒正繁省之例，屢見不尠，蓋文字至殷商，殊多尚未定形故也。【釋[古文]　中國文字第十六册】

[古文]1979　[古文]1983　[古文]1981　[古文]1980　[古文]1984　[古文]1982　說文所無玉篇郢鄉名【古璽文編】

◉戴家祥　[古文]鄂君啓節　庚⿰⿱止土阝　从邑⿱止土聲，銘文用作地名，郭沫若認為當在漢水北岸。見文物參考資料一九五八年第四期第四頁。【金文大字典下】

◉孫海波　[古文]燕一三四　从止从正。說文所無。人名。【甲骨文編卷二】

[古文]3447　說文所無玉篇虑愁貌【古璽文編】

⿰卜虎　⿱宀京　岦　⿱日口

◉張日昇　[glyph]字从虎从卜。說文所無。徐同柏謂虢之省。吳大澂疑古虔字。孫詒讓釋虐。謂卜為爪省。金文⿰卜虎作[glyph]可證。容庚謂虢字从虎。諸說並有可商。虢金文从爪从攴从虎會意。畏象鬼執仗之形。非从虎爪。金文⿰卜虎皆人名。其義不詳。

【金文詁林卷五】

◉饒宗頤　[glyph][glyph]　[glyph]即金文皇字之上體，从日有光芒狀。他辭所見，有从耳者，如：「王令雀[glyph]伐畀。」(後編下一九·三)[glyph]殆即⿱宀京字，讀為虢，古虢與愬通(見易履卦及震卦釋文)。[glyph]於此辭乃方國名，與舌方為鄰，可能即朔。古地有朔方，詩小雅：「城彼朔方。」漢武置朔方郡，則在今綏遠，後世陝西山西並有朔州，或與古朔地有關。【殷代貞卜人物通考】

◉陳漢平　古璽文字有地名：[glyph][glyph](0123)、[glyph][glyph](3549)，舊未釋。按：[glyph]字从尚省从立作，可隸定為岦。岦字在鑄幣文字中可讀為當，在古璽文字中可讀為黨，古璽文堂字或體作[glyph]，亦从岦省，知岦字尚聲，或即尚字異體。又尚者上也，尚與上通，故此字可讀為上。[glyph]字所从之[glyph]乃口形，古璽文字口形中多有衍畫一短橫，0216號璽文浩字作[glyph]可以為證，故此字當釋為谷。岦谷在此讀為上谷。上谷為戰國燕置郡名。【古文字釋叢　考古與文物一九八六年第四期】

◉商承祚　[glyph]　像盛貝於盤，曰貞[glyph]，貞不⿱日口，⿱日口牛似于貞祭時或用貝，或不用⿱日口也。【福氏所藏甲骨文字釋文】

◉葉玉森　[glyph]　孫詒讓氏釋遺省。金文遺小子敦作[glyph]。太保敦省作[glyph]。此又省𠂤。與彼正同。卜辭云降[glyph]藏龜第十九葉。當讀為降譴。契文舉例。森桉。卜辭別有遺字作[glyph]後下第三葉之十。[glyph]又第十二葉之四。與太保敦同。本辭之[glyph]乃从貝在[glyph]上。當別為一字。【殷墟書契前編集釋】

◉吳其昌　亡⿱日口、弗⿱日口，其詞似與亡𢦏，弗每等詞相近。

「⿱日口」字，說文所無，金文中亦未見；未詳其義。前一·三五·一片文云「⿱日口牛」，他辭亦云「牛⿱日口」(前·六·四〇·五)，並不曉其語旨云何。卜辭又云「……国曰：[glyph]方其至于[glyph]土，亡⿱日口」(前·七·三六·一)，「貞競弗⿱日口」(續·六·二五·八)。云：「亡⿱日口」「弗⿱日口」則其詞似又與「亡𢦏」「弗每」(悔)……等詞相近矣。材料過少；有待續考。【殷墟書契解詁】

⿰目𡰥 郘 ⿰目左 過 ⿱吅文

□ 眱 張揖古文【汗簡】

◉戴家祥 □八 郘鐘 郘黛曰 □ 郘大叔斧一 郘大叔以新金為貳車之斧十

郘从邑吕聲，經作吕，左傳僖公十年晉有吕甥，吕字以邑為氏與金文用同。【金文大字典下】

◉顧廷龍 □ ⿰目左。說文所無。周左宮⿰目左。按他器文為左宮□。左宮□。左宮畋。右宮□。右宮□。皆為二字。以彼例此。知非田左二字也。【古匋文孴録卷十三】

◉郭沫若 過字原作□，唐蘭釋如是。卜辭有□字，日本京大藏片，辭殘，似為地名。又有从□之字如□疑是冎之古文，小篆作𡆪形正相近。「殷契佚存」八六頁。九五〇片，亦地名。羅振玉所藏魚鼎匕有兩□字「集古遺文」十一·一〇亦從此作。依唐釋，則□當是骨字矣。古有過國，左傳襄四年「寒浞處澆于過」，杜注：「過，國名，東萊掖縣北有過鄉。」此過伯或即其後。【過伯毀 兩周金文辭大系圖録考釋】

□ ⿱吅文 說文所無讀為鄰老子德經鄰國相望道經猶兮若畏四鄰馬王堆漢墓帛書老子乙本均作⿱吅文中山王嚳鼎 ⿱吅文邦難新【金文編】

◉何琳儀 ⿱吅文，諸家引長沙馬王堆《周易》、《老子》帛書釋鄰是對的。但或隸定為吝，或以吅為聲符，則均有未當。

吝，見甲骨文，長沙帛書，《說文》古文，均从口(□)文聲。中山王器中凡从口者均作「□」，而凡與城邑相關者(□)，則均作「□」。古文字偏旁「□」雖偶誤作「□」，但像城邑形的「□」一般不可以作「□」。這表明二者有截然不同的形體來源。以⿱吅文為吝顯然是不妥當的。

□之所从「□」亦見陶文□(《說文古籀補》)。孫根碑、衡立碑作□，碧落碑作□(見《汗簡》)，典籍隸古定誤作厸。吅是「即形見義」的會意字，像一對比鄰的城邑。其形體有更古老的來源。有關這一問題另有專文論述，茲不贅。

⿱吅文與吝雖然形符毫不相干，但均从文得聲，讀若鄰。《易·蒙》「以往遴」，虞本「遴」作「吝」。《漢書·高惠吕后功臣年表》

「遴棟」、《地理志》「貪遴」，注並云「遴與吝同」。《汗簡》引史記吝作遴。《說文》麐，典籍作麟，甲骨文則作慶。《正字通》「慶同麐」。麟、麐、慶形符全同，聲符有別，而實為一字。這表明粦、吝、文音近可通，粦，來紐真韻；文，明紐文韻。來、明複輔音通轉，真文旁轉。（戰國貨幣文字「閔」从火門聲，「讀若粦」亦屬此例。）

總之，吅是會意字，叜是从吅文聲的形聲字。具體而言，叜是在會意字吅的基礎上另加形符。這在古文字中是個極普通的現象。如耜加聲符作𦔃，耶加聲符作聖等。至于鄭陽壺的𨽸則是从阜叜聲的形聲字。【中山王器考釋拾遺　史學集刊一九八四年第三期】

◉黃錫全　甲骨文有□字，《甲骨文編》隸作晦，認為「从口从每，《說文》所無」。島邦男《殷墟卜辭綜類》沒有隸定。

此字隸作晦是對的，但究竟是一個什麼字，如何訓釋，還要作進一步的分析。檢《汗簡》口部所録古尚書誨作□，形體與上揭甲骨文相合。口旁在側與在下每每不別。如吝字，《說文》古文作□；咏字，甲骨文作□（甲522），金文作□（咏尊）；哦殷哦作□等。从口从言意義相近，每可通作。如甲骨文、金文訊作□（續3·31·5）、□（兮甲盤）；《說文》嘖或作讀、吟或作訡、謨或作謩、譜或作啃等。《尚書·說命》「朝夕納誨以輔王德」，敦煌石窟所出《尚書》及日本隸古定古寫本《尚書》巖崎本、小島影本、内藤影本作「朝夕納晦」。因此，晦當是誨字古體或别體。卜辭中晦字僅一見：

貞帚好弗其䆼晦　（珠523）

卜辭中「䆼」義與「賓」同。《說文》：「賓，所敬也。」「其」乃虛詞。「弗」是卜辭中的副詞性否定詞。這裏的晦應該讀為悔，即悔咎、惡凶之義。《公羊襄二十九年傳》：「尚速有悔於子身。」注：「悔，咎。」《賈子·容經》：「悔者，凶也。」《後漢張衡傳注》：「悔，惡也。」這條卜辭的意思，當是貞問婦好不䆼（賓），會不會有凶咎。【利用《汗簡》考釋古文字　古文字研究第十五輯】

□　蚘　說文所無玉篇蚘與蛕同廣韻人腹中長蟲也集韻蚩蚘古諸侯號通作尤魚顚匕　【金文編】

◉戴家祥　□魚鼎匕　參之蚩蚘　容庚曰：蚘，說文所無。廣韻「人腹中長蟲也」。集韻「蚩蚘古諸侯號，通作尤」。金文編第十三卷蚘。蚘字从虫是與上文蚩字偏旁類化的結果。

□魚鼎匕　參蚩蚘命　字从蚰又聲，又尤同韻，从虫與从蚰通，故知蝨即蚘字形聲符號更换字。銘文「蚩蚘」為古諸侯號，書

呂刑「蚩尤惟始作亂」，傳曰「九黎之君曰蚩尤」。【金文大字典下】

昷

◉徐中舒 三期 甲一一六三 三期 京四四五二 三期 人二〇四九 五期 前二·二七·二

從皿從吕，舊釋菧，蓋誤以為氏，實則為以之初文。郭沫若謂：「氏乃匙之初文，卜辭有從氏之字作，乃象皿中插氏之形。」《金文餘釋之餘釋𠂎氏》。不確。魯實先以為之繁文，近是。地名。【甲骨文字典卷五】

𥄳

◉羅振玉 說文解字：「斁，解也。从攴，睪聲。詩云『服之無斁』。斁，厭也。」毛公鼎「肆皇天亡斁」，斁字作，吳中丞釋斁，與此同。【殷墟書契考釋卷中】

◉王襄 ，古斁字。，厭之𡚬文，與斁猒皆通。【簠室殷契類纂正編卷三】

◉戴家祥 此字从目从矢，以聲誼繹之，實即眣之異文原形移置字也。公羊文七年傳「眣晉大夫使與公盟也」，又成二年傳「郤克眣魯衛之使」，何休解詁「以目通指曰眣」。說文目部無眣字而有从失之眣，訓「目不正也」，段玉裁謂「淺人無識以譌體改說文，字應作眣」。竊疑眣字从目从矢，在六書為會意，从目失聲則變為形聲，此六書嬗變例也。陸德明公羊釋文云「眣本又作眣，丑乙反又大結反」，則與失聲並相近，是从失非誤字也。古音失與寅同，故聲類互易變為瞚，廣韻玉篇眣同瞚是其證。說文「瞚開闔目數搖也」，莊子庚桑楚篇「兒子終日視而目不瞚」，按瞚之古音與瞬相近，故陸德明釋文云「眣一音瞬」，是眣之本誼為目動，故其字从目从矢，若以為射之本字則其字無取於从目矣。至眣字在金文則當讀為射，同音叚借字也。師俖毁靜彝及毛公鼎均以亡𥄳為文讀為無射。乃宗周成語，見詩小雅車舝思齊周頌清廟及禮記祭統皆與金文同。本為無厭之義。樂律亦名無射，見國語周語及淮南天文訓。射之音義與斁相近。爾雅釋詁「射厭也」說文「斁厭也」。故無射亦作無斁。見書洛語詩周頌振鷺魯頌駉泮水字均作斁。蓋古人言語本無定名。經文多通假，無𥄳之作無斁，固不必求其孰正而孰叚也。𥄳字今既知其聲與斁相近，然則說文部臭字當為𥄳之字誤亦可以訂正臭。許書「臭大白澤也從大白古文以為澤字」，蓋古文𥄳亦作無斁鼎。作鄧伯氏鼎。上文與白形近，故誤為臭。澤斁均从睪聲，金文𥄳與斁通，則許書云「古文以為澤字」，知東漢經師尚能知古文古誼。以此例推金文無斁鼎無斁二字為人名，知魏人田子方名，無澤即無斁之義也。見莊子田子方篇及國策魏策。又變為無擇，詩大雅思齊篇「古之人無斁」，鄭箋作「無擇」，釋文「斁擇也」，故莊子讓王篇有「北人無擇」，楊子法言吾子篇「君子言也無擇，聽也無淫，擇則亂，淫則辟。述正道而稍邪哆者有矣，未有述邪哆而稍正也」，大玄「元掜曰：言正則無擇，行正則無爽，水順則無敗。無敗故久也。無爽故

可觀也。無擇故可聽也」，此即本孝經「口無擇言，身無擇行」為説，無擇即無射之叚字也。【睪字説】

◉孫海波 河四七二 眣或从矢。公羊傳文公七年。眣晉大夫使與公盟也。陸德明釋文。眣本又作昳。段玉裁謂淺人無識。以譌體改説文。字應作眣。通假為斁。卜辭眣正从矢作眣。地名。在𠂤眣卜。

林一・二五・九 或从二矢。【甲骨文編卷四】

◉王國維 睪，諸家讀為斁，案無斁古通作無射，睪从目，从矢，矢著目上，意亦為射，殷虛卜辭有此字。【毛公鼎銘考釋 王國維先生遺書第六册】

◉饒宗頤 余謂𥄎乃睪之繁寫，毛公鼎「皇天亡睪」，即詩之「無斁」。此睪字讀為圛。説文：圛下引商書云：「曰圛圛者，升雲半有半無。讀若驛。」睪指雲色，可證洪範。【殷代貞卜人物通考】

◉屈萬里 ，隸定之當作睪。吳大澂字説據毛公鼎釋斁；是也。卜辭睪字為地名，其地又名𠂤睪(甲録六・六・八三)。睪之稱𠂤睪，蓋猶滴之稱𠂤滴，之稱𠂤矣。【殷墟文字甲編考釋】

◉李孝定 説文「瞚開闔目數搖也从目寅聲」，卜辭正从目从寅，惟辭殘其義不詳。吕覽「其視萬世猶一瞚也」，莊子庚桑楚「終日視而目不瞚」，釋文：「瞚字又作瞬，同音舜，動也。」玉篇以瞬眣並為瞚之重文，卜辭寅與矢形近，玉篇以眣為瞚之重文蓋亦有故也，此與旬眴義近，經籍每以眣旬與旻混用。

説文「眣目不正也从目失聲」，段注引公羊文六年成二年傳陸氏釋文字皆从矢，云：「眣音舜，本又作眣，丑乙反，又大結反。五經文字曰「眣音舜，見春秋傳開成石經公羊二皆作眣。疑此字从矢會意，从失者其譌體。以譌體改説文，淺人無識之故也。」卜辭正从目从矢，段氏之精思卓識殊可驚也。戴氏復進而睪之通斁通射，説亦可從，金文之亡睪即詩之無斁也。惟羅王逕以斁釋睪則有未安，當如戴説眣睪為斁也。金文作毛公鼎「肄皇亡睪」即無斁。静簋「静學無睪」譌从㕡。容氏金文編亦從羅王之説逕收作斁。卜辭眣為地名，辭云「侯其□戋睪」、拾十一・三。「壬寅卜𠃊侯弗戋睪」、前五・九・三。「癸卯卜雀宅睪亡禍」。戩四七・八。言宅眣者，蓋謂卜宅於睪也。金祥恆續文編四卷二葉上收作眣，其説未聞。按字與眣形絶遠，似非一字。【甲骨文字集釋第四】

◉姚孝遂 當隸定作睪，即説文眣字之初形。又説文瞚字，从目从寅，亦當是眣字之異，古矢與寅為同源字，每相混。今字則作瞬。又説文訓為「目搖」之眴，與瞚音義無别，實亦眣之孳乳字。然則眣、瞚、眴、瞬之初形均當作眣。其作睽者，為眣之繁體。在卜辭為方國名。【甲骨文字詁林第一册】

罬

◉何琳儀　《璽彙》〇〇九八著録一方齊系官璽，其文為：

□[釆阝]大夫鉨

首字《上海》五釋「墨」。案，古璽「墨」作「□」（《璽彙》五四七七），「黑」作「□」、「□」、「□」（《璽文》一〇·五）。其形體雖頗多變化，但表意部件「炎」的火點則不省。「□」恰恰無火點，故不能釋「黑」或「墨」。「□」之上方从「目」，《中山》「眂」作「□」（四七）、「睘」作「□」（六三），其所从之「目」形可資佐證。「□」之下方从「矢」，《璽彙》「医」作「□」（一〇八五）、「疾」作「□」（〇四六六），其所从之「矢」形可資佐證。然則此字應隸定為「[罒矢]」或「眣」。「眣」、「斁」音近。「眣」，審紐三等，古讀透紐；「斁」，喻紐四等，古讀定紐。「眣」、「斁」為端系雙聲，故金文中習見之「亡[罒矢]」均讀「無斁」，典籍或作「無䠶」。「斁」，春秋銅器欒書缶作「□」，戰國長沙帛書作「□」，其所从「[罒矢]」與璽文「□」形體尤近。

「[釆阝]」，原篆作「□」。其中「□」比習見的「□」多一贅筆，亦見「播」字偏旁：

□（《金文》一九四三）　□（《題銘》上·五一）

顯然將「□」的贅筆拉平即是「□」。《六書統》「蹯」作「□」，也保存有這一贅筆。「釆」、「番」本一字之分化，故璽文「[釆阝]」即「鄱」。

璽文「[罒矢][釆阝]」為地名，讀「嶧鄱」或「繹蕃」。「嶧」或作「繹」，魯邑名。《左傳》文公十二年「邾文公卜遷於繹」，注「繹，邾邑。魯國鄒縣北有繹山」。「鄱」或作「蕃」，亦魯邑名。《集韻》「鄱，縣名，在魯。或作蕃。」《水經》卷二十五泗水「漷水從東采注之」，注「漷水又經魯國鄒山東南而西南流，《春秋左傳》所謂嶧山也……京相璠曰，《地理志》嶧山在鄒縣北，繹邑之所依為名……漷水又西南逕蕃縣故城南。」案，酈道元時代「繹」和「蕃」都在漷水流域，相距甚近，戰國時代均屬魯境。【古璽雜識續　古文字研究第十九輯】

◉郭沫若　第一五九四片　□字象投网之形，殆即网之異文。【殷契粹編考釋】

◉黄錫全　㉔圁　鄭珍云：「夏注《古漢書》，此當注《古史書》，寫脱。《漢書・地理志》「上郡白土」下云圜水出西東入河。顔注圜音銀。又西河郡圜陰，莽曰方陰。顔注圜字本作圁，縣在圁水之陰，因以為名，王莽改為方陰，是當時已誤為圜。今有銀州銀水，即是舊名猶存，但字變耳。按圁从□言聲，宜有本義，圁水特借以為名，疑圁即圜之别字。」鄭又認為：「漢《志》作圜，《水經》作圁，一也。郭氏知漢《志》圜水圜陰本即圁字，故以圁為古文出《史書》，然實出《水經注》。」漢初「圁水」印本作圁，後改成圜字。王莽改為「方陰」是以反義字取代。戰國貨幣易應讀圁陽(詳北大學報1978.2P69)。【汗簡古文注釋卷三】

◉林清源　叔孫⿰木攴戈(邱集8241、嚴集7374)　本戈胡銘四字，云「弔(叔)孫⿰木攴戈」。第三字作「」，羅振玉隸定為「郱」(三代卷17目録)，羅福頤(代釋4598)從之，然此銘實从攴，朱聲，當隸定為「⿰木攴」。中山王譽壺「以⿰木戈不⿱巛心」，⿰木戈讀如誅。金文从攴，从戈習見互作之例，如「鬼」字盂鼎作「戜」，梁白戈作「鬾」。故本銘「⿰木攴」字，亦得與「⿰木戈」、「誅」通用，以表殺戮之意。齊戈屢見自名為「散戈」者，方言三：「散，殺也。」，散戈即殺戈(詳下文)，本銘「⿰木攴戈」當與之同意。本戈器主叔孫氏，乃魯之望族，嘗與平子、孟氏合攻魯昭公，詳史記孔子世家叔孫通列傳。【兩周青銅句兵銘文匯考】

◉張秉權　　　　⿱犬火京，地名。或單稱⿱犬火，例如：

貞：乎収在⿱犬火

貞：乎収在⿱犬火人？(續五・二四・一：簠人名七六)

⿱犬火亦作朱，從陳邦懷釋。陳邦福謂朱為株之省，即詩株林「胡為乎株林」之株林，毛傳：「株林夏氏邑也。」後漢郡國志陳縣注下云「陳有株邑蓋株裹之地」(見殷契説存P・七)。商承祚釋為主(見類編五)。如本版第(六)辭即作朱京，朱在東南田獵區内，與攸之鄙永相近。

辛丑王卜，在𩰫餗貞：令日步于⿱犬火亡𡿧？(前二・一七・三)

壬寅王卜，在⿱犬火貞：令日步于永亡𡿧？(金五四四十前二・一七・三)此係由董彦堂師所合，見殷曆譜下編卷九日譜三P・五七。

朱亦與良相近，如卜辭云：

丙辰(卜)，(行)貞：王其步(自)□于良亡？

丁巳卜，行貞：王其田亡？在良。

□□(卜)，行(貞)：(王)其步(𠂤)良于朱？(前二・二一・三；通七〇八)

缹

郭氏通纂考釋曰：

左傳昭十六年「晉侯會吴子于良」或即此良地，漢為良成，屬東海郡，在今江蘇徐海道，邳縣北六十里。（P・一五一）

春秋有郱國，古今人表下中，路史後記八，國名紀三並作朱。顧表以為是顓頊苗裔，在今山東鄒縣境。但史記陳杞世家正義，項羽本紀正義引括地志，太平寰宇記，元和郡縣志，路史國名紀等均認為郱在今湖北黄崗縣境，不過史記正義以為郱從黄州一徙於蘄（徐州），再遷於滕縣，又遷於鄒。路史則以為遷於今山東濟寧縣。而酈道元，王隱，劉昭等則以為楚宣王滅郱而遷其君於湖北黄岡。參閱陳槃庵先生春秋大事表列國爵姓存滅表譔異（中）集刊二十七本PP・三四一——三四二。從這些舊説來看，郱在歷史上的活動範圍，從湖北的黄岡一直到山東的鄒縣或濟寧，都可能有她的踪跡，而攸鄙的永（在今安徽永城，一説桐城）和良（在今江蘇邳縣）都在這一條路線之上，所以卜辭之朱或𠂢，很可能是春秋之郱所从來，而卜辭時代（即殷代）的朱（或𠂢）相當於後世的什麼地方？如果要求其能與卜辭中的材料相合，而又不背於舊説的，似乎以正義所説的蘄縣為最合適，張守節説：「蘄，徐州縣也。」元和郡縣志徐州無蘄县，而在宿州下説：

宿州，本徐州苻離縣也，元和四年……又以蘄縣北屬徐州，疆界闊遠，有詔割苻離，蘄縣及泗州之虹縣置宿州，取古宿國為名也。

又太平寰宇記河南道，宿州有蘄縣，並謂：

蘄縣本漢舊縣，屬沛郡，後漢屬沛國，有大澤鄉，陳涉起兵於此，宋於此置譙郡，齊以為北譙郡，後魏改蘄縣為蘄城縣，隋開皇三年城屬仁州，即今宿州蘄縣是也，大業二年屬徐州，八年屬譙，唐貞觀十七年復還徐州，元和中，又於埇㙦置立宿州，緣此邑北去徐州稍遠，因隸宿州，州廢復屬徐州，至太和又立宿州，因又來屬。

宿州蘄縣故治在今安徽宿縣，正在永城與邳縣之間。與卜辭相合，至於説：「郱俠居郱，至隱公徙蘄。」在時代上恐怕未必正確。

【殷虚文字丙編考釋】

◉王恩田　丘齊鄉中有里名，書作以下諸形：

1. [字形]季76・6　2. [字形]鄒3・45　3. [字形]季75・6　4. [字形]季39・9　5. [字形]季75・11　6. [字形]海

《舂録》入附録，《字徵》釋匋，《舂録》又據殘拓誤摹作[字形]，釋炤，並誤。李學勤釋烰可信。此字从火，从缶，即缹。《玉篇》：「缹，音缶，火熟也。」《廣韻》：「缹，蒸缹。」《集韻》：「缹，火熟之也。或作炰，亦書作烰。」

字形5、6火作四點，開隸書以四點表火之先河。

𤊾里是屬于丘齊鄉的。也有省去鄉名的，如「𤊾里乘」(匯3·644)，另有「上𤊾里」(匯3·642「上」字誤釋丘)，臨淄新出一品作「下𤊾里」，下字上邊有一點，為裝飾。都應是屬于丘齊鄉的。【齊國地名陶文考　考古與文物一九九六年第四期】

◉李孝定　新一一二二　从牛从士从三。說文所無。按當解云「三歲牛父也」。說詳前牪字條下。【甲骨文字集釋第二】

0643　說文所無玉篇敊散也　【古璽文編】

◉徐中舒　一期　乙七八一八　從二矢，《說文》所無。通雉，夷滅、傷害之義。【甲骨文字典卷五】

◉陳夢家　秬，卜辭作，上部是米，下部象大口西形酒器。唐蘭釋穳，讀為䆃，並從朱駿聲䆃稻一字之說。他的結論是穳是稻。說文「䆃，禾也，从禾道聲，司馬相如曰䆃一莖六穗。」這種穀物，在河北省中部稱為鷄爪穀，福建莆田凡多穗的小米叫作tai，即䆃。由此知䆃是禾(小米)的一種，不是稻。稻是水田作物，沒有渠水是不能種稻的。衹能種麥。安陽一帶若要種穀，必需引漳洹之水，而此種溝渠的興築似不甚古。詩和西周晚期金文已有「稻粱」，所以北方之有稻也不能遲於西周晚期。這個字的下半是厚字所從。我們今暫時定為秬字，其理由如下：1.厚與巨古音相近，2.秬和黍並卜於一辭，兩者當屬相近的穀物，3.卜辭祭祀用鬯，而秬是製鬯時不可缺少的主要原料，所以當時一定已經種秬了。殷代既有鬯，一定種植秬一類的作物，但這個字是否秬字，是不能肯定的。【殷墟卜辭綜述】

笈　𡉚

笈碧落文【汗簡】

◉黄錫全　笈碧落文　夏韻洽韻録作，今存碑文作，此形脱一畫，从石經古文及。及形變化見又部。【汗簡注釋卷二】

◉裘錫圭　𡉚田　賓組卜辭提到的農業生産方面的工作裏有「𡉚田」，如：

戊辰卜賓貞：令𠩵𡉚田于蓋。　前·23·7·6

癸卯(卜)賓貞：(令)卓𡉚田于京。　燕417

貞：勿令卓𡉚田。　合9475

戊子卜賓貞：令犬征族𡉚田于□。　人文281

又有「𡉚田」，如：

甲子卜𡆥：令曼𡉚田于□，由王事。　前7·3·2

癸□貞：□令曼𡉚(田)于米侯。十二月。　前6·14·6

□今日(令曼)𡉚田于米侯。十二月。　合3307

癸巳卜賓貞：令衆人□入□羊方□𡉚田。

貞：勿令衆人。　甲3510

歷組卜辭裏則有「𡉚田」，如：

癸亥貞：于翼𡉚(田)。

癸亥貞：王令多尹𡉚田于西，受禾。

癸亥貞：多尹弜(勿)作，受禾。

乙丑貞：王令𡉚田于京。

于……𡉚田。　人文2363

甲子貞：于下尸刞𡉚田。

(甲)子貞：于□方𡉚田。　粹1223

己巳：王□剛𡉚田□。　粹1221

甲戌貞：王令剛𡉚田于另。　屯南499

□王令□𡉚田(于)……。　粹1544

□卯貞。王令……𡉚田于京。　佚250

□[多]尹𡉚田于京□。　屯南102

□□貞。王令多□□羊𡉚田。　粹1222

又有「圣田」：

辛□貞：王令□圣田于□侯。　合33278

辛[□貞]：王[令□]圣田[于]……。　甲377

一般都認為上引各類卜辭裏的「田」上一字，是同一個字的異體，當可信。下文在没有必要區分字形時，統一用「呈」來代替它們。在三四期卜辭裏，也能看到跟農業有關的「𡌃」字：

弜𡌃弗受有年。　後下41·15

弜𡌃，弗受有[年]。　京津4495

有一條三四期卜辭説「里田」：

王弜令受爰(?)吏……田于童。　屯南650

「里」顯然是「𡌃」的省體。

對卜辭裏的「𡌃」字有很多種解釋(參看于省吾《甲骨文字釋林·釋圣》和上引張文)。我們認為就釋字而言，最值得注意的是饒宗頤先生的説法。他説：「卜辭或卜圣田……亦曰𡌃田……按𡌃字，从臼从用从土，疑讀為壅。説文『秄，壅禾也。』左昭元年傳杜注『壅苗為蓘』。此言𡌃田，即壅田也。」(《殷商貞卜人物通考》258頁)他以壅禾説卜辭呈田，不可信；但是讀「呈」、「𡌃」為「壅」，則是很有道理的。「𡌃」字所从的「用」決不可能是純粹的表意偏旁。有人説「用」象鏟形，這是毫無根據的。于省吾先生説「用」是「桶」的初文，似可信。但是他解釋「𡌃」字的字形時説「墾田時需要鏟高填低，故用桶以移土」(《甲骨文字釋林》226頁)，就不够合理了。因為以人力移土，決不會使用笨重的木桶。「𡌃」字所从的「用」，性質跟甲骨文置字所从的之相類，多少有點象征兩手所持之器的味道，但主要是當作聲旁用的(關於甲骨文「置」字，參看拙文《甲骨文中的幾種樂器名稱——釋庸、豐、鞀》，《中華文史論叢》69頁、77頁注⑧)。「𡉚」加「用」聲而作「⿱𡉚用」，跟「藉」的表意初文加「昔」聲而作「耤」(《金文編》231頁)同例。上引《屯南》650「⿱𡉚用」字省作「𡉚」，成為从「土」「用」聲之字，跟「耤」字省作「藉」同例。此字既然从「用」聲，當然就以釋作「壅」為宜了。

張政烺先生把「𡉚」字釋作「裒」，我們没有采用。但是他對「裒田」內容的解釋很有啟發性，有一部分可以移作對「壅田」的解釋。張先生說：「卜辭裒田究竟包含一些什麽内容是一個大問題。從上面引用的一些材料看，下命令是在夏至、冬至，必是為了攻木殺草，以此開端，接着便是以水火變化，然後再轉到平整土地，裒田這個詞應當是從這後一步來的。裒田就是造新田。整地的工作很不簡單，首先是刨地，扒高墊低，使之平坦，然後再打壟。」(張文101頁)「壅田」是否一定包括攻殺草木，我們不敢肯定。至于平整土地和打壟等工作，無疑是「壅田」的主要內容。

古代稱在植物根部培土為壅。《説文》「秄，壅禾本」，《段注》：「壅俗作壅。」《文選》卷五十二魏曹元首(冏)《六代論》「壅之以黑墳」，則指給樹根培土。又「雍」、「壅」、「擁」古並通，「雍」或「擁」可訓為「聚」。《漢書・楊雄傳上》「擁神休」，顔注：「擁，聚也……雍讀曰擁。」結合甲骨文「壅」字表意初文「𡉚」、「𡉚」的字形來看，「壅」的本義當為「聚土」。「雍」或「壅」又可訓為填塞(《淮南子・主術》：「業貫萬世而不壅」，注：「壅，塞也。」《漢書・天文志》：「土……與水合為雍沮」，顔注引晉灼曰：「一曰：雍，填也」)，訓為障蔽(《廣雅・釋詁一》：「壅，障也。」《詩・小雅・無將大車》：「維塵雍兮」，鄭箋：「雍猶蔽也」)。這些都可以看作由「聚土」引申出來的意義。所以把壅田釋為去高填窪、平整土地和修渠田壟等工作，從「壅」字的形義來看是合理的。

《周禮》所記的雍氏這個官，跟壅田大概也是有關的。《周禮・秋官》：「雍氏掌溝瀆澮池之禁，凡害于國稼者。春令為阱護溝瀆之利于民者，秋令塞阱杜護。」鄭注：「害于國稼，謂水潦及禽獸也。」又《秋官・序官》「雍氏」下鄭注：「雍，謂堤防止水者也。」築堤防防止水潦侵入田地，以及修溝瀆排除田地的水潦，大概也是包括在商代的「壅田」工作的範圍裏的。前面説過，殷人很重視隰田。對于低下潮濕的隰田來説，防水和排水工程是十分重要的。

上引歷組卜辭壅田之「壅」或作其它形，可能就象填土于低窪之處或修築堤防、田壟之形。

從壅田的内容來看，這項工作既可以是為開生荒或耕擢荒地而進行的(當然要在柞、芟等工作之後)。在比較原始的農業生産中，開荒或耕擢荒地時，一般對土地不會費大力整理，大概多數采用不作疆畎的「縵田」的形式(參看張文104頁)。從殷人很注重壅田工作來看，當時開荒和耕擢荒地的方法應該已經有了很大進步，種縵田的情況大概已經不會很多了。【甲骨文所見的商代農業　殷都學刊一九八五年二月增刊】

◉朱歧祥　𡉚、𡉚——𡉚

[glyph]，从雙手持土，有用力於土，開墾荒田之意。隸作[glyph]，即墾字。卜辭用作動詞，習言「[glyph]田」，即墾田。字復增从用作[glyph]；用，此象犁耕器。卜辭常見「[glyph]田于某地」，辭例與[glyph]字的用法全同。

〈人2363〉癸亥貞：王令多尹[glyph]田于西，受禾？

乙丑貞：王令[glyph]田于京？

〈前7·3·2〉甲子卜，[glyph]貞：令[glyph][glyph]田于☒方？【甲骨學論叢】

[glyph] 4·153　偖事　説文所無字彙義同撦【古陶文字徵】

◉戴家祥　[glyph]和父丁尊　和作父丁尊彝　[glyph]字从禾、从仜，字書所無，以聲類審之，字當釋梥。仜巩俱从工聲，唐韻巩讀「居悚切」，見母東部，仜讀「胡東切」，匣母東部。古代牙音見溪兩紐每與喉音曉匣混諧，知从仜表音者，等於从巩表音，玉篇一九四「梥，稱也」。音「巨恭切」，廣韻上平三鍾音「巨隴切」，集韻「巨容切」，並讀羣母東部。【金文大字典中】

◉何琳儀　燕國陶文一習見字，在《陶彙》計有六式：

a. [glyph] 4·16　b. [glyph] 4·12

c. [glyph] 4·2　d. [glyph] 4·6

e. [glyph] 4·3　f. [glyph] 4·7

比較a、b、c、d四式，其右上方加點或加短横，或無點，可見點或短横僅是裝飾筆畫。比較a與c、d、e各式，可見豎筆上短横可有可無，也是裝飾筆畫。e式右旁筆畫錯位，應屬譌變。f式無「人」旁，該文「湯」無「水」旁，似均脱筆。然則此字右旁本應作「來」，參金文「釐」，漢印「萊」等字所从「來」旁（「[glyph]」或从「來」聲）：

[glyph]芮伯壺　[glyph]《漢徵》補遺1·5

這類收縮筆畫的現象，筆者曾有論述。何琳儀《戰國文字通論》216。舊釋「[glyph]」為「來」，丁佛言《説文古籀補補》5·10。可信。至於

「俫」偶而作「來」也與典籍吻合。檢《詩・大雅・常武》「徐方既來」，《漢書・景武昭宣元成功臣表》引「來」作「俫」，注：「俫，古來字。」

《陶彙》有關「俫」的資料如下：

左陶尹舊疋器瑞，左陶來昜，毁國，左陶工敢。　4・7

左陶尹舊疋器瑞，左陶俫湯，毁國，左陶工□。　4・31

左陶尹舊□□□，左陶俫……　4・25

左陶尹舊疋器瑞，俫湯，毁國。　4・21

廿二年正月，左陶尹，左陶俫湯，毁國，左陶工敢。　4・1

廿二年□月，左陶尹，左陶俫湯，毁國。　4・14

廿□年三月，左□□，左陶俫湯，毁國。　4・17

□二年十一月，左陶尹，□陶俫湯，毁國。　4・30

左陶俫湯，毁國。　4・27

廿一年八月，右陶尹，俫疾，毁貳，右陶工湯。　4・2

廿一年八月，右□□，俫疾，毁□。　4・12

廿一年……俫疾，毁貳。　4・4

十六年四月，右陶尹，俫敢，毁貳，右陶工徒。　4・6

□六年四月，右陶尹，俫敢，毁貳，右陶工徒。　4・9

十八年十二月，右陶尹，俫敢，毁貳。　4・3

十九年二月，右陶尹，俫敢，毁貳。　4・31

十七年八月，右陶尹，俫看，毁貳。　4・15

十七年十月，左陶尹，左陶俫畄，毁室。　4・16

廿二年八月，……俫……　4・5

來疚。　3・830

從中不難看出，「倈」和「𣪕」是兩級職官，隸屬于「尹」。「𣪕」，原篆作「𢼸」，或讀「廏」。朱德熙《戰國陶文和璽印文字中的者字》，《古文字研究》1·20；何琳儀《古璽雜識》，《遼海文物學刊》1986·2。近或改讀「軌」，孫敬明《齊陶新探》，《古文字研究》14·227。可從。檢《國語·齊語》「管子于是制國，五家為軌，軌為之長，十軌為里，里有司」，《管子·小匡》「五家為軌，軌有長，十軌為里，里有司」，在齊國陶文中「里」確實在「𣪕」（軌）前：

華門陳棱參左里𣪕亳豆。　3·7

王孫陳棱再左里𣪕亳區。　3·12

王孫□這左里𣪕亳釜。　3·16

𤸰都陳得再左里𣪕亳區。　3·26

昌櫅陳固南左里𣪕亳區。　3·27

昌櫅陳固北左里𣪕亳豆。　3·38

平門内□賫左里𣪕亳□。　3·34

誾陳賫參立事左里𣪕亳區。　3·35

凡此與上引文獻「十軌為里」的兩級行政單位吻合，但也有「里」在「𣪕」後者。

王卒左𣪕，城陽櫨里土。　3·498

王卒左𣪕，城陽櫨里𡧑。　3·500

王卒左𣪕，昌里攴。　3·506

這類「王卒𣪕」可能是直接隸屬王室的「軌」，地位較高並帶有軍事性質，李學勤《齊語與小匡》，《清華大學學報》1986·2。故在「里」前。

燕國典章制度深受齊國影響，齊國陶文有「里」、「軌」制度，燕國也應有之。上揭燕陶文「𣪕」前的「倈」或「來」，疑即「里」。「來」、「里」雙聲疊韻，典籍每多通假。《書·湯誓》「予其大賚汝」，《史記·殷本紀》作「于其大里女」。《詩·周頌·思文》「貽我來牟」，《漢書·劉向傳》引「來」作「釐」。《左·昭廿四年》「杞伯郁釐卒」，《釋文》「釐」作「釐」。《汗簡》引《古尚書》「貍」作「猍」等，均其確證。

燕國陶文「倈」即齊國陶文「里」，可能方言所致。齊，燕陶文均有「里」、「軌」制度，這無疑是研究戰國鄉里制度的絕好資料。

順便說明上揭陶文中人名「敢」和「貮」。

俿　恷

「敢」,原篆作「□」,顛倒其偏旁位置即可與「敢」字比較:

□ 温縣盟書　□《陶彙》3・1351

這類陶文「敢」均為「工」名,「工」原篆作「□」,與「□」偏旁結構相同,應是燕文字特點之一。此字或釋「鼓」。檢《陶彙》4・34「鼓」作「□」,與「敢」有別。

「戜」,見下列戰國文字:

a. 倈疾,殷□。《陶彙》4・4

b. 蒦陽陶里人□。《陶彙》3・217

c. 夏□。《璽彙》2724

d. 十三年正月,豫左乘馬大夫子駿□。《河北》144

e. 不(無)降(窮)拜余子之□⿰金寸。「⿰金寸」據新出不降戈銘補。《奇觚》10・38

此字若與下列晚周文字比較:

□ 郘大叔斧　□《璽彙》735

唯多一「口」形(與「弋」共用横筆)。古文字「口」往往是裝飾部件,故「戠」即「戜」。

a、b、c均為人名可以不論。d、e之「戜」讀「督」。「弋」、「尗」本一字之分化。何琳儀《長沙銅量銘文補釋》、《江漢考古》1988・4。《説文》:「忒,惕也。《春秋國語》曰,于其心忒然。」今本《國語・吴語》作「于其心戚然」。注「戚猶惕也」。是其佐證。所謂「戜⿰金寸」即「督鑄」,《後漢書・第五倫傳》「乃署倫為督鑄錢椽」。【古陶雜識　考古與文物一九九二年第四期】

◉湯餘惠　□　95恷。恷(⿰忄休),休本麻蔭字,金文作□、□,木上斜倚人旁一側以示麻蔭之義。古璽作□、□、□等形,形肖从禾,而實為木之變體。簡文下从心,古⿰忄休字,見《廣韻》。【包山楚簡讀後記　考古與文物一九九三年第二期】

□ 布尖　膚俿　晉高　按俿字省體即漢建初銅尺銘文之□□之俿　説另見膚字條　□ 布尖　膚俿　晉原　□ 仝上　京朝　□ 仝上

晉原　□ 布尖　膚俿　晉原　□ 仝上　晉高　□ 布尖　膚俿㸤反書　晉高　□ 布方　膚俿　晉高　□ 仝上　反書　晉原

偃偃偃

□布方　膚俿　晉原　□布尖　膚俿斗反書　晉朔　□布尖　膚俿　亞三・九　□仝上　倒書　亞三・一〇　□仝上

□布尖　膚俿　典四四九　□仝上　典四五〇　□仝上　倒書典三九九　□布方　膚俿　史第七圖　【古幣文編】

◉李孝定　□从土从偁，說文所無。魯氏以為塞字音雖相近而形則相遠。卜辭每云「在某地名偃」「乍偃」亦無以證其必為塞字，今仍就其字形隸定作偃，以為說文所無字。【甲骨文字集釋第十三】

◉温少峰　袁庭棟　甲文有□字，可隸定為「偃」，郭老《卜辭通纂》讀為「塞」，可从。國之邊阨曰塞，故《廣韻》訓：「塞，邊界也。」《禮記・月令》：孟冬之月，「備邊境，完要塞」。卜辭有「作偃」之辭：

(117)　其乍(作)偃(塞)于□否？　（《甲》四二七）

(118)〔其乍〕偃(塞)于丝(兹)丘？王……　（《粹》一二〇〇）

(119)　王其乍(作)偃(塞)于旅邑，〔其〕受又(祐)？　（《後》下四・八）

(120)　……其乍(作)王偃(塞)于丝(兹)彳亍……　（《寧》二・一一三）

以上數辭，均為「作塞」之辭。(118)辭記「作塞」於丘，乃是設要塞於山丘險阨之處，《易・坎・彖辭》：「王公設險，以守其國。險之時，用大矣哉。」此辭應是我國古代軍事工程學的重要史料。(119)辭又記「作塞于旅邑」，亦是修要塞於軍旅駐守之邑。此辭之「旅」，當是《說文》所謂「軍五百人為旅」之義，指軍旅。(120)辭之「彳亍」从人在行中，象人在道中行走，當是「行」之繁文。《甲骨文字集釋》釋為「行」，可从。「行」字作為動詞，訓「行走」，訓「道路」。此辭記「作塞于兹行」，即修建要塞於交通要道之上，當然，這是「守國」的重要措施之一。以上三辭記「作塞」于丘，于旅邑，于道路，正可證讀「偃」為「塞」之不誤，亦可知殷人設置要塞地點之選擇是頗費苦心的。【殷墟卜辭研究——科學技術篇】

◉考古所　偃，郭沫若釋為城塞之塞（卜通别一・十）。有時此字置於先祖廟號之後，如南明四二八：「其□祖辛偃」，「其□父甲偃」，故亦屬先祖寢廟之類。【小屯南地甲骨】

◉葉玉森　□　商承祚氏釋偃。類編第十三第六葉。郭沫若氏謂以聲求之當為塞壘之塞。甲骨文字研究釋作。森按。偃在本辭為國名。或地名。曰。「御俘偃于母觀」。即言獲偃之俘御祭以告于母之觀也。經故訓觀為闕。殷時或為廟之異稱。曰。「于母觀」。猶言「于太甲室」。甲骨文字二第一葉之三。「于母辛家」。卷一第三十葉之七。「于上甲家」。拾遺第一葉之七。室與家亦廟之異

倕　㑭　俯

稱也。【殷墟書契前編集釋卷六】

倕 4・17　左匋倕湯敀□　説文所無玉篇倕重也　**倕** 4・1　左匋倕湯敀⿱　**倕** 4・115　倕⿴　**倕** 4・5　倕疾⿴□　**倕** 4・3　倕敢敀戠　**倕** 秦1400　成亭東里倕器　【古陶文字徵】

◉丁福保　人部倕是推切。黄帝時巧人名也。淮南説山訓注。倕堯之巧工也。山海經注同。古巧人多名倕。猶善射者多名羿也。説文無。倕字。虞書作垂。【説文解字詁林後編】

◉余永梁　㑭(後編卷下二十葉)　戩壽堂所藏殷虚文字第二十三葉,牝牡連文,牝字作㸦,知此字从隹匕。以牝麀等字例之,與雌同意。卜辭文曰:「叀㑭」,與「叀牡」,「叀牝」,文例正同。説文:「雌,鳥母也。从隹,此聲。」此字古音在支部,匕字古音在脂部,聲類不通。然説文从比聲之字,如妣,祉,等字,古金文多从匕,鄦侯敦妣字从比,卜辭妣字作匕。則㑭字後或作雌,比此形近致譌,而音讀遂異矣。【殷虚文字考　國學論叢一卷一期】

◉李孝定　㑭　从隹从匕不从此。卜辭此作𣥠。余説非字。所从匕與金文雁字所从之匕若匕亦不類。丁説亦待商。仍當隸定為㑭。説文所無。與祖妣字所从之匕亦不類。【甲骨文字集釋第四】

俯　俯　説文作頫或作俛徐鉉以為今俗作俯非是然禮記曲禮吕覽季秋有之伯要俯簋【金文編】

◉高田忠周　俯　古籀補亦引云。沈樹鏞釋作府。説文。府　文書藏也。从广付聲。今審此篆形。付已為付字。付為倒形。然則作府又再从人。此增緐耳。凡作二重作三重。籀文恆例。亦所不異。或謂府而从人即俯字。然俯為頫俗字。斷非。府元文書之藏。轉為凡收藏處。周禮天府玉府大府内府外府皆是也。又轉為官府。百官所聚也。【古籀篇七十三】

◉林潔明　容庚云。「俯説文作頫或作俛。徐鉉以為今俗字。非是」。按説文。「頫低頭也。从頁逃省。太史卜書頫仰字如此。俛頫或从人免」。段注。「廣韻。俛亡辨切。俯俛也。玉篇人部。『俛無辨切。俯俛也』。此皆俛之正音。毛詩黽勉。李善引皆作僶俛。勉與俛同音。故古假為勉字。古無讀俛如府音者也」。頫音同俛。按頫俛上古音當在元部。miwdn(據周法高師擬音)。府音在侯部pjew。聲紐雖同為脣音。然m與p絕少有互諧。且韻亦大異。二音相隔甚遠。疑古俛俯二字有別。義同音異。非一字之正俗體也。金文俯用為人名。義無可徵。【金文詁林卷十】

◉張亞初 [古文字](綜類四四三頁) 此字从𠂤从攴,可隸定為敀。曾伯文𣪘有此字,作[古文字]。根據偏旁攴與扌手相通,此字也可隸定為拍。在古文字中,从𠂤旁的字,後世往往亦从追。例如,集韻平聲灰韻𥐟作磓、詯作䜃、𩚵作䭔、𡛷作媿。古璽之𩉬,也有考釋為䩥的(古璽文編六三頁)。𠂤、追音同字通,所以拍也就是搥擊之搥。敀字字形正作搥擊之形。搥字文獻也假作追。周禮天官冢宰下屬有追師。序官注云:「追,治玉之名」,音丁回反。追師即搥師,應作敀師,本是治玉之官,後兼管服飾,「掌王后之首服」。【古文字分類考釋論稿　古文字研究第十七輯】

◉孫海波 [古文字] 乙五二八六　从攴从𠂤。說文所無。人名。婦敀𡳿子。【甲骨文編卷二】

[古文字] 林巳奈夫(1964)釋岆　山陵備—(乙5—10)非九天之大—(乙6—2)【長沙子彈庫帛書文字編】

◉曾憲通 [古文字] 山陵備岆甲五・一〇 [古文字] 非九天則大岆甲六・二六　選堂先生謂岆借為侐,从夭从大與从人同意。《說文》:「侐,靜也。」「山陵備岆」,言陵谷盡安謐(靜)也。「非九天則大岆」,謂能配九天而行,則可大安謐(寧)也。可見岆有安靜寧謐之意。朱德熙先生謂備岆讀為崩弛,「山陵崩弛」為古人常語。【長沙楚帛書文字編】

◉顧廷龍 [古文字]㣽。說文所無。按集韻。㣽音航。玉篇。㣽悅也。周東酷里曰㣽。[古文字]周楚城遷萳里㣽。【古匋文孴録卷十】

◉商承祚 [古文字] 𧗝字从行从止。當是行止之止之專字。如步武甲骨文作𧗝衛也。【逭𧗝鼎　十二家吉金圖録】

◉張日昇 [古文字] 字从行从止。說文所無。商承祚謂行止之專字。其說可從。高田忠周謂乃街之初文。蓋揣測之辭。未可信也。【金文詁林卷二】

徣 徣　衛　律

◉楊樹達 班段 班段 徣城衛父身 章伯段 徣伐淖黑 魚鼎匕 曰徣又蚰人 蓋 器 臣辰卣 臣辰尊 徣饔莽京年 班段 唯民亡徣才 蓋 器 令彝 徣令舍三事命 蓋 器 令彝 令方尊 公命徣同卿事寮 徣觶 徣作乎寶尊彝

徣字不知為何字。審銘文詞義，用於兩事之間，與經傳遂字相近。桓公八年春秋經曰：「祭公來遂逆王后于紀。」穀梁傳曰：「遂，繼事之辭也。」僖公四年春秋經曰：「公會齊侯、宋公、陳侯、衛侯、鄭伯、許男、曹伯侵蔡。蔡潰，遂伐楚。」杜注曰：「遂，兩事之辭。」定公八年春秋經曰：「晉士鞅帥師侵鄭，遂侵衛。」杜注曰：「兩事，故曰遂。」銘文云「王伐逨魚，徣伐淖黑」，與春秋經語例相同。而與定公八年「晉士鞅侵鄭遂侵衛」之文尤相類似。徣為遂字之義，蓋無可疑。尋甲文出字或作後編下貳玖葉，與徣字右旁所从之形正同。然則當為𢓜字，出豖古音相近，出古音在没部，豖从㒸聲在微部，微没二部為平入。用為經傳之遂字也。集古遺文捌卷肆叁下載辰父癸盉云：「隹王大龠于成周。」按龠于宗周與饔莽京，亦兩事也。文以字綰之。此即章白馭段之徣，顯白無疑，筆劃有繁簡為異耳。羅振玉於前器釋徣，於此器釋𢓜，是不知二文為一字也。吳闓生釋二字為造，知二文為一字矣。然造字於形既乖，於義又不合也。廣韻六至云：「出，尺類切。」説文示部「祟」：「从示出」實从出聲。音雖遂切，與遂音近也。【章白馭段再跋　積微居金文説】

◉唐　蘭　疑徣字，羅釋𢓜，非也。卜辭告作，出作或，頗有殊。上文告作，此與之異者，古器銘每同字異構也。徣讀如造。《孟子》云：「造攻自牧宮。」《廣雅·釋詁》：「造，始也。」造命，始命也。公命矢始為同僚以佐己也。《詩·板》云：「及爾同僚。」【及作册令彝銘文考　唐蘭先生金文論集】

◉徐中舒　一期　前六·二三·五　一期　前六·二三·六

從行從牛，《説文》所無。又有從羊從豕之、，疑皆為一字之異形，象家畜行於通衢之上，而其初義不明。人名。【甲骨文字典卷二】

◉李孝定　契文自有衛字，此當隸定作律。

从彳从止从夊，説文所無。董彦堂先生曰：「律疑同衛，从兩止相背立於道上，即守衛之義。作者衛之緐文。」【甲骨文字集釋第二】

◉劉以剛　甲骨文中有：見圖1、圖2兩字。《甲骨文編》附録上，804頁。前一字，郭沫若釋「般」，郭沫若《殷契粹編》，643頁。從字形看，二字都象一人持楫操舟渡河，當是「航」字初文（為了減少刻字，以下甲骨文以「航」代表）。

圖1　圖2

《説文》無「航」字。方部「斻」字説解為：「方舟也。从方，亢聲。」《後漢書·李南傳》：「向度宛陵浦里斻。」《後漢書·杜篤傳》：「造舟于渭，北斻涇流。」「斻」就是「航」。因為許慎在《説文解字》中只收列了「斻」字，所以後世説文諸家，都把「斻」作正字，而把「航」作俗字。其實，「航」字早在甲骨文時代就已經出現了，「斻」只是「航」的異體。

用六書來分析，航从舟，从亢，亢亦聲。是會意兼形聲字。《説文》：「亢，人頸也。从大省，象頸脈形。」《説文》在大字下説解為：「天大、地大、人亦大，故大象人形。」古文字大象一個正面人形。大、人表意往往相同。甲骨文「航」字，下面是舟，舟上載人，正是从舟、从大持楫形。郭老釋為「般」，與意義比較接近。但是甲骨文、金文「般」字另有其字，都从舟从攴，到篆文才訛變成殳，與「航」字形體並不相同。

《説文》中以舟為意符與渡水有關的字有「船」、「舫」等十六個，用方作意符的，僅「斻」一字。但「方」與「舟」本可相通，从「方」與从「舟」同義。《説文》：「方，併船也。」段玉裁《説文解字注》：「併航者，並兩船為一。」其實，上古之時，先民刳木為舟。《周易·繫辭》：「刳木為舟，剡木為楫，舟楫之利，以濟不通。」後來生產力發展了，才拼木板造舟。「併船」，不一定是「並兩船為一」船，而是由刳木為舟，發展到用木板造舟。這正是生產力發展引起交通工具進步在文字上的反映。

「航」用作名詞當船講。《方言》九：「自關而東，舟或謂之航。」《玉篇》：「航，船也。」《廣韻》：「航，船也。」《後漢書·張衡傳》：「譬臨河而無航。」注：「航，船也。」《文選》張衡《思玄賦》：「譬臨河而無航。」舊注：「航，船也。」《文選》左思《吴都賦》：「長鯨吞航。」舊注：「航，船之别名。」又「泛舟航于彭蠡。」注：「航，船别名。」

兩舟相連也謂之航。《集韻》：「航，方舟也。」《説文》：「方，併船也。象兩舟省總頭形。」《淮南子·氾論》：「乃為窬木方版以為舟航。」注：「舟相連謂航也。」《淮南子·主術》：「大者以為舟航柱樑。」注：「方兩小船並與共濟為航。」

「航」用作動詞當乘船過渡講。《王褒·靈壇碑文》：「桓譚作論，明弱水之難航。」航作渡講。《後漢書·李南傳》注：「斻，以舟濟水也。」又《杜篤傳》注：「斻，舟度也。」

「航」字在經傳中也通作杭。《正字通》：「航，通作杭。」《廣雅·釋詁二》：「杭，渡也。」《詩·衛風·河廣》：「誰謂河廣？一葦杭之。」傳：「杭，渡也。」《楚辭·九章·惜誦》：「魂中道而無杭。」注：「杭，度也。」《史記·司馬相如傳》：「蓋周躍魚隕杭。」

索引：「杭，舟也。」《漢書・司馬相如傳》集解引應劭説解略同。

《説文》無「杭」字。段玉裁《説文解字注》在「抗」字下説「杭」「乃斻之譌變。」從字形結構上看，「杭」是一個會意兼形聲字。从木，从亢，亢亦聲，表人坐獨木舟渡河之意。從聲音上看，杭，航，斻讀音相同。所以三字本是一字異體。

下面一些甲骨文例子，如果釋航，是可以讀通的：

(1)庚午卜，㠯貞，弜(比)衣航河亡若。十月。(人三二二〇)

十月庚午這天，貞人㠯卜問，臨近衣地乘舟渡河没有災禍吧？

(2) 乙酉卜，王……航見……。(粹一一七三)

乙酉這天卜問，王到見地去嗎？

(3) 甲戌卜，佐貞，方其航于東。九月。(粹一一七二)

九月甲戌這天，貞人佐卜問，方人在東渡河嗎？

(4) 壬子卜，王貞，羌其航于東。(粹一二九四)

壬子這天王卜問，羌在東邊渡河嗎？

(5) 壬子卜，王[貞]，羌不航于[東]。(粹一二九四)

壬子這天王卜問，羌不在東渡河嗎？【釋航　語言研究一九八六年第一期】

䢔

◉戴家祥  矢令段　用饗王逆䢔　䢔，从辵舟聲。説文及其他字書均未載。郭沫若于兩周金文辭大系讀造。按説文造从辵告聲，古文作艁，更旁从舟，而告聲不變。䢔字从辵，舟聲。字當讀受。唐韻舟讀「職流切」，照母幽部。受讀「殖酉切」，禪母幽部。逆受詞義相因，周官天官小宰「以逆邦國都鄙官府之治」，鄭玄注「逆，迎受之」。又宰夫「以待賓客之令，諸臣之復，萬民之逆」，鄭衆注「逆，迎受王命者」。儀禮聘禮「衆介皆逆命不辭」，鄭玄注「逆猶受也」。受之初文象兩手授舟，舟亦聲。段銘所以从辵者，涉上文逆字而更旁者也。郭氏不審形聲，不顧遽讀為造，何其疏也。【金文大字典下】

◉邨　笛　□　此字見于《屯南》四二八一。該片卜辭的内容為：

其□于盧，王弗每？

字從雙手，從□，□為网。字的結構象雙手張网，可隸定為𠬪。卜辭有□字，從□從魚，可隸定為𩸞。□與□之右旁□應為一字。𠬪與𩸞用法相同，如《粹》一三○九「其𩸞」，《粹》一五六五「弜𩸞」，文例與《屯南》四二八一完全一樣，其義也應相同，故𩸞、𠬪應為一字，𠬪為省形，𩸞為繁體。

關于𩸞，郭沫若認為：「𩸞象兩手張网以捕魚之形，當即漁字之異。」（《粹》六八二頁，一三○九片釋文）此説于字義是正確的，但是否簡單為漁之異，則似有可商。

𩸞從字的結構看，當為會意兼形聲字。𠬪是形符，魚是聲符，故有時可省去聲符魚，只寫作𠬪。因此，𩸞不能簡單地視為漁之異構。漁，《説文》：「捕魚也。」乃泛指捕魚。而捕魚的方法有多種，張网捕魚只是其中的一種，故漁、𩸞在意義上並不完全等同。

另，金文中有□字，見于頌鼎，其辭為：「祈匃康□。」亦見于頌壺、頌簋、丰鼎。該字所從之□即卜辭之□，都象兩手張網。□可隸定為𧇾，從𠬪從虍，虍亦聲，也是會意兼形聲字。

關于𧇾，不少人有過考釋。阮元、吴大澂、林義光等釋虔；高田忠周釋𧇼；徐中舒釋𤔲，即𡧍。以上諸釋似皆不確，惟高鴻晉云：□即甲文□之變，原從二手舉網捕魚，魚亦聲。乃漁之初形。此從二手舉網，虎省聲。魚聲、虎聲古同，故知為漁之變（頌器考釋，載師大學報四期，一九五九年）。高將卜辭之□與金文之□看成一脈相承，是十分可貴的。虍、魚古韻同。故𧇾為從𠬪從虍，虍為聲。同時虍與娱古韻也同，故「祈匃康𧇾」當釋「祈匃康娱」。娱，《説文》：「樂也。」《詩》「聊可以娱」，傳：「娱，樂也。」故𩸞、𧇾實是同一個字，𧇾為𩸞之變體。

由以上所論可知，□應隸定為𠬪，為𩸞（𧇾）之省形，乃張網捕魚之義。　【卜辭考釋數則　古文字研究第六輯】

◉徐中舒　□從□爪從由，象手持鬼頭之形。《説文》所無。疑為進獻敵國之首之祭，參見本部由字説解。　【甲骨文字典卷九】

脨 䏦 䏭 胉

◉曾憲通 脨不遑 丙八·三 此字从月束聲，李零釋脨。按脨當讀為餗。金文餗字羅振玉以為是後世師所至曰次的專字。餗為本字，次則假借。《左傳·莊公三年》：「凡師，一宿為舍，再宿為信，過信曰次。」因而師止之處亦曰次。帛文「脨不遑」即「次不復」，言師滯留某地不返也，乃凶兆。朱德熙先生謂脨即膌字，病也。「脨不遑」即軍隊要發生疾病，回不來。【長沙楚帛書文字編】

3·748 䏦公 說文所無類篇䏦縣名在東萊 【古陶文字徵】

◉高田忠周 䏭 䏭 說文所無 㜏䏭鼎 〈0369〉「眉䏭一升半」(器)

劉[心源]亦釋䏭而無說為䜭。此从肉从朱。甚明顯者。而字書未收。此古字逸文也。但其从肉朱聲無疑。此器吳大澂謂為周器。劉以為漢物。今依篆形。當為秦物。即知䏭字亦為秦文。非最古字也。推文義。㜏䏭或媚姝叚借。亦婦官之偁。而記傳無徵。不敢肊說。【古籀篇四十一】

◉温少峰 袁庭棟 「□」字舊不釋。按此字从自从肉，會鼻中長肉之意。可隸定為胉，亦即䐹之初文。《方言》：「䐹，腮也。」注：「謂息肉也。」《集韻》：「䐹，魚器切，音劓，腮肉。」此辭大意為：婦好(殷王武丁之配偶)鼻中長出了息肉，是疾病嗎？至今醫學仍稱突出于粘膜表面的增生組織團塊為「息肉」，鼻息肉在中醫又稱為「鼻痔」，西醫又稱「鼻蕈」，堵塞鼻腔，妨礙呼吸，且常伴發鼻炎或鼻竇炎。(63)辭為武丁時卜辭，乃是世界上關於鼻息肉這一病例的最早記録，加之患者身份明確，故而甚可寶貴。

卜辭中又有□，或作□、□，或作□，疑當為一字，象鼻涕不止之形，或鼻中出血之形，乃鼻炎、鼻竇炎、鼻咽癌或鼻衄等病之症狀。惜此字在卜辭中或為殘辭(如《佚》四三〇；《前》五·二八·一；《乙》三二八一)，或用為人名(如《續》六·九·四)故未得確詁，當待進一步研究。【殷墟卜辭研究——科學技術篇】

◉饒宗頤 綴合編三三一片云：「丁生某月，胶。」與「生某月入」語例同。胶乃動詞，為祭名。廣韻有胶字，云：「聲也。」音爻，即此。胶訓「聲」，應讀為詨。集韻五爻：詨與謼呼等同，「吴人謂叫呼為詨。」爾雅釋言：「祈，叫也。」郭注：「祈祭者，叫呼而請事。」是「之七月胶」，即謂王於此七月祈祭呼叫也。【殷代貞卜人物通考】

◉方濬益 䀡 說文所無 伯䀡爵 〈1823〉「白伯䀡乍寶彝」

說文。卟。卜以問疑也。从口卜。讀與稽同。書云。卟疑。又同部占下云。視兆問也。从卜从口。二字偏旁所从並同。而占之義為視。兆問與卟之卜以問疑並通。此文从占从日。古文日與目同。目主視。與占義亦相合。故又疑為占之異文。【綴遺齋彝器款識考釋卷二十二】

◉劉心源 （伯䀡爵）䀡字無考。攈古録一之三釋稽。蓋吕為卟字也。俗作乩。【奇觚室吉金文述卷七】

◉林潔明 䀡字說文所無。金文用為人名。義不可知。方濬益劉心源二氏並以為卟字異文。並皆無據。闕疑。【金文詁林卷九】

◉戴家祥 中山王𰯼鼎 鄽君子𠑇觀弇夫猾 字从犬吾聲，當讀作牾，牾者逆也。「觀叡，深明也，智也弇蓋也夫介詞，例同離騷「謇吾法夫前脩兮」猾牾」，即是說聰明受到蒙蔽在於忤逆不道。【金文大字典中】

3·190 蒦圆匋里人狽 說文所無集韻狽獸也狼屬也 【古陶文字徵】

狽 說文所無玉篇有之狽簋 【金文編】

◉李孝定 粹一五五二 字从犬尾著貝。當隸定作狽。从犬貝聲。雷浚說文外編卷十四云。「說文無狽字。或以足部䟺字當之。浚案。後漢書任光傳。『狼貝不知所向』。祇作貝。」玉篇犬部有狽字。解云。「布蓋切。狼狽也。」今契文已有之。許書蓋偶失收。或本有之。轉寫敓佚耳。金文亦有此字。作狽簋。與契文今隸並同。【甲骨文字集釋第十】

◉林潔明 狽 說文所無 玉篇有之 狽簋 〈0967〉「亾狽寶彝」

狽字說文所無。玉篇。「狽。狼狽。」集韻「狽。獸名。狼屬也。生子或缺一足二足者。相附而行。離則顛。故猝遽謂之

麻　訑　畬　敋　猐

狼狽。」字从犬貝聲。金文用為人名。【金文詁林卷二】

◉徐中舒　[古文字]　從犬從[古文字]貝,《説文》所無。《玉篇》有此字:「狽,布蓋切,狼狽也。」人名。【甲骨文字典卷十】

[古文字]　猐　説文所無廣韻犬争也楚辭九辯猛犬猐猐以迎吠伯猐父鬲【金文編】

◉方濬益　[古文字]猐　説文所無　廣韻犬争也　楚辭九辯猛犬猐猐以迎吠　伯猐父鬲　〈0726〉「白猐父乍井姬季姜尊鬲」

訞字無攷。按説文。獄。从狀从言。二犬所以守也。此从犬不審何義。亦當時意造之字。【綴遺齋彝器款識考釋卷二十七】

◉丁佛言　[古文字]　白猐父鬲。廣韻。猐。犬争也。本作狾。集韻。音釿。本作齗。【説文古籀補補附録】

◉湯餘惠　陶文有[古文字](《季本》57·8)字,舊不識,《陶文編》收入附録(第26頁)。按此字从攴、从各。各旁加尾飾,與前舉客字所从相同,應釋作「敋」。《玉篇》:「敋,古伯切。擊也。」當即格鬥、格擊的本字,後世又寫作「格」。【略論戰國文字形體研究中的幾個問題　古文字研究第五輯】

◉馬叙倫　[古文字]畬　説文所無　畬簋　〈1165〉「畬作豊[古文字]寶𣪘」

舊釋討。⊘孫詒讓釋[古文字]為訧。倫謂舊釋長。尢為羞恥之羞本字。從[古文字]而以手掩其面。故篆作[古文字]。此從[古文字]與甲文之丑字同。丑音徹紐。寸為肘之次初文。肘音知紐。同為舌面前音。聲亦同幽類。則[古文字]蓋討之轉注字。【讀金器刻詞卷下】

[古文字]　4041　説文所無玉篇訑自得也【古璽文編】

◉戴家祥　[古文字]蓋[古文字]器　庚嬴卣　又丹一麻　庚嬴卣「又丹一麻」。麻字吴雲方濬益于省吾等人釋作㮄,㮄讀為櫜,盛弓矢之器。銘義為又賜以彤弓矢一櫜。郭沫若認為,麻字从木厈聲。荀子王制篇「南海則有羽翮、齒革、曾青、丹干焉」,楊注「丹干,丹砂也」。正論篇「黄金充椁,加之以丹矸,重之以曾青」,楊注「丹矸,丹砂也」。丹干即丹矸,亦即丹杅,猶車之稱車輛,馬之稱馬匹也。⿰木厈當為初字，干乃假借，矸則後起。殷周青銅器銘文研究一六九葉一七零葉釋丹析。

金文厤除了用作丹的量詞之外，還有其他用法。于省吾說，散盤⿰木厈字凡三見，均系劃封田界之事，其一為「陟州剛，登⿰木厈」，剛即岡，俗作崗，⿰木厈即岸，指崖岸言之，以其封界多樹木，故从木作⿰木厈。這是說上升州崗，又登于崗上懸崖之岸。考古一九六六第二期讀金文札記五則。【金文大字典上】

 1544 說文所無玉篇痏疾也 【古璽文編】

◉吴闓生（齊國差⿰金詹）痏本作□。或釋癘。據仲姜鋪兄作□。則此當作⿸疒兄。【吉金文録卷四】

◉郭沫若「矦氏毋瘠毋□」：第六字前人或釋癘（積古，攈古），或釋痏，以為厭字（奇觚室），寶蘊近亦採取後說。案此字固不從萬，然亦不從肙。古金文從肙之字信如寶蘊所舉，毛公鼎猒字作□，商獻殷作□，所從□字與此所從者頗近似，然僅近似而已。□本從口肉，然□之下體則絕非肉字，故釋癘釋痏均與實際不符。余謂此所從者乃兄字。矢令殷父兄字作□，般作兄癸斝作□，卜辭兄字亦有如是作者。字乃以兄為聲，以聲類求之殆荒字也。「毋⿸疒兄」猶唐風蟋蟀云：「好樂無荒。」【國差⿰金詹韻讀殷周青銅器銘文研究】

◉戴家祥  國差⿰金詹 侯氏毋瘠毋⿸疒兄 ⿸疒兄字从疒从兄，字當讀怳。古字偏旁从疒作者，亦或更旁从心。廣雅釋詁「悴，憂也」。文選歎逝賦「威貌瘁而尠歡」，李善注引倉頡篇「瘁，憂也」。漢書高帝本紀「漢王病瘉」，顏師古集注「瘉與愈同」。一切經音義二「古文悸亦作痵」。以此類推，⿸疒兄當釋怳。古讀兄如荒。兄讀「呼榮切」影母耕部。荒讀「呼光切」影母陽部。陽耕韻近。釋名釋長幼：「兄，荒也。荒，大也。故青徐人謂兄為荒也。」怳恍同字，亦或作慌。老子道德經「道之為物惟怳惟忽」，楚辭九歌湘夫人「怳忽兮遠望」，禮記祭義「以其慌惚以與神明交」，慌惚即怳忽。孟子梁惠王下「樂獸無厭謂之荒」，趙岐注「荒亂也」。唐風蟋蟀「好樂無荒」，鄭箋「荒廢亂也」。荒慌怳恍亦一聲之轉。⿰金詹銘「毋咎毋⿸疒兄」，猶曲禮上「毋淫視，母怠荒」。小雅十月「無罪無辜」，大雅假樂「無怨無惡」云爾。【金文大字典中】

㾗　疰　瘩　竨　郠　㜛

[古文字] 9·40　郲㾗　説文所無集韻㾗病也　【古陶文字徵】

◉郝本性　[古文字]　146號，也見于戰國印文(《徵》7·8)。羅福頤隸定為疰。朱德熙和裘錫圭二同志舉古印複姓疋于(胥于)為例，謂戰國文字中[古文字]字多應釋疋(《考古學報》1972年1期80頁)，其説可信，則此字應為疰。　【新鄭出土戰國銅兵器部分銘文考釋　古文字研究第十九輯】

[古文字] 9·5　容瘩　説文所無集韻瘩病也　【古陶文字徵】

◉張政烺　[古文字] 好盗壺　㜛：母竨　竨，从立，从屮，从巳，字書不見，音義不易定。李學勤同志謂从範省聲，然則此字蓋讀為貶。貶，損也，減也。　【中山國胤嗣好盗壺釋文　古文字研究第一輯】

◉郭沫若　第三八〇片　[古文字]，舊釋嬖，殆係人牲。　【殷契粹編考釋】

◉丁　驌　郠為殉女，字亦作[古文字](卜八三〇)，契辭用女子殉祭，或一或二以至於五。[古文字]、倿、字同義。字从[古文字]从[古文字]無異也。竊疑用女子殉葬，殉女曰郠，則用男子殉葬，其字或當是[古文字]。此字李孝定(頁二八九一)從前賢訂為辟。辟實為殉字，就字形似亦可解説。蓋辛妾童龍鳳眴等字出之辛省，字有因緣也。掇一·三九七之辭云「王其尋二方白于𠂤辟」，陳夢家以𠂤辟為地名。余以為𠂤為堆，屯師之處，辟即殉也。以二方白殉也。惟單文孤證，姑存之待考也。　【説女字　中國文字第九卷】

◉丁　驌　[古文字]　此字見合三〇三正反兩面曰：「貞[古文字]伐㜛媚，卅[古文字]媚，貞[古文字]伐妾媚。」此三文㜛，妾，[古文字]同義。字或可寫為婕。待説。媚，悦也。「伐卅婕」以取悦於神也。　【説女字　中國文字第九卷】

恪 3・72　繇衢吞匋里恪　說文所無集韻恪同吝鄙也　【古陶文字徵】

◉陳連慶　□字，吳（東發）、郭釋惞，吳闓生釋炘，于釋熜，徐釋熜。按金文斤字從無□者，甲骨文作□不作□，郭及二吳之誤是非常明顯的。金文《䣄篙鐘》屈字作□，所从之尸作□，《楚屈叔沱戈》□字所从之尸作□，或可作為徐說佐證，□字所从之□，實更近於乃字，故仍依于釋隸定，以俟再考。熜谷記於上洛之下，其地當相去不遠。郭氏據漢志，以為即宏農郡析縣下鞠水所出之析谷，其說新穎，現成，易於為人們所接受。今考熜字決不從斤，則郭說不能成立。【敔毁銘文淺釋　古文字研究第九輯】

◉丁　驌　□　□　□

1. 字應分數部研究。契文凡从戈之字偏旁之戈皆作□□或□。戈字雖有作□□形者，作偏旁用時十八字中無一有此□□形。況此字□二部份不連，□則與□部份相接，不能謂是□之譌。字偏旁□毫無疑問。無論如何解釋均不可能是□字，可知此字釋為聝有問題。□部份下从目，不从耳。因此不是。契文聝應作□。亦不能謂□為臣，更不是盾。釋為聝、惑、馘、臧均不可能。

2. 契文頁為□。从頁之字又作□形，□隸定為百。假定此隸定無誤，□形即是□形，日即是所謂百。釋為□不如直寫為□或□豈不較佳？惟於義音均無所知也。如此說是真推演而下，戠字即是□字。後者足下之□或有或無。前者之名又是沚戠，二者均人名，豈巧合耶！

3. □形見金器者為饕餮紋。正作□形亦作□形或作□形，皆契文祥字。羊形來。後下一四・一六有一殘字，其字見金祖同續編之待考。其字實為□□二形合文，即一般虎字之作□狀者也，故知□即□。因此□字當隸定為𢦼。【契文獸類及獸形字釋　中國文字第二十一冊】

𦍩　⿺辶羊　⿰𢆉欠

◉羅振玉　說文無𦍩字。角部。觲。用角低昂便也。从牛羊角。詩曰觲觲角弓。土部。垶。赤剛土也。从土。觲省聲。案觲觲角弓今毛詩作騂騂。赤剛土之垶。周禮草人亦作騂。故書作挈形。與𦍩近。殆𦍩字之譌。知𦍩者即騂之本字矣。許君不知騂有本字作𦍩。乃於觲注曰。从牛羊角。於垶注曰。从觲省。皆由未見𦍩字之故。注經家謂周尚赤。故用騂剛。然卜辭中用𦍩者不止一二見。知周亦因殷禮耳。又西清續鑑載大中敢及鏄鐘並有字。與卜辭正同。【增訂殷虛書契考釋卷中】

◉高田忠周　羊　說文解从羊牛角而無𦍩字　據此可知解乃从𦍩也　大作大仲簋〈1330〉「錫𠦪𦍩犅曰」

余嘗讀為羊牛合文。以別有羊牛析文者也。羅君考釋云。⊘此亦一說。存參。然以羊牛會意。由何得赤義乎。又觲之从羊與牛。自有要焉。抑為羊為牛。皆用角便者。故擧二以兼他。固為得矣。【古籀篇八十九】

◉吳其昌　「其牢𦍩，茲用」者，乃卜辭第五期中卜祭之詞之成語，每片循環複出，無慮數十百見，半作「其牢茲用」。⊘羅說至確。「𦍩」之誼為赤為剛，尚可以金文證之。攻獻王皮難鐘五有「不帛不𦍩」之語，西清續鑑·一七·一〇。「帛」謂白；「𦍩」，謂赤也。矢段三續鑑·一二·四〇有「錫𠦪𦍩剛，曰：用啻禘于乃考」之語，「𦍩」，謂赤色；「剛」，即「犅」，謂特牛也。然則「其牢𦍩」者謂其牲牢為赤色特牛矣。【殷虛書契解詁】

◉戴家祥　大段　賜𠦪羊剛　一　四者減鐘　不帛不羊

說文「垶，赤剛土也」，从土𦍩聲。又新附字「騂，馬赤色也」，从馬𦍩聲。知𦍩字含赤義，然从羊从牛何由得赤義尚不可知。𦍩字說文所無。【金文大字典下】

◉劉信芳　⿺辶羊，簡文作「」，見于簡二二六、二三二、二三四、二三六、二四五、二四七，簡二二六：「大司馬卲髓⿺辶羊楚邦之師徒吕救郙之戠。」句意明白易懂，「⿺辶羊」為「將」之假，帥也。【包山楚簡近似之字辨析　考古與文物一九九六年第二期】

◉郭沫若　彤下字从𢆉从欠，似欮字，說文疒部「瘚或作欮，省疒」。彤欮義不可通，以聲類求之疑當為栝之借字。栝正字作桰，說文木部「桰，矢栝檃弦處，从木，昏聲」。昏从𠯑省聲，氏部𠯑讀若厥，是昏聲與欮聲相近得通借。彤桰承上矢言之，謂以彤漆飾矢桰，即尚書及左傳之彤矢也。上文先云弓而後云象弭，此先云矢而後云彤栝，文例正同。「古籀餘論」三·十。今案孫說俱確。【師湯父鼎　兩周金文辭大系圖録考釋】

釜

◉戴家祥　孫詒讓云：𢎿字从弓从乑，似欳字。說文厂部「厥或作欳，省厂」。彤欳義不可通，以聲類求之疑當為栝之借字。栝正字作桰，說文木部「桰，矢栝檃弦處，从木，𠯑聲」。𠯑从氒省聲。氏部氒，讀若厥。是𠯑聲與欳聲相近，得相通借。彤桰承上矢言之，謂以彤漆飾矢桰，即尚書及左傳之「彤矢」也。古籀餘論卷三第十葉師湯文鼎。釋名釋兵「其末曰桰，桰，會也，與弦會也」。更旁作括。小雅車舝「德音來括」，毛傳「括，會也」。釋文「括，本作恬，音活」。說文八篇「佸，會也，从人𠯑聲」。王風君子于役「曷其有佸」。皆訓佸為會。傳世矢桰作小圓筩形似戈鐓，旁有下俯之鉤，即所以檃弦也。孫說至塙。【金文大字典中】

◉顧廷龍　[古文]　釜。說文所無。鬲部。鬴重文釜。或从金。父聲。按陳猷釜左關之[古文]與此同。皆从父从缶。古多用瓦器。字當从缶。金缶形近。或傳寫所誤。周公釜[古文]周平陵陳𢽾丕[古文]王釜。[古文]周王孫□造左□敀亳釜。[古文]周□𤯵左亩釜。【古匋文孴録卷三】

◉戴家祥　[古文]陳純釜　命左關丕斁敕成左關之釜節于廩釜

孫詒讓曰：昭公三年左傳晏子曰：「齊舊四量，豆、區、釜、鐘。四升為豆，各自其四以登于釜。釜十，則鐘。陳氏三量皆登一焉，鐘乃大矣。」杜注云：「四豆為區，區，斗六升。四區為釜。釜，六斗四升。十釜為鐘，鐘，六斛四斗，登，加也。加一，謂加舊量之一也。以五升為豆，五豆為區，五區為釜。則區，二斗。釜八斗。鐘，八斛。」釋文「本或作五豆為區為釜」者，謂加舊豆、區為五。亦與杜注相會。非於五升之豆，又五五而加矣。今攷陳氏新量之釜蓋十斗，非八斗也。依傳文，當以四升為豆，不加。而加五豆為區，則二斗五區為釜。則一斛。所謂「三量皆登一」者，謂四量，唯豆不加，故登者止三量。而鐘亦即在三量之中也。區字，亦作鏂，管子輕重丁篇云：「今齊西之粟釜百泉，則鏂二十也。齊東之粟釜十泉，則鏂二泉也」。又海王篇云：「鹽百升而鬴」。鬴，釜字同。是正以五區為釜。而鬴，百升即一斛。亦正以五豆之區，更五加之，乃得有此數。蓋管子書多春秋後人增修。故正用陳氏新量，足為左傳增一左證。若如杜說，則三量各依舊法，而唯加豆為五升以根數，實則四量皆加，不得云「三量」，顯違傳義。且依其率加之，是釜，止八斗，不得有一斛，與管子亦不合矣。如陸說，則五豆為區，固用四升之豆而五之為二斗，而五區為釜，乃仍用四豆之區而五之，則亦止八斗。故云：亦與杜注相會，然於文義殊迂曲。杜意，固未必然也。籀廎述林卷二第三十一葉左傳齊新舊量義。按一八五七年于山東膠西靈山衛古城出土子禾子釜陳猷釜與左關鋘三器，陳猷釜形制與子禾子釜同。實測容水二零五八零毫升。銘云：「陳猶立事歲，𩕟月戊寅，處兹安陵。今命左關平𢦚敕成左關之釜。節于廩釜。敦者曰陳純。」子禾子釜高三八·五釐米，口徑二二·三釐米，腹徑三一·八釐米，底徑一九釐米，實測容水二零四六零毫升。兩釜平均值為二零五二公升。子禾子釜腹壁有銘文九行記左關釜以倉廩之釜為准則。加大或減小其量，都該制止。不從命者，則論其事之輕重處罰。古禾、和字通，子禾子即田齊太公田和，公元前四零四年至前三八四年在位。在陳氏施行新量後百餘年。【金文大字典中】

浗 涅 溲

3688 説文所無集韻浗水名 【古璽文編】

0815 説文所無玉篇涅埿也澱也 【古璽文編】

◉楊樹達 前編六卷三葉之一云：「△酉△貞，溲獲芍。」溲字作，余謂其字从，即説文之畁字。三篇上収部云：「畁，舉也，从収由聲，引春秋傳曰：晉人或以廣隊，楚人畁之，黄顥説：廣車陷，楚人為舉之，杜林以為麒麟字。」尋甲文與篆異者，篆文从収，甲文止从又，从又與从収一也。杜林以畁為麒麟之麒，許君引春秋傳，見宣公十二年左傳。今字作惎，不作畁。説文十三篇上糸部綥或作綦。據此三證，溲殆即淇字也。説文云：「淇水出河内共北山，東入河。或曰：出隆慮西山。从水，其聲。」甲文所見水名，大抵皆在今河南省境，淇水亦河南省境之水也。【溲 卜辭求義】

◉李孝定 从水从。或从叟。説文所無。余氏釋潰。此所从與説文蕢之古文作者有别。且許書古文類多六國古文。譌體不盡可據。毛公鼎字金文編以為湎字。固不足信。余氏釋潰亦無據。且其字與契文此字亦有别也。鼎文右下从「」不知何字。似非(卩)字。則與从又者不得相通。葉釋溿。字形懸遠。陳氏釋浚。於今隸作溲者似為形近。然叜甲文作。與此字旁从固不同。即今隸溲字偏旁上亦不从由也。又陳氏引王氏國維説。謂甾不當讀側詞切。陳氏别引夢英方九反一讀。謂可為王説左證。不知方九反乃「缶」字音讀。實與「由」字無涉。又甾甲文作。卜辭多假為方名之西。是則甾字讀側詞切蓋自殷時已然。非六朝以後之誤讀矣。楊氏説字形字音較諸説為長。契文亦有从畁之一體。謂即淇之古文。實大有可能。然舍所舉旁證外别無直接之證。據今謹就其偏旁隸定如此。【甲骨文字集釋第十一】

布空大 豫孟 集韻洖大水皃 【古幣文編】

◉孫海波 字甚奇。卜辭未見。疑从水从皀之字。【甲骨文録考釋】

◉陳邦福 當釋洸，詩商頌殷武云：「自彼氐羌，莫敢不來王。」鄭箋：「氐羌，夷狄國在西方者也。」又路史國名紀載商侯國云：「羌侯今武功縣界有羌陽故城。」【殷契辨疑】

◉李孝定 从水从羌，說文所無。陳釋為洸是也。辭云「過于洸」，地名。又卜辭羌字習見，即氐羌之羌。此增水旁，亦即氐羌之羌，待考。葉釋契文羌字皆為羊故有此誤。【甲骨文字集釋第十一】

◉唐 蘭 「宔」字舊不識，或釋「庥」，非是。庥是从广休聲，字形不類。按亞當釋為庭宁之宁。或作形，卜辭有字（前編八卷十葉），《西清古鑑》有辛鼎（三卷卅八葉），續鑑甲編有南鼎（一卷廿七葉），丁鼎（卅五葉），《寧壽鑑古》有己鼎（一卷一葉），蓋皆形所自出者。本象四室相對，中為庭宁之形。其後省作亞；與貯物之器作形者，形聲俱相混。至小篆遂存而亞廢矣。亞既「庭宁」之專字，故或作宔，从宀亞聲字也。薛氏款識一卷有册咗鼎云：「亞寰宔父癸宅于二册咗。」（阮氏款識著録二器，《西清古鑑》著録一器，並譌）二卷己酉戌彝云：「用宔丁宗彝。」《西清古鑑》有作册宅方彝云：「亞寰宔乍册宅葡八葡，豩乍彝。」（原作召夫方彝見十三卷六七兩葉，余曾見拓本）《攈古録》一之三有宰德鼎，云：「宰德宔父丁。」（余曾見拓本）近出大鼎云：「大鼏皇天尹大保宔。」（貞松堂三卷二五至二六葉）作册矢令簋云：「令敢飘皇王宔。」又云：「令青辰皇王宔。」（《貞松堂》六卷十一至十三葉。亦見《支那古銅器菁華》）盂卣云：「兮公室盂鬯束，貝十朋。」（于君思泊藏）凡此宔字，均借為錫予之予。宁予之字，聲相近也（茅字亦作苧）。故對揚上之錫予，曰「揚某宔」。記上之錫予，則曰「某宔某」也。頌鼎云「命汝官嗣成周，貯廿家。監嗣新寤，貯用宮御」，良簠云「尹氏貯良作旅簠」（《周金文存》三卷一百三十八葉），則逕以「貯」字為之。《詩·采菽》云「何錫予之」，則又以「予」字為之。而「亞」字廢矣。

此文既印成，見丁君佛言所作釋文，於宣字引或說，亦以為宁字，與余前說合。然余前說實誤。卜辭之𩫖字，當即𩫖之本字。古文字之繁複者，如𩫖字後省作亯，則亯即𩫖之省無疑。亯字於《說文》有郭及墉二釋，金文每以亯為墉，則𩫖或亯當即墉之本字，其□形象周垣，其四方作亼形者象其垣上之墉所謂「四墉」是也。𩫖字或省作𩫖，因變為亘而宣字從之。則宣字之从亘者，為𩫖之省變可知。然則宣及宣字當為从宀𩫖聲之字，於金文當讀作庸。庸者功也，勞也，引申之當有賞錫之義矣。七月六日又記。【作册令尊及作册令彝銘文考　唐蘭先生金文論集】

⿱宀丮

◉趙錫元　卜辭中有「⿱宀丮」字多見，郭沫若先生釋作「宰」，其身份則是奴隸。見甲骨文字研究釋臣宰一文，1952年人民出版社版。按卜辭及殷代金文中均有「宰」字，寫法與此字不同，且均非奴隸。因此我們仍然把它隸定作「⿱宀丮」。唯此「⿱宀丮」之身份是奴隸，則郭說甚確。今補充說明如下：

關於用「⿱宀丮」從事對外戰爭，已詳郭說原文，這裏不再說它。其次，卜辭說：

「癸丑卜，㱿貞，五百□(⿱宀丮)。☐㱿貞，五百⿱宀丮。」(前7·9·2)

郭沫若先生以為「疑是用此項人物為牲而卜其數」，這是對的。關于殷人以⿱宀丮為「牲」之事，補充數例于下：

「貞，五百⿱宀丮率用。癸丑卜，㱿貞，五百⿱宀丮用。旬壬戌，㞢用⿱宀丮百。三月。」(京津1255)

「甲寅卜，𠂢貞，衒氏⿱宀丮，率用。貞，衒氏⿱宀丮，勿率用。」(乙749)

「貞，衒氏⿱宀丮，率用。」(乙750)

以用「俘」、用「執」、用牲之例，證明用「⿱宀丮」為人牲，是不成問題的。又卜辭有：

「奚⿱宀丮。」(簠、人名96)

「奚」在此處作動詞用，于省吾先生訓殺。見殷代的奚奴一文，東北人民大學人文科學學報1956年第1期。「奚⿱宀丮」，即殺掉「⿱宀丮」。因此，「⿱宀丮」為人牲尤為明顯。

其次，卜辭中「㚔⿱宀丮」之例多見。「⿱宀丮」可被「㚔」，說明「⿱宀丮」之身份與自由人不同。舉例如下：

「癸丑卜，⿱宀方貞，令邑、並執⿱宀丮。七月。」(金璋521)

「貞，亘㚔⿱宀丮。貞，亘弗其㚔⿱宀丮。」(乙2572)

「☐，吳令執⿱宀丮。七月。」(金璋495)

⿱良大　⿱宀⿰女王　⿱宀⿰女木

「貞，奉寐見。」(拾掇2・309)

「囗寅卜，亘囗(貞)，寐卒。囗(王)固曰：其卒。」(金璋509)

「貞，乎希寐卒。」(京津2207)

「其卒寐。」(京津1404)

卒、執、奉，意義相因，説文：「卒，所以驚人也。」又：「執，捕罪人也。」殷代的「寐」，是否罪人，尚無法判定，「寐」很可能是一個氏族名。但是，我們認為卜辭中的「寐」和臣一樣，都是從俘虜向奴隸的過渡形態，或即最初的奴隸，這是可以肯定的。因為他們的勞動已經被利用了。【關於殷代「奴隸」　史學集刊一九五七年第二期】

◉商承祚　前・六・二九・二　前・二・五・二　羅師釋寐。从寢省。木聲。【殷墟文字類編卷七】

◉葉玉森　古人以木為枕。之異體作。。人或女在室内就枕即謂之⿱宀⿰女木寐。或木亦聲耳。【殷墟書契前編集釋】

◉李孝定　辭云「辜⿱宀⿰女木」前・六・二九・二。「在宋」前・二・五・二。乃方國之名。羅釋寐無據。【甲骨文字集釋第十一】

◉朱歧祥　—

，从宀从木从女，隸作⿱宀⿰女木。《説文》無字。或為宋字繁體。卜辭用為地名。字復作，从女从卩通用。

〈簠典102〉丁亥卜，𡧊其辜？五月。

〈佚148〉壬囗丙貞：囗衛其囗來圍我于兹？【甲骨學論叢】

◉戴家祥　王獻唐曰：⿱宀⿰女王字不見字書，應釋為⿰女寶。説文「寶，珍也。从宀从玉从貝缶聲。」卜辭作，从貝玉在宀内。不別从缶聲，金文篆文增缶。只嬴氏鼎作，貝玉通為珍寶，單从玉亦有寶義。依照古文從玉省缶即成宝。加女旁為⿱宀⿰女王。書以今文便成⿰女寶。黄縣㠱器二九葉。容庚金文編釋宐，無説。二釋均備一説，有待再考。【金文大字典上】

◉唐　蘭　　⿱良大字，卜辭地名。似从良聲，其本義未詳。【釋良狼⿱良大　殷墟文字記】

㞀　建　㑴

◉吴其昌　[甲骨文]「㞀」者，乃武丁時之人名，悉索傳世之甲骨，計此字凡四見。他辭又云「命㞀往于[甲骨文]」，後・二・一四・一七。則㞀為人名明白可證。他辭又云「隹㞀平㞕」，後・二・一八・一〇。謂隹呼㞀以守塈也。又前・七・五・三有「㞀車」語。當謂㞀之車也。「㞀見」者，謂㞀未覲見于王也。此「㞀見」之文，與金文中剌鼎「剌見」貞・補・一・一・〇之文相同。【殷虚書契解詁】

◉戴家祥　[金文]字从辵从聿，説文不載。玉篇一二七「建，分布也。又行貌」。注音「余述切」，喻母，脂部。【金文大字典下】

[甲骨文] 甲三三二五　即㑴字説文侵字从此又部失收　[甲骨文] 乙八三一九　貞人名　[甲骨文] 乙八六五四反　[甲骨文] 河六四九　[甲骨文] 河六五一

[甲骨文] 前五・三二・一　[甲骨文] 前五・三二・二　[甲骨文] 前六・三三・一　[甲骨文] 甲三六九二　[甲骨文] 林一・一八・三　[甲骨文] 佚一六〇　[甲骨文]

佚八六六　[甲骨文] 續五・一二・四　[甲骨文] 燕五六　[甲骨文] 燕八五　[甲骨文] 粹一五一五A倒刻　[甲骨文] 珠五八一　[甲骨文] 後二・八・一八　【甲骨文編】

◉葉玉森　从又持一帚之[甲骨文][甲骨文][甲骨文]，如讀為掃仍難索解。本編姑書作㑴。【殷墟書契前編集釋卷五】

◉唐　蘭　[甲骨文]　羅釋彗非，孫海波以與帚字混，釋侵字，亦未是。卜辭从又从帚，衹當是㑴字耳。説文無㑴字，於蔓、寖、祲、梫、駸、綅、埐等字，並謂為从侵省聲，而侵下云：「漸進也，从人，又持帚，若埽之進也。」今據卜辭有㑴字，則侵字正從㑴聲，其餘從㑴作之字。亦非從侵省矣。（凡从㑴之字，得變从侵，如蔓為蘉，寖為寑是，非侵省。）

[甲骨文]　帰字，羅亦誤釋彗，董作賓容庚並釋㑴，今按亦未碻。㑴字作[甲骨文]象手執帚，而此作[甲骨文]若[甲骨文]，則手在對方，非執也。案此字在卜辭不多見，今所録[甲骨文][甲骨文]二文是。[甲骨文]祭辭中則習見，均為人名，若帰，若小帰，今不贅録。説從又之字，後世多變從手，則此字當釋掃。文有埽字而無掃字，故後多以掃為俗字。然經傳習見。今據甲骨，知商時已有帰字，則掃非俗可知。按掃與㑴異者，以手持帚為㑴，但象掃之而已，而帰字則掃塵土於手中，實兼象坌除之義。詩東山「灑掃穹室」，箋云：「掃，拚。」伐木：「於粲灑掃」，箋云：「粲然已灑拚矣。」是掃兼坌也。坌多用箕，然亦或用手。

此字從帚，有掃義，猶𢦏字從戈，有伐意，執帚執戈之手，並省。【釋帚婦𠬶歸⿱髟𠬶⿰忄帚⿰口𠬶襱⿱宀帚⿸尸𠬶⿰牛帚⿰牛𠬶　殷虛文字記】

◉孫海波　[古文字]　此字从又从帚，即𠬶字。說文有侵無𠬶，侵下云：「漸進也，从人又持帚，會意，若埽之進，又手也。」按从又帚，若埽之進之意已明，加人則贅，是侵下當出古文𠬶，而侵非初體也決矣。攷說文从𠬶之字凡九⊘是明古本有𠬶字，而說解俱云从侵省不云从𠬶者，或古文𠬶字，洨長偶遺之耶：抑三代古文，洨長未之見耶？【卜辭文字小記　考古學社社刊第三期】

◉李孝定　唐蘭釋[古文字]為𠬶，見文字記二十葉下，已見前三卷𠬶字下引。又釋後三文从牛者作⿰牛𠬶，見文字記廿三葉上，已見前二卷⿰牛𠬶字下引，請參看。按說文：「侵，漸進也。从人又持帚，若埽之進。又，手也。」卜辭叚𠬶⿰牛𠬶為侵，𠬶⿰牛𠬶重文，說詳𠬶⿰牛𠬶條下。金文作[古文字]鐘伯侵鼎，與小篆同。【甲骨文字集釋第九】

◉張振林　《考古》上的報導說：『⿸广足』字不識，待考。」細審拓本，方穿下似有豎筆短畫，此字當从尸从足。戰國器物「左⿸尸足壺」（二字）和「右⿸尸足君壺」（八字），字都从尸从足。山東泰安東更道村出土的「右⿸尸足君楚高罍」和河北赤城龍關出土的「右⿸尸足君□敦」，也是戰國器，字都从尸从𤴓。足、𤴓，正也。易縣燕下都武陽台出土的戰國銅象尊有銘曰「右⿸广貝君」，是指司右⿸广貝之尹。而「右⿸尸足」則不像是⿸广貝庫名，因右⿸尸足君壺銘另有「西宮」二字說明置器之所。「右⿸尸足」當為官職名，司此職的官員得稱「右⿸尸足君」，故罍銘曰「右⿸尸足君楚高」，敦銘曰「右⿸尸足君□」。

戰國時期楚、郳、魯、燕一帶的「右⿸尸足」、「右⿸尸足」之職所司為何，尚缺乏力證，不敢妄議，但从「⿸尸足」字从足或从𤴓來看，其含義與西周班毀之「左比毛父」「右比毛父」之比，善鼎之「左⿸尸足□矦」之⿸尸足等的輔佐相胥義，恐是一致的。因此，左⿸尸足、右⿸尸足，大概相當于春秋時齊景公所置的左右相，和戰國時秦武王所置的左右丞相，都是屬於左右輔弼，不過不同時期、不同地方的名稱不同罷了。【郳右屖戟跋　古文字研究第十九輯】

◉孫海波　[古文字]京都一四五九　疑⿰阝甹字。【甲骨文編附録】

婡　娊　⿰女貝　娃　⿰女各　娮　⿰女辛

◉孫海波　後二・一七・一〇　或从𡘚。【甲骨文編卷九】

◉丁　驌　：前七・二二・二。字亦作，疑即婡，見庫四一七。前七・二二・二辭曰：「紉子死。」【諸帚名　中國文字八卷三十四冊】

◉戴家祥　一　二　三　庚姬鬲　庚姬作叔娊尊鬲

集韻：「娊，胡典切，音峴。女字。」庚姬鬲「庚姬作叔娊尊鬲」，正用作女名。【金文大字典上】

◉徐中舒　　從女從貝，《說文》所無。見於《集韻》：「⿰女貝，女名。」義不明。【甲骨文字典卷十二】

◉商承祚　後編下第十七葉　往卜辭或作。此字从之。【殷虛文字類編第十二】

◉方濬益　⿰女各　說文所無　子⿰女各壺〈2778〉「子⿰女各迂子壺」　⿰女冏从為网之古文。【綴遺齋彝器款識考釋卷十三】

◉高田忠周　　此字說文所不收。故舊未有釋文也。然爽字作。即知古文。此⿰女各字形明晳者必古字逸文也。或云疑谷字。非是。【古籀篇三十八】

◉戴家祥　一　二　改娮毁　作改娮寶毁

娮字从女从言，說文所無。集韻上平二十二元娮，女字。讀魚軒切，疑母元部，音言。【金文大字典上】

◉高田忠周　　⿰女辛　說文所無　集韻女字　弔向父簋〈1208〉「弔向父㠯⿰女辛始⿰阝尃毁」(AB)

親敓二字。元自不同。親為近親愛親字。敓為六親字。从女辛聲。或从亲聲。而敓親音義皆近。故通用也。唯詛楚文兩字兩用。可謂合古者矣。【古籀篇三十八】

娘

◉周名煇 □□叔向父段 叔向父作婞姒尊段 从辛从女。當是古妾字。强氏定為妾字古文。今考定為辛姓之本字。

辛辛古為一字。近人論之允矣。吳子馨釋辛辛為古兵器。甚精碻。故父辛卣銘。辛字作□。宰牲形。父辛鼎銘辛字作□。不得讀為父愆也。辛。説文云。讀若愆。叔向段銘云。作婞。姒尊段婞姒為叔向父之母。若從强説讀為妾姒。尤非所宜。是婞字从□。即从辛。从女从辛。乃辛姓之本字。無疑也。古姓氏字多从女以別其本字。如姬。姜。姒。姞。妃。嬴。好。嬭。芈姓之本字。嬀。嫀邾國曹姓之本字説見上卷。媿。妊經傳多作任。嫞經傳多作庸。[女弋]經傳多作弋。姚諸姓。莫不皆然。辛氏為姒姓。通志氏族略云。辛氏即莘氏也。莘辛聲相近。上文云。莘氏姒姓。夏后啓封支子于莘。亦曰有莘氏。後世以國為氏。遂為辛氏。周太史辛甲。文王封之於長子。有辛俞美為昭王友。秦有將軍辛騰。家中山苦陘云云。是辛莘婞同為姒姓。辛為古文。莘為孳乳假借字。而婞其本字也。蓋叔向父之母出于辛氏。故稱婞姒也。强氏失之遠矣。此文吳子馨作金文世族譜。已知為辛字。今略為疏證之。【新定説文古籀考卷下】

◉戴家祥 □蓋二 □器二 叔向父段 叔向父作婞姒尊段

周名輝曰：通志氏族略云：「辛氏即莘氏也。莘辛聲相近，上文云：莘氏姒姓，夏后啓封支子于莘，亦曰有莘氏。後世以國為氏。遂為辛氏。周太史辛甲，文王封之於長子，有辛俞美為昭王友。秦有將軍辛騰家中山苦陘云云。」是辛莘婞同為姒姓，辛為古文，莘為孳乳假借字，而婞其本字也。蓋叔向父之母出于辛氏，故稱婞姒也。古籀考卷下第十至十一葉。按唐韻辛讀心真切，先讀蘇前切，不但聲同，韻亦相近，故古字从「辛」得聲者，亦或諧「先」也。毛詩周南「螽斯羽詵詵兮」，陸德明毛詩音義云「説文作辡。」小雅皇皇者華「駪駪征夫」，説苑奉使篇作「莘莘征夫」。墨子尚賢中「伊摯有莘氏女之私臣」，孟子萬章上「伊尹耕于有莘之野」，楚辭天問「成湯東巡，有莘爰極」，字皆作莘。而吕氏春秋本味篇「有侁氏，以伊尹媵女」，高誘注「侁，讀曰莘」。表義更旁亦或从女，左傳昭公元年「商有姺邳」，杜預云「姺邳二國，商諸侯」。郡國志：「郃陽南古莘國。散宜生為文王求有莘氏女以獻紂，即此地也。」聲符更加，姺亦作㜪，見漢書外戚傳及古今人表。玉篇三十五㜪讀色臻切，或體作嫀。嫀字不見于説文，殷虚卜辭作𡟁。見小屯文字乙編七三三三。其實皆辛之衍變字也。周説郅確。高田忠周釋親古籀篇三十八第三八葉非是。【金文大字典上】

◉李孝定 □丙・六二 从女从良。説文所無。而今隸有之。辭云。「婦娘示三。」娘為女字。今以為爺娘字。與卜辭義別。【甲骨文字集釋第十二】

竣

□ 品式石經 咎繇謨 夙夜竣明有家 今本作浚 説文所無 【石刻篆文編】

盄

◉戴家祥 □ 杞伯每刂盄 杞伯每刂作鼄嫊寶盄 許印林云：器似盆而銘作盄，不見於説文。蓋州林本裕益長萃篆有之，以為即盄字。集韻四宵出盄盄二字，注説文「器也，或作盄」。是萃篆所本，疑説文本有此字，而今逸之也。説文訓盄為器，不詳器之形制，薛氏款識秦有「盄和鐘」，亦莫曉其義，今此銘作盄，則器為盄無疑矣。説文「鋗，盆也」。廣雅「鋗謂之銚」，説文「銚，温器也」。此器制似盆而銘作盄，其銚之異文乎！古者制字，召兆多互用。説文鞀或作鞉，又或作鼗，籀文作磬，其明證也。攈古録二之二，五十一葉。家祥按許説是也，但尚有未盡之處，籀文鞀作磬，即爾雅釋樂「大磬謂之馨」之「馨」，郭璞注「馨，形如犂錧，以玉石為之」。説文銚訓田器，「田器」「犂錧」名異而實同。廣雅釋器「盫，盂也」。更旁作鐈，鐈字从金蓋以質言，盫字从皿，則以器名也。召、兆、喬古音皆在宵部，故盄、銚、盫、盄一器名也。【金文大字典中】

重

◉曾憲通 □ 九州不重 甲五·六 此字或釋坪，或釋塝，或釋重。嚴一萍氏先釋作坪，裘錫圭、李家浩據曾侯乙鐘磬樂律名、磬銘作「□皇」，皇上一字同帛書，而鐘銘作「□皇」，皇上一字所从同《説文》篆文之□（平），因釋上述樂律名為「坪皇」，又釋帛書為「九州不坪」，並指出「坪」字作□是楚國文字的獨特風格。選堂先生先釋為𡍐，後釋為重。謂□字與夜君之載鼎重字中从用相同，並以玉佩銘之瀶及新出枝江鐘「競重」作□、曾侯乙編鐘「重皇」字作□為證，釋□為重而讀為涌，「九州不重」謂水患已平，不復騰波之意。【長沙楚帛書文字編】

◉饒宗頤 （一）當陽鐘之「競重」

1973年，湖北當陽縣季家湖楚城遺址出土銅鐘一件，有銘文十二字。鉦部四字：

秦王卑命。

鼓左八字：

競重。王之定，救秦戎。

王之定者，《佚周書·世俘解》：「王定，奏庸，大享三終。」又，「籥人奏《崇禹生開（啟）》，三終，王定。」朱右曾云：「庸，大鐘也，以金奏之，故云奏庸。定，安也。」《詩・商頌・那》：「庸鼓有斁。」鄭注：「庸與鏞通。」是「王定」蓋古奏樂時之習語。競重當讀為競庸，謂鐘鏞競作。戎泛指兵。《周語》：「王以黃鐘之下宮，布戎于牧之野。」韋注：「布戎，陳兵。」此鐘云秦戎即謂秦兵，非戎狄之戎。古者戰勝薦俘即奏庸，此鐘云救秦兵而言「競庸，王定」，宜以《世俘解》說之。其稱秦王、秦兵（戎），可能在秦昭襄王二十九年白起破郢，楚東徙陳以後，是時漢北悉為秦有，斯則秦昭襄王所鑄者也。

此鐘銘命，定為韻，重（庸）與戎協，句式為四、二、三、三，間句叶韻，尤足證重字之必讀為庸也。

湖北博物館展出之曾侯乙墓竹簡遣策，有三條人名涉及重字，其字形皆作□：

（二）曾侯乙墓簡之「重夜君」

重夜君之幣⿺辶各（輅）車二乘屯麗（驪）。(5)

□□、重之駐為左驂。(6)

凡軴（廣）車十乘又二乘，四輦車，匿軒，攻（工）佐重所造行軴五乘。(4)

簡上之□夜君，以夜君鼎銘證之，□當為重之異體。夜君鼎之□，从二从用益土旁，與當陽鐘之重字形全同，故可確定為重夜君。

重夜君與重之駐皆人名。《論衡・祀義篇》：「祝曰夜姑，掌將事于厲者。」又《訂鬼篇》稱「宋夜姑」，以其為宋人。《春秋》魯有申夜姑（昭二十五年），釋文：夜本或作射。《墨子・明鬼下》：「宋文君鮑之時，有臣曰祏觀辜。」孫詒讓謂即宋夜姑之訛。古人多以夜姑為名，殆巫祝之職。此重夜君亦如宋夜姑之比。至重之駐，則如宮之奇、燭之武，人名例如此。攻佐重則工佐之名曰重者。故合上三條觀之，重可以單言，不必以重夜二字連讀。

重蓋為地名，即楚之涌。《說文》涌下云：「一曰涌水，在楚國。余隴切。」《左傳》莊十八年：楚文王即位，巴人叛楚，取那處，其尹「閻敖游涌而逸」。《水經》：江水「東南當華容縣南，涌水入焉」，注云：「水自夏水南通于江，謂之涌口，二水之間，《春秋》所謂閻敖游涌而逸者也。」《方言》「沅涌澆幽之語」，郭璞注：「涌水在今南郡華容縣。」天津有涌肯玉佩，壽縣李三孤堆出土，正面鐫「涌肯」二字，陳邦懷先生考證涌是楚王熊肯初封地名，時尚為王子，食邑于涌水。重夜君之重，殆即涌地乎。《簠齋古印集》有□阿，按《廣韻》上聲二腫「埇，地名，在淮泗」，不必讀為平阿。江蘇六合程橋鎮出土編鐘，銘「坪之子□孫」，坪字作□（《考古》1965年第3期）。我在濟南見平阿右同戟（戟）之平字，實作□。又古璽平陰右徒之平從土作□，平陸之平作□（石志廉《戰國七璽考》）。故以字形論，□字亦不宜釋平。至□夜大夫印，亦當釋重。侯馬盟書趙字偏旁有□、□、□諸形，實為一文。

重夜大夫可讀為重射大夫。至長沙帛書「九州不重」一句，不重讀為不涌。《説文》：「洶，涌也。」「涌，滕(騰)也。」《七發》：「波涌而濤起。」九州不重謂水患已平，不復騰波，文義亦通，且可證重、涌二字之互通，不必改讀為平。

（三）曾侯乙墓鐘磬銘辭之「重皇」

先論字形，曾侯乙鐘、磬銘中重皇字寫法殊不一致，仍當釋重。試觀下表，可明其字形演變之故。

余曾細察磬銘，「重皇之鐉」、「重皇之壴」、「重皇囗商」三句，三重字微有不同，但無一作□者；鐘文則一作□，同于簡文重夜君之作□。故知作□者乃訛變，中間由用省變作□、作□，復變而為□、為□。由是言之，□皇自當釋甬皇。

1　2　3　4　5　6　7

1. 當陽鐘文　2. 楚帛書　3—5. 曾侯乙磬文
6. 曾侯乙簡文　7. 曾侯乙鐘文

鐘銘有云：「妥賓之宮：妥賓之在楚，是為重皇；其在□，是為遟(夷)則。」據隨縣資料，楚國有自己之律名，十二律之蕤賓，于楚稱曰重皇，于□(申疑當讀陳，陳古文作阵，字從申，因鐘銘舉楚、齊、晉、周諸國，申呂之申久已失國，故改讀為陳較妥)則為夷則。何以律名而稱曰重皇？考之其他律名：

姑洗　在楚曰呂鐘，其反曰亘鐘(即圜鐘)。

贏孠(亂)即無射　新鐘。

穆音　穆鐘。

曰吕鐘，曰新鐘，曰穆鐘，均取「鐘」為號。以當陽鐘銘「競重」即「競庸」例之，甬即大鐘之銿。《説文》鐘或體從甬。《廣韻》三鐘：鏞，大鐘、銿同。故重皇即銿皇。皇者，鐘銘每見「元鳴孔皇」習語，舉之如下：

中翰叡(且)瘍，元鳴孔皇。其音池池(訑)，聞于四方。(徐王子旃鐘，録遺四)

中翰叡瘍，元鳴孔皇。孔嘉元成，……和遭百生(姓)。皇皇熙熙，眉壽無期。(沇兒鐘)

中翰叡瘍，元鳴孔皇。……煌煌趣趣，萬年無諆。(王孫遺者鐘)

自作鈴鐘，中翰叡揚，元鳴孔煌。穆穆龢鐘，用宴以喜。……敳敳趣趣，萬年無諆。(許子鐘)

由上可見鐘銘常用皇字來形容聲音，或迭用曰皇皇，字亦作煌。《詩·執競》「鐘鼓鍠鍠。」，《爾雅·釋訓》：「鍠鍠，樂也。」釋文本作諻諻。《説文》：「鍠，鐘聲也。」故知重(銿)皇即取大鐘之聲為義。其加副詞曰孔皇者，《墨子·非樂上》：「嗚呼！舞佯佯(洋洋)，黄言孔章，上帝弗常，九有以亡。」孔皇與孔章文例相同，重皇之為律名，取義殆如此。

春秋以來，文字異體滋多，同一地域，往往一字可作若干寫法，令人不易理董。曾侯乙墓中樂器簡册文字，形變尤甚，兹舉重字論之，特其一例而已。

附史牆盤「舍⿴囗禺」「卑處甬」解

史牆盤銘云：

雩武王既𢦏殷，微史剌且(祖)迺來見武王，武王則周公舍⿴囗禺于周，卑(俾)處□(甬)。

𤼈鐘乙銘亦云：

雩武王既𢦏殷，微史剌且(祖)〔迺〕來見武王，武王則令周公舍寓，以五十頌處。

「舍寓」乃西周恆語，五祀衛鼎復見之：

迺舍寓于厥邑，厥逆疆眔厲田。

⿴囗禺、寓異形，從囗與從宀同義。寓為籀文宇字。按《詩·大雅·緜》：「率西水滸，至于岐下，爰及姜女，聿來胥宇。」毛傳：「胥，相；宇，居也。」鄭箋：「于是與其妃大姜自來相可居者。」並説胥為相。劉向《新序·雜事第三》孟子曰引詩正作「聿來相宇」。《爾雅·釋詁》：「艾、歷、覛、胥，相也。」以胥為動詞之相。故陳奐云：「胥宇猶相宅也。」《書·召誥》：「唯大保先周公相宅。」《洛誥》：「來相宅，其作周匹休。」相宅與胥宇同義，亦即「度邑」之意。胥、舍同音通用。《説文》：舒從予舍聲，傷魚切，與胥同音。《説文》訓「蟹醢」之胥，後起字訓「鹽藏蟹」作蝑，《廣韻》音司夜切，與舍音始夜切相同。《集韻》又有蝑、蛺、蝍、蜍，同為一字，俱音四夜切（去聲四十禡）。由蝑異文之作蜍，故知胥可通舍，以是知舍字得為胥字，《詩》之胥宇，彝銘作舍宇，實出一語。

「卑處甬」者，張政烺先生引曶鼎銘「卑處厥邑」，合𤼈鐘乙銘之「以五十頌處」，因謂頌、甬與邑相當，其説是也。余謂頌蓋古容字，字通庸，假作墉。此處「五十頌」當讀為「五十墉」，義猶城邑。知者：《周禮·小師眡瞭》：「擊頌磬笙磬。」鄭注：「磬在東方曰笙，在西方曰頌。頌或作庸。庸，功也。」《儀禮·大射儀》鄭注亦云：「西方鐘磬謂之頌，古文頌為庸。」即《書·益稷》：「笙庸以閒。」今本庸字作鏞。據此知禮經古文正以頌為庸，彝銘則以重為庸（墉），如當陽鐘之「競重」即競庸（墉），字從土，是牆盤之「卑處甬」應讀為「俾處重（墉）」。𤼈鐘乙銘「以五十頌處」即「以五十墉處」。《釋名·釋宫室》：「墉，容也。」正以頌字諧音釋墉。頌之通墉，殆無疑義。此「五十頌」之頌字宜讀為容，非繇辭之頌。牆盤省土作甬，𤼈鐘乙則借容（頌）為之，實皆為墉。銘言命周公舍宇，以五十墉處，謂其度邑五十城也，五十取其成數。【説「競重」「重夜君」與「重皇」　文物一九八一年第五期】

◉饒宗頤　□　裘錫圭君讀此字為坪，把重夜君讀為平夜君，以音通假，謂平夜即是平輿，又引古璽文之「平夜大夫」和「平阿」為證。且説「印文的『坪夜大夫』無疑就是平輿大夫，如讀為重射大夫是無義可説的」。他特別寫一專文，刊于《曾侯乙編鐘研究》（湖北省博物館編，第518～520頁）。

近時何琳儀依裘説亦讀此字為平，取以證楚帛書殘片上的□字。但上下文句極不完整，他又把很明顯的從車從㫐的輛字改讀為炳，遂定此字為平，釋為平星，文見《文物》1994年第6期。何君即采用包山簡重字異形來作旁證，他舉出包山簡203、206、214、200、240五條，均依裘説讀為平夜君。其實尚有181、192諸簡，所見重字，形構又復不同，均作重形。是否因對其説不利，故避開不談；抑何君疏忽未能注意及之？我們細看包山簡的「甬」字人名周甬，分明作□（97），重即□加土旁，206簡之□，上半即從□形上增一横筆，而中間略訛變，故我認為應釋重，不宜釋坪。且192簡分明作重陵君，是重陵君，而不是平夜君。□上加一横筆作□，楚文字如可之作□，不之作□，例極常見。包山簡此字異形甚多，何君獨取簡240一形以附會楚帛殘片，其他如重形相去甚遠，則棄而不顧，恐非篤論，大前提之重既不是坪字，則平星一説自不必深辨。齊兵，平字作𠀤。坪字，「踈坪君相室鉨」作「坓」（見于豪亮《古璽考釋》），與重等形完全不同。

茲將包山簡有關所謂「平夜君」者各條，臚列如下：

龏禱於文垩奈君郘公子芼（203）

龏禱於文□麥君=　郘公子萻（206）

賽禱文□夜君一　郘公子萻（214）

罷禱文□夜君一䶌公子菅(200)

舉禱文𡉚□君子𡉚䶌公子菅(240)

輎戌，重夜君之州加公𦓤鹿(181)

重陵君之州□公任(作)新(192)

從字形論，重是正體，其他為增、省、訛、變。

綜上各條觀之，其意義可得下面幾點認識：

1. 重夜君又作重陵君，共二見，知其地本稱重陵。

2. 重夜君之前有時增一「文」字，共五見。

3. 重夜君之私名為子𡉚。

4. 重夜君之異寫，或作重柰，或作重妟。

5. 206簡於麥君之側加上＝號，必有用意。

今按重夜君既被作為與禱、罷禱、賽禱之對象，其名之前加一「文」字，殆是私謚，《周禮・謚法》：「道德博聞曰文，學勤好問曰文。」夜字又作柰者，楚簡月名有𠖹𡱂之月，即秦簡之刑夷，增益示旁，故夜字可從夕，或從示。其作□者以包山簡之夏字有頣、顕、頣諸不同寫法例之。□即妟，讀如匽，與夜音近故通，最值得注意是加上＝號，但重陵君則不注＝號。大抵＝號不外表示合文、析書或連義。可能即把夜君＝字應連在一起，今以簡240為例解説之，應如下列所指示：

文(謚)𡉚(地名)妟君(官職名，二字連讀)子某(私名)。

把「妟君」作一名詞來看，而重陵的陵字乃是通名，則重妟君者實謂重地之妟君，以是例之，重夜姑指重地之夜姑，重夜大夫指重地之射大夫，毫無扞格之處。《周禮・秋官射人》：「下大夫二人。」射人佐司馬，治射正，射與夜通用，如射姑亦通假作夜姑，故夜大夫即是射大夫，如是看來，夜不必與上字之重連在一起，重是一個獨立地名，我把它釋為甬，全部可通，重陵和印文的重阿正同一樣文例，阿和陵都為通名，《九歌》「陽之阿」，王逸注：「阿，曲隅。」重陵，簡稱則曰重，不與夜君合稱，在曾侯乙簡本身已有極好例子，可作為內證，何以大家完全忽視，深不可解！

試看曾侯乙簡涉及重地者共有三條，除「□夜君之㡀逄(輅)車二乘」一條外，其他是：

□之駐為左驂(165)

攻佐□所造行𨊠五乘(120)

都是單言𠅨，没有與「夜」字連在一起，可見重字絶對是一個獨立地名，與平輿毫不關涉，這樣看來，重之非平，就可以論定了。

兹更表之如次：

奈君、旻君

重(涌) + { 夜君＝(射姑)
夜(射)大夫
邑
阿
陵(君) }

曾侯乙墓所見此字竹簡幾乎全作□形，無一作重者。書寫風格，行筆恣肆，已是近于變體。包山簡則不然，以作重為多數，曾侯乙鐘、磬銘律名則作重皇，形較疏朗，仍循包山一路。□夜君一名，今重新統計之，曾侯乙墓簡共四處(67、160、161、191)，簡67云：「所馭□夜君之敏(畋)車。」前文漏記。包山簡共出現六處，具見前文所列，而字形乖異，最為凌雜，惟181簡作重為正體。

此字應為獨立地名，包山簡諸辭所見又有下列諸名號：

重邑　九月戊戌郊重邑㮣羿。卒丑(188)

□陵　壬申□陵皶信(184)

昜……繁以訟。重昜之栒里人文逭，以其敚妻(97)

旦□正浞(胥)期戠(識)之。旦□為考(83)

重逆公蔡冒(138)

見于曾侯乙墓簡者又有：

北□北□在(144)　殆是人名

嗔□嗔□之駷為左驂(163)

攻(工)差(佐)□(120)

上舉諸簡，重邑正是一獨立地名，又有重陵、重陽之號，均與平輿無涉，其他此字置在官名之下，如且、工佐、□(牙)等。至「重逆公蔡冒」句，逆即《周禮·天官·司會》「以逆邦國都鄙官府之治」，鄭玄注：「逆受而鈎考之。」與他辭「且重為考」皆是法讞訴訟考驗之意。且在包山簡中繁形亦作郘或但，《淮南子·説林訓》「使但吹竽」，「但」即官職名。所有重字，皆為獨立人名稱謂，殆舉其地以為氏耶？

曾侯乙墓簡160曰：「重夜君之兩駛駝，朱夜宴以乘復尹之肇(畋車)。」與重夜君駢列有朱夜宴，宴是私名，朱夜疑當讀為「祩射」，祩即祝也，詳《墨子閑詁》。朱夜，亦是夜姑之義。平夜不必借為平輿，包山簡中輿字常見，皆作□，《漢書·地理志》平輿下注云：音預，與夜韻部亦不同。

卜辭有地名曰「□」，文云：

丁卯……貞呼□白(伯)　(《合》2396)

《類纂》第465頁釋為从用从土。此字當與□為一文，以證秦王鐘、重夜君鼎，知殷代已有重字，明為獨立地名，不應與「夜」連讀；況平輿之「輿」字，包山祭祀簡屢見，何必于此特別借輿為夜，此理之難通者！

又卜辭□田，異形甚多，或隸定作□，見《類纂》第1314、465頁重出，此字或省土，或僅作從□，不從臼，皆是地名。

……弗……克□……弜□　(《英》326)

癸丑卜□，其克□　(《合》7024)

克□　(《合》22405)

丁卯卜，克□　(《英》1818)

壬寅卜……貞……逆□……正(征)幸　(《合》7054)

殷有克里之役，又有里伯之封，里地所在，是否即涌水流域雖無法證實，但以盤龍城商代遺物證之，殷人勢力及于楚境，已無疑問。重夜君之即里夜君，或可以落實，其人殆里伯之遺裔乎？

又卜辭里字所從之用，若《合》18215之作□，7054之作□，皆省筆作□，而不作□，用變省為□，殷代字例已如此。秦王

⿱台皿　⿰糹支　紤　紎

鐘、重夜君鼎之重，包山簡省為□，情況正相同，諸家均忽視此二器之原形，實為從用從土，故否定余之重字説，可謂失之眉睫。今以甲骨文證楚簡，知此字有其遠源。【關于里字與平夜君問題　文物一九九五年第四期】

◉孫詒讓　□　舊釋為盄。説文所無。竊疑亦當為⿱台皿。與甲文字同。台上本從口。瑑畫敓有漫闕遂成口形。穌治妊盤舊作鼎誤治作□。台亦作□。是其例也。爾雅以瓴為甌瓿。此器似盆許瀚説。説文云。甌小盆也。器形與瓴亦正合。但瓴與甌瓿並從瓦。史記貨殖傳集解引孫炎爾雅注亦云。瓴。瓦器。受斗六升。此⿱台皿銅器。則與彼異。或古自有⿱台皿字。説文偶失收耳。【名原卷下】

□　秦1376　咸鄏里⿰糹支　説文所無類篇引字林云緙⿰糹支挽舟繩　【古陶文字徵】

◉徐中舒　□一期　續五・五・二　□一期　合集九〇〇二

從糸從□斤，《説文》所無，見於《字彙補》：「紤，鏡也。」唐蘭疑為絜之本字。《古文字學導論》。義不明。【甲骨文字典卷十三】

◉許學仁　信陽二一二號簡有「紎襄」一詞，字作□□。以形言之，所从之「反」與契文金文「反」字同，而楚文字中从反得聲之字，如返作□鄂君啓車節4・15；舟節4・13；坂作□仰天湖16・10；鈑作□仰天湖16・10，反皆作「反」與簡文無異。

然則从糸反聲之「紎」，古籍未見，不知何物。推尋古音，反、般於六書音均表並隸第十四部，且「般」字古文从□説文（八下）：「□，古文般从攴。」段注：「各本作从支，今正。从攴猶从殳也。」按：疑當作「从反」為是。疑古文般从反得聲，音既相近，形且相應，自得通假。簡文「鈑」當讀為鞶，紎襄即禮記内則之「鞶囊」。禮記内則曰：

「施鞶袠」，鄭注：「鞶，小囊也。」疏：「熊氏云：『袠、刺也，以針刺袠，而為鞶囊，故云鞶袠也。』」

鞶或用革製，字亦作鞶。禮記内則：

紺

「男鞶革，女鞶系。」鄭注：「鞶，小囊盛帨巾者，男用韋，女用繒，有飾緣之，則是鞶烈與。」

又儀禮士昏禮：

「庶母及門內，施鞶。」鄭注：「鞶，革囊也，男鞶革，女鞶絲，所以盛帨巾之屬。」疏：「鄭云鞶袠言施，明用箴管線纊有之，是鞶以盛帨巾之屬。」

信陽二一二號簡云：「紪與素絵之紴襄廿又一，紪與青絵之紴襄十。」知當系製之鞶囊。【楚文字考釋　中國文字第七期】

◉商承祚　[甲骨字形]卷四第四十四葉　[甲骨字形]卷六第五十八葉　[甲骨字形]書契菁華第十葉　[甲骨字形]藏龜第百九十葉　[甲骨字形]後編上第三十一葉　[甲骨字形]下第二十葉　[甲骨字形]第三十五葉

王徵君說。此字从糸尹聲。【殷虛文字類編第十三】

◉孫海波　[甲骨字形]掇一·四〇八　紺尹疑即伊尹。【甲骨文編卷十三】

◉張秉權　多紺，卜辭常見，紺字說文所無，以詞例來看，多紺與多子，多父，多母，多臣，多尹，多謝，多亞等語詞的結構相同，紺似乎是一種官職或稱謂的名詞，但在其他的卜辭中，似乎還找不出以「紺」表示稱謂的例子。所以紺是一種官職的名稱的可能性較大，它辭有：

辛丑卜，穷貞：令多紺從望乘伐下危，受㞢又？（後下三一·九）

與這一辭的句法相同者，如：

令多子族从犬侯眔冬蜀古王事？（前五·七·七十前六·五·一七）

甶多臣乎从沚𢦏？（佚五四四）

在卜辭中，雖則有多尹與多紺二個相似的名詞，但在這一套腹甲中的圖版柒壹上，「尹」與「多紺」同見於一版，可知多尹與多紺似非同一官職。【殷虛文字丙編考釋】

◉饒宗頤　[甲骨字形]　辛丑卜，穷貞：令多紺比皃[字形]伐下[字形]，受㞢又（後編上三一·九）。按多紺即多尹，紺乃繁形，猶金文命之作紷矣。【殷代貞卜人物通考】

◉李孝定　[甲骨字形]　从糸。从尹。說文所無。【甲骨文字集釋第十三卷】

⿰奉阝　⿱玨口　⿰糸冏

◉戴家祥　□蓋　沈子段　不敢不⿰糸冏休同公　□蓋　沈子段　乃鴅沈子作⿰糸冏于周公

⿰糸冏，人名，即沈子逞。左氏昭公二十三年春秋經「吴敗頓胡沈蔡陳許之師于雞父，胡子髡沈子逞滅」。公羊傳作沈子楹，穀梁傳作沈子盈。説文十三篇「緼，緩也。从糸盈聲。讀與聽同。綎緼或从呈」。盈聲同呈，聲同字通。史記齊世家「莊公三年晉大夫欒盈來奔」，集解徐廣曰：「盈，史記多作逞。」考工記輪人「桯圍倍之。六寸」。鄭衆曰：「桯，蓋杠也。讀如丹桓宫楹之楹。」是其證。【金文大字典中】

◉徐中舒　□　從玨從口，《説文》所無，疑為□之省文。義不明。【甲骨文字典卷一】

◉林清源　⿰奉阝之新造戈(邱集8251、嚴集7402)

本戈初載於録遺566，僅存殘内，銘文四字，編者于省吾釋為「邦之新都」，容庚初釋為「⿰戒阝之新都」(三版金文編)，後於新四版金文編「器目」中殆從裘錫圭釋文，裘錫圭：「談談隨縣曾侯乙墓的文字資料」(文物，1979年第7期)，頁26。命之曰「邦之新郜戈」，然於正文中則將首字録於第1072「⿰奉阝」字條下，末字録於第845「都」字條下。據上所述，銘文「之新」二字已有定論，惟首尾二字，非徒各人所釋互有出入，大家如容庚者亦舉棋不定也。

「邦」字金文習見，或作「□」(克鼎)，或作「□」(禹鼎)，右旁所從與「封」字同，其下俱無兩手向上作承托狀，與戈銘首字有別。戈銘首字或隸作「⿰戒阝」，然「戒」字金文作「□」(戒鬲)，或「□」(中山王嚳壺)，上俱从戈；而戈銘首字右旁作「□」，戈字未見此體，因知釋「⿰戒阝」未允。分析此銘偏旁，右旁上从丰，下从収，實即「奉」字。「奉」字散盤作「□」，汗簡作「□」，形近可證。此銘左旁從邑，李師孝定釋為「⿰奉阝」，李師孝定：金文詁林讀後記，頁255。新四版金文編從之(第1072條)，至於該書「器目」之命名，蓋一

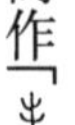

時失察耳。【兩周青銅句兵銘文彙考】

◉何琳儀 《録遺》566箸録一件楚戈，銘文四字：

△之新部(造)

「△」原篆作：

11042

舊釋「邦」，不確，應釋「䢼」。「邦」與「奉」雖均从「丰」得聲，但「邦」从「邑」，「奉」从「収」，並非一字。戰國文字「奉」習見，試舉數例：

貨系505 侯馬318

璽彙0898 望山2·10

包山73 楚帛書甲4

小篆「奉」則在「収」中間加「手」，殊為重複。

望山簡2·55有「奉陽公」，包山簡177有「奉陽司敗」，可證「奉」為地名。《水經·江水注》：「洲上有奉城，故江津長所治，舊主度州郡貢於洛陽，因謂之奉城，亦曰江津戍也，戍南對馬頭岸。」在今湖北江陵南。【古兵地名雜識 考古與文物一九九六年第六期】

⿰叀攴

◉曾志雄 侯馬盟書「宗盟類」盟辭中有「面或敢⿰叀攴改」一句(見圖一)，「⿰叀攴」字在古文字是個少見的字，金文未見，因此過去比較少人解釋。在該句「改」字之下，盟書98:24片出現斷句符號，149:1片又有句末語氣詞「者」字，所以原則上在「改」字下可以斷句。在盟書研究的過程中，最早釋盟書「⿰叀攴」字者為郭沫若，他在《出土文物二三事》一文中，釋「⿰叀攴」為「祁」字，並且認為類似圖二「⿰叀攴」字下的「=」為古文字的重文符號，即「⿰叀攴」相當於「祁祁」二字，乃「徐徐或遲遲」之意(頁6—7)。但郭氏並没有把「祁祁」二字放入原文中試釋。其後唐蘭在《侯馬出土晉國趙嘉之盟載書新釋》中，認為「⿰叀攴」即「叀」字，在《説文》中此字誤為「叀」；「叀改」的意思是「顛覆和變改」(頁32)，但他没有提出更具體的證據。《侯馬盟書》則謂「⿰叀攴」字音義未明(頁36)，顯然没有接受郭氏或唐氏之意見。李家浩繼郭、唐二氏之後，在〈釋「弁」〉一文中，根據《説文》「覍」字(或體作「弁」)字形，釋「⿰叀攴」為「弁」或「⿰舟攴」，讀為「變」(頁392)，其意大概以「弁」或「⿰舟攴」為「變」之通假字。在傳統的訓詁術語中，「讀為」一般都理解為「易其字以釋其義」(齊佩瑢《訓詁學概論》頁172引段玉裁語)的意思，其實這是一種釋讀假借字的方法，而有些人直接視「讀為」為「明假借」(說明假借字的關係)，陸宗達、王寧合編之《訓詁方法論》就這樣解釋「讀為」這個術語(頁177)。李氏讀「𢼸」為「變」，在文義上，不但符合盟書「𢼸改」或「改𢼸」(盟書1:87、1:105片即作「改𢼸」)一詞含義，乃與上句之「盡從」(而敢不盡從嘉之盟)為相反之行為；而且也滿足《曾侯乙墓編鐘》中「訢宮」、「訢商」、「訢徵」等音調作「變宮」、「變商」、「變徵」、的解釋。因此李家浩此說，是目前無論從字形、字音或字義上來衡量都比較合理的解釋。《曾侯乙墓編鐘》之銘文及釋文見《曾侯乙墓》上册頁532—582。目前除了《曾侯乙墓》的編者同意釋「𢼸」為「變」(頁557，注10)外，連劭名的《甲骨文字考釋》也主張此說(頁39)。

李家浩在解釋「𢼸」字的同時，還注意到「𢼸」字字形的各種寫法。他把「𢼸」字在盟書中的各種寫法分為下列五組：李家浩所舉的五組𢼸字，基本上包括了《侯馬盟書》字表中的三十三種字形，省去的都是些只有輕微差别的字形(例如把「〓」省作「一」的𢼸，或把「由」旁寫成「𠙷」的)，因此我們無需加以補充就可以利用這現成的五組字來討論𢼸字的字形問題。唯一要説明的，李氏指出《侯馬盟書》字表漏收16:17片作𢼸的𢼸字(頁395注2)，我們檢視過原片，認為這是墨跡殘脱所致，與字形結構無關，因此字表即使漏收，諒不會影響討論的結果。李氏的五組字形見李氏原文頁391。

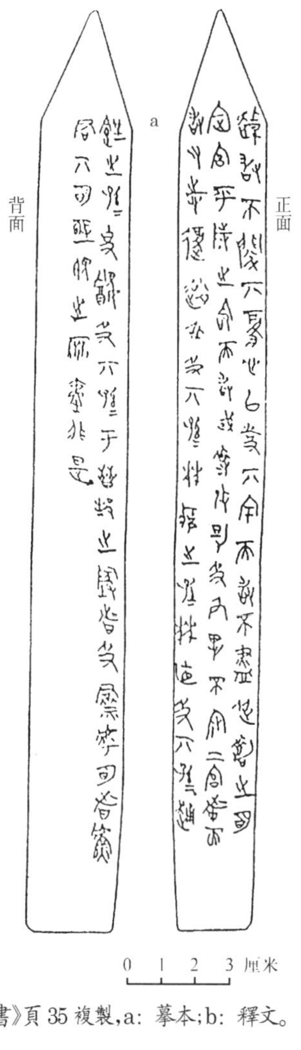

圖一：宗盟類四盟辭(據《侯馬盟書》頁35複製，a：摹本；b：釋文。

A組：1.[illegible]（6例）　[illegible]（18例）　［共24例］

2.[illegible]（55例）　[illegible]（1例）　［共56例］

3.[illegible]（6例）　[illegible]（110例）　［共116例］

B組：[illegible]（2例）　[illegible]（3例）　［共5例］

C組：[illegible]　［1例］

D組：[illegible]　［2例］

E組：[illegible]（7例）　[illegible]（1例）　［共8例］

（按：以上各字形用例數目原文本無，為引用時所加。）

他指出五組字形中以A組的寫法最常見，其他各組的寫法比較少見；又以為A2一組字形中「又」旁下的兩短橫是飾筆（頁391）。我們認為李家浩前一觀點是正確的，因為根據《侯馬盟書・字表》統計，A組各種字形將近二百例，而其他組字形合共只有16例；但李氏的後一觀點，則較有爭論。正如上文提到，郭沫若最初把鼓字下的「=」視為重文符號；後來連劭名則以「=」為省寫符號，認為鼓下之[illegible]為[illegible]的省寫，並舉出盟書的質字作「貭」為例，認為「貭」字之「ク」同於鼓字之「=」（《甲骨文字考釋》頁39）。從上述五組鼓字字形看，郭氏重文之説只是片面觀察，不足為據。因為重文符號不可能放在A3或D組字形之內，也不會像B組那樣放在字的左旁。林素清《戰國文字研究》第二章説：「裝飾性二短劃『=』與重文符或合文符形式雖同，然其於文字之部位截然有別。重文符及合文符皆標注於文字右下隅（如：子= 孫=，司馬=），而繁飾二橫劃則是附加在所要補白空間之正當中（如：[illegible]、[illegible]、[illegible]、[illegible]）。」（頁71）至於飾筆之説，也有商榷餘地，因為古文字的飾筆，並非隨意為之，人人不同，而是有固定的附加位置的。特別同一時期同一字形，飾筆的位置和施加原則，更應固定。現在我們看到「鼓」字的兩劃「飾筆」，有放在字的左下角的（如B組），有放在字的中間的（如A1、A3），有放在字的下方的（如A2和E組），這顯然不是同一字中的飾筆位置；而且在侯馬盟書中我們也找不到這類位置變動不居的飾筆。飾筆也是文字約定俗成的一部分，因此飾筆在特定的文字之中理應有固定的位置而不可隨意變換；此外，連劭名指出，侯馬盟書「寺」字下的「寸」就没有像鼓字那樣寫作「[illegible]」的，見《甲骨文字考釋》頁39，可見鼓字下的「=」不是飾筆。此外，李氏飾筆説在他的文章中也有自相矛盾的地方：他一方面在頁391認為兩短劃是飾筆，一方面在頁392又認為A組字形為兑（或弁）之省，而B、D、E組之[illegible]或[illegible]為[illegible]、[illegible]之省。換言之，他在論斷鼓與兑的關係時，没有把二短劃當作飾筆而把它當作省寫記號。但在李氏該文中，鼓之所以釋為敓，主要論據乃在於把鼓字的「[illegible]」或「[illegible]」當作「兑」字「簡省的寫法」（頁392），所以在李氏的飾筆和簡省寫法二説之間，是存有衝突而需要折衷的。我們認為簡省寫法之説比較合理。

我們對𢼸字下的「〓」看法雖然和連劭名一樣，認為是個省寫號，但我們並不同意連劭名把〼當作〼之省。第一，古文字中未見〼省作〼的例子；第二，連氏所引盟書「貿」字左上旁的簡省和𢼸字不同：貿字作「〼」，而𢼸字作「〓」；第三，連氏之説也無法解釋上述A3和B組的字形，況且盟書的「奐」字、「罨」字、「與」字、「奉」字、「〼」字、「算(筭)」字和「〼」字所從之収都沒有省作〼的。可見把〼當作〼之省並不符合盟書的實際情況。我們認為，各組𢼸字下的「〓」是〼之省，B組𢼸字的左旁就是常見的《説文》〼(覍或弁之籀文，見《説文解字注》頁406下)的省作；戰國文字中「馬、為」二字下半部經常以「〓」表示省作，就是常見的例子。有關「〓」在一個字中代替被省略的部分筆畫的用法，可參閲林素清《戰國文字研究》(頁37—44)、何琳儀《戰國文字通論》(頁225)及湯餘惠《略論戰國文字形體研究中的幾個問題》(頁38—39)。何琳儀稱「〓」為省形符號(頁255)，而湯餘惠則指出，用「〓」代表省略不寫的那部分筆畫是晚周文字的新創造(頁38—39)。因此，在上述各組字形中，B組算是𢼸字最完整的寫法，左旁從覍(或弁)省，右旁從攴；E組是最簡略的寫法，D組從「心」和A組從「又」是偏旁通用的例子，這和盟書「嘉」字、「陟」字中的「又」「心」偏旁互換同例。盟書中「嘉」字「又」「心」互通的例子如〼(203:9)又作〼(156:16)；「陟」字「又」「心」相通的例子如〼(3:2)又作〼(156:11)。值得注意的，盟書無論「嘉」字或「陟」字，都是從「又」的多，從「心」的少，與「𢼸」字偏旁從「又」多而從「心」少情況相同。李家浩懷疑D組為「戀」字的異文(上引李文頁392)，顯然沒有考慮盟書文字整體偏旁的通用情況。因此，我們認為上述五組𢼸字，基本上由「由」、「〓」、「攴」或「又」(通作「心」)等偏旁組成，其中A、B兩組字形的組成成分最相似。在侯馬盟書中，雖然也有偏旁「又」和偏旁「攴」通用的情況，例如〼(没)作〼(3:23)，又作〼(156:19)，但這畢竟是少數的；而且在古文字偏旁通用的例子中，通用的偏旁如果構形差別不大，往往都在同一個位置上進行。先秦文字「又、攴」偏旁通用較少見，高明的《中國古文字學通論》有關形旁互為通用一節(頁146—180)，就沒有收「又、攴」通用的形旁。關於古文字偏旁通用的問題，過去較少人注意，一般都是零碎地或附帶地提到，很少人作過系統的分析或專從某一種文字體系去觀察。偏旁通用與位置關係的問題，更是這樣。高明在上引書中，集中地討論了先秦三十二組通用的偏旁，而且還湊集了甲骨文和各時各地的金文、竹簡等資料，這要算是一次規模較大的討論，但也還是沒有談到偏旁通用時的位置問題。在這三十二組古文字通用偏旁中，雖然文字的時代和來源極不統一，但仍可看出，極大部分通用的偏旁都在一定的位置上進行互換，只有較古老的「辵」、「彳」、「止」等偏旁，因形體各有差異而位置才有所變動(前二者在字的左旁，後者在字的下邊)；至於「人」、「女」偏旁互換(如「姓」字《齊鎛》作〼，《詛楚文》作〼)、「日」、「月」偏旁互換(如「期」字《齊侯敦》作〼，《吳王光鑑》作〼)等少見例子，互換時的位置變動，很明顯是受到時代、國域等不同的因素影響，其餘的二十九組偏旁互換都超越了時空的界限，位置保持不動；可見古文字偏旁通用是長期穩定地在固定的位置上進行的，以不改變文字的結構格局為原則。如今𢼸字B組字形的「攴」旁在右邊，但其他各組字形的「又」旁有的在側（如A1），有在下的（如A3），有的在中間（如A2,「又」敍於「〃」之上），不合古文字偏旁通用的常規，所以我們認為「攴、又」這兩個偏旁在此並不構成互換關係。【侯馬盟書「𢼸」字的文字學內涵　第二屆國際中國文字學研討會論文集】

䘏

◉陳夢家　䘏作　从示从　，　即說文　䘏字，从　从皿同，點象有血，血祭卜辭習見。【古文字中之商周祭祀　燕京學報第十九期】

酨

◉徐同柏　　商駿卣　戈形當是植木縣器之物。音義同栽。讀若載。宋王復斋鐘鼎款識𠨘卣子孫永寶下亦作此形。謂子孫永寶載此器也。是銘旁箸卣形義叜明皙。【從古堂款識學卷七】

◉戴家祥　　酨毁　酨　　蓋　　器　駿父己卣　酨

酨字从酉，从戈。説文所無。集韻下平八戈䣶讀古禾切，訓酒色也。古代或有其字，説文失收。【金文大字典中】

𢦚

◉戴家祥　　中山王嚳鼎　天其有𢦚于𢦚氒邦

𢦚，張政烺讀為幸，趙誠、商承祚假作刑。均無説。朱德熙裘錫圭謂「此句疑當讀為『天其有刑，粤在厥邦』。刑，法也。」文物一九七九年第一期平山中山王墓銅器銘文的初步研究。按𢦚，字書不載。諸釋聊備一説。【金文大字典中】

𣹛

◉楊樹達　　銘文梁字作𣹛，从水，从井，从刀。吴氏釋為梁，是矣，而於字形無説。余謂刀為刅字之省，字从井者，字乃从水从刱聲，故有井形也。金文梁伯戈梁字作𣲙，不从木。陳公子甗史冗簠梁字亦止作𣲙，不从米。此銘梁字从水，从刱省，不从米，與陳公子甗史冗簠同。異者，彼二作𣲙，从水从刅，此則从水从刱耳。曾伯霥簠叔朕簠二銘梁字皆从米作，不省。【仲𠭯父盤跋　積微居金文説】

莘

◉楊樹達 ▢字又作▢,卜辭云:「△戌,卜,㱿貞,戉𢦏▢方。」見殷契類纂𢦏字下。鐵雲藏龜壹陸貳之肆云:「貞戉受洗方?」又壹玖叁之叁云:「貞弗其△洗方?」按方者國也,▢方究當為何國乎?以聲類求之,蓋即有莘氏之莘也。孟子萬章上篇曰:「伊尹耕於有莘之野。」説苑尊賢篇曰:「伊尹,故有莘氏之媵臣也。」莘字或作侁。呂氏春秋本味篇曰:「有侁氏女子採桑,得嬰兒於空桑之中,長而賢。湯聞伊尹,使人請之有侁氏,有侁氏不可。伊尹亦欲歸湯,湯於是請取婦為婚,有侁氏喜,以伊尹媵女。」據此知湯王天下以前有侁氏已立國也。字又作㜪。昭公元年左傳曰:「王伯之令也,猶不可壹,於是乎虞有三苗,夏有觀扈,商有㜪邳,周有徐奄。」説文十二篇下女部云:「㜪,殷諸侯為亂,疑姓也,从女,先聲,春秋傳曰:商有㜪邳。」此㜪為亂於殷之事也。甲文▢从▢聲,▢為初文,洗其後起之形聲字,洗與莘為雙聲,與侁㜪則聲類相同之字也。【釋▢方 積微居甲文説】

茦

▢ 3·675 右敀▢衢棻里衆▢ 説文所無類篇棻草名 【古陶文字徵】

茾

▢ 石碣馬薦茾=𢼸= 即芃字説文所無見集韻 【石刻篆文編】

萛

▢ 2265 説文所無集韻萛萛母蘗草 【古璽文編】

㙐

◉曾憲通 ▢ 㙐是各 甲二·一八 此字右上角稍殘,右旁从戔無疑。或説讀為踐。選堂先生謂㙐猶踐土之義。【長沙楚帛書文字編】

⿰壴力　埳　⿰昔阝　𦰩

◉朱歧祥　[字形]——[字形]、[字形]、[字形]——[字形]——[字形]

[字形]，从壴力，隸作⿰壴力。《説文》無字。或即鼓字異體。晚期卜辭用為地名，與帛、淮、淒、[字形]、雃諸地同辭，約處於殷的東南。由辭例見字有訛从木、从來、从未。

〈綴219〉　庚申王卜在[字形]貞：今日步于[字形]，亡災？

〈前2·12·4〉　癸酉卜在帛貞：王步☐[字形]☐災？

〈前2·8·2〉　乙酉卜在[字形]貞：王田，往來亡災？

〈綴188〉　癸酉王卜貞：旬亡畎？在十月。王征人方在[字形]。字又訛力作丿。

〈後上12·12〉　癸卯卜，行貞：王步自雃于[字形]，亡災？字或訛力為又。

〈京3484〉　☐在[字形]☐。【甲骨學論叢】

◉馬叙倫　[字形]井生[字形][字形][字形]　舊釋[字形]為西。[字形]釋甗。皆非也。孫詒讓初釋[字形]為臽。又以為是函非臽。倫謂[字形]所從之[字形]。與金甲文函字所從之[字形]同。[字形]乃[字形]之初文。韜矢之器也。此中[字形]是土字。然則此必為形聲字。或從土[字形]聲。或從[字形]土聲。古書函臽二字相通。菡萏為連語。則此蓋土[字形]聲。為埳之聲同侵類轉注字。説文無埳。而閻之重文作壛。蓋從門埳聲。是古有埳字也。然毛公鼎易女鬯一[字形]。虢叔鐘□御亍天子■[字形]。[字形]即説文之𠧪。説文誤為從卤。其[字形]與此所異者極微。而[字形]從之得聲。金文實借為酉。酉聲幽類。函聲侵類。幽侵對轉。則[字形][字形]實一字。聲有轉變耳。篆形當以此為正。疑此與函皇父敢為一族。【讀金器刻詞卷中】

[字形]　⿰昔阝　説文所無昔籀文从肉作䐨廣韻鄉名⿰昔阝嬰盤　陝西鄠縣出土　[字形]　⿰昔阝嬰簋　【金文編】

◉容　庚　説文昔。籀文从肉作䐨。廣韻。⿰昔阝。鄉名。【⿰昔阝嬰簋　善齋彝器圖録】

◉唐　蘭　用[字形]　[字形]當即[字形]字，卜辭𦰩字作[字形]，常作[字形]。𦰩讀為熯，《詩·楚茨》：「我孔熯矣。」《爾雅·釋詁》：「熯敬也。」字亦作戁，《説文》「敬也。」【論周昭王時代的青銅器銘刻　古文字研究第一輯】

斦

◉周寶宏　張頷先生《晉侯斦簋銘文初識》（見《文物》一九九四年一期）：「第10字應隸定作『斦』即𠆢字……金文中的𠆢字作『□』（毛公鼎）、『□』（録伯戎簋）、『□』（史頌簋）。這些字所从之『□』和『□』，就是『□』字的省體，『□』即『臣』字（頤），金文中本來作『□』，但也常簡化作『□』和『□』，直至篆文之『□』。斤字篆文和古文均作『□』，是兩個曲柄錛的象形文字，有雙之義，頤為雙頰，𠆢亦有雙義……𠆢字本應作『□』，省體作『□』，再省作『□』，篆文作『匹』，誤『斤』為『八』，故失其確詁。」按：張頷先生釋𠆢字之源流可商。臣字形體最早見於甲骨文姬字偏旁作□、□（見于省吾先生《甲骨文釋林》）。西周金文姬字早期形體作□（憧季遽父卣）、□（商尊）、□（強伯作井姬甗）等形。中晚期姬字又變為□（師酉簋）、□（師趛鼎）、□（魯侯鬲）等形。晉侯斦簋之□字也是西周中晚期的形體。𠆢字未見於甲骨文，也未見於西周早期金文，比較早的形體見於西周中晚期金文，作□（𢿾簋）、□（衛簋）、□（𤔲盤），以上形體是𠆢字早期形體，晚期形體則變作：□（史頌鼎）、□（毛公鼎）、□（史頌簋）、□（單伯鐘）等形。𠆢字的形體演變應該是□→□→□，由上列臣字和𠆢字形體發展演變情況看，臣之作□、𠆢之□形都是同一個時期的寫法，並且二字較早的形體區别更大，𠆢字絶非斦字之省因此可知。西周金女𠆢之作□之形是𠆢之作□形的訛變或鑄訛。𠆢之作□形，「□」中之點為飾筆，「□」是从「□」之重筆，所从之「□」形，絶非斤字旁。因此將晉侯斦簋之□形與𠆢之作□等形聯繫在一起是不可信的，也就是説，𠆢字絶非斦之省，斦字也絶𠆢字。□字形體結構清楚，只能隸作斦，不見於字書。【讀古文字雜記九則　于省吾教授百年誕辰紀念文集】

叙　𣪠　繫

◉商承祚　□卷一第八葉□同上□第十八葉□第三十六葉□同上□卷五第三十五葉□同上□同上□藏龜之餘第十三葉□後編上第七葉□龜甲獸甲卷一第十八葉□同上□同上

从手持木於示前。古者卜用蕉火。其木以荆。此字似有卜問之誼。又許書有𣪠字。注。楚人謂卜問吉凶曰𣪠。从又持祟。祟非可持之物。疑出乃木之譌。意不能決。坿此待考。【殷墟文字類編卷三】

◉葉玉森　□□　羅氏考釋（中第十八葉）列此字於𣪠下，殆謂叙省文也。按此字有作□（藏龜之餘十三・二）者，有更省作□（前・二・二五・六）者，有增繁作□（後・上・七・十二）□（甲・一・十・十）者，疑竝為叙之變體。其从宀者，即許書𡪢之所由孳歟？【殷墟書契前編集釋卷一】

◉李孝定　陳説字形，于説字義，均塙不可易。董先生謂叙即𡘋之後起新字，按𡘋為燔柴之祭，其字作□□□，从小點象火焰上炎之形。叙字卜辭多見，無一从小點作者，此説似有未安。葉謂叙之異體有作□者，𢼊甲・一・十・十，辭云

「庚辰☐貞翌☐日彫[glyph]卅□卯四宰」,[glyph]在此為用牲之法,與卜辭叙字習見之辭例不同,恐非一字。謂即許書𡨄之所由孳則是也。王鳴盛尚書後案云「説文『𡨄塞也从宀𣪠聲讀若虞書曰「𡨄三苗」之𡨄』麤最切。『竄匿也从鼠在穴中』七亂切凡自匿四竄納之穴中閉塞之曰竄,三字音義全别。此經本作𡨄今作竄者,衛包改也。此條大謬,古文尚書當作粲,粲正字也。今文尚書或作竄,竄假借字也。説文之例,凡音同而字異者則言讀若某,此經本作『竄三苗』,故言𡨄讀若竄也。若使本作𡨄,則但引書以為證而已,安得稱讀若乎。今説文改竄為𡨄,自二徐本已然,此由淺人疑竄音七亂反與𡨄音麤最反不同,故妄改之,但以本字為音,説文從無此例。竄字古音七外反,見周易訟象傳、宋玉高唐賦、班固兩都賦、魏大饗碑辭、張協七命、潘嶽西征賦、謝靈運譔征賦。古音𡨄與竄同也,孟子作「殺三苗」,此非殺戮之殺,亦即竄之假借字也。竄讀若鎩,昭元年傳曰「周公殺管叔而蔡蔡叔」,釋文云「蔡説文作粲」。經典竄蔡殺粲四字同音通用,皆謂放流之也。」按王氏説𡨄竄竄殺同音通假之故,其説極是。然則卜辭之[glyph]當釋為𡨄,讀為殺,謂殺三十牛或羊也。下文卯與𡨄對文,王國維謂古音卯劉同部而爾雅釋詁「劉殺也」卯疑即劉之叚借字其説可从可證。金文𣪠作[glyph]禦父己鼎與卜辭或體同。【甲骨文字集釋第三】

◉于省吾　甲骨文叙字習見,作[glyph]、[glyph]、[glyph]、[glyph](商器我鼎作[glyph])、[glyph]、[glyph]等形。羅振玉謂:「許書有𣪠字,注楚人卜問吉凶曰𣪠,从又持祟,祟非可持之物,出殆木之譌,叙即許書之𣪠。然此字卜辭中皆為地名,豈卜祭謂之𣪠與?」(增考中一八)按羅氏釋形是也,但不得其義而作疑詞。承培元廣説文解字答問疏證:「𣪠即冬賽報祠之賽。冬𣪠報祠謂祈丰穰問水旱也。周禮都宗人注、漢書郊祀志、急就篇皆借塞為之。」按承説是也。但謂借塞為賽,不知賽為後起字,失之。説文:「𡨄,塞也。从宀𣪠聲。」是𡨄與塞以聲為訓,𡨄从叙聲,故知叙亦通塞。漢書郊祀志:「冬塞禱祠。」顔注:「賽謂報其所祈也。」説文新附:「賽,報也。」徐灝説文段注箋:「塞,實也。戴氏侗曰,引伸之則諸許而實其言曰塞,是也。蓋有所祈禱,許以牲體為報,自實其言,故謂之塞也。」甲骨文言「王宓叙,亡囚」、「王宓叙,亡尤」、「王宓祭,叙亡尤」、「王宓戠,叙亡尤」,以及王宓上甲、王宓先祖、先妣、父某、母某、兄某而言叙者,習見迭出。叙字均應讀為塞,指報塞鬼神之賜福言之。甲骨文塞祭而用牢、宰、牛者習見,即「許以牲禮為報」之義。其不言用牲者,文之省也。【釋叙　甲骨文字釋林】

◉温少峰　袁庭棟　卜辭又有月之專名曰「[glyph]月」,[glyph]字當即甲文[glyph]字之異體,即「𣪠」字初文,卜辭云:

(120) 癸巳卜:于[glyph]月又(侑)𠷎?(前八・六・三)

(121) 己卯卜,我貞:[glyph]月又史?(前八・五・六)

說文：「楚人謂卜問吉凶曰𣪘」。是「𣪘月」乃以𣪘祭為名之月。𣪘字之初文象雙手奉木於示前，當即古之「枚卜」，有如今之「抽簽」於神前以卜吉凶。【殷墟卜辭研究——科學技術篇】

◉連劭名　甲骨文中有：

A：□《京津》3299　B：□《遺》374

C：□《甲》2774　D：□《南明》650

E：□《後》上7·12　F：□《文》288

G□《卜》29

這些形體都是一字的不同寫法，舊釋為𣪘，不確。

首先應指出，上引ABCD下各例中所从的□□，不是木字。古文字中木字寫作□，上像枝葉，中像枝干，下像根莖，與□字最大的區别在於上下分叉的筆劃在中間的部分並不相接，所以，□絶不是木字，應是束字的初文，像柴薪交叉積放為一束，E、G二例在字中畫圓圈以像綑束之意，因此，上引各例都應看作從束的字，束應為音符。

𣪘，當讀為餗，《漢書·叙傳》音義引《字林》云：「餗，鼎食實也。」《易·鼎》：「鼎折足，覆公餗。」《釋文》：「餗，馬云：鍵也。鄭云：菜也。」餗字又作粥，《説文》云：「粥，鼎實惟葦及蒲，東留謂鍵為粥。」葦、蒲都是采集來的野生植物。段玉裁注云：「此有奪，當云鼎食也。詩云：其粥維何，維筍及蒲。或曰：筍作葦者，三家詩也。《爾雅》其萌蘿，今蘆筍可食者也。按詩其殽維何，炰鼈鮮魚，此謂鼎中肉也。其蔌維何，維筍及蒲，此謂鼎中菜也。」

《我鼎》銘文云：「延礿𣪘。」延者，接續之意。卜辭云：「彡冊𣪘。」彡即肜，《爾雅·釋天》：「又祭也，周曰繹，商曰肜。」孫炎注：「肜，日相尋不絶之意也。」二者所記祭祀禮儀完全相同。

卜辭中關於餗祭最重要的記載，是一版祖庚、祖甲時期的大版腹甲，原件已經破碎，現存共五塊，分散著録於《殷契粹編》與《甲骨文録》二書之中，編號為《粹》207、《粹》307、《粹》176、《文録》268、《文録》476，此版曾由曾毅公先生綴合，即《甲骨叕存》第六版。除上述五版外，曾先生還將《文録》473拼接於右下部，細審其文辭，這一片似與此版無關，故應剔除。近年出版的《甲骨文合集》僅綴合了《粹》307、《粹》176、《文録》268三版。

全版卜辭甚有規律，依時間順序，自下而上，依次相排。以中央千路為界，右半的辭例為：

(干支)卜，尹貞：王賓(祖先名稱)彡，亡尤？

𤝔

左半的辭例為：

(干支)卜，尹貞：王賓𣪘，亡尤？

左右兩邊的卜辭對稱排列，凡右邊刻有貞問商王將彡祭某一祖先的卜辭，左邊相應的位置必有一條卜問「賓𣪘」的卜辭，兩者的干支完全相同，是一日之內的兩次占卜。

這次祀典自十二月開始，一直延續到第二年三、四月間，長達數月之久。在十二月祭祀大乙、大丁。正月祭祀大甲、大庚、中丁。二月祭祀祖乙、祖辛，祖丁。三月祭祀小乙、父丁，這一期間受祭的全部是直系先王，中間僅缺大戊，從小甲的情況看，沒有多餘的位置，說明大祭大戊當另有原因，並非偶然的遺漏。三月以後的祀典開始祭祀旁系先王，首先出現的是雍己，時間安排在己亥日，上距父丁的祭日丁巳已達四十餘日，估計已經到了四月中旬。雍己是大戊一世的旁系先王，為什麼在整個祀典中沒有大戊，而父丁之後的祭祀又自雍己開始，都是極大的疑問，須要繼續進行深入的研究。【甲骨刻辭叢考　古文字研究第十八輯】

◉郭沫若　第九九一片　𤞞即金文𤝔字，大克鼎「𢊁遠能𤝔」作，同語亦見番生𣪘作，均从犬从𡊞。書堯典顧命及大雅民勞均作「柔遠能邇」，是𤝔與邇通。晉姜鼎「用康𢊁妥褱遠𤝔君子」，亦以𤝔為邇。孫詒讓王國維均以𤝔為埶。孫謂：「埶俗作藝，書立政『藝人表臣』，藝人亦謂邇臣，與表臣為遠，正相對。又通作勢，逸周書皇門篇『乃維其有大門宗子勢臣，罔不茂揚肅德』，勢臣亦謂邇臣。」籀高述林」克鼎釋文。王謂：「𤝔與埶通，堯典『格于藝祖』，今文作『假于祖禰』，知藝禰同用。」觀堂古金文克鼎銘考釋。今案二家言𤝔通埶，𤝔假為邇，埶亦通作邇若禰，均為得之。然未言𤝔之本義，𤝔字从犬，不从丮，與埶非一字也。由卜辭與金文互證，知𤝔實𤞞之省。𤞞當从犬𡊞聲，𡊞者埶之異，从臼與从丮同意。是則𤞞若𤝔當是獮之古文矣。卜辭每假省為獮，言「田省」。此言「田𤞞」，文例相同，亦一互證也。【殷契粹編考釋】

◉戴家祥　郭沫若：「𢊁遠能𤝔」，孫詒讓謂𢊁即擾之異，卣乃聲，𤝔乃埶之變，當讀為暬。國語楚語韋注云：「暬近也。」「擾遠能暬」猶詩書言「柔遠能邇」，言其安遠而善近。詳見籀高述林七·一二。王國維亦同此說，唯謂「𤝔與埶通，堯典『格于藝祖』，今文作『假于祖禰』，知藝禰同用。」見「觀堂吉金文考釋」本鼎銘考。以證𤝔即叚為邇微異。其它引證多同。兩周金文辭大系考釋七第一二一至一二二葉。【金文大字典中】

桴

◉劉和惠　「」，郭釋為「榹」，假為遞；殷、羅釋「桴」，借為「浮」；商釋為「杍」，通為「梓」；于釋為「棹」，借作「朝」，均未得。

按「」，即桴字，从木从子。子之上乃「木」之省。桴，即李字之古寫，見《五音集韻》。李，古與理通。《左傳・僖公三十年》：佚之狐見秦伯曰：「秦，晉圍鄭，……若舍鄭以為東道主，行李之往來，共其乏困，君亦無所害」。杜預集解：「行李，使人」。《國語・周語》：「周之《秩官》有之曰，敵國賓至，關尹以告，行理以節逆之……。」賈逵注云：「理，吏也；行理，小行人也。」王念孫《廣雅疏證》曰：「理與李通，行李所以傳命。」可見，「桴」即「行李」之李。

金文中的飤字，多與器物名稱聯繫在一起，如「飤鼎」、「飤壺」、「飤簠」，等等。《說文》：「飤，糧也，从人仰食也，謂以食供設與人也，字从食、从人意也。」此解給我們很大啟發。飤字的古義，當作供設、貢獻或供給飲食解。

「桴飤」是一個專用名詞。由於對「桴」「飤」二字不同的認識，諸家對「毋舍桴飤」一語也各有所見，如：郭氏釋為「要加以優待，不要給予不好的食物」(《文史論集》338頁)；商氏釋為「修補船隻所需用的木材和隨船人員的火食則不能供應」(《文物精華》第二輯53頁)；于氏釋為「舟車人徒衆多，其所到之處，國家不能供給饌食」(《考古》一九六三年第八期444頁)；殷氏釋為「不要給他超額供應」(《文物參考資料》一九五八年第四期10頁)。這些解釋均不符「桴飤」一辭原意。

「桴飤」指的是使者所經之地，地方官(關吏、市吏等)照例供給的飲食，簡單一點說，就是使者的待遇。國君的使者都是持有「金節」的；鄂君啟的商隊也持有楚王賜予的「金節」。為了避免誤會，所以節文特意加以說明：「見其金節則毋徵，毋舍桴飤。」其義是：見到「金節」就不要徵稅，但不要給予使者的待遇，或者說不要供給使者的飲食。【鄂君啟節新探　考古與文物一九八二年第五期】

補

3・1　陳補三立事歲右廩釜　說文所無篇海補木欑也　3・4　陳補立事□□　3・1197　獨字　3・487　祉子里補　3・357　楚章衜[illegible]里補　3・1194　獨字　3・1195　同上　3・1198　獨字　3・1199　同上　3・1058　同上　【古陶文字徵】

◉王　襄　[glyph]　疑梌字。【簠室殷契類纂存疑】

◉陳夢家　「梌——宮——𡆥」前二・三四・三　此於辛未卜田𡆥，次日壬申卜田梌，又三日乙亥卜田宮，則梌𡆥當相近。今沁陽縣東三十里，沁水南岸有徐堡鎮，東為武德鎮，西為尚香鎮。卜辭之梌或在此。又左傳襄二十三「救晉次於雍榆」，杜注云：「雍、榆，晉地，汲郡朝歌縣東南有雍城。」榆或即梌，與雍相近。【殷虛卜辭綜述】

◉于省吾　契文梌字作[glyph][glyph][glyph]等形。多用為地名。惟前七・二八・一有辭云。𢀛胯小穷亡梌。余所藏明義士墨本有辭云。勿見。其㞢梌亡匃。梌作[glyph]。从木余聲。應讀為艅。梌與艅並諧余聲。艅今作俞。説文。俞空中木為舟也。从亼从舟从巜。巜水也。按許説不可據。俞字早期金文艅伯卣作[glyph]。艅尊作[glyph]。晚期金文魯伯俞父盤作[glyph]。説文从亼从巜。乃[glyph]形之譌。弓鎛。勿或余改。余作[glyph]。乃俞之省。余應讀為渝。渝變也。言勿有變改也。易訟九四。渝安貞。豫上六。成有渝。虞注並訓渝為變。然則契文言亡梌即亡渝。謂無變也。言㞢梌亡匃者。匃應讀為害。謂雖有渝變而無患害也。【釋梌　雙劍誃殷契駢枝三編】

◉于省吾　甲骨文梌字作[glyph]、[glyph]、[glyph]、[glyph]、[glyph]等形。其中用為地名者甚多，不知其地望。甲骨文稱：「𢀛胯小穷亡梌。」（前七・二八・一）又：「☐勿見，其㞢梌亡匃。」（南北明七六二）梌作[glyph]，从木余聲，應讀為艅。梌艅並諧余聲。艅後世作俞。説文：「俞，空中木為舟也。从亼从舟从巜，巜，水也。」按許説不可據。商代金文艅與亞中艅字，从余作[glyph]或[glyph]者常見，金文編入於附録。周代金文魯伯艅父盤作[glyph]。説文俞从亼从巜，乃[glyph]形之譌。弓鎛之「勿或余改」，余作[glyph]，乃俞之省。余應讀為渝，渝，變也。言勿有變改也。易訟九四之「渝安貞」，豫上六之「成有渝」，虞注並訓渝為變。然則甲骨文言「亡梌」即亡渝，謂無變也。周禮保章氏：「以五雲之物，辨吉凶水旱降豐荒之祲象。」鄭注：「物，色也，視日旁雲氣之色。」後漢書明帝紀：「觀物變。」章懷太子注：「物謂雲氣災變也。」前引甲骨文之「勿見，其㞢梌亡匄」，應讀為「物見，其有渝亡害」。勿乃物之初文，物謂雲氣之色。該辭是説，觀察雲氣之色，雖有渝變而無災害也。甲骨文稱：「丙申卜，爭貞，勿見，兕不雨，受年。」（前六・七・四）勿見即物見，與前文同義。甲骨文又稱：「貞，勿丨。」（明七五四）勿丨即物同，同應讀為迵。爾雅釋詁訓迵為遠，是説雲氣之色已經遥遠也。

【釋梌　甲骨文字釋林】

⿱林口 ⿱林巳 ⿰木欶 ⿺走歺 ⿱來口

⿱林口 說文所無廣韻酒巡匝曰啉出酒律亦書作⿱林口 西⿱林口匜 【金文編】

◉戴家祥 西林鑰 西⿱林口作其妹訢鋒鉦鑰 ⿱林口字从口从林，說文所無。廣韻下平二十四覃「酒巡匝曰啉，出酒律，亦作⿱林口」，集韻「飲畢曰啉，又䑙也」。廣韻集韻並音「盧含切」來母侵部。【金文大字典上】

◉孫海波 後一・一一・五 从木从巳。唐寫本說文有此字。今本無之。集韻以為梠或字。【甲骨文編卷六】

◉林潔明 字从木从口从欠。說文所無。金文用為人名。義無可說。高田忠周謂从虎。釋為虢。則絕非。虎字金文作盤姬鬲。召伯簋。从虍之字作寡子卣。大師虘豆。與⿰木欶所从之絕異。【金文詁林卷八】

◉戴家祥 ⿺走歺卣 ⿺走歺尊 賜⿺走歺采曰⿰止歺 ⿺走歺字从走从歺，說文所無。古字从走表義者亦或更旁从足，玉篇二二六趞或作踖，趯或作躍，赴與跬同，趕與蹕同，踊與踴同，是其證。說文四篇「歺，剡骨之殘也」，「讀若蘖岸之蘖」。說文六篇蘖為㦥之或體字。蘖从薛聲。薛从辥聲，辥从𠩺聲，辥𠩺皆讀私列切，心母祭部。知⿺走歺即躠之形聲更旁字也。玉篇七十六躠旋行貌，不但同部，而且同母。唐韻蘖蘖讀五葛切屬疑母。集韻入聲十七薛躠殺同字，亦書作躠。丁佛言說文古籀補補坿録第五葉、高田忠周古籀篇卷十三第六葉釋越，形聲失據，其誤明甚。【金文大字典下】

◉朱歧祥 ——

，从來置於囗中，隸作⿱來口。《說文》無字。晚期卜辭用為地名，與喪、諸地相接，約處殷的西南。字或又从禾作香。

〈林2・25・15〉乙酉卜，在貞：王今夕亡畎？

〈金583〉辛亥王卜在貞：今日往于，亡災？【甲骨學論叢】

⿰克攴　⿰或阝

◉陳世輝　「其戠，西⿰或阝(域)有吝，日月即亂，乃有兒□；東⿰或阝(域)有吝，□□乃兵，□于其王」；⿰或阝字過去釋國，不確。此字亦見於《師寰𣪕》，則寫作「」，均讀作域。【《詛楚文》補釋　古文字研究第十二輯】

◉袁國華　「」字見「包山楚簡」第3簡，〈釋文〉及〈字表〉皆隸定為「⿰阝戉」字，〈考釋〉注12云「⿰阝戉，讀如越」，乃是戰國「越國」的專用字。但是，「包山楚簡」「⿰阝戉」作 103；「越王勾踐劍」作，與「」字字形比較，「⿰阝戉」从「」、「」，从「」，兩字所从並不相同，因此「」不能隸定為「⿰阝戉」字。

「包山楚簡」「或」字屢見，簡120作，字形與「」字所从相同，故知「」，字實从「或」从「邑」，應隸定為「⿰或阝」字。「⿰或阝」字亦見〈古璽彙編〉編號0204、0310兩方官璽，編號0310璽印有四字作，原釋「東⿰或阝戳□」，最後一字未釋，今試釋為「東⿰或阝(域)戳交(郊)」。至於「⿰或阝」，字在簡中的用法則待考。【《包山楚簡》文字考釋　第二屆國際中國文字學研討會論文集】

◉葉玉森　　說文𠂆肩也。象屋下刻木之形。林蘖園云克能也。古作克鼎。象以肩任物形。𠂆象肩。即凷。肩任重物。能事之意。森桉許君說於形誼俱晦。林氏說證之契文。亦未可信。因契文。亦作。从𠂆與从同。非肩形也。盂鼎克作。散氏盤變作。竝从克从攴。詩清人序高克好利。釋文本作⿰克攴。⿰克攴即古文尅。契文四字。予竝斷定為⿰克攴。象一人戴冑持干或戈形。从。竝象冑。其冑上之飾。許書謂冑从月由聲。由竝非聲。當即冑之象形古文。同音相叚。乃借為由。猶契文〈裘之借為求也。从人持干或戈為一字。猶師寰𣪕號盤之搏。不嫛𣪕則作戟。司寇之寇。虞司寇壺衛姬壺竝从干。司寇戈則从戈也。又契文有字。疑亦之省文。初誼本訓殺。書牧誓弗𢖍克奔以役西土鄭注。訓勝爾雅釋詁。引申為能。書堯典允恭克讓傳。【說契　學衡第三十一期】

◉葉玉森　　商承祚氏釋畏。類編第九第四葉。森桉。許書訓克。肩也。象屋下刻木之形。其說於形誼俱晦。盂鼎克作。散氏盤變作。乃从克从攴。詩清人序高克好利釋文。本作⿰克攴。⿰克攴即古文尅。卜辭異體亦作。予竝斷定為⿰克攴。象一人持干或戈形。从竝象冑。其冑上之飾。許書謂冑从冃由聲。由竝非聲。當即冑之象形。古文同音相叚。乃借為由。猶〈裘之借為求也。从人持干或戈為一字。猶師寰敦號盤之搏。不嫛敦則作戟。司寇之寇。虞司寇壺从干。司寇戈則从戈也。又卜辭有字。疑亦之省文。初誼訓殺。書牧誓弗御克奔鄭注。訓勝。爾雅釋詁。引申為能。書堯典允恭克讓傳。【殷墟書契前編集釋卷六】

鄟 逜 軟 ⿱叀口

◉李先登 𨛥，隸定為鄟，从專省，即鄟字。《春秋・成公六年》：「(魯)取鄟。」《穀梁傳》以為國名，在今山東省郯城東北，《公羊傳》以為邾國之邑。【天津師院圖書館藏陶文選釋 天津師院學報一九九一年第五期】

◉曾憲通 逜 咎而步逜 甲二・三六 此字諸家缺釋，選堂先生以為逜字之殘。謂步逜即步瘖。【長沙楚帛書文字編】

◉温少峰 袁庭棟 甲文有「[古文字]」字，郭老釋歆(見《殷契粹編》)，誤。[古文字]與[古文字]絶非一字。《甲骨文字集釋》釋為「車」，大體可从。若釋車不誤，則「[古文字]」字為「軟」字。卜辭有「疒軟」之載：

(124) 癸未卜：王弗疒軟？(《粹》一二六七)

(125) ☐午貞：……疒軟，龍(寵)？(《粹》一二六六)

所謂「疒軟」，當是周身疲軟無力之病。此二辭卜問殷王是否已經得了周身疲軟之病，和得此病後是否得鬼神寵祐而好轉？【殷墟卜辭研究——科學技術篇】

◉孫海波 [古文字]甲一〇二 从口从[古文字]。説文所無。地名。【甲骨文編卷二】

◉孫海波 [古文字]前二・四〇・一 唐蘭釋⿱叀早。从叀从早。説文所無。【甲骨文編卷四】

◉孫海波 [古文字]存二四八八 疑即⿱叀口字。【甲骨文編附録】

◉唐 蘭 第七十七片骨

异

……卜 ……㞢 ……卣

壬午王卜，貞田□，往來亡災。王占曰吉。

辛子王卜，貞田□，往來亡災。王占曰吉。

……不……雨。

王卜者王親卜也。此類卜辭在殷之末葉。

异當从臼叀聲。卜辭或作□□□等形，昔人未識，金文銉彝云「□卣」，郭沫若誤釋為𠤳廿卣，實即此字。匋器有□字，前人亦未識，即□之變。蓋卜辭叀字，或作□□□□□等形。前人誤以為𠤳，余按卜辭叀𠤳同類，疑叚叀為𠤳。故□或作□，猶□之即□若□也。詳余殷虛文字記二八。説文畏古文□，以□虐作□推之，疑古文本作□，叀畏聲近，誤認為畏之古文耳。【天壤閣甲骨文存考釋】

◉陳秉新　□　异，不見於字書，从口，从叀，以聲類求之，當讀如惠。卜辭惠，當即禹貢「覃懷厎績」之懷，在今河南武陟縣西南。

【殷虚徵人方卜辭地名彙釋　文物研究第五輯】

◉趙　誠　與収相類似的還有一個异字寫作□，从豆象一種盛物之器皿，从雙手象進獻之形。甲骨文用作動詞有兩種意義和動詞収近似：

癸亥卜，何貞，其异𠤳於且乙，叀翌乙丑（甲二四・七）。

丙子卜，其异齋於宗（掇一・四三八）。

這種用法的异有供奉、進獻之義。

辛巳卜貞，异帚好三千，异旅萬，乎（呼）伐……（庫三一〇）

此字的這種用法的有徵集、召致之義。情況和収所具有的兩種意義近似。值得注意的是此字的用法更能使人看清這一對詞義之間所存在的聯繫。所謂「异𠤳於且乙」是把𠤳奉獻給且乙。所謂「异帚好三千」，實是异三千與帚好，是説徵召三千人衆給帚好。奉獻和徵召是對立的，但徵召之後又給帚好卻和奉獻義互相聯繫。另一方面，所謂「异齋於宗」，是把齋這種糧食供奉於宗廟，要供奉齋於宗廟必然事先要集中要搜得。這和「异旅萬」的情況有非常相似的地方。「异旅萬」是把一萬人徵集來交付給軍隊，「异齋於宗」是集中齋這種糧食供奉給宗廟，作為一種行為來看，兩者大同小異，都是收集來再付出。體會到了這一點再來看前面的収就更為清楚,収的那兩個對立着的意義實際是互相聯繫着的,作為一種行為,都是收集來再付出。【甲骨文行為動詞探索(一)　殷都學刊一九八七年第三期】

豉

[古陶文] 3·935　獨字　説文所無玉篇豉市眞切亦作敊　【古陶文字徵】

酞

◉孫海波　[甲骨文]存下七三一　方國名。从酉。【甲骨文編卷十】

◉考古所　[甲骨文]:字不識。為族邦之名。懷特B一六三八「癸酉卜:王章[甲骨文]」,[甲骨文]與[甲骨文]當為一字。[甲骨文]曾與商作戰,本辭之[甲骨文]當是[甲骨文]族之戰俘。【小屯南地甲骨】

酗

◉吳大澂　[金文]　古酗字。周書曰。淫酗肆虐。小篆作酌。許氏説醉醬也。盂鼎無敢酗。【説文古籀補第十四】

◉吳式芬　[金文]酸　説文所無　盂鼎無敢酸〈0676〉「㪔酉酒無敢酸」

徐籀莊説。⊘酗作酸。古酗作酌。从句聲。此从火在舌上。火亦聲。【攈古録金文卷三之三】

酙

◉楊樹達　[甲骨文]　甲文有酙字,舊亦無釋,余疑為枓字。説文六篇上木部:「枓,勺也,从木从斗。」按説文勺下云:「所以挹取也。」詩小雅大東云:「維北有斗,不可以挹酒漿。」大雅行葦云:「酒醴維醹,酌以大斗。」詩文皆言斗為挹酒之具,斗即枓也。甲文字从酉,酉為酒之初文,義至切也。【釋酙　積微居甲文説】

昏

◉曾憲通　[帛文]日月星昏　乙一·二三　[帛文]星昏不同　乙七·二七

帛文昏字从日,與四時春夏昧各皆从日作同為天象之專字。日月之會謂之昏,見《左氏昭公七年傳》及《周禮·保章氏》鄭註。【長沙楚帛書文字編】

⿸厂辰　⿱頁分　⿸厂音　爽

◉郭沫若　第六□三片　前二・一二・五。「□巳卜在[illegible]東狄貞今夕𠂤不⿸厂辰。」

⿸厂辰乃古辰字。旂鼎「辰在乙卯」作[illegible]，與此同。又從辰之字如農卣三農字均作[illegible]，師晨鼎四晨字均作[illegible]，均從此作。此讀為震，商頌長發：「何荷天之龍寵。敷奏其勇，不震不動，不戁不竦。」【卜辭通纂】

◉張政烺　[illegible]中山王譽方壺　寡人非之　[illegible]中山王譽鼎　寡人聞之

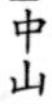

⿱頁分，从頁，八聲，讀若頒，見前顛字注，在此讀為寡，説文：「寡，少也。从宀頒。」此省宀，僅存頒字，戰國文字簡化常如此，如盜壺「以憂氒民之隹。不[illegible]」，罹省作隹。【中山王譽壺及鼎銘考釋　古文字研究第一輯】

⿸厂音　説文所無孫詒讓云以⿸疒隹作雁例之當即瘖之省　毛公⿸厂音鼎　【金文編】

◉戴家祥　劉心源釋⿸厂音曰：「玉篇广部。有⿸厂音，於今切，疑即此字。」奇觚室吉金文述卷二四十六葉毛公鼎。孫詒讓釋瘖云：「説文無此字，目⿸疒隹作雁例之，疑即瘖之省。」古籀拾遺下二五葉毛公鼎。按劉孫二釋均可備一説。金文从厂音聲，字屬形聲。從字形看，劉釋近是。玉篇广部「⿸广音，於今切。地」，古厂，广區別不嚴，如金文廣或作⿸厂黃，应或作⿸厂立。⿸厂音釋⿸广音，也同此例。金文用作人名，僅見毛公鼎一器。【金文大字典上】

◉丁　驌　以爽字來説，从大从二火。這二火偏旁，就有問題。因為有人認為並不是「火」。此字偏旁有許多大不相類的寫法。我不過从羅參事最初釋此字時的隸定而已。是「火」非「火」似乎無關重要，因為寫法不一，很難由此偏旁，求其本音。以字的結構來説，从大必是義符。故此偏旁必為其音。既然偏旁可以隨便寫，其音想必是人盡皆知的，當時看其全形，就必已知其音義，故契字寫法，未有講求。就卜辭的語氣看，此字指王配而言。「武丁爽妣癸」就是「武丁夫人癸」。這層意思。甲骨學者，没有異言。只是事隔數千年，此字音讀為何就無人知了。

此字在契辭中，又用到伊尹、黄尹上去，稱「伊爽」「黄爽」。如照「夫人」而言，難道「伊爽黄爽」是伊、黄的夫人？可是甲骨學者都認為伊尹黄尹本人。如此説則「夫人」一釋就不對了。釋爽為「配」為「比」，為「醜」為「仇」也並不通。

我們看到周書君奭一篇，這「奭」字倒很像契文的「爽」。説文上類似此形的字，只有兩個，一即奭，从皕讀若「郝」。一即奭，从毌讀若「仇」。「爽」字偏旁雖寫法不一，卻从來没有寫成皕或毌的。羅參事想它讀赫，以訛變為説。其他如聞一多似為是「醜」，只好硬指為「爽」。我想説文或周書必有誤字，把召公名醜，君奭篇名的「奭」，扯在一起，可是總不能解釋得令人滿意。

姑且也先作一假説，以後再修正它。我們看「武丁爽妣癸」，知道此字或當「夫人」解，或當配偶解。在伊黄二人情形下，就説不通，故只能説此字可能是尊稱。「夫人」也好，「大夫」也好，都是尊稱。不過黄爽不是黄夫人，必是黄的尊稱，因此聞張與許多同行，都同意認此字為配，比，仇。因而男女通用都不生問題。可是問題就在此。召公之稱奭，並非召公名奭，而是尊稱。而且不單是「奭」，是「君奭」。説通俗一點是「王的奭」。周公一直是「君奭」「君奭」地稱召公，没有叫他「奭」的。召公官為保，周公官為師，為成王左右相。故稱「君奭」。猶之清代本無「相」，而人稱翁同龢為「相國」，稱左宗棠為「左相」。故「君奭」是一尊稱，不是召公之名。召公名當然也不是「保」。所以注才説「名醜」。如此本人名驌，字龍驤。人或以字稱我，或稱我為「教授」。名與尊稱，音義皆不同。故如以「奭」為「醜」，是錯誤的。

「君奭」既是「王之奭」，揣想其意，當是「王的輔佐」之意。稱夫人為内助也有此義。

關於契文爽字，李孝定集釋，已把前賢多人之説，搜集俱全。不必重述。李書獨缺聞一多説。如我的記憶不錯的話。聞説與張政烺的説法是一般無二的。似乎聞説還在張前。前賢各説郭氏把此字當象形文，説人胸前二乳之類。吾人在心理上總不喜此説，也是因為他把「性」放在表面，有些「不敬不文」的影響。以象形説字，可象者甚多。譬如有人就以為「象人腋下夾二物」。我以前也覺得字象人胸前配飾。因飾物不同，而有偏旁之異。現在我認為以象形説字，是最不可靠的方法。不但不能得其音讀，連義也混淆了。不過郭氏諸説之中，我很贊同他指出林部的豐字，或説為「模」，而母模同紐。

如我們由説文歷金文追溯上去。則奭、爽兩字，是由許多類似的文中，訂出兩文。其餘則从無字出。説文無，舞，無三字篆形可分為三部份：

其一為大，其二為林，其三為亡為邑為舛不一。第三部份為義符。从亡的是無，亡亦音。从邑的是鄦，即後之許，地名。从舛的為舞。故音當在前兩部份。其中大無疑是指人形。

金文「無」的前兩部份是大，林，可見説文把原來的林折為兩截，而把上截放在人形之下，下截變為林，故此成了林部。所以説不通了。雖説不通，字音却是文甫切，五部，可見讀音如「輔」「甫」。説文又有無字从大册的旁説，可見早已有人懷疑从「林」之不當。説文又有「或説規模字」，以之為「模」，古輔，甫，模，母，無，同紐，説文懷疑模字，其疑是有因的。因為「模」字的莫，在契文中象日或月在林中，因此看見似乎也是林的爽就讀為「模」了。好在讀「模」讀「輔」，古音不别，也就錯打錯着也。

按有無之「無」，粵音讀如「謀」，古時「亡」字讀如「無」。今粵音讀「忙」。謀忙聲轉而已。與模，嫫，媄，母，毋，都是聲同，均為母字音。卜辭「大乙母妣丙」就是「大乙媄」「大乙嫵」「大乙爽妣丙」。所以此字讀音當為「謀」。今粵字之「冇」就是。

𦬊，古文某字。就是謀，梅，字之所出。許書不知其解，說什麼酸梅，何以从甘。殊不知原書「謀」之下，古文从「母，□」。所以金文的無字：「[glyph]」从某聲讀若母，是可以斷言的。

以上所言可以解釋金文的無，舞，無字形構造及音的來源。與契文的[glyph]，[glyph]，[glyph]，又有何干？我們已知上第一文為「舞矦」的舞字，專用為人名。第三文為王配字。偏旁不一，比較古今的變化。字為金文無字之源，故此知道契文的「大乙母妣丙」的母字，祖甲時代起一律寫為爽形之字。音讀仍是一個母字。通假音讀為「輔」，故稱「伊輔」「黃輔」或直是「甫」，義為「伊父」「黃父」。如此說為「仇」為「醜」的，有再考慮之必要。【說爽　中國文字新五期】

◉嚴一萍　丁龍驤先生作「說爽」，分析字形，溝通音讀，有鑿空之功，從此「伊爽」「黃爽」亦得其正解。喜而為之輯補卜辭之稱「母」者。以見其時代之不同焉。

一、　武丁時

甲、于且丁母匕甲卯出[glyph]　(圖一)餘十・一

二、　祖庚時

乙、癸酉卜行貞翌甲戌外丙母匕甲歲亩牛　(圖二)文二七一　存其八・一〇

三、　武乙時

丙、□辰貞其求生于且丁母匕己　(圖三)後上二六・六

四、　文武丁時

丁、乙巳卜[glyph]出大乙母匕丙一牝不　(圖四)甲196　224　235　248　254合

戊、(庚戌卜[glyph]出大)甲母匕辛牝用　(圖五)京都三〇二二

己、戊午卜[glyph]出且乙母匕己一羊豕　一二　(圖六)京都三〇一七

以上五條卜辭，都是在先祖與先妣之間，夾上一個「母」字，而時間從武丁祖庚到武乙文武丁，都是舊派。可見這[glyph]字是從祖甲開始，而為新派所沿用，而且這幾條卜辭，都不在五種祀典之內。孫海波在甲骨文錄二七一片考釋中說：

按史記殷本紀：於是乃立太丁之弟外丙是為帝外丙。卜辭外作卜，省夕。又此辭偁母匕甲，則匕甲者，當是大乙之配，而

外丙之母也。祭日為甲戌，則是日所祭者為匕甲，而外丙從焉。此子從母祭之例也。卜辭僅此一見。這是少見卜辭所作的推測，如果見多了，當不會作「子從母祭」的想法的。

就字形來講，作□的稱「伊□」、「示壬□」、「父庚□」。作□的，稱「□□」。下面沒有先妣的稱謂。夾在先祖先妣中間的，形最多，作「□」、「□」、「□」、「□」、「□」、「□」等，從字形推斷，很可能□□□等形後來譌變作□，毛公鼎無作□（圖七），祖仲鬲一作□一作□，（圖八）戰國盟書一〇五・二作□（圖九），都可以看出譌變的痕跡，□即後世的「某」字，在卜辭應是聲符。从大某聲，「某」「母」古音同在一部。是最初以象形之母，而後易為形聲之□。丁先生以為「無」字，「□从某聲，讀若母」。確是可以斷言的。

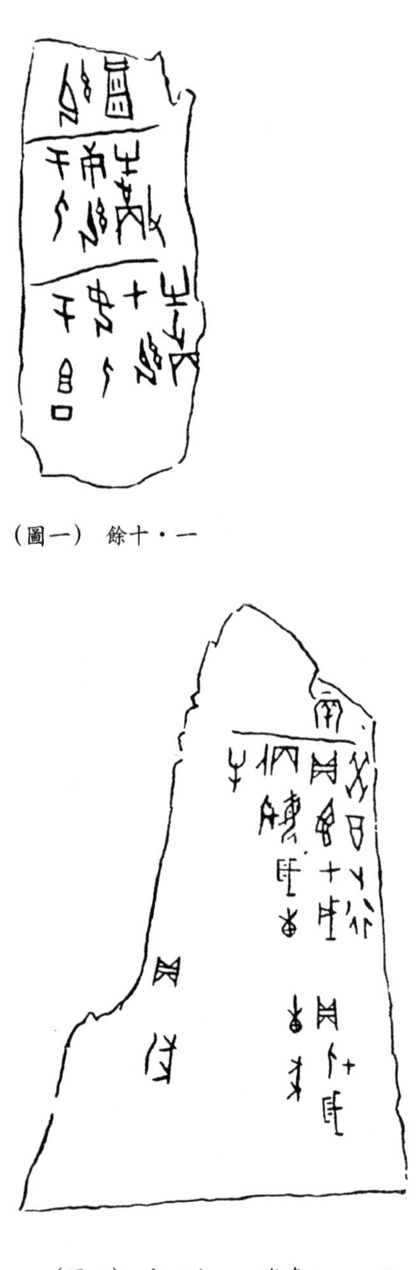

（圖一） 餘十・一

（圖二） 文二七一 存真八・一〇

（圖四）　甲 196 加 224 加 235

加 248 加 254 合

（圖五）　京都三〇二二

（圖三）　後上二六・六

𩂣 悘 硞

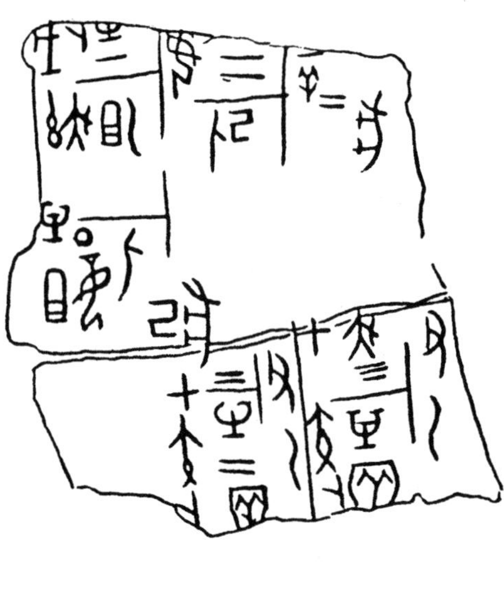

（圖六） 京都三〇一七

（圖七） 毛公鼎

（圖八） 昶仲

（圖九） 侯馬盟書 一〇五・二

【跋「説爽」 中國文字新五期】

◉屈萬里  ，从石从舌，隸定之當作硞；胡厚宣疑舌之別體（甲骨學商史論叢初集殷人疾病考），蓋是。【殷虛文字甲編考釋】

◉劉釗 《漢徵補》十・六第9欄有字作「」，《漢徵補》釋作「㥫」。按字从医从心，不从匽，釋㥫有誤。字應釋為悘。悘字見於《集韻》。【璽印文字釋叢（一） 考古與文物一九九〇年第二期】

◉曾憲通 又電𩂣雨土 乙三・六 此字或釋震、或釋霆、或釋𩂣。其下所从之止，與乙四・一四「亡尿」之止相同，故以釋𩂣為是。選堂先生謂𩂣讀為芒，指閃電光芒，與雨土同為咎徵。李學勤則讀為霜，《白虎通・災變》云：「霜之言亡也。」【長沙楚帛書文字編】

◉余永梁　後編下第二十二葉　呂太叔賫車之斧作。與此同。【殷虛文字考　國學叢刊二卷四期】

◉孫稚雛　《天津文物簡訊》第六期十三頁載一篇蓋銘拓，並有陳邦懷先生的考釋文章。這篇銘文值得注意的有三點：

(1) 井伯內右者與內史尹冊易者兩字寫法不同（圖七），但根據銘文的通例，二者應是一人，不應釋為兩字。我以為釋「殺」較好，前者為其壞字，據此則當定名為殺簋。

圖七

(2) 陳先生在旗字後斷句不妥。這樣很難解釋「四日」二字，陳文對此亦避而不言。我以為當在「四」字後斷句：「……旗四，日用大備於五邑□□。」同樣的文例亦見師藉簋：「……鑾旗五，日用事。」（《文物》一九六六年一期四頁）「日用事」與金文中常見的「夙夕用事」意義相同。

(3)「用事」的意思是用於職事，从文例比較中可以看出「大備於五邑□□」相當於用事的「事」。師事簋銘文說：「王呼作冊尹克冊命師事曰：『備於大左，官司豐還，左右師氏。』」（《長安張家坡西周銅器群》圖版八至十一）「備於大左」的意思是就大左之職，聯繫本銘，「大備於五邑□□」的意思也應該是就五邑□□之職，因此「五邑□□」應是一種官職的名稱。【金文釋讀中一些問題的商討　中山大學學報一九七九年第三期】

◉陳邦懷　「參化」，其義蓋即《禮記・中庸》：「可以贊天地之化育，則可以與天地參矣。」「灋𨑨」，即法步，謂用曆法推步四時。《史記・五帝本紀》「數法日月星辰」，正義云：「曆數之法，日之甲乙，月之大小，昏明遞中之星，日月所會之辰，定其天數為一歲之曆。」帛書下文：「四神相戈（過），乃步以為歲，是隹四寺（時）。」可與此相參證。【戰國楚帛書文字考證　古文字研究第五輯】

尌

◉潘祖蔭　[字形]　此銘弟三字左為虎。右為[字形]。與彪之从彡不合。而考古文从彡之字。彫或从寸作耐。爵或从彡作彲。說文於耐曰。諸法度字从寸。於爵曰。又持之也。蓋以耐之寸為尺寸。爵之寸為又手。今據此銘則才宜屬彡之變體。而非以才為在之恆例。其耐與爵之从寸與又亦皆為彡之變。而非法度之寸象手三指之又也。誠以刑罰之字多不从寸。不宜耐獨以法度為義。爵與鬱用通。說文於鬱曰。彡其飾也。即爵彡亦宜為飾。或爵本从鬱省。雀象形亦聲耳。因其變文作[字形]。遂以手持為說。乃望文為解。非本旨矣。今世俗書於寸才又之偏旁率無分別。其積習之由來亦有漸也。【攀古樓彝器款識第一册】

虘　喙

◉董作賓　[字形]十　虎甲即沃甲，有虎祖丁即沃丁可證。虎字有加[字形]形偏旁者，有不加偏旁者，皆祖甲以後各王所卜祀者。虎字作高額侈口修尾，張牙爪露之形，皆為虎之特徵。虎為殷時國名。前編卷六弟六十三頁有「虎方」之辭，稱虎丁、虎甲，或因曾征伐虎方之故。【甲骨文斷代研究例】

◉郭沫若　[字形]甲乃殷王名，羅振玉未釋，云：「或省甲字[字形]，或增口，殆是一人。」(殷釋上・十二)余謂[字形]乃象字，或增[字形]者，乃從口象聲之字，蓋餘字之別構也。象、餘與陽同部，則象甲若喙甲即陽甲矣。證以此片喙甲在南庚之次，小辛之上。考之史記，南庚與小辛之間為陽甲，盤庚。此喙甲正自陽甲、小辛之上所缺一帝名，則盤庚也。

[字形]陽甲古亦稱和甲。山海經大荒北經注引竹書曰「和甲西征得一丹山」。今本紀年於陽甲下注「一名和甲」，又云「名和」，又云「三年而征丹山戎」，案和即喙字之譌矣。【卜辭通纂】

◉吴其昌　一一六　頁十六，片三。

甲申，卜貞，王宂虘甲，㫺日。亡尤。

庚寅，卜貞，王宂般庚，㫺日。亡尤。

「虘甲」者，亦殷代帝系中之一人，而為史記殷本紀所未見，其人疑為羊甲之弟，而般庚之兄也。所以知其字碻為「虘」，从「虎」从「口」者，卜辭中又有如下列二片：甲片文云：「□□，王卜貞，田𤞞梌。往圂亡𡿧。王𠧞曰：吉。兹御𩵦□百卌八，虎二。」前・二・三三・二。乙片文云：「癸酉卜貞，国旬亡𡆥。𠀠五月，甲戌，彡虘甲。……」林・一・二一・一八。其乙片「虘甲」字所從之「虎」，與甲片所𤞞獲「虎二」之「虎」字，神形畢同，此可謂明證矣。即本片之「虘甲」字，其形體神態，亦正復相同也。然則此「虘甲」究為何如人乎，則時賢尚在聚訟，猜度附會之中。郭沫若曰：「余謂[glyph]乃『象』字。或增『口』者，乃从口象聲之字。『象』與『陽』同部，則象甲若喙甲即陽甲矣。」通誤，無可諱耳。「芍丁」之證既幻滅，則「芍甲」之說，亦根本自歸於毀汰矣。其二，則羅王以來，釋[glyph]＋為羊甲，實顛撲不破。但當修正之為羌甲，決不能以「狗」易之也。疏詳第七十片。其三，則卜辭中實自有「象」字，作[glyph]前・三・三一・三、[glyph]前・四・四四・二、[glyph]前・四・四四・三、[glyph]前・四・四四・四、[glyph]後・一・五・一一……諸狀，皆宛肖一象，其特點為捲鼻、凸額、碩腹、柱足，與此「虎」字作[glyph][glyph]……諸形，植尾、露爪之態，決不能溷淆無別矣。雖亦有不植尾露爪者，乃省筆，非正字。其四，則卜辭中實自有「陽」字，其字作[glyph]前・五・四二・五，明白無譌，可以覆桉，更不必假「喙甲」若「象甲」為「陽甲」。故反知羅王以來以為殷帝但有羌甲、羕甲，而「陽甲」之字，直秦漢間人以隸古定寫古史之假改，為至不可易矣。其五，即[glyph]次於南庚之次，小辛之前，又何以而必須定為陽甲？南庚何以不能更有一弟？羌甲何以不能更有一叔？小辛何以不能更有一兄？武丁何以不能更有一伯？此亦至可異也。不知「虘甲」自為「虘甲」，其親倫位次，亦何嘗不可以在「南庚之次，小辛之前」乎。故郭說差誤過遠，實不能從。郭氏殆亦已自知之矣。

今按「虘甲」，截止最近著録卜辭之書，綜計凡三十一見。菁一，前五，後一，續七，林四，燕一，佚二，通二，新二，明五，河一，戩壽，簠室。重見續編不計。遺漏不免。此三十一片中，其可藉以推勘虘甲之時代者，凡十二片。此十二片，又可分為三組，而從三方面以相互推證之。第一組，凡三片，可以從「貞人」之時代，以推測虘甲之時代也。其一云：「甲子卜，即貞，王宾虘甲，□叙，亡尤。」續・一・五一・一。一云：「囲戌卜，大貞，……叀。虘甲……。」明・五〇〇。一云：「癸未卜，[glyph]貞，王宾□□[glyph]。」明・九九三。按其昌所藏明宜氏殷契卜辭，乃明氏親贈陳寅恪師，寅師又以賜其昌者，有明氏用鉛筆補繪，修正，及英文自注甚多。此片「虘」字僅存一半，明氏用鉛筆補足。按據董作宾說，則即與大同為第二期祖庚祖甲時之貞人。而據其昌所考，則[glyph]亦適為祖庚祖甲時貞人。詳第十片疏。故知虘甲，決為祖庚以前之人矣。然若與武丁為同輩兄弟行者則祖庚祖甲時稱之，當亦呼以「父甲」，而不當直名以「虘甲」，故知虘甲蓋又高一輩，而應與羕甲般庚為兄弟行也。第二組，凡六片，可以從「甲」日祫祭時，名「甲」先王序列之方式，以推測「虘甲」之位次也。卜辭祫祭名「甲」先王時，其前後序列俱有一定之位式。詳上第六七片疏。今云「……在正月，甲申，祭祖甲，𣪘虘甲。」前・一・一九・五。又云：「……在五月，甲申，祭且甲，𢆶虘甲。」續・三・一九・二。知虘甲決輩高於且甲矣。又云：「在正月……甲午，𢆶虘甲，𩚵羕甲。在正月，甲申，祭虘甲，𩚵羕甲。」前・一・四二・二。又云：「……在十月，甲申，祭虘甲，𢆶羕甲，𩚵戔甲。」續・一・五一・二。又云：「……在五月，甲囨圈虘甲，𢆶圈囲，𩚵戔甲。在六月，甲申，祭且甲，𩚵虘甲。」續・三・二九・三。又云：「……在三月，囲口，祭虘甲，𢆶圈囲。甲寅，祭羕甲，𢆶圈囲。」燕・一二一。此皆可以徵虘甲之位置，雖高於且甲，與羕甲同輩，而又較羕甲為低矣。因低者小者在前，高者大者在後，乃一定方式也。按史記殷本紀，羊甲但有三弟，般庚，小辛，小乙。今虘甲亦為羕甲之弟，然則又當在何齒邪？此則可以第三組卜辭定之。考第三組，凡三片，可以從每片中所記虘甲與其他先王之關係，以決定虘甲之齒列。其一，即本片，既𩚵祭般庚於庚寅日，而𩚵祭虘甲之日，不於甲午，而於甲申，較早六日，故知虘甲實乃般庚之兄矣。其二，即日本東大所藏之片，文云：「庚寅「寅」字，據郭氏説補卜圓，其𠬪據郭説補。又囝□□，南庚，虘甲，□□，

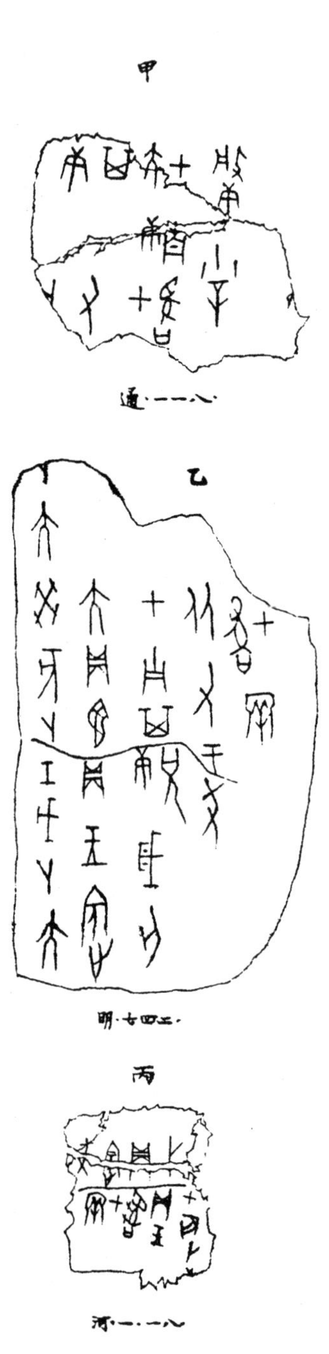

小辛」。如狀。甲「小辛」上所闕之先王，郭氏補之以般庚，是也。「南庚」上所闕之先王，厪殘存小體𠆢狀，郭氏順筆勢而補為𠬪。按羌甲不能在「南庚」之前。今順其筆勢，實當補為朩或朩或朩。如「二大戊」「二大辛」（前・四・一六・四）「三且庚」「三且丁」之例矣。乃沃甲也。故此片實以汱甲，南庚，虘甲，般庚，小辛，為次。知虘甲為般庚，小辛之兄，不為孤證單據矣。如是則虘甲亦可以如郭氏所云「居於南庚之次，而在小辛之前」也。其三，畧為次要。如狀。纂世系釋・三一。又曰：「余縱覽東大藏品，一片文為『庚寅卜〔貞〕其𠬪，又〔于〕𠬪，其昌按：此字已蝕無由知其為𠬪。南庚，𠬪，□□，小辛』。一一八片。𠬪今在南庚之次，小辛之前，決為陽甲無疑。陽象，古音同部，故音變而為陽甲。陽甲或作和甲，山海經大荒北經注。又因喙咊形近而誤者也。又𠬪，羅王釋羊甲，或釋羌甲，均説為陽甲，今此在南庚之上，其昌按，南庚之上之字，實已闕去，無由知其為何人，此杜撰證。則決非陽甲可知。蓋芍乃狗之初文，其昌按：芍狗二字，風馬牛無關，辯詳上第七〇片疏。芍甲，乃沃甲也。卜辭中又有芍丁，則沃丁矣。其昌按：

䝱

卜辭中絕無艻丁，此誤認證。……」通纂序・二。又云：「[illegible]，實是沃甲，字乃艻字。有艻丁，即沃丁，可為互證。」今按此説，掩首護尾，勞攘甚矣，證多自造，周章甚矣。是「臧三耳」之説也。其一，卜辭中根本絕無所謂艻丁，其説固已甚異。檢郭氏索引表，六書「艻丁」(沃丁)惟三〇九，一片耳。三〇九片，實採後・一・二一・一三片。其第二節，郭氏譯寫為「乙卯，貞酒彡於艻丁，叀鹿。」

自解之云：「艻丁，此片僅見。……乃沃丁也。」世系釋・六四。但可惜者，後編原本俱在，其狀如上，其第二節所彡祭之先王，為「父丁」？抑為「艻丁」？有不待吾人之爭辯者。此「僅見」之孤證「艻丁」，竟絲毫不「苟」，而儼然自稱「父」矣。則為郭氏之疏乙。當亦為祖甲時作品故貞人亦為「大」。其云「兄庚」，自當為祖庚。此片於壬戌祭祖庚，而於甲子侑虘甲，則亦與第二組同，知虘甲輩高於祖庚矣。又丙片，因尚無印本，不易參觀，故亦附見。綜上所述，則虘甲宜為羕甲之弟，般庚之兄，與小丁，兄戊，小辛，小乙為同輩羣昆，亦畧可睹矣。【殷虛書栔解詁】

◉戴家祥 [illegible] 陳䝱毁 䝱曰 䝱字从貝从方，説文所無，以聲義求之，殆即瓬字别構，形聲更旁字也。集韻十陽：「瓬瑭玉名，蒲光切，音旁」。貝玉在商周貝有貨幣職能，可作為財富貯藏手段，商書般庚中「具乃貝玉」，寶字从宀，从玉，从貝，是其義也。金文晉姬毁作[illegible]，辛[illegible]毁作[illegible]，从玉不从貝，虢季氏毁作[illegible]从貝不从玉，古文四聲韻三十三晧引古尚書寶作珤，説文一篇玩或作貦，知古文以貝為表義符號者，每有更旁从玉。方旁古本一字，説文十一篇魴或作鰟，玉篇二五八㫄磅同字，又二九七雱霶同字，集韻四十二宕舫艕同字，是瓬之作䝱，信可通也。瓬字不見説文，而遺存於集韻，故表而出之，以待後之治古文字學者論定焉耳。【金文大字典下】

眱

◉黄錫全　眱　張揖古文　𡰥即仁，如中山王鼎仁作𡰥，古璽作、（璽彙3292　4507），《説文》古文作𡰥，古尸、仁、𡰥，夷為一字（詳思泊師《釋人、尸、仁、𡰥、夷》），金文「淮尸」、「南尸」，即淮夷、南夷。《説文》無眱字。《玉篇》眤，古眱字。《玉篇》眱下又引《説文》云「目小視也，南楚謂眄曰眱」，與今本《説文》睇下云「目小視也，南楚謂眄曰睇」同，疑今本《説文》有誤。《集韻》睇或作眱，猶如《説文》鵜字或作鶇。也許原本《説文》睇下有重文或古文眱。鄭珍云：「張揖《廣雅》訾眱，直視也，仍用正眱字，此出《古今字詁》，作眤別有所出。」【汗簡注釋卷二】

眻

◉商承祚　佚·二七六　眻通暘。玉篇。「眉間曰眻」。此曰。「眻日」。當為某日之稱。如金文之初吉生霸死霸既望也。見佚考四二葉下。【殷契佚存】

◉李孝定　从日从羊。當為羊聲。説文所無。辭云「壬戌卜雨。今日小采。允大雨。延眻日隹攺」佚二七六。眻疑當讀為暘。祭義。「夏后氏祭其闇。殷人祭其陽。周人祭日以朝及闇。」鄭云。「闇昏時也。陽讀為「曰雨曰暘」之暘。謂日中時也。朝日出時也。」此與小采均為紀時字。言小采大雨而日中啓也。董彦堂先生謂小采略當於暮。見殷曆譜上編卷一第五葉。【甲骨文字集釋第四】

◉温少峰　袁庭棟　卜辭有、或作，《甲骨文字集釋》釋眻。《玉篇》：「眉間曰眻。」《廣韻》：「眻，美目也。」此其本義。但在卜辭中有用「眻」為時限詞之例。如：

（48）……眻日，大攺（啟），昃亦雨。　（《乙》三二）

（49）壬戌卜：雨？今日小采，允大雨。征匕（妣）戊。眻日隹攺（啟）。　（《佚》二七六）

由上列二辭可知，「眻日」是時限詞，在「昃」之前。陳夢家先生謂：「蓋从目从羊，在昃之前，疑即響或餉，即午時食餉之時。」又云：「朝夕兩餐是熟食，中午田間一餐則是冷食。《説文》訓『餯，晝食也。』『餉，饟也。』『饋，餉也。』『饟，周人謂餉曰饟。』『饁，餉田也。』凡此，餉、餯、饟，都是同一形聲字聲符的代替，其義同於饋、饁，皆指田中的晝食，今日稱為『晌午』。」（《殷虚卜辭綜述》第二三二頁）。其説可从。眻借為餉，指中午食餉之時。【殷虚卜辭研究——科學技術篇】

◉林清源　本戈初載於録遺578，刻銘過細，難以辨識。茲據黄盛璋摹文，郭沫若：文史論集，「關於鄂君啟節的研究」，頁335。釋為「陳（陳）畦之歲□府戟（戈？）」。第一字作「[古文字形]」，當係「陳」之殘文。陳字从土，用知此為田齊器。第二字作「[古文字形]」，左从日，右旁與畜壺「圭」字作「[古文字形]」同，當隸定為「畦」，於此乃器主之名。「畦」下之銘作「[古文字形]」、「[古文字形]」亦見於鄂君啟節，節銘：「大司馬卲鄒敗晉帀（師）於襄陵之歲（歲）。」郭沫若云：

歲字是歲的異文，从月、不从肉，銘中月字及从肉之字可證，歲積月而成，故字从月。郭沫若：文史論集，「關於鄂君啟節的研究」，頁335。

本銘「[古文字形]」為「之歲」二字合文，此體亦見於江陵望山一號墓所出「疾病等雜事札記」簡，蓋「[古文字形]」已含「之」字於其左上角，為免重複，乃省略「之」字，而加合文符於右下角以識別之。第五字泐甚，難辨。第六字作「[古文字形]」，殆「府」之殘文。鑄客鼎「府」字从貝作「[古文字形]」，與本銘相近可證。「□府（府）」蓋與「左庫」、「右庫」相當，兼有制造及儲藏器物之責。佐原康夫：「戰國時代の府，庫について」（東洋史研究，第43卷第1號）頁31—59。。末一字作「[古文字形]」，疑乃「[古文字形]」字殘文，此字裘錫圭釋為「戟」，其說或是，惟迄今猶無确證，姑存疑，詳研究篇第二章第二節「戟」。【兩周青銅句兵銘文彙考】

◉李孝定　[古文字形]　从日从何，說文所無。又疑日乃象頭形字，非从日，姑收於此。【甲骨文字集釋第七】

[古文字形]　曜　【汗簡】

◉饒宗頤　[古文字形]　⿱果口字从果从口，疑棵字。【殷代貞卜人物通考】

閏 睪 翟

2662 說文所無玉篇閏直開也 【古璽文編】

睪

◉唐蘭 第一百片甲

睪字葉玉森謂象蟄其首。集釋五三五。他人未見釋者。余謂即幸之異文，亦即睪字所從出。卜辭執字或作北大藏甲。或作續三・三六・一。或作前六・一七・三。是則本當作，蓋不僅縶其手，並縶其首也。或變為，則有似于從口，或飾點而為，則變為，有似於從目。說文以為從目從幸「令吏將目捕罪人也」，誤。【天壤閣甲骨文存考釋】

翟

乙一八三 从冃从隹說文所無郭沫若以為冢字異文假為雺為霧書洪範曰雨曰霽曰雺傳云蒙陰闇疏云曰雺兆氣蒙闇也又云雺音近蒙詩云零雨其蒙均以蒙釋雺音近可通 丁雨乙翟不雨 乙一五七九 戊辰帝不令雨戊辰允翟 乙一九四一 鐵一一〇・一 鐵二六〇・四 拾七・一二 拾七・一三 拾一五・六 前六・五一・六 後二・二五・七 林一・七・一七 戩三六・四 福二〇 佚五九六 京津三八〇 □日其雨至于戊辰翟不雨 續四・四五・七 粹六一一 京都二六四 或从宀 【甲骨文編】

◉馬叙倫　舊釋䀼。⊘吴式芬引許印林説。古兄況同音。故白虎通云。兄者。況也。況父法也。又與荒同音。故釋名云。兄荒也。荒大也。故青徐人謂兄為荒也。説文兄從人從口會意。加光則諧聲。揚增鉤增廣鐘鼎篆韻兄下分引寧鐘作䀼。元子鐘作䀼。今所傳史桒彝有䀼。叔家簋有䀼。或以為兄生二字。或以為兄旁加㞷。即兄字。案㞷讀若皇。兄旁加㞷與兄旁加光皆諧聲也。古兄亦讀若皇。書無逸。無皇曰。漢石經皇作兄。是也。⊘倫謂䀼為兄之轉注字。兄蓋從ㄑ喤省聲。㞷讀若皇。故得轉注為䀼。皇為日光。從白。王聲。白日一字。也。光為火光。從火羊聲。故號季子白盤作光。説文古文作光。而光之轉注字為煌。皆可證也。兄從喤得聲。喤音匣紐。以同舌根摩擦音轉入曉紐為兄。説文兄充竝訓長也。充為育之異文。實𠫓之後起字。産子之産本字。方言。充養也。今吴縣上海謂婦人産子為養子。而兄音曉紐育音喻四。同為次清摩擦音。則兄為育之轉注字。亦充之轉注字。借為兄弟之偁耳。【讀金器刻辭卷下】

◉戴家祥　䀼一　䀼二　䀼彝　䀼作尊𣪘　許印林曰：古兄況同音，故白虎通云：「兄者，況也，況父法也。」又與荒同音，故釋名云：「兄，荒也。荒，大也。故青徐人謂兄為荒也。」説文解字「兄从儿，从口。」集韻云：「从人，从口以制下。」此會意字，加光，則為諧聲。攈古録二之一第三十九葉兄敦。按古代牙音見溪兩紐與喉音曉匣每有混諧，兄讀許榮切，曉母，陽部。光讀古皇切，見母，陽部。故兄亦同光。集韻去聲四十一漾，䀼䀼同字。金文「䀼作尊𣪘」，䀼蓋人名。史游急就篇有昭小兄，漢書尹翁歸、翟牧皆字子兄是其證。許説至確。阮元謂䀼為兄光二字合文積古齋鐘鼎款識卷六第四葉兄光敦。徐同柏讀為光寵之寵，从古堂款識學卷十一，第三十葉周寵敦。大誤。【金文大字典中】

◉孫海波　罶鄴二下・三八・三　方國名。叀王㠯伐罶𢦏。【甲骨文編卷七】

◉陳夢家　罶是動詞，亦見鄴二：三八・三、粹一〇〇三，乃是設網小獵。【殷墟卜辭綜述】

◉李孝定　罶前一・四八　罶甲編・七四　罶簠徵、雜事・一一八　罶粹・一五五八　罶新・四四九九　罶新・四七八六

从网从目。説文所無。孫海波文編七卷十七葉下收此作罶。誤。葉玉森氏謂「商氏列入罬字下似誤」。見前釋一卷一三二葉下。【甲骨文字集釋第七】

◉姚孝遂　肖　丁　2170

(1)「于[illegible]罶𢦏」

(2)「其罶于東方[illegible]𢦏」

罞 ⿱罒出 ⿱罒⿸厂出

(3)「……于北方卒」

「」字从网、从目，諸家隸作⿱罒目，陳夢家先生謂「⿱罒目是動詞……，乃是設網以獵」(見綜述514頁)。饒宗頤先生以為「⿱罒目」與「⿱罒出」同字，但讀作詩「罙入其阻」之「罙」(通考556頁)說有可商。

前4・9・2：「往⿱罒出……⿱罒出？」

「⿱罒出」顯然不是地名，當如陳夢家先生所言，「乃是設网以獵」。葉玉森集釋據此以「⿱罒目」為地名，非是。

粹1003：「貞，⿱罒目劈鹿卒？」

此貞問「⿱罒目」劈地之鹿是否有所禽獲，「⿱罒目」為動詞，指狩獵之手段，「罙入其阻」之「⿱罒目」，今本作罙，毛傳訓「深」，鄭箋訓「冒」，均與此不類。

鄴2・38・3：「叀戍⿱罒目卒？叀王自戍⿱罒目卒？」此片又見京津4501。

孫海波甲骨文編333頁讀作「叀王自伐⿱罒目卒」，並以「⿱罒目」為方國名，非是。「戍」當指戍卒而言，非戍守之意，以戍為伐，尤誤。卜辭戍作、伐作，判然有別。因其誤以戍為伐，故進而誤以「⿱罒目」為方國名。

卜辭「⿱罒目」、「」用法無別，但一从「目」、一从「」，王國維釋「罞」(戩考69頁)，是否即同字尚有待於進一步之證明。

京津4499有辭當讀作：「……⿱罒目……王𢼄卒」，據第(2)辭「其⿱罒目於東方𢼄卒」，則島邦男先生綜類10813釋讀京津4499作「……王𢼄……⿱罒目卒」，顯然錯誤。且與188—4之釋讀不一。188—4「卒」字。【小屯南地甲骨考釋】

甲一二三三从网从茁說文所無王國維說爾雅釋器麋罟謂之罞注冒其頭也此正作冒麋頭之形當是罞字 鐵一六〇・三 前四・九・二 林一・六・八 戩四四・一 鄴初下・二九・六 簠雜一一八 存七三八 燕四一三【甲骨文編】

◉王國維 卷四第九葉 卷一第四十八葉 龜甲獸骨卷一第六葉

麗。卜辭作。从鹿首在网下。爾雅釋器。麋罟謂之罞。注。冒其頭也。此字正象以网冒麋首之形。殆即爾雅罞字也。【戩壽堂所藏甲骨文字考釋】

㪍

◉羅振玉 [glyph] [glyph] 王氏國維謂。即爾雅釋器麋罟謂之罞之罞。注。冒其頭也。此正作麋頭在网下。【增訂殷虚書契考釋卷中】

◉孫海波 [glyph]甲一二三三 从网从㽞，説文所無。王國維説，爾雅釋器麋罟謂之罞，注，冒其頭也。此正作冒麋頭之形。當是罞字。【甲骨文編卷七】

◉楊樹達 前編四·九·二云：「往罞？」又云：「莫罞？」樹達按爾雅釋器云：「麋罟謂之罞。」此辭雖是殘文，然「往罞」「莫罞」，罞作動字用，義自可通。周禮天官獸人云：「獸人掌罟田獸。」罟作動字用，知罞亦可作動字用矣。【罞 卜辭求義】

◉金祥恒 如[glyph]从网从麋，麋省聲，則[glyph]與維同為支韻，則卜辭「[glyph]豕[glyph]率」之[glyph]釋為虛字，猶「維豕維率」也。率者猶説文畢也。詩《小雅》「鴛鴦于飛，畢之羅之」，孔疏云「大東傳曰畢所以掩兔，彼雖以兔為文，其實亦可以取鳥，故此鴛鴦言畢之也。」今率本為捕鳥畢，然亦可以掩豕也。故「[glyph]豕[glyph]率」，其義為「維豕維畢」之意。【釋率 中國文字第五册】

◉李孝定 説文：「罷，罜罷也。从网鹿聲。」朱駿聲説文通訓定聲曰：「小魚罟也。魯語『水虞於是禁罝麗』，罝者罜之譌字。」主且聲同，罝罜自得相通。罷為魚罟，當仍由麋罟一義所引申，引申之義專行，遂別造「罞」字以當之。契文从[illegible]當从网声會意。非徒以声為聲也。以其本義久湮，許君遂以為从鹿聲耳。【甲骨文字集釋第七】

◉李孝定 [glyph]藏·一八三·二 [glyph]藏·二二七·二 [glyph]前·二·三十·一 [glyph]前·五·十四·三 [glyph]前五·十四·四 [glyph]六清·一五 外·三〇六 [glyph]掇三二九

契文[glyph]字。舊釋畢。説非。當从唐蘭説釋罕説詳七卷罕下。此从又罕。説文所無。象手持田网之形。其用蓋與[glyph]同。卜辭[glyph]字。其義為禽。㪍字當亦有禽獲之義。辭云。「☐貞王往來☐㪍八□雉」前·二·三十·一。是也。又云。「貞王夢㪍不隹惟禍」前·五·十四·四。蓋言王夢有所禽獲其不惟禍乎。又云。「☐有又祐在沘㪍。」藏二二七·二。外三〇六重出。亦言在沘有所獲也。孫氏文編收此作戰。乃沿[glyph]字舊釋而誤。畢字許訓田网。與罕罕同義。則戰㪍㪍亦當同義。許以盡訓戰者。蓋以田网冢巢穴上以捕鳥獸類。皆盡得之無遺類。故引申訓盡也。今畢字亦有盡義。蓋由戰之引申義得之。【甲骨文字集釋第三】

𡆥 䀢 訊

◉徐中舒 一期 乙二〇九三 一期 乙三〇九〇 一期 乙三一四八 一期 前一・四三・六 一期 續四・二九・三 一期 佚九二三 一期 續五・九・二 一期 菁二 五期 前二・四一・八 五期 前二・一七・八 五期 前二・一一・六 五期 前二・四〇・一 五期 後上一〇・二 五期 後上一九・四

從冎從占，與《說文》占字義近。《說文》：「占，視兆問也。」但卜辭中多作「王固曰」，並非視兆而問，乃是殷王視兆以斷吉凶。

視卜兆以斷吉凶，或作預言，卜辭中用於占辭之前。【甲骨文字典卷五】

◉李孝定 金祥恆氏續文編十四卷十六葉辥下收作者數文，按其辭例與辥恐非一字。辭云「貞収人乎伐」乙・二一三九。「壬戌卜争貞旨伐」乙・二八七四。「貞勿伐」乙・三一二九。「貞旨弗其伐伯」乙・五二五三。言伐伯，乃方國之名，無一用作辥字者，其字當隸定作䀢从辛从目非辥字也。【甲骨文字集釋第十四】

◉朱芳圃 前四・一九・七 前四・五六・二 前五・三六・四 前六・一七・四 戩三四・九 明二三九

上揭奇字，王襄釋執，簠室殷契類纂正編四八。葉玉森從之，謂「象一人跽而梏其兩手，即執字。」揅契枝譚六。桉王、葉二説非也。字象人坐而梏其兩手，説文所無。卜辭云：「貞告于南室，三宰。」明二三九。「貞用於祖□。」續存下一六一。從文義求之，當是俘虜或辠犯之名。又桉此字有時作動詞用，音義與同，卜辭云：「己丑，貞井方。弗。」粹一一六三。是其例也。

甲文又有作左列形者：

鄴三下四四・一〇 同上 京四一四一 南明六二一

王襄釋縶，謂「象拘攣罪人之形」。簠室殷契類纂正編四五。桉王説非也。字象用索縶人之首，或手牽之，當即之繁文。卜辭云：「乎逆羌。」續三・四二・六。「己丑、卜王其逆。」又「己丑、貞王逆，亡若。」鄴三・四四・一〇。三字形異而義同，是其證矣。【殷周文字釋叢卷下】

◉吴榮光　(周龜形鼎)[illegible]應是周夫二字或即䠶字。䠶射鳥箭也。見廣韻。　【筠清館金文卷四】

◉葉玉森　[illegible]　余永粱氏曰。案此字从木辛聲。當即書盤庚若顛木之有由枿。王先生國維曰。櫱或从木辥聲。梓亦古文櫱。此字又或从弁。説文乚部甹字下引商書。若顛木之有甹枿。書盤庚釋文。蘖本又作枿。梓與枿皆字之誤。其字本當作[illegible]。从木辛聲。後世因桐梓之梓省宰从辛與此相混而改之。遂失其聲。今驗之卜辭本字。師説是也。殷虚文字考。森桉。此字从禾从亐。竝非从木。如為櫱之古文。則應从木。木始有櫱。禾則無之。不能以卜辭从木之字或變从禾。遂謂造字之例如此也。　【殷虚書契前編集釋卷四】

◉陳夢家　[illegible]　[illegible]

咸秎來　鐵一七七・三

弜秎禾　戩四四・七

秎黍　續五・二三・五

不秎，十三月　旅順博物館

不其秎，三月　前四・五・三

今桒不秎　甲二一二一

弗秎　續六・一九・六。

説文「咢，語相訶歫也，从口亐，……讀若櫱」。卜辭秎當是糵字，説文訓「牙米」，齊民要術卷八作糵法，記浸小麥於水而日曝之，又以水澆之至牙生而止。卜辭之秎是動詞，當指作造酒糵，而所指名為來、禾、黍，都是可以製酒的糧食小麥、粱米和麥子。麥常用以作酒，而齊民要術卷一説「粱米又可釀作酒」。　【殷墟卜辭綜述】

◉饒宗頤　「丁丑卜，㱿貞：王往(泣)秎，征从沚戓。」(柏根二四，七集柏三三重)

屯乙七六七二龜：「貞：亩受年。」背云：「王固曰：亩秎、隹……」京都大學九三三「己未卜，□貞：甶王在……亡秎黍。」秎為動詞。説文咢讀若糵，説者多以秎為糵字(明義士考釋)。他辭又見「貞：今𡆥商秎……貞今在不秎。」(屯甲二一二一)則以秎為糵害之糵矣。故知秎蓋指禾害而言，「王往泣秎」，殆謂往省視禾之受蟲害也。　【殷代貞卜人物通考】

◉彭邦炯　甲骨文中有[glyph]、[glyph]、[glyph]諸形的字。這個字很有意思，它本身就是一條重要的農業史料，通過對它的正確釋讀，我們可以了解到商代農業生產過程中一個重要環節的具體情況。

這個字孫詒讓在契文舉例中曾釋作「秅」，也有人曾釋作「枿」即蘖（余永梁殷虛文字考）。孫海波在甲骨文編卷七・一四第〇八七八號隸定為秎，並稱：「从禾从亐，說文所無，地名。」陳夢家則認為是「蘖」字，「指作造酒蘖」（殷虛卜辭綜述第五三九頁）。香港學者饒宗頤讀為孽，以為指禾害而言（殷代貞卜人物通考第四五頁）。近有裘錫圭同志提出新解，以為即「刈」的異體（甲骨文字考釋，古文字研究第四輯）。我以為裘說近是，但仍有可商。

甲骨文的秎字構形，一旁的「禾」，當指收取過穗頭的黍、稷、麥等類作物剩下的稭稈形，而非一般的禾苗形。甲骨文禾苗之禾，一般多作「[glyph]」形，而秎的禾旁則多為[glyph]或[glyph]形，象割去穗頭的[glyph]（黍）、[glyph]（來）、[glyph]（稷）、[glyph]、[glyph]等形。而這些個字一般又多指農作物長大抽穗，或果實成熟的意思（說詳後），割去其穗頭則成為「秎」字的禾旁形。

另一邊的「亐」旁，裘錫圭同志以為甲骨文中還有下从刀的「[glyph]」字，當是鐮刀一類收割工具。王國維在釋薛（觀堂集林卷六）中認為「[glyph]」讀為从薛得聲的「孽」，而薛即經典中乂、艾之本字」。裘錫圭同志也認為「[glyph]」是「乂」的初文。我以為「[glyph]」是一種農具是對的，但絕非鐮類農具，而應該是鎛類農具的側視形。比如商周考古第三八頁圖二〇・四所刊一九五三年在安陽大司空村發掘的一件青銅鎛，其側視圖形，就與甲骨文的「[glyph]」極為相似（見圖）。

側　　正

對於甲骨文中有少部分下从刀的「[glyph]」，我認為是因為鎛器的口似刀刃，可起刀的割斷物的作用之意。甲骨文的「秎」字構形是从鎛這種工具鏟斷已收取過穗頭的稭稈形。稭稈形的「禾」下近根部一橫劃與鏟相近，這是示意鏟从禾的這個部位砍斷。它有如刀字加點為刃，示意刀口這個部位為刀刃一樣。由上可見甲骨文的「秎」字就是从亐，从禾，亐是表聲兼表意字無疑了。

「[glyph]」既為鎛，則甲骨文的「秎」字就應為从禾（無穗之稭桿），从亐（農具鏟形），亐亦聲，讀如鎛，為以鎛器鏟斷收取過穗頭的稭稈的表意字。此字當為說文刀部「⿱薛刀」字的初文。說文曰：「⿱薛刀，斷也，从刀薛聲。」前已論及，薛古當讀為鎛聲，今讀⿱薛刀為陧(niè)音，照古代應讀為鎛(bó)音。說文⿱薛刀字大致由下从刀的「[glyph]」衍變而來的。

我們說「秎」是以農具鎛鏟收已割取穗頭的稭稈，在甲骨卜辭中也講得通。此字在卜辭中的用法有作地名或國族名用的，但主要是作動詞用，當作收獲講。如卜辭多見的「秜黍」(如續五・二三・五、京人一四三等)、「秜稷」(如戩四四・七等)、「秜來」(如鐵一七七・三等)之類，都是指的收獲黍、稷、麥等稭稈，後來才用以表示收獲之義。卜辭還有「小秜臣」、「秜臣」(如乙二八一三、五九一五)，當有如卜辭的「小耤臣」，指管耤耕王田的小頭目；此「秜臣」亦當為專管收獲諸事的小頭目(參見王貴民就甲骨文所見試説商代的王室田莊，中國史研究一九八〇年三期)。

我們再从民俗學、考古學的有關材料，亦可以證明古代這種特有收獲方式的存在。

在古代，由於生産手段比較落後，一般都是在農作物成熟之後先用鎌刀一類的小農具收割穗頭。這樣既可争取時間，也可因熟透作物易掉籽粒造成損失；同時又便於收藏。待搶收完穗頭以後，再另外砍取其稭稈作為他用。考古工作者曾在雲南省劍川縣海門口的一處古代遺址就發現過大量無穗頭的稻、麥稭稈。我國雲南、西藏等西南邊遠地區一些兄弟族直到近現代都還保留有這種古老的收獲方式。據民族調查材料，我國西藏的米林縣、墨脱縣等地的珞巴族人，就保留有先「用小刀割取穗頭，然後用鏟或別的農具砍斷稭稈的作法。近現代因鐵器工具廣泛使用，砍取稭稈可用多種工具，不必盡用鏟，但古代農業生産上用鏟斷取先用鐮類小農具割掉穗頭的稭稈一定很普遍。商代人也是先收取穗頭，這在甲骨文中也是有反映的。甲骨文中有一個寫作「□」的字，就是指的收取穗頭的事。先看下面兩條辭例：

貞，勿乎婦井往□黍？(南坊三・一七)

□□卜，在□貞：王□□稷□、往來□□？(後上一八・一一)

前一條是卜問：「不要叫婦井(人名，卜辭多見)前往督促收割黍穗麽？」這是从反面卜問的卜辭。商人占卜多从正反兩個方面多次反復卜問。後一條辭雖然有殘缺，然意思是明白的，是某日卜，在某地問，商王要親往督促收割稷穗，往來有無災禍？這兩條卜辭中的□字，是从手采摘「□」形。□即説文的卣字。説文「卣，草木實垂卣卣然，象形。讀若調」。又前舉甲骨文有□、□(參見前二・一九・三、二・一九・四、綴合五八)。過去一般都釋作粟，其實應為説文的㮚字。説文：「㮚，嘉穀實也，从卣从米。□，籀文㮚(即今粟字)。」下面所从的米，應是木或禾的訛變。這個字和甲骨文的□、□等字應該是意義相通的，均有成熟的果實之義。所以卜辭的「□黍」「□稷」應該是指摘取黍、稷、麥等農作物的穗頭。

□字陳夢家以為即説文的采字，「像手採穗形」(綜述五三六頁)，是正確的。説文：「采」禾成秀也，人所以收，从爪禾，俗作穗。」因此，上舉兩條卜辭中的穗字是一個動詞，專指收取農作物成熟了的穗頭。穗本來是名詞，商人名詞作動詞用是常有的，⊘我們這裏講的收割穗頭的「穗」(□)字又是一個名詞作動詞用的例子。【从甲骨文的秜字説到商代農作物的收割　甲骨文

與殷商史第二輯】

◉酉代錫　另外卜辭還有專門釀酒的記載，直接反映這類活動的有「秇」字。如：

(36) 貞，王往立秇黍　（文捃782，柏俗博藏片）

(37) 丁未卜，賓貞，唯王……秇黍　（京人143）

(38) 甲子卜，勿秇黍　（戩447）

(39) 辛未年，貞咸秇來　（鐵177・3）

(40) 商秇（山博藏片）商人秇（旅博藏片）

(41) 乙丑卜，賓貞：今秋商秇？貞：今秋不秇　（甲2121）

(42) ……不秇，十三月（旅博藏片）

(43) 王占日，麇（？）秇惟……　（乙7673反）

(44) ……（乎）小秇臣　（乙5915）

以上都是武丁時卜辭。

「秇」字，裘錫圭先生考釋為刈之初文，陳夢家先生釋此字為「蘖」字，指造酒的活動，這是對的。因為秇之對象「秇黍、來」，而黍、來是可以釀酒的。「秇」字同咢同以亐為聲。據《說文》「咢，語相訶距也，从口亐……讀若蘖」。秇也當以釋蘖為正。《說文》訓蘖為牙米。《齊民要術》卷八作蘖法：「浸小麥於水而日曝之，又以水澆之至牙生而止。」秇在卜辭中用為動詞，秇為蘖，意即釀酒。

上述的卜辭材料，還反映了殷代社會釀酒的場面，有商王親自莅臨視察，也有常見的官員督率，還有專門主掌釀酒的「小秇臣」。如(36)辭記載了王前往某地莅臨觀察用黍釀酒的情況，商王不僅去觀察，更多地應是命令手下臣子們去監督釀酒。如(44)辭記命令「小秇臣」釀酒，可能殷代有了專門从事釀酒的機構，而「小秇臣」則是這個機構的頭子。上引卜辭中可看到大部分釀酒活動是在商即是王都進行的。从王「立秇黍」等詞和「商人秇」、「今秋商秇」，說明上至王下至民無一不關心釀酒，而且當時有了以王都商為中心的釀酒體係。這反映殷代釀酒機構一定很龐大。【從甲骨文所見試論殷代的農業經濟　湘潭大學學報一九八二年第二期】

秠　說文所無集韻禾弱也　秠尊　【金文編】

秦330　咸陽笴　說文所無玉篇笴或作簳箭簳也　【古陶文字徵】

◉羅振玉　此疑是第字。象雙矢帶繳之形。雉兔之雉。卜辭从。或从。亦象矢帶繳。彼从一矢。此从二矢。疑是一字。廣雅釋器。矰第箭也。周官司弓矢。矰矢第矢。用諸弋射。字又作茀。第茀殆皆由之譌變。至矢之形。或順或逆。繳之形或左或右。文字中所不拘。實無殊異。知必有作者。於是隸變而成第。其矢形下向者。去其上半。則成茀矣。【增訂殷虛書契考釋卷中】

◉商承祚　卷六第十一葉　第三葉　同上　卷七第三十二葉　第二十一葉　後編下第三十葉

羅師釋第。謂象矢帶繳之形。與殆為一字。第周官作茀。司弓矢。矰矢茀矢。用諸弋射。第茀殆由之譌變。古文矢形或向上。或向下。之从與之从一也。至繳之形。亦或左或右。作作均無殊異。知必有時作者。于是隸變而成第。又由第而成茀矣。【殷虛文字類編卷五】

◉孫海波　前六・一一・八　羅振玉釋第。象矢帶繳之形。說文無第字。周禮以茀為之。【甲骨文編卷五】

◉李孝定　說文無第，有茀。本書一卷已从郭說收作茀。此與之似近而實不類。羅參事謂第茀皆由此譌變。蓋然之辭耳。姑从其說。次之於此。辭云「隹第□㞢」。不詳其義。【甲骨文字集釋第五】

◉于省吾　甲骨文笹字只一見，作形（續存上一二三七，辭已殘），舊不識。按笹字从竹世聲，世字作，需要加以說明。說文世字作，並謂「世，三十年為一世，从卉而曳長之，亦取其聲也。」段注：「曳長之謂末筆也。末筆曳長，即為十二部之乁，从反丿，亦是抴引之義。世合乁會意，亦取乁聲為聲，讀如曳也。」林義光文源：世「當為葉之古文，象莖及葉之形。草木之葉重累百疊，故引伸為世代之世。」按許說出諸杜撰，段氏還阿附其說，林氏又以草木莖葉為解，這都無異後世的拆字和猜謎，毫無道

偪　倲　傷

理。其實，周代金文有的以止為世（伯尊），有的以杫（从止聲，見楀簋）為世，可見止與世有時通用。又世字師晨鼎和師遽簋作[古文字]，寧簋作[古文字]，在止字上部加一點或三點，以表示和止字的區別。石鼓文世字作[古文字]，變三點為三横，為説文所本。此外，最引人注意的是，周器祖日庚簋「用筐啚孝」的筐字作[古文字]，和甲骨文的[古文字]字完全相同，只是其三點有虚實之别而已。筐字雖然不見於後世字書，但簋文以筐為世，也證明了筐从世聲，與世同用。因此可知，世字的造字本義，系於止字上部附加一點或二三點，以别於止，而仍因止字以為聲（止世雙聲）。【釋古文字中附劃因聲指事字的一例　甲骨文字釋林】

[古文字] 詛楚文　㠯偪俉邊競　偪同逼禮記雜記君子不僭上不偪下此字説文未收【石刻篆文編】

◉孫海波　[古文字]摭續一四九　从人从畐。説文所無。禮記内則。偪屨著綦。釋文作幅。左傳偪陽子。漢書古今人表作福。方言亦有偪字。云。滿也。【甲骨文編卷八】

◉徐中舒　[古文字]　從人從畐畗，《説文》所無。見於《集韻》：「偪，侵迫也。」疑為用牲法。【甲骨文字典卷八】

◉劉心源　[古文字]。或釋子負物形。案[古文字]从東三約之。筠清館金石卷五絇甫彝有[古文字]字。攈古録二之一釋作東。父辛爵有[古文字]。近人㠯為二乃弓矢形。[古文字]橐無底。東兩端形。當是橐。案㠯二為弓矢形。説亦無據。餘謂[古文字]亦是東字。説文東部[古文字]分别簡之也。从東从八。八分别也。觀此銘从[古文字]。知東非从八。蓋東中連中直筆為三。即[古文字]。而横書之。[古文字]則省矣。東實與冊同意。本義當是東編。乃簡之古文也。[古文字]即人字。古刻亦作[古文字]。小篆作[古文字]。皆象人形。世徒知[古文字]為子。而不知[古文字]為人與[古文字]同。與[古文字]異也。説詳叒癸鼎。从人从東乃倲字。人名也。字書未收。偶遺耳。古文不見字書者甚多。吾見鼎文有[古文字]。倲之反形。或釋子東。觚文有[古文字]。亦反形。或釋子車。觶文有[古文字]。从[古文字]。象縱横約之之形。或亦釋子東。蓋未合參諸器也。【奇觚室吉金文述卷一】

◉饒宗頤　戊申卜，穷貞：㞢傷，攺。（鐵二四五・一）

傷从人从昜。廣韻三十七蕩有「傷」字，長貌，與曭同音。曭，日不明也。卜辭蓋假傷為曭。傷古通蕩，法言淵騫篇：「傷而不制。」李軌注：「傷古蕩字。」宋治平本作「傷」。詩：「魯道有蕩，」「㞢傷」與「有蕩」語正同。【殷代貞卜人物通考】

1586 說文所無玉篇僃人名 【古璽文編】

◉楊樹達 簠室雜事九二片云：「癸酉，卜，𡧊貞，王復不安，亡祉？」樹達按：復字作□，左从复，右疑从人，字蓋假為腹，不安謂有疾。祉與止同。卜辭於病愈恆云祉，詳見咍部祉字下。【復　卜辭求義】

焂 說文所無集韻光動皃　焂觶　弔趯父卣　烏虖焂敬哉　散盤 【金文編】

◉戴家祥 強運開曰：「焂亾觶」說文所無。集韻「式竹切，音菽，光動皃」。運開按此與黑部之黛同，音黛。篆下段注云：「古亦叚為倏忽字，黑為火所熏。色从黑與从火其義一也。疑焂即古黛字。」又按犬部「倏」字：「犬，走疾也。从犬攸聲，讀若叔。」段注云：「引伸為凡忽然之詞，或叚黛字為之。」是三字同音，義亦相近，故古多通叚也。說文古籀三補卷十第四葉。按金文作人名。無義可說。【金文大字典中】

◉李孝定 ⿱自矢从自从矢。說文所無。字在卜辭為地名。【甲骨文字集釋第四】

◉吳榮光 ⿰由吏　說文所無　的大尊〈2130〉「攸貝⿰由吏所」

周安作公白辛彝⿰由吏左从東。楚名。缶之由。右从吏。必由之屬。甾內有⿰由吏字。讀如迅。恐此文亦讀如迅。貝或實於蒿。或實於匰。此實於由。缶之屬。無不可矣。【筠清館金文卷五】

◉孫海波 粹九八七　⿰𠂤殳或从攴。【甲骨文編卷三】

◉李孝定 从攴从壴，說文所無。郭某於粹編考釋一二九葉隸定作⿰𠂤殳，非是。【甲骨文字集釋第五】

𢓊

◉商承祚　此字从彳从歨，當是步武之專字，又或从行作衛，前編六卷二三葉。詩繩其祖武，傳武迹也，說文𢓊迹也，武與步𢓊意同。【福氏所藏甲骨文字釋文】

◉孫海波　甲六一　从彳从武。説文所無。商承祚説。即步武之本字。前二·二一·一　或从彳。【甲骨文編卷二】

◉唐　蘭　𢓊，《薛氏鐘鼎款識》作，原釋徒。元揚鉤《增廣鐘鼎篆韻》四兩引作，當即𢓊字。殷虛卜辭常見王𢓊于某。昭王時所用文字往往與卜辭符合。𢓊通步。《尚書·召誥》：「王朝步自周。」《左傳》僖公三十三年：「寡君聞吾子將步師出於敝邑。」那末，帶着軍隊出行，可以叫做步。步大概走得不很快，《離騷》：「步余馬於蘭皋兮」，注：「徐行也。」

【論周昭王時代的青銅器銘刻　古文字研究第一輯】

◉陝西周原考古隊　周原岐山文管所　(14)H31：4(圖三，8)

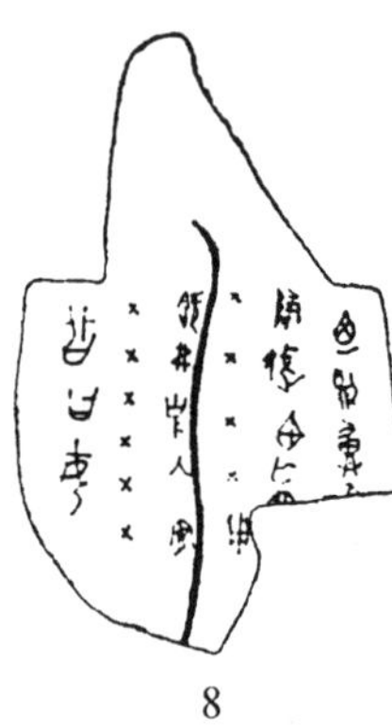

8

此片第一辭右行，其第一行殘泐，只留一用字：

……用

隊(墜)𢓊，由(惟)亡咎。

迺則𤰈(畀)☐……

𢓊，讀為武，即步武之武（見《甲骨文編》77頁）。𢍏，即畀字上加倒人，與畀同意。畀，《說文》廾部：「畀，舉也。从廾，由聲。春秋傳曰：『晉人或以廣隊，楚人畀之。』黃顥說：『廣車陷，楚人為舉之。』（段注：此許稱古本古說，杜本作惎，云：教也。）」墜武，猶言下行，𢍏☐，則是上升，墜武與畀☐相對為文。本辭大意是：下行，無害；可以下而復上。

第二辭左行，其第一行下二字泐成殘劃，辨識不清，第二行字迹全掉：

既弗克☐

……

岾曰：每。

岾即佔，與占同。每即晦，見《殷契粹編》651片及659—663片。郭沫若說：「以上六片，均有每字，以辭意觀之，似均假為晦。」殷墟卜辭中，每字習見，亦有假為悔、賄等字者。【岐山鳳雛村兩次發現周初甲骨文　考古與文物一九八二年第三期】

◉吳大澂　徠　古徠字。亦作速。説文無。徠字力部。勑。勞也。𣊩下引詩不𣊩不來。爾雅釋訓。不竢不來也。釋文。來本作徠。又作速。然則陸德明所見古本有徠速二字。矣。散氏盤徠字。𩫖伯厨敦徠字。可與釋文速字相印證。玉篇。速。來也。至也。就也。【愙齋集古録釋文賸稿上册】

◉徐中舒　衎　從行從乍，《説文》所無。疑為乍之異文。義不明。【甲骨文字典卷二】

◉吳振武　鄂君啟舟節，鄂君啟節出土於安徽省壽縣九里鄉丘家花園，分舟節和車節兩種。舟節兩枚，分別發現於1957年和1960年，銘文內容相同，個別字筆畫稍有出入。1957年發現的那一枚，彩色照片見：《中國大百科全書·考古學》（中國大百科全書出版社，1986年，北京·上海）彩圖插頁26頁；黑白照片見：郭沫若《文史論集》（人民出版社，1961年，北京）圖版27·甲，中國科學院考古研究所《新中國的考古收獲》（文物出版社，1961年，北京）圖版伍叁·1，《文物精華》第2集（文物出版社，1963年，北京）16頁（原大），《書法》（上海）1982年2期42頁⊘。1960年發現的那一枚，照片筆者未見；摹本[Ⅰ]見《中華文史論叢》第6輯（中華書局，1965年，上海）145頁，摹本[Ⅱ]見：上海博物館商周青銅器銘文選編寫組《商周青銅器銘文選》第2卷（文物出版社，1987年，北京）425頁659號（原大）。在規定舟船數量的時候，兩次出現舿（以下用△號代替）字。原文如下：

屯三舟為一△(「一△」原作合文)，五十△，歲罷返。「歲罷返」之「罷」，朱德熙先生和李家浩先生懷疑是「翼」字的異體，謂「『歲翼返』似當讀為『歲代返』……意思是説：一年之内分批輪流返回」，參其著《鄂君啟節考釋(八篇)》，北京大學中國中古史研究中心《紀念陳寅恪先生誕辰百年學術論文集》63—64頁，北京大學出版社，1989年。

這個字除極少數學者主張釋「艅」外，主張釋「艅」的學者早期有殷滌非先生，見殷滌非、羅長銘《壽縣出土的「鄂君啟金節」》，《文物參考資料》1958年4期9頁；近年則有熊傳新先生和何光岳先生，見其著《〈鄂君啟節〉舟節中江湘地名新考》第一節(專考△字)，《湖南師院學報》哲學社會科學版(長沙)1982年3期85—86頁。一般都隸定成「舿」。釋「艅」因跟字形明顯不合，所以没有討論的必要。需要討論的是一些隸定成「舿」的釋法。因為字書和文獻中並没有從「舟」從「夸」的字，所以盡管大家都隸定成「舿」，但在解釋上却是有些不同的。

第一種意見認為「舿」即「舸」之古文，當「大船」講。這是于省吾先生在《「鄂君啟節」考釋》《考古》1963年8期442—447頁。一文中首先提出來的。

第二種意見認為「舿」的意思和後世「綱運」之「綱」同。這是商承祚先生提出來的。

第三種意見認為「舿」是一個集合數量詞。這是李零先生在《楚國銅器銘文編年匯釋》《古文字研究》第13輯353—397頁，中華書局，1986年，北京。一文中提出來的。

按這三種意見中，第一種意見因從字音入手，並且引了《方言》材料，所以相信的人最多，影響最大。筆者自己過去也曾相信過這個説法。而第二、第三兩種意見却很少有人注意到。原因大概是因為這兩種説法衹講字義，不談牠到底相當於什麽字，所以難以被人接受。

實際上，仔細體會銘文意思，第二、三兩種意見在文義理解上，要比第一種意見更加合理。⊘現在的問題是：落實到字形和字音上，究竟應該怎麽解決？如果△字衹能隸定成「舿」的話，那麽我們也衹好遺憾地把牠當作一個後世失傳的字來看待了。但實際上，△字的形、音問題並不是没有希望解決的，衹是不能走到分析為「从舟夸聲」的老路上去，需要另闢途徑。下面我們試重新分析△字所从的偏旁和牠的讀音。

△字左邊从「舟」是很清楚的，無需討論。關鍵是要確定牠右邊所从的[字形]究竟是個什麽偏旁。要討論這個問題，須先從戰國貨幣銘文中的[字形]字説起。

戰國時期，魏都大梁曾鑄有四種「㮐(梁)」字打頭，面文比較特殊的圓肩圓胯布。汪慶正主編《中國歷代貨幣大系·1·先秦貨幣》394頁1334號—400頁1372號，上海人民出版社，1988年。根據牠們的面文内容和實測重量，可以分為兩組。其中份量輕的那一組自名為「㡀(幣)」，「㡀(幣)」字原作㡀，李家浩先生釋，詳其著《戰國貨幣文字中的「㡀」和「比」》，《中國語文》1980年5期373—374頁。分大小兩種，大的𣁋「正(整)㡀(幣)」，小的𣁋「㸸(半)㡀(幣)」，分別相當於魏國的「一釿」布和「半釿」布；份量重的那一組自名為「釿」，也分大小兩種，分別相當於魏國的「二釿」布和「一釿」布。在稱「釿」的那一組梁布上，「釿」字前面有一個寫作夸形的字：

㳚(梁)夸釿五十(「五十」原作合文)尚(當)孚(鋝)

㳚(梁)夸釿百尚(當)孚(鋝)

這個字在面文中也寫作夸、夸、夸等形。關於這個字，舊有「亢」、「流」、「親」、「充」、「夸」、「奇」等十幾種不同的釋法，均難信從。

關於梁布中的夸字。筆者後來發現，這個字常在稱「夸釿」的那一組梁布和「安邑二釿」、「安邑一釿」布的背面單獨出現(均後刻)，字或作夸、夸形(《中國歷代貨幣大系・[1]・先秦貨幣》1339—1342、1349、1279—1283、1303—1305，《考古》1987年2期184頁。可注意的是，在稱「幣」的那一組梁布和「安邑半釿」布的背面，似未見有單刻此字的情況)。在河南登封陽城遺址出土的韓刻劃陶文中，此字則作夸(《古文字研究》第7輯[中華書局，1982年，北京]230頁圖叁伍・4，單字)。從這些寫法看，夸字不應分析為从「土」(大)从「冢」省(亐)，而應分析為从「大」从「冢」省。也就是說，這個字不存在借筆的問題。但是，字仍應釋為「冢」(在布銘中皆讀作「重」)。「冢」古有大義。《爾雅・釋詁》：「冢，大也。」《尚書・舜典》孔疏引舍人注：「冢，封之大也。」《周禮・天官・敍官》鄭注：「冢，大之上也。」故字或从「大」作。齊[系]私璽中有名「敖(敖)大冢」者(《上海博物館藏印選》[上海書畫出版社，1979年]21・2「王敖冢信鈢」，《古璽彙編》[羅福頤主編，文物出版社，1981年]0643「王敖冢」、3725「命(令)魚(狐)敖冢」，「敖」字舊誤釋為「敉」)，「敖」下一字亦从「大」从「冢」省(冢即「冢」字所从的聲符「豖」，參拙作《試說齊國陶文中的「鍾」和「溢」》，《考古與文物》[西安]1991年1期)，也應釋為「冢」。古从「敖」得聲之字多有高大義(參《廣雅・釋詁》「驐，大也」「顤顡，高也」王氏疏證)，可知名「敖冢(冢)」者，是取高大之意。筆者對夸字的釋讀，最初是從借筆中得到啟發的，今看法雖變，但結論未變，所以正文第貳部分第十節仍予保留，算是留下一點認識的曲折痕跡。

高明先生《古陶文彙編》(中華書局，1990年，北京)329頁3·1285—3·1287著録的三件齊系單字陶文作夻或夻，過去大家(包括筆者在内)多把作夻者釋為「夸」。其實，這幾個字跟梁布上的夻也是同一個字。這種从「大」从「冢」省的「冢」字，可以隸定成「夻」。如果不求精確的話，也可以隸作「冢」。

把夻字釋為「冢(冢)」，從字形上説，關鍵是要找出準確的例子來證明「冢」字可以省成[glyph]、[glyph]、[glyph]、[glyph]等形。在《説梁重釿布》一文中，我們曾舉過一些「冢」字省寫的例子。其中最重要的三個是：

(1)「之冢(重)」合文作[glyph]。魏二十八年平安君鼎蓋「一益(鎰)十釿斗(半)釿四分(「四分」原作合文)釿之冢(重)」、器「六益(鎰)斗(半)釿之冢(重)」，《文物》(北京)1980年9期18頁圖七·1、3；魏三十二年平安君鼎器「五益(鎰)六釿斗(半)釿四分(「四分」原作合文)釿之冢(重)」，《文物》1972年6期23頁圖八。李學勤先生釋。李學勤《秦國文物的新認識》，《文物》1980年9期28頁。

(2)「塚(冢)子」合文作[glyph]。魏梁上官鼎器「宜諆(信)塚(冢)子」，《三代吉金文存》2·53下。李家浩先生釋。李家浩《戰國時代的「冢」字》，北京大學中文系《語言學論叢》第7輯117頁，商務印書館，1981年，北京。

(3)「塚(冢)子」合文作[glyph]。古璽「栖塚(冢)子」，《古璽彙編》292·3102。李家浩先生釋。李家浩《戰國時代的「冢」字》，北京大學中文系《語言學論叢》第7輯116—117頁，商務印書館，1981年，北京。

這裏還可以再補充兩個例子：

(4)「⿰貝冢」字作[glyph]。楚鄴陵君豆(一)豆盤外底「郢□寶(府)所散(造)，⿰貝冢(重)十晉四晉圣朱；□毀⿰貝冢(重)三朱二圣朱四□」，《文物》1980年8期30頁、《商周青銅器銘文選》第2卷438頁680(2)號。

(5)「塚(冢)」字作[glyph]。韓十八年戈「十八年，塚(冢)子䞈(韓)矰(?)，邦⿱宀車(庫)嗇夫犬湯，冶舒散(造)戈」，《湖南考古輯刊》第1集(岳麓書社，1982年，長沙)88頁圖一·5、《古文字研究》第10輯(中華書局，1983年，北京)274頁圖三十。

這兩個例子需要作一點説明。(4)中的[glyph]字出現在記重銘文中，李家浩先生和李學勤先生都釋為「冢」，讀作「重」。李家浩先生説見李零、劉雨《楚鄴陵君三器》，《文物》1980年8期31頁；又見李家浩《戰國時代的「冢」字》，北京大學中文系《語言學論叢》第7輯122頁，商務印書館，1981年，北京。李學勤先生説見其著《從新出青銅器看長江下游文化的發展》，《文物》1980年8期40頁。這個讀法無疑是正確的，但細審搨本，把這個字所从的[glyph]看成是「冢」字所从的「豕」，恐怕是有問題的。比較同銘「寶」字「貝」旁的寫法，可知最早研究此器的李零、劉雨兩位先生把這個偏旁看作「貝」是不錯的。見李零、劉雨《楚鄴陵君三器》，《文物》1980年8期31頁。「⿰貝冢」字不見於字書。趙國銘刻中有一個寫作□形的字(《文物》1980年7期2頁圖二・2—7)，湯餘惠先生認為「字殆从貝省冢聲」，湯餘惠《讀金文瑣記(八篇)》22頁，中國古文字研究會第八次年會論文，油印本，1990年11月，太倉。可資參校。(5)中的「塚(冢)」字系李家浩先生釋。李先生認為右邊所从的「卜」是飾筆，見李家浩《戰國時代的「冢」字》，北京大學中文系《語言學論叢》第7輯116頁。這是一種从「卜」的「塚(冢)」字。魏六年寧鼎中的「塚(冢)子」之「塚(冢)」作□(《三代吉金文存》3・24下)，與此同例。六年寧鼎中的「塚(冢)」字亦係李家浩先生釋，見李家浩《戰國時代的「冢」字》，北京大學中文系《語言學論叢》第7輯115頁。但李先生未注意到這個字也是从「卜」的。按「塚(冢)」字从「卜」，似跟下揭二事有關：一，古時候，有些冢子是用「卜」的辦法確立的(參孫詒讓《周禮正義》卷47「大卜」)；二，《説文・勹部》：「冢，高墳也。」古有「卜宅」(宅，葬居)、「卜葬兆」之事(參《周禮正義》卷36「小宗伯」、卷41「冢人」、卷47「大卜」)。

上面這些例子都足以證明戰國時期「冢」字可以省寫成□、□、□、□等形。因此，把梁布中的□字看作是一個从「大」的「冢」字，並不是一種猜想，而是有相當根據的。

「豙」字也作為偏旁出現在包山楚簡中：

□ 《包山楚簡》(湖北省荊沙鐵路考古隊編，文物出版社，1991年，北京)圖版七五・163、八一・180

□ 同上圖版三八・86

□ 同上圖版三七・85

這三個从「豙」的字在簡文中都用作人名或地名，讀法不易確定。如果可以根據梁布以「豙」為「重」的情況推測一下的話，也許牠們分别是「動」(《説文・力部》：「動，作也。从力重聲。」)、「陦」(《玉篇・阜部》：「陦，音重，地名。」)、「鍾」(《集韻・平聲鍾韻》：「鍾，量名。六斛四斗曰鍾。……通作鍾。」)的異體。《包山楚簡》一書的作者把這三個字隸釋成「㧜」、「陓」、「銙」肯定是有問題的。因為衹要看看同批簡中的「于」及从「于」的「竽」、「雩」、「弙」、「邘」等字即可知道，上揭三字的右旁決不會是「从大于聲」的「夸」。

現在我們可以回到△字上來了。在已發現的兩枚舟節中，△字總共出現四次。其右旁都作：

□

沒有大的變化。如果光看這個形體的話，把牠説成「夸」似也無可厚非。但是拿牠跟下揭楚璽中的「勪」字比較：

□ 《古璽彙編》145・1331

□ 同上246・2552 拙作《〈古璽彙編〉釋文訂補及分類修訂》曾將此字誤釋為「刳」，國際中國古文字學研討會論文集《古文字學論集》初編508頁，香港中文大學中國文化研究所吳多泰中國語文研究中心，1983年。

可以知道這個偏旁並不是非看成「夸」不可的，完全有可能是上面費了許多筆墨討論過的「豙」。這個看法如果不錯，那麼△字應該隸定成「⿰舟豙」(嚴格一點的話當隸定成「舿」)，分析為：从「舟」「豙(家)」聲。

中古以後，文獻中出現過一個當「船隊」講的「䑸」字。

綜上所說，鄂君啟舟節中的△字應該隸定成「⿰舟豙」(或「舿」)，可以看作是「䑸」字的古寫。節銘謂「屯三舟為一⿰舟豙(＝䑸)，五十⿰舟豙」，意思是說：全都是三條船組成一隊，共五十隊。【鄂君啟節「舿」字解　第二屆國際中國文字學研討會論文集】

𣥼

 乙三四〇一　从止从余說文所無于省吾釋今途字其在卜辭中用法有二一為道途之途一為屠殺之屠此辭云翌乙亥王𣥼首亡𡆥𣥼首猶言屠首

 乙六三八六反　𣥼首若　 乙六四一九反　王來屠首雨　 前六·二五·二　王𣥼衆人　 佚九四五　令望乘眔輿𣥼虎方　𣥼虎方告于祖乙　　 前六·二六·五　 前七·二三·一　叀陕令𣥼卒　 續三·三七·一　王勿往𣥼衆人　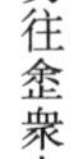 前七·二四·二與七·一八·三綴合。𣥼若茲鬼。𣥼猶言道途。 燕一六　 燕六〇五　 京都三九三【甲骨文編】

◉葉玉森　王襄氏釋徐。商承祚氏釋从女从𣥼之字為嵞。類編十二卷七頁。森按。此為動詞。釋徐釋途均未安。【殷墟書契前編集釋卷六】

◉于省吾　栔文𣥼字作諸形等形。即今途字。其用法有二。一為道途之途。叕存二八。𣥼若茲鬼。鬼為惡劣之義。庫一三五四。叀鬼與叀吉對文。則鬼為不吉明矣。此言道途若此之惡劣也。前五·十七·五。日若茲敏。句例同。一途作動字用。義為屠戮伐滅。應讀為屠。途與屠聲韻並同。逸周書周祝。國屠注。屠謂為人分裂也。荀子議兵。不屠城注。屠謂毀其城殺其民若屠者然也。史記絳侯周勃世家。屠渾都。索隱。屠滅之也。前六·二六·五。弓乎娸𣥼。子姞來。乎娸𣥼。子姞來。下上對貞。屠謂殺伐。言勿乎娸屠戮之而子姞來歟。抑乎娸屠戮之而子姞來歟。乃疑詞也。前七·三二·一。叀陝令𣥼。卒。言令陝屠戮而有所禽獲也。前六·二五·二。王𣥼衆人。續三·三七·一。王弓㞢𣥼衆人。𣥼謂屠戮也。鄴三下四三·九。王令𣥼。亞侯又。言王令有所屠伐而亞侯右助之也。佚九四五。其𣥼虎方。告于且乙。其𣥼虎方。告于丁。其𣥼虎方。告于大甲。令𡈼乘眔輿𣥼虎方。𣥼虎方即屠虎方。謂屠戮虎方也。亦即荀子不屠城史記屠渾都之屠。要之。栔文之𣥼。从止余聲。以為道途之途者本字也。以為屠殺之屠者借字也。【釋𣥼　雙劍誃殷栔駢枝】

◉金祥恆　首途猶今啟程，資暇録「見將首途者，多云車馬有行色」，如「王途首亡囚」，即卜問「王道途無禍也。」「王來途首雨小」言王來啟程時雨小矣。【加拿大多倫多大學安達黎奧博物館所藏一片牛胛骨刻辭考釋　中國文字第九卷】

◉李孝定　𨔣 从止从余。說文所無。于氏釋途。謂或假為屠。其說是也。東世澂夏代和殷代的奴隸制一文亦从其說。見歷史研究一九五六年第一期五十一葉。行李道途之途。古經籍多有之。許書殆偶佚耳。【甲骨文字集釋第二】

◉朱歧祥　𨔣 从止余聲，隸作𨔣，即途字，經也，過也。从止、从辵通。于省吾《駢三》頁23借為屠殺之屠；不確。由《前6・26・5》一辭可證。

《前6・26・5》☐貞：呼娩𨔣子姤來。

☐貞：勿呼娩𨔣子姤來。

辭意當謂：呼召娩途經子姤而來殷京。于氏所引諸辭，如：

《鄴3・43・9》乙酉貞：王令[illegible]𨔣亞侯。又(佑)。

《叕19》☐貞：令望乘眔下[illegible]𨔣象方。十一月。

《前7・32・1》癸酉卜，賓貞：令旃𨔣擒。八月。

以上的𨔣字均可以「途經」意釋之，文順意通，實無需輾轉以叚借詮解字意。

《乙6419》☐貞，翌庚申我伐，易日。庚申明雈，王來𨔣首，雨。即謂：殷王來，途經首地，有雨。且若强以屠釋途，言屠戮某人一見足矣，何以卜辭屢見稱「途子晝」之辭，而又勞師動衆若此。

《卜16》☐貞，叀旲令𨔣子晝。

《寧1・494》庚子貞：王[illegible]𨔣子晝。

《掇1・433》☐刚令[illegible]𨔣，叀子晝。

《存2・461》☐貞，☐自☐𨔣子晝。【殷墟甲骨文字通釋稿】

畣

◉李学勤　「畣」字從「合」省從「曰」，這個字形見湖北江陵望山楚簡，朱德熙等先生作過討論。他們指出：「『畣』從『曰』『合』聲。『荅』之古文作『𠓛』，應即由『畣』譌變。信陽一〇九號簡……為之女(如)可(何)？畣曰……，『畣曰』即『荅曰』。字在此當讀為『合』。」湖北省文物考古研究所、北京大學中文系編：《望山楚簡》第125頁，中華書局，一九九五年。

按河南信陽長臺關楚簡「……天下，為之如何？畣曰……」，河南省文物研究所：《信陽楚墓》，圖版一一四，1—09，文物出版社，一九八六年。「畣」字所從的「合」不省，比玉璜和望山簡的字多一橫筆。這兩種寫法都見于湖北荊門包山楚簡，張光裕先生把它們列舉出來，見其《包山楚簡文字編》0545、0546，張光裕主編：《包山楚簡文字編》，第199頁，臺灣藝文印書館，一九九二年。其簡號分別如下：

畣　265、266

畣　166、210、214　參看湖北省荊沙鐵路考古隊：《包山楚簡》，文物出版社，一九九一年。

前者見於遣策，後者見於卜筮祭禱之辭，不成於一時一手，寫法微有差異，不足為奇。

值得注意的是，包山簡210和214有人名「郿畣」，201則作「郿會」，很難設想是兩個人，「畣」和「會」在簡中形體又頗近似。按「會」訓為「合」，見《爾雅》、《說文》，但二字古韻並不相通。《說文》小徐本、三體石經等「會」字古文作「佮」，學者也不認為以「合」為聲。201簡的「會」疑系誤寫。這大約是由于「會」、「合」相訓。望山簡「豙」或寫成「𡨄」，也是因為「家」、「室」互訓而誤。

「禾」讀為「和」。因此，璜反面一句可讀為「相合和同」。與正面的那句連起來，就是：

上變下動，

相合和同。

玉璜上的這兩句，是一種箴銘。李零先生在《戰國鳥書箴銘帶鉤考釋》中說：「器服題寫箴銘，古書並不少見，可惜出土物不多。此類箴銘的特點是采用借喻手法，寫在什麼東西上，就用什麼東西來打比方。」李零：《戰國鳥書箴銘帶鉤考釋》，《古文字研究》第八輯，中華書局，一九八三年。這件璜本來是整串佩飾的一個主要部分。如羅森夫人所指出，羅森：《新石器時代到清朝的中國玉器》(Jessica Rawson, Chinese Jade fron the Neolithie to the Qing)，第263頁。不列顛博物院出版社，一九九五年。長臺關楚墓出土的木俑上即繪有包含這種以倒∪字形懸掛的璜的成串佩飾。河南省文物研究所：《信陽楚墓》。第115頁，圖七九。文物出版社，一九八六年。佩飾中還有珠、環等物，人行走時，佩飾上下自然擺動，有下垂雙串的，更會發出和諧的琤瑽音響。箴銘以此比喻人事，上下之間彼此貫通配合，諧和無間。【釋戰國玉璜箴銘　于省吾教授百年誕辰紀念文集】

◉石志廉　陰文「郐氏」二字，為戰國璽印字形最大者。故宮博物院藏有戰國「十年侖氏」戟。美國芝加哥賈坎克所藏湖南長沙近郊出土戰國「郐氏」銀皿上有劃刻題銘「二十九年，侖氏麥酉□□□册」。戰國郐氏方肩方足布，其郐字作[glyph]，按郐氏即綸氏，為地名，在今河南登封西南。《竹書紀年》：「楚吾得帥師及秦伐鄭，取綸氏。」事在楚懷王廿五年（公元前304年）。《左傳・哀公元年》：「虞思於是妻之以二姚，而邑諸綸。」注：虞邑。侖氏銀皿作於楚懷王廿九年。

圖一　"郐氏"大陶璽

這紐大陶印不同於三晉式，應為楚印。湖南長沙出土的楚「郲華鉨」三合璽節，郲書作[glyph]，邑旁作[glyph]，與此璽郐字作[glyph]的邑旁風格甚相近似。但戰國時楚之貨幣，只見有蟻鼻錢及郢爰、鈑金等，尚未見有方肩方足布。戰國時的方肩方足布多為三晉之物，故郐氏方肩方足布應為楚懷王廿五年前的三晉貨幣。【戰國古璽考釋十種　中國歷史博物館館刊一九八〇年第二期】

[glyph] 乙八七一〇說文猷字从酓而酉部無酓字蓋今本奪佚　[glyph] 乙八七二三　[glyph] 粹一三一六　[glyph] 鄴初下・三二・八　[glyph]　[glyph] 寧滬一・五四　[glyph] 師友一・一〇三　[glyph] 庫一〇〇二　【甲骨文編】

◉高田忠周　說文。酓。酒苦味也。从酉今聲。小徐本有。大徐本無。此篆舊釋作盦。謂叚借也。然盦訓覆蓋也。恐銘意非此義。壺亦盛酒漿之器。此酓當用為歓。【古籀篇七十六】

◉商承祚　[glyph]為酓字。胡光煒云。以聲求之。當讀為楚氏之熊。楚世家記戰國以下之楚王名或單稱名。或加氏稱熊某。如悼王稱熊。疑宣王稱熊良夫。威王稱熊商。懷王稱熊槐。考烈王稱熊元。皆是。熊讀入喻紐。酓讀入影紐。古讀清濁不分。於聲至近。

从酓聲之歙又轉讀如雍。詩公劉以飲韻宗。與熊同韻部。古經傳書楚熊往往惟取聲近字。公羊宣八年葬我小君頃熊。解詁云。熊氏楚女。左傳作敬嬴。左昭十二年楚殺其大夫成熊。公羊作成然。熊嬴然酓皆同聲通用字。知此文之酓可讀為熊。【壽春新出楚王鼎考釋 國風半月刊四卷三期】

◉商承祚 [illegible]。从酉从今。即酓。亦即歙字。伯作姬酓壺作[illegible]。與此同。甲骨文作[illegible]。㠱仲壺蓋作[illegible]。象人垂首至甕。沇兒鐘作[illegible]。余義鐘作[illegible]。象人以勺斟酒。皆有歙義。後衍變以[illegible][illegible]為今以人形為欠。遂成今歙字。【酓肯盂 十二家吉金圖録】

◉譚戒甫 飲臻飲。原作酓舂酓。句法頗奇。三代吉金文存卷一二頁六有伯作姬酓壺。酓壺即是飲壺。說文大徐本無酓字。但小徐本有。此外如集韻廣韻玉篇都有。訓為酒味苦。各本說文卻有歙字。从欠。酓聲。又有二古文。一从今水作[illegible]。一从今食作[illegible]。今楷書作飲。是由[illegible]省今聲而加欠。此酓卻是由歙而省欠的。現照本句看。上酓字今當讀去聲。音蔭。屬動詞。下酓字古讀平聲。屬名詞。意即是酒。【西周𢦏鼎銘研究 考古一九六三第十二期】

◉金祥恆 徐鍇云。酒味苦也。从酉今聲。臣鍇曰。歙字从此。咽嗛反。然大徐說文無之。段若膺據小學書而補之。云。廣韻玉篇集韻小徐本皆同。汲古閣所據宋本奪此篆此解。而毛扆補之於部末。然郭忠恕汗簡酉部亦收録酓作[illegible]。注出說文。且說文䣊䣛鶬歙𩞄等字皆从酓聲。則說文必有酓字無疑。酓汗簡釋為壓。尚書禹貢其篚壓絲。太史公作夏本紀引作其篚酓絲。北宋本黄善夫本史記作酓。殿版本日人瀧川資言史記會注考證作禽。从合。乃今之訛。司馬貞索隱注云。爾雅壓。山桑。是蠶食壓之絲也。蓋借酓為壓也。

徐鍇謂酓从西今聲。蓋以篆文字形釋之。非其朔誼。今乃[illegible]之省譌。其省譌演變之跡。證之甲骨金文。約略可得而言。甲骨卜辭殷虚書契精華第四片。

王固曰。㞢希。八日庚戌㞢各云自東。面母昃亦㞢出蜺。自北歙于河。

之歙作[illegible]。葉玉森說契云。

[illegible][illegible][illegible]。說文歙。歠也。从欠酓聲。古文作[illegible][illegible]。按書契精華載[illegible][illegible]二字。从[illegible][illegible]竝象戴冑之人俯首向下形。从西即酒。从[illegible]乃別構。小點象酒滴形。當竝為許書歙字。篆文从今即[illegible][illegible]之譌。从[illegible]即[illegible]之譌。葉氏之說至確。殷虚書契前編卷二第十八頁第二片。

丙辰卜。在㯅貞。叀大又先□歙[illegible]㯅利不雉眔。

其歙作[古文]。[古文]已省譌為[古文]。與沇兒鐘兩周金文大系一六七之作[古文]。魯大𤔲徒元乍歙盂商周金文録遺五一二之作[古文]。𡚱中壺乍倗生歙𣪘三代吉金文存十二卷十三頁第六器之作[古文]。逐漸演變成从酓从欠之歙。辛白鼎辛白受厥永酓鼎小校經閣卷二八六頁第二器之作[古文]。从酉从人。東周左師壺三代吉金文存十二卷十二頁第六器之作[古文]。雖[古文]省作人。然亦歙字。[古文]省譌為亼如。

貞酓？　乙八七一〇

貞酓？　乙八七二三

不酓？　南北師友一〇三

人方白。其酓于☑　粹一三一六

于𠂤門。殉言酓。王弗毎？　庫一〇〇二

諸酓字。亦即歙。玉篇一作酓。酒也。殉林切。説文歙之古文作[古文]。从今水。如小屯甲編考釋五四圖。

☑衾西河。𡫳？　十月

貞☑衾☑河☑

國立中央圖書館所藏甲骨一七五片。

後編上二五頁第四片。

己亥卜。亐貞。王至于衾。𡫳于河三小宰。沈三牛。

衾一為動詞。一為地名。所以从今从水者。乃[古文]從人俛首張口歙酒之形。而省其酉也。玉篇淦。古文飲字。烏錦切。譌今為仌。又多加一水。猶泰加水成漆。大有畫蛇添足之感。

至於酓之本義。由字形之演變推知為歙歠也。如甲骨文于𠂤門。殉言酓。人方白其酓于☑貞王歙㞢(有)它？乎歙[古文]畫等。皆鄉飲之意。而小徐本説文訓酓為酒味苦也。篆隸萬象名義同。四部叢刊元刻玉篇引作酒苦也。脱味字。酒味苦也。乃酓之引申義。非其朔誼。

説文解字歙之古文一作[古文]。从今食。疑食乃酉之譌。如楚王酓章鐘之酓作[古文]。兩周金文大系第一八〇圖。其[古文]若豆狀。其實乃[古文]之譌。若不譌。則今乃人之譌。説文食部。飤糧也。从人食。殷虛書契後編下第七頁十三片。

傳曰血□飤丮曰棄子。

[古文]。像人俛首食於簋豆。簋豆盛黍粟粢米乾脯之器。非如陶甕可以盛酒漿。而可以歠歙也。金文鄭𢦏句父鼎。

鄭戚句父自乍飤鰟。

飤。从人食。桂馥說文解字義證云。一切經音義飤糧也。从人仰食也。謂以食供設與人也。故字从食从人意也。其實即食。像俛食之狀。說文食从皀亼聲。亼疑是人之譌。【釋嗇　中國文字第廿一冊】

貣

◉高田忠周　貣　說文所無　公貿鼎　〈0628〉「叔氏□□使貣安曩□白」「賓貣轡馬乘」

貣為人名。音義無徵。又字書無貣字。然其从貝父聲甚顯然者。此古字逸文也。但依鬴釜同字例。貣亦可為賻。而甫尃通用。貣或為賻字耶。儀禮既夕知死者贈。知生者賻。穀梁隱元。歸生者曰賻。又錢財曰賻。荀子大略。賻賵。所以佐生也。古書多見此字。其古文當作貣。說文不收賻字。葢謂俌傅異文也。周禮小行人。則令賻補之。鄭注云。故書作傅。為傅佐之轉義。許氏从禮古文。故不收賻也。【古籀篇九十九】

⿰采月

◉吳振武　齊陶文中曾出現下揭一件印戳陶文：

　季68下(陽文，圖8)

這件印戳陶文的格式跟前引齊陶量印文「公豆」(陽文)、「公釜(釜)」(陽文)完全一樣，因此可以推知「公」後一字也是量名。但字舊不識，金祥恆先生《匋文編》列於附録(27頁下)。

我認為此字从「采」从「月」，應隸定為「⿰采月」，有可能讀作量名「溢」。

右邊的即「月」，一見可識，無需贅言。左邊的跟「米」字作不同，即《說文》中的「采」字(小篆作)。兩周金文「采」字作，「番」、「蕃」等字所从的「采」作、、(金53—54、39頁)；信陽楚簡「番」字从(信2—022)；古璽「番」、「鄱」、「藩」、「歡」、「潘」、「悉」等字所从的「采」作、、、(璽文20、149、157、223、273頁、470頁1欄)，皆其確證。故字當隸定為「⿰采月」是無可懷疑的。

《說文》謂：「采，辨別也。象獸指爪分別也，讀若辨。，古文采。」又謂：「番，獸足謂之番。从采，田象其掌。蹞，番或从足从煩。，古文番。」(慧琳《一切經音義》引《說文》作：「从田，采聲。象獸掌文。」)从前有不少文字學家認為「采」和「番」同出一源，或者干脆就認為是一字之異。从古文字看，「采」、「番」二字的關係確實是非常密切的。郭忠恕《汗簡》和夏竦《古文四聲韻》中的「璠」、「幡」、「繙」、「播」等字皆可从「采」作。古璽中有字(補補13·1下)，丁佛言《補補》釋為「繙」；又有字，或作、(璽

覓

文37頁迷）、《古璽文編》（37頁）、《字形表》（65頁）、《類編》（102頁）等書都誤釋為「迷」，只有強運開《三補》釋為「𨑢（番）」（2・1下），其說可信。古璽中還有[illegible]字（璽文63頁粥），《三補》（3・6下）和《古璽文編》（63頁）都釋為「鬻」。其實，這個字很可能應釋為「𩱧」，「𩱧」字見於《玉篇》等書，漢印中也有从「𩱧」的字（漢徵附録5上6欄）。

「䊩」字雖然不見於後世字書，但是按照古文字中常見的加注音符情況來看，它有可能就是「釆」字的異體，即在「釆」上又加注音符「月」。古代「釆」和「番」是幫系元部字，「月」是疑母月部字。从韻上看，月、元二部是入聲和陽聲的關係，可以對轉。至於聲母上的差異，大概跟「䊩」字要讀作「溢」有關。齊文字中多有這種加注音符的例子，如十年陳侯午錞「保有齊邦」之「保」作「[illegible]」（金558頁），刀幣「夻（大）刀」之「刀」作「[illegible]」，陶文、璽印中的「固」作「[illegible]」（匋文編附録31頁上、璽文561頁1欄），「匠」作「[illegible]」（金薤留珍・府）等等即是。

「溢」字古為喻母質部字（有的古音學家定為影母）。在韻上，「䊩」和「溢」顯然是相近的，《詩經》中就有許多月質合韻的情況。在聲母上，「䊩」和「溢」也有通轉的可能。古从「番」得聲的字多讀脣音，但「𩱧」字《玉篇》有「弋粥切」和「扶袁切」兩讀，「弋粥切」即讀喻母。《詩・周頌・維天之命》「假以溢我」，《說文》「誐」下引齊詩作「誐以謐我」。「溢」、「謐」疊韻，但「謐」讀脣音明母。典籍中「番」和从「番」得聲的字，常常跟「般」、「反」或从「般」、「反」得聲的字通；而从古文字中「盤」字的一些寫法來看，「䊩」字也極有可能讀作「溢」。古璽「盤」字作「[illegible]」（璽文552頁4欄，舊不識），馬王堆帛書《戰國縱橫家書》「盤盂」之「盤」作「鈑」，皆从「反」聲；但西周轉盤「轉乍（作）寶盤」之「盤」卻作「艗」（三代17・2下），顯然从「益」聲。又，曾侯乙墓編鐘銘文中有「[illegible]」字（金508頁，誤入米部），當是在「般」上加注音符「釆」或在「釆」上加注音符「般」構成的。另外，漢吾作鏡銘「曾（增）年益壽」之「益」作[illegible]（金續5・6上），似是从「皿」「釆」聲。

總之，齊陶文中的「公䊩」之「䊩」，讀作量名「溢」是很有可能的。【試說齊國陶文中的「鍾」和「溢」　考古與文物一九九一年第一期】

[illegible] 覓　說文所無周語古者太史順時覓土西京賦覓往昔之遺館均當作覓後人以覓為覛之俗體非其朔也班簋　班非敢覓　【金文編】

◉戴家祥　[illegible] 㽙鼎　㽙覓匡世秝　从爪从見，即覓字。説文所無。廣韻「覓，求也。」【金文大字典中】

⿱爫⿱用又　敥　⿰妥戈　腇　⿰月𢆉

◉東世澂 [甲骨文] 這字和从兩手从舟的受字結構是相同的，舟和用同是盛物的東西，因此可知這字也是受字。【夏代和商代的奴隸制 歷史研究一九五六年第一期】

◉李孝定 [甲骨文] 字从爪或从𠬪从用，説文所無。用與舟是否同類姑不具論，用字疑為甬之初文乃鐘之象形字今義使用功用用具乃假借字。即為同類之物，从用从舟不同亦不得為同字也。東説非是。【甲骨文字集釋第三】

◉曾憲通 [楚帛書文]□思敥 甲六・一六 何琳儀讀思敥為茲保，即慈愛保養之意。【長沙楚帛書文字編】

◉戴家祥 [金文]蔡侯盤 [金文]蔡戻尊 ⿰妥戈義遊= 字从戈妥聲，郭沫若、于省吾等皆釋作威。于省吾曰：郭沫若同志謂「威儀遊遊猶言威儀悠悠」，但「悠悠」非形容「威儀」之詞。「遊遊」應讀作「優優」，遊與優同屬喉音幽部，故相通借。論語憲問「為趙魏老則優」，皇疏「優猶寬閑也」。淮南子時則「優= 簡= 」，高注「優簡，寬舒之貌」。「優= 」。係形容威儀之寬閑安適。壽縣蔡侯墓銅器銘文考釋古文字研究第一輯。【金文大字典中】

◉戴家祥 [金文]□侯腇戈 □侯腇作□茇鍨鉘 [金文]鄍侯戈 鄍侯腇作𢦏萃，鍨鉘

腇字，不見説文。廣韻集韻上聲十四賄，腲腇肥貌，並讀「吐猥切」，音骽，透母脂部。【金文大字典下】

◉王國維 歸安吳氏藏一鼎。其銘曰[金文]侯□作父乙鼎。又某氏藏一匜。其銘曰。[金文]侯作□妊□媵匜。其眉壽萬年。子子孫孫永寶用。[金文][金文]二字。舊釋為胥為⿰月𢆉。余謂此薛國之本字也。其字所从之[金文][金文]即説文𢆉字。其音古讀如辥見上釋。此字从月𢆉聲。與薛字从艸辥聲同。而胯侯匜言胯侯作□妊□媵匜。則胯為任姓之國。其為滕薛之薛。審矣。【釋⿰月𢆉 觀堂集林卷六】

◉劉釗 《文編》附録三五第11欄有字作「[古璽文]」，字从「[古璽文]」从肉，應釋為「⿰月𢆉」。金文稃字作「[金文]」，辟字作「[金文]」、「[金文]」，辭字作「[金文]」，所从之𢆉旁與古璽「[古璽文]」所从之「[古璽文]」形同。金文薛字作「[金文]」，所从「[金文]」旁也與「[古璽文]」形同。「[古璽文]」字从𢆉从肉，似可釋為「⿰月𢆉」。⿰月𢆉字見於《五音類聚》。【璽印文字釋叢（一） 考古與文物一九九〇年第二期】

盬

◉余永良　卜辭云「貞王賓盬亡尤」、與鬻盲之鬻同誼，從皿與從鼎同意，其與鬻同字與否，則未可定矣。【殷虛文字考】

◉葉玉森　羅氏釋鬻。似於字形不合。卜辭為祭名。【殷墟書契前編集釋卷六】

猤

◉戴家祥　字从犬从𢦔，前人缺釋。説文十二篇「𢦔，絶也。一曰田器，从从持戈，讀若咸」。按許説可商，从，俱也，七篇旅字注。以戈擊从，義當訓殲，在六書為會意，變而為殲，則為形聲。歺部，殲，微盡也。从歺，韱聲，春秋傳曰齊人殲於遂。莊公十七年左氏傳云：「遂因氏、領氏、工婁氏、須遂氏，饗齊戍，醉而殺之，齊人殲焉」，穀梁子曰：「殲者，盡也。」訓殲為盡，乃爾雅釋詁文。舍義曰「殲衆之盡也。」左傳正義引。公羊氏作「瀸」，云「積也」。何邵公解詁：「瀸之為死，積死，非一之辭，故曰瀸。」曰絶、曰盡、曰非一以戈擊衆之義已昭昭然。作瀸者同聲通假字也。陸德明公羊釋文殲，瀸俱音，「子廉切」精母談部，與唐韻𢦔字音同。故韱𩆂同字，韱韯同字，知猤即獵之聲符更旁字也。並見集韻下平二十四鹽。獵，獸名。按从𢦔得聲之字都有小義。猤字或為小獸。器銘作者自名為猤，亦猶夏后氏寒浞名其子曰豷，左傳襄公四年。宋大夫名華貙，昭公二十一年。晉力士名鉏麑，宣公二年。孔子弟子有冉伯牛司馬子牛史記仲尼弟子列傳。之類是也。【金文大字典中】

猓

◉郭沫若　第一四二八片　囚字，入帝乙時代則代以𢦏字。其字从一獸形，似犬而實非犬，余初釋為猷，今案實象形丹聲，乃猓然之猓也。文選吴都賦「狖鼯猓然」，劉注「猓然猿狖之類」。狖之為物仰鼻長尾，與所从象文形正相當。故𢦏必為猓，而以同音假借為禍。如此則字字順適矣。莊子逍遥遊篇「適莽蒼者三飡而返，腹猶果然」，言腹如猓然之肥滿也，舊未得其解。【殷契粹編考釋】

阜

0664　2849　2060　2101　説文所無玉篇阜牴也與觸字同　【古璽文編】

[illegible]

◉沈之瑜　戈有銘六字，曰「」，内上有巴族象形符號一組，與四川冬笋壩船棺葬出土銅兵所鑄符號類同（參閱《四川船棺葬發掘報告》五十三頁插圖之2與9）。

堷

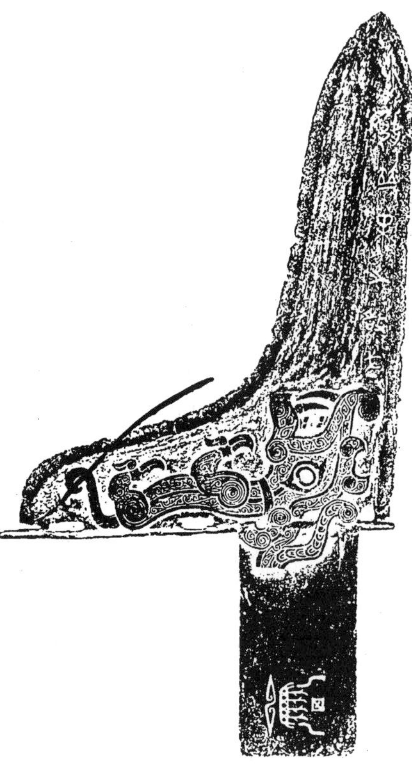

郗竝果戈（正面拓片）

銘文第一字「郗」从希从邑，希字甲文作㣇（《前編》四・五、三・一），㣇（《續存》上一三〇六），金文《大丰𣪕》𧈢字偏旁作㣇，均與此銘第一字偏旁相同。郭沫若院長云：「朩字，羅、王等誤釋為求，孫詒讓釋希得之，而未能通其讀（『契』上二十六）。余謂乃假為祟。《尚書》『竄三苗』，《說文》𥨍字下引作『𥨍三苗』。《左傳》昭元年『周公殺管叔而蔡蔡叔』，《釋文》『上蔡字《說文》作𥝖』。今《說文》雖無𥝖字，而殺之古文或作朩，與希之古文作朩者其實一字。而近出魏石經《春秋》蔡人字古文作朩。蓋蔡殺竄𥨍古音相近，故互相通假，而同以希作之。」（《卜辭通纂考釋》八七）由此可知从邑从希，即从邑从蔡也。因疑此字即《鄂君啟節》車節銘文中「下郗」（下鄰）之蔡字，蓋為地名。竝果是人名。【郗竝果戈跋　文物一九六三年第九期】

◉戴家祥　郗鄂君啟節　庚下郗　郭沫若釋郗，認为下郗即下蔡，春秋時本名州來，左傳哀公二年「蔡昭侯自新蔡遷於州來，謂之下蔡」。今之安徽鳳臺縣。見文物參考資料一九五八年第四期第五頁。【金文大字典下】

◉戴家祥　堷二　堷三　堷四　堷五　堷六　者減鐘西清續鑑甲編卑汝龤＝堷＝

銘文字迹模糊，郭沫若隸定為剖曰：剖字于省吾讀歆，謂周語「民歆而德之」，注「歆猶欣欣，喜服也」，今案此字與金為韻，讀歆甚是。兩周金文辭大系考釋八卷一五四葉者減鐘。【金文大字典下】

卿 說文所無義如會說文會合也 令鼎 王射有司眔師氏小子卿射 覌方彝 静簋 㝬侯鼎 【金文編】

◉孫詒讓 卿 說文所無 令鼎王射有司眔師氏小子卿射 〈0660〉「有嗣眔師氏小子卿合射」 静簋 〈1366〉「王𠂤（與）吳𤳹吕剛（犅）卿豳𥁕𠂤邦周射於大池 㝬侯鼎 〈0663〉「馭方卿王射」

卿字說文所無。其字从卯合聲。義當即與合相近。【古籀拾遺卷下】

3068 2846 說文所無廣韻狺犬聲同犷 【古璽文編】

◉郭沫若 詨 說文所無 者沪鐘 〈0058〉「勿有不義訙」(A·B)

訙字見玉篇。謀也。【者汈鐘銘考釋 文史論集】

◉李平心 訙讀誘。導也。【者汈鐘銘考釋讀後記 中華文史論叢第三輯】

◉劉彬徽等 訦，簡文作，所從之與《沇兒鐘》之沇字相同。【包山楚簡】

◉湯餘惠 晚周陶文有寫作

(《季木》77·5)

(《季木》80·6)

等形的一個字，丁佛言《補補》2·7，顧廷龍《舂録》2·2，金祥恆《陶文編》2·11均釋為「造」。按此字右旁上半與「告」的寫法迥異，釋「造」可疑；其形與「舍」相近但也不是一回事。考陶文旓（斿）字或作(《季木》11·1)，又「誩誤」的誩字作(《鐵雲》96·1)，言旁均鋭上，知為「言」之變體。因此上揭陶文應即「這」字。《玉篇》辵部：「這，宜箭切，迎也。」當即此字。

古璽也有「這」字，見於：

㡴

羊這(3503)

臧(藏)馬這伯(信)鈢(3087)

其形與陶文可以互證。就個人所見，鋭上的言旁均出齊文字，其形的產生可以追溯到春秋之世。

堪稱金文長篇鉅製的齊侯鎛銘文有下面一段話：

卑若鐘鼓，外内剴(開)辟(闢)，䣊〓(都)舁〓(與)，這而(爾)倗(朋)剸(儕)。「這」字寫作這，跟上揭陶璽文字略同，銘文「這」字正有「迎」義，可見《玉篇》訓解有據。【略論戰國文字形體研究中的幾個問題　古文字研究第十五輯】

◉陳偉武　《文字徵》第237頁「逪」字下：「逪」3·15，王孫□逪左裏敀亳釜。《説文》所無。逪3·54，𨻰逪□□。逪3·174，蒦圆匋裏邦逪。逪3·871，獨字。逪3·872，同上。逪3·873，同上。」今按，此字當從湯餘惠先生釋為這。《古璽彙編》3563作這，與《陶彙》3·15這字最相似。《陶彙》釋文均作「這」。【《古陶文字徵》訂補　中山大學學報一九九五年第一期】

◉何琳儀　「言昜」，舊讀「晉陽」。近或改釋「圁陽」，裘錫圭《戰國貨幣考》(十二篇)，《北京大學學報》1978.2。即《漢書·地理志》上郡「圁陽」，在今陝西神木，戰國前期屬魏。

b　㡴一釿　1390

㡴半釿　1408

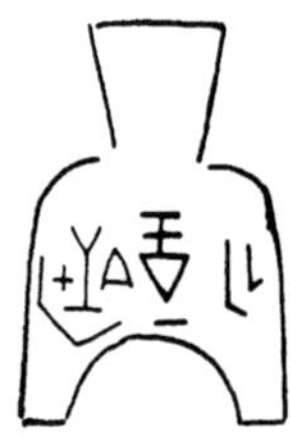

「㡴」，舊釋「庡」讀「虞」。近或改釋「㡴」讀「陜」，張頷《魏幣㡴布考釋》，《古文字學論集》初編(香港)。甚確。今稍加補充。

50年代，河南陜縣後川出土秦國陶文兩件，刻有「陜亭」、「陜市」(《考古通訊》1958.11.76)，其中「陜」作：

夾　陜

據出土地點釋「夾」或「陜」，確切無疑。檢《説文》「夾，盜竊懷物也，从亦有所持，指事。宏農陜字从此。」按，陶文「夾」从「亦」省，「十」聲。「夾」，審紐談部；「十」，禪紐緝部。審禪雙聲，談緝旁轉，諧聲吻合。橋形布「㡴」所从「夾」則从「亦」省，「叶」聲。「叶」从「十」聲，故「夾」與陶文「夾」實為一字。又因「广」與「阜」偏旁可通，故「⿸广夾」即「陜」之異體。【橋形布幣考　吉林大學學報一九九二年第二期】

⿸广金

◉阮元　周麻城二鼎

父作　寶鼎
永命曰有女多
先母又遺女帷
女司我共以事

慎行按末行第二字當是𡚁字從作母者恐非

吴侃叔云。左隱元年傳。費伯帥師城郎。二年。司空無駭入極。費庈父勝之。庈父疑即庈父。元謂。金今二字古多通作。下一字乃連字。胡連之連亦作輦。輦。甗也。鼎作甗形。為甗。寶鼎猶之鬲鼎盂鼎也。戰功曰多兄。古况字通貺。母通毌。司當作率。共當作友。蓋君錫命之辭。遣當闕疑。【積古齋鐘鼎彝器款識卷四】

康

◉王　筠　禾部穅。大徐篆作□。説曰从禾从米康聲。孫鮑二本作庚聲。篆是而説解非。小徐篆作□。説曰。從禾康聲。篆非而説解是。或體則二徐皆訛作□。説曰。穅或省作叉。與小徐正篆合。而大徐則不合。鐘鼎文皆作□。繹山碑整齊之而作□。漢隸及正書皆作康。是知八八即米形。越絶書曰。厥名有米。覆之以庚。是也。設正從米字。則當入之米部。穅又加禾。義反迂遠。以為或體可也。然本部以秫領朮。米部以氣領餼。他部亦兩例岐出。本不一律。此用為平康康樂既久。借義奪正義。乃加禾以別之。惟爾雅釋器康謂之蠱。正義僅此一見也。且鐘鼎米字初不作□。史燕簠□字從米從皿貲聲。此簠之古文也。石鼓文麇字亦從□。小篆彝字從米。而鐘鼎彝字最多。其作□者。上象鳥形。下從収。以三點象米。或作□。則以兩點象米。蓋米形只可以點象之。而積點不可以成文。此其所以作米。小篆變而連之耳。彝字有所附麗。不患人不知其為米。故以點象之。康字亦有所附麗。而三點二點不能成文。故作四點。使之左右匹配。猶之□字。外象臼形。中象米形。其八正與康字同也。且鐘鼎他字亦有類此者。格伯敦谷字作□。以□為口。郘太宰簠古字作□。禽彝周字作□。皆以∪為口。乃由有所附麗。偶然變形。竝非八八是古米字。□∪是古口字也。特説文此例甚少。後人眯焉。遂改為□。小徐又改正文。此重紕貤謬也。今當改復之曰。□。穀之皮也。從禾。從古文康。□古文穅。下象米形。庚聲。【説文釋例】

◉高田忠周　金石聚云。舊釋作康。容按説文無康字。禾部穅或省作康。下从米。文義俱異。疑故庚康同字。當是古文作庚。籀文作康耳。周易釋文。晉卦康侯。馬云安也。鄭云廣也。説文。庚。象秋時萬物庚庚有實也。與安之義合。史記大横庚庚。與廣之義合。此考葢可矣。假令康非庚之籀體。康凡訓安者。當為庚之叚借。因附記俟旁證云。然依下諸文。此篆從許氏説。為穅異文。妥當矣。説文。□。穀皮也。从禾从米。康聲。或从米庚聲。作□。而古文米形省略者作□。即知康下作八八者。亦米省也。或作□為變勢。與雨字从水故注點作□為正。而鼓文皆作雨同例。此殊變形以便結冓耳。今俗字又从米作糠非。【古籀篇八十二】

◉郭沫若　京宮康宮均宗廟之名。且均在成周洛陽。此猶殷京之有公宮皿宮也。見卜辭通纂七五五片。吕氏古樂篇。武王即位。以六師伐殷。六師未至。以鋭兵克之於牧野。歸乃薦俘馘于京太室。唐蘭謂「為京宮之太室」甚是。又謂「周世於京宮祀太王王季文王武王成王。於康宮祀康王以下。鬲攸从鼎有康宮㝬大室。當即夷王之廟。克鐘有康剌宮。當即厲王之廟。⊘京宮以王季為昭。文王為穆。武王為昭。成王為穆。故尚書偁文王為穆考。乃其證。康宮則以昭王為昭。穆王為穆。恭王為昭。懿王為穆。孝王為昭。夷王為穆。厲王為昭。宣王為穆。故昭王穆王偁昭穆。是其證也」。「金文每見康卲宮康穆宮者。康宮中之昭王廟穆王廟也。康宮為其總名。而昭穆以下則各為宮。附於康宮也」。若吴彝云。成太室則成王廟之太室也。君失𣪘云。康宮太室為康宮之太室」。㫚鼎云。「周穆王大室則穆王廟之太室。鬲攸从鼎云。周康宮㝬大室。則夷王廟之太室也」。見武英殿彝器圖录九三葉所引。案此説實巧費心思。唯惜取證未充。且包含有選擇與解釋之自由。如文王偁「穆考」乃適以穆字為懿美之辭。與文考、烈考、皇考、帝考、顯考、昭考等同例。非謂乃京宮之穆而稱之為穆考。昭王穆王均係生號。尤非預於生時自定。當為康宮之昭穆而號昭號穆。至如選材。則何𣪘有「王在華宮」。剩鼎有「王各般宮」。趞曹鼎之一言「王在周般宮」。又其二言「王在周新宮」。師湯父鼎言「王在新宮」。師遽𣪘言「王在周客新宮」。望𣪘言「王在周康宮新宮」。華般新等無王可附麗也。㫚鼎之「王在周穆王大口」。大下一字適缺。補為室字大抵近是。然僅此一例而已。僅此一例以證其它均當為某王之宮或室。未免有孤證單文之嫌。鬲攸从鼎之「王在周康宮。㝬大室。與牧𣪘「王在周在師汓父宮各大室」同例。㝬字當是動詞。説文云。「徐行也」。不必即是夷王。且信如唐説。宗周列王中何以康王之廟獨尊已不可解。而準「康卲宮」「康穆宮」之例。則文武成之廟當稱「京文宮」「京武宮」「京成宮」。而彝銘中迄未一見。僅㫚壺有「王各于成宮」。依唐説則當為成王之廟。成上亦未冠有京字。彝銘中凡稱周均指成周。以康宮在成周而屢見「王在周康宮」知之。而如大克鼎「王在宗周、旦、王各穆廟」。依唐説當為穆王之廟。是則穆王之廟又在宗周矣。凡此均於唐説有所抵觸。故余意京大也康華般亦有大義卲、穆成、剌均以懿美之字為宮室之名。如後世稱未央宮長楊宮武英殿文華殿之類。宮名偶與王號相同而已。虢季子白盤有「王各周廟宣廟」舊亦多解為宣王之榭。實則𣪘世已有宣榭之名。孫詒讓説。詳下。故康宮之非康王之宮。亦猶宣廟之非宣王之榭也。

【令彝　兩周金文辭大系圖録考釋】

◉陳夢家　郭沫若定此器為成王時代的。十分正確。學者因見此器有康宮以為康王之廟。則器應作于康王之後。此説蓋不明于古代宮廟的分别。【令方彝　西周銅器斷代】

◉周法高　關於康的解釋。

馬融曰「康。圻内國名」。

鄭康成曰「康。謚號」。

孫星衍疏「馬注見書疏。以康為國名者。史記衛康叔世家索隱云。「康。畿內國名。宋忠曰。康叔。從康徙封衛。畿內之康不知所在」。案司馬氏貞引宋忠之言。是康之為國。出世本也。⊘案康叔子又稱康伯。則康非謚甚明。舊說以為國名。是也。路史國名紀云。姓書康叔故城在潁川。宋衷以為畿內國。姓書蓋何氏姓苑。今亡。云在潁川者。說文。邟。潁川縣。漢書地志。潁川有周承休侯國。元始二年更名邟。集韻。邟。縣名。在潁川。漢書地理志作「元始二年更名鄭公」。王念孫曰。「二當為四」。錢坫曰。「鄭字誤。後書黃瓊傳潁川有周承休侯國。元始更名曰邟。因其地有邟鄉。是矣」。集韻。「邟。城名。在陽翟」。按漢志陽翟莽曰潁川」。又有鄘。同音。地名。則即康也。元始二年。復古稱邟。今河南汝州是。閻若璩四書釋地續(清經解卷二一。頁二十)康條云。「世本宋忠注曰。封從畿內之康。徙封衛。衛即殷墟。畿內之康不知所在也。初以為良然。後讀括地志云。故康城在許州陽翟縣西北三十五里。陽翟。今禹州。正周畿內地」。閻氏所考地望與孫說近。閻氏以為正畿內地。大概因為洛陽為東部的緣故吧。漢書地理志云。「初雒邑與宗周通封畿。東西長而南北短。短長相覆為千里」。韋昭曰。「通在二封之地。共千里也」。師古曰。「宗周鎬京也。方八百里。八八六十四為方百里者。六十四也。雒邑。成周也。方六百里。六六三十六。為方百里者三十六。二都得百里者。百方千里也。故詩云。邦畿千里」。閻若璩四書釋地(經解卷二十。頁二四)邦畿千里條。曾引顏說。至於劉節中國古代宗族移殖史論P.62說。「左定四年就是說康叔所封的地方。原本是康侯的國。但是後人說作殷墟」。恐是臆說。不足信據。孫詒讓謂康伯或當為鄘伯。後作康侯。鼎拓本跋已知其誤。【康侯毁考釋　金文零釋】

◉高鴻縉　羅說是也。字从⁛。象穅形。非文字庚聲。正得穅意。後世借康為康安之康。乃加禾為意符作穅。說解以後起字為正文。以康為穅省。失之。墨子備穴。置康者炭其中。畢氏注云。康即穅字。見說文。是也。後俗復有作糠者。非是。【中國字例五篇】

◉唐　蘭　我說康宮是康王之宮。可以從四個方面來說明它。

(一)從令彝銘裡京宮和康宮的對列。可以看出康宮是康王的廟。據逸周書裡所講的五宮是太廟。宗宮。考宮。路寢。明堂。朱右曾。逸周書集訓校釋說。「宗宮文王廟。考宮武王廟」。從營造洛邑成王時代來說。當時的考宮確實應該是武王廟。但這在每一個王朝將起變化。康王時代的考宮就應該是成王廟。昭王時代的考宮就應該是康王廟了。明公所祭。在京宮之後的康宮。其地位正相當於宗宮之後的考宮。

(二)從西周其它銅器有關康宮的記載。也說明它是康王的廟。

(三)從古代文獻材料裡的宮廟名稱。來證明康宮是康王之廟。

(四)從周朝在宗法制度方面分昭穆兩輩的事實。可以説明康宮是康王的廟。而昭穆兩宮是昭王穆王的廟。【西周銅器斷代中的康宮問題　考古學報一九六二年第一期】

◉陳邦懷　于省吾同志謂克鐘裏「剌宮」的剌字即烈字見雙劍誃吉金文選卷上之一第二頁後是對的。按此烈字是説康王祖先的威武功烈。宮、室二字古通用。爾雅釋宮。「宮謂之室。室謂之宮」。就是明證。「周康烈宮」當指康王廟中的「武世室」。據文獻記載。周王廟中有「武世室」。有「文世室」。見禮記・祭義注又見任啟運宮室考二七頁。孔穎達説。「世室。即太廟」。見禮記・祭義疏。這是烈宮的解説。

按「康宮」見於康鼎。而南宮柳鼎又稱「康廟」。是宮與廟名雖異而實則同。據此推知「烈宮」與「武世室」也是名異而實同。又如頌鼎的「周康邵(昭)宮」即「康宮」中的「昭廟」。克盨的「周康穆宮」。即「康宮」中的「穆廟」。望毁的「周康新宮」即「康宮」中的「新廟」。詩經・魯頌的「新廟」也可作旁證。君夫毁的「康宮太室」即「康宮」中的「太室」。由上舉文證可知康宮(即康廟)中的宮室。名字很多。克鎛裏「周康烈宮」的「烈宮」也是康王廟中的一個宮室的名字。【克鎛簡介　文物一九七二年第六期】

◉周法高　康在金文中用作專名者。一為「康丁」、「伯康」、「康」、「康侯」、「康宮」、「康剌宮」、「康邵宮」、「康廟」、「康穆宮」、「康寍寑」。用作形容詞者如「吉康」、「康勵」、「康勴」、「康能」、「康右祐」、「康樂」、「逸康」、「康虩」。唐蘭謂康宮乃康王之廟。信之者少。白川静亦以為據令彝「用牲⿰弓牙康宮」而置於昭王之世。亦於時代不合。金文通釋，二五，令彝，白鶴美術館誌第六輯二九五，一八頁。拙著英文本西周年代考Chronology of the Western Dynasty中文大學中國文化研究所學報四卷一期一八七至一八八頁亦不以唐説為然。【金文詁林卷十四】

◉林潔明　康字説文奪佚。金文字並从庚从∴作  。意為吉康。王筠釋例。高田忠周。高鴻縉等。以許書穅字釋之。謂∴象米形。然字實非从米。且金文亦從未見有米穅之意。説殆非。郭沫若則謂康字當以和樂為本義。从庚从∴庚亦聲。庚乃手搖之樂器。説詳庚字條下。∴數點蓋猶彭之作 。按郭説甚是。庚字實象其形。康字蓋虛象其意。康字庚下數點蓋象庚搖動時之樂聲由樂聲以見和樂之義也。【金文詁林卷十四】

⿸庚凡

◉孫稚雛　 大豐毁　不綿王作賡　⿸庚凡，从庚从凡，字書所無。陳介祺、方濬益、吳大澂、柯昌濟釋作賡。《説文》以賡為古文續字。楊樹達曰：「⿸庚凡字不識，然其字从庚，乃以庚為聲。知者，此銘大部皆有韻，此上以方王王上相為韻，⿸庚凡讀如庚，乃古韻唐部字，正相合也。《詩・小雅・大東》『西有長庚』，毛傳云：『庚，續也。』此言武王繼續文王之德業，《禮記・中庸篇》所謂『武王 太王王季文王之緒也』」(《積微居》二五九頁),孫常叙曰:「這個庚字不讀古行切,不是續的同義詞,而是讀作似足切,是『續』字的另一寫法——古文續字。」又説,《説文》的賡字,「當是从庚月聲的𢀛字之譌。緣秦漢以後,月字很少使用,而其字形又和貝之作『』者相近,遂變𢀛為賡。」賡和續是「東、屋音變」。(《天亡段問字疑年》)

郭沫若曰:「庚字从庚从凡,卜辭有之,己酉方彝亦有之,當是从凡庚聲之字,凡古文盤,蓋即湯之古文,與唐為一字。唐卜辭作,下从 ㅂ 形亦盤皿之象,非口舌字。卜辭以唐為成湯,叔夷鎛鐘成湯亦作成唐,不僅音同通用,實古今字也。」(《大系考釋》)「『丕𩁹王作唐』者言文王於穆,武王則發皇之。語法與《多方》之『惟聖罔念作狂,惟狂克念作聖』相近,此二『作』字亦即則之假字也。」(《大豐段韻讀》)李平心在釋文上多以《大系》為依據,上文將「乍相」説成是武王伐商,此謂「乍庚即伐唐」。

庚有續義,庚从庚,亦當有續義。這兩句話的意思是説,偉大而顯赫的武王以文王為榜樣,偉大而勤力的武王繼續着文王的德業。都是指武王而言。【天亡簋銘文彙釋　古文字研究第三輯】

旃　疢

1996　説文所無玉篇疢痛也　【古璽文編】

旃　説文所無羅振玉曰旃名也武王伐紂斬紂首縣于小白之旃其字當如此作今廢不用矣吴方彝今吴司旃　【金文編】

◉孫詒讓　吴彝　王乎史戊册令吴嗣旃眔叔金

旃,孫氏續古文苑釋為諸。阮釋為旃。云蓋古旃字,通帛為旃。故从㫃从帛省也。今案孫釋于形義並疏,固未可信。阮釋為旃,是也。然以為即古旃,則非此旃字,當即所謂大白之旗也。周官「巾車建大白以即戎」,注:「大白,殷之旗,猶周大赤。」金榜禮箋謂「大白即司常九旗之熊虎為旗」,其説甚確,與通帛之旜異。周書克殷篇「武王乃手大白,以麾諸侯」,孔鼂注:「大白,旗名。旗色白。」故字為旃。以六書之義求之,當為从㫃白,白亦聲。不必讀為旃,而後可通也。【古籀拾遺卷中】

旆 衮 商 惘 悚

◉張燕昌 □ 吾邱氏曰。鄭云。今作紳無據。謂音紳則可。錢云。讀旆為紳。文義可通。【石鼓文釋存】

◉羅振玉 旆，鄭云今作紳。吾邱云。謂音紳則可。錢詹事曰。讀旆為紳。文義可通。箋曰。□字不見許書。以形與聲觀之。當為旌旆之下垂者。與紳音義皆畧同。【石鼓文考釋】

◉孫詒讓 □ 虡作祖考彝 賜衮冑 □字阮釋為衮，考說文衣部衮从衣公聲。吳彝「玄衮衣」衮作□，龍敢「玄衮衣」衮作□，韓侯白晨鼎「玄衮衣」衮作□，是金文亦並从公聲，與小篆同。此銘□字既與諸器衮字不同，且中从丁，不从公，若以為衮則失其聲矣。竊謂此即甲之變體。說文□象木載孚甲之象，古文作□，此作□者，从衣从甲省。甲為日名，籍為戒衣之名，因沾衣而省□，此形聲孳乳之例也。【古籀拾遺卷中】

◉商承祚 □與子字連文，以文意求之似為商，借作嫡，金文剌鼎作□，此其省略。謂如於是時祭享，對死者之子不利，且其凶應在嫡子。帛書特別於嫡子的「子」字劃一框格，塗以朱色，不僅鄭重其事，亦使人醒目注意。其不塗嫡字而塗子，為的是見紅方塊更容易聯繫到嫡字。「三子嫡子凶」，疑死者有子三人。【戰國楚帛書述略 文物一九六四年第九期】

◉李孝定 □字釋罔似可商，「山」字不得作「□」形，馬叙倫氏以為惘字，於說為優。又謂「此器銘亦不得讀為惘字」，按鼎文僅此一字，為作器者之名，讀惘無不可；另一銘云：「余頡惘事君」，頡惘雖未詳其義，蓋古連語，猶劬勞、勤勉之比，言事君之道也。【金文詁林讀後記卷九】

◉戴家祥 □ 中山王嚳鼎 爾毋大而悚 郭沫若認為：□字卜辭習見，均用為祟字，說文杀古文作□，三體石經、春秋殘石蔡人之古文作□。又殺字說文所列古文作□，此等均是一字，蓋本杀之象形文，因音近叚而為殺，為蔡，為祟也。左傳昭元年「周公殺管叔而蔡蔡叔」，蔡乃叚為竄，釋文云「上蔡字說文作𣓁」，尚書「竄三苗」，孟子作「殺三苗」，說文𥨍字下引作「𥨍三苗」，諸字音近相通，則本一杀字，可讀為祟，可讀為殺，可讀為蔡，可讀為竄矣。兩周金文辭大系考釋。此字从心从□，在蔡子鼎當讀為蔡，方國名。在中山王嚳鼎張政烺認為：依形音求之當即悚字。說文「悚，肆也。从心隶聲」，桂馥義證「方言肆欲為悚」。中山王嚳壺及鼎銘考釋 古文字研究第一輯 【金文大字典上】

沯　䍧

◉劉宗漢　對於《中甗》銘文中的[glyph]，學者過去多釋「者」。唐蘭釋此字為「沯」（《論周昭王時代的青銅銘刻》，《古文字研究》第二輯），我們認為唐先生的釋法是正確的。因為「者」金文習見，如：

[glyph]《者女觥》

[glyph]《或者尊》

[glyph]《曾子中宣鼎》

[glyph]《子璋鐘》

其特點是上部偏旁左右不對稱，與[glyph]左右對稱，截然有別。《史牆盤》中有「粦明亞祖」一語，其粦字作[glyph]，與《中甗》此字字形接近。粦字上部本從炎（見《說文·炎部》），所以唐先生釋此字為「沯」，是正確的。

「沯」在此應假為琰字。琰，首見《尚書·顧命》：「越玉五重，陳寶、赤刀、大訓、宏璧、琬琰、在西序。」《周禮·典瑞》：「琬圭以治德，以結好。琰圭以易行，以除慝。」《考工記·玉人》：「琬圭九寸而繅，以象德。琰圭九寸判規，以除慝，以易行。」鄭衆注《典瑞》云：「琰圭有鋒芒，傷害、征伐、誅討之象，故以易行除慝。易惡行令為善者，以此圭責讓喻告之也。」鄭玄注《玉人》云：「諸侯有為不義，使者征之，執以為瑞節也。除慝，誅惡逆也。易行，去煩苛。」清人孫詒讓在《周禮正義》中亦說：「此除慝亦謂諸侯有悖逆作慝者，乃誅之也。」《周禮》雖然成書較晚，而且有「政治藍圖」的色彩，但它所據以成書的資料，則是有所根據的。昭王「廣骹楚荆」（《史牆盤》），中為昭王先行，自然是「除慝」之事。用《周禮》中對琰圭作用的記載，去解釋《中甗》中的「沯」，完全符合銘文的本義。所以我們認為「[glyph]」當讀為「琰」。【釋貯辨疑二則　古文字研究第十二輯】

◉朱歧祥　[glyph]——[glyph]

[glyph]，从皿盛羊，隸作䍧。《說文》無字。卜辭用為地名。字或作[glyph]，从皿从凵無別；由辭例見皆屬地名。

〈前2·37·8〉貞：弗其擒？十月在[glyph]。

〈前2·37·6〉戊辰卜，賓貞：令永墾田于[glyph]？【甲骨學論叢】

◉吴大澂 [glyph] 鞻 射韝也 説文所無 經典叚遂為之 番生簋 〈1387〉「鞞鞻」 [glyph] 静簋从刀 〈1366〉「王昜(錫)静鞞剢」

[glyph]从豕从刀。射韝也。儀禮大射儀。司射適次袒決遂。静敦。王錫静鞞剢。剢遂古通。【説文古籀補卷一】

◉郭沫若 鞻者璏也。⊘璏者。説文云。劍鼻玉也。前漢書王莽傳。莽疾。孔休候之。莽緣恩意。進其玉具寶劍。欲以為好。休不肯受。莽因曰誠見君面有瘢。美玉可以滅瘢。欲獻其瑑耳。即解其瑑。注引服虔云。瑑音衛。蘇林云。劍鼻也。師古自云。瑑字本作璏。从玉彘聲。後轉寫者訛也。瑑自琱瑑字耳。音篆也。玉篇以瑑璏為一字。案瑑字當是琢形之訛。琢即璏之異。古文豕彘音同而形近。戊辰彝彘一作[glyph]。中斜畫像矢形。羅振玉説。而周公毁不敢豕作[glyph]。結構全同。蓋古本一字。入後分化者也。琢瑑形近故致訛。瑑聲在元部。説文云。圭璧上起兆瑑也。與璏判然二字。又師古謂瑑自琱瑑字。則是顔本本作琢。琢與瑑亦形近而訛也。金文鞻字必係璏字無疑。字从革作。猶琫之作鞛作鞈。琿若珌之作鞞也。其或从刀作剢者。因係飾劍之物。故从刀。【釋鞞鞻 金文叢考】

◉强運開 [glyph] 番生敨鞞鞻。按鞻為射韝。説文無此字。經典叚遂為之。是鞻實為正字也。【説文古籀三補卷三】

◉戴家祥 [glyph] 静毁 王賜静鞞剢

[glyph]字从刀从[glyph]，[glyph]古文豕。吴大澂釋「遂」云：射韝也。説文古籀補卷二第七葉。按器銘王錫静鞞剢」鞞為刀室，刀室與射韝無必然聯係，亦不必同時並錫，吴説可商，以聲義審之，殆即璲之別體，小雅大東「鞙鞙佩璲，不以其長」，毛傳「璲，瑞也」，鄭箋「佩璲者，以瑞玉為佩」。璲从遂聲，遂从豕聲。璲遂豕皆讀「徐醉切」，邪母脂部，故遂亦通璲。衛風芄蘭「容兮遂兮，垂帶悸兮」。鄭箋「容，容刀也，遂，瑞也」。集韻去聲六至豕，通作遂。椽檖同字，穟稼同字，澻涿同字，嬘嫁同字。考小雅瞻彼洛矣「君子至止，鞞琫有珌」。琫，佩刀上飾，天子以玉，諸侯以金。珌，佩刀下飾，天子以玉。璲為佩玉，故表義从玉，而其所飾之對象為容刀，大雅公劉鞞琫容刀，容刀、刀室實一物也。故連類及之，更旁从刀，璲之為剢，亦猶玉篇七玷，或作刣。【金文大字典上】

遆

◉周鳳五 [glyph]字見239、240簡：

……陳乙以共命為左(尹)㐌貞，既腹心疾，以上氣，不甘食，尚急瘥，毋有祟。……占之，恆貞吉，疾變，有續，[glyph]瘥。

《包山楚簡》釋為「遆」云：

遆，讀作趆，《説文》：「趨也」。

按，此字隸定作遆，據簡文兄弟字作[glyph](86簡)、[glyph](151簡)知其可信，但「讀作趆」之説則不免失之迂曲。瘥字原作[glyph]，《包山楚

湆 ⿰氵呆 渒

簡》隸定為「⿸疒叟」，以為「讀如阻」，合以讀之，則递⿸疒叟讀為「趄阻」，為「趨阻」，皆嫌不詞，其錯誤可知。細察此二簡所記，蓋貞人陳乙為邵舵卜問疾病休咎，所得占辭略謂：「大體無礙，但病情生變，有⿸疒責，递瘥。」「有⿸疒責」承「疾變」而來，當指病情生變，將有某種新的症狀。此字从疒，責聲，疑即⿸疒戚，《說文》七下疒部：「⿸疒戚，頭痛也」。而「递瘥」則為「有⿸疒責」的補語，递在這裏用為形容「瘥」的副詞，表狀態或時間。

簡文用以形容「瘥」的副詞主要有「急」與「遲」，都表時間，語意相反，可以視為一組反義詞(詳下節)。递从弟聲，古音與遲同，逕讀為遲似亦可通，但簡文既已有遲字，且遲字、递字均不止一見，似應各有所指，則递字不當視為遲的或體，而必須另尋解答。依音義推求，递字似應讀為「滯」。滯从帶聲，弟與帶二字古音同屬定紐祭部，同音通假。滯有凝止、遲留之意，如《說文》十一上水部云：「滯，凝也。」「滯瘥」與「遲瘥」語雖近似而微有不同，前者指病情拖延，一直不見好轉；後者則表疾病遲遲而癒，療程甚長。上引簡文可以據此通讀為：「病情生變，將有某種新的症狀，而且一直拖延，不見好轉。」另外，242、243簡云：

……觀綳以長靈為左尹舵貞，既腹心疾，以上氣，不甘食，舊不瘥，尚急瘥，毋有祟。占之，恆貞吉，病递瘥。

「病递瘥」也可以讀為：「病情一直拖延而不見好轉。」递讀為「滯」而不與「遲」字通假，不但簡文通讀無礙，而且豐富了簡文的詞彙，反映楚人占卜制度的嚴密與用語的慎重。【包山楚簡文字初考 王叔岷先生八十壽慶論文集】

◉戴家祥 湆白尊 湆伯逘作厥考寶尊彝

从水从杳(或从沓)，説文所無。陳夢家釋沬地名，或作妹。「沬司土」即妹司徒。酒誥曰「妹土嗣爾股肱」，很可能是「妹司土爾股肱」之誤。金文論文選西周銅器斷代康侯㲃。日本貝冢茂樹釋作渚，讀為檀伯之檀。二説皆難取信，録以備考。【金文大字典中】

⿰氵呆 高景成釋 説文所無 ⿰氵呆伯友鼎 <0575> 「唯⿰氵呆白(伯)友□林亼鼎」 【金文詁林】

◉葉玉森  為國名。或地名。疑从水从卑。乃古渒字。从卑與从甲同。卜辭鞞旁作卑可證。不然即从水从畢。乃古滭字。【殷虛書契前編集釋卷六】

◉戴家祥　[glyph]大克鼎　賜汝田于淠

从水卑聲。説文所無。金文用作用水名。丁佛言强運開等人疑即淠字，説文十一篇「淠水。出汝南弋陽垂山。東入淮。」【金文大字典中】

◉戴家祥　[glyph]昊生鐘　用喜沠壽文人

金文恆言「喜侃」或「衎喜」。此銘作沠或从水，仍當讀為侃。阮元曰：侃義同衎，玉篇云「侃，樂也，又强直也」。是侃本訓為樂也。積古齋鐘鼎彝器欵識卷二。論語「冉有子貢侃侃如也」，皇疏「和樂也」。侃侃為形況詞。【金文大字典中】

◉戴家祥　金文婦為婦女之通稱，它有時獨用，表示某人之妻，如商婦甗「商婦乍彝」，弔妀簋「用侃喜百姓倗友衆子婦」等等。婦有時下帶名字，如婦闟卣「婦闟乍文姑曰癸尊彝」，子卣「子乍婦姛彝」等等。浸字从水从帚「乍浸嬴尊鬲」，下帶名字嬴例同「乍婦姛彝」，可知渧當為婦之借字。【金文大字典中】

◉于省吾　弓鎛淄濬之淄作[glyph]，從水從二甾，一倒一正，前四・十三・五有[glyph]字，疑即[glyph]之初文。【釋甾　雙劍誃殷契駢枝續編】

◉劉　桓　[glyph]其來水，出[glyph]，[glyph]。五月。（《前》4・13・6）

[glyph]即淄，《甲骨文編》誤釋為油，非是。這條卜辭貞問，淄水會發水來嗎？那末就舉行出[glyph]和[glyph]的祭祀吧（出[glyph]、[glyph]。皆祭名）。是在五月裏卜的。

由上引卜辭可知，淄水乃商境内的河流。關於淄水，古書上有很多記載。如《書・禹貢》「海岱惟青州，嵎夷既略，濰淄其道」，注：「鄭康成曰，濰淄兩水名，《地理志》云，濰水出瑯邪箕屋山，淄水出泰山萊蕪縣原山。」（見孫星衍：《尚書今古文注疏》卷三）《水經注》、《漢書・地理志》説並同。《左傳》昭公二十六年「成人伐齊師之飲馬於淄者」，杜注：「淄水出泰山梁父縣西北入汶。」其説雖稍有出入但亦相近。要之，殷之淄水即今之淄水，是可以論定的。

由此尚可判定，《叔夷鐘》之渧水，與淄水是二而非一。楊樹達據字形釋渧為泜；今以卜辭淄字只從一由，而渧卻從二由相抵看，足證楊説不誤。渧水即泜水，舊釋為淄水，誤矣。【古代文字研究　内蒙古大學學報一九八〇年第四期】

宝　　㝚　　窐

◉周名煇　[glyph]毛公鼎[glyph]田强殷[glyph]大克鼎　寧静于猷[glyph]石鼓

丁氏定為寧字。今考定第一文第四文為寍字。第三文為宝字。宝字。从宀从盂。克鼎銘云宝静于猷。盄悊[glyph]厥德。又叔宝父鼎銘周金文存卷二弟五十七葉叔宝殷同上卷三弟九十一葉字皆作[glyph]。與克鼎銘同。克鼎銘宝静二字。聯緜成語。與盄悊對文。吴清卿以為寍字。寍静並有安義。惟寍字从心。與宝字从于者。終當有别。當非一字。故余疏釋克鼎銘。謂宝當是从宀从盂。盂亦聲之字。説文解字皿部云。盂飲器也。从皿于聲。東方朔答客難云。安于覆盂。是盂亦有安義。从宀。則與安寍等字从宀之意儔矣。此當考正者二事也。而丁氏謬誤。大率類此。惟其書所録古鉩、古匋、文字。幾佔全書三分之二。今概置不論。僅取其有關金文者而考定之。非其謬誤止此而已。强氏三補已正者不論。上卷已箸例矣。【新定説文古籀考卷中】

◉王獻唐　[glyph]㝚　㠱伯盤　〈2883〉「㠱白(伯)㝚父朕(賸)姜無須般(盤)」　[glyph]㠱伯盨　〈1492〉「㠱白(伯)子㝚父乍(作)甘(其)延盨」

㝚字不見字書。應釋為嬪。説文。寶。珍也。从宀。从玉。从貝,缶聲,卜辭作[glyph]。从貝玉在宀内。不别从缶聲。金文篆文增缶。只嬴氏鼎作[glyph]。貝玉通為珍寶。單从玉亦有寶義。依照古文從玉省缶即成宝。加女旁為㝚。書以今文便成嬪。【黄縣㠱器】

◉周慶雲　周㰗窐父壺蓋

窐當為欫字。省文。父丙鼎有欫字。説文未收。不得其聲。㰗字或緎字别體。【周㰗窐父壺蓋　夢坡室獲古叢編】

◉郭沫若　宷字原銘作，余意與彔伯𢦚𣪘「虎冟朱裏」之作者乃一字，特於圓點空作之而已，亦猶屯，井人鐘之或作遲盨，世，師晨鼎之或作伯𣪘也。字在此當即叚為柱石之柱。【卯𣪘　兩周金文辭大系圖録考釋】

◉戴家祥　彔伯𢦚𣪘　虎冟宷裏

「虎冟宷裏」在毛公鼎和師兑簋等器中作「虎冟熏裏」，熏即纁省。爾雅郭注「纁，絳也」。宷與熏辭例相同，意義當相近。由此推勘，宷即絑之借字，説文十三篇「絑，純赤也」。禮記郊特牲曰「繡黼丹朱中衣」，與銘義同。【金文大字典中】

◉孫海波　粹一四〇　从衣从聿。説文所無。粹三六八　或从聿省。【甲骨文編卷八】

◉屈萬里　，隸定之當作律。卜辭習見，乃祭儀之一種。【殷虚文字甲編考釋】

◉丁　山　　字特从女，書堯典「肇十有二州」，尚書大傳作「兆十二州」。兆肇古字音同字通，則卜辭所見妼字，當讀為姚。即有虞之二姚也。【亞戉妼姚　殷商氏族方國志】

◉李孝定　从女从戉，説文所無。兆肇音同。然从戉者未必从兆，丁説待考。【甲骨文字集釋第十二】

◉朱歧祥　—

，从聿皿，隸作盡。《説文》無字。或即盡字初文。卜辭中用為人名，習稱「盡戊」，為殷先世人名，能降災時王。殷先公稱「戊」者唯「大戊」一人，然卜辭簡短，未審太戊、盡戊是否同屬一人。字有作，从皿从凵無別。

〈前1·44·7〉　貞：出于戊？

〈合242〉　戊弗王？【甲骨學論叢】

◉曾憲通　遲乃……　丙九·三　此字从辵从尾，字書所無，疑是古璽文字之省，或以為徙字，待考。

乃取虞～　甲二·二　此字左下部微殘，釋偽釋漁皆未安，疑字从辵从尾，與丙九·三之字同。【長沙楚帛書文字編】

婭 婋 婄 𨳝

[古文] 婭出古爾雅【汗簡】

◉黃錫全 [古文]婭 出古爾雅 《爾雅·釋親》「兩壻相謂為亞」。釋文「亞，又作婭」。鄭珍認為「郭所見即其本。古止用亞，俗加女」。甲骨文有[古文]字（乙4677），以同版辭例相互比較，應釋婭，乃女奴之字。此形女旁在下，與孏字或作[古文]（𩰫侯毁）類同。【汗簡注釋卷六】

◉徐中舒 [古文] 從女從[古文]亞，《說文》所無。見於《爾雅·釋親》：「兩壻相謂曰婭，言相亞次也。」義不明。【甲骨文字典卷十二】

◉朱歧祥 [古文]—[古文]

[古文]，从女虎聲，隸作婋。《說文》無字。字屬於殷祭祀的地名。由辭例見字與增木旁作[古文]相同。

〈粹850〉□其求年于[古文]，吏今日酌，又雨？

〈南明461〉其求年于[古文]？【甲骨文論叢】

◉強運開 [古文] 婄 說文所無 季宮父簠 〈1429〉「季宮父乍中姊婄姬俟（賸）簠」

[古文]季宮父乍中姊婄姬俟匠。說文所無。按說文。臽小阱也。从人在臼上。宗周鐘敢臽虐我土乍[古文]。與此右半相同。可證。【說文古籀三補卷十二】

◉戴家祥 [古文] 季宮父簠 季宮父作中姊[古文]姬俟簠

宗周鐘「敢陷虐我土」。陷作[古文]。此作[古文]，字當釋婄。集韻上聲五十琰「婄，嫈女前却」。音丑琰切。按說文三篇。言部讇，或體作謟。一切經音義七引三倉爓，一作焰。集韻上聲四十九敢啗嚪同字。小雅十月之交「豔妻煽方處」。漢書五行志下顔師古集注引魯詩豔作閻，谷永傳亦作「閻妻」。豔閻不但同部，而且同母。閻為女姓，字故从女。【金文大字典上】

◉白玉峥 [古文]：字不識；惟據八七一四綴合版之辭審量，或為「力門」二字之合書？抑或為誤契，故於[古文]之中央增契一橫，以示誤契之意。若其確為一字，其字當从女从門；隸定之，當作𨳝；或作[古文]，字書均無；僅字彙有閃字：「從門出入皃。丑禁切，

馬 ⿰爿旨 ⿰爿孜 翌 昱

音超。」就契文構形審量，無從門出入之義，倒象運動會中跳越高欄之狀。就形察義，此女則象越門而出入之義。字彙音超，與契文構形吻合，然則，其為字彙之閔字矣。【殷虛第十五次發掘所得甲骨校釋　中國文字新十三册】

◉趙烈文　。孫薛作馬。潘云。非全文。偏旁闕。或作馯。馯當有重文。烈按。原石篆作。阮橅本同。顧汝和本作馬。張廷濟云。當讀馮。顧刻誤。徐同柏云。馬字偏著右則不能有干字位置。【石鼓文纂釋】

◉羅振玉　　此字泐半。今存形。馬旁加ㄴ。不知何字。前人釋馯。然觀字位置居中。無更著干之餘地。或其字徑作與。【石鼓文考釋】

◉戴家祥　　器　　蓋　考叔⿰爿旨父簠　考叔⿰爿旨父自作尊簠　　寡公孫⿰爿旨父匜　寡公孫⿰爿旨父自作盥匜

字从爿，从，說文失收。玉篇一四八⿸疒旨「多睡病也」。音「呼骨切」，曉母脂部。集韻入聲十一没又有⿸疒⿰爿旨字引「博雅覺也。一曰卧驚」。讀與⿸疒旨同。⿸疒旨，⿸疒⿰爿旨殆⿰爿旨之加旁字，从爿與从疒義同。【金文大字典中】

◉白玉峥　：籀廎先生隸作疲本段。峥按：朱芳圃氏文字篇卷八，收録鐵二九後下二九同上戩三六四文，據丁山氏釋為保之説釋保。今詳審原拓，字作本字後下一五・一一版、後下二九・一四版，戩三六則為本版之重複者，當删。甲文中實有文，見於甲骨續存一・一三五四，為後出之書，非朱氏當時所能見者，是朱氏釋保之四文，不僅説解非是，且將文字迻録謬誤，顯屬有意曲説，殊為非是。至究當今之何字、何義，尚待考定。然就其結體審之，當為从爿从孜之形聲字，隸書之，則當為⿰爿孜，説文所無。字於本辭，例當為人名。【契文舉例校讀十九　中國文字第五十二册】

翌【汗簡】

◉羅振玉　　説文解字：「昱，明日也。从日立聲。」段先生曰：「昱字古多假借翌字為之。釋言曰『翌，明也』是也。凡經傳子史，翌日字皆昱日之假借。翌與昱同立聲，故相假借。其作翼者誤也。」卜辭諸昱字變狀至多，初不能定為何字。王君國維因盂鼎「粤若昱乙酉」之昱作，謂卜辭中「癸酉卜貞日乙亥」之日亦是昱日，予偏推之他辭，無不相合，知王君之説信也。諸字或从立，或从日，或省立與日，石鼓文第九鼓「日隹丙申」下亦有[glyph]字，與卜辭略同，知亦當為昱矣。卜辭凡稱次日或再次日為昱，數日以後為來，數日以前為昔。【殷墟書契考釋卷中】

◉葉玉森　釋巤通獵，通臘，於卜辭均不合，自以王氏釋翌為正，惟其字多肖蟲翼或鳥翼形，如同葉第四版之[glyph]作矯翼形尤肖。予舊釋為翼之象形，古文變而从立作[glyph]，乃翌之所由孳。又變而从日作[glyph]，乃昱之所由孳，書武成金滕「翼日」之翼，乃本字。翌昱並後起（說詳鉤沈）。卜辭之翼及翼日並為祭名，惟翼亦用作越。【殷虛書契前編集釋卷一】

◉吴其昌　「翌」者，∅先師及唐説皆是也。綜合萬餘片甲骨，悉索其「翌」字而觀其會通，則「翌」之一字，其形誼表裏，嬗衍變化之源流曲折無不宛委明矣。蓋「翌」字之原始朔義，乃羽翼之形也。所以知者，其字形初作：

一[glyph]　二[glyph]　三[glyph]

酷肖羽翼之形，斯其證也（一見佚二七〇片，二、三見佚二六六片背）。其後以羽佾、羽葆之屬，薦之于祭，若春秋隱五年「初獻方羽」，禮記祭統「八佾以舞大夏」，論語「八佾舞于庭」……等之所述，於是其義乃轉變而為翌，祭也。

其在卜辭，如云「隹王祀，翌」（續二・六・二）「翌」猶「祀」也。如云「𦏸，衣，亡尤」（燕四五）「翌」猶「衣」也（凡卜辭「衣」皆為衣祭，絶無例外）。如云「甲戌翌上甲上乙亥翌報乙，……壬午翌示壬，団圂翌大丁……」（燕二〇）「甲寅翌小甲」（林一・二・一七），如云「𦏸大丁爽妣戊」（林二・二五・七），翌誼皆為祭也。卜辭又有「翌于某某」之文，如云「□□□貞，翌于且丁，亡尤，在五月」（商四八〇），尤足徵「翌」之為動詞也。「翌于且丁」猶云「祭于且乙」（後一・一九・一二）「祭于中丁」（後一・二・一〇）矣。

「翌」又通作「翌日」。

其在卜辭，如「王㝑且辛，翌，亡尤」（前一・一一・七）「王㝑大乙，翌，亡尤」（後一・一・一二）……等，其在他處皆作「翌日亡尤」（例多不舉），斯其證也。是故「翌于」，又通作「翌日于」。如云「翌日于大乙」（商九〇六），「翌日于父丁」（林一・二一・五），「翌日于且辛」（燕二二），皆翌日為祭名之明證也。翌日之祭，皆祭於祖之生日，如此片于壬戌日「翌日」于示壬（指前一・一・二）即其證也。然又有例外者。

「翌」之義又為祭之明日又祭。

其在卜辭，如云：「癸卯王卜貞，酌，翌日，自上甲至多后，衣。」（後一・二〇・七）是癸卯槱祭，翌日甲辰，又衣祭也。如云：「癸巳卜[glyph]貞，……在十月甲午，翌日[glyph]甲。」（後二・二・八）「癸酉卜貞……在七月甲戌，翌日上甲。」（續一・四・三）「癸未卜貞……在十月甲申，翌日，羊甲。」（續一・二三・四）「癸未王卜貞……在二月甲申翌䖒甲。」（續一・五〇・六）「癸巳，王卜貞……在五月甲午，翌大甲。」（燕一〇六）「癸囷王卜貞在十一月，甲申翌日小甲。」（商四二八）凡此皆「翌」與「翌日」之義，為祭之明日又祭之證也。

在經典則謂之「繹」。

按爾雅釋天云：「繹，又祭也，周曰繹，商曰肜。」孫炎注：「祭之明日，尋繹復祭。」又春秋宣公八年公羊傳曰：「繹者何？祭之明日也。」何休解詁，畧同。又詩周頌絲衣序鄭箋曰：「繹，又祭也，天子諸侯曰繹，以祭之明日……。周曰繹，商謂之肜。」又國語魯語：「宗不具不繹。」韋昭注「繹，唐尚書云祭之明日也。」「繹」蓋即「翌」之同聲假字矣（唐蘭曰：「翌」「繹」「肜」皆喻母字）。從祭之明日又祭之義而引申之，則

「翌」之義，又為明日。

按說文解字「昱，明日也。」段玉裁曰：「昱字，古多假借翌字為之，釋言曰：『羽明也。』是也。」其在卜辭，如云：「甲申翌乙酉」（前一・一〇・二）……若此例者多不勝舉。殷契說文，相互證膺。由明日之義而稍縱焉，則

翌之義，又為第三日。

其在卜辭，如云：「乙巳翌丁未」（前五・四・七）「乙酉翌丁亥」（前七・三四・二又鐵一・二二・三）「癸丑翌乙卯」（後一・一九・二）「乙未翌丁酉」（鐵三・一一九・四）……⊘等，皆其證也。

又為第四日。

其在卜辭，如云：「丁酉翌庚子。」（續一・三・一）……等，皆其證也。

又為第五日。

其在卜辭，如云：「甲戌翌戊寅。」（燕七）……等，皆其證也。

又為第六日。

其在卜辭，如云：「己卯翌甲申。」（燕二三五）……等，皆其證也。

又為第八日。

其在卜辭，如云：「壬辰翌己亥。」（燕三一）……等，皆其證也。

乃至有為第十日者。

其在卜辭，如云：「戊午翌丁卯。」（後二・二七・六）……等，皆其證也。

此「翌」之一字其本義及其孳乳之義之究竟也。【殷虛書契解詁】

◉孫海波　翌，亦祭名。其義未詳。意者與彡日相同，連續致祭之意與。【誠齋殷墟文字考釋】

◉孫海波　釋文録一三三甲片云：此辭上翌字乃翌日之翌，下翌字蓋祭名，卜辭習見，翌于某某，皆係祭祀之名，其義則未詳。【甲骨文録考釋】

◉孫海波　甲四六五　昱。从日从羽。羽。古翌字。【甲骨文編卷四】

◉饒宗頤　翊乃祭名，字亦僅作「羽」，蓋即羽舞也。周禮樂師：「凡舞：有帗舞，有羽舞，有皇舞，有旄舞，有干舞，有人舞。」鄭司農云：「帗舞者，全羽；羽舞者，析羽；……社稷以帗，宗廟以羽。」鄭玄則謂：「帗析五采繒，今靈星舞子持之是也。……四方以羽，宗廟以人。」殷時羽舞，不必如周禮分別之細，惟宗廟祭祀，習用羽舞，則先鄭説「宗廟以羽」，蓋殷時制耳。【殷代貞卜人物通考】

◉唐　蘭　後下二·七片　翊日丁未。　林一·二一·五片　丙寅卜行，貞羽丁未翊于父丁亡巷。　前七·五·二片　乙卯卜，完，貞鬳龜翊日。十三月　前七·三二·四片　……翊日酒隻丁明戠。一月　前六·五一·二片　貞沓酒翊。　粹四五片　……酌翊衣亡……　大龜三版　甲午卜，貞復翊于甲寅酒。　續四·三一·二片　甲子卜，完，貞弓至翊日。　戩二一·一二片，續二·八　翊日甲酒桼。六片　戩十三·九片，續六·二一·七片　于翊日替　後上二六·六片乙未貞大卸弜菁翊其興。　同片　乙未貞大卸其菁翊　後下二·十三片　翊日……　前六戊子二○·四片　卜□，貞王其□翊□吉　拾三·十六片　翊甲　後上二○·一五片　翊辛巳　簠游一一九片，續三·三四·九片　翊辛未　佚九三五片　翊甲子　林二　翊大二五·七片　丁𤕫匕戊　佚九○六片　癸亥卜，王，貞勹亡囚。乙丑，翊于大乙。才五月　粹二二片　庚辰……貞羽辛翊于□辛……壱。才四月　佚三二五片　癸亥□，寧，貞王室示癸翊亡尤。　佚五六七片　丁巳卜，尹，貞王室父丁翊亡尤。　後下二九　乙……貞……翊。五片　亡尤。

右翊字，知非羽日合文者，以卜辭每云「翊日」也。王國維謂借巤為昱，後來加日作　為形聲字，固誤，近人以　　　三字通釋為翌，亦非；卜辭云：「羽丁未翊于父丁」，又云：「羽辛翊于□辛」，則羽翊不應無別，明矣。

翊字當從日羽聲，雍邑刻石作　，與此同。以字例考之，蓋即羽之孳乳字也。古初字少，假借羽毛之羽，以為羽日，形聲字興，因注日於羽旁而為翊字矣。翊字之用未廣，或又叚借從立羽聲之翊以為之，其後更注日於翊旁而為　字，小盂鼎之　是也。後世誤認翊從立聲，於是省𦑊為昱，說文所載是也。蓋由羽演變而為昱，當如左圖：

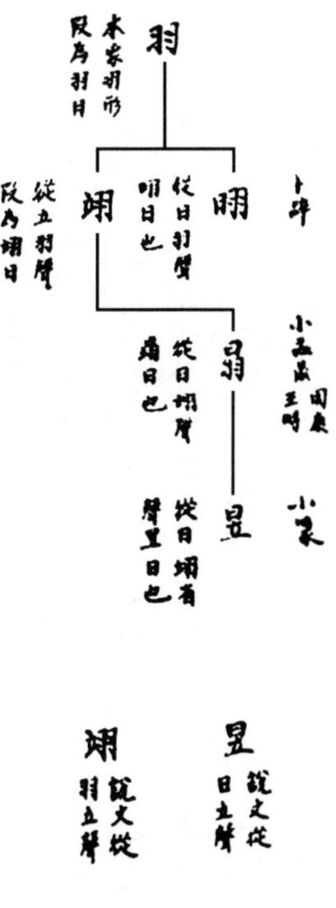

王國維氏泥于㫚即昱字，遂不可通，至謂翊為𦑞省，與史跡不符矣。【釋羽翊㫚　殷虛文字記】

◉董作賓　翌祭之翌，⊘在卜辭中除祀典之外，均假借為翌，謂明日曰翌日。唐蘭氏謂「當釋羽，象羽翼之形，翼之本字也」。其說是也。今按羽為舞名，所謂翌祭，乃舞羽而祭。周禮地官：「舞師，掌教兵舞，帥而舞山川之祭祀；教帗舞，帥而舞社稷之祭祀；教羽舞，帥而舞四方之祭祀；教皇舞，帥而舞旱暵之事。」注云：「羽，析白羽為之，形如帗也。」又引「鄭司農云：『皇舞，蒙羽舞。書或為翌，或為義。』玄謂『皇，析五采羽為之，亦如帗』。」可知持羽以舞，古有其制。又羽舞亦即後代之佾。佾與翌同為喻母字，得相通轉。春秋隱公五年左氏傳云：「九月，考仲子之宮將萬焉，公問羽數於衆仲，對曰：『天子用八，諸侯用六，大夫四，士二。夫舞，所以節八音而行八風，故自八以下。』公從之。於是初獻六羽，始用六佾也。」說文：「佾，舞行列也。」漢書樂志，匡衡更定詩「千童羅舞成八溢」，師古曰：「溢與佾同，列也。」翌祭為持羽而舞之祭，即春秋時之「佾」，漢時之「溢」矣，彡與翌連續舉行，彡祭重在鼓樂，翌祭重在舞羽，而同時皆奠以酒，故卜辭中又嘗偁之為「酒彡」，「酒翌」也。【祀與年　殷厤譜上編卷三】

◉饒宗頤　所謂「翌」者，實有二義，即定指明日，及不定指明日以後之任何一日，卜辭云：「甲辰卜，王貞：翌日丙□（樍）。」（見綴合編六二）丙當指甲辰後二日之丙午，則此翌日亦非確指明日者也。【殷代貞卜人物通考】

◉屈萬里　翌字卜辭最習見，然自王國維始識之，以為即說文訓為「明日」之昱，後世假用之翌字（戩釋二七頁）。按以卜辭覘之，作翌者較作昱者為多，知翌固亦本字，非假借也。【殷墟文字甲編考釋】

◉姚孝遂　肖　丁　2106

(1)「己亥貞，今來翌受禾」

(2)「不受禾」

(3)「甲子卜，隹𦍋壱禾」

第(1)辭與第(2)辭為對貞。「今來翌」很費解，前此所未見。

卜辭於時間概念的區分很是細微。「今」指「現在」，「來」指「未來」。「今」之前為「昔」；「今」之後為「來」。但「翌」亦是表示未來之時間概念。「翌」與「來」的區別在於：「翌」是表示距「今」較短的，一般是一、二日；「來」則是更遠一些的未來。

粹692：「自今辛至於來辛又大雨」，「今辛」與「來辛」相距十一日。

存1·1467：「乙亥卜，大貞，來丁亥易日」，「乙亥」與「丁亥」相距十三日。

在大多數的情況下，「翌」是表示第二日，不得超出旬日之內：

河178：「癸未卜，行貞，今日至於翌甲申不雨」。

乙6385：「甲寅卜，㱿貞，翌乙卯易日」。

至於前7·4·1：「乙亥卜，穷貞，翌乙亥酌𢆶易日？乙亥酌，允易日」。相距六十日，則是比較特殊的例子。

卜辭「翌」有兩種概念：一為祭名，一為將來時間。

作為將來的時間概念，「今翌」或「今來翌」連言，都是非常特殊的。

粹878：「今翌受𥝩(年)」，「今翌」顯然是表示時間概念。然則，是否可以認為「今翌」是同時表示「現在」和「將來」這兩個時間概念？

卜辭「今來」經常連言：

乙979：「今來戉我受年」

合109：「今來戉我不其受年」

陳夢家先生以為「今來云云近乎『最近的將來』……『今來戉』『今翌』當指最近的下季」(綜述119)。這種理解是值得商討的。

據粹447：「丁亥卜，叀今庚寅酌用㞋。」又佚883：「癸未貞，叀今乙酉又[?]戉于且乙五豕，丝用。」丁亥與庚寅相距四日；癸未與乙酉相距三日，均可稱之為今。

丙一關於時日的記載最為完整，也最為明確；能給我們以啟示：

「癸丑卜，争貞，自今至於丁巳，我𢦏甾？王固曰：丁巳我毋其𢦏，于來甲子𢦏。旬又一日癸亥，車弗𢦏，之夕皿。甲子允𢦏。」

可以肯定，以「癸丑」(今)為基點「丁巳」不能稱「來丁巳」，無疑也包括「甲寅」不能稱為「來甲寅」。

質言之，以「今」為起點，第一輪的天干之內，不得稱作「來」，而可以稱作「翌」。然則，我們於粹447及佚883就可以解釋。粹447的「丁亥卜」而稱「今庚寅」，「丁亥」後的第一個「庚」日是「庚寅」，故可稱之為「今庚寅」；佚883的「癸未貞」而稱「今乙酉」，「癸未」後的第一個「乙」日是「乙酉」，故可稱之為「今乙酉」。

合282的「辛亥卜，争貞，今來乙卯㞢于成十牛」，以及續148·3的「丁丑卜，今來乙酉㞢于成五宰，七月」，都可以進一步證明當如此解釋。

「今來乙卯」應是兩個「乙卯」。一是距「辛亥」五日的最近一個「乙酉」；一是距「辛亥」六十五日的較遠一次的「乙卯」。「今來乙酉」同樣也是如此。

當然，我們應該注意到，相對地說來，象這樣的紀時方法，終究是少數。在大多數的情況下，就「干支」日來說，當日稱今，次日以後的十日之內稱「翌」，十日以外的「干支」日稱「來」。

卜辭經常見有「今𢦏受年」、「來𢦏受年」。「今」和「來」是相對的。「今𢦏」只能理解為本收穫年度，「來𢦏」只能理解為下一個收穫年度。「年度」實際上也就是收穫「季節」。這一點大家的意見是一致的。

那麼，「今來𢦏」就不可能解釋為「最近將來」的一個收穫年度，否則的話，就與「來𢦏」無法區分。「今來𢦏」只能是指「今𢦏」和「來𢦏」。

卜辭只有「日」稱「翌」，「𢦏」和「月」都不稱「翌」。而收穫是不以「月」、「日」為單位，而是以「𢦏」為單位的。此片之「今來翌受禾」，難以理解。【小屯南地甲骨考釋】

◉常玉芝　以上附記甲名先王祭祀的卜旬卜辭證明，翌祀的祭祀開始於「翌工典」之旬，終於「翌祖甲」之旬，共需十一旬的時間。如以甲名先王的祀序表示，其祭祀周期如下：

翌祀的祭祀周期

第一旬　翌工典　第二旬　翌上甲

第三旬　空旬　第四旬　翌大甲

第五旬　翌小甲　第六旬　空旬
第七旬　翌戔甲　第八旬　翌羌甲
第九旬　翌陽甲　第十旬　空旬
第十一旬　翌祖甲

以上依次分析了翌祀與祭壴嵒祀組、祭壴嵒祀組與彡祀、彡祀與翌祀的接續關係，得知翌祀的終止旬即翌祭祖甲的下旬是祭壴嵒祀組的第一旬，即「祭」祀的工典祭的一旬，祭壴嵒祀組的終止旬即嵒祭祖甲的下旬是彡祀的第一旬，即彡祀工典祭的一旬，三個祀組的兩者之間都是緊相連接的。但彡祀的終止旬即彡祭祖甲的下旬則是個空旬，空旬的下旬才是翌祀的第一旬即翌祀工典祭的一旬，兩個祀組之間是相隔一旬而連接的。由這種接續關係來看，五種祀典是一套首尾相接、周而復始地、連綿不斷地舉行的祀典。那麼，哪一種祀典是首先被舉行的呢？也即五種祀典的祀首是什麼呢？

許進雄先生⊘受島邦男先生的兩種祀典之間是否有截然分離現象一説的啟發，主張翌祀是五種祀典的祀首，認為五種祀典是以翌→祭壴嵒→彡的順序周而復始地舉行的。其理由有二：一是翌祀與前一祀典彡祀不論在任何周期中都截然分離；二是三個祀組在同一條卜辭中出現時，其順序是翌、嵒、彡。第一點理由原則上可以同意，第二點理由也是有根據的：

(1) 于既酌父丁，翌日、嵒日、彡日，王迺賓？　南明六二九
(2) ……鄉……翌日、嵒、彡日，王弗每？　續存上一八五六

兩版卜辭中，三個祀組的排列都呈翌→嵒→彡的順序。這種一致性恐怕不是偶然的，一定是實際舉行祭祀時的次序，即翌祀首先被舉行，接着是祭壴嵒三祀（辭中用嵒祀表示祭壴嵒祀組），最後才是彡祀。翌祀為五祀之首的態勢是至為明顯的。

綜上所述，許進雄先生關於祀首和祀次的主張是正確的。五種祀典在實際舉行的過程中，只有翌祀的工典祭與前一祀典彡祀的終止旬相隔一旬而截然分離，所以翌祀應為五祀之首，整個祭祀是以翌→祭壴嵒→彡的順序周而復始地舉行的。

上面依次討論了各祀組的祭祀周期，各祀組間的接續關係以及五祀的祀首，根據這些討論結果，就可以列出五種祀典即周祭的祭祀周期了。下面即是以翌為祀首，以翌→祭壴嵒→彡的祭祀順序排出的五種祀典的祭祀周期。

五種祀典祭祀周期

第一旬　翌工典　第二旬　翌上甲
第三旬　空旬　第四旬　翌大甲

第五旬	翌小甲	第六旬	空旬
第七旬	翌戔甲	第八旬	翌羌甲
第九旬	翌陽甲	第十旬	空旬
第十一旬	翌祖甲	第十二旬	祭工典
第十三旬	祭上甲　壴工典	第十四旬	壴上甲　劦工典
第十五旬	劦上甲　祭大甲	第十六旬	壴大甲　祭小甲
第十七旬	劦大甲　壴小甲	第十八旬	祭戔甲　劦小甲
第十九旬	祭羌甲　壴戔甲	第二十旬	祭陽甲　壴羌甲　劦戔甲
第二十一旬	壴陽甲　劦羌甲	第二十二旬	祭祖甲　劦陽甲
第二十三旬	壴祖甲	第二十四旬	劦祖甲
第二十五旬	彡工典	第二十六旬	彡上甲
第二十七旬	空旬	第二十八旬	彡大甲
第二十九旬	彡小甲	第三十旬	空旬
第三十一旬	彡戔甲	第三十二旬	彡羌甲
第三十三旬	彡陽甲	第三十四旬	空旬
第三十五旬	彡祖甲	第三十六旬	空旬

這是以甲名王的祀序表示的周祭祭祀周期。一個周期三十六旬。其中翌祀和彡祀的三個空旬各是本祀典該旬無甲名王受祭的一旬，最後的一個即彡祖甲旬後的空旬，則是地地道道不進行任何祭祀的一旬。這後一個空旬是三個祀組接續關係中唯一間隔的，起着从這一祭祀周期過渡到另一祭祀周期作用的一旬，所以也是周祭周期的組成部分。

卜辭表明，翌祀的祭祀周期和「祭」祀的祭祀周期各有兩種周期，因此周祭祭祀周期也有兩種周期。翌祀周期十一旬，周祭周期為三十六旬，翌祀周期十二旬，則周祭周期為三十七旬；或者「祭」祀周期十一旬（祭壴劦祀組周期十三旬），周祭周期為三十六旬，「祭」祀周期十二旬（祭壴劦祀組周期十四旬），則周祭周期為三十七旬。三十六旬型周期和三十七旬型周期，都是黄組周祭卜辭反映的祭祀周期。在出組卜辭中，翌祀和彡祀的祭祀周期各是十旬，祭壴劦祀組的祭祀周期是十二旬，五種祀典的祭祀周期就是三十二旬。董作賓先生認為翌祀工典祭、「祭」祀工典祭都不是單獨一旬舉行，所以錯誤地認為周祭周期是三十旬。

為什麼黄組時五種祀典的祭祀周期有三十六旬型和三十七旬型兩種類型呢？陳夢家先生說：「兩聯續之祀，若一為三十六旬一為三十七旬，則兩祀等於兩年，因一太陽年約為三十六旬又半。」就是說，兩種類型周期很可能是為了迎合天時而設置的。如一個太陽年是三百六十五天（約數），而三十六旬的周期才三百六十天，不足一年，故設三十七旬型周期予以調整，使兩個祭祀周期約相當於兩個太陽年的時間，从而保持周祭周期與太陽年的日數的基本平衡。如果確是如此，三十七旬型周期中增加的那一旬，有時也可能是彡祀的一旬。而在一個周祭祀周期內，也決不會有三個祀組或兩個祀組同時增加一旬，即成為三十八旬型或三十九旬型，以致造成兩個周期與兩個太陽年天數失去平衡的情況。至於三十六旬和三十七旬兩種周期的設置，則未必是先後一年依次相間，很可能是在一定時期内因時制宜就便錯置的，後面復原的祀譜中就可看到這種迹象。當然，情況究竟如何，尚需待將來材料豐富時復原更加詳細的祀譜來加以說明。【商代周祭制度】

⿱刍心　⿰亻㛄　紩

◉劉彬徽等　(265)⿱刍心，簡文作，人名，為憍字異體，請參看簡143憍字。【包山楚簡】

◉戴家祥　多友鼎　用嚴⿰亻㛄秡⿰米共寅伐京𠂤　⿰亻㛄，从多友鼎辭例看，字當作「狁」用。「嚴⿰亻㛄」即玁狁。【金文大字典上】

陶文編　13·86　即⿱夭糸字廣韻作⿱夭系篇海以⿱夭糸為正以⿱夭系為誤【古陶文字徵】

□粹一一六一　从素从令　説文所無　□京都二二六一　□甲九一四　□前五・三六・七　□粹一一五一　【甲骨文編】

◉方濬益　□齊𩫖子⿰糸命鎛鐘　□即糸之變體。从糸命聲。亦意造之字。【綴遺齋彝器款識考釋卷二】

◉丁　山　□□□□□□□□　郭氏粹編考釋於□隸定為⿰素令，而均無説。按，説文無紷字。釋名釋采帛云：「笭，辟經，絲貫杼中，一間并，一間疏，疏者笭笭然，并者歷辟而密也。」意者紷即辟經本字。禮記内則「羊泠毛而毳羶」，鄭玄注：「泠毛毳毛，別聚旃不解者也。」聚毛使之不解，是泠毛者是織毛也。織毛與辟經同誼，如紷爵銘所圖，□正象人織毛辟經形，當即武丁時代章紷氏遺物。【章紷—鄘令支　殷商氏族方國志】

◉楊樹達　□字或釋為⿰糸命。非是。考説文堇部。堇字古文作□。則此字實从古文堇。从命。説文無其字。音義為何無由强説。【𩫖⿰堇命鎛跋　積微居金文説】

◉屈萬里　隸定之當作紷。即紷字。按萃編一一六一片辭云：「叀□令」。又一三〇二片辭云：「丙寅卜。□令□□比元□令□。」□□皆當為紷字。以此證之。紷乃人名也。【殷墟文字甲編考釋補十片釋文】

◉李孝定　从糸从令。説文所無。丁氏説此字之義甚是。笭為後起形聲字。字从竹者。蓋以竹為機杼也。泠則叚借字。此其本字也。字在卜辭為人名。【甲骨文字集釋第十三】

◉潘祖蔭　□⿰素命　説文所無　齊鎛⿰素命保其身〈0062〉「適仲之子（⿰素命）乍（作）子仲姜寶鎛」「⿰素命保其身」

張孝達説◎□左畔仍即糸字。右畔乃令之叚借。命令義同聲近。故得叚借。左系右令。其本字當為紷。字書雖無此字。以義求之。當仍讀為令。尚書吕刑苗民弗用靈。其字本即令字。古靈令多通用。鄭注以政令釋之。據禮記注。緇衣引此作匪用命。墨子尚同中篇引此作苗民否用練。是命令靈練四字古相通借。固是聲轉。亦必命令字古有加糸旁者。如此器文耳。【攀古樓彝器款識二册】

◉林潔明　□字説文所無。高田忠周釋為謹字。楊樹達以説文堇字古文作□定為从堇从命。音義無説。按高楊二説非是。蔡姞簋素卓綰字作□。从素與□所从形全同。字非从堇也。潘祖蔭方濬益定為⿰糸命字。無説。按甲骨文有□粹・一一六一。从素从令。又有□甲編・九一四。□粹・一三〇三。从糸从令。古文命令通用。□□與□當為一字。丁山曰。按説文無紷字。釋名釋采帛云。「笭辟經絲貫杼中一間。並一間疏疏者笭笭然。並者歷辟而密也」。意者紷即辟經本字。禮内則。「羊泠毛而毳羶」。鄭玄注。「泠毛。毳毛。別聚旃不解者也」。聚毛使之不解。是泠毛者織毛也。織毛與辟經同誼。如紷爵銘所圖

□。正象人織毛辟經形。當即武丁時代韋紷氏遺物。見氏族方國志頁一三九。按丁山說甚是。說文偶脫漏耳。【金文詁林卷十三】

◉何琳儀 黄錫全 其實甲骨文□、□、□即金文⿰素令的初文，它們在卜辭中雖均為人名或地名。但從形體分析，其从糸从索从素作□、□、□與金文□、□、□，小篆□、□、□顯系一脈相承。三者做為古文字形符用，其形義均近，故可互作。甲骨文□或作□，是从糸从索互通之證。師簋殷「索黄」讀「素黄」，是从索从素互通之證。多數學者將甲骨文和金文中這些从索从素、令聲的字隸定為⿰素令或⿰索令，其實也可隸定為紷。蔡姞殷「□寏永命」即「綽綰永命」，芇伯殷顯作□，說文繛、⿰素爰分別或作綽、緩，說文之⿰素率，廣雅釋器作繂，爾雅釋水作⿰素率，均⿰素令、⿰索令、紷一字之證。

玉篇：「紷，紕絲繐。」類編：「紷，綳絮。」一曰絲細湅（練）為紷，布細湅為繐。」綜合這些後代字書所保存的古義，知紷不外乎為一種比較精美的絲織品——這是紷的本義。精美的絲織品自然可引申有美善之義，這與純本訓絲（說文），引申為美（楚辭離騷王逸注：「至美曰純」），又引申為好（方言）的道理相同。

爾雅釋詁：「令，善也。」此「令」之本字當作紷。考令之本義為「發號也」（說文），而經傳多訓善，與本義無涉。令、紷均訓善，紷為本字，令為同音假借字。金文令字不勝枚舉，有「命令」、「命運」、「賞賜」等義，但決無一例訓善。這不僅證明在金文中令、紷二字用法涇渭分明，同時也是紷訓善的有力佐證。【䜌簋考釋六則 古文字研究第七輯】

◉周名煇 □齊侯鎛。⿰素命保其身。說文所無。强氏以為說文所無。今考定當是命字孳乳文。

說文糸部云。終。絿絲也。从糸冬聲。□古文終。不从糸。以冬終例命⿰素命。則⿰素命為命之孳乳字。可以無疑。【新定說文古籀考卷下】

◉徐中舒 □ 從□從□御。《說文》所無，可隸定為紷，紷字見於《玉篇》。人名。【甲骨文字典卷五】

◉徐中舒 □一期 佚七二〇 □一期 乙四三四 □三期 粹二六一

從糸從□令，糸或作□索、□，並同。□與《說文》素字篆文略同，當是素字初文。卜辭中素字不單出，僅見於此。《說文》所無，見於《玉篇》：「紷，紕絲繐。」

疑為人名。【甲骨文字典卷十三】

◉戴家祥 □䜌殷 用⿰素命保我家 □師訇鼎 陪明⿰素命辟前王 □秦公鐘 秦公㝬畯⿰素命才立 □⿰素命鎛 ⿰素命保其身

⿰素命字从素从命，䜌殷「⿰素令保我家」，从素从令。命令古義皆作發號，古音亦近，⿰素命⿰素令當為異體字。在句銘中讀作令，爾雅

釋詁「令，善也」。如詩蒸民「令儀令色」、閟宮「令妻壽母」等。銘文的意思是「善保其身」，或「善保我家」。【金文大字典下】

粹四九六从糹从册說文所無與册同義緉入 【甲骨文編】

0495 說文所無玉篇紽絲數也 1040 1614 【古璽文編】

◉周名煇 古鉨 王。蓋即紟之異文。强氏定為紟字。今考定為紽字。

殷虛卜辭。兩周金文。今字作Ａ。或作。無作形者。是當為字。與通。其文从糸它聲。即詩羔羊篇。素絲五紽之紽。

又水部。强氏録。謂即汜之反文。名煇案。與形不合。說文虫部。一名蝮。博三寸。首大如臂指。象其卧形。殷虛卜辭作。書契前編卷二弟二十四葉。羅振玉謂象博首而宛身之狀。爾雅郭注，言今蝮蛇。細頸大頭。正虫字所象也。是即沱字之或體。可與字參證。虫它。㒸歌二部近旁轉。【新定說文古籀考】

4033 說文所無玉篇絧補也 【古璽文編】

◉徐中舒 從糸從司，《說文》所無，見於《廣韻》：「絧，補也。」郭沫若謂絧殆嗣省，與卯為對文，亦用牲之法《殷契粹編考釋》，可從。【甲骨文字典卷十三】

◉戴家祥 宜侯夨毀 国圖珷王 芇伯毀 朕丕顯祖玟珷雁受大命

牆盤「武王」，大盂鼎等器作「珷王」，珷字的王旁是從下文王字類化來的。𢦏毀「赤市」，揚毀作「赤市」；番生毀「玉睘」，毛公鼎作「玉環」。加市旁，環加玉旁，皆與珷同。珷是武王二字連用時的類化字，專門用於武王義，故又可以珷表示武

⿰王杲　祏　⿰尨戈　⿺走司　菴

王。如利毁「珷征商」,𦂸伯毁「朕丕顯祖玟珷雁受大命」,珷即指武王。【金文大字典中】

◉湯餘惠　⿰王杲91・⿰王采　⿰王杲右旁上从肉,下从木,非从采旁,字左从玉。字不識,僅可隸定。【包山楚簡讀後記　考古與文物一九九三年第二期】

◉戴家祥　蔡侯尊　張日昇曰:按字从示从否。説文所無。蔡侯尊「上下陟祏」,亦奔走上下之意。按祏與奔走似無聯系。有待再考。【金文大字典中】

◉徐中舒　從二叀戈,《説文》所無。或謂與誖字籀文𡢁形近,故釋誖,不確。地名或方國名。【甲骨文字典卷十二】

◉戴家祥　齊不⿺走司鬲　齊不⿺走司作侯伯尊鬲　⿺走司字从走从司,説文所無。以形聲更旁例之,殆即迨之異文。走辵義近,偏旁每多混用,説文起,古文作迟;居簠迂作赶;曾子簠𨔝作遻;叔多父毁𧽊器銘从走,器蓋从辵;是其證。古音司讀息兹切,心母之部。台讀與之切,喻母之部。説文二篇齒部「齝,吐而噍也,从齒台聲」;集韻上平七之齝或作齝呞,博雅「柌柄也」。或作枱鈶枲。尚書舜典「舜讓于德弗嗣」。史記五帝本紀嗣作懌,徐廣曰「今文作不怡」。史記太史公自序,漢書王莽傳並作不台,鄭風子衿「子寧不嗣音」,韓詩嗣作詒。左傳莊公八年「治兵于廟,禮也」,公羊傳作「祠兵」。文選典引「有于德不台淵穆之讓」,李善注引漢書韋昭注「古文以為嗣」。是司台聲同字通之證。不⿺走司,猶不及也。【金文大字典下】

菴 9・33　菴更　説文所無玉篇菴蔄蒿也　【古陶文字徵】

□ 鄀 說文所無左傳僖公二十五年秦晉伐鄀注本在商密秦楚界上小國漢書地理志南郡若下云楚昭王畏吴徙此注春秋傳作鄀是鄀本作若也字林鄀楚邑鄀公簠 □ □ 鄀公鼎 □ 从虫 鄀公𠤳【金文編】

◉方濬益 說文無鄀字。字林有鄀。云。楚邑。漢書地理志南郡若下云。楚昭王畏吴。自郢徙此。師古注曰。秦秋傳作鄀。據此是鄀本作若。籀文於地名每加邑旁。若妣鼎作若。則猶用古文者也。【綴遺齋彝器款識考釋卷一】

◉陳 直 鄀公盂云。隹鄀正二月初吉乙丑鄀。公敄人作尊敦。案左僖二十五年傳云。秦晉伐鄀。杜注。鄀秦楚間小國。其後遷於南郡。鄀正者。是用鄀國之正朔。與周正當然不同。春秋諸國皆用周正。惟晉用夏正。說見趙氏坦寶甓齋札記。鄀國亦疑用夏正。惟未審其故。又歙縣黄氏藏有右醧王鉥。金文有右戲仲鬲。疑為兄弟之國分為左右者。與鄀正皆為經傳所未詳也。【金文拾遺】

◉高田忠周 □ 說文所無。阮氏云。按左傳秦晉伐鄀。杜注。鄀本在商密。秦楚界上小國。後遷南郡鄀縣。葢古唯當作若。即作叒為正。後人从邑。猶梁作鄹墨作纆登作鄧也。又說文邑部字。鐘鼎古文多不从邑。知古字不从邑也。【古籀篇二十】

◉郭沫若 蟗字从蚰。下鄀公䜌簠作蝫从虫。均有意與上鄀示別。葢下鄀後出。既分上下猶嫌混淆。且時亦各省去上下字而單稱鄀。故于鄀字之結構亦須示別也。【鄀公諴鼎 兩周金文辭大系圖録考釋】

◉郭沫若 左傳僖二十五年秦晉伐鄀。楚鬥克、屈禦寇以申息之師戍商密。杜注。鄀本在商密。秦楚界上小國。其後遷於南郡鄀縣。今案。鄀有上鄀與下鄀。本段稱上鄀。而下鄀公䜌鼎稱下蟗。可證。彼鼎出於上雒今陝西商縣。地與商密接壤。則此秦晉所伐者實是下鄀。上雒後為晉邑見左傳哀四年。蓋下鄀為晉所滅也。南郡之鄀漢志作若。注云。楚昭王畏吴自郢徙此。今湖北宜城縣。當即本段所謂上鄀。上下相對。必同時竝存。蓋由分封而然。意南郡之鄀為本國。故稱上。上雒之鄀為分枝。故稱下。此猶小邾之出自邾婁而稱為小矣。南郡之鄀後為楚所滅。故於春秋末年其故都竟成為楚都也。【鄀公敄人段 兩周金文辭大系圖録考釋】

◉林清源 □君戈(邱集8252、嚴集7403)

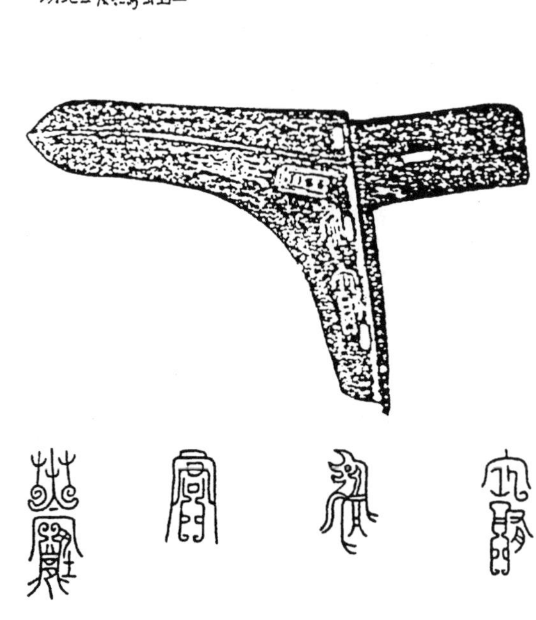

本戈湖北江陵拍馬山第10號墓出土，銘文鳥書四字，發掘簡報釋為「鄀君用寶」，謂乃春秋末年為楚所滅之上鄀，其都位今湖北宜城。湖北省博物館等：「湖北江陵拍馬山楚墓發掘簡報」（考古1973年第3期），頁156、161。黃盛璋釋為「邛（鄍）君□啟」，復謂該墓及本戈當屬戰國早期，惜未申說。黃盛璋：「三晉兵器」，頁32，注①。容庚新四版金文編收於附録（第733至736條）。戈銘第一字不識，惟其上半作「[glyph]」，與鄀字作「[glyph]」（鄀公匿）形近，而與鄍字作「[glyph]」（鄂君啓舟節）頗遠，似以釋「鄀」較長。第二字从尹，从口，碻為「君」字無疑。第三字不識。第四字左下所从作「[glyph]」，下半為繁飾，上半與例223造字所从之「告」形近，此偏旁當係「告」字無疑。此字右下作「[glyph]」，蓋「攴」字之繁文，三晉兵器尹字多作「[glyph]」，下亦从月為繁飾。戈銘第四字从宀、从攴、告聲，當隸定為「⿱宀⿰告攴」，而讀為「造」。例227⿰次阝並果戈造字作「[glyph]」，亦从攴、告聲；其所从「告」字中畫上端曲折，與本銘及例223造字所从之「告」形近，此體殆為楚系銘文之特徵。例057御侯戈造字从戈作「⿱宀⿰告戈」，戰國文字从戈、从攴屢見互作之例，如新鄭兵器寇字皆从戈，故本銘「⿱宀⿰告戈」當係造字之異體也。

055上鄀戈（邱集8419）

本戈胡末略殘，銘文沿援刃而下，云：「上都子于□鑄其用。征行用從□□」。第二字作「[glyph]」，與都公敄人簋（大系圖159）都字作「[glyph]」相近，當係「鄀」之異文。左傳僖公二十五年：「秦、晉伐鄀，楚鬥克、屈禦寇以申、息之師戍商密。」杜注：「鄀本在商密，秦楚界上小國，其後遷於南郡鄀縣。」郭沫若謂鄀有上鄀與下鄀，下鄀位今陝西商縣，後為晉所滅，上鄀位今湖北宜城縣，後為楚所滅。郭沫若：兩周金文辭大系考釋，頁174—175。「于□」二字，為上鄀子之名。第六字作「[glyph]」，从臼、从倒皿、从金，當釋為「鑄」。第十三字作「[glyph]」，疑「公」之倒文。末一字下半殘泐，疑為「王」字。銘文「征行」，意即巡行。左傳襄公十三年「先王卜征」，杜注：「征謂巡守征行。」本戈形制殊異，内作長方形，與側闌垂直相交，援特寬大，其上有二道陽紋飾，援上刃與内上緣平行，凡此皆與春秋時期有胡戈之常制不同，銘文之辭例與部位亦乏類似之例。就形制與銘文以觀，本戈若非偽器，則當係儀仗器也。【兩周青銅句兵銘文彙考】

◉張　標

[glyph] 見《漢印文字徵》附録八，闕釋。

此實鄀字。其右形旁為邑，左聲旁者若也。若之草頭省作屮者，秦漢古隸之簡化通例。類似之例，如蕺、墓、草等皆可省。

[glyph] 十四年屬邦戈

[glyph] 戰國縱橫家書157

[glyph] 孫臏兵法108

竹字頭，也可省其半，如笱、箸等字：

老子甲本225

戰國縱橫家書70

不僅如此，秦漢古隸凡兩個部件相同者往往省其半，如幾、璣、楚、戰等：

老子乙本109下

馬王堆一號漢墓遣册竹簡294

戰國縱橫家書70

戰　孫子兵法16

上述簡化例，《漢印文字徵》一書亦不乏其例，如蘇、笱、濕、闕等：

一・十　　三・一

十一・五　闕十二・四

據上述情況，知郜乃郜之省。【古文字札記　考古與文物一九八八年第二期】

菖

5・458　獨字　説文所無玉篇菖菖蒲也【古陶文字徵】

⿱艹⿱曲口

◉葉玉森　前・二・八・五　前・四・十八・一　前・四・三七・五　甲・二・二五・六

卜辭每見「不曹戈」。疑即許書訓目不明之曹。卜辭假作蒙。【殷墟書契前編集釋卷二】

◉徐中舒　從口從屮苗，《説文》所無。就辭例觀之，戈每每連言，疑用如蒙。《易・明夷》：「以蒙大難。」蒙為遭受之義。【甲骨文字典卷二】

⿱艹⿱各日

5・350　⿱艹⿱各日朝　説文所無玉篇⿱艹⿱各日草名　9・87　⿱艹⿱各日疾　9・91　⿱艹⿱各日繒【古陶文字徵】

蓼　逡

◉劉　釗　《文編》附録二第6欄有字作「[glyph]」，按字从艸从宀从多，應釋為蓼。蓼字見於《字彙補》。【璽印文字釋叢（一）　考古與文物一九九〇年第二期】

◉黄盛璋　逡（[glyph]）字从辵，夌聲，而不見於後世字書，説明為秦以外之六國文字，秦始皇統一文字，「罷其不與秦文合者」，自此遂廢不用。「夌」作[glyph]，與陳猷釜及齊陶文「陵」字所从「夌」全同，它是齊國文字，説詳後證。初文就是「夌」，傳世殷彝子夌尊作[glyph]，此「夌」字下从「止」，即「逡」之異寫，但尚介於「逡、夌」之間，可以認為从「夫」从「止」，从「夊」與从「止」同，後改下从「夊」，「逡」則又加辵旁，故此充分證明，初文為「夌」，「逡、陵、淩」等皆為「夌」之後起滋乳字，其義皆由「夌」來。

《説文》：「夌，越也，从夊，从圥，圥，高也，一曰夌，徲也。」按《説文》中夊「象人兩脛有所躧也」，陟、降字即从此兩相疊，向下為「降」，向上為「陟」即升，「夌」从「圥」从「夊」，為會意，表向高處一步一步移動，「夊，行遲曳夊夊也，故有遲意」，「一曰徲也」，遲即徲之後起字，「陵遲」、「陵夷」連文，經傳常見，《荀子宥坐》：「百仞之山，任負重登焉，何則，陵遲故也。」而陵越、侵陵、憑陵，亦古籍常見，原皆來自「夌」之本義「越」，而後造「陵」、「淩」，以別引伸諸義。本銘之「逡」，當表升陵意，「載逡」連文，應為聯語，聯系下文，當含「舉供」或「升臨」等意，此為齊地方言，不見任何記載，以意推測，或可譯「高供（于）」。【戰國祈室銅位銘文破譯與相關問題新探　第二届國際中國文字學研討會論文集】

䢗

[glyph] 3222　説文所無玉篇䢗走也　【古璽文編】

𠙷　𡟰

◉劉心源　不𡟰，人名。𡟰即欺，从[glyph]。吕卆銘執字及齊侯鎛夙執恐惕執字例之，知[glyph]為[glyph]之別體。【奇觚室吉金文述卷四】

◉葉玉森　上缺在缺六[glyph]缺[glyph][glyph]左行

[glyph]象揚箕不𡟰敦之𡟰。从女。从𠙷。知古本有𠙷字。王徵君不𡟰敦蓋銘攷釋。謂王孫遺諸鐘之𢼽𡟰即邾公華邾公牼二鐘之威忌。齊子仲姜鎛之畏諆。𡟰即忌字。按乙彝眉壽無𡟰。叚𡟰為期。則作忌似亦叚用剌鼎之[glyph]。即其。與卜辭同。殆

其之緐文耶。

殷虚書契後編卷下第二十葉「辛酉貞在大六𦥑其。下缺」。𦥑象一人跽而舂杵。余釋舀。說詳殷契鉤沈。本辭云。「在缺六𦥑」。彼辭云。「在大六舀」。句例頗近。疑一人跽而揚箕。或古簸字。詩生民或簸或舀。簸與舀似為先哲同時所造之字。故象事如繪。又後編卷下第二十葉之𦥑。羅參事釋僕。余疑為𦥑之緐文。【鐵雲藏龜拾遺考釋】

◉郭沫若 第五三六片 𦥑 𩐁字金文習見，與其通。【殷契粹編考釋】

◉朱芳圃 𦥑後下二〇·一 上揭奇字，羅振玉釋為僕，謂「説文解字『菐，瀆菐也。从丵从廾，廾亦聲。』又『僕，給事者。古文从臣作𨵦。』桉古金文無从臣之𨵦，有𠈃史僕壺，𠈃静敦，𠈃旂鼎諸形。卜辭僕字从𠀠，即古金文之𠀠；从𢆉，即古金文之𢆉；从𠂉即𢌳；𠂉則象人形而後有尾，許君所謂『古人或飾系尾西南夷亦然者』是也。説文解字尾字注。僕為俘虜之執賤役瀆菐之事者，故為手奉糞棄之物以象之。菐、僕古為一字。許書从丵，乃从𠀠𦥑之譌也。」殷虚書契考釋中二四。桉羅説非也。字象人坐而兩手奉箕簸揚之形。唐蘭謂即𩐁之繁文，中國文字學一三一。極具卓識。頭上戴辛，與童妾諸字同意。後系尾者，蓋古代西南部族之衣飾。考後漢書南蠻傳云：「槃瓠……生子一十二人，六男六女。槃瓠死後，因自相夫妻。……好五色，衣服製裁，皆有尾形。」甲文中戴辛系尾之人，雖不能遽定為漢世之南蠻，要之必為異族，殷人俘擄之以供操作。史家定殷為奴隸社會，此即其一證矣。

金文作左列諸形：

𦥑剌鼎 𦥑㝬伯𣪘 𦥑同上 𦥑不䂂𣪘 𦥑秦公𣪘 𦥑王孫鐘 𦥑乙𣪘

結構與甲文同而較簡略。【殷周文字釋叢卷中】

◉李孝定 𦥑粹·五三六 从𢌳从其。説文所無。金文此字多見。如𦥑剌鼎「𩐁孫=子=永寶用」。𦥑㝬伯簋「𩐁萬年孫=子=𩐁永用」。𦥑師旂鼎「其又内于師旂」。𦥑不䂂簋𦥑秦公簋「䂂嚴□各」。其用皆與「其」同。𦥑王孫鐘「數䂂趩趩」「其」讀為忌𦥑乙簋「𩁹壽無䂂」叚為期。字象人奉箕其形。當為其之繁文。【甲骨文字集釋第三】

𦥑3·1168 獨字 説文所無類篇以為𩐁字重文 𦥑3·1169 同上【古陶文字徵】

3·621　丘齊辛里公孫速[glyph]　説文以來為行來之來玉篇作徠魏三體石經古文作逨與此同　[glyph]6·124　十一年厶逨　此从止與从辵同　[glyph]6·123　同上【古陶文字徵】

◉于省吾　八、叀乙祖速匹氏辟遠猷复(腹)心

唐蘭同志訓為「通達而惠愛的乙祖，來配他的君長的遠大規畫」，並以「复心」二字屬於下句。裘錫圭同志從張政烺同志説，釋速為逨，「讀為弼」(按張説見《文物》一九七六年一期《何尊銘文解釋補遺》，引郭沫若説謂「𨑍假為弼」)，「弼匹就是輔佐的意思」。徐中舒同志謂「速同來」，「匹配也，言出仕于周，為周王之匹配。辟君也，指周王」。又謂「猷與猶……當是一字，猶若也」。又謂「遠疏遠也，乙且，殷人之後，與周關係疏遠，但他現在出仕於周，雖遠猶為周王的腹心」。李學勤同志從張政烺同志説，謂逨「讀為弼」。「本句意為輔弼其君」。「猷，用法與以字同」。又以「遠猷复心子𠭯」為句。按以上各説頗有分歧，句逗與解釋，得失互見。

銘文的速字作[glyph]形，各家釋速或釋逨，當以釋速為是，金文𠦪字無從㢟者。速同來，其從㢟，表示行動之義。長由盉的「速」字作[glyph]。單伯鐘的「速匹先王」的「速」字作[glyph]，這不僅和本銘文的「速」字構形相仿，而且和本銘文「速匹氏辟」的詞例也相同。何尊的「昔在爾考公氏克速玟王」，速即來，典籍每訓「來」為「歸」或「依歸」。這是説從前爾考公氏能够歸依文王。速之從來，和金文𠦪字作[glyph]、[glyph]、[glyph]、[glyph]等形判然有别。至於本銘文的速匹，唐蘭同志釋為來配是對的。但以「速匹厥辟遠猷」為句，以「复心」二字屬下句，並訓為「速配他的君長的遠大規畫」。這不僅割裂詞句，也於本義不符。其實，典籍中匹字既訓配也訓偶，《詩·文王有聲》的「作豐伊匹」，毛傳訓匹為配；《禮記·三年問》的「失喪其群匹」，鄭注訓匹為偶。匹配與匹偶都具有輔相協助之義。《爾雅·釋詁》訓猷為謀。銘文的「叀(惠，發語詞)乙祖速匹氏(厥)辟，遠猷腹心」，是説惠乙祖速輔助他的君長，謀猷深遠，成為君長親信的腹心臣僚。古文尚簡，依詞尋義，乃作出如上的詮釋。【牆盤銘文十二解　古文字研究第五輯】

[glyph]　讀為精　攺敷之青木赤木黄木白木墨木之——(乙5—35)【長沙子彈庫帛書文字編】

椒

◉葉玉森　□。孫詒讓氏曰。考龜文㫖作□。此與彼偏旁台相類。疑即台字。說文邑部。郃。炎帝之後。姜姓所封。周棄外家國。从邑台聲。在扶風斄縣。是也。詩曰有郃家室。此台或即郃之省文。但下台經典無見。文不知何誼耳。契文舉例上卅四。郭沫若氏釋□為勺中國古代社會研究。林義光氏曰。□與金文召伯虎敦陳侯午敦嘗字偏旁相合。其為旨字無疑。書西伯戡黎黎國大傳作耆。史記殷本紀作飢。徐廣曰一作阢。又作耆。周本紀作耆。耆从旨得聲。古音旨與耆同。則卜辭之旨即今文尚書之耆。作耆者。傳寫改之也。謂之下旨者。黎在上黨壺關。地處最高黎之寇。殷乃自上而下。下旨猶云來下之黎人。鬼方黎國。竝見卜辭說。森桉。敦文嘗之偏旁作□與□形迥異。卜辭旨字作□。□竝从匕从口。與說文旨之古文□相近。羅釋至墒。林氏釋□為旨。似誤。至謂下旨者。猶云來下之黎人。夫來下乃一時之事。實殷人即謂之旨可矣。何必曰下旨。予疑□竝象形文。□象蔓。□象蒂。□象實。殆古椒字。其國乃名下椒。離騷馳椒邱且焉止息注。土高四墮曰椒。□作欹仄形。竝有墮象。椒之地或亦象之。乃曰下也。【殷墟書契前編集釋卷四】

椃

□　椃　說文有虓無椃　集韻木名　宰椃角　□　伯椃簋　□　伯椃虘簋【金文編】

◉張日昇　□⿸㫃虎司土毁　⿸㫃虎嗣土　椃作寶尊毁　字从木从虎,說文所無,許印林釋虞,徐同柏釋敔,阮元疑⿰号椃之省,說並非。⿰号椃从木號省聲,古音在宵部。集韻「椃,木名,乎刀切,音豪」,亦在宵部。然虎古音在魚部,椃从虎聲不應音豪,疑集韻之椃乃⿰号椃之譌漏與此不同。金文用作人名,義不可考。【金文詁林卷六】

⿰木亩

◉郭沫若　第一二七六片　□　⿰木亩殆稟字之異。禾木字古每淆易。【殷契粹編考釋】

◉李孝定　□　古文偏旁禾木二字固多誤混,然究以不混者為正,此字仍當隸定作⿰木亩,从木从亩。說文所無。字在卜辭為地名。【甲骨文字集釋第六】

◉張亞初　□　在甲骨文中,倉廩的廩字作亩(綜類二六八——二六九頁),是倉廩的象形字。後世增加意符禾或米作稟、稟或嗇。增加表示房舍的广作㐭,也或作㐭。卜辭中還有从木从亩的⿰木亩字(綜類二六九頁),⿰木亩即檁。還有从亩从攴的敨字(同上)。敨字到西周增加聲符林就是𣪘,增加意符米就是𣫌(金文編九五〇頁)。𣫌即𣪘。【古文字分類考釋論稿　古文字研究第十七輯】

鄴　⿰索刂　⿷匚畕　戠戚戴或

◉劉彬徽等　鄴，簡文作[glyph]，與《鄂君啟節》⿰貝枼字右旁相同。【包山楚簡】

◉陳邦福　[glyph]　卜辭本有[glyph][glyph][glyph]諸形，葉氏玉森殷契鉤沈考為殷之索祭，引郊特牲「索祭于祊」為證，說至可信。福謂田[glyph]正田索之緐文，旁从刀有刈艸為繩之誼。與說文索字下「艸有莖葉，可以作繩」之誼亦合，然卜辭索⿰索刂各有專誼，索為祭名，⿰索刂則地名。⊘考左昭五年傳云：「子太叔勞諸叔索氏。」杜注：「河南成皋縣東有大索城。」【殷契辨疑】

◉李孝定　[glyph]　从刀从索，說文所無。陳氏謂與[glyph]為一字，非是，[glyph]乃截字，截說詳三卷⿰雀戈下，此則从刀从索，地名，陳引杜注說之，碻否待考。【甲骨文字集釋第四】

◉孫海波　[glyph][glyph][glyph][glyph][glyph]鐵一八八・三　从二臣。說文所無。人名。【甲骨文編卷三】

◉李孝定　从二臣，說文所無。金文有⿰⿱臦豆寸⿰⿱臦豆阝二字，亦从此。【甲骨文字集釋第三】

◉葉玉森　[glyph]　予曩釋卜辭之从[glyph][glyph]為从諸國。因他辭亦作从[glyph][glyph]也。[glyph][glyph]當為一字。殷契鉤沈。近釋[glyph][glyph]為泥戚。泥。國名。戚。泥君名。說詳本卷第二十五葉[glyph][glyph]下。本辭戚即泥戚。他辭云。「癸未卜□貞今日令□[glyph]步。」甲骨文字二第五葉之二。「癸未卜貞今日令[glyph]步。」卷五第八葉之三。泥為殷屬。故受殷命也。【殷墟書契前編集釋卷一】

◉吳其昌　「癸未貞，今日命戠步」者，「戠」實為「[glyph]戠」之簡稱。「[glyph]戠」，武丁時之名將，武丁屢倚之伐土方，及[glyph]方，殆與「侯[glyph]」齊名者也。所以知者，書契菁華之巨骨文曰：「癸巳卜㱿貞，旬亡囚。王固曰：虫求！救其虫來嬄，三至。五日。丁酉，允虫來嬄自西。[glyph]戠告曰土方𢀛征于我東啚鄙或二邑，[glyph]方亦牧我西啚鄙田。……」一・二。據此可知，沚[glyph]戠之封土介于土方與[glyph]方之間而為殷室西陲之外藩矣。因沚之封域，與土𢀛二方鄰接之故，以致二寇時入，則沚戠必先受其兵，故武丁征土[glyph]二寇，沚戠亦幾干靡役不从也。卜辭中所殘留之史料除上述精華之巨片外，載記沚戠从伐土方之文，如云：「乙卯卜[glyph]貞，[glyph][glyph]再冊，王从伐土方，受虫右。」續・三・一〇・二。又云：「戊午卜㓝貞，王从[glyph][glyph]伐土方，受虫囙。」後。一・一七・六。又云：「貞𠫑从[glyph]伐土方。」續・三・九・四。又云：「丁巳卜㱿貞，王叀，[glyph][glyph]从，伐𢀛方。」續・六・一六・七。叀，亦擊也。詳前疏。此皆王伐土方而从沚戠，殆沚戠為王師之前導也。至于伐[glyph]方之史料，則如云：「……貞，戠𢼄……王其[glyph]……[glyph]方。」林・二・

八・一二。又云：「□□卜㱿貞，㞢戠再册。王从……伐𠭯方。允其□……」前・七・二七・一。又云：「……㞢戠再册，王从，伐𠭯囚。……辜……。」續・三・五・五。「辜」即此後宗周鐘「王辜伐其至」；不𡢁毁「女及戎大辜戟」之「辜」；亦即詩常武「鋪敦淮濆」及魯頌「敦商之旅」之「敦」也。據此則武丁伐𠭯方，亦每以沚戠為先導也。又據其他卜辭，則似武丁每有所擊討，沚戠必从，初非征二寇始然，如云「壬辰卜㱿貞。王叀。㞢戠从」前・七・四・三可見。駟至遇有巡省，亦復輒隨王後，如云「王从戠，貞叅王徜省土方」前・七・七・四是也。則沚戠為武丁時震代名將，可以概見。至其與侯𢀛名位齊等，則可由卜辭中有云「貞叀，侯𢀛从。貞叀，㞢戠从」佚・三七五者見之。此沚戠一生傳行功烈之概略也。本片乃云「今日命戠步」，與前編六・八・三又一片云「己卯卜貞，命㞢戠步，七月」者，文法絶同；時間又同在七月當亦記一時之事也。此片時代，當在殷之末葉，而沚戠為武丁時人，此時其死已久，文中乃云「今日命戠步」者「命」之義為祭告，為告祝也。【殷虚書契解詁】

◉唐　蘭　第六十四片骨

㞢戠習見於武丁時卜辭。㞢金文作㞢奇觚二・廿卯毁。象止在水中之形，羅釋洗，葉玉森疑諸，疑洌，鈎沈。疑涅，前編考釋一下五九。均非。林義光以㞢戠為熒惑，國學叢編一期四册。尤謬。近人多釋為沚者是。戠孫詒讓釋戛，舉例下八。林泰輔釋馘，龜甲獸骨文字抄釋一三。葉玉森謂從首之戠與從口之戠，疑為同字，因並讀為國。鈎沈。孫海波承林説而釋之曰：「象繫首于戈之形。」文編十二・四。今按「戠」從𠀠，實非百或首形，卜辭首字作𦣻𦣻等形。前人未能識。則戛馘之釋俱不足信。孫謂繫首于戈，然𠀠形與戈不聯。且卜辭習見𠀠字，自為一獨體字，而非附麗於戈者。孫乃置於附録。不加解釋，昧於偏旁分析之法，其説自難圓通也。葉玉森又謂𠀠或古盾字，則戠即古文戚，其從𠙵者，乃最簡之形，亦非或。前編考釋一下五九。今按𠀠與盾字形亦不類。卜辭有盾字，前人未識。如云：「甲寅卜，完，貞王𠀠大示。」前三・二・三。「貞㐬王自𠀠大示。」同上四。𠀠即盾之本字，當讀為循，則𠀠非盾可知。余謂𠀠當為害若害之本字。卜辭或以𠀠為地名。陳邦福釋眎。大誤。象首有物蓋之之形。金文㝬字於商時彝銘中作㝬攈古一・二四九亞止㝬鼎。㝬殷文存下二二亞㝬角。㝬攈一・二・十五。亞㝬角。昔人誤為召夫者。其上所從乃害字。周代金文作𠀠若𠀠者是也。或變為害若害，故㝬變為𢿢，則害害一字之明證也。散盤𢿢亦作𢿢。𠀠

字當本作毌，即毌之異構耳。卜辭之用毌字，除地名人名外，其云「多㞢」，藏一一八二、前六·七·二、後下四二·九。與「多臣」「多𢦏」等同，疑當讀為奄，奄豎之屬也。割蓋聲近。商蓋即商奄。云：「□寅卜，㞢。貞㞢手人伐……」簠徵四六。「貞，弓㞢人手。」林一二五一。疑當讀為掩。方言六「掩取也」。其云：「貞，㞢牛百」，前三·二三·三。則當讀為割。毌既為㞢及害，則𢦏當為𢦏或𢦏，其字為說文所無。然從刀之字，古或從戈，如散盤「用矢𢧵散邑」，𢧵即方言之劋，則𢦏當即割之異文。卜辭𢦏字除人名外，有一例云「庚辰卜，卜亘。貞，𢦏牛于盂京」，正當讀為割牛，前六二·一。則𢦏必從㞢或害聲，無疑。

沚𢦏人名，卜辭或僅言沚，如「沚其或𢀛」。鐵十八·一。是沚為國名，𢦏蓋其國君之名也。卜辭尚有沚叮，前人俱以為與沚𢦏有關，故或謂𢦏叮一字，或以叮為𢦏省，今按沚叮為別一時期之卜辭。其人自名叮，與此非一人，固不必强求其通也。菁華云「三至五日丁酉，允㞢來娃，自西。沚𢦏告曰：『土方征于東啚𢦏二邑。𢀛方亦帰我西啚田……』。」一葉。由此可知沚為殷畿以西之諸侯，與土方𢀛方接壤，故殷人伐土方或𢀛方時，沚𢦏每從行也。【天壤閣甲骨文存考釋】

◉金祖同　卜辭屢見「王从沚𢦏伐𢀛方」，𢦏之釋𢦔、釋戛、釋戢、釋臧、釋㞢毌論已，而沚之為國族名，𢦏之為人名則具莫逆于心，頗少争議。實則不然，沚固為國族名者，𢦏亦間似為人名者，然二字相合，則決非一名一姓。⊘余向疑此應為職官名，前卷四·三一葉三片：「貞勿隹王往伐𢀛，乎多臣伐𢀛方。」是王自征始以沚𢦏从令「多臣」往伐，則不及沚𢦏，是王與沚𢦏，是王與沚𢦏有不可須臾離者，與國語稱衛武公在輿必有旅賁之規適合。「𢦏」葉師蕻漁釋戢，雖當時未敢以為定論，實其說無可易。說文盾下曰：「瞂也，所以扞身蔽目，象形。」繫傳曰：「盾，象盾形。」說文疑疑更詳其說曰：「厂象盾之側見形，十象盾之握，即所謂瞂也。」契文則易側見形為正視形矣。至从目，疑疑以為「象盾之用，窺敵之至而禦之，其動迅疾，猶目睒之開闔也。盾以禦矢石而衛其身，猶目睒之禦塵沙而衛其精也。」此說似迂曲未諦。因許氏已明言扞身蔽目，目為身首之特徵，古文字之屬身首者，都繪目以示其全，故毌之从目，即扞身蔽目之意也。毌為盾，十則無疑為戈，戈與盾正旅賁所守，國語魯語注：「旅賁掌執戈盾，夾車而趨，車止則持輪，所以備非常，禁災害也。」戢字从戈，从盾，即執戈盾夾車之謂。「天子曰虎賁，習武訓也；諸侯曰旅賁，禦災害也。」(見魯語)虎賁旅賁，名異實同，周禮夏官曰：「虎賁氏掌先後王，而趨以卒伍。」蓋即今之衛士，王出必隨此於卜辭亦有徵，⊘故王出必以沚𢦏相从者，所以為衛也。固疑戢為旅賁之本職而賁為同聲相假之後起字。⊘段氏注與賁俱列在十五部。可證。【殷契遺珠釋文】

◉白川静　關於沚戠的釋字與解詁，自來有許多説法。尤其是戠字，異説更多。孫詒讓釋作戛，孫詒讓「契文舉例」卷下第八葉：「此从戈从百，當為戛字，説文戈部，戛戟也，从戈百，讀若棘，是也。」林泰輔釋作𢦔，林泰輔「龜甲獸骨文字」卷一考釋第三葉。唐蘭釋作𢦏，唐蘭氏「天壞閣甲骨文存」考釋第五一葉。唐氏之説甚長，要言之，□為𡨦、害之異文，多□當讀多奄，奄豎之屬。故𢦔有掩取之義，當釋作𢦏。又以為沚是名，𢦔是其君之名，作□者則另為一人。葉玉森釋作國。葉玉森氏「殷契鉤沈」中：「從首之□，與從口之□，疑為同字，因竝讀為國。」又對於沚𢦔，一般都解作人名或族名，但林義光卻解作熒惑。林義光氏「卜辭沚𢦔即熒惑説」，國學叢編一期第四册。于省吾反亦另創别説，以為此乃傳為武丁賢臣的傅説。其理由是，卜辭中的師般相當於尚書君奭的甘盤，而相當於經籍中的傅説者，除沚𢦔外更無他人；又傳説死而為列星，名曰天策，其名與生時掌爯册之事，恰相對應。于省吾氏「雙劍誃殷契駢枝」續篇第一三葉，釋爯册：「余疑沚𢦔即傅説：……考其職事，非傅説無以當之。載籍屢言傅説相武丁，卜辭不應無之，……沚𢦔主册命，其職事之重要，大於周禮内史明矣，其證一也。國語晉語：天策焞焞。注：天策，尾上一星，名曰天策，一名傅説。莊子大宗師：傅説得之，以相武丁，奄有天下，乘東維，騎箕尾，而比於列星。是傅説生則爯册，死為天策，故天策星一名傅説，其證二也。得此二證，疑卜辭之沚𢦔，即載籍之傅説，惟𢦔字今不可識，無以知其音近通假之由，存以待考。」按人死後升而為是的思想，不知始於何時，但即使傅説成為天策之星，與沚𢦔爯册亦無若何關係。傅為傅説所住的傅巖，在山西平陸之地，與沚𢦔地望相隔甚遠。然而，以沚𢦔為熒惑，或以之為傅説，皆近嚮壁虚造，缺少有力的證據。關於這一點，董作賓氏歸納卜辭例，定為方國之名，並企圖從卜辭中與其他國族的關係來推定其地望。董氏所採取的解決方法是正確的，但遺憾的是，他的結論把沚定在河套南方的陝北西河之地，董作賓氏「殷曆譜」下篇卷九，武丁日譜三，論□方即鬼方附國。卻未免過分遠隔，難於説明沚𢦔與殷室的密切關係。

沚與𢦔之間究竟有何種關係，尚不得而知。不過在卜辭中，有沚與沚𢦔在一片裡互用的兩三個例子，可知當時或許沚𢦔連稱而指一個國族，至少把沚、𢦔、沚𢦔都看做有關聯的國族，大概不會錯的。

通覽有關沚𢦔的卜辭，最具特徵者，便是所謂爯册的卜辭。⊘爯册為行祝告而呪言之意，從卜辭中可知沚𢦔與這種儀禮有密切的關係。兹選出若干例子如下：

1. 貞，王勿从沚𢦔。貞，于唐告。貞，王从沚𢦔。貞，告□方于上甲。（前一・四七・五）
2. 貞，令从沚𢦔示左，七月。（前四・五・八、粹一三一七）
3. ……爯册，王从，上下若，受我又。（前四・三七・六）
4. 己巳卜，𡧊貞，勿（帚）好乎从沚𢦔，上下若，受我（又）。（前四・三八・一）
5. 王□……爯册……（前五・二一・四）
6. ……沚……□。（前六・三六・一）

7. ……再册，王勿[illegible]。（前七・一二・四）

8. 貞，沚戓其乍[illegible]，八月（簠・地五三）

9. 貞，王告沚戓，若。貞，不若。（甲三〇〇八）

10. 貞，王[illegible]……戓……帝若。王勿从。（乙一三九九）

11. 貞，戓再册王[illegible]，帝若。貞，王勿从戓，帝若。（乙一七一〇，前出）

12. 貞，王隹沚戓从伐[illegible]方，帝受我又。王勿隹沚戓从伐[illegible]方，帝不我其受又。（乙三七八七）

13. 貞，戓在丝示，若。（乙七八一八）

14. □子卜宊，戓丝示，若。（乙七八一九反）

15. 丙辰卜，争貞，沚戓[illegible]，王从，帝受我又。（乙七八二六）

16. □未卜，㱿貞，[illegible]从𠂤戓……[illegible]王[illegible]（乙八一六五，前出）

17. 丁丑卜，㱿貞，王往立[illegible]，征从沚戓。（柏根二四）

1的「貞，王勿从沚戓」與「貞于唐告」，「貞王从沚戓」與「貞，告[illegible]方于上甲」，是由胛骨下端向上依次而刻的，恐怕是互有關聯的卜辭。而且「貞于唐告」與「貞告[illegible]方于上甲」，又是所謂互文語法，告于唐者也許就是[illegible]方的事。這是[illegible]方來寇之際，告於唐與上甲的卜辭，而且都貞卜「从沚戓」與否的問題，這表示着這些祝告都從沚戓，且由沚戓主持其事。卜辭之見有沚戓者凡二百數十片，其中以言从、來、至者最多。沚戓以從王室王族舉行再册為主，但也偶爾也從如1.3.10.的王，4.的帚好，及「戊申卜，……令三族……沚戓……土……受……」（甲九四八）「貞，叀多臣乎从沚戓。」（南北・明一七七）「□□卜，王貞，余从沚」（寧三・八〇）的三族、多臣或余等。其中以王最多，所謂帚某者次之。由此可知，沚戓的主要任務，是在征伐及其祝告之際，從王及王族掌其祝告之禮。

2的所謂示左，似指視閱而言。郭氏云：「示左，蓋謂巡視東方，示讀為視。」郭沫若氏「殷契粹編」考釋第一三一七片。但在卜辭之中，卻找不出用左為東方的恰切例子。按卜辭有「丁酉貞，王作三𠂤，右中左」（粹五九七）的一片，左、中、右代表三𠂤。卜辭中又有「立中」（簠天九、乙二一九四）一語，中或即中軍之意。那麼，示左可解作視閱左軍。把左右用為地域之名，如稱關之東西為山左、山右，是關的東西在政治上統一以後的稱呼。因此，郭氏所說稱東方為左的習慣，是否早在殷代已有，還是一大疑問。所以我認為示左的左當解作三𠂤的左，而且示左也可看作一種軍禮。

3的再册上有缺文，恐怕也是沚戓再册。3.4.裡所謂上下若，所謂受又，以卜辭通例而言，多用於征伐之事，「□未卜，殻貞，王勿往伐𢀛方，上下弗若，不我其受又，八月。」(續一・三七・五)「癸丑卜，殻貞，勿正𢀛方，上下弗若，不我其受又。」(續三・四・二)等，可供參考。可知這個再册亦為軍旅而舉行的。5.7.的王□是王孼，指藉再册而袚禳之。再册的本義為祝告之意，並非稱述或封册，由此例亦可明瞭。6缺泐過多，文義難明，但□字存有用之古義，卻是值得注意的。由曹用之語看來再册之職掌當亦含有曹用之事。9的指意與1相同。這個卜辭並不是王告沚戓，而應解作「王令沚戓告」的意思。賓語位置先後倒置的文法，卜辭中常有發現，如：「貞，王勿从沚戓。」(乙三八六〇)「王勿隹戓从。」(乙五三四〇)便是其例。10.的語法非常簡古，但如詳細地説，便成11.的卜辭，其文義與前面的5.7.相同。12.亦與征伐有關，其所以從沚戓，大概也因再册的緣故。帝之貞問受又、不受又，是要決定沚戓可否隨行再册的。14.的丝示是13.在丝示之省。這個示也許就是2.示左之示。丝疑指王所在的地方而言。16.的□王□原是王使出去舉行祭祀之謂，但也含有政治與軍事的意義在內。總之，這裡所舉的有關沚戓的卜辭，大都屬於册祝與軍事，不過在軍事上沚戓所主掌的，當也不外乎册祝之事。稱再册者雖有其他二三例外，但仍以稱沚戓再册者佔絶大多數，這正表示册祝為沚戓所主掌，同時在没有再册的卜辭中，沚戓所掌的也多屬册祝之事，可見沚戓是以這種特殊的職務來服事殷室的。

關於沚戓的地望問題，董作賓氏比定於遠在陝北西河之地，但既如此遥遠，還那樣頻繁地參與王室或王族所行的各種儀禮，這似乎是不可能的。這種錯誤的原因，是把𢀛方比定在黄河上游，綏遠、寧夏之境，因而把與𢀛方有所交涉的各族，也定在黄河以西，陝西、陝北之地。𢀛方的故地究在何處，雖不得而知，但我認為𢀛方是遊牧民族，當其南下而接近殷西北境時，曾在山西盆地，主要的沿着汾水東西，向東向南來襲。拙稿「殷之國家形態」，未刊。又預定另寫「𢀛方考」一文。這時，北方的土方亦沿着大行山脈相並南下，而東夷系的方、□方亦與之呼應，企圖侵寇。武丁時，殷室因打敗北西的外敵而聲威大振，傳播四方。當時似乎正是北方遊牧民族的活動時期，南北二勢力挾着大行而發生衝突，結果勝利歸於南方。

當殷室與𢀛方、土方、□方、方(方夷)等交戰之際，沚戓曾奉册隨在軍中。方或□方疑係沿海東夷的諸族，故沚戓的根據地當在這兩種勢力接觸的地方，大概是沿着大行山，殷都以北，滹沱河中游一帶。從貞問來至殷室的卜辭較多的事實看來，沚戓不可能是在山河阻隔的荒遠之地。𢀛方曾經侵過殷之西境，土方也曾侵入殷之東鄙。菁六，佚一八六等。參照458頁有關于省吾氏「雙劍誃殷契駢枝」續篇第一三葉釋再册之注。這表示那些種族自北方南下，而已達於大行的東西地方。對於𢀛方，除王師外，河内及河洛附近的諸侯，也曾參與討伐的工作。至於與土方、□方接觸者，除王師以外，則以沚戓為主。由此可見，沚戓是居於殷都之北而戍守殷朝北邊的雄族。同時沚戓又是專掌册告之職的氏族，曾曹袚𢀛、土之來侵，又入而祝告於唐、上甲的宗廟。

厝　昏　㕡

【作册考　中國文字第四十册】

◉林　澐　被「比」者在卜辭中未見明確的稱謂，但可用間接方法推定為聯盟方國。

武丁卜辭中最常見的「比望乘」和「比沚戓」即屬此類。在大量的有關望乘和沚戓的卜辭中都没有對他們身份的稱謂。當然根據「貞：伯戓執，四月」（天九十）、「甲子卜，其往𡆥，叀伯令」（掇二・一三〇）都可以推測他們是「伯」，或者把掇二・三六三（即南南一・六四）讀成「丁卯，貞：𡆥、多方……」則可定望為「方」，但這種解讀法都可以引起爭議。然而，有一點是可以肯定的：武丁卜辭中𠂤、雀、婦好、子𤉲等人地位頗高，也都參加征伐，但從未見到過「王比𠂤」、「王比雀」、「王比婦好」、「王比子𤉲」這類記載。而對望乘和沚戓，則經常稱「王比望乘」、「王比沚戓」，並有明確稱「王自比𡆥乘」（掇二・一二三）的例子。可見在征伐活動中他們和商王是處于對等地位的。所以，把他們理解為商王屬下的將領是不妥的，望、沚應該和前舉各類例子一樣，是和商王聯盟的方國名。又如：

癸丑卜，亘，貞：王比奚伐（乙七七四一）

卜辭中雖未見「奚方」，但于省吾先生已考定奚為辮髮民族，非商之同族，故亦可推定其為和商曾有聯盟行動的方國。

【甲骨文中的商代方國聯盟　古文字研究第六輯】

◉戴家祥　史牆盤　子㕡　㕡从厂从𠁁，𠁁字从卓。説文卓古文作，卓林父毁作。蔡姞毁「綽綰永令」，石鼓文「丞皮淖淵」，卓字同。㕡當讀倬。小雅甫田「倬田甫田」，毛傳「倬，明皃」。字亦同「焯」，説文「焯明也」。此器作人名，與炎明等都是「勇惠乙祖」的兒子，因而取名的意義也相近。【金文大字典上】

◉徐中舒　從石從言，《説文》所無。戩三四・六有「疒舌」之語，與甲三〇八〇「疒」之辭例近似；又甲骨文言、舌初為一字，故疑為舌之異體。疑當讀為舌。【甲骨文字典卷九】

讀為擬　是月吕㒸——為之正（甲6—28）、——吕為則毋童（甲8—15）【長沙子彈庫帛書文字編】

◉曾憲通　厝為之正　乙六・二八　厝吕為則　乙八・一五　許慎説：「昏、盛貌，从孨从日，讀若薿薿，一曰若存，籀文昏，从

𧰵 𧱌 𦧝𡪃屢厰

二子；一曰䰜即奇字𣉷。」錫永先生云：「㬱即《説文》之𣉷，籒文作𣉷。」嚴一萍氏謂㬱當為奇字𣉷，讀作「齊」。李零據𦵏音讀為擬，比度也。李學勤則讀為存，義為察。選堂先生以㬱為籒文𣉷，據《説文》當訓盛。謂「㬱㠯為則」猶言盛以為則。又讀為擬，謂擬與揆同訓度。帛文「㬱為之正」猶言揆度以為正。皆據《説文》為説。【長沙楚帛書文字編】

◉饒宗頤 厰 厰字疑是繁形，从𣪊增益厂旁。他辭又有子𡪃(乜乙二三二)。子屢(乜乙一一五)。未知是否即子厰之異文？又有人名𡪃。考契文通例，繁形每益又旁，如集之作𥿉，角之作𧢲。【殷代貞卜人物通考】

◉唐 蘭 屢 後下二九·四片 己未卜，𠬝子屢亡疒。

右屢字，舊釋𡪃。按宀厂二形不近，疑屢乃掃之異文。卜辭為人名，無以考定，姑附於此。【釋帚婦𡠗歸𦧝帰𡪃𡪎𡪃屢㛸𡪎 殷虚文字記】

◉唐 蘭 𡪃 明義士藏

己未……𡪃……

右𡪃字，象掃塵土而坌以筐，匚為筐象。今無此字，殆掃之異文耳。【釋帚婦𡠗歸𦧝帰𡪃𡪎𡪃屢㛸𡪎 殷虚文字記】

◉唐 蘭 𦧝 後下八·十四片 此片下一片亦有此字，惜斷缺只存𦥑形，諸家摹録作𦥑，所補太多，今不敢取。

右𦧝字，羅釋糞非。一手持帚，一手持箕，以事拚掃，當亦掃之異構。糞除之字，當作𡋘，𦧝與𦧝，字形亦迥異。【釋帚𡠗歸𦧝帰𡪃𡪎𡪃屢㛸𡪎 殷虚文字記】

◉孫海波 𧱌 後二·三六·五 从豕从由。説文所無。方國名。【甲骨文編卷九】

◉袁國華 〈包山楚簡〉圖版一四二第九行「𧰵」條下共收三字，而此字全文共出現六次，分别見於簡202、203、211、225、227、243，寫法有四類：1.𧰵202、203；2.𧰵211、225；3.𧰵227；4.𧰵243，字皆从「豕」从「𡉉」。𧰵、𧰵、𧰵、𧰵是「豕」字的不同寫法，「包山楚簡」「豕」字作𧰨116、246，𧰨168、211，𧰨227，𧰨202、204(「豬」字所从，可以為證)。𡉉不是「干」。「干」字甲骨文作𢆉鄴三下，三九·一一；西周金文作𢆉子氏叔子盤、𢆉毛公鼎；「包山楚簡」作𢆉269、𢆉牘1。𡉉與干不是一字，顯而易見。「包山楚簡」

有「宔」字，字形作宔，凡六見，分別見簡22、128、185、202、207、219；又《汗簡》「主」作宔；《古文四聲韻》録《古老子》「主」作宔、宔，録《華嶽碑》作宔；中山王鼎作宔；𧊒蛮壺作宔，此外，侯馬盟書、温縣盟書均有此字，過去已被釋為「主」字，今从字形考量，宔、宔、宔皆應釋為从「宀」从「主」的「宔」字，疑與《説文》「宗廟宔祏」之「宔」同義。就以上論據，⿰豸主、⿰豸主、⿰豸主、⿰豸主等字皆宜隸定作「⿰豸主」，從簡中「⿰豸主」字的用例看，「⿰豸主」是用作「祭祀先公東陵連囂的犧牲」。「⿰豸主」字，字書未見。【「包山楚簡」文字考釋　第二届國際中國文字學研討會論文集】

◉劉彬徽等　授，簡文作授，從犬省。【包山楚簡】

1830　説文所無玉篇挹振也拾也【古璽文編】

◉商承祚　後編下第三十九葉　此疑是揥字。从廾與从手意同。詩鄘風。象之揥也。集韻有而許書遺之。【殷虛文字類編卷十二】

◉李孝定　古文偏旁从収从手得通。𢍏當即詩鄘風之揥。商説是也。【甲骨文字集釋補遺】

◉戴家祥　⿱𠫔至公爵　⿱𠫔至公彝　師湯父鼎　矢⿱𠫔至形𢿃

容庚云：郭沫若謂⿱𠫔至字當叚為翦，以矢箭一事，既言矢不得又言箭也。兩周金文辭大系考釋第七十一葉。説文「箭、矢竹也。」爾雅釋地東南之美者，有會稽之竹箭焉。禮器「如竹箭之有筠也」。可證矢箭非一事。善齋彝器圖録第十二葉。按晉讀即刃切，精母真部，玉篇四一五蛭一音而吉切，日母至部，至真陰陽對轉，故蛭得叚為晉。晉箭雙聲，元真韻近，亦可通用。【金文大字典中】

⿺辶⿷匚羊

◉郭沫若　⿺辶⿷匚羊　⿺辶匡字亦見史頌段。云。日⿺辶匡天子覭命。乃从辵匡聲之字。字書所無。大率乃光大顯揚之意。【麥尊　兩周金文辭大系圖録考釋】

◉徐中舒　金文有言日⿺辶⿷匚羊或日用鬻者：

頌其萬年無疆。日⿺辶⿷匚羊天子顥命。——史頌鼎

克其日用鬻朕辟魯休。——小克鼎

⿺辶⿷匚羊從匚羊二聲與從將聲字，古並在陽部，故日⿺辶⿷匚羊之⿺辶⿷匚羊，日用鬻之鬻，皆當讀如詩敬之日就月將之將。毛傳將行也，言奉行也。日⿺辶⿷匚羊天子顥命者，言日奉行天子之大命（孫詒讓古籀拾遺追段篇，以顥為顯字之變體。說文顥大也）。日用鬻朕辟魯休者，魯休即魯休命之省（寰盤云：「敢對揚天子不顯，段休命。」段休命，猶魯休命也）。言日用奉行吾君之魯休命也。又井侯尊云，唯歸⿺辶⿷匚羊天子休告亡尤。告誥同，誥即命也。將命亦古成語。論語憲問章闕黨童子將命。集解引馬融曰，闕黨之童子將命者，傳賓主之語出入。其在金文如：

用䣄井侯出入⿺辶⿷匚羊命。——麥彝

用䣄侯造(?)舟⿺辶⿷匚羊明命。——井侯尊

此⿺辶⿷匚羊命、⿺辶⿷匚羊明命，即將命將明命也。麥彝出入⿺辶⿷匚羊命，尤與馬注傳賓主之語出入相合。【金文嘏辭釋例　歷史語言研究所集刊六本一分】

◉高鴻縉　⿺辶匡。从辵。匡聲。説文所無。未審其義。此處應讀為將。將持也。引申為奉。【頌器考釋】

◉張日昇　⿺辶⿷匚羊　字从⿷匚羊从辵若彳。説文所無。字下容庚又收从匡从辵之⿺辶匡字。諸家都以⿺辶⿷匚羊⿺辶匡一字。蓋羊與㞷古音並在陽部。音近通用。且史頌簋謂「日⿺辶⿷匚羊天子覭命」。與蔡矦鐘之「天命是⿺辶匡」一語。文例相近。故鮮有疑之者。然詳細研究此兩點。則覺尤有未安之處。羊㞷古音雖同在陽部。但羊為開口字。㞷為合口字。此其一也。天子顥命與天命兩詞不應相比。實則「日⿺辶⿷匚羊天子顥命」與無㠱簋之「敢對揚天子魯休命」同例。⿷匚羊从羊聲。古音作g ĭang。克鼎云。「克其日用鬻朕辟魯休」。鬻从將聲。古音作fs ĭang。⿺辶⿷匚羊鬻並段作揚d ĭang。至於⿺辶匡从㞷聲。古音作g ĭwang。當段為廣。古音k ĭwang。彔伯簋云。叀宏天命。即此之「天命是⿺辶匡」。爾雅釋詁云：「宏。大也。」或以弘為之。詩民勞「而式弘大」。箋。「廣也」。揚天子之命與宏天命兩者意義絶不可混而為一。此其可疑者二也。故⿺辶⿷匚羊⿺辶匡當別為兩字。⿺辶⿷匚羊。从辵⿷匚羊聲。説文所無。金文段作對揚字。⿺辶匡。从辵匡聲。説文所無。金文段作廣。弘也。【金文詁林卷二】

◉劉信芳 遲，簡文作「遟」，全部用例俱見于「受期」簡（簡一九至七九），如簡一九：「頣（夏）欒之月乙丑之日，郊（鄗）正婁劉虗受期，八月乙亥之日不遲龔倉目廷，阩門又敗。」類似句例多見，不盡録。按「遲」讀如「詳」，《尚書・吕刑》：「度作詳刑以詰四方。」鄭玄注：「審察之也。」《説文》：「詳，審議也。」其字又作「祥」，《廣雅・釋詁》：「祥，審，諟也。」該句謂，至期約審案之日，没有審議龔倉之案于公堂。簡文「遲」又作「行」，簡六一：「九月辛酉之日，新大廏陳漸受期，十月辛未之日，不行代昜廏尹郙之人或找（戟）於長㞒（沙）公之軍，阩門又敗。」按「行」與「詳」音近義通，《禮記・樂記》：「使之行商容而復其位。」鄭玄注：「行猶視也。」「吕氏春秋・季夏紀」：「入山行木。」高誘注：「行，察也，視山木禁民不得斬伐。」簡文「遲」、「行」並為「詳」之假，《通典》卷一六八有「詳讞」一門，專述歷代獄訟程序法規。【包山楚簡近似之字辨析　考古與文物一九九六年第二期】

◉孫海波 師友一・五八　地名。在雀啚。【甲骨文編卷二】

◉屈萬里 隸定之當作雀。【殷墟文字甲編考釋】

◉李裕民 二十三《侯馬盟書》其它類八五：三五。

字下部為虫，與盟書蚩、薑的虫旁相同；上部為此，此的左、右兩部分互換了位置。隸定為蚩。《山海經・東山經》：「栒狀之山……有鳥焉，其狀如鷄而鼠尾，其名曰蚩鼠，見則其邑大旱。」畢沅云：蚩字當為䶆，係傳寫之誤。按：从鼠、从虫可通作，如鼬或作蚴（見《説文・虫部》），故蚩可通作䶆。今盟書有蚩字，益可證蚩、䶆通用，並非傳寫之誤。《説文》：「䶆，鼠似鷄鼠尾。从鼠，此聲。」（據《山海經》、《説文》此語應作「䶆，鳥似鷄鼠尾。」）此片盟書云「蚩其明亟覘之」，與盟書納室類「晉公大冢明亟覘之」、《史記・晉世家》「河伯覘之」同例，蚩應是神鬼之號。【侯馬盟書疑難字考　古文字研究第五輯】

◉屈萬里 卜辭謂「雨」，疑當假為有無之有也。【殷墟文字甲編考釋】

◉于省吾 甲骨文盧字習見，作或，也省作。金文作或，典籍作卣，説文作卤。羅振玉釋卣：「卣字遂有卤、卣二形，其實並卣之譌變也。」這是對的。甲骨文盧雨之盧作或，又變作、，均是从皿卣聲的形聲字。甲骨文盧雨之貞習見，例如：

一、癸丑卜，亘貞，亦盧雨（庫一五五九）。

二、貞，亦𥁕雨○貞，不亦𥁕雨（林一・九・八）。

三、貞，今夕其亦𥁕雨（天一九甲）。

四、今夕不亦𥁕雨（藏一九三・四）。

五、貞，亦𥁕雨（林二・二七・一四）。

六、辛子卜，今十有二月亦𥁕□雨（林二・一一・四）。

唐蘭同志謂：「𥁕雨疑與[字形]雨同。[字形]當釋卣。卣卣並叚為脩，脩長也，久也，蓋謂雨之緜長者。」（天考一九）按唐説非是。説文：「𠧪，艸木實垂𠧪𠧪然，象形。讀若調。」按𠧪之讀若調，猶説文莜从攸聲而唐韻音「徒弔切」（論語微子莜作蓧）。又説文凡謂某字讀若某，有的是擬其音，無須舉例。有的是表明兩個字可以通借，如丰讀若介，典籍借介為丰；勼讀若鳩，典籍借鳩為勼；勢讀若豪，典籍借豪為勢。這樣的例證還很多，不煩備列。依據上述，則甲骨文的𥁕雨應讀作調雨。典籍中多訓調為和。調和之雨，與雨之為災害而稱「茲雨隹年𡆥（咎）」（京都一六四）和「茲雨氏（致）𢼄」（京津四七四）者顯然不同。

總之，甲骨文𥁕字説文譌作𠧪，讀𥁕為調。訓調雨為調和之雨，在形音義上都是符合的。【釋𥁕雨　甲骨文字釋林】

◉趙　誠　[字形]，[字形]。或省寫作[字形]。所以也可以隸定作卣。上部的[字形]，象一個盛酒的器物。這種瓦罐式的容器，到了後來才有提梁。下部的[字形]或[字形]，象一個底盤，合在一起應是一個象形會意字。商代祭祀常用一種香酒，叫做鬯，一般寫作[字形]或[字形]。祭祀時用[字形]來盛（很可能是因為用于祭祀才在器下加上一個底座，以表示莊重），所以[字形]就用來稱量這種香酒。有時也可以不用表示稱量的𥁕，如「[字形]」（前五・八・四）、「[字形]」（佚五四三）、「三[字形]三[字形]」（陳七〇）。兩相比較，不用量詞𥁕的情況要多一些，可見𥁕用作量詞還處于萌芽狀態。【甲骨文簡明詞典】

◉徐中舒　[字形]　從虎從[字形]攴，象以攴驅虎形。《説文》所無。義不明。【甲骨文字典卷五】

◉劉　釗　《金文編・附録下》五五四號字作：

[字形]戜方鼎　[字形]戜簋

《金文編》又列于正編堂字下。附録引唐蘭説釋「堂」。按堂字从土，此字从京省从堂省，應隸作「[字形]」，釋作「堂」。

《説文》「堂，殿也，从土尚聲。□，古文堂。□，籀文堂从高省」。小徐本説解籀文是「从尚，京省聲」。堂字作□，是在堂字上又纍加聲符「京」。京、高本一字之分化，故大小徐本皆可謂有據。上舉金文□，所从之□即京省，□則是「堂」字。古文字从尚的字在與其它字組合成復合形體時，所从口旁常可省去，如：

□曶鼎 □召伯簋 □周掌壺 □中山王兆域圖

古璽堂字作「□」「□」，从尚省从止，與□所从的□形同。

古璽有下揭二字：

□《古璽文編》四九五頁 □《古璽文編》三一九頁

□是加注尚聲的上字，□是堂字。戰國文字中从土作的字大都可改為从立作，故从土的堂改从立作□。古璽與上列堂、堂相對應的還有兩字作：

□0919 □3783 □0425 □2976、3766、3494

字从京省从尚省从上，或从京省从立。前面談到《説文》堂字可从京省聲，金文堂字也从京省聲，則這兩個字也應分别隸作臺和臺，釋為「上」和「堂」。【金文編附録存疑字考釋（十篇） 人文雜志一九九五年第二期】

◉李孝定 説文：「眲，左右視也。从二目。讀若拘，又若良士瞿瞿。」卜辭从二目从卩，正左右視之形，小篆省卩耳。珠五六四·五六五均僅一眲字，簠雜一三八「己巳卜眲□」其義不詳。金文作□眲父丁簋 □眲鼎 □東眲鼎 □且癸鼎 □眲爵。

□□□ 説文「界，舉目驚界然也。从夰从眲，眲亦聲」。又「眲左右視也。从二目。讀若拘，又若良士瞿瞿」。又「瞿，鷹隼之視也。」驚則左右顧，鷹隼亦善左右顧，是从眲之字皆有左右顧之義，瞿字从隹故謂鷹隼之視耳。界則人之驚顧，眲則人之左右視，眲界二字音同義亦極近，當本是一字。契文作□，省卩則為眲，易卩為大則為界，篆又譌大為夰耳。【甲骨文字集釋第二】

◉高田忠周 □ 从貝从白。字形明皙。而許書所無。故吳榮光釋缺未定。翁祖庚即釋竟字。皆非。至吳大澂古籀補初釋員字。劉心源從之。云。員當是地名。稍近而尚未矣。愚謂此貽即賗省文。以為幣帛義也。周禮太宰。六曰幣帛之式。注。幣帛。所以贈勞賓客者。是也。即是上文省略也。此銘云。我帛臣。亦與下文云。舊我帛人。皆為同義。或帛為官名。

眗

【古籀篇十七】

◉孫海波 □餘一七・二 丁山釋眗。【甲骨文編附録上】

◉唐蘭 □ 圓从貝而以冂繞之，冂即勹字，亦即句字，圓即是貟，當釋為眗，玉篇：「眗，稟給。」新撰字鏡：「眗贖也。」天治本十、十七。王仁煦切韻：「眗，稟給，又貨贖。」掇瑣本。説文偶遺其字，羅振玉釋為珍，郭又以為龜甲，並非也。圓，他辭均用為人名，此不知何義。【天壤閣甲骨文存考釋】

◉丁山 晚周陶文有作□□，古陶文舂録正承圓形一脈演來，依陶文當釋為眗。説文不見眗字，而玉篇有之，云：「稟給也。」眗，从貝，句聲。句，从口，勹聲。按，由勹聲孳乳的軥字，説文云：「角貌。詩曰。『兕觵軥軥。』」軥軥，今本毛詩桑扈作觩觩。賕，見於説文云：「以財物枉法相謝也。」此就漢律為説，似乎不知眗即賕本字。現在敢據陶文上溯甲骨文補正説文曰：「□，賄也，从貝，丩聲。□，古文貟。賕。或从求聲。」知道貟諧句聲，那末，臼辭所見的「貟氏」自可指為句讀之邱了。卜辭前六・三二・六，戩・四六・五所見貟字，當作貨賄解，正是用貟字的本誼。【眗氏雩氏㕛氏 殷商氏族方國志】

◉饒宗頤 貟字即眗，與古陶文眗字形近(從丁山説，舊釋「珍」未確)。玉篇：「眗，稟給也。」卜辭貟為人名。【殷代貞卜人物通考】

◉李孝定 从貝从勹丩，説文所無，唐丁二氏釋眗是也，羅氏釋珍於字形絶遠。字在卜辭為人名，辭云「癸丑卜㱿貞叀眗令」後・下・三四・五。「貞乎眗眔内入御事」前・四・二八・三。「貞叀眗令」前・六・三三・一。是也。又此字例與□冎二字同見，辭云「□三眗冎三」戩・四六・五。「□三眗冎八」粹・一五二六。郭謂「蓋殷人於龜甲亦稱圓也。」粹考二〇五葉上。説似未安。唐云「不知何義」，存疑是也。又云「其㞢眗」前・六・三二・六。丁云「正用眗字本義」。按此辭殘泐，其義亦不可確知。「癸亥眗气自雩十屯□」粹・一五〇三。似亦為人名。柯氏釋此為包，亦未是。【甲骨文字集釋第一】

◉徐中舒 □ 從貝從□，□即丩字，而句字從口丩聲，故此字可隸定為眗。眗字《説文》所無，見於《玉篇》：「眗，稟給也。」晚周陶文作□、□，正承□字字形演變而來。

人名。一期貞人名。【甲骨文字典卷六】

◉王國維　弄于𩲃道　𩲃亦地名。克鼎云。錫女井人奔于𩲃。此盤亦有井邑。則𩲃𩲃亦一地。吴縣潘氏藏一敦。銘云。㝵侯虘作寶尊敦。則𩲃本矦國。此時已為散所滅。此㝵作𩲃者。猶𠬝或作𠬝伐徐鐘矣。【毛公鼎銘考釋　王國維遺書第六册】

鄁 2369　鄁 2134　説文所無玉篇鄁地名【古璽文編】

◉郭沫若　鄍鄂君啓節　鄍鄂君啓節　大司馬邵鄍敗晉師於襄陵之戢

「大司馬邵鄍敗晉帀于襄陵」，毫無疑問，確是史記楚世家楚懷王六年「楚使柱國昭陽將兵而攻魏，破之于襄陵，得八邑」的那回事，邵鄍即昭陽。但一為柱國，一為大司馬，蓋大司馬乃昭陽將兵攻魏時舊職，而柱國則是破魏得邑之後的新職。戰國策：「昭陽為楚伐魏，覆軍殺將，得八城，移兵而攻齊。陳軫為齊王使昭陽，再拜賀戰勝，起而問楚之法，覆軍殺將，其官爵何也？昭陽曰：『官為上柱國，爵為上執圭。』觀此可知昭陽之為上柱國是在「覆軍殺將」之後，故大司馬與上柱國並不矛盾，有鄂君節出土反足以補史之缺文，即昭陽在昇為上柱國之前，其官為大司馬。【關於鄂君啟節的研究　文物參考資料一九五八年第四期】

◉劉　釗　《漢徵》十二·五第5欄有字作「閺」，《漢徵》隸作閺，以不識字列門部後。按字从門从夬，應釋作「閺」，閺字見于《集韻》、《廣韻》。【璽印文字釋叢(一)　考古與文物一九九〇年第二期】

◉張政烺　㝵中山王譽方壺　丝有懅㝵　㝵，从易，亦省聲，易之異體，在此讀為惕。楚辭大招「魂乎歸倈，不遽惕只」，注：「言飲食醲美，安意遨遊，長無惶遽怵惕之憂也。」【中山王譽壺及鼎銘考釋　古文字研究第一輯】

覭 貴 畯 嬰

◉戴家祥 □ 矢人盤 覭人嗣工騄君 郭沫若兩周金文辭大系將此字隸定為覭，其實左旁字形模糊，難定所从。況矢人盤用作人名，無義可說。【金文大字典中】

◉王獻唐 鉨文□从冉从貝，冉為髯之初文。□象其形，中為口，左右下垂者為須，故書與益通用。漢書百官公卿表叙，□作朕虞，應劭曰，□伯益也，師古曰，□古益字也。薛本尚書古文益同。又説文，□籀文嗌。益為嗌初文，由□譌□，由□變□，本實一體，下从貝，為今賹字。【周昏賹玉鉨考 那羅延稽古文字】

◉劉心源 □畯 説文所無 克鼎錫女井家𤔲田于畯 〈0675〉「易女井家𤔲田于畯」

畯从田从山从允。古刻中畯字義即允。如上文畯尹四方是已。亦可讀晙。通駿。俊。訓為大。此又从山。蓋合峻字為之。【奇觚室吉金文述卷二】

◉黃錫全 甲骨文又有□、□等字，《甲骨文編》列入附録上十六。魯實先釋□為麗，以為所从之□乃「从」字或體，示二人相儷之義，以吅（鄰）為聲。（參《集釋》）

今按，甲骨文「从」字作□、□，「比」作□、□，𠨍作□、□等，並與□字所从之□有別。□字非从「从」可以無疑。甲骨文中與□、□所从的□、□有關係者有下列諸字，根據《甲骨文編》各列舉數例如下：

賓 □□□□ 6·10
嬪 □□□□ 12·9
亥 □□□□ 14·24
非 □ 附録上八二
斐 □ 附録上二九
妗 □□ 附録上一一九
考 □ 8·10

考、妗所从的□，乃是丅增加一邪劃，如同亐字作□、□，方字作□、□、□等，乃「□」之演化，與我們討論的這個字關係不大。□、□二字，思泊師釋為非、排。□或省从□，究竟是什麼形體還有待進一步斟酌。從上列形體分析，賓、嬪所从的□的演變與亥的演變有密切關係。關于賓字所从的□及其構形，以及亥字的本義究竟如何，則歷來説法不一，我們暫且在此不作討論。就字形結構而言，我們認為□、□所从的□有可能就是「亥」。如此分析不誤，則□當隸定為□，釋為豩。由于後來亥與豕混同，豩可能就是《山海經·中山經》之豩。此獸「其狀如彘，黄身，白頭、白尾，名曰聞豩，見則天下大風」。郭璞注云：豩「音鄰。豩亦作𨛭，音瓴。」卜辭用為地名。「𡗕于□東」，即燎于豩(𨛭)東。【甲骨文釋叢　考古與文物一九九二年第六期】

◉朱歧祥　□，从吅从亥，隸作□。《説文》無字。卜辭用為祭地名，始見於第一期卜辭。字在第二期中疊亥作□，同屬祭祀地名。

〈前1·51·2〉𡗕于□東？

〈文379〉戊戌卜，出貞：㞢祊于保，于□室，酌？【甲骨學論叢】

◉戴家祥　□史桒祖辛彝　史桒𢾊作祖辛寶彝　□𢾊𣪘　𢾊作寶

許瀚曰：㞷，艸木妄生也，讀若皇。兄旁加㞷與兄旁加光同意，皆諧聲字也。古兄亦讀皇，書無逸「無皇曰」漢石經皇作兄是也。白虎通云：兄者況也，況父法也。又與荒同音，故釋名云「兄，荒也。荒，大也。」故青徐人謂兄為荒也。攈古録二之一史桒彝。按許説郅碻，兄況荒古音不但同部，而且同母。古讀㞷如往。書微子「我其發出狂」，史記宋微子世家狂作往。説文狂往皆从㞷聲。讀與皇同。古讀光如横，書堯典「光被四表」，漢書王褒傳王莽傳並作「横被四表」。按説文横从黄聲，黄字从□炗聲，炗古文光字。光、黄、㞷與兄同韻，聲則匣母。曉匣聲近。雖謂之同母亦未始不可。是从兄从㞷或从兄从光皆聲音符號加旁字也。吴大澂謂㞷即先生二字省文。字説二六葉兄況字説。吴榮光謂𢾊為生兄二文合書，筠清館金文卷三第九葉周叔家父簠。皆穿鑿不可信。【金文大字典中】

◉黄錫全　□帽　見夏韻号韻。《玉篇》「帽，頭帽也」。九年衛鼎冒作□，詛楚文作□，《説文》正篆作□，此冒形類同。【汗簡注釋補遺】

劉

◉葉玉森　商承祚氏列此字入俎字下。謂从刀者疑亦俎字。象操刀割肉也。類編第十四之二。森桉。此字从　从刀。不可識。他辭云。「王其　敝鹿」拾遺第六葉之十一。劉似祭名。又後編卷下第十五葉之　或為同字。【殷墟書契前編集釋卷一】

◉李孝定　　字从刀从図。商謂象操刀割肉之形。其說是也。惟謂疑亦俎字。則非。俎象俎上有肉之形。此則並刀象之。應有别也。辭云。「王其劉敝鹿」拾・六・十一。疑叚為徂往也。「癸丑卜。　貞。王旬猧禍在四月甲寅彡日戔甲劉祖乙集」前一・四二・一。「子㚒劉父甲集　乙酉卜其劉父甲集在茲先咸」佚・八・九一。兩辭劉字為祭名。疑即陳肉俎上以祭也。「辛巳王劉武□录獲白𥼶丁酉〼」佚・四二七。疑亦當讀為徂。【甲骨文字集釋第四】

◉徐中舒　　從刀從　宜，象操刀割肉陳於俎上之形。《說文》所無。　或省作　。

祭名。用牲法。【甲骨文字典卷四】

◉戴家祥　　字左从　，右似从刀。說文十四篇「俎，禮俎也。从半肉在且上」。半判同字，刀，為剖判之具，多象肉被判解之形。疑　即　之表義加旁字，唐韻俎讀「側吕切」，照母魚部。【金文大字典上】

𤇾

◉郭沫若　　粹・一五三九　　粹・一五四〇　𤇾，亦殷人所祀之神名。它辭有言：「滅杲𤇾重小宰。又大雨。」前四・四二・六、通四一一。字既不識。性質亦無可考。【殷契粹編考釋】

◉李孝定　　从火从屮屮，說文所無，它辭又言「其求年滅𤇾于小火　豚」，粹一五四〇。是𤇾字與祈雨求年之事當有關聯。字象兩足蹈火之形，或為巫術之一種。【甲骨文字集釋第十】

𨾊

◉郭沫若　𨾊，字書所無，在此當是晉公之名。歷代晉公無名𨾊者，有近似之字則為襄公驩（史記十二諸侯年表），字又作歡（晉世家）。恐漢人以午之禽為馬，故改𨾊為驩，更復假歡為之也。

（後記）余𨾊今小子，𨾊字，時人有釋為晉定公名午字者，似較妥適。【晉邦𥂴韻讀　殷周青銅器銘文研究】

◉戴家祥　　晉公盞　𨾊今小子　　晉公盞　余𨾊今小子

𨾊字从隹从午，字書未見，以形聲求之，字當讀鵃。玉篇三九零「鵃鼠或作鼯，」午胡切。說文「鳥，長尾禽之總名也」，「隹，鳥之短尾總名也」，鳥隹都象禽形，故字以鳥表義者亦或更旁从隹。例如雞籀文作鷄，唯或作鳴，鸞或作翟，是其證。唐韻午讀疑古切，疑母魚部，吾讀疑乎切，不但同母，而且同部。戰國策燕策「人不敢忤視」，鮑本忤作悟，韓非子說難篇「大意無所拂悟」，太平御覽四六二引悟作忤。爾雅釋言「逜寤也」,釋文「孫炎本吾字作午」,以是而知䳟之作㹟,其例亦猶是也。𥂴銘首言「我皇祖唐公□受大命左右武王」,後言「㹟今小子敢率刑先王秉德」,「萬年晉邦」,知㹟即史記晉世家頃公去疾之子定公午,即位後使荀躒唁魯昭公於乾侯,事見左氏春秋昭公三十一年。哀公二年稱「鄭勝亂從,晉午在難」,杜預注「午,晉定公名」。國語吴語「以會晉公午於黄池」,韋昭注「晉公午,晉定公也」。黄池之會亦見左傳哀公十三年,字亦作「午」。今得此器,知其人本來名㹟,經傳作午者。皆用同聲借字也。【金文大字典下】

◉李孝定　犃　綴二〇二　从牛,从士,从四。説文所無。按當解云「四歲牛父也」。説詳前犻字條下。【甲骨文字集釋第二】

◉唐　蘭　㷀菁一葉　自西沚戠告曰:「土方𢓊于我東啚,𢦏二邑,𢀛方亦㷀我西啚田……」。

㷀菁二葉　自北奴敏妥告曰:「土方㷀我田十人」。

㷀拾五·十二片　貞乎㷀方眔

㷀菁一葉　自西𡵂友甬告曰:「𢀛方出,㥏我示𥻆田七十人」。

右㷀或作㥏字。羅振玉釋牧,殊誤。

説文無㥏字,而有駸字。卜辭㥏字當與駸字相近。自字形言之,當是象以帚拭牛之意,而自象意字聲化例言之則當讀為从牛帚聲或㝵聲。

卜辭㷀㥏二字,蓋叚借為侵,云「㷀我西啚田」,「㷀我示𥻆田七十人」(「七十」二字,依郭沫若説者),侵我西鄙田,侵我示𥻆田七十人也。穀梁隱五年傳云「苞人民,毆牛馬曰侵」,是侵或掠人也。卜辭以土方之𢓊征,與𢀛方之㷀並言,則㷀即侵字之借無疑。羅氏誤釋為牧,因以此諸辭入于芻牧類,遂使重要商史,湮晦不彰,殊可惜也。【釋帚婦㝵歸𡚸帰㠶寑屨㷀㥏　殷虚文字記】

◉李孝定　字从牛从帚。或从㝵。説文所無。羅釋牧。諸家多從之。説非。唐説可从。辭云。「癸卯卜㱿貞旬亡𡆥王固曰㞢有祟其有來艱氣至七日己巳允有來𡛴艱自西𡵂友角告曰『𢀛方出㥏我示𥻆田七十人』。」「癸巳卜㱿貞旬亡𡆥王固曰有祟其有來艱氣至五日丁酉允有來艱自西沚䎽告曰『土方征于我東啚𢦏二邑𢀛方亦㷀我西啚田』。」兩辭均菁二。「□王固曰有祟其有來艱氣至九日辛卯允有來𡛴艱自北奴敏妥告曰:『土方㥏我田十人』。」菁六。「貞乎㷀方眔」拾五·十二。「貞翌乙亥㞢于父乙□

帰〼」。鄴三八・六。除拾・五・十二之帰為方國之名。無義可説。鄴三八・六片一辭殘泐不完。其義不明外。前三辭均紀敵國來侵之事。帰若㥶。讀為侵。文從義順。唐説不可易也。或謂釋牧。亦可通。蓋謂來犯者縱其馬牛蹂踐其田禾也。曰不然。使字果釋牧。則當於牧下着二「于」字。如上言「征于我東啚」。於義方完。「牧我西啚田」實覺不辭也。且字从㚣。許書从此者有人部之侵。云「漸進也。从人。又持帚若埽之進。又手也」七林切。馬部之駸。云「馬行疾也。从馬。侵省聲。詩曰「載驟駸駸」子林切。均有進義。且均讀七林切。或相近之子林切。則此字从牛从㚣亦當有進誼。其音亦當讀七林切可知矣。此與牧字从攴者迥別。卜辭自有从攴之牧。作[字]。與此無涉也。侵下段注云。「侵之言駸駸也。水部浸淫隨理也。浸淫亦作侵淫。又侵陵亦漸逼之意。左傳曰。『無鐘鼓曰侵』。穀梁傳曰。『苞人民敺牛馬曰侵』。」卜辭言㥶我田若干人。蓋即穀梁所謂苞人民之意也。【甲骨文字集釋第二】

◉朱歧祥 [字]—[字]

[字],从牛㚣聲,隸作㥶。讀如侵,犯也。《廣雅・釋言》:「淩也。」《左傳》莊公廿九年:「凡師有鐘鼓曰伐,無曰侵。」卜辭屢見「某方侵我田,俘人若干」,字多見於第一期卜辭;復省手作[字]。互較以下同版二辭例得證。

〈菁2〉土方圍于我東鄙,戈二邑;𢀛方亦[字]我西鄙田〼。

𢀛方出,[字]我示𣏟田七十五人。【甲骨學論叢】

掱

◉戴家祥 [字]蓋二 [字]器二 [字]蓋三 [字]器三 [字]蓋四 [字]器四 掱毁 掱作王母媿氏餘毁

掱,説文不載。現代漢字有此字。辭海謂:「俗稱扒手為三只手,因寫作掱手,亦寫作扒掱。」注音shǒu,又讀pá。疑現代語中的掱字是一個很晚產生的俗字。金文的掱當別有所指。況金文掱用作人名,斷然不會有扒手的含義。字義有待再考。【金文大字典中】

笑

◉劉彬徽等 笑,簡文作[字]。李家浩同志釋[字]作关(參閱《信陽楚簡「澮」字及從「关」之字》《中國語言學報》第一期,1982年12月出版)。【包山楚簡】

◉湖北省文物考古研究所　北京大學中文系　〔一〇二〕「⿱合曰」从「曰」「合」聲。「答」之古文作「畣」，應即由「⿱合曰」訛變。信陽一〇九號簡「……為之女（如）可（何）？⿱合曰曰……」，「⿱合曰曰」即「答曰」。字在此當讀為「合」。「合」字古訓「配」，訓「對」。二十合即二十對。此墓出漆耳杯三十六件（頭一一號、一四六號等），當即簡文所謂「雕杯」。耳杯數量較簡文所記少四件，疑是盜掘所致，此墓盜洞出漆耳杯一件可證。【二號墓竹簡考釋　望山楚簡】

◉裘錫圭　璜銘下句第一字顯然是「相」字。六國文字「相」字的「目」旁，下面往往加一道或兩道短橫（參看《古璽文編》八十二頁，文物出版社，一九八一）。第二字从「曰」从「合」，屢見於戰國文字（多見於偏旁）。璜銘此字所从之「合」，「亼」旁下面和「口」旁上面的橫畫併成一筆，與六國璽印「司」或作[glyph]同例（參看何琳儀《戰國文字通論》一九〇頁「借用筆畫」例，中華書局，一九八九）。此字在傳世古文中多訛作「畣」。《汗簡》卷上之二、入部以[glyph]為「荅」之古文，謂出《牧子文》。黃錫全《汗簡注釋》說：

夏韻（引者按：指《古文四聲韻》）合韻錄此文作[glyph]；錄石經荅作[glyph]，此脫一畫。畣蓋合字別體，由⿱合曰而變。如中山王鼎弇作[glyph]，《說文》礬字古文作[glyph]，詛楚文作[glyph]等。合孳乳為荅（俗作答——引者按：恐荅是答之俗）。如陳侯因資錞「合揚厥德」。《左氏宣二年傳》「既合而來奔」，注「合，猶荅也」。雲夢秦簡、馬王堆漢墓帛書《戰國縱橫家書》等荅字並作合。豐、內、觀本《尚書》荅均作畣。下畐部錄石經荅作[glyph]，應依夏韻正作畣（二一二頁，武漢大學出版社，一九九〇）。

《注釋》引用有關「⿱合曰」字的資料頗為詳備，但還可稍作補充。葛英會、彭浩《楚簡帛文字編》收天星觀楚簡「韐」字而無釋（一三六頁，東方書店，一九九二，東京）。古文字从「韋」之字往往也可从「革」，此字可釋為見於《說文》的「韐」或「鞈」。信陽楚簡用「⿱合曰」為應答之「答」，如：

……天下為之女（如）可（何）？⿱合曰（答）曰……（河南省文物研究所《信陽楚墓》圖版一一四·1—09，參看一二五頁釋文。同一圖版1—015號簡也有「⿱合曰曰」）

《汗簡》等書所引古文以「⿱合曰」為「荅」，與此相合。[glyph]旁多由「口」旁變來（參看拙著《古文字論集》四十二頁，中華書局，一九九二），「⿱合曰」有可能本是應答之「答」的專字。

《玉篇》以「⿱合曰」為「會」之古文。上引著錄玉璜之後一書釋「⿱合曰」為「會」，或即以此為據。但據上節所言，古文字並不用「⿱合曰」為「會」，而多用之為「合」或「答」。璜銘「相⿱合曰禾同」無疑應該讀為「相合和同」。「和同」為先秦常用之語，如《左傳·成公十六年》「民生敦厖，和同以聽」，《管子·五輔》「上必寬裕而有解舍，下必聽從而不疾怨，上下和同而有禮義」（《管子》的《立政》《法禁》等篇也有「和同」之語）。

⿰亻㝵　牌　偏

東周以下的成組佩玉中包括雙璜參看《周禮·天官·玉府》孫詒讓《正義》）。我們所討論的玉璜，原來應該是成組佩玉中的一件。銘文所説，既可理解為指佩玉上下配件之間的關係，也可理解為指君臣上下之間的關係，語帶雙關。

古人很重視由於佩玉者的行動使佩玉的某些配件相觸擊而發出來的聲音。《禮記·玉藻》説：

古之君子必佩玉，右徵、角，左宮、羽，趨以《采齊》，行以《肆夏》，周還中規，折還中矩，進則揖之，退則揚之，然後玉鏘鳴也。故君子在車則聞鸞和之聲，行則鳴佩玉，是以非辟之心，無自入也。

《賈誼新書·容經》《大戴禮記·保傅》有類似的内容。「上變下動，相合和同」可以理解為指佩玉下方的配件跟着上方的配件而擺動，由於衝牙等物相互觸撞而發出和諧的聲音。

如果着眼於君臣上下之間的關係，「上變下動」可以理解為指在下者跟着在上者行動。「上變下動，相合和同」跟上引《管子·五輔》的「上下和同」意近。

鳴玉之聲近於樂聲。古人認為音樂能使人際關係和諧。《禮記·樂記》説：「樂者為同，禮者為異。同則相親，異者相敬。……禮義立則貴賤等矣，樂文同則上下和矣……」又説：「故樂者，審一以定和，比物以飾節，節奏合以成文，所以合和父子君臣，附親萬民也。」璜銘雙關的語意，可以看作這種思想的一種反映。【戰國文字釋讀二則　于省吾教授百年誕辰紀念文集】

◉劉彬徽等　偏，簡文作□。《汗簡》鬲字作□，與簡文所從之□相似。【包山楚簡】

◉黃錫全　□　牌，鄭珍：「古無牌，此从古片以作片，謬。」此與上版字作□類同，參見前。重慶出土元明玉珍「玄宮之碑」的碑字作□，與此同。夏韻支韻釋為碑。是假牌為碑。【汗簡注釋卷六】

◉戴家祥　□得祖乙鼎　得祖乙　□字从人、从㝵，阮元釋得。積古齋鐘鼎彝器款識卷二第十八葉。按説文二篇彳部：「得，行有所得也。从彳，㝵聲。□，古文省彳。」金文作□舀鼎，或作□，从手持貝。三體石經僖公殘石古文作□，篆文作□，秦泰山刻石作□，字皆从貝，説文从「見」乃後人傳寫之誤。卜辭貝作□，金文作□，或作□，皆與□字偏旁不類，阮釋非是。□字上半从自。卜辭自作、作、或作，金文作令鼎、作、或作伯家父𣪘，羅振玉考殷虚卜辭字云：說文解字：「劓，刑鼻也。从刀，臬聲。或从鼻作劓。」此作⿰自刂，與說文或作合。「自」即鼻之初字，殷虚書契考釋中第五十七葉。以此例推，字从手从鼻，字當釋擤，篇海擤「手捻鼻膿曰擤」，音「呼梗切」曉母陽部。焦竑俗用雜字音省義同。省讀「息井切」，心母耕部，陽耕韻近。古字从人表義者，往往隨意增省，說文「僾，仿佛也，从人愛聲，詩曰僾而不見」，今毛詩邶風靜女作「愛而不見」。又「偭，鄉也。从人，面聲。少儀曰尊壺者偭其鼻」，今小戴禮記作「面其鼻」。又三篇又部叜，或體傁，周書無逸「文王卑服」，釋文馬本作俾。集韻上聲四紙罷⿰亻罷同字，是其證。【金文大字典上】

⿰隹殳 ⿰隹支

◉饒宗頤　⿰隹支字見廣韻二十六咸。云：「鳥⿰隹支物也。」讀與攙饒同音。卜辭⿰隹支有二義：一指災禍，如云「降⿰隹支」，謂降災也；一為方域名，如云「⿰隹支入」。又卜辭稱「戓⿰隹支」(見屯乙八一一)。戓讀為啓奏，殆謂我與𠂤同啓奏⿰隹支國之事。【殷代貞卜人物通考】

◉商承祚　卷一第四十六葉　卷五第二十五葉　與廣韻同。季⿰隹支敢作。與此同。【殷虚文字類編卷三】

◉葉玉森　孫詒讓氏疑雔之省。栔文舉例。商承祚氏謂與廣韻同。季⿰隹支敦作。與此同類編下册五第三節十九葉。【殷墟書契前編集釋卷二】

◉温少峰　袁庭棟　甲文有、字，釋者多家，皆未能盡合辭意。朱培仁先生認為：「⿰隹攵字的字形，有手執長桿驅鳥的象徵。《廣韻》：『士咸切，音饞，鳥⿰隹攵物也』。」(《甲骨文所反映的上古植物水分生理學知識》，載《南京農學院學報》第二期)這是完全正確的解釋。「⿰隹攵」字既有「鳥⿰隹攵物」即鳥害之義，又有驅逐啄食作物之鳥以保護莊稼之義。一字反訓，此為古代訓詁所習見。卜辭云：

(200) ☒申卜，貞：方帝甹(宁)⿰隹攵？九月。　(《甲》一一四八)

(201) 貞：甹(宁)⿰隹攵于？　(《粹》六〇七)

以上二辭之「宁⿰隹攵」與「宁⿱艹龜」同例，乃卜問是否在先公等鬼神之前舉行祭祀，以止息鳥害。(200)辭記時在九月，其義尤顯，因為九月正是作物成熟及收獲曬藏之時，鳥類損害糧食最為嚴重。

(202) ……我……降⿰隹攵？

……降⿰隹攵？八月。(《乙》二六五二)

(203) 今⿱艹龜(秋)其㞢(有)降⿰隹攵？(《遺》二六九)

此二辭記時在八月，或言「今秋」，與(200)辭相似，都是在收獲季節卜問鳥害之辭。

由于鳥害時有發生，故而「戠」字在卜辭中已由「鳥害」義引伸為「災害」之義，如「貞：其㞢(有)來戠？亡來戠？」(《乙》二五九五)「丝(兹)雨氏(氐)戠？」(《粹》七五三)之類即是。不過，由于材料的限制，目前我們尚不能見到殷人驅鳥的更具體的記載，這是令人遺憾的。【殷墟卜辭研究——科學技術篇】

◉詹鄞鑫　甲骨文有戠字，寫作　等形，舊不識。讓我們先看看卜辭用例：

1. 貞，□帝隹變戠？貞，□帝不隹降戠？(續5・2・1)
2. 貞，其㞢(有)降戠？(林2・22・1)
3. [王]固曰，其㞢降大戠？(乙2653)
4. 王固曰，其㞢戠，小？(乙7151)
5. 貞，戠其大𣳾(烈)？(前4・33・7)
6. 今龝(秋)其出降戠？(林2・26・13)
7. □申卜貞，方帝毋戠？九月？(甲1148)
8. 貞，毋戠于兇？(粹607)
9. 丙辰卜㝣貞，𢼄告戠于□？一月。(前4・4・6)
10. 貞，其㞢來戠？貞，亡來戠？(乙2595)
11. 其㞢入戠？(前5・25・2)
12. 翌乙酉戠至于河？(外51)
13. 甲午卜争貞，戠氏，𡴘于無？　貞，戠弗其氏？(乙6966)
14. 貞，戠氏，由(尤)？(金507)

戠字也見于金文。《季戠毀》作　，與甲骨文同，但用為人名，無義可說。從卜辭用例分析，「戠」顯然是某種自然災害，而且這種災害具有如下特徵：

一、由3、4、5諸例可知，戠的來勢有大有小，有烈有輕。

二、例6預卜「今秋」是否有戠害，可知戠害在秋季危害尤甚。例10的「九月」也是秋季。當然，也有發生在其他季節的，但卜辭中没有象秋季一樣特別點明。

三、例10、11言「來𢻱」、「入𢻱」，例12言「𢻱至于河」，可知它是一種移動性很顯著的災害，象是某種飛行動物，如蝗羣或鳥羣之類。

四、例13的㚔字原寫作□，此字舊誤混同于㞷(往)字。其實□與□字形迥別，用例也決不相混。□是㚔字省文，音義同執，我另有專文詳論《古文字研究》將發。此不贅述。由這一例可知，𢻱是可以執獲的自然物，應是某種動物。

根據上述特徵，再參照𢻱字的字形象手持鞭驅鳥之形。「鞭」字甲骨文作「□」，其所以从之攴，與通常的「攴」旁有別，而與𢻱字偏旁全同，這不是偶然的。我們可以初步推測，𢻱是某種鳥害。這種鳥常常大羣而至，饞食秋季成熟了的莊稼，或者春季撒播的種子，給農業生産帶來巨大損失；或者小羣出動，没造成大損失；或者個别出現，即所謂「妖鳥」，古人視為不祥之物。上述只是初步的推測，我們可以進一步由文字的訓釋和典籍的記載兩方面來證實。

先看文字。𢻱字《説文》失收而見于《廣韻》，平聲咸韻，士咸切，與饞同音，「鳥𢻱物也」。以𢻱釋𢻱，看起來似乎陷于循環論證，以至過去的學者雖然見到這條材料，卻没有引起注意。其實這條材料已經點出了𢻱字的音義：一、它是鳥類的活動；二、因聲求義，「鳥𢻱物」就是「鳥饞物」。饞字《説文》也失收，《集韻》「饕也」，《説文》「饕，貪也」。所謂「鳥𢻱物」，就是鳥羣饕食莊稼(或其他物品)的意思，與上文的分析相吻合。為了證明《廣韻》的音義，我們再看幾個同源字。

鵮，《廣韻》咸韻，竹咸切，「鳥鵮物也，又苦咸切」。「鳥鵮物」(又是循環訓釋)，此字唐詩中屢見。元稹《送崔侍御之岭南》詩有「果重鳥先鵮」，其詩序云：「羅浮生異果，察其鳥啄者可餐」，以「鳥啄」釋鵮。韋莊《李氏小池亭》詩有「櫻紅鳥競鵮」，由此可知所謂「鳥啄物」，「鳥鵮物」就是羣鳥競食作物的意思。𢻱鵮疊韻而同義，是同源字。

𢼄，《廣韻》咸部：與鵮同，《類篇》：「𢼄，鳥啄物也。」𢼄與鵮同，一从攴，一从鳥，可以看出它們與𢻱字不僅音近義同，而且有字形上的聯繫。會意的𢻱字，把其中一個偏旁換成聲符「臽」，就成為鵮或𢼄字，變成了形聲字。

𢿭，《集韻》「與𢼄同，鳥啄物也」，《博雅》「𢿭，貪也」。從字形上看，𢻱字把「隹」旁換成聲符「兼」即為𢿭字；從義訓看，𢿭訓「貪也」，與饞訓饕訓貪吻合。由此可信𢿭與𢻱都是饞的同源字。

根據饞𢻱鵮𢼄𢿭這些同源字的音義聯繫，可以確信《廣韻》關于𢻱字的音義不是偶然和孤立的，它保留了殷代的古義，這對語言的研究很有意義。

文獻中關于鳥害的記載很多。所謂鳥害有兩方面的意義：生産上的災害和觀念上的災害。《詩經》中關于鳥害的記載不少，如《小雅·黄鳥》：「黄鳥黄鳥，無集于穀，無啄我粟」，「黄鳥黄鳥，無集于桑，無啄我粱」，「黄鳥黄鳥，無集于栩，無啄我黍」。

三「集」字概括了鳥羣為害的特點。《小雅・小宛》「交交桑扈，率場啄粟」，桑扈是鳥名，又名青雀，與黃雀類似。又《魯頌・泮水》「翩彼飛鴞，集于泮水，食我桑黮」，鴞即鴟鴞。陸機《疏》云「鴟鴞似黃雀而小」，王逸注《楚辭・九嘆》云「鴟鴞，貪鳥也」，可以參證。鳥羣不僅為害作物，有時又大羣飛入宗廟住宅，搶奪供品。為了對付鳥害，古代特設有驅射害鳥之官。《周禮・夏官・射鳥氏》云「祭祀以弓矢毆(驅)烏、鳶」，鄭注：「烏，鳶善鈔。」鈔即掠取，《玉篇》：「鈔，强取也，掠也。」烏即烏鴉，最為貪饕，且又成羣。《岳陽風土記》云：「巴陵鴉最多，土人謂之神鴉，無敢弋者。穿堂入庖廚，畧不畏。園林果實未熟，耗啄已半。」更有凶饞者，如《晉書・五行志中》載：「安帝義熙三年，龍驤將軍朱猗戍壽陽。婢炊飯，忽有羣烏集灶，競來啄噉，婢驅逐不去。有獵狗咋殺兩烏，餘烏因共啄殺狗，又噉其肉，唯餘骨存。此亦羽蟲之孽，又黑祥也。」確實駭人聽聞。我家閩北農村，每逢秋冬之際，也常見羣鴉滿天，瞬間集于田野，刨掘土壤，搜尋農民播種的小麥或蘿卜等種子，啄食殆盡，重者十不存一。農民為了防鳥害，只好以毒藥拌種，又結扎草人于田頭，手持長鞭，以驅害鳥。又見閩南農民，每到西紅柿將熟季節，守于園中，鳴鼓以驅害鳥。鳥羣之貪饞為害如此，所以《周禮》又有「羅氏」之官，專門「掌羅烏鳥」，其目的無非是為了除害保農。

古人由于迷信，又把烏鴉鴟鴞之類害鳥視為不祥「夭鳥」。最早的文獻記載見于《尚書・高宗肜日》「越有雊雉」，以為不祥。朱熹注《邶風・北風》云：「烏鴉黑色，不祥之物，人所惡見者也。所見無非此物，則國家將危亂可知。」晉張華《禽經》云：「烏之白脰者(按即白頸鴉)西人謂之鬼雀，鳴則凶咎。」史籍的《五行志》也屢有把烏鴉羣集當作「羽蟲之孽」的記載。為了對付「夭鳥」，古人也特設官以驅射之。《周禮・秋官》有「硩蔟氏」之官，「掌覆夭鳥之巢」，又有「庭氏」之官，「掌射國中之夭鳥」。這類迷信的起源，很可能與烏鴉等鳥類為害作物有關。「黑祥」、「鳴則凶咎」只是抽象化了的災害而已。卜辭中的「餀」有的能「執」獲，能「氏由」，可能也兼有這種「夭鳥」在內。

從甲骨文字形、卜辭用例、文字音義和文獻記載諸方面綜合起來考察，我們可以肯定，餀音讀如饞，本義是鳥害。卜辭的餀字舊釋很多，但都不得其解。陳夢家疑是鶉字，假作潦；陳氏《殷虛卜辭綜述》566頁。陳邦懷釋餀，讀為魃；陳氏《殷代社會史料徵存》，下26頁。此外還有釋為雔、轍、隻等說法。諸說見《金文詁林》2319—2320頁。諸說于字形上都没有根據。楊樹達以為从隹聲，讀為罪；楊氏《卜辭求義》43頁。于省吾釋為推，訓為摧。于氏《甲骨文字釋林》223頁。二者都把會意字當作形聲字，把本字當作假借字，把具體的災害當作抽象的災害，都與卜辭用例不合。所以舊說都不可信。【釋餀 語言研究一九八五年第五期】

◉强運開 [illegible] 隻 說文所無 季隻簋 〈1149〉「季餀作旅簋」

[illegible] 季隻敨从隹从攴。以敏[illegible][illegible]敃[illegible][illegible]从攴之字或从又例之。當即古文隻字。【說文古籀三補卷四】

◉李孝定　説文「𣀔，繳𣀔也。从隹椒聲。一曰飛𣀔也。」契文从隹从攴，當為𣀔字之初文。字實从攴隹會意，鳥過攴則飛𣀔。許君𣀔下説解「一曰飛𣀔也」，當是初誼。繳𣀔也之誼當是其引申誼。卜辭用此或為人名，或方國名。辭云「貞𢼄弗其」前一·四六·一。「貞𢼄弗其」「貞𢼄省伯三月」前一·四六·三。是也。又或當讀為霰，解云「貞其有降𢼄」「貞☐𢼄」甲·二·二二·三。「貞今秋其有降𢼄」甲二·二六·十三。疑當釋𣀔讀為霰。楊氏讀為罪，似有未安。此字本為會意，以唐蘭氏象意字聲化例之説推之，後乃衍變為小篆之从隹椒聲耳。金文季𢼄簋有此字作，銘云「季𢼄作旅𣪘佳子孫作寶」，蹇齋八册十一葉上。𢼄為人名，無義可説。卜辭此字尚多見，惟辭均殘泐，今就其稍可屬讀者録之如左，惟其義亦多不明也。辭云「往出狩𢼄取」藏·三六·三。「☐𢼄罒于」拾二·十三。「貞𢼄其大例」前四·三三·七。「其有入𢼄」前五·二五·二。「其从𢼄」後下·三十·三。「丝雨𢼄」粹·七五五。「貞亡𢼄」「丁卯卜𡧊貞我𠂤師亡𢼄」乙·八二。「亡來𢼄」乙二五九五。「降𢼄」「☐貞我☐降𢼄」乙·二六五二。「貞王夢不隹𢼄」「貞王隹𢼄」乙七一五〇。粹七五五辭上言丝雨，下言，或釋氏或釋挈有提挈攜取之義。𢼄蓋雨霰並作也。乙八一一辭之𢼄則疑當讀為散。凡單辭孤證，未敢信其必是，姑存以俟考。【甲骨文字集釋第四】

◉白玉峥　……𩀉取焉？下行

……往出狩？下行

：籀廎先生釋雔。本段及文字篇。商承祚氏作類編，隸作𢼄，並謂：「與廣韻同。季𢼄敢作，與此同。」卷三。孫海波氏文編从之，並曰：「从攴从隹，説文所無。」三·十七。楊樹達氏曰：「𢼄，疑當讀為罪。」求義四三。或曰：「字不識；或是鷍字，段作潦。」綜述五六六頁。李孝定先生釋𣀔，曰：「从隹从攴，當為𣀔之初文。」集釋一二八五。金祥恆先生作續文編，入攴部之後，列為説文所無之字。三·三〇。

綜觀諸家所釋，雖皆隸定為𢼄，而於説文解字之部从，則有从攴與从隹之歧。就之構形考之，字當从隹从殳，為會意字。蓋所从之隹，應為欲得之目的物；所从之殳，則為達成此一目的之工具，而表將獵之行動；隻則以手持隹，意在表彰獲隻之隹。金文季𩀉簋之字，雖與之構形相同，然究當今之何字，以年荒代遠，文字屢經衍變，而説文解字又竟失録，難予徵實。兹姑隸作𩀉，以待考定。至於卜辭中之為用，就辭例言，約有如下三義。

(一)與囚字同例者：

□□卜，𡧊貞：王夢，隹𩀉？

貞：王夢，不隹𩀉？　乙七一五〇

貞：帝隹降⿰食殳？

貞：帝不隹降⿰食殳？　續五・二・一

貞：其㞢降⿰食殳？

貞：𡆥□降⿰食殳？　林二・二二・三

(二)與婠字同例者：

貞：其有來⿰食殳？亡來⿰食殳？　乙二五七五

(三)為方國名或地名者：

⿰食殳入十。　京六

丙申，⿰食殳示二屯。岳。　存二・五四

除右三例外，尚有若干类似人名，或他意之例，以辭殘有間，無法考知其確矣。【契文舉例十一　中國文字第四十三冊】

◉戴家祥　[glyph] 季⿰食支毁　季⿰食殳作旅毁　⿰食殳字說文等字書不載。廣韻有第二十六咸部⿰食支字，士咸切，訓為「鳥⿰食支物也」。金文攴殳不分，如般从殳从攴均有。故⿰食支可从殳作⿰食殳。金文用作人名。【金文大字典中】

𠂤朿　𠂤束

[glyph] 甲三四六　从𠂤从朿說文所無羅振玉說師所止也後世叚次字為之此其初字　[glyph] 甲二三九八　[glyph] 甲二八二七　[glyph] 前二・一〇・三　[glyph] 前二・一〇・五　[glyph] 前二・一五・三　[glyph] 前二・一五・四　[glyph] 前二・一五・六　[glyph] 前二・一八・一　[glyph] 後一・一五・一四　[glyph] 燕一〇九　[glyph] 燕一一〇　[glyph] 寧滬一・三三一　[glyph] 佚九三五　[glyph] 京都二八七一　[glyph] 明藏八〇六　淮𠂤朿見合文一六

【甲骨文編】

◉羅振玉　[glyphs]　从𠂤朿聲。師所止也。後世假次字為之。此其初字矣。乎田盤母敢不即[glyph]。謂不敢不至師次。其字正與此同。亦見魯文旁尊及師𢍰父鼎。前人釋師。非也。博古圖南宮仲鼎王在寒[glyph]。又誤釋師。【增訂殷虛書契考釋卷中】

◉王　襄　[glyph]　古𠂤朿字。羅赤言先生云从𠂤朿聲。師所止也，後世叚次為之，此其初字矣。【簠室殷契類纂正編卷八】

◉商承祚　[glyph]卷二第十葉　[glyph]第十五葉　[glyph]同上　[glyph]同上　[glyph]同上　[glyph]同上　[glyph]第十六葉　[glyph]同上　[glyph]第十七葉　[glyph]卷三第二十九葉　[glyph]後編上第十五葉　[glyph]同上　[glyph]同上　[glyph]同上　[glyph]下第二葉

从𠂤朿聲。師所止也。後世叚次字為之。此其初字矣。兮田盤毋敢不即[𠂤朿]。謂不敢不至師次。其字正與此同。亦見魯文旁尊及師䢅父鼎。前人釋師非也。博古圖南宮仲鼎王在寒[𠂤朿]。又誤釋帥。【殷虛文字類編卷十四】

◉商承祚　[glyph][glyph][glyph][glyph][glyph][glyph][glyph]　此字說文所無。金文屢見。小子射鼎「在[glyph][𠂤朿]」。乙亥鼎「在□[𠂤朿]」。宰圃毁「在𤔲[𠂤朿]」。兮甲盤「毋敢不即[𠂤朿]即市」。博古圖南宮仲鼎「王在寒[𠂤朿]」。羅振玉先生謂「从𠂤朿聲。師所止也。後世叚次字為之。此其初字」。其說至確。師止于次。故作植兵于架之形。乃會意字也。石鼓文「鑾車桒[glyph]」。則从次聲。後省兵逕作次矣。【甲骨文字研究下編】

◉葉玉森　胡光煒氏曰。案羅釋為次。然以金文太保鼎云「庚申公在盩𠂤」。叡尊云「从𠂤雖父伐于[glyph]𠂤」。及我卣云「女其以成周師氏伐于[glyph]𠂤」之文例觀之。則[glyph]仍从舊釋師為當。在某[𠂤朿]猶言于某師。且[glyph][glyph]形亦近也。蓋師之古文本作𠂤。或加朿作[glyph]。更省作[glyph]也。說文古文考。森桉。盩𠂤[glyph]𠂤[glyph]𠂤竝地名。𠂤疑自省。或即許書訓小𠂤之𠂤。非古師字。且尊卣兩銘師𠂤竝見。其非一字可知。仍應从羅釋。惟羅氏曰朿聲似未盡澈字象。予疑[glyph][glyph][glyph][glyph][glyph]所从之[glyph][glyph][glyph][glyph][glyph]為古兵植架形。[glyph][glyph][glyph][glyph][glyph][glyph]竝象古兵植兵于架，表師止不用兵也。說契。【殷虛書契前編集釋卷二】

◉孫海波　[glyph]甲三四六　从𠂤从朿。說文所無。羅振玉說。師所止也。後世叚次字為之。此其初字。【甲骨文編卷十四】

◉楊樹達　[glyph]　隸定作[𠂤朿]。以為次字。【釋姊　積微居小學述林】

◉戴家祥　[glyph]（毋敢不即次、即市；敢不用命，則即刑撲伐）

「[𠂤朿]」，「說文」所無，羅振玉釋「[𠂤朿]」，从𠂤朿聲，師所止也，後世叚「次」字為之。[glyph]孫詒讓釋「市」。「史記」越王勾踐世家，「卑辭禮以遺之，不許，而身與之市。」似市之字義乃被征服者為征服者賈貨易利之義務，孫釋近是。宗周鐘云「戭伐乃都」，虢季子白盤云「博伐厰[glyph]」，此作𠪚伐並聲同義通。【兮伯吉父盤銘考釋　華東師大學報一九五五年第一期】

◉李孝定　[glyph]　从𠂤朿聲。說文所無。羅說至碻。胡師以為仍當釋「師」。似有未安。甲文師均作𠂤。未見如此作者。金文師字或亦叚𠂤為之。或作[glyph]見前六卷師下引。與此亦迥異。金文亦有此字作[glyph]宰甾簋「在𤔲[𠂤朿]」。[glyph]小子射鼎「在[glyph][𠂤朿]」。與師之作[glyph]者其另一偏旁絕不相類。明非一字。𤔲[glyph]均地名。卜辭亦多作「在某地名[𠂤朿]」。辭例全同。羅說不可易也。葉謂[glyph]非聲乃象植兵於架。示師暫止不用兵之意。殊屬臆說。楊氏隸定作[𠂤朿]。固亦近是。然以前・二・十五・六之[glyph]觀之。明是从束。它形其省文也。

从自从一或从二。說文所無。疑餗之異構作師者。為名詞。此則動詞也。辭云。「𣪊貞王往𠂤于洮」篁・游・一九。「庚寅王卜在𡡉貞余其𠂤在丝𢆶⊠」。前・二・五・三。謂次于洮。次于此也。【甲骨文字集釋第十四】

◉饒宗頤　卜辭：「貞：勿于……」（屯乙八一三）為動詞，即師次之餗。契文地名常曰某餗，其字有、（庫方一〇九〇：「王比𠂤（省）」）諸形。知即餗之省，隸定宜作朿。【殷代貞卜人物通考】

◉于省吾　一　二　宰峀段　才𩍂餗　兮甲盤　毋敢不即餗

甲骨文字屢見，商承祚同志釋作彔佚考六五八。按甲骨文彔字作或，從無作者。又甲骨文師字習見，作等形，金文作或。羅振玉釋師為餗，並謂：「从自朿聲，師所止也。後世假次為之，此其初字矣。」增考中一三。按羅說非是。甲骨文束字作，詳釋束。周器曶鼎秭字从朿作，也與束字判然有別，甲骨文的與應隸定作朿或師，讀作次。朿與次同屬齒音，又為疊韻，故通用。易夬九四的「其行次且」，釋文「次，說文及鄭作趀」。儀禮既夕禮的「設牀第」，鄭注「古文第作茨」，是从朿从次字通之證。石鼓文的「麀鹿趀」。趀字从朿作，并非束字，而舊均誤釋為趚。第一期甲骨文「貞，朿于咸朿〇貞，弓朿于咸朿」，綴合二零零。朿作，即師字的初文，應讀作次，指巫咸被祭的神主位次言之。第四期卜辭的「𢦔于大甲師珏，三牛〇𢦔于大甲師珏，一牛」，鄴三下四二・六。師也應讀次，指大甲的神主位次言之。第五期甲骨文的「王田于朿」，金五七七。以朿為地名。又第五期甲骨文言王「在某師」，某為地名者習見，例如「在𣪊師」、「在齊師」、「在𠭯師」、「在淮師」、「在𡊄泉師」等，無須備列。又商器宰篋的「在𥜿師」，小子射鼎的「在𢘅師」，周器鼎的「王在寒師」，師字均應讀為次。穆天子傳的「五里而次」，郭注「次，止也」。廣雅釋詁四「次，舍也」。次之訓止或舍係典籍常詁。因此可知，甲骨文言王在某師，均指王之外出臨時駐于某地言之，金文同。總之，朿與束字的構形迥別，師从朿，不从束，師為朿的孳乳字，次為後起的借字。【釋朿、師　甲骨文字釋林】

◉王永誠　餗字見於彝銘者，如：

中鼎云：王在寒餗。（見博古二：十七）

中甗云：在□自餗。（見薛氏卷十六）

尹光鼎云：乙亥王□在𩍂餗。（見三代四：十）

小子𡚸鼎云：王商貝在印餗。（見續殷上二十五）

宰峀簋云：在褉餗。(見三代八：十九)

諸器餗字，劉心源釋為師(見奇觚)，高田忠周釋為歸(古籀篇)。皆義不可通。羅振玉釋為餗，謂「師所止也，从𠂤朿聲，後世叚次字為之」(見容庚金文編餗字下注)。楊樹達從之(見積微居金文説)。

羅氏之説甚是，惟不説其所以从𠂤朿聲之義，魯先生曰：

餗從𠂤者，𠂤乃師之初文，从朿聲者，示師止之地，害於農事，老子云：「師之所處，荊棘生焉」者是也。(假借遡原)

考師之初文作𠂤，卜辭彝銘多見，𠂤之構體乃從二厶厶亦聲，猶説文夌從二夊，友從二又，丝從二幺，哥從二可等字，以夊，又、幺、可為聲之例。其從二厶厶亦聲者，乃示衆人自之厶，以見其師旅環厶以自固之義(引見魯先生周金疏證)。許氏説文以小𨸏訓𠂤，徐鉉又謂「𠂤今俗作堆，都回切」，後之説彝銘者多從之，如徐同柏釋𠂤為古堆字(從古11·11)。方濬益讀𠂤為追(綴遺3·26)，是不悟追乃从辵从𠂤會意，以逐敵為本義(説詳説文正補)。林義光釋𠂤為帥之偏旁(文源)，是不審帥之古文作𠂤巾，𠂤與𠂤形體不類。丁山以為𠂤為餗之省文(集刊2·4·4)，則不解於中甗所云「在□𠂤餗」之義。或以𠂤為𢦏之初文(甲骨金文學論叢3·11)，或以𠂤為蛇之象形(中國文字19·3)，皆與𠂤之形義不合。孫詒讓以𠂤為師之省文(拾遺上21)，其説近之，惟不得其實。

考𠂤以衆為本義，説文帀部云「師，二千五百人為師，从帀从𠂤，𠂤四帀衆意也」。又𠂤部云「官，吏事君也，从宀𠂤，𠂤猶衆也」。𠂤有衆義見於師官二字，此蓋自來相承之古訓也。其從二厶厶亦聲者，魯先生曰：

𠂤從二厶者，乃韓非子五蠹篇所謂自環為義。良以師旅為邦族之環衛，師之行止亦以環衛自警，故其字從厶也。作厶者乃示一人之自厶，作𠂤者，乃衆人之自環，故𠂤有衆義(説詳説文正補釋𠂤)。

是𠂤為師之初文，𠂤有衆義，其説甚明。若以説文所説以小𨸏訓𠂤，則官之從𠂤，無以見吏事君之義，則官之從𠂤形義不符矣。以𠂤有衆義，故聚衆而居之都會亦稱師。是彝銘有牧𠂤、京𠂤、盩𠂤、休𠂤、吉𠂤、成𠂤之名(牧𠂤見三代9·11，京𠂤見三代1·22，盩𠂤見三代4·16，休𠂤見三代3·30，古師三代5·12，成𠂤見三代14·55)。猶書經洛誥之稱洛邑為洛師也。考厶之音屬心紐衣攝，師之音屬疏紐衣攝，而疏紐古音并入心紐，是厶與師古音相同。此以形音義證之，𠂤即師之初文當可無疑也。

餗為師之所止，經傳借次為師，乃以餗次二字於古音同為清紐衣攝，故經傳借次為餗，而説文又失收餗字，致本字隱晦，唯賴彝器以存，亦唯賴魯先生之教，始明師止之餗所以从𠂤朿聲也。【魯實先生金文治學要旨與貢獻　魯實先生學術討論會論文集】

盾　⿰彳省　⿴行丞　⿺辶平

◉朱芳圃 □藏一一七・三 □前二・六・五 □後上一・三 □後下三五・一 □林一・四・八 □戩三四・四 □佚五三一

上揭奇字，从□，从□。唐蘭謂為「古字之原始型式，从□，□毌聲」，古文字學導論下四〇。其說非也。余謂□即盾之初文。象形。說文盾部：「盾，瞂也。所以扞身蔽目。象形。」考金文有奇字作左揭形者：

□爵文

象戈盾並列。字雖不識，形固瞭然。偏旁之盾，正作□形，是其證矣。□在卜辭中為卜人之名，故增□以別於本字，例與□增□作□□相同。

小臣宅𣪕銘云：「白易小臣宅畫□戈九昜金車馬兩。」羅振玉釋□為象形盾字，謂「畫□殆即畫盾」，遼居乙稿二六。其說是也。□與□，一空廓，一填實，例與□之作□，□之作□相同。詩秦風小戎「龍盾之合」，毛傳：「龍盾，畫龍其盾也。」是即所謂畫□矣。【殷周文字釋叢卷上】

◉張日昇 □ ⿰彳省字从彳从眚。說文所無。郭沫若疑即卜辭□字。然□無由變作□。前者為直。象物象在目之正前。說文訓正見。即此之謂。後者為眚。从目生省聲。省眚一字。詳0470省字條。聞一多隸定作⿰彳省。是也。然謂□為□之繁。則非。⿰彳省从彳與省為一字。聞氏从郭氏說謂「師雝父⿰彳省衜至于䵼」𩰫鼎之⿰彳省衜有征討意。而引周禮「馮弱犯寡則眚之」為證。其說可從。【金文詁林卷二】

◉徐中舒 □從行從□丞。按□為拯之初文。此字從行，疑為□之繁文。疑同拯。【甲骨文字典卷二】

◉方濬益 □ 迊。說文所無。高景成云。廣韻同帀。周也 子婞迊子壺 〈2778〉「子婞迊子壺」

⿺辶平。當是伻之異文。書洛誥伻來。說文無。伻字羣經音辨于部平使也。注引書平來以圖。是伻古但作平。爾雅釋詁。抨使也。抨從也。釋文曰。抨字又作伻。同。此文从辵。疑籀文作⿺辶平。伻乃⿺辶平之渻文耳。【綴遺齋彝器款識考釋卷十三】

舿

◉于省吾　[古文字]鄂君啓節　五十舿　[古文字]鄂君啓節　屯三舟為一舿

舿字从舟夸聲，舿即舸之古文。以聲言之，从夸聲與从可聲并屬淺喉；以韻言之，舿屬魚部，舸屬歌部，二部古通。例如：古文字的俎即宜字，説文格為駕之籀文，奢之籀文作奓，又如「華表」即「和表」，見漢書尹賞傳注。都是魚歌通諧之證。方言九：「南楚江湘凡船大者謂之舸。」節文作舿，从夸聲，夸从于聲；方言作舸，从可聲，古从于與从可聲之字多含有大義，説詳王念孫釋大。由此可見，舿舸二字音義并相通。舸為大船，所以説「屯集三舟以當一舸」，則「五十舸抵一百五十舟」，是以此數為之限度。【「鄂君啟節」考釋　考古一九六三年第八期】

䑨

◉温少峰　袁庭棟　甲文又有[古文字]、[古文字]字，葉玉森釋盪，謂「字象舟人持物，象篙楫形，疑古文盪字」（《殷契鉤沈》）。郭老謂：「象一人操舟之形，余意仍是般字」（《殷契粹編》）。二説于字義近之，但于字形仍有未合。康殷同志釋此字為津，其言曰：「象人立舟上，引竿刺船（撑渡或劃槳）之狀。[古文字]形又省去人身，只用一支手臂撑船作[古文字]（金文圖銘），即後世字書所載的⿰聿舟、䑨之初文，《集韻》作䑨（同津）。……津的本意指『水渡』，撑船渡水之事，如《國語·楚語》：『若津水，用汝作舟』。引申轉指擺渡、渡水之處。渡水之處，猶如渡口。《書》：『大會于孟津』。」（《文字源流淺説》第五三三——五三四頁）。康説精當，可從。津字不僅有渡水、渡口之義，且有乘舟前進之義。近年出土的中山王兆域圖銘文「進退」作「逮退」。《説文》璡字下云：「讀若津。」可知津與進音同義通。有關之卜辭如：

(51) 貞：弓（勿）令[古文字]䑨由，取舟，不若？（《合》三〇三）

(52) ……㱿……[古文字]䑨……舟……（《乙》八二一八）

以上二辭已殘，揆其辭義，是命[古文字]（人名）在[古文字]（地名）津徵集舟船渡水之辭。

(53) 庚午卜，自貞：弜（弗）衣[古文字]河，亡若？十月。（《人》三二二〇）

此辭之「衣䑨」，與卜辭之「衣逐」同例，李學勤同志謂「衣」當讀「殷」，訓「同」或「合」（《殷代地理簡論》第七頁），其説是。《周禮·春官·大宗伯》「殷見曰同」，可證「殷」有「同」、「合」之義。「衣䑨河」者，會合起來渡河也。

(54) 甲戌卜，[古文字]貞：方其䑨于東？九月。（《後》下四三·七）

(55) 壬子卜，王貞：羌其䑨于東？

壬子卜，王〔貞〕：羌不䑨于〔東〕？（《粹》一二九四）

餞　斌　𥝌　鉡　鉞

以上諸辭，乃卜問殷之敵對方國「方」或「羌」是否從東面津渡來犯之辭。【殷墟卜辭研究——科學技術篇】

◉戴家祥　[古文字]陳□戈　陳窒散鉞　[古文字]陳𠂔造戈　陳𠂔鋯鉞
字从金从戈，用作戈字。加金旁表示器質。玉篇戉或作鉞，矛或作鉾，𤰈或作鍠，均與此例同。【金文大字典中】

◉戴家祥　[古文字]□鐘　鉡〓鑵〓　此銘「鉡〓鑵〓」，𪔵鐘作「雂〓雝〓」，皆表示鐘鼓之聲相和，古音丰聲之字屬東韻，央聲之字屬陽韻，兩韻相近。用來狀聲，兩韻可通。右旁从丰不類宜闕。或即鉠字殘泐。【金文大字典下】

◉張亞初　卜辭的[古文字]字从入从秝，后世變為从入从林的𥝌和𣚍。這是由于秝、林形、音都相近的緣故。【古文字分類考釋論稿　古文字研究第十七輯】

◉李孝定　[古文字]　从秝从入，說文所無。商承祚曰：「[古文字]不知與秦為一字否」（佚考八七葉）【甲骨文字集釋第四】

斌

（1968）讀延延同疏　山陵不——（乙3—8）𠂤為[古文字]——（乙3—23）【長沙子彈庫帛書文字編】

◉黃錫全　古璽有[古文字]字，《文編》列入正編丮部，釋為[古文字]，並謂：「弔[古文字]卣[古文字]字作[古文字]，與此形近。」

上舉璽文从食从戈，應該隸作餞。弔𩚵卣之𢧵从𢦏，戈與𢦏雖然形近，但並不同形。餞字不同𢧵，也不能釋為𩚵。

古文字中从弋之字往往訛从戈。如國字本从弋作[古文字]（何尊）、[古文字]（矢𣪘），後訛从戈作[古文字]（毛公鼎）、[古文字]（齊鎛）；𢦏字本从弋作[古文字]（班𣪘），後訛从戈作[古文字]（𢦏伯鼎）、[古文字]（叔夷鐘）；密本从弋作[古文字]（趞𣪘），後訛从戈作[古文字]（高密戈）等。因此上揭古璽的餞，本當作飫，从弋，後訛从戈。

《說文》無餞字。《汗簡》食部録林罕集字饐作[古文字]，釋文原脱，據《古文四聲韻·至韻》録林罕集字饐作[古文字]，知《汗簡》脱去的是饐字；又據杜从古《集篆古文韻海》饐字作[古文字]，知原本《汗簡》可能是从戈，今本从弋，當是傳鈔過程中誤漏一筆。从食从戈，

㝵

與璽文形體類同，原本从弋，後訛从戈。

飤从弋聲，與饐从壹聲音近。《玉篇》饐，古文作䬴。《一切經音義十三》：「饐，古文飤。」《説文》有饐無飤。

由此可知，古璽的飤就是《汗簡》的飤或飤，為古文饐。鄭珍誤以為飤是饐字俗體。璽文「郵飤」（《彙編》二一〇九）為人名，應讀「郵（重）飤」或「郵（重）饐」（郵字也可視為郵，通童）。【利用《汗簡》考釋古文字　古文字研究第十五輯】

◉朱德熙　甲骨有一個从𠬪从目的字，摘舉數例如下：

□前五·二七·一　□後一·九·三　□林一·二二·九　□前六·一八一

此字舊釋臤。按甲骨橫目形是目字，豎目形是臣字。不僅獨體如此，就是作為偏旁，界限也是清楚的。此字从橫目形，是目而非臣。釋臤不可從。郭沫若先生説：

金文曼龏父盨作□若□，从□冂聲，則□蓋曼之初文也，象以兩手張目。

《楚辭哀郢》曼余目以流觀，即其義，引申為長為美。

郭沫若先生指出曼字从㝵，是很對的。但㝵與曼並非一字。案□字隸定當作𥄎或㝵。《顏氏家訓　書證》：

《禮王制》云嬴股肱。鄭注云，謂擐衣出其臂脛。今書皆作擐甲之擐。國子博士蕭該云，擐當作揎，音宣。擐是穿著之名，非出臂之義。案字林，蕭讀是，徐爰音患，非也。

鄭注下《釋文》云：

擐舊音患，今讀宜音宣。依字作揎。《字林》云，揎，揎臂也。先全反。

《儀禮·士虞禮》注「鉤袒如今揎衣」，《釋文》「手發衣曰揎」。《廣雅·釋詁四》「㝵，循也」，又《釋詁二》「揎，貪也」。《汗簡·頁部》引碧落碑宣字作□。此字所从的𥄎和揎字所从的㝵正是甲骨的□字，𥄎和㝵只是隸定的不同。上引《汗簡》頸字，《廣韻·仙韻》須緣切下作顭，从㝵，注云：「頭圓也。」此字又見《龍龕手鑑》，訛為頸，注云：「徒亂反，面圓也。」此外《廣韻·仙韻》須緣切下還有一個䁔字，注云「面圓也」。

㝵字在卜辭中用作人名或地名，無義可尋。

《古泉匯》著録有鄟氏布（元三·一六又《續泉匯》元一·一二）：

□

罙　腋　敞

右側一字舊釋鄩，疑此字从邑从寻。目旁簡化為日字形，與戰國𣅀字一般从目而匋文或簡化為从日者同例。「鄩氏」疑當讀為端氏。《史記·趙世家》「成侯十六年，與韓魏分晉，封晉君以端氏」。端氏漢屬河東郡，故地在今山西沁水縣東北。【古文字考釋四篇　古文字研究第八輯】

◉曾憲通　包山卜筮簡屢見「盡罙歲」一語(見簡197、199、201)，罙字作，《包山楚簡》編者疑為卒字異體，考釋云：「卒歲即盡歲，指一年。」(見該書考釋344)按：「卒歲即盡歲」與「盡卒歲」義嫌重複。與三體石經狄之古文作者相同，王國維《魏正始石經殘石考》疑是楊字之訛而假作狄，古狄易同聲，故《說文》逖古文作逷，《史記·殷本紀》簡狄舊本作簡易，《漢書·古今人表》作簡逷，《山海經》、《竹書》之有易，《楚辭·天問》作有狄，然則罙歲即易歲，取寒暑易節之義，意指次年。簡文「自型𡰥之月以商型𡰥之月」，商字作，舊釋為庚，然簡文干支之庚作，上部明顯不同。此字亦見於鄂君啟節，朱德熙、李家浩釋為帝，與商同字，讀為適，訓為往(見《鄂君啟節考釋》中國古文字研究會成立十周年學術研討會論文，1988)。望山殘簡有「適集歲之型(𡰥)」字正作適，訓為至，簡文「自型𡰥之月以商型𡰥之月」，語意欠明，以下文有「盡罙歲」推之，「商」下當奪去「罙歲之」三字，宜作「自型𡰥之月以商罙歲之型𡰥之月」，意謂自今年的型𡰥之月以至次年的型𡰥之月，他簡習見「自型𡰥之月以商集歲之型𡰥之月」，其下亦有「盡集歲」，可資佐證。【包山卜筮簡考釋七篇　第二屆國際中國文字學研討會論文集】

0752　說文所無玉篇腋肘腋也　【古璽文編】

◉朱德熙　望山二號墓遣册本文所引望山楚簡資料，僅二號墓遣册四五、四八號簡。見湖北省文化局文物工作隊《湖北江陵三座楚墓出土大批重要文物》，《文物》一九六六年五期圖版陸、圖二四，其它諸簡均未發表。　中屢見一個从「攴」的字，下邊摘舉數例：

此字左側所从是「周」字。由於中間豎筆左曳(望山楚簡豎筆多向左挑)，上端省去一橫畫，同時「口」字又寫得略大一些，就不容易看出是「周」字了。其實這個字規範的形體應該是：

⿰周攵

左邊顯然从「周」。

我們把這個字釋作「⿰周攵」，可以合理地解釋遣册開頭的一段話：

☒[illegible]之歲，八月辛□□□車與器之筭。為了便於印刷，以下引簡文除了關鍵的字以外，一律寫通行字體，不按照原文嚴格隸定。

此簡上殘，但可以看出是以事記年之辭。天星觀一號墓簡文湖北省荆州地區博物館：《江陵天星觀一號楚墓》，《考古學報》一九八二年一期一〇八頁圖三二：二説：

齊客公孫紻問王於葳郢之歲，十月丙戌之日，鹽丁以長保為邸昜君番勳貞：峙（待）王……

比照起來看，遣册很可能是以某人聘問周王朝一事記年。

遣册「⿰周攵」字在簡文中的用例有二。

一是放在名詞前邊作修飾語。例如：

……一⿰周攵桱（桯），一房櫝……　四五號

……⿰周攵盃廿合，一大羽翣，一大竹翣，一少（小）篓，一少（小）⿰周攵羽翣……　四七號

二是用作謂語：

……軸八十，紫盍（蓋），輴、杠皆⿰周攵……　一一號

……衡厄（軛），骨珓，郪（漆）⿰周攵。　六號

無論是用作修飾語還是用作謂語，「⿰周攵」字都當讀為「彫」。「彫」除了刻鏤的意義之外，還有畫飾的意思。《廣雅·釋詁四》，又《左傳·宣公二年》「厚斂以彫牆」，杜注並云：「彫，畫也。」《一切經音義》卷二引《三蒼》：「彫，飾也。」遣册「彫桯」「彫盃」「彫羽翣」的「彫」顯然都是畫飾的意思。信陽楚簡河南文化局文物工作隊第一隊：《我國考古史上的空前發現，信陽長臺關發掘一座戰國大墓》，《文物參考資料》一九五七年九期有从「彡」的「彫」字，也有修飾語和謂語兩種用例：

……一彫鼓……　二〇三號

……二方濫（鑑），屯彫裡……　二〇九號

……二彫□，二彫[illegible]，一[illegible]之岸，三彫岸……　二一一號

……丌(其)木器：十堅豆，屯桼(漆)彫，[illegible]之□……　二二五號

前三例用作修飾語，後一例用作謂語。望山簡「⿰周攴」字的用例與信陽簡「彫」字全同，再比較簡文之義，可以坐實「⿰周攴」是「彫」的借字。

「⿰周攴」字又見於望山一號墓九號簡：

爨月丙辰之日，登遺以少⿰周攴為恖固貞……

「⿰周攴」字寫作：

這個字的寫法比二號墓簡文規整，左旁从「周」很分明。三號簡說：

〼以少簡為恖固貞，既〼

「簡」字作：

所从的「周」字與二號墓簡文寫法相同。這兩條簡文句法結構完全一樣，九號簡的「少⿰周攴」顯然就是三號簡的「少簡」。

一號墓簡文是以卜筮為墓主恖固貞問病情吉凶的記録。一號簡說：

齊客張某問〔王〕於蔵郢之歲，獻馬之月，乙酉之日，軺臒志以愴豙為恖固貞……

「愴豙」常是占卜用的工具。十七號簡說：

〼歸豹以保(寶)⿱至土為恖固貞……

這條簡文把「豙」寫作「⿱至土」，「⿱至土」顯然是以「至」為聲符的形聲字。我們曾經根據這一點確定「豙」和「⿱至土」都是「蓍」的假借字。「蓍」字从「耆」得聲。「耆」和「至」都是脂部字。所以古人聲訓往往用「至」字或从「至」得聲的「致」字訓「耆」。例如《禮記·曲禮上》「六十曰耆」，陸德明釋文引賀瑒云：「耆，至也。」《左傳·宣公十二年》「耆昧也」，杜注：「耆，致也。」「愴蓍」疑當讀為「蒼蓍」。關於「豙」字的考釋詳另文，這裡不再重複。

「少⿰周攴(簡)」在句子裡的語法位置跟「愴豙」相同，也應當是占卜用具的名稱。李家浩同志懷疑「⿰周攴」和「簡」應當讀為《離騷》「索藑茅以筳篿兮，命靈氛為余占之」的「篿」，理由如下。

新鄭出土的韓國兵器銘文中屢見「端戟」一詞，有一件戈「端」作「鵰(雕)」，「端」大概應讀為「彫」。望山二號墓遺册四八號簡

文說「一耑戈」，「耑」大概也應該讀為「彫」（《國語・晉語三》「穆公衡彫戈出見使者」）。「端」和「彫」古韻部雖然相差甚遠，可是聲母相同。「端」「彫」相通跟「敦」「彫」相通同例。《詩經・大雅・行葦》「敦弓既堅」，毛傳：「敦弓，畫弓也。天子敦弓。」馬瑞辰《毛詩傳箋通釋》：「敦即弴之假借，又通作雕與彫。敦、雕雙聲，故通用。《荀子》曰『天子彫弓，諸侯彤弓，大夫黑弓』。大毛公受詩荀卿，此傳正本《荀子》。」

「彫」與「端」相通，而从「耑」得聲之字又往往與「專」聲之字相通，所以簡文的「少敱」「少篅」可能當讀為「小篿」。《離騷》王逸注說：

筳，小折竹也。楚人名結草折竹以卜曰篿。

王注以為篿是一種卜法。不過「篿」字从「竹」作，本義大概是竹制的筮具。望山楚簡「篅」字也从「竹」，與《離騷》的「筳篿」正相合。【望山楚簡裏的「敱」和「篅」　古文字研究第十七輯】

◉高田忠周　⿰犭昜　說文所無　⿰犭昜鼎　〈0250〉「⿰犭昜盡鼎」

吳大澂云。揚字或从犬。然揚字若从犬。其意無緣也。此必別為一字。但犬部及豕部無昜聲字。此為逸字明矣。右形作　雖與甘字相類。然亦旱為易之省變。似無不可。然則叚借為揚亦為不嫌。【古籒篇九十】

◉馬叙倫　（⿰犭昜齍方鼎）⿰犭昜字說文所無。以音推之。蓋狂獷之轉注字也。【讀金器刻辭卷上】

◉張政烺　　中山王嚳鼎　以⿰犭⿱木左右寡人　　中山王嚳方壺　忎速夏舉在良⿰犭⿱木左賙

⿰犭⿱木左，从犬，从木，左聲。字書不見，疑是「佐車」之佐字。周禮夏官田僕「掌馭田路，以田，以鄙」。鄭玄注：「田路木路也。田，田獵也。」禮記少儀：「乘貳車則式，佐車則否」。鄭玄注：「戎獵之副曰佐」。佐車以木為之，故从木，用于田獵，故从犬，在此讀為佐。【中山王嚳壺及鼎銘考釋　古文字研究第一輯】

◉于省吾　　鄂君啓節　庚⿱⺈肉禾　殷羅二氏釋⿱⺈肉為象，以為河南泌陽的象河關。按象河關無象禾之稱，且其字本非象字。⿱⺈肉作　，其所从的　，與卜辭兔字作　形的上部正相仿，石鼓文兔字上部作「　」可以互證。以六書之義求之，則⿱⺈肉系形聲字，从肉兔省聲。禾與和古通用，金文和作龢，也作禾。⿱⺈肉禾即菟和。左傳哀四年稱楚人「左師軍於菟和」，杜注：「菟和山在上雒東也。」顧棟高春秋大事表山川表：「今陝西商州東有菟和山，通襄漢往來之道。」按左傳文十年稱楚成王使子西為商公，杜注：「商楚邑，今上雒商縣也。」上言「庚邡方城」，此言「庚菟和」，是經過方城西嚮已達到今陝西省的東南部。【「鄂君啟節」考釋　考古一九六三年第八期】

⿱免口

◉孫海波　甲二四四　⿱免口甲相當於商先王陽甲。【甲骨文編合文】

◉唐蘭　第二十六片甲

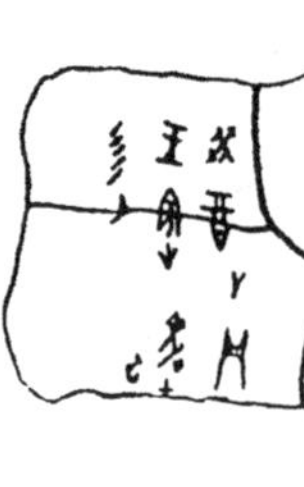

此貞王宔之辭。宔讀為賓，王賓見洛誥。

字舊無釋，董作賓謂是虎字，斷代研究例三三四。郭沫若釋為喙，謂是餯之別構，卜辭通纂考釋三一。並非是。余按之見於卜辭者，如前一・一六三、後上八・一、續一・五十・五、新三五二、佚八九〇、録三六八、萃二七三、戩八・十、明七四二、明五〇〇、明四九四、續三・二九・三、續三・十九・二、絜一一一、林一・十一・十二、林一・十一・十五、林一・十一・十六、萃二七四、續一五〇・六、前一・十九・五、前一・四二・二、菁十・二等，其獸形率皆大耳哆脣短身厥尾，與虎象之形截然不同。蓋卜辭作虎字，如：佚存一〇九。其身甚脩，故背有起伏，其尾長而上曲，非短尾也。其作象字，如後下五・十一。則狀其長鼻，故口部之上筆特長，異於侈口。又其尾長而下垂，亦與短而上拳者有殊也。研究古文字之術，最要在考其衍變，辨其特點。此字之形，以諸寫法為較早。其所作之獸形，實習見於早期卜辭，如等，甲骨文編附録四・六。前人亦未能識也。余由此獸之長耳厥尾諸特點斷以為兔字。又此字在晚期卜辭中，變為諸形，其獸形亦見於田獵之辭，余所見者有三例，一曰：「……王卜，貞，田榆，㞢……。王亩曰：吉。兹钔……百卌八，二。」前二・三三・二。一曰：「丁亥卜，貞，王田𢆶。㞢來亡巛。𠬝隹百□八，二，雉五。」林二・一八・一六，前二・三〇・一，從通纂六四一片綴合「隹百□八」，郭誤為「隻鹿八」，今正。一曰：「……卜，貞，王田。㞢……钔隻犷十。……三，雉六。」後上十四・十。以辭例言之，既與隹雉同列，又次犷後，必非巨獸。以字形言之，則或作即雍邑刻石舊云石鼓

□字及小篆□字所從出，固甚易知也。更以偏旁考之，則□字昔人所誤釋為逐者，詳甲骨文編二·二一。逐字。當釋為逸。逸本象逐兔，引申為兔之奔逸。而諸從龟之字其偏旁作□，與□絕相類。則以上諸文之為兔或魯字，無可疑矣。考羅振玉氏嘗以□□二字為兔字，謂長耳而厥尾，象兔形。考釋三七。□為夒字之誤，□則確是兔字，惜其未能充類至盡也。孫海波甲骨文編刪去夒字而增□□□三字，□為何字雖未知，然非兔形。□則㲋字也。□字摹寫舛誤，殆不成字，其實即前舉第三例之□，孫氏蓋由其辭例推定其為兔字，未能辨析其字形也。吳其昌據前舉第一例之□而釋為虎，以為□之□從虎之證，書契解詁一一六片。其方法實極舛誤。蓋取甲以證乙，必甲之本身已為確定者而後可，今以□證□而□之是否虎字，又以何為證乎？郭沫若於上述第二例之□字釋為兔，甚確。通纂考釋一四一。第彼辭文不明晰，郭釋殆亦推釋義而得，故不能通之於他例也。抑卜辭兔字及從兔之字，其數極多，諸家所釋，僅有三例，且或誤合他文，謬其形體，是其識之本未審諦也。蓋由圖畫而變為文字，物體鉅細已不能辨，虎象□兔，大小齊等，益以變化之繁賾，若干特點，間有淆混，毫釐銖黍之間，辨之綦難。故雖此類極易識之字，猶釋虎釋喙紛紜不已也。

商世先公先王之稱甲者凡七，曰：上甲，大甲，小甲，河亶甲，沃甲，陽甲，祖甲是也。以卜辭考之，則小甲祖甲之閒，當為戔甲□甲魯甲三人。董氏以戔甲為河亶甲甚是，蓋河亶之合音與戔相近也。董說見斷代研究例。至其以魯甲釋為虎甲，用當沃甲，而以羌甲為陽甲，則與卜辭之世次不合。郭氏謂□甲先於魯甲，至為精確。惟釋□為狗或苟，以當沃，釋魯為喙以當陽，則殊舛誤。通纂考釋三一及三五。尤以釋□為狗一說，學者間多所疑難。余謂羌甲仍當為陽甲，其世系之異當為史記之錯亂。郭氏旋作申論芍甲一文。殷契餘論。除仍堅持其釋狗之説，於余説則以為紛張過甚。吳其昌從董氏以魯為虐，而深斥郭説，然其以沃甲為二大甲，虐甲為羌甲之弟，盤庚小辛之兄，均屬杜撰。見書契解詁一一六片。今按□為羌字，乃不爭之事實，郭之膠執，殊可不必。惟余前認羌甲為陽甲，以魯甲當沃甲，而謂史紊其次序，亦是錯誤。當如郭氏以羌甲當沃甲，魯甲當陽甲，乃合。蓋羌可讀為羊聲，與沃音相近，御覽引紀年沃甲又作開甲，開與羌聲亦相近也。逸字從兔，當並取兔聲。逸陽為聲之轉，大荒北經注引竹書有和甲，今本紀年以為即陽甲，魯和音亦相近也。然則殷本紀之河亶甲等三人，並可徵之卜辭，字雖不同，其世序固一一符合也。

彡夕者連夕祭之也。王賓為祭禮之總名，彡夕為祭法。【天壤閣甲骨文存考釋】

⿺辶匊

◉何琳儀　《璽彙》○一九八——○二○二、○三二二著録六方「⿺辶匊盟」齊系官璽。石志廉《館藏戰國七璽考》、《中國歷史博物館館刊》一九七九年一期。《題銘》五三圖十一也著録一方。

「⿺辶匊」作「□」形者為正體，作「□」形者為變體(詳第四章第四節)。「盟」作「□」形者為正體(參者沕鐘銘「盟」字)，作「□」者為變體，作「□」者為簡體。

「⿺辶匊」可讀「告」(均屬見紐幽部)。《詩·小雅·十月之交》「日月告凶」，《漢書·劉向傳》引作「鞫凶」。《禮記·文王世子》「亦告於甸人」，注「告讀為鞫」。《詩·小雅·采芑》傳「鞫，告也。」均「⿺辶匊」、「告」音近之證。故璽文「⿺辶匊盟」應讀「告盟」。

「告盟」，是列國會盟時的盟禮。《詩·小雅·巧言》「君子屢盟」，疏：「言凡國有疑，謂於諸侯群臣有疑不相協，則在會同之上用盟禮，告盟而相要束。《司盟職》曰，凡邦國有疑，會同則掌其盟約之載及其禮儀，北面詔明神是也。」《春秋·隱公元年》「公及邾儀父盟于蔑」，疏：「司盟之官乃北面讀其載書，以告日月山川之神。」由此可見，「告盟」之「告」的對象是「日月山川之神」。侯馬盟書即戰國「告盟」之「載書」。

《璽彙》五二七五著録一方單字璽「□」亦應釋「盟」。

陳肪毁銘「□擇吉金」，首字舊釋「穀」似是而非。對照上引《璽彙》○三二二「□」可知「□」應隸定為「□」或「掬」。《説文》「匊，在手曰匊，从勹米。」《集韻》引《説文》或从「手」作「掬」。《詩·唐風·椒聊》「蕃衍盈匊」，傳「兩手曰匊」，與毁銘「掬」从「収」正合。毁銘「掬擇吉金」，意謂「取擇吉金」，與鄦侯毁銘「籥(合)趣(取)吉金」可以互證。【戰國文字通論】

詋

□ 2861　□ 1131　□ 2003　説文所無玉篇詋詛也　【古璽文編】

⿴衣艮

□ 陶文编13·89　説文所無與甲骨文□當為一字商承祚釋圣胡厚宣釋貴于省吾釋墾張政烺釋⿴衣艮此从張政烺釋　【古陶文字徵】

◉劉　釗　《文編》九·五第12欄有字作「」(2419)、「」(0937)，《文編》隸作「厝」，以不識字列厂部後。按字應釋「厝」，古文字从「厂」之字，後世多變為从「广」作，其例不勝枚舉。以古璽例，如庫字作「」(《文編》九·五第7欄)，戊字作「」(《文編》九·五第8欄)，庶字作「」(《文編》九·五第9欄)，府字作「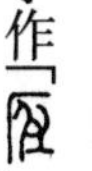」(《文編》九·五第5欄)均其證。厝字見於《廣韻》。【璽印文字釋叢(一)　考古與文物一九九〇年第二期】

◉陳偉武　《文字徵》第163頁「痦」字下引「鮑本2·89」，第233頁「迠」字下引「鮑本4·7」，《陶匯》和《文字徵》引書目録均無「鮑本」。【《古陶文字徵》訂補　中山大學學報一九九五年第一期】

9·104　獨字　説文所無博雅⿸疒酉病也　3·711　□⿸疒酉　左廩釜　【古陶文字徵】

◉顧廷龍　　⿸疒酉。説文所無。廣雅釋詁。⿸疒酉。病也。按亦作庮。周禮内饔。牛夜鳴則庮。釋文引干寶注。庮。病也。【古匋文孴録卷七】

◉于豪亮　　古璽中有以「迲⿸疒百」為名者，如《夢庵藏印》有「石迲⿸疒百」，《伏廬藏印》有「肖迲⿸疒百」，《碧葭精舍印存》有「韓迲⿸疒百」，現分別摹寫如下：

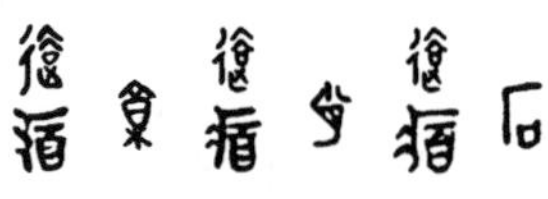
《夢庵藏印》　《伏廬藏印》　《碧葭精舍印存》

其中「肖迲⿸疒百」之肖字當讀為趙。「迲⿸疒百」之迲或為去字之繁體。⿸疒百字从百得聲，百即首字，故⿸疒百字實係从首得聲，以聲類求之，⿸疒百字當讀為疛。蓋據《説文·疒部》，疛係从肘省聲，古从首得聲之字常與从肘省聲之字相通假：如守字即係从肘省聲，而守字與从首得聲之道字相通假，《莊子・知北游》：「大馬曰：子巧與？有道與？曰：臣有守也。」前言有道，後言有守，明有道即有守，是守字與道字相通，此其證一。又《達生篇》云：「子巧乎？有道邪！曰：我有道也。」《知北游》與《達生篇》之內容與詞句均相同，《知北游》言「臣有守也」，《達生篇》言「我有道也」，益足證明有守即有道，守字與道字相通。此其證二。守字既與道字相通，則是从首得聲之字與从肘省聲之字相通，故痐字得讀為疛。《詩・小弁》：「我心憂傷，惄焉如擣。」傳云：「擣，心疾也。」《釋文》云：「擣，韓《詩》作疛。」則疛義為心疾。今本《說文・疒部》云：「疛，小腹病。」段注即據《小弁》毛傳及《釋文》訂小字為心字之誤，其說甚是。

古人常以去疾、棄病、去病為名。《古璽文字徵》引《待時軒印存》復有古鉩「石去疢」。「去疢」、「迲痐」與去疾、去病之義相同。【古璽考釋】

⿸疒里

◉張政烺　⿸疒⿱來里，从疒，來、里皆聲，蓋即⿸疒里字。《爾雅・釋詁》：「⿸疒里，病也。」在此假借為萊，萊是齊之敵國，故選用此極壞之字以名之。萊國在今山東黄縣東南，有萊子城。《春秋經》襄公：「六年，十有二月齊侯滅萊。」(杜注：「書十二月，从告。」)《左傳》：「十一月，齊侯滅萊。……晏弱城東陽，而遂圍萊。甲寅，堙之環城，傅于堞。……丁未，入萊，萊共公浮柔奔棠。……四月，陳無宇獻萊宗器于襄宮。晏弱圍棠，十一月丙辰而滅之，遷萊於郳。」叔夷鐘：「余易女釐都𦞅𠞋，其縣二百。余命女𤔲辝釐𨒌或徒四千為女敵寮。……余易女馬車戎兵，釐僕二百又五十家，女台戒戎攸。」乃記滅萊後齊侯對叔夷之賞賜。【庚壺釋文　出土文獻研究一九八五年第六期】

⿸疒言

◉陶正明　「[glyph]」，隸定為⿸疒言或⿰爿言。《說文》無此字。在金文中「疒」邊旁是可以隨意增損的，例如：「瘥，瘉也」，段註：通作「差」，凡等差字皆引伸於瘥。又「瘉，病瘳也」，段註：「釋詁、小雅角弓、毛傳皆曰瘉，病也。……凡訓勝訓賢之愈，皆引伸於瘉，愈即瘉字也。」銅器「國差⿰金詹」銘文中「⿸疒咎」即「咎」字之或體。因此⿸疒言(⿰爿言)亦可為「言」，故「陳公孫⿸疒言父」亦可作為「言父」。至於「⿸疒言父」或「言父」是何人，本文後面專門討論這個問題。【「陳公孫⿸疒言父」旅瓶考　古文字研究第九輯】

◉徐錫台 [古文字]，此字左从疒，右从攴，當即疚，非㾐字。攴字，如說文：「毅攴大剛卯以逐鬼彪也，从攴巳聲，讀若巳，古亥切。」其字用法，見殷墟卜辭云：「貞：疚不其得」（鐵二九·二）；「辛丑卜，賓貞：羌疚得」（後下二九·一四）。【殷墟出土疾病卜辭的考釋　中國語文研究第七期】

◉于省吾 [古文字] 魚鼎匕　命帛命入欶　欶即庚，通羹。爾雅釋草「蕧盜庚」。釋文庚本又作羹同。【雙劍誃吉金文選上三】

◉劉　釗 《文編》附録四三第1欄有字作「[古文字]」，字从心从「[古文字]」，按侯馬盟書奐字作「[古文字]」，又省作「[古文字]」。「[古文字]」所从之「[古文字]」即為奐字省體，故字可釋為「悗」。悗字見于《集韻》。【璽印文字釋叢　考古與文物一九九〇年第二期】

◉劉樂賢 《漢印文字徵》附録十一，[古文字]、[古文字]。此字从[古文字]宮聲。據協字作[古文字]（卷十三），慎字作[古文字]（卷十），可知[古文字]為心字異構。故此字當釋為悺。悺見于《廣雅》、《廣韻》等書。【秦漢文字釋叢　考古與文物一九九一年第六期】

◉屈萬里 [古文字]，隸定之當作𦍩，疑是𦍩之異體。【殷墟文字甲編考釋】

◉戴家祥 [古文字] 𡚬䖪壺　胤嗣𡚬䖪敢明易告
䖪，唐韻「七四切，音次。䖪似蜘蛛」。說文不載，字當為从虫次聲。金文作人名。【金文大字典下】

◉張亞初 [古文字]（綜類二六頁）　此字从水从封。「今秋其𦎫，其乎封乙示」（前二·五·三），此封字就作此形。可隸定為湗。集韻「湗，音葑，深泥也。」封、奉古字通。散氏盤至于某地一奉之奉，就都是封樹，封疆之封（金文編一二二頁）。六年琱生𣪕「琱生𤔲揚朕宗君其休」之𤔲字則應讀為奉（三代九·二一·一）。所以，湗也可能就是湗字。集韻「湗，音捧，水也。」【古文字分類考釋論稿　古文字研究第十七輯】

溰　湶　激　宷

◉丁山　即水經濁漳水注之「白渠枝水俗謂之泜水。」⊘卜辭豈氏故地當求之於祇水流域之鼓聚。祇正豈之聲譌。【豈殷商氏族方國志】

◉李孝定　从水从壴。說文所無。【甲骨文字集釋十一卷】

◉周名煇　𠫤部或从水从原散氏盤。厂源。舊釋淳。非。吳氏定為原字。今考定當是湶字。

散盤原字作。吳氏既録之矣。二文之異。比證而即可辨。此一事也。字从水从。固與說文字相合。而殷虛卜辭字作書契菁華第十一葉。作龜甲獸骨文字卷二第二十葉。羅振玉謂說文解字泉。水原也。象水流出成川形。此从。象从石罅涓涓流出之狀。今案泉字从或从者。即說文宀字。亦與同意。如亯字，殷虛卜辭作書契後編卷上第二十一葉。古金文作豐字𣪘。从介。吳大澂羅振玉謂象宗廟之形者是矣。古文从宀與从穴同意。故說文竈字寮字从穴在穴部。而古金文邵鐘銘竈字从宀。夨𣪘銘寮字亦从宀。夫泉字从从水形者。宀猶穴也。即爾雅釋水所謂氿泉穴出者矣。然此文何以从水从泉也。謹案、當是古文俗字也。漢孫叔敖碑云。波障源湶。湶即泉字。亦由此文所从出。漢隸多存古文遺跡。則羅振玉、陳邦懷輩。固已歷歷宣之矣。【新定說文古籀考卷上】

◉趙烈文　□汧殹洎　第二字諸家皆作流。烈按。阮橅本二水之間作。與上𣻍篆異。彝器文梁多作。阮録款識内之貞敦梁作。即造舟為梁之古文。象加木舟之兩舷也。此文中舟也。左旁小。直舷。上木。造舟水間。非梁而何。上言流水湧盈。君子即涉水盛。當造舟以過馬也。【石鼓文纂釋】

鄴三下・四一・六　从宀从耶　說文所無　于省吾以為廷庭之初文　粹二八一　粹五四一　河五五五　祝于宷　茲不用

宷　當是屋舍之名　河九〇九　後一・二二・一　誠二九九　乙七三一反　乙二一八八反　坊間三・一三九　庫一〇〇二　庫一五四三　後一・五・六　甲三五八八　佚一三九　佚二二〇　明藏六七七

啟宷西户　坊間三・一三九　鐵一二七・二　或从昭　前六・二九・六　師友二・一五九　佚九九四

◉葉保民　甲骨文中頗多字(《甲骨文編》就收有二十幾個)，也繁作，乃是一個字。字从宀、耳、口，大家都隸定為㝬。郭老于《卜辭通纂考釋》中說：「㝬以它辭例之，當是貞之異，从宀聑聲。」後來在《殷契粹編考釋》中只隸之為㝬，未加考釋，大概認為㝬是貞字的說法不對而不用了。于省吾老先生在《殷契駢枝》中說：「郭謂……聑从口耳會意是也，惟謂當是貞字之異亦誤」、「㝬从宀聑聲」、「金文廷作，乃㝬之借字」，不同意郭老釋㝬為貞而同意郭老說㝬是从宀聑聲的形聲字的說法，并提出㝬乃金文中廷字的初文這一看法。對于老先生的看法，我略有一點不同的意見，供大家參考。

先舉幾條卜辭，以說明㝬在當時的意義。

粹281　乙酉卜争貞……小乙于㝬。

粹541　弜鄉㝬，鬯隮必。日本的島邦男讀此片為「弜鄉……㝬鬯……隮必……。」見所編《殷墟卜辭綜類》。今依于省吾老先生讀。于省吾老先生考釋此句極精，可見所著《雙劍誃殷契駢枝》第三集。

甲3588　才(在)㝬才𣪊門兄(祝)。

佚220　王其鄉才(在)㝬。

河555　兄(祝)于㝬，丝不用。

庫1002　于㝬門。

鄴3・41・6　乙巳卜其啟㝬西户，兄(祝)于妣辛。

明藏667　啟㝬西户。

字又見于《𠨘其卣》：「乙巳王曰：『隮文武帝乙宜在召大㝬()』。」

顯然，㝬是祭祀的場所，而且有門户(㝬門、𣪊門、西户)，而金文中「廷」字的意義與之不同。《甲骨文編》的作者大約也有鑒于此，所以在引用了于省吾老先生的釋義後，在河555的㝬字下注：「㝬當是屋舍之名。」

然則金文「廷」的情況如何？與甲骨文㝬字有什麼不同呢？

廷字，金文作等形，銘文中「位中廷北向」句多見。朱駿聲《説文通訓定聲》鼎部廷字下如此說：「古外朝治朝燕朝皆不屋，君立于門中，臣立于廷中，故雨霑服失容即廢朝。」陳夢家先生于《考古學報》1956年第一期《西周青銅器斷代》一文中說：「據金文受命者在中廷北向而在儐者之右，則受命者在中廷之西邊的西階前，面對宣命之史。王立于室南(即前)的階南，史立于王的右後（即北），故曰讀書于兩楹之間。受命者之『登』（升）『降』指其上下阼階。」陳夢家先生根據金文和文獻的對照，粗簡而令人信服地畫出了廷的位置，證明了廷在階下，與朱駿聲所説的話對照一下知道，當然是露天的。廷字後來加了「广」成「庭」字，《左傳》昭公五年「攻之大庫之庭」注：「庭，堂前也。」又見十六年注：「庭，埸也。」顯然廷庭，跟現在所説的「天井」是差不多的。

⿱宀耶與廷庭是不相同的，以⿱宀耶作廷庭之初文是不妥當的，《甲骨文編》説的「當是屋舍之名」，很有道理，那麼是什麼樣的屋舍呢？我以為就是現在所説的廳。⿱宀耶是廳的初文。

⿱宀耶，从宀耶聲。《正始石經》古文以「耶」為今之「廳」字。馬叙倫先生于《讀金器刻詞》中也以為「耶」乃是古「聽」字，从聖省，悳聲，从耶从口會意。郭老也以「耶」為聽，而于省吾老先生論之更是精詳。「耶」从口、耳會意即聽之古文是無疑的，那麼⿱宀耶之从宀耶聲即从宀聽聲，該就是「⿱宀聽」字，从「宀」从「广」同，⿱宀聽就是廳字。我們現在還在用「大廳」「樓廳」等詞，其來源是很早的。【商周文字考　復旦學報一九八〇年增刊】

⿱宀受　⿱宀昜

◉朱芳圃　新尊　⿱宀昜長鼎　⿱宀昜史甗

上揭奇字，象在中，結構與相同，蓋昜之緐增字也。義與昜同。【殷周文字釋叢卷上】

◉周名煇　周公毁　魯天子⿱宀受氒順福　麥尊　終用⿱宀受德妥多友

其文為从宀，舟聲者，當為古文𠬪字。説文𠬪部云：「受相付也，从𠬪舟省聲。」此文作⿱宀受。从宀，舟聲者，當為屋下受授之意。【新定説文古籀考卷中】

◉戴家祥　按周説近似，但未盡其義。考卜辭金文受作，象一手授舟，一手受舟。舟，受古音同部，為會意兼形聲字。古人授受同字，授人者曰受，被授者亦曰受，後世加旁从手，始分為主動被動兩詞。許書「相付也。」乃訓授，非訓受也，春官司干「祭祀，舞者既陳，則授舞器，既舞則受之。」鄭玄注「既，已也。受，取藏之。」説文七篇「宀，交覆深屋也。象形。」後世營造學家謂之「兩下屋」。在經濟術語中，凡言貯藏手段者，字皆从宀，以示藏諸屋底之意。如富寶實諸詞是也。吕氏春秋誣徒篇「事至則不能受。」高誘注「受，猶成也。」成，亦同宬，説文「宬，屋所容受也」。⿱宀受之从宀，亦猶成之加旁作宬也。易晉之六二「象曰：受茲介福」，毁銘云「⿱宀受厥瀕福。」詞例正同。郭沫若釋造，引頌器造窖諸字為證。兩周金文辭大系考釋第三十九葉周公毁。造从告聲，⿱宀受不从告，不能比附。【金文大字典下】

◉白玉峥　[古文字]　此字除本片一見，僅再見於八七〇五片，可惜亦為殘辭。續編列於附録二十七頁，而將八七〇五之字列於卷五[古文字]部之末三十二頁，遂録為[古文字]形，非是。甲骨文字集釋（簡作集釋）從續編列為待考之字四七五〇，遂録為[古文字]，而於八七〇五之文則未釋。察其構形，字蓋从[古文字]从[古文字]。[古文字]，从[古文字]从[古文字]，今隸作条；[古文字]，釋衣已是定論。然則，字宜隸定為絛。絛，字畫所無；至其音義，以辭殘有間，字書亦未之見，無由推勘矣。【殷墟第十五次發掘所得甲骨校釋　中國文字新第十三册】

◉戴家祥　[古文字]　吳王光鑑　以作叔□□吁宗𡊂薦鑑

字从弓从土夷聲。于省吾讀作彝，古文字研究第一輯三八葉。無釋。【金文大字典上】

◉高田忠周　説文。[古文字]。下滾皃。从水弘聲。此篆从水从弓。弓即弘省。又从彡。葢涉沴字而然矣。沴訓水不利也。水不疏通。故滯濆為下滾也。从沴省兼會意。但銘意非泓本義。當叚借為弘為宏。詩民勞。而式弘大。箋。廣也。又易坤。含宏光大。崔注。含宥萬物。此義是也。謂融龢包容人民也。【古籀篇三】

◉郭沫若　璩字从水弥聲。弥者彌之異。莊子大宗師。陰陽之氣有沴其心。釋文云。沴崔本作瀰。崔以其心屬上句。知沴瀰一字。則知弥彌一字矣。从水。斯為瀰矣。瀰者。水盛皃。【王孫遺者鐘　兩周金文辭大系圖録考釋】

◉于省吾　[古文字]　王孫遺者鐘　龢璩民人　璩即沴，音義同戾。廣雅釋詁「戾善也」。北江先生謂詩采菽「優哉遊哉」，亦是戾矣。言其和也。【雙劍誃吉金文選卷上】

◉林潔明　沴戾古音同在脂部來紐，沴用為戾，善也。又詩大雅桑柔「民之未戾」，傳「戾，定也」，殆即安止之意。「龢璩民人」意即和而安定之。【金文詁林卷十二】

◉高鴻縉　[古文字]田必是乾田。[古文字]字从土田為意。爿聲。（讀壯莊戕將臧牆各音均可能。）乾與乾是一字。乾與爿為雙聲。其韻則猶之銜之與行也。【散盤集釋】

◉戴家祥　[古文字]　矢人盤　我既付散氏溼田牆田　吳大澂云：[古文字]，古嗇字。从爿，从土，从田。散氏盤「溼田牆田」。阮相國釋作牆田。説文古籀補五篇第九葉。按[古文字]字應隸田部，从田，壯聲。土田同義。玉篇九圢，重文作町。壇，重文作疃，又十三畩古文域。金文郳太宰簠型作𡋞。牆，古文塍。壯字作𡌈，蓋因下文田字而加旁者也。字當讀莊，爿壯聲同，古字从爿得聲者，亦或改从壯聲，集韻下平十陽妝或作妝，是其證。莊壯聲同字通。禮記檀弓下「衛有太史曰柳莊」，漢書古今人表作柳壯。莊子天下篇「不可與莊語」，殷敬順釋文「一本作壯」。爾雅釋宫「六達謂之莊」，釋名釋道「六達曰莊。莊，裝也。裝其上使高也。」盤銘以「滍田」「甾田」并舉，爾雅釋地「下者曰滍」，蓋指下田高田而言。吴氏釋啬，阮氏釋牆，不但形聲失據，且於文義費解。唐韻莊讀「側羊切」照母陽部。【金文大字典中】

牌 端 娘 嫆 嵍

 牌 古無牌。此从古爿以作片。謬。【汗簡卷六】

◉戴家祥 中觑父盤 中觑父作端姬尊盤 集韻桓部「端，女字」。金文用同。【金文大字典上】

◉葉玉森  上一字从至从食。不可識。疑至食二字合文。食為國名。或地名。曰丑至食。即言丑曰至于食。下一字从女从食。殷人俘食之婦女。因繫女旁于食為識別。曰歸娘俘。即言食之女俘來歸也。【殷墟書契前編集釋卷四】

◉羅振玉  嫆从女客。猶嬪从女賓。此字不見於許書。蓋古有專字而今無矣。或省宀。或省口。【增訂殷虚書契考釋卷中】

◉李孝定 从女从客。説文所無。羅氏增考嫆字條下並收諸文。按字當釋姃。已見前姃字條。餘二形當隸定作姳。見下。不能混為一字也。【甲骨文字集釋第十二】

 嵍 柯昌泗釋謂嵍為嵍之省須盉生鼎 【金文編】

⿰阝美　彖彡　⿰糸耳

◉戴家祥　矢人盤　陟雩𣪘䜌⿰阝美　矢人盤　𥁕剌析⿰阝美陵

⿰阝美字从阜从美，說文未見。以形聲審之，殆即渼之別體。古字以阜表義者亦或更旁从水。玉篇三五四隮亦作濟，陯亦作淪，⿰阝菐今作濮，⿰阝美之作渼，其例亦猶是也。玉篇二八五渼讀莫彼切，明母歌部，訓「水波也」。集韻上聲五脂音母鄙切，明母之部，訓「水名，在京兆。一曰水波」。長安志云「渼陂在鄠縣西四五里」。受終南山之水，西北流入澇水，或即其地。【金文大字典下】

◉吳式芬　一　三蓋　三器　吳彪父𣪘　吳尨父作皇祖考庚孟尊𣪘

許印林說〇象加彡者。說文：「彖，脩豪獸，一曰河内名豕也，从彑，下象毛足，讀若弟。」唐韻羊至切，籀文作，古文作。」，即此銘之而少變，小篆上从彑頭下从㣇，雖云象毛足，實即古文豕字。豕亦象毛足，第尋常之毛，脩豪意仍不顯，蓋彖别體作肆。爾雅釋獸「肆，脩豪」，郭注云：「豪毛長。」此銘加彡正所以象其豪毛長之形，猶馬小篆作，象馬頭髦尾四足，而古文作。籀文作。說文云：「籀文馬與同；有髦。」馬有髦加彡與彖脩豪加彡其例正同。馬加彡為籀文，知彖加彡亦籀文。說文所載籀文作，亦象其脩豪之形。此去而加彡籀文之别體矣。【攈古録金文卷二之三】

◉楊樹達　　甲文恒言不⿰彳止雨，⿰彳止與止同，此⿰糸耳字蓋从耳聲，亦假借為止。耳止同咍部字，耻字从耳聲，廣韻音敕里切，與止音近，故⿰糸耳可假借為止矣。【⿰糸耳　卜辭求義】

◉于省吾　甲骨文稱：「甲兇卜，不⿰糸耳雨。」（粹七二〇）⿰糸耳字作。郭沫若同志云：「⿰糸耳疑聑（瑱）之古字，象耳有充耳之形。不⿰糸耳雨者，猶它辭言不⿰彳止雨，雨不延綿也。」按郭說非是。廣韻六止有⿰糸耳字，並訓「⿰糸耳⿰糸耳繒盛皃」。甲骨文⿰糸耳字應讀作茸，⿰糸耳與茸並諧耳聲，故通用。段注本說文：「茸，艸茸茸皃，从艸耳聲（而容切）。」漢書惠帝紀「及内外公孫耳孫」，師古曰：「耳音仍，仍耳聲相近。」文選司馬遷報任少卿書「在闒茸之中」，李注：「茸，細毛也。」茸亦通氄。書堯典「鳥獸氄毛」，僞傳：「鳥獸皆生耎毳細毛以自温焉。」按細毛謂之茸，故細雨亦可謂之茸。甲骨文之不⿰糸耳雨，謂雨不茸細也。今吾鄉方言猶謂細雨為茸雨或毛毛雨。【釋「不⿰糸耳雨」　甲骨文字釋林】

◉李孝定　　从糸从耳。說文所無。辭云「甲子卜不⿰糸耳雨」粹七二〇。當讀為弭訓止，楊說是也。郭疑瑱之古文，形音具不足據。字不从玉又字从月以象意字聲化之例推之當从耳聲。丁以繒盛之義說之，亦覺未安。

從耳从糸，説文所無。當是會意。其初義蓋為以繩繫耳。辭云「不緝雨」當為假借字，于讀為茸於義為長。【甲骨文字集釋第十二】

◉丁　山　象以繩係耳形，殆即緝字。廣韻六止，有緝字，音「而止切」，云：「緝緝，轡盛皃。」「緝緝」，即魯頌閟宮所謂「六轡耳耳」耳，古音同爾，得相通假。淮南人間：「狐之捕雉，卑體彌耳以待。」慎子外篇則作：「猛獸之搏也，緝耳俯伏。」周官：「男巫，春招弭以除疾病。」杜子春注：「弭，讀如彌兵之彌。」儀禮士冠禮：「三加彌尊。」國語晉語：「讒言彌興。」彌之言益也。卜辭所謂「不緝雨」，蓋言雨不益盛也。臼辭所稱氏，疑即詩邶風泉水的「飲餞于禰」了。禰，韓詩作坭，九域志引作濔。太平寰宇記云：「大禰溝在灃州冤句縣北七十里。」詳王應麟詩地理考。冤句縣北，即今魚臺縣東境。則緝氏與𠂤氏，正為鄰邦，臼辭所謂「緝」，應是「在緝」省文。【亞𠬝　𠂤氏　亞隼　緝　甲骨文所見氏族及其制度】

◉徐中舒　從糸從耳，《説文》所無，見於《玉篇》：「緝，轡盛貌。」楊樹達謂緝當訓止《卜辭求義》，可從。蓋緝當讀為弭，而弭訓止也。讀為弭，不緝雨即不止雨之義。【甲骨文字典卷十三】

◉羅振玉　羊字變體最多，然皆為象形。其作者，象牽之以索也。索在後不在前者，羊行每居人先也。作者，側視形。作者，亦象帶索从側視之之狀也。【殷墟書契考釋卷中】

◉王　襄　至字象羊而繫以索，羊為家畜，繫之，籍防其逸。【古文流變臆説】

◉饒宗頤　卜辭有云「羊方𡉈田」（乜甲三五一），又記狩獵之地有「羊」（拾掇二・一九五），知羊即羊方。沁水源出羊頭山，在今山西，疑羊方地在此。【殷代貞卜人物通考】

◉于省吾　甲骨文絴方屢見，絴字作或，象系索于羊頭形，這和字作形同義，但前者是就羊言之，後者則就羌人言之。近年來雲夢出土的秦簡：「士五（伍）甲盜一羊，羊頸有索，索直（值）一錢。」（一九七六年文物第八期二八頁）以甲骨文驗之，則以索系羊頸，已見于絴方。絴方或由此习慣作風而得名。【釋盟　甲骨文字釋林】

◉姚孝遂　絴字从羊从糸，與羌字下从人者迥然有別。諸家多誤混入「羌」字，或混入「羊」字，均非是。

「今众人……入……絴方……𡉈田」　甲三五一〇

「其氏絴方」　存一・三五一

以上「絴」為方國名。【商代的俘虜】

絴

⿰秦阝　紹

◉湯餘惠　燕人的條形私名璽有□閔鄃(3498)

首字舊不識，疑即「絴」之古文，「絴閔」為古人複姓，又見「□閔□」(3136)璽，加□與□同為裝飾性筆劃，「絴」與「羊」音同字通，故又作「羊閔」，古璽「羊閔□」(3514)，無疑是同姓氏者的印鑑。【略論戰國文字形體研究中的幾個問題　古文字研究第十五輯】

紹

同紀　是胃嬰——亡(甲4—13)　【長沙子彈庫帛書文字編】

⿰秦阝

9·8　⿰秦阝宋　說文所無顧廷龍云秦為國名故字或从邑　【古陶文字徵】

◉徐在國　齊系璽文裏有如下一字：

a□《璽彙》2206　b□《璽彙》2207

《古璽文編》作為不識字分別列入附録378頁和465頁。吴振武先生在《〈古璽文編〉校訂》(博士論文，1984年10月，油印本)第〔629〕條中認為這兩個字應同列，十分正確。丁佛言在《補補》中將b釋為「鄦」，并說「或以為秦字，非。」今案：此字釋「鄦」誤，或釋「秦」確。應分析為从「邑」从「秝(或禾)」从「大」形，釋為⿰秦阝。

「鄦」所从的「無」，甲骨文作□(《殷契粹編》1313)，象人手持尾形物舞蹈之形。金文作□(厚氏圃)□(邾公華鐘)等形，形體已經有所訛變。小篆作□，《說文》說「豐」也。从林𠦜。或說規模字。从大、卌。卌，數之積也；林者，木之多也；卌與庶同意。許慎據譌變的形體分析「無」字，全不可解。丁佛言在《補補》卷六「無」字條下首列c：□字，說「古璽□無□，此周秦間文字，□為林之譌，从大，不从午，故應釋無」。□顯然是「秝」，而非「林」，況《說文》「無」字之說不足取，因此釋「鄦」沒有道理。但是丁佛言認為c从「大」，并把b列在c下，也就是說，他認為b所从的□也是「大」形，這一點是對的。c字雖不見于《古璽彙編》，但從璽文內容及文字風格看，是齊系文字則無疑義。

a、b所从的□可以看作與大相同，看下面的例子：

「火」作□(「𨗨」所从，公孫𨗨壺)，或作□(「談」所从，《陶彙》3·198)，□(「營」所从，《璽彙》3678)。

舂　𤩛

「矢」作□（「矦」所从，鈢鑄），或作□（「射」所从，《璽彙》3483），□（「疾」所从，《陶彙》3・701）。

由上例可以得出，「亠」和「∨」可互作，因此□可看作與大同。

齊系文字中「大」形一般作□（陳喜壺），也有作□（齊刀）、□（《陶彙》3・69）、□（齊刀）諸形的，□和□相同，□釋為「大」形是可以成立的。

我們知道，「秦」在古文字中一般从「午」，从「大」形的則比較少見。但在漢印文字資料中，卻發現「秦」字確有从「大」形的。《漢印文字徵》卷七・十二「秦廣昌」之「秦」作□，「秦安或」之「秦」作□，均从「大」形。吴振武先生摹漢印拓本，「公孫秦」之「秦」作□，「秦固」之「秦」作□，从「大」形是没有問題的。這就是説，「秦」字除从「午」外，也有从「大」形的。這為我們釋□為「大」形又提供一佳證。

如上釋不誤，則此字應隸作「鄰」，讀為「秦」。「秦」字在璽文中一個用作姓氏，一個用作人名。「秦」在戰國文字中疊出繁見，在目前所見到的齊系文字中則很少見。此字形體獨特，可知為齊系文字中秦氏之秦的特有寫法。【釋剡此郤鄰　山東古文字研究】

◉饒宗頤　□字，隸定應作舂，象陷人于坎，以杵舂之，或釋臽，即陷字。他辭云：「勿舂。」（後編下三一・一八）亦省作□，辭云：「丁丑卜，子啟□用，今日亡囚。」（乇乙八七一六）此言「舂牢」，蓋即瘞薶之禮。祭法：「瘞埋于泰折，祭地也。」孫希旦集解：「泰折，北郊之坎。」此字从凵，凵即坎，説文：「坎，陷也。」陷牲于坎，即瘞薶也。【殷代貞卜人物通考】

◉白玉峥　□　籀廎先生隸作奚。羅振玉氏入書契待問篇（三八）。孫海波氏作文編入于附録（十六）。李孝定先生作甲骨文字集釋失録。于省吾氏曰：「□，隸定應作舂，象陷人于坎，而用杵以舂之。」（駢三・二七）。夫子曰：「字象置人於坎，以杵夯土，當為用人牲之祀典。」（面示）。于氏隸作舂，可從；然今字無之。其説解字形，尚差一間。竊疑：字之構形，可能為人祭，或構築寢廟奠基涉及之事，兹姑从于氏之隸定，以俟考定。【契文舉例校讀十九　中國文字第五十二册】

◉李孝定　𤩛字从□，乃「面」字，指事字也，不从冒，冒字許訓「冢而前也」，當為後起義；冃冒乃古今字，古文以目代首，从冃从目，正象以冃覆首，文選顔延之拜陵廟作詩注引「冒，覆也」，廣韻三十七號亦云「冒，覆也」，可證。自冒用為假冒，貪冒字，乃更製帽字以別之，冃、冒、帽實一字耳。知冒之為以冃覆首，則□之非冒甚明，字當从高田、楊二氏説釋「𤩛」，至其義則讀為璊為

縵，皆可通，以事類相近者求之，讀為瑞或較切也。【金文詁林讀後記卷一】

禶

甲二三九一　从示从𢍁說文所無于省吾說字象形本為量器之升𢍁為上舉之升禶字从示為祭時進品物之升後世以升為之升行而禶廢　前一・四・八　前一・四二・五　前五・三五・四　林一・一九・八　燕二六三　京津五一六五　摭一四　佚四三三　存下七五五　或从拼【甲骨文編】

◉于省吾　卜辭禄字習見。葉玉森釋礿不可據。禄字从。即古升字。金文升字友毁作。秦公毁作。金之斗字𦥎朕鼎作。秦公毁作。然升斗二字在偏旁中每相混。然則禄字从升作與作無別也。形下从○即●。因點之稍大者不便契刻。故作虛匡。友毁升作。易○為一。即易點為橫。乃古文孳演之慣例。禄字隸定應作禨。以六書之義求之。禨从示癹聲。癹从収升聲。癹即拼字。从収从手一也。説文。「拼。上舉也」。字象形。本為量器之升。癹為上舉之升。禨字从示為祭時進品物之升。猶之聂亦作禨。𣅀亦作禨矣。禨見粹五四四。友毁「升於厈文且考」。以升斗之升為升進之升。經傳亦通以升為升進之升。俗作昇陞。禨字遂不見於後世字書矣。前一四・八「王賓禄亡尤」。林一・一九・十「王賓禄亡尤」。前一・五・二「王賓大甲禄亡尤」。此外言「王賓禄」或「王賓某某禄」習見不備舉。禄即禨。為進品物之祭。儀禮士冠禮「若殺則特豚載合升」。注「煑於鑊曰亨。在鼎曰升。在俎曰載」。按此係就經文分別言之。儀禮覲禮「祭天燔柴祭山丘陵升祭川沈」。是升為祭法之證。惟此亦係分別言之。通言之。進品物以享鬼神均可謂之升。經傳多訓升為進為獻。是禨祭之為獻品物。殆無可疑。要之。禄从示彔聲。即禨字。彔从収彐聲。即拼字。殷禮以禨為進品之祭。與周制可互證。後世通以升為之。升行而禨廢矣。【釋禨　雙劍誃殷契駢枝三編】

⿰示叕

◉黃錫全　歠昌劣切　義雲切韻　鄭珍：「此⿰示叕字，从古示為異。《説文》『餟，祭酹也』。俗別作醊⿰示叕，見《篇韻》，非歠字。」按，《廣韻》「⿰示叕，重祭。」⿰示叕歠均从叕聲，此假⿰示叕為歠。【汗簡注釋卷六】

堙

◉于豪亮　《周氏古璽印景》有「鄄城發弩」，其文如下：

第一字當隸定作堙，戰國文字時常更易其偏旁位置，此璽文之「弩」竟書作「弪」，即是一證，故此字實為陻字。陻字為字書所無，春秋戰國亦無名陻城者，陻从垔得聲，鄄與甄亦从垔得聲，故陻城實為鄄城，而鄄城即甄城。

鄄城《春秋》及《左傳》并名為鄄，《史記》則名為甄。茲録有關鄄城之記載如次：

《春秋·莊公十四年》：「冬，單伯會齊侯、宋公、衛公、鄭伯於鄄。」注：「鄄，衛地，今東郡鄄城也。……甄城音絹，一音真，或音旃，又舉然反，或作鄄。」春秋戰國時之鄄城即今山東鄄城北之舊城。

《莊公十五年》：「春，齊侯、宋公、陳侯、衛侯、鄭伯會於鄄。」

《莊公十九年》：「秋，公子結媵陳人之婦於鄄，遂及齊侯、宋公之盟。」

《左傳·襄公十四年》：「四月己未，子展奔齊，公如鄄，使子行於孫子，孫子又殺之，公出奔齊，孫氏追之，敗公徒於河澤，鄄人執之。」

《左傳·昭公二十年》：「衛公孟縶狎齊豹，奪之司寇與鄄。」

《左傳·哀公十七年》：「十一月，衛侯自鄄入，般師出。」

《史記·趙世家》：「成侯十年，攻衛取鄄。」

《史記·田敬仲完世家》：「威王九年，趙伐我，取甄。」又：「（威王）召阿大夫語曰：昔日趙攻甄，子弗能救；衛取薛陵，子弗知。」又：「宣王七年，與魏王會平阿南。明年復會甄。」

由《春秋》、《左傳》及《史記》之記載，知鄄本衛地，趙成侯十年攻衛取鄄；後為齊有；齊威王九年，趙伐齊復取鄄；其後復為齊有。

《陸庵孴古録》有「鄄成」印，字作：

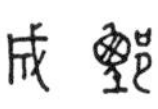

與作「陻城」者不同，蓋雖為同一地名，書寫亦復各異，亦猶《左傳》稱之為「鄄城」，《史記》名之為「甄城」也。

塢　⿰壴丑　⿺走各

「發弩」亦見於璽印及古籍之中，除「⿰目垔城發弩」外，《古璽文字徵》尚有古璽「左發弩」。「發弩」亦見《睡虎地秦墓竹簡・秦律雜抄》：

「除士吏，發弩嗇夫不如律，及發弩射不中，尉貲二甲。發弩嗇夫射不中，貲二甲，免。嗇夫任之。」

在戰國時期，弩已成為射程較遠殺傷力較强之武器，軍隊中遂有專司發弩者，率領發弩者之軍官則名為發弩嗇夫。

《封泥彙編》六十四頁有「南郡發弩」印，一二八頁有「發弩」半通印，《齊魯封泥印存》亦有「發弩」半通印，均漢印也。《漢書・地理志》南郡下本注云「有發弩官」，師古曰「主教放弩也」。又《卜式傳》云：「臣願與子男及臨菑習弩、博昌習船者請行，死之，以盡臣節。」則是臨菑亦有習弩者。戰國、秦、漢之時，弩之使用已極普遍，發弩官必不止南郡一處，可斷言也。而漢代之發弩官乃因襲戰國而來者也。【古璽考釋】

◉戴家祥　[glyph] 倂匜　專⿺走各嗇覣儹　⿺走各字説文不載。博雅「⿺走各趚，僵也」。集韻訓「⿺走各趚，倒地」。玉篇「⿺走各，狂走也」。倂匜「專⿺走各嗇覣儹」，⿺走各讀作各，至也。从走為表示行走而至之義。全句為「到嗇去見倂」。【金文大字典下】

◉孫海波　[glyph] 京津三四八四　从壴从丑。説文所無。地名。在⿰壴丑。【甲骨文編卷五】

◉裘錫圭　居延簡裏常見「塢」、「⿰土焦」二字。這兩個字的寫法，變化比較多，下面各舉四個例子：

塢　[glyph]《甲》797　[glyph]《居》4237　[glyph]《甲》1383　[glyph]《甲》1705

⿰土焦　[glyph]《甲》797　[glyph]《居》4237　[glyph]《甲》1383　[glyph]《居》7008

由于「塢」字「烏」旁的上部往往寫得跟「隹」差不多，這兩個字有時不大容易分辨。它們在簡文裏出現時的語言環境也很相似，例如簡文中既常説「塢上」如何如何，也常説「⿰土焦上」如何如何。因此，過去研究漢簡的人往往把這兩個字弄混。其實，如果能比較細心地觀察一下，「塢」和「⿰土焦」在字形上的區别並不是很難掌握的。「塢」字「烏」旁的最下一横，右端一定往下彎，以形成「㇆」、「㇇」一類筆形。這是「⿰土焦」字的「焦」旁所没有的特點。

居延簡常常以塢和⿰土焦並提，例如：

(1) ⿰土焦上深目少八

塢上深目少四(142·30,《居》4262,《甲》797)

(2) 塢上轉射二所深目中不辟除，一所轉射空小不承長辟(臂)。

⿰土焦上轉射一所深目中不辟除，一所轉射毋(無)稈(?)。(89·21,《居》4237)

(3) 塢上望火頭(?)三，不見所望，負三算。

⿰土焦上望火頭(?)二，不見所望，負二算。(82·15+52·17,《居》3738,《甲》362)

(4) 塢上樽(?)□少二。

塢上大表一古惡。

⿰土焦上不騷(掃)除，不馬矢(屎)涂。(214·32,《居》3494,《甲》1383)

在上引前三例裏，如果把「塢」和「⿰土焦」當作一個字來釋，顯然是講不通的。

《居》和《甲》的釋文對「塢」、「⿰土焦」二字的處理顯得很混亂。拿前舉四例來説，(1)的「⿰土焦」、「塢」二字，《甲》都釋作「塢」，《居》的釋文是正確的，但勞氏在《考證》裏又將「⿰土焦」字釋作「堠」(44頁)。(2)的「塢」、「⿰土焦」二字，《居》都釋作「塢」。(3)的「塢」、「⿰土焦」二字，《居》也都釋作「塢」，《甲》同。(4)的兩個「塢」字和一個「⿰土焦」字，《居》都釋作「塢」，《甲》釋第一「塢」字為「堠」，把第二「塢」字和「⿰土焦」字都釋作「塢」。居延簡裏絶大多數「⿰土焦」字的右旁都與「侯」字截然有別，勞氏有時把「⿰土焦」釋作「堠」是缺乏根據的。《甲》1383釋「塢」為「堠」更没有道理。

勞氏在《考證》「塢堡」條中，根據居延、敦煌等地漢代烽燧遺址的情況以及有關簡文，推定塢是環于亭燧外的小城，堠是烽臺(44頁等)。這大概是正確的，不過「堠」應該改釋為「⿰土焦」。「⿰土焦」就是譙樓的「譙」，古書中也寫作「樵」。《漢書·趙充國傳》「今留步士萬人屯田……部曲相保，為壍壘木樵」，顏注：「樵與譙同，謂為高樓以望敵也。」同書《陳勝傳》「獨守丞與戰譙門中」，顏注：「譙門謂門上為高樓以望者耳。樓一名譙……。」所謂烽臺，一般是版築的或用墼壘成的土臺，當時上面一定還有供瞭望的樓，所以稱之為「譙」。簡文把這個字寫成从「土」，大概是着眼于⿰土焦以土臺為基礎的緣故。

從居延簡看，塢和⿰土焦在舉烽火方面的作用是有所不同的。例如簡文中時常提到塢上的表：

〔甲〕渠餅庭燧以日出舉塢上一表一□(28·1,《甲》211)

受□虜燧塢上表再通(126·40+536·4,《甲》719)

塝

受並山燧塢上表再通(332・5，《甲》1705)

但是提到堠上的表的簡文似乎還没有看到過。這方面的問題很值得深入研究。

破城子新出的「塞上蓬火品約」，既提到塢也提到堠。甘肅省居延考古隊簡册整理小組的釋文把這兩個字都釋作「塢」(《考古》1979年4期360頁)，徐蘋芳同志《居延、敦煌發現的「塞上蓬火品約」》一文則把這兩個字都釋作「堠」(《考古》1979年5期445頁)，恐怕都不妥當。可惜發表的圖版太模糊，對于「塢」、「堠」二字無法一一加以分辨。【漢簡零拾　文史第十二輯】

◉商承祚　「日月夋生，九州不塝=，山陵僕岆」(四、36—五、10)：《山海經・大荒南經》有帝俊之妻羲和生十日，及《大荒西經》：又「生月十有二」的神話傳說。「日月夋生」，即「夋生日月」。

不，讀丕。古文丕不一字。

塝字在此應讀作滂，姚釋為重，作壅字解(遺篆重文)。考金文从甬之字如「通」从□，無一字例外，而旁字則作□，或省作□。石鼓文滂、鰟皆从□，帛書雖省去一筆，仍是旁字。姚讀「不」如字，自會聯想其字為壅，為「不壅塞」。《廣雅・釋詁》：「滂滂，流也。」「丕滂滂」謂九州之水，滂薄暢達無阻流。金文「□夜君之載鼎」同此(鼎文當為春秋之防邑。知其為防者，旁，方通用。《說文》魴，或从旁作鰟；防，或从土作埅，故其字可寫為隣、塝，又可寫為防、坊)。

岆同仙，安寧寂静意。字又見六行。【戰國楚帛書述略　文物一九六四年第九期】

◉何琳儀　楚系文字中有一個較特殊的形體，參見：

九州不□長沙帛書

□阿《璽彙》〇三一七

秦王卑命竸(境)□《文物》一九七四・六・八六鐘

□夜君成之載鼎《三代》三・十一・四鼎

□夜君包山簡

□皇《文物》一九七九・七・五石磬

有的學者根據隨縣墓所出編鐘「□皇」、「□夜君」，推勘上揭楚文字均應釋「坪」裘錫圭《談談隨縣曾侯乙墓的文字資料》，《文物》一九七九年七期。是正確的。但「□」和「□」並非一字。

塚

按，此字商承祚曾隸定「塝」商承祚《戰國帛書述略》，《文物》一九六四年九期。甚確。檢甲骨文「旁」作「」形，或簡筆作「」于省吾《甲骨文字釋林》四三一頁。金文「旁」作「」（㚸䞢母簋），與楚文字「」相較多一筆。尤其《雲夢》一六・一二〇「旁」作「」形，與楚文字「」、「」等形最近。如果把這種繁簡的差別與甲骨文「旁」的異體比照，不難看出其平行演變的規律。然則上揭楚文字均應隸定為「塝」。

《集韻》「塝，地畔也。」《康熙字典》「吴楚間方語，土之平阜曰塝。」可見「塝」有「平」義，本是楚方言。《説文》「坪，地平也，从土平，平亦聲。」可見「坪」亦有「平」義。其實「塝」和「坪」不但義近，聲亦近（並紐雙聲，陽、耕旁轉）。因此楚文字「塝」均與「坪」通用，讀「平」。「九州不平」，文意通暢。「平阿」，地名，在今安徽懷遠。「平夜」即「平輿」，在今河南汝南。「競塝」，讀「境平」亦通。「坪皇」，楚樂律名。【戰國文字通論】

◉吴振武　戰國時期魏都大梁曾鑄有四種面文比較特殊的圓跨布。根據其內容，可以分為兩組：

第一組　(1)梁（梁）夸釿五十尚（當）孚（鋝）　《古錢大辭典》226等號（圖1）

(2)梁（梁）夸釿百尚（當）孚（鋝）　同上223等號（圖2）

圖 2

圖 1

采自《方城幣譜》

第二組　(3)梁(梁)正(整)㡀(幣)百尚(當)寽(鋝)　同上218等號

(4)梁(梁)斗(半)㡀(幣)二百尚(當)寽(鋝)　同上221等號

第一組幣文中的□字始終没有令人滿意的釋讀。本文所要討論的就是關於這個字的釋讀問題。

1929年河南省方城縣北山曾出土第一組梁布一百五十餘枚，關百益精選了其中的五十枚拓印成《方城幣譜》一書。下面我們就以該書為主，同時參考其他譜録來摘録這個字的各種典型形體。

A □ □ B □ □

C □ □ D □ 這個形體原出萬光煒《古今録》(乾隆四十九年刊本)，本文轉引自商承祚等編《先秦貨幣文編》130頁，書目文獻出版社，1983年。

關於這個字，舊有釋「云」、釋「兖」、釋「流」、釋「半」、釋「京」、釋「率」、釋「戟」、釋「親」、釋「充」、釋「夸」、釋「奇」等説。參看丁福保：《古錢大辭典》下册1210—1214頁，2162—2163頁，中華書局版，1982年；鄭家相：《中國古代貨幣發展史》123頁，生活·讀書·新知三聯書店，1958年。其中以釋「充」、釋「夸」、釋「奇」三説影響最大，從者最多。其餘諸説則信者寥寥，如今也已没有再批評的必要了。近年新出版的商承祚先生等編《先秦貨幣文編》也將此字釋為「充」(129頁)；這個形體原出萬光煒《古今録》(乾隆四十九年刊本)，本文轉引自商承祚等編《先秦貨幣文編》130頁，書目文獻出版社，1983年。張頷先生編纂的《古幣文編》則將此字列於附録(263頁)。中華書局，1986年。

從字形分析入手，並參照有關的古文字資料，我們認為此字應釋為「塚」(即「冢」字)，讀作「重」。

為了説明問題，我們暫且先把此字分析成□、□兩部分來討論。

上部□可以釋為「立」應該是毫無問題的。但是在戰國文字中，「立」旁往往用作「土」旁。如古璽中下列从「土」之字即从「立」作：

坤　□《古璽文編》317頁

坡　□同上

均　□同上

塊　□同上318頁

堂　□同上319頁　又《古璽彙編》3442「堂(當)城岦(府)」璽中的「堂」字亦从「立」作□。當城，古地名，在今河北省蔚縣東，戰國時當屬趙。

墻 [glyph]同上326頁

坨 [glyph]同上

此外，楚鄂君啟車節「屯十以堂（當）一車」、「屯二十檐以堂（當）一車」中的「堂」字亦从「立」作[glyph]。《書法》1982年2期。當然，從戰國文字形體奇譎多變考慮，把[glyph]旁直接看成是「土」旁的變體也未嘗不可。

下部[glyph]或[glyph]、[glyph]、[glyph]等形應是「冢」字的省體。關於戰國文字中的「冢」字，過去學者們在研究侯馬盟書和平山中山王銅器時已作過一些很好的考釋，奠定了基礎。近年來，李學勤先生和李家浩先生又在此基礎上，進一步對其他戰國文字資料中的「冢」（或作「塚」）字作出不少精彩的考證。李學勤：《從新出青銅器看長江下游文化的發展》，《文物》1980年8期；《秦國文物的新認識》，《文物》1980年9期。李家浩：《戰國時代的「冢」字》，《語言學論叢》第七輯，商務印書館，1981年。下面我們擇舉數例作為説明問題的參考：

[glyph] 中山王銅燈「冢」（重）一石三百五十五刀之冢（重）」 《中山王礨器文字編》52頁

[glyph] 侯馬盟書「不顯𣪕（頊）公大冢」 《侯馬盟書》324頁

[glyph] 同上

[glyph] 十三年梁陰令鼎「上官冢子疾」 《三代吉金文存》3·40下

[glyph] 齊陶文「蒦圆南里人冢」 《季木藏匋》56·1

[glyph] 金村銅壺「五孚（鋝）三冢」 《洛陽故城古墓考》圖版186·66

[glyph] 古璽「陽城冢」 《古璽彙編》4047

《説文》謂「冢」字从「勹」，「豖」聲。很顯然，如果將這些「冢」字所从的「豖」旁省去，剩下的也就只有相當於「勹」旁的[glyph]或[glyph]、[glyph]、[glyph]等形了。那麼這樣的省法能不能得到證明呢？看看下面所舉的合文例子就清楚了。

「之冢（重）」合文：

[glyph] 中山王銅燈「冢（重）一石三百五十五刀之冢（重）」 《中山王礨器文字編》79頁

[glyph] 魏（一説衛）二十八年平安君鼎蓋「一益（鎰）十釿斗（半）釿四分釿之冢（重）」、器「六益（鎰）斗（半）釿之冢（重）」 《文物》1980年9期18頁

[glyph] 魏三十二年平安君鼎器「五益（鎰）六釿斗（半）釿四分釿之冢（重）」 《文物》1972年6期23頁

「冢子」合文：

□　魏二十八年平安君鼎器「單父上官冢子憘所受平安君者也」

□　同上，蓋

□　魏三十三年平安君鼎器「單父上官冢子憘所受平安君者也」

□　魏梁上官鼎器「宜詢(信)冢子」《三代吉金文存》2·53下

□　古璽「栖冢子」《古璽彙編》3102

這些合文中的「冢」字皆用簡省的寫法。其中省作□、□、□、□、□等形的，就跟幣文下部所从的□或□、□、□等旁完全一致。因此，把幣文下部□看作是「冢」字的省體應該是可以成立的。

不過這裏有必要對「冢」字的這種省法是否合理作一些思考。按理說，象「冢」字這樣的形聲字在一般情況下是不能輕易省去聲旁的。那麼上面所討論的「冢」字簡省寫法是否就是一種特殊的省略聲旁之例呢？問題恐怕並不這麼簡單。西周金文「冢」字作□、□或□，《金文編》651頁。戰國文字通常作□、□、山西省文物工作委員會：《侯馬盟書》324頁，文物出版社，1976年。□、□、□等形，這些都無疑是最正規的寫法。但是，在戰國文字中，還有相當多的「冢」字是用借筆法將「勹」、「豖」兩旁連為一體書寫的，象前面列舉的□、□兩形即是。此外還可以舉出侯馬盟書中的□、□，山西省文物工作委員會：《侯馬盟書》324頁，文物出版社，1976年。平山中山王銅器中的□，《中山王礜器文字編》52頁。洛陽金村銅器中的□、□、□，懷履光：《洛陽故城古墓考》圖版186·6a、6c、6d，1934年，上海。戰國陶文中的□，孫潯、孫鼎：《季木藏匋》17·4。參看李家浩《戰國時代的「冢」字》，《語言學論叢》第七輯，商務印書館，1981年。等等。可以想見，由於當時盛行這種用借筆法寫成的具有「獨體」性質的「冢」字，書寫者可能有時在意識上也已不再把它當作合體字看待了。因此，當「冢」字簡略成□或□、□等形時，從表面上看，似乎僅相當於一個「勹」旁，但實際上，它既代表了「勹」旁，同時也代表了「豖」旁。換句話說，在多數情況下，書寫者是把「冢」字當作獨體字來簡省的，並不存在只省去聲旁的問題。前面所舉中山王銅燈「之冢」合文中的「冢」字省作□，二十八年平安君鼎「冢子」合文中的「冢」字省作□或□，便是最好的證明。□、□和□當分別由相當於獨體字的□和□簡省而來。這種簡省方法，也正是林澐先生在《古文字研究簡論》中所指出的「截除性簡化」。《古文字研究簡論》75—78頁，吉林大學出版社，1986年。這樣說來，我們就不能簡單地把「冢」字的簡省寫法看成是省略聲旁的特例。

以上我們為了行文的方便，人為的將幣文拆成□、□兩部分加以論證。但實際上，這兩部分是連在一起的，□旁和□旁共用了中間的橫劃。也就是說，在實際書寫過程中□(冢)旁上面的橫劃借用了□(土)旁下面的橫劃。這種借筆現象，在古文字中是很常見的。下面我們略舉幾個類似的例子。

盂 子諆盂 《文物》1980年1期。參看孫稚雛：《金文釋讀中一些問題的探討(續)》，中國古文字研究會1981年年會論文，《古文字研究》第九輯，中華書局，1984年；張光裕：《從字的釋讀談到盞、盆、盂諸器的定名問題》，《考古與文物》1982年3期。

喜 伯喜父簋 《考古》1963年12期。

善 齊陶文 《季木藏匋》38·1

鬻 古璽 《古璽文編》420頁2欄。參看朱德熙、裘錫圭：《關於侯馬盟書的幾點補釋》，《文物》1972年8期。

坊 古璽 《古璽文編》133—134頁。參看裘錫圭：《戰國文字中的「市」》，《考古學報》1980年3期。

義 古璽 同上296頁。

固 古璽 同上136頁。

匡 古璽 同上298頁 參看丁佛言：《說文古籀補補》12·6。

即「塚」字本身也有類似的借筆寫法。如「土」、「冢」二旁上下借的有：

魏六年寍鼎「寍(寧)塚(从卜)子得」 《三代吉金文存》3·24下。

韓春成侯鍾「塚(重)十八益(鎰)」 同上18·19上。

古璽「□塚」 《古璽彙編》5678。此字《古璽彙編》不識，《古璽文編》未收。

左右借的有：

温縣盟書「丕顯敫(頊)公大塚」 《文物》1983年3期83頁圖六。

古璽「水丘塚(塚)」 《古璽彙編》3508。參看上引李家浩《戰國時代的「冢」字》，《語言學論叢》第七輯，商務印書館，1981年。

前舉中山國和魏國銅器中的「之冢」合文作或，實際上也是由借筆構成的。所以，「塚」字可以作是毫不奇怪的。

在戰國文字資料中，「冢」或「塚」往往借為「重」。典籍中亦有「冢」、「重」音通的例子。李學勤：《從新出青銅器看長江下游文化的發展》，《文物》1980年8期；《秦國文物的新認識》，《文物》1980年9期。李家浩：《戰國時代的「冢」字》，《語言學論叢》第七輯，商務印書館，1981年。可知(1)、(2)兩幣中的「塚」字也應讀作「重」。「釿」本來是重量單位，在這裏轉為貨幣名稱。「重釿」當是相對份量比它輕的「釿」或普通的「釿」而言。根據這四種梁布和形制與它完全相同的其他魏布的實測重量推算，我們已經知道幣(1)相當於二釿布，(2)和(3)相當於一釿布。(4)則相當於半釿布。一釿約在14至16克左右。幣文(1)、(2)明確告訴我們，「重釿」與鋝的比值是

100:1，那麼一鋝約在1400至1600克左右。這個數值跟金村方壺按照實測重量推算出的一鋝之數也大體相合，但比文獻中所載有關鋝的各種數值卻都要大得多。參看上引朱德熙、裘錫圭：《平山中山王墓銅器銘文的初步研究》，《文物》1979年1期；李家浩：《戰國時代的「冢」字》，《語言學論叢》第七輯，商務印書館，1981年；李學勤：《東周與秦代文明》310—311頁，文物出版社，1984年；蕭清：《中國古代貨幣史》56—57頁，人民出版社，1984年。這也反過來告訴我們，當時很可能還存在着一種比較輕的「釿」。

《國語·周語下》曾記載春秋時周景王二十一年（公元前524年），單穆公諫止景王鑄大錢事。其中提到「重幣」，原文如下：

景王二十一年，將鑄大錢。單穆公曰：「不可。古者天災降戾，於是乎量資幣，權輕重，以振救民。民患輕，則為作重幣以行之，於是乎有母權子而行，民皆得焉。若不堪重，則多作輕而行之，亦不廢重，於是乎有子權母而行，小大利之。今王廢輕而作重，民失其資，能無匱乎？……」王弗聽，卒鑄大錢。

從這段記載中可知，周在景王以前已有錢幣流通，並有子母兩等。景王「廢輕而作重」，又改鑄大錢。「錢」本來也是一種鏟形的工具，一般所說的「布幣」就是指鏟形的錢幣。「冢（重）釿」猶言「重幣」。跟「冢（重）釿」布有密切關係的第二組梁布也正是自名為「幣」的。雖然「夸」字可以訓成大，「奇」字可以解釋成特殊，但從古人語言習慣來看，顯然都不如釋「冢（重）」來得妥貼。【說梁重釿布　中國錢幣一九九一年第二期】

◉顧廷龍　範。吳大澂云。說文艸部有范字。無範字。車部範。範軷也。从車。范省聲。讀與犯同。此从艸。可補說文之缺。潘。潘。【古匋文孴録卷十四】

2255　說文所無玉篇萰白蘞也廣韻草名　【古璽文編】

◉劉心源　从。即省。。古文旅字。見說文者下。又从支。是⿰者攵字也。玉篇。多古切音堵。伴也。非此銘所用義。此當為堵。謂堵截之。此銘文意。是鬲比祖田為攸與衛牧所侵。故比吕二人告王曰。女敵我田。而衛牧弗許付我。謂衛牧居閒為難也。王命省視其田。史南即王所命者。田與虢旅近。故吕就虢旅治之。旅迺使攸與衛。牧誓曰。若不吕所敵之田

⿰鬲阝　⿰南殳　⿱⿰古攵心

全付鬲比。則堵截之。【奇觚室吉金文述卷二】

◉劉心源　　从古文旅。从攴。即⿰南攴。詳鬲比鼎。【奇觚室吉金文述卷三】

◉顧廷龍　⿱⿰古攵心。説文所無。或謂怙字異文。潘夒圖南里人⿱⿰古攵心　周夒圖匋里人⿱⿰古攵心。【古匋文孴録卷十】

◉明義士　　从南从殳，字書所無。象以手持物擊南形。董作賓謂為貞人，予意⿰南殳乃龜卜一部分事類之專門名詞。【柏根氏舊藏甲骨文字考釋】

◉蔡運章　這批金銀幣中，有一塊金版的正面鈐有「爰」二字的小方印。因這塊金版為稱量貨幣，出土時已被切割使用過，尚保存着三整印和二半印。其中的「」字，《河南扶溝古城村出土的楚金銀幣》釋為「⿰鬲阝」字，並指出「係楚國一重要地名」。河南省博物館、扶溝縣文化館：《河南扶溝古城村出土的楚金銀幣》，《文物》1980年第10期。這種看法是很正確的。

但是，「⿰鬲阝」究為何地？錢幣學界存在着不同的看法。黃盛章先生認為：「楚國地名無从『鬲』之字，當是『酈』字異寫。……按酈《説文》『从邑麗聲』，古音與歷皆在佳部，音韻皆同，酈食其、酈商雖為高陽人，但得姓必與酈有關，其姓至今仍有，顔注於酈姓『音歷』（即『郎益反，之音』），最為可據，而『鬲』聲與『麗、酈、歷』古音韻皆同，作為地名，初無完字，可取音同，故⿰鬲阝即酈，可以無疑。」黃盛章：《扶溝古城村出土金銀幣》，中國古文字研究會第四屆年會論文。朱活先生認為：「按⿰鬲阝即櫟，春秋鄭國別都，在今河南禹縣，戰國時稱陽翟，曾為韓都。不知何年入楚。」朱活：《古幣三談》，《中國錢幣》1983年第2期。這些解釋都單憑音韻立説，缺乏更多的證據，實難令人信服。我們認為，「⿰鬲阝」當是「歷」的假借字，「⿰鬲阝爰」應是戰國時期楚國歷陽鑄造的貨幣。

「⿰鬲阝」乃鬲字的異體。我們知道，鬲在用作地名時，為了加强其作為地名的表意成分，可以增置邑旁。這種現象在古文字中屢見不鮮，例如：豐亦作酆，會亦作鄶，耒亦作郲，息亦作鄎，皆是其證。《正字通》説「⿰鬲阝，地志本作鬲」，是其直接的佳證。

鬲，通作歷。因歷、鬲古音相近（同在錫部），可以通假。《説文·鬲部》云：「⿰鬲瓦，鬲或从瓦。⿸厤瓦，漢令鬲，从瓦，厤聲。」《集韻》説：「⿸厤瓦，音歷，瓦器，或作⿰鬲瓦。」《廣雅·釋器》王念孫疏證：「鬲，漢令作⿸厤瓦，或作⿰鬲瓦。」由此可見「鬲」通作「厤」。然而，「厤」乃

「歷」之古文。《易·革辭》：「治厤明時」，《漢書·律歷志上》作「治歷明時」。《尚書·堯典》「厤象日月星辰」，《漢書·律歷志上》、《藝文志》皆作「歷象日月星辰」。《論語·堯曰》「天之厤數在爾躬」，《漢書·律歷志》作「天之歷數在爾躬」。《莊子·天下篇》「厤物之意」，王夫之注「厤同歷」，《釋文》云：「厤，古歷字。」凡此足證「鬲」、「歷」可以通用。《史記·滑稽列傳》載「銅歷為棺」，《索隱》案「歷即釜鬲也」；《說文》鬲字段玉裁注「魏三體石經以鬲為大誥嗣無疆大歷服之歷」，更是其直接的佳證。由此可見，鬲、歷古相通假，當無疑問。

先秦時期以「歷」為地名的地方很多。如齊、晉兩國皆有歷山，楚國有歷陽等。但是，這種金爰的鑄造地名和出土地域都說明它是戰國時期楚國的鑄幣。王毓銓：《我國古代貨幣的起源和發展》，85頁，科學出版社，1957年。因此，「鄗爰」的鑄造地只能是楚國的歷陽，齊、晉兩國的歷山當排除在外，不予考慮。【鄗爰考　中國錢幣一九八四年第三期】

◉吳大澂　[illegible]圭鬲寶　[illegible]即䍃。說文云。升高也。䍃與玄同聲相假。䍃圭當讀玄圭。徐同柏云。鬲寶祼圭之瓚也。謂之鬲寶者。瓚以玉為之。形似鬲。玉人注。瓚如盤是也。【毛公鼎釋文】

◉于豪亮　「白（伯）大師不（丕）自乍小子夙夜專由先且（祖）剌（烈）德」。「自」，用也。《書·召誥》「自服於土中」，正義：「鄭、王皆以自為用也。」《康誥》「凡民自得罪」，某氏傳亦訓自為用。

「乍」讀為助，古从乍得聲之字常與从且得聲之字相通假：《國語·楚語下》「子期祀平王，祀以牛，俎於王」，注：「致牛俎於昭王。」俎即胙之假借字。《墨子·辭過》「厚作斂乎百姓」，《淮南子·主術》：「人主租斂於民，必先計歲收，計民積聚。」作斂即租斂。雲夢秦簡《日書》云：「利以兌（脫）明（盟）組（詛）百不羊（祥）。」又云：「利以兌（脫）孟（盟）詐（詛）。」詐、組均詛之假借字。凡此皆从乍得聲之字與从且得聲之字相通假之例，因此「乍」可以讀為助。

「專」讀為薄，《方言》一：「釗、薄，勉也。秦晉曰釗，或曰薄，故其鄙語曰薄努，猶勉努也。南楚之外曰薄努。」

「由」，行也。《廣雅·釋詁一》：「由，行也。」《禮記·經解》：「是故隆禮由禮，謂之有方之士；不隆禮由禮，謂之無方之民。」疏：「由，行也。」由字古籍中或作迪，或作道。《書·皋陶謨》「允迪厥德」，某氏傳：「迪，蹈也。」《史記·夏本紀》作「信其道德」。《益稷》「迪朕德」，《夏本紀》作「道吾德」。迪、道、蹈與由均訓為行。

「小子」是[illegible]自謙之辭。

這一句話的意思是，伯大師大力幫助我使我日日夜夜努力遵行先祖的美德。

「白（伯）亦克𣢼由先且（祖）壘。」

甲骨文有𣏂字，羅振玉《增訂殷虛書契考釋》云：「許書有𣪊字，注：楚人卜問吉凶曰𣪊，从又持祟。祟非可持之物，出殆木之譌，𣝗即許書之𣪊。」按羅氏謂𣝗字就是𣪊字是正確的，批判許氏从又持祟之説、認為祟非可持之物，也是正確的。但是𣪊字从出卻不見得是从木之譌，我們只能説𣪊字和𣝗字是一個字不同的寫法而已，《説文》隸字亦作隸，歀字亦作款，即是兩者互作的證據。𣪊字《説文》云「讀若贅」，則𣝗字也應該讀若贅。本銘文的𣢼字為字書所無，左偏旁與𣝗字左偏旁同，當與𣪊、𣝗同音，也讀為贅。贅字古與綴、酇、攢、纂諸字相通假。《詩·長發》「為下國綴旒」；《公羊傳·襄公十六年》「君若贅旒然」，《釋文》云「贅，本又作綴」；《漢書·五行志下之下》作「君若綴斿」。《書·立政》「虎賁綴衣」，揚雄《雍州牧箴》、班固《西都賦》、崔瑗《北軍中侯箴》、《孟子·盡心》趙岐注皆作「虎賁贅衣」。《書·顧命》「綴輅在阼階前」，《周禮·典路》注引作「贅路」。凡此皆贅與綴相通假之證。綴又與酇、攢、纂相通假，《禮記·樂記》：「其治民勞者，其舞行綴遠；其治民逸者，其舞行綴短。」鄭注：「民勞則德薄，酇相去遠，舞人少也；民逸則德盛，酇相去近，舞人多也。」此綴作酇之證。《周禮·鬯人》鄭注：「禜謂營酇所祭者。」亦書作酇。字又作攢，《左傳·昭公元年》杜注：「禜祭，為營攢，用幣以祈福祥。」《史記·鄭世家》集解引服虔説，《左傳》孔疏引賈逵説，並與杜同作營攢。字又作纂，《史記·叔孫通傳》「為緜蕞野外習之」，集解引如淳云：「蕞謂以剪茅樹地為纂位，《春秋傳》曰：置茅蕝也。」索隱引《纂文》：「蕝，今之纂字。」

如上所述，贅與綴、酇、攢、纂等字以音近相通假，𣢼讀若贅，則𣢼亦得與綴、酇、攢、纂等字相通假。酇、攢與纘均从贊得聲，與酇、攢相通假，亦得與纘相通假。因此𣢼與纘、纂相通假。纘與纂均訓為繼，《説文·糸部》：「纘，繼也。」《爾雅·釋詁》：「纂，繼也。」因此𣢼訓為繼。

「由」亦訓為行。「壘」為蠱之異體字，《周易·序卦》：「蠱者，事也。」

「𣢼由先且（祖）壘（蠱）」，亦猶《左傳·襄公十四年》「纂乃祖考」，《禮記·祭統》引孔悝鼎銘「纂乃祖服」、「若纂乃考服」。《詩·閟宫》「纘禹之緒」，《禮記·中庸》「武王纘太王、王季、文王之緒」。至於《國語·周語》的「纂修其緒」，修亦訓為行，與銘文本句的「由」字相當，故與本句尤為相合。

這一句的意思是，伯亦能繼行先祖之事業。

勣　棽　楙　棘

前二・七・六　从力从查　說文所無　地名　　前二・七・八　　前二・八・二　　後一・一二・一二　　後一・一三・二　　前二・七・七　　續三・二八・六　　續三・三〇・二　　京津五五五二　　粹一二九六　【甲骨文編】

◉孫詒讓　周然睽敲　其字从林从大。疑即叔丁寶林鐘及虢叔大林鐘之棽。見阮款識。虢鐘作。此作者。筆畫微有缺蝕耳。棽讀為遴。遴。吝也。易蒙以往遴。虞翻本作吝。漢書魯恭王餘傳晚節遴。【古籀拾遺卷下】

◉孫海波　甲六五三　从林从白。說文所無。地名。【甲骨文編卷六】

◉屈萬里　　卜辭「叀替眉田,亡𢦏?吉。」(甲編六五三)又見粹編九八五片(即誠齋二九三片)。與一七六三之林日,當為一字。疑即淮南子俶真篇之晽字。於此乃地名。【殷墟文字甲編考釋】

◉張秉權　字不識,楷寫為棘,羅振玉以為二字之人名。見殷虛書契考釋增訂本上P・一一。郭氏以為「是動詞,且與祟𡧊諸字為近」。見卜辭通纂考釋P・六九。按郭說近是,這的確是一個與祭祀有關的字,譬如:

棘于東?

勿棘于東?

貞:棘于南?

勿棘于南?

貞:棘于西北?

勿棘于西北?(乙編四七三三)

棘于西南帝介卯?

勿棘西南?(丙編四四)

等卜辭都是關於四方的祭祀。又如:

己丑卜，㱿貞：𢦏于丘商？四月
貞：勿𢀛𢦏于丘商？（乙編五二六五）
等卜辭都是關於都邑的祭祀。又如：
貞：𢦏于王亥十牛？（乙編七一六一）
貞：𢦏于王天？（前一・四五・三）
勿𢦏于大甲？（粹一五八）
勿𢦏于黄尹？（丙編七五）
等卜辭都是關於先祖及先賢的祭祀。所以説它與祡𡧊等字的性質相近，亦無不可。【殷虚文字丙編考釋】

⿰耳串　⿰酉𠂢　⿰酉舌

◉戴家祥  旟鼎　師𣟭⿰酉舌兄　字从酉从舌，甲骨文舌字作等，與此形近，疑即⿰酉舌字。郭沫若認為⿰酉舌讀為闊，兄讀為貺，「闊貺」猶言厚饋也。文物一九七二年第七期第二葉。【金文大字典下】

◉李孝定　从乁乃𠂢字。契文欠作若，與此迥異，字當隸定作⿰酉𠂢。説文所無。【甲骨文集釋補遺】

◉湯餘惠　《古璽彙編》5633著録一鈕白文私名璽：

原釋文為「登□」，人名字未識。今按此印文字風格屬楚，當是楚人印鑒。人名字从耳、从串，隸定當作⿰耳串。包山楚簡265號簡耳字作、⿰耳串字作，可資對證。簡文云：「一⿰耳串耳鼎」《包山楚簡・考釋》：「⿰耳串，讀如貫。墓中有件銅鼎，蓋上有兩個孔，可套入鼎的雙耳，這種形狀的鼎就是貫耳鼎。」（63頁，注590）余疑⿰耳串字从耳、从串，串亦聲，會意兼形聲；串、貫音義並通，⿰耳串即貫耳本字，古書通作貫。《左傳・僖公二十七年》：「子玉治兵于蔿，鞭七七，貫三七耳。」貫耳之貫，本當作⿰耳串。【古璽文字七釋　第二屆國際中國文字學研討會論文集】

◉戴家祥 [古文字] 鄂君啓節 庚厲 此字郭沫若隸定作厲，為地名，以聲求之，疑指灃江。關於鄂君啟節的研究文物參考資料一九五八年四期。殷滌非隸定作厭，于省吾隸定作厲，均無釋。【金文大字典上】

◉劉 釗 《文編》九·六第4欄有字作「[古文字]」(0580)，《文編》隸作「雁」，以不識字列厂部後。按字从厂从隼，應釋作「庫」。(參見[三])「庫」字見于《篇海》。【璽印文字釋叢(一) 考古與文物一九九〇年第二期】

◉陳夢家 [古文字] 卜辭寓疑是廌字，廣雅釋宫「廌，庵也」，「庵，廐，舍也」；廣韻又有寓、窐二字，集韻以窐為牢。【殷墟卜辭綜述】

◉嚴一萍 是馬亦繫之欄牢。而契文有从[古文字]从馬之[古文字]，正象馬在牢中。見於卜辭者凡四條，無一用作祭祀之牲牢：

王畜馬在丝殿□母戊王受(又) 寧滬五二一

□丝殿□ 寧滬五二二

□畜馬在丝殿□ 粹一五五一

□□卜王其乍徫[古文字]于殿□ 京津四八三一

續甲骨文編據粹編考釋隸定作殿，甚碻。是卜辭从[古文字]之馬不作「牢」用。【牢字新義 中國文字第九册】

◉戴家祥 [古文字] 卲王殷 卲王之諻之薦殿 金文从广與从[古文字]不同，从广為「象對刺高屋之形」的广，从广與从厂同，為石之省，如厚作[古文字]等。此銘[古文字]或作[古文字]本身亦是一證。殷字从石與陳曼簠般字作[古文字]同例，都表示器物的材質。【金文大字典中】

◉湯餘惠 古文石字有一種不經見的結體，其特點在厂旁之下加書二或三横劃以為繁飾。《説文》古文磬字从石作[古文字]，《漢簡》石字作[古文字]，均其遺跡。西周金文厲字或从石作[古文字](子仲匜)，當即前形所本。此種寫法又見於燕人璽印。燕國的私名璽有寫作

[古文字](2321) [古文字](2323)

[古文字](2319) [古文字](2320)

等形的一個字，《補補》釋「崟」(9·5)，《古璽彙編》釋「陰」。按此字左旁為「石」之繁寫，蔡侯鐘銘庶字作[古文字]、[古文字]、[古文字]等形，石旁

寫法頗有相近處。字不从阜，釋「险」非是。「硷」即「崟」之異文（見《集韻》），丁釋可從。【略論戰國文字形體研究中的幾個問題 古文字研究第十五輯】

䨼

◉曾憲通 曰故□䨼霝虘 甲一·四 此字商先生釋贏，謂乃神名，其結構似能而有區別。嚴一萍氏以為帛書䨼與毛公鼎作 甚近，能為古熊字，上一字乃黄字之殘，黄熊即伏羲之號。選堂先生依巴納氏假定上一字為「天」之殘形，謂天熊即大熊。又據《易緯》鄭註言有熊氏即庖犧氏，證之帛書此句為「大熊霝虘」，如合符節。【長沙楚帛書文字編】

⿰犭聿

◉饒宗頤 字从豕从聿，即「⿰犭聿」。字彙⿰犭聿同⿰犭隶。集韻作「⿰犭聿」，夏小正「貍子肇肆」，傳以肆為殺。詩禮皆謂祭牲體解為肆，與殺義近。⊘⿰犭聿亦作「肆」，詩：「是伐是肆。」【殷虚貞卜人物通考】

⿰歹辛

◉戴家祥 曾侯乙鐘 割⿰歹辛之瀛宫 字左从死，古屍死同字。玉篇一五一古文死作 ，和這字形近。右旁不知所从。周南螽斯「螽斯羽，詵詵兮。」經典釋文引說文作「⿰夫辛⿰夫辛」，今本說文仍作「詵詵」。錢大昕謂「唐人引說文不皆可信」。十駕齋養新録卷四。案玉篇三一五⿰夫辛讀所陳切，或作莘。可見六朝以前是有「⿰夫辛」字的。或許左旁作 ，後人誤寫為多。說文八篇侁訓行貌，从人先聲，吕氏春秋本味「有侁氏」，漢書古今人表作「有㜪氏」，楚辭天問作「有莘氏」，是洗字本有辛聲。 字雖不可識，它的音讀與辛相同或相近，這是無疑的。「死」讀息姊切，「洗」讀想禮切，不但同母，而且同部，所以聲符變换亦可从死。辛津皆屬真部，真脂為次對轉，可見「⿰歹辛」「⿰歹聿」都是聲音符號重複字。曾侯乙鐘用作樂律名，借為「姑洗」之洗，「割⿰歹辛」即「姑洗」。【金文大字典下】

⿱雨灭

◉李孝定 从雨从 ，陳氏謂是从 ，二者均與皇字迥異。辭云「方⿱雨灭求季又大雨」，甲·八八五。與求雨之事有關，然不可遽定為周禮舞師之皇或說文之𦏺，但當就其篆形隸定作⿱雨灭。从雨从灭，說文所無。【甲骨文字集釋第十一】

◉温丹銘 壬寅。卜后㞢。羊。(新獲卜辭寫本三六〇後記卜祭)

乙巳。卜之于太乙母妣丙。牝(同上)

(上缺)卜之太丁。羊用。(同上與太乙之祭共版)

此當與上品後條聯屬。壬寅距品後日庚寅十二日。乙巳後壬寅三日。從人出左手或右手。疑為攜之象形字。㞢地名。亦見考釋(上第十五頁)或即國名。疑王行親迎之禮。攜后以歸。故言后。其用羊當猶士以下昏禮之奠雁也。及乙巳已至。乃復攜以廟見。太乙母太丁二條即其文。其廟見恐不止此一祖一妣。然文缺不可知矣。【殷卜辭婚嫁考 中山大學文史學研究所月刊一卷五期】

撤 【汗簡】

◉黄錫全 撤 《漢書·賈誼傳》「一二指搯，身慮無聊」，注：搯謂「動而痛也」，即「抽搯」之義。撤亦有「抽」義，搯撤雙聲，此假搯為撤。馬王堆漢墓帛書《六十四卦》畜作蓺。【汗簡注釋卷五】

盞 説文所無。方言桮也字亦作䥶作醆廣雅釋器䥶盂也玉篇盞䥶大盂也又禮郊特牲注醆酒盎王子申盞盂 大㪺鼎 大㪺簋

貽于𢽾盞 【金文編】

◉阮 元 王子申盞盂 此器形如敦蓋。銘曰。盞。或釋作琖。非是。琖與斝爵同類。安得有若是之大蓋乎。玉篇云。盞䥶。大盂也。廣雅案䥶與敦椀同釋為盂。此即䥶字。通俗文云。盞或謂之盌。盌即椀也。急就篇云。橢杅槃案桮閜盌。顔師古注云。盌似盂而深長。此䥶失器存蓋。以蓋度之。器必似盂而深長。其為盂敦同類之物又無疑矣。䥶字作盞。此銘合于通俗文。是古文也。【積古齋鐘鼎彝器款識卷七】

◉劉心源 (阮元)釋盞為䥶。非。琖即盞今仍依本字釋盞。【奇觚室吉金文述卷十八】

◉高田忠周 戔殘同聲。疑盞為古文。古别有此字。或叚借為琖字。今人所用杯盞之字是也。説文不收者。蓋不見古傳正經故耳。徐鉉新附。琖。玉爵也。夏曰琖。殷曰斝。周曰爵。从玉。戔聲。或从皿。蓋亦非有正據也。玉篇曰玉爵也云云。

⿱至皀

與鉉合。又曰亦作盞⿰角戔。鈕氏樹玉云。琖或作湔。周禮量人注引明堂位。夏后氏以琖。釋文云。琖劉本作湔。音同。是古有作湔者。玉篇所引說文。乃後人因新附增。又鄭珍云。按畢氏沅云。古無琖盞醆三字。惟漢王君廟門碑。東帛有琖。始以琖代戔。以後更別盞醆二字。以為琖之異文。古止有戔字。畢說是也。因引明堂位以為證。與鈕氏同。鄭知同補說云。按琖之言淺也。方言郭注。盞最小桮。是也。說文竹木之車曰棧。是車箱淺露之名。爾雅。鐘小者謂之棧。李巡注云。棧淺也。又虎竊毛謂之虦苗。虦亦指淺毛言之。疑古琖或亦止作淺。棧俴等字。取義相近也。此說稍近。然今見此篆。明从皿从戔。晚周固有此字也。故今定為一字。其義當為斝爵之類。从皿戔聲也。或从玉作琖。琖亦晚出古文耳。但阮氏有疑于器形小大。銘意實為盂盞並作之意也。【古籀篇二十二】

◉周慶雲　當是盞字之變體。廣雅。𥂕𥂴盂也。玉篇。𥂕𥂴大盂也。王子申盞蓋作。亦盞之異文。此器形如豆登。上如盂而高足。蓋即古之盞。且其形與廣雅玉篇之訓盂亦合。今人猶稱酒杯之高足者為酒盞。吾杭有一種陶製之鐙。形似豆登而高足。俗呼為鐙盞。可證高足之酒器亦應稱盞。阮文達釋王子申盞蓋謂或釋為琖。非是。琖與斝爵相同。安得有若是大。蓋若見此器之全形。當亦不作斯語也。【周周章鐙　夢坡室獲古叢編】

◉戴家祥　王子申盞　王子申作嘉嬭盞盂　集韻二十六産醆、琖、盞、⿰角戔、錢同字。大雅行葦「洗爵奠斝」，毛傳：「斝，爵也。夏曰醆，殷曰斝，周曰爵。」禮記明堂位「夏后氏以琖，殷以斝，周以爵」，禮運「醴醆在户」，郊特牲「醆酒涚于清」，醆與琖通。爾雅釋樂「鐘之小者謂之棧」，李巡注「棧，淺也」。棧與盞並音側限切。括謂之盞，猶爵謂之醆，小桮謂之盞，猶小鐘謂之棧。舉凡賤、箋、俴、淺一切从戔得聲者，其義亦不外是。「王子申作嘉嬭盞盂」，盞為盂之修飾語。盞盂者，小盂也。前人定名為「王子申盞盂」非是，應改稱「王子申盂」。盞字从皿，是因為下文「盂」字之聯屬關係而已。【金文大字典中】

◉黃錫全　《甲骨文編》附録上五六有字作，舊不識。我們認為此字从至从皀。至字形體甚明，下部皀形如同既作、即作、食作等，應該隸定作⿱至皀或飪。

全書未見飪字，飪當是飪。甲骨文从食之字每每从皀作。如飤字作、餗作、飵作等。《史記·秦本紀》：「臣常遊困於齊，乞食飪人。」《索隱》引徐廣曰：「飪一作銍。」《集韻》飪：「飪人，地名。一曰刈禾人。通作銍。」

《前》4·16和《後》下34·1有兩條相同的辭例：

戊辰卜，争貞，弓⿱至皀帚娘子子（）。卜辭就「帚娘」生子貞問者數見，如《後》下34·4，「帚娘（娩）不其㚤」。卜辭也習見

緜　肆

「帚某子」之稱，如《佚》752「貞，帚妹子其□」、《粹》1240「乙巳卜，貞，帚妥子亡若」等。稱「帚某子子」者，此例僅見。山東臨朐曾出土郡仲為其次女所作陪嫁之器，盤銘稱「仲女子」，而匜銘「子」下增一重文符「〃」。李學勤先生曾引《儀禮・喪服》「女子子在室為父」，注「女子子者，女子也，別于男子也」，指出「女子子」是當時的習語，「仲女子」、「仲女子子」，都是次女的意思。李學勤《試論山東新出青銅器的意義》，載《文物》1983年12期。銘文拓本見同期第3頁。上引「帚某子」和「帚某子子」如果都是指「帚某」的話，將是一個非常有意思的問題。「𦣞」可能是祭名，類似「……卯帚□子于匕己，允有□」（《續》1・39・4）之「卯」。但也可能是對「帚娘子子」有所「保佑」或「加害」之義。𦣞（𦣞），典籍可通祬（祇）致等。【甲骨文字釋叢　考古與文物一九九二年第六期】

◉李孝定　□　高田氏以隶為肆古文假借，肆為縣鐘專字，不可用於他義，其説是也。【金文詁林讀後記卷九】

◉裘錫圭　戰國印文裡有「緜」字：

閏□　王譜5・6下

這個字很象「絲」字，不過它那道連結兩個「糸」的橫劃是一般的「絲」字所没有的。明代印譜把這個字釋作「絲」。《補補》把這個字釋作「系」，並解釋説：「許氏説『系，繫也』……此上（即象連繫之形）」。單就「緜」字本身看，釋「絲」或釋「系」似乎都不是没有道理的。但是如果結合古印裡的從「緜」諸字作全盤考慮，就可以看出「緜」既不是「絲」字也不是「系」字。

在古印從「緜」諸字裡，比較常見的是從「車」的「轡」字：

□和　古徵13・2下

□□　尊集一5・6

□□（牙？）　尊集二4・28

□亡（無）忌　只齋

瞏□　賓釋

上引諸例所從的「緜」字都省作「茲」形。古文字常常省「系」為「幺」，戰國文字裡這種現象尤其常見。例如：古印「孫」字多作□，「繯」字或作□，「綽」字或作□，《説文》古文「系」字作□，「繭」字作□（絸），「綫」字作□（線）。上海博物館藏的長陵盉上的六國刻銘部分裡「𨏥」字兩見，一從𢇍，一從𢆶。可證「𢆶」確是「𢇁」的省文。

《古徵》和强運開的《三補》都把「𨏥」字釋作「䜌」，黃賓虹的《賓釋》則把它釋作「轡」。我們認為黃氏是正確的。

戎伐𣪕，𢦏達(率)有𤔲(司)追□戎于𣪘林。𢦏簋，《文物》1976年6期57頁圖一七

南淮尸(夷)遷殳(？)，内(入)伐洭昴參泉裕敏陰陽洛；王令敔追□于上洛烬谷。敔簋，嘯堂下。55，歷代14・141上—142下

商器□鬲、□簋銘文裡的作器者名，大概也是這個字，只是「止」旁寫得有些走樣。

前代學者對這個字的意見頗為分歧，近人則多以為是「御」字。《敔簋》「𨘢」字宋人釋「迎」，劉心源釋「絶」，孫詒讓及郭沫若、唐蘭等釋「御」。商器「𨚔」字吳大澂疑是「顯」字，《金文篇》釋為「御」。近出𢦏簋銘「𨚔」字，一般也都釋為「御」。釋「御」的説法是建築在「□」為「8」之形訛的猜測之上的，其實並無可靠的根據。其它各説更不足信。目前我們對這個字還提不出肯定的意見來。不過如果「𨚔」字所從的「𢇁」是一個音符，或是兼有表音作用的意符的話，這個字就很可能是遮闌之「闌」的古字。《説文》「𨷿」讀若「闌」，可證「𢇁」、「闌」古音相近。《廣雅・釋詁二》：「闌、閑、亢、闐、徼、迣、遮也。」「追闌」犹言追踪邀擊。

七十年代在平山中山王墓中發現的「兆域圖」有從「辵」從「𢇁」的一個字：

不行王命者，怂(殃)□子孫。

這個字當從「𢇁」得聲，似應讀為「連」，詳朱德熙先生和我合寫的《平山中山王墓銅器銘文的初步研究》(《文物》1979年1期51頁)。

最後還需要對古文字裡「𢇁」、「絲」二字有時混而不分的現象作些解釋。

「𢇁」、「絲」二字用作表意偏表時往往可以通用。例如：「縣」字所從的「絲」，金文往往作「𢇁」。「幽」字所從的「𢆶」，金文偶而也有作「𢆶」的。這類現象是不是可以看作「𢇁」、「絲」二字有別的反證呢？答复是不能。唐蘭先生曾經指出：「凡同部(即由一個象形文字裡孳乳出來的)的文字，在偏旁裡可以通用—只要在不失本字特點的時候。例如大、人、女全象人形，所以在較早的圖形文字常可通用。欠、丮、卩、尾、企等字本是有區別的，在偏旁裡却常可通用……」。「𢇁」。「絲」二字作為表意偏旁可以通用，是唐先生指出的現象的又一個實例。

解放後發現的楚簡裡有□字，外形像「𢇁」字，但是從文義上看似乎應該釋作「絲」。這怎樣解釋呢？我們知道，在小篆裡獨立的「𢇁」字已經不存在，從「𢇁」的「聯」字和「䜌」字也都已經訛變為從「絲」。由此可見戰國時代正是「𢇁」字由通行到廢弃的過渡時期。在這一時期的文字資料裡出現少量「𢇁」、「絲」二字不分的現象，是不足怪的。這也不能證明這兩個字本來就没有區別。【戰國璽印文字考釋三篇 古文字研究第十輯】

駐　黄　敀

駐□ 駐　説文所無　盗壺　四駐汸汸詩烝民作四牡彭彭駐殆為牡馬專字　【金文編】

◉劉信芳　上文所引簡一二九之例有二「□」字，簡文作「□」，原報告釋作「具」，明顯不通。劉釗先生引古璽黄字作「□」（《璽彙》一二四五），因隸為「黄」字。此説可以給人以很大啓發。

該字不能簡單地隸為「黄」，原因很簡單，簡文另有「黄」字作「□」（用例五十餘）。如□、□是二字，不可混淆，《金文編》將此二字同編為「黄」字，亦不可從。

「□」即「廣」之古文。「廣王之臾」即擴大楚王爨祭的規模，包括增修祭祀設施，提高祀神禮品的規格等。《史記·封禪書》載文帝十三年詔曰：「有司議增雍五畤路車各一乘，駕被具；其河、湫、漢水加玉各二；及諸祠各增廣壇場，珪幣俎豆以差加之。」楚王祭祀增制，勢必令地方貢奉財物，簡一二九所記「一青犧之齎，足金六鈞」，即廣王之爨所需之犧牲及資金。

「□」字屢見於金文（趙孟壺、哀成弔鼎），陳侯因脊錞銘：「高且□。」高、廣相對為文。【包山楚簡近似之字辨析　考古與文物一九九六年第二期】

◉曹錦炎　在戰國時代的陶文中，經常見到「□」字，《古匋文孴録》釋為「敀」。李學勤先生在《戰國題銘概述》一文中，曾對此字作過詳細的論述，他指出：敀即《管子·輕重戊篇》「令謂左右伯沐塗樹之枝」、「令左司馬伯公將白徒而鑄錢于莊山」之「伯」；左右敀可視為漢代左右作部的前身。《文物》1959年7期。我們認為，此字並不从白，釋敀不確。因為這個字關係到戰國時代的量器製造機構問題，所以有重新考釋的必要。今以管見所及，提出來就正于同志們。

一、「□」字在戰國陶文中，寫作下列諸形：

□季79·11　□季80·8　□季80·9　□季80·10　□季80·4　□季60·9　□孴3·3　□季6

上引諸字右邊从攴，左邊的偏旁並不是「白」，因為白字在戰國文字中作下列諸形：

□征　□侯馬盟書　□信陽楚簡　□信陽楚簡（洎字所从）　□征（帛字所从）

沒有一例在上部向右伸出一横劃，中間均不省，與前者迥然有别，絶非一字。

根據上述字形對照，陶文中此字顯然不从「白」，那麼釋為「敀」字也就没有什麼根據了。

我們認為，這個字的左旁是「卤」字。在古文字中卤字可作下列諸形：

甲2040 　甲2354　無想347（甲骨文）

盂鼎 　臣辰卣（卣字所从）　（金文）

又，从卤的桌字，甲骨文作（前2·19·4），古鉨作（見《説文古籀補》）。

陶文這個字所从的偏旁構形與上引古文字「卤」同，所以釋為「卤」字應無疑義。那麼字應該是从卤从攴，隸定作⿰卤攴。《玉篇》有⿰卤攴字：「賊干切，殘也」。但據《正字通》説：「説文𣦼與殘音同義别，改作⿰卤攴，因形似而譌，不可與殘溷。」所以陶文的⿰卤攴字與《玉篇》的⿰卤攴字並非一字。

二、在齊國陶文中，⿰卤攴字常和量器有關。如：

☐右⿰卤攴，均亳釜。　簠11·18·4

誾門，陳賁叁立事，左里⿰卤攴，亳區。　季80·11

華門，陳棱叁，左里⿰卤攴，亳區。　季79·8

誾門，陳賁叁立事，左里⿰卤攴，亳豆。　季80·12

王孫陳棱立事歲，左里⿰卤攴，亳豆。　季80·8

㾭都，陳得再，左里⿰卤攴，亳豆。

合證釜、區、豆都是齊量名稱，《左傳》昭公三年：「晏子曰：『……齊舊四量，豆、區、釜、鐘』。」亳是量器的修飾詞，如陶文云：

陳榑三立事歲，右廩釜。　衡齋金石識小録

陳固，右廩亳釜。　綴遺齋彝器考釋28·19·1

或稱「釜」，或稱「亳釜」可證，其義待考。

在燕國陶文中，⿰卤攴是屬于陶尹下的一個職官，與陶器的製造有關。如：

十七年八月，右陶君（尹），倕（?）旆，⿰卤攴賀（?）。　季61·7

廿一年八月，右陶君，倕疾，⿰卤攴賀，右陶攻湯。　藝術20·3

廿二年正月，左陶君，左陶倕湯，⿰卤攴國，左陶攻敔。　藝術21

左陶君鏞芏毘鍴，左陶倕湯，敀國，左陶攻敀。 藝術20·1

廿三年三月，左陶〔君〕，左陶倕湯，敀國。 藝林旬刊17

□□年四月，右陶君，倕敀，敀賀，右陶攻徒。 前北平研究院院務彙報1·1

「陶攻某」猶如齊國陶文中的「陶者某」，都是陶器的直接製造者。很顯然，「敀」不是製陶工人，是職官，雖然陶攻屬于其管轄，但其職務並不高，隸屬于陶尹、倕。這裏的「賀」、「國」都是「敀」的名字。

在齊國陶文裏，「敀」下還記有製造者的籍貫名氏。如：

右敀郲鄙㒼里□衆□。 季80·7

王卒左敀瘖圆櫌里士。 季60·11

王卒左〔敀〕城圆□里人曰得。 季60·10

王卒左敀甘里攴。 古陶瑣萃1·6

敀貫以左、右，猶如齊國之市名稱「大市」、「中市」；裘錫圭：《戰國文字中的「市」》，《考古學報》1980年3期。司馬之官名可稱「左司馬」、「右司馬」一樣。這裏的「王卒」可能是一種身份。

根據上引齊、燕兩國陶文，互相參證，可知「敀」是職司量器製造的機構，其職官也稱「敀」。

三、我們認為，陶文中職司量器製造的「敀」，即《周禮·冬官·考工記》的「㮚氏」。

《説文》㮚：「木也，从木，其實下垂，故从卤。𣡌，古文㮚，从西从二卤」。段玉裁指出：「籀文卤从三卤，則籀文㮚亦當从三卤。《玉篇》：『𣡕，籀文』，是也。」段説甚確，《説文》古文从西實為从卤之訛，古文字西、卤形近易混。㮚字甲骨文、石鼓文和古鉨文均从三卤，可證段説不誤。㮚與敀都从卤，卤與㮚古都讀舌頭音，例可通假。《詩經·東山》「烝在栗(㮚)薪」，韓詩「栗」作「蓼」。卤，《説文》：「讀若調。」蓼與調雙聲疊韻，敀从卤得聲，所以可與㮚通。

《考工記·㮚氏》：「為量也。」孫詒讓《正義》：「㮚氏為量者，㮚名義未詳，疑當从故書作歷氏。歷與《陶人》『鬲實五觳』之鬲聲近字通。《説文》鬲部：鬲，漢令作歷。《史記·滑稽列傳》『銅歷為棺』《索隱》：『歷即釜鬲也。』嘉量之鬴亦鬲之類，故工以為名也。《大行人》注：『量，豆、區、釜也』。《漢書·律歷志》：『量者，龠、合、升、斗、斛也，所以量多少也。』」㮚氏正是職司量器的製造，與陶文「敀」的職司同；典籍記載與陶文若合符節。

據《考工記》㮚氏屬「攻金之工」，專指銅量器的製造。但根據陶文，可知陶量器的製造也屬「㮚氏」，並不限于銅器，出土材料正可補典籍的不足。

㪺職司量器的製造，「物勒工名」，故其也用印。《簠齋手拓古印集》有一方古印，印文：「右里㪺鍙」。鍙，是與「鉢」字意義相類的一個字。裘錫圭：《戰國文字中的「市」》，《考古學報》1980年3期。右里與前引陶文中的左里，都是設有「㪺」這一機構的里名，也就是量器的製造地。里是戰國時代很小的行政單位，里可設㪺，可知㪺之官職不大，燕國陶文中，㪺僅大于陶攻，亦可見其一斑。

傳世的銅器中，有兩件所謂「右里敀盌」，原為陳簠齋所藏，實為有柄的銅斗，一大一小，銘文同于上引鉢文。有的研究者據銘文字體，疑為僞。裘錫圭：《戰國文字中的「市」》，《考古學報》1980年3期。但是，我們已論證了㪺是製造量器的機構，量器上打有「右里㪺」印，表明這一件量器是右里地方的「㪺」所造。斗也是量器，此印恰恰出現在量器上，似乎不是一種巧合吧。

另外，附帶提及的是，在其他戰國璽印裏，也有「㪺」印，如：

輤鄙右㪺　舉1·2·16

謚部㪺鉢　舉1·5·4

鄙、部是地方行政單位，《文物》1959年7期。這大概是鄙、部下設的「㪺」所使用的印，其性質與陶文中的㪺同。古鉢又稱：

左司馬㪺　古印叢3·25

右司馬㪺　齊魯古印粹

敿陵右司馬㪺鉢《文物》1959年7期。

㪺，隸屬于左、右司馬，其性質是否同于陶文，不敢遑定。

戰國楚印有「君㮚客鉢」(見《尊古齋古鉢集林》)，又有「郢粟客鉢」(上博藏印，粟疑亦讀為㮚)。按楚國職司名常稱客，如「鑄客」、「司客」等，所以「㮚客」應即楚國製造量器的職官名。可見齊、燕稱「㪺」，楚稱「㮚客」，《考工記》稱「㮚氏」，名異而實同。

四、下面對陶文所反映的戰國時「㪺」的情況，作一個簡略的小結。

(一) 㪺即《周禮·冬官·考工記》的「㮚氏」。

(二) 㪺是量器的製造機構，其職官也稱㪺，其職甚卑，里一級的行政單位也可設置。

(三) 量器上打有㪺印，表明其屬于某地的㪺所造，並由此推知戰國時期的量器大概都是由官方機構製造的。【釋戰國陶文中的「㪺」　考古一九八四年第一期】

◉郭沫若 [glyph]走毁 䎱字多見。蔡毁、師毁毁、師俞毁、諫毁、大克鼎、微䜌鼎、伊毁、毛公鼎、師兑毁、叔夷鐘等器均有之。宋人識為繼,不識何所據。余疑耤之異文,从丘井从丮,會意也。耤字卜辭作䎱,令鼎、𢦏毁作𦔳,均从丮作。【走毁兩周金文辭大系圖録考釋】

◉戴家祥 [glyph]走毁 後世耤代之以耕,又有作畊。均从井,此亦从井,釋耤可備一説。然證據尤缺,有待再考。【金文大字典中】

[glyph]此字當中有一道泐痕原字應為祟讀為當 經紬不旻亓—(甲1—12)【長沙子彈庫帛書文字編】

◉郭沫若 祟从示尚聲,當即祭名蒸嘗字之專字,爾雅釋天「秋祭曰嘗,冬祭曰蒸」,嘗乃假借字。【壽縣所出楚器之年代 金文叢考】

◉唐 蘭 「祟」字銘俱作[glyph],僅畬忎鼎蓋作[glyph]。郭沫若氏釋祟,「从示尚聲,當即祭名蒸嘗字之專字」。(古代銘刻彙考續編三十七葉)劉節氏釋「常」。余按:劉説非也。此字下从不,决非「巾」字,當以釋「祟」為是。

然「𢦏祟」二字,至難解釋。如讀𢦏如本字,則何以與祟連文?且三鼎,三簠,一盤,其銘俱云「以共𢦏祟」。古者盛𢦏以豆,鼎與簠、盤,均非盛𢦏之器也。郭氏又云:

𢦏與祟連文,則𢦏殆又假為蒸,𢦏蒸乃陰陽對轉之聲也。故「目共𢦏祟」即是「以供蒸嘗」。(原注:準《魯頌·閟宫》「毛炰𢦏羹」之例𢦏作如字,祟讀作羹,亦可通。然古人盛羹以鉶不以鼎,故知其非。)

郭氏之觀察,敏極敏鋭,其謂𢦏之不能讀如字,甚是。然謂讀如蒸,則亦有誤。蓋金文「蒸嘗」之語習見,如姬鼒彝鼎云「用䵻用嘗」,陳矦午錞及陳矦因資錞並云「以𩱛以嘗」,皆是。蒸字以「䵻」或「𩱛」為之,其用法則均以為動詞,與此銘均迥異也。

余意此「𢦏祟」二字,當讀為「粢盛」。「粢盛」之語,習見於《左傳》、《國語》、《周禮》等書,蓋春秋以後之通語也。《周禮·甸師》云「以供齍盛」,《孟子·滕文公》下云「以共粢盛」,《穀梁傳·桓十四年》云「以供粢盛」,《禮記·祭統》云「以共齊盛」,其句法並同。然則此云「以共𢦏祟」,當即「以共粢盛」,「𢦏」與「粢」,「祟」與「盛」,並語聲之轉耳。經傳所言「粢盛」,俱指祭祀之黍稷,而此以「𢦏祟」為之者,似已為泛義之祭物矣。【壽縣所出銅器考略 唐蘭先生金文論集】

◉許學仁 [glyph]楚王肯鼎 [glyph]楚王肯盤 [glyph]楚王盤 [glyph]楚王鼎器銘 [glyph]楚王鼎蓋銘 [glyph]戰國君銅盉楚鄴陵 [glyph]戰國信陽簡 [glyph]戰國

天星觀M1

祟字，屢見於考烈王、幽王諸器，多與「戠」字鏈文作「戠祟」，如：

▲楚王酓肯乍盥銅鼎以共戠祟（楚王酓肯鼎凡二器）

▲楚王酓肯乍為盥盤以共戠祟（楚王酓肯盤）

▲楚王酓忎戰隻獲兵銅正月吉日窒盥匐鼎以共戠祟（楚王酓忎鼎器銘）

▲楚王酓忎戰隻獲兵銅正月吉日窒鑄匐鼎之蓋以共戠祟（楚王酓忎鼎蓋銘）

除酓忎鼎蓋作□一見外，銘俱作□，蓋即「祟」字，从示，尚聲。胡小石氏以□為巾形，胡氏云：「常下巾形作□，前釋二鼎皆然。古文刻畫，從衡異敍，故致不相屬。今見殷虛甲骨文字，有僅刻從畫或衡畫者，即以此故。」（安徽省立圖書館新得壽春出土楚王鉈鼎銘釋。）劉節氏謂□乃巾之別構，劉氏云：「常季鼎銘作□。其非从示可知，古文从㡀之字每作□（原注：汗簡卷中之一），而㡀字从巾，故□字所从之□蓋巾字之別構也。」（壽縣所出楚器考釋）。皆非。字从示作□，決非巾字，其偶一作□，乃字之譌變，當以釋「祟」為是。

祟之義訓，約而言之，凡得四說：

▲訓常為嘗，以為祭物之通稱：劉節讀「戠」為「𢦏」，訓為戠羹，謂：「常即蒸嘗，鼎亦可盛𢦏羹，故有鉈鼎。𢦏常，即𢦏羹與蒸嘗並舉之，是祭物之通稱也。」見古史考存頁一一五。

▲訓祟為嘗，盛肉以祭，故曰𢦏嘗：商錫永亦讀「戠」為「𢦏」，云：「祟即嘗字，从示，尚聲。秋祭曰嘗，盛肉以祭，故曰𢦏嘗。」見十二家吉金圖録頁四十六，商氏考釋。

▲祭名蒸嘗之專字，讀「戠祟」為「蒸嘗」：容庚金文編謂祟即詩魯頌閟宮：「秋而載嘗」之載嘗（一・七）；郭某謂祟字當即祭名蒸嘗之專字，云：「爾雅釋天：『秋祭曰嘗，冬祭曰蒸』，嘗乃假借字。𢦏與祟連文，則𢦏殆又假為蒸，𢦏蒸乃陰陽對轉之聲也。故以共𢦏祟即是『以供蒸嘗』。」見金文叢考，頁四一三；又古代銘刻彙考續編，頁三十七。

▲讀祟為「盛」，謂「𢦏祟」即粢盛：唐蘭讀「𢦏祟」二字為「粢盛」，云：「『以共𢦏祟』當即『以共粢盛』，『𢦏』與『粢』，『祟』與『盛』，並語聲之轉耳。經傳所言『粢盛』，俱指祭祀之黍稷，而此以『𢦏祟』為之者，似已為泛義之祭物矣！」國學季刊四卷一期，頁九。

劉節、商錫永、容庚、郭某四家，以祟為祭名，並近似，然牽於「戠」字字義，乃支衍為說。或泛指祭祀；或秋祭專名。楚考烈王與楚幽王諸盤鼎，一文德，一旌功，銘文俱云「以共戠祟」；且酓忎諸器，稱正月吉日，非秋祭之專名，乃祭祀之通稱也。以共戠祟

歍　歲　敭　遏　㪾

者，謂以供歲祭也。【楚文字考釋　中國文字新七期】

◉張日昇　[古文字]楚王酓肯釶鼎　以共戠棠　鄂君啟節「敗晋師於襄陵之戠」及「戠罷返」，而周繒書亦有「百戠」和「戠季」之稱，當讀為歲，然則「戠棠」亦應釋「歲嘗」矣。【金文詁林卷一】

◉戴家祥　[古文字]訇毁　歍必彤沙　歍，郭沫若釋縞而無説。錯把右旁[古文字]釋為糸，左旁[古文字]釋為高。字當从欠从厚，厚亦聲。或通假為緱。説文十二篇「緱，刀劍緱也」。厚、侯古音同屬匣母侯部，故歍可假借作「緱」。訇毁「歍必」或為劍飾劍鞘一類賞賜物。【金文大字典中】

[古文字]　6·79　系歲　説文所無玉篇歲戈也　【古陶文字徵】

◉葉玉森　[古文字]　羅氏待問編第十七葉商氏類編第十四第五葉均録作[古文字]。森諦察影本[古文字]之右下隅仍从[古文字]。特校正之。疑為敭之繁變。非陽字也。【殷虚書契前編集釋卷五】

[古文字]　0999　[古文字]　4012　説文所無玉篇遏過也　【古璽文編】

◉曾憲通　[古文字]武□□亓歍　丙一·五　朱德熙先生考定此為歍字，因句有缺文，意義難明。【長沙楚帛書文字編】

◉朱德熙　帛書C6：

曰取（陬）。云則至。不可以□殺。壬子、丙子凶。乍□北征，衛（帥）又（有）咎。武□□[古文字]（其）[古文字]。

末一字亦見於馬王堆篆書陰陽五行：

[古文字]茅屋而[古文字]之，大兇。

又戰國私印亦有此字，不過字形略有變異：

王 《古璽彙編》630

今考此字左側所从實乃曷字。古印文中曷字偏旁最常見的寫法是：

與長沙帛書和馬王堆帛書曷字的區別是上端簡化為，下方增加了口字。羅振玉在《古璽文字徵》序文中說：

其與《汗簡》合者，如《汗簡》葛作，謁作，羯作，揭作，碣作，渴作，蝎作，可據以知璽文之即歇，即竭，即[女曷]，即渴，即闊。

羅釋从曷諸字甚是。曷字這種寫法在秦漢古隸中還可以見到，只是下邊不从口，例如：

謁 馬王堆帛書《戰國縱横家書》10

渴 馬王堆帛書《老子》乙本177下

渴 馬王堆帛書《相馬經》69上

《説文》認為曷字从曰匃聲。匃顯然是凶形的訛變。

上引馬王堆帛書「歇茅屋而埍（？）之」的歇當讀為蓋。曷與盇都是祭部見系字，音近古通。《説文》「蓋，苫也」；《爾雅·釋器》「白蓋謂之苫」，郭注「白茅苫也。今江東呼為蓋」。《左傳·昭公二十七年》正義引李巡曰「編菅茅以覆屋曰苫」。帛書歇字與「茅屋」連文，讀為蓋，文義很協調。這反過來可以説明上文關於曷字的考釋是可信的。《周易》井卦：「汔至亦未繘井」，馬王堆帛書《周易》作：

（歇）至亦未汲井

乞與曷古音相近。歇大概是以乞為聲符來注曷的音。帛書此字可以讀為汔，也可以讀為渴。汔與渴音近義通。《説文》「汔，水涸也」，《廣雅·釋詁一》「汔，盡也」。《説文》「渴，盡也」，《爾雅·釋詁》「涸，渴也」。

釋出了長沙帛書和馬王堆《陰陽五行》的歇字，我們就知道下邊四個見於西周銅器的字也都从曷：

剮□簋 剮伯匜 剮弔盨 師楇鼎

只要把剮伯匜曷字偏旁所从的 移至上方，就跟長沙帛書的曷字偏旁完全一樣了（→→→）。師楇鼎銘云：

唯八月初吉，王姜易（錫）旟田三于待劏。師楇酤兄，用對王休，子子孫其永寶。

⿵門半　剅　⿰田虎

郭沫若《關於眉縣大鼎銘辭考釋》(《文物》1972・7)説：

「于待劃」：「于」是與字義，古文多如此用法。「劃」殆是刈字，象田中有禾穗被刈之意。「錫旃田三于(與)待刈」，是説將三個田和田中有待收穫的禾稻一併授予。鑄器的時期是在「八月初吉」，還未到秋收的時節。《國風・豳風・七月》言「十月穫稻」，又言「十月納禾稼」，可見距收穫還早兩個多月。

案曷與刈都是祭部字，聲母同屬見系。郭氏雖然不知⿰曷刂所從，但他把此字讀為刈，不僅字音密合，文義也協洽而無窒礙，實具卓識。

⿰曷刂伯匜、⿰曷刂弔盨作為國名的⿰曷刂，可能即《孟子・滕文公下》「湯居亳，與葛為鄰，葛伯放而不祀」的葛。

長沙帛書敭字句有缺字，意義難明，待考。【長沙帛書考釋　朱德熙古文字論集】

◉張頷　「□」。「⿵門半」字其中之「□」為幣文「半」字。有的玉片則僅書作「□」字。「□」字即「腹」字，有的書作「□」，有的作「□」。「⿵門半」其腹心，視其意蓋為剖明心腹之義。【侯馬東周遺址發現晉國朱書文字　張頷學術文集】

◉饒宗頤　□□，即剅字。集韻剅或作到。殷契類纂正編：「王步自斲于雇，亡巛。」則剅為近顧之地名。【殷代貞卜人物通考】

◉孫海波　□後二・三六・八　从虎从田。説文所無。□甲一九〇八　地名。【甲骨文編卷三】

◉屈萬里　□　卜辭「隹⿰田虎田，亡戋？」甲編三九〇　从田，虎聲，隸定之當作⿰田虎。字書無此字；於此則為地名。【殷墟文字甲編考釋】

◉李孝定　□　从虎从田。説文所無。【甲骨文字集釋第五】

◉中國社會科學院考古研究所　⿰田虎：在本辭中為地名。【小屯南地甲骨】

⿱吅每　⿰⿱㗊冊力　畾

◉天津市文化局文物組　器底有銘三字：畾父己（圖五：下左上）。

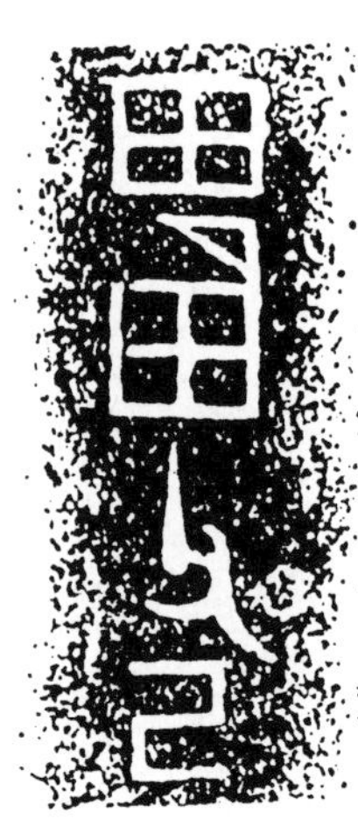

畾字在金文中為初見，當即畕字，讀若疆。《説文解字》云：「畕，比田也」，又云：「畺，界也，从田，三，其介畫也」。此銘畾字中間之「▽」形，當為丈量田畝之「矩」。《周髀算經》云：「圜出于方，方出于矩」，又云：「合矩以為方」。畺字畫三橫，畾字从「▽」，象丈田之器，其意義是相同的。這種丈田用的矩，在漢武梁祠畫象中亦有所見，即伏犧手持之器。從此觶的紋飾及文字看來，當是商器。【天津市新收集的商周青銅器文物　一九六四年第九期】

◉方濬益　□士父鐘　龠字，阮吳二録皆釋龢。按龢，从龠禾聲。説文龠樂之竹管三孔以和衆聲也。从品侖，侖，理也。此从⿱㗊冊力聲，以益公師⿱㗊冊諸器龢从⿱㗊冊作龢，是⿱㗊冊即龠之消文，从力得聲，與協字聲誼相近，釋龢非也。【綴遺齋彝器款識考釋卷一】

◉郭沫若　□　⿰⿱㗊冊力即廣雅踚拔也之踚。方言十三作⿰𧾷龠。字當从力。方有拼拔意。从足者乃⿺走龠字也。方言又訓為行者。于本義為近。⿰⿱㗊冊力克王服者謂擢克于王官。擢又即⿰⿱㗊冊力之後起字矣。【大克鼎　兩周金文辭大系圖録考釋】

◉郭沫若　□　⿰⿱㗊冊力乃踚字。此叚借為樂。近人不明叚借。或以為不可通。殊覺可笑。【小克鼎　兩周金文辭大系圖録考釋】

◉黄錫全　《甲骨文编》附録上一一七有字作□，李孝定《集釋》卷十二云：「从女从吅，《説文》所無。辭言『帚妟』，女字。」此字从女从吅（鄰），應釋為嫾。「帚妟」即婦嫾。《集韻》嫾，「女字」。同頁又有字作□，从每从吅（鄰）。卜辭每、母、女可通。如「每己」即「母己」，「女庚」即「母庚」，「每癸」即「母癸」，「女辛」即「母辛」，姬字或作□、□等。因此，⿱吅每應是嫾字異體。【甲骨文字釋叢　考古與文物一九九二年第六期】

◉屈萬里　，隸定之當作⿱罒支。【殷墟文字甲編考釋】

◉商承祚　此字説文所無。从𠦒从豕。殆即爾雅釋器「彘罟謂之羉」之羉之本字。【甲骨文字研究下編】

◉李孝定　字从⿱罒十从豕。而説文無⿱罒十部。从本書之例。此字又不能入豕部。姑隸定作⿱罒豕。次之於此。商釋羉。其意雖是。而逕釋為羉則非。説見前罘字⿱罒兔字條下。【甲骨文字集釋第七】

◉徐中舒　一期　續三・四五・八　從网從豕，《説文》所無，見於《篇海》。象以网蒙豕之形，疑為冢字之異體，參見本卷冃部冢字説解。疑為方國名。【甲骨文字典卷七】

◉徐中舒　從网從糸從乂，糸疑象网之綱形。《説文》綱之古文从木从糸作。義不明。【甲骨文字典卷七】

◉何琳儀　《陶彙》2.5著録周代陶文：

乍⿰亻⿱卯酉埧

第一字吴大澂釋「豹」。字不从「勺」，釋「豹」無據。按，此字从「囗」，从「馬」。「馬」，《説文》籀文、古文作「」，與陶文所从「馬」基本吻合。故此字應隸定「⿴囗馬」，參見：

《璽彙》3223　《汗簡》中1・33

或據《汗簡》「滿」作「⿴囗馬」，釋古璽「⿴囗馬」為「滿」，引《漢書》「滿昌」、《三國志》「滿偉」為證，謂「滿」為古姓氏，可信。「馬」、「滿」雙聲，「⿴囗馬」似是从「馬」得聲之形聲字。

與該陶文辭例相近者還有幾件，合録如次：

a. 令乍(作)⿰亻⿱卯酉(韶)埧2・3

b. 令𤔲(司)樂乍(作)太室埧2・4

c. ⿴囗馬乍(作)⿰亻⿱卯酉(韶)埧2・5

由b知a「令」後省官名「司樂」。《周禮·春官·大司樂》「大司樂掌成均之法」，注「鄭司農云，均，調也。樂師主調其音，大司樂主受此成事已調之樂」。由b知c省動詞「令」，而「圝」則應是與「司樂」相關的樂官。「圝」疑讀「瞞」，與「矇」音義均近。《說文》「矇，一曰不明也。」《廣韻》「瞞，目不明也。」《左·成十》「州蒲」，釋文「州蒲本或作州滿」，《史記·晉世家》則作「壽曼」。而《爾雅·釋艸》「蔓華」，注「一名蒙華」。此「滿」、「蒙」雙聲可通之旁證。

檢《周禮·春官·瞽矇》：「瞽矇掌播鼗、柷、敔、塤、簫、管、弦、歌。」《春官·序官·大師》注：「凡樂之歌，必使瞽矇為焉。鄭司農云，無目眹謂之瞽，有目瞽眹而無見謂之矇。」其實二者均指盲者，所謂「對文則殊，連文則通」。陶文「圝」似乎就是師曠之類的失明樂官。其「作韶塤」與《周禮》「瞽矇」掌「塤」也正相吻合。

與c式相類的陶文還有「圝乍僭塤尸九成」(《藝術叢編·金泥石屑》卷一下一)，乃贋品。《吞録》2·4亦徵引一件文例相同的陶文。真偽待考。【古陶雜識 考古與文物一九九二年第四期】

稓 篳 篃

稓見史記 【汗簡】

◉戴家祥 篳𣪘 篳作父寶尊𣪘

篳，當是蓽之別構。从艸从竹，同為植物類，古字往往通用，一切經音義笏作葝，篙作蒿，筌作荃等，即為此證。蓽，集韻、類篇均注：「昌遮切，音車。蓽葥，草名。」按本亦作車，即通常所稱芣苢，金文作人名，無義可考。【金文大字典中】

◉蔡全法 十八，「篃」字陶盆一件，泥質灰陶，戰國時器。1984年4月，西城T4井1出土。陰文無框印，豎向鈐印于盆沿偏內一側

（圖一：14）。从竹从甫，所从偏旁，同代金文中始見有从竹之字，甲骨文罕見，象竹葉形。此文當為陶工私名印。【近年來「鄭韓故城」出土陶文簡釋　中原文物一九八六年第一期】

明二〇九七　从妥从臼。説文所無。或釋奚。　寧滬一·一八六　前六·一九·三　粹一二六八【甲骨文編】

◉徐中舒　一期　庫一一〇七　一期　前七·一　從人保從凵，凵當為凵之譌。或從火從保好，同。《説文》所無。義不明。【甲骨文字典卷十】

◉劉　釗　《漢徵》八·四第3欄有字作「傰」、「傰」、「傰」、「傰」、「傰」，《漢徵》釋作「倫」，列倫字下。按字从人从崩，應釋作「傰」，釋倫誤。傰字見于《集韻》。【璽印文字釋叢（一）　考古與文物一九九〇年第二期】

傢　説文所無傢鼎〈0182〉「傢鼎」【金文詁林】

◉郭沫若　第十二片　　當是祭名。【殷契粹編考釋】

◉中國社會科學院考古研究所　雋：在此片卜辭中為地名。【小屯南地甲骨】

◉姚孝遂　肖　丁　1132

(7)「戊申貞，其雋衆人」

(8)「弜雋」

「雋衆」亦見于粹369：「己丑卜，其雋衆，告于父丁，一牛。」「雋」字不識，其義不明，有可能為招集之意。【小屯南地甲骨考釋】

◉柯昌濟　　雋字从隹从冂，字義無徵，卜辭以之通用爯字。或亦有偁舉之義。秋爯當為秋季收禾之事，故稱秋爯。【殷

儆

墟卜辭綜类例證考釋　古文字研究十六輯】

◉姚孝遂　字从「雔」。从「冉」，「雔」或省作「隹」，隸可作「雟」、「雋」。均用作動詞，主要有「雟衆」和「秋雋」，均有聚集之義。

合集三三二二七辭云：

「……戌貞，其告秋雋于高且夒六……」

又合集三四一四八辭云：

「庚午貞，秋大雋……于帝五丰臣血……在祖乙宗卜」

「秋雋」、「秋大雋」當指蝗蟲為患，祭告於神祖，參見「秋」字條。【甲骨文字詁林第二册】

◉徐中舒　从隹从 冉，隹或作 雔，同。《說文》所無。

祭名，與 再同。參見本卷冓部再字說解。【甲骨文字典卷四】

◉郭沫若　凬字積古摹作，攗古又摹作，以致久成聚訟。今觀此拓，則貝上所從明明月字也。月即凡字（本古文盤），在此當為聲符。王國維云：「从貝凡聲之字，説文所無。以聲類求之，當是貶字，但不知此器假為何字耳。」觀堂别集補遺十五至十六葉，齊國差䃅跋。此與前揭别集中一跋同題而異文，編者宜當加以「再」或「第二」等字様。余謂非必貶字也，當是貝朋字之别構。許書朋鳳為一字，卜辭以鳳為風，此當假為風。又許書風字古文作，形甚詭譎，疑即此字之譌變也。【國差䃅韻讀　殷周青銅器銘文研究】

◉黄錫全　 儆　見夏韻鑑韻。《集韻》「儆，覽儆高危也」。中山王壺敢作，詛楚文作，三體石經古文作，《說文》古文作，籀文作。此形似以隸作古誤从「耳」。【汗簡注釋補遺】

◉戴家祥　 王孫遺者鐘　猑＝趪＝　猑，从犭皇聲。説文不載。集韻「胡光切，音黄，本作獚」。玉篇獚字條云「犬也」。博雅「楚獚，犬屬也」。集韻通作黄。金文假作煌。王孫遺者鐘「猑猑趪趪」即「煌煌熙熙」。【金文大字典中】

臭

◉李孝定　鳧字从隹从人，諸説並待商，吳侃叔説尤為詭異，以鳥之能命之則為飛，以鳥之聲命之則為咀，此真齊東野人之言，未圖據以説字；吳君又言「請讀為雔」，考雔之从隹乃形符，非以表音，雔。乃从「〇〇」宮之古文得聲也，然則「鳧」字何由得有「雔」聲乎？林義光氏謂「从人，人所畜也，取其近人」，人所畜家禽甚衆，安能必其為鳧乎？高田氏釋「倠」，於字形為近，惜此字在金銘為人名，無由證其音義耳。楊樹達氏釋隼，亦與字形不合。【金文詁林讀後記卷三】

◉李家浩　「鴭」字原文作：

這個字亦見於百卌八方壺和王后左梋室鼎：

百卌八方壺　《陶齋吉金録》5·1

王后左梋室鼎　《十二家吉金圖録》絜二三頁。

戰國古印文字中有下列諸字：

鳿　《古璽文編》251·1017。

鵖　同上252·1828。

鴸　同上459·2005。

⿰目鳥　同上459·1018。

⿰月鳥　同上460·3292。

這些字所从左旁即「鳥」的省變。上録廿二壺等銘文所从左旁與此「鳥」旁相似，也應該是「鳥」的省變。因此這個字有可能是从「鳥」、「寸」聲。但是戰國文字「又」旁或寫作「寸」，如廿二壺、百卌八方壺的「受」和王后左梋室鼎的「反」，所从「又」旁並寫作「寸」，即其例。因此這個字又可能是从「鳥」「又」聲。「又」、「有」古通，疑即見於《玉篇》等書的「鴭」。這個字是比「觳」低一級的容量單位。據同器銘文「又」寫作「寸」和古書中與此字相應的容量單位讀音（詳下）來看，似以後一種説法較妥，所以釋文寫作「鴭」。【盱眙銅壺芻議　古文字研究第十二輯】

⿰𠂤旨　辥　⿰祟又　⿲彳步亍

◉饒宗頤　⿰𠂤旨　丁亥卜，穷貞：羌舟攺（啓）王⿰𠂤旨（⿰𠂤旨）（佚存九八二）。按⿰𠂤旨疑讀為詣。説文：「詣，候至也。」玉篇訓詣為往也到也。【殷代貞卜人物通考】

◉郭沫若　辥字王國維釋辥，云「从𠂤从辛，與辟从人从辛同意；𠂤者衆也。金文或加从止辥，蓋謂人有辛愆𠂤以止之，故訓為治。此鼎毛公鼎變止為屮，與小篆辥同。」觀堂古金文考釋六。案此乃假為孽，「不隹孽」者謂「不其有害」也。下辭意不明。【卜辭通纂】

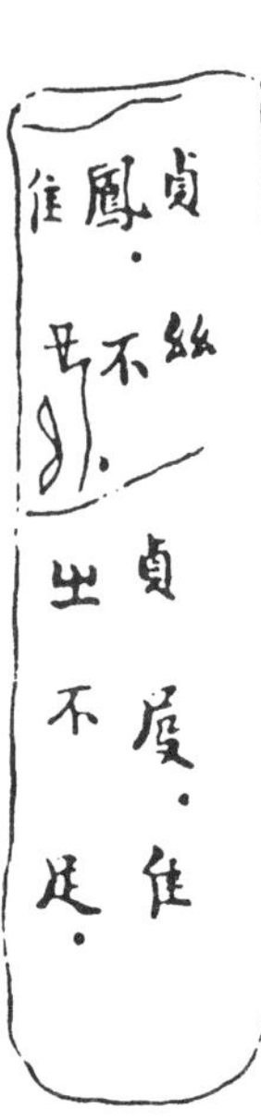

◉徐中舒　⿰祟又五期　前二·三八·二　從示從又從皿，皿象皿中盛血之形，以血祭神，疑即釁祭。祭名。【甲骨文字典卷一】

◉孫海波　⿲彳步亍鐵一二八·二　或从行。⿲彳步亍鐵一四·一　二止相背　⿲彳步亍後二·一一·九　或从四止。⿲彳步亍前六·二二·四　或从彳。【甲骨文編卷二】

◉白玉峥　⿲彳步亍：籀廎先生釋衛見方國篇。羅振玉氏釋步考釋中六五頁。孫海波氏曰：「契文从步从行，有行次于道之誼；行，象通衢之形。」文編二·一六及古文聲系魚部十八頁。峥按：本字於數千甲骨文中，共只十數見，且獨見於第一期武丁之時；其義似為方國名或地名。如：

（一）甲戌卜，㱿貞：王重⿲彳步亍受又？　庫一八〇六

（二）辛丑囚，内貞：我弋⿲彳步亍于⿰𠂤車？　前六·二二·八

（三）乙未卜，㱿貞：大甲乎王臺⿲彳步亍？十月　金五二六

【契文舉例校讀　中國文字第三十四冊】

◉趙　誠　甲骨文的徣字寫作[glyph]，从[glyph]為[glyph]之簡寫，有用眼睛看的意思，在整個字裏似又用作聲符，則近似于《說文》所說之「亦聲」。从彳表示道路。合在一起似表示巡視，應為其本義。从彳从眚，眚亦聲，當為形聲字，依眚即省之例，則徣應即循字。卜辭的徣作為動詞，大體有兩種意義，一為巡視，當是本義。另一為觀察之義，當是本義之引申。如：

戊辰卜，㱿貞，王徣土方(京一二五五)。

徣本為巡視，用為觀察、監視之義，和目、見、覞、望一樣，全是很自然的引申。【甲骨文行為動詞探索(一)　殷都學刊一九八七年第三期】

◉劉心源　考古刻簠字。郜公諴簠作[glyph]。魯士𦕍簠作[glyph]。鑄公簠作[glyph]。知銓即鈷。[glyph][glyph]即舍。亦即鈷。古文簠从[glyph]古文匚。从鈷。又有用鈷者。集韻。鈷音胡。盛黍稷器名。同瑚。蓋猶知鈷簠為一字。不似玉篇之僅以鈷為鈷鏻也。鈷鏻即鈷鉧。熨斗也。此作[glyph]。益省。【奇觚室吉金文述卷五】

◉戴家祥　[glyph]一　[glyph]二　[glyph]三　秦公鎛　[glyph]秦公鐘　霝音鉠=雝=

鉠，說文不載。玉篇謂：「鉠，鈴聲。」張衡東京賦「和鈴鉠鉠」，即形容鈴聲和協。金文秦公鐘「霝音鉠=雝=」，乃形容鐘聲宏亮。【金文大字典下】

◉吴振武　二號車馬坑中出土的銅鉞鑄銘云：

天子建邦，中山侯忻(?)，乍(作)茲軍鈲，以敬(儆)厥衆。(99頁)

鈲字原篆作[glyph]。關于這個字目前已看到有二種釋法：一是張守中同志在《中山王𰯌器文字編》一書中把它釋為「釬」；二是黄盛璋同志在《關于戰國中山國墓葬遺物若干問題辨正》(《文物》1979年5期)和《再論平山中山國墓若干問題》(《考古》1980年5期)二文中把它釋為「釵」(讀為「斧」)。我們認為無論釋為「釬」還是釋為「釵」，從字形上來看都是較牽强的。此字釋讀的關鍵是在左旁[glyph]。這個偏旁粗一看，確實象「千」，但是如果仔細考察，則可發現把它釋為「千」有三個困難：第一，「千」字本从人，同銘「衆」字下部所从的三個人旁均作[glyph]，與此不類；第二，「千」字一般都正書向左作[glyph]，况且銘文中其他十五個字也都正書，為何惟獨此旁反書向右；第三，如把它釋為「千」，不僅「釬」字不見于字書，就是把它置于銘文中恐怕也很難解釋。至于把它釋為

「父」就更缺乏證據了。古文字資料中「父」字的出現不計其數，从未見有作[glyph]形的。因此，上述二釋均難以成立。

我們認為[glyph]是一個从金瓜聲的形聲字。其左旁[glyph]當即「瓜」字。瓜旁作[glyph]，這在戰國文字中是可以得到證明的。例如戰國璽文和戰國兵器銘文中的「狐」字作：

[glyph]　「命(令)狐佗」

[glyph]　陽狐戈(陽狐：晉地)

[glyph]　[glyph]　「鄭韓古城」出土兵器

侯馬盟書中的「弧」(或釋「瓜」)字作：

[glyph]　[glyph]

按此字舊釋「尼」，李學勤、裘錫圭、郝本性三同志改釋為「弧」(瓜)，甚確。此外，在漢印文字中我們也能清楚地看出瓜旁可作[glyph]的痕迹，如漢印文字中的「狐」字作：

[glyph]「令狐賀印」　[glyph]「令狐得之」

從這些字所从的「瓜」旁看，可以確證[glyph]即鈲字。鈲字雖不見于《說文》，但見于後世字書。《集韻》謂：「鈲，攻乎切，音孤，鐵鈲也。」由本銘可知，象這類習慣上稱為「鉞」的兵器，自名為「鈲」。當然，如從通假的觀點考慮，銘文中的「鈲」字也可讀為「斧」，鈲斧古音同隸魚部。甲骨文中「斧」的象形字或加注聲符「午」作[glyph](詳見于省吾先生所著《甲骨文字釋林·釋斧》)，也可算是一個旁證。如果真是這樣的話，那麼盡管黃盛璋同志把此字釋為「釹」是不能成立的，但他把它讀為「斧」則有可能是正確的。不過在傳世品中自名為「斧」的「呂大叔斧」(《三代吉金文存》20·51)形制與此不同。因此，在目前還沒有新資料證明的情況下，我們暫且不妨把它稱為「鈲」，隨着地下文物的不斷出土，將來或許會有更好的考古新資料來解答這個問題。【釋平山戰國中山王墓器物銘文中的「鈲」和「私庫」　史學集刊一九八二年第三期】

鉘

[glyph]　鉘　說文所無玉篇飾也　郾矦䐓戈　郾侯䐓乍力萃鍨鉘　【金文編】

◉戴家祥　[glyph]□侯䐓戈　□侯䐓作□苿鍨鉘　[glyph]郾侯戈　郾侯䐓作[glyph]萃鍨鉘

字从金弗聲，玉篇云：「鉘，飾也。」銘文「鍨鉘」，鍨即戣，周制，侍臣執戣立於東垂。侍臣用器特重裝飾，故有鉘，稱之「鍨

愈

鈽」。【金文大字典下】

◉戴家祥　魯白愈父匜　魯伯愈父作鼄姬𠂇朕𩰫匜

从心俞聲，説文所無。荀子正論篇「天子者勢至重而形至佚，心至愈而志無所詘」。楊注「愈讀為愉」，爾雅釋詁「愉，樂也」，玉篇「愉，悦也」，廣雅·釋詁「愈，喜也」。金文用作人名。【金文大字典上】

𩵋

◉吴其昌　「止日不魚」之語，殆為殷代通用之習詞。故在栔文中數數遘其近似或相類同者：或作「止日不𩵋」（如前一·三〇·七），或倒其文作「不其𩵋，止日」（如後二·二四·三），或反其文作「止日允𩵋」（如前三·三八·二，前四·五七，鐵一一五·五），或作「今日𩵋，止日𡕿」（如後二·三四·三），或作「止日卩（即）𩵋」（如前六·一四·四），或作「𩵋益」（如後二·三四·三，前五·三八·二，前四·五·七，林二·二六·二）。推原其意，「止日」與「今日」對稱，則「止日」之義，必相等于「至日」、「至月」云者，猶言「至其日」；蓋指其先已卜定之日也。「𩵋」字或作形（如前六·一四·四），解析釋之：則者，象有魚懸于綸索之形也；八者象水點之滴瀝也。魚懸索而出水。宜旁有水點滴瀝矣。易取「貫魚」為象（剥六五）。石鼓文詠「維鱮維鯉，……橐之……楊……栁」之詩（乙鼓），是古者釣得之魚，固知橐貫，此字正象魚在橐貫之形耳。

如是，則所謂「𩵋益」者，象注水于皿中之形，蓋釣得之魚，恐其即死，故置之于盆盎之中，益注以水，以暫活之也。所謂「今日𩵋，止日𡕿」者，謂今日釣得之魚，至其卜定之日始𡕿以祭也。由是則所謂「止日允𩵋」、「止日不𩵋」之語，可不煩言而得其喻矣。【殷虚書契解詁】

◉金祖同　佚七五九片「止日允𩵋」與上一四七片「止日允雨」同例，似與天時有關，明·八九三「𩵋允雨」可為之證。【殷契遺珠釋文】

逾

逾　説文所無　汗簡引林罕集字饋作　段簋　令龔𡛟逾大則于段　【金文編】

鄝

◉信陽地區文管會羅山縣文化館 1975年，羅山縣高店公社高店大隊第九生產隊曾經發現一批春秋時期青銅器。見《文物》一九八〇年第一期：信陽地區文管會、羅山縣文化館《河南羅山縣發現一批春秋時期青銅器》。

1. 銅鼎：蓋内銘文共三行十六字：

「隹(唯)奚子㐁(宿)車作行鼎，子孫永寶，萬年無疆。」(圖二：1)

腹内銘文共三行十八字：

「隹(唯)奚子㐁(宿)車作行鼎，子孫永寶，萬年無疆自用。」(圖二：2)

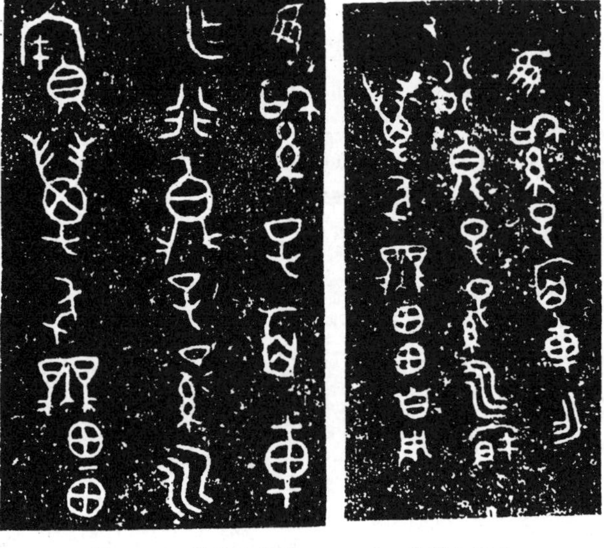

圖二 1. 鼎蓋内銘文 2. 鼎腹内銘文

2. 銅壺：頸部銘文共三行十五字：

「隹(唯)鄝(鄝)季車宿(宿)，自作行壺，子孫永寶用之。」

3. 銅盆：蓋和腹内銘文相同，蓋和腹各四行二十字：

「佳(唯)𨛜(鄭)子宿車，自作行盆，子孫永寶用享，萬年無疆。」(圖三)

4. 銅盤：盤內有一組銘文，共三行十五字：

「𨛜(鄭)季𡧍(宿)車，自作行盤，子孫永寶用之。」(圖四)

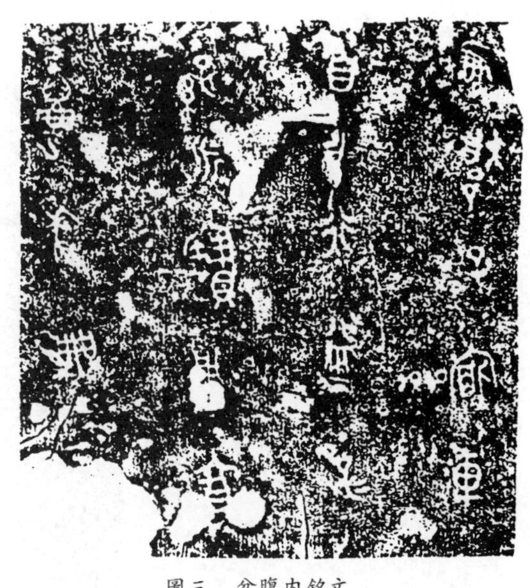

圖三　盆腹內銘文

圖四　盤內銘文

5. 銅匜：匜内有一組銘文，共三行十四字：

「(鄭)季(宿)車，自作行匜，子孫永寶用之。」(圖五)

圖五 匜内銘文

再看看這批銅器的銘文。「鄭」字有四種寫法：鼎銘「」、壺銘「」、盆銘「」、盤、匜銘「」。無論如何變化，都還是「鄭」字的筆劃。【羅山縣高店公社又發現一批春秋時期青銅器 中原文物一九八一年第四期】

貊

◉丁 驌 2「天豖」貊、貉、貘

130 乙一四九六

131 文録七二四 鬲沚，夕㞢在析 八月

132 綴合一六九 旬有祟之日鬲沚夕㞢豖在析八月()

133 前四・四六・五

134 前三・三一・一 癸未卜王曰貞又豚于行其左射及(從饒釋文)

引例一三〇——一三四與圖三，一——五等契文，自成一類，乃郭、饒二氏釋為天豖之字也。此獸形有大耳、突嘴(Snout)、蹄足歧尾。饒引貞人出綴合一六九之辭：「癸酉卜出貞，旬㞢希。之日鬲沚，夕有(豖)在休，八月。」謂當夜見天豖星。其地在休，時

為八月也(休饒作析)。饒氏釋此字為豖，引申其義謂為天豖，因謂封豖之現主有水潦之憂。此說大過牽强。按封豖即奎星，即今仙女座雙魚座。古今星座已移，不知究是何星，余未深考。殷人星家知識，未必精審，當以其中最明之星為記認，則或是Aephanaty也。今日此星在北半球安陽一帶，八月初中夜，八月底七時半，即現東方，辭云八月又夕有豖，本是可能。然此星年年必見，見時亦必在八九月，出於東方。又何故獨特之為災祥之徵？故知饒氏之說未得其實。饒从郭釋其字為豖，如字非豖字，則説亦不存矣！余覺卜辭自有豖字，更別有彘字，豭、豨各字，分別甚明，何以在此又創一豖字，情理不安者也。此獸形似豖，惜向後之徽，未審是角抑是耳，而「足作雙鈎為異」，亦郭氏所指出之不同之點。其足粗如牛，而又有蹄，想此奇獸，殷人少見，不識其為何物，且傍晚時分忽然出現，不是田獵所獲，乃是忽然碰上，因而生怪異災祥之感。故雖卜旬曰亡𡆥，偏偏遇此惡獸，故允辭注曰「旬㞢希」。足作雙鈎，因是攝影圖形，原非文字，欲求隸定，當不可能者也。

余初疑此獸為野豬之類，翻閱動物圖籍，竟找不出類似之物。惟西北利亞之saiga，及南美之Tapil，形狀近似。前者非我國所有。後者則由蓬蒂記起，過去地層中，曾有化石，殷墟骨中亦有所謂貘者，方悟此獸乃貊也。今日之不在國境，乃因氣候不同也。

按貊音陌一作貘，作貉，白豹也(Tapizns indicwr)。列子天瑞釋文引尸子云越人謂中國之豹為貘，是方言也。今之貊分佈在南美亦在東南亞。其狀如豖，足前後趾數不同，皮厚，頸粗，鼻與上脣相結合，口尖下彎如豖。南洋之貘尾短且無。南美者有尾。貘貉貊在我國史上用以指三韓之貉，東北方之獩，貊，當是後起，周時七閩九貉(職官)均是東，東南及南方之人。漢書西南夷傳謂哀牢夷出貊獸，故獸原出南土，以稱外夷，殆賤稱之也。周禮考工記曰「貉踰汶則死」，殆南方之獸也無疑。此獸見於休(饒氏作析，字為𣏟，應是杋字，暫寫為休)，地望無考，然不致在汶之北則可確言者也。

余雖疑此獸是貊，未能言其成此字之由。引例中尚有一類似之字，惟身上多一似人形似A形之紋。按李氏歸此二字於豚字條下，豚字一般寫法此A形在豖字側為偏旁。獸不具角，尾亦無歧。此字A形乃在獸中，有角形而歧尾，知非豚也。原辭云「癸未卜王曰貞于行其(二字疑是一合文，地名)，右豚左射及(及字疑非是)」，此既係射獸，焉能是豚(小豕也)？此獸A形之位置，似人在腹中，正山海經所謂「是食人」之狀，當仍是猛獸，可能即是貊字之源，此雖與上述之各文形同，小異但大同耳。【契文獸類及獸形字釋　中國文字第二十一册】

磐　猿　猾

◉劉樂賢　《漢印文字徵》卷九・十二：□，羅先生隸定為磐。秦漢文字中因隸變的關係，舟常寫為月。例如喻既作□，又作□（《漢印文字徵》卷八・二）；渝作□（《漢印文字徵》卷十一・十三）；輸作□（《漢印文字徵》卷十四・七）。《石門頌》及《孔褒碑》的磐字分別作□、□，可證上引漢印磐字應當釋為磐。【秦漢文字釋叢　考古與文物一九九一年第六期】

◉葉玉森　九、其獲□

□為猿猴形。神態畢肖。想見先哲體物之妙。惟古代讀猿讀猴殊難臆斷。桉爰與援猿古今字。爰象兩手攀援一物。猨善援。故名之。漢書李廣傳之爰臂即猨臂。又袁與爰通。篆文作□。許書謂从衣叀省聲。似覺未安。余疑□下所从之□或由古象形猿字譌變。其身首足尾猶顯然可辨。加□乃造篆者增飾之。袁即古文猿。古音殆讀猿乎。殷虛書契後編卷下第三十一葉之□亦此字。惜不完耳。【鐵雲藏龜拾遺考釋】

◉周鳳五　猾字从犬，骨聲；蓋即甲骨卜辭「□□□」之「□」字，亦即禍福之禍也。請試說之。

殷契粹編一四六一片，辭云：

癸酉、王卜貞：旬亾猷？王固曰：吉。

癸未、王卜貞：旬亾猷？王固曰：吉。

郭氏曰：

囚字入帝乙時代則代以□字。其字从一獸形，似犬而實非犬。余初釋為猷，今案實象形冎聲，乃猓然之猓也。文選吳都賦：「狖鼯猓然。」劉注：「猓然，猿狖之類。」狖之為物，仰鼻長尾，與所从象文形正相當，故□必為猓，而以同音假借為禍，如此，則字字順適矣。（粹頁七二〇）

郭氏以「□」字从冎聲，甚是；至謂「□」似犬而實非犬，則殊不然。「□」字於第五期之前，皆但作□、□、□、□諸形，至帝乙時代始增添□旁而為形聲字。然則欲明「□」字之結構與字義，須先就「□」字作一探索。

「□」字於卜旬與卜夕辭中習見。如：

癸卯卜，旅貞：今夕亡□？在三月。

丙申卜，行貞：今夕亡囚？

各家於此字俱有説解，唯郭氏與陳夢家氏之説近是；而陳氏之説尤勝。其説曰：

囚之最初象形作[glyph]，象卜骨上有卜兆形。史語所集刊四本二分董作賓釋譚，附繪殷虛卜骨作[glyph]形，與卜辭囚字相同。故知囚者卜骨之形也。……説文：「冎，剔人肉置其骨也，象形，頭隆骨也。」小篆作冎則由卜辭[glyph]訛變，且顛倒其上下矣。過伯毁从冎不从咼，知古文咼本作冎，口乃後加。故知説文之過、禍皆當从冎，而過、禍實冎之孳乳字也。冎為卜骨之形，引申為骨，故小篆骨字从冎有肉者，亦冎之孳乳字也。骨之从肉乃其義符。（考古社刊第五期，此據甲骨文字集釋引。）

陳氏以冎為象卜骨之形，甚諦；然謂骨乃冎之引申，則猶未達一間。冎於卜辭當即是骨字，借為禍義，至第五期又加犬旁為形聲字。其後寖假失其造字之初誼，遂改作从示，咼聲之今字。从示者，蓋所謂「天垂象見吉凶」之義也。故説文解禍字云：

禍，害也，神不福也。从示，咼聲。

「神不福」故字从示，洨長蓋亦依此立説也。

自禍字行，而猒、冎諸字遂廢。然故書間或偶存其迹，惜覽者失察，致不得其解耳。

⊘知今所見故書中：曰、汩、汨、扫、冎、咼、歄、猧、旤、猧、禍、骨、滑、猾、䯤、歆諸字，其本義皆當訓禍，其初形即甲骨卜辭之[glyph]、[glyph]、[glyph]，象牛肩胛骨呈卜兆之形。其加犬旁者，為後起之分別文。謂其由「亂」反訓為「治」者，蓋後儒不得其解強為迂説。（天問：「不任汩鴻」；國語周語：「決汩九川」，又：「汩越九原」。諸汩字俱當訓「治」無疑，説文亦訓此字為「治水也」。如天問、國語二篇不用反訓之説，則此字大約即「治」字之形譌。容庚金文續編治字下收漢鏡文治作[glyph]、[glyph]二形，與汩字字形頗肖。校以説文，疑其譌化之時代當甚早也。）此字由「骨」之原始象形，而增犬旁，更進而譌變為从曰、从水、从手、从欠、从旡、从允之各字，從而失其朔誼，轉滋新解。若非探其本源，察其流變，孰知其竟為一字之分化哉！故書以形譌失解者多矣，猾字特其一端耳。

附表：猾字之譌化

【說猾 中國文字第四十七册】

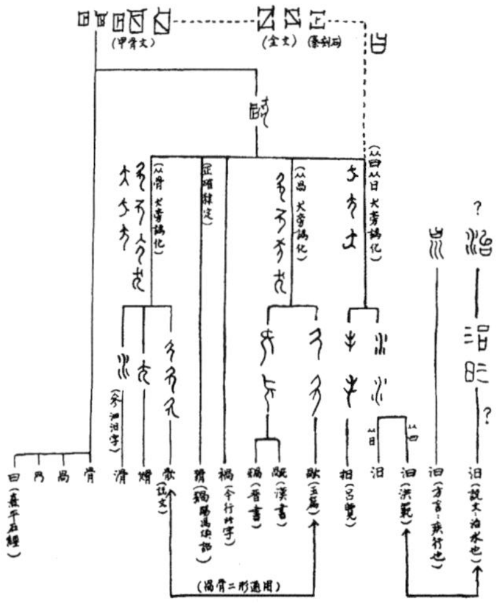

誀　鋈　頞

◉戴家祥　裘衛鼎　嗣馬頞人邦

廣韻十一「頞，内頭水中」。集韻音義與没同，字屬从頁没省聲，裘衛鼎作人名。無義可說。【金文大字典下】

◉高田忠周　右里啟盌　右里啟鋈

盌甇同字。盌謂所以盛，故从皿，而甇从瓦，鋈从金，又與俗字从石作碗，並皆取于所製器質也。造字之意，似異而實無異。【古籀篇二十】

0819　說文所無玉篇誀誘也　【古璽文編】

諆 貮 諔 諱 鄉

◉戴家祥 [glyph]鄧公毁 用為屯夫人隮諆毁

[glyph]字郭沫若隸定為「諆」，顧未伸其聲義。兩周金文辭大系考釋第一七七葉。器銘以「隮[glyph]毁」並舉，與封仲毁云「[glyph]彝尊毁」文例相近，疑諆亦器名，姑守不知蓋闕之義，以待綴學之士論定焉耳。【金文大字典下】

[glyph] 石碣而師滔＝是貮 説文所無羅振玉師釋鐵【石刻篆文編】

[glyph] 秦624 右司空諔 説文所無類篇吴人謂叫呼為諔【古陶文字徵】

◉李旦丘 [glyph] 敔毁銘云：「褱孚俘人四百，圖于燮白之所，于烒衣諱，復付氒君。」郭定字為諱，其言曰：「褱即後世奪字所從出。令鼎奪字作[glyph]，可證。圖殆野宿之意。諱字从言从聿，殆猶後世登録之意。謂奪還被俘虜之人四百，暫寄于燮伯之所，在烒施以衣履，詳經登録之後，再歸還其主人。」（兩周，第一百一十頁）

今按諱即啤字。古文每每言口通用。如信字古文作㐰，即其證。集韻云：「啤，聲也。」集韻釋諠，惜乎語焉而不詳。啤字从口从聿，實表示着口述而筆記的意象。郭氏謂其有登録之意，至確。【金文研究一册】

◉何琳儀 《璽文》六·一二「都」作「[glyph]」、「[glyph]」、「[glyph]」、「[glyph]」等形。編者又謂「《汗簡》都作[glyph]，與此形近。」

如果該字釋「都」不誤，那麽「[glyph]」應釋「者」。檢戰國文字「者」的形體的確很複雜，除常見作「[glyph]」形者外，還有許多異體，詳第三章第二節。然而這些戰國文字「者」，均與上揭燕璽文「都」之下部所从相距懸殊。

其實《汗簡》「[glyph]」左旁所从乃「旅」字。《古文四聲韻》「都」作「[glyph]」，从「旅」，是其確證。《説文》「旅」古文作「[glyph]」，从「㫃」从「从」。三體石經「諸」古文作「[glyph]」，也是「旅」，然已有譌變，且增飾筆「彡」。然則燕璽「[glyph]」應據《説文》古文隸定為「鄉」。

同理，郾王職劍銘「[glyph][glyph]」（《録遺》五九五），祇能讀「鏃（旅）劍」，而不能讀「鍺劍」。燕璽「[glyph]信」（《璽彙》三二四八），祇能讀「旅信」。旅,古姓,周大夫子旅之後,見《風俗通》。

燕官璽和《汗簡》以「䣝」為「都」,三體石經以「旅」為「諸」;反之,《説文》古文于「者」下云「[字形],古文旅字。」凡此均「者」、「旅」音近之證。

「者」,照紐,魚部;「旅」,來紐,魚部。照紐三等古讀端紐,端、來均舌音屬端系。故「者」、「旅」相通。【戰國文字通論】

廚

[字形] 廚　説文所無新附从木作榭經典譌作序禮記鄉飲酒義疏無室謂之序爾雅釋宮無室曰榭序榭古音同在遇韻聲訓皆同故知序為榭之譌而周禮地官州長以禮會民而射于州序孟子序者射也之序皆當作廚唐韻云古者序榭同蓋久矣相沿而莫辨矣又假用謝左宣十六年傳成周宣榭火公穀作謝鄦簋王各于宣射省广　虢季子白盤　王各周廟宣廚　【金文編】

◉戴家祥　[字形]　虢季子白盤　王各周廟宣廚

説文所無。吴式芬,陳壽卿,方濬益、吴大澂等人釋作榭。爾雅「榭亦謂之序」,唐韻「古音序榭同」。故又通作序。廚从广,表示建築形式;榭从木,表示建築材質。古文表示物類與表示材質的偏旁可以更換,如玉篇店或作坫,廦或作壁,㮰或作閞等等。序从予聲,廚同射聲,古音同在遇韻屬聲更換字。金文「宣廚」即文獻中的「宣榭」,左傳成公十七年「三郤將謀于榭」,注「榭,講武堂也」。廚字从广射聲,射還表示習射的意思。關於榭的建築結構,爾雅釋宮「無室曰榭」,郭注「榭,即今堂堭」。【金文大字典上】

⿸疒𠬪

◉徐錫台　[字形](前六·三一·五),此字左从疒,右从𠬪,當即⿸疒𠬪字。𠬪字,如:玉篇「平表切瓢上聲」;説文「物落上下相附也,从爪从又」;玉篇「今作㯹莩」;集韻「又作芆,婢小切與通落也」。故「⿸疒𠬪」通㾬字,集韻:「房尤切,音浮,火瘍。」【殷墟出土疾病卜辭的考釋　中國語文研究第七期】

⿸产言

◉羅振玉　[字形]⿸产言　説文所無　屖氏⿸产言會　〈3026〉　「屖氏⿸产言作膳鑰」

⿸产言字作[字形]。下从[字形]。初亦不審為何字。以下善字从[字形]推之。知即言字。蓋即許書之諺。篆文从彥聲。此从彥省聲也。

痮 瘄 㢢 𤖩

【𦣞氏詹作善會跋　丁戊稿】

◉朱歧祥　[古文字形]

[古文字形]，从爿从人張口，隸作痮。《説文》無字。卜辭通用為疾字，病也。由下列諸組辭例互較可考見。

(a)〈甲105〉甲戌卜貞：㞢[古文字形]，𢑥[古文字形]？

〈續6·23·10〉☐卜，賓貞：☐疾，王𢑥[古文字形]？

(b)〈存1·817〉☐[古文字形]，不唯辥？

〈掇2·473〉貞：王疾，唯止辥？

止，即趾。辥。《説文》：「罪也。从辛㠯聲。」卜辭有災禍意，當與禍、匄對文。

(c)〈天84〉己亥卜，争貞：[古文字形]㞢[古文字形]，勿[古文字形]，㞢匄？亡匄？十月。

〈庫1542〉丁酉卜貞：子弗疾？㞢疾？十月。【甲骨學論叢】

[古文字形]

瘄　説文所無經典作㫺國差𦉜　【金文編】

◉于豪亮　《鍴盧印稿》有「瘄坪君相室鉨」，其文如下：

[古文字形]

瘄坪即長平。【古璽考釋　古文字研究第五輯】

◉高田忠周　[古文字形]𤖩　説文所無　陳昉簠陳仲𤖩孫　〈1336〉「余陸仲𤖩孫」

元釋商非。此明从初从彥省。彥訓美士有彣也。此初字从彥。所以贊初孫之美。連文以會意。亦為一例。【古籀篇二】

⿰方俌

十八】

◉孫海波 [字形]乙二八八二 从㫃从俌。說文所無。人名。[字形]乙三二一二 或从俌。【甲骨文編卷七】

◉裘錫圭 [字形][字形] 歷組的俌和[字形]曾與𠂤同見于一塊占卜「令周」之事的卜骨：

叀俌令〔周〕。

叀[字形]令周。

叀𠂤令周。 掇二82

而在賓組卜辭裏，⿰方俌、[字形]和𠂤正好也都在關於「璞周」的卜辭裏出現過（「璞字暫從唐蘭先生釋，「璞周」的確切含義尚待研究）：

☐貞：令⿰方俌比[字形]侯璞周☐ 前7·31·4（周版炙貞）

☐〔叀〕𠂤令〔比☐〕侯璞周。五月。 合6821

貞：叀[字形]令比璞周。 後下37·4（同版另一辭記「五月」）

這很可能是下文將要討論的歷組和賓組卜辭同卜一事的現象的一個實例。所以俌和[字形]就是⿰方俌和[字形]的可能是很大的。【論「歷組卜辭」的時代 古文字研究第六輯】

旒

◉楊向奎 甲骨文及金文中有象形字作：

[字形]「殷虛書契」前編二卷第十八葉 [字形]同上卷七第十二葉 [字形]同上後編卷上第十三葉 [字形]同上 [字形]毁文 [字形]尊文

以上金文兩字，吳大澂以為「古穗字，象禾穗下垂形」（「說文古籀補」卷七，第41頁）。羅振玉未加解釋，收甲骨諸字於待問編。郭沫若先生以為以上六字「與黃字相較，其必為古佩玉之圖形無疑，即『黃』之初字也」（金文叢考170頁）。

今按：以上六字應釋作「旒」。說文「瑬」字云：「[字形]玉也，冕飾。」古者冕延前後有繅旒，周禮弁師云：

王之五冕：……五采繅十有二就……諸侯之繅斿九就。

以雜織采絲為之繩曰繅，字或作藻，作繅；以繅貫玉垂於延之前後曰旒亦作斿。繅采色一匝，謂之一就；就貫一玉，每就間相去寸許。參考吳承仕「三禮名物」，北京大學講義頁十。蓋古人頭飾斿就垂於前後，而垂於耳旁者為瑱，懸瑱者為紞，紞亦織采絲為之，臣三采，人君則五采，詩齊風著有云：

俟我於著乎而，充耳以素乎而，尚之以瓊華乎而。
俟我於庭乎而，充耳以青乎而，尚之以瓊瑩乎而。
俟我於堂乎而，充耳以黃乎而，尚之以瓊英乎而。

充耳即瑱，也稱作塞耳，大戴禮子張問入官篇：「黈絖塞耳，所以弇聰也。」以上瓊華、瓊瑩、瓊英為瑱，素青黃為紞。又詩淇奧言「充耳琇瑩」，彼都人士言「充耳琇實」，皆指瑱言。紞上係於笄，下垂於耳旁。清金鶚有關於瑱制的考證道：

瑱之制，懸之以紞，上係乎笄。紞與瑱通謂之充耳。詩淇奧篇言「充耳琇瑩」，彼都人士篇言「充耳琇實」，此指瑱而言也。著篇言「充耳以素乎而」，此指紞而言也。旄丘篇言「褎如充耳」，此兼紞與瑱而言也。毛公以淇奧充耳為瑱，得之；而以著篇充耳為瑱，則非也。……鄭箋以素、青、黃，為紞，以瓊華瓊瑩瓊英為瑱，是也。求古録禮説笄瑱考。

這説的很清楚。張惠言以為瑱形「必圓而長」，孫詒讓周禮正義卷六十弁師引。嚴之文字圖形，如正作長圓形，而吳大澂古玉圖考中的瑱(110頁至111頁)也是長圓形，如：

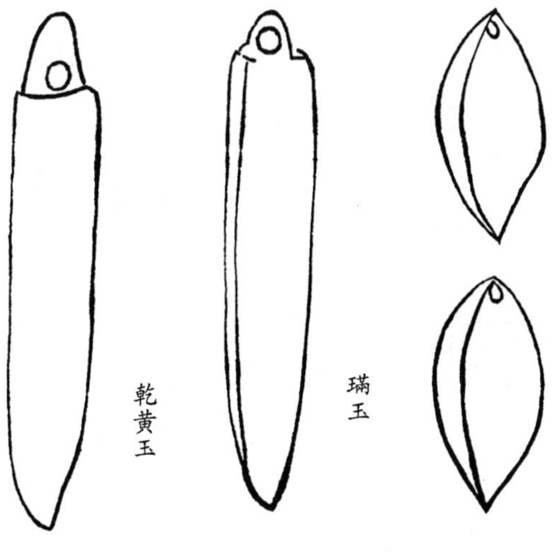

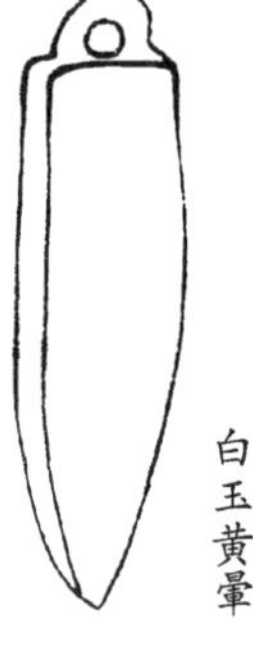
白玉黄暈

充耳與旒雖位置不同，但其形製可能無異，禮緯云：「旒垂目，纊塞耳。」同上引。所謂塞耳即充耳，可見其為同類物。弁師之玉瑱專指冕言，依吴承仕説冕弁冠皆應有瑱。參考吴承仕「三禮名物」，北京大學講義頁九。皮弁垂旒而外尚有笄有璂，笄可以固弁，又可以係瑱。婦女不冠亦有笄，所以係瑱，亦所以固髮之編次。固髮的笄，叫作鬠笄；固冠的笄，叫作衡笄；衡笄就是横笄，横在頭上；鬠笄也就是會髮的意思。士喪禮云：「鬠笄用桑長四寸。」這是死人的笄，一般生人的笄，大概用竹，「笄」字古从竹可知。固冠笄長一尺二寸(喪服云，古笄尺二寸)天子用玉，諸侯用似玉的美石。古玉圖考(120葉)刊有衡笄兩枚，其形作：

皮弁鋭上而豐下，如覆杯形，分解鹿皮而片片縫合，於縫合處飾之以玉，即所謂璂。假璂為綦，訓綦為結，指其縫合言；綦會之處，飾之以玉，所以稱作「璂」。而璂飾亦同於冕旒，只是上綴而不下垂，隋書禮儀志引五經通義説弁制云：「高五寸，前後玉

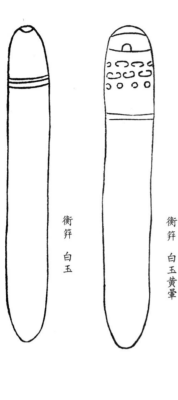

衡笄　白玉黄暈

衡笄　白玉

飾。」衛風淇奥云「會弁如星」，正指綴玉皪皪如星。詩曹風鳲鳩云「其帶伊絲，其弁伊騏」，騏當為璂，以玉為之。又周書顧命有云「四人綦弁執戈上刃，夾兩階戺」，綦弁亦當指弁之有璂飾者。古玉圖考(108葉)有璂，作下列形象：

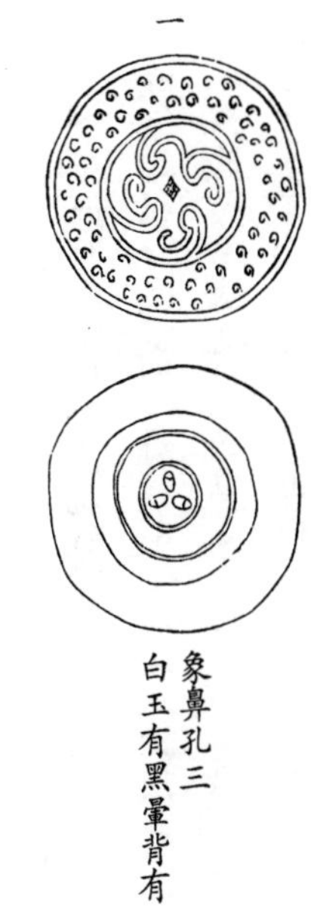

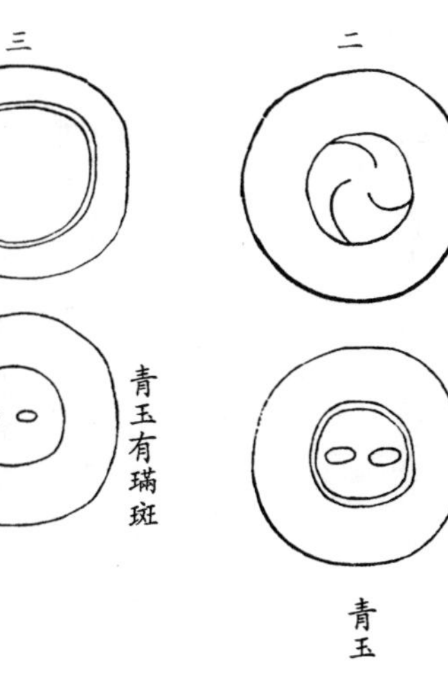

吳大澂加以說明云：「璂者正冠之玉飾於弁縫，如璧而小。大者象日月，小者象星，故曰會弁如星。」（原書109葉）這解釋是正確的。

甲骨金文六字，象冕弁旒就形。「□」象弁與笄形，「□」亦銳上豐下，「ﾉ」象笄，兩首稍翹，或所以固冕？而「□」象貫笄處，或即冠武，禮玉藻：「縞冠玄武，居冠屬武。」「□」象斿就形，以紞係玉而綰於笄，垂於耳旁或目前者。冕弁充耳之類，總謂之明飾。說文「顯」字云：「□，頭明飾也。」段玉裁注云：

頭明飾者，冕弁充耳之類。引伸為凡明之稱。

這是一種裝飾在顯明之處的物品，所以稱之曰「明飾」，名之曰「顯」。

我想，這種解釋，無論就字形或者字義來說，都不勉強。如果是一個地名，古代亦所在多有。【釋「旒」釋「畢」釋「褸」】山

東大學學報一九五五年第二期】

◉劉信芳 包山簡五九「彝慏」，「慏」字作「□」，類似例簡八二「郘慏」，一三三「彭慏」，一六八「叀慏」，一七六「郿慏」，均是人名用字。字从□从心，《說文》：「臭，大白也，从大白，古文目為澤字。」准此則「□」是懌字。

簡一〇〇「□溴」，「溴」即「澤」字。

按釋「□」為懌，釋「□」為澤，原本不錯。然簡文另有「睪」字，一二〇、一二一有人名「牂睪」、「畬睪」，二一八「睪良月良日逯之」，「睪」即「擇」之借，二五九「一鼬睪」，鼬睪即狐襗，謂狐皮脛衣，《說文》：「襗，絝也，从衣，睪聲。」《詩·秦風·無衣》：「與子同澤。」澤一本作「襗」。信陽簡二·〇二：「一兩緣韠縷。」即一雙高腰皮屨，因兼有脛衣與屨的功用，此所以稱「緣韠屨」。

綜上知楚系文字睪、□有別，秦漢以後睪字行而□字廢，《說文》「臭」僅是「□」之孑遺，且字形稍訛。古人區別用字的程度往往超過我們的想像，所謂「物有專名」是也，基於這一點，我們可以將「慏」理解為「懌」，將「溴」理解為「澤」，但以保留「慏」、「溴」諸字形為妥。【包山楚簡近似字辨析 考古與文物一九九六年第二期】

□ 簠瓦 1·40 獨字 說文所無玉篇 帑覆也 【古陶文字徵】

◉羅振玉 □ 說文解字有猶無猷，當為一字。石鼓文毛公鼎均有猷，石鼓作□，毛公鼎作□，此从犬从□。□象酒盈尊，殆即許書之酋字。卜辭中亦有酋字作□（藏龜之餘），與猷字所从同。古金文猷字則从□，與許書同矣。【增訂殷墟書契考釋卷中】

◉郭沫若 卜辭亦有猷字作□□□諸形，案迺國名，或从由作。後人猷自周以來均从犬作，彝器之在周初者，如毛公鼎克鼎宗周鐘之猷字均已从犬，而卜辭諸猷字之所从刻決非犬形。凡卜辭犬字及从犬之字，如獸臭等，其作為犬之特徵者大抵均在尾之上舉。卜辭目犬豕對文，肥腹垂尾者為豕，削腹舉尾者為犬，幾決無例外，而猷字所从之獸形則尾均下垂，亦決無例外。猷為獸名古亦無定說，爾雅釋獸「猶，如麂，善登木」，又云「麐，大麢，旄毛狗足」，麐即是麂見說文。由麂之从鹿而有狗尾旄毛，則知其物

涼　淜　馮

似鹿而非鹿，余以為當即□犬之一種而有斑文者，學名稱為Hyaena Crocuta（斑文鬣犬），此物正狗足旄毛而與鹿相似也。猶即善於登木，其物當不甚大，猶之如麂當如其有狗足旄毛，不當如其大小或如其似鹿。說文則云「猶，玃屬。从犬酋聲。一曰隴西謂犬子為猶。」玃迺猩猩之屬。釋獸云「玃父善顧」。郭注「貑玃也，似獮猴而大」，呂覽察傳「大似玃，玃似母猴」，高注亦云「玃猳玃」，母猴獮猴，一音之譯。玃似獮猴而大，故說文亦云「玃大母猴」，此與善登木之性雖相合，而與如麂之形則迥異。且許言玃而屬之，已是不定之辭，又並舉異說，云為犬子，則於猶之為物實未深識也。余由卜辭之字形與爾雅之字訓，以比驗之，以為古之猶字，其實即从鼠由聲之鼬，卜辭之別體从甶作者即是此字。說文云「鼬如鼠赤黃色尾大食鼠者」，今人稱為黃鼠郎。此物正善登木而亦狗足旄毛，與爾雅釋猶之形性均合。其行動最審慎而多疑，故古人有「猶豫而狐疑」之成語，是則猶之為鼬殊可斷言矣。余意卜辭中□國之名□者，準它國有馬方羊方，金文有虎方之例，當是□人目鼬為其圖騰。【釋繇　甲骨文字研究】

□ 2437　說文所無玉篇有此字　【古璽文編】

◉戴家祥　□鄂君啓節　庚淜昜　字从邑涉聲，郭沫若認為「淜昜」殆即岳陽。見文物參考資料一九五八年第四期第四頁。【金文大字典下】

◉楊樹達　前編二卷十八葉之三云：「△在㭉餗貞，△涼亡□？」按涼字从水，从党省。說文八篇下皃部云：「党，冕也。周曰党，殷曰冔，夏曰收。」或作弁，弁今隸字作卞。□殆即說文之汳字也。說文水部云：「汳水受陳留浚儀陰溝，至蒙為雝水，東入於泗。从水，反聲。」汳水漢書地理志河南郡滎陽下作卞，今則加水旁作汴。按党或作弁，弁今字作卞，則漢書之卞與甲文之涼為同字，第少水旁耳。然則字之右偏下截作小者，何也？曰：此蓋象水形，洛字甲文作□新獲一〇八，湄字或作□，字作水旁外，於各字眉字下皆作小，象水形，與□字形正同，是其比也。【涼　卜辭求義】

湨　滐　⿰氵射　⿰氵⿱它皿

◉商承祚　「湨」與集韻同。【殷墟文字類編卷十一】

◉葉玉森　林泰輔氏曰。湨即濟源縣之湨水。左傳襄十六年所謂會于湨梁。湨蓋為湨之誤甲骨文地名考。聞宥氏曰。今所出甲文固未見湨字。然不能遂謂古無湨字也。甲骨文地名考譯本坿注語。森桉。湨為地名。亦水名。故他辭云。「貞涉」徵文游田第三十五版。卜辭臭字屢見。如「甲申卜亘貞臭㠯人」。藏龜第百九十六葉之三。「貞御臭于母庚」。卷五第四十七葉之四。竝从自犬。但未見从水之湨耳。卜辭釋地十之六七揣籥扣槃極難徵信。應俟專家考定。至改字强釋。則更可不必矣。本編于林氏書僅録此一則。【殷虚書契前編集釋卷一】

◉陳夢家　湨是水名，從水臭聲。水經「沁水出上黨涅縣謁戾山」注云「沁水即涅水也」。涅湨古音相同，所以湨水即沁水，亦名少水。續三・二七・四有「涉湨」之文，與敦見於一版，敦在沁陽附近。于省吾亦有此說。【殷墟卜辭綜述】

◉李孝定　从水从臭，說文所無。【甲骨文字集釋第十一】

◉徐中舒　五期　前二・四・六　從水從臭，《說文》所無。見於《集韻》：「湨，水名。」【甲骨文字典卷十一】

秦667　右滐　此从水从桀即滐字滐說文所無玉篇滐水激回旋也

秦669　同上【古陶文字徵】

◉陳邦懷　前編卷二弟三葉　圖卣有字。沈氏樹鏞釋為廚。其所從之與卜辭中字羅參事曰。象人伐弩形。邦懷謂即古射字及字所從之正同。皆古射字。是知字塙為從水從射。蓋即⿰氵射之古文。

前編卷二第三葉　此古文⿰氵射字。解說詳文字篇。山海經中山經。瞻諸之山⿰氵射水出焉。畢氏沅曰。山當在今河南河南縣西。邦懷按。玉篇⿰氵射。水出瞻渚山。【殷虛書契考釋小箋】

◉羅振玉　祖伯鼎　唯祖伯豐自作寶□⿰氵⿱它皿

⿰氵⿱它皿上一字，雖已漫没，而⿰氵⿱它皿字則明白可辨，殊不可解。然懷鼎云「褱自作」，二字，諸家無釋。往歲嘗與亡友劉鐵雲觀察言，當即是石它，鐵雲稱善。嗣又見大師鐘白侵鼎文云大師鍾白侵「自作石沱」，此鼎亦稱自作寶□⿰氵⿱它皿，蓋石即碩，它沱

溋同一字，其義雖不可知，然知鼎固有石它之稱矣。【永豐鄉人稾丙卷一】

◉戴家祥　儀禮士虞禮「匜水錯于槃中南流」，鄭玄注：「流，匜吐水口也。」左傳僖公二十三年「奉匜盥水」，正義引說文云：「匜似羹魁，有道可以注水。盥，澡手也，从臼，水臨皿。然則匜者，盛水器也。」壽縣李三孤堆楚墓，一九三三年發現殉葬品中有巨型青銅器，圓形或橢圓形，三足，兩耳，有流，兼有鼎匜兩者之特徵，古人之稱石它者，殆即指此。它匜同字，更旁从鼎，示其器為鼎屬。說文九篇「碩，頭大也」。爾雅釋詁上「碩，大也」。碩為它鼎之修飾語，故其字更旁从鼎。石、碩、鼫形異而義同。羅說可從。【金文大字典中】

袁

◉高田忠周　寰盤　寰拜䭫首　器一　器二　師寰毀　師寰虔不㒸　寰盤　宰頵右寰入門　寰盤　寰其萬年子=孫=永寶用　寰盤　王乎史減冊賜寰玄衣黹屯

此袁作奠白、奠姬之祭器也。袁為人名，其从宀从袁，甚顯然者，說文無之，逸脫也。今存于此，或云環字金文有作瑗者，此袁當寰字省文。似是。唯寰字亦說文所無。徐鉉新附字，天子封畿內縣謂之寰，為从宀瞏聲者。鈕樹玉云：穀梁隱元年傳「寰內諸侯」。范甯云：寰古縣字。按鄭注禮記王制云：「縣內，夏時天子所居周界也。殷曰畿，周亦曰畿。」據此知寰非古字，廣雅無寰，廣韻云：「改寰為縣，始於楚莊，謬也。」然依此篆，三代有寰字無疑矣。若果袁是寰字，寰當圜字異文，金文家作从，客字作或作。从从口。又漢人篆文有圜作者，知宀口兩部通用，而形相混耳。又其義亦謂天子所居周界也。即圜字轉義耳。存疑云。【古籀篇七十二】

虢

◉孫海波　甲一一八八。疑虢字。【甲骨文編附録上】

◉屈萬里　，隸定之當作虢，地名。【殷虛文字甲編考釋】

◉李孝定　从虎从宁，說文所無。字在卜辭為地名，辭云「王其射虢□」後·下·二三·二。「王迺射虢冡」後·下·三八·五。「□　王其☐虢□　王叀往射虢□」佚·二七三。「☐射虢☐宰☐巛」甲編·一一八八。據後·下·三八·五辭知虢為地名，如以虎名釋之則如彪彲之比。【甲骨文字集釋第五】

◉中國社會科學院考古研究所　：地名。【小屯南地甲骨】

⿰家阝　⿱宀馬　⿱㝕心　⿱宀飤

◉殷滌非　羅長銘  ⿰家阝字長銘釋,其右下旁是亥字,甲骨文家下或从亥。下⿰家阝,疑即左傳吳人圍巢伐駕的駕。滌非疑「下」下一字是蔡字繁文,其右旁與蔡姞𣪘的蔡字形相似。郭沫若兩周金文辭大系考釋,頁177。左旁即邑字,也如陳字作𨻰同。同上,頁184。下蔡即州來,與居巢相鄰。【壽縣出土的「鄂君啟金節」　文物一九五八年第四期】

◉温少峰　袁庭棟　甲文有「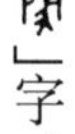」字,隸定為⿱宀馬,郭老在《殷契粹編》中逕釋為「厩之初文」。陳夢家先生謂:「卜辭⿱宀馬疑廌字。《廣雅·釋宫》:『廌,庵也』;『庵,厩舍也』。」(《殷虚卜辭綜述》五五六頁)《説文》「厩,馬舍也。」

(131)　王畜馬才(在)丝(兹)⿱宀馬?……(《寧》一·五二一)

(132)　……畜馬才(在)丝(兹)⿱宀馬?……(《粹》一五五一)

(133)　……卜,王其乍(作)  梌于⿱宀馬?(《京》四八三一)

「畜馬」之「畜」訓「養也」(《廣韻》)。「」,从倗从土,魯實先釋為「塞」(見《甲骨文字集釋》),近之。「梌」,《方言》訓「吳人謂刺木曰梌」。又「梌,楸也」(《類篇》)。所謂「塞梌」者,謂以刺木為障塞也。由(133)辭可知殷人于馬厩之四周又立障木以欄馬畜也。又由馬已養于厩中而可推知殷人亦已用糧食作精飼料以喂養馬匹。《詩·小雅·鴛鴦》:「乘馬在厩,摧之秣之。」毛傳:「秣,粟也。」殷周之習俗相近,殷人以糧食飼養馬,是完全可能的。【殷虚卜辭研究——科學技術篇】

◉張政烺　 中山王𠑹方壺　𥁑有慮悬　 中山王𠑹鼎　亡慮炅之慮　⿱㝕心,原作 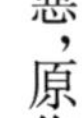、,據朱德熙、裘錫圭戰國文字研究當釋㦚,見考古學報一九七二年第一期八三葉。則此字當是从心,㝕聲,乃㦚之異體。㦚字見後漢書王霸傳,玉篇刊謬補缺切韻,故宮舊藏唐蘭寫印本。廣韻、集韻、類篇等書,有平聲去聲兩讀,平訓怯,去訓懼,古書中多以遽為之。【中山王𠑹壺及鼎銘考釋　古文字研究第一輯】

◉王子超　再來討論「王⿱宀飤□大室」中的「⿱宀飤」字。從詞序和句子的結構分析,此字在主語「王」之後,在賓語「大室」和一表示地名的字之前,應該是動詞,作謂語用;由字形上觀察,此字上从「宀」,《説文》:「宀,交覆深屋也。」表示屋宇堂室之義的字多以此為偏旁。其下象人屈身俯首探取器中食物之形,顯然是一個會意字。大抵為在堂、室中進食的意思。郭沫若認為是「廄」(今按:此字與下文之「廄」為一字異體)字之異,讀為就」。馬承源等説這是一個形聲字,「以乃為基本聲符」,「祭名,疑亦假借為祼」。

按：《周禮·夏官·校人》：「六系為廐。」孫詒讓云：「此廐即養王馬之舍。」《釋名·釋宮室》：「廐，勼也；勼，聚也，牛馬之所聚也。」《説文》：「廐，馬舍也。」總之，都説「廐」是養馬的地方(即今天的馬圈)，按這種意思很難跟「大室」連綴成義。説此字「以乃為基本聲符」是把字中的人形部分當成了乃(奶)字，其實這個人形與表示乃的形狀有別。如郭沫若所説：乃(奶)字「象人側立，胸部有乳房突出，是則乃蓋奶之初文矣」。因此字雖作側立的人形，但屈身俯首，主要顯示其就食之義，并不像他器中的乃作(《乃孫作祖己鼎》)、(《大盂鼎》)等，特突出其乳房。故視之為乃聲字不確。殷墟甲骨文有「飲」字作(《菁》四·一)，與此字宀下之作相類。甲骨文中還有一個「飤」字，作(《後》下，13)，也是从人从食，像俯身就食的形狀，與本銘的字形更相切合。「飲」字金文一般作，或在其上增頁旁，或不从頁，逕作食。《説文》：「飤，糧也，从人食。」段注：「按以食食人物」。是説以食物給人的意思。根據上述情況，我以為本銘「大室」及其前地名之上一字應當是从宀、从飤，隸定作「飤」，有進食或享祀的意思，整句話可理解為：商王在□地的大室進食或進行享祀。【河南出土商周金銘研究　河南大學學報一九九〇年第四期】

厗

◉林清源　厗戈(邱集8125。嚴集7032)

戈銘一字，作「厗」形，適當納柲處，于省吾、姚孝遂因之斷為僞銘，然其説之誣，本文第三章第二節已辨之甚詳，茲不贅述。本戈初載於貞松11·22·3，羅氏命之曰「薛戈」，隸定其銘為「薛」；其後諸家之命名皆沿羅氏之舊，如孫目、邱集、嚴集即是。然羅氏之隸定及命名皆有可議，「薛」字所从之「辟」，金文習見，作「」(盂鼎)、或「」(商尊)、或「」(師𩛥鼎)，左形與本銘相去甚遠。由羅氏銘文隸定與器名不符觀之，隸定作「薛」者，殆一時筆誤。羅氏所以命之曰「薛戈」，必以戈銘為「薛」字，然「薛」字金文作「」(薛侯盤)，亦與戈銘迥異，顯非一字。戈銘此字不識，疑為地名也。【兩周青銅句兵銘文彙考】

䘢

◉金祥恆　甲骨卜辭有字，一見於殷虛書契前編二卷十一頁第三片，一見於加拿大托倫托安大略博物館所出版之明義士殷墟卜辭續編第一集(The Menzies Collection of Shang Dynasty Oracle Bones Volume I)B三二一七六片，其辭一為：

□辰王卜，才兮貞：「娍䘢放」？国固曰「吉」。才三月一為：

辛酉王卜，貞：「如䘲放」？王固曰「大吉」。团九月，遘且辛𪓈。

前編卷二第十一頁第三片之䘲，葉玉森集釋釋文作「□」(卷二廿三頁)，孫海波之甲骨文編摹作「□」(附録四十頁)，日人島邦男殷墟卜辭綜類摹作「□」(一四五頁)，兩者皆因拓片不明，其形均有摹訛。孫氏將其女摹為殘文作「□」，葉氏將其「□」，訛成「□」，孫氏亦然。島氏將「□」訛為「□」，因此不知其結構而不識。今據明義士殷墟卜辭續編第一集B三一七六片，知其字當作「□」，从衣毓聲之□，字書無之。玉篇有䘲，云「輿六切，車覆」。集韻則謂「車闌幔也」。疑即一字。毓，説文謂育之或體。

⊘王(國維)先生之説是也。□蓋象產子之形，䘲所从之□，象嬰兒襁褓，冠衣相連。□即篆文衣，□者象纓緌之屬，冠之飾物。又以手持之，故从□作□。□蓋象手持嬰兒襁褓以待生育之形，當為□，即䘲字。唯甲骨卜辭之䘲，其字義與玉篇集韻異，玉篇集韻訓為「車覆」或「車闌幔也」，蓋取其覆嬰兒之衣而引申之。卜辭䘲與毓、育無異，説文：

「育，養子使作善也，从𠫓肉聲。虞書曰：『教育子』。□育或从每」。今江浙民間語：問人「分娩没有」説「養了没有？」養即生意，現在生育為連語。易漸九三爻辭「婦孕不育，凶」，中庸「萬物育焉」，晉語七「怨則毓災」，周禮大司徒「以土宜之法，辨十有二土之物名……以蕃鳥獸以毓草木」。其注育，毓皆訓生也。廣雅釋詁一「育，生也」。卜辭另有一□(挽)字，如：

貞：帚好挽放？　乙六二七三

壬寅卜，㱿貞：帚好挽放？

貞：帚好挽，不其放？　乙六三一〇

⊘挽與䘲為同義字，故「帚好挽，放」、「枚挽，不其放」與「娀䘲，放」、「如䘲放」，其語法相同。

日人池田末利之殷虛書契後編釋文下二十五頁第十六片，其摹片作

94頁

其釋文為「丁酉王卜貞，𡡘䕶放，亡囚」

⊘池田末利之釋文是也，其摹片因原書拓印模糊，故未摹全，如細審之，當如是：

後下25·16

「𢿫」右邊之「」不顯，「放」右邊之「女」不明，其「力」作「」尚可辨認，其下有無「亡」等字，概不清楚。以其文例而言與明義士殷虚卜辭續編第一集B三一七六片「如𢿫放」相同。

以上所舉三片，均由王卜貞，為第五期卜辭，故其文例字體均同。【釋𢿫　中國文字第四十五册】

◉徐同柏　□□祖辛𣪘　賮父辛　末一字上从省文𤆍，下从古文貝當是賮字。賮通進，見史記高帝紀注。【從古堂款識學卷五】

◉孫詒讓　祖辛𣪘　說文貝部「賮从貝𤆍聲」。火部「𤆍从火聿省聲」。此不从𤆍聲，而从聿省聲，于諧聲之例固不悖也。說文訓為「會禮」，其義于此無取，漢書高祖本紀「蕭何為主吏，主進」，顏注「字本作賮，又作贐，音皆同耳」，古字叚借，故轉而為進。此亦當為進之借字。文選高唐賦「進純犧」，李善注「進，祭也」。「用進」即用祭，亦猶它器言「永寶用亯」矣。【古籀拾遺卷中】

◉馬叙倫　父辛觶　吳式芬曰。徐籀莊說。聿即筆也。聿貝云者。言受王錫貝而筆之于彝器也。孫詒讓曰。疑賮之省。倫謂皆非也。是說文鑽之初文。所以穿物之具。本作。與初文筆字形近。持以穿貝。蓋貝非穿之不能貫也。【讀金器刻辭卷上】

9·7徐逯　說文所無玉篇逯動也【古陶文字徵】

◉葉玉森　。从辵。从。此古遏字。疑地名。遏尹者。遏地之尹也。【殷墟書契前編集釋卷一】

◉李孝定　前一·十一·五　後上·七·十二　戩三九·十四　甲編五二四

从辵从㠯,説文所無。郭沫若曰「[glyph]為躊之古文卜辭多假為禱」見萃考四十葉上。【甲骨文字集釋第二】

⿰阝叓

◉郭沫若　[glyph]免盤　令作册内史賜宂鹵百⿰阝叓

⿰阝叓字與⿰阝尊之結構相近,从由乃缶屬,大約即盛鹵之器也。【免盤　兩周金文辭大系圖録考釋】

◉朱芳圃　[glyph]　上揭奇字从叓从𠂤,結構與篆文尊金文作⿰阝尊相同。叓象手持甾。甾从由、肉聲,當即䍃之異文。説文缶部「䍃,瓦器也,从缶肉聲。」考由部「由,東楚名缶曰由,象形。」是由與缶異名同實。从由猶从缶矣。自象徵尊奉之意。免盤云「錫免鹵百⿰阝叓」,玩其辭意,蓋䍃之繁文也。【殷周文字釋叢卷下】

嫀

◉徐中舒　[glyph]　從女從[glyph]秦,《説文》所無。見於《類編》:「嫀,女字。」疑為人名。【甲骨文字典卷十二】

媢

◉白玉峥　甲骨文字有[glyph]字,見於殷虛文字乙篇八八五五、八八二〇、八七一三等三片;為第四期文武丁時之所遺,其卜辭曰:

1. 癸巳卜、貞:帚[glyph]亡至口?　八八五五
2. 癸巳卜、貞:帚[glyph]亡至口?　八八二〇
3. 癸巳卜、貞:帚[glyph]亡至口?　八七一三
4. 癸巳卜、貞:帚[glyph]亡疾?

據辭例,此帚[glyph]為文武丁時之帚名無疑。唯其[glyph]字,究為今之何字?據拙所考:蓋即今字嫘之本字;隸定之、當作媢。茲説之於後。

今考:字蓋从女从吅;吅,當與甲文中之[glyph]前四·一一·七片字所从同。[glyph],今釋雷,為从[glyph]吅聲之形聲字;用知[glyph]即今字嫘之本字,隸定之,當作媢。説文解字無嫘及媢字,而有儡字,其説曰:「儡,相敗也。从人畾聲,讀若雷。」雷俊説文外編卷十二、玉篇俗字上:「嫘,嫘祖也;字本作絫,後世變絫為累,又加女旁也。」然就字原考之:雷氏之説似是而實非。字本作媢,其所以作嫘者,蓋緣傳寫之誤也。至説文作儡,就其構形察之,並無「相敗」之意;而其「从人畾聲」之説,則又與媢相應。蓋从人與从女一也,从二田或三田亦一也。若自卜辭考之,應為氏族之專字。是許書「相敗」之説,亦非其初意也。

史記五帝本紀：「黃帝居軒轅之丘，而娶於西陵之女，是為嫘祖。」此𡢃〔或沿誤作嫘〕之名氏，既見於黃帝時代，至殷商時期不得謂無；甚且於周金文中亦多有之〔詳下〕。若就姓氏之延續與擴展情形言：後世之雷姓或其後裔歟？史記索隱即謂：嫘祖，「一曰雷祖」。通志氏族略云：「雷氏、方雷氏之後，女為黃帝妃。」而山海經海内經亦作「雷祖」。此可知嫘或雷字，如非寫誤，亦應為後世之形聲孳乳；而其本字，則當作𡢃。

典籍中於𡢃祖名氏之記載，頗為紛繁。史記作嫘；索隱「一曰雷祖」，又引皇甫謐云「黃帝元妃西陵氏女，曰累祖」，正義則作「傫」祖。漢書古今人表作「絫祖」。國語晉語韋昭注引帝繫作「纍祖」。集韻：「嫘祖、黃帝妃，西陵氏女。或从纍，通作累。」大戴禮記帝繫篇、通志氏族略，均同史記作「嫘祖」。自清人王謨以下，七家所輯補之世本，均同韋昭注作「纍祖」。典籍中之嫘、雷、累、傫、絫、纍等字，說文僅著録雷、累、絫、纍等字，而無嫘、傫二字。就諸字之構形言：嫘與傫及㒍應為同字之歧分或衍化；纍則為累之增繁，集韻「累，或作纍」，說文則謂累為「緫之古文」。絫，例當為纍之簡略也。蓋典籍中之諸嫘或傫等字，均非其本真，僅止於沿習或擬聲而已。

金文穌甫人盤銘有□字三代十七卷四頁，穌甫人匜銘有□字小校九卷五九頁，𡢃妊壺銘有□字小校四卷七五頁，儓媯壺銘有□字三代十二卷六頁，齊𡢃姬簋銘有□字録遺第一四六器，齊縈姬盤銘有□字録遺第四六五器，容庚氏金文編以□、□、□、□四字，定為說文所無之字，列於女部之後，並謂「汗簡以為姪字」十二卷二一頁。將□字亦定為說文所無之字，提行列於女部之後。將□字定為「形聲之不可識」者，而列於附録下。二十四頁。周金大系考釋謂：「𡢃字从女畾聲，畾即小篆疊字。今字从女而以為字，當是善意之字。余意：字當段為熠，說文：『熠，盛光也』。」二四三頁。按：此說殊非。茲將各銘文今隸於後，藉便說解。

1. 穌甫人作𡢃妃□賸般　穌甫人盤

2. 穌甫人作𡢃妃□賸匜　穌甫人匜

3. 𡢃妊作安壺　𡢃妊壺

按：此壺器蓋銘同，其差異僅為壺字。三代吉金文存第十二卷七頁，僅著録器銘。又按：王國維氏箸三代秦漢金文著録表疑為偽器。卷四頁七。

4. 儓媯作寶壺　儓媯壺

5. 齊𡢃姬　作寶𣪘其萬年子子孫孫永寶用　齊𡢃姬簋

6. 齊縈姬之孏作寶般其眉壽萬年無彊子子孫孫永寶用亯 齊縈姬盤

今按：容氏及大系之考釋均非。諸字若以孏(嫘)之聲義為釋，不僅於姓氏有徵，亦且銘文全體通讀無礙；而其意義，則因此一字之暢達，更為顯著。【説孏 中國文字新三期】

嫣

◉戴家祥 若嫣鼎 若嫣作文媼宗尊丁彝 烏，金文作 毛公鼎， 效卣，頭部均作圓圈形。 ，左旁字形與烏同。故字當隸定為「嫣」，但字書不載，疑為佚字。金文作人名，意義無从考索。【金文大字典上】

婷

◉朱歧祥 —— ，从宀从女从罒，隸作婷，讀如寧。卜辭用為婦名。字或省从皿从卩作 。由辭例互較可見。

〈粹1238〉☐婦 ☐妫？

〈合287〉壬辰子卜貞：婦 子曰戠？【甲骨學論叢】

⿰女桑

◉陳夢家 前・二・十九・六 卜辭黍年之黍从水从禾，或省水。此字从女从禾，故定為⿰女黍字。鳴距⿰女黍約為四五日路程。⿰女黍距杙永城東北一日。則其地當在永城之北。左傳哀七：「築五邑於黍丘揖丘大城鍾邗」，杜注云：「梁國下邑縣西南有黍丘亭。」【殷墟卜辭綜述】

◉李孝定 从女从 。 乃桑字。見六卷桑字條。陳氏隸定作⿰女黍。誤。當隸定作⿰女桑。説文所無。辭言「在⿰女桑」。地名。【甲骨文字集釋第十二】

⿰癸支 ⿰癸殳

◉柯昌濟 ⿰癸殳父庚彝 ⿰癸殳作父庚旅彝 ⿰癸支字又見卜詞，疑即揆字異文，堯典「使宅百揆」，則揆字訓甚古，从手从支，於訓意亦相近。説文載扶字古文作𢻤字，亦从支，知古文从手之字可通从支也。【⿰癸支彝 韡華閣集古録跋尾】

◉商承祚 ⿰癸支。古金文亦有此字。【殷墟文字類編卷三】

◉孫海波 前二・二一・一 从殳从癸。説文所無。地名。【甲骨文編】

◉陳夢家 ⿰癸殳為田獵區，與盂同片，可知近於沁陽。沁水注：「又東南出山逕郟城西，城在山際。……京相璠曰河內山陽西

頮

北六十里有郯城。竹書紀年梁惠成王元年趙咸侯偃，韓懿侯若伐我葵，即此城也。」據此，可知郯在山麓，故又名郯麓。地在今修武西北。【殷墟卜辭綜述】

◉考古所　𣪘方，𣪘，在過去的著録中，如後上十三·一〇，前二·二一·一，摭續二六六等片，都為地名。作為方國名，此次僅見，陳夢家認為𣪘地在今修武附近（綜述二六一頁）。【小屯南地甲骨】

◉姚孝遂　肖　丁　2651

(1)「……戍軓显𣪘方，不往」

(2)「……往」

過去所見資料，「𣪘」乃田獵地。粹972：「戊辰……貞，王……田𣪘，亡……」，「辛未卜貞，王其田盂，亡戈」；「……貞……[illegible]……」。是「𣪘」與「盂」相距不過三日路程。

此片之「𣪘方」為前所未見。殷人不斷併吞鄰近之方國，以其地為田獵之所，此種現象，卜辭累見不鮮。【小屯南地甲骨考釋】

◉朱歧祥　[illegible]—[illegible]

[illegible]，从殳癸聲，隸作𣪘。《說文》無字。字屬於第四、五期卜辭中的田狩地名，與目地同辭。字有从攴作𢾺。

〈菁10〉壬子王卜貞：田[illegible]，往來亡災？王占曰：吉。

〈前2·21·1〉☐卜貞：☐于[illegible]☐亡災？☐獲☐又二。【甲骨學論叢】

◉戴家祥　[illegible]陳逆簠　須壽萬年　[illegible]公孫班鐘　其萬年須壽☐☐　[illegible]陳逆毀　㠯貿羕令須壽

說文十一篇：「沫，洒面也。从水未聲。[illegible]，古文沫从頁。」按頮，从水从頁，沫之象形。典籍字或作頮。書顧命「王乃洮頮水」，漢書律麻志作沫。漢書司馬遷傳「沬血飲泣」，淮南厲王長傳「沬風雨」等等，均用本義。金文頮借作眉壽之眉。【金文大字典中】

絤

◉尤仁德　哲絤（圖一，5）。

5

銅質，鼻鈕。璽面長、寬各1.2釐米。《陳簠齋手拓古印集》著録。

璽文左旁是哲。《説文解字·口部》：「哲，知也。从口折聲。悊，哲或从心。」或文悊字从心，與曾伯簠銘作、師望鼎銘作相同。且金文哲字變「才」為「」（阜），是璽文字之證。金文字，高田忠周解釋説：「疑从哲省也。」（《古籀篇》34·10）高説不可據信。《老子·二十五章》：「大曰逝，逝曰遠。」説明古文字中从折聲者，往往有「大」義。《爾雅·釋言》：「哲，智也。」舍人注：「哲，大智也。」大智（知）即知識宏通，富於智慧。《説文解字·阜部》：「阜，大陸也。」阜字本有「大」義。那麼，璽文字换成「」（阜）為義符，含「大」義，與哲字為「大智」義完全吻合。像這樣的情形，在古文字中還可以找到同例。如勅鼎銘肇字作，吴闓生説：「易户為阜，移攴于下而加焉，仍肇之變體。」（《吉金文録》上·34）此説是。《説文通訓定聲》：「《韓詩·江漢·傳》『肇，長也』，則謂借為超，又為矯。」而長、超、矯都含高大義。據知，字變从阜，與它用于假借含「大」義是相通的。

根據上述各點，璽文字應是从阜从口折省聲的形聲字，亦屬哲字異體。

璽文右字从糸从西。西旁的寫法，與甲骨文作（《殷墟書契前編》3·6·3）、作（《殷墟卜辭》161）相近似。絤字《説文解字》未收。《玉篇》：「絤，絆前兩足也。」（義同絆馬索）《集韻》：「絤，息西切，音犀。」據此，絤當是从糸西聲的形聲字。

哲絤璽屬姓名私璽。《萬姓統譜》：「哲見《姓苑》。」可證此璽或是別名字號私璽。春秋衛國狄黑之字曰哲之（《中國人名大辭典》540頁），亦可證。

《彙編》收該璽（2606號），絤字不識。

【館藏戰國六璽考釋　考古與文物一九九〇年第三期】

綻

◉史樹青　第四簡：綻布之羅二墨。

綂　緦　禕　塼

綂布是狹面的布，羅是紗羅的羅，説文：「布，枲織也。」古無棉布，但有麻布及葛布，墨是偶的別體，一墨就是兩件。此簡應該解釋為：「狹面的羅四匹(即二墨)。」【長沙仰天湖出土楚簡研究】

文字 4·52 綂止 説文所無集韻綂紬也【古陶文字徵】

1264 0560 2301 0771 説文所無集韻引博雅云緦鏚也一曰秤縡【古璽文編】

◉曾憲通 䁀禕亂乍 甲七·二七 禕字《説文》所無。嚴氏以《大荒西經》有「來風曰韋」，疑此禕字指風名，與上文之「風雨」及下文之「亂作」相應。選堂先生讀禕為違，「䁀禕亂作」意謂與辰相違則逆亂失次之象見。何琳儀謂䁀禕即辰緯，亦作星緯，本指星辰的緯度。【長沙楚帛書文字編】

◉嚴一萍 禕字説文所無。爾雅釋詁：「禕，美也。」其義不合。大荒西經：「有人名曰石夷，來風曰韋。」甲骨文四方風名作「」，疑此「禕」字，指風名。與上文「風雨」下文「亂作」相應。【楚繒書新考 中國文字第二十六册】

◉曾　庸 塼：塼字出現較晚，現在所見到的東漢時的塼文，還没有發現過有「塼」字的。從文獻來看東漢晚期已經有塼字了。如應劭風俗通：「甃，聚塼修井也。」到三國時「塼」字就愈來愈多了。如蜀譙周古史考：「烏曹氏作甎。」魏志胡昭傳注引魏略：「扈獨居道側，以瓴甎為障。」吴録：「景帝時戎將于廣陵掘諸冢取版塼，以城壞甚多。」(御覽卷188引)

到西晉、東晉南朝時，塼文上已出現了磚字：

(1) 晉元康七年,九月廿日,陽羨所作周前將軍塼。

(2) 泰和三年作塼,大吉昌富樂。

(3) 太元十五年,任淋為亡母作塼。

1

2 3

圖一 漢塼文

當然在這一時期內,塼文上所見到的塼字還是很少的。仍以甓為多。從隋唐時起,舉凡墓塼、倉塼、塔塼都自名為塼了。甓反而少見了,此後漸漸不為人所知了。【漢至六朝間塼名的演變 考古一九五九年第十一期】

頙

3·1266 獨字 9·107 簪啟甓頙[illegible]恖[illegible]里亓 說文所無。字彙補。頙音拆。正也。【古陶文字徵】

逋 䞴 蒾 蒦 蒡

◉戴家祥 [金文字形]衛盉 燮逋 [金文字形]裘衛鼎 嗣土邑人逋

逋字从走甫聲。玉篇一二六「逋，匍匐也」。集韻訓「音逋，趍逋伏地」。金文用作地名或人名，無義可說。【金文大字典下】

◉李裕民 [字形]《侯馬盟書》宗盟類四之九二：四一。

字从走从沐，隸定作䞴。水作[字形]，猶《楚屈叔沱戈》沱字偏旁作[字形]，陶文涂字偏旁作[字形]（《古陶文䈞録》十一·一），都是[字形]的簡體。䞴字，字書所無，此為參盟人名。【侯馬盟書疑難字考　古文字研究第五輯】

[字形] 2263　説文所無集韻蒾草名　[字形] 2264【古璽文編】

[字形] 2301　[字形] 2300　説文所無集韻蒦草名【古璽文編】

◉王國維　宗周彝器。言王在蒡京者五。井鼎静彝静敦史懋壺遹敦。言王在蒡者一。召伯虎敦。其字从茻从㫃。㫃字雖不可識。然與旁鼎之[字形]。旁尊之[字形]。皆極相似。當是从茻旁聲之字。蒡京蓋即詩小雅往城于方及侵鎬及方之方鎬。【周蒡京考　觀堂集林卷十二】

◉王讚源　蒡京也見於奢毁（三代六卷五四葉）、静毁（三代六卷五五葉）、遹毁（三代八卷五二葉）、史懋壺（三代十二卷廿八葉）、静卣（三代十三卷四一葉）。也有省作蒡或旁的，蒡見於召白虎毁（三代九卷廿一葉），旁見於臣卣（博古圖十一卷）。蒡京是周文王所建的國都，即詩經的「豐邑」。大雅文王有聲：「文王受命，有此武功，既伐于崇，作邑于豐。」蒡从方聲，古音屬曾運乾「古音三十攝表」安攝，豐屬曾表邕攝，安、邕旁轉相通，故稱豐為蒡的異名。金文中稱豐的見於小臣宅彝（三代六卷五四葉）、㾾鼎（薛氏款識十卷）、庚贏鼎（西清古鑑三卷卅九葉）等器。

荃

葊京或豐，是文王建的都邑。武王則建都於鎬京。大雅文王有聲說「考卜維王，宅是鎬京，維龜正之，武王成之」，便是武王建都鎬京的證據。史記誤以豐、鎬為一地，周本紀贊說：「學者稱周伐紂居洛邑，綜其實不然，武王使召公卜居，居九鼎焉，而周復都豐鎬。」豐地在今陝西鄠縣東方，鎬地在今陝西長安縣南方。通考西周彝器，稱宗周或周的，皆指鎬京，詩小雅正月毛傳也說：「宗周鎬京也。」宗周與葊京或豐邑，本為二地，所以銘文有二地連言的，例如：

(1) 臣辰盉：「唯王大龠于宗周，徃(出)饔(館)葊京年。」(三代十四卷十二葉)

(2) 臣卣：「唯十又二月，王初饔旁，唯還在周。」(博古圖十一卷十八葉)

依此可知宗周不是葊京，或鎬京不是豐邑，太史公以豐鎬為一地是錯誤的。偽古文尚書周官篇以豐為宗周，也是不可信。

【周金文釋例】

◉饒宗頤　荃司☐(圖4)

圖四

荃司下一字模糊不可辨。以義之揣之，當指四時之冬。

荃字原作[荼+土]，从茶下益土。爾雅釋天，十二月之名為「涂」。周禮秋官「哲蔟氏掌覆夭鳥之巢，以方書……十有二月之號」。鄭注「月謂從娵至荼」。繒書同此，但增土旁。阮元爾雅校勘記：「十二月為『除』，閩監毛本除作涂。」

繒書記四時神名，如長曰青檮(陽)，與尸子爾雅相類，尸子仁意篇有論四時一段，文云：

……暢於永風。春為青陽，夏為朱明，秋為白藏，冬為玄英。……其風：春為發生，夏為長嬴，秋為方盛，冬為安静。四時和為通正，此之謂永風。

萻 蕣

文見爾雅釋天邢疏引。爾雅亦有此文，似取自尸子。案繒書正文云：

曰故☐𦏁（嬴），𩁹虘，出自「帝」𩂣（震）……

金文玄作𢆶（師奎父鼎、師晨鼎）與此同。國語越語：「至于玄月……王召范蠡而問焉，曰……今歲晚矣。」玄月一名見此。郭景純引之以注爾雅。

「故」為五月月名，正值盛夏，文曰☐嬴者，證以尸子，似指夏為長嬴之時。管子幼官篇：「夏有小郢中郢，冬有小榆中榆。」郢與盈同音古通，夏為長嬴，義即長盈，小郢猶小盈也。尸子楚人（見劉向别録），宜其説與繒書可以互證。【楚繒書十二月名覈論　大陸雜誌三十卷一期】

◉高　明　萻字初見，字書無，在此為月名，《爾雅·釋天》「十月為涂」，繒書中之萻當與涂為同音字。【楚繒書研究　古文字研究第十二輯】

◉郭沫若　𦼪字乃萻之緐文。从茻害聲。毛公鼎邦𠭯將害曷吉作𠷎。叔家父𣪘用易錫害𠣬釁眉壽黄耇作𠷎。師害𣪘作𠷎。害叔𣪘作𠷎若𠷎本器蕣字中从𠷎作。與此等字同。害乃古蓋字。象缶上有罩覆蓋。傷害字當作割。叚害為之而害之本義失。説文云。害傷也。从宀口。言从家起也。丰聲。字形全乖。説解自非其朔。方言云。蘇。芥草也。⊘沅湘之南或謂之萻。即此字。【周公𣪘釋文　金文叢考】

◉郭沫若　蕣即萻之緐文。方言。蘇。芥草也。沅湘之南或謂之萻。即此字。字在此乃叚為更。【周公𣪘　兩周金文辭大系圖録考釋】

◉李旦丘　𦼪　周公𣪘銘云：「王令命燮眔内史曰，『𦼪井侯服服』，易錫臣三品，州人，𣒈人，章人。」郭沫若氏定字為蕣。郭氏云：「蕣即萻之緐文。方言『蘇，芥草也。沅湘之南，或謂之萻』。即是此字……井侯蓋因就封開缺，故命燮繼任其職。」（兩周，第三十九頁）

今按萻當為轄的借字。萻轄均以害為聲，例可通假。正字通云：「轄亦作鎋。鎋猶管也。轂空轄裹之以金，如管也。管轄之義，取此。」是萻井侯服，即管轄井侯的職務的意思。由𣪘銘觀之，管轄一語，其源甚遠。【金文研究一册】

◉于省吾　第五期甲骨文地名的蕣字作𦼪（京津五二八三），只一見。甲骨文編附録於茻部，並謂「説文所無」。按蕣字从口作𠙵，也如唐字作𠷎（甲一一三二），又金文周字从口作𠙵者屢見，不備引。周器井侯簋的「𦼪井侯服」，𦼪字作𦼪，與甲骨文形同。

楊樹達積微居金文説：「䕭字从𦬒害聲，當讀為匄。廣雅釋詁三云：匄，與也。……䕭井侯服者，服通訓事，謂與井侯以職事也。」按楊説可從，䕭字典籍均作萻，古文字从𦬒與从艸無別。方言三：「蘇，芥草也。江淮南楚之間曰蘇，自關而西或曰草，或曰芥。……沅湘之間或謂之萻。」郭注：「今長沙呼野蘇為萻。」芥从介聲，䕭从害聲，古字通。説文：「芥，菜也，从艸介聲。」大徐本説文，謂芥字大篆作[glyph]。【釋䕭 甲骨文字釋林】

●周名煇 强氏之誤可析為二條。證明如左。

其一。即誤以井為刑。而不知井侯二字連讀為人名。⊘其二。即誤讀䕭為轄。而不知害即介也。徵之金文。如豚多父盤銘云。受害福。害福即介福也。易晉卦云。受茲介福。國語吴語云。余一人兼受而介福。介害古音同在泰部。䕭字从𦬒害聲殆即説文芥字之或體。爾雅釋詁云。介大也。朱駿聲以為本字當作夰。余以為介大也之介。與説文八部介畫也之介有別。疑非一字。介大也之介。殆即大字籀文作介之字。今隸猶存其形。害大古音亦同部。銘云。䕭井侯服。即書康誥乃大明服之義。然非强氏所能知者矣。【新定説文古籀考卷下】

●張日昇 字从井从害。説文所無。丁佛言疑為古割字。强運開釋萻。讀如轄。其誤周名煇已明言之。然周氏讀如介。大也。亦非。柯昌濟疑古葛字。唐蘭直釋舍。予也。唐氏雖能通其文義。惟於字形未合。楊樹達謂字从𦬒害聲。當讀為匄。陳夢家謂字是芥之緐文。叚為匄。郭沫若謂字乃萻之緐文。叚為更。三家之言各得一端。字从𦬒害聲。當是萻之緐文。匄。予也。更。續也。井医殷銘云。王令榮眔内史曰。萻井医服。據楊陳兩氏。受賜者乃井医。據郭氏則榮繼為井医。郭氏非也。蓋令之賓語乃榮眔内史。豈更井医服者為榮與内史耶。周朝策命之制度。舉行策命之時。王左右有二人。一秉策。一讀策。如頌鼎。「尹氏受王令書。王乎史號生册令頌。王曰」。此尹氏與史號生亦即井医殷之榮與内史。故曰。「王令榮眔内史曰。」然其文辭簡略。致有誤榮為受王賞賜者。又按服諸家並解作内服。竊疑非是。静殷云。「小子眔服眔小臣眔尸僕學射。」服與小子小臣。尸僕並舉。當是同類。故王令予井医服。隨即曰。「易臣三品。州人。重人。章人。」如此則銘文前後通貫。

【金文詁林卷一】

●陳漢平 [glyph] [glyph] [glyph] 甲骨文有[glyph]字，舊不識。西周井医殷銘亦此字，書作[glyph]。按此字从艹从害作，古文字从艹與从艸同，故此字當釋萻。説文無萻字。方言三：「蘇，沅湘之間或謂之萻。」注：「今長沙人呼蘇為萻。」廣雅釋草：「萻，荏蘇也。」卜辭曰：

丁巳卜貞王[glyph][glyph]㞢來亡[glyph]王[glyph] 京津五二八三

蓍字于此辭為地名字。【古文字釋叢 考古與文物一九八五年一期】

◉徐中舒 [古文字] 五期 佚九九五 從𠦝從舍，舍即害字。金文害作[古文字]伯家父簋、作[古文字]師害簋，與舍形同。地名。【甲骨文字典卷一】

◉强運開 [古文字] 𠂤亼陾仲鼎。説文所無。疑即古墁字。从𠂤與阤或从土亼址同意。【説文古籀三補卷十四】

◉吴其昌 「[古文字]」者，从「又」持「喜」，「喜」之義本為酒食，此𢼄字正象手持酒食之形也。詩七月「田畯至喜」，鄭箋：「喜讀為饎，饎，酒食也。」爾雅釋詁：「饎，酒食也。」釋文：「饎，舍人本作喜。」説文食部：「饎，酒食也。从食，喜聲。詩曰：『可以饙饎。』或作糦，从米。」（按今本詩泂酌正作糦）可證「喜」為本字，「饎」「糦」皆後起形聲字矣。今[古文字]字正象酒食豐盛之形；且饗客之「饗」字，[古文字]，正象主客對饗此酒食之狀，尤可為證。此[古文字]字下承以槃狀之ㄩ而作[古文字]，即為篆文之[古文字]字矣。然契文之承ㄩ與否，故無別也。故知[古文字]字當譯為「𢼄」，而訓為手持酒食。手持酒食，斯可以祭；故曰「𢼄上甲」，實猶「祭上甲」也。【殷虚書契釋詁】

◉戴家祥 [古文字]蓋 [古文字]器 叔截卣 叔截作寶䵼彝 [古文字]師虎毀 截先王既令乃祖考事

截，郭沫若釋載，無説。按銘文截用作語詞，與詩周頌「載戢干戈」，「載櫜弓矢」之載同，截讀作載，金文語詞之意的載字或作飤，𩚁，皆从食，截从𢦏聲，𢦏又以才為聲，與𩚁字以才為聲相同，兩字當為異體字。【金文大字典下】

◉李孝定 [古文字] 从耳从卩，説文所無，當為聑之繁文。金祥恆續文編遝收作聑。十二卷五葉下。【甲骨文字集釋第十二】

◉丁 驌 [古文字]字疑是彫。祭器。粹三二二「其𡌥父庚舞彫于宗」，𡌥字為致力於土之圣字加用，用為金器之象形。此字義當是製鑄金器。「父庚舞彫」，乃金器之名稱，為父庚鑄製者也。【中國文字第三十三册】

⿰幸丮

◉馬承源　晉侯⿰幸丮盨發現兩組六器，收歸四器。

晉侯⿰幸丮盨銘文拓片

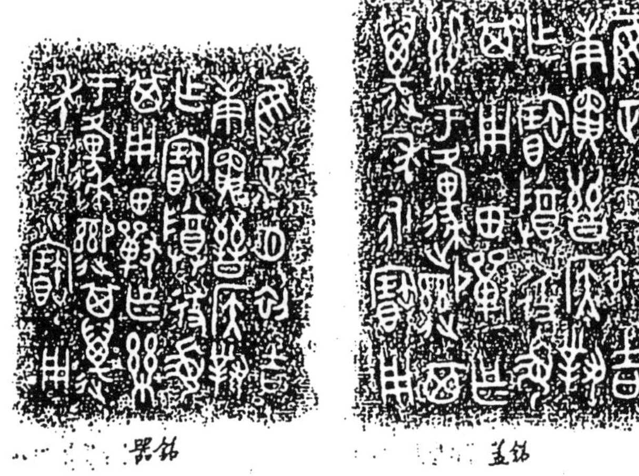
器銘　蓋銘

第一组

第二組·器銘

第一組器蓋對銘六行30字，前三行字數相同，後三行字數排列稍有出入，總的字數相同，今據器内銘文釋文：

佳(唯)正月初吉

庚寅，晉侯⿰幸丮

乍(作)寶隮彶(及)盨

其用田獸(狩)，甚(湛)

樂于邍(原)隰(隰)，其

邁(萬)年永寶用。

第二組銘文釋文：

隹(唯)正月初吉丁亥，晉

侯⿰丵丮乍(作)寶隮盨，其

⿱萬土(萬)年子=孫=永寶用。

兩組銘文載晉侯名⿰丵丮，从丵丮，像人以手持丵，从丵得聲。丮在《說文》中是部首，但丮部中没有這個字。丮部字有作會意的，如埶；作會意兼形聲的，如孰；形聲字如谻。⿰丵丮字構形似會意兼形聲，丵也當是聲符。問題在於丵字有兩種聲讀，《說文》：「丵，叢生艸也。象丵嶽相竝出也。凡丵之屬皆从丵。讀若浞。」《集韻》：「丵，仕角切，音浞，艸木叢生，像根株附麗竝出形。樸、業、僕、叢字从此，借為叢雜煩瀆。或作菐。」又《集韻》：「丵，方六切，音福，義竝同。」說丵音福，於古音當也有所據：

[illegible]《㝬鐘》「⿰菐戈伐」之⿰菐戈從菐，菐為丵的或體；

[illegible]《矢人盤》「⿰菐戈散邑」之⿰菐戈从丵；

[illegible]《石鼓》「田車」樸字从菐；

[illegible]《琱生簋》「僕章土田」之僕，从丵增又；

其它《說文》之僕、樸、轐和墣字，都從丵得聲，古音分屬幫、滂兩紐。福从畐，古音在幫紐，與上述从丵之字同聲或旁轉。因而⿰丵丮字音讀當从丵音福為依歸。

但是，有一個問題是：⿰丵丮字和個別金文中的對字之或體字相似或相同。那末，晉侯名⿰丵丮，是否可以釋為對呢？這要從對字的發展情形來看。

金文中的對揚字最多，對字的異變形也比其它字多，以下是九類對字形體：

A. [illegible]父乙尊 [illegible]趞曹鼎 [illegible]競卣 [illegible]頌鼎 [illegible]克鼎 [illegible]師⿰害夫鼎 [illegible]對卣

B. [illegible]⿰害夫伯簋 [illegible]靜簋 [illegible]趞鼎 [illegible]叔卣 [illegible]䧹子卣 [illegible]此鼎

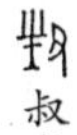

C. 夔簋 D. 琱生簋 E. 永盂 師旂鼎 F. 十二年大簋 毫鼎

G. 命召簋 卯簋 茾伯簋 師酉簋 㝬鐘

H. 盠尊 柞鐘 I. 王臣簋 多友鼎 伯晨鼎

金文中「對」字絕大多數都屬於A類，翻開西周金文，觸目皆是，這是最基本的情形，其餘「對」字的各種形變，都是在A類字大量存在的基礎上衍生的。對於所從的丵字，其本義學者們有種種不同的解釋。A類丵字形體，比較標準，像丵植在土上。它的形變如B類。植土之說雖有不同見解，但大量的字形从土，這是不容易否認的。查西周穆王之前金文中的「對」字，省土的很少，個別的如鯑簋銘「對」字，器銘為，蓋銘為，一从土，一省土，省土的丵字必定是丵字的省筆或缺筆。自恭王之後，金文中「對」字出現了稍多的訛變現象，如D䎽、I𢍏。䎽从丰从丮；𢍏从廾，保持了對稱的特徵。兩例的偏旁都變了形。又如F1、2，完全省去了「又」，此丵字形體正常，省「又」仍保持了字的音讀。丵字从土和不从土，可能是不同的兩種音讀，否則不至於作這樣的省筆。「對」字的另一形變，是將丵省變為丵，如G類，但這種形變是極少數更進一步的變化I類，為了筆劃的對稱，字形增「又」作叢。以上幾個字都不从土，衹是筆劃損益，有所不同。個別字形又訛為D和F的混合體，作从丵从丮，成了一個似是而非的䎽字，見H類二例。這是「對」字多次演變的結果，成為H類狀的形變字。王臣簋的「對」字作𢍏I1，幾父壺的僕字作，後者如果去掉亻旁，兩個字形完全一致。「對」字形變和別字之多，由此可見一斑。「對」字誤作䎽，仍然是「對」字，它和不是形變的䎽字不能混淆。

晉侯名䎽這個字，不會是形變，不僅四件盨上䎽字的寫法是相同的，就是同時發現晉侯䎽鼎和晉侯䎽匜銘文中的䎽字寫法也是相同的，所以這個字是本體字，十二個䎽字都是一致的。【晉侯䎽盨　第二屆國際中國文字學研討會論文集】

橴

◉朱歧祥 —

，从木茲聲，隸作橴。《說文》無字。晚期卜辭用為地名，與商、喪諸地見於同辭。字復增木作𣡉，與橴屬同地異文。由辭例互較得證。

〈續3·28·5〉己酉卜，在貞：今日王步于喪，亡災？

〈前2·8·1〉乙未卜，在貞：王步，亡災？【甲骨學論叢】

梠

[古文字] 讀為鼓　天—䨏乍𣸈(甲2—10)　【長沙子彈庫帛書文字編】

迴

[古文字] 見于銅龍節作迴　讀為斷　迴乃上下〃朕—(乙3—4)　又讀為轉　乃迴冒〃吕—相☐思(乙7—34)　【長沙子彈庫帛書文字編】

敵

◉吳闓生　[古文字]屬羌編鐘　敵從攴可擊者也。楚公蒙鐘嶜字亦作𡖘。尚書戛擊。漢書作拮隔搏拊。荀子作拊鞷。史記作拊膈。是古樂器可擊者名鬲也。【吉金文録卷二】

鬴

◉朱歧祥　[古文字]，从丑持鬲，鬲亦聲，隸作鬴。《說文》無字。卜辭用為田狩地名，與隹地相鄰，約處殷東南方。

《前2·9·6》乙卯王卜在隹貞：今日步于[古文字]，亡☐。

卜辭中有築高臺曰「鬴京」，以便殷人觀察獸蹤，亦便駐軍監視外族出没情況。

《佚990》之日王往于田从[古文字]京，允獲麑二雉十。十月。

《續318》☐在自[古文字]。

鬴地亦屢用為殷王祭祀之所。

《續2·9·9》☐亘豆[古文字]示，不又。十三月。

亘，人名。[古文字]或即登字省。不又，即不祐。

《外444》☐貞：[古文字]示矢土。【殷墟甲骨文字通釋稿】

影

◉黄錫全　[古文字]影　見夏韻宵韻，今本《汗簡》無。夏韻笑韻録《古世本》影作[古文字]，應是一字。影字見《玉篇》，訓畫。《集韻》訓「畫飾」。【汗簡注釋補遺】

酥

前六・一六・二　从西从束説文所無王國維以為即茜酒之茜　前六・五七・二　後二・八・二　後二・二二・一三

林二・一一・一　【甲骨文編】

𨞰

◉湯餘惠　《湖南省博物館藏古璽印集》5・18著録一鈕白文印，共四字：

攻帀，即工師，「攻」字作上下結構，「帀」字中直上部出頭，下部加點，「邑」旁上下接合，為戰國齊文字特點（參看《古璽彙編》0150、0152至0157各印）。「工師」下一字原釋為「邒」，今按古文字「可」均作，不作，疑字乃「區」之省體，古璽文字从區的歐字寫作（《古璽彙編》3148）、（同上1132），是其證。古璽文地名、姓氏字每从邑，「𨞰」大概就是區氏的「區」，釋「邒」恐非。【古璽文字七釋　第二屆國際中國文字學研討會論文集】

鄝

◉劉彬徽等　鄝，簡文作。《汗簡》遼字作，寮字作、。長沙子彈庫帛書寮字作，均與簡文相似。【包山楚簡】

摑

◉劉心源　（師寰敦）第六字蓋文作。从又从國。即摑。摑又即手也此當是聝。从又者手取之也。古人罵夷狄曰虜。此云聝。淮夷義亦然也。【奇觚室吉金文述卷四】

䧅

◉商承祚　卷二第八葉　第十八葉　卷五第六葉

此字从隹。从至。聲與集韻同。但此或增。不知與鵄為一字否。【殷虚文字類編卷四】

◉李孝定　从隹从至。説文所無。卜辭每以「䧅衆」連文。與「雉衆」之辭例全同。其義亦當相類。説見前雉字條下。【甲骨文字集釋第四】

䳒 秦陶下 42 説文所無廣韻䳒鳥名。【古陶文字徵】

◉于省吾 [glyph]父辛彝 鳶父辛 [glyph]鳥祖辛卣 鳶祖辛

且辛卣有[glyph]字，又觶文有[glyph]字，舊不識。金文編入於坿録。按鳥之頭上為戈形。从鳥戈聲，當即鳶字。廣雅釋鳥「鴱，雕也」，王氏疏證云：「其鳶字説文未載，以諧聲之例求之，則當从鳥戈聲，而書作鳶。鳶字古音在元部，古从戈聲之字多有讀入此部者。故説文閔從戈聲而讀若縣，戾從戈聲而讀若環，鳶之從戈聲而音與專切，亦猶是也。此聲之相合者也，鳶字上半與武字上半同體，故隸書減之則譌為鳶，增之則又譌為截。」又云「後人以鳶為鳶，失之遠矣」。按王説是也。惟謂隸書譌戈為弋，亦有未當，古文偏旁中戈弋每互作，如絜文武字作[glyph]，金文肈字作[glyph]，或字作[glyph]，即其例也。【釋鳶 雙劍誃古文雜釋】

◉于省吾 甲骨文有「乎多□射雚。隻」（續存上七〇五）之貞，又有「不其乎多□隻射雚」（簠游一三〇）之貞。雚字，王襄誤釋為雈，甲骨文編未收，續甲骨文編誤列入雈字中。按雚字作[glyph]，上从戈，下从隹，即鳶字的初文，古文从隹从鳥每互作。它和雈字構形截然不同。商代金文鳶字屢見，鳶觚作[glyph]，且辛卣作[glyph]，鳶卣作[glyph]，均係从鳥戈聲。此字也見它器，不備録。王念孫謂：「以諧聲之例求之，則當從鳥戈聲而書作鳶。鳶字古音在元部。古從戈聲之字，多有讀入此部者，故説文閔從戈聲而讀若縣，戾從戈聲而讀若環。鳶之從戈聲而讀與專切，亦猶是也。」（廣雅疏證釋鳥）按王説甚確。總之，甲骨文鳶字只兩見，又久被湮没，故特揭出之，加以辨解（釋鳶已詳古文雜釋，因此字見諸契文，故加以訂補，寫成本文）。【釋雚 甲骨文字釋林】

◉趙 誠 [glyph]雚，从隹戈聲，實為鳶字初文。有的書也寫成䳒，如集韻，是一種鳥的名稱。卜辭所説的「射[glyph]」（射鳶）（存一·七〇五），即用其本義。【甲骨文簡明詞典】

◉陳偉武 鳶《文字徵》第271頁「䳒」字下：「[glyph]鳥名。」今按，此字當徑釋為鳶。古文字从戈與从弋每訛混，如貣字，邵大叔斧作[glyph]，蔡侯鐘作[glyph]，《古璽彙編》2292號作[glyph]，均从戈。長沙楚帛書有[glyph]字，與秦陶文構形類同。何琳儀先生《長沙帛書通釋校補》引曾師書札釋為鳶，則《秦代陶文》下編《秦陶文字録》42所録當為鳶字反書無疑。《龍龕手鑒》戈部第36：「鳶，音緣。」

【《古陶文字徵》訂補 中山大學學報一九九五年第一期】

◉曾憲通 [glyph]䳒銜 丙五·二 此字過去誤釋為徵，主要原因是未能辨識左半是鳥形。今據紅外線照片，左側實作[glyph]形，與曾侯乙編鐘[glyph]（裘錫圭、李家浩釋作鴃）字所從鳥形如出一轍，從鳥無疑。然則帛文應釋作䳒即鳶。于省吾先生謂甲骨文[glyph]字上从戈，下从隹，鳶字出現甚早，金文[glyph]字，於鳥頭之上戴戈形，皆鳶之初文。于引王念孫《廣雅疏證》云：「鳶字《説文》失載，以諧

髹

聲之例求之，則當从鳥戈聲，而書作鳶字，鳶字古音在元部，古人从戈聲之字多有讀入此部者，故《說文》閔从戈聲而讀若縣，戌从戈聲而讀若環，鳶之从戈聲而音讀與專切亦猶是也，此聲之相合者也。鳶字上半與武字上半同體，故隸書減之而訛為鳶。增之則又訛為㦰。」于老補充說：「王氏謂隸書訛戈為弋亦有未當，古文偏旁中戈弋每互作，如契文武字作[glyph]，金文肇字作[glyph]，或字作[glyph]，即其例也。」（詳《甲骨文字釋林·釋雀》《古文雜釋·釋鳶》）準此，則帛文[glyph]可釋為鳶明矣。鳶字《說文》失收，據字書所載，當屬鷙類，為擊殺之鳥。帛文「鳶銜」謂善擊殺之帥，義亦通。【長沙楚帛書文字編】

◉曾憲通 [glyph] 楚帛書丙篇「㰻」月云：「曰㰻，[glyph]銜□得，以不見，月在□□，不可以享祀，凶，取□□為臣妾。」[glyph]字從鳥戈聲，當釋為鳶即鳶。鳶字出現甚早，金文之[glyph]，甲骨文之[glyph]，皆於鳥頭上戴戈形，為鳶字初文。古文字偏旁戈與弋每互作，故鳶又寫作鳶。鳶屬鷙類，為善擊殺之鳥。帛文之「鳶銜（帥）」，意指善於擊殺之統帥。【楚文字釋叢 中山大學學報一九九六年第三期】

◉金祥恆 第四簡 [glyph] 說文無。廣韻尤部髹云：「周禮駹車有髹飾，注謂髹漆赤多黑少也，或作髤。」又云「髼與髹同」。說文：「[glyph]，桼也，从桼髟聲。」段注：「韋昭曰厀桼曰髼，師古曰，以桼桼物謂之髹，今關東俗謂之捎桼，捎即髹聲之轉耳。髹或作髼。」儀禮鄉射「楅髹，横而奉之」，鄭注：「髹，赤黑漆也。」周禮巾車「駹車雚蔽，然複髹飾」，鄭注「髹，赤多黑少之色。」史記貨殖列傳「木器髹者千枚」，索隱：「髹謂漆也。」簡文「髹畫壺六」，即髼畫壺也。書道卷二載有蜀郡髼盤：「元始四年，蜀郡西王造乘輿髹汧（彫）畫紵黃釦飯槃，容一斗，髹工石，上工譚，銅釦塗工豐，畫工張，汧工戎，清工平，造工宗造，護工卒史章，長良丞鳳，掾隆，令史褒王。」（圖一九）言「髹彫畫」，亦即髹畫也。太平御覽卷七六〇：「武帝時，魏府丞蕭譚承徐修儀疏作漆畫銀帶彩盌，詔殺之。」漆畫即髹畫也。墓中有髹畫枋一，有蓋，髹畫食盤廿，髹畫鼎一，髹畫壺一，漆匜，髹畫巵匜、勺、奩盒，杯案等，底紅外黑，以鳥首龍身為圖案，極其精緻，為楚漆器特徵。【長沙漢簡零釋 中國文字第四十六冊】

元始四年蜀郡西工造乘輿髹汧畫紵黃釦飯槃

◉丁　驌　[glyph]　此字釋麒，釋慶均未碻。字形似不从庛。釋麒誤。李孝定認金文借用此字為慶，故釋作慶。説文所無。或云从麐省，或釋為䴥。按字出前四・四七・三，同辭有駁駛等名，疑此亦馬名，或是駇字，意即紋身之馬也。按[glyph]頭既非鹿非麞非㲋，卻近萝字。契文間或有馬字漫漶作[glyph]形者，但作此狀者尚未見及，姑定為駇。卜辭中別有慶字，見後上一一・二中之心形例作。契文从心之字少見，余記有[glyph]言一字，惜失記出處，未能引以為説（似在乙編中）。【契文獸類及獸形字釋　中國文字第二十一册】

◉王　襄　[glyph]　古⿱虤曰字。【簠室殷契徵文考釋正編卷五】

◉李孝定　[glyph]　从曰从虘，説文所無。【甲骨文字集釋第五】

◉羅振玉　[glyph]　説文解字：「⿱虤曰，兩虎爭聲，从虤从曰。」此从口與曰同意。【殷墟書契考釋卷中】

◉屈萬里　[glyph]，隸定之當作⿱虤曰。【殷墟文字甲編考釋】

◉李孝定　[glyph]字上从[glyph]，似从虍从丮，非虎字，虎當作[glyph]，其尾上翹，與虎口之方向相反而兩足則必與虎口之方向相同。今[glyph]字如釋為虎，則是兩足與口異向，虎必無作此形之可能。似又隸定作⿱虤曰為是。説文所無。【甲骨文字集釋第二】

◉葉玉森　[glyph]　虤山合文。【殷墟書契前編集釋卷二】

◉朱芳圃　[glyph]　从虤从火，説文所無。【甲骨學文字編】

◉考古所　虘：地名。【小屯南地甲骨】

◉于省吾　甲骨文中訓為並列的卢字僅一見，屬於第二期，它和第三期的[glyph]等字同用。[glyph]三字隸定作⿱卢口⿱虤曰⿱虍卢。甲骨文編附録於口部，續甲骨文編誤釋⿱卢口⿱虤曰二字為⿱虤曰。郭沫若同志謂「⿱虍卢當即盧字」（粹考九六八），非是。按⿱卢口⿱虤曰⿱虍卢都是以卢或卢為音符的形聲字。古文字的偏旁往往單復無別。甲骨文卢即列字的初文，从刀作列乃後起字。禮記服問的「上附下附，列也」，鄭注謂「列，等比也」。按訓列為等比，具有相並之義。又廣雅釋詁謂「併，列也」，釋文「併本作並」。説文謂「竝（隸變作並），併也，从二立」。按竝字契文屢見，竝與併乃古今字。然則併之訓列，足以證明列有相並之義。

今將甲骨文中訓為並列的卢、⿱卢口、⿱虤曰、⿱虍卢等字的辭例較為完整者，擇録於下，並予以闡釋。

一、戊㞢卜，吴貞，王曰，余其曰多尹，其卢二侯——上䌛[glyph]侯，其[glyph]周（通别二桃山）。

二、[glyph]⿱虤曰令二人（甲五四二）。

三、豚眔羊⿱卢口用（甲六七五）。

四、虘霝二田喪、盂，又大雨(粹九六八)。

五、霸罘門虘耏，又雨(金一八九)。

六、其虘用雀罘貝(甲七七七)。

七、其虘取二山，又大雨(後下二三·一〇)。

以上第一條的末句已殘缺，辭義不詳。自王曰以下三句是説，王告多尹，並及上𢆶和𡧊侯。末一侯字也承上𢆶為言，故上𢆶下省侯字。第二條的虘令二人即並令二人，意思是説令二人一起从事某項工作。自第三條以下均就祭祀為言。第三條的豚罘羊皆用，是説豚及羊並用；第四條的虘霝(雩)二田喪、盂，又大雨，是説並用雩祭于喪、盂二田，則有大雨；第五條的霸罘門虘耏，又雨，是説于霸及門兩地並用耏祭，則有雨；第六條的其虘用雀(當是祭品名)罘貝，是説並用雀及貝；第七條的其虘取(聚，祭名)二山，又大雨，是説應該並用聚祭于二山，則有大雨。總之，上列七條全是兩種事物並舉。驗之于辭例和文義，則歺、皆、虘、虘等字之讀為列訓為並，都是吻合無間的。

甲骨文後期以卣、⿸虍歺、虞、虁等字為地名，西周金文以𢆉或櫨為方國名。這類字已不見於後世字書，但均以歺字為聲符，其應讀如列，是没有疑問的。【釋歺、㱙、皆、虘、虘　甲骨文字釋林】

◉蔡運章　⿸虍月字或作𣦵形，从虍从歺，當隸定為⿸虍歺。「歺」，説文謂「剮骨之殘也，从半冎，讀若櫱岸之櫱」。徐鍇曰：「冎，剔肉置骨也。歺，殘骨也。」可見，「歺」為剔肉所餘殘骨之義。因歺與肉字的含義相近，在古文字的形旁裏可以通用。例如，殰，通作𦡁，禮記樂記載「胎生者不殰」，管子五行篇作「毛胎者不𦡁」，集韻曰：「殰，古作𦡁。」⿸虍月字的别體臚，字匯作「殰」，康熙字典歺部説：「殰，本作臚。」字匯和康熙字典雖是較晚的字書，但它們仍保持了膚字中肉、歺通用的寫法。這些都是其絶好的旁證。故「⿸虍歺」當是⿸虍月字的别體。

唯⿸虍月(或⿸虍歺)字的中間不从田，猶如甲骨文編卷五盧字作[古文字](拾四·一八)、[古文字](佚九五三)、[古文字](京津七一)諸形，也不从田一樣。西漢劉勝墓出土銅壺上鳥蟲書「簡式的膚字作『⿸虍月』，中省田、二」，更是其直接的佳證。⿸虍月字後累增田符作膚，於是膚遂行而⿸虍月、⿸虍歺漸廢。

从⿸虍月(或⿸虍歺)字的構形來看，它上部所从的「虍」旁當是聲符，下部所从的「月」或「歺」旁當是義符。肉字的含義很明顯。歺，于省吾先生指出：「甲骨文歺即列字的初文。」當是。説文刀部：「列，分解也。」可見，⿸虍月字讀虍聲，含有肉、列二義。

膚，或作臚。説文肉部：「臚，皮也。从肉，盧聲。膚，籀文臚。」又，皿部説：「盧，飯器也。从皿𧇡聲。」又，甾部云：「𧇡，䍃也。从甾，虍聲。」是膚亦从虍聲。可見，⿸虍月與膚字的音讀相同。

廣雅釋器：「膚，肉也。」儀禮聘禮説「膚鮮魚鮮腊設扃鼏」，鄭氏注：「膚，豕肉也。」少牢饋食禮載「雍人倫膚九」，鄭氏注：「膚，脅革肉也。」説明「膚」有「肉」字的含義。同時，廣雅釋言説：「膚，剥也。」釋詁云：「剥，膚皮離也。」王念孫疏證：「説文云，剥取獸革者謂之皮。韓策云，因自皮面抉眼，自屠出腸。鄭注内則云，膚，切肉也。是皮膚皆離之義也。」于省吾先生説：「按王説是也。皮與膚皆系名詞，作動詞用則有剥離之義。禮記内則之『麋膚』，鄭注：『膚或作胖。』按膚與胖雙聲，故通用。周禮腊人之『凡祭祀共豆脯薦脯膴胖』，鄭注：『鄭大夫云，胖讀為判。』是胖與判通，乃割裂之義。」説明膚字亦有「列」的含義。

，當隸定為盧，應是膚字的異構。在古文字中，常在其下增寫ㄩ旁，⊘，⊘當隸定為𧇊，⊘與盧、盧相同。因在古文字中，構形的單雙每無别。⊘這裏需要説明一點，就是盧字下部所从的ㄩ旁，與金文魯字下部所从的ㄩ旁相同，頗象器皿之形。郭沫若先生指出：「魯字下部，金文多从ㄩ，這不是口字，而是器物之象形文，與皿同意。」甚是。膚字含有「肉」及「切肉」之義，其下置ㄩ，用器以盛之，因此郭老將此字隸定為盧，是很正確的。膚字後來演變為臚，當是由盧發展為盧，或書寫作臚而來的。這種寫法猶如㞙敖簋銘中的魯字書寫作[魚/皿]一樣，都是由「ㄩ」演變為「皿」的結果。

，舊多隸寫為虞、虁，未確。在卜辭裏「山字跟火字不分」，从此字在卜辭中均用作地名來看，當以隸定作虐、𧇊為宜。虐、𧇊，乃是虐字在其下增寫山符的結果。這種用增加形旁來區别詞義的書寫特點，在古文字中屢見不鮮。……因此，島邦男先生在殷墟卜辭綜類中將虐、虐列為一字，是很正確的。

現在，我們試將膚字在甲骨文……中的用法，舉例説明於下：

一　虐……大乙？　粹一四四

二　弜𧇊，在父甲，兄一牛、二牛、三牛？　粹三三九

膚，或作臚，通作旅。儀禮士冠禮説：「筮人還東面，旅占卒，進告吉」，鄭氏注：「古文旅作臚也。」周禮秋官司儀載「皆旅擯」，鄭氏注：「旅，讀謂鴻臚之臚。」漢書叙傳載「大夫臚岱」，鄭氏曰：「臚岱，季氏旅於泰山是也。」師古曰：「旅，陳也；臚，亦陳也。臚、旅聲相近，其義一耳。」皆是其證。

旅，尚書禹貢載「蔡蒙旅平」，孔氏傳：「祭山曰旅。」周禮天官掌次載「王大旅上帝」，鄭氏注：「大旅上帝，祭於圜丘，國有大故而祭，亦曰旅。」又，青官大宗伯云「國有大故則旅上帝及四望」，鄭氏注：「旅，陳也，陳其祭事以祈焉，禮不如祀之備也。」可見，「膚」可用為祭名。

因此，上引第一條卜辭中，「虐」，讀如旅，祭名。⊘第二條卜辭中，⊘「𧇊」，讀如旅，祭名。⊘「兄」，通作貺。這條卜辭的大意

是說：祭祀父甲，不用旅祭，用一牛、二牛、三牛可以嗎？

三　盧⿱雨無……二田疆盂，又大雨？　粹九六八

四　⿱雨羽眔門盧酌，又雨？　金一八九

五　其盧取二山，又大雨？　後下二三·一〇

六　豚眔羊，𪓰用？　甲六七五

七　其盧用⿱雀眔貝？　甲七七七

膚，讀如旅。國語越語載「欲其旅進旅退也」，韋昭解：「旅，俱也。」禮記樂記載「今夫古樂，進旅退旅，和正以廣」，鄭氏注：「旅，猶俱也。俱進俱退，言其齊一也。」又，說文云：「俱，皆也。」可見，膚含有俱、皆之義。

第三條中，「⿱雨無」，讀作雩，祭名；「疆」、「盂」，均為地名；「又」，通作有。這條卜辭的大意是說：皆用雩祭於疆、盂二地之田，會有大雨嗎？第四條中，「⿱雨羽」、「門」，均為地名；⊘這條卜辭的大意是說：在⿱雨羽及門兩地皆用酌祭，會有大雨嗎？第五條中，「取」通作焣，祭名；⊘這條卜辭的大意是說：若皆用焣祭于二山，會有大雨嗎？第六條卜辭的大意是說：豚及羊皆用於祭祀可以嗎？第七條中，「⿰雀」，當是祭品名。這條卜辭的大意是說：若皆用⿰雀及貝來祭祀可以嗎？

十一　其田，叀虘　續六·一〇·七

十二　丁亥卜，□王其田，叀盧，禽？　掇二·一六七

十三　……虘，亡𢦒？　後上一八·一〇

十四　戊子卜，貞，王其田盧，亡𢦒？　存一·一九六九

十五　辛卯卜，王叀盧鹿逐，亡𢦒？　佚九〇四

十六　壬子，王卜，貞，田𪓰，往來亡災？　前二·一六·一

十七　□子卜，才□貞，王子高虘，□災？　續三·二七·五

第十一——第十六條中的虘、盧、𪓰，皆讀如旅，通作莒，均為地名。詩大雅皇矣載「以按徂旅」，鄭氏箋：「旅，地名。」孟子梁惠王下作「以遏徂莒」，可以為證。春秋隱公二年載「夏五月，莒人入向」，杜預注：「莒國，今城陽莒縣也。」可見，虘、盧、𪓰當為地名，在今山東莒縣一帶。

第十七條中的「高虘」，亦為地名，疑即文獻中的「高魚」。旅、魚古音相近（同為魚部），可以通假。如，書序嘉禾篇「旅天子之

虘

命」，史記周本紀作「魯天子之命」，説文云「旅，古文以為魯衛之魯」；後上三一・二「其雨在邦魯」，前四・五五・七作「其雨在邦魚」，是旅、魚可通之證。左傳襄公二十六年説「遂襲我高魚」，杜預注：「高魚城在廩丘縣東北。」水經注瓠子河條：「京相璠曰，高魚，魯邑也。今廩丘東北有故高魚城，俗謂之交魚城。」地在今山東鄆城縣西。

十八　隻狐十、麑□、虘一、[字形]十、[字形]□、雉十一？

這是一條占問田獵時捕獲禽獸多少的卜辭。「虘」，當以同音通假用為「虎」字。　【釋虘　古文字研究第十輯】

◉石志廉　此璽現為故宮博物院藏品，黄濬《續衡齋藏印》、于省吾《雙劍誃古器物圖録》等書著録。印呈長方形，長柄紐，紐側上端有一穿，陽文[字形]四字，可釋為外司虘(爐)鍴。通高10釐米，寬1.3釐米，長4.8釐米。其虘(爐)字書作[字形]，與戰國燕之刀幣背文外虘(爐)書作「[字形]」、「[字形]」(見劉心源《奇觚室吉金文述》第十三，廿四)、「[字形]」、「[字形]」(上書第十三，廿五)、「外虘乙」作「[字形]」的虘(爐)字寫法十分相似。金文郘公華鐘的爐字書作[字形]，郘鐘書作[字形]，曾伯霥簠書作[字形]，根據以上諸例觀之，按虘即爐之省文。《左傳・定公四年》「爐金初官於子期氏」。1956年河南陝縣上村嶺虢太子墓出土有盧(爐)金氏孫銘文的銅盤，説明在春秋時已出現以鑄銅官職作為姓氏的例子。燕國[字形]刀幣的背文，大都以左、右、外、易四字來記其爐次，燕(郾)國之印，其鉢字與三晉璽印不同，有其特殊的風格。它把鉢字均書作鍴，如東昜津澤王氏鍴，單佑都宰王氏鍴等，且其形狀大都作帶穿高柄紐長方條形。从以上特點來看，此璽也應為燕器，乃燕國掌管鑄造錢幣爐次的官吏所用之印。這類的戰國官印，以前从未發現過，是關於古代錢幣鑄造方面极為重要的實物資料，值得重視。　【戰國古璽考釋十種　中國歷史博物館館刊一九八〇年第二期】

圖十　“外司虘鍴”

⿸虍耳 ⿸虍巨

◉吳大澂 ⿸虍耳爵 从虎从耳。許書所無。【愙齋集古録第二十三册】

◉方濬益 ⿸虍巨。从虎从巨。巨為耳之異文。【綴遺齋彝器款識考釋卷二十二】

⿱䀠又

◉戴家祥 一面 一背 二面 二背 ⿱䀠又戈 ⿱䀠又 ⿱䀠又父己觚 ⿱䀠又父己

⿱䀠又，即⿱䀠又之異構。玉篇⿱䀠又「舒仁切，音申。引目也」。从攴从又古字同，故可作形符交换。金文作族名，無義可説。【金文大字典下】

⿰⿱貝示又

◉徐中舒 從貝從示從又，象持貝致祭於神前之形。《説文》所無。祭名。【甲骨文字典卷一】

⿰⿱罒羊阝

◉林清源 ⿰⿱罒羊阝戈(邱集8132、嚴集7309)

本戈山東臨沂縣出土。劉心健：「介紹兩件帶銘文的戰國銅戈」(文物，1979年第4期)頁25。胡部銘一「⿰⿱罒羊阝」字。齊、魯系兵器銘文，習見單舉地名之例，如例179「鄆戈」，又如1986年山東濰縣出土齊國三戈，銘文各為「京」、「武城戈」、「武城徒戈」。李學勤：「試論山東新出青銅器的意義」，(文物，1983年第12期)，頁21。故本戈「⿰⿱罒羊阝」當亦為地名。本戈胡、内略殘，惟由戈援修長上揚以觀，時代當晚於上舉濰縣三戈，原報告謂乃戰國器。劉心健：「介紹兩件帶銘文的戰國銅戈」(文物，1979年第4期)頁25。臨沂戰國屬齊，因知本戈當係齊器也。【兩周青銅句兵銘文彙考】

⿵門吅

◉黄錫全 《甲骨文編》附録上一一一有字作⿵門吅，从門从吅，當是古閝字。《集韻》閝，「門上窗謂之閝，或从霝」。吅既象門上窗，又以其為聲符。鄰屬來母真部，閝、靈屬來母耕部，二字聲同韻通。《楚辭・怨思》「憐余身不足以卒意兮」，《考異》：「憐一作怜。」《詩・盧令》「盧令令」，《説文》犬部引「令令」作「獜獜」。《楚辭・九歌》「乘龍兮轔轔」，《考異》：「轔，《釋文》作軨，音轔。」

《補注》「今《詩》作鄰」。《說文》「軨或作轜」。卜辭「貞，𨳇(閣)……允值」(《乙》3413反)，文義不詳。「𨳇(閣)」可能是人名或方國名。【甲骨文字釋叢　考古與文物一九九二年第六期】

◉劉杉徽等　跸，簡文作，象跽坐時雙膝拄地狀。跸席即跽坐所用之席。【包山楚簡】

◉戴家祥　　不嬰𣪘　令命女御追于署　字下從各，上為𠷎之省，集韻入聲十九鐸：「太歲在酉曰作𠷎，籀文作䳘，通作噩鄂。」考唐韻各讀「古洛切」，見母魚部。𠷎讀「五各切」，疑母魚部。是上下皆聲符也。蓋𠷎具各聲，故淮南時則訓「曰作鄂」。高誘注「作鄂，零落也，萬物皆陊落」。漢書天文志云：「在酉曰作詻。」唐韻詻讀「五陌切」。集韻詻音「鄂格切」。字亦同略，略音「歷各切」，音詻。詻，言也。或作詻。是之為䳘，在音理上無懈可擊。𣪘蓋云「余命女(汝)御追于署」。静安先生謂「玁狁之寇周也，及涇水之北，而周之伐玁狁也，在洛之陽，則玁狁出入當在涇洛之間。涇洛二水，其上游縣隔千里，至其下流入渭之處，乃始相近。則涇陽洛陽皆當在二水下游」。觀堂集林卷十三鬼方昆夷玁狁考。翁祖庚釋署為洛，攈古録三三第十三葉不嬰𣪘蓋。不無一得之見。【金文大字典下】

◉孫海波　　拾四·一八　方國名。【甲骨文編卷五】

◉王　襄　　古逮字，从眔，从辵省。罒，眔字重文。【簠室殷契類纂正編卷一】

◉丁　山　壬子卜，勹卯隻。卜辭。○入甲尾○前·5·21·3。

此甲尾刻辭與卜辭竝見，而事不相屬。从止，眔聲，當是遝之本字。說文：「遝，合也，从辵，衆聲。」漢熹平石經本公羊傳云「祖之所遝」；又漢劉寬碑「未遝誅討」，今皆以逮字為之。遝逮音同字通，山謂，尾辭所見遝氏，當讀為棣矣。僖公四年左傳：「管仲曰，昔召康公賜我先君(太公)履，南至于穆陵，北至于無棣。」水經：「淇水又東北過廣宗縣東，為清河。清河又東北過南皮縣西。」酈注云：「清河又東北，無棣溝出焉。無棣溝又東，逕新鄉縣北；又東，逕樂陵郡北；……又東北逕鹽山，東北

朁 䂂 犒

入海。無棣，蓋太公四履之所也。京相璠曰，舊説，無棣在遼西孤竹縣，二説參差，未知所定。然管仲以責楚，無棣在此方之為近，既傳世已久，且以聞見書之。」酈説無棣溝即齊太公北履所至，賢于左傳舊注謂在遼西者遠矣。遝氏故地，意當在河北南皮以東至於鹽山縣境乎！【遝 殷商氏族方國志】

◉郝本性 朁字見於96號至102號諸銘，除100號作□外，大體作□，均為同一縣令名，與上條樂字相似，也屬於變形代替的簡化，這一規律在漢隸中仍存在，如幽字在夏承碑作𢇁。【新鄭出土戰國銅兵器部分銘文考釋 古文字研究第十九輯】

◉丁 山 戰國燕策二云：「宋王射天笞地。」呂氏春秋過理壅塞兩言「宋王築為蘗帝」事，因此，近人或以射天事專屬之宋王偃，而否認武乙射天事。據我看，宋王偃的射天笞地，正是繩繼他的祖德。甲骨文有之：

……□出于…… 後下三〇·六

□雖祭名，字从矢帝。帝如釋為上帝，䂂，正是「射天」的象徵。然而帝字見于甲骨文，卻不作上帝解，風、云、巫、䋣之神，總謂之帝。宋王偃所築的「蘗帝」，當是惡神，非上帝也。后羿繳封狐，射河伯，楚辭天問稱其「革孽夏民」，這樣來看䂂字，當是射殺災孽之神，武乙射天故事，當由射殺孽神的風俗，一再傳説而誤。【商周史料考證】

◉張亞初 在甲骨文中有□字(綜類一五九頁)，从矢从帝，可隸定為䂂字。商代有帝無啻。啻从帝聲。啻是从帝分化出來的。啻、帝音同字通。西周大段銘文「用啻于乃考」(三代八·四四·三)，即以啻為帝(禘)。古璽文字的馬適合文適作帝(古璽文編三六二頁)。所以，从矢从帝的䂂可以看作鏑(䂂)字。鏑字以矢為意符應與矢有關。鏑應即説文訓為矢鋒的鏑字的初文。説文「鏑，矢鏠(鋒)也，从金啻聲。」原來的意符矢，換成了表示制矢所用物質金字作偏旁。十分可貴的是，汗簡金部鏑字作□，从金从帝，與卜辭之䂂相比，只是把意符矢換為金，保存了很古的形體。這是我們釋䂂為鏑的有力佐證。

卜辭的□字是矢與帝合書的一種寫法，也是䂂(鏑)。【古文字分類考釋論稿 古文字研究第十七輯】

◉馬薇廎 一般釋□為啇，啇應作□，此不像。此从□高聲，□者何？□(勺)之省文。勺假為酌，説文解字注：「酌，少少飲也。从酉勺聲。」案少少飲者聊示敬意，不能大飲也。从高聲，當為犒字，犒軍者雖有酒食，聊示敬意，不能酗飲也，故从酌。左傳僖二十六年「公使展喜犒師」，疏：「犒者以酒食餉饋軍師之名。」五經文字「犒勞師也」。犒鼎者勞師用之鼎也。【彝銘中所

加於器上的形容字　中國文字第四十三册】

3·929　獨字　説文所無集韻菱竹名　【古陶文字徵】

◉唐　蘭　字舊皆以為从行从止，从叀故釋為惠及𨑾。江釋為道，蓋據李陽冰書謙卦道作，是亦以為从行从止也。羅福頤釋作⿺辶⿰叀刂，則以為从辵从。實則右旁从人，壽州所出一器最為明晰，可證其非刂。又以本器賃字偏人作證之，亦可決其不从刀也。今按字當釋為進。容庚《金文編》重訂本以為傳字从辵，甚確。進兒鎛及進兒尊進字作，容乃置於附録而未釋。阮書彙敦之彙，本作：徐同柏釋遭，吴雲釋惠，劉心源釋𨑾，今按當釋為進，容亦以入於附録，其實皆可與此器進字互證也。

【王命傳考　唐蘭先生金文論集】

◉唐　蘭　第二十五片骨

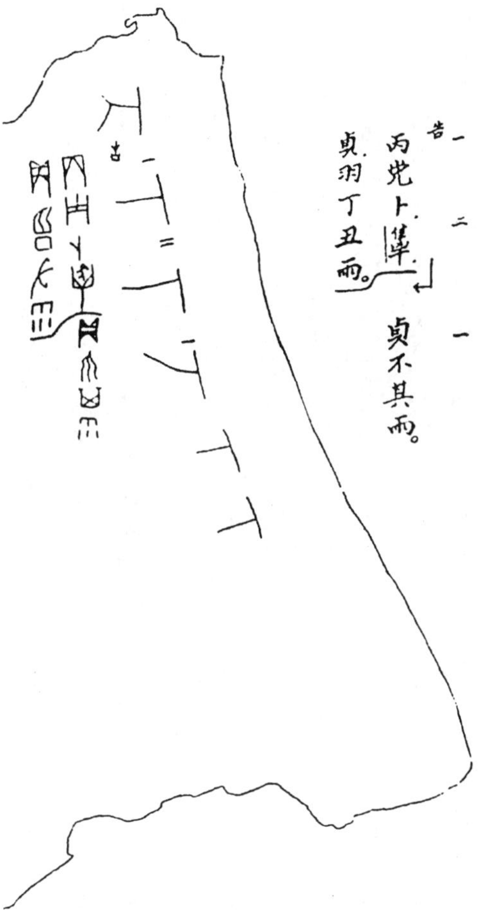

□字在此為卜人名，當在早期。其字羅振玉釋為羅，謂「説文解字：『羅以絲罟鳥也从网从維。』卜辭从隹在畢中，□與网同，篆書增維於誼轉晦。又古羅離為一字。離从隹从离聲。古金文禽作□，下从□，知□即□，而移□中之隹於旁，又於□上加□，許君遂以為离聲。方言『離謂之羅』，始以羅離為二字，後人遂以為黃倉庚之名，及別離字，而離之本義晦矣。」考釋改訂本卷中四九。今按羅説似是而實非。网自作□□□等形，與□迥異。□亦非畢字，然即釋畢，亦不能謂與网同也。余謂□或作□者，本象罕形，金文有象形文字作□者是也。窓二二·三·干爵。其字當釋為干，罕者干之孳乳字也。罕為小網而長柄，與網羅不同。説文訓□為犯，以為入一。又歧出一□字，北潘切。訓為箕屬推棄之器，及一單字，訓為大也，而不知其為罕形之變，皆其失也。□形又變為□，羅據金文定為一形，其識甚卓，然因之釋隼為離，云移□中之隹於旁，又於□上加□，則非是。□上何以加□，羅遂未論。余謂布文有蔿石，作□奇觚室吉金文述十二·二二，及□同上十二·三十，則古自有离字，離乃取之為聲耳。離自是形聲字，方言「離之謂羅」，自是聲近通叚，與字形無涉也。羅氏欲釋隼為羅，而苦於字形不類，故謂□與网同。然从网从隹，則罹字也，説文：「覆鳥令不飛走也。讀若到。」亦非羅字，故既曰篆書增維，當作糸，商氏類編引不誤。於誼轉晦，又以隼為離，離羅一字以附合之，其用意良苦，而不知其左支右絀，終於不能通也。余謂□為鳥在罕中之形，金文有□字，窓二三·七，隼爵。□字，續殷文存下六四，亞隼斝。□字，續殷文存上·三七，亞隼父丁殷。□字，續殷文存上·五三，亞隼父乙殷。□字，續殷文存上·二，子隼鏡。又鉩文有□字，鄴中片羽一上·三四，亞隼幵鉩。均可證。當釋為隼，適毀有□字，當釋為粺，蓋其後起字矣。以象意聲化例推之，當讀干聲。移隹於旁為䧴，説文無䧴字，玉篇䍐或作䧴，然説文並無鳱字，蓋偶遺耳。隼本象以罕取鳥，而後世用為鳱鵠，鳱鴠，皆叚借其聲。或又借以為鴈字。【天壤閣甲骨文存考釋】

◉姚孝遂　卜辭隼字，从罕，从隹或从倒隹，或增□作「□」，隸定之亦可作「□」或「□」，為了書寫方便，統一隸作「隼」。

掇二·三九九有一片較為完整的卜骨，其中有辭云：

「辛巳卜，在冀，今日王逐兕，隼？允隼七兕」。

「隼」之意為擒獲，至為明顯，李孝定先生訓為「遭」，與卜辭辭例不合。我們可進一步比較以下諸辭例：

「壬戌卜，穷(貞)，翊癸亥王獸，罕？　鐵三·四一

「……卜，王其獸，隼？」　甲二二七〇

「貞，王獸，隼？」　乙八一四

「……罕又兕」　寧滬一·三八七

「允隼七兕」 掇二・三九九

「罕」與「隼」都是擒獲之意。「隼」字自其文字的形體結構來看，應該是利用羅網以捕鳥。在殷代，其概念已進一步加以引申，不限於以羅網，亦不限於鳥。不能單純依據字形以推求字義。

「罕」與「隼」的用法，有其共同處，也有其差異處。

「罕」的對象只限於禽獸，它是一種通稱，不是一種具體的狩獵方法與手段。既可以是「毘罕」（乙二二三五）或「𠤎罕」（佚七一五），也可以是「射罕」（甲二六一）或「冒罕」（京津四五〇一），而「隼」則是一種具體的擒獸方法與手段，並且其對象可以包含「敵人」：

「卓隼𢀛方」 録六三七

「弗其隼土方」 後下三七・六

「隼」字的這種用法，是「罕」字所没有的。因此，我們認為「隼」與「罕」還不能斷定為同字。至於「隼」究竟相當於後世的什麽字只能存以待考。【甲骨刻辭狩獵考 古文字研究第六輯】

◉姚孝遂 肖 丁 「隼」字羅振玉殷釋中49釋「羅」，謂「古羅離為一字」。唐蘭先生辨其誤，而釋為「隼」（天釋29頁）。李孝定先生集釋又辨唐先生之誤，而从羅振玉釋羅，訓為「遭」。諸説均不可據。掇2399有與此相近似之辭例：

「辛巳卜，在□，今日王逐兕，隼？允隼七兕」。

此片亦著録於摭續125，但骨片已有缺損。此乃占問王將往獵兕，是否能有所禽獲。其驗辭記載：果然禽獲犀牛有七。釋「隼」為「離」，訓為「遭」，顯然錯誤。試再比較以下諸辭例：

「壬戌卜，穷（貞），翊癸亥王獸罕？」 鐵3・41

「……卜，王其獸，隼？」 甲2270

「貞，王獸，隼？」 乙814

「……罕又兕」 屯南4462 寧1・384

「罕」與「隼」相通之例繁見疊出，義均為禽獲。但所「罕」者均為獸，而録637之「卓隼舌方」，後下37・6之「弗其隼土方」，「罕」字則未見有此類用法，是「罕」與「隼」當有别，只能存以待考。【小屯南地甲骨考釋】

◉趙 誠 甲骨文有一個□字，从隹象鳥，从□象捕鳥之工具，合在一起當是會意字，為捕鳥之義。卜辭作為動詞，有捕獲、擒獲之義，當是具體意義之抽象，應是本義之引申。有人看成是本義也無不可。如：

貞，王獸，⿱隹韋(乙八一四)。

隹⿱隹韋犬(丙四九)

第一條辭是講王去打獵，有捕獲。第二條辭是講捕得了犬。⿱隹韋是捕得之義，是捕而獲得了，是完成式。卜辭的⿱隹韋作為動詞還有一種用法，是去捕捉之義，只是講去捕但並不表示獲得，則是非完成式。如：

……王……⿱隹韋……獲五鹿(甲二六五)。

整條詞的意思很清楚，是説王去捕捉，結果獲得五頭鹿。但是，這裏的⿱隹韋只表示捕捉，獲得之義則由隻(即獲之初文)來表示。从詞匯意義而言，⿱隹韋的捕獲義和捕捉義有相當緊密的關係，但與一般的本義和引申義的關係不同，很難説誰是誰的引申義。確定不了一個基本點，也就很難説是不同層次上的意義。甲骨文的這個⿱隹韋，作為動詞，還用作遭遇之義。如：

丁酉卜，出貞，𠧴⿱隹韋𢀛方(録六三七)。

貞，弗其⿱隹韋土方(後下三七・六)。

⿱隹韋的遭遇義和捕捉義，从現代的詞義觀念來看，的確很難理解它們何以會發生某種關係。但是，如果不受現代詞義觀念的束縛，而是从甲骨文時代詞義具有籠統性這一角度來思索，情況就可能有所不同。人們去捕捉動物，一定要去阻截、跟踪、包圍、追逐……這是用現代的詞義觀念加以論述，所以用了許多具有現代意義的詞。如果抛開這些詞，簡單一點講，人們去捕捉野獸，首要的一點就是要碰上野獸。所謂阻截、跟踪、包圍、追逐……不過是一些手段，目的是要遇到。只有碰上了，遇到了，才能接觸，才能擒獲。所謂碰上、遇到，从某種意義上來看不就是遭遇嗎！由此看來，捕捉野獸和遭遇敵方也有某種程度的類似性，因而才可能有某種聯係，這大概就是商代人的詞義觀念。這其間有着明顯的特殊性。了解到這一點再來看當時詞義的籠統性，不僅有某種程度的含混性，還有某種程度的類似性，因而造成了那種特有的寬廣性。由此可見當時詞義外延的寬廣和从現代邏輯學所講的外延廣闊並不完全相同。詞義類似性所形成的籠統性在甲骨文裏並不少見。【甲骨文行為動詞探索(一)殷都學刊一九八七年第三期】

◉劉　釗　卜辭⿱隹韋字作「[illegible]」、「[illegible]」等形。以往釋作「離」、「羅」、「隼」等字，皆證據不足。「⿱隹韋」字用作擒獲禽獸義時，與罕字用法相同。但罕字衹用於擒獲禽獸，而「⿱隹韋」字還可以用於擒獲敵方之俘虜。【卜辭所見殷代的軍事活動　古文字研究十六輯】

◉朱歧祥　[illegible]——[illegible]

，从畢捕隹，隸作雗。《説文》無字。卜辭用為動詞，有擒獲意。字並見於征伐和田狩卜辭。或增从手作。互較下二辭例得證。

〈寧3·70〉　貞：弗其受虫？

〈粹1107〉　□受虫？　【甲骨學論叢】

◉戴家祥　中山王譻鼎　克⿰亻啻大邦　中山王譻方壺　⿰亻啻曹郾君子噲

⿰亻啻字从人，从啇，説文所無。集韻入聲二十一麥「⿰亻啻，無憚也。」鼎銘「克⿰亻啻大邦」，張政烺釋「克敵」。壺銘「⿰亻啻曹郾君子噲」，⿰亻啻為適之通假字。古文字研究第一輯中山王譻壺及鼎銘考釋。按⿰亻啻、敵、適俱从啇聲。唐韻啇讀「施智切」，審母支部，適讀「施隻切」，審母魚部，魚支韻近。敵讀「徒歷切」定母支部，韻同聲異。集韻⿰亻啻讀「陟革切」端母之部，聲韻全異。克敵一詞見於左傳者宣公十二年云「克敵惟屬」，哀公二年「克敵者，上大夫受縣，下大夫受郡」，鼎銘近之。古文从攴表義者，亦或更旁从人，説文三篇敉，或體作侎，作字从人，姞氏毁作⿰乍攴，更旁从攴。是其證。大雅·公劉「乃造其曹」，毛傳「曹，羣也」。小爾雅·廣言「曹，偶也」。時賢讀為「適遭」亦通。【金文大字典上】

◉劉彬徽等　躬，簡文作，它簡也作、等形。【包山楚簡】

◉戴家祥　器　㠱伯子盨　㠱伯子𡨦父作其征盨　字从須从又。説文所無。用作器名，金文通作盨。容庚殷周禮樂器考略云：盨云為器，不見於三禮，惟説文皿部「盨，櫝盨，負載器也」。宋以來稱此為簋，錢坫定毁為簋，而於此仍以簋稱之，故謂古人於簠簋二器多溷稱。然盨簋二器，其制各別，且盨毁有連言者，尤足證二者之非一，然其為用，則大抵相同。徐中舒疑戰國以下之梧，即盨之遺制。吳大徵認為从須从皿，沐器也。【金文大字典中】

銉　鈙　敘　㒸虎

◉戴家祥　一　洹子孟姜壺　鼓鐘一銉　字从金聿聲，郘鐘「大鐘八聿」，銉不从金，加金旁乃是从上文鼓鐘的金旁類化來的，邾公牼鐘「龢鐘二鍺」，鍺即堵字，从金也是从上文鐘字類化來的，此為其證。經籍銉通作肆與鍺一樣，都作為所懸之鐘的數量詞。周禮小胥「凡懸鐘磬半為堵，全為肆」，左傳「歌鐘二肆」，注「懸鐘十六為一肆」。【金文大字典下】

◉曾憲通　𨪐　鈙不可己攻　丙一二・三　或以為荃之異寫。據照片，帛文此字位于次行，殆非月名。【長沙楚帛書文字編】

敘　讀為除　折—(丙10:2—2)，又讀與荃同　—(丙12:1—2)【長沙子彈庫帛書文字編】

◉郭沫若　第一五八〇片　㒸，此於「九日」與「辛□」之間着一虎字，不解何義，蓋用為迫薄等動詞者耶？【殷契粹編考釋】

◉唐蘭　第八片骨　續六・十二・四著録。

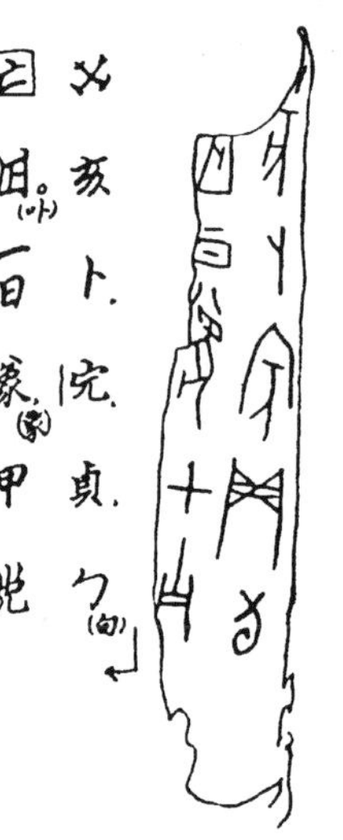

㒸字卜辭習見。孫詒讓釋彖，讀為隊。契文舉例下三九。王襄釋八虎二字。徵文考釋雜事十五葉。郭沫若釋虎。粹編考釋二一一。按諸釋並非。㒸與豕形迥殊，然亦非虎，蓋此字之所象者，為一長鼻之獸，與虎之大口者不同，其尾下垂，或歧出，亦與虎尾之上屈者不同。考卜辭象作㒸㒸等形，甲骨文編九十一。是此所從者亦象也。㒸字字書所無，以字例推之，當為從八象聲。卜辭用㒸字，多在貞旬亡囚之後。如云：「……勹亡囚。九日㒸，卒……虫巛。王陆自……。」粹編一五八〇。「……貞勹亡囚。勹㒸，壬申……幸火，帚娃子丹。」續四・二八・三。「……曰㒸，……貞勹亡囚。勹……火。帚娃子丹。」前六・四九・三。此似兩辭。「……亡囚。三日㒸，乙……乙彡。一月。」及「……㒸，乙酉，子售又出。二月。」簠室藏骨拓本。「㐅酉卜，完，貞……

七日象，己卯……。」前七・二・二三。「癸亥卜，史，貞，勹亡囚。一日象，甲兇夕㦰大爯至於相……。」簠雜一六。「……勹㞢五……象，戊……小子……。」林二・一五・五。「二勹㞢六日象，辛……。」庫一五一六。「癸未卜，兄，貞，勹亡囚。□日象，……丼。」鐵四十・四。「癸……勹亡囚。……㞢……象，己卯……日大……雨。」林二・一五・八。「……象……龜……再至……丙。」林二・一五・九。「□亥……貞勹亡……象，……厌……。」簠雜一一五。「……象，乙……我邑……大采……」前四・四五・四。等，皆與本片同。其云「卒象允卒」者，似叚為象。粹四一〇。「貞，王弓生獸，从象」續三・四〇・一「弓從象」佚六六八等辭，殆亦從象之義。

於貞旬後繼以某日象者，其與下紀日名有合有不合。如九日辛，勹壬，三日乙，七日己，皆與卜辭計日之法合。一日象而下言甲，旬有五日象而下言戊，則遲一日。至二旬有六日象而下云卒，則遲三日矣。郭氏所釋一例為九日與辛，因謂於九日與辛之閒著一⿱虎八字，按郭所據一片，畧近虎形，乃字體偶變，博觀自能辨之。不解何意，蓋用為迫薄等動詞者耶？粹編考釋二一一。然九日迫辛□亦是不辭。況卜辭之例，又不盡合也。余謂象當讀為象。周禮大卜：「以邦事作龜之八命，一曰征，二曰象，三曰與，四曰謀，五曰果，六曰至，七曰雨，八曰瘳。」卜辭之象，當即八命之二。云某日象者言某日當有象，蓋卜者得兆後之繇詞也。其下所記則占驗之辭。所卜有驗有不驗，當日不驗而驗於次日或更後者，亦從而記之，則有遲一日以至三日者矣。【天壤閣甲骨文存考釋】

◉方述鑫　⿱虎八字从虎，八聲。讀若班，蓋即虎之異體字。説文三上龹字也是从八得聲：「八亦聲，讀若頒。」朱駿聲説文通訓定聲「經傳皆以班以頒為之。」⊘殷商甲骨卜辭裏的「虎」是象形字，「⿱虎八」是形聲字，正如甲骨文有象形字的「星」，也有加聲符「生」而形成的形聲字的「星」。古無輕脣音，⿱虎八讀若班，作虎講，在卜辭中文从字順，無往而不通，下面引卜辭作證：

(1) 癸亥卜，事貞：旬亡禍？一日⿱虎八。　合集六・一八七九三

(2) 〔癸〕亥卜，賓貞：旬〔亡〕禍？一日⿱虎八。　合集六・一八七八七

(3) 一日⿱虎八，丁亥王往……　合集六・一八七九一

(4) 丙辰卜，㱿貞：帚好疾？二日⿱虎八。　合集五・一五七一二

(5) 乙酉子雝有禍，三日⿱虎八。　合集二・三一二三

(6) ……又五〔日〕⿱虎八，戊小子死，一月。　通乂一四

(7) 癸未卜，賓貞：七日⿱虎八？　合集四・八五五四

(8)〔癸□卜〕，旬亡禍？九日⿸虍兀，辛有災，王墜。　合集六・一八七八九

(9) 丙午卜，㱿貞：乎𠂤往見，佑𠂤？王曰：隹老隹人，匃冓若。卜隹其匃？二旬又八日⿸虍兀。　合集六・一七〇五五正

(10) □□卜，古貞：旬亡⿸虍兀？　合集六・一八七八八

(11)〔癸亥〕卜貞：旬亡⿸虍兀？　合集六・一八七九四

(12)〔癸〕亥〔卜〕貞：旬亡⿸虍兀？　合集六・一八七九五

(13) 癸〔酉卜〕，旬亡禍？有⿸虍兀，己卯日大雨。　合集六・一八七九二

(14)〔王囗曰，有祟？〕乙卯有設，⿸虍兀，庚申亦有設，有鳴雉，疛圛羌戎。　綴三六反

(15) 擒⿸虍兀？允擒。獲麋八十八，兕一，豕卅又二。　合集四・一〇三五〇

(16) 貞王勿往狩从⿸虍兀？　合集四・一〇九三九

(17) 貞王勿狩从⿸虍兀？　合集四・一〇九四〇

(18) 王往狩⿸虍兀？　合集四・一〇九四二

按上引前十四條卜辭裏的「⿸虍兀」皆表示災害的意思，常與死、疾、禍、大雨、災、墜、設、鳴雉、羌戎等表示災害的詞語連用。⊘因為虎是一種凶猛大獸，所以古人視之為不祥之物，作為圖騰加以崇拜。玉篇謂虎「惡獸也」。尚書君牙：「心之憂危，若蹈虎尾，涉於春冰。」周易履：「履虎尾，咥人，凶。」「履虎尾，愬愬。」後漢書南蠻傳：「廩君死，魂魄世為白虎，巴氏以虎飲人血，遂以人祠焉。」又上引十五至十八的四條卜辭，是記商王狩獵的事情。其中「⿸虍兀」蓋即虎，用的是本義。【甲骨文字考釋兩則　考古與文物一九八六年四期】

◉黄錫全　「⿰木皿（和）」下第一字，《復齋》一本作[字形]，另一本作[字形]，如果正過來即作[字形]、[字形]。這個字，《復齋》釋作「八克」，郭沫若釋作「八宂」。我們認為，从其所處的位置及結構分析，它衹能是一字而並非二字。此字上部从「八」是沒有疑問的，關鍵是下面部分。金文中「為」字或作[字形]（弘尊）、[字形]（強伯自為甗）、[字形]（雍伯鼎），或省作[字形]（立盨）、[字形]（邾訧鼎）等，所从的「象」形與我們討論的這個字的下部形體十分相似，尤其是與石本。因此，鎛銘的這個字是从八从象的，原形當作[字形]。我們一時還難以確定⿱八象究竟相當於後世的哪個字，根據文字學的一般原理，它應該是从象得聲的，如同⿰飠象、潒、像、勨、橡等字一樣。《説文》㒸，「从八，豕聲」；尚，「从八，向聲」。與此字類同。甲骨文中有個字作[字形]，《甲骨文編》列入附録上六。唐蘭先生曾將此字釋為⿱八象，認為以字例推之，當為从八象聲。唐先生的説法應該是正確的，鎛銘的[字形]就是由甲骨文的⿱八象演變而來。根據文義，鎛銘的⿱八象乃假為

豖　[illegible]　[illegible]

鎗，形容鏄之聲。

象从象聲，在此假為鎗。象屬邪母陽部，鎗屬清母陽部，不僅韻部相同，而且聲母同屬齒頭音，可以説是同音字，相互假借應是没有多大問題的。如古籍中从象、昜、羊、倉等得聲的字就可以相通。比如《説文》餳字或作餳，潒讀若蕩。《吕氏春秋・盡數》「集於羽鳥，與為飛揚」之揚，舊注云：「揚一作翔。」《禮記・少儀》：「朝廷之美，濟濟翔翔。」《荀子・大畧》翔翔作鎗鎗。《説文》：「鎗，鐘聲也。从金，倉聲。」《後漢書・馬融傳》：「鍠鍠鎗鎗，奏於農郊大路之衢。」注：「鍠鍠鎗鎗，鐘鼓之聲也。」宗周鐘銘云：「作宗周寶鐘，倉=悤=。」正以倉即鎗形容鐘之聲。鏄銘「象音」讀如「鎗音」。【楚公逆鏄銘文新釋　武漢大學學報一九九一年第四期】

[illegible] 讀為嫁　不可吕—女取臣妾（丙2:2—4）【長沙子彈庫帛書文字編】

◉曾憲通　[illegible]可吕豖女　丙二・三　帛文「豖」字又見於楚公豖鐘，為楚公之名。郭沫若釋豖為家而讀為儀，即楚公若敖熊儀。（《兩周金文辭大系》）據此，帛文豖當讀為嫁，意為當月「可吕嫁女」。「豖」字又見於江陵望山楚簡，簡文有關於某時某人為墓主恐固用筮占問的記録，如云：「歸豹以寶豖為恐固貞」，「歸豹以保（寶）[illegible]為恐固貞」等，朱德熙先生根據「豖」字有時可以寫作「[illegible]」而讀為著，認為豖、[illegible]中的豖和至都是聲符，從而推斷楚公豖鐘的豖當讀為摯，既楚先公熊摯，而帛書的「豖女」，則當讀為「致女」。【長沙楚帛書文字編】

◉徐中舒　[illegible]　從卣從[illegible]収，《説文》所無。殆象奉卣以進之形。疑與[illegible]彝通，進卣酒以祀神也。【甲骨文字典卷五】

◉饒宗頤　[illegible]殆[illegible]字，古有地名曰[illegible]人。此言「勿[illegible]」疑即「勿咥」（從食從口同意，如饕亦從口作叨，是其例）。易履：「履虎尾，不咥人。」又訟：「咥惕，中吉。」此為馬融讀，今本「咥」作「窒」，「勿[illegible]」猶言「勿窒」，乃吉語也。【殷代貞卜人物通考】

◉黄錫全　《甲骨文編》附録上五六有字作[illegible]、[illegible]，舊不識。我們認為此字从至从皀。至字形體甚明，下部皀形如同既作[illegible]、即作[illegible]，食作[illegible]等，應該隸定作[illegible]或[illegible]。

字書未見餟字，餟當是餧。甲骨文从食之字每每从皀作。如飤字作[glyph]、餗作[glyph]、飠作[glyph]等。《史記・秦本紀》：「臣常遊困於齊，乞食餧人。」《索隱》引徐廣曰：「餧，一作銍。」《集韻》餧，「餧人，地名。一曰刈禾人。通作銍。」

《前》4・16和《後》下34・1有兩條相同的辭例：

戊辰卜，争貞，㠯餟帚娘子子（[glyph]）。

卜辭就「帚娘」生子貞問者數見，如《後》下34・4「帚娘[glyph]（娩）不其妨」。卜辭也習見「帚某子」之稱，如《佚》752「貞，帚妹子其[glyph]」、《粹》1240「乙已卜，貞，帚妥子亡若」等。稱「帚某子子」者，此例僅見。山東臨朐曾出土鄩仲為其次女所作陪嫁之器，盤銘稱「仲女子」，而匜銘「子」下增一重文符「=」。李學勤先生曾引《儀禮・喪服》「女子子在室為父」，注「女子子者，女子也，別於男子也」，指出「女子子」是當時的習語，「仲女子」、「仲女子子」，都是次女的意思。上引「帚某子」和「帚某子子」如果都是指「帚某」的話，將是一個非常有意思的問題。「餟」可能是祭名，類似「……卯帚[glyph]子于匕己，允有[glyph]」（《續》1・39・4）之「卯」。但也可能是對「帚娘子子」有所「保佑」或「加害」之義。餟（餧），典籍可通祬（祇）致等。【甲骨文字釋叢　考古與文物一九九二年第六期】

朖　餡

[glyph] 2443　說文所無玉篇同餡蜀人呼蒸餅為餡　【古璽文編】

◉袁國華　〈包山楚簡〉　圖版一七五第8、9、10行：未隸定的字有：

(A) [glyph]77　(B) [glyph]132反（以上見第8行）

(C) [glyph]141　(D) [glyph]166（以上見第9行）

(E) [glyph]193（以上見第10行）

以上五字就字形可分成三類：

(A) 屬第一類，字从「[glyph]」，从「邑」。

(B) 屬第二類，字作「[glyph]」。

膳

(C)(D)(E)屬第三類，字从「人」从「□」。

先從基本構形第二類的「□」說起。「□」字从「□」，从「□」。「□」，又可寫作「□」、「□」及「□」。西周金文有「□」字見，「中□父鼎」，又有「□」見「中□父鐘」，陳漢平認為兩字「當釋為催」，其說可從。「□」疑即〈説文〉衰古文「□」，而〈汗簡〉引〈義雲章〉「催」作□，疑「□」(衰)「催」音近，故借「衰」為「催」。「衰」字古屬「山」紐「微」韻；「催」屬「清」紐「微」韻；「山」為「正齒音」，「清」為「齒頭」音，「衰」「催」音近，自可通假。「□」就是「衰」字是可以相信的，因此「包山楚簡」的「□」字，應該也是「衰」字，而「□」、「□」及「□」是「衰」字的不同寫法。至於「□」疑即肉字。戰國文字從「肉」的字多寫作「□」，於「□」字形加「ノ」飾筆，以與「月」字有所區別。「□」字的飾筆到了「包山楚簡」，更發展成為兩筆了，以「胃」字為例，字作□89，或作□122，或作□96。從以上三個「胃」字的寫法看，「肉」字字形的發展便一目瞭然了。「胃」所從「肉」，初仍寫作「□」，後加飾筆作「□」，而由於飾筆的譌變，飾筆的寫法最後居然與「刀」字的字形混同了，於是「□」便很容易令人誤會是從「肉」從「刀」的「刖」字。既然已明白「□」字乃由「肉」「衰」兩部分組成，則將「□」字隸定作「⿰月衰」是没有問題的了。據此，便可以將「□」隸作「膷」；將「□」、「□」、「□」都可以隸為「⿰亻衰」字了。字於簡中用作地名。將各字所屬簡文內容鈔録於後，以資對比：

簡77：「迅命人周甬受正□劂耵以數田於章或膷邑」。

簡132反：「⿰月衰尹集駐從郢以此等□」。

簡141：「⿰亻衰尹□」。

簡166：「佶⿰亻衰司敗阺」。

簡193：「告所誆於⿰亻衰尹」。

對比詞例看，「膷」「⿰亻衰」「⿰月衰」三字同字異體，實無可疑。地望待考。【《包山楚簡》文字考釋　第二屆國際中國文字學研討會論文集】

◉湯餘惠　戰國陶文有一個舊所未識的□(《季木》67·10)字。字下從夕，右上加ノ，為肉旁標誌(詳後)；□即古文羞。甲骨文作□、□等形，金文作□(不嬰簋)。《説文》云：

羞，進獻也。从羊，羊所進也。从丑，丑亦聲。

按丑、又古通，商周古文羞字从又不从丑，陶文此字羊旁省略中間直筆，古璽美、善等字从羊多如是作，可以互證；又旁作

膳　滕　膟

[glyph]增點飾，戰國文字習見。字當釋「膳」，即珍膳字。【略論戰國文字形體研究中的幾個問題　古文字研究第十五輯】

◉陳偉武　膳　《文字徵》第300頁附録「[glyph]3·1317」。今按，湯餘惠先生對此字有考證：「戰國陶文有一個舊所不識的[glyph]（《季木》67·10）字。字下從夕，右上加丿，為肉旁標志；……羊旁省略中間直筆，古璽美、善等字從羊多如是作，可以互證；又旁增點飾，戰國文字習見。字當釋『膳』，即珍膳字。」《陶匯》3·1317與《季木藏陶》67·10實為同片陶文，《文字徵》摹寫奪去又旁點飾。【《古陶文字徵》訂補　中山大學學報一九九五年第一期】

◉高田忠周　[glyph]　積古。阮釋作然虎云。蓋鄭然明之族。按阮説非。今審[glyph]即舟。非肉字。[glyph]即关。亦非犬字也。下似山字。但説文無𦝫字。是古字逸文。猶滕為逸字也。或云鼎鬲字古文或从火。而火省作[glyph]。此𦝫亦滕異文。然滕有作滕从𦝫者。𦝫滕别字明矣。【古籀篇十三】

◉吴其昌　（小臣𨖰毁）[glyph]當即滕字。所以知者。周金文存卷六頁五十二有滕戈。其字作[glyph]。澂秋館吉金圖卷二頁五十四有滕灰耆戈。其字作[glyph]。貞松堂集古遺文卷十二頁十八有滕之丕劍。其字作[glyph]。攈古録卷二之二頁四有滕虎彝。其字作[glyph]。並與此[glyph]字相同。但省火耳。此正與阿本作[glyph]平阿戈今悉省火者同例。至於從舟從𠂤之不同。古金文本極自由。陸行多則從𠂤。水行多則從舟耳。故此語當為墜東陵。【金文厤朔疏證卷一】

◉王國維　[glyph]滕侯穌毁　[glyph]滕侯穌毁　𧊒灰穌作氒文考𧊒仲旅毁　𧊒灰穌作氒文考𧊒仲旅毁

經典「滕薛」皆作滕，從水朕聲。上虞羅氏藏滕虎敦，其銘曰：「滕虎敢肇作厥皇考公命中寶尊彝。」「滕」字舊釋為然。余謂此字從火，𦩍聲。即「滕薛」之滕字也。禮記檀弓上「滕伯文為孟虎齊衰。」為孟皮齊衰，其叔父也。然則虎為滕伯文叔父，其父本是滕君。此敦云：「滕虎敢肇作厥考公命中寶尊彝」。是此敦之「滕虎」即檀弓之「滕孟虎」之證。亦滕即滕字之證也。鄭注檀弓以伯文為殷時「滕君」。今觀此敦文字，乃周中葉以後物，然則此敦不獨存「滕薛」之本字，亦有裨於經訓矣。【釋滕　觀堂集林卷六】

[glyph]3·692膟之公豆　説文所無集韻膟食也　【古陶文字徵】

⿱匕鼎

◉姚孝遂　合集三〇九九五辭云：「丙辰卜，大……其⿱匕鼎兕三……」

又合集三二一六〇三辭云：「其⿱匕鼎兕父丁」「于祖丁用⿱匕鼎」「其⿱匕鼎兕祖丁」

又合集三三一七一八辭云：「父丁⿱匕鼎三兕」

字從「鼎」，從「匕」，隸當作「⿱匕鼎」。釋「⿱齊鼎」不可據。卜辭「⿱匕鼎」為祭名，多以「兕」為牲，饒宗頤誤以為「馬」。未見用他牲之例。

字从「鬳」，从「匕」，或當是「⿱匕鼎」之異構。【甲骨文字詁林第三册】

⿰句頁

◉商志譚　器蓋上有銘文3行32字，文曰：

⿰余阝⿰句頁君之孫，利之元子次□「畀其吉金，自作卄缶，眉壽無諆，子子孫孫」永保用之。

此器刻銘行文3周，環讀，每行起首為「⿰余阝」、「畀」、「永」，不僅有一定規律，且富有韻味。惜銘文中「次」之後有一字被鏟鑿，致使器底破損，後雖澆補，然字劃殘泐過甚，已無法辨識，故作器者之名不詳。⿰余阝字也被鏟損，字之上部殘缺，下部完好，因主要筆劃尚能辨識，知其為「徐」。此當為徐國鑄造之器。

⿰句頁，字形為「」，从句，从夏，在金文中，句字的寫法為：

（般句壺）（鑄容鼎）（鑄容匜）（芮公鐘鈎）

璽文

(0644)　(1068)

句為从丩从口之字形，與之相似。其旁夏，可省作頁，曾侯乙鐘銘文之「⿰壴頁」作「」即為夏之省，故可隸定為⿰句頁。⿰句頁，《説文解字》無收録。梁顧野王《玉篇》云：「⿰句頁，火豆切，勤也。」宋《集韻》、《類篇》解釋與之相近，但更詳盡。《類篇・頁部》云：「頊，許俟切，勤也。一説頊顱，老也。又居俟切；頊頊，勤也。」則知頊讀作吼，或為姤音字。

從器銘知為徐國鑄器，並知頊君為徐國的先祖，究竟是哪一代徐君，現據文獻考證：

《禮記・檀弓下》言：徐國大夫容居自云「昔我先君駒王西討，濟於河」；《後漢書・東夷》亦言：康王時，「徐夷僭號，乃率九夷，以伐宗周，西至河上」。兩書記載當屬一事。從缶文知文獻記的駒王之「駒」，實乃頊字之舛。頊，「勤也」、「老也」。這是徐人對其祖先頊君（頊王）的一種尊稱。【次□缶銘文考釋及相關問題　文物一九八九年第十二期】

◉高鴻縉　[glyph]　井季卣及石鼓文⿱皀史字偏旁俱象獸形。或即貍屬也。玉篇有⿱皀史字。解曰。生冀切。獸似貍。字當是從皀史聲。【中國字例二篇】

◉方濬益　[glyph]季⿱皀史段　季⿱皀史作旅段　[glyph]井季⿱皀史尊

説文無⿱皀史字。皀部有臭云：「獸也。似狌。狌從皀夬聲。」玉篇無臭有⿱皀史，云：「生冀切，音試，獸似貍。」廣韻同石鼓文「䌛之⿱皀史⿱皀史」，潘迪音訓「⿱皀史，丑若反」。相如大人賦「休⿱皀史奔走，或音使」。濬益按潘氏此語引漢書司馬相如傳張揖注之言也。惟漢書大人賦作「怵臭」，潘氏以為「休⿱皀史」與今本漢書殊異，然此字从皀从史，自是以史為聲，何以顏師古注云丑若反。是師古所據之本與今本正同，並不作「休⿱皀史」，而潘氏既引師古音切，是所見漢書即顏注之本，而此二字獨殊異，甚不可解。其云或音使，則又與玉篇之音試合，今以此銘及石鼓文證之，是玉篇之⿱皀史即説文之臭，蓋説文歷代傳鈔寫官難免筆誤，此銘與石鼓文皆二千年以前之真迹，鑄刻分明，可決定説文之臭為⿱皀史之譌字。而玉篇有⿱皀史無臭，又可知顧野王當時所見説文尚不誤也。濬益嘗得王懷祖觀察與桂未谷大令手札亦言説文之臭字恐即石鼓文之⿱皀史字特未引玉篇為證。段若膺大令説文注謂玉篇，廣韻皆曰「臭似貍」，疑「似狌狌」三字當作「似貍」二字。是知説解之有譌誤而不知篆文之已先譌誤也。段以篇韻為臭亦欠精覈。若乃集韻又有⿱皀史字，云「疏吏切。音駛，江東呼貘，貘或作⿱皀史」，是又由臭而誤為⿱皀史矣。又漢書地理志雩婁下曰：「決水北至蓼，入淮又有灌水，亦北至蓼入決。」水經注：「決水自安豐縣故城西北，逕蓼縣故城東，又西北灌水注之。」方與紀要曰：「決水即今史河，灌水今自河南固始縣，東流經霍邱縣，西合史水入淮。」濬益按顧氏謂決水即史河是也。今人皆書為決，此亦因夬史二字形近，與⿱皀史之誤臭正同。【井季⿱皀史卣　綴遺齋彝器考釋卷十二】

◉郭沫若　⿱皀史字原文稍泐，呈[glyph]形，下體所從者為[glyph]字毫無可疑。石鼓文汧沔有此字，曰「其胡孔庶，䌛之⿱皀史⿱皀史、逞逞趮趮」。字與庶趮為韻，知在魚部。它器均作臭，唐蘭謂臭當如臬讀若薄，與數為雙聲；今知⿱皀史在魚部，則又與薄為疊韻；唐説與余各得其半，而此字之釋適全。有井季⿱皀史卣及觶，⿱皀史字作□，與本鐘文無殊，而同人之器有季⿱皀吾𣪘則作□，知⿱皀史與⿱皀吾縱非一字，音必相同。⿱皀吾又卜辭及遣小子𣪘之⿱皀鬲省，説文「⿱皀吾獸也，從皀吾聲，讀若寫」，乃其譌變，而吾聲寫聲亦同在魚部也。丙申父癸角又有地名⿱皀魚字。則⿱皀泉之緐文也。諸字均當以皀聲，而説文言部謂「訬讀若皀」。皀當係字誤。疑是𧊒字之誤。⿱皀泉从泉皀聲，當是洊濔之洊，盛也，湧也。⿱皀史从史皀聲，當是簿書之簿。數數⿱皀泉⿱皀泉當以⿱皀泉為本字，⿱皀史乃借字也。【士父鐘　兩周金文辭大系圖録考釋】

◉施勇雲　□字，從□、□，見《殷虛卜辭》三八七，《鐵雲藏龜》：九十，□為魚，□為女。《甲骨文編》，女字作□，疑□為⿰魚女字，《説文》所無。

⿰魚女字偏旁所從□□為女或為母。母字作□形或作□形，殷王朝先妣母庚合文的母字旁有作□或作□，《小屯·乙編》·六二六九版，母庚的母旁作□形，《小屯·乙編》·八八九七版，母庚的母旁作□，是□、□同誼異形，互相通用，可隸定為⿰魚母字。

⿰魚女字通作⿰魚母字，⿰魚母字的或體作⿰魚每字，《集韻》字書裏，⿰魚每字或省作⿰魚母字，換言之，⿰魚每字為⿰魚母字的繁體字，⿰魚母字為⿰魚每字的簡書。甲骨文的女、母、每三字相通，《殷虛書契後編》·卷上·二六·六片的殷人先妣母已合文的母字旁作□；《殷虛書契後編》·卷上·三十·五片的晦啟的晦是每字的假借字作□，這兩刻辭的母字，每字旁均作□形，是誼異同形字。一誼多形，異誼同形，在文字發展過程中不乏其例。⿰魚母字、⿰魚每字是一誼異體字，⿰魚母字即⿰魚每字。

⿰魚女字、⿰魚母字、⿰魚每字三形體可互通，同出一源。實為一字。這是地下出土遺物，甲骨刻辭的字體與文獻資料的字書《集韻》一書裏的字吻合，兩者相互印證，又是漢文字發展過程中的數千年來一脈相承的佐證。⿰魚每字，象形，魚名，《玉篇》卷下：「⿰魚每，莫浮切，魚。」《廣韻》：「⿰魚每，魚名。」據《正字通》：「⿰魚每，似鱫而小，一名黃花魚。」福温多有之，温海志名黃靈魚。即小首魚，首亦有石。」黃花魚產於沿海，也即是⿰魚每魚產於沿海區域，從文字上的解釋，為殷代疆域東至沿海作旁證。甲骨文關於漁業方面記述較少，這也是一個不易多得的材料，就漁字形體觀之，□形，《殷虛書契前編》五·四五·四，又五·四五·五，从又持絲，从魚，象鈎魚狀，構畫了手持絲鈎的鈎魚形象，都是活生生地描寫當時的人們捕魚的方式之一，鈎魚的形態。【試釋幾個甲骨文字考古論文選】

颩 遛 諲 誏 誏 𢿌 歁

[glyph] [glyph] 甲三九一八 从鳳从兄說文所無卜辭用為風字癸亥卜㞢貞有大颩癸亥卜㞢貞今日亡大颩 【甲骨文編】

[glyph] 1490 于省吾釋遛說文所無玉篇遛逗遛 【古璽文編】

[glyph] 2530 [glyph] 2531 [glyph] 4889 說文所無玉篇諲揷也 【古璽文編】

[glyph] 1798 說文所無玉篇誏静語也 【古璽文編】

[glyph] 誏竝裴光遠集綴 【汗簡】

◉羅振玉 [glyph] [glyph] [glyph] [glyph] 古金文有作[glyph]已侯敨[glyph]杞伯敨者。與此畧同。从[glyph]持[glyph]。殆象勺形。所以出納於𢿌中者。非从攴也。【增訂殷虚書契考釋卷中】

◉劉彬徽等 歁,簡文作[glyph],[glyph]與《汗簡》「僱」字[glyph]相同。《汗簡》借衰作僱。【包山楚簡】

⿱亯丙 ⿱亶虫 ⿺辶稟 ⿰章丮 ⿸疒亮

◉李孝定　⿱亯丙从亯从丙，説文所無。【甲骨文字集釋第三】

◉戴家祥　[字形]⿱亶虫姜鼎　⿱亶虫姜作旅鼎　⿱亶虫，説文及其他字書均不載。説文十三篇有蟺字，許慎謂「死蟺也。从虫亶聲」。玉篇第四零二「蟺，蚯蚓也」。此从虫亶省聲，用作人名。【金文大字典下】

◉朱歧祥　[字形]——[字形]

[字形]，从稟从辶，隸作⿺辶稟。《説文》無字。卜辭用為人名，見於第四期文武丁卜辭。字有省禾作[字形]，字例與季字省作[字形]可互證。

〈乙389〉戊戌卜，☒令[字形]☒？

〈乙100〉戊午卜，翌己未令[字形]即☒？【甲骨學論叢】

◉郭沫若　[字形]庚嬴鼎　賜⿱尋貝⿰章丮　庚嬴鼎文於尋下更綴以⿰章丮字。字从章聲，叚為璋。尋⿰章丮即瓚璋矣。【庚嬴鼎　兩周金文辭大系圖録考釋】

◉林清源　冶⿸疒亮戈（邱集8184、嚴集7350）

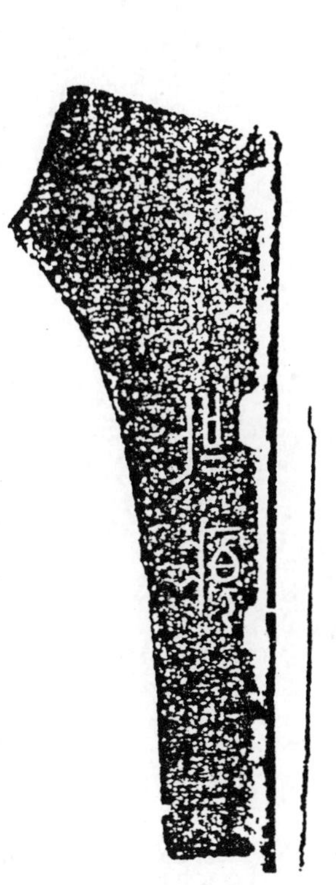

戈胡銘文二字，第一字作「𠄐」，當釋為「冶」，為冶鑄工匠之職稱。第二字為冶之私名，姑隸定為「瘪」。【兩周青銅句兵銘文彙考】

遟

◉劉信芳　遟，簡文作「遟」，見於簡二二八、二三〇、二三九、二四二，辭例與「逹」之辭例同，如簡二二八：「……遟楚邦之師徒。」知「遟」為「逹」之異體。【包山楚簡近似之字辨析　考古與文物一九九六年第二期】

⿸鹿土

◉商承祚　王徵君國維曰：「其从鹿从士與从牛从士同意，鹿牝者謂之麀，牡者謂之⿸鹿土也。」【殷墟文字類編卷二】

◉李孝定　从鹿从士，說文所無。字非从土，釋麈非是。王國維氏釋⿸鹿土，其說是也。契文畜父之字即於畜名之字旁着士字以示之。【甲骨文字集釋第十】

⿱旂心

◉陳偉武　《文字徵》第104頁「悊」字下：「3・982，獨字；3・983，同上；6・170，悊□；《陶文編》8・59。」今按，前二體當從《舂録》1・1釋為⿱旂心（誓，祈），顧廷龍先生指出：「从心亦誓字，按言與心偏旁相通假，如詩或作𧦝，謀或作𢘛，詩或作，謝或作，皆是也。」後二體才是悊字（《說文》哲字古文或从心）。【《古陶文字徵》訂補　中山大學學報一九九五年第一期】

⿸㫃昏

◉孫詒讓　器　伯⿸㫃昏尊　二　伯⿸㫃昏作寶尊彝

說文口部「吻或作㖸」，是昏聲勿聲古通。此⿸㫃昏或當為物之異文。說文勿部「勿或从㫃作㫚」，即周禮司常之雜帛為物。此上下文並闕，不知作何解，前伯旞尊旞字作二形，似與此同。彼吴以許瀚說，疑為旞之異文未塙。又司土敢「嗣土虒作寶尊敢」，吴疑為旞字。又伯斿彝「伯作乃宗寶尊彝」，吴釋為斿舟二字，亦並與此相近，似皆一字。【古籀餘論卷三】

⿱斿皿

◉戴家祥　⿱斿皿婦鼎　⿱斿皿婦　祖丁父癸鼎　⿱斿皿婦尊　蓋　器　祖丁父癸卣　⿱斿皿▽己祖丁父癸

劉心源釋旅皿二字，高田忠周謂「旅者古通用字。」按金文旅字當㫃下有二人，此㫃下一人，顯然是斿字。字當从皿斿聲。為古姓氏名。加皿以示斿氏之器，專用於器物。【金文大字典中】

廓竝出碧落文 碑作 【汗簡】

◉戴家祥 中山王嚳鼎 寡人學⿺立童未甬智 張政烺曰：⿺立重，从立重聲，讀為踵，繼也。離騷「及前王之踵武」，東京賦「踵二皇之遐武」，義皆為繼。古文字研究第一輯第二二四葉。按張釋非也。商承祚曰：「學⿺立重」讀為「幼童」，幼童的智慧幽隱未明，故從學以見意。重童通用，金文鍾字又从童作鐘，後分為二字，即以鍾為酒器或壺類，以鐘為鐘磬之鐘，重童亦分立。古文字研究第七輯第五零葉。重通童，从立旁猶同器銘文中的長字或作䟫。【金文大字典中】

◉高田忠周 齡鎛 ⿱炏衣于齊邦 古引吳大澂說，⿱炏衣疑即褮字。褮為衣之箸於外者，與衰字意同。博古圖齊矦鎛，⿱炏衣字數見。舊釋為恪，非。人引胡石查說，疑是勞字。古勞字从縈省，取經營之意。見朱氏說文通訓定聲，衣系義相近，辥款識齊矦鎛「巩褮朕行」、「堇褮其政事」，皆勞字。又引張孝達說，褮字見說文。此借作榮。又劉氏心源齊矦鎛云：「即襋。球黼辥梁釋作恪，非。孫作奕，亦未協。此為襋字，用為棘。詩：孔棘且殆，箋：棘，急也。玌襋即孔棘。」又孫氏詒讓云：「女恐朕行師者，，王楚釋為恪。薛及王俅並从之。孫釋為⿱炏衣，而讀為奕，是也。爾雅釋訓：奕，亦憂也。恐奕猶憂勤之意。」按劉吳二氏說非，又吳大澂胡石查二氏亦誤。唯張孝達釋為褮者，於篆形為得也。赤字，元从大火，而金文作。燮字，元从並火，而金文作，當證火夾同字也。然則此篆之从二火明晳。又縈字，从熒省，而金文作。者象形，與𤇾別，此亦𤇾省作炏之證也。⿱炏衣即褮字，省文無疑矣。上鎛云「子姓陶叔有成褮于齊邦」，又下鎛云「巩褮朕行師，又謹褮其政事」。「褮」皆經營之營，褮營同聲通用也。小爾雅釋詁「營，治也」。考工記匠人「營國」。詩黍苗「召伯營之」。淮南王術「執政營事」。注：「典也。」皆與有成營于齊邦，及謹營其政事，義相似矣。又蒼頡篇「營，衛也。」史記黃帝紀「以師兵為營衛。」此與謹營朕行師同意也。此等褮字，為營之叚借明矣。說文「，鬼衣也。从衣熒省聲」，讀若詩曰「葛藟縈之」。一曰若静女其姝。【古籀篇六十七】

慬　⿱羊兆　⿰羕阝　⿰米隹　⿰粦刂　⿰氵酓

慬 石經多士　說文所無唐韻慬憂哀也公羊定八年慬然後得免【石刻篆文編】

◉戴家祥　⿱羊兆尊　⿱羊兆作父己寶尊彝　羌旟向觚　亞□⿱羊兆旟向作尊彝

⿱羊兆字金文用同羌，皆作人名。說文：「羌，西戎羊種，从羊儿，羊亦聲。」詳見釋羌。【金文大字典中】

◉戴家祥　蓋　器　⿰羕阝伯簋　⿰羕阝伯受用其吉金

从邑羕聲，說文所無。金文用作國邑名，義無可徵。【金文大字典下】

◉戴家祥　蓋　器　伯公父簠　用成⿰米隹旃霙梨□

⿰米隹，字書不載。由音義形考之，疑是糶之省。集韻「糶，精米也」。从米崔聲，此从米隹聲。崔隹古音同屬微部。且崔由隹得聲。故从隹从崔同一聲源。白公父簠「用成⿰米隹旃稻」。即用盛糶稻，指精粹的稻米。【金文大字典中】

◉湯餘惠　原摹未釋。甲骨文粦字作、（《殷墟甲骨刻辭類纂》94頁），簡文左旁疑从粦省。竹簡文字凡點多作斜畫，字上非从八，字可釋⿰粦刂，見於《集韻》，簡文用為地名。【包山楚簡讀後記　考古與文物一九九三年第二期】

◉陳邦懷　永盂　易畀師永氒田⿰氵酓易洛彊眔師俗父田

「⿰氵酓易」，郭沫若同志釋陰陽，甚是。周金文中有陰陽二字，此銘作⿰氵酓易是同聲假借字。說文解字叙：「假借者，本無其字，依聲托事，令長是也。」許氏所說的是假借的大例。考察金文，不盡如許氏所說，雖本有其字，卻也常用假借字書寫，⿰阝酓陽作⿰氵酓易就是一個例證。說文没有⿰氵酓字，集韻覃韻有⿰氵酓字，是浛字的或體。「陰陽洛」這個地名也見於敔段，其銘文是「南淮夷遷及內，伐洭、昴參泉、裒敏、⿰阝酓陽洛」。這裏的「⿰阝酓」，也是個假借字。兩銘可以互相印證。關於「陰陽洛疆」，唐蘭同志說：「是陝西的洛河南北，屬於邊疆，而敔簋記南淮夷來伐是一直到陰陽洛的。」考敔簋「伐洭，昴參泉，裒敏，陰陽洛」中的昴參泉，陰陽洛都是三個

滳

字的地名，而且全是取天象為地名。因此，我推測陰陽洛可能是靠近「上洛」的地名。【永盂考略　文物一九七二年第十一期】

◉羅振玉　[甲骨文字形]　許書無滳字。集韻有之云。音商。水名。此云王其□舟于滳。則滳之為水名信矣。但不知為今何水耳。列子力命篇亦有滳字。今人於文字不見許書者概斥為俗作。徵之古文豈其然乎。【增訂殷虚書契考釋卷中】

◉王　襄　[甲骨文字形]　古滳字。【簠室殷契類纂存疑】

◉孫海波　[甲骨文字形]甲六二三　从水从商。説文所無。商都附近水名。【甲骨文編卷十一】

◉葛毅卿　甲文有滳字，作[甲骨文字形]前編卷五第二頁，[甲骨文字形]前編卷六第二頁，[甲骨文字形]後編上第十五頁，[甲骨文字形]後編下第十九頁，從水從商，説文所無。

殷虚文字類編十一卷第七頁，滳字下按語云：「許書無滳字，集韻有之，云『音商，水名』，此云『王其□舟于滳』，則水之為水名信矣，但不知為今何水耳。」

毅卿按：滳字，説文，廣韻，地志，水經，均未收載，集韻有之，系商字下，尸羊切，云「水名」，而未及地望，其詳似已不可考見。

此字商氏類編收五體，潢川孫氏甲骨文編收四體，上下文殘缺，無由尋按，惟一字屢見，則此水必與商人生活有關，非僻地遼區，偶一涉足者，似可知。

古代氏族地名，因出於口授，率多同言異字，同字異言，如明都亦作周官職方孟豬夏書禹貢孟諸爾雅釋地，左傳及宋玉對楚王問同，士會亦言隨季，經籍所載，隨處而是，欲廣搜輯，盈簡纍編，要唯音近或同，可通叚耳。

説文商從冏章省聲，段氏注引漢書律厤志云「商之為言章也，物成孰可章度也」；又引白虎通説商賈云，商之為言章也，章其遠近，度其有無，通四方之物，故謂之商也。按今本漢書律厤志有是語，爾雅釋樂釋文引劉歆語同，通行本白虎通説商賈，商之為言，商其遠近；説禮樂，商者張也，無商之言章語，段氏所言，未悉何本。

惟商章音同，猶有可尋，尚書費誓釋文「我商賚女」，徐邈音章，集韻本之，於商字別出章讀，徐氏所言，必有所授；又商陸或作蔏薩，或作章薩，葦柳，語見王氏廣雅疏證蔏薩條，集韻於蔏字下亦別出章讀，然則甲文之滳，或即後日之漳乎？漳水發源於晉，橫亘豫北冀南，其地為昔商民族徘徊之所，滳或因商而得名也。

水經注引應劭地理風俗記云，「河内殷國也」；按此解漢制。漢書地理志云，「河内殷虛，更屬於晉」，漳水所經，正係河内，丘曰商丘，故水曰滴水矣。

沈存中夢溪筆談解章為文，引伸為别，謂漳為兩物相合，有文章且可别也，辭辨不可按。

蜀川岷山，亦作汶山，今人無言汶山者；漳行而滴廢，約定俗成，本無因而然也。

書缺有間，非曰論定，姑存一説，以俟好學深思者之明辨云爾。【説滴 歷史語言研究所集刊七本四分】

◉楊樹達 考殷代屢易國都，大抵皆在大河南北，而甲文中所見水名，如淮水出自南陽，洧水出自潁川，汝水出自盧氏，洹水出自林慮，皆在河南省境。以彼推此，滴水蓋亦今河南省境内之水，以字音求之，蓋即今之漳水也。考濁漳水出今山西長子縣之發鳩山，流入河南林縣，與清漳水相合。清漳水出今山西樂平縣之少山，流入河南涉縣，至林縣與濁漳水相合。知二水皆在今河南省境之水流也。今字作漳，甲文從商作滴者，古商章音同。説文三篇上商部云：「商，從外知内也，从㕯，章省聲。」白虎通聲音篇引劉歆鐘律書云：「商之為言章也，物成熟可章度也。」漢書律歷志文同，律歷志固本劉歆也。白虎通商賈篇云：「商之為言章也，章其遠近，度其有無，通四方之物，故謂之商也。」書費誓云：「我商賚女。」商徐仙民音章。匡謬正俗卷七云：「商字舊有章音。」水經河水篇云：「又東北過楊墟縣東，商河出焉。」酈注云：「一曰小漳河。」此皆古章商通作之證也。【釋滴，積微居甲文説】

◉陳夢家 滴是商水或以為是漳水，僅僅以聲類推求之，未必可信。【殷墟卜辭綜述】

◉考古所 滴：水名。【小屯南地甲骨】

◉孫 淼 滴水的情況，從甲骨文可以看到以下幾點：

首先，這條水比較大，見以下卜辭：

……丑卜，行貞，王其□舟于滴，亾災。 後上一五·八

□年于滴。 庫一三三

□禾于滴，又(有)大(雨)。 掇一·三八四

第一辭中的□字，不識，是動詞。□舟，當是在水中行舟的一種方式。這裏所占卜的是商王行舟，貞問其有無災禍，不可能想象，這種行舟，只是駕一只小船，行進在一條不大的溪水裏，而應該是有一定數量的船只行進在較大的河流裏。因此，此滴，應是一條較大的河流。

其次，滴水應是一條東西流向的河。

漅

有一片甲骨，記有「滴北」二字(鄴三・四五・一一)。滴北，即滴水以北。有「以北」，當然也應有「以南」。還有一片甲骨記有「于滴南𣱱」四字(甲編六二三)。其中「𣱱」字不識，但辭意大略可知，這裏提到的滴南，當是滴水以南。滴水既然有「以北」、「以南」之稱，可知這條水應該是東西流向的。

再次，滴水距殷都不遠。

在甲骨文中，常見有「涉滴」的記載，如：

王其田，涉滴，至於㽙，亡𢦔。　京津四四七〇

……涉滴，至㽙，射又(有)虎罕。　粹九五〇

王涉滴，射又(有)鹿，罕。　續三・四四・三

王其省，涉滴，亾𢦔。　粹一五四九

乙未卜，王涉滴　京都二一三九

商王經常外出打獵，獵區有遠有近，但總不會跑到太遙遠的地方。⊘其地應靠近商都。

以上說明，滴水具備這樣幾個條件：甲，距商都不遠；乙，是東西流向；丙，是一條比較大的河流。符合這幾個條件的，只有兩條水，一是洹水，另一個是漳水。甲骨文有洹字，字形作[glyph]、[glyph]等，是水名，此即洹水。因而滴水不可能是洹水，而只能是漳水了。【夏商史稿】

◉徐中舒　[glyph]二期　後上一五・八　[glyph]三期　京四四七〇　從水從[glyph]商，《說文》所無。見於《集韻》：「滴，水名。」

水名，楊樹達謂以字音求之，即今漳水《積微居甲文說・釋滴》。𠂤滴當是地名。【甲骨文字典卷十一】

◉于省吾　[glyph][glyph][glyph]　甲骨文稱：「甲戌卜，翌日乙，王其𠬝虘白漅。」(甲三六五二)又：「☐虘白漅，其祉乎卿。」(鄴三下三六・一〇)虘白(舊或誤釋為日)漅即盧伯漅。漅為盧伯之名，作[glyph]，他辭也作[glyph](京津三七二二，文殘)，舊均不識。此字从水巢聲，即古漅字。西周器班簋地名的巢字作[glyph](見一九七二年文物第九期發表的新拓本)，和漅之从巢可以互證。說文：「[glyph]，鳥在木上曰巢，在穴曰窠，从木，象形。」徐楷說文繫傳：「臼，巢也，巛，三鳥也。」王筠說文釋例：「巢在木之上，故从木。巛則鳥形，臼則巢形。三鳥者，況其多耳。」按徐氏演化許說，以三鳥形和巢形為解，而王氏又加以阿附，未免荒誕。其實，依據古文，則漅字从巢作[glyph]，只象木上有巢形。說文無漅字。郭璞江賦的「朱滻丹漅」，李注謂「漅湖在居巢」，是後世又以漅為湖名。前引兩段甲骨文，是以盧

弊 ⿰舍夫 ⿰夫古

伯濼為人牲以祭。甲骨文往往對俘獲某方伯而言㞢(酹)言用者，都是以人為牲。【釋濼 甲骨文字釋林】

◉羅振玉 □□ 其文曰。乙丑貞。翌□卯王其□畢。又曰。貞□卯王其□畢。又曰。乙丑貞。翌丁卯其狩□弗畢。以義考之。殆為周禮獸人弊田之弊矣。【增訂殷虛書契考釋卷中】

◉孫詒讓 □ ⿰夫古 說文所無 ⿰夫古衍簋 〈1198〉「⿰夫古衍乍寶𣪘」

金文又有云⿰夫古衍作寶敢。其字从夫从古。亦說文所無。竊疑亦即⿰夫古字之省。蓋古文害字从□。據毛公鼎害字偏旁蓋丯字。古文如是作。多父盤作□。下半與古形尤近。斷取其下半為□。箸口則成□形。非從十口之古字也。【名原卷下】

◉周法高 金文中有⿰舍夫字。

史(使)遇事于□厌。(遇甗)

白雒父來自□。蔑彔曆。(彔𣪘)

□侯之孫𨻰之鼒。(⿰舍夫侯之孫鼎)

攈古録金文卷二之三頁七十白淮父敦。按即彔𣪘。下引徐籀莊説。

舒。左旁象兩舍相對形。右旁从夫。夫予音義相近。蓋舒之異文。春秋僖三年。徐人取舒。注。舒國。今廬江縣。玉篇引作郐。説文。郐。地名。吴大澂説文古籀補。「古舒字从夫从舍。」

案此字當從害夫聲。金文或作𨌲。從害丮聲。小篆作□。説文四下予部。

「舒。伸也。从舍从予。予亦聲。」

舍可能是害的譌變。予聲。夫丮予都隸古音魚部。所以能够相通。害會字同意。都象下器上蓋中有器實之形。害、會蓋(盇)古音同屬祭部。聲紐同屬舌根音。義也相近。説文四下刀部。割。剥也。从刀害聲。段注。釋言曰。蓋割裂也。尚書多假借割為害。古二字音同也。釋言舍人本蓋作害。明害與割同也。鄭注緇衣曰。割之言蓋也。明蓋與割同也。金文編卷一頁十二蓋字下。卷五頁二十盇字下收□。説文七下宀部。

「害。傷也。从宀从口。宀口言从家起也。丯聲。」

非其初義。方濬益綴遺齋彝器考釋卷八頁十三魯士浮父簠下云。謹案西清古鑑鑄公簠簠作□。从□五聲。□為古會字。器有蓋者之通稱。與此三器文并同。特湝□為異。郭氏卜辭通纂考釋頁一一三。攷金文簠字。鑄公簠作□。旅虎簠作□。交君簠作□。乃象下器上蓋。而中从五聲。唐蘭天壤閣甲骨文存考釋頁六二。郭氏援簠作□□等形。為下器上蓋之證。然據季宮父簠之□从匚䝬聲。則□為□即□之變。當釋為害。非器形也。案唐讀□為害。是也。然謂□為害則非。害和簠聲韻俱隔。不能通假。當釋為從害五聲。而害字則象下器上蓋之形。和會同義(金文編卷五頁二五會作□□諸形)。有釋䝬為鈇者。亦非。金文編卷五頁二五收舍字諸形作□等。和害字形不同。傷害字孳乳為从刀害聲的割。金文中害假為匄。或曷。

噩侯鼎。「王南征。伐角䚮。」

大系頁一〇七。「角䚮未詳。疑是羣舒之屬。」

案角䚮疑即舒蓼。

左傳文十四年。「楚莊王立。子孔潘崇將襲羣舒。使公子燮與子儀守。而伐舒蓼。」

杜注。「即羣舒。」

春秋宣八年經。「楚人滅舒蓼」。

杜注。「舒蓼。二國名」。

孔疏。「舒蓼二國名者。蓋轉寫誤。當云。一國名。案釋例土地名有舒。羣舒。舒蓼。舒庸。舒鳩。以為五名。則與文五年滅蓼同。」

阮氏校勘記。「陸粲云。羅泌曰。蓼與舒蓼別。舒蓼。皐陶之後。偃姓。若舒又是一國。僖之三年滅矣。杜氏分舒蓼為二國名。孔氏遂以為即文五年楚所滅之蓼。皆臆說也。按陸粲云是。」

廣韻蓼字有力竹切一讀。隸屋韻三等來紐。角字有盧谷切一讀。隸屋韻一等來紐。古音同隸段氏第三部。故得相通。

宗周鐘。「𠬝䜌迺遣閒來逆邵王。南尸(夷)東尸(夷)具見。廿又六邦。⊘䝬其萬年。畯保三或。」

大系頁五一謂。「邵王即昭王。」䝬亦即昭王名瑕之本字。字當從害聲。與瑕同紐。唐蘭謂「厲王名胡。胡䝬音亦近轉。」案瑕胡古音雖同隸魚部。但從形制諸方面觀之。當以唐說為近理。容庚金文通考P.55也定為厲王時器。

王孫遺者鐘。「余圅(宏)龏(恭)𥻸屖。𢼄惎(畏誋)趩趩。」

綴遺齋彝器考釋卷二頁十九。「□辟。謂羣舒君長之屬。」

大系頁一六一。「𥻸屖音讀當如舒遲。意亦趁是(屖字余釁釋為辟。非是)。」

吉金文録卷二頁九。「舒與䣄同。吴云。即荆舒之舒。舒又與徐通。詩荆舒。史記作荼。左傳舒州。史作徐州。時荆舒皆僭稱王。此王孫亦徐之王孫。故云𠩺恭舒辟也。」于省吾雙劍誃吉金文選卷上之一頁十四引吴説同。

楊樹達王孫遺諸鐘跋。「尋魏三字石經書大誥。予惟小子。予字古文作□。此即余字也。説文謂余从八。舍省聲。石經古文从舍聲不省也。舒字从舍聲。舍余古音同。舒實假為余字。□龔舒辟。言敬事我君也。」楊樹達積微居金文説(四)。學原三卷二期P.32。

案此二字仍當釋為𡬠屖。金文編卷八頁十七也收在屖字下。(以下參1148屖)

上面所講,可以歸納如下:

1. 䣄從害夫聲。䚔從害𠃨聲。即舒字。
2. 䣄侯鼎的角䚔即舒蓼。
3. 宗周鐘的䣄即厲王胡。
4. 王孫遺者鐘的𡬠屖讀為舒遲。
5. 大㲃的䚔章讀為杼璋。【釋䚔　金文零釋】

◉唐　蘭　䣄,陳氏器作□,小誤。金文習見此字,舊釋琱及舒,阮釋割,孫詒讓於此銘釋䣄,皆非。孫於名原釋䣄,是也。此鐘為周王所作,然周王未見名䣄者,郭沫若以為即昭王名之瑕,不確。余以為當讀為厲王名之胡,説具後章。

金文習見䣄字,作□、□、□、□、□、□、□、□等形。其用法有二:一為國名,如𣪕鼎、彔簋之䣄,及遇甗、䣄医之孫𩱧鼎之䣄医是也。一為人名,如本銘及大夫始鼎、䣄鼎、䣄弔簋、姞衍簋是也。宋人誤釋為琱,徐同柏釋彔簋國名為舒。然䣄實从夫从害,害作□、□等形,與舍作□、□等形者迥異,則舒亦誤也。孫詒讓釋□為𡬠,□為𡬠,𡬠、𡬠一字,斯為得之。郭沫若於此銘釋䣄,謂當从害聲,甚是。而於用為國名處,誤依徐説釋為舒,則似未深考也。

孫詒讓謂□即䣄之𡕥變,説至謍闢,余由是思及季宮父簠自稱其器為□,其所从之□,亦即䣄字也。銅器之簠,銘中多作匿字,从匚古聲,即經傳「瑚璉」之瑚也。季宮父簠以𠥩為匿,則䣄可讀為胡也。

金文中之䣄國,與淮夷有關。彔𢦏卣云:「王令𢦏曰:『𠭯淮尸敢伐内國,女其㠯成周師氏戍于□𠂤』。」彔簠云:「白雝父來自䣄。」𣪕鼎云:「師雝父省道至于䣄。」遇甗云:「師雝父戍才古𠂤,遇从。師雝父肩史遇事于医,医蔑遇曆,易遇金。」稺卣云:「稺从師淮父戍于古𠂤。」臤觶云:「臤从師雝父戍于古𠂤之年。」此諸銘均同時之作,師雝父因淮夷來伐而戍古𠂤,省道至㝬，則㝬𥎦之國，必濱于淮夷，而猶臣服于周者。今謂㝬即胡，胡國始見於《左傳·襄公二十八年》，至定公十五年為楚所滅，見於春秋，歸姓之國也。《漢書·地理志》：「汝南郡汝陰，本胡子國，其地在今安徽阜陽縣，處潁水之西，淮水之北。」正與淮夷相近。然則㝬即春秋之胡無疑。

由此以推本器作者之㝬，亦當讀為胡，無疑也。史稱周厲王名胡，而此器自器制銘辭各方面判之，當在厲、宣之世，則㝬即厲王本名，又可無疑也。蓋㝬字僻晦，後世史家，取胡字以代之耳。【周王㝬鐘考　唐蘭先生金文論集】

◉戴家祥　㝬𣪕　㝬身　器　𢦏𣪕　博戎㝬　宗周鐘　㝬其萬年　㝬𣪕　㝬其萬年𩱧　㝬𣪕　㝬作𩱧彝寶𣪕　蓋　器　彔𣪕　伯雍父來自㝬　㝬侯鼎　㝬𥎦之孫鼎　㝬侯之孫𩐢之𪔂　𢽾鼎　師雝父徜道至于㝬　遇甗　師雝父戍史遇事于㝬侯　師𩛥鼎　天子亦弗謹公上父㝬德　蓋　器　㝬叔㝬姬𣪕　㝬叔㝬姬作伯媿媵𣪕　蓋　器　㝬叔㝬姬𣪕　㝬叔㝬姬作伯媿媵𣪕　㝬鼎　㝬作寶鼎　王孫遺者鐘　余函龔㝬屖　㝬叔簠　㝬叔作吳姬尊簠

字从害从夫。字書所無。銘文中皆用作方國或王侯之名。宗周鐘「㝬其萬年」，唐蘭認為字當从夫為聲，厲王名胡，胡㝬音亦近轉，㝬即厲王之名。容庚金文通考，也定宗周鐘為厲王時器。郭沫若認為㝬从害為聲，與瑕同紐，㝬即昭王之名瑕，非。𢦏𣪕「博戎㝬」，習慣稱東夷，南蠻，西戎，北狄。西戎即指西域諸國，又稱西胡，疑㝬字即西胡之胡。𢽾鼎彔𣪕㝬侯鼎等㝬字皆作方國名。𩱧父𣪕𩱧字又加巨旁，巨夫韻同，當為重複之聲符。【金文大字典下】

◉吳其昌　宗周鐘　㝬即昭王之名之本字。其字從害聲。害割古為一聲。爾雅釋言。蓋割裂也。釋文。蓋舍人作害。又書大誥。天降割于我家。釋文。馬本作害。又廣雅釋言。害割也。又書堯典。湯湯洚水方割。詩唐譜正義引作方害。皆害割一字之證也。而凡從叚得聲之字。古音皆讀為格。如金文中之王各格。經典中無一不作王假是也。又叚假瑕古實為一字。周禮典瑞注。晉侯使叚嘉平戎于王。釋文。本又作瑕。亦作假。是其證也。又如禮記檀弓之公肩假。漢書人表作公肩瑕。害割一字。瑕格一聲。故害瑕為同聲字。爾雅釋言。害裂也。廣雅釋詁二。瑕裂也。則瑕害又為同義字。故昭王實名為㝬。後世作瑕者。乃同聲同義假借之譌別字也。【金文麻朔疏證卷二】

⿱⿱丰口止

◉湯餘惠　商代甲骨文有一個比較常見的字，寫作，又作、、等形（下文用～代替），卜辭中一般多用為動詞，出現在「～首」、「～某方」、「～衆人」和「令某～某」之類詞語中。

這個字在卜辭中應該如何釋讀，歷來看法分歧，但大多以為～上是从「余」的。孫海波將此字隸定為「⿱余止」，謂「从止从余，

《説文》所無，古通郤。」王襄則以為「古徐字，从辵省，辵彳二字古相通叚。古與郤通，郤字古文。」商承祚釋甲骨文从女从～之為娢，以～為「途」字。葉玉森認為「此為動詞，釋徐釋途均未安」。孫海波、王襄、商承祚、葉玉森四氏之説，參看李孝定《甲骨文字集釋》卷二0555頁。饒宗頤先生認為此字即《集韻》訓為「止」的「𣥼」字，卜辭中應讀為「祓除」之「除」。參看饒宗頤《貞卜人物通考》177頁。于省吾師對此亦有專文討論，他在《雙劍誃殷契駢枝三編·釋𣥼》篇中主張：「即今途字，其用法有二，一為道途之途……一途作動字用，義為屠戮伐滅，應讀為屠，途與屠聲韻並同。……要之，契文之𣥼，从止余聲，以為道途之途者本字也，以為屠殺之屠者借字也。」于省吾《雙劍誃殷契駢枝三編》23頁。于先生的看法，在學術界影響較大，屢為商史研究者所引用。該文是先生四十年代初寫的，後感欠妥，所以在七十年代末撰集《甲骨文字釋林》時，沒有收入此篇，實際上已經放棄此説。所以卜辭此字究當如何釋讀，仍然是一個有待進一步研討的問題。

我以為，研討～字，弄清其形體結構是至關重要的。綜觀卜辭此字，寫法繁簡不一，殊多變化，除第五期卜辭未見以外，其餘各期寫法大致如下：

第一期：

第二期：

第三期：

第四期：

從上可以看出，儘管此字一至四期均有，但體式多寡大有差異。大抵一期的異體衆多，二、三、四期比較單一，這當然和一期此字頻繁出現而二、三、四期罕覯的情況不無關係。事實上，這個字主要是在商王武丁時期使用，餘延至祖庚、祖甲、廩辛、康丁、武乙、文丁各世，大約于帝乙、帝辛時代趨向消亡。

由上揭異構還可以看出，這個字的變化主要在上面的偏旁。字下從止作或無關緊要，研討此字關鍵是必須弄清字上之所從。以往的甲骨學者都以為字上从「余」，由前舉作一體看，不能説絕無依據。但必須看到，像這樣字上完全與「余」相同的例子是極少的，在全部七八十例裏僅見二三例而已，跟習見繁出的、等形根本無法相比。所以我們有理由認為後者乃是此字的基本結體，而前者不過是後者的省變。作第一人稱代詞使用的「余」，卜辭無慮數百見，十九作形，絕無作、等形者，暗示我們這應該是兩個不同的字。《英國所藏甲骨集》180片是一版武丁時期甲骨，其正面有一條卜辭，～、余二字并見，一作，一作，可為～不从余之證。～字上面既然跟「余」無干，舊釋為「郤」，為「徐」、為「𣥼」、為「途」，便失去了立論的根基。辨識此字必須另覓蹊徑。

我覺得卜辭地名「𥶂」字的構形是頗具啟發意義的。在三期和五期畋獵卜辭中均見此字，三期廩、康卜辭寫作：

《屯南》4462

《合集》27791

五期乙、辛卜辭增繁，寫作：

《合集》37439　又《佚存》995

商承祚先生把這個字隸定為「𥶂」，商承祚《殷契佚存攷釋》110頁。于省吾先生釋之為「𥶂」，于省吾《甲骨文字釋林》405頁。均正確可從。此即周初銅器井侯簋之字。顯而易見，字中、、、就是前文所討論的～字上面的偏旁。

此外在周代金文中，還可以找到不少這方面的例證。如「害」字作：

伯家父簋　㠱伯盨　厡弔多父盤

从害聲的「割」字作：

、㠱伯盨　無叀鼎

「㝬」字作：

遇甗　㝬簋

《說文》謂从「害省聲」（實即害聲）的「憲」字作：

伯害盉　害鼎　秦公鎛

从害的「𧇾」、「𤁧」作：

伯𧇾甗　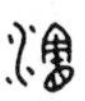　散盤

等等，皆可與卜辭～字所从相互印證。如此看來，～應即「𥶂」，字殆从止、害聲。此字為《說文》及後世字書所無，為今之何字，無由確指。不過，既然已得其音讀，我們還是可以循音定字，探討有關卜辭的涵義。

總括前文所述，本文可歸納為下面三點：

一、甲骨文字从害不从余，可隸定為「𥶂」，為从止、害聲之形聲字。

二、卜辭「～首」、「～某方」，～均當讀「割」，前者為古禮割牲獻首之事，後者即《尚書》「割殷」、《割正夏》之「割」。

三、害、憲古讀相同，憲、宣音近字通。卜辭「示～」讀為「示憲」，用為名詞。「～衆人」～為動詞，有宣召、訓誡之義。「～子某」、「令某～某」、「乎某～某」，皆可解為傳宣。【釋𢆶 吉林大學學報一九九二年第二期】

𢦔

◉戴家祥 𢦔蓋 𢦔器 大𣪘 賓𡢁𢦔章 𢦔蓋 𢦔器 大𣪘 大賓豖𢦔章

𢦔字从丮从害。高田忠周釋搳云：說文「搳，擖也。从手，害聲。」朱氏駿聲云：「擖，刮也。」「百，撻也。」廣雅釋詁二「搳，搔也。」如銘意，借搳為割，亦同聲通假。古籀篇五十四第四十一葉。按說文三篇𠃬，持也。象手有所𠃬據也。」諧聲字以手表義者，亦或更旁从𠃬，小篆揚字从手，金文作𩰫，是其證。高田氏之說聲義無誤。大𣪘銘「賓𢦔章馬兩，賓睽𢦔章帛束」。兩𢦔字孫詒讓讀為匃。古籀餘論卷三第三十一葉。徐中舒伸其說曰「錫」為錫予，「匃」為乞求。正一事之兩面。故匃亦有錫予之意。猶之「受」兼有授受二意也，詩酌云「是用大介，我龍寵受之」。大介，大錫予之意，故下文云：寵受之。尚書多方云：「惟其大介賚爾」，介賚同義故連文。又詩「介爾景福」，「介爾昭明」，「介以繁祉」之介，亦有錫予之意。中央研究院歷史語言研究所集刊第六本一分冊金文嘏辭釋例。于省吾讀𢦔章為介璋。云：詩七月「以介眉壽」，金文介通作匃，或作割，害，無叀鼎「用割𩰫壽」，𡪠叔多父盤「受害福」，即介福，謂大福也。是介、匃、割、害字通之證。爾雅釋詁「介，大也」，詩崧高「錫爾介圭」，箋「圭長尺二寸謂之介」。是璋之言介璋，猶圭之言介圭也。雙劍誃古文雜釋第十四葉釋𢦔章。按害介同聲，孫詒讓已先言之。古籀餘論卷三第十四葉多父盤。唐韻介讀「古拜切」見母祭部，搳讀「胡秸切」匣母至部。祭至韻近，牙音見溪兩紐在諧聲字中，往往與喉音曉匣兩紐混諧，集韻去聲十六怪，「㪠，或作欳」，是其證。綜觀諸說，聲訓俱説得通。孫氏有首創之功，徐于踵武前修，亦足嘉也。【金文大字典中】

𩃤

𩃤 𩃤 說文所無楊樹達疑為錯之假字淮南子說林篇高注錯小鼎又鼎無耳為鍇鍇簋猶云小簋 姜林母作𩃤簋 𩃤 伯多父盨 【金文編】

𢿾

◉戴家祥 𢿾 不𡢁𣪘 汝以我車宕伐𢿾允于高陶 𢿾，字書不載，不𡢁𣪘假作玁狁之玁。【金文大字典上】

⿱⿰弗刂貝　⿱女皇　⿰女桒

◉林潔明　字从弗从刀从貝。説文所無。孫詒讓謂即制之異文。高田忠周則以為費之異文。然字在銘中用為人名。義不可知。二氏之説亦無確據。闕疑。【金文詁林卷八】

◉曾憲通　女皇　甲二·九　此字舊釋為堇或童,非是。李零疑是女媧的媧的本字,引《古文四聲韻》完字諸形,謂借完為媧。似不足信。何琳儀謂字上从出,中从曰,無義,下从玉,可隸為琩或琡,以聲韻求之,當是《集韻》之琚。而屈、骨、咼聲旁每可通用,因讀帛文「女琩」為「女媧」。選堂先生以為此字下體不能定為从「玉」,雖女媧在《世本姓氏》字亦作㛖,但㛖是媧的借字,不能謂其本字即琩。他主張帛書讀為「女皇」,謂女媧之號女皇見于《世本》、《易緯》及漢人引《地母經》,與帛文吻合。【長沙楚帛書文字編】

◉孫詒讓　邾友父鬲　鼄𤕌父朕其子𢍰⿰女桒寶鬲

其文从女从桒,桒即古文𠦪字變體。舊釋娷或釋⿰女桒,並非。説文夲部云「𠦪,疾也。从本卉聲。」⿰扌𠦪从此。別有𠦪字,今作奏,與此異。而女部無⿰女𠦪字。今以金文从𠦪之文綜合校覈,知古自有此字,而小篆失之也。依説文説⿰扌𠦪从𠦪,攷金文⿰扌𠦪字多从桒,从桒,與此偏旁正同。又金文⿰食𠦪字𡢁見,或作　一曼簋,作　叔夜鼎,偏旁亦與此同。説文㿝部饙古文从𠦪作一。而吴彝「𠦪冃」字作　,毛公鼎「𠦪緷較」字又作　,皆叚𠦪為賁也。通校金文,凡从　者當為𠦪之正,凡从桒者為𠦪之省變,其字一也。而其讀蓋有三。一如字,如⿰扌𠦪字从𠦪為聲是也。一為賁字叚借,𠦪冃𠦪較及饙作⿰食𠦪字是也。一則與𡕢同。説文本部無𡕢字,而粇字偏旁从此。許云「从中从本允聲」。金文㕑粇與詩「玁狁」同字,虢季子白盤作　,兮田盤作　,亦變𡕢為𠦪是也。三讀雖異而形並略同,以相推例,此⿰女桒字聲義雖無可攷,而其偏旁要必為𠦪字無疑也。竊疑此字當與𣈅通,即邾國之姓鼄⿰女桒,即邾曹也。大戴禮記帝繫篇「陸終之子,其五曰安,是為曹姓。」曹姓者,邾氏也。國語鄭語亦云:「曹姓鄒莒鄒邾字。同邾、小邾,並為曹姓,故其女曰邾曹。哀二十三年左傳宋景公母景曹即小邾女也。又友父鬲云「鼄𤕌父　媵其子□⿰扌桒寶鬲」。亦即此字。彼為邾人之女而偁某⿰女𠦪,尤其塙證。此字从𠦪為聲,而與𠦪本字及賁音並不合。説文粇字説解云「从中从本」。則許不以𣎵為一字。今以曹⿰女𠦪推之,疑古自有𣎵字。鼄⿰女𠦪正字當作𡛷,从女𣎵聲。金文即叚𠦪為𣎵,與粇字作䊵同。𣎵蓋从夲得聲。金文⿰女𠦪字从𣎵聲,即夲聲孳生字。説文本讀若滔,與曹古音同部。故經典皆叚曹為⿰女𠦪,於形聲字例並合。自叚字行而正字遂廢。非金文有此字,幾無由知曹姓之自有正字,而𣎵之自為一字,亦無由尋討矣。【名原卷下】

[illegible]　嫞　夓　[illegible]　[illegible]

◉李孝定　[illegible]前六·二六·五　从女从余从止。説文所無。葉玉森謂左側之女是另一字之旁从。非與[illegible]為字，見前釋六卷二十八葉。諦宷影本仍是一字。【甲骨文字集釋第十二】

◉戴家祥　[illegible]魯伯者父盤　魯伯者父作孟姬嫞朕盤

嫞，說文不載。集韻鐘部「嫞，女字。」魯伯者父盤正用作女字。【金文大字典上】

◉陳夢家　[illegible]　夏，王國維初釋為「夋」字，後人改釋為「夒」，謂即嚳也。但廣韻豪部「夒，奴刀切」，沃部「嚳，苦沃切」，兩者收聲相同而發音地位、方法都是不同的。關於此後説，徐仲舒容庚唐蘭楊樹達都不相信。而徐容楊均以為是「禼」字。徐氏説：「以形觀之，與禼為近」。甲骨文字與殷商制度引。卜辭的「夏」字象人立而低首至手之形，一手是上舉在胸前的。字从頁从止从又，正確的應隸定為「夓」字。西周晚期金文毛公鼎「欲我弗作先王夓」，或讀作憂，字與此同。説文「頁，頭也，……古文䭫首如此」，「䭫，下首也」，廣雅釋詁「䭫，低也」，西周金文「拜手䭫首」即「拜手稽首」，而卯𣪘作「拜首頁手」，可證頁䭫頴稽之為一。古所謂「稽首」是低下其首至於上舉於胸前之手，並非如後世的叩首，西周金文大克鼎「柔遠」之柔作頙，而番生𣪘作𩓣，可證頁夏之為一。以上就形義上説明了頁夏頴䭫稽之同一關係。就此諸字的對音，它雖可能相當於少皞摯，但卜辭中的摯應該是四方神中的析。【殷墟卜辭綜述】

◉徐中舒　[illegible]　從[illegible]發從[illegible]又，《説文》所無。疑為[illegible]之原字，手持顫弦之弓，正所以表䠶發也。義不明。【甲骨文字典卷十二】

◉柯昌濟　[illegible]䣄侯鼎　伐角[illegible]　[illegible]，古夷名。从裔从尸，尸即古夷狄夷字，疑即古裔夷裔字，左定十年傳「齊侯以萊人劫魯侯。孔子曰：兩君好合而裔夷之俘以兵亂之，裔不謀夏」云云。裔裔音近，此字當為从裔聲，即古裔夷字也。【䣄侯鼎　韡華閣集古録跋尾】

◉張政烺　「塦」即田敬仲完之氏。金文凡陳國之「陳」作「敶」，齊田氏之「田」作「塦」，例證確鑿，湛然不紊。故左傳論語等書猶書齊之田氏為「陳」，省土字。「塦」字从土，陳聲；古者「陳」「田」聲相近，或即「田」之形聲字，而與陳國之「敶」音同字別。史記「敬仲之如齊以陳字為田氏」明其有別也。然本作「塦」而國策史記改作「田」者，疑史記本國策，而國策則取便書寫，故為省叚，猶其以「趙」為「肖」，以「齊」為「立」也。見劉向校戰國策書録。「塦」字形體特重疊，又與「陳」「敶」字近易混，故「趙」「齊」兩字不亾，而「塦」字終亾矣。

郭沫若先生信：蒙贈平陵塦導立事歲匋攷證印樣，快我先睹，洵屬至惠。大作已過細拜讀，子禾子釜塦騂壺年代之推考確較余說為勝；塦導之為惠子得尤屬栔獲，可賀之至。「子禾子」之稱與壺銘「子塦騂」相同，疑釜乃禾子父莊子未卒時器。若然，則壺之「王五年」蓋是周定王五年，於時惠子自尚在，尊說確不可易。快慰之至。　十二月二十三日

政烺案：郭沫若先生謂「子禾子」之稱與「子塦騂」相同，疑釜乃禾子之父未卒時器，最饒卓識，應為定論。【平陵塦導立事歲陶攷證　史學論叢第二册】

◉陳根遠　陳　洪　1987年我們在山東鄒平進行考古發掘，見到采集于當地的一片齊陶殘片(見圖)，其上陶文保存之完整，文例之典型，堪稱齊陶文之遺珠。遂不敢專美，介紹如次：

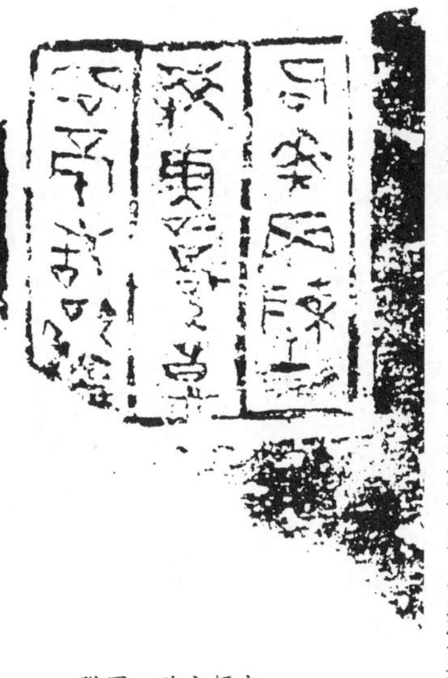

附圖　陶文標本

此陶文為用特製璽印抑按于泥質灰陶陶量上。陶量不存而陶文獨完，不幸中大幸也。陶文略呈豎長方形，邊長4.4×4.8厘米，其文曰：「句華門陳棱再鄗廩均亭釜鋻」。12字分3行排列，有豎劃界格。

「陳棱」乃戰國齊著名立事者，其督造之陶器見諸《古陶文彙編》尚有10片：

3.6華門陳棱叁右里敀亭豆
3.7華門鬮棱再□□敀□□
3.8□□陳圖叁左里□亭豆
3.9華門陳棱再左□□亭□
3.10.11華門陳棱叁左里敀亭□
3.12王孫陳棱再左里敀亭區
3.13王孫陳棱立事歲左里敀亭區
3.14陳棱左敀亭區
3.16王孫陳棱右敀均亭區

清周霖《三代古陶文字》尚存一片：

陳棱再立事左里敀亭□

以上陶文均出于齊故都臨淄。

陶文「陳」作「塦」，有別于舜后媯氏之陳(敶)和楚惠王十年(公元前479年)被楚兼并之河南淮陽媯氏之陳(陲)，為田氏代齊後齊陳之獨特寫法，亦見于齊銅器、兵器、璽印。根據「王孫陳棱」陶文，陳棱乃齊王之後。【新出齊「陳棱」釜陶文考　考古與文物一九九五年第三期】

⿰阝曼

◉丁佛言　𨸏彝集韻鄤音蔓。春秋傳鄤鄭名。【說文古籀補補附録】

◉高田忠周　此从𨸏从曼。字形明晳者。而說文無之。此為古字逸文也。或謂⿰阝曼亦曼字。猶尊作⿰阝尊也。或謂⿰阝曼是鏝字。猶鑊作⿰阝蒦而鏝或作墁。古土𨸏通用可證。亦通。並記存參。要曼⿰阝曼當通用。【古籀篇十五】

◉戴家祥　尹叔鼎　尹叔作⿰阝曼姞賸鼎 　一 　二 　三　𨸏⿰阝曼中鼎　𨸏作⿰阝曼中寶尊彝　⿰阝曼中孝彝　⿰阝曼中孝作父日乙尊毁

強運開云：⿰阝曼「𨸏乍⿰阝曼中鼎，說文所無。疑即古墁字作𨸏，與阯或从土作址同意。」說文古籀三補卷十四第七葉。按說文十三篇土部垝，或作陒。⿰土尃，或作⿰阝尃。十四篇𨸏部「隖，小障也。从𨸏，烏聲。」後漢書馬援傳李賢注「塢字或作隖」。禮記經解「猶坊上水之所自來也」，釋文「坊，音房，本又作防」。是古文土𨸏表義更旁，所在多有。強說可从。墁字說文失收，孟子滕文公下「毀瓦

⿰阝⿱网土

晝墁，其志將以求食也」，廣韻二十九換「墁，所以幔飾牆」，集韻云「塗具，通作鏝槾」。在此當讀為鄤。説文「附，附婁小土山也。从自，付聲。春秋傳曰附婁無松柏」，今本左傳襄公二十四年作「部婁無松柏」。是古字从𨸏表義者，亦或更旁从邑。鄤鄭地，左傳成公三年「鄭公子偃率師禦之，使東鄙覆諸鄤」。鄤中或即食采於鄤之大夫歟！【金文大字典下】

◉何琳儀　《璽彙》著録三方燕官璽，其文如下：

□　陰(陰)⿰旅阝(都)司徒〇〇一一

□　陰(陰)⿰旅阝(都)信陷左〇一九一

□　陰(陰)⿰旅阝(都)清左〇二二五

首字編者闕釋。分析其偏旁由四部分組成：「𨸏」、「山」明確無疑，可以不論。「工」即「土」字異構，參上揭「陰」作「□」即可知。「□」則是「网」(網)之初文，象形。「网」，甲骨文作「□」(《甲骨》〇九〇九)，金文省簡作「□」(《金文》一二八三)。古璽亦有繁簡二體：

（一）□《璽彙》〇三九〇　□《璽彙》二六一三

（二）□《璽彙》二四五九　□《璽彙》〇〇一一

顯而易見，（一）式和（二）式有平行的省簡軌迹可尋。如果把「□」與「□」相互比較，也不難看出，前者的兩短斜畫是由後者兩長豎畫演變而來。然則「□」隸定為「⿰阝⿱网土」，應無疑義。戰國文字从「𨸏」之字，又往往增土。如「陳」作「塦」，「陵」作「⿱陵土」，「阿」作「⿱阿土」、「陽」作「⿱陽土」等。以此類推，「⿰阝⿱网土」即「⿰阝岡」。《篇海》「⿰阝岡音岡，嶺也。」《正字通》「⿰阝岡，俗岡字。」總之，「□」乃「岡」之繁文。其義符从「山」、「𨸏」、「土」義本相涵。

璽文「⿰阝⿱网土」讀「剛」。《一切經音義》廿二「岡《纂古》作剛。」《古文四聲韻》引《古老子》「剛」作「岡」，均「岡」、「剛」互通之證。《讀史方輿紀要》直隸永平府保安州廣寧城條：「罡城亦在州西。《水經注》，大寧東有罡城。《史記》，燕人蔡澤謝病歸，相秦，號罡城君。疑即澤所邑，世名武罡城。」按，「罡」乃「剛」之俗字。罡城即剛城，在今河北省懷安縣東北，戰國時應屬燕地。燕人蔡澤「相秦」之後，以其故土為封號。燕官璽「⿰阝⿱网土」即指此地。【戰國文字通論】

綅

◉戴家祥 中山王嚳方壺 唯宜可綅 綅从糸長聲。説文所無。銘文讀作長久之長。【金文大字典中】

緎

緎音域出裴光遠集綴【汗簡】

禝

◉劉心源 子禾子釜 當是禝。集韻。禝通稷。案古者仲春祀社稷。此云禝月乃二月也。【奇觚室吉金文述卷六】

禞

◉丁佛言 禞 説文所無 鄀矦簋〈1320〉「甫祇敬禞祀」

。吴中丞釋作禞。案或是禞。同祰。集韻音考。禱也。告祭也。又與告同。禞祀敢。【説文古籀補補附録】

◉强運開 。禞祀敢吴書入坿録。依吴中丞釋乍禞。運開按。集韻。祰或从高。祰為告祭。禞祀即告祭。告高音近。故或从高。此从當即高之變體。【説文古籀三補卷一】

◉楊樹達 禞字不識。以聲近之字求之。殆郊之假字也。【鄀侯庫彝跋 積微居金文説】

◉張日昇 字从示从喬。説文所無。丁佛言强運開並釋禞即祰。然偏旁與高不類。柯昌濟釋禞。乃裯之古文。古音周在幽部。喬在宵部。强釋禞裯一字非是。高田忠周釋禞。乃宗字異文。似甚牽强。郭沫若謂喬勹周在宵部。禞乃礿之異。楊樹達謂禞字不識。慎其所不知也。【金文詁林卷一】

⿰素句

◉戴家祥 史牆盤 ⿰素句圉武王 字，徐中舒釋⿱劼糸，李學勤釋盩，于形不類。按字从素从句，素糸古通用，説文十三篇繛或作綽，䋙或作緩，是其證。鄭玄注儀禮士冠禮「絇之言拘也」，詛楚文「拘圉其叔父」，字正作拘，「拘圉」本疊韻聯綿字，拘讀見母，見郡混用，已被近人證實。陰陽對轉，魚部得轉為陽部，故「拘圉」亦即「彊圉」，離騷「澆身彊圉兮」，王逸注「彊圉，多力也」。亦作「彊禦」，大雅蕩「咨汝殷商，曾是彊禦」。左傳昭公元年「且夫以千乘去其國，彊禦已甚」。彊圉，古成語，或作敦圉。漢書揚雄傳「白虎敦國虖昆侖」，顏師古注「敦國，盛怒也」。孟子梁惠王下「一人（指殷紂）衡行于天下，武王恥之，此武王之勇也，而武王亦一怒，而安天下之民」。吕氏春秋首時篇：「武王不忘王門之辱，立十一年，而成甲子之事。」此即所謂「絢國」也。牆盤銘文通釋。【金文大字典下】

◉商承祚　□釋璊，从朱德熙説。望山一號墓竹簡第七四〇簡作備，从人。容庚《金文編》（第四版）引洹子孟姜壺銘「用璧玉備一嗣」，釋為佩，極確。《玉篇》卷一：珮「玉珮也。本作佩，或从玉。」【信陽長臺關一號楚墓竹簡第二組遣策考釋　戰國楚竹簡匯編】

◉丁驌　一、屯南二七〇三

「……丑□田亡戋　　釋：「……丑⿰貞又田亡戋。

叀□□田」　　叀坙屯田。」

二、屯南二五五一

「王田于□其冓☒」　　釋：「王其田于⿰貞又，其冓……」

□為地名。第二辭之□字省□，口形亦作目，字疑為貢。辭曰「⿰貞又田」加「又」示動作，音假可作「糞」也。惟在辭為地名。「田亡戋」可知□字即坙，亦作□、□，並非从用。致力以土曰坙，其中部有□形□形□形者乃雙手所持之農具，象下端尖鋭破土之物。其□乃三叉之具也。

□：屯也。【《東薇堂讀契記（二）》　中國文字新十二期】

◉張亞初　在族氏銘文中，有一個奇字，作□、□、□、□諸形，數量多達三十餘條。此字宋人釋繇（《王復齋》十四等），阮元釋子荷貝兩貫（《積古》一·八），又引江秋史説，貝兩貫即古文朋字（同上一·二五），所以阮氏也稱之為子持貝朋形。徐同柏釋子，謂「子字作連貝飾頸形，蓋古嬰兒之象」（《從古》一·三）。方濬益糾正子字説，認為「此實古文大字」，應釋大荷貝形（《綴遺》五·一二）。唐蘭釋貫（《古文字學導論》二一四頁）。郭沫若釋倗（《甲研、釋朋》）。李孝定把從大者釋嬰，從人者釋倗（《詁林附録》一二三頁）。各家説法雖然不同，但基本上都釋為一個文字，這是對的。它究竟應該釋為什麼字呢？對此，我們有一點不同的看法。

[illegible]字从[illegible]从[illegible]，[illegible]即走字初文，為一個人在甩開膀子行走的象形字。甲骨文走馬之走就作[illegible]（《甲》二八一〇）。[illegible]字江秋史釋朋是對的。从走从朋，則應隸定為⿺走朋字。文字的偏旁分析是我們考釋文字的科學依據。我們確認[illegible]字為⿺走朋字，正是使用了這一方法。此字釋綴、釋子等，都于字形不符。

在這裏，我們能不能把與之形體相近的都看成是一個字呢？不能。[illegible]字從偏旁分析看，應為从人从朋，當即倗字。[illegible]字以古文字人形正側無別的規律考察，也應釋為倗字。二者與⿺走朋字就字形講，不能劃等號。[illegible]字从倗从舟應隸定為⿱朋舟。⿺走朋、⿱朋舟二字如果是從朋得聲的形聲字，則與倗字當可相通假。在金文中作為族氏名，它們很可能代表的是同一個族氏。倗仲鼎：「倗仲乍畢媿媵鼎，其萬年寶用」（《三代》三・二三・四），倗伯簋「倗伯□自乍隫簋，其子子孫永寶用享」（《周金》三・八六），㠱仲壺（《雙劍誃吉金圖錄》一・二七）、格伯簋（《愙齋》九・一五），還有倗生。解放後出土的倗丏簋上還有倗丏（《文物》一九七七年十二期《遼寧喀左縣山灣子出土殷周青銅器》）。以上倗伯、倗仲、倗生、倗丏之倗都是國邑氏名。《金文世族譜》認為倗是媿姓國（下册三・二五）。族氏銘文之倗、⿺走朋、⿱朋舟應即倗伯、倗仲、倗生之倗。倗氏所作器，有一部分可以早到殷墟文化三四期（商代晚期）。這一部分器當然是屬于商代少數民族鬼方的器物（由媿姓為證）。倗氏器銘的考釋，對于我們研究商代鬼方的生產力發展水平，應是有益的。到目前為止，我們能確指為商代鬼方的實物恐怕還没有，所以這一批器是值得我們重視的。【甲骨文金文零釋　古文字研究第六輯】

⿱殸方

◉饒宗頤　[illegible]（⿱殸方字）偏旁頗多異形，其下有从方者，如：

戊子卜，貞：王其田⿱殸方，亡𢦏。（鄴初下三三・一）

……王其射⿱殸方鹿，亡𢦏。（拾遺六・三）

有從亥者，如：

戊子卜，貞：田⿱殸亥，往來亡𡿧。王𠧞曰吉，丝钔、隻……。（前編二・四四・四）

⿱殸方字間有從豕者，如：

翊日壬，王其田⿱殸豕，𢀛又大逐。（粹編九三一）

其上體有從㱿者：

……卜貞：王田于⿱殸方，亡𡿧，丝钔，隻鹿。（前編二・四四・三）

並僅一見，是知从㱿與从殸無別，而⿱殸方與⿱殸豕原為一字，考⿱殸方乃盂方地名，在漳水流域。……㱿為殸之異形，說文磬，籀文省作

殸,古文作硻。殸疑借為陘字,即左傳隱十一年與鄭人向、盟、州、陘、隤、懷之陘,地在沁陽縣北。【巴黎所見甲骨録】

◉屈萬里 。隸定之當作磬,即羅振玉所謂殸字者也。「叀磬田,亡災?」甲編一五五〇片。知磬亦殷王田獵之地。佚存四四二片云:「王其田盂至甗,亡戋?」又津新四四七〇片云:「王其田,涉滴至于磬,亡戋?」知磬在盂及滴水附近。【殷墟文字甲編考釋】

◉考古所 磬:地名。佚四四二「王其田盂至磬」,可能二地相距不遠。【小屯南地甲骨考釋】

壿

◉張政烺《甲骨文零拾》第九十片:

辛未卜,争,貞:曰衆人田……

這是第一期卜辭,曰是動詞,前省王字。,陳邦懷同志釋為尊,曰:

尊田疑即𦔍田。尊、𦔍聲近假借字。《說文解字》云:「𦔍,除田間穢也。」

把尊田看作農業方面的勞動是對的,但𦔍、尊聲不相近,尊不宜假為𦔍字。上从尊,下从土,隸古定可作壿,是一個從土尊聲的字。按以尊為聲的字常有聚意,如《廣雅·釋詁》。

尊,聚也。

王念孫《疏證》(卷三下)列舉了很多例證,原文太繁,節引如下:

尊之言樽聚也……《楚辭·離騷》……王逸注云「……僔僔,聚貌也」……《說文》「僔,聚也」「噂,聚語也」……是凡言尊者皆聚之義也。成十六年《左傳》「蹲甲而射之」,杜預注云:「蹲,聚也。」蹲與蓴亦聲近義同。

簡單地講就是从草尊聲是聚草,从人尊聲是聚人,从口尊聲是聚語,从足尊聲是聚足。那麽,壿字从土尊聲很容易使人聯想起它是聚土。聚土在《說文》裏有一個專用的字是圣,《說文·土部》(段玉裁注):

圣,積土也。(捊下曰「引圣也」,引申為凡聚之稱,各書多借為聚字。)从土,聚省聲。

推測甲骨文壿和圣義同聲近,是一種「古今語」的關係,因為「語聲轉」才變成了兩個字。壿是聚土,壿田是把開荒的地土作出壟來,使它變成正式的田畝。《淮南子·本經》:

菑榛穢,聚埒畝;芟野莢,長苗秀。

這是講古人開荒作田的過程，俞樾曰：

言榛穢之區皆災殺之而集成埒畝也……聚埒畝故長苗秀也。《諸子平議》卷三〇

俞氏這段解釋是對的，聚埒畝正是我們要考的墫田。古人作田要改造地表，工作相當複雜，這裏只講一下埒和畝。史游《急就篇》：

頃、町、界、畝、畦、埒、封。

顔師古注：

埒，謂田間堳道也。

《廣雅·釋宫》：

埒，隄也。

王念孫《疏證》：

埒，謂田界也。《周官·稻人》「以列舍水」，鄭注云：「列，田之畦埒也。」

畝在今天是計算田土面積的單位，在古代則有固定的形式，《國語·周語》「或在畎畝」韋昭注：

下曰畎，高曰畝。畝，壟也。

畝就是寬一步長百步的一條狹長地段，在一步寬的範圍内要作出三條平行的長壟(據《漢書·食貨志》)，所以《左傳》(成公二年)記載晉人敗齊後，「使齊之封内盡東其畝」，目的是為了「戎車是利」(杜預注：「晉之伐齊，循壟東行易」)。以上關於埒和畝的解釋，簡單地講就是田的塂和壟，都是人力積土堆成的，所以說聚埒畝。卜辭墫田大約便是這樣的内容。

卜辭又有：

庚辰卜，□(尊)仲商。《殷虛文字乙編》9078

這裏尊字不從土，其用法則與墫同。仲商是地名，卜辭常見。這片卜辭占問是否墫仲商田，田字被省略了。

戊寅卜，王，貞：受仲商年。十月。《殷虛書契前編》8·10·3

這片和上面引的一片是同時的，都是殷虛最早的卜辭。文意是戊寅這天，王親自占卜，問是否從仲商這個地方得到好的收成。仲商這個地方大約是個比較大的農業區，所以既問是否聚埒畝，又問是否有好收成。

第一期卜辭：

勿[glyph]（墫）。受年。《殷契摭佚續編》112

這個墫字下部從土最為明顯。這是一片卜骨上的兩段刻辭。勿墫是占問是否不要墫田，把田字省略了。受年是占問是否會得到好的收成。為什麼勿墫田也可以受年呢？這也不難解釋。原來古人開荒，今年斫伐焚燒草木，明年就要下種子，「葉死不扇（引者按：扇是遮太陽），便任耕種」，「漫擲黍稷」即有收獲（參考《齊民要術》卷一，耕田第一）。上面講的「聚埒畝」辦法雖好，但是投入的勞動量太大，不是輕而易舉的事情，尤其殷代還處在銅器時代，農具十分簡陋，工作起來更為艱苦，推測當時開荒之後，積土作壟的工作不盡能及時地跟上去，所以才有勿墫這類的占問。有些自然條件差的土地長期或永久不作埒畝，停留在縵田的狀態，靠刀耕火種進行生產，這樣種田雖然鹵莽滅裂，但也不是沒有收獲，所以越要占問是否受年。這種無可奈何的耕作方法沿襲下去，還伴隨着灼龜占年的習俗，唐宋時人稱作畬田。【釋甲骨文尊田及土田　中國歷史文獻研究集刊第三集】

蘆

◉陳邦懷　[glyph]書契菁華　此字從茻從虘。乃古文蘆字。蓾蘆字見爾雅釋艸。説文解字艸部無蘆字。邑部有䣜字。許君曰。沛國縣。從邑虘聲。今酇縣。按説文䣜字乃後起之字。卜辭𦾨字當是古文。從茻作𦾨猶説文蓐字籀文作蓐矣。古金文從艸之字多從茻。例多不悉舉。爾雅作蘆者。蓋𦾨之省文。此條新補。當附考釋芻字條後。【殷虛書契考釋小箋】

◉李孝定　[glyph]　説文艸部無此字。又部有𠭯字。解云。叉取也。从又。虘聲。或作「叉卑」「叉取」「叉卑」按以「叉取」於義較通。虍部亦有虘字。爾雅又有蘆字。則許書艸部無蘆殆偶佚耳。陳説可从。羅謂虘即且。其説無據。即如其説。亦不足以證此字為菹也。金祥恆續甲骨文編收此為許訓「履中艸」之苴。亦非。【甲骨文字集釋第一】

蔏

[glyph]荻　[glyph]上同【汗簡】

◉黃錫全　[glyph]荻　鄭珍云：「下似古文商，上形不可知，誤也。」其實，下形乃商字譌。如因資敦商作[glyph]，古璽作[glyph]（璽彙3198）、三體石經古文作[glyph]等。此商形同古璽。商、狄音同可通。《淮南子·説林訓》：「蔏苗類絮而不可為絮。」高誘注：「蔏苗，狄秀，楚人謂之蔏，幽冀謂之荻。」

[glyph]上同　曾侯乙墓竹簡適作[glyph]，三體石經古文作[glyph]，望山楚簡商作[glyph]。此商形省作。鄭珍認為：「右形不全，此藡字

蓋

也。藹與菽同。《說文》所無。漢後俗名，非古文。」【汗簡注釋卷一】

◉高田忠周　静毁　王以吴㚔吕剛卿斆蓋𠂤邦周射于大沱

古鑑篆文作𦼮，劉心源云：「即𦱊字，𦱊師謂糾師衆，借為糾，實為勼也。今亦用𪇰。」依此說文義可通。然愚謂若作艸艸，即是重艸，與二艸之茻自異，久有疑焉。今依拓本如此。即知非从艸艸而从茻尤顯，古鑑係轉寫之誤明矣。因再按乃亦非丩字而即乃字，亦明顯者。𦱊即艿字籀文。白𦱊敦、姬𦱊母鬲、又簸氏盤云：「𦱊淮」，皆此字也。然則蓋是何字耶？說文艹部固無蓋，又皿部無盁字，即知此為从皿艿聲者。蓋蓋鼐字異文，說文齍字，金文作𪔂，鼎亦當以皿充之，皿鼎均皆盛食之器故也。又艿从乃聲，艿乃同音通用耳。說文「鼐，鼎之絶大者。从鼎乃聲。」魯詩說「鼐鼎及鼒」，毛傳「大鼎謂之鼐。」然鼐此非銘義，銘叚借為扔也。說文：「扔，捆也。从手乃聲。」老子「則攘臂而扔之」，釋文「引也，因也」。又引字林「就也，數也，原也」。是也。師亦借𠂤為之，師者爾雅「衆也，人也」。是也。銘上文曰「小子眔服眔小臣𡚬僕學射」，偁此謂師也。扔師者，謂就成人材，猶今義成將校士官于陸海軍大學之事。此謂之扔師邦周也。【古籀篇七十六】

◉戴家祥　高田忠周于字形分析，尚在理中，結合静毁銘意，穿鑿附會之跡明矣。字仍待斟酌。【金文大字典下】

逵

◉孫稚雛　穆王蔑長由㠯逵即井

㠯即以字。以下一字，郭沫若隸定作述，註曰：「述字亦不知何義，從辵木聲為字書所無。」（《長由盉銘釋文》）李亞農曰：「述字器銘原文作𨑾。郭先生隸化為述，也是對的。因為從止或從彳的甲骨文均可隸化為止，為辵，為足，為走等等。……假使我們把彳隸化為止，而將此字寫成杫，我們就有可能來認識它了。《類編》收有楷字的古文作棶，以甲骨文執字的繁文作槸，集（彝）字的繁文作𢤪例之，則杫就是棶。《禮記·儒行》『今世行之，後世以為楷』，陸德明云：『楷，苦駭反，法式也。』翻譯此句為：『穆王鼓勵長由依照規矩去跟邢伯比射。』」（《「長由盉銘釋文」註解》）于省吾、陳夢家、陳直、唐蘭等均釋作「逨」，于說此句的意思是「穆王奬勵長由，與長由來就井白」（《釋「蔑曆」》）。陳夢家也說：「以來（逨）即井伯者，王與作器者同來於井白之所。」（《西周銅器斷代》）李平心說：「《長由盉銘》：『穆王蔑長由㠯述即井白』，述從木聲，不當釋逨，此讀市，市即韍。即訓予，謂穆王命長由以韍賜予邢伯。」（《中華文史論叢》一九七九年第一輯七四頁）

按：交鼎銘文說：「交從嘼，逨即王，易貝，用作寶彝。」（《三代》三·二三·六）文例與此略同。嘼下一字很清晰，決不可隸定

䀠

作「述」。其實我們仔細觀察長由盉銘，這個字也不從木，容希白師三版《金文編》三〇五頁曾收録此字，摹寫得很正確，其字作𢓊，不從木。所以隸定作「述」以及由此而釋作楷，都是不正確的。金文中自有楷字，其形作楉或樠，《金文編》三一〇至三一一頁共收九例，由於中山王銅器的出土，這個字已被人們釋讀出來了。至於釋市，那當然是不對的。金文中有許多市字，不管從字形、文例哪方面看，它們都没有關係。

釋逨與字形最接近，但是亦有區別。有文例考察可確定為來字的，一般都寫作𣎳或𢓊，《金文編》引三體石經僖公來古文作𢓊，來字的上面都是一横筆，而本銘則作朩，形體不盡相同。再從文例看，「穆王蔑長由以𢓊即井白」，如果是「王與作器者同來於井白之所」，那麼穆王為什麼要「蔑長由」，既先勉勵長由一番呢？再從交鼎銘文看，「從嘼」即從王嘼，「從嘼」的人一定不止交一人，僅僅因「從嘼」而賜貝，因而隆重地鑄作寶器，未免小題大作，所以「吕𢓊即井白」，「𢓊即王」決不是普通的「來就」的意思，而是另有含義。

寶鷄市博物館新徵集的何尊，銘文中有「昔才爾考公氏克𢓊玟王」一句，克下一字與本銘𢓊字全同。張政烺《何尊銘文解釋補遺》説：「銘文第四行『昔在爾考公氏克𢓊先王』和《乘伯簋》『乃祖克𠦪先王』語意相同，郭沫若同志説『𠦪假為弼』，（見《兩周金文辭大系·考釋》一四八頁下）是正確的。這裡𢓊從辵，𠦪聲，亦假為弼。」（《文物》一九七六年第一期六六頁）按：乘伯簋「乃且克𠦪先王」之𠦪，銘作朩，其為𠦪字無疑。由文例比較可知，何尊銘文之𢓊，必為逨字，其字當如張先生所説「亦假為弼」。

根據何尊銘，可知本銘當釋作「穆王蔑長由以逨（弼）即井白」，意思是，穆王勉勵長由以輔弼者的身份去邢伯那裡，協助邢伯舉行射禮。文尊的「逨即王」也是輔助王的意思，所以纔被賜貝，因而鑄作寶器以為紀念，如果釋作來，這兩篇銘文就很費解了。而釋作𠦪，假為弼，則形義皆順。【長由盉銘文彙釋　古文字研究第十三輯】

◉張世超　文中使用甲骨文字代號表

代号	甲骨金文字
A	䀠
B	[illegible]
C	[illegible]
D	[illegible]
E	[illegible]
F	[illegible]
G	[illegible]
H	[illegible]
I	[illegible]
J	[illegible]
K	[illegible]
L	[illegible]

甲骨文中有B字，上象羊角形，下從二目，或作C，二目略成一三角形，或作D，二目略為一目，或作E，從羊從二目，形體變化頗多，皆為一期文字。

此字早期除孫詒讓曾釋「苜」《契文舉例下》9頁外，餘多釋為「羊」，郭沫若隸定為「A」，釋為「䀠」或「瞿」《殷契粹編》47片。李孝定從金祖同說釋「祥」《甲骨文字集釋》1319頁、1157頁。又從商承祚說釋「咩」《甲骨文字集釋》1319頁、1157頁。徐中舒主編的《甲骨文字典》釋「善」《甲骨文字典》226頁，四川辭書出版社。1988年。釋「苜」「羊」「祥」「咩」「善」於文義皆不通，釋「善」字形亦不合。諸家之說，以郭老為長，姑從之將字一概隸定作「A」。

《殷契粹編》第四十七片考釋云：「A字舊釋為羊，揆以文義，無一可通。案此當是䀠若瞿之古文，象鷹瞵鶚視之形。此二辭以『勿A酒河』及『乎言酒河』為對貞。細審其意，蓋A與言均當為虛辭，A用為遽，言讀為爰也。」其所釋字形較合理，但讀「A」為虛辭卻不可信。

這個問題，一些零星的材料不足以說明，讓我們考察一下那些成套卜辭中「A」的用法。《乙》6703是一片完整的龜版，其上部刻有一辭：(a)「貞翌辛亥于且辛一牛」，中部左側一辭：(b)「貞屮于匕庚＋F」，匕庚為且辛配偶。右側對貞位置一辭(c)「勿屮于匕庚＋F」，下部右側一辭(d)「勿A屮＋F」，左側一辭(e)「勿屮于匕庚」。顯然，(b)(c)(d)(e)4辭都是從不同的角度貞問祭祀匕庚的，如果「A」為虛詞，則「勿A」與「勿」同義，那麼(c)(d)二辭是重複的，這是不合理的。《乙》7750也有「貞勿A黍受屮年」，緊鄰其下方是「弗其受屮年」，很明顯兩辭意義不同。因此，「A」字的意義應當重新訓釋。

卜辭中「A」字從䀠，象兩眼乖視形，又從羊會意，作「G」「羊」字又省作H，全字即作「A」，字後代被人們離析，就是《說文》中的「䀠」和「H」，語音流變，分別派入魚、支二部，互為旁轉，聲紐還都保留在牙音見母。《說文》：「䀠，左右視也。」「H，羊角也，象形。」H字的說解有些不確，《玉篇》：「HH，兩角皃。」《廣韻・蟹》：「HH，羊角開皃。」當是「H」字古義。《說文》中還有「瞿，鷹隼之視也」，與「䀠」同音，「䀠」在典籍中皆作「瞿」；「乖，戾也」，為H之晚出字，「乖」聲在見母。韻在微部，支微通轉，《說文》：「H」「讀若乖」。

西周早期䀠鼎銘(《三代》3·8·6)有I字，《金文編》釋為「䀠」是對的。中期大簋銘有「J」字，是「䀠」又加標「癸」為聲符者，即《說文》之「睽」。「睽」聲在溪母，仍屬牙音，韻在脂部，與魚部之「瞿」相轉。根據傳統的古音學結論，魚、脂二部較遠，但從古文字材料來看，脂部卻與魚、侯二部字有相通的迹象。如《史記・殷本紀》中的殷先王「主壬」「主癸」，甲骨卜辭作「示壬」「示癸」，中山王方壺、大鼎之「宗」，都讀為「主」，古文字學家又進一步發現，侯馬盟書、楚簡及三體石經中的「宗」字形亦皆應讀為「主」，《說文》有「宔」，與「宗」為同源字詳何琳儀《戰國文字通論》292頁，中華書局，1989年。古韻「主」在侯部，「示」在脂部，「瞿」亦可讀入侯部，《說文》「瞿」「讀若句」，「句」即侯部字。則「瞿」「睽」相轉，亦猶「主」「示」相轉。《書・顧命》：「一人冕，執戣，立於東垂，一人冕，執瞿，立於西垂。」鄭玄注：「戣、瞿、蓋今三鋒矛。」戣、瞿原應為同一種兵器，因其形狀小異，而于字面上稍加區別，這與前文「執劉」「執鉞」都是斧類相同。「睽」亦與微部之「乖」相轉，早期古音學家脂、微二部不分立，自從清人王念孫把至部從脂部分出後，後人遂分成脂微兩部，但脂微二部界劃仍是不易分清，《詩經》中脂微合韻的情況很多，黄侃廿八部即併脂微為灰部。《周易》有「睽卦」，《序卦傳》曰：「睽者乖也。」《玉篇》：「睽，乖也。」

周金文「J」字皆從䀠表示乖視，與從目是不同的。《說文》省作「睽」，從目。已失字之古意。

《說文》：「睽，目不相聽也。」段注：「聽猶順也，二女志不同行，猶二目不同視也，故卦曰睽。」「睽」字說解當以《說文》為古，段注為確。《玉篇》另出「聧」字，解為「耳不相聽也」。意為耳朵不聽（別人的話），不合「睽」「瞿」這一族詞的古義，顯然為晚出，桂馥、朱駿聲據《玉篇》之「聧」字，校《說文》「睽」字說解為「目不相視也」是錯誤的。桂氏說見《說文解字義證》「睽」下：……本書傒，左右兩視，聧，耳不相聽。馥謂，從耳之聧當云聽，從目之睽此云視也。」說「聧」見于《說文》，當為桂氏記憶之誤。

「睽」在典籍中之義亦為乖離、悖逆。如《莊子・天運》：「上悖日月之明，下睽山川之精。」《楊子法言・重黎》：「守失其微，天下孤睽。」注：「睽猶乖離也。」由此看來，「䀠」「瞿」「H」「乖」「睽」都是從甲骨文「A」分化派生出的字。

甲骨文「A」字為什麼從羊呢？這與古人對一些事物的觀念有關。牛和羊都是蹄角動物，古文字都象其頭角之形，區別僅在「牛」字二角向上，「羊」字二角乖背，這是古人對羊角特徵的認識。甲骨文「A」字多數省從H，只有少數從羊，也說明對于這個字所從的「羊」，人們特別注重它二角的形狀。《史記・項羽本紀》：「猛如虎，很如羊，貪如狼，强不可使者皆斬之。」《說文》：「很，不聽從也。」後代「很」作「狠」，韓愈《鄆州谿堂詩》：「羊狠狼貪，以口復城。」《周易・夬》：「牽羊悔亡。」王弼注云：「羊者，抵狠難移之物。」這種說法，初聽似乎有理，仔細一想則殊不然，六畜之中，抵狠難移之物莫過於牛，為什麼不說「很如牛」呢？原來這裏的「很」也是從「A」字分化出來的，其原義與羊角的形狀有關。「很」「狠」古音在匣母文部匣，匣母喉音，與牙音為鄰紐，其聲符「艮」及艮聲之字「根」「跟」等即見母字。韻與微部之「乖」為對轉。然則「很如羊」猶云「乖如羊」，指乖背違戾如羊角之狀。甲骨文「A」的字形證明「很如羊」是一句淵源久遠的古語。

「A」所派生出的一族詞又指分歧的形狀。耒頭二齒，如羊角歧出者稱「K」，《說文》：「K，兩刃臿也，從木，H象形，宋魏曰K也。」段注：「兩刃臿者，謂臿之兩邊有刃者也。」段氏未見過兩齒之耒，將「兩刃」解釋為「兩邊有刃」是不對的。鄭玄注《考工記・匠人》曰：「古者耜一金，兩人並發之……今之耜歧頭兩金，象古之耦也。」耜即耒頭，鄭玄承認耜有歧頭兩金者，較段氏為長，然又認為歧頭之耒晚出，亦不正確。歧頭耒起源甚古，甲骨文「耤」字即象人持歧頭之耒耕作之形，從甲骨文其他字及金文、漢武梁祠關於上古事迹的石刻裏都可見到歧頭耒的形象。參孫常叙師《耒耜的起源及其發展》13頁，上海人民出版社，1959年。

《易·小畜》：「輿説輻，夫妻反目。」《象》曰：「夫妻反目，不能正室也。」「夫妻反目」即夫妻不睦，但「反目」究竟是什麼意思？孔《疏》：「夫妻乖戾，故反目相視。」解釋得很含糊，高亨先生云：「夫妻相憎，面目相背而不相視。」《周易大傳今注》136頁，齊魯書社1979年。解「目」為「面目」，亦未妥。「反目」實即古「䀠」字的語言描述，狀人發怒時兩眼瞪起，如羊角之相反相乖也。《揚子法言·問道》：「圍棋擊劍，反目眩形，亦皆自然也。」《易林·家人之井》：「張牙反目，怒齗作怒。」「反目」皆發怒的樣子。「反目」的用法和《法言》「天下孤睽」的「孤睽」同。

「A」所分化出的詞，典籍中又假「狂」為之。「狂」古聲在羣母，仍屬牙音，韻在陽部，與魚部之「䀠」為對轉。《淮南子·覽冥》：「所以然者何也，皆狂生而無其本者也。」「狂生」猶云「乖背生理」。《易林·遁之歸妹》：「匪躬之言，狂悖為患。」「狂悖」連文。《楚辭·抽思》：「狂顧南行，聊以娛心兮。」「狂顧」猶云「反顧」。《論語·子路》：「不得中行而與之，必也狂狷乎，狂者進取，狷者有所不為也。」《詩·載馳》孔《疏》引舊注云：「猶者進取，仰法古例，不顧時俗。」「狂者」指不合時俗之人，持自己獨有見地，故有進取精神，「狂」仍為乖背之義。又指做事不循常規，《左傳·昭公二十三》：「胡、沈之君幼而狂。」杜注：「狂，無常。」引申為剛愎自用，與「很」同，《論語·陽貨》：「好剛不好學，其蔽也狂。」《淮南子·詮言》：「闇行繆改，終身不寤，此之謂狂。」

鳥頭有毛角，形如羊角之乖，亦名為「狂」。《山海經·大荒西經》：「有五彩之鳥，有冠，名曰狂鳥。」今人袁珂注云：「疑即鳳凰之屬。」袁珂《山海經校注》392頁，上海古籍出版社1980年。《詩·東方未明》：「折柳樊圃，狂夫瞿瞿。」「狂夫」是監工，為什麼叫「狂夫」？有人説是狂妄無知的人，高亨先生注云：「狂夫，瘋漢。」《詩經今注》132頁，上海古籍出版社1980年。實際「狂夫」就是指反目者，亦即發怒的人，人發怒瞪雙眼如羊角之乖，稱「狂夫」，猶鳥有毛角稱「狂鳥」。

《後下》30·7刻辭中有一字作L，字書如《甲骨文字集釋》、《殷墟卜辭綜類》、《甲骨文字典》等都認為與「A」同字。檢《後下》30·7為一很小之碎片，上僅有自右至左讀「其L」二字，其辭很可能有殘缺，將此字定為「A」，除字形稍有類似之外，是没什麼確切的根據的。今案，L應是鴟鵂的象形。鴟鵂今俗稱「貓頭鷹」，大目，尖嘴，兩耳乖聳如羊之角，L字正是描摹其特徵。古人認為鴟鵂目大，《淮南子·氾論》：「夫鴟目大而眎不若鼠。」又認為鴟鵂有毛角，《説文》：「觜，鴟舊頭上角觜也。」《一切經音義二五》引《玉篇》：「鵂鶹，角鵄之屬，其鳥若鳴，其民有禍。」鴟鵂如有毛角之乖，古人由此命名，稱之為「狂」。《爾雅·釋鳥》：「狂、茅鴟。」《一切經音義二七》引舍人曰：「狂，一名鴟，喜食鼠，大目也。」「狂」（確切點説，是A族字的源頭讀音）應是鴟鵂的最早命名，也應是L字的原始讀音。字下復加「隹」標義，即為「雚」，將原字中象眼目形之「吅」省去，即為「萑」，「雚」「萑」本同字。《説文》：

鬲

「雚，鴟屬，从隹，从H，有毛角。」是其本義。「雚，小(朱駿聲校作「水」)爵也，從萑品聲，詩曰，雚鳴于垤。」所指為另一種鳥，是其後起假借義，古聲紐「雚」在見母，「萑」在匣母，皆為A族字同，二字之韻皆在元部，與文部之「很」為旁轉。其從A族分化出之痕迹，典籍中亦可尋。《説文》有「蒦」「矍」二字，從字形上看，一字從「萑」，一字從「瞿」，二字意義相通《説文》二字下皆注曰：「一曰視遽皃」。讀音皆在古鐸部，與魚部之「䀠」為對轉。「蒦」下注云：「一曰蒦，度也。」義與「揆度」之「揆」通。

甲骨文中「萑」「雚」二字皆有，從其用法來看，可信是同一字，在某些特殊的用法上二形有所區別不能證明它們不是一字。「雚」字中象鴟兩目的二方塊形，很多已寫成了兩個「口」，是譌變。文字學家受《説文》的影響，認為「雚」從「吅」聲，是靠不住的。

「雚」「A」同源，釋L為A似乎也無大錯，但在甲骨文時代的書面語言中，「雚」與「A」不通用，已是不同的2個字。L字上部所從，為鴟鵂毛角及尖嘴的象形，而非「羊」或「H」，下部之二目，亦與「A」字中之二目不同。從字形上鑒別，它們不是一個字。檢甲骨卜辭辭例，有「A」字出現的辭句中，未見有「其」字出現，而「雚」字出現的辭句中，則往往有「其」字，如「王其雚」(《後下》6・6)。結合《後下》30・7片上的「其」字，我們認為，將L釋為「雚」字異體，理由更充分一些。【釋萑　殷都學刊一九九二年第三期】

◉王慎行　王漢珍　「王商子：黄鬳一、貝百朋」

「王」，指商王「詳參簡論(一)」。本銘「商」字兩見，均應讀為「賞」。銘第四行最後一字作□形，即「黄」字，或釋「寅」、誤。「黄」字，甲骨文一期作□(前一・五二・二)、二期作□(甲一六四七)，西周中期金文作□(《師紷簋》)，均與本銘字形正合；而「寅」字，甲骨文一期作□(林二・一五・二)、二期作□(粹二一一)、三期作□(粹四四七)、四期作□(粹一〇四一)、五期作□(粹一四七五)，西周金文早期作□(《臣辰盉》)、中期作□(《静簋》)、晚期作□(《克鐘》)諸形，均與本銘作□形者殊覺不類，故字當釋「黄」。

銘第五行第一字，筆者當初僅據拓本之□形立説，以為上從甫、下從鬲，隸定作「鬳」，釋為「鬴」，實未諦審字形而致誤。在中國古文字研究會第五届年會上，承蒙李學勤先生糾其違謬、匡其不逮。李先生認為：此字在金文中多用為賞賜之物，而尊銘其又在王「百朋」賞錫之前，它的償值當超過百朋，故其必為玉器之名。李先生雖未指出此為何字，但對我們進一步考訂文字、通讀全銘，頗有啟迪。會後，我們又反複觀驗原器，發現字的上部，尚有一横劃嵌在圈足與圜底的接縫處，與之重合，逆光時方能看清。故此字實應摹作□形，它與西周金文中恆見之「鬲」字，作□(《戈父辛鼎》)、□(《小盂鼎》)、□(《毛公鼎》)諸形者，殊覺相類。它們的結構下部所從全同，上部雖稍有變異，但於鬲上再著一層的基本形體卻未變，故□字疑即「鬲」之異構。又商代玉器《小臣鴈玉》銘有字，似應為「⿱日鬲」字的又一變體。

「⿱日鬲」字，郭沫若先生曾釋為「甗」，讀作「瓚」，謂「⿱日鬲乃古甗字，象形」，「圭⿱日鬲連文得言圭瓚也」。今案郭說誠是，甗之為物，上下二層，下層為鬲，上層為甑。《説文》訓「甗」為「甑屬」，故此「⿱日鬲」字即於鬲上再著一層，以象之，可見釋甗，與字形極合。郭老雖未明言「甗」何以讀為「瓚」？我們揆度其意，當是以甗、瓚同屬元部字而通假使然。「⿱日鬲」在金文中多用為賞賜之物，其辭例如下：

《小盂鼎》：「即立，⿱日鬲賓。」（《三代》四・四四—四五）

《卯　簋》：「易女⿱日鬲章三。」（《三代》九・三七・二）

《師詢簋》：「易女秬鬯一卣，圭⿱日鬲。」（《大系》録一三二考一三九）

《敔　簋》：「使尹氏受贅敔圭⿱日鬲。」（《大系》圖九八録九二）

《毛公鼎》：「易女秬鬯一卣，鄭圭⿱日鬲寶。」（《愙齋》四・二）

《宜侯夨簋》：「易䰙鬯一卣，商⿱日鬲一。」（《文參》一九五五年第五期六〇頁）

《多友鼎》：「易女圭⿱日鬲一，湯鐘一䏌。」（《人文襍志》一九八一年第四期）

上揭諸例，除《小盂鼎》字當假為獻納之「獻」外，餘皆讀作「瓚」。其用多與「圭」、「璋」連文，且與「秬鬯」同錫，而《毛公鼎》又稱之為寶，此必為典籍中恆見之「圭瓚」無疑。《詩・大雅・江漢》「釐爾圭瓚，秬鬯一卣」，《書・文侯之命・序》「平王錫晉文侯秬鬯圭瓚，作文侯之命」，《禮記・王制》亦云「諸侯賜圭瓚，然後為鬯，未賜圭瓚，則資鬯於天子」，此皆典籍中圭瓚與秬鬯相將、王賞圭瓚必賜秬鬯之證。今以典籍和金文交相互證，益知讀「圭⿱日鬲」為「圭瓚」信而有徵。

「瓚」係古代行祼禮時，所用的挹鬯玉具，以黄金為勺、圭璋為柄（詳參簡論（四））。古時通以銅為金，《書・禹貢》「厥貢惟金三品」，《孔疏》引《鄭注》云：「金三品者，銅三色也。」故知本銘「黄瓚」之為物，乃是鑲有玉柄的銅勺。以其勺之色澤而稱名「黄瓚」，《詩・大雅・旱麓》之「卹彼玉瓚，黄流在中」，即其佳證。【乙卯尊銘文通釋譯論　古文字研究第十三輯】

◉戴家祥　毛公鼎　鄭圭⿱日鬲寶　戈父辛鼎　⿱日鬲御作父辛寶尊彝

郭沫若曰：古器甗乃二部所成，上為甑，下為鬲，故其象形文即于鬲上更着一層，如小盂鼎屢見王邦賓字。又毛公鼎言「鄭圭寶」，均古甗字也。兩周金文辭大系考釋第四葉令段。陳夢家認為字挹鬯的玉貝稱為瓚。稱之為商瓚是商的挹鬯之玉具。同此的瓚字，見於以下西周金文，小盂鼎「即立瓚賓」，卯毁「易女瓚章三」，師訇毁「易女秬鬯一卣，圭瓚」，敔毁「使尹氏受賚敔圭瓚」，毛公鼎「易女秬鬯一卣，鄹圭瓚寶」，除小盂鼎瓚讀作贊外，其餘圭瓚瓚璋之瓚都是瓚。圭瓚之形制，漢世注者不一其說。詩旱麓鄭箋云：「圭瓚之狀，以圭為柄，黃金為勺，青金為外，朱中央矣。」周禮典瑞注引鄭衆云：「於圭頭為器，可以挹鬯裸祭，謂之瓚。」引鄭玄云：「瓚槃大五升，口徑八寸，下有槃，口徑一尺。」考工記玉人注云：「瓚如盤，其柄用圭，有疏前注。」國語魯語韋昭注云：「鬯圭，裸圭之圭，長尺二寸。有瓚以祀廟。」金文論文選三零葉西周銅器斷代五宜侯夨毁。按郭沫若所釋隱調字形，陳夢家所釋注重字在句中的意義。从形聲義三方面考慮，都有不足。【金文大字典下】

◉丁佛言　□　疑鞦字省。廣韻。鞦。車具。釋名。鞦。伏也。在前人所伏也。玉篇。鞦亦同鞧。或曰鞦。即剎。同遂。射鞧也。【説文古籀補補附録】

◉劉　釗　《文編》六・五第8欄有字作「□」，《文編》隸作榠，以不識字列于木部。按字从木从尃，應釋作榑。中山王方壺譐字作「□」，古璽鄟字作「□」，𤺺字作「□」，剸字作「□」，傳字作「□」（《文編》附録三十二第十一欄），所從之「尃」皆與「□」形相近，故「□」應釋為「榑」。【璽印文字釋叢（一）　考古與文物一九九〇第二期】

◉朱德熙　舟節和車節銘文末尾都有下邊這樣的話：

見其金節則毋（毋）政（征），毋（毋）舍M飤（食）。不見其金節則政（征）。

M舊有「桴、遂、朝、梓、李」等不同的釋法，可是都與字形不合，而且用來釋讀節銘，文義也不貼切。這些說法恐怕都難以成立。

我們認為M跟見於古印的N（古璽130）是一個字，應該釋作「榑」。戰國文字的「尃（甫）」字偏旁按照其下側的寫法可以分成以下幾類：

(1)　□　□O_1（龍節）O_2（長沙帛書）

(2)　□　□P（陶録附30上）Q（古璽174）

(3)　□　□M（鄂君啓節）N（古璽130）R_1（古文字研究13・349圖八六）S（陶録附17下）T（陶録附16上）

(4)　□　□R_2（古璽462）U（古璽154）V（古璽194）

R1 Q P O2 O1 N M

W V U T S R2

(1)和(2)應釋為「叀」,(4)从「寸」从「叀」,是「專」字。(3)似乎可以分析為从「又」从「叀」,跟「專」是一個字。可是我們也可以把它看成「叀」字的變體,即由(2)類寫法延長豎筆後造成的。

在上文列舉的四類字形裡,(1)類的O_1、O_2公認是「叀」字。(2)Q黃賓虹釋為《説文》「斷」字古文「㫁」。《賓虹草堂璽印釋文》。(4)R_2黃錫全釋為「剸」。《利用〈汗簡〉考釋古文字》,《古文字研究》第十五輯136頁。這兩種説法都是可信的。以這兩個字為線索,我們可以把上舉四類(主要是前三類)的各個字形繫聯起來,確定都是从「叀」从「專」的字。根據這種看法,節銘的M應釋為「槫」。不過在目前見到的戰國楚文字裡,「叀」字中間部分都寫作「田」字形(如上引O_1、O_2),把M釋為「槫」,似與這一點不合。可是例外也不是沒有。春秋時期楚國的王孫誥鐘「惠」字所从的「叀」中部寫作「日」字形(字表W),就是一個例子。

如果把M釋為「槫」字不誤,那末「槫飤」自當讀為「傳食」。古代「傳」字有傳遽、傳舍等意義。龍節「傳」字从「辵」(O_1),可能是傳遽之「傳」的「專」字,鄂君啓節「傳」寫作从「木」,大概是傳舍之「傳」的專字。《孟子·滕文公下》:

彭更問曰:後車數十乘,從者數百人,以傳食於諸侯,不以泰乎?焦循《孟子正義》:「傳食謂舍止諸侯之客館而受其飲食也。」其説甚是。雲夢秦簡《倉律》與《傳食律》規定因公出差的官吏都由驛站供傳食。《睡虎地秦墓竹簡》47頁,又101、102、103頁。文物出版社,1978。

傳舍憑符節等證件提供住宿和飲食。《墨子·號令》説:

其有符傳者,善舍官府。

《居延漢簡》一七〇・三號簡：

元延二年七月乙酉，居延令尚、函忠移過所縣道河津關：遣亭長王豐以詔書買騎馬酒泉、敦煌、張掖郡中，當舍傳舍，從者如律令。

又《漢書・王莽傳中》：

(始建國二年冬十二月)吏民出入，持布錢以副符傳。不持者，廚傳勿舍，關津苛留。

「鄂君啓之府商」是屬於鄂君私人的商賈，不是國家官吏，所以楚王規定他們可以憑節享受免税權，但傳舍不為他們提供住所和飲食。

上引典籍，或言「舍官府」，或言「舍傳舍」，或言「廚傳勿舍」，皆用「舍」字，節銘「毋舍傳食」也用「舍」字，從這一點也可以看出來，把M釋為「榑」讀為「傳」是合理的。【鄂君啓節考釋(八篇)　朱德熙古文字論集】

◉劉　釗　《文篇》附録二三第2欄有字作「□」，按字从車从青，應釋作輤。古璽青字作「□」、「□」、「□」(清所从)，去掉繁飾之「口」與「□」所从之「□」應為一字。輤字見于《玉篇》、《集韻》等書。【璽印文字釋叢(一)　考古與文物一九九〇年第二期】

◉饒宗頤　「輤」字從車，丙聲。江陵楚簡，丙丁、丙辰作□、□，楚繒書丙子作□，均在丙下增以口旁，楚國文字之例習見。⊘輌，字書所無，疑讀為軿。《周禮・車僕》「蘋車之萃」，鄭玄曰：「蘋猶屏也。」杜子春云：「蘋車當為軿車。」《後漢書・梁冀傳》李賢注引《倉頡篇》：「軿，衣車也。」《説文》車部：「軿，輜軿也。」《集韻》、《類篇》：「軿，輕車。」《左傳》欒武子言楚軍制，分為二廣，右廣初駕以及日中，左廣受之以及日入。楚為乘廣三十乘，分為左右，謂之偏兩(詳《七國考》卷十一「楚兵制」)。曾侯乙墓竹簡有左驂、右驂，左驌(服)、右驌，左飛(騑)、右飛。

此斷句應讀為：

「岩(左)屖(启)輌(軿)，想(相)星兇。」

輌指輕車之乘。《楚辭・九辨》「前軽輬之鏘鏘兮，後輜乘之從從」，王逸注：「軒車先導」，「輜軿侍從」。《招魂》「軒輬既低，步騎羅些」，王注：「軒、輬皆輕車名。」輌(軿)為輕車，與輜軿、軒輬皆楚言，通指車乘者。「左屖輌」謂輕車之左

驕震動。相星光者，相當為動詞，有觀看意，謂夜行觀星宿也。【長沙子彈庫殘帛文字小記　文物一九九二年第十一期】

輅

◉湯餘惠　270敦・敷　簡文「一敔(彤)～」與下文「一敔梡(缶)」對舉，當是器名。字隸為敷，當讀為䡞，《説文》：「䡞，小卮有耳蓋者。」【包山楚簡讀後記　考古與文物一九九三年第二期】

遻 遨

石碣遻車　遻車既工　説文所無从辵啎聲此叚為吾吾字重文【石刻篆文編】

◉張燕昌　遻薛音我　劉云。六鼓别有我。不得因車攻之詩强訓遻為我。

王氏厚之曰。按王存乂切韻遻字音吾。蓋吾字亦可借作我用。【石鼓文釋存】

◉趙烈文　遻車既工遻馬　遻。薛讀我。烈按。己鼓庚鼓皆有我字。不作遻。此應讀吾。説文。啎。逆也。从午。吾聲。此則从辵。啎聲。為啎之籀文。古聲多平。吾啎一音。吾本叚借字。故吾亦可作遻也。郭氏釋石鼓文云。王籀文攻字。潘云。詩車攻傳。攻，堅緻也。烈按。今詩傳無緻字。【石鼓纂釋】

◉張燕昌　鄭云。遨今作敔。與禁禦之禦同。薛作我。潘云。遻與遨小異，疑非我。【石鼓釋存】

◉趙烈文　遨。潘云。與遻小異。疑非我字。或音禦。吳東發云。敔。止也。烈按。當讀遇。古文悟作忢。𢙈。𢙈之省文。是右半即敔矣。説文。遇。从辵。禺聲。此則从辵。敔聲。籀文小篆之殊也。孟子為之詭遇。【石鼓文纂釋】

◉羅振玉　遨音訓或音禦。吳氏東發云。𨖮。止也。【石鼓文考釋】

賣

賣　説文所無與囊橐同意肆簋　弜師錫肆䀌户賣貝【金文編】

◉何琳儀　石鼓文《汧沔》：「可（何）吕（以）橐之，隹（惟）楊及柳。」

「橐」，自薛尚功以來皆隸定為「橐」，鄭樵讀「標」，段玉裁讀「苞」，郭沫若讀「罩」，馬叙倫謂與「束」同。按晚周文字自有「橐」字，例如：

[古文字] 徐太子伯辰鼎　《江漢考古》1984·1·101

[古文字] 信陽楚簡203　《文物參考資料》1957·9

橐，明確從「束」從「缶」，與小篆吻合，而與「橐」有别。

「橐」，細審先鋒本，確如郭沫若所摹作「[古文字]」形，「束」内從「壬」。「壬」，甲骨文作「[古文字]」形（《甲骨文編》14·14），西周金文作「[古文字]」（師旋簋），增加了一裝飾性圓點；晚周文字承襲西周金文作下列各形：

[古文字]吉日劍　[古文字]《貨幣》14·212

[古文字]《璽匯》2291　[古文字]《匋文》14·98

其中裝飾性圓點延長即成為秦簡中的「壬」形（《雲夢》1101），這與小篆「壬」形已非常接近。「[古文字]」，從「束」從「壬」，本應隸定為「橐」。舊隸定為「橐」，殊誤。橐，字書失載。

《説文》所收橐、橐、囊、橐、橐五字均外形内聲。以此類推，橐亦「從束壬聲」。

石鼓「可吕橐之」應讀「何以任之」。《詩·大雅·生民》「是任是負」，傳：「任，猶抱也。」《淮南子·道應訓》「於是為商旅將任車」，注：「任，載也。」【秦文字辨析舉例　人文雜誌一九八七年第四期】

◉朱歧祥　[古文字]——[古文字]

[古文字]，从重臣从子，隸作⿰⿱臣臣子。《説文》無字。卜辭用為地名。字或作[古文字]，從二臣二囟。囟，象子首；籀文子作[古文字]可證。此即⿰⿱臣臣子字異構，由辭例見同屬田狩地名。

〈乙7299〉庚午卜，賓貞：𢦏致[古文字]芻？

〈續3·24·5〉☐田于[古文字]，往☐獲兕一。【甲骨學論叢】

劏

◉唐蘭 待劏 待劏當是地名，劏字從囦，即因字，為簟的象形字。此似當讀鐔，是刀劍的鼻，所以從刀。此應讀譚。金文常見

劏伯劏弔的人名，似即譚國的譚。【論周昭王時代的青銅器銘刻 古文字研究第二輯】

戭戭

◉郭沫若 第十四片 戭字像一人倒執斧鉞之形。舊釋伐，不確。此乃人名，乃殷之先公。【殷契粹編考釋】

◉屈萬里 羅振玉釋伐，葉玉森釋鉏，唐蘭釋戭，于省吾釋戛。似皆未的。茲從郭某說隸定作戭。【殷墟文字甲編考釋】

◉田倩君 戭是持斧鉞征服自然或抵禦敵人的樣子。⊘這鼻祖不僅是殷人的祖先，而是人類的祖先。所以殷人奉之為神，為天帝，因為殷商是個崇尚鬼神的國家。【釋夔 中國文字第五卷】

◉考古所 戭：殷先祖名。【小屯南地甲骨】

◉姚孝遂 肖 丁 此均為祭禱於「戭」之占卜。「戭」為殷人奉雨析年的主要對象之一。「戭」與其它先公不同之點在於：從未見有「戭」為「壱」為「𢦏」之例。【小屯南地甲骨考釋】

◉饒宗頤 䰩字从戉从夏，讀為擭，集韻十六屑：「擭，博雅：擊也。」【殷代貞卜人物通考】

◉李孝定 後上·二四·九 後下·十四·九 甲編·五六二 甲編·七七九 甲編·七八一 甲編·二四九八 續一·五一·五 外

从夏从戉。說文所無。諸家說有紛紜。就其形義言。唐說最為近之。惟說文咸下云。「从口从戌」。不云「戌聲」。則从

戉之字不得與从咸同。是唐氏釋咸亦無確據。其餘諸家所釋於字形所从偏旁相去懸遠。故均不敢从。謹依其隸定次之於此。至其字義則唐于諸家所説均為近之。所不可知者其音讀耳。金氏釋䶮。其説未聞。意者。蓋以諸文所从之戉均倒藏身後故有此説乎。惟於字形懸遠。似未足據也。【甲骨文字集釋第九】

厤　厤並見義雲章　厤出李尚隱集略【汗簡】

◉趙烈文〔來〕䢸䢸 奐貖蜀　潘云。舊墨本䢸上有來字。䢸。潘云。徒鹿反。續也。潘云。貖或作貖。或作豭。錢大昕云。詩並驅從兩肩兮，毛云。三歲曰肩。籀文或從豕耳。吴東發云。商父乙鼎辰作𠨎。周惠公鼎作𠨎。並與此辰旁相類。烈按。讀肩是。賈公彦以為即鹿之絶有力者。【石鼓文纂釋】

◉曾憲通　䨓　出自𠕋䨓　甲一·一〇　此字多釋為震，然下體與辰不類。䨓字從雨走聲，林巳奈夫氏與姜亮夫先生釋作霱，讀「𠕋䨓」為「耑霱」，謂即顓頊。選堂先生疑䨓即霱，殆指有蟜氏，為楚世之先。【長沙楚帛書文字編】

◉張燕昌　霸　薛作霸。郭云恐是籀文霾。鄭云即沴字。【石鼓文釋存】

◉白玉峥　𢦏：籀廎先生隸作戦，王襄氏釋𢦏類纂，羅振玉氏釋畢。考釋中四九頁。商承祚氏曰：「或增又，象手持之形。」類編卷三。吴其昌氏曰：「或增又以持之，在卜辭，與不增又者，實無分別。在説文，則為訓盡也之戦也。」解詁三一九頁。峥按：甲文此字，約只十數文，皆當為擒字。甲考謂：卜辭之禽，皆當為後世之擒；然而，卜辭中已有擒字矣。字在本辭，當為動詞，於他辭，或為人名，或為國族名，或為地名，如：

（一）貞：王夢擒，不隹囚？　前五·一四·四

駉 駖 駪 戲

（二）……乎擒？ 乙七〇一一

（三）擒入百。 南坊三・二 【契文舉例校讀 中國文字第三十四冊】

◉陳偉武 □ 《文字徵》第266頁「駒」字下：「□6・70君駒。□6・71，同上。」今按，此字當從《陶匯》釋為駉，从馬，可聲。《説文》所無。 【《古陶文字徵》訂補 中山大學學報一九九五年第一期】

◉楊樹達 文録三一二片云：「甲午，卜，王馬□駖，其禦于父甲亞？」樹達按：駖字从馬从步，蓋假為疒，謂王馬□病也。□蓋馬之名。 【駖 卜辭求義】

◉李平心 （郘𧊒尹臼鉦銘）銘文尚有□□二字，舊亦無釋。仔細辨認，上一字與卜辭之□及漢代鼎鬲銘文之□□「新嘉量銘」之□相像，當即升字。下一字為从馬兄聲之字，實即騜或驜字，古升、乘、勝三字互通，升駪當讀乘黄或騰黄，乘（騰）黄為神馬名。古鉦鼓置於戰馬所曳之兵車上，次者（諸）升駪（乘黄）與「儆至劍兵」適為對文。

器銘為韻文，庚、郘、駪、兵、彊、享、尚均屬陽部，即此可見□字應釋郘，駪字應讀騜，也可見銘中二句讀作「上余故郘」與「上余是尚」，是與全文辭氣相合的。 【甲骨文金石文劄記（一） 華東師大學報一九五八年第一期】

◉殷 康 □甲七四二□□□甲八八三□甲九三二

前人不釋。字形都分明象一個皮破「□」殘的敗鼓之形。結合卜辭文義可初步明了，即用這（報警？）鼓的殘破以表示傷害、小災難和不吉等意。卜辭的「之夕□」就猶如説「此夕有災」。也有一條極有名的卜辭説：「不吉。囿尤，其有來鼓，有新大星，並凶（此字已殘，僅餘上半部的火字）。七日己子夕□。」此詞大意是説：「不吉。既會有邊警，又有一顆新大星出現，都是凶兆。七日己子那天晚上有些小災難。」詞意非常明顯。前人不明□字形意，又釋「並凶」為「並火」，因而一直難於充分明了這條卜辭的全部含意。至於這□字後來的變化如何？相當於後來的什麼字？我們在考查中也找到了一點端緒。它的原形只出現於比它略晚的：□□（金文，舊釋戲）兩字中的□：□，還明顯的保留着敗鼓之形。上加一戈，概用以表示此鼓是為戈所毀壞的，加虍是「虎省聲」的聲符。所以戲字很可能是甲文□的繁化的代起字（只是到了很晚的篆文裏，敗鼓之□才訛化作豆）。此外這敗鼓形，可能又變化為篆文的□字，這裏已失去了敗鼓之皮(而且壴形也訛為豆)，但它另用歪斜不整的「□」形以示鼓毀之意，豈、戲兩字古聲相通，説文：「豈，還師振樂也……」還殘留一點鼓樂的餘意，不過已變災難為凱旋了。此外，又見於説文所引難字的古文□，字中之□似亦□的訛形，用敗鼓以示災難，也還符合原意。【古鼓和古文鼓字　社會科學戰線一九七九年三期】

◉曾憲通　□日月虘亂　乙七·二四　秦故道詔版有□字，从二虎从甘，義與皆同，帛文之□，即詔版□字省去一虎頭(虍)。中山王壺之□，又較帛文之□畧去一虎足(乙)，亦即詔版所从雙虎省去其一。金文皆壺作□，江陵楚簡作□，信陽楚簡作□，又較帛文之□省去□形。而吴王鐘銘(即薛氏《款識》之「商鐘四」)之□，則又是金文、簡文之進一步省變。從以上諸體，可以看到先秦文字錯綜變化的現象。其間簡化、繁化雖有一定的規律，但並不完全受時間先後所規範，倘無較充分的文字資料，是難以窺見一字發展的來龍去脈的。【長沙楚帛書文字編】

◉王　襄　□　古⿰貝爭字。【簠室殷契類纂存疑】

◉張　頷　一九八七年《文物》第六期《山西朔縣秦漢墓發掘簡報》一文中，「西漢前期墓葬」插圖第三一著録有出土銅印章一方，其拓模為：

《簡報》對此印章作了介紹：「出土遺物……印章標本9M1:4，覆斗形，鼻紐，印面正方形，篆刻陽文『貴海』。邊長一·六釐米……」印模為原大。《簡報》作者對此印文字所認定之「貴海」二字皆因字形似所惑而誤釋者。

此印是漢代早期所制古璽式的印章。上面的兩個字為戰國古文字，審視其文，絶非「貴海」。先秦金文中尚未見「貴」字，只在古璽文字中見有一例，其字形為「□」其詞為「富貴」(見《古璽文編》一三九頁、《古璽彙編》四〇四頁)。《説文古籀補》中雖然也著録有四個古璽文字的「貴」字，但其臨摹之字形究竟準確到什麼程度，因未見印模故亦未敢深信。我們先從秦篆中的「貴」字作

「𧴪」和古璽中的「貴」字作「貴」的字形相比較，除了字的下部均從「貝」(貝)字外，其上部所從的「𠂇」則與「𦥑」、「臾」截然有別。至於漢代「貴」字的篆體字形則很多見，《漢印文字徵》所著録的「貴」字有「孫貴」之「貴」「貴富」之「貴」、「日貴」之「貴」。漢鏡篆書銘文中的「貴」字有「貴富昌」之「貴」、「貴」、「……家富貴兮」之「貴」。漢代瓦當文字中有「宜富當貴」之「貴」。漢代磚文篆體書中有「萬歲富貴」之「貴」，它已經和今天的楷體字一樣了(見《石索》六)。《簡報》插圖銅印中的「貴」字，其形下部雖然都從「貝」字，但上部所從之「用」(用)卻和上述先秦及秦、漢文字中「貴」字所從之「𦥑」、「申」、「田」、「由」、「史」、「由」諸形絶不相牟。

一九七七年河北平山縣中山王墓出土了「嚳器」銘文，銘文中相邦的名字作「貴」，當時我認為此字上部所從者為「用」即「用」字，字中黑點乃妝飾之筆，和金文中的「貯」字有所不同，似應隸定作「賵」或「賙」，我曾把我這個意思函告守中同志在編《中山王嚳器文字編》時把它隸定為「貯」字，但在字目的注解中說：「貴，古璽中習見，前人常釋為賙，今學者多從之。一說釋貫。」新補出版的《金文編》也把中山王嚳器文字中的這個「貴」字補入「貯」字條目中。《侯馬盟書》和中山王墓嚳器銘文中的「貴」、「貴」二字都是作為人名(貯)出現的，而朔縣出土銅印中的「貴」字卻是作為姓氏出現的，這一點應該特別注意。在古璽中這個姓出現的很多。在《古璽文編》中「貝」部所著録的「貴」字多達十餘個，而在《古璽彙編》中收録的此字印章則多到三十六枚。羅福頤先生只從字形上隸定為「貴」，没有作為「貯」字看待，因為我國古代和現在都没有發現「貯」姓。在璽印中三十幾個「貴」字卻都是作為姓氏出現的，如「貴行」、「貴復」、「貴得」等等。在《古璽彙編》中還有與此相近的一個字形，即「𤰃」，下部從「目」而不從「貝」，羅先生把這個字釋為「周」字(3022)，但屬於「周」姓排列的印章中(3022—3029)也混入了一個「貴」字(3024周)。這可能不是失誤，很可能是羅先生已經意識到這個字和「周」字的關係了。守中在《中山王嚳器文字編》「貯」字的注文中說：「前人常釋為賙字。」我覺得這個字從字形上隸定為「貴」還是對的，但在釋文上還是應該釋作「賙」字為宜。《說文》無「賙」字，《說文古籀補》把古璽文中的這個「貴」字附於「周」字條下，認為周字「或從貝」。我認為這個字是「賙」字的省文，而「貴」字上部所從之「用」乃「周」字的省體。所以「貴」(賙)字當中也省去了「口」字。在古文字中有許多省去「口」字的例子可作比較，如「賞」字作「賞」(舀鼎)；「賣」字作「賣」(競卣)；「堂」字作「堂」(《說文》引古文)；「嘗」字作「嘗」(效卣)，這和「貴」(賙)字作「貴」省去「口」字的情况完全一樣。因之「貴」、「貴」都是「賙」字。

賙、周二字，音義皆可通用。《說文通訓定聲》：「周　〔假借〕又為賙，即授。」《詩・大雅・雲漢》「靡人不周」，注：「周救也……箋雲周當作賙，王以諸臣困於食，人人周給之，權救其急……。賙音周。」《孟子・萬章》「周之則受」，注：「周者謂周急。」《禮記・月令》「開府庫，出幣帛，周天下，勉諸侯」，注：「周，謂給不足也。」《呂覽・季春紀》「開府庫，出幣帛，周天下，勉諸侯」，注：「周賜。」綜觀上述「周」字均字均有授、給、救、賜之義，與「賙」字義同，例若《尚書・武成》「大賚於四海」，孔傳：「救乏賙無。」《周禮・司稼》「掌均萬民之食而賙其急」，賈疏：「均萬民之食，減去多者以賙給其急困者。」由以上文獻材料證明，「[古文]」(周)字在字形上既可省去所從的「口」字與「貝」字上下結合為「[古文]」(賙)字，而周、賙二字在字的音、義上又完全可以通假，因之在璽印中以姓氏出現的「[古文]」字則為「周」字無疑。由此而進一步證明《中山王礨器》銘文以及《侯馬盟書》中與此字同形的作為人名出現的「[古文]」字實為「賙」亦為「周」字，而非「貯」字。在《古璽文編》中把「[古文]」作為「貫」，把「[古文]」作為「周」字分別隸定，其實這是不必要的。在《中山王礨器文字編》中把「[古文]」、「[古文]」雖然皆誤釋為「貯」字，但把它作為一個字看待卻是非常正確的。其在「[古文]」字的注釋中說「……目實為貝字之省，此戰國文字習見，礨器銘文中貨作[古文]、賢作[古文]、賞作[古文]均如是」，得其要旨。【「貴海」銅印釋文正誤　張頷學術文集】

◉薛尚功　王子吴鼎

惟正月初吉
丁亥王子吴
擇其吉金自
作飼⿰鼎于其眉
壽無謀子〻孫〻
永保用之

攷古云。⿰鼎于字字書所不見。然以愚觀之。鼎旁作于。于乃釽省。言作飼釽鼎耳。古人銘識多以三兩字合作一字者。如晉姜鼎之西夏[古文]。圓寶鼎之十有三月[古文]之類。是也。【歷代鐘鼎彝器款識法帖卷十】

⿵門亩

◉劉樂賢 《漢印文字徵》附録第十一頁有⿵門亩字，印文為「⿵門亩如曼印」。此不識字由門和亩組成，釋讀的關鍵是要先弄清亩的來歷。請看漢印博字，一般寫作□，又作□、□，還有作□、□（參見《漢印文字徵》卷三博字）；另外，蒲字也可寫作蒲（見《漢印文字徵》卷一蒲字）。漢隸中也有類似的寫法，如孔宙碑的博字作博。可見，亩可以視為甫字的異寫。《玉篇》門部有⿵門亩字，釋云：「博古切，⿵門亩門也。」⿵門亩讀博古切，顯然是一個從門甫聲的形聲字。

⿵門亩既然是從甫得聲，則⿵門亩如自可讀為蒲如。蒲如是複姓，《路史》卷二十九：「蒲如，商侯國，齊地有蒲如氏。」預云：下邳取慮東南有蒲如城。【漢印複姓雜考 于省吾教授百年誕辰紀念文集】

⿵門豕 ⿵門⿱豕豩

□粹一五五二 从犬从貝。説文所無今狼𧿒之𧿒作狽 □京都六七三【甲骨文編】

□⿵門⿱豕豩 説文所無 婦⿵門⿱豕豩甗 〈0805〉「婦⿵門⿱豕豩乍文姑日癸尊彝」 □婦⿵門⿱豕豩卣 〈2685〉「婦⿵門⿱豕豩作文姑日癸尊彝」 〈2743〉「婦⿵門⿱豕豩乍文姑日癸尊彝」

◉徐同柏 ⿵門⿱豕豩當是⿵門豕繁文。篇海類編有⿵門豕字。从門。豕聲。門也。【從古堂款識學卷十四】

◉方濬益 （婦⿵門⿱豕豩卣）⿵門⿱豕豩為婦之名。字無攷。按説文豕部有豩字。云。二豕也。豳从此。闕。此从⿱豕豩。疑⿱豕豩為豩之緐文。【綴遺齋彝器款識考釋卷十二】

◉劉心源 （門⿱豕豩觥）節義傳門文愛猶在後。莊子有門無鬼。姓觿引編古命氏云。周禮公卿之子入王端門之左教㠯大藝謂之門子。後曰氏是也。⿱豕豩既同豩。即緜。詳王田尊。燹從豩聲。㠯隻聲得聲也。古刻肆字作□静敢。□緜王盉。从燹。即燹曰。知豩即緜。豕即希。後人分用非也。徐籀莊㠯門⿱豕豩為⿵門⿱豕豩。引篇海類編⿵門豕字。亦可存參。【奇觚室吉金文述卷六】

◉高田忠周 阮氏以下鐘鼎家皆合門⿱豕豩為一字。即偁婦⿵門⿱豕豩觥。非。今審篆勢。門與婦接著為聯形。而⿱豕豩頗出右。勢為孤立。此決非一字也。元引徐籀莊説云。⿵門⿱豕豩當是⿵門豕繁文。篇海類編有⿵門豕字。从門豕聲。門也。此説斷非。類編固非可據之書也。又引許印林説。字彙補有豩字與豩同。不知所出。此⿱豕豩當即豩。豩説文二豕也。豳從此。燹。豩聲。⿵門燹。燹聲。訓闠紛。⿱豕豩蓋紛之叚借。此説亦不可從。今按説文。羴羊臭也。从三羊。例之⿱豕豩。亦當訓豕臭也。从三豕。會意。實从豩从豕。猶芔森之例。此為古字逸文。只恨其音不可識耳。但説文昚。籀文作𣈏。其形三者二者應通用也。然字彙補不足措信。故不雷同於許説云。【古籀篇八十九】

闕 覸

◉陳 直 闕字見婦闕彝。古鉨文又作闔。从門从三豕。蓋一字也。案山海南山經云。其上多金玉。闕水出焉。郭注音涿。又案。玉篇云。闕式旨切。从豕不从豖。金文从豖。與玉篇同。可以證郭注之誤。【金文拾遺】

◉馬叙倫 鬲婦闕觥

舊釋婦闕作文姑日癸尊彝析子孫。吴式芬引徐籀莊説。闕當隤彝是闕緐文。篇海類編有闕字。從門。豕聲。門也。文姑君姑。古從十。此十更從口四方之象。姑或釋為婣。癸。姑之字。商人以生日為字。又引許印林説。此蓋婦為姑作器。門。氏也。豩。名也。積古有門殺犾卣。門氏於史始見魏節義傳。然古有東門氏西門氏。以無名人。故罕見耳。字彙補有豩字。與豩字同。不知所出。此豩當即豩。説文。豩。二豕也。豳從此。燹豩聲。闕。燹聲。倫謂此當讀婦闕。甲文有字。金文王口尊有字。此是從門豩聲。豩蓋豩之異文。亦豕之異文。豕音審紐。轉曉紐為豩。審曉同為次清摩擦音也。

【讀金器刻詞卷下】

◉高田忠周 闕 説文所無 闕卣 〈2660〉「闕乍宄白寶尊彝」〈0984〉「闕乍旅毁」

吴[榮光]本釋為闞。非。闞从敢與迥異。而此字形門下正从犬从攴。然犾亦字書所無。疑此篆當从門从犬从攴。三字會意。今失其讀耳。【古籀篇七十四】

◉馬叙倫 (窨白卣蓋)舊釋為闕。説文無此字。蓋從門犾聲。【讀金器刻辭卷下】

覸 从日从尹从見 説文所無 史頌簋 日遅天子覸命 徐中舒讀覸為耿謂即尚書立政丕釐上帝之耿命

史頌鼎

牆盤 祇覸穆王

𤼈鐘 覸福

𤼈簋 覸皇且考

追簋 敢對天子覸揚

井人妄鐘 覸盄文且皇考

虢季子白盤

蠚 圉 罯

孔覭又光 【金文編】

◉郭沫若 覭亦字書所無。用例大率與顯字同。 【麥尊 兩周金文辭大系圖録考釋】

◉高鴻縉 覭亦說文所無。應與顯同義。而非一字。吳式芬曰。虢季子白盤。顯覭並用。文殊不類。克鼎亦二字並用。⊘此銘從日見。尹聲。當為耿之異文。劉幼丹云。晉姜鼎。勿廢文侯覭命。當為覭字。集韻。覭。集倫切。大視也。兩字古刻意同。⊘余謂自有覭命覭揚之文。今人習見顯命顯揚。多不之詧耳。 【頌器考釋】

◉戴家祥 蠚 鄀公諴簠 蠚公諴作旅簠 蠚,說文不載。楚辭天問註「蠭蟻有蠚毒之蟲」,集韻作「若虫」,篇海同「蠚」;「蠚」,集韻「黑各切,音郝」。廣韻訓「螫也」。詩小雅「卷髮如蠆」,疏「蠆,螫蟲也。螫又作蠚」。前漢書嚴助傳「南方暑濕,近夏癉熱,暴露小居,蝮蛇蠚生」,金文用作人名。 【金文大字典下】

◉趙誠 又如甲骨文有一個圉寫作圉,象人帶着木手銬被囚禁於監獄之中,用作動詞有兩種意義:

圉二人(京一四〇二)。圉為囚禁之義。

……五日丁未,在敦圉羌(前七·一九·二)圉為防禦、抵禦之義。

圉的囚禁義和抵禦義,用現在的詞義觀念來看,完全是毫無關係的兩種不同的意義。如果按照甲骨文時代的詞義系統細加考察,這兩種意義是相互對立而確有聯係的一對詞義,和受有授予和接受這一對意義同類。前面所說圉有囚禁義和防禦義,實是從現代的詞義觀念出發。如果不死守這一點而換一個角度考慮,就可以看到圉的囚禁義實際是防其外出和防其進入,就是相互對立而又有聯係的一對意義。 【甲骨文行為動詞探索(一) 殷都學刊一九八七年第三期】

◉吳式芬 罯 罯 說文所無 不嬰簋 余命女禦追于罯 〈1393〉「余命女(汝)禦追于罯」

翁祖庚說⊘罯字予釋為洛者。玁狁侵周在涇洛之間。漢書云。武王放逐戎夷涇洛之北。師古曰。此洛即漆沮水也。東南入于渭。此洛即漆沮水。非伊洛之洛。金石款識敘伐玁狁事多言于洛之陽。按之古籍。信而有徵。而漆水出俞山。俞山當即西俞。故知罯為洛之借也。 【攈古録金文卷三】

◉牛濟普　「呂脽」陶鬲,為長方形印陶(圖,45)。「脽」从肙从佳,蔡隸定為脽。據《説文》,佳為短尾鳥之總名,佳與鳥有時可以互换,比如睢字,鉨文作脽《集韻》:「同鴡」,所以我認為「脽」即「鴡」字。【河南陶文概述　中原文物一九八九年第四期】

◉商承祚　䍐　爾雅釋器「兔罟謂之罝」,此從网兔當為罝之本字。説文「罝,从网且聲」,且殆从兔之譌,又誤象形為形聲矣。【殷墟文字類編卷七】

◉葉玉森　䍐　依字形當象兔在网罟下,釋罝較適。卜辭為地名。【殷墟書契前編集釋卷一】

◉饒宗頤　䍐,地名。左昭五年傳有菟氏,殆即此。水經注:野菟水上承西南菟氏亭北野兔陂。鄭伯勞屈生於菟氏者也。寰宇記:菟氏城在開封府尉氏縣西北四十里。【殷代貞卜人物通考】

◉李孝定　説文罟訓兔罟。罝訓兔网。栔文此字从网兔。其為捕兔之具自無可疑。商説其意是也。惟逕斷為罝之本字則似未安。蓋其音既不可知。又安知非罟字乎。古文質直。此類字但圖其狀以為會意。其後以方語各殊。遂各就其音讀製為形聲字。此同義異形異音之字所以滋多也。當隸定作䍐。以為説文所無字。又許書有冤字。訓屈。疑亦由此字所孳衍。【甲骨文字集釋第七】

◉徐中舒　䍐　從网從兔,《説文》所無。《爾雅・釋器》:「兔罟謂之罝。」此疑為罝之初文。人名。【甲骨文字典卷七】

◉朱歧祥　䍐——䍐

䍐,從网捕兔,示捕獸罟,隸作䍐。《説文》無字,或相當於《説文》的罟、罝字。卜辭用為族稱、地名,始見於武丁卜辭。字又作䍐,從兔側立、豎立無別。由辭例用法得證。

(a)〈前1・11・5〉貞:吴率,致䍐芻?

〈人289〉□唯□䍐芻于□?

(b)〈南南1・63〉戊寅卜,㱿貞:勿呼𠂤般从䍐?

〈庫327〉戊□卜,賓貞:致从䍐?【甲骨學論叢】

默

◉鄭　珍　□默音弋　夏作□是。右從弋也。爾雅太歲在壬日玄默。已非古字。弋有黑義。漢書文帝紀贊身衣弋綈。如湻注弋皁也。玄默竝言。當本作弋。加黑旁漢後字。此從耳無義。諸字書不載。未詳所出。【汗簡箋證卷五】

虢

◉朱芳圃　□明七一五　□屯甲二六五八　□屯甲二七七二　□拾掇三九一

上揭奇字，象虎梏其兩足。史記，司馬相如傳云「射麋腳麟」，集解：「腳，掎足也。」梏虎足與掎麟足，事例相同。考古代狩獵，設梏於山谷中，獸誤觸之，掎住其足，不能逃逸，因而捕獲之也。卜辭云「□豕」珠四一九，「□鹿」庫二七一，是其證矣。械在手曰梏，在足曰桎，虎無手而字從□者，蓋以前足為手。易大畜六四「童牛之梏」，鄭玄謂「牛無手，以前足當之」，周禮秋官大司寇賈疏引鄭志。其説是也。【殷周文字釋叢卷下】

䅘

◉孫海波　□乙一二四　人名。□餘一六·一　或从秝田□後二·七·二　或从三禾。□粹一一六一　或从廾，與籀文同。小臣牆。【甲骨文編卷五】

◉温少峰　袁庭棟　甲文又有□、□字，舊多從羅振玉釋嗇，但新出之史牆盤銘文有「農嗇戉䅘隹辟」之文，嗇，䅘同見，知二者必非一字。在關於史牆盤銘文的討論中(見文物一九七八年三期，考古學報一九七八年二期)，裘錫圭同志釋「稼」，李學勤同志釋「苗」，我們認為皆不妥，此字應從唐蘭先生之説，仍讀為秝。卜辭云：

(156)辛丑卜……䅘粟？(明四七九)

此辭之䅘，讀秝，很明顯當作為動詞，當即按一定窩距下種之意。「秝粟」，即種粟而使之稀疏適宜。其非撒播，當無疑義。

(157)……𦎫□䅘。(南南一·一三〇)

此辭之□為地名，䅘即秝用為名詞，當即行列均勻之禾穀。此辭雖殘，但知其為祈求該地窩種之作物能得到豐收之辭。

(158)貞：今其雨，不隹䅘？(後下七·二)

(159)……兹(兹)雨……隹䅘？(掇一二四一)

以上二辭之䅘即秝，當讀為詩王風黍離「彼黍離離」之離。馬瑞辰毛詩傳箋通釋謂：「離離者狀其有行列也。」「離離」在古文獻中又作「歷歷」、「蠡蠡」，其義當從「秝秝」而來。窩播之種籽，得雨而萌發出土，望之歷歷在目，此二辭正記此事，即：現在下雨，區種之禾穀，會歷歷出土嗎？吴澤先生在中國歷史大系古代史中謂䅘字：「甚像田中插禾，一行一行地間隔有序，井然不

紊，這與今田野麥田中所長麥苗情形相彷彿。」這種看法是正確的。【殷墟卜辭研究——科學技術篇】

□　讀為蔽　所从臾見于永盂用為畀　孜—之青木赤木黃木白木墨木之精(乙5—22)　【長沙子彈庫帛書文字編】

◉曾憲通　□　孜敹之　甲五・二二　此字或釋作斁，嚴氏謂即毛公鼎「肆皇天亡□」之□字加「攴」旁，《說文》訓解，《毛傳》訓厭。何琳儀以為欒書壺擇字作□與此為一字，帛文當讀為掖。選堂先生謂□字所從之臾聲即鬲从䰜之「臾」字，楊樹達讀為「畀」，中鼎「兄畀」即「貺畀」，《說文》訓畀為「相付與之」。帛文敹即畀之繁形，孜敹應讀為扞蔽，即扞衛、干吾(禦)之意。【長沙楚帛書文字編】

◉楊樹達　□　斅　說文所無　斅𡨄簋　〈1158〉「斅𡨄敽用作𠣪辛𩰫簋

斅字苦不可識。按愙齋集古録第拾肆册廿肆葉上載父辛盉。其銘文亞形中作□字。下作父辛二字。按說文十四篇下子部孳。或作□。此銘作□。即說文孳字或體之省形。亦孳字也。孳與子古音同。古蓋本一字。盉銘以孳與父辛為對文。乃用為子字也。此毀銘左旁之𦥷。乃父辛盉□字之省作。然則斅字从子从女。殆好字也。【斅毀再跋　積微居金文說】

◉李孝定　□　从𠂤从貝，說文所無。【甲骨文字集釋第十四】

◉戴家祥　□　𦪇伯彝　𦪇伯作寶彝　𦪇疑𦩍之異體。玉篇第一六六箬之別體作篛。若弱聲母均屬日母，古韻魚宵合韻，作聲符交換後構成異體。篇海云：「𦩍，如灼切。音弱，船名。」𦪇，从舟若聲，原亦船名。金文用作人名。【金文大字典下】

◉戴家祥　□　衛鼎　金麃𨥥　字从金，右半上像是㝬字，下不可辨。人或釋𨥥，說文所無。從上文麃即鑣，馬銜也。字看，其義當指馬具一類的東西。【金文大字典下】

鋁

◉顧廷龍 鋁。説文所無。玉篇與鑢同。方言。燕齊摩鋁謂之錯。周鋁命中伞。【古匋文孴録卷十四】

◉于省吾 一 儠兒鐘 鏄鋁 句鑃 乎吉金□鋁 余購逨兒編鐘 之字父余購逨兒得吉金鏄鋁 句鑃 舍擇乎吉金鉉鏐鏞鋁

阮云，鋁字每見于古金銘中，而説文無之，廣雅云「鋁謂之錯」，玉篇「鋁與鑢同」，説文鑢字解曰「錯銅銕也」，錯字解曰「金塗也」，然則鋁為鑢之重文，許氏所未收耳。孫云案阮謂鋁鑢同字是也，詩大雅抑箋云「玉之缺可磨鑢而平」，磨鑢考工記鄭司農注作摩鐗，方言作摩鋁，鋁即鐗之省。然此云得吉金鏄鋁，鏄鋁自是金名，齊侯鏄鐘云「厥羼吉金鈇鎬錛鋁」，齊侯鐘作「桓武靈公錫乃吉金鈇鎬玄鏐錛鋁」，此鐘云「吉金鏄鋁」，鏄鋁即兩齊鐘之鈇及鋁，鋁或省作吕，鏐為黃金之美者，則鏄鋁亦為金名無疑。鄦書鑢錯銅銕之訓，非此銘鋁字之義也。【儔兒鐘 雙劍誃吉金文選】

銖

◉孫常叙 〔銖〕从朱聲，朱是朱的變體，古音為〔*to〕。

秦公及王姬鐘：「作氒龢鐘，靈音銖〓雝〓。」

盄龢鐘：「作盄龢鐘，氒名曰旹邦。其音銖〓雝〓。」

宗周鐘：「作宗周寶鐘，倉〓悤〓，𨾊〓雝〓。」

㝬鐘

秦公及王姬鐘

盄龢鐘

頌簋

頌鼎

谽

宗周鐘是西周器。它的「雉」字所從得聲之「𠂂」，與頌簋「書」字(見圖)聲符「朩」字形近。所不同的，只是字上一點有左右之差，字中之「屮」有作「屮」之異。基本結構相同，可以說「朩」是「朩」的簡化變體。從這看來，宗周鐘「雉」是从隹「朩」聲的字。它應與「者」字同音。

「𠂂」在簡寫時，省略它上部右側的「，」則其形為「𠂇」(見圖)。而秦公及王姬鐘「鉠」字所从得聲之「朩」，與之形近。「鉠」在鐘銘裏語言地位及其鐘「音」和「雝」的對立統一關係，是與「雉」完全相同的，而「朩」的字形又和「𠂂」有相近之處，那麼，這個「朩」也當是「𠂂」在簡化中的又一變體。就此可知這個從「朩」得聲之「朩」也是從「𠂂」得聲的。它與「雉」同音，也讀為「者」。

盄龢鐘「鉠」，它在鐘銘中的地位和作用，是和「鉠」「雉」相同的。

我們看頌鼎「書」字(見圖)的聲符「者」字所从得聲之「者」若在簡寫中省去它上部諸「・」，則其形為「朩」。若其下部如頌簋的「朩」字，則其形為「朩」。這個字形和「朩」很相近。若遇鏽蝕，斷「朩」為「朩」，就完全成了「鉠」字摹本的形式了。因此，我們說：「鉠」和「鉠」都是从金「朩」聲的。它倆和「雉」都是與「者」同音的。

「者」古音在魚部，端紐。其音為〔＊to〕。

「雝」，隸變為「雝」，為「雍」。王仁昫《刊謬補缺切韻》于容反。影紐。古音在東部。其音為〔＊oŋ〕。

從擬音來看，鐘銘「朩雝朩雝」「鉠雝鉠雝」「雉雝雉雝」當是〔＊to—oŋ〕〔＊to—oŋ〕。正是連續敲鐘的聲響。〔＊to—oŋ〕合音為〔＊toŋ〕。「鐘」古音端紐東韻，正是〔＊toŋ〕。鐘音「朩雝」，而「朩雝」之合音為「鐘」。「鐘」是以音為名的。【秦公及王姬鐘鎛銘文考釋　吉林師大學報一九七八年第四期】

◉方濬益　[glyph] 蓋　[glyph] 器　谽伯卣　谽伯作寶尊彝

谽伯卣谽字説文所無，疑即𨸏部之𨺎字。解曰：「山𨸏陷也。」按𨸏部有隫字，古文从谷作𧮨。以此相例應是𨺎字之古文。部首𨸏下解云「大陸山無石者」，谷下解云：「泉出通川為谷，從水半見出於口。」𨺎既解為山𨸏，陷是大陸，陷為川谷。即詩十月之交「山冢崒崩，高岸為谷也」。此從谷義尤相合，當為淪陷之正字。詩正月鄭箋「地厚而有陷淪也」，疏：「淪，没也。」華嚴經音義引廣雅「淪，沈也」。今廣雅釋詁并曰「没也」。淪行而𨺎不復見。谽則僅存於此銘矣。與土部城之籀文作䣊，垣之籀文作𩫖，堵之籀文作𩫨，三字同例。【綴遺齋彝器考釋卷十二】

餱

◉張政烺 □，从食，□聲，隸古定當作餱。□即甲骨文□，金文早期作□，稍晚作□。周初金文又有□，从辵，□聲；後來作□，牛、□皆為聲符，蓋音讀歧異，另加牛旁使更明確。秦詔版疑字从子、匕、□（偶猶有作□者），匕即化字，亦匕、吴同為聲符，但已有少數匕變為止者，這不是個簡單的字形訛變問題，也有聲音的關係。《説文》：「疑，惑也，从子，止，吴聲。」段玉裁注欲改為「止聲」。可見吴字形音屢變，而與牛、匕音近。餱，不識何義，今依疑、牛、匕三音以求之，餱士蓋即義士。劉師培《義士釋》：「又考《左傳·桓二年》云：『武王克商，遷九鼎于洛邑，義士猶或非之』，杜預以義士為夷齊之屬，蓋本《史記·伯夷傳》。……至宋陳亮等以義士即多士，由周而言則為頑民，由殷而言則為義士，惠棟《九經古義》從之。……又《佚周書商誓解》曰：『爾百姓獻民』，《度邑解》曰：『乃厥獻民徵主九牧之師，見王于殷郊』，《作雒解》曰：『俘殷獻民于九畢』，孔晁注曰：『獻民，士大夫也』，其説近是，惟必待引申，蓋獻民即儀民，乃殷之故家世族也。殷之于臣『世選爾勞』（見《盤庚篇》），故入仕者均故族，而古代之禮又僅達于卿士大夫，故有獻民之稱。周遷獻民于九畢，猶劉敬語高祖遷齊楚大姓于長安也。此與《多士篇》所言互證，周公遷殷頑于洛，所言多士亦即指獻民言；即《左傳·定四年》所謂以殷民分賜魯衛者亦即殷代之獻民也。」其説可信。《漢書·劉向傳》：「孔子論《詩》，至於『殷士膚敏，裸將于京』（師古曰：殷士，殷之卿士也。京，周京也。言殷之臣有美德而敏疾，乃來助祭于周，行裸鬯之事，是天命無常，歸于有德），喟然歎曰：『大哉天命，善不可不傳于子孫，是以富貴無常，不如是則王公其何以戒慎，民萌何以勸勉』。蓋傷微子之事周，而痛殷之亾也。」是周王用殷士助祭，不僅以其知禮，且示亾國之戒。厲王時，周已享國二百年，而周殷之界未泯，則《毛詩·大雅·蕩》反覆言「文王曰咨，咨汝殷商」，非無故也。【周厲王胡簋釋文 古文字研究第三輯】

◉張亞初 「餱」字从食从吴，為金文中首見。「吴」為「疑」字，《汗簡》中疑字還作此形。此字有手中持「丨」（拐杖）和不持「丨」兩種寫法。此銘之「吴」為不持「丨」的簡化寫法。吴字後來分化成疑、矣、俟等字，矣字古文作埃，从吴厶（㠯）聲，後又復加人作俟。㠯、矣、俟、吴、疑都為之部字。此「餱」字當从吴聲，應為俟字之假借字，《説文》「俟，大也，从人矣聲，詩曰伾伾俟俟。」《史記五帝本紀》「其德嶷嶷」，《索隱》「嶷嶷，德高也」。《大戴禮》唐本「嶷」作「俟」，可證疑、俟音同字通，訓高訓大。故「餱士」應即高士、大士，「餱」為「士」的形容詞。

又，「俟」也可假為「侍」。《左傳》昭公二十五年傳「使侍人僚祖告公」，此侍人即侍衛，與金文中的「御士」相若。《經義述聞》卷十八《左傳》「為王御士」條，王引之云：「二十二年傳子南之子辛疾為王御士，杜注曰，御王車者。引之謹案，御、侍也，御士，蓋侍從之臣，若周官御僕、御庶子之屬。」高士、侍士，兩説似可並存。【周厲王所作祭器㝬簋考——兼論與之相關的幾個問題 古文字研究第五輯】

夏　鄖　脜

◉孫海波　京津一九九〇　疑夏字。【甲骨文編附録】

◉何琳儀　「鄖氏」，又見方足布（《大系》1980），舊釋「邪氏」，殊誤。近或隸定「鄖氏」，破讀「端氏」。朱德熙《古文字考釋四篇》、《古文字研究》8.16。檢「端氏」先屬趙（《趙世家》肅侯元年），後屬韓（《趙策》一），未聞屬魏。按，「鄖氏」當讀「泫氏」。《顏氏家訓・書證》「《禮記・王制》云，贏股肱。鄭注云，謂揎衣出其臂脛，今書皆作擐甲之擐。國子博士蕭該云，擐當作揎，音宣。」可見「揎」、「擐」實為一字。「睘」、「玄」音近。《說文》「䮄（駭），馬一歲也，從馬絆其足。讀若弦。一曰，若環。」是其佐證。

「泫氏」，見《水經・沁水注》引《竹書紀年》「晉烈公元年，趙獻子城泫氏。」時值戰國初年。《太平御覽》卷163州郡部引古本《竹書紀年》「梁惠王九年，晉取泫氏。」又《太平寰宇記》卷4澤州高平縣所引同。朱石曾云「晉即魏也，以榆次、陽邑易泫氏也。」朱石曾《汲冢紀年存真》。（參《水經・洞過水注》引《竹書紀年》「梁惠王九年，與邯鄲榆次、陽邑。」）可證魏惠王徙都大梁之前，泫氏已屬魏國版圖。譚其驤《中國歷史地圖集》第一冊31—32④b，中國地圖學社，1975年。在今山西高平。【橋形布幣考　吉林大學學報一九九二年第二期】

◉戴家祥　鄂君啓節　内滕、沅、澧、脜　郭沫若隸定作𣿅，認為从水，腤聲。腤蓋即臃之異文，𣿅水當是水經所謂涌水，「江水又東南當華容縣南涌水出焉」。案此必即洞庭湖北面所謂洞庭湖西道——華容河、焦圻水、藕池河、虎渡河等諸水之一。諸水本由洞庭湖流入長江，但江水漲時則江水倒灌入湖。其所以名為涌水，言自長江流出者，即以此故。文物參考資料一九五八年第四期關於鄂君啓節的研究。殷滌非，羅長銘隸定作䐓，上從脜音柔，認為即油脂的油，此指油水，今湖北公安縣有油河。同上，壽縣出土的鄂君啟金節。于省吾隸作濵，無釋。【金文大字典中】

鵃

◉林清源 [glyph]272.鵃戈(邛集8123、嚴集7300) [glyph]273.鵃戈(邛集8088)

例272銘文「鵃」字，孫常叙謂與鵃公劍「[glyph]」(邛集8631)、閵丘戈「[glyph]」(例076)為一字，皆當釋為「鷹」，而假為應國之應，其說非是，詳例076「閵丘戈」。例273銘—「鳴」字，而其形制、銘文部位與例272無異，殆為一字之或體也。【兩周青銅句兵銘文彙考】

鵃

[glyph] 鵃 說文所無玉篇鳥名驩兜古文尚書作鵃吺沈子它簋 【金文編】

[glyph] 文字8·75 說文所無玉篇鵃鳥名 【古陶文字徵】

◉郭沫若 [glyph]鵃 說文所無玉篇鳥名驩兜古文尚書作鵃吺 沈子簋 〈1391〉「乃鵃沈子乍緪于周公宗」

鵃通驩。鄭季宣殘碑及尚書大傳鄭注均以為驩兜字。管子侈靡篇。鵃然若謞之静。舊注。鵃然和順貌。亦正用為驩。此乃鵃與朕[glyph]考為對文。蓋叚為狟。爾雅釋獸貈子狟。猶後人言豚兒。大子也。說為汝和順之子。亦可通。【沈子𣪘兩周金文辭大系圖録考釋】

◉戴家祥 [glyph]蓋 沈子段 乃鵃沈子作緪于周公

鄭師許曰：[glyph]余初釋為䑋，誤。郭釋為鵃，謂為䴖之省，假為倩。因謂沈子與魯君之壻，殊屬牽强，容庚亦釋鵃，謂尚書大傳鄭注驩兜作鵃吺，信而未諦，今四部叢刊本尚書大傳作鴅吺，羅釋作雎，疑亦謂鴅字。說文「鴅，鶻鴅也。從鳥舟聲」。詩小宛毛傳「鳴鳩鶻鵰」作鵰，釋文云「鵰，字林作鴅」，按鵰乃雕之籀文。驩兜為雙聲連語字，故驩古音讀如堆，從隹得聲，鵰驩一聲之轉，故可通叚。文史學研究所月刊一卷四期八葉沈子它敦蓋新釋。唐蘭曰：「乃鵃沈子」，鵃讀如旃，語辭，乃旃沈子等於下面的乃沈子。這是沈子也對他吾考說的話，意思是你的沈子。古文字研究第二輯昭王時代青銅器銘五十三篇的考釋。【金文大字典下】

譂

[glyph] 3·424 孟棠匋里譂 說文所無疑譋字集韻譋與嘲同謔也 【古陶文字徵】

詩　麃　賡　瘟　瘠　鄟

◉戴家祥　詩句鐸　余𡚌□□䚳不敢詩　詩，從言奇聲。説文失收。集韻上平五支，訓音「居宜切」，見母歌部。器銘「不敢詩」，猶小雅節南山云「不敢戲談」，大雅板云「無敢戲豫」也。【金文大字典下】

◉唐　蘭　[seal character]衛鼎　金麃鏂　麃通鑣，説文：「馬銜也」。就是馬嚼子，金鑣是用銅做的。【文物一九七六年第五期】

[seal character]賡　不从貝　鄂君啟舟節　庚芑昜　庚字重見　[seal character]書乃賡載歌　古文自有賡字　从貝庚聲　説文入續下云　古文續从庚貝　誤也　故改附于貝下　鄂君啟舟節　賗鑄金節　【金文編】

[seal character]1694　説文所無玉篇瘟跛病也　【古璽文編】

[seal character]1791　[seal character]2770　説文所無玉篇瘠膝病與尳同　【古璽文編】

[seal character]4·162　鄟胂　[seal character]古陶2:1　鄟坤不鈢　[seal character]3·1382　獨字　説文所無此或从重或从東應即鄟字集韻鄟音童地名　【古陶文字徵】

適

◉鍾柏生　卜辭云：

(1) □兕？
　㙯兕？
　亡戋？
　其雨？　（《蘇》二・三六三）（圖一）

蘇 2・363
圖一

合集 18253
圖二

(2) ……爭……□……再……（《後》下三十一・一五）（《合集》一八二五三）（圖二）

例(2)文例不全，無法探知「□」字在卜辭中的意義。唯有例(1)文例完整，十分難得。《蘇》二・三六三是摹本。

「□」字，李孝定師於《集釋》第二冊五五二頁隸定為「適」，云：「从止，从商，説文所無。」其字義因《後》下文例不全，故無説。《蘇》二・三六三卜辭從其摹本看來是三、四期田游卜辭。「商」字在卜辭中，其字形作：「□」（《乙》九〇七八）、「□」（《前》八・一〇・三）、「□」（《後》下四二・三）、「□」（《人》二九・八四）、「□」（《粹》九〇七）。由卜辭「商」字字形變化看來，「□」與「□」當是同一字。《蘇》二・三六三中，「適兕」與「㙯兕」文句構造相同，因此我們可以推知「適」為捕兕之法。

卜辭云：

(3) ……于滴南洮北？（《甲》六二三）

(4) 王涉滴射又鹿禽？（《續》三・四四・三）

㦒　憢

此二例中之「滴」皆為水名。楊樹達(《積微居甲文説》)、葛毅卿(《史語所集刊》第七本第四分〈説滴〉)、屈萬里(《甲編考釋》六二三版釋文)皆以為「滴」即今之「漳水」。《水經》漯水注及《説文通訓定聲》(「啇」字條下)皆言「啇」「漳」音相近,故「滴水」可寫為「漳水」。依此理,筆者便認為「⿱啇土」即後來「障」或「墇」字,前者為從「啇」得聲之形聲字,後者為從阜或從土、從章得聲之形聲字,兩者音近,應可互通。

障在古書中有下列的意義:

《國語》〈周語〉「陂障九澤」注云:「防也。」

《左傳》昭公元年「障大澤」,服注云:「陂障其水也。」楊伯峻注:「障即築堤防。」

《史記》〈酷吏列傳〉云:「居一障間……上遣山乘障。」《正義》云:「塞上要險之處,别築城置吏士守之,以扞寇盜也。」「乘障」顔師古云:「乘,登也。登而守之。」

「障」可假借為「墇」。《禮記》〈月令〉:「無有障塞。」此「障」朱駿聲曰:「塞也。」由《周語》及《左傳》昭公元年文可知:「障」即築堤防以圍水,到漢甚至成了小城之稱。以這些例子去瞭解「⿱啇土兕」,當是築土堤(或木石)障礙以捕兕之意。這種障礙設在兕行經之徑或出没之處,可活捉兕,或是借兕前進受阻而伺機擒殺。

筆者於〈殷代的大蒐禮〉(《中國文字》新十六期),曾提及殷人田獵方法,其中捕兕之法有射、阱、亞,「適兕」乃另一種捕兕之法,今增補於此。【釋⿱啇土　中國文字新十七期】

3·150　蒦圖南里人憢　林古文堯此从古文堯省説文所無集韻憢偽也　【古陶文字徵】

◉湯餘惠　原摹未釋。字从心,爲聲,應釋為「㦒」,《字匯》:「㦒,諧也。」【包山楚簡讀後記　考古與文物一九九三年第二期】

⿰義卜 糅 ⿳亠口早⿰米早

◉李裕民 □《侯馬盟書》宗盟類二之二〇〇：二一。

左旁為義，古璽作□（《徵》十二·四），與此同形；右旁為卜。隸定為⿰義卜，字書所無。此係參盟人名。【侯馬盟書疑難字考 古文字研究第五輯】

◉黃錫全 □糅 見夏韻宥韻。《集韻·尤韻》「糅，食也」。《宥韻》糅訓「雜也」。此形矛旁同《說文》矛字古文□之偏旁□。【汗簡注釋補遺】

◉温少峰 袁庭棟 甲文有作為穀物名稱的□字，或省作□。羅振玉釋酋，郭老从之。唐蘭先生謂「从米皁聲，當即《說文》之⿰米覃字」，「⿳亠口早是穀名，當讀如䆃」，再據《說文通訓定聲》疑「䆃實與稻同字」，遂定⿳亠口早為「稻」，謂「⿳亠口早、䆃、稻，蓋三名而一實。⿳亠口早象容米于皁、稻象抒米于臼，故可引申為同一穀名矣」（見《殷虛文字記》）。唐說已為學術界多數學者所公認。

但是，我們認為唐說有問題，不能成立。因為：

1. 就字形說，□乃巨口狹頸之容器，小篆作□，隸定作皁，與覃字有別。覃字金文作□，是在□上加一□、□形的封蓋，這是酒器（今日酒罈上仍用這種盛砂的布袋，以防酒氣的外逸）。皁和覃是不同的。

2. 就字音說，于省吾先生早已指出：「皁與覃，聲、韻都不相近。」（《商代的穀類作物》，載《東北人民大學人文科學學報》第一期）因而⿳亠口早字不可能是《說文》之⿰米覃，也就不可能讀為䆃。

3. 朱駿聲曾疑「䆃實與稻同字」，但這是不可能的。因為䆃字并無稻之義。早在朱駿聲之前，方以智就已指出：「漢少府有導官，主導擇米穀，唐因之。《志》作䆃官，从禾。《說文》：『䆃，瑞禾也』，引《封禪書》：『䆃一莖六穗于庖，犧雙觡共抵之獸。』犧猶言犧牲之也，與䆃皆虛字。陳無功猶引瑞䆃為奇，趙凡夫謂《漢書》作導為誤，豈不可笑也。」（《通雅》）。所以，段玉裁注《說文》，就毅然把通行本的「䆃，禾也」，校改為「䆃，擇米也」。並在注中說：「三字句，各本删䆃字，改米為禾，自呂氏《字林》，顏氏《家訓》時已然，今正。䆃，擇也，擇米曰『䆃米』，漢人語如此，雅俗共知者。……呂忱、徐廣、顏之推、司馬貞皆執誤本《說文》，謂䆃是禾名。豈知䆃果禾名，則許書之例，當與穖、穋、私三篆為伍，而不厠于此。」段玉裁的分析是很有道理的。

陳夢家先生有感于唐說之難于成立，遂改釋⿳亠口早字為「秬」，但又說「這個字是否秬字，是不能肯定的」（《殷虛卜辭綜述》第五二七頁）。這個結論確實是不能肯定的。因為秬是「黑黍」（《爾雅·釋草》），不是糧食作物的種類名，而只是黍的一個品種，與⿳亠口早字在卜辭中作為糧食作物種類之名是相矛盾的。何況𥹸字既不从禾，又不从黍。所以，陳説不可从。

于省吾先生在《商代的穀類作物》一文中，釋𥹸為「菽和豆的初文」，所持理由是：

1. 在聲韻上，𥹸从米𣅀聲，𣅀之音同于厚（金文厚字作□，从厂𣅀聲）。厚、豆同屬侯部，菽屬幽部，侯幽通諧。就聲紐言，古叔、豆均讀舌頭音，而厚之讀菽、豆，為喉舌之轉。

2. 在形義上，□與半坡出土之敞口、細頸、大腹、尖底的陶罌極似。卜辭中穀物名除□外，均从禾或來，唯獨𥹸不从禾。𥹸从米，因為古代豆也可稱米，《説文》「糱，牙米也」，段注：「麥豆亦得云米。」而豆在古代又是當飯吃的，即所謂「啜菽飲水」（《禮記・檀弓下》），「豆飯藿羹」（《戰國策・韓策》）。所以，「𥹸是从米𣅀聲的形聲字，也即菽、豆的初文。借豆為菽，猶之借菽為𥹸。……商人稱𥹸，周人稱菽，秦漢以來稱豆。」

我們認為，于説是正確的。我們所以較詳細地徵引了上面的分析，并論述了我們的意見，是因為關于𥹸字的解釋在學術界分歧較大，而于先生的正確意見就使卜辭中反映的殷代作物中增加了豆菽這一個大類，這是很有意義的工作。大豆原産于中國，是我國古代重要的糧食作物，也是傳統的「五穀」之一。古代文獻中關于「五穀」的具體内容不完全一致，《周禮正義》在《天官・疾醫》下共列出「言五穀者凡十二事」，十二家説法大同小異，但都有「菽」或「豆」在内，可證菽或豆在古代確是重要的糧食作物。古代老百姓以豆為飯，即「民之所食，大抵豆飯藿羹」（《戰國策・韓策》）。《詩・豳風・七月》有「七月亨葵及菽」、「禾麻菽麥」之載，《詩・大雅・生民》有「蓺之荏菽」之載。既然从文獻中得知菽豆的生産在古代是如此的普遍，再加之金文中有象豆類作物的「叔」字存在，那麽甲文中也應當有這方面記載。𥹸字的考釋正好填補了這一空白，為大豆原産于我國提供了有力的旁證。

卜辭中有不少關于𥹸的記載，如

(43) 貞：弗其受𥹸年？二月。（《後》上三一・一一）

(44) 癸巳卜，㱿貞：我受𥹸年？三月。（《遺》四五六）

(45) 我受𥹸年？三月。（《庫》一五六四）

以上三辭皆卜問𥹸即菽是否能得到豐收，而均系在二、三月，無見「受𥹸年」之辭有系其他月份者。這與古代著名農書《氾勝之書》的「三月榆莢時，有雨，高田可種大豆」的記載可以互證。

(46) 甲申卜，賓貞：其隹𥹸年，受……（《陳》三一）

(47) 己丑卜，貞：𦎫于……亯？二月。（《人》二三一一）

以上二辭，亦當為祈求𦎫即菽得到豐收之辭。【殷墟卜辭研究——科學技術篇】

◉孫海波 𦎫河七一五 地名。在𠂤𥟖卜。【甲骨文編卷七】

◉裘錫圭 賓組卜辭屢次卜問是否受𦎫年，并且往往跟受黍年對貞，如：

甲子卜殻貞：我受𦎫年。

甲子卜殻貞：我受黍年。續2·29·3

癸未卜争貞：受𦎫年。

貞：弗其受𦎫年。二月。

癸未卜争貞：受黍年。

貞：弗其受黍年。二月。合10047

可知𦎫是一種糧食作物。

「𦎫」究竟應該釋作甚麼字，是一個尚未解决的問題，過去羅振玉曾釋此字為「酋」，金祖同曾釋此字為「粟」，由于缺乏證據，早已不為世人所信。目前比較有影響的有唐蘭、陳夢家和于省吾三家的説法。這三家都肯定「𦎫」字下部就是《説文》「覃」、「厚」二字篆文所从的「覃」字，并且都認為「𦎫」字从「覃」得聲，但是彼此的結論卻不相同。唐蘭先生以「𦎫」為「稻」。他認為「覃」是「壇」(也作罈)的初文，本應讀若「覃」，字書音「厚」為其變音。《儀禮·士虞禮·記》注「古文禫或為導」，所以从「覃」聲的「𦎫」可以讀為「導」。「導實與稻同字」(朱駿聲説)，卜辭以𦎫年與黍年同卜，𦎫應該就是稻(《殷虚文字記》32—34頁。今案：「稻」跟《説文》訓為「禾」的「導」，所指的不是一種穀物，但二字的古音的確相同)。陳夢家釋「𦎫」為「秬」。他認為𦎫與黍并卜，性質應該相近。「覃」與「厚」同音，「厚」與「巨」古音相近，「𦎫」可釋為「秬」即製鬯用的黑黍(陳書527頁)。于省吾先生以𦎫「(下文中此字均用「※」替代)為「菽」與「豆」的初文。他説：「※字从米𦎫聲，𦎫之音讀同于厚。古韻厚與豆屬侯部，菽屬幽部，侯幽通諧……厚之讀作菽與豆為喉舌之轉。」(于文95頁)。這三説提出的古音方面的證據都不够堅强。陳夢家雖釋「※」為「秬」，又説：「但這個字是否秬字，是不能肯定的。」(527頁)于先生後來編定《甲骨文字釋林》時没有收入上引釋「※」之説，大概已經把這個説法放棄了。唐説恐怕也不能就視為定論。卜辭裏的※究竟是哪一種糧食作物，還有待進一步研究。【甲骨文所見的商代農業 殷都學刊增刊一九八五年二月】

⿰米者　⿰壴又　⿱山⿰冎殳　⿱首臼

◉郝本性　上海博物館收藏一銅甗，為壽縣楚器之一。仔細觀察實物，發覺其銘文有改刻現象。原銘為「盥（鑄）冶客為王句（后）七實（府）」，後將「王句七實」字跡輕輕磨去，在王句二字的位置上改刻「集⿰米者」二字。表明該甗的掌管者應為後者。⿰米者為者字，陳侯因資錞者字作⿰米者，中都布的都字所從的者作⿰米者，可證。該字从米，从者，為⿰米者字。

集⿰米者銘文又見於《三代吉金文存》三卷、十二頁著録的鼎銘，該銘為「盥（鑄）客為集⿰米者為之」。河南信陽楚墓出土竹簡第二二四簡，上有「集⿰米者之器」。以上二種，字均從皿。⿰米者為⿰米者盧的⿰米者，與皿同為容器，而且形近易譌，因此從⿰米者或⿰米者與從皿有時相通。如從⿰米者的智字，在《說文》所載古文智字下從⿰米者，《魏三體石經》《君奭》古文智字下從⿰米者。均可證此為⿰米者字。

⿰米者字從米，集⿰米者又刻銘于甗上，表明集⿰米者的職務當與蒸煮稷黍有關。對照信陽楚簡有「樂人之器」，可證集⿰米者必為官名。【壽縣楚器集脰諸銘考釋　古文字研究第十輯】

◉吴其昌　「⿰壴又」者从「屮」，从「又」，从「豆」，豆象豆中豐饌高盛之形。屮，與㫃斿之飾作⿰屮又狀者其首部相同。又，所以持之也。此字蓋象手持屮狀飾物，建植于豆饌之形爾。按儀禮士冠禮，冠者祭醴以後即「坐，啐醴。建柶，興」。鄭玄注曰：「建柶，扱柶於醴中。」柶當建植于醴中，則此字象於豐盛豆饌之上，有所建植，固亦古制所宜有，明載經典而不為創聞矣。【殷虚書契解詁　文史季刊五卷一期】

◉徐中舒　⿱山⿰冎殳五期　前一・三・八　從収從⿰冎殳從冈，⿰冎殳為牲首，冈象几形，象陳牲首於几上以祭之形。祭名。⿱山⿰冎殳一期　續一・二八・三　從収從⿰冎殳，疑為⿱山⿰冎殳之省體。義不明。【甲骨文字典卷三】

◉湖北省文物考古研究所　北京大學中文系　考釋〔五三〕說一二號、一三號簡『鋯』下一字似是先寫作『首』又塗改為它字者」。案包山簡所記車馬器中有「⿱首臼」字，凡三見，原文作⿱首臼、⿱首臼、⿱首臼（《包山楚簡》圖版一一七、二七一、二七二、一二二）。一二號、一三號簡「鋯」下一字與此形近，當是同一個字。一三號簡「鋯⿱首臼」與「角鑣」連言。「臼」、「凵」二字形義皆近，都像掘地為坎之形，所以从「臼」之「舊」，甲骨文寫作从「凵」（《甲骨文編》一八〇、一八一頁）。疑簡文「⿱首臼」所从「臼」是作為「凵」字來用的。「凵」即「坎」字的象形初文。「坎」、「銜」古音相近，疑「⿱首臼」應當讀為「銜」。因為「銜」是馬口所銜之物，故字从「首」。據包山竹觚「四馬晧⿱首臼」語，一二號、一三號簡「紫轡紃受鋯⿱首臼」，似應當讀為「紫轡，紃綏，鋯銜」。【望山楚簡　二號墓竹簡考釋補正】

澎 ⿰氵耓 ⿰氵壹 潶

◉李孝定 □簠徵・地望・一・六 从水从彭。説文所無。雷浚説文外編卷十三澎字條云「彭。蒲衡切。水名。又澎浡。滂沛也。案玉篇。澎浡。滂湃。後世相承多作澎湃。説文無澎字。湃字史記司馬相如傳『澎濞沆瀣』。上林賦。澎如俗。湃作濞。文選同。漢書司馬相如傳。『洶湧澎湃』。上林賦。澎作彭。湃如俗。文選同。漢殽阬神祠碑。『時有盛雨。彭濞湧溢』。澎作彭。湃作濞。玉篇。『澎。水名』。此澎字似亦當作彭。」按澎水名。澎湃為言水盛之重言形況字。自當以从水作者為正字。盛作彭者。叚借字耳。今絜文有澎字。後世文獻亦多有之。許書蓋偶佚耳。【甲骨文字集釋第十一】

◉徐中舒 □二期合三四五 □五期前二・六・三 □五期合集二四三四〇 □五期合集二四三三九

從水從□彭，□或省作□，同。《説文》所無。見於《玉篇》：「澎，水名。又澎浡，滂沛也。」地名，或作自澎。【甲骨文字典卷十一】

◉陳邦懷 □前・二・三・一 圖卣有□字。沈氏樹鏞釋為廚。其所从之□與卜辭之□及□所从之□正同。皆古射字。□字从水从射。即謝之古文也。【殷墟書契考釋小箋】

◉朱德熙 「考釋」105號簡釋文作「澬—資」。從此簡照片看，第一字左旁是三點水，右旁作□，釋作「澬」是錯誤的。秦印中的兩種格言印文「中壹」(《十鐘山房印舉》3・5上—6下)和「壹心慎事」(同上3・2上)的「壹」字，所从「壺」字的腹部空處都不加「吉」聲而加兩橫道。在刻得比較草率的秦權始皇詔書裡，「壹」字也有寫作□的(《秦金石刻辭》上2上「廿六年詔權」)。馬王堆三號墓竹簡的房中術部份，「壹」字數見，寫法亦同。由此可知105號簡第一字應該釋作「⿰氵壹」。

與105號簡同組的，有「醢—資」、「鹽—資」、「醬—資」等三簡。看來⿰氵壹也應該是一種調味品。疑「⿰氵壹」當讀為「醯」。「壹」、「醯」都是脂部入聲字。正規小篆的「壹」字从「吉」聲。「吉」和「醯」都是見母字。《説文・西部》：「醯，醬也。」【馬王堆一號漢墓遣策考釋補正 朱德熙古文字論集】

□潶 説文所無玉篇水名潶伯尊 □潶伯卣 【金文編】

◉[seal] [seal] 瀗 說文所無唐韻濾水名散盤 【金文編】

◉阮元 [seal][seal]濾 說文所無 唐韻水名 散盤 〈2927〉「眉(眉):自瀗涉(以)南至于大沽」「復(復)涉瀗」

濾字省心字。見集韻。【積古齋鐘鼎彝器款識卷八】

◉劉心源 (夨人盤)濾或釋浛。非集韻濾水名。此从害。乃憲省。【奇觚室吉金文述卷八】

◉高田忠周 [seal][seal] 積古阮云。濾字省心。見集韻。水名。按此説可從。萃編引孔汪並云濾。樊云謂。江云瀆。瀆古尚書作[seal]。樊以下皆失考。又至吴大澂云。當即浛字。許氏説浛水出北蹦山。入邙澤。此説亦誤。浛从舍。舍篆文作[seal]。與[seal]迥別。況下篆作[seal]。正从横目。豈得謂此為舍字乎。且憲字省心者金文有例。阮説為長。此古字逸文。而从水憲省聲。其義水名可知矣。又按金文别有[seal]夫字。愚謂規字析文。或是从彼省文。然[seal]與[seal]亦自有異。不可捉矣。【古籀篇四】

◉强運開 [seal][seal] 散氏盤。説文所無。吴愙齋釋為浛。未塙。阮釋為濾。集韻。許建切。音獻。水名。召伯父辛鼎憲作[seal]。井人鐘憲作[seal]。均省去心字。與此篆右半正同。【説文古籀三補卷十一】

◉高鴻縉 [seal] 瀗前人釋濾。吴清卿釋浛。王静安曰。瀗水名。讀當與憲同。以聲類求之。蓋即水經渭水注之扞水也。……今考本銘瀗字兩見。第一字右下目字略損。字右旁作害。害。古瞎字。從目害省聲。今字害聲不省。害周時作[seal]。以聲類求之。瀗應即後世斜水。瞎斜古同音。蓋初名瀗水。亦取瞎意。瞎水出瞎谷。後瞎谷更名斜谷。水亦更名斜水。【散盤集釋】

◉戴家祥 [seal]夨人盤 自瀗涉 [seal]夨人盤 復涉瀗

阮元曰,濾字省心,見集韻。積古齋鐘鼎彝器欵識。集韻「濾,水名」,與銘義同。【金文大字典中】

◉徐中舒 [seal]三期 戩一一·四 [seal]三期 戩一一·二 [seal]三期 存二·八一〇 [seal]三期 粹九八六 [seal]三期 粹九三五 [seal]五期 前二·二八·八

從水從[seal]畫,《説文》所無。見於《水經瓠子河注》:「臨淄惟有灂水,西北入濟。」地名。【甲骨文字典卷十一】

漓　潑　鄰　宧

◉丁　驌　乙未卜其禣虎父甲漓。(摭續三六)(虎父甲即虎甲,可知斋甲即是虎甲。據此知辭之稱父甲,皆是武丁之稱陽甲,一期辭也。)

己未卜其皇父庚舞萬于宗兹用。(粹三二二)(此萬字無旁邊之小點。)

丁卯卜兄庚漓歲叀羊。(佚五六〇)(此二期辭。用歲祭。)

丙午卜父丁漓夕歲一牢。(戩二三·七)

上舉諸辭均有漓字。字不从水旁,隸定或應作彨,有流之器也。金祥恒釋此字為福。雖無不可,惟字形从　不从　或　,終覺未安。再檢他例便知釋福非也。例如:

其求于彨,其射。(南明六一五)

丙辰卜其彝　于萬。丙辰卜于宗弘萬杏茲用。(寧二·一〇六)(按:禾字特別。)

上二辭「于宗」「于萬」對貞,可見萬為宗廟之稱,或祭祀之所。其非福字可知。

　,字疑是彨。祭器。粹三二二「其皇父庚舞彨于宗」,皇字為致力於土之圣字加用,用為金器之象形。此字義當是制鑄金器。「父庚舞彨」,乃金器之名稱,為父庚鑄制者也。【說木杏束(木　杏　束)　中國文字第三十三冊】

◉馬薇廎　　非沫字,因上多　,「　(眉)壽」字與此相同,僅少一皿耳。　象傾盤水澆於頭上皿以接水之形,當為潑字。潑、澆也。普豁切,曷韻,與眉、武悲切,同在十五部,故可假為眉字。或以　為沫之假,沫在三部與十五部不通。或以為沫之假,皿倒置於首上,何能灑面,皆非。【彝銘中所加於器上的形容字　中國文字第四十三冊】

◉劉彬徽等　鄰,簡文作　、　。卜筮祭禱簡中「賽」字寫作　,其上部與簡文相似。鄰,古地名。【包山楚簡】

◉白玉峥　　:籀廎先生釋卸本段。或釋貞,曰:「以他辭例之,當是貞字之異;从宀从耶、聑,魏石經尚書以為聽字。按古聽、聖、聲乃一字,與貞同屬耕部,故知此从耶聲之宧,當是貞字。」通考一三七頁。于省吾氏釋為廷,庭之初文隸作宧,曰:「宧,為廷、庭之初文,亦省作耶、宧,从宀耶聲;耶,古聽字。聽,从壬聲,乃後世所加之聲符,與廷、庭之从壬聲聲符同;聽與廷、庭為雙聲疊韻字。金文有廷無庭;庭為後起字。說文:『廷,朝中也』、『庭,宮中也』,乃後世分別之文。金文廷作　、　,乃宧之借字。

契文从宀者，以宗廟之廣廷，謂太室中央，在重屋之下也。太室中央謂之廷，説詳王國維明堂廟寢考。余所藏安陽出土卣壺墨本，有辭云：『乙子王廿隱文武帝乙俎，才盟大廊』；廊作□，从广，與从宀一也。後上二二・一：『☐盟⿱宀⿰耳卩□其令』，當係在盟之廟廷，有所發令也。大廊，即大廷。盂鼎有『大廷』；大廷、謂宗廟太室之廣廷。逸周書大匡：『朝于大廷』，謂明堂之大庭也。古者，各封國皆有宗廟，宗廟皆有太室；金文言王才某地或某國，而格于大室者習見。佚九九四：『才⿱宀⿰耳卩』，言在廷也。前六・一二・六：『奏于⿰耳卩』，⿰耳卩者，⿱宀⿰耳卩之省；知其為省者，契文⿰耳卩聞、⿰耳卩治之⿰耳卩，從不作⿱宀⿰耳卩也。録五五五：『兄祝于宫』；前一・二六・五：『于⿰耳卩□祊令』，⿰耳卩、亦⿱宀⿰耳卩之省。祊、同閍，爾雅釋宫：『閍、謂之門』；言于廷之閍門施令也。庫一〇〇二：『于⿱宀⿰耳卩門刊㐭禽酓』，⿱宀⿰耳卩門、猶⿱宀⿰耳卩閍也。粹二八一：『□小乙于⿱宀⿰耳卩』，當謂：祭小乙于廷也。粹五四一：『弜鄉⿱宀⿰耳卩、鬻隱必』，廷與必為對文，必即宓；言弗饗于廷，而鬻隱于宓也。廷、謂大室中央，宓、謂宫内也。鄴三下四一・六：『其啟⿱宀⿰耳卩西户，兄祝于□□』，余所藏明氏墨本、有辭云：『其啟⿱宀⿰耳卩西户，兄祝于匕辛』；書金縢：『啟籥見書』；啟、謂開也，言開太室之西户，以祝于匕辛也。綜之：⿱宀⿰耳卩、古廷字；契文以⿱宀⿰耳卩為廣廷之廷，亦省作⿰耳卩。周人假□為廷；廷行，而⿱宀⿰耳卩廢矣。」駢三・二〇頁。峥按：于氏釋⿱宀⿰耳卩、甚是；所藏明氏墨本有摹本，於南明六七七片，皆為三期遺物。□、以今隸書之，似當作⿱宀⿰耳吕；□則當隸作⿱宀⿰耳卩。⿱宀⿰耳卩為⿱宀⿰耳吕之重文，則當以⿱宀⿰耳吕為準。⿱宀⿰耳吕、即今楷廳字之初文，廷、庭乃⿱宀⿰耳吕之後起字。

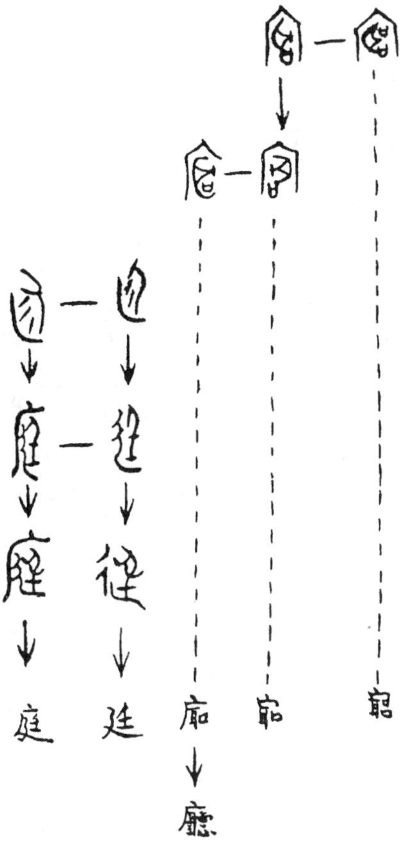

茲再列一表以明之：【契文舉例校讀(十)　中國文字第四十三册】

竂　寭　㝝

◉劉彬徽等　㝝，簡文作[古文]，或釋為宓。【包山楚簡】

◉張政烺　[古文]𡚬𧊒壺　寭祗承祀　从心，寭省聲，疑是㥏之異體，敬惕之意。郾侯簋「祗敬禣祀」，用法與此同。【中山國胤嗣𡚬𧊒壺釋文　古文字研究第一輯】

◉羅振玉　[古文]　[古文]　[古文]　[古文]　爾雅釋詁。竂。官也。釋文。字又作僚。左氏傳文七年。穀梁傳莊十六年。國語魯語。注並云。同官曰竂。儀禮士冠禮注。同官為僚。是竂古通僚。說文有僚無竂。於僚訓好貌。而卜辭及毛公鼎番生敢皆有竂字。今人每以文字不見許書者為俗書。是不然矣。卜辭又省宀作寮。漢祝睦碑。竂屬欽熙。魏元丕碑。酬咨羣竂。是漢魏間尚叚竂為竂也。【增訂殷虛書契考釋卷中】

◉孫海波　[古文]前四·三一·五　說文云。竂。穿也。从穴竂聲。左傳穀梁傳國語注並云。同官曰竂。从宀。不从穴。與卜辭同。韋𠂤竂即衛師竂。[古文]粹一二一二　地名。在𠂤竂卜。【甲骨文編卷七】

◉李孝定　[古文]　[古文]　[古文]　[古文]　今通作竂，僚絜文正从宀竂聲，當與竂為同字。古人有穴居者，詩云「陶復陶穴」是也。然則从穴从宀其事類正同，字之本義當為人所居屋，今臺灣猶多以竂名屋者，蓋古義之僅存者，訓穿訓空其引申義也。同官為同竂者，同官則其治事之所必同也。⊘卜辭云「制令其唯大史竂令」前·五·三九·八。此百僚同僚之義也。「丁未卜行貞王賓叙亡尤在𠂤師竂卜　丁未卜行貞王賓歲亡尤在𠂤竂」佚·三九五。𠂤竂地名，蓋即竂舍之義也。又云「韋𠂤竂弜改亡㝉王其乎㝉示京𠂤又用若」前·四·三一·六。「☐卜在𡴘泉定按二字合文地名餗貞韋𠂤竂郲□王其令㝉不□克古王令☐」簠徵人名五四。辭義不詳。言「韋𠂤竂」，未知與上辭「𠂤竂」同義否。金文作[古文]毛公鼎「卿事寮」「大史寮」與卜辭同。[古文]矢簋。[古文]矢作丁公簋。[古文]同上。[古文]齊侯鎛。从宮竂聲，从宮與从宀从穴同意。【甲骨文字集釋第七】

◉王　輝　竂字下从火，上从大，大乃[古文]之譌變。竂字中間的曰，並非日月之日，也非子曰之曰，而是吕形的譌變。甲骨文有竂字作[古文]，用為地名（粹一二一二）。金文矢方彝作[古文]，所从之竂上从[古文]正是甲文[古文]之譌變；其下从○○，毛公鼎把○○移到中間作[古文]，小篆作[古文]，足見「曰」乃吕之譌變。所謂吕，徐中舒老師說就是火塘，先民每于屋中掘地為火塘，燒火其中，多人圍坐取食，夜則用以取暖，故先民對火塘是很重視的。【殷人火祭説　古文字研究論文集】

◉方濬益　⿱宀欽　說文所無　⿱宀欽鼎　〈0384〉「⿱宀欽作父丙」

說文無⿱宀欽字。公羊僖公三十三年傳。殽之嶔巖。釋文曰。嶔本或作廞。說文亦無嶔廞二字。今得此文知後世之廞字當即⿱宀欽之或體。古从宀从广字互通。未可以說文所無竟指為俗字也。【綴遺齋彝器款識考釋卷三】

◉孫詒讓　⿱宀⿰⿱心皿女　說文所無　伯疑父簋　〈1228〉「白(伯)疑父乍⿱宀⿰⿱心皿女寶𣪘」

字从女从寍。瑑文明晰而字書未見。此當是女子字寍。故注女字於旁以為幖識。未必古實有是字也。【名原卷下】

◉高田忠周　吳[大澂]考未足。說文安也。从宀心在皿上。人之飲食器。所以安人。然則寍字義主於安。故此篆从安。心在皿上也。於六義尤協妥。此亦古字正文之僅存者也。後省作寍。又省作⿱宀皿。【古籀篇七十一】

◉戴家祥　伯𢓜父𣪘　伯𢓜父作⿱宀⿰⿱心皿女寶𣪘　寍為寧之別構。⿱宀⿰⿱心皿女可寫作⿰女寍。⿰女寍，當為嬣之別構，說文不見嬣字。廣韻耕部收之，「女耕切」，訓為「體」。集韻「囊丁切，音寧。女字」。伯𢓜父𣪘正作此用。

⿰女寍字从女从寍，說文所無。集韻下平十三耕嬣，「妌嬣，女劣貌，通作儜。一曰：女態舒徐也」。音「尼耕切」。又十五青嬣，「女字」。「囊丁切」音寧。並泥母耕部字也。【金文大字典上】

◉白玉崢　孫海波氏文編，列為不識之字(附錄二二)。金祥恆先生續文編，入于户部之後(十二·四)。李孝定先生集釋，既列於户部之後，且隸定為⿸户商(三五一一)，又列為待考之字(四〇六三)。崢按：字从户从商，茲姑隸作⿸户商，以俟考定。【契文舉例校讀十五　中國文字第五十二册】

◉黃盛璋　字上從「尹」，下從「柬」從「又」，即《說文》「敕」字。「柬」是「束」字，《甲骨文編》收有此種寫法，「又」與「攴」皆手的動作，可以通用。段玉裁于《說文》「敕」字注：「支而收束之，二義于此會意。」用手收束，所以「敕」有「誡、固、堅、正、理、治」等意，「⿱尹敕」字雖不見字書，但「尹」只作聲旁，而「敕」多作形旁，表示「整、敕」等意，依「整」字从「敕、正聲」之例，「⿱尹敕」必从「敕，尹聲」。作為地名可無定字，依聲考地，⿱尹敕應即是郾。《水經·汝水注》：「汝水又東南逕郾城故城北，故魏之下邑也。」《史記》楚昭陽伐魏取郾是也。《寰宇通志》：「漢郾縣本古郾子國。」漢郾縣故城據志在今郾城南五里，俗謂之道州城(隋于縣置道州，故名)。它的西南八十五里為堂谿城即堂師，棫林正在它西北不遠，淮戎沿汝水入侵，矛頭顯指向成周方向，彧自堂師率成周師氏等追戎，並在棫林迎頭堵截，方位是符合的。

「郾」，也是借音，古音讀「偃」與「隱」，同，《詩魚麗傳》「士不隱塞」，《釋文》：「隱本作偃。」《漢書·古今人表》「徐隱王」，師古曰：「即偃王也。」郾城本治溵水南，開元十二年因大水移治溵水北，元和十二年改為溵州，大、小溵水皆在縣合流，郾得名當和濦水（即溵水）有關，「尹」與「隱、濦、溵」古音皆在文部喉音。敔就是後來的郾城，從古代音讀看，是能講通的。【彔伯䧹銅器及其相關問題　考古與文物一九八三年第五期】

鱟　蜎　𩶘

◉李孝定　𩶘之釋鮰。但憑肊測。殊不足據。此蓋某種魚類之象形字。仍當釋魚。至从屮从魚之字。更非上文之變體。當隸定作𩶘。說文所無。【甲骨文字集釋第十一】

◉湯餘惠　𧯶226　髭，髑（蜎）簡文此字數見，細審右上从出，非从之，字从出得聲，大概就是《玉篇》、《集韻》中蜎字的古文。簡文「𢗖～」即望山楚簡中的「邵固」。【包山楚簡讀後記　考古與文物一九九三年第二期】

◉石志廉　子坴子鱟（鏅）（圖版柒：6，圖一）

圖一　"子坴子鱟"璽（原大，下同）

末一字鱟有人釋作銎，與盌同。這種意見是值得考慮的。我們認為鱟字其上部從𡿺，下部從金，隸定作鱟，即鑒，亦可書作鉨，其上部之與《説文》節字書作相同。子禾子釜的節字書作。此從二者正象符節之意，即口之會意字，應釋為𨱇(鉨)。鉨即節，其下从金者蓋為銅制也。節為古代使者所持以作憑信的物證。此璽應名為璽節，是古代符節的一種。《周禮・地官・掌節》：「門關用符節，貨賄用璽節，道路用旌節，皆有期以反節。凡通達于天下者，必有節以傳輔之，無節者有幾則不達。」古代關卡，凡貨賄之出入，必須交納賦税，經受檢查，皆有嚴密制度管轄之。如戰國楚「鄂君啟節」銘文規定：「見其金節則勿徵，不見其金節則徵。」戰國璽文有「行人關」、「維丘關」、「䣄關」等。此外還有楚「勿徵關璽」。這些都是有關當時關卡征免賦税的物證。

「子某子」這種稱謂在戰國諸侯大夫間甚為通行，尤其是在齊國，如山東膠縣出土的戰國銅量器中有子禾子釜；銅兵器中有子子戈(見《山東省出土文物選集》)，子子戈(見《小校經閣金文拓本》卷十・二十七，《三代吉金文存》卷六・三十八)；璽文中有「子栗子信鉨」(見《十鐘山房印舉》)；陶文中也有稱「子縫子」者，此稱「子坴子」與以上諸例相同。

我館藏有兩件有長柄盃形銅量，一大一小，傳亦山東臨淄出土，為陳介祺舊藏。器身有陰文戳記，「右里敀𨱇(鉨)」四字。右里為地名，常見于齊國的銅、陶器銘文。敀與伯通。右里敀(伯)，即右里之長，官職名。𨱇(鉨)即璽節。「右里敀𨱇(鉨)」銅量，從其量值觀察，可能即子禾子釜銘所謂的絣，為齊量的一種。右里敀𨱇(鉨)大者，量值實測，容水1025毫升，合田齊新量之五升。小者實測容水206毫升，合田齊新量之一升。這種銅量上的銘文，即作為官用之標志。

「子坴子𨱇(鉨)」不僅形制巨大，文字雄奇，其特點是陽文文字十分高深，異常堅勁，故它和戰國時期的「丕鄯坤𨱇(鉨)」、「鄯邑坤𨱇(鉨)」等，都是專門用來為頒發和鈐蓋陶量器所用之印。此璽的𨱇(鉨)字，就説明它是作為璽節之用的。這一發現為古代文獻記載的璽節找到了實物依據。

子坴子當為齊國統治階級中的顯赫人物。但究系何人，還有待于進一步的探討。通過對此璽的研究，使我們認識到，凡量器或璽印中之稱𨱇(鉨)者，應是齊器的特證。【館藏戰國七璽考　中國歷史博物館館刊一九七九年第一期】

嬉嬉

林一・二一・一二　从女从喜。説文所無廣雅嬉戲也　珠三七一背【甲骨文編】

◉孫詒讓　甲・一・二一・十二　藏・五九・三　餘・六・二　拾・八・十八　前・六・五三・三　後・下・三五・八

前・七・十八・三　前・七・四十・二　菁・一・一　明・二〇六八

夏桀后妹喜。見國語晉語。楚辭天問及吕氏春秋慎大篇漢書古今人表並作末嬉。而説文女部無嬉字。金文亦未見。唯龜甲文有[古文字形]字。从女从壴。蓋即嬉之省文。説文喜部。喜古文作歖。又旡部歖字甲文作[古文字形]。並省喜為壴。可與⿰女壴字互證。據甲文則古固有此字。可據以補説文之歖。文選洞簫賦李喜注引説文「嬉,樂也」疑今本敓之。【名原卷下】

◉孫詒讓　[古文字形]　此字从女从壴。説文無此字。疑即嬉之省。説文女部亦無嬉字。夏桀后末嬉見楚辭天問吕氏春秋慎大篇。則古有其字。此即嬉之省也。【契文舉例卷下】

◉孫海波　[古文字形]林一・二一・一二　从女从喜。説文所無。广雅嬉。戲也。【甲骨文編卷十二】

◉唐　蘭　[古文字形]鐵五九・三片……雨,不隹⿰女壴　[古文字形]餘六・二片貞不□⿰女壴　[古文字形]菁六葉王固曰:㞢希,㞢糍,其㞢來⿰女壴。　[古文字形]同七日己丑,允㞢來⿰女壴,自□。□戈化乎告曰:……方𢧵于我□……

右⿰女壴字,亦作嬉。從壴之字,多變從喜也。孫詒讓曰:「[古文字形]字從女從壴,説文無此字,疑即嬉之省。説文女部亦無嬉字。夏桀后末嬉,見楚辭天問,吕氏春秋慎大篇,則古有其字,此即嬉之省也。」舉例下二十。其説甚是。然自羅振玉舉壴、侸、尌、⿰女壴四字並釋為侸,舉世學人咸從其説,而孫説反晦,信乎是非之難定也。羅氏之言曰:「説文解字:『侸立也,從人,豆聲。讀若樹』。案以讀若樹觀之,則當從壴聲。此作[古文字形]者從人,從壴,壴即樹也。故或省人。此為後世僕豎之豎字。卜辭又有⿰女壴,從女,殆與從人之[古文字形]周。」類編八二。按羅氏此説,其思想殊不清晰。既以壴為樹字,又以為尌之省,實自為矛盾。考羅氏作考釋時,尚未釋此字,改訂本考釋有之,已在類編之後。而禮制篇紀殷之官制則云「有豎」,説之云:「文曰『命壴歸』,壴與樹當為一字,亦即後世之豎字。」一百七葉。然則羅氏胸中先有一「壴」即「豎」之成見,而壴即讀為樹,亦與豎難相附會,至多可謂樹立等於豎立耳。至尌字説出,則以尌釋為侸,更讀侸為豎,此巧妙之附會,始能成立。故壴字必須附於侸下,為侸之省,而不能獨立為壴或樹字,可見其彌縫之苦心矣。後人以壴字别出,而以侸尌⿰女壴為侸,亦失羅氏之本意矣。夫卜辭云「令壴歸」者,其壴字必為人稱,固無以知其為官名也。羅氏立説之根據,已為丐辭,故其辛苦造成之豎字説,僅如紫色蛙聲,餘分閏位而已,終不能久假而不歸也。

郭沫若釋壴為鼓之初字,甚確,已詳上文。而以⿰女壴字釋為鼜,則亦誤也。郭氏謂:「象於壴旁有人跽而戍守之,乃象形之文,非形聲之字,蓋古鼜字也。」此説在文字學上不能成立。研究文字學,必當有字形或歷史之根據,⿰女壴鼜二字,在字形上既無線索可尋,在歷史上又無踪跡之遺留,但憑一己理想以決定古代之文字,實最危險之方法也。蓋解釋文字者,必在字形確定為某字以後,釋其何以有此現象而已。不可在未識其字之先,漫然加以解釋,即憑一己之解釋而斷其必為某字也。⿰女壴字郭釋為䵻，象壴旁有人跽而戍守之。然何以從女，豈「夜戒守鼓」，乃需女子耶？且人跽鼓旁，安見其不為擊鼓，然則更可釋為鼓或鼙字乎？郭氏天資過人，於卜辭發明頗多，然疵纇亦所不免，如此等處，不能謂非千慮之一失也。

十餘年前，余初治卜辭，即釋⿰亻壴⿰女壴為僖及嬉，時猶未見孫仲容之書也。蓋⿱壴大之即⿱壴大，䵻之即囍，既無可疑，則⿰亻壴⿰女壴等字，烏能例外，此理本甚易明也。然除孫氏外，竟無知之者，豈非怪事。故知人之耳聰目明，有蔽塞之時，而規矩準繩為不可缺也。

或謂⿰亻壴⿰壴卩⿰女壴等字，如為形聲字，自當如子之説矣，然安見其非象形與會意耶？余曰，不然。⿰亻壴⿰壴卩⿰女壴三字，姑不論其為聲化象意，為純粹形聲，其為形聲字，固可無疑。卜辭有嬉字，我人既以⿱壴大䵻為熹囍，豈能强分⿰女壴嬉為二字。此一證也。⿰亻壴之為僖，⿰女壴之為嬉，自古相傳，為形聲字。即玉篇讀⿰亻壴為時注切，亦仍是形聲。此二證也。即以卜辭言之，⿰壴卩⿰女壴通用，事甚昭箸。其云「王固曰：壴」，續六・十三・一片。即「王固曰：⿰女壴」也。前七・二・四片。其曰「貞王𢦏不隹壴」栔四・○・九。與「……雨，不隹⿰女壴」鐵五九・三片「貞行□不隹⿰女壴」拾八・十八句法正同。然則壴⿰女壴亦相通也。壴⿰壴卩⿰女壴三字之通用，如謂非⿰壴卩⿰女壴之同諧壴聲，固不能解釋。此三證也。則⿰亻壴、⿰壴卩、⿰女壴之必為形聲字，且必當讀僖、⿰喜阝、嬉，其證據至明碻也。

然於此有一難題焉，即卜辭⿰壴卩⿰女壴等字之意義是已。説文「僖樂也」，又「歖猝喜也」，又歖為喜之重文，廣雅釋詁「嬉戲也」，蓋古文字從人者或轉從女，或改從卩，又變從欠。僖歖嬉在後世雖殊為各字，在古昔則音義全同。實一字之異文也。然僖樂之義，非卜辭所用也。

卜辭恆云：「㞢𠦬其㞢來⿰女壴」，羅氏讀為「之求其之來亘」者，因不可解，然讀⿰女壴為嬉，亦正難通。余之懷此疑，蓋亦久矣。郭沫若依胡光煒説，讀㞢為有，依孫詒讓説，釋𠦬為㣇，而讀㞢㣇為有祟，此類卜辭，始露一線之光明。郭氏謂「⿰女壴字必與㣇字相貫而含凶咎之意」，誠為不刊之論。惜其釋⿰女壴為䵻，於字形為錯誤耳。

余於前歲暑假讀戩壽堂殷虛文字，忽悟「㞢來⿰女壴」者，與「亡來⿰女壴」對文，「亡來⿰女壴」即「亡來䵻」，因以知⿰壴卩⿰女壴均當讀為艱。後撰古文字學導論，於自序中涉及此説。且以壴、鼓、喜、䵻四字，今所謂古音系統分屬各部，而卜辭時代猶相通用。因謂今之古音，出周以後，不足為周前之準繩。

卜辭壴⿰壴卩⿰女壴等字，並叚借為䵻難字，上文所論，既已詳悉。此類卜辭俱以明白。故治卜辭當以研究文字為第一義也。

【釋壴鼓⿰壴殳⿱穴⿰壴殳喜⿱壴大⿰亻壴⿰壴卩⿰女壴嬉䵻　殷虛文字記】

◉温少峰 袁庭棟 甲文有「□」字，或作「□」，祖庚祖甲時期又作□。在卜辭中或用為禍祟字，如「乍鼓」、「亡鼓」，但大量地用于「來鼓」一詞。「鼓」字乃人在鼓旁會意，人或作女，乃偏旁通用之常例。此字前人考釋甚多，孫詒讓釋「嬉」，又疑為「鼓」。羅振玉釋「僖」，謂即豎字。唐蘭謂讀為「艱」。郭沫若釋為古之鼖字。夏淥同志則謂：「字象一人蹲在鼓邊擊鼓的形象，當為『報警』、『警報』的『警』字初文。」「後期卜辭『來警』的『嬉』字多寫作『來囍』(囍)，囏(艱)和嬉(警)是通假關係，仍讀『來警』為宜」(《學習古文字隨記·釋嬉(警)》)。諸說以夏說為長，可從。以鼓報警，乃是我國古代與烽燧並行的舊制，《史記·周本紀》：「幽王為烽燧大鼓，」正記此事。卜辭中亦記有以鼓聲傳遞信息之事。如：

(126) 貞：□辛壴(鼓)？ (《粹》五三三)

(127) 癸巳卜，貞：□辛壴(鼓)？ (《林》一·二六·一六)

此二辭之「□」，《甲骨文字集釋》釋為「□」，《說文》訓「扶也」，《玉篇》訓「故將字」，有「把握」、「行動」之意。「辛」作「□」，可讀為「信」。「壴」乃「鼓」之初文。「□信鼓」者，謂開始進行以鼓聲報信也。

(128) 貞：壴(鼓)其乎(呼)來？ (《林》一·九·七)

(129) 貞：壴(鼓)乎(呼)來？ (《拾》八·一七)

此二辭正記載擊鼓傳令，召呼其來也。

正因為古人以鼓聲傳遞信息、警報，所以專以會意字「鼓」或「鼓」來表示告警之「警」。後來才借从壴𦰩聲的「囍」字以表示之。在卜辭中，「嬉」或「鼓」字也用作「禍祟」義，乃是後起的引申義，大量的仍用于「警報」、「信息」之義。如：

(130) 癸酉卜，貞：其自畢㞢(有)來鼓？ (《甲》二一二三)

(131) ……自北來鼓？ (《乙》三六一)

(132) 壬午卜，出貞：今日亡來鼓自方？ (《南》誠七七)

(133) 癸丑卜，出貞：旬亡希(祟)、其自西來鼓？ (《鐵》一八二·三)

(134) 貞：其自南㞢(有)鼓？ (《鐵》一一五·三)

(135) 己巳卜：今月(夕)亡來囍？ (《明》五九六)

以上諸辭之「鼓」、「鼓」、「囍」皆讀為「警」，「來警」，即謂自各方報來之警報消息也。

或曰「㞢鼓」，如：

(136) 王不其北㞢(有)鼓？(《林》一·二二·八)

(137) 貞：羽(翌)甲辰其㞢(有)至鼓？(《庫》五二八)

「㞢鼓」即「有警」，謂有警報到來也。

或曰「氏鼓」，如：

(138) 壬子卜，王貞：不氏(氐)鼓？(《乙》六七一一)

(139) 王占曰：氏(氐)鼓？(《乙》二二八六)

「氏鼓」即「致警」，謂送致之警報。

由以上討論中可見，殷人的警報信息來自各地，有「自南」、「自北」、「自西」，還有「〔來〕鼓自東」(《掇一》五四四)，在四方邊境皆設置有傳遞警報的軍郵體系，警報的大多內容都是有關軍事的「邊報」。如：

(140) 癸巳卜，殼貞：旬亡囚(咎)？王占曰：「㞢(有)常(祟)，其㞢(有)來鼓？」乞(訖)至五日，丁酉，允㞢(有)來鼓自西，沚戠告：「土方正(征)于我東啚(鄙)，𢦏(捷)二邑；𢀛方亦𠬸(侵)我西啚(鄙)田。」(《菁》二)

此辭大意為：癸巳這天，貞人殼卜問：「下旬有無災禍？」殷王觀視卜兆之後占測說：「有禍祟，會有警報送來吧？」過了五天，丁酉日，果然有警報从西邊送來。沚戠(人名，殷王大將)報告說：「土方進攻我東方邊境，奪去兩個村落；𢀛方也侵犯我西境的田地。」

(141) 王占曰：「㞢(有)常(祟)，其來鼓？」乞(迄)至七日己巳，允㞢(有)來鼓自西，[glyph]友角告曰：「𢀛方出，𠬸(侵)我示㯰田，十人五。」(《菁》二)

此辭記錄殷之守將[glyph]友角从西境送來之邊報：「𢀛方部隊出犯，侵占我示㯰地方的田地，還抓走十五人。」

(142) 王占曰：「㞢(有)常(祟)，其㞢(有)來鼓？」乞(迄)至九日，辛卯，允有來鼓自北，𠬝敏姘告曰：「土方𠬸(侵)我田，十人。」(《菁》六)

此辭記錄𠬝地之敏姘(當是武丁諸婦之一，戍守此地者)自北方送來的邊報：「土方侵犯𠬝地的田地，並且抓走十人。」

(143) ……允㞢(有)來鼓自西，[glyph]告曰：「……𢦏(捷)[glyph][glyph]。方相二邑。」十三月。(《叕》二七)

此辭記錄：殷之將領[glyph]報告說：「(敵人)侵犯了[glyph][glyph]，方相兩個村落。」

(144) ……四日，庚申，亦㞢(有)來鼓自北，子𩰫告曰：「昔甲辰，方正(征)于蚁，俘人十㞢(又)五人；五日，戊申，方亦正

（征），俘人十㞢（又）六人。」六月，才（在）……　（《菁》五）

此辭記載子𢀛從北境取地送來的邊報，郭老對本辭在軍情傳遞上所含的意義，曾有過如下分析：「本片言『四日庚申亦有來鼓，』則四日前之丁巳必曾有來鼓一次。又言『昔甲辰，方征于蚁……五日，戊申，方亦征，』則庚甲之來鼓乃報戊申之寇，丁巳之來鼓乃報甲辰之寇也。甲辰至丁巳十四日，戊申至庚申十三日，邊報傳至殷京（即安陽）之日期前後相差不遠，是知土方之距殷京約有十二、三日之路程也。每日行程平均以八十里計，已在千里上下。」（《卜辭通纂》五一三）從此分析可以看出，殷代的邊報發送已經制度化，傳遞方式亦有定程，可知我國之軍郵傳送制度早在殷代即已相當正規了。【殷墟卜辭研究——科學技術篇】

⿰女棗　⿰女喪

◉李孝定　从女从壴。説文所無。即今之嬉字。說文亦無嬉字。唐氏讀為䵻艱。觀卜辭亦習見「亡來⿱艹壴」之辭。其説甚是。予於音韻一道為門外漢。於唐氏所論古音流變實不敢妄贊一辭。然其所論三百篇時代之古韻系統不足以上論商代之古音流變。在原則上固確不可易也。艱困凶咎義類相近。卜辭言有來艱亡來艱者。卜未來之有無災禍也。亦猶它辭之言亡禍亡尤有祟有壱也。【甲骨文字集釋第十二】

◉徐中舒　一期林一・二一・一三　從女從喜，《説文》所無。見於《廣韻》：「嬉，戲也。」唐蘭謂當讀為艱《殷虛文字記・釋嬉》。可從。見卷十三堇部艱字説解。【甲骨文字典卷十二】

◉李孝定　从女从喪，説文所無。孫氏文編十二卷十一葉收作𡢀。从乃喪字。【甲骨文字集釋第十二】

◉周名煇　古姝字。从从女。飾之華者。與要同意。杞伯敏亡鼎。吳氏定此下七文為古姝字。今考定當為⿰女棗。讀如曹同。吳子馨謂本應隸寫為嬅。但前隸寫為⿰女棗。从女棗聲。因而同聲譌別。遂成曹字。經典盡作曹姓矣。郭鼎堂釋字。為從女棗。乃邾國曹姓本字。

郭説是也。古金文杞伯敏勾毀銘云。杞白伯每敏。勾字从長沙楊先生説、舊釋為父字或亡字、未當。作鼄邾寶鼎。子子孫孫。永寶用。又邾友父鬲銘云、鼄邾友父媵賸其子召寶鬲。是⿰女棗為邾之國姓甚明。通志氏族略云。邾氏顓帝元孫陸終第五子曰安。賜姓曰曹。是邾氏曹姓。即⿰女棗姓之證。而謂⿰女棗姓之邾。出于顓帝元孫陸終第五子者。則窓齋集古録弟一册二

⿱卯金　⿰女黹

十一葉。載邾公釛鐘銘云。陸𨙻融讀如終同王國維有詳説。之孫邾公釛。作□禾龢鐘云云。益可證其碻義也。

吳子馨以為應隸寫為嬕之説非也。何以言之。案説文𠌶部云。𠌶、□木華也。从乑亏聲。古金文如克鼎銘字作□。仲義父盨銘字作□。皆从于聲。與説文相合。石鼓文字作□。从丁者。于之省。而此文未見从于聲之痕蹟。邾友父鬲銘字从女从□。與説文棗字作□相近。而與禮記昏義篇陸氏釋文謂俗作□者。尤近也。惜許君未存其字。致令後人紛擾無定矣。【新定説文古籀考卷上】

◉强運開　□ ⿰女黹　説文所無　鄭登伯鼎　〈0561〉「奠(鄭)登白(伯)□弔(叔)⿰女黹乍(作)寶鼎」　□鄭登伯鬲　〈0714〉「奠𤼷白(伯)乍弔(叔)⿰女黹薦鬲」

□奠興伯作叔□薦鬲。吳書釋作帶不塙。運開按。此篆之右逼於邊際。所存□形蓋即笵鑄不全之女字。左旁之□。容庚金文編釋為黹。从女从黹。字書所無。以形聲求之。當讀如祇。祇姊音近。或亦為姊之籀字也。【説文古籀三補卷十二】

◉戴家祥　□鄭興伯鬲　鄭興伯作叔⿰女黹薦鬲　字从女从黹，字書所無，金文用作人名。强運開讀作姊之籀字，郭沫若釋作祁，均不足為證。【金文大字典上】

◉高　明　戰國時代齊國陶文和璽印，經常出現「□」字，吳大澂《説文古籀補》卷十二丁佛言《説文古籀補補》卷十二顧廷龍《古陶文舂録》卷十二均釋此字為「⿱夗瓦」，裘錫圭釋為「節」，《戰國文字中的「市」》，《考古學報》1980年第3期。朱德熙隸定為「鐉」。《戰國文字中所見有關廄的資料》，《古文字學論集》，香港中文大學，1983年。同文又見《戰國文字資料裏所見的廄》，《出土文獻研究》(一)，文物出版社，1985年。從目前所見齊國陶文、璽印和銅器銘文來看，此字的形體主要有「□」、「□」、「□」三種。此三種字形，下部一律从「金」，差異主要在上部結構。從第一種字形分析，左側寫作「□」，右側寫作「□」，中間的「□」可以靠上，也可以靠下，基本形體當寫作「□」。第二種字形左右兩側皆寫作「□」，上部形體則作「□」。第三種字形左右兩側皆寫作「□」，上部形體則寫作「□」。字形雖有微變，分為三種，但在陶文、璽印和銅器銘文中的用法和意義卻完全相同，它們本當為同字，則無可懷疑。關于字形的微變，並非故意而為，顯然是因當時刻書者的草率或筆誤所致，故在三種字形中，必有正體與別體之分。在它們之中究竟哪一種是正體，何者為別體呢？我想從下圖所列的資料中，大體可以辨識（參見圖一）。

圖一

1.《管子學刊》1993年3期，49頁，圖1、2，山東臨淄梧台鄉東齊村出土銅升　2.《封泥考略》卷一，2頁，齊封泥　3.《簠齋手拓古印集》12下，録自《古文字學論集》413頁，圖四，齊印　4. 山東博物館藏陶文拓本，録自《古文字學論集》413頁，圖五，齊陶文　5.《古陶文彙編》3.653，齊陶文　6.《古陶文彙編》3.655，齊陶文　7.《古陶文彙編》3.654，齊陶文　8.《古陶文彙編》3.647，齊陶文　9.《古陶文彙編》3.652，齊陶文　10.《陶鉨文字合證》2上，齊陶文　11.《古陶文彙編》3.649，齊陶文　12.《古陶文彙編》3.651，齊陶文　13.《山東鄒平縣苑城村出土陶文考釋》，《文物》1994年4期　14.《古璽彙編》0355，齊印

[glyph]（簡103）　[glyph]（簡228）　[glyph]（圖一·1）

[glyph]（簡115）　[glyph]（簡226）　[glyph]（圖一·4）

僅從圖一提供的14件材料來看（據不完全統計，類似材料還有4件，其中一件字殘，其它三件無拓本），形如第一種的計10件（1—3、5—10、13）；形如第二種的計3件（4、11、12）；形如第三種的僅1件（14）。從三種字形出現的頻率和數量分析，第一種字形數量最多，約占全數的百分之七十，其它二種共四件，僅占百分之三十，從字形出現的數量考察，數第一種最多。應當説正確的，符合規範的字形，必然占多數，故此字的正確寫法：下部从金，上部一側作「[glyph]」，另一側作「[glyph]」，中間為「[glyph]」，寫作「[glyph]」，左右形符不同，裘錫圭同志曾注意到這一點，他説：「這個字的上半是兩『卩』一個『口』，『卩』象跪坐人形，有的印文把靠左的『卩』寫作『[glyph]』，也還是人形，釋為『卺』顯然是不可信的。」裘錫圭：《戰國文字中的「市」》，《考古學報》1980年3期，第289—290頁。所謂象人形的「[glyph]」，也不一定准靠左，有時也靠右，左右任作。主要是左右兩形符不同，一作「[glyph]」，可釋「卩」，另一作「[glyph]」，並非人字，故裘氏將其釋作「[glyph]」字，也不妥當。然此字應當釋為何字？《包山楚簡》卻為我們提供了一個很好的對勘資料。

《包山楚簡》中之《卜筮祭禱》諸簡，載「大司馬⿱卲心髗退楚邦之師徒以救郙之歲」紀年者，即有226、228、230、232、234、236、239、242、245、247、249共11組。其中⿱卲心字主要寫作「□」(226)、□(228)、□(232)等形。《包山楚簡》作者將其釋為「⿱卲心」字。再如，《文書》簡中載有「大司馬卲陽敗晉師於襄陵之歲」紀年者，共有103、115兩組。其中卲字均寫作「□」(103)，《包山楚簡》作者將其釋為卲字。回顾1957年安徽壽縣九里鄉丘家花園出土的鄂君啟節，銘文也有「大司馬卲陽敗晉師於襄陵之歲」的記載，説明包山此簡所記「大司馬卲陽」與鄂君啟節所載乃同一人名，彼此發生在同一年中。關於戰國時期楚大司馬卲陽破魏之事，《戰國策・齊策》與《史記・楚世家》均有記載，「大司馬卲陽」；即「楚上柱國昭陽」；「敗晉師於襄陵」，文獻載「破魏於襄陵」。此事發生在楚懷王六年，公元前323年。鄂君啟之水路二節中的卲字均寫作「□」，故無論從字形分析，或同文獻勘校，皆證《包山楚簡》作者釋「□」為卲，與釋「□」為⿱卲心，均甚正確，並得到大家的公認，那麼我們就把《包山楚簡》中的「卲」與「⿱卲心」二字同齊國陶文以及印文中的「□」放在一起比較，此字該讀作什么即可一目了然。

通過以上對比，足以證明這個困惑我們多少年的字，應當隸定為「⿱卲金」，字體結構當為从金卲聲。《説文》所無。

⿱卲金字在陶文、璽印中代表什麼意思呢？這是大家最關心的問題。有人説是器物的名稱，不對。因為它常同一個具體器物名稱一起出現，如「大⿰土市豆⿱卲金」(圖一，5)、「大⿰土市區⿱卲金」(圖一，6)。從這兩枚陶文印跡分析，前者器名為「豆」，後者器名為「區」，豆和區都是齊國的量器，不可能在器名之後再重一個器名。我們同意裘錫圭的看法，他説：「□決不會是器名。各印的□字都在印文之末，地位和一般印文裏的『鉨』(璽)字相當。其字从金也和鉨字一致。看來這應該是跟『鉨』字意義相類的一個字。究竟是什麼字，還有待進一步研究。」

戰國時期人們參與社會上各項活動，無論是官府或人民，代表交際雙方彼此誠信的憑證，主要是璽和節。《説文・土部》：「壐，王者印也，所以主土，从土爾聲；璽，籀文从玉。」節字《説文》作「卩」，許慎云：「卩，瑞信也，守國者用人卩，澤邦者用龍卩，門關者用符卩，貨賄用璽卩，道路用旌卩。」《周禮・地官・掌節》亦有類似的記載。許慎謂璽為「王者印也」，這是指秦始皇統一六國以後的規定，而且節也成為軍事專用，故漢代以後一般官吏或人民皆改璽為印或章。戰國時代齊國還發現另一表示誠信之物，即「⿱卲金」，它同鉨一樣，由于皆為銅鑄，故兩字皆从金，如鉨字，原為象形寫作「□」，後增金符作「鉨」。⿱卲金字原當為卲，是一从卩召聲的形聲字，意符从「卩」，足可説明⿱卲金同鉨、卩性質相同，皆為代表誠信的憑證。⿱卲金與鉨、卩三者性質雖同，但用法各異。關於鉨與卩的使用，先秦文獻均有詳細記載，不過字形卻有很大改變，鉨改作「璽」，卩改用「節」，⿱卲金字，字書未收，文獻也未載，它改用了什麼字？過去一無所知。《説文》收有「卲」與「鉊」二字，字形與之相同或相近，許氏將前者釋為「高也」，後者謂為「大鎌」，看來皆同本字的意義無關。從「鋈」在陶文中的作用及其所表示的意義分析，同璽的作用相似，均為代表誠信的憑證，姑疑它可能就是文獻中所用的「照」字。按照與昭、炤，古同字異體，皆作光耀、透明之義，引申則為檢驗、察照；照與鑒同，《廣雅・釋詁》：「鑒，照也。」鑒、照均有審察、鑑定之義。《詩經・小雅・小明》：「明明上天，照臨下土」，鄭《箋》云：「照臨下土喻王者當察理天下之事也。」《論衡・吉驗》：「前後氣驗，照察明著」，《後漢書・郅壽傳》：「以自鑒照，考知政理」，《晉書・郭璞傳》：「照察幽情」；到後來「照」又由審察、驗證演變成由官府審察檢驗後發給的合格憑證。如《文獻通考・田賦考》：「取索契照」；宋王明清《玉照新志》卷三：「今後不得妄發照牒」；《朱子語類》卷六四：「遠人來，至去時，有節以授之，過所在為照」；范仲淹《奏乞指揮管設捉賊兵士》：「明立照證，處斬訖奏」，《宣和遺事》前集下：「歸家切恐公婆責，也賜金杯作照憑」。這種情況一直延續至今，凡由官府發給人民帶有文字說明的憑證，都可稱作「照」。諸如房照、地照、車照、船照、執照、護照等等，都是經過官府各有關部門審察檢驗後發給的合格憑證。它們雖與齊國銅、陶量器上印的「大坿豆鋈」、「大坿區鋈」、「均亳釜鋈」，及臨淄出土的銅升「右里敀鋈」，彼此所處時代不同，使用的方式也不同，但它們所起的作用，卻同屬於一種性質。升、豆、區、釜、鍾是齊國五種容積不同的量器，《左傳》昭公三年載晏子的話說：「四升為豆，各自為四，以登於釜，釜十則鍾。」圖一，1的「右里敀鋈」，即近來在臨淄故城出土銅升上的銘文。朱玉德：《臨淄出土青銅量器》，《管子學刊》1993年3期。 圖一，4「大坿豆鋈」、圖一，5「大坿區鋈」，以及山東鄒平出土的「均亳釜鋈」馬良民，言家信：《山東鄒平縣苑城村出土陶文考釋》，《文物》1994年4期。 其印文則表示升、豆、區、釜這四件量器，分別由「右里」、「大坿」、「坿亳」各地方官府監製，其中的「鋈」字，即代表官府檢驗合格的鑑證。【說「鋈」及其相關問題　考古一九九六年第三期】

◉于豪亮　「隳像(像)先王」，《三體石經・春秋・僖公三十三年》殽作□，字的上半部與銘文此字右偏旁絕似，知此字右偏旁乃是从肴从心，則此字當从肴聲，讀為肖，《說文・肉部》：「肖，骨肉相似也。」【中山三器銘文考釋　于豪亮學術文存】

◉張　頷　在銘文的尾部有「□壺」一辭，于省吾先生釋作「陻壺」，並認為「陻」是「禋」的借字，即「禋祭也」的意思。我意釋為「陻」是值得商榷的。因為在田齊銅器銘文中凡帶有左耳旁的字，其左耳均作「□」，下面的「土」字和左上方的「□」是一回事，是不可以割裂的。如「陳喜壺」、「陳肪簋」、「陳逆簠」等銘文中的「陳」字皆作□，「陳純釜」銘文中「安陵」的「陵」字也作□，故而□字左下方的「土」字移到右下方去而釋作「陻」是不够完善的。「陳喜壺」銘文的□字的右上方作□，顯係「卣」字。甲骨文中「卣」字有的作[卣]或[卣]、[卣]。而金文「毛公鼎」銘文「錫汝秬鬯一卣」的「卣」字作[卣]。卣又通于画，「史䛐簋」作[卣]，「散氏盤」作[卣]，與「陳喜壺」[⿰阝卣]字右上方同。《爾雅·釋器》「彝、卣，罍器也」，注「皆盛酒尊」，疏「卣中尊也」。金文「隮」字左旁从阜、右旁作[尊]或[尊]，均象手捧酒器狀，而「陳喜壺」的[⿰阝卣]字右旁亦為手捧酒器狀。而其右上方的「卣」字與一般金文「隮」字右上方的「酋」和「酉」字音同而意近，故可通假。因此，「陳喜壺」銘文中的[⿰阝卣]字仍應釋作「隮」字為宜。【陳喜壺辨　文物一九六四年第九期】

◉陳夢家　廣雅釋詁。隥阪也。爾雅釋詁。滕虛也。隥或滕與朕同音相假。東朕與海眉皆非專地名。乃指一帶區域。【小臣謎段　西周銅器斷代】

◉戴家祥　蓋　录茲卣　伯雒父蔑录曆　雒白鼎　雒白乍寶尊彝　雒白鼎　王令雒白啚于之為宮

羅振玉曰：从巛，即水字。从口，从隹，古辟雝字如此。辟雍有環流，故从巛，或从乚，乃巛省也。口象圜土形，外為環流，中斯為圜土矣。或从㗊，與口誼同。古辟雍有囿，鳥之所止，故从隹，說文訓為雍渠，非初誼矣。伯雒父鼎作[雒]，與此同，他金文或增口作吕，後又譌吕為邑，初形益不復可見矣。殷墟書契考釋中一一。金文用作地名，或疊字用作狀聲詞。【金文大字典中】

⿰糸禺 2601　說文所無玉篇⿰糸禺隅也　【古璽文編】

◉吳其昌　曰：用⿰礻奉。

羅釋：「⿰礻奉，未詳。」今按：「用⿰礻奉」者，饗之一種也。所以知者，⿰礻奉即𢍜。𢍜，即𠦪，即𠦪。周金文存（卷三下頁一百五十四至一百五十六）有杜白盨三器，並云：「杜白作寶盨，其用享孝于皇申且考，于好朋友，用𠦪，壽匄永命。……」又（卷五下頁一百二十一）有盂爵云：「隹王初𠦪于成周，王命盂寧鄧白，賓貝。……」

「寧」者，王先生解洛誥「乃命寧予」云：「寧，安也。詩曰：『歸寧父母。』孟爵曰：『王命孟寧鄧白。』是上下相存問，通稱寧也。」按先師之説是也。杜白盨云：「于好朋友，用□。」孟爵於「用□」下，即云「寧鄧白」，此可以證□為饗之一種也。□與□其簡文，□其緐文也。此字變態至賾：杜白盨作□，孟爵作□，毛公鼎「金車□緐較」作□，番生敨「電軜□緐駁」作□，彔白㦰敨「金車□□較」作□，吴尊蓋「金車□」作□，師兑敨「金車□駁」作□。又從□從手之「捧」字，曶鼎作□，大鼎作□，師奎父鼎作□，令鼎作□，容鼎作□，不嬰敨作□，師酉敨作□，彔白㦰敨作□，趞敨作□，周公敨作□，師遽敨作□，師嫠敨作□，師遽尊作□，頌壺作□。又從𠦪從食之「餑」字，戈叔鼎作□，禾敨作□，貞敨作□，戲白鬲作□，齊陳曼簠作□，番君簠作□。又從𠦪從允之「獵執」字，號季子白盤作□，兮甲盤作□。又與𠦪字一原而畧變之「華」字，邾公華鐘作□。綜觀以上各字，以形，聲，義，三者推之：孫君仲容名原下説文補闕第七𡟏字云：「通校金文，凡從□者，當為𠦪之正。凡從□者，當為𠦪之省變。其字一也。而其讀蓋有三：一，如字。如『捧』字從『𠦪』為聲是也。一，為『賁』之假借。『𠦪□』『𠦪駁』及『饙』作『餑』字是也。一，則與『𣎵』同。説文本部無『𣎵』字，而『粠』字偏旁從此；許云：從屮，從本，允聲。三讀雖異，而形並略同。」按：孫説是而未諦。「粠」字偏旁之「𣎵」，與「𠦪」不應析為二讀；而「華」字與「𠦪」，則為一源而異脈。請畢言之；詳此字形狀，與甲骨文字中之□之□之□之□相類，當為一源，而此甲骨文為「我受來年」之「來」；見于孫君名原上象形原始第三。來，麥來；禾屬也。此字字形，正象禾類既熟，穗重頴垂，折蘚匐匍之狀。華之盛放者，亦得垂枝下懸，故此□字與□，本為一形。「華」之下部「丰」，即為「𠦪」之下部「□」之所變也。但一作平橫線，一作下折線耳。本為一原，其後欲彊示區別，乃固定以平橫線為「華」字，以下折線者為「𠦪」字；推其古初，宜不爾也。綜此「華」「𠦪」「來」為一原，象折蘚垂實之形耳。更從其形以推其誼：禾屬折蘚匐匍，宜其實之既熟，故可以食。故從「食」則為「餑」。既已可食，當薦之以器；故戈叔鼎云「自作餑鼎」，禾敨云「肇作……餑彝」，貞敨云「自作餑鼎」，戲白鬲云「戲白作餑齍」，齊陳曼簠云「作皇考獻叔餑盤」，番君簠云「番君召作饙簠」。云「餑鼎」「餑敨」「餑彝」「餑齍」「餑盤」「餑簠」，則「𠦪」之為物，為禾屬之可食者，故咸登之於鼎簠敨盤之屬，可證也。説文食部：「餑，脩飯也。從食，𠦪聲。」又：「饙，或從賁。」按：餑，饙，餴，一字也。詩大雅泂酌「可以餴饎」。「饎」即「嘉賓式燕以喜」、「吉甫燕喜」之「喜」。喜，亦燕也；故毛傳云：「饎，酒食也。」則「餑」亦可燕饗者矣。「餑」是燕饗之名，則以其所從之「𠦪」為禾熟穗飽，纍重下垂之誼故也。「捧」字從「手」從「𠦪」者，則以古人之拜，折躬匐匍，宛類禾熟穗垂，折蘚匐匍之狀故也。此「拜」字本義之所從得也。「華」字之形，與之一原者，同為卉屬，豐華懸枝，亦如熟禾懸穗也。又轉以名「𠦪較」者，毛公鼎番生敨作「𠦪緐駁」，彔白㦰敨作「𠦪𠯌駁」，師兑敨作「𠦪較」。王先生毛公鼎攷釋曰：「緐，詩大雅作幭，周禮巾車作𧜵，既夕禮古文作冪，今文作轡；玉藻少儀亦作辟。此從糸，作紼；或從巾，或從糸，其誼一也。毛傳：『幭，覆軾也。』鄭於二禮『䄙』『辟』注，皆云：『覆笭也。』較，詩與考工記皆作較；説文作較。鄭云：『車輢上出軾者』，是也。紼為覆軾，此較亦當為覆較之物。續漢書輿服志：『乘輿，金薄繆龍，為輿倚較；文虎，伏軾。』又：『公列侯安車，倚鹿較，伏熊軾。』又云：『乘輿，倚龍伏虎。皇太子諸侯王，倚虎伏鹿。公列侯，倚鹿伏熊。』所謂軾、較，均指覆軾、覆較之物。此云『𠦪紼較』亦謂軾與較，皆以『𠦪』飾之。師兑敢『金車𠦪較』，不云『紼』，其證也。」按：先師之説是也。「𠦪」為懸穗垂華之形，宜鑄諸金，以為車駁紼之飾也。説文「較，車騎上曲銅也。」張衡西京賦：「戴翠帽，倚金較。」是車較以金為飾之證。「𠦪」當鏤之于金，故「金較」亦稱「𠦪較」也。石鼓文第三鼓云「鑾車𠦪𠦪欠」，「𠦪欠」，即周禮春官巾車「駹車，髤飾」注：「故書髤，為軟」之「軟」也。亦謂以「𠦪」飾其軟耳。此「𠦪較」等名之由來之本義也。此「𠦪」一字意義之嬗衍之轉變也。更以聲韻言之：「𠦪」字，説文廣韻等所無，不知其音讀，然從「𠦪」之「捧」，廣韻「布戒切」，在去聲十六怪之幫母。「𠦪」與「賁」為一字，而廣韻于「賁」，及贛、贙、濆、熕、豶、豮、鵖、蕡、檟、鐼、顮等字，並「符分切」，在上平二十文之奉母。從「𠦪」之「餴」，與「饙」為一字，廣韻于饙、餴等字云「府文切」，在上平二十文之非母。又于憤、獖、墳、鱝、轒、膹等字，並「房吻切」，在上聲十八吻之奉母。古無輕唇音，但有重唇音；即但有雙唇音，並無唇齒音。故非母即是幫母，奉母即是並母。又與「𠦪」字同原異脈之「華」字，廣韻在曉母，然今桂粤川湘，多讀「華」音為非母，若pja，不若xa；知隋唐略前，尚在非母也。則推而上之，魏晉秦漢，亦當讀為幫母，若pa矣。説文：「葩，華也。」廣雅釋草：「葩，華也。」文選琴賦「若衆葩敷榮曜春風」，李善注引郭璞説：「葩，為古花字。」此漢魏晉時「華」「葩」為一字，為一聲之明證也。而「葩」字正在今廣韻下平六麻之滂母。（又文選上林賦「建翠華之旗」，引郭注「華，葆也。」「葆」字在三十二晧幫母，此亦可證「華」古聲讀若「葆」「葩」，在幫滂母也。）從其所從得聲之子字推之，可知其母字「𠦪」之聲紐，不出幫p，滂p'，並b三紐耳。而滂，幫，亦幾無別。綜之，非p即b耳，而p與b亦相近。今可決斷其為雙唇重音耳。至其韻，則「捧」韻在十六怪者為ai。賁、憤等韻，為在二十文十八吻者為 i̯uen。華、葩等韻，在六麻者為a。疑「𠦪」字古韻亦當為a，其後畧帶陰聲則成 i̯uen，畧帶侈音則成ai耳，則此「𠦪」字，或古讀為pa，或ba也。故「𠦪」者，其形：則為禾熟折穗之狀。其誼：則為禾屬可食之物。其聲：則當是pa或ba之音。「𠦪」之形、聲、誼，三者俱明，則從「𠦪」之「禘」之為燕饗之意，得其理矣。【矢彝考釋　燕京學報第九期】

◉強運開　[glyph]蓋　[glyph]器　令彝　[glyph]令方尊　曰用禘　[glyph]蓋　令彝　[glyph]令方尊　曰用禘　[glyph]痶鐘　用禘壽匄永令

禘，周明公敢「明公錫太師鬯金小牛曰用禘」。又「錫令鬯金小牛曰用禘」。从示从𠦪，字書所無。就金文求之，中義父鼎「其子孫永寶用𠦪」，杜伯盨「用[glyph]壽匄永命」，郘大宰𠤳「其[glyph]壽用[glyph]，萬年無諆」，容庚云：「𠦪當讀作賁。」𠦪从[glyph]賁，亦从卉聲。說文「餴」或从賁作饙，自可通叚。又毛公鼎「金車𠦪縟較」，彔伯𢦚「金車𠦪𠵇較」，吳尊「金車𠦪」，均與此篆右半相近。雖鯀簡各異，要皆為𠦪之變體，可以無疑。至偏旁或从食或从示，亦皆同字。詩「可以饙饎」，今詩作「餴」，鄭箋云：「酌取行潦投大器之中，又挹之注之於此小器，而可以沃酒食之。餴者，以有忠信之德，齊絜之，誠以薦之故也。」孔疏云：「以此祭祀則天饗之。」是可以饙饎，乃指祭祀而言𥛍。篆从示亦言祭祀，可知曰「用𥛍」者。蓋謂用𢍰金小牛，以供祭祀也。【金文大字典中】

䄍

◉黃錫全　[glyph]祖並尚書　馮本釋文作祖，其詛乃䄍、詛寫誤。內本詛作䄍，內藤本作䄍，巖本作䄍。均為䄍字。薛本《無逸》作䄍。此形𠂤旁乃虍變，同本書虍。古从且之字或从𠭯、虘，如組字，虢季氏子組壺作[glyph]，仰天湖楚簡作[glyph]。《漢書·五行志》「劉屈氂復坐祝䄍要斬」，師古注：「䄍，古詛字。」漢司空宗俱碑「祖」作䄍。《類篇》䄍，古作䄍。鄭珍云：「《說文繫傳》本示部有䄍，訓祝，與言部詛訓詶者是一字，祝詶古通用。」

《一切經音義》每稱《說文》詛，古文䄍同，知《說文》詛下原當有古文䄍。鄭珍列入《說文逸字》。【汗簡注釋卷一】

贅

◉濰坊市博物館　益都縣博物館　一號陶文位於泥質黑灰陶高足豆柄的中部。印面長方，陽文一字曰：「贅」(圖一・一)

一

凡此類共五件。關於「贅」字，吳大澂先生釋之為「賚」，曰：「從貝𠩺省當即賚字，《詩》『氂爾圭瓚』，疑氂賚二字古通。」顧廷龍先生謂：「克鼎『錫𠩺無疆』亦作[glyph]，此省作[glyph]，《說文》所無當即賚也。」(《古匋文孴錄》。以下所引顧廷龍先生說，凡不注出處者，均與此同。）按鼎之「贅」與陶文「贅」形體有別，前者左上從「來」，後則從「未」；贅從𣏟省聲，當假作釐。《說文》：「賚，賜也，從貝來聲。」《漢書・賈誼傳》：「後歲餘，文帝思誼，徵之。至，入見，上方受釐，坐宣室。」應劭曰：「釐，祭餘肉也。」《說文》：「豆，古食肉器也。」《大戴記・曾子事父母》「執觴觚盃豆而不醉」，注：「豆，禮器也。」《公羊・桓四年傳》「一曰乾豆」，注：「豆，肉器。」此「贅（釐）」字作於豆柄，當是自明豆之用途。季六四・二・五，匋六・三等與此同，應屬同類器皿上的印文。【益都藏陶　古文字研究第十四輯】

𣝗

𣝗　說文所無即左傳襄公十九年季武子作林鐘之林之專字　虢弔鐘　用作朕皇考叀弔大𣝗鐘　士父鐘　作朕皇考弔氏寶𣝗鐘　叡鐘　兮仲鐘　柞鐘　瘐鐘　南宮乎鐘　从刀　克鐘　从米　師臾鐘　从攴　井人妄鐘　楚公鐘　楚公冢自作寶大⿱㐭般鐘　大簋　余弗敢𣝗　大簋蓋　文从攴　免簋　令女𤴓周師嗣歡　免簋二【金文編】

◉吳大澂　楚公鐘　象手執丨鼓鐘形。當即之異文。【愙齋積古録二册】

◉孫詒讓　（楚公鼎）大下一字此鐘作，第二鐘作。積古齋款識亦載此鐘，左無形，蓋拓本未精。阮釋為鎛，亦非。以隸古寫之，从㐭，从般，說文般古文作般从攴。其字當為⿱㐭般。字書所無。其音義未詳，吳亦無釋。攷此字鐘文屢見，而形各不同，如後釐伯鐘云「作朕文考釐白龢𣝗鐘」，作𣝗。兮仲鐘五器：第一器「兮中作大⿰㐭僉鐘」，作⿰㐭僉。第二第五器同。第三器作𣝗，第四器作⿰㐭侖。以上並二之三。吳生鐘曰「用作□公大□鐘」，作。三之一筆畫不全惟左从㐭尚可辨似亦作⿰㐭僉與兮仲第一鐘同。虢叔鐘云「用作朕皇考惠叔大𣝗龢鐘」，三器及虢叔編鐘並同三之二。叔氏寶林鐘云「作朕皇考叔氏寶𣝗鐘」，三器同三之一。則亦作𣝗，與釐伯鐘同。凡此⿱㐭般⿰㐭僉⿰㐭侖𣝗四形，字書咸未見。舊釋於釐伯鐘，叔氏鐘虢叔鐘並釋為林，於吳生鐘釋為鎛，於此及兮仲鐘並無釋。吳氏兮仲鐘跋云「𣝗或釋鎛，或釋龢」，筠清館釋如此攷釐伯及虢鐘並云龢𣝗鐘則非龢字明矣。於虢叔鐘則以為「古林字」。跋云：「合觀兮中大夾鐘楚公大簇鐘，知㐭象屋廡形，此為从林从無，即緐無之義。」若然，又有釋為「夾」「簇」兩字者，諸說不同，無可質正。自鐘文外，它器又罕見此諸字，唯後大敢亦有𣝗字，與鐘文正同。審校文義，乃因天子命然睽以里與大，然睽對使之辭云：「天子，余弗敢𣝗。」舊釋為吝嗇之嗇，家語冠頌篇王肅注云嗇愛也。甚塙。余舊釋為遴誤詳拾遺。然於鐘文則義又無取。金文復有从𣝗為形者，如亢簠云「司奠還 — 𢻹眔吴虞眔牧」，尣敢云「令女正舊釋足誤周師𤔲𢻹」，並三之一。𢻹字亦説文所無，舊並釋為「散」，亦未塙。其字从嗇从攴，與𣪘或是一字，然其音義究未能定也。通校諸字，或从㪅、或从金、或从林，形雖舛異，而皆同从亩。説文亩部「亩，或作廩。从㐭」。而㐭亦从亩為聲母，其非从無，蹤蹟較然。唯亩㐭諸文與鐘銘義咸不相屬，無可推傳。若如嗇字舊釋為林，「大林鐘」雖見國語周語，而金文或从亩或从㐭，既不皆从林，又云「龢嗇鐘」「寶嗇鐘」亦不皆云大林，則與彼未必盡合。且大林自是極大特縣之鐘，今虢叔編鐘亦有大嗇之語，則義尤不相應。況嗇字本从來、亩，金文从林者，即牆字之偏旁，而牆字籀文本从二來，又从二禾，並見説文。是由一來增為二來，又變為二禾，三變而後為林。而金文牆字所从嗇形，亦不皆从林，如師寰敢作□正从二禾，師酉敢作□則省从一禾，舊釋誤詳後。唯大敢嗇字廼直作嗇，變二禾為二木。以此推之，則知鐘文嗇字从林自亦秝之變體，非正从林木之林，尤不得讀為林矣。若然，嗇字依大敢可決定其為嗇字，以此根據，參互推繹，竊疑𢻹亦嗇之異文，而鐘文中嗇、䤻、𨪓、𣪘諸文，則咸當為牆之省變。説文嗇部牆从嗇爿聲重文𤗹籀文从二禾金文借嗇為牆猶師寰敲借牆為嗇也。其聲義不必與亩、㐭相比傅也。説文金部有鐘字云伐擊也从金亶聲與此䤻字畧相近然亶从旦聲與㐭嗇絶不相涉而鐘義亦無可説。𢻹字从嗇从攴者，疑取力田之義，尣簠云「司奠還𢻹」，還讀為縣，謂司奠安縣内之嗇字。余前讀為鄙誤詳拾遺説文云嗇愛濇也田夫謂之嗇夫。尣敢「𤔲𢻹」亦同，猶師袁敢云「卹乃穡事」，故簠文以𢻹與虞牧並舉，似即周禮九職之農圃山澤藪牧。敢文「𤔲𢻹」，又與郊特牲司嗇事異而義同，後二之三叉尊云「公姞令叉𤔲田」司嗇與司田義亦同。至嗇字在鐘文則當讀為牆。牆即宮縣軒縣之通稱，周禮小胥「王宮縣，諸侯軒縣」，注：「鄭司農云：四面象宮室，四面有牆，故謂之宮縣。」若然，軒縣雖不四合，而三面環列，亦得取牆形。周書大匡篇云「樂不牆合」，即文王在程時侯國制也。特鐘編鐘同縣於虡，故並謂之牆。猶鐘磬編縣之二八十六枚而在一虡謂之堵。亦詳小胥鄭注。分之曰堵，合之曰牆，大小異而取義略同。因鐘為金樂，故或省林而从金。後邾公牼鐘云「鑄辝龢鐘二鍺」，三之二。堵字亦變从金，足相比例也。小胥半為堵全為肆後三之三齊侯壺「鼓鐘一銉」亦从金。若然，諸文从亩从㐭者，皆嗇之省。説文亩部亩或作廩从㐭則䤻字即廩之省與从亩同。又籀文牆字偏旁之𤗹从秝在亩上師酉敃省為一禾則與㐭形正同但上下互易豈古㐭嗇字可互通邪。从林者秝之變體，从㪅者攴之緐縟文，抑或取般還之義與宮牆四面回環意畧同。葢古文奇詭，隨意增省，或展轉流變，與正字迥異，非通校諸器，不能得其達詁。而舊釋或為林、為龢、為鏄、為夾、為簇、為散，要皆望文肊定，齟齬百出，其不可馮，明矣。【古籀餘論卷二】

◉高田忠周　□　師袁敦牆字所从嗇作□。明知□為亩字也。因謂林字轉義。廣雅釋詁。林。衆也。周語四閒林鐘。白虎通五行篇。林者。衆也。萬物成熟種類衆多也。周禮大師。凾鐘。字用凾為之。然則林鐘者以林為義也。又左傳莊公八年。公孫無知虐于雍廩。廩即亩字。而史記世家作林。即知古亩林同音通用。周禮作凾。疑轉寫之誤。元當作亩。亩凾形相近而訛耳。由是觀之。⿱林嗇从林為義。用㐭為聲。自林鐘之專字也。又或用[古文字]兼象形。以聲字兼象形者。金文往往有例焉。此字古人未有考者。今偶得此旁證。千歲之一快事。【古籀篇八十六】

◉郭沫若 [古文字] 大⿱林嗇即國語周語景王二十三年王將鑄無射而為之大林之大林。或説此乃嗇字。謂古文从禾从木每無別。然此字于鐘銘屢見。均从林作。無一从秝作者。此不可混。【虢叔旅鐘 兩周金文辭大系圖録考釋】

◉楊樹達 [古文字]蓋 大𣪘 余弗敢⿱林嗇 [古文字]⿱林嗇伯鐘 用作朕文考⿱林嗇伯龢⿱林嗇鐘

由余觀之，不獨从林之⿱林嗇當從舊説釋林，即𩐡龤龢諸文亦當釋林。必知然者，𩐡龤龢皆從㐭得聲，㐭與林古韻同屬覃部，聲亦相同，二字同音，故可為釋。此從聲音言之知其當爾者一也。國語周語曰：「景王鑄無射而為之大林」。觀虢叔旅士父井人妄及兮仲之第三器稱大⿱林嗇，楚公稱大𩐡，吳生稱大龢，兮仲第一器稱大龤，第四器稱大龢，皆即大林也。此從古書文證言之知其當爾者二也。蓋大林之鑄造，乃一時風尚使然。故周景王鑄之，楚公鑄之，魯季武子鑄之。見左傳襄公十九年。而虢叔旅士父兮仲井人妄吳生輩亦皆鑄之。名雖一事，流傳既廣，制作亦衆，即形制不必盡同。孫君乃云：「大林自是極大特縣之鐘。今虢叔編鐘亦有大⿱林嗇之語，則義不相應。」此刻舟求劍之論也。又云「大林鐘雖見國語，金文或从㐭，或从稟，既不皆从林」，又云「龢⿱林嗇寶⿱林嗇鐘，亦不皆云大林」，不悟大林省稱曰林，有何不可。抑孫君深解古音，於林㐭古音無異，無容不知。乃於此默不一言，竟云字不皆从林，何其蔽也！夫林从二木義為森林，㐭象倉形，義為倉㐭。國語作林，金文作⿱林嗇，皆非鐘名本字。必求本字，鏞鏻殆為近之。今以林為釋者，第以古書證古器，非謂正字當作林也。孫君蓋以釋者紛歧，統觀各器，欲求一貫之釋文，然⿱林嗇𩐡龤龢[古文字]諸字形體雖異，音固一貫也。孫君不據顯然一貫之聲音求稽合於古書，而求之於形體，遂多為馮肊之論，殊可惜也。大𣪘⿱林嗇字孫君初釋遴，此文改釋嗇，按以釋遴為是，遴與林㐭雙聲也。【楚公鐘跋 積微居金文説】

◉戴家祥 大𣪘一器銘曰「余弗敢⿱林嗇」，又一器作「余弗敢⿰嗇攴」，是⿰嗇攴即⿱林嗇之表義加旁字也。⿱林嗇⿰嗇攴俱當讀嗇。説文五篇：「嗇，愛濇也。从來从㐭。來者，㐭而藏之，故田夫謂之嗇夫。」左傳昭公九年「大國省穡而用之」，杜注「穡，愛也」。「余弗敢⿱林嗇」，猶叔向之母曰「余何愛焉」。左傳襄公二十一年。

冗𣪘銘云「今女汝正周師𤔲⿰嗇攴」，𤔲⿰嗇攴當讀「司穡」。小雅甫田「田畯至喜」，鄭箋「田畯，司嗇，今之嗇夫也」。禮記郊特牲「腊之祭也，主先嗇，而祭司嗇也」。説文攴部無⿰嗇攴字。八篇欠部：「⿰嗇欠，悲意。从欠。嗇聲。」古字从欠表義者，亦或更旁从攴，集韻入聲二十二昔⿰嗇攴⿰嗇欠同字，夏竦古文四聲韻上聲六止引籀韻⿰嗇攴⿰嗇欠同字，是其證。廣韻去聲三十四嘯「⿰嗇欠説文曰：悲意也。」一切經音義九引通俗文「小怖曰⿰嗇欠」，公羊傳「⿰嗇欠然而駭」。按今本公羊傳哀公六年云：「諸大夫見之，皆色然而駭」，「色」為⿰嗇欠之聲借字。

克鐘銘云「用作朕皇祖考乙寶𠟭鐘」，𠟭亦說文所無。集韻「𠟭，刺也」，「殺測切」，入聲二十四職。審母之部。玉篇四十二歠讀「所力切」，唐韻火力切。不但同部，而且同母，嗇敾歠𠟭四字為一語之轉已昭然若揭。師袁𣪕「䘏厥牆事」，牆當讀穡，偽古文湯誓云：「我后不䘏我眾，舍我穡事，而割正夏。」偽孔傳云：「言奪民農功，而為割剝之政。」史記殷本紀穡作嗇，𣪕銘與此意反而詞同。穡字作牆，乃借用籀文牆字為之。牆之聲源為爿，爿為古文牀。字之从爿得聲者韻位都在陽部，與嗇字聲韻絕異。然集韻下平十陽嬙讀「慈良切」，說文十二篇大徐新坿字嬙音在良切。而入聲二十四職嬙字又音「殺測切」讀嗇，以是知古字不以爿為聲源者，亦或得讀為牆。小雅常棣「兄弟鬩于牆」釋文「牆本或作廧」左傳昭公三年「以備嬪廧」釋文「廧本又作嬙」又哀公元年「宿有妃嬙御焉」釋文「嬙本又作廧或作牆」。反之，从爿得聲者，𣪕銘借牆為穡，孫氏深知其意，為之通校諸器得其達詁，實儒林一快事也。郭沫若讀牆為「將」，兩周金文辭大系圖録考釋師寰𣪕。林潔明金文詁林七篇第四四八一葉。從之，可謂知其一而不知其二矣。戴家祥釋甫，清華大學國學研究院國學論叢一卷四期。亦非是。

一 楚公冢鐘 楚公冢自作寶 大𩫏鐘 𩫏，即嗇之別構。「𩫏鐘」即「嗇鐘」，為金文恆語。

四 克鐘 用作朕皇祖考伯寶𠟭鐘 𠟭字从刀从𣠮，為𣠮之加旁字。

一 六 兮中鐘 兮中作大⿰金稟鐘 ⿰金稟，从金从稟，稟與嗇通，从金乃是作為鐘名而添加的形旁。「大⿰金稟鐘」即「大嗇鐘」。

⿸疒稟鐘 龢⿰金嗇鐘 柞鐘 鼓左 用作大⿰金嗇鐘 ⿰金嗇即嗇鐘之嗇的形義偏旁增生字，銘文用法與「大嗇鐘」完全相同，是其證。

器 大𣪕 余弗敢⿰嗇攵 大𣪕蓋銘「余弗敢嗇」，器銘作「余弗敢⿰嗇攵」，知⿰嗇攵即嗇字，詳見釋嗇。【金文大字典下】

⿰酉垔 ⿰楚阝

◉戴家祥  一 儠兒鐘 余義⿰楚阝之良臣 義⿰楚阝為人名。郐王義楚耑「郐王義楚⿱睪廾余吉金」，楚不从邑，此銘从邑是因為楚又為國邑之名的緣故。左傳昭公六年「徐義楚聘于楚」，即此徐王義楚。【金文大字典下】

◉張政烺  中山王嚳方壺 節于⿰酉垔⿰酉齊 ⿰酉垔⿰酉齊二字皆不見於字書。說文：「禋，潔祀也。一曰：精意以享為禋。从示垔聲。」周禮天官酒正：「掌酒之政令……辨五齊之名，一曰泛齊。二曰醴齊。三曰盎齊。四曰緹齊。五曰沈齊……凡祭祀以法共五齊。」鄭玄注：「齊者，每有祭祀以度量節作之。」蓋禋齊二字構成一個詞，寫者遂皆作酉旁。【中山王嚳壺及鼎銘考釋 古文字研究第一輯】

◉孫鑑泉　壺銘「⿱長兆」字，張光遠先生隸為「⿱長兆」，謂「此字結構已明，猶難識讀，應是一小國名。」張政烺先生釋之為「燕」。按之《春秋》經傳，不見莊公時伐燕事，而有兩次伐莒的記載。

圖一　庚壺銘文摹寫（前幅）

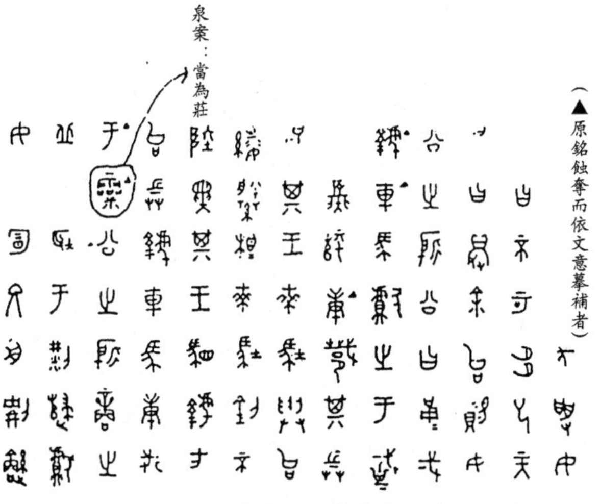

（▲原銘蝕牵而依文意摹補者）

泉案：當為莊

圖二　庚壺銘文摹寫（後幅）

第一次，《左傳》襄公廿三年（齊莊公四年，前五五〇年）「秋齊侯伐衛。……齊侯遂伐晉取朝歌。……入孟門，登太行。張武軍於熒庭，戍郫邵，封少水，以報平陰之役乃還。……八月……冬十月……齊侯還自晉，不入，遂襲莒。門子且于，傷股而退。明日將復戰，期于壽舒。杞殖、華還載甲夜入且于之隧，宿於莒郊。明日，先遇莒子於蒲侯氏。莒子重賄之，使無死，曰：『請有盟。』華周對曰：『貪貨棄命，亦君所惡也。昏而受命，日未中而棄之，何以事君。』莒子親鼓之，從而伐之，獲杞梁。莒人行成。」楊伯峻先生注，且于、壽舒，莒地，在今莒縣境。杞殖、華還，齊大夫。華周即華還，《漢書・古今人表》作華州，《説苑・立節篇》作華舟。

第二次，《左傳》襄公廿四年（齊莊公五年，前五四九年）「秋齊侯聞將有晉師，使陳無宇從，啓彊如楚，辭，且乞師。崔杼帥師送之，遂伐莒侵介根。」介根或作計斤，西周時莒都，春秋時莒邑，在今山東膠縣西之三里河，城址尚存。

庚壺銘文所記兩次伐莒事，與文獻相合。銘中地名，多不可釋，估計大都在莒境。【庚壺桼釋　中國文字新十四期】

⿰㚔虎 ⿰糸虎

⿰糸虎　説文所無孫詒讓謂即皋字以虎皮包甲⿰糸虎冑即甲冑也　伯晨鼎　[illegible]戈⿰糸虎冑　【金文編】

◉郭沫若　畫⿰㚔虎與貝冑同錫。孫詒讓云。當亦戎衣之名。伯晨鼎亦以⿰糸虎冑同錫。⿰㚔虎與⿰糸虎皆从虎。必是一字。孫疑為皋之古文。云。左傳莊十一年。蒙皋比而先犯之。杜注云。皋比。虎皮。孔疏引服虔注舉樂記。倒載干戈。包之以虎皮。名之曰建皋為釋。今禮記作建櫜。鄭注讀為鍵櫜。云。兵甲之衣曰鍵櫜。伯晨鼎之⿰糸虎蓋即皋字。謂以虎皮包甲。⿰糸虎冑即甲冑也。⊘少儀云。甲若無以前之。則袒櫜奉冑。是以甲與人必有櫜以包之。明錫皋則必兼有甲。故與貝冑同舉。伯晨鼎之錫⿰糸虎冑亦猶虘彝云錫甲冑矣。古籀餘論卷三。案此疑至有見地。唯孫所見二器銘乃據攈古録摹本。故于字形有所未諦。本鼎銘⿰㚔虎字。拓本左旁雖稍漶漫。諦宷確是㚔字。當説為从虎報省聲。伯晨鼎之⿰糸虎則是从虎从糸本聲。説文。本讀若滔。與報櫜同在幽部。皋亦當从本聲。蓋本幽部字轉入宵部者也。⿰㚔虎字最古。必為鍵櫜之櫜之專字。⿰糸虎字稍後。乃⿰㚔虎之異作。櫜出引伸。皋則假借字也。【盂鼎　兩周金文辭大系圖録考釋】

◉陳夢家　皐字从㚔从虎。孫詒讓疑為皐之古文(古籀餘論3・54—56)。左傳莊十蒙皐比而先犯之。杜注云。皐比。虎皮。正義引服虔注舉樂記倒載干戈包之以虎皮名之曰建皐(今本作建櫜)為釋。左傳僖廿八胥臣蒙馬以虎皮。則虎皮可以包干戈。可以蒙馬。可以為甲衣。建或从革。説文以為戢弓矢者。方言九以為所以藏弓。樂記鄭注以為是干戈之藏。李善注鮑照擬古詩以為所以盛弓。廣雅釋器以為弓藏之名。建皐之皐。廣雅釋器作櫜。亦以為弓藏。説文以為車上大櫜。左傳昭元釋文以為弓衣。僖廿三釋文以為受弓器。杜預注以為矢房。檀弓注以為甲衣。少儀注以為鎧衣。樂記注以為兵甲之衣。如此可知建與皐同類。都可以兼為藏弓(或兵甲)之器與鎧甲衣。是以皮革為之。所以金文从虎。文獻或从韋。管子兵法篇。舉韓章則載食而駕。藏弓器與鎧甲并名皐。猶函為矢房又為鎧甲。此器之皐从虎。是皮革所製。稱之為畫。則上有文繪。叙在弓矢之後。則為弓矢之藏。是皮革之囊。故可以包。可以袒(少儀)。可以垂(左傳昭元)。此器之皐从㚔聲。説文説一曰讀若瓠。音與皐近(金選二一八至二一九頁)。【小盂鼎　西周銅器斷代】

◉屈萬里　甲編・二六五八。　甲編・二七七二。　佚・二五五。　佚・二六八。　掇・三九一。　六・中・二六四。

字屢見。似是災害之義。【殷墟文字甲編考釋】

◉李孝定　字从虎从。即許書訓所以驚人也之㚔。為桎梏類刑具之象形文字。象縛虎之形。从虎从㚔會意。掇三九一片字作可證。金氏釋虞。以字形求之。似有可商。辭云。「貞又來⿸虍差自其于☐。」甲編・二六五八。「其征⿸虍差甴翌日酒。」甲編・五五九。「戊辰卜壴貞又來虘自獸今日其征于且丁。」甲編・二七七二。「庚申卜何貞翌辛酉虘其隹。」佚・二五五。其義不可塙知。【甲骨文字集釋第五】

◉徐中舒　三期　甲二七七二　四期　合集三三〇七六

從虎從幸，象以械具執虎之形。《說文》所無。

執也。疑為災害之義。【甲骨文字典卷五】

◉孫詒讓　伯晨鼎　戈虢冑　伯晨鼎字舊無釋，吳榮光釋為綬。吳大澂釋為虢，云鞹之借字。說並不塙審。校篆文字，从虎从幺。又疑當从白，撫拓不審，遂成8形，惜未見拓本也。从夲形甚明析，竊疑當為皋之古文。說文「皋从夲从白」，蓋兼諧夲聲。左傳莊十一年「蒙皋比而先犯之」，杜注云：「皋比虎皮。」孔疏引服虔注舉樂記「倒載干戈，包之以虎皮，名之曰建皋」為釋。今禮記作「建櫜」，鄭注：「讀為鍵櫜。」云「兵甲之衣曰鍵櫜」。伯晨鼎之虢，蓋即皋字，謂以虎皮包甲。虢冑即甲冑也。

【盂鼎　古籀餘論卷三】

◉孫詒讓　金文紀錫兵器有甲冑。虘彝云。易錫袁甲之異文畫冑之異文詳古籀拾遺干戈是也。白晨鼎則云。口戈冑畫之省。盂鼎又云。矢百畫一貝冑一。宷校文義。甲冑二物相將。不宜偏舉。白晨鼎以與冑同錫。盂鼎以畫與貝冑同錫。則亦必與甲同物矣。考字从虎从幺从夲。古字書未見。以形聲推之。葢當讀為皋。舊釋為綬或為虢並誤。其義則為虎皮弢甲。亦即莊十一年左傳之皋比。杜預注云。皋比。虎皮。孔疏引服虔注據樂記倒載干戈包之以虎皮名之曰建皋為釋。今禮記作建櫜鄭注讀為鍵櫜云。兵甲之衣曰櫜。二字古多通用。管子兵法篇有韓章。疑亦即虢之變體。說文夲部皋从白夲會意。實兼諧夲聲。此虢从夲與彼聲類同。葢實虎皮包甲之正字。而櫜則櫜韜之通名。皋則同聲之叚字爾。因其用虎皮。故从虎。其从幺者疑从糸省。甲衣亦以綫縷縫綴之也。又疑8當為白拓本模黏誤仞為幺形。古蓋本有此字而字書挩之。盂鼎字亦當即此字。右从虎甚明。唯左夲形摩滅不甚可辨。要以白晨鼎證之必是一字。少儀說獻甲云。甲若無以前之則袒櫜奉冑。是甲必有櫜與冑同獻。凡賜予亦必三者相兼。故兩鼎竝以皋冑同錫。明說皋可以晐甲。互相證覈。足以決定矣。【名原卷下】

◉湯餘惠　139　䖭，⿰寮戈(敹)左旁从寮，179簡鄭字作，長沙帛書寮字作，可參看。古文字戈、攴形近每有混用之例，故疑「⿰寮戈」即古「敹」字。《玉篇》：「敹，小長皃。」【包山楚簡讀後記　考古與文物一九九三年第二期】

豻　獯　貚

◉唐　蘭　續五・二九・八片　……自正豻。　佚七七九片　貞豻其𡕓。　鐵八一・三片　貞貚歸其乍戓　佚四五六片　纂別二・四・十七片　貞我員伐貚　前七・十二・一片　癸巳卜，𢀛，貞𠭯𢦏貚　拾四・十三片　貞貚不其□于雀。　林二・十五・十一片　庚寅卜，㱿，貞乎雀伐貚。　前七・十八・二片　乙丑卜，王，貞余伐貚。　續三・十三・四片　同上　鐵八七・二片　佚五一七片　貞……王……貚……　後上十五・十五片　貞貚伐𣏟其𢦏。

右豻字，从豕𣅀聲，或作貚字，从豕覃聲，同。孫詒讓誤釋訪舉例下十六，蓋所據印本不晰所致。羅振玉釋猷；學者多從之，不知字實从𣅀若覃，不从酉，且其畜亦豕而非犬也。

豻及貚，今字並佚。从𣅀之字，後世或改从覃。説文有驔，鱏，蟫等字，爾雅有鷣字，然無獯字。蓋商時猶尚畜牧，故其字彙特豐，今多佚亡，如説文只有騣，而卜辭有㥶是也。以聲求之，則獯字似即貚之本字。廣雅釋獸：「貚，豵，豕牝也。」玉篇：「貚老母豕也。」覃聲或讀為蕈，與𧺆聲同在從母。

卜辭豻貚國名，蓋即鄿國之本名，後人既寫為獯，又省豕而從邑耳。説文：「鄿，國也，齊桓公之所滅。」經傳多叚譚為之。詩碩人：「譚公惟私。」春秋莊十年「齊師滅譚」，杜預注：「譚國在濟南平陵縣西南。」按在今山東歷城縣東南。【釋𣅀𡵂覃貚蕈　殷虚文字記】

◉李孝定　从豕从𣅀今作覃。説文所無。唐説是也。其字所从獸形與犬形迥異。尾不拳。足無爪。字凡數十見。衹乙・四七七〇、及外・二三五・二文。从犬蓋偶誤耳。其另一旁從亦非酋字。當從唐蘭説釋𣅀。見五卷。金文猶字作毛公鼎。宗周鐘。王孫鐘。陳猶釜。从犬雖與契文譌體偶同。而从酉則異。甲金文遞變之迹相銜。不應若是懸異。足證必非猷字也。至羅氏謂猷猶同字。則可無疑義。契文别有猶字作𤞞。見十卷猶下。唐氏謂此即廣雅玉篇之貚。待考。卜辭豻為國名。唐氏謂即説文之鄿。經傳之譚。當不誤。【甲骨文字集釋第九】

◉李平心　卜辭有字，為方國名。舊釋猷不確，依釋糟之例，此字應隸定為獯。又有字，應隸定為猶或𤞞。商承祚先生曾考定二字為互文，郭沫若先生認為其説可從。案獯从覃聲，古在侵部，猶从由聲，古在幽部，二字為定母對轉。獯當即古之譚國，譚或作鄿、覃、郯。古从覃炎二聲之字或讀入首聲，「士虞禮」注曰「古文禫或為導」，「喪大記」注曰「禫或作道」，「説文」：「棪，遬其也，从木炎聲，讀若三年導服之導。」導道與猶均在幽部，又同屬舌頭音，獯之讀猶，正如禫棪之讀導。

我考定嬴姓諸國系出隗姓赤狄，亦即商周傳説的鬼方之一支。譚正嬴姓之國，獯與猶既為同文，則譚（郯、鄿、覃）即狄

(翟)之分族。狄、玁、狁均从犬，犬即犬戎。犬戎是鬼方的一大族，説詳「甲骨文金文中所見方國考」。古音翟在蕭部，與狁玁為同母字，韻亦相通。而翟與狄常互假。古代族姓分衍，其支族常以同音或音近之字為氏名與國名，玁狁正是翟(狄)的分族，譚屬諸嬴(盈)，嬴乃娀(戎)之聲轉，正像玁(譚)狁為翟(狄)之聲轉。譚的故城在今山東歷城縣東南七十里。「春秋」莊公十年「齊師滅譚」，杜注：「譚在濟南平陵縣西南。」水經注：「武原水出譚城南，北逕譚城東，俗謂之有城譚國也，齊桓之出，過譚，譚不禮焉，魯莊公九年即位，又不朝，十年滅之。」譚與秦、葛、梁、徐、江、黄等國據古籍所載，同屬嬴姓。在商代，秦是附庸，其余嬴姓之國或附或叛，不可盡考。卜辭屢言「伐玁」、「伐狁」，可知玁與狁與商為戰争之國。犬戎諸族有一部分臣屬於商，如卜辭常見的犬侯即其主要代表。就所謂夷夏關係來説，當時玁與犬侯，正如周初萊與齊侯之比。亞形父乙尊中有共覃二字，共即古之鬼方，亦即隗姓，共覃是當時隗姓之覃，與徐蒲為隗姓之説相合。隗姓實為嬴姓之所自出。「左傳」閔公二年「衛之遺民男女七百有三十人，益之以共滕之民為五千人」，共滕疑即共覃的遺民，在滕衛等國淪為奴隸。滕與譚當是同族。周人在滕的廢墟建侯封國，滕遂成為姬姓之國，而譚則居於附庸地位。在殷代，玁的地望是否與周之譚相同，不得而知。但譚的同姓徐戎淮夷的一部分在商代已定居東土，事無可疑。至於滕疑即古之勝賁，周初康叔所封之衛即其故居。其東遷於今之山東滕縣，不知在何時，留於西土之滕人則臣服於衛。【甲骨文及金文考釋(初稿)　華東師大學報一九五六年第四期】

◉徐中舒　一期　合集六九二六　一期　合集六九二八　一期　合集六九三一　一期　合集六九四二　一期　佚七七九

從豕從鐔，《説文》所無。卜辭多用為方國名，疑即古鄟國。《説文・邑部》：「鄟，國也。齊桓公所滅。」《詩・碩人》：「譚公維私」。《春秋》莊公十年：「齊師滅譚」。皆假譚為之。杜注：「在濟南牟陵縣西南」。方國名。【甲骨文字典卷九】

◉天津市文化局文物組　銘在腹底，二行八字(圖五：下右)。

伯蔡父作

女數寶毁

此簋辭例字體及紋飾，與「函皇父簋」、「叔向父簋」相近，當屬周厲王或稍晚之器。

□與蔡侯各器的蔡字同，知是蔡字。伯是爵名，蔡父是人名。

□字在金文中為初見，銘文作□，係由于範鑄不足，而致筆道泐落，字當作□。□，从女，裘聲。《玉篇》有「嬢」字。求、裘，聲義并同，當是一字。《説文解字》「裘，皮衣也。□(求)古文裘」可證。【天津市新收集的商周青銅器 文物一九六四年第九期】

髭

◉劉樂賢 《漢印文字徵》附録十：□，此字从髟此聲，當釋為髭，乃頿字或體。【秦漢文字釋叢 考古與文物一九九一年第六期】

⿰馬⿰朿夫

◉張燕昌 □(=) 鄭音遬。章作⿰馬敕。昌按。⿰馬敕字石本右偏从夫。非从□。有重文。【石鼓文釋存】

⿰馬缶

◉張燕昌 □ 鄭音琉。今作鴾。郭云籀文駒。【石鼓文釋存】

◉趙烈文 ⿰馬敕馬既⿰馬缶君子 ⿰馬缶。薛作驅。鄭音琉。潘云。从馬缶聲。疑與阜音義同。詩車攻。四牡孔阜。阜。盛大也。烈按。薛鄭非。潘説是。莊述祖石鼓然疑云。潘讀較諸家為長。説文馬部無⿰馬缶字。小篆通作阜。而大篆猶有⿰馬缶也。【石鼓文

駱　⿰大桼　⿱去䖵　⿰卣又　戣劃斷

【纂釋】

◉孫詒讓　金文大鼎云：「王召趣（走）馬雁命取□□卅匹易（錫）大。」□□二字皆説文所無，以形聲求之，□从缶，石鼓作駈，當為騆之借字。爾雅釋畜「驪白雜毛騆」，騆从「缶」聲，與騆从「𡗗」聲同部可通。毛詩鄭風大叔于田作「鴇」，此右从□，亦佀从鳥，未能決定也。說文馬部亦無騆字，而爾雅釋文引說文有之，疑今本文挩。【名原卷下】

◉羅振玉　駈。音訓駈。从馬缶聲。疑與阜音義同。【石鼓文考釋】

◉王　襄　□　□　疑駱字。【簠室殷契類纂存疑】

□　⿰⻊桼火牛切出王存乂切韻　【汗簡】

◉孫海波　□，甲三一一三　或从㹀。貞人名。【甲骨文編卷五】

◉李孝定　□　从止从竹。説文所無。【甲骨文字集釋第二】

◉徐中舒　□一期　南坊三·一七　從□又從二卣，《説文》所無。甲骨文㮚字從此。所從之卣疑本象穀實形，譌而為卣。疑為地名，或為收穫義之動詞。【甲骨文字典卷七】

◉張筱衡　□　或釋作僕，作鄴，作獵，作獦，作蔽，作牒，作戣，作扑，作戰，作對。訓為斷，為戣伐。今釋作戣，訓為拊。戣、拊音通。《毛詩·大雅·既醉》：「景命有僕。」傳：「僕，附也。」《考工記·輪人》：「欲其朴屬而微至。」鄭注：「樸屬，猶附著。」《爾雅·釋草》：「蒿苻，止。」聞一多謂蒿苻本字，當作蹁蹼，或蹁跗。盤文以戣為拊，猶僕之訓附，朴屬之即附著，蒿苻之即蹁跗，亦即蹁蹼矣。

《小雅・蓼莪》:「拊我畜我。」孔疏:「拊循我,起止我。」《説文》:「拊,揗也。从手,付聲。」又「撫,安也。从手,無聲。一曰:循也。」按拊,撫音同義近。【散盤考釋上 人文雜誌一九五八年第三期】

◉戴家祥 宗周鐘 戮伐乃都 矢人盤 用矢戮散邑

戮、剽、撲皆攴之演變更旁字也。小篆手作𠂇,象張手形,彐象手之側視,「三指者,手之列多略不過三也。」説文扶,从手夫聲。金文扶卣作𢼈。撝从手爲聲,牆盤作𢾊,故攴亦或作扑。唐韻卜讀博木切,幫母侯部。菐讀蒲沃切,並母宵部。宵侯韻近,幫並皆脣音字,故字之从菐得聲者,每有更旁从卜。説文十三篇墣,或體作圤。玉篇二二九䲀點同字。集韻四覺璞、玔同字。地官閭胥「掌其撻罰之事」,鄭注:「撻,扑也。」又同市「大刑扑罰」,鄭注:「扑,撻也。」大玄經格「不庫其體撲」,范望注:「撲,擊也。」玄應一切經音義十一引字林曰:「手相搏曰撲。」慧琳一切經音義卷三十四撲字注引説文擊也。今大、小徐本説文並無此語,而三篇訓小擊也之攴,或即慧琳之所據與?集韻四覺擈、攴、撲、技、扑、攴同字,俱讀匹角切。唐韻攴讀普木切,不但同部,而且同母。聲轉為薄、為搏、為䪒、為戟,讀補各切,幫母魚部。侯魚韻近,故搏撲同義,同聲通叚,字亦作剝。説文四篇刀部:「剝,裂也。从刀从彔,彔,刻割也。彔,亦聲。」或體作𠞐,从卜。」洪邁云:王荆公詩經新義「八月剝棗」解云:剝者,剝去其皮而進之,所以養老也。毛公本注云:「剝,擊也。」陸德明音普卜反。公皆不用。後從蔣山郊步至民家,問翁安在?曰:「去撲棗。」始悟前非。即具奏,乞除去十三字,故今本無之。容齋續筆卷第十五注書難。日本小川琢治釋戮為剽,郭沫若釋業,均見兩周金文辭大系考釋一二九葉矢人盤。均不足信。

禹鼎 剿伐噩侯馭方 剿字从刀菐聲,「剿伐噩侯馭方」與㝬鐘「戮伐乃都」辭例全同,剿或作戮,刀戈皆為兵器,屬表義更旁之例,其字同撲。説文「撲,挨也」,又「挨,擊背也」,字林「手相搏曰撲」。戮剿當為兵器相搏,剿、戮、撲俱表義更旁字也。集韻下平九麻划找同字,十陽創戧同字,是其證。聲符更旁,字亦作扑。地官司市:「市刑小刑憲罰,中刑徇罰,大刑扑罰。」扑罰即撲伐,鄭玄云:「扑,撻也。」同聲通假,字亦作薄。小雅出車「薄伐西戎」,六月「薄伐玁狁」,薄伐,即剿伐也。唐韻撲讀「薄角切」并母侯部,薄讀「傍各切」并母魚部,侯魚韻近。虢季子白盤作「博伐,厭𦛡」,不嬰毁作「𦎫戟」,實一字多變也。

兮甲盤 則即刑厮伐 此字右下部分很模糊,郭沫若等釋作𢦏,从戈,今仔細辨認,似應从斤,金文新作𣂔,斤形與此同。古文从斤从戈通,皆表示兵器。此銘「厮伐」與㝬鐘「戮伐乃都」詞例相同,即撲字。説文十二篇「撲,挨也。」厮字从厂,即石之省。【金文大字典中】

瞗　䞎　䝼

◉黄錫全　瞗鶗　鄭珍云:「从目是《廣雅》瞗訓祝之字,《説文》所無,注鶗非。《集韻》瞗,當侯切,鳥名,蓋以為鵃旻字。」此形鳥同部首,目同目録。夏韻諫韻注出《義雲章》,此脱。【汗簡注釋卷二】

◉譚其驤　庚䞎　《水經·澧水注》中有渫陽縣,在今湖南石門縣西北渫水北岸,地望不合。此「䞎」當在湘水之濱,疑即《水經·湘水注》中的錫口戍,在今湘陰縣南湘水西岸濠河口與喬口之間。【鄂君啟節銘文釋地　中華文史論叢總第二輯】

◉馬承源　關於䝼字的認識

以往隸定的西周金文中的賨字或寫作賁,是有一定重量值的貨幣名稱,這種貨幣自然應該理解為金屬稱量鑄幣。寽、即鋝,是單位重量的專稱,賨以寽計,那末這種貨幣的稱量性質,大體上是可以確定的。但是,賨究竟是什麼字,從來未能確釋。綜合起來看,這個字有以下幾種不同的形體:

趞鼎

揚簋

番生簋

以上皆从辵从賨,部分小有變化。

䜌簋

以上从辵从𣪕,同為一器,前一字失止,當是漏筆。

𢦏簋

以上从彳从賨

毛公鼎

曶鼎

楚簋

以上从貝从𢀖

從字形偏旁看,从辵从彳可以互易,也可以省作賨,賨是以上八例的基本形體結構。個別省筆作賨,仍應以賨為是。以前對這個字有各種不同的解釋，主要是不能確切地論證賷是什麼字。這個字在金文辭中常置於命辭任官後的第一項授予物，例如：

趞鼎：「趞！命女汝乍作𤔲自家𤔲馬，啻官僕射士訊小大又右隣，取遺五寽鋝。易錫女汝赤市幽亢，䜌旂，用事。」

這是命取之遺之辭逕接於命官之後，賞賜物品之前。同例者有虘篕、番生篕和毛公鼎等器。

揚篕：「王若曰：揚！乍作𤔲工司空，官𤔲司量田甸，眔𤔲司㝉居、眔𤔲司芻，眔𤔲司寇，眔𤔲工司事。賜女汝赤𩊚市、䜌旂。訊訟，取遺五寽鋝。」

這是取遺在命辭的末項，仍與賞賜物不同列，同例者有𢦏篕、楚篕和牧篕，牧篕的遺字和寽數失摹，但也可看出是置於錫命辭之後。

所取寽數為五寽的，有揚篕、趞鼎、虘篕、𢦏篕和楚篕等。記取廿寽的，是番生篕。毛公鼎銘記取卅寽，是取賷最高之數。但是作為交換物，有賷百寽的記載，曶鼎銘云：「用賷賣丝兹五夫，用百寽。」百寽是最高記録，禽篕銘記王所賜於禽的也是「金百寽」，相比之下，五寽自然是小數目。毛公㾓作為周宣王的輔佐重臣，所取寽數最多。取賷當是命官的一種制度，而與賞賜物全然不同。

長期以來，遺字未曉音讀。一九七八年四月，陝西武功縣出土的楚篕，對遺字問題實質的探討，很有幫助。盧連成、羅英傑：《陝西武功縣出土楚𣪘諸器》《考古》一九八一年二期一二八頁）。楚篕此字不作遺或償，而作遄。那末，賷或償的音讀，應與遄相同或相近。楚篕遄字从辵耑聲，賷字从貝从𡴀，𡴀當是聲符，由此我們可以斷定，賷所从的𡴀，就是楚篕遄字所从的耑字。□之與□，上部結構完全相同，賷下部因从貝，筆劃較多，□是□之縮畧或簡化，甚至有減筆作𡴀的，其實都是同一個字。楚篕此字作遄，這就使得我們比較容易識別賷字上部的𡴀就是耑字。洹子孟姜壺遄字作□，耑字的下部已短縮而近□形。金文中省變字常見，只是耑字的省變較難辨別，因而一直未能認識。由於耑字的推定，可以知道賷字从貝从耑，就是⿰貝耑字。遺，可寫作遄，再變為邀，成了繁體。本字應是⿰貝耑，楚篕遄字是⿰貝耑的假借。

⿰貝耑字的音義

《説文》無⿰貝耑字，《玉篇集韻》皆有之。玉篇云：「⿰貝耑，乎管切，⿰貝宛⿰貝耑。」「⿰貝宛，烏款切。⿰貝宛⿰貝耑，小財皃。」集韻於⿰貝宛⿰貝耑二字皆云「小有財」。據此，⿰貝宛與⿰貝耑是音近的同義字，是小財、小貨財的意思。進一步説，在金文中，⿰貝耑不僅是指金屬的貨幣性質，而且也是指貨幣的形式，即圓形的金餅。

古从耑和从專之字，音讀可通。《説文》：「⿰卮耑，小卮也，从卮耑聲，讀若捶擊之捶。」《集韻》云：「⿰卮耑，或从專。」又《漢書・高后紀》：「上將軍祿，相國産，顓兵秉政」，顔師古注：「顓，讀與專同。」還有《漢書・袁盎傳》：「諸呂用事，大臣顓制。」同書《元后傳》：「為大臣者顓政者也。」以上諸顓字亦皆讀與專同。專有團、圜之義，《周禮・地官・大司徒》：「其民專而長」，鄭玄注：「專，團也」。《集韻》：「團，《周禮》作專」。是以耑、專音同可通假，而且从耑的字也含有團圓的意思。《玉篇》云：「圜，圖也。」《説文》：「篅，以判竹圜以盛穀也。」朱駿聲《説文通訓定聲》云：「字亦作圖，《倉頡篇》『篅，圓倉也』。」青銅酒器觶形狀圓而小，自銘為鍴，傳世有徐王義楚鍴，是鍴字也有圜義。

以上分析耑或从耑聲字有圜、圓、團義，因而䝎也可以認為亦有圜圓之義。《玉篇》云䝎是小財或小有財，字从貝，為意符，表示是財貨。从耑，兼指其形態而言。金文取䝎之數有五寽、廿寽、卅寽。寽為特定的重量單位值專字。在貨財之中，貝以朋計，圓形的䝎以重量單位寽計，那末這個䝎就是煉礦而得的銅餅了。【説䝎　古文字研究第十二輯】

◉郭沫若　[glyph]盞　[glyph]器　楚子簠　楚子暖鑄其飤簠

暖，古鍰字。本銘字體乃戰國時流派。楚子暖即考烈王熊元也。【楚子簠　兩周金文辭大系圖録考釋】

◉朱　活　《殷墟書契前編》卷四第二十八頁有一個「[glyph]」字，卷八第三頁有一個「[glyph]」字，此字葉玉森氏釋「暖」。葉玉森：《殷契鈎沈》及《殷虛書契前編集釋》卷四、卷八。最值得注意的是《殷虛書契前編》卷四第二十八頁。七載有[glyph]字的那片甲骨，其所刻録的一段卜辭，的確又與銅貝有關。這片甲骨右行所記載的是「乙未卜，貞：王[glyph]曰[glyph]」。羅振玉、商承祚氏均釋[glyph]為「毓」，葉玉森氏釋「令」。[glyph]字葉氏從朱駿聲説，釋「搜」是「持火屋下索物」的意思。這段卜辭，葉氏認為：「上復有暖之語，蓋王命搜索金貝。」葉玉森：《殷虛書契前編集釋》卷四。按暖應釋為爰，因為寽是銅貝計量單位，可借助西周稠卣器銘「易貝卅寽」作證。金貝即銅貝，葉氏之説似可從。由此可見，商代確已有銅鑄貝幣，這不僅有實物出土，且有契文為證，所以把商墓出土的無文銅貝看作商代的金屬鑄幣是十分近情的。【商幣篇　四川文物一九八五年第一期】

◉石志廉　楊桂榮　商鼎爵

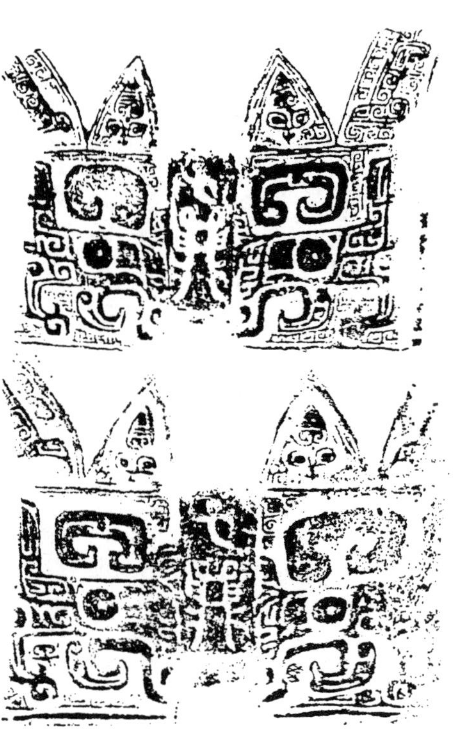

其鼎字書作[glyph]从鼎从廾，在金文中初見。隸定作鼻，象雙手持鼎狀，與《訴鼎》的鼎書作[glyph]《作旅鼎》的鼎書作[glyph]者甚相近似，但又不完全一樣。故此鼎應釋為鼎，其从廾者為鼎之繁文。【中國歷史博物館所藏部分商代青銅器　中國歷史博物館館刊一九八二年第四期】

鼎升

[glyph] 鼎升　說文所無　侈口平底　鼎之專名　蔡侯䌛鼎升　[glyph] [glyph]旬君鼎升　自作載鼎升　[glyph] 王子午鼎　[glyph] 不从鼎　連迂鼎　連迂之行升　升字重見　【金文編】

鼎易

[glyph] 鼎易　說文所無　从二易相背　義為悖　中山王嚳壺　臣宗鼎易位　【金文編】

◉戴家祥　顥 鄂君啓節　顥尿之月　顥 鄂君啓節　逾顥内郘

鄂君啓節「逾顥内郘」，郭沫若曰：「顥内」即夏汭。左傳昭公四年「吴伐楚，楚沈尹射奔命于夏汭」，杜預注：「漢水曲入江處，今夏口也。」案即今之漢口。郘殆為汜，與涘通，水涯也。淮南子道應訓「航在一汜」。文物參考資料一九五八年第四期第四葉。郭釋可備一説。【金文大字典下】

◉金祥恆　甲骨卜辭有⿰彳重字，从辵从重，重或作重、重、重；而重、重、重無人考釋，李孝定先生甲骨文字集入待考（見（重）四六〇八、（重）四六三三、（重）四六六四及四七三三頁）。余所輯之續甲骨文編入十三部動字之後，並提行書之，明非一字。⿰彳重字曾經商承祚考釋為動之初文，云：

⿰彳重字从辵从重，當為動之初字，重字亦見金文郐王糧鼎，从重；木工作妣戊⿰鼎，从重；引鼎⿰字，从重；龏鬲⿰字从重，體有繁簡，其字實同。（前編卷二第十七頁三版有重字為地名，疑即重字从〇東聲，東重雙聲，義可通。如陳，金文又或从土作墜也。玉篇遷古文動字）（佚二頁。第三片）

此為商氏釋⿰彳重為動之原委。至於⿰彳重是否為動之初文，因玉篇有古文動作遷，以其字形之結構言之，似可從。至於字義，商氏無説。因於卜辭僅一見，且為殘簡，無從臆測。或如今人釋⿰彳重為⿱日東，謂「⿱日東方之氏」，似有可商。案⿰彳重字之甲骨片，見於殷契遺珠第七〇六及殷契佚存第三。其原片摹録如後：

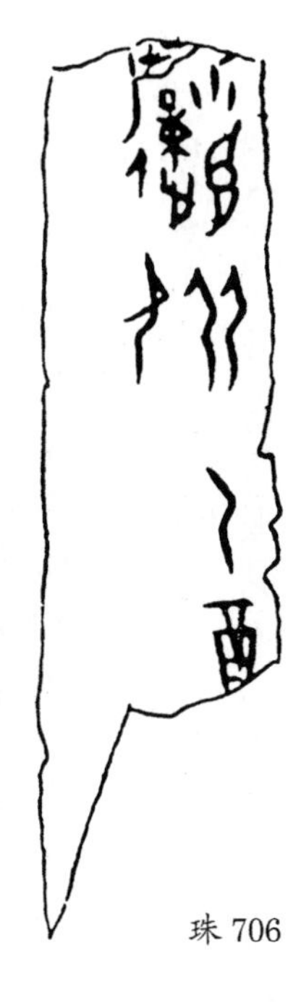

珠 706

此片金祖同無考釋，商氏有釋文並有考釋，考釋見上。釋文為：

甲、乙酉

乙、允从

丙、□小臣，□遷　左行

商氏釋𢎜為从，恐非。張宗騫釋為弜，訓釋為弗（詳燕京學報廿八卷釋弜），似較商氏為長。商氏乙、丙句讀，亦非。若依商氏「允从」言，自左而右讀，「□小臣，□遷」為自右而左，則自相矛盾矣。故此片卜辭當自左而右，讀為「乙酉」、「弜允」、「〼小臣〼褒〼」。至若今人讀為：

小臣遷比又

將𠂇隸定為又，六十餘年來考釋甲骨文字之論著，不論字彙、釋文，所未見。字彙、釋文皆隸定為允，訓信也。並無異論。不知今釋為又，有何高見新證？且考釋為：

小臣官名，即周禮天官內小臣，遷隸定為遷，亦褱之繁文，比讀如庀。此卜小臣褱氏庀具又祭之宜否也。

竟將斷簡殘文之小臣官銜戴於「遷」之上。豈不是有張冠李戴之嫌，況且「遷」是否為氏名，於卜辭無徵驗，誰敢信之。釋「遷」為「褱」之繁文，卜辭僅此一見，更不可信。褱字甲骨文作褱，如鐵雲藏龜拾遺五葉十四片（武乙文丁卜辭），葉玉森考釋釋文為：

庚允𠚤褱叀于天豕卯　右行

早年葉氏所見甲骨卜辭有限，且在文字探索階段，故句讀有誤。今據乙編六六九〇片辭例，當讀為：

叀豕卯褱于天（大）庚，允𠚤？

由此可知褱字之或作褱，或作褱，或作褱。如乙編四五〇五與四七一九片，今拼合為一（武乙文丁卜辭）。其中一詞句為：

天（大）卯褱？

拾5・14

更由乙編三八六九片（武乙文丁卜辭）：

☐貞☐㝵□[glyph]☐我？

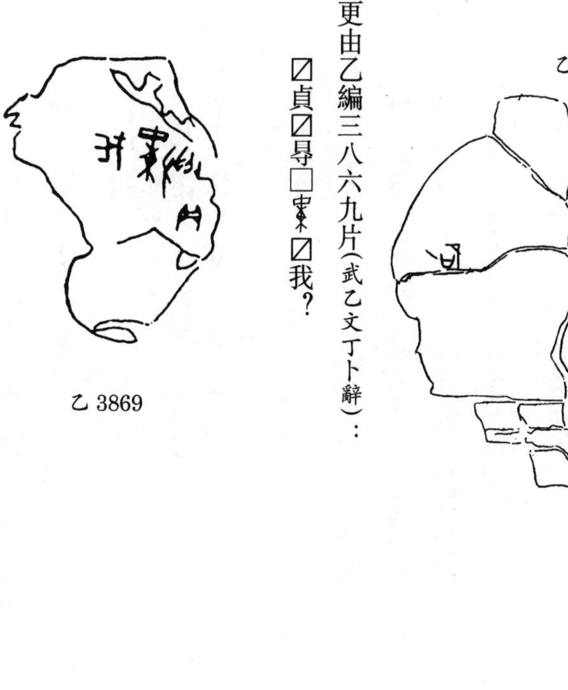

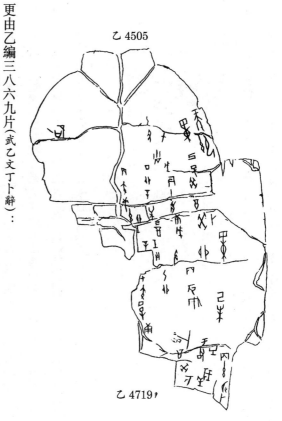

乙 4505

乙 4719，

乙 3869

戰後新獲甲骨集第二六九〇片（武乙文丁卜辭）：

☐我[glyph]☐？

新 2690

知㬬或作㬬。故殷虛書契前編卷六頁三六，第四片（林泰輔龜甲獸骨文字上册二五頁第十四片）（武乙文丁卜辭）：

乙卯卜，□貞：乎斫人㬬？

林 1・25・14
前 6・36・4

以此片「斫人㬬」，知卜辭「㬬」非如今人釋為「㬬人」或「㬬方」亦明矣。㬬為地名之說，早見日本島邦男殷虛卜辭研究三五八頁。然日本貝塚茂樹京都大學人文研究所藏甲骨考釋第二九九三片（武乙文丁卜辭），考釋云：

「乙卯卜，貞：乎斫人㬬」，其㬬字作為動詞用法，非如島氏釋為地名。又云：

「庚午卜，令雀僑㬬唐？」東唐為地名。

京大 2993

雖然貝塚茂樹釋「東（㬬）唐」為一地名，亦未諦。然「㬬唐」為二地名，更不確。此㬬亦如上例，作動詞解，較為辭順。

不論㬬、㬬、㬬、㬬、㬬、㬬之从東或東，乃無可疑，故商氏佚存考釋為从東聲，似為可信。東或東上所从之口、田或早，商氏無釋。若今人竟將口田早，逕釋為日字。其口田字釋為日，于甲骨文字雖有證可尋，如明字，甲骨卜辭或作明，見

獸　⿱田魚

乙編三二〇〇：

貞：？

王固曰雨？

或作，見殷契佚存一八八片：

然不知明之从口或田，乃如段注「明，从囧，取窗牖麗廔闓明之意也」，非日也。至於為日，甲骨文無之。總之，隸寫之㬊，是否从日，尚待求證。況且是否即為許書之量，據上所舉卜辭，析其字形，比較其文例，決非一字。許書之量，歷來説解不一。孔廣森、朱駿聲、林義光等人，據小篆古文之字形而釋為从日，或〇象斗中有米形，或謂量器有口故从口，或謂象量器之形，今人以為从日从東謂「立表視景」之説為是。許慎、孔氏、朱氏、林氏等人皆非，然亦各自為説，實五十步與百步耳。無睥視之有？

綜言之，甲骨文之，與不是一字。據商氏釋為動字，而決非為量。【説樸　中國文字第三十一册】

◉高田忠周　⿱田魚　説文所無　⿱田魚鼎〈0529〉「王錫⿱田魚貝」　此為臣名。然字書無⿱田魚⿰魚田字。此古字逸文也。或云鯉省。恐非是。今存于此。云此為殷器。此字亦古矣。【古籀篇一百】

◉戴家祥　⿱田魚祖乙鼎　己亥王賜⿱田魚貝　⿱田魚。从田魚聲，字書不載。舊釋鯉省，柯昌濟謂「⿱田魚即鰅省」，均無證據。金文為人名。

【金文大字典中】

◉朱芳圃　説文嘼部：「獸，守備者也。一曰兩足曰禽，四足曰獸。从嘼，从犬。」羅振玉曰：「按古獸狩實一字。左氏襄四年傳『獸臣司原』，注：『獸臣，虞人。』周禮獸人之職，所掌皆王田之事。詩車攻『搏獸于敖』，後漢書安帝紀注引作『薄狩于敖』。漢張遷碑『帝游上林，問禽狩所有』，石門頌『惡蟲蔣狩』，皆獸狩通用。」殷虛書契考釋中六九。按羅説是也。獸即狩之初文，从單皆其省形从犬，會意。説文犬部：「狩，犬田也。从犬守聲。」犬田謂用犬田獵。詩秦風駟驖言「從公于狩」，又云「載獫猲獢」，是其證矣。蓋單為獵具，所以捕禽獸。犬知禽獸之跡，故狩必以犬。兩者為田獵必具之條件，故古人造字會合兩文以見意。羅振玉謂「古者以田狩習戰陳，故字从戰省」。楊樹達譏其支離不切，其説是已。顧拘泥篆文从嘼之説，謂「嘼犍今言畜牲，此狩獵之所逐也。从犬者，獵必以犬，此狩獵之所用也。蓋獸之从犬，猶狩之从犬也。以犬逐嘼，狩獵之事，包舉無遺義矣。小學述林二六

⿱罒⿰巳乂 鄵 噝噝

五。其支離不切，與羅説同。皆緣不瞭單為獵具，故有此誤。【殷周文字釋叢卷上】

◉徐中舒  于省吾釋⿱罒⿰巳乂襄。即由而作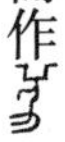祖辛爵。辥侯盤。散氏盤。穌甫人匜。漢印。演變為《説文》之⿱罒⿰巳乂。

部族名。地名。【甲骨文字典卷九】

◉戴家祥 鄂君啓節 庚居鄵 字从邑喿聲，古音喿巢皆屬宵韻。「居鄵」郭沫若于省吾等人皆讀作居巢，即今安徽省之巢縣。【金文大字典下】

◉李平心 《兮甲盤》《師寰𣪘》《虢季子白盤》《不嬰𣪘》《敔𣪘》等器均有「折首執噝」之文，噝字作

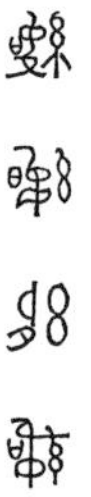

是從口從系安聲（或略口從系安聲）之字。古從女之字或從人作，安當即允字。陳介祺始釋此字為訊，引《詩》「執訊獲醜」「執訊連連」、《易》「有嘉折首」為驗。他的考釋是對的。金文屢見「噝訟」「噝訟罰」之辭，其義相當於《漢書·張湯傳》之「鞫訊論報」，與《兮甲盤》等器銘文正可互證。

《禮記·王制》：「出征執有罪，反釋奠于學，以訊馘告。」偽《孔叢子·問軍禮》篇襲《王制》之文作：「既至，天子有司以特牲告，舍奠于帝學，以訊馘告。」訊馘即是金文中的噝。《逸周書·世俘》：「武王乃夾于南門用俘，皆施佩衣，衣先馘入。」先馘也就是《詛楚文》的敹彧，亦即《禮記》之訊馘，亦即金文之噝，毫無可疑。

古代兵刑往往不分，俘虜也就是罪隸，可以殺戮，亦可以奴役，《王制》云：「出征執有罪」，有罪實指噝或訊馘，故訊有鞫訟論罪之義。訊為囚徒，又為奴隸。在古代別的國家也有類似情況。例如，羅馬就曾將一部分罪犯貶為奴隸，特別在奴隸來源不足的時期，强迫罪隸服役，曾是奴隸勞動的一種重要補充形式。中國古代奴隸制度有一個重大特點，即奴隸有很大一部份來自刑徒。《周禮·司厲》：「其奴，男子入于罪隸，女子入于舂藁」，鄭玄注：「今之奴婢，古之罪人也，」正説明了這種情況。俘虜被當作罪人，與這個歷史特點不無關係。但是，這並不妨礙古代俘虜成為奴隸來源之一。甲骨文有笱人（敬字從笱，古稱奴隸為敬）服役農作的記録，金文中也屢見錫夷僕、夷臣之文，明明是用俘虜充當奴隸。《師訇𣪘銘》記王錫師訇尸允三百人，尸允即是夷噝，也就是外族奴虜。西周社會生產力水平並不很高，尸允如不從事生產勞動，要主人養活三百人，不是一件容易的事。自然，

罬　國

即使有大量奴隸存在，當時的社會性質是否屬奴隸社會，還需要有更多的證據，才能確定。

䜌或允由俘虜變為奴隸，還可以從《𤼈盨銘》得到佐證：

「厥非正命，迺敢庆䜌人，則惟輔天降喪，不廷唯死。」【卜辭金文中所見社會經濟史實考釋 中華文史論叢一九六二年第一輯】

◉戴家祥 䜌字从口，从糸，允聲。陳介祺釋訊，引詩「執訊獲醜」為證。攈古録三之二第四十七葉。吴大澂憙齋集古録十六册第十一葉方濬益綴遺齋彝器款識卷七第十九葉静安先生不娸敦蓋考釋从之。按鄞縣馬叔平衡藏一器，文云：「唯王正月，辰在甲午，王曰䜌命女司成周里人眔諸大亞，𠭴訟罰。」揚𣪘銘云：「錫女赤𩊚市緣旂，䜌訟。」「訟罰」之上冠以䜌字，足為陳氏釋訊之佐證。古音允，讀「余準切」。喻母，文部。訊，讀「思晉切」，同信。心母，真部。真文韻位頗近，真，第十一，文，第十二，故説文爾雅訓「允，信也」。方言一「齊魯之間曰允，允，信也」。執訊，古成語。小雅出車「執訊獲醜」，大雅皇矣「執訊連連」，左傳文公十七年「鄭子家使執訊而與之書，以告趙宣子」，同一義也。禮記王制「出征，執有罪，以反釋奠于學，以訊馘告」，鄭康成注「訊馘，所生獲斷耳者」。張石匏釋繫，攈古録三之二引。徐同柏釋緘，從古堂款識學卷十第三十五葉。劉心源釋緯，奇觚室吉金文述卷八第十八葉。孫詒讓釋拘，古籀拾遺上第二十六葉敔敦。均不知其字从口，从糸，从允得聲也。兮伯吉父盤銘考釋。【金文大字典中】

◉陳偉武 國《文字徵》第323頁附録：「國4·1，國4·7。」今按，此當是國字。从匚，从戜（馘）得聲。小盂鼎馘字作戜，虢季子白盤作戜，本為會意字，懸首於戈，斬敵程功，故為馘字，馘實為後起形聲字，本字當是《説文》戜字，訓「水流也」，音形既晦，朔義亦失。《説文》中从戜得聲的棫字或作棫，准此，則國即國，即國。【古陶文字徵訂補 中山大學學報一九九五年第一期】

◉武　健 内穿後一面有銘文三字，李學勤先生釋為「罬攻反」。「罬」字从「网」，「朕」聲，地名，可能是今河南范縣北的觀城，距濟寧不遠。【山東濟寧揀選出一批古代青銅兵器 文物一九九二年第十二期】

樴

◉商承祚 卷一第二十一葉 同上 説文解字無此字。卜辭中又有二文。卷四第四葉。此从與殆一字。故知此字从牛从戠。考説文解字埴注。黏土也。从土直聲。禹貢。厥土赤埴墳。釋文。埴鄭作戠。是古戠與直通。禮記王制。大夫以犆牛。周禮小胥釋文特本作犆。由此推之。知樴即犆。犆即特也。然由卜辭觀之。樴當為牛色。與羊字同例。後人以特釋犆。或非初誼矣。【殷虚文字類編卷二】

◉楊樹達 前編一卷廿一葉之四云：「其樴，茲用。」樴字作。羅振玉云：卜辭中有二文，此从，與殆一字，故知此字从牛从戠。考説文解字埴注：「黏土也。从土，直聲。」禹貢：「厥土赤埴墳。」釋文：「埴鄭作戠。」是古戠與直通。禮記王制：「大夫以犆牛。」周禮小胥釋文：「特本作犆。」由此推之，知樴即犆，犆即特也。然由卜辭觀之，當為牛色，與羊字同例。後人以特釋犆，或非初誼矣。考釋中廿七。郭沫若云：羅釋樴為犆為特，甚是。然謂當是牛色，與羊字同例，則不必然。特者，牛父也。言樴猶他辭言犅言牡矣。通纂二之廿。【樴 卜辭求義】

穓

◉何琳儀 《璽彙》四四三〇—四四五七著録大量「千秋」吉語璽，其中四四四四—四四四八之「秋」字釋讀頗有可疑：

四四四四 四四四八 四四四七

凡此與古璽標準「秋」字作(四四五四)，除从「禾」相同外，了不相涉。

上揭三類所謂「秋」均應釋「穓」。甲骨文「異」，从「」，从「」，「」亦聲，「戴」之初文。「」後來譌作「田」形，戰國文字作：

石鼓 璽彙一五八四

所从「」象人兩臂上舉。其手指或可省簡，見二十八星宿漆書「翼」作：

下从「異」，與上揭第三類所謂「秋」字所从吻合。第一、第二類所从「」手臂上舉，尤合本義，而與「火」作形迥然不同。

「穓」，从「禾」，「異聲」。《五音集韻》「穓，耕也。」吉語璽「穓」應讀「禩」(「巳」與「異」均屬之部，故可通用)。吉語璽「千穓」讀「千禩」，即「千祀」。《文選・謝贍張子房詩》「惠心奮千祀」。《爾雅・釋天》「載，歲也。夏曰歲，商曰祀，周曰年，唐虞曰載」，疏「孫炎曰，取四時祭祀一訖」。

總之，「千穓」讀「千祀」與「千秋」雖然意近，但是畢竟是截然不同之兩組吉語璽。【古璽雜釋再續 中國文字新十七期】

篹

鄉

篹 撰淮南王上升記【汗簡】

◉黄錫全 篹撰淮南王上升記 鄭珍云「从算从巳，篹字也。《前漢・藝文志》『至孔子篹焉』。又《叙傳》『揔篹前記』。竝用作『撰述』。《説文》無此字。夏作篹，寫誤。」按夏韻緩韻羅本作篹，配鈔本作篹，齊本作篹，如依本書體例，原蓋作篹。《説文》篹字或作饌。【汗簡注釋卷二】

◉方濬益 緐曾伯霥簠 薛氏款識晉姜鼎有征緐湯語。薛氏釋綏。此从邑。阮録葢從薛氏舊釋。今按。此字偏旁與叔向父敔銘降多福緐釐緐字同。則字當作鄉。燮鄉湯與詩大明燮伐大商同意。【綴遺齋彝器款識考釋卷八】

◉劉心源 緐曾伯霥簠 緐舊釋綏邑二字。非。案此从每。亦不是妥。乃委毐二字。象禾形。委从之。又象艸形。毐即每从之。古文母女通用。詳甯母鼎。器刻中緌字緐字同形。當隨文義讀之。如叔向父敔降余多福緐釐。是緐字。説文作緐者也。天錫簋用緌于神祇。是緌字。用為綏。説文作綏者是也。綏説文作綏。此銘文義乃繁湯二地。故繁加邑。晉姜鼎征繁湯。員冥乃繁陽湯陰鄍冥四邑。而王黼釋綏。其誤當訂正也。古文於地名多加邑旁。如鄀宗婦盤邵邵鐘鄴僕兒鐘鄹大梁鼎鄡長子幣鄤即鄤刀等篆竝可取證。【奇觚室吉金文述卷五】

◉戴家祥 一 二 曾伯霥簠 印燮鬻湯

宋時出土晉姜鼎有「弘征緐湯」之語，薛尚功釋「綏蕩」，歷代鐘鼎彝器款識法帖卷十。阮元釋曾伯簠鄉，為綏邑兩字合文。積古齋鐘鼎款識卷七。按説文十三篇糸部「緐馬髦飾也，从糸，每聲」。繁為地名，故加旁从邑。「鄉湯」，即「繁陽」。湯、陽聲同。左傳襄公四年「春，楚師以陳叛故，猶在繁陽」。又定公六年傳「四月己丑，吴太子終纍敗楚舟師，獲潘子臣、小惟子及大夫七人楚國大惕，懼亡。子期又以陵師敗于繁揚」，陽，作揚。杜預曰：「繁陽，楚地，在汝南鮦陽南。」今河南省新蔡縣。簠銘作者為姬姓之曾，自東周以後，迄戰國晚期，其政治活動，北起河南鄭州南部，南及潢川，西起南陽，東抵安徽亳縣，與江淮間諸小國皆通婚姻，其文化遺跡在湖北隨縣大量發現，與楚之王族關係特别密切，故有「抑燮繁陽」之事。由此可知繁陽一地，非史記趙世家「孝成王二十一年廉頗攻魏繁陽」之地域也。魏之繁陽在今河南省内黄縣東北境，繁水之北，而曾伯之曾，亦非山東省鄫城姒姓之鄫，可斷言也。【金文大字典下】

塱

◉丁　驌　[古文字]字見前六・六一・四。島邦録之於河字各辭之中，而未單列此字，余未見原拓。就字形言从手爪之形，从重土。必為築堤之事。辭言「[古文字]河」，契又見塱字，每言「田」，此皆古之壅塞字，象形。

今日十九世紀，我國河堤仍有古法，堤防有兩式。一為埽，一為柳輥。埽：説文坌也。此法乃創自我國，向為治河之重要方式，「用以守險、禦溜、固堤」(見宋希尚：中國河川誌三九頁)。法以「稭桿、雜縧繩及木樁黄土混合組織」，成土堤之坯，上下重疊。每段首部，依次内縮數尺，狀如魚鱗者，曰魚鱗埽。向河凸出者曰月牙埽，等等。埽在堤向河之面，藉以護堤。必要時在埽坯之足，益以卵石錐。修築便利，用材易致。惟每歲修補加坯，今日視之亦不經濟。[古文字]字即象此形。掇一・四四六之[古文字]似亦同義。

柳輥者北方用柳，横排成欄，用繩交織如網狀，以捲巨石，合土成捆沉之水中。用以堵決者，近人用鐵絲鉛絲以代繩、梯。古時想必亦用竹或稭桿。此型當契之[古文字]字。字釋為从用。「用」即象柳捆也，故契文之[古文字]亦固堤合龍之法也(參閲宋希尚四二頁圖四)。在殷代用此法為田之堤岸，當甚便利。[古文字]法似為最原始者。[古文字]法後起，取稭桿也。

契文有[古文字]字。亦作[古文字]、[古文字](甲三七七)。當即致力于田之圣字無疑。

契文又見一𠂤字(後下一六・二、粹五二四)辭曰：

「庚戌卜争貞：王三正河，新𠂤，允正？十月」

「十月」：島邦疑粹之一辭為「十一月」。饒引粹辭未有記月，但多「一牛」二字。此無關本題。此𠂤字未有釋，其形頗似今水壩上之塔，又似穀倉之形。在辭中此新物與「正河」有關。不知是否與畗字同義，訓為塞？

附字之卜辭例：

「甲(　)卜貞：其[古文字]河？王定？勿隹王禍？八月」(前六・六一・四)

「……今日[古文字]田……先灰……？十二月」(明六二〇)

「癸(　)貞……令[古文字][古文字](田)于(先)灰？十二月」(前六・一四・六)

「甲子卜𠮷貞：令[古文字][古文字]田于……」(前七・三・二)

[古文字]：字狀以手重土，後世之壅，後期契文之[古文字]字也。農田築堤，想當然耳，此言「壅河」乃是治河無疑。【東薇堂讀契記(三)　中國文字新十五期】

◉戴家祥　⿱口曽太保殷　太保克敬亡⿱口曽　⿱口曽字从口、从曽，説文所無，集韻上聲二十八獮譴，「小息也」。古字从口表義者，小篆每多更旁从言。説文三篇謨，古文作𧥾；譜，古文作嗜。集韻下平三蕭詏呺同字，入聲二十八盍嗑譫同字，二十九葉囁讘同字，三十帖唊諜同字，知譴即⿱口曽之表義更旁字也。「譴」「愆」聲同，説文：「愆，過也。从心，衍聲。寒或从寒省。㥶，籀文。」殷銘「克敬亡⿱口曽」猶儀禮士昏禮記云：「敬恭聽宗爾父母之言，夙夜無愆。」鄭玄注：「敬，申，重也。宗，尊也。愆，過也。」唐韻「愆」讀「去虔切」溪母元部。集韻譴讀「去演切」不但同母，而且同部。日本高田忠周釋譴，古籀篇五十三册第十九葉。聲義亦通，可備一説。【金文大字典上】

⿰亻⿱攸口 4・47　右宮儞　説文所無類篇儞與你同　【古陶文字徵】

◉高田忠周　⿰忄⿱攸音⿱攸音　説文所無　郤王子鐘　〈0051〉「其音⿱攸音⿱攸音」

舊釋作悠。實非是。悠之訓遠義者。叚借為攸也。攸為水行攸攸。故轉為遠長義。此云其音⿱攸音⿱攸音。亦攸攸也。其義用專于音。故亦从音。⿱攸音固攸字別出異文。銘上文曰。中縣且昜。昜亦加音作䞶。與此⿱攸音加音同意也。但其字已从音从攸攸亦聲。細別⿱攸音亦自為別字。所以字乳而益多也。姑存于各部。以弘其用云。或云此篆攸下从言。非从音者。然⿱攸音亦説文所無。而金文言音通用恆見。⿱攸音或作⿱攸言。敢不足異也。銘下文云。諻諻熙熙。顧野王音部諻。字書或鍠字也。樂聲也。鼓聲也。又言部。諻方言音也。蒼頡篇。諻樂也。此諻諻同。亦音言通例。【古籀篇五十三】

◉高田忠周　此銘上文中縣且昜。昜作䞶。下文鍠鍠熙熙。鍠作諻。並皆从音為義。故知此言即音省。而⿱攸音亦元攸異文明矣。唯字已从音从攸攸亦聲。細別亦自為各字。猶昜暘元同字而説文別出之例。故姑存于兩部。弘其用云。⿱攸音⿱攸音謂聲遠聞。與攸攸同。【古籀篇六十】

⿰彳會 6・120　噲毫　説文所無集韻噲噲屋宇高明也中山王譽鼎郾君子噲史籍作噲　【古陶文字徵】

◉張松林　⿰彳會一件。長方形，單字雙印。印文中節一字从彳从會，隸定為噲。噲與會、鄶、澮可通假，地名作鄶，水名作澮；

艗　⿰舟⿱龹火　槃　⿺辶亘

第二方印文釋亳，合讀為儈亳（圖表序號9）。因鄭州地臨鄶地，《説文解字》曰「鄶，祝融之後，妘姓所封溱洧之間，鄭滅之。」鄒衡先生考證，鄭州金水河源于鄶地，故鄭州古亦稱之亳。【鄭州商城内出土東周陶文簡釋　中原文物一九八六年第一期】

◉徐中舒　[glyph]三期　粹二四三　[glyph]三期　粹二八五　[glyph]三期　戩三九·一四　[glyph]三期　甲二六〇二　[glyph]三期　京四八八六

從辵從[glyph]，辵或作止，同。《説文》所無。所從之[glyph]為鑄之初文。卜辭用為禱告之禱，祭名。【甲骨文字典卷二】

[glyph]　槃　説文所無　曾侯乙鐘　槃鐘律名　【金文編】

◉戴家祥　[glyph]　郭沫若曰：金文滕國之滕均作⿰舟⿱龹火，从火。兩周金文辭大系考釋第一八八葉。按説文第十一篇「滕，水超湧也。从水朕聲」。此篆从火朕聲，與滕同聲，可假借作滕。郭釋可从。【金文大字典下】

◉馬薇廎　[glyph]轉盤　三代一七四四「轉作寶[glyph]」

从舟从益會意盤字，舟，承槃也，从益，加水則溢，示為平淺之盤也。如為从舟益聲，則為題字，題屬薺韻在十五部，與益錫韻十六部可以通假。題，小盆也，新方言釋器「今人稱盤小而俾者為題」俗譌作碟。按盤字已甚熟，不必再造此字，似以後説為勝。【從彝銘所見彝器之名稱　中國文字第四十二册】

⿱釪皿 鋿 ⿺辶爲 逕 ⿰月⿱罒尹

◉高田忠周 [glyph]郜公平侯盂 郜公平侯自作尊⿱釪皿

此字从皿釪聲。釪亦于聲故也。或云，从皿从金于聲。亦通。然下文从芣聲。此亦當从釪聲。又按經傳盂字借杅為之。儀禮既夕「兩敦兩杅」。注「杅，盛湯漿」。又禮記玉藻「杅履蒯席」。注：「浴器也」。此皆盂字轉義。而當知盂器有極大者。由是觀之。盂字或當有从杅作⿰木盂者耳。但盂者有大義。與芋同意。【古籀篇二十二】

◉戴家祥 ⿱釪皿字當从皿从金于聲。加金旁是為了表示器物的材質，與宖或作鋐同例。【金文大字典中】

◉戴家祥 [glyph]一 [glyph]二 平鐘 玄鏐鋿鏞 金文慣例，鏞上一字皆表示色彩，如「吉金黃鏞」、「玄鏐，赤鏞」等。此為「玄鏐鋿鏞」，鋿與玄相對，或表示某種色彩。鋿說文所無，玉篇訓「磨也」，「鋿鏞」或指一種精心磨制的鏞。【金文大字典下】

◉馬叙倫 郘始鬲 [glyph]

[glyph]字徐釋過蕭長。然謂是陳姓則未然。依文釋當讀為為。【讀金器刻詞卷下】

◉袁國華 「[glyph]」字見「包山楚簡」第167簡，「[glyph]」見第176簡。《包山楚簡》分別將二字隸定為「⿺辶爰」及「⿰車爰」。「鄂君啟舟節」「爰」作[glyph]；「包山楚簡」有「媛」「緩」兩字，所从「爰」通作[glyph]，字形與「[glyph]」「[glyph]」所从的「[glyph]」有頗大差別。「[glyph]」字實即「丞」字，「丞」字見「包山楚簡」，簡82字形作[glyph]，簡197、199、201字形亦同。「丞」亦可釋「丞」，音義同「狄」。因此「[glyph]」字應隸定為「逕」或「逕」，音同「逖」；而「[glyph]」則應隸定為「輕」或「輕」，簡中用作人名。【包山楚簡文字考釋 第二屆國際中國文字學研討會論文集】

[glyph] 3・137 蔓圖南里⿰月⿱罒尹 說文所無集韻 ⿰月⿱罒尹齒斷也 【古陶文字徵】

⿰月⿱次虫

⿰月⿱次虫 ⿰虫⿱次月 說文所無張振林謂陳侯因⿱次月史書作因齊⿱次月齊相通⿰虫⿱次月蠤應相通鄂君啟節之⿰氵⿱次月說文作濟⿱次月資相通⿰虫⿱次月⿰虫資亦應相通說文之蠤⿱齊䖵廣韻或作⿰虫資螬可證金文之⿰虫⿱次月與說文之蠤廣韻之⿰虫資通酓忎鼎　佀帀吏秦差苛⿰虫⿱次月為之　⿰月⿱次虫 佀勹　佀吏秦苛⿰虫⿱次月為之【金文編】

◉湯餘惠　⿰月⿱次虫所告(造)甾(㪕)貞(鼎)。中⿱䒑⿰夕刀。

銘文首字上部比較清楚，左上从「肉」；右上从「次」作次，是楚文字特有寫法。字下部從殘余的字迹看應是蟲字的殘形，所以此字應即屢見于楚器銘文的人名「⿰月⿱次虫」字。楚王酓忎鼎銘文有「冶帀(師)吏秦、差(佐)苛⿰月⿱次虫為之」的話，冶勹銘文稱作「冶吏秦、苛⿰月⿱次虫為之」，「⿰月⿱次虫」當即「苛⿰月⿱次虫」之省，此人時常為楚王室鑄器，料想必是當時官府冶鑄手工業作坊中頗具名氣的冶工。既然此人是鼎的實際鑄造者，所以稱此鼎為「⿰月⿱次虫鼎」是比較恰當的。

據郭沫若先生考證，楚王「酓忎即楚幽王熊悍」。苛⿰月⿱次虫既是酓忎鼎的鑄器者之一，必然是幽王同時代人，⿰月⿱次虫鼎的鑄造年代也不會與酓忎鼎懸隔太遠，應是公元前三世紀後半葉的楚器。

銘文第三字舊釋為「鍺」，誤。細審此篆的右旁應是「告」，戰國楚文字的「告」或作：

告 鄴陵君銅豆之一，造字所从

告 郲並果戈，造字所从

告 鄴陵君銅鑑，造字所从

構形都跟此篆告旁相近，可以為證。戰國楚文字的「告」的寫法頗象後世隸書的者(者)，所以前人誤以此篆右旁从「者」是不足為怪的，但隸書者字下方从「甘」不从「口」，此殆兩者之大別。更何況如釋為「鍺」銘文則難以讀通。我們認為這個字應是「告」，《集韻》：「告，同嚳。」《史記·五帝本紀》《正義》引《帝王紀》「告母無聞焉」，以告為帝嚳字，由此推之，告字肯定是从人，告聲。「告」、「嚳」同諧告聲故得通假。「告」，銘文讀為「造」。

告字下面的一個字舊均不識，我們把它釋為「甾」，其形與前文揭舉2式「甾」略同，字中作二畫與作一畫者無別，古文字貝字作貝(齊圜錢賹字所从)，鼎字作鼎(中敃鼎)，與此為同類現象。楚器銘文常言「饙鼎」，這裏作「甾鼎」，顯然是采用了一個同音假借字。「甾鼎」如同「饙鼎」、「㪕鼎」一樣，説明是祭祀祖先的用器。

銘中第六字，舊釋為「安」，不確；應釋為「中」，長沙仰天湖2號竹簡「中」字寫法與此相同，可證。銘末一字已有殘缺，但上面的偏旁還很清晰，右下方从「刀」尚不難辨認，從戰國楚文字實際推測，應是⿱䒑⿰夕刀字。此字楚王酓朏大鼎銘文三見：「盅(鑄)客為集□、借□、□腋□為之。」此字或釋為「膴」，或釋為「勝」，筆者對這個字缺乏研究，不過認為某□、某某□是職官的名稱，從辭例看無疑是正確的。中□與前者當是類似的機構。

綜前所述，膴鼎是一件出自官府冶鑄手工業作坊冶工之手而用于中□的一件銅器。銘文刻器鑄造者私名而不記職稱（如冶師、差（佐）、冶之類），有異于同類性質的銅器銘文，更不同于不録私名的鑄客諸器，所以在研究楚器題銘制度時，不能不說膴鼎是值得注意的一件銅器。【楚器銘文八考（膴鼎考）　古文字論集（一）】

◉孫海波　□前二・十・五　从幺繫貝。懸之于木。與金文楕妃彝□字意同。蓋即古文縣字。說文所無。【甲骨文編卷六】

◉李孝定　諦審影本。此字實从角从采穗。以聲化例推之。當是从角采聲。孫隸定作觿。而解云「繫貝」。說非。說文所無。字在卜辭為地名。辭云。「在觧餗」可證。【甲骨文字集釋第四】

◉張日昇　□字从魚从皿。說文所無。高田忠周謂盧之異文。非是。盧籀文盧从盧。盧金文作盧。鹵□並卤之譌。鹵聲之說不可據。【金文詁林卷五】

◉徐寶貴　「□」字見於《古璽彙編》編號為1022、1221、2372、3006、3246及《吉林大學藏古璽印選》編號為16的諸方璽印。

□字見於《古璽彙編》編號為1161、1660、3000諸方璽印。

此二字《古璽彙編》隸作「魜」、「症」。陳漢平《屠龍絶緒》三一三頁謂「□」字「當隸定為魜……當釋為鮢」。

按此二字之所从既不是「止」，也不是「屮」，而是「乍」字。古璽文及酓肯匜、包山楚簡、从「乍」之字，所从之「乍」多如此作。如：

胙：□璽彙0896　□包簡二二四

复：□酓肯匜　□包簡二二五

以上實例可以證明此二字應釋為「鮓」、「痄」。

「鮓」，从「魚」，「乍」聲。《玉篇》同「鮺」，其下又列有「䱹」字，謂為「鮺」的籀文。《說文》：「鮺，藏魚也。南方謂之魿，北方謂之鮺。」《釋名・釋飲食》：「鮓，菹也，以鹽米釀魚以為菹，熟而食之也。」又《集韻》：「鮓，海魚名，或作蚱。」晉張華《博物志》：

「東海有物，狀如凝血，縱廣數尺方圓，名曰鮓魚。無頭目處所，内無臟。衆蝦附之，隨其東西。」此字在璽印中為人名。

「痄」，从「疒」，「乍」聲，侯馬盟書也有此字，作「[illegible]」形，此字為《説文》所無。《玉篇》：「痄，痄疨，病甚也。」《集韻》：「痄，痄疨，創不合。」字在侯馬盟書與古璽文中均為人名。【戰國璽印文字考釋七篇　考古與文物一九九四年第三期】

鬐　鄱　諻

◉馬叙倫　史[illegible]簋舊作史燕簋。[illegible]作旅[illegible]其永寶用

史燕作旅簋。孫詒讓曰。[illegible]上從皀下從𢍏。必非燕字。疑當作麏。蓋變鹿為皀。𢍏則君之到文也。後梟婦觚梟字亦與此同。[illegible]當為麏。倫檢舊釋梟婦觚字作[illegible]。與此不同。彼自從鹿。即説文之麏。此似從皀。君聲。君從口尹聲詳疏證。故此可作[illegible]也。[illegible]從皿穎聲。説文無此二字。未諭甚器。不能詳也。【讀金器刻詞卷下】

◉劉彬徽等　(142)鄱，簡文作[illegible]，于省吾先生釋[illegible]為䰲(參閱《「鄂君啟節」考》，《考古》1963年第8期)。【包山楚簡】

◉陳仁濤　張政烺説鼎銘諻作[illegible]，以毀銘按之，自是諻字無疑，蓋字體之變化然也。此如魯惠公名，史記世家作弗湟；集解：徐廣曰。表云弗生也；索隱：系本作弗皇；年表作孝公子弗生。是皇之變體近於生字，故籍中固已多如此矣。

考方言六：

南楚瀑洭之間母謂之媓。

又廣雅釋親：

媓，母也。

此蓋漢代楚之方言如此。楊雄著之於篇，張揖因以為詁。自來語言中親屬稱語詞之改變甚緩，古者楚南交通不便，教化未周，部族聚居，習於故俗，四五百年間自可保存其固有之方言。故余謂此鼎與毀銘之諻皆當與媓同義而訓為母。先有叚借，後出本字，固文字發生常例。邵王之諻蓋即楚昭王之母也。【金匱論古初集】

◉劉彬徽等　訓，簡文作[illegible]。遣策中的「纁」字作[illegible]，右下部分與本簡相同。【包山楚簡】

◉于省吾　原文在銘文釋文「醽臺」二字下，注為「重敦」（段紹嘉「师克盨蓋考釋」同）。○原文注「臺」為「敦」則非，因為敦字乃古文辜或敦之隸變。臺與辜迥然有別。王國維史籀篇疏證謂説文籀文「就」左旁从亰，「當从臺省」。按魏三體石經春秋古文京作[illegible]，亰即臺字的訛省。三體石經既以亰為京之古文，則臺字應从京聲是可以肯定的。「今余隹醽臺乃令（命）」，這樣句例習見于金文，而近年來長安縣出土的輔師嫠簋則作「今余曾乃令」，把「醽臺」二字換作「曾」，是「曾」為「醽臺」的代詁字。曾為增之初文。醽為緟之古文，説文謂「緟，增益也」；臺應讀作京，爾雅·釋丘李注謂「丘之高大者曰京」，典籍中多訓京為高為大，高大與增益之義本相因。然則單詞言「曾」，復詞言「醽臺」，詁訓相同。以音言之，古讀「京」如「姜」，「醽臺」二字的合音與「曾」為雙聲。金文中凡言「今余隹醽臺乃命」者，都系最高統治階級對于臣僚在已往有所命令之後，再給他增加上新的任務。郭老原文説：「克曾任善夫及作册尹之職，為王左右之近臣，并兼處理軍事。」足徵周王對于師克屢次增加命令。此銘在「今余隹醽臺乃令」之下，稱「更乃祖考𤔲司左右虎臣」，再三擴大師克的職責，故以「醽臺」為言。原文釋「醽臺」為「重敦」，未為確當。【師克盨銘考釋書後　文物一九六二年第十一期】

◉戴家祥　[illegible]曾侯乙鐘　為鄘音羿　水經注滍水：「應城，故應鄉也，應侯之國。」金文有關國邑的地名，每每从邑以區別之。徐王義楚盤徐作郐，秦詛楚文「商於」之「於」作郚，三體石經僖公殘石「温」作「𨛦」，應為國邑，字當作鄘，應鐘寫作鄘鐘，都是同聲通假的結果。【金文大字典下】

◉孫海波　[illegible]前二·四·一　从林从庚。地名。【甲骨文編卷六】

⿸㫃兑

◉姚孝遂 肖丁 1035 (1)「丁酉,其立□」 (2)「弜立□」

「□」字前所未見,从「㫃」,从「侻」,字不識。「立□」似與「立中」之内容有一定關係。

《續》4・45:「……酉卜,㝑貞,翌丙子其(立中,亡風?丙)子立中,允亡風」。

《存》2・88:「丙子,其立中,亡風?八月」。

「立中」當與「宁風」之祭儀有關,故其驗辭每言「亡風」,亦即「無風」。「中」即旗幟。「□」从「㫃」亦屬旗幟之類。「□」即象肩負旗幟之形。【小屯南地甲骨考釋】

◉劉釗 「□」字也應指旗幟。【卜辭所見殷代的軍事活動 古文字研究第十六輯】

遊

◉曾憲通 □亂遊亓行 乙一・二五 □絰絀遊襄 乙一・三〇 □是遊月 乙三・一九 □是胃遊終 乙三・三二

此字舊釋為達,林巳奈夫釋⿺辶羊,何琳儀謂「遊乃⿺辶羊之繁化,下文湯作⿰氵遊是其例。」又説「⿺辶羊、逆音義均近,故帛書中遊又可讀為逆。」按何説甚是。惟從形體考察,逆、⿺辶羊當是一字。逆字鄂君啟舟節作□,秦簡作□,馬王堆帛書《春秋事語》作□,臨沂漢簡《孫臏兵法》作□、由逆變⿺辶羊演化之迹昭然。《玉篇》訓⿺辶羊為進退皃,音與章切,讀同羊。《萬象名義》訓⿺辶羊為邇、弗、廢、却、遣、亂,音魚戟切,讀同逆。可見⿺辶羊、逆為一字之分化。故漢碑李翕《郙閣頌》「漢水逆讓」,王念孫《讀書雜志》引作「漢水逆讓」。由此可見,李學勤將此字隸作遊而讀為逆,同樣是正確的。【長沙楚帛書文字編】

◉劉信芳 遊,簡文作「□」。簡八〇:「既發竽,埶勿遊。」「竽」為「節」之異體,「遊」應是「徉」之異體,字或作「佯」。宋玉《風賦》「倘佯中庭」,李善注:「倘佯,猶徘徊也。」簡文謂:「既已發節,捉拿人犯不得徘徊拖延。」簡文「遊」還有一用例,簡一四二記一在押人犯脱逃,「遊迡(趨)至州遮」,是謂該犯人逃出牢獄後,徘徊(走一走,停一停,行迹可疑)來到州之邊界遮攔處。【包山楚簡近似之字辨析 考古與文物一九九六年第二期】

誙

◉薛尚功 宋公成之誙鐘

宋公誙鐘一 □□□□□□

宋公誙鐘二 □□□□□□

宋公誙鐘三 □□□□□□

爈　燁　焆

宋公誙鐘四　[銘文]

宋公誙鐘五　[銘文]

宋公誙鐘六　[銘文]

右六器銘略無小異。皆曰宋公成之誙鐘。按博古録云。夫歷代之樂。顓帝曰六莖。帝嚳曰五英。黄帝曰雲門。堯曰大章。舜曰大韶。禹曰大夏。商曰大濩。周曰大武。夫誙字與莖通用。則莖鐘者是為顓帝之樂。宋者商之系。二王之後得用天子禮樂。則歷代之樂章故當有之。蓋此鐘特其一代之名耳。【歷代鐘鼎彝器款識法帖卷六】

◉朱德熙　方壺銘10至12行：余知其忠諄(信)也而譐(專)任之邦，是以游夕飲食，寧有[古文]炅。鼎銘39至41行：是以寡人匩任之邦而去之游，無[古文]炅之慮。

[古文]字从[古文]。過去我們在研究燕國官印裡習見的「[古文]」二字時，曾據邵鐘和壬午劍「虔」字的寫法推斷[古文]是「虔」字的簡化。《戰國文字研究》，《考古學報》1972年第一期83頁(編按：已收入本集)。平山器的[古文]字應釋為「慮」，字从「虔」得聲，戰國璽印文字中有「虔」字，看《古璽文字徵》附26上。應該是《廣韻・魚韻》「强魚切」下訓為「怯也」的「懅」字的異體。「懅」與「遽」通，《廣雅・釋詁二》「遽，懼也」。平山器「慮」字兩見，都跟「炅」字連用。「慮炅」當讀為「遽惕」。《楚辭・大招》「魂兮歸來，不遽惕只」。【平山中山王墓銅器銘文的初步研究　朱德熙古文字論集】

◉黄錫全　[古文]上同出諸家集　夏韻葉韻録《雲臺碑》燁同此。鄭珍云：「燁係爗之省，二形竝無日，不完。」《玉篇》燁，火光皃。《說文》有爗無燁。

[古文]　夏韻葉韻録《郭昭卿字指》燁作[古文]，此脱注。右形同于部《王存乂切韻》華，説見前。【汗簡注釋卷三】

◉裘錫圭　我們先討論从「火」的「焆」字：

司徒[古文]　古徵附23下

宋[古文]　古徵附23下，補補4・7下

盍[古文]　尊集一5・10

《補補》把這個字收在「䐄」字條內，注曰「(䐄)或从火」。「䐄」字除上引「食肉不猒」一義外，還有另一種意義。《釋名・釋飲食》：「䐄，銜也。銜炙細密肉，和以薑椒鹽豉，已，乃以肉銜裹其表而炙之也。」這一義的「䐄」字有異體作「⿰臽炙」。《廣韻・去聲・闞韻》：「䐄，炙令熟。或作⿰臽炙。」這大概是《補補》以「焆」為「䐄」字或體的根據。但是從「⿰臽炙」字的意義來看，它的結構應該是「从炙，臽聲」，而古印「焆」字的結構卻顯然是「从火，䐄聲」。上引古印「䐄」字都用為姓氏，「焆」字則都用為人名。從這一點看，它們也不像是一個字。所以《補補》把「焆」字當作「䐄」的異體是不可信的。

我們認為古印的「焆」字應該釋為「焰」。「䐄」字本从「臽」聲，「臽」、「䐄」二字用作形聲字聲旁時當可通用。有很多形聲字，它們的聲旁在先秦古文字和小篆裡有繁簡的不同。有時候，古文字的聲旁較簡，小篆的聲旁本身就是以它為聲旁的一個形聲字。下面僅就戰國文字的範圍舉幾個例子：

戰國文字	小篆
旹(《古徵》7・1上) (《說文》古文同)	時(「寺」从「寸」「㞢」聲)
坈(《古徵》13・3下)	壐(「爾」从「冂」从「㸚」「爾」聲)
⿱工心(《說文》古文)	恐(「巩」从「丮」「工」聲)
⿱夆⿰金金(《說文》古文)	鏠(「逢」从「辵」「夆」聲)

有時候，古文字的聲旁較繁，它本身就是以小篆的聲旁為聲旁的一個形聲字。下面也僅就戰國文字的範圍舉幾個例子：

戰國文字	小篆
坸(《古徵》13・3上)	均(「匀」是「旬=旬」的聲旁)
⿰胄斗(《金文編》10・9下)	斞(「臾」是「胄=腴」的聲旁)
⿰王旱(《說文》古文)	玕(「干」是「旱」的聲旁)
⿰革亶(《說文》古文)	靼(「旦」是「亶」的聲旁)

小篆的「焰」字古印作「焆」，正是後一類的例子。「焆」字跟「⿰胄斗」字的情況顯然是極其相似的。　【戰國璽印文字考釋三篇 古文字研究第十輯】

◉曾憲通　□　瀧汩㳅澫　甲三·三一　山川澫浴　乙一一·一七　選堂先生謂澫讀為漫，石鼓文「澫澫又鯊」，鄭樵註：「澫即漫。」漫為水廣大皃（《集韻》）。此二句言未有日月以前，雨水泛濫漫没之象。何琳儀則以上句之澫讀為厲，乃水名，見《水經注》漻水。【長沙楚帛書文字編】

□　澑　説文所無玉篇澤名通作雷鄂君啟舟節　【金文編】

◉熊傳新　何光岳　澑在舟節中作□，上述學者均考證為「澑」，我們無異議。但在考證「澑」時，是湘江的那條支流，所達到的地點上，譚其驤先生認為「澑」，是指耒水，我們不同意此説。「耒」，它乃是耒耜的「耒」，是古代耕土的一種農具，从木而不从水。而澑字，从水不从木。我們可從金文中的有關「澑」字來看一看，《□甗》中的「澑」記為□，《父乙□》中的「澑」作□，《盠駒尊》中的「澑」作□，《師旅鼎》上的「澑」作□，《滔□》中的「澑」作□。「耒」在金文中，《耒彝》中作□，《耒敦》中的「耒」作□，《耒作父乙尊》中的「耒」為□。這些金文中的「耒」字，均為象一人手拿耒在翻土。從以上可見，金文中的「耒」與「澑」，全然不同，這怎麼能論證澑就是耒，入澑就入耒水呢？雖説澑與耒，同音可相假，但從文字發展規律來看，總由繁到簡是一個演進過程，決不會改簡從繁的，何況澑字為上聲，耒為入聲，亦還有四聲之異呢？所以釋澑為耒，這顯然有誤。「澑水」究竟應該是指湘江水系中的那條水呢？我們認為「澑水」應是指今之洣水，洣水發源于桂東縣風流山，至衡東縣雷溪市向西流入湘江，全長三百二十公里，由于洣水古名雷溪，亦即澑溪，所以在澑水入湘江之處叫雷溪口，口邊有一個集鎮便叫雷溪市。

這條水名為澑，因它為湘江一大支流，發源于羅霄山西麓，水源非常豐富，它滙集了三十八條支溪，流域面積達一萬二千零五十平方公里，當洣水洪水暴發時，自灣頭洲以下，沿岸有四峰山、觀音山、象形山、相山逼岸危峙約束了洣水的下泄，使水流洶湧澎湃，水浪撞在巖石山，轟隆如雷響，澑水的名稱，由此而來。據當地方言，「澑」與「洣」，僅一音之轉，且因□字筆劃過多，後來便簡成洣字，從此洣代替了澑字的名稱。我們在上述中提到的雷溪、雷溪口、雷溪市等，正由于雷與澑音同，而且雷又與耒音也有相同處，因而往往混誤，加之洣水與耒水之間相隔僅四十多公里，都是由東南向西北并行地流入湘江，更容易被人們混淆一談。【鄂君啟節舟節中江湘地名新考　湖南師範大學學報一九八二年第三期】

⿰氵⿱易火　⿱宀鼓　⿰⿱宀亞攴　⿰安攴

◉張政烺 [金文] 𡚸盗壺　⿱易火上　⿰氵⿱易火，从水，⿱易火聲。⿱易火，上易，下火，義不可解。參照上文夜字推測，這個字大約是从易，亦省聲。說文狄「从犬，亦省聲」，亦也寫成火旁，與此相類。說文惕也作愁，逖也作逷，曾伯簠「克狄淮夷」也假狄為逷，說明易與亦聲音相同。為什麼要造出這個从易亦省聲的字呢？大約是因為易字出現很早，應用的地方廣，字義多，讀音容易有分歧，所以才在易字的某一用途時加注一個亦字作為聲音符號。⿰氵⿱易火，字書不見。按字音求之，疑讀為斁。說文：「斁，侮也。」說苑權謀：「侮上者，逆之道也。」【中山國胤嗣𡚸盗壺釋文　古文字研究第一輯】

◉戴家祥　張政烺所釋可備一說。如字隸定為燙字，从火湯聲，則現代漢語燙手之燙，字彙收之。篇海釋「盪，滌盪也」。唯不知𡚸盗壺「燙上」作何解，有待再考。【金文大字典中】

◉唐　蘭 [甲骨] 前二・一二・四片　癸酉卜，才帛，貞王步於⿱宀鼓，亡災。

右⿱宀鼓字，字書所無。殆象擊鼓屋下之意。依象意字聲化字之例，當為從宀鼓聲之字，與福或作富，畐同。卜辭此字用為地名。【釋壴鼓殸⿱宀鼓喜憙僖卽嬉嬉鼓　殷虛文字記】

◉李孝定 [甲骨] 前・二・十二・四　从宀从鼓。說文所無。【甲骨文字集釋第七】

◉戴家祥 [金文] 史牆盤　⿰⿱宀亞攴屖子孫　⿰⿱宀亞攴，从⿱宀亞从攴，說文所無。以意求之字當釋⿱宀亞，从攴，孕字縟文也。一切經音義十一⿰土亜古文亜、⿱宀亞二形。亜聲同辰，故甄可通振。漢開母廟碑「九山甄旅」，古謂兵入曰「振旅」，「甄旅」當即「振旅」。吴禪國山碑「甄匱啟緘」，甄當讀振。左傳文公十六年「振廩同食」，杜預注：「振，發也。」振可通震，史記夏本紀「震澤既定」，索隱：「震，一作振。」古謂懷胎為「震」，大雅生民「載震載夙，載生載育」，毛傳：「震，動也。」「育，長也。」釋文：「震，有娠也。」左傳昭公廿九年「鬱湮不育」，即易漸「婦孕不育」。湮亦震也，說文「娠，女婦身動也」，新坿振同。一切經音義八古文作䗉，一切經音義九古文作䚇，集韻㛛同。漢人又通作孕，淮南子原道訓「毛者孕育」，高誘注：「孕者懷胎。」【金文大字典上】

◉高田忠周 [金文] 遇　說文所無　遇甗　〈0817〉「遇從」「師雄父肩（死）史（使）遇事于𡙭医」「医蔑遇曆」「易（錫）遇金」 [金文] ⿰安攴鼎與遇同一人　〈0631〉「⿰安攴從」「其父蔑⿰安攴曆」

⿱宀安人名音義無可徵。然審篆形。从攴从安自明晳者。古文手攴通用。知是从攴安聲。古文按字也。或云⿰安攴當闇字異文

敃敯昏三字通用。从宀猶从門。關作⿱宀𢇇可證非是。【古籀篇五十四】

◉容　庚　蓋　器　臣辰卣　臣辰尊　蓋　臣辰盉　士上眔史寅⿱宀殷于成周

⿱宀殷，字書所無，即殷字，猶邾太宰編鐘福作⿱宀福。⿰夗田卣「唯明保殷成周年」，傳卣「王令師田父殷成周□」，讀為𠂤，歸也。【臣辰盉　善齋彝器圖録】

◉孫海波　粹一四五寴大七　寴為祭名。明藏六六八用與新同。王其侑妣庚新宗。【甲骨文編卷七】

◉楊樹達　卜辭云：「且丁夻(魯)，寴宗。」(佚存壹叁叁)又云：「之寴宗，王受又？」(佚存貳壹柒)吳其昌謂寴宗猶後世言新廟，以金文望毁在康宫為證，(見武大文哲季刊肆卷貳號貳拾陸葉)余意恐其未然。凡卜辭言某宗者，義猶春秋之言煬宮武宮，皆指先祖之宗廟為言。⊘然則寴乃殷先祖之名，不得以新舊之新釋之也。⊘此則謂行⿱夻日日之祭於祖丁也。祖丁之名曰新，寴與新音同，然則寴宗者，與羔宗唐宗之稱正例相同，正謂祖丁之廟，寴宗之稱，猶他辭之稱祖丁宗，行祖丁⿱夻日日之祭于祖丁之廟，尤事理之宜也。⊘此不惟可明說卜辭，又可由卜辭證今本竹書祖丁名新說之可信據矣。【釋寴宗　積微居甲文說】

◉楊樹達　辭稱「寴宗」，又稱「亲宗」，與「羔宗」「唐宗」文例同。寴與亲自當是殷先王之名。按今本竹書紀年云：「祖丁名新」。寴字从新，新字从亲，亲新寴音並同，然則甲文之「寴宗」、亲宗，皆謂祖丁之廟也。而「且丁夻寴宗」，甲編·一〇四〇。正謂夻祭祖丁于且丁之廟，尤寴為且丁廟之確證也。【寴　卜辭求義】

◉饒宗頤　寴亦祭名。卜辭云：「寴大乙，又乂，王受又。」(粹編一四五)魯實先讀「寴」為「薪」，詩棫樸：「薪之槱之。」月令：「季冬之月，乃命四監收秩薪柴，以供郊廟及百祀之薪燎。」是也。【殷代貞卜人物通考】

◉陳邦懷　(屯南)四二八五號：

其寴又

寴，字从宀，新聲。在甲骨文中與「新」同用。如「新宗」作「寴宗」(殷契佚存一三三號)是其證。字左从，為水字省文，甲骨文从水之字多如此作。右从，不讀立字本音，當讀作住，殷周文字立、住同用。从水从住，釋淮。淮訓臨，其義與詩小雅：「方叔淮止」之淮相同。⊘「其新淮佑」，是謂新淮臨職位，其得上天之佑乎？【小屯南地甲骨中所發現的若干重要史料　歷史研究一九八二年第二期】

⿱穴⿱炏皿　⿱穴焅　⿰⿱宀啇卩

◉陳漢平　甲骨文有字作□、□、□，甲骨文編隸定為𡩟，附于宀部之後。河北省平山縣出土中山王鼎銘文有：「鄰邦唯□，仇人在旁」句，亦有寴字，字讀為親。說文無𡩟字而有寴、親字：「寴，至也。从宀亲聲。」「親，至也。从見亲聲。」可見寴、𡩟二字同訓。由中山王鼎銘𡩟字讀為親，知𡩟字即寴字異體。卜辭曰：

辛酉卜其召𡩟且乙王受又

弜𡩟王受又　寧滬一・一八〇

𡩟大乙又乂王受又　粹編一四五

𡩟宗王受又　佚存二一七

……卜且丁𡩟宗王囚図　佚存一三三

……王其又匕庚寴宗王……　南明六六八

其桒年于河𡩟受年　續存六・一〇・五

上列諸辭中之𡩟字俱讀為寴、親。【古文字釋叢　考古與文物一九八五年第一期】

◉饒宗頤　辛未卜，㱿貞：□告于且乙。辛未卜，㱿貞：勿□告于且乙（殷綴一一二，——屯乙一二〇四十三一六八）。□从□，从宀，从卩，殆蔕之繁形。祭名。其益宀旁者，如福之作䆡（屯乙七一八三）。此字疑讀為禘。玉篇「禘，福也」，其言□告，猶他辭之福告，故知其為禘字。【殷代貞卜人物通考】

□　⿱穴焅　說文所無說文有焅字此从穴焅聲公子土斧壺　公孫⿱穴焅立事歲 　□　陳亓子戈　⿱穴焅戈　義如造　【金文編】

◉張亞初　⿱穴⿱炏皿字的辨認難度更大。這個字，在《紀要》中就有不同意見。它在銘文中有从止不从止繁簡二體。下面从止是表示行為的意符（動符），是它的繁體。猶如宔字作動詞時加表示行為的意符止作⿱宀㞷一樣（10・5399），⿱宀㞷就是宔的繁構形體。所以⿱穴⿱炏皿應以⿱宀⿱炏女為正體。有的同志不明白古文字由于尚未完全規範化而經常疊增義符的這種特點，誤以為⿱穴⿱炏皿為正體，顯然是不對的。後世字書中存有窡字，就是很好的證明。

窡字所从的叕，是正面直立的人形「大」，在其雙手和雙足上加飾短豎劃，以表示手足用繩索繫聯束縛形。這手足上面的四豎劃，是指示符號。《説文》：「叕，綴聯也。」叕即聯綴之綴的初文本字。《説文》保存了叕字的古義。這個字最早見于殷墟卜辭。在西周銘文、戰國古璽陶文以及睡虎地秦簡中，都有其獨體或偏旁出現。湯餘惠、黄錫全、劉釗同志對叕和从叕之字，都作過詳盡透徹的分析和考證。湯餘惠同志在古文字研究太倉年會大會發言時，劉釗同志在其博士論文中，都肯定了我對窡字的考釋。我想，對窡字的考訂，從文字形體講，也應該是没有什么問題的。

窡字下面正是正面直立的人(大)形。正因為是人形，所以左右手和左右足都呈對稱而略作下垂之形。有的銘文為了書寫簡便，左右手和左右足連貫起來作一横劃，則是變體特例。這種書寫形式，在西周中晚期的交君子叕組器鼎(5·2572)、簠(9·4565)、壺(15·9662)銘文中就有旁證，上面的雙手就是用一平劃來表示的。至于大形中間豎劃出頭，情況也與矦字、矤字所从的矢字下部出頭相類。文字書寫上的微小誤差和不規範，有時難免，古今都是如此。在考釋古文字的時候，我們既要了解通常所見的正規寫法，又要正確地把握變體特例。不掌握叕字的演變規律，不能正確辨別變體特例，就不能對窡字取得正確認識。有的同志誤以為叕形是床榻之形。古文字中的床几形或作[illegible]，或作[illegible]，從來没有見到兩個對稱的床几合而為一，寫成[illegible]的。如果中間二平劃的[illegible]形可以解釋為兩個床几的合成體，上下左右對稱下垂的字形就無法交待。可見兩個床几合成的説法是不能成立的。【《太保罍、盉銘文的再探討》　考古一九九三年第一期】

◉陳　平　克器銘中「宦」字至難釋讀，岐見也最多。筆者在《問題》一文中指出，該字于銘有[illegible]、[illegible]二形；並認為「前者為完全形，後者為簡略形」；主張「推求字義自當以完全形者為准。完全形者上部為屋宇之形，中部[illegible]畫最不易識，筆者疑為金文床榻形符之繁變，下部當係止(即趾)符。其字總體蓋作屋中置床榻，而一人舉足至前之狀。其音讀雖一時難以確知，然其字義當不出趨、至二字」。

《再探討》就筆者上述對宦字字形所作分析提出了批評。他説：「有的同志誤以為叕形是床榻之形。古文字中床几形或作[illegible]，或作[illegible]，從來没見到兩個對稱的床几合而為一，寫成[illegible]的。……可見兩個床几合成的説法是不能成立的。」

拜領完張亞初同志的有關批評，又重讀了他的有關考釋以後，憑直覺我感到：張亞初同志將克器宦字的字形隸定為窡，或許是諸説中比較接近于正確的，但為什么，我一時還説不清，張亞初同志也没説太清。而筆者前此對[illegible]符所作的兩個床榻形的分析，則很可能是錯了。張亞初同志的批評很有道理，我誠懇接受。

《再探討》就器銘中㝟、䆔二字誰是正體發表意見説：「䆔字的辨認難度更大。……它在銘文中有从止、不从止繁簡二體。下面从止是表示形為的意符(動符)，是它的繁體。猶如宔字作動詞時加表示行為的意符止作𡧷一樣，𡧷就是宔的繁構形體。所以䆔應以㝟為正體。有的同志不明白古文字由于尚未完全規範化而經常纍增義符的這種特點，誤以為䆔為正體，顯然是不對的」。

張亞初同志上面所説的那個連「古文字由于尚未完全規範化而經常纍增義符的這種特點」都「不明白」的「有的同志」，顯然就是指我。然而，我在《問題》一文中只是説𡧷、宙二字「前者為完全形，後者為簡化形，推求字義自當以完全形者為准」而已，壓根兒就没有提到「正體」二字，也从未涉及「正體」問題，更不用説「誤以為𡧷為正體」了。張文所謂「不明白」、「誤以為」云云，真不知是從何説起？如果説因為我説了句「推求字義自當以完全形者為准」，便認定我是「誤以為䆔為正體」，那也未免有點太過武斷了。

事實上，正體與纍增義符孳乳字的關係十分複雜；認為推求字義應當以何為准，與認為誰是正體字是完全不同的兩回事，兩者不容相混。一般説來，當繁簡二體並存並可互相換用時，繁簡二體的字義既可完全等同，也可不同。不同時，簡體往往可能表假借義，即用「明」表「盟」義；但有時繁體也可表本義，即用「盟」表「明」義。如果在甲骨文、金文中遇到繁簡二體均見于同文之不同銘時(就象克器之𡧷、宙共見這樣)，而該字又屬首見，無先例可資查考，我們就應當更加謹慎。這時，分析字形字義就以繁化的完全形為准。這倒並不意味着就認定它為正體，只是因為它所包含的信息畢竟要更多更全一些罷了。在《紀要》中，陳公柔先生云該字「當从止」，李學勤先生也取从止之「𡧷」以為説，劉雨同志也説該字「从止、从宀」，三位先生均取完全形者為准推求字義，看來筆者在這一點上還不是孤家寡人。張亞初同志怎能因別人的意見與己不合，就把別人肆意貶低成連「古文字由于尚未完全規範化而經常纍增義符的這種特點」都「不明白」，以至「誤以為䆔為正體」呢？到底是誰「顯然不對」，難道還不明白嗎？

正如張亞初同志本人所言，他「對(克器銘中)㝟字(筆者按：即銘中宙字)的考訂，從文字形體講」，「應該是没有什么問題的」。而他的貢獻，恐怕也就僅僅在字形的考訂方面；説到他對字義的考訂，卻實在大有可商。筆者以為：克器㝟、䆔二字未必就與宔、𡧷情況完全相同，二者字義也未必就完全相等。焉知這二者的關係就不象然、燃或明、盟那樣，以㝟兼具本義與假借多義，而䆔卻僅具後起的假借或引申義呢？

將克器銘宙、𡧷二字隸定為从叕的㝟、䆔或許是對的，但若要將它倆説成就是《集韻》作「穴中出貌」講的那個从穴的「㝟」

字，恐怕就不一定對了。

首先，克器銘「𡧍」字从宀，而《集韻》的「窡」卻从穴。在商周金文中，宀符與穴符從不混用，而張亞初同志卻將這二者等同混用。這種說法，恐怕有些不妥。

其次，《集韻》「窡」釋為「穴中出貌」，它與克器銘𡧍字的使用場合及對象也實在有些不合。盡管張亞初同志在《紀要》中向大家解釋說：「銘文使用了這個動詞（案：即指作「穴中出貌」講的那個窡字），比喻好像是剛從洞穴中走出來，所見到的一片開闊的新天地似的，說明太保召公奭就封時無比喜悦的心情」；但我聽後仍然覺得這樣講貌似可以，其實卻不通，甚至還很有些不倫不類。大家試想：當太保從周朝的京師出來、離開天子的身旁時，他就「好象是剛從洞穴中走出來」似的，這都把京師和天子看成什么啦？把召公奭自己又當成什么啦？這豈不是認天子為毒龍、視京師如虎穴了嗎？召公一離京師便如離龍潭虎穴，如釋重負；一到燕地便若破網歸海之魚「豁然開朗」；「所見到的」是「一片開闊的新天地似的」。合着召公原先在朝時大約盡受天子挾制，受氣挨憋來着！我們不禁要問：這象是太保召公奭離朝就封嗎？我看不象，倒是有點象當年伍子胥亡命出楚、劉玄德逃出許昌、離開曹營似的。太保召公奭本是周初少有的富于涵養與風度的大政治家，理當喜怒不露于形色；況且，據史料記載，他與天子關係最為融洽，仕途也一直順風得意。他怎會剛被封了個燕侯，就如同鼠出蛇窩、羊離虎穴一般的欣喜若狂呢？又怎會不但當時喜，過後還要將這心緒形諸文字、着之鼎彝呢？難道他就不怕有人告發他心懷怨望、誹謗天子嗎？顯然，張文的這種解釋是與太保召公奭作為受寵信尊隆的周室首輔大臣的崇高身份扞格不合的，是大大有悖于情理的。故此說斷不可從。

考釋古文字，豐富的古文獻知識與深厚的古文字功力固然重要，但有時功夫卻在「此」外，在于對世情事理的揣摩。若不諳情理，有時便會在全局性的問題上失于把握，從而使自己陷于進退維谷、難以自拔的窘境。張亞初同志在考釋克器銘時將銘中的兩個「克」字都强解為「能够」，將「宙」解為「穴中出貌」的「窡」，情況大約就正是這樣。

金文「𡧍」、「⿱宀⿱叕土」，僅一見于西周初年的克器銘；而後起字「窡」，也僅一見于北宋仁宗年間官修的字書《集韻》，二者相距幾近兩千餘年，年代相隔得如此久遠，即便是兩個字形完全相同的字，也未必就是一脈相承的同一個字；何況，二者還一从宀、一从穴，存在着明顯的差異呢？！《說文》中有個「圣」字，許慎解道：「汝潁之間謂致力於地曰圣，从土从又，讀若兔窟。」當代也有個「圣」字，外形可以說與《說文》所收音讀若窟、取義為「致力於地」的那個「圣」完全相同；但它的音義卻皆同于聖賢之聖，是聖的新製簡化字，與《說文》那個「圣」音義風馬牛不相及，渺不相關。類似的例子，在時代懸隔的文字中還可舉出很多。可見，張

⿰寻戈

亞初同志將周初克器銘之「⿱宀叕」與北宋《集韻》之「窡」等同起來的做法，實在危險得緊。其正確的可能性，恐怕很難存在。

據我看來，克器銘之□、□雖大致可隸定為⿱宀叕、⿱穴⿰止叕，但其音義卻仍在不可確知之數。考从叕之字有聯綴、中止等義；而止符即趾符，又有行走之義，故⿱穴⿰止叕或可作行到某房宇或某地前而中止之義解（在銘中的「某地」，就是「匽」）；其音讀，似當从叕，或與輟、綴等字相近。【再論克罍、克盉銘文及其有關問題　考古與文物一九九五年第一期】

◉石　曉　《文物》1986年第2期發表報道新出吴王光劍的簡訊，銘文隸定有兩處可商。

一、「允」，語中助詞（《詞詮》603頁），簡訊誤釋「以」。

二、「□」，簡訊誤釋「肇」。細審拓片，字右从「尋」，象「伸兩臂與杖齊長」之形（《天壤閣甲骨文存》42），與甲骨文、金文「尋」字吻合。劍銘从「戈」的「⿰寻戈」，與春秋尋仲盤（《文物1983年第12期》）从「又」的「挦」形符可通，例不贅舉。《方言》一：「挦……取也……衛魯揚徐荆衡之郊曰挦。」劍銘「克挦多攻」，意謂「能取得很多功績」。

重新隸定劍銘如次：「攻（句）敔（吴）王光自乍（作）用劍。趄（恒）余允至，克⿰寻戈（挦）多攻（功）。」【吴王光劍銘補正　文物一九八九年第七期】

⿰帚帚　⿱⿰帚帚又

◉孫海波　□乙六一六　从二帚。説文所無。貞人名。【甲骨文編卷七】

◉饒宗頤　□　⿰帚帚之繁形，有益水旁作⿰氵⿰帚帚者（遺珠五八一）。浾之卜辭有人名曰「⿱⿰帚帚又」（後編下八・一三），殆即⿰帚帚之繁寫也。卜人⿰帚又亦貞我又事，其字體與⿰帚帚無異，故疑⿰帚帚⿱⿰帚帚又與⿰帚又本為一人，然不敢遽定。【殷代貞卜人物通考】

◉唐　蘭　□　⿰帚帚及⿱⿰帚帚又字，當為一字之異構，卜辭从帚从𠬶每通也。此字羅釋彗誤，蓋帚與𠬶之繁文。卜辭𠬶作□，⿱⿰帚帚又作□，其帚旁小點，蓋象塵土，帚以去塵土也。其後从土。説文：「埽棄也，从土，从帚。」又：「埐地也，從土侵省聲。」埽埐亦一字。【釋帚𠬶⿰帚帚⿱⿰帚帚又帰⿰口𠬶⿰足⿱⿰帚帚又⿱宀帚⿱尸𠬶⿰牛帚⿰牛𠬶　殷墟文字記】

◉徐中舒　□四期　寧一・四四四　從二帚相從，《説文》所無。疑為□之異構。義不明。【甲骨文字典卷七】

◉朱歧祥　□——□

□，从二帚，隸作⿰帚帚。《説文》無字。第一期卜辭用為殷史官名，負責册管外邦貢物。字有更从又作⿰帚又，由辭例得證。

〈存2・69〉　庚申乞十屯。小□。

〈存2·50〉 乙亥乞自雩五屯。小□。【甲骨學論叢】

娉　說文所無　邾旂士娉鐘　【金文編】

◉于省吾　甲骨文的「白䮸」（乙一六五四），二字橫列，文已殘缺。白䮸二字是否連讀，待考。䮸字作□，舊不識。甲骨文編録于騽字下。按爾雅釋畜謂「驪馬黃脊，騽」。騽與䮸字的形音義判然有別。䮸字典籍也作䮴，从馬羽聲。䮸之作䮴，因為古文字的偏旁縱列與橫列每無別。䮴字也作狗。爾雅釋畜謂馬「後足皆白，狗」。釋文：「狗，郭音劬，又音矩。舍人本作狗。」玉篇馬部：「䮴音劬，馬後足皆白。」總之，䮸即䮴，狗與狗乃後起的借字。【釋䮸　甲骨文字釋林】

◉劉彬徽等　𨽗，簡文作□，從阜從塞。【包山楚簡】

秦下表　45　說文所無博雅縝纑縷也　【古陶文字徵】

◉陳邦福　□　簠室殷契徵文文字篇第六十六葉云：「上□亩□」。邦福案：□當釋䌆。周禮春官巾車云「錫面朱總」，鄭注：「䌆當為總。」釋文：「䌆，字林倉雅及說文皆無此字，衆家亦不見有言者。」然則契文已有䌆字，益信鄭所見舊本周官初作朱䌆，不作朱總。契文之有俾于經典如此。【殷契辨疑】

◉李孝定　从糸从鬼，說文所無。周禮春官巾車云「錫面朱總」，鄭注云：「故書『朱總』為『䌆』。」鄭司農云：「䌆當為總。」陳氏引此文未備是康成所見故書字作䌆，許書偶失收耳。卜辭云「亩䌆」，未知與巾車䌆字義同否。【甲骨文字集釋第十三】

⿰糸屖 ⿰示喬 ⿺走盇

◉王國維 番生𣪘 𢑚⿰糸屖較 毛公鼎 𢑚⿰糸屖較 ⿰糸屖，詩大雅作幭，周禮巾車作複，既夕禮古文作幂，今文作幦，玉藻少儀亦作幦。此从糸作⿰糸屖，或从巾，或从糸，其誼一也。毛傳「幭，覆軾也」，鄭於二禮複幦注皆云「覆笭也」。【毛公鼎銘考釋 王國維遺書第六册】

◉張日昇 鄦侯庫彝 肅敬⿰示喬祀 字从示从喬，說文所無。丁佛言、强運開並釋⿰示喬即祰，然偏旁與高不類。柯昌濟釋⿰示喬乃裯之古文。古音周在幽部，喬在宵部，强釋⿰示喬裯一字非是。高田忠周釋⿰示喬乃宗字異文，似甚牽强。郭沫若謂喬勺周在宵部，⿰示喬乃礿之異。楊樹達謂⿰示喬字不識，慎其所不知也。【金文詁林第一册】

◉朱芳圃 孫詒讓曰。竊疑此字當从蓋省聲。即說文⿺走曷字之異文。蓋聲與曷聲古音同部。古籀拾遺上五。按孫說近是。爾雅釋言。曷。盇也。古音曷與盇為匣紐雙聲。韻亦術盇相近。例可通用。說文走部。⿺走曷。趌⿺走曷也。从走。曷聲。又趌。趌⿺走曷。怒走也。从走。吉聲。考秦公鐘秦公𣪘兩銘並云。⿺走盇⿺走盇文武。如釋為⿺走曷。義不相適。余謂⿺走盇當讀為朅。詩衛風伯兮。伯兮朅兮。毛傳。朅。武貌。又碩人。庶士有朅。毛傳。朅。武壯貌。古人以武勇為美德。故以⿺走盇⿺走盇形容之。朅對轉元。變易為桓。書牧誓。尚桓桓。鄭注。桓桓。威武也。詩周頌桓。桓桓武王。鄭箋。桓桓。有威武之武王。魯頌泮水。桓桓于征。毛傳。桓桓。威武貌。是秦公鐘秦公𣪘兩銘之⿺走盇⿺走盇。猶書牧誓詩周頌魯頌之桓桓矣。

朅又孳乳為仡。書秦誓。仡仡勇夫。孔傳。仡仡壯勇之夫。說文人部。仡勇壯也。从人。乞聲。一作矻。漢書王褒傳。終日矻矻。如淳曰。矻矻。健作貌。

號季子白盤銘云。⿺走亘⿺走亘子白。與秦公鐘秦公𣪘兩銘之⿺走盇⿺走盇文武語意全同。其字皆从走作。走含行動之義。蓋威武由行動以表現也。說文訓趌⿺走曷為怒走。怒走與威武義相因。廣雅釋詁。噉。怒也。又偈。怒健也。是其證。【貞⿺走盇 殷周文字釋叢】

◉張日昇 ⿺走盇字从走从盇。孫詒讓釋作⿺走曷之異文。于省吾從之。「⿺走盇⿺走盇文武」讀作藹藹。言威儀之盛。朱芳圃讀作朅。以武壯為訓。郭沫若釋盍。謂字从皿⿺走去聲。叚作祛祛。强健之皃。按秦公簋銘始言「咸畜百辟胤士」。繼言「⿺走盇⿺走盇文武」。則文武當即指文武多士也。武壯强健衹宜用於武夫。用於文士則不可。于氏讀作藹藹。當視朱郭為優。曷盇一聲之轉。爾雅釋言。「曷盇也」。强運開謂盍即古盇字。⿺走去亦古去字。亦備一說。【金文詁林卷五】

趞

◉戴家祥 [glyph]一 [glyph]二 趞趞允義 [glyph]器 秦公𣪕 趞趞文武

孫詒讓曰「[glyph]〓文武」，[glyph]薛釋為彬。吕無釋。翟釋為[glyph]。此字形甚明哲，然說文玉篇並無其字。翟謂即玉篇之趁，然趁訓跛，義並無取。竊疑此字當從盍省聲，即說文趨字之異文，盍聲與曷聲，古音同部古籀拾遺卷上盄和鐘。按唐韻盍讀「古太切」，見母祭部，曷讀「胡葛切」，匣母祭部，在諧聲字中，牙音見溪兩紐，每與喉音曉匣兩紐混諧，曷盍不但同部，雖謂之同母，亦未嘗不可。集韻去聲十四太磕礚同字，𥖁碣同字。𡎺塵也，通作堨。又入聲十二曷𠼗、喝、嗑同字，𩌏鞨同字。說文二篇「趨，趌趨也。从走，曷聲」。荀子儒效篇「遠者竭蹷而趨之」。楊倞注「竭蹷，顛倒也」。一切經音義十五引纂文作趌𨄼。𨄼讀「居月切」，與趨不但同部而且同母，趌趨疊韻連語。孫釋聲義俱通。【金文大字典中】

◉高田忠周 [glyph]趞 說文所無 趞簋 〈1363〉「𥨊朿(叔)右趞即立(位)」「趞」「趞拜𩒨首」

此銘篆法。放散灑落。與邾大宰簠相似。頗為珍迹。趞。說文無之。玉篇趞音孩。走也。此許氏偶遺脱矣。蓋从走豈聲。【古籀篇六十三】

◉强運開 [glyph] 趞鼎。說文無此字。玉篇云。胡亥切。音孩。走也。【說文古籀三補卷二】

◉戴家祥 [glyph]㫚鼎 趞諮又旂眔趞金 趞字从走从豈，强運開曰：說文無此字。玉篇云「胡亥切，音孩，走也」。古籀三補卷二第六頁。

按金文用作人名。【金文大字典下】

慹

◉戴家祥 [glyph]𥨊叔𣪕 𥨊叔作豊姞慹旅𣪕 [glyph]𥨊叔𣪕 豊姞慹用宿夜享孝于諴公于𥨊叔

慹字从心从鼓，字書所無，以形聲審之，字當釋忢，注音更旁字也。玉篇八十七「忢，護也、漏也、堅也、常也、安也」。音「胡故切」，匣母魚部；集韻「苦故切」，溪母魚部，在諧聲字中牙音見溪兩紐每與喉音曉匣混諧。說文五篇「籒文鼓从古聲」，唐韻古讀「公户切」，見母魚部；鼓讀「工户切」，不但同部，而且同母，知慹忢亦一字也。𣪕銘「𥨊叔作豊姞慹旅𣪕」，乃豊國貴族為姞姓名慹者作用器，以辭意觀之，忢當讀婟，同聲通假字也。集韻去聲十一莫忢固同字，㾶痼同字，「婟嫪惜也，一曰女字」。【金文大字典中】

𢍜

◉戴家祥 [金文] 鄧伯氏鼎 伯氏始氏作𪔂嫚臭𢍜鼎 金文恆言「朕(×)器名」，朕字多作[金文]，如「朕盨」、「朕鼎」、「朕鬲」、「朕盤」等等。此銘「𢍜鼎」𢍜字从𢍏关聲，當讀作朕。【金文大字典下】

薝

[古文] 薝竝見華嶽碑【汗簡】

䕲

◉戴家祥 [金文] 㪅盉壺 以取鮮䕲 銘文「以取鮮䕲鄉饗祀先王」。張政烺曰：䕲从艸亶聲，讀為槁，周禮作薧。周禮庖人「掌共六畜、六獸、六禽，辨其名物。凡其死生鮮薧之物，以共王之膳」。鄭衆注「鮮謂生肉，薧為乾肉」。古文字研究第一輯二四三葉。【金文大字典下】

嫠

◉羅振玉 [甲骨文] [甲骨文] [甲骨文] 說文解字無嫠字而有欬，注：「屰氣也」。又謦注：「欬也」。通俗文：「利喉謂之謦欬」(此二字亦見莊子徐無鬼篇)。知嫠即謦欬之初字矣。【殷墟書契考釋卷中】

◉陳邦福 說文無嫠字，疑郩之音假。說文邑部云：「郩，陳留鄉。」【殷契瑣言】

◉李孝定 [甲骨文] 从亥从戚，或从殸，說文所無。釋嫠釋欬並無據。字在卜辭為地名。辭云「王其射嫠鹿亡𢦏」拾・六・三「□子王卜貞〼嫠㞢□來亡用巛」前・二・三四・四「□子卜貞〼田嫠□往來亡□巛」前・二・四四・四「戊申卜貞王田嫠不遘雨兹卯」前・二・四四・二「〼卜貞王田于嫠□往□來亡巛兹卯獲狐〼」前・二・四四・三可證。楊氏謂有作殸者，未知見於何處。从戉从殳同意，戉為兵器殳象以手執杖許訓積竹杖事類亦相近故得通也。陳氏謂疑郩之音叚，當是。【甲骨文字集釋第十四】

䪘

◉高田忠周 [金文] 銘用為中縣且揚之縣。然其揚以易異文旟為之。字即作[金文]。知此[金文]亦㫃字。合[金文]以得䡔形也。然此篆即䪘字顯矣。唯說文言部無䪘。此古字逸文也。然元用為縣字。縣䡔古音同部。故知从言䡔聲。而其義未考。姑存疑云。【古籀篇五十三】

◉徐中舒 王孫鐘沇兒鐘並有中䪘虘旟語。此與詩「終風且暴、終温且惠、終窶且貧、終和且平、終善且有」語法全同。中終音同，故得相通。盧即且之繁文，銅器中有虘頭與無虘頭，字多無别。又訷旟猶干揚，激揚也。樂記云：「夫樂者非謂黄鐘大吕弦歌干揚也。」鄭注以干揚為干戈戚揚之干揚，其説難通。賈誼鵩服云：「水激則旱。」旱有激意，干揚激揚也。干揚為古語，聲轉遂為激揚（詩揚之水毛傳云：揚，激揚也）。韓榦干激古並見母字，故得相通。終訷且旟，終，既也（王引之釋），言既激且揚也。【厲氏編鐘圖釋】

◉張日昇 [古文字形]字从言从倝，説文所無。宋人釋縣非是。郭沫若據鄦子𥂴師鐘「中鶾虘旟」一語，謂韓⿰倝言並為鶾之異文，其言似是而非。徐中舒讀韓旟為干揚，即激揚也。然字既从言若音倝聲，當即翰音之本字。説文云：「鶾，鷄肥翰音者也。从鳥倝聲」。鶾為肥鷄，其鳴聲高而長，又从倝聲，故可借作翰音之鶾。然二字非一也。【金文詁林卷三】

⿲木𢆶木

◉徐中舒 [古文字形]，从[古文字形]幽从[古文字形]林，《説文》所無。義不明。【甲骨文字典卷四】

⿰鬲辰

◉孫海波 [古文字形]河六二四　从鬲从辰。説文所無。方國名。⿰鬲辰方。【甲骨文編卷三】

◉饒宗頤 [古文字形]　丙辰卜，㱿貞：[古文字形]方氏，⿰鬲辰方[古文字形]（敦？）曰：允。（京津一二三〇）

⿰鬲辰殆即鄏，路史國名紀：「宛丘西南四十里有鄏亭。」（今河南淮寧縣）【殷代貞卜人物通考】

◉李孝定 [古文字形]　从鬲从辰，説文所無。許敬參曰：「字从鬲从辰，即玉篇與廣雅所收之鬻字，亦即許書振之初文。蓋鬻⿰鬲辰⿸辰鬲⿰立辰脤肵諸形本為一字也。」見存義七八葉。

按許以為即鬻字是也。而許書無此字，故仍从許書之例，收此入鬲部，以為説文所無字。【甲骨文字集釋第三】

◉孫稚雛 《文物》一九六五年七期載雝生鬲銘云：「雝生作文考究仲尊□，雝生其萬年子子孫孫永寶用享。」尊下一字，原釋从鬲从甫，又説：「銘文……其右旁字迹不清。」（同刊十八頁）

按：从鬲甫聲之字，《説文》引或體作釜，青銅器銘文中，自銘為釜的有子禾子釜、陳純釜等，都是齊國的量器，不管是從器形或是從用途來講，和鬲都是大不相同的。

我從銘文拓本觀察，尊下之字當从鬲、辰聲，應讀作辰。青銅器銘文中，器形為鬲而自銘作辰的，尚有二器，見圖六。這三

琱生鬲："甗"《文物》1965年7期22頁　圖九

𨊠肇家鬲："鑄作甗"《三代》5.28

師趛鬲："尊鼎"《三代》4.10—11

圖六

個字雖然結構不同，但都是鬲的別名，都應讀作辰。《玉篇》和《廣雅·釋器》把从鬲辰聲之字注釋作「大鼎」或「鼎」，其實是鬲。釋作鼎，可能是就其統稱而言。

雕生鬲原定為周宣王時器，我從器物的形制和花紋看，似乎放在西周中期比較合適。銘文中的雕生，如果就是五年、六年召伯虎簋的雕生，師釐簋的宰雕生的話，那麼，從輔師釐簋的銘文(《考古學報》一九五八年二期圖版貳)可以知道，入右輔師釐的是榮伯，而榮伯正是共王時代的人物。【金文釋讀中一些問題的商討　中山大學學報一九七九年第三期】

◉施謝捷　甲骨文中有辭稱：

……⿰方……(《佚》682)

丙辰卜，𣪕貞：曰舌方氏⿰方章呂，允……？(《京津》1230)

辭中「⿰」字，舊不識。《甲骨文編》隸定為「⿱辰鬲」，以為「从鬲从辰，《説文》所無」。卷三·九，0332號。

我們認為將此字隸定為「⿱辰鬲」，是很正確的。《説文·䰜部》：「䰜，歷也。古文亦鬲字，象孰飪五味气上出也。」䰜，鬲本一字之異構，在偏旁中可通用。《説文·鬲部》：「鬵」字籀文作𩰫，从䰜；《䰜部》：「鬻」或省作䰞，从鬲；「鬻」或省作䰛，从鬲；《玉

篇·弜部》「鬻」亦作鬻，从鬲，並是其例。據此「鬳」當即「鬻」字初文，《説文》未收，《廣雅·釋器》：「鬻，鼎也。」《玉篇·弜部》作「鬻」，曰：「如燭切。大鼎也。」變从辰為从辱，猶《説文·蓐部》「媷」或作「嫭」，例同。金文作[金文]（𢐗肇家鬲），與《玉篇》所收形同，也从辱；字也作[金文]（《琱生鬲》。《殷周金文集録》236頁釋為鬴，失之。从鬲从辰，與《廣雅》所收及甲骨文相類同，也可證我們所釋是有根據的。

卜辭言「鬳方」，為方國名。「呂」亦方國名，有人認為即《書·呂刑》之「呂」，在今河南南陽西，屈萬里：《尚書今注今譯》（台北）。可從。「鬳方」之地，或即《説文·邑部》「鄏」，「河南縣直城門官陌地也。从邑，辱聲。《春秋傳》曰：成王定鼎于郟鄏。」地在今河南洛陽附近，與「呂」相距不遠，當是殷商的附近方國。「𢀛方」，殷商之敵國。從卜辭看，當時殷商王對𢀛方的行動非常重視，𢀛方也很囂張，雙方常常發生軍事衝突，𢀛方侵犯商之地域，甲骨文也有記載：

……沚𢦔告曰：土方征于我東鄙，𢦏二邑；𢀛方亦𠬶（侵）我西鄙田。（《菁》2）

辭稱「沚𢦔」這位將領來報告説，𢀛方入侵了我（指商）的西部邊鄙的土地。而「呂」「鄏」地正處商之西鄙，𢀛方到達這兩個地區是完全有可能的。氏，到達之意。這一辭很值得我們研究商史時注意。【甲骨文字考釋十篇　考古與文物一九八九年第六期】

醆　醒

◉戴家祥　[金文]𤔲鼎　休朕皇君弗𦣠氒寶臣　字从酉从𦣠，説文所無。金文或作諲，如師望鼎「王用弗諲聖人之後」等。金文諲皆讀作忘，醒當亦讀忘。【金文大字典下】

◉方濬益　[金文]盂鼎　醆。徐釋醧。非。按説文無醧字。古只作酗。云。醉醬也。此字誼當與酗同。唯从舌从火不審其音讀。未可指為酗之異文。【綴遺齋彝器款識考釋卷三】

◉孫詒讓　竊謂[金文]从酉从舌从火。疑當从酉𤇾省聲。説文炎部。𤇾。火光也。从炎舌聲。此从火與从炎同也。⊘説文所無。依聲類考之。醆疑當為酣之叚字。【古籀餘論卷三】

◉劉　桓　醆字《大盂鼎》作[金文]形。按卜辭[金文]即舌字，故此字隸定為醆有據。古文字偏旁左右或上下移動，而其義不變者習見。醆字所从的火，本應在酉（即酒之初文）之下，寫作醆才對。大概古人早就有飲温酒的習慣，此字才象用火温酒而以舌嘗之。把甛寫成醆，主要是為了書寫方便，及講求書法的匀稱之美。甛（醆）或省火，眉縣楊家村大鼎的「甛」便是。總之，這無疑是個會意字。

甛（醆）既作為甛的繁文，則字當从舌聲。我認為，甛也就是餂。古文字食、酉（酒）義近，故常通用。如《詩·小雅·斯干》

「唯酒食是議」,《説文》「饎,酒食也」,是其例。而从食的字也跟酒有關,《説文》「饗,鄉人飲酒也」,可證。又,長沙馬王堆一號漢墓出土之漆耳盃底有「君幸酒」或「君幸食」的題款,耳盃乃飲酒器,故此食字義同于酒,皆作動詞用。因此,从酉的字或从食,《説文》歓字古文作飠,即今飲字。䣢餂二字从舌,跟飲食之義有關已甚為明顯,可循此探求字的本義。《韻會舉要》引《説文》「餂,相謁食麥也」,是餂有食義之證。不獨此字,凡从舌聲之字多有食義;《説文》十篇上犬部「狧,犬食也,从犬舌聲」,段注:「漢吳王濞傳曰:狧糠及米。史記作舓,舓見舌部,以舌取食也。」《説文》無咶字,但《管子·地數》「十口之家,十人咶鹽」,咶亦食義。古从舌聲字常與从炎聲字相通假。《説文》二篇上口部:「啖,噍(即「嚼」)啖也,从口、炎聲。一曰噉。徒敢切。」《廣雅·釋詁》:「啖,食也。」今方言中尚有以啖表示吃的。字或作餤,《詩·小雅·巧言》「盜言孔甘,亂是用餤」,毛傳「餤,進也」,《玉篇》同。這裏「進」即「進食」之義。《集韻》「啗,食也,或作餤」,餤、啗一字,義為食。由此可見,䣢即餂,讀為啖或餤;䣢餂本義為食(動詞),古書中多假啖餤為之。

《大盂鼎》「𠭰,酉(酒)無敢醆(䣢)」,大意是説,連酒也不敢嘗。可見周初酒禁甚嚴,《酒誥》所講的嚴厲措施確非虛語。《眉縣楊家村大鼎》云:「王姜易旗田三于待劃,師橋(櫨)䣢兄。」此銘的旗實為器主,王姜乃昭王之后,王姜賞賜旗三田于待劃,待劃決是地名無疑。「師橋䣢兄」這句,郭沫若讀為「師櫨闊貺」,郭沫若:《關于眉縣大鼎銘辭考釋》。另,史言《眉縣楊家村大鼎》謂:「䣢,甘也;兄,假為貺,贈也。即王姜賜給旗三田原為師櫨佔有,王姜將此三田收回轉賜給旗,師櫨表示樂意于把田給旗」。與郭説稍有不同。以上兩文見《文物》1972年7期。然前已明言王姜易(賜)田,此再言師橋之貺,豈不矛盾?我以為,䣢兄當讀為䣢祝,言賞田之後師橋飲酒以為祝賀。《左傳·哀公二十五年》「公宴于五梧,武伯為祝」,杜注「祝,上壽酒」,是知以酒為祝,古即有之。不過祝不應只限于上壽酒,凡可賀之事皆以酒為祝,古今皆然。在當時能接受王后賞田自然引為榮耀,屬于可以慶賀之事,而師橋當為身份較高的貴族,故旗受賜後復以師橋的祝賀為光榮,一並銘之于鼎。

以上訓釋若不誤,則醆䣢二字本義亦得確證。《集韻》訓「䣢」為「未沸酒」,顯非本義。【釋醆　古文字論集(一)　考古與文物叢刊第二號】

◉戴家祥　[醆]　盂鼎　𠭰酒無敢醆　孫詒讓曰:醆从酉,从舌,从火。疑當从酉𤎖省聲。説文炎部「𤎖,火光也。从炎舌聲」。此从火與从炎同也。依聲類攷之,醆疑當為酣之叚字。古籀餘論卷三第四十六葉。按唐韻𤎖讀「以冉切」,喻母談部;酣讀「胡甘切」,匣母談部。韻同聲近,孫説可从。徐同柏釋醓,從古堂款識學卷十六第三十六葉。劉心源釋酷,奇觚室吉金文述卷二第三十八葉。靜安先生釋醮,觀堂古金文考釋盂鼎。朱芳圃釋酰。殷周文字釋叢第三十四葉。皆難遽信。【金文大字典下】

[字形] 顫　說文所無孫詒讓謂當為擾之異文　克鼎　顫遠能埶　尚書顧命柔遠能邇作柔柔擾聲近字通　【金文編】

◉陳夢家　[字形]　（周禮）求雨之祭有雩、皇兩名。樂師注「古書皇作𦏲」。舞師注「鄭司農云皇舞，蒙羽舞，書或為𦏲或為義」。說文「𦏲樂舞以羽翿自翳其首以祀星辰也」。王制「有虞氏皇而祭」。釋文亦作𦏲。雩與皇之分別，當在其舞具之不同。卜辭舞字象兩手持牛尾：呂氏春秋古樂篇「昔葛天氏之樂，三人操牛尾投足以歌八闋」。周禮旄人「掌教舞散樂夷樂」，序官注云「旄，旄牛尾，舞者所持以麾」，說文「氂，犛牛尾也」。皇舞如鄭衆許慎所注，乃蒙羽於首以舞，說文「䎗，知天將雨鳥，故舞旱暵則冠之以禱焉」。卜辭的𩃎字从雨从[字形]，此字近於西周初（或殷）一尊文之「皇」，銘曰「□作厥皇考寶隮彝」（三代・二・二八・一）。卜辭的皇从雨，仍是求雨之舞，而且是用於四方之祭祀者，略近於舞師之羽舞。後世求雨之舞常用羽毛為舞具，所以說文雩的或體作䨗，猶卜辭之𩃎字，文獻作皇而說文作𦏲。【殷墟卜辭綜述】

◉白玉峥　[字形]：籀廎先生釋𢍏本篇後段。孫海波氏文編入於附録二七。李孝定先生集釋列為待考之字四六〇六。峥按：字从[字形]从一；[字形]，當與[字形]同，矢也。一，當與[字形]所从之一同，矢的也。字蓋象矢穿的而進之形，故作[字形]也。就其構形審之：與[字形]前四・四九・一版同，僅只倒正之異耳。就其在卜辭中之為用言：則與[字形]後下二二・二、[字形]林一・二四・一六同。再就時序言：[字形]、[字形]、[字形]均見於前期之辭，[字形]則見於後期之辭；但[字形]與[字形]之辭例異，不當為一字。由上述之三事證明，[字形]、[字形]、[字形]三形舊為一字一義，僅因時序不同，而為字形之衍變耳。三文既為同義，則[字形]者，當即[字形]及[字形]也。[字形]，今人或釋鴭，則[字形]當即鴭之初形也。矢穿豕為[字形]，則矢穿隹為鴭矣。是造字之初，以一為隹之意象，而此隹則即矢之的也。【契文舉例校讀　中國文字第五十二册】

[字形] 磦　說文所無磦鼒鼎之別名鍾伯鼎　石沱　石字重見　[字形]　[字形] 褭鼎　褭自作飤磦鼒　【金文編】

駐　騂　䱷

◉周寶宏　《西漢南越王墓》（一九九一年，文物出版社）彩版二〇為錯金銅虎節，上有四字刻文作「王命=車駐」。該書編者考釋為：「末一字，左旁及右上二横道□與散氏駛作□，左旁寫法全同，應是金文馬字字形的變體，右旁下半『□』應是杜字。」又：「另據饒宗頤教授的考釋，此字右旁乃從古文土為聲符，左之形旁則為且之繁形……左旁□乃以且加又形，楚簡及帛書屢見組字作緅或縷。《爾雅》六月為且，帛書作虘。此字當釋且。故合兩偏旁可隸定為從且土聲之䢐。」以上兩種釋法皆認為通作「徒」。按：從字形結構上看，□字以釋駐為宜。楚簡中組字從旻作的並不多，多作□□等形，組字作緅形必須有虍字旁，只有西周金文且字或作旻形。金文中馬字作□（大司馬臣）、□（鄂君啟舟節）、□（中山王壺壺）。包山楚簡駝字作□（《包山楚簡》187）、曾侯乙墓竹簡駁字作□（《曾侯乙墓》164）、驂字作□駐字作□（197）。包山竹簡馭字作□（33）、駐字作□（126）、□（132）反）、□（156）。以上所列馬字或馬字旁與南越王墓□字之□旁相同或相近，尤其是包山楚簡之□與南越王墓之□字基本相同。又，據《西漢南王墓》介紹：「這枚虎節的造型與上引楚虎節相同，應是南越王仿楚器鑄製，但不排除原屬楚器因故流入嶺南者。」這枚虎節銘文與楚簡文字風格相同，也可該書的論斷是正確的。據上列諸原因，銅虎節之□字釋為駐字是可信的。【讀古文字雜記九則　于省吾教授百年誕辰紀念文集】

◉商承祚　□□　大犸、小犸，則大馬小馬也。用以祭祀，故加牢以別之。【福氏所藏甲骨文字釋文】

◉姚孝遂　除了「牢」、「宰」以外，卜辭尚有「犸」字：

「叀小犸用？」

「叀駑眔大犸亾災？」

商承祚先生福二九考釋謂「大犸、小犸則大馬，小馬也。用以祭祀，故加牢以別之」，其說近是。更為確切的解釋則是：「犸」為經過特殊飼養而用于祭祀之馬。【牢宰考辨　古文字研究第九輯】

□　前六・五〇・三　从魚从虍　説文所無王國維説周禮天官歔人釋文本或作魰敷歔同字知䱷魚亦同字矣古魚吾同音敦煌唐寫本商書魚家旄孫于荒日本古寫本周書魚有民有命皆假魚為吾河渠書功無巳兮吾山平吾山即魚山也　【甲骨文編】

盧 説文所無 父丁觶 兮甲盤 鄙盧 地名 者減鐘 工盧王即吳王 王國維曰周禮天官𩣫人釋文本或作魰𩣫魰同字知盧魚亦同字矣古魚吾同音敦煌唐寫本商書魚家旄孫于荒日本古寫本周書魚有民有命皆假魚為吾史記河渠書功無已時兮吾山平吾山即魚山也庚案列子黃帝姬魚語汝注魚當作吾鯩鎛 保盧兄弟 欒書缶 盧以祈眉壽 林氏壺 盧以匽飲 中山王譻鼎 中山王譻壺 或从攴 沇兒鐘 𩣫以匽以喜 工𩣫大子劍 【金文編】

◉方濬益 盧父丁觶 周禮序官𩣫人字从攴。釋文云。𩣫音魚。本又作魚。亦作魰。又音御。此消攴。與兮伯吉父盤鄙盧字同。又讀為魯。齊䉷子鎛鐘保盧兄弟。當即保魯之通段。【綴遺齋彝器款識考釋卷二十四】

◉孫詒讓 兮田盤 盧叡之省。周禮天官叡人釋文。叡音魚。本又作魚。亦作叡。同。又音御。蓋叡即古漁字。又與御虞字通。故説文竹部籞或作叡。同。又引左傳澤之舟籞。左昭二十年傳作舟叡。今本作鮫誤。吕氏春秋上農篇作舟虞。聲並相近。此盧亦當讀為虞，説文古籀補齊侯鎛鐘保盧兄弟。亦作此字。疑借為御字。亦與此義小異。但古書未見。不知為何地耳。【古籀餘論卷三】

◉羅振玉 齊子仲姜鎛「保盧兄弟」。盧，吳中丞釋魯，與此同。兮田(田)盤亦有盧字。【殷墟書契考釋卷中】

◉柯昌濟 説文無盧字。瀘字下段注曰。周禮𩣫人本作魚。此與取鼈者曰鼈人。取獸者曰獸人。同也。又曰。古文本作魚。作鰲。瀘其籀文乎。至小篆則媘為漁矣。周禮當从古作魚人。作魰者次之。作𩣫者非也。愚案。古自有盧字。除此器外尚見兮田盤及宋代箸録之伯克尊有盧伯字。周禮之𩣫亦此字之變體。周禮中之用先周文字者如𩙪字見卜詞眡字見員鼎及此字皆是。【盧父丁觶 韡華閣集古録跋尾】

◉楊樹達 盧與吾通。敦煌唐人寫本商書微子云。魚家旄孫于荒。日本古寫本周書泰誓云。魚有民有命。皆以魚為吾。此魚吾二聲相通之證也。【䉷黔鎛跋 積微居金文説】

◉李孝定 字當係从虍魚聲，説文所無。盧魚同音且形亦相近，故周禮𩣫字本亦作魰，未足以證盧魚一字也。魚為象形字不當有从虍作盧者。至王氏謂魚吾同音古多通段，説不可易。羅氏引吳大澂説釋魯，説非。古音虍魚吾三字聲韻並相近，故得通段也。金文作齊子仲姜鎛沇兒鐘兮甲盤父丁觶林氏壺。卜辭盧字所見一辭僅餘殘文，不詳其義。【甲骨文字集釋第五】

戳 㦎

◉徐中舒 [glyph]一期 前六・五〇・三 [glyph]一期 存二・四四五

從[glyph]虍從魚,《說文》所無。王國維謂:「此字乃魚之繁文。《周禮》魰人作䲆,知魚可作䱷矣。古魚吾二字同音,故假為吾字。金文齊子仲姜鎛『保䱷兄弟』,即保吾兄弟也,沇兒鐘『䲆以宴以喜』,即吾以宴以喜也。」殷虛文字類編卷十一。按王說可參。

【甲骨文字典卷十一】

◉戴家祥 [glyph]兮甲盤 王初各伐玁狁于𦉢䱷 [glyph]吳太子姑發劍 工䱷王大子姑發間反

䱷从虍从魚。虍讀荒烏切,隸曉母,魚讀語居切,魚隸喻母。古無深喉淺喉之分,曉喻兩母,實際上每每混用。䱷字从虍从魚,是上下皆聲字,也就是說虍在喻母字上面,許多地方處在可有可無的地位,例如「嗚呼」可以寫為「嗚嘑」,「吳仲」可以寫為「虞仲」,「鮮吳」可以寫為「鮮虞」,「魰人」可以寫為「䲆人」。早在光緒癸卯(1930)姨公事實上已經考定䱷即虞字的或體,見孫詒讓古籀餘論卷三。後來山西省代縣蒙王村,發現一個青銅古器,銘曰:「攻吳王夫差,擇其吉金自作御監。」丹徒劉鶚購得一個銅鐘,銘曰:「工䲆王皮難之子者減自作□鐘。」安徽壽縣出土的銅戈,銘云:「攻敔王光自□。」解放以後,河南省輝縣琉璃閣發現銅劍,銘曰:「攻敔王夫差自作其元用。」淮南蔡家崗趙家孤堆出土的銅劍,銘曰:「工䲆王大子姑發間反,自作元用……。」左傳宣公八年「盟吳越而還」,孔穎達正義:「太伯仲雍讓其弟季歷而去之荊蠻,自號句吳,句或為工,夷言發聲也。」工攻古音隸東部,句隸侯部,東侯陰陽對轉,是工䲆、攻吳、攻敔,攻敔就是句吳,不僅是科學的預見,而且是從考古發掘中得到完全證實。魚吾同音,吾从五聲,五午通假,所以說文五篇篽字重文作魰。由此可見,「保䱷兄弟」「保䱷子姓」「䱷以宴以喜」,非讀䱷為吾不可。【金文大字典下】

◉戴家祥 [glyph]中山王嚳鼎 憚憚㦎㦎 毛詩大雅雲漢「兢兢業業」,傳「兢兢,恐也;業業,危也」。銘文作㦎,加心旁,是與上文憚字偏旁類化的結果,如詩周頌思文「貽我來牟」,釋文「字書作麰」,毛詩豳風鴟鴞「徹彼桑土」,韓詩作杜,麰字的麥旁,杜字的木旁皆是從上文類化而來的。【金文大字典下】

[glyph]3・735 戳公 說文所無吳大澂云似散氏盤媟字 [glyph]3・1261 獨字 【古陶文字徵】

◉黃錫全　□閔　馮本作□。夏韻軫韻作□,釋為閔。《集篆古文韻海》作□,亦釋閔。此注「閔」應是「閔」字寫誤。根據下一字嬰作□,疑此形當是⿱䀠山,即⿰山嬰字。睍(耕部)與閔(文部)音近,猶如《説文》筌(耕部)讀若銑(文部)。此借⿰山嬰為閔。【汗簡注釋卷二】

◉黃錫全　□闕出義雲章　此形从覞从山,應隸作⿱覞山,疑即峴字異體,重聲符見。這與不字作□(拾14・16)、□(師遽毁),祐字作□(保卣),更字作□(師嫠毁)、□(曶鼎)類似。夏韻薛韻釋為閲,鄭珍認為「闕」係「閲」寫誤。峴屬匣母元部,閲屬喻母月部,二字音近,此蓋假峴為閲。《玉篇》「峴,山名,在今襄陽」。《晉書・羊祜傳》:「祜與鄧潤甫登峴山,垂涕曰:『自有宇宙便有此山。』因立碑,後人名『墮淚碑』。」【汗簡注釋卷四】

◉劉心源　□　説文嗌下籀文作□。博古圖□鼎釋益。詳鏟形嗌字布。積古⿱厽𠫓鼎□釋益。此从□即□。更無可疑。又从貝則賹也。集韻十五卦。賹。記物也。廣韻云。記人物。即此泉所用義。又考史記平準書。黃金㠯溢為名。孟康曰。二十兩為溢。蓋即鎰字。此賹亦當讀鎰。廣韻集韻音隘。聲轉耳。此後二品最小為賹貨。前四品㠯次漸大曰賹四貨。賹六貨。蓋言某為鎰貨。某為鎰之四貨。及六貨也。若云是寶如篆形。何且漢書食貨志云。周景王患錢輕。將更鑄大錢。單穆公曰。不可。弗聽。卒鑄大錢文曰寶貨夫。班氏係文曰。寶貨四字於卒鑄大錢之下。則是景王㠯前之輕錢無文。而大錢始有寶貨二字也。今此後二品皆小錢。莫輕於此。乃已有□化二字。而前四品本是大錢。其文又多一六字四字。皆與班志不合。若云景王㠯前錢皆有寶貨二字。則班氏何㠯不云周寶貨錢輕更鑄大錢文曰寶四貨寶六貨乎。即此可知近人之誣。又況篆形洩不可捉哉。或曰此為遼天贊錢。考遼太祖錢文篆書者。二品一右□左□。一右□左□。篆迹俗劣。又未若此製古疋矣。【奇觚室吉金文述卷十四】

◉强運開　古匋豆里□。説文所無。陳簠齋釋為□。丁佛言云。从□。从貝。是員字。許氏説員物數也。與圜圓並通。古幣□六化即員六貨。兼有圜法及物數二義。古益字㠯□。小雅員于爾輻注。員益也。此上从益無疑。篆文員从口。蓋□之省文。説雖近理。究嫌迂曲。運開按。从□从貝。當是古賹字。廣韻集韻並烏懈切。音隘。寄人物也。古匋習見。此字蓋人名也。□古匋蔓圆南里□。【説文古籀三補卷六】

◉顧廷龍　□賹。説文所無。按泉文□六化與此字同。劉心源釋賹。集韻。賹記物也。潘子□子里曰賹。　□潘豆里賹

□潘楚城遷蕈里賹　□潘左南城遷辛匋里賹　□潘墙閱賹　□周左南宮遷辛匋里賹　□周關里賹【古陶文孴録卷六】

◉羅伯昭　所謂寶化之□，前賢聚訟，歷來久遠，都無定論。詳審空首布之□，上从廿，下从朋，古貝化紀數也。效卣器銘文：

政子效王休貝廿朋

廿朋合字作□，一望而知，與□同屬一字。同器蓋銘文：

王錫公貝五十朋

五十朋合文作□。遣尊銘文：

錫貝五朋

五朋合字作□，朋字上畫，借五字下畫，合而為一，朋字兩垂，各作二横畫，正可證□即□，當無疑問。□字，漢人讀益，漢書「益作朕虞」，益作□，又金石索漢開母(即啓母禹后也)廟銘：

實勤斯民，同心濟隘。

隘作□。說文，隘作□，種種可證。廿朋本貝化數名，沿用習久，鎰字遂屬上等貨幣紀重耑稱。如孟子「王餽兼金百鎰而不受」，益從金。史記「黄金以溢名，為上幣」，益从水。寶化錢，益从貝。源流本一，亦猶三孔布之朱字，圜金作珠，漢錢作銖，其義不變，二而一也。秦兼天下，貨幣一統，銖兩興而古制廢，賹鎰二字，說文所佚，然益含廿義，漢人知之。故儀禮喪服：「朝一溢米，夕一溢米，鄭玄注曰，二十兩也。」又史記：「黄金以溢名，孟康注曰，二十兩為溢也。」蛛絲馬跡，古意猶存。故余曰，□者，廿朋合字，加貝為賹，古貨衡名也。近見貨幣二百八十七號載田中邦泉藏兩燕錢，若改釋兩賹，於義較勝。孟子，韓非子，國語諸書，或言兼金百鎰，或言鍊金百鎰，或言良金，黄金各若干鎰，實物未見，不敢妄斷，然楚有爰金(見十七期)，漢有斤鈑(見創刊號)，制當有本，豈鎰金之濫觴歟。惟斤鈑方寸，數以十六，若鎰金者，當以二十為方耳。近見郢爰，為質各殊，黄金極罕，又有銀銅鉛三種，有鎏金者，蔡君說漢褭蹏金(見十九期)亦然，是知貨幣貶值，由來漸矣。田齊末世，廢刀行圜錢，銘錢以賹化，徒具虛名，實值早亡，而況又倍之，四倍之，六倍之，錢幣之惡濫，以視今世之所謂圓（法幣）者，殆又過焉。

小爾雅：「一手之盛謂之溢。」孔叢子：「兩手曰掬，一手曰溢。」今以一手之米衡之，勢不能重二十兩也。漢人以漢衡，度測古制，終格格不入。余以一手米權之，合今衡二兩四錢，合莽衡約五兩，以兩畐泉較之，一溢約得二十畐，為近是。【釋𧶠泉　幣第二十期】

◉濰坊市博物館　益都縣博物館　二號陶文作於泥質黑灰陶豆柄中部偏下，印面長方，四角弧圓，白文三字曰：

「豆里賹」（圖一，二）

顧廷龍先生云：「賹，《說文》所無，按泉文𧶠六化與此字同，劉心源釋賹，《集韻》『賹，記物』也。」按劉先生釋賹至確。《集韻》所云係誤。郭沫若先生指出：「易（）字作益（），可以看出易字是益字的簡化……益乃溢之初文，象杯中盛水滿出之形，故引申為增益之益。益字既失其本義，後人乃另創溢字以代之，這是漢字由簡而繁的一種過程。」（《由周初四德器的考釋談到殷

二

代已在進行文字簡化》《文物》一九五九年第七期）陶文有「豆里賫」（季三四・八），「賫」與「賹」均當為人名。是知齊人命名亦多取吉祥意。陶文除「豆里」，尚有「匋里」、「楨里」、「楊里」、「蔵里」等，知此類里之得名與里內的人所從事職業有關。凡直言「豆里」某者，與里前冠鄙邑名稱者有別，某鄙某邑均在城郭之外，某里則大率居在都城之內。陶文亦有「高閭豆里」，此「豆里」或為省稱，當在都城高閭門附近。【益都藏陶　古文字研究第十四輯】

◉劉彬徽等　賹，簡文作𧶠。《汗簡》益字作𦬁，與簡文所從𦬁相同。【包山楚簡】

頣

林巳奈夫(1964)釋夏　春—昳各(甲1—14)、虘司—(丙6：目3)【長沙子彈庫帛書文字編】

⿱罒啚 ⿱罒啚

◉方濬益　⿱罒啚 說文所無　兮甲盤⿱罒啚𧇾地名〈2926〉「王礿各(略)伐厰䊷(玁狁)于⿱罒啚𧇾」

說文無⿱罒啚字。从网。當亦罶罟之類。地名。⿱罒啚𧇾疑漁師取魚之所。【綴遺齋彝器款識考釋卷七】

◉高田忠周　銘意以為地名。音義無可徵者。然从网从啚。字形明皙者。說文無之。古字逸文也。但當从网為義。以啚為聲。【古籀篇十七】

◉戴家祥　兮甲盤　王初各伐玁狁于⿱罒啚𧇾　說文所無。孫詒讓曰：古啚與否通，後晉邦盦都啚作𣎆否，此𡨦字疑罟之異文。古籀餘論卷三第三五葉兮甲盤。戴家祥按：玉篇五六「否，蒲鄙切」，詩大雅烝民「邦國若否」，經典釋文「否，音鄙」；書堯典「否德忝帝位」，釋文「否，又音鄙」。可證𡨦當即罟之聲符更換字。【金文大字典中】

⿱無皿

◉戴家祥　⿱無皿姬鬲　⿱無皿姬作姜虎旅鬲　⿱無皿中尊　⿱無皿中卣　⿱無皿中𤔲作乎文考寶尊彝

⿱無皿字从皿从無，字書未見，以形聲審之，殆即甒之或作。古字从瓦表義者亦或更旁从皿，集韻去聲三用甁盅同字，說文五篇盎或作瓮，金文晉邦甗，甗作𪔂，是其證。方言五甒，甖也，「周魏之間謂之甒」，甒亦作甒。儀禮士喪禮「甒二」，鄭注「甒，瓦器」。古文甒皆作廡」。禮記禮器「君尊瓦甒」，鄭注「瓦甒大五斗」。尊銘「⿱無皿中疑奔字乍厥文考寶尊彝」，⿱無皿當讀鄦。蔡太師鼎「無叔姬」鄦作，从邑从。說文「鄦，炎帝太嶽之胤，甫侯所封，在潁川，从邑無聲，讀若許」。唐韻鄦，虛吕切曉母魚部，無字玉篇「無甫切」明母魚部，同部通叚字也。或云⿱無皿字从血，唐韻血讀呼決切，鄦血雙聲亦通。【金文大字典中】

⿰牛戠

◉羅振玉　前一·二一·四　後上·二五·四　甲一·六·十　珠一一〇八(即甲·一·六·十)　簠徵·典禮·八五　卜龜五〇(即甲·一六·十　摭續一〇〇

說文解字無此字。卜辭中又有二文。此从與殆一字。故知此字从牛从戠。考說文解字「埴」注「黏土也。从土直聲」。禹貢「厥土赤埴墳」。釋文「埴鄭作戠」。是古戠與直通。禮記王制「大夫以犆牛」。周禮小胥釋文「特本作犆」。由此推之。知⿰牛戠即犆。犆即特矣說。然由卜辭觀之。⿰牛戠當為牛色。與前𦍌字同例。後人以特釋犆。或非初誼矣。【增訂殷墟書契考釋卷中】

◉王　襄　⿰牛戠。說文所無。舊說與犆通。即特字。【簠室殷契徵文考釋】

◉陳　直　羅振玉以為即犆字。為特字之叚借。是也。然特獨也。禮記郊特牲謂以獨牲祭天也。卜辭⿰牛戠字當作卜其用牢多寡解。非卜毛色也。羅說似誤。【殷契賸義】

◉李孝定　羅說可從。至⿰牛戠字在卜辭其義或為牲色。如甲・一・六・十辭云。「勿牛　囙⿰牛戠𢆶用」。勿⿰牛戠對貞。勿訓牛不純色。則⿰牛戠當亦言牛色也。又或為特。言牲數也。如「丙辰卜貞〼康且丁其牢〼　其⿰牛戠茲用」前一・二一・四。「〼卜貞〼必〼牢　囙⿰牛戠𢆶用」後上・二五・四。牢⿰牛戠對貞。牢為大牢之牲具也。則⿰牛戠當為特辭。言其用大牢乎抑獨牲也。或一字兼有二義。疑莫能明也。郭說言⿰牛戠猶言犅。言牡。卜辭用⿰牛戠未見此義。陳氏謂「⿰牛戠字當作卜其用牢多寡解」。「牢」當作「牲」於義乃合。【甲骨文字集釋第二】

◉劉彬徽　彭浩等　⿱乘産，簡文作⿱乘産；从乘从産省。簡106有「鄗陵攻尹産」，與「⿱乘産」為同一人名。【包山楚簡】

⿱與犬　說文所無　中山王譽壺　⿱與犬賢使能　義如舉　【金文編】

◉張政烺　⿱與犬，从犬與聲，字書不見。古从犬之字多與田獵有關，或是田獵之一動作，在此讀為舉。禮記禮運「選賢與能」，與字用法同。【中山王譽壺及鼎銘考釋　古文字研究第一輯】

◉王　襄　古偁字。【簠室殷契類纂存疑第八】

◉孫海波　，甲五〇。从人爯聲。說文所無。人名。，乙二一四七，或从爯。【甲骨文編卷八】

◉屈萬里　卜辭「貞：偁氏〼」，隸定當作偁；此處當是人名。【殷墟文字甲編考釋】

⿱隻大

◉李孝定 字象人兩手張網羅隹之形。與羅同意。然未可遝釋作羅。從其字形。當隸定作⿱隻大。以字即説文之彝見前。故隸定之如此。【甲骨文字集釋第七】

⿰隹⿱米干

◉李旦丘 遹毁銘云:「穆王在葊京,乎呼漁于大池,王饗酒,遹御,亡遣,穆王親易錫遹。」郭隸定為⿰隹⿱米干(兩周,第五十五頁),于隸定為⿰⿱米干隹(雙,上之三,第十頁)。今按此字从隹从米从干,殆為⿰⿱米干隹之別構。

查金文搏,从干不从手。季子白盤銘云「搏伐厰執」,是从手之字,在金文中可變而从干。故⿰⿱米干隹字的⿱米干傍,也可以隸定為⿰扌米。⿰扌米,當為匊之別構,今字書不收此字,但有掬字。

説文云:「在手曰匊。」徐云:「手掬米,會意。」玉篇云:「手中也。」根據説文玉篇所説的看起來,則匊字所从之勹,所表示的是窩凹着的手掌,而非本來的意誼。勹的本誼,許氏謂「象人曲形,有所包裹」。後人不知勹在匊字的場合,所採取的僅是有所包裹之誼,而非象人之曲屈,遂以為不可解,而另創一掬字。禮曲禮云「受珠玉者以掬」,疏:「謂手中也。」由禮疏與玉篇所釋之字誼觀之,可知匊掬完全是一個字。根據古文字的構成的原理説起來,此字可寫作匊,亦可寫作⿰扌米。惟寫作掬,是變表意文字而為標音文字,重疊無謂。

⿱米干从米从干,即等於从扌从米,亦即等於从勹从米,故⿰⿱米干隹當釋為⿰⿱米干隹。

遹毁銘所紀者,乃王田獵於大池之後,饗宴扈從,而親以田獵所獲之⿰⿱米干隹賞賜與遹。⿰⿱米干隹雖微物,然為王所親賞,故遹引以為榮,特銘於毁以紀之。【金文研究一册】

⿱自魚

◉孫海波 从自从魚。説文所無。【甲骨文編卷四】

◉饒宗頤 ⿱自魚,字書所無,以文義揣之,意為抵禦。金文工𪒠一作「攻敔」,濟水注「魚山」,瓠子河歌作「吾山」。此字疑讀為「敔」,敔與圉、禦音義同。【殷代貞卜人物通考】

顊

◉戴家祥 晉公盞 □莫不曰顊鬻 顊,説文不載。玉篇第三十六訓為「傾首也」、「不正也」。集韻又匹寐切,音屁,義並同。晉公盞「莫不曰顊鬻」,郭沫若在兩周金文辭大系中讀為「卑讓」而無説。顊假作卑,可備一説。【金文大字典下】

◉何琳儀　青川木牘「[古文字形]非除道之時」。首字或釋「離」，或釋「雖」，得失互見，今辨析如次：「雖」，秦文字中習見，例如：

[古文字形]秦公簋　[古文字形]新郪虎符　[古文字形]《云夢》292

[古文字形]《云夢》942　[古文字形]帛書《周易》

上揭諸「雖」字均从「虫」、从「唯」，與小篆形體吻合，而與牘文形體有別。按，牘文應與下列秦漢文字有關：

《云夢》編者隸定此字為「夓」，甚確。帛書《周易・損》「夓之用二簋」，《大有》「無交夓」，今本《周易》作「曷之用二簋」、「無交害」。「禹」，王矩切，喻紐三等，古讀匣紐；「曷」，胡葛切，匣紐；「害」，胡蓋切，匣紐。然則禹、曷、害三字均為雙聲，故帛書與今本通用。由帛書「夓」可推知牘文應隸定為「離」。

《字彙》以「離」為「離」之「訛字」，由牘文知「離」遠有所本。曹全碑、魏七兵尚書寇治墓志等漢代以後的「離」，均承襲戰國文字形體，从禹、从隹。

于豪亮隸定牘文此字為「離」，亦是。但以為「離」屬上句讀作「鮮草離」，並讀「離」為「萊」，則非是。按，「離」應依李昭和屬下句讀作「離非除道之時」。「離」(離)、「雖」並非一字，但二者音近可通。「雖」，心紐，脂部；「離」，來紐，歌部。心、來可構成齒音復輔音〔Sl〕，脂、歌例可旁轉。《荀子・解蔽》「是以與治雖走而是已不輟也」，注：「雖或作離。」是「離」可讀「雖」之佳證。牘文「離(離)非除道之時」讀作「雖非除道之時」，文意暢通，不必讀「離」為「萊」。

趙國貨幣文字「離」作[古文字形](《貨幣》14.206)[古文字形]、[古文字形]、[古文字形](同上)諸形，均从林(或从木)从禽。小篆「離」作[古文字形]，从屮从禽，顯然是由从木的「離」字簡化而來。古文字中「木」作「屮」者，其例甚多，茲不備舉。《説文》：「离，山神獸也。从禽頭从厹从屮。」由上揭从「林」的「離」字分析，「离」也有可能是「从禽林聲」的形聲字(离、林均屬來紐)。「林」或作「木」，又作「屮」，遂與小篆同。「离」，典籍也作「樆」。《爾雅・釋木》「梨，山樆」，疏：「在山曰樆，人植曰梨。」

總之，「離」是秦文字「離」，「离」是六國文字，離與雖是不同的兩個字，只不過因為音近在青川木牘中通用而已。【秦文字辨析舉例　人文雜誌一九八七年第四期】

◉施謝捷　此劍著録于于思泊先生《商周金文録遺》，編號五九五。銘文曰：「郾王職乍(作)武業(?)[古文字形](劍)。」凡八字。銘中「武業」後一字，舊不識。一九八五年版《金文編》歸于附録下一二六四頁，字號為564。唯見《金文詁林附録》2404頁有李孝定先生的考釋，曰：「《師遽方彝》『環』字作[古文字形]，其右旁與此所从相同。此文少二『。』字，此例古文字多有。然則此當釋

鍴

鐶。《説文》無鐶，而从睘之字多有圜義，鐶劍疑為劍之圜首者。」按李氏釋為「鐶」，失之于形。且此之所指，猶今所言戒指。見《廣韻・刪韻》。若此，則于義也未能得。今謂此字左从金，右从非睘，而是「者」字，戰國燕系璽印中「都」字从者形多與此同。《古文字研究》第一輯所載朱德熙《戰國匋文和璽印文字中的「者」字》一文論之甚詳。《玉篇》謂圖字之古文作「囷」，內所从也為「者」字。然則此字當可隸定為从金者聲的「鍺」，即《爾雅・釋器》「斫謂之鐯」之鐯，从著聲與从者聲同，故得通作。郭璞注《爾雅》曰：「鐯，钁也。」《玉篇》訓同此。《淮南子・兵略訓》「奮儋钁」，高誘注云：「钁，斫也。」屬名詞。《正字通》謂「鐯與斫通」，《説文》「斫，擊也」。知「鐯」可用為動詞，有斫擊義。則銘所謂「鐯劍」指用于斫擊之劍，明劍之用途也。李氏謂劍之圜首者，説劍之形，于他劍銘中未有見，失之。思泊先生《商周金文録遺》五八九著録有《富奠劍》，銘曰「富奠之斲劍」，「劍」前一字即《説文》訓「斫也」之斲的别構，見《金文編》。與「劍」字連稱同此劍之為「鐯劍」，亦其證。

《淮南子・修務訓》：「夫怯夫操利劍，擊不能斷，刺不能入。」又：「夫鈍鈞魚腸劍之始下型，擊不斷，刺不能入。」知古人用劍，有「擊」，又有「刺」。春秋時有劍銘曰「韓鍾之刺劍」，見《古文字研究》第五輯九五頁圖二。稱「刺劍」，與此之言「鐯劍」，言「斲劍」者例同，一謂「刺」，一謂「擊」，也可作舊籍之證也。【郾王職劍跋　文博一九八九年第二期】

◉伍仕謙　秦公鐘銘「鍺鍺雝雝」。盄和鐘宋人誤摹鍺字為「[illegible]」，薛尚功釋為「銑銑」，後世許多金文家從之。今細審秦公鐘，此字作「[illegible]」應釋為鍺鍺。齊叔弓鎛作「[illegible]」即「都都睪睪」，與「鍺鍺雝雝」同，皆狀鐘之聲也。【秦公鐘考釋　四川大學學報一九八〇年第二期】

◉王　輝　霝音鍴鍴雝雝　鍴字原作[illegible]，簡報釋鉠，但央字作[illegible]，見虢季子白盤，秦漢銅器銘文常見之「長樂未央」、「除凶去央」，央字亦皆作[illegible]、[illegible]、[illegible]諸形，與此右旁不同。此字又見宋人薛尚功《薛氏鐘鼎彝器款識》著録之秦盄和鐘，薛氏摹作[illegible]，隸作銑，然先字金文作[illegible]（盂鼎）、[illegible]（𠫑羌鐘），中有一橫，與此銘作兩點不同。伍仕謙老師根據齊叔夷鎛都字作[illegible]，定此為鍺字，但也無法説明字下部的結構。陳世輝《説戠——兼説甲骨文不字》一文（《古文字研究》第十輯）釋此字為鍴，他舉出了甲骨文耑字作[illegible]（《前》四・四二・二），金文作[illegible]（郘王義楚鍴偏旁）的例子，其結論是令人信服的。同類例子又見於山東莒南縣出土的簷叔之中子平編鐘，該銘有「戠戠雍雍」；又宗周鐘銘文有「雒雒雍雍」，陳氏説鍴、戠、雒均端之借字。端與肅義近，《詩・召南・何彼穠矣》「曷不肅雍，王姬之車」，毛傳：「肅，敬；雍，和。」端是端直、嚴正，故「端端雍雍」可形容聲音和鳴。【秦銅器銘文編年集釋】

◉徐中舒　鉠，吴式芬攈古録釋為鏄。銅器専从甫，从又，與此絶不類。此當釋為鉠。説文臾曳字从申，變申為申。據古璽印及古碑誌可證其誤。

□□□□　曳，見碑别字。

□□□□□□　臾，腴，萸，庾，瘐，見碑别字。

□□　庾，諛，見漢印分韻。

□□□　庾，見漢印文字徵卷九。

□　庾，見古璽文字徵附録。

□□□□□　庾，見古璽文字徵卷九。

説文於臾曳字説云：

臾，束縛捽抴為臾曳(曳从段注補)从申从乙。

曳，臾曳也，从申厂聲。

據此臾曳形同(銅器左右多不别，此从申左拽為曳，右拽為臾)義同，又雙聲字，古當不别。古璽文字徵庾為姓氏字，其偏旁臾雖與曳同(俗書曳作曵，多一點尤與此相近)，但字仍當釋為庾。此器偏旁臾下一點，古璽印衍為一斜畫者，銅器中此例極多：如□或作□，□或作□，不能備舉。古臾或从臾之字為器名者，如：

流丸止於甌臾。——荀子大略

缶庾也。——魯語韋注

子華使於齊，使冉子為其母請粟，子曰：「與之釜」；請益，曰：「與之庾」。——論語雍也

粟五千庾。——左氏昭二十六年傳

庾實二觳，厚半寸。脣寸。——考工記陶人

匬，水漕倉也；一曰倉無屋者。——説文

臾有坳坎窊下之意，荀子大略篇「流丸止於甌臾」，楊倞注云：

甌臾皆瓦器也，揚子雲方言云「陳魏楚宋之間謂罃為甌臾(案今本作甂)」，謂地之坳坎如甌臾者也。或曰「甌臾窊下之地」。

史記曰「甌窶滿篝，汚邪滿車」，裴駰云：「甌窶傾側之地，汚邪下地也。」邪與臾聲相近，蓋同也。

鍨 ⿺辶會 ⿰再隹 ⿰鬲田

此器合兩半圜器而成，半圜器正象坳坎窳下之形。【陳侯四器考釋 歷史語言研究所集刊三本四分】

◉郭沫若 「鉠鐘」之鉠作，舊釋為鏄，余沿之，遂有「鏄鐘」即廢敔之說。今從徐中舒說，改釋為鉠，徐引古鉨印庚姓字作等形以為證，是也。【陳矦午敦 兩周金文辭大系圖録考釋】

◉戴家祥 字从金癸聲，說文所無，集韻「音馗，兵也，與戣同」。鍨从金，戣从戈，乃表示器物與表示材質的偏旁更換字，如戳或作鑺等。書顧命「一人冕執戣」，廣韻「戣，戟屬」。金文銘鍨而器為戈，與「戟屬」之訓正相符合。【金文大字典下】

⿺辶會 說文所無玉篇⿺辶會匝也 中山王嚳壺 齒張於⿺辶會同義如會盟也 盗壺 其⿺辶會女林 詩大明作其旝如林【金文編】

◉丁佛言 畢仲子敔為三合。象嘉穀在裹中之形。匕所以扱之。是食已有會合義。更从辵。其為會字無疑。覺古文從合其義猶淺。原書入附録。【說文古籀補補卷五】

◉朱歧祥 ——

，从隹再聲，隸作⿰再隹。《說文》無字。再，並舉也。⿰再隹字本有舉隹意，讀如聚。卜辭多言大⿰再隹奴衆和執，即起用奴僕囚犯，或從事生産，或協助征戰。字有增隹作，由辭例互較得證。

〈存2·95〉☐奴大☐？

〈粹369〉己丑卜，其衆，告于父丁：一牛？【甲骨學論叢】

◉戴家祥 字亦見卣。按說文十篇「奚，大腹也。从大𦃃省聲。𦃃籀文系字」。又十二篇女部「嫨，女隸也。从女，奚聲」。嫨中𣪘作，唐韻奚音「胡雞切」匣母支部，系音「胡計切」，不但同母，而且同部。集韻上平十二齊，䙴，同蹊，徑也，「弦雞切」，或即其字與？說文二篇「徯，待也」，或體作蹊。地官遂人「遂上有徑」，鄭玄云：「徑、畛涂、道路，皆所以通車徒於國都也。徑，容牛馬。」左傳宣公十二年「牽牛以蹊人之田」，杜預注：「蹊，徑也。」釋名釋道：「步所用曰蹊，蹊，傒也。言射疾則用，故還傒於正道也。」郭沫若釋⿰鬲田兩周金文辭大系考釋第十頁，形聲失據。【金文大字典中】

⿰𤔔册　　𤔲　　⿰月⿱乘刀

◉周法高　白川静謂别有⿰𤔔田盤歐米一五二·三代一七·三·三銘「⿰𤔔田厥乍寶隮彝」。器為波斯頓美術館所藏。於參考項下附説伯⿰𤔔田盉銘作⿰𤔔田。不必要為⿰𤔔畫之省文。⿰𤔔畫象用釜甑董染糸之形。東示入朱於槖。與周禮緟氏掌董染合。孫詒讓釋緟⿰𤔔田示執絲與釜甑之象。有董蒸糸之義。與⿰𤔔畫異字。【金文通釋二六作册⿰𤔔田卣　白鶴美術館誌第六輯】

◉郭沫若　⿰𤔔册字字書所無，舊多釋嗣，不確。今案此乃聯綿字，以𤔲字从𤔔司聲例之，當从𤔔册聲。「册册四方」，當如詩「我觀四方，蹙蹙靡所騁」之蹙蹙。又春秋左氏傳「王室蠢蠢」昭二十四年，蠢蠢與册册古音同紐，韻亦近對轉，故⿰𤔔册⿰𤔔册要當是紛亂之狀。【毛公鼎　金文叢考】

◉郭沫若　⿰𤔔册⿰𤔔册四方。⿰𤔔册。當从𤔔册聲。亂貌。猶言蹙蹙蠢蠢。【毛公鼎　兩周金文辭大系圖録考釋】

◉吴闓生　(毛公鼎)⿰𤔔册从𤔔册聲。蓋與蹙蹙同意。【吉金文録卷一】

◉郭沫若　敵殆𤔲之異文。讀為治。【貉子卣　兩周金文辭大系圖録考釋】

◉朱德熙　現在我們再來討論上引大鼎的銘文。這條銘文裡有好幾個字不可識。其中最關鍵的是出現了三次的⿰月⿱乘刀字。根據目前所掌握的戰國文字的知識，這個字似乎有以下兩種可能的分析途徑。

可以認為這個字上端从乘，試與下列乘字比較：

于省吾：《「鄂君啟節」考釋》，《考古》1963年8期，圖版捌。　《古璽文字徵》附35上「公乘晝」印

採取這種看法，我們可以説這個字从肉从刀从乘，但我們的分析只能到這裡為止，這個字到底是什麼字，在銘文裡是什麼意思，都無法作進一步的推斷。這條路是走不通的。

另一條途徑是跟下面幾個字比較：

a　b　c

a見於東陵鼎，于省吾：《商周金文録遺》70。銘文第二字從字形看似應釋陲，但鄂君啟節襄陵之陵與此相似，楚印「江陵行宫大夫鉩」(《觀自得齋印集》1·1)陵字無阜旁，字形亦與此字右旁相似，故釋此字為陵。b見於壽春鼎，天津市文化局文物組：《天津市新收集的商周青銅器》，《文物》

1964年9期35—36頁。b只是把a所从的厂轉了一個角度，二者顯然是一個字。c見於春秋時代的齊器叔夷鎛，《嘯堂集古録》卷下六七頁。銘文說：「易(錫)女(汝)釐都□劚」，用為地名。跟金文从𢼸的字比較，可知此字从刀从乂从𢼸，金文釐字所从之𢼸多作敹，有時省作𢆉，見《金文編》693—694頁。疑是膐之繁文。a跟c字形近似，只是省去了c字上端的來，又增加了肉旁，似可釋為从肉从劚省，隸定為勝，大鼎𦡆字跟a和b十分近似，也可能是勝字。

典籍中釐和僖、禧等从喜聲的字通用。例如：《春秋》魯僖公，《史記》作釐公；《漢書・禮樂志》郊祀歌十九章之六「媪神蕃釐」，師古注：「釐讀曰禧。」這類例子極多，不贅舉。大鼎此字如可釋勝，似當讀為饎。《說文・食部》「饎，酒食也」，或體作𩜁、糦。《爾雅・釋訓》、《詩・小雅・天保》「吉蠲為饎」，毛傳都說：「饎，酒食也。」饎又可以訓為炊。《儀禮・士虞禮》「饎爨在東壁西面」，鄭注：「炊黍稷曰饎。」又《特牲饋食禮》「主婦視饎爨于西堂下」，注同。《吕氏春秋・仲冬紀》「湛饎必潔」，高注：「饎，炊也。」《周禮・地官・序官》「饎人，奄二人，女饎八人，奚四十人」，鄭注引鄭司農云：「饎人，主炊官也。」又《[食熙](饎)人》：「掌凡祭祀共盛，共王及后之六食，凡賓客，共其簠簋之實。饗食亦如之。」大鼎之勝可能與《周禮》饎人相似，也是主飲食的職官。【壽縣楚器銘文中的脰和勝　考古學報一九七二年第二期】

腆

腆　說文所無廣韻肥也蔡大師腆鼎　【金文編】

◉戴家祥　蔡大師鼎　蔡大師腆賸鄦叔姬可母飤緐

腆，說文不載。集韻廣韻均收，並訓為「肥也」。蔡大師鼎作人名。　【金文大字典下】

[墨刂]

◉何琳儀　齊國即墨刀銘「墨」，《古幣》二三五—二四〇有下列幾式：

（一）

（二）

（三）

（四）

（五）

⿴衣𠕋

（六）墨⿱黑勹

此字舊或釋「墨夕」二字，或釋「墨卩」二字丁福保《古錢大辭典》下五六—五八頁。近來研究者多隸定為「鄤」。所謂「即墨夕」文意難通，何況上揭「勹」、「勹」形體與「夕」字亦不合。以「卩」為「邑」之省文，故隸定為「鄤」。這一釋法似乎合理，但詳審字形仍有不合。檢齊刀銘「邦」所从「卩」作「卩」、「卩」、「卩」、「卩」、「卩」、「卩」、「卩」等形，與上揭「墨」下所从均有區別。何況即墨刀「即」所从之「卩」作「卩」、「卩」、「卩」等形，與上揭「墨」下所从區別更大。以外證、內證驗之，可見釋「卩」也不够妥當。

按：本章第二節所釋燕官璽「勹」字或作「勹」形（《璽彙》○三六二），與刀銘（一）式「勹」吻合無間。（二）式「勹」、（三）式「勹」亦象人匍匐形。（四）式「勹」、（五）式「勹」，或填實空隙，或省簡一筆。（六）式説明此偏旁可有可無。然則（一）—（六）式所从形體實為「勹」字，其字則應隸定為「⿱黑勹」或「⿹勹墨」。

「勹」在古文字偏旁中多是音符，如「匍」、「匐」、「匋」、「匔」、「包」、「匓」、「䨜」等。均从「勹」聲。值得注意的是，「鳧」亦从「勹」得聲，而音符在字的下部。以此類推，「⿱黑勹」所从之「勹」亦可能是聲符。

「墨」，明紐，之部入聲；「勹」即「伏」之初文，並紐，之部入聲。明、並均屬脣音。「⿱黑勹」以「勹」為音符，仍讀「墨」，聲韻均合。類似的疊加音符字詳第四章第三節。【戰國文字通論】

◉周名煇 ⿴衣𠕋 說文所無 散盤〈2927〉「矢人有嗣眉田鮮且散、武文、西宮襄」「迺卑（俾）西宮⿴衣𠕋武父誓曰」「西宮⿴衣𠕋武父𠟭誓」

衣部 ⿴衣𠕋 叀中鐘 宗人襄執豆。襄字如此。强氏定為襄字。今考定為从衣𠕋聲字。義當闕疑。

散氏盤銘亦有⿴衣𠕋字。从衣从𠕋。而𠕋即龠字古文。上卷已論之矣。襄字从𤕦。與此篆从𠕋者極不相合。且强氏已録叀中鐘銘襄字作⿴衣𠕋。與說文襄字古文作⿴衣𠕋同。則一器之中。斷不能舛謬若是。惟⿴衣𠕋字原為从衣𠕋聲字。形聲皆有明據。而義當闕疑。以俟達者。散盤銘及此鐘銘皆用為人名。無文義可求。【新定說文古籀考卷下】

◉戴家祥 ⿴衣𠕋 矢人盤 西宮⿴衣𠕋 从衣从龠省，⿴衣𠕋字書所無。古音龠與勺通，如説文礿字經傳作禴，疑禴即礿之聲符更旁字。方言四「礿繵謂之襌」，注「今呼為涼衣也」。金文用作人名。【金文大字典下】

𩞁

◉張頷　銘文三行二十九字，在腹內

隹正月初吉丁亥郐王之子

庚兒，自作飤𩞄，用征用

行用龢用鬻，眉壽無疆。

由銘文，可知此鼎是徐國之器。作者是徐王之子庚兒，故可命名為「庚兒鼎」。郭沫若院長的《兩周金文辭大系圖録考釋》一書中，共著録了徐器七件。它們和此鼎文字風格大致相同。徐國七器銘文都有韻，此鼎亦然。此鼎文字，筆勢流暢，舒朗奔放，與徐器沇兒鐘和王孫遺者鐘非常相近。「庚兒鼎」銘文中的「庚」字與「沇兒鐘」銘文中「徐王庚」的庚字以及「沇兒」的「兒」字寫法完全一樣。此鼎「飤𩞁」之「𩞁」字一作「[glyph]」一作「[glyph]」，與「乙彝」(《攈古録》二，二十六頁)銘文「飤[glyph]」的「[glyph]」字略有不同，與「寬兒鼎」(《兩周金文辭大系圖録考釋》)銘文「飤𩞁」的「[glyph]」近似，但也有一些差別。「𩞄」當為「𩞁」、「[glyph]」的省文，乃鼎的別名。「飤」字从人食乃「以食食人」之意(見《説文解字》)。與「食」意亦同，如「儠兒鐘」有「歓飤歌舞」之句(見《兩周金文辭大系圖録考釋》)。【庚兒鼎解　張頷學術文集】

癌

◉濰坊市博物館　益都縣博物館　六號陶文印於陶壺底之外壁，周以圈足保護。陶文作於此部位者較少見。印面圓形，白文三字曰：「城圖癌」，「吾」字左下綴二「立」(圖一・六)

六

此種現象在中山器銘文中恆見。加「立」與否每無別，「癌」即「痦」。陶壺兩件形制相同，均為輪制泥質灰陶，平脣，直口，高領，腹微鼓，矮圈足，最大腹徑偏下，口徑一二・五，通高一五釐米，均在孫板村出土。【益都藏陶　古文字研究第十四輯】

◉劉心源　[古文字] 阮釋詞。案此字从[古文字]。从言。太師虘豆用[古文字]多福。从㫃。蓋旂省。知古文祈有从言从旂者。非特叚旂為祈也。又有白誓敢作[古文字]。益明顯矣。【奇觚室吉金文述卷二】

◉余永梁　[古文字]書契後編上十七葉[古文字]同上[古文字]同上

王先生曰：「此疑爀字。弟子職爀之遠近。乃承厥火。尹知章注櫛燭婁也。廣韻作爀。」【殷虚文字續考　國學論叢一卷四期】

[古文字]𥂴　說文所無方言甑甖也秦之舊都謂之甑　晉公𥂴　【金文編】

◉郭沫若　晉邦𥂴一器，筠清館、攈古録、從古堂及周金文存均有著録。筠清誤作「周敦」（卷三，十五至十七葉），攈古作「晉邦盦」（三

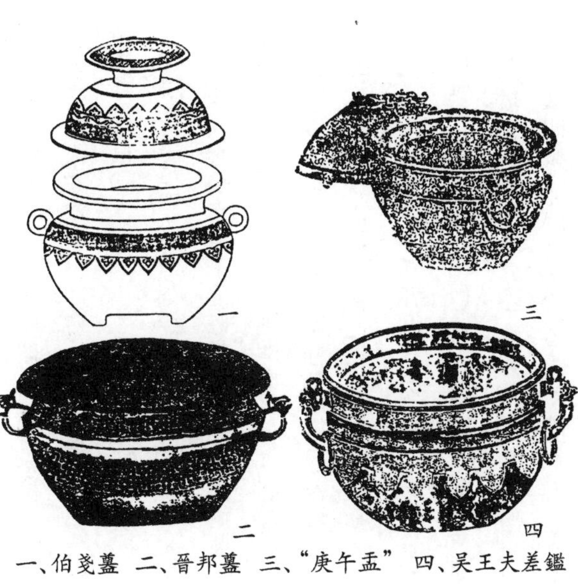
一、伯戔𥂴　二、晉邦𥂴　三、"庚午盂"　四、吴王夫差鑑

之三，二十八至三十一葉），從古作「晉公盦壺」（卷八，十四至十七葉），周金文存作「晉公盦」（卷四，三十五葉）。孫詒讓古籀餘論、王國維金文著録表，均從攈古。然而器名非盦字也。此器銘文第十八行首有「饙𥂴」字樣，即此器之名，字分明作𥂴，以字例推之當為从皿奠聲之字，非盦字也。盦从酓聲，酓从今聲，聲在侵部，與元部之奠聲遠隔。且盦字，許書云「覆蓋也」，自來無器名之説，釋𥂴為盦者，謬也。

釋𥂴為盦乃始於宋人。吕大臨考古圖（卷五，二十一葉）有「伯𦉢饋盦」（插圖一），薛氏款識收其銘，題作「邛仲盦」（卷十六），蓋銘云：「隹八月初吉庚午（器銘無），邛仲之孫伯戔自作餴𥂴。其眉壽萬年無疆，子子孫孫（自其字以下器銘亦無），永保用之。」彼字亦分明从奠作，不得釋為盦字顯而易見，乃歷來金石學專家尤而效之，沿以為定説，此可怪異也。

再以器形而言，伯戔𥂴與晉邦𥂴之别在有蓋與無蓋，而同名之以𥂴，則𥂴有有蓋者與無蓋者二種。其有蓋𥂴之存世者，周金文存（卷四，三十八葉）之「庚午盂」是也。（案原銘本有器名，惜上體已泐，僅存下體之皿字）。無蓋𥂴如晉邦𥂴之類者與吴王夫差鑑毫無二致。僅後者自銘曰「御監」（監即鑑之本字），前者自銘曰「饙𥂴」，於是世人遂分之為二類，此亦一僅重銘文而不重器制之流弊也。器制本相同，而一銘曰𥂴，一名曰監，則知𥂴即是監。𥂴監之别，蓋方言之不同耳。

鑑之為用，據周官凌人「春始治鑑（釋文云，「本或作監」）。凡外内饔之膳羞，鑑焉。凡酒漿之酒醴，亦如之。祭祀共冰鑑」。鄭注云：「鑑如甀，大口，以盛冰，置食物于中以禦温氣。」似此則鑑之為用殆如今人之冰櫃，以有蓋者為宜。伯𦉢餴𥂴即此類也。然古人亦以鑑正容，在未以銅為鑑之前，乃鑑之以水。周書酒誥引古言「人無於水監，當於民監」（此文兩用「於」字不類古語，當是周末儒者所添竄；然亦足以證明古人以水為鑑）。揆其制當以監盛浄水而為之，此以無蓋者為宜。吴王夫差之御監當即此類。今觀晉邦𥂴銘文中有「整辪爾容」語，足為余説之一鐵證矣。

再就監之字形而言，古金文中之監字，據金文編所收録者有下列數種：

頌鼎　頌壺　頌毁 　頌毁　鄧孟壺　攻吴監

案此乃會意字，象人立於皿旁凝目而監於皿。皿即監也。皿上或益以一若・者，監中之水也。是則古人日常服御之器必有盛水之器以為監，其高貴者乃以青銅為之，是又可以斷言。新鄭古器圖録中圖第五十二之「甲類洗」，其實亦即監若𥂴也。其器圓底無足，僅有頸線與腰線各二道陽出而無花紋，頸帶與腰帶之間有四耳殘痕。原注云：「高一尺二寸三分，深一尺二寸，口徑二尺三寸七分。腹圍七尺一寸。重八百六十四兩。容八斗七升五合。」此其器特大，然鑑之為物不能限以大小，猶今人之鑑，其大小可以萬殊也（又該圖録圖第五十三之「乙類洗」疑亦是鑑，惟注云「有足失去」，未見原物，不敢臆斷）。

知古本有圓底無足之器盛水以為鑑，於秦漢之銅鏡可以悟其變遷之所由。余謂平面之銅鏡，乃盛水鑑之平面化也。鏡之背面有圓臍以貫紐，即古時監底之遺痕。臍周迴環之花紋，則監體外面之花紋也。銅鏡於不必要之背面施以繁花者，得此方可以得其説明。【晉邦⿱奠皿韻讀　殷周青銅器銘文研究卷二】

◉唐　蘭　攈古作晉邦盦，從古作晉公盦壺，文存作晉公盦。近郭沫若氏作晉邦⿱奠皿韻讀，殷周青銅器銘文研究下册二十八葉。以為器名是⿱奠皿而非盦字。以字例推之，當為从皿奠聲之字。盦从酓聲，酓从今聲，聲在侵部，與元部之奠聲遠隔。且盦字，許書云：「覆蓋也。」自來無器名之説，釋⿱奠皿為盦者謬也。郭氏又就器形而言，以為伯戔⿱奠皿晉邦⿱奠皿與庚午盂及吴王夫差監等器並同制。其言均極碻當。説文「鑑，大盆也」。今廬江劉氏有曾大保盆，其形正與⿱奠皿同。尤可為⿱奠皿監同器之證。按監者鑑之本字，象人鑑其形於皿中之意。其皿盛水，酒誥所謂「人無於水監，當於民監」是也。其皿因謂之監，説文「鑑，大盆也」。以其為盆，而可以盛冰，周官凌人所謂「春始治鑑」，鄭注謂：「鑑如甀大口，以盛冰，置食物于中以御温氣者是也。以銅盆置月下，可以承露。」周禮司烜「以鑒取明水於月」，鄭注云：「鑒鏡屬取水者，世謂之方諸。今傳世有方鑑，殆即方諸也。」周金文存四卷四十二葉。盆之絶大者，可以浴，今傳世有攻吴王夫差監。字亦作濫，莊子則陽所謂「同濫而浴」是也。銅器之進化，銅可鑑容，因是而有飾於帶之鞶鑑。由鞶鑑而進為漢代之銅鏡，而監之為器，遂專於盆矣。監又稱⿱奠皿者，容庚氏以為「⿱奠皿即⿰奠瓦字」，引方言五「瓬、瓶、甒、㼚、⿰奠瓦、甇、甀、瓮、瓺、甊、㼽，甖也……秦之舊都謂之⿰奠瓦」頌齋吉考釋金國録八葉為證。按容説甚是。廣雅云「⿰奠瓦，瓶也」。與方言同⿰奠瓦為瓶甖，而⿱奠皿為盆者。古尊字本作酉，即象陶器時代之□形，底圓難平置。故以物籍之則為奠字，以手捧之則為⿱奠廾字，奠尊聲近相轉，實一器也。奠既即尊，則本是瓶罍一類，其後變而如盆耳。【晉公⿰隹⿱奠皿考釋　國學季刊四卷一期】

鳿

◉徐錫臺　H11:41號卜辭（圖11）：鳿鷊（鴰）

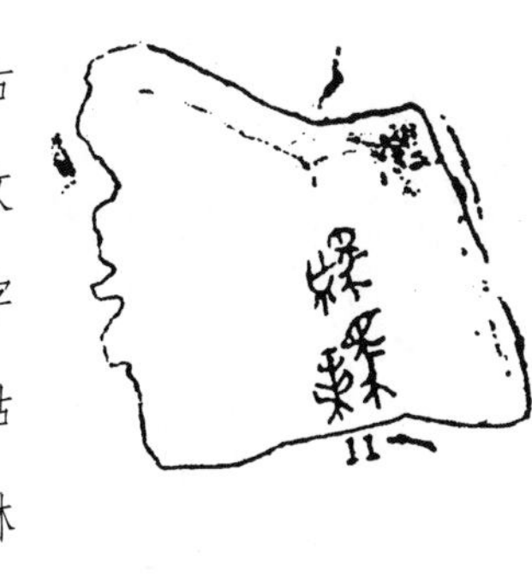

駣，《玉篇》：「馬行貌。」《廣韻》：「奔突也。」《詩・大雅》「混夷駾矣」，注：「駾，突也。」「⿰巠馬」與⿰垂馬字同。《集韻》：「⿰垂馬，馬小貌」，《玉篇》：「⿰垂馬，重騎也」。「駣⿰巠馬（⿰垂馬）」，即小馬惶怖驚走奔突。【周原出土卜辭試釋　考古與文物叢刊第二號】

⿱米⿱豆廾

◉高田忠周　說文無此字。吳大澂云。古烝字。从米在豆兩手持之以獻也。小篆作。失造字之本義矣。此考為是。然字形从米从登。籀文⿱登廾。與烝字迥殊。要此烝祭義之本字也。卜辭正文作。从米與禾。或省作。又作。與此合。又姬鬻鼎作。⿱登廾不省。陳侯因資敦直以登為之。登⿱米⿱豆廾音義近故也。禮記祭統。冬祭曰烝。注。進品物也。此殆為登字轉義。今用升字是也。⿱登廾則古烝祭字。从米从登省。登亦聲。經典借登借烝為之。烝專行而⿱米⿱豆廾字遂隱矣。【古籀篇十三】

◉王國維　⿱米⿱豆廾从米在豆中。以手廾之。與⿱自廾字同意。⿱米⿱豆廾祀疑即蒸祀也。【盂鼎銘考釋　王國維遺書第六冊】

◉强運開　盂鼎有。⿱米⿱豆廾祀經典叚烝為之。容庚云。从米从豆。象載米于豆。从廾。進之誼。當訓為登為進。說文譌米為采。訓為豆屬。段玉裁曰。此本艸經之大豆黃卷也。又以吳師道云。古語祇稱為菽。漢以後方呼為豆。遂疑出漢製。是字雖存而誼亾矣。運開按。容說頗覺精審。此篆音讀當與烝同。說文既誤从米為采。以為从豆𢍏聲。音居願切。其誤尤甚。今證以姬鼎用用嘗。其應讀如烝登可無疑矣。吳書以為即烝之古文。似尚未塙。蓋烝實⿱米⿱豆廾之藉字也。【說文古籀三補卷五】

◉高鴻縉　此字說文所無。羅振玉曰。卜辭从禾。从米在豆中。廾以進之。盂鼎與此同。而省禾。春秋繁露四祭。冬曰烝。烝者。以十月進初稻也。與卜辭从禾之旨正符。字倚廾皿畫其進享禾米之形。由文廾皿生意。故託以寄進初稻之祭之意。動詞。後亦變米形為米字。則為會意字矣。變皿為豆。其所以盛飯之意固不殊。而豆亦聲也。至金文則直是形聲字。或从米豆聲。或从米⿱登廾聲矣。進初稻之意。即月令天子嘗新先薦寢廟之說。亦即吾中原俗所謂進新米飯亦曰嘗新也。禾春種秋收。進新米飯多在夏曆八月。則董仲舒所謂十月進初稻。當就周曆言之(周建子)。至於田侯午錞以以嘗。則是通叚⿱登廾以代⿱米豆也。⿱登廾進也。从廾。登聲。登聲與豆聲同。詳見會意篇⿱丂廾字下。秦漢人用字常通叚。烝以代⿱米豆(彼時烝音與⿱米豆音同)。漢人寫經一律叚烝為之。於是古字廢矣。說文。火氣上行也。从火。丞聲。與⿱米豆祭之⿱米豆形義迥別。秦漢人以其同音而通叚用之。致令經典習見烝而不復見⿱米豆。詩天保。禴祠烝嘗于公先王。詩僅列舉四種祭祀之名。而毛傳爾雅(爾雅亦漢初人作品並有抄毛傳痕跡)並謂春祠夏禴(曰礿)。秋嘗冬烝。今考之甲文金文。皆無證據。商周殆不以四季分祭名也。【中國字例

灉　憵　嬭（嬭　妳）

二篇】

◉周法高　□　張日昇謂「經典以烝為𢍜。音同通叚。吳大澂等直釋𢍜為烝則非」。其說甚是。3055□余說為烝祭之烝之本字。可參。【金文詁林卷五】

◉劉心源　灉牆皆地名。灉字書不載。或釋滛。然从□从□吕界之。是从⿰阝⿱𢆶皿也。史懋壺王在蒡京□宮。近人亦釋滛。又吕為滛澤聲近義同。存參可也。【奇觚室吉金文述卷八】

□　擗見古孝經　【汗簡】

◉阮元　□王子申盞蓋　廣雅釋親。嬭。母也。廣韻。嬭。楚人呼母也。薛書楚卭仲南和鐘有此字。他器無之。【積古齋鐘鼎彝器款識卷七】

◉方濬益　□王子申盞盂蓋　（阮文達）釋嬭字。引廣雅釋親。嬭。母也。廣韻。楚人呼母也。按今廣韻作㜷。武移切。樊南李賀小傳阿㜷字用此。二誼與此殊不合。按薛氏款識楚卭仲嬭。南龢鐘銘曰。隹正月初吉丁亥。楚王媵卭仲嬭。南龢鐘其眉壽無疆云云。為楚王媵女器。是卭仲嬭與此器之嘉嬭皆楚女。嬭乃楚姓。即經傳之芈字。史記楚世家陸終子六曰季連。芈姓。說文。芈。羊鳴也。此芈之本誼。經傳以為楚姓者。乃同音叚借字。其本字正當作嬭。如任巳曼隗諸姓彝器文作妊改𡢁媿。偏旁从女是其證也。此字蓋自張揖以來失其本誼千餘年矣。得此器與卭仲嬭鐘互相印證。乃知經傳之芈為嬭之叚借。【綴遺齋彝器款識考釋卷二十八】

◉劉心源　□王子申盞　廣疋釋親。嬭。母也。廣韻。楚人呼母。奴禮奴蟹二切。【奇觚室吉金文述卷二十八】

◉高田忠周　□　阮氏云。廣雅釋親。嬭母也。廣韻。嬭人呼母也。按卭中嬭鐘為楚器。知廣韻所云為有據也。說文不收。逸脱耳。又集韻。齊人呼母曰㜷。或作㚷。蓋亦同嬭。【古籀篇三十八】

◉郭沫若　嬭即楚姓芈之本字。【楚王鐘　兩周金文辭大系圖録考釋】

⿱肆女 ⿰阝肆

◉吳闓生（鄦侯敦）爰本作□。舊釋妳誤。或當為妥。與綏同。亦語詞也。師訇敦妥立余小子盤庚綏爰有衆。【吉金文録卷三】

◉陳 槃 □ 金文「㜏」字。諸家讀為羋。楚王鐘「楚王賸媵邛仲㜏南龢鐘」。大系考釋「仲嬭㜏。女字南。名嬭。即楚姓羋之本字」葉一六五。叔姬簠「弔叔姬霝乍作黄邦曾医乍弔姬邛㜏賸器鬻彝」。大系考釋「此亦楚器。曾侯見楚王酓章鐘。乃楚之隣國姬姓之女嫁于黄邦。楚作器以賸之。同時復賸適江槃案『邛』氏釋『江』非也古自有邛國詳下柒伍江『國』之楚女也」。同上。案㜏釋羋。吳其昌金文世族譜劉節古代宗族移殖史論並同。【春秋大事年表列國爵姓及存滅表撰異二册】

◉楊樹達 □ 妳字从女尒聲。乃嬭之或字。嬭字見王子申盞盂及楚邛中鐘。娘日古音在泥母。在此銘當讀為乃。吳式芬吳闓生吉金文録叁卷三五葉上皆釋作爰。誤也。【鄦侯少子段跋 積微居金文説】

◉林潔明 嬭字説文所無。廣雅釋親「嬭，母也」。廣韻「嬭楚人呼母也」。阮元劉心源高田忠周諸氏遂釋嬭為母也。按之銘文。則除鄦侯簋嬭用同乃外。諸器皆用為女姓。未有用作呼母之稱者。阮劉諸氏之説殆非。方濬益郭沫若並釋嬭為楚姓羋之本字。是也。【金文詁林卷十二】

◉高田忠周 □ 劉心源云。舊釋為婺非。此字从□即務。古文从女務。小篆省力从敄。是説文婺字。此考非是。今審篆形。上正从肆。見肆敦及毛公鼎可證。但説文女部無⿱肆女字。是當古字逸文。又或泥上女字而加女乎。婺字篆形全與此殊矣。【古籀篇三十八】

◉陳夢家 □ 鼂𣪘 公賜鼂宗彝一⿰阝肆 本器的「宗彝一肆」之肆，从阜从肆。後者西周金文用作句首語詞之肆，見金文編三·二七下。經典作肆，春秋金文肆或作聿。或从金从聿，金文編九·一五上。聿即隶字。此器的宗彝一肆應是鼎將彝以外的一組銅器，或是大小相次的一類銅器，或是大小相等的一類銅器，或是數類有關銅器的組合。肆之从阜，猶陳肆互訓而陳為行列。【鼂𣪘 西周銅器斷代】

⿰阝嗇　隮　⿰糹堇　縯　禝

◉唐蘭　⿰阝嗇作[glyph]作[glyph],所从的[glyph],疑从芔从畜,即蓄字。此銘⿰阝嗇是地名,說王易(錫)中馬,自⿰阝嗇。等於衛簋說「懋父賞卬正衛馬匹,自王」。【論周昭王時代的青銅器銘刻　唐蘭先生金文論集】

◉張燕昌　舊釋隮。模作。與石本不合。今依石本闕泐模之。【石鼓文釋存】

◉黄錫全　隮亦濟字　夏韻齊韻釋為「隮」。左从阜,如陵作(陳猷釜)、(璽彙1128),陰作(屭羌鐘)、陽作(侯盟)等。右从古齊,如陳侯午敦作、三年相邦劍作、古陶作、(陶7·51)。石鼓文有字,右从齊从妻,諸家釋同「隮」。內本《尚書》隮作隂,敦本作𡾊,又作濟。此當出《尚書》。【汗簡注釋卷三】

◉黄錫全　隮　齊字古作(前2·15·3)、(師寰殷),也作(者沪鐘)、(大賡鎬)、(璽彙0608)、(商鞅方升)、(《說文》正篆)。石鼓文隮字作,增从妻。《說文》無隮字。《玉篇》「隮,登也,升也」,與《說文》躋訓「登也」同。敦本隮作𡾊、濟,小本作𡾊、𡾊,豐本作𡾊、,內本作隂。鄭珍云:「古躋字本从足,俗別从𨸏,今《詩》、《書》皆作隮。薛本《微子》作𨀿,依《說文》躋下所引《書·顧命》作隂。」按古應有隮字,石鼓文可證。嶖、濟、齊、隮、躋諸字音近假借。【汗簡注釋卷六】

◉劉彬徽等　⿰糹堇,借作巾。,讀如笄,竹笥。⿰糹堇篹即巾笄,內盛六件巾。【包山楚簡】

◉商承祚　藏·八八·四　此字與集韻同。【殷墟文字類編卷十三】

◉李孝定　从糸从寅,說文所無。【甲骨文字集釋第十三】

◉徐中舒　一期鐵八八·四　從糸從寅,《說文》所無,見於《廣韻》:「縯,長也。」疑為地名。【甲骨文字典卷十三】

◉張日昇　禝字从示从畟。說文所無。方濬益謂禖之異文。乃媒官之專字。吳大澂疑為辰字。稽諸字形。兩家之說並皆未合。楊樹達謂鬽魅字或體。假為月建之未。惜其只為假定之辭。並未有確證。周名煇釋媿。然金文寫人形下肢或更从女者。乃增繁之變。如夙字所从丮或作妟是也。故郭沫若直釋鬼。不獨安於字形。且與說文鬼古文从示作䰟合。劉心源釋禝通稷。容庚復舉詛楚文社稷之稷作禝為證。畟从田从人从夊與此近似而非一也。禝月未詳何月。【金文詁林卷一】

◉楊向奎　郭沫若先生的金文叢考三三九頁「丘關之釜考釋」有云：

⿰衤⿱鬼女乃鬼之緐文。陳肪𣪘鬼字作□，此更益以女形，乃晚周文字。古鉩多見褢字，又畏字作魌，所以鬼字均如是作。

⿰衤⿱鬼女月者月之異名，與國差𦉜之咸，左關釜之□月同例。陳逆𣪘又見冰月，均屬齊器。凡此等月名與爾雅釋天之月異名，究未知為孰月也。

後來楊樹達先生有所解釋道：

余謂咸字（指國差𦉜之咸）从日从戌，疑即戌亥之戌也，以表時日，故字从日耳。戌為十二辰之一，古人時用十二辰表月名，如夏正建寅，商正建丑，周正建子皆是。戌謂夏之九月，周十一月也。陳猷釜之□月，□字上截不明，下截从攴从酉，其為酉之孳乳字甚明，□月即酉月，夏之八月，周之十月也。惟子禾子釜之⿰衤⿱鬼女月，⿰衤⿱鬼女字从女，从古文鬼，不識其為何字。意者⿰衤⿱鬼女為彪魅字之或體，假為月建之未字乎！金文中月名，通以數字紀之，此諸齊器獨用月建者，疑周時兼用夏正，如以數紀月，人不知其為用周正抑用夏正，故以此示明確歟？（積微居金文説卷一，41葉）

以上解釋了戌月酉月的問題，並提出關於⿰衤⿱鬼女月的意見，惟未談冰月的問題；而予人以啓發者為齊器用月建的問題。

楊先生解⿰衤⿱鬼女月頗周折，先釋⿰衤⿱鬼女為魅，再假魅為未，然後説為未月。其實⿰衤⿱鬼女月即丑月，⿰衤⿱鬼女與丑同音相假。⿰衤⿱鬼女應為媿之緐文，集韻，醜古作媿。説文又有䰢字，音義皆同於醜，亦當為醜之或體，是知醜字可以作媿及䰢，䰢為鬼之古文，媿同於醜，當然⿰衤⿱鬼女也可以同於醜，醜與丑同音，是知⿰衤⿱鬼女月應即丑月。

齊國月建多有異稱，於晏子春秋中也看到冰月，原文云：

景公令兵搏治當臈冰月之間，而寒民多凍餒而功不成。晏子春秋卷二景公以搏治之兵未成功將殺之，晏子諫第四。

吳式芬攈古録金文卷二之三釋陳逆𣪘謂：「冰月見晏子春秋，即十一月也。」今案：以冰月為十一月，因景公令兵搏治「當臈冰月之間」，當然是十一月十二月之間。

何以齊器月建獨有異稱？從周禮的記述中或可解答。周禮出於齊國，其中有兩種歷法，夏正與周正同時存在，凡稱正歲者指夏正，是建寅月；稱正月者為周正，指建子月。據此知齊器獨用月建者，正如楊樹達先生所云：「如以數紀月，人不知其用周正抑用夏正也。」【釋「旒」釋「單」釋「⿰衤⿱鬼女」　山東大學學報二卷二期】

⿰王𠎝　藂　萛　⿱艹⿱鬳廾

◉劉心源　毛公鼎　玉⿰王𠎝　番生𣪕　玉環玉⿰王𠎝

⿰王余从，稍蝕，𥕞是𠎝。說文八部「𠎝，二余也。讀與余同。」二徐皆不作音。通訓定聲云：「即余之籀文。」故八部記「文十二，重一」，是也。寫者余下奪𠎝，補於本部之末，後人不知，妄云「二余也，讀同」。而都數仍云「文十二，重一」，與本部不符，凡二余二字與余不詞，知米亦氏說是也。知𠎝即余，⿰王𠎝即⿰王余。集韻⿰王余或作瑹。廣雅「瑹，笏也」。禮玉藻「天子搢珽，方正於天下也。諸侯荼，前詘後直，讓於天子也」，注：「荼讀為舒遲之舒，舒儒者所畏在前也。詘謂圜殺其首，不為椎頭，諸侯唯天子詘焉。」是㠯謂笏為荼。即⿰王余也。【毛公鼎　奇觚室吉金文述卷二】

1904　于省吾釋藂說文所無玉篇藂同䕺草䕺生貌　【古璽文編】

萛　說文所無　集韻有蒷同蕓　鄦子萛夷鼎　【金文編】

◉羅振玉 　前・一・一四・二 　前・一・四二・三 　後・下・三三・二　續一・二一・一 　甲・一・三・一一 　甲・一・一六・六、　佚・九二・五

象兩手薦牲首於且上。案周禮夏官小子職「掌珥于社稷」。鄭司農曰「珥社稷以牲頭祭也」。又羊人「癸祀割羊牲登其首」。觀此字。知升首之祭殷已然矣。【殷墟書契考釋卷五】

◉陳　直　卜辭中有字。象兩手薦牲首於且上形。蓋祭名也。案禮記明堂位云「有虞氏祭首。夏后氏祭心。殷祭肝。周祭肺」。以卜辭證之。蓋未必然。以周禮證周禮。其言亦不同。周禮夏官羊人云「祭祀割羊牲祭其首」。則殷周二代皆襲有虞氏之禮也。又案。郊特牲云「凡祭用牲於庭升首於室」。鄭注云「升首於北牖下。尊首尚氣」。是又三代皆以牲首致祭之證也。

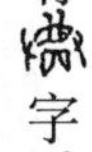

【殷契賸義】

◉于省吾　羅說是也。惟識其義尚未識其字。鬳即盧之初文。以六書之義求之。从丙。丙象几案。从収。鬳省聲。此所謂

趛　蕺

省聲者。猶有省體存焉。非如說文羔从照省聲。茸从聰省聲。㬥从赧省聲。𡡉从好省聲之比也。⊘古文合體字偏旁中之省體時有所見。如契文[字形][字形]為䙴罟从[字形]省。盂鼎二鬼方之鬼作䰡。从由為鬼省。㮚婦爵㮚字下从[字形]為禾省。均不與他形相混。故可謂之省體也。又說文𩰲之籀文作[字形]。从䰜省。此實合於古文省體之例。[字形]字从[字形]為廌之首。故可云廌省聲。後下三三四、廌字作[字形]。克鼎瀳字从廌作[字形]。陳侯因𪗋錞薦作[字形]。邵王𣪕「邵王之諻之𥂴𣪕」。𥂴作[字形]。鄭[字形]伯鬲「鄭[字形]伯作叔[字形]𧆑鬲」。𥂴𧆑同。薦𥂴𣪕𧆑鬲均祭器。所以薦食於鬼神也。𥂴从廌从皿。𢈽字从丙與从皿義同。契文薦作𢈽者。為薦牲首之祭之專名。前・一・一四・二「王室南庚𢈽□亡尤」。一・四二・三「王□室羌甲𢈽□亡尤」。後・下・三三・二「王室且甲𢈽亡尤」。續一・二一・二「王室且丁𢈽亡尤」。林・一・三・一二「王室𢈽亡尤」。一・一六・六。「王室且庚𢈽□亡□尤」。佚・九二五「𠳋𢈽王弗室」。凡此均可證𢈽為祭名。周禮羊人「祭祀割牲羊登其首」。注「登升也。升首報陽也。升首于室」。賈疏「報陽者。首為陽。對足為陰。祭祀之時三牲之首俱升此。特言羊者。以其羊人不升餘牲」。禮記郊特牲「用牲於庭。升首於室」。注「升牲首於北牖下。尊首尚氣也」。此周制與殷禮可互證者。要之。廌字象形為獸名。𧆑同薦。薦字从艸為苴藉。𥂴字从皿為進獻。𢈽字象共牲首於几上為祭登牲首之專名。自以苴藉之薦為薦進而𥂴廢矣。周代登牲首之禮雖存。而𢈽祭為牲首之專名亦廢矣。【釋𢈽　殷契駢枝三編】

◉李孝定　諸家說此為薦牲首之祭。其義是也。惟後世已無此專字。其音讀形製均莫可塙指。但當依其偏旁隸定。以為說文所無字耳。字从[字形]。于氏隸定作㡿。固無不可。惟亦有从[字形]作者。僅就[字形]形言。則與古文眉字相類而字決非眉。姑就其形似隸定作首。非謂从許訓目不正之苜也。全文隸定作𦳝。暫附苜部之末。【甲骨文字集釋第四】

◉曾憲通　[字形]毋敢蕺天霝　甲六・三〇　此字錫永先生釋𣪊，讀作「𣪊天命」。學者多從之。選堂先生初從商先生，近改釋蕺，謂「[字形]字商氏釋睿，於形不近，於義未安。細察字形乃从[字形]益[字形]及支旁，仍是[字形]之繁形。」又論[字形]孳乳為蔄、蔑、蕺、矆等，認為「[字形]於形當釋蕺，其意即懱，此句謂毋敢蔑天之霝(令)。」【長沙楚帛書文字編】

◉戴家祥　[字形]蓋　[字形]器　大𣪕　王令善夫豕曰趛嬰　[字形]大𣪕　王乎吴師召大賜趛嬰里

[字形]嬰，孫詒讓釋嘫睽，並定名為嘫睽𣪕。古籀拾遺下第九葉。許印林釋徙。攈古録金文三之二第三十六葉。說文二篇徙从辵，止聲，或體作征，古文作屎。又十篇肰「从火，肰聲」。肰，犬肉也。古文作[字形]亦作[字形]，从肉不从月。[字形]字左旁从[字形]，為走字，

鞫 韢 鬖 轇

說文「走」从夭止，金文或作□周公毁，作□右走馬嘉壺，亦作□效卣，師趛鼎趛作□，姬趛鼎趛作□，毛公鼎趯作□，偏旁走並从彳，與□之偏旁如出一轍。右半器銘作□，从止，从月。器蓋作□，从夕从止。金文月夕二字形義俱近，字之从夕表義者，亦或更旁从月。夜作□師酉毁師嫠毁，夙或作□毛公鼎，外或作□毛公鼎，夤或作□秦公毁。反之从月表義者，更旁从夕，霸或作□頌毁，望亦作望無惠鼎。是其證。□字未見字書，聲義不詳。古字从走表義者亦或更旁从辵，說文「起」古文作记，集韻入聲五質趫通同字，金文「遣」亦作□穸鼎，「迂」作赶居簋，「趣」作遡曾子簠，叔多父毁「趞」字器銘从走，毁蓋作遭，更旁从辵。以此例推，趟當釋迌。玉篇一二七「迌」訓詆訑貌，「他没切」，透母脂部。岨當釋跀，从足與从止同義，說文「跟」亦作垠，企古文作𨸏，是其證。跀讀「魚厥切」疑母祭部。脂祭韻近，故迌亦作趟。趟嬰人名。許瀚釋徙，謂「王以睽里錫大，使徙居，乃先命敏傳命於睽」，不但字誤，且又曲為之説，可笑孰甚。【金文大字典下】

◉劉 釗 《漢徵》三・十四第8欄有字作「□」，《漢徵》釋「鞠」，列鞠字下。按漢印鞠字作「□」、「□」，所从之「□」與「□」所从之「□」顯然是兩個形體不同的字。「□」實際上是从革从訇，應釋作「鞫」，馬王堆一號漢墓竹簡鞫字作「□」，與漢印同。鞫字見于《說文》革部。【璽印文字釋叢（一） 考古與文物一九九〇年第二期】

◉高 智 包山楚簡有字作「□」(273)、「□」(271)兩形，原《包山楚簡》釋為「鞅」。此字左從「革」，右之所從當與上之(六)中「□」(201)同形，故此字應釋為「韢」字。《玉篇》「韢音提」。包山楚簡用為物名。【包山楚簡文字校釋十四則 于省吾教授百年誕辰紀念文集】

□ 嚴一萍釋毄、應正為鬖、讀為繼 —之㠯帥降(甲6—19) 【長沙子彈庫帛書文字編】

◉劉 釗 《文編》附録二三第5欄有字作「□」，按字从車从翏，應釋作轇。「□」字所从之翏作「□」，乃偽變所致。這如居延漢簡廖字作「□」，所从之「㐱」也寫作「□」一樣。轇字見于《集韻》、《廣韻》等書。【璽印文字釋叢（一） 考古與文物一九九零

年第二期】

櫜

◉高田忠周　[古文字]　舊釋皆作賴。非。今審篆形。[古文字]即[古文字]之省略。内明从貝。此為古字逸文也。姑存于此。蓋櫜貝者。與他器所謂乙貝僨貝同。皆謂貝名。亦或指貝之産所。地名也。【古籀篇九十九】

韋

[甲骨文]前二・四〇・一　卜辭晚期地名字。唐蘭釋韋。从叀从旱。説文所無。[甲骨文]前二・四〇・七　[甲骨文]後二・二六・一二　[甲骨文]燕一一一　[甲骨文]續三・一六・一〇　[甲骨文]續三・一九・一　[甲骨文]明藏七九八　[甲骨文]師友二・二三六　[甲骨文]　[甲骨文]　[甲骨文]安一・一　[甲骨文]金四四八　[甲骨文]金五四九　[甲骨文]前二・二四・四　[甲骨文]前二・四〇・二　[甲骨文]摭續二五九　[甲骨文]存下九八三　[甲骨文]後一・一二・三　[甲骨文]甲三九三一　[甲骨文]京津五三二六　[甲骨文]師友一・一六五　【甲骨文編】

蠹

◉曾憲通　[古文字]亡又相蠹　乙一二・八　蠹下从虫，當是蠹字，乃蟲名。此借為擾。《史記・曆書》言「九黎亂德，神民相擾。」及後重黎乃序天地，使神居上而民居下，神民異業，敬而不瀆。選堂先生謂帛書此處言「亡有相擾」，按之楚傳統思想，乃指民與神。【長沙楚帛書文字編】

靁

[古文字]金祥恆釋雹、靁虘嚴一萍金祥恆考為伏羲　曰故〼熏—虘（乙1—5）【長沙子彈庫帛書文字編】

駺

◉高田忠周　[古文字]駺　説文所無　散盤〈2927〉「戣人嗣工駺君宰遶父」

阮氏云。駺即掠字。通畧。畧土也。非是。此篆从馬从京。甚顯者。京葢字聲。字書不收。古逸文也。銘義司工。宰。皆官職名。駺。德父。皆其人名也。【古籀篇九十二】

騝

 石碣田車　右驂騝＝　說文所無【石刻篆文編】

◉羅振玉  騝。此从建。下作乚。篆文从廴。秦刻石建字尚从乚。與此合。古金文廷字作。亦从乚。【石鼓文考釋】

◉强運開  有重文。郭云。居言反。爾雅。騝。騛馬。黃脊。或云紀偃反。壯健皃。張德容云。爾雅釋文。郭璞音虔。本或作騫。運開按。此言騝＝。亦形容馬之壯健也。【石鼓釋文】

⿰止⿱羽⿰止止

◉唐　蘭 前六・二六・四片，林一・二九・二一片。弗其戠⿰止⿱羽⿰止止。林一・二九・二二。……卜甫……乎……⿰止⿱羽⿰止止 同片。……隹……乎……⿰止⿱羽⿰止止。此字下斷缺，故少一㞢，非從二止也。

右⿰止⿱羽⿰止止字，商承祚釋邋類編二・一四，誤。葉玉森既謂「象鼈形，鼈伏不見首足尾」，又謂「從三，象三足，當即古文能字」，以附會三足之能說契，其怪誕不經，有如此者。

⿰止⿱羽⿰止止字从羽从⿰止止，今字所無，余以為此翣之本字也。周禮縫人「衣翣柳之材」，注：「故書翣柳作接橮。鄭司農云：接讀為⿱羽⿰止止，橮讀為柳，皆棺飾。檀弓曰：『周人牆置⿱羽⿰止止。』春秋傳曰：『四⿱羽⿰止止不蹕』。」又喪祝「除飾」，注：「鄭司農云：除飾，去棺飾也，四⿱羽⿰止止之屬。玄謂除飾便其窆爾。周人之葬牆置⿱羽⿰止止。」按今檀弓及左襄二十五傳，⿱羽⿰止止並作翣，與二鄭所見異，⿱羽⿰止止翣蓋古今字也。說文：「翣棺羽飾也，天子八，諸侯六，大夫四，士二，下垂，从羽妾聲」。然則翣本羽飾，故从羽。卜辭⿰止⿱羽⿰止止字當从羽⿰止止聲，⿰止止即⿱羽⿰止止字，詳上。乃其正字，檀弓左傳叚⿱羽⿰止止為之，後世或叚妾聲為之，因為翣字，而⿰止⿱羽⿰止止字晦矣。周禮故書翣作接，釋文翣本又作⿱竹妾，明堂位釋文，少儀釋文均云翣又作⿱艹妾，可見本叚妾聲為之，無定字。說文以⿱竹妾為箑之重文，扇也。蓋以竹為之，則為⿱竹妾，以羽為之，則為翣矣。

說文「翣棺羽飾也」，段玉裁謂翣無用羽明文，以說文羽字為衍，當為棺飾。今按段說非也。喪大記「黼翣二，黻翣二，畫翣二」，注云：「漢禮，翣以木為筐，廣三尺，高二尺四寸，方兩角高衣以白布，畫者畫雲氣，其餘各如其象，柄長五尺，車行，使人持之而從，既窆，樹於壙中。」後漢趙咨傳注引三禮圖畧同。唯云：「以竹為之」。蓋如近世之掌扇。釋名釋喪制：「齊人謂扇為翣，此似之也。象翣扇，為清涼也。」淮南子氾論訓注：「翣狀如要扇畫文，插置棺車箱以為飾。」則棺飾之翣，本象扇形，無疑也。考古者扇亦名翣，既夕禮「燕器杖笠翣」，禮記少儀「手無容不翣也」，呂覽有度「冬不用簍」，諸注均云「扇也」。淮南說林注：「扇也，楚人謂之翣也」。釋名：「齊人謂扇為翣」。小爾雅廣服：「大扇謂之翣」。周禮巾車「輦車，組輓，有翣，羽蓋」，注：「所以禦風塵。」則尋常用車，亦有翣扇，以障風塵，喪儀之翣，當即仿此而作耳。翣與羽蓋相近，則本乃緝羽以為扇，後世固或以布衣木，然不能謂翣不用羽也。

卜辭本作⿰羽歮字，从羽从歮，羽者所以蔽障，歮象徒衆，然則⿰羽歮本象意字而衍變為形聲字者，亦聲化象意字之一也。【釋歮⿰羽歮　殷虚文字記】

䖒

◉孫海波　粹一五五五　方國名。勿伐䖒。【甲骨文編卷二】

◉湯餘惠　（《孴録》附編第21頁）　（《璽》3775）　（《璽》1302）

以上三例虍旁寫法略有歧異，但無疑都是一個字。次例《補補》5·9釋「覃」，不可據。按此字下方从即又，殆从又，虘聲。古文从又，从手，从攴往往無別，疑即《玉篇》「䖒」，《集韻》「攎」的古文。攎、䖒均有「斂」義，當是一字之異。【略論戰國文字形體研究中的幾個問題　古文字研究第十五輯】

謦

◉徐中舒　一期　乙五七七一　從蚰從舌，《說文》所無。疑為齲之異體。【甲骨文字典卷十三】

噭

◉戴家祥　噭士卿尊　王易噭士卿貝朋　噭字說文所無，白川静曰：噭士卿在他器叫作「臣卿」或單稱「卿」，這些卿都是一人，但陳氏懷疑「臣卿」與噭士卿非一人。……噭恐怕是地名，士為官名……在後期金文中有士父、士吕、士道等。「噭士卿」與「渣嗣土逘」的語例相同。金文通釋第七輯三二〇葉噭士卿尊。【金文大字典中】

鵑

6·90　吕鵑　說文所無玉篇鵑鸜鵒也又名杜鵑【古陶文字徵】

⿰口巤

◉戴家祥 毛公鼎 金⿰口巤金雁 毛伯毁 毛伯⿰口巤父作仲姚寶毁

孫詒讓云篆从口、从巤省，説文囟部「巤，毛巤也」。又髟部「鬣，髮鬣鬣也」。口部無⿰口巤字，此疑巤鬣之異文。自「攸勒」以下並紀馬飾，金鬣即金㚇，所謂馬冠箸鬣耑，故謂之金鬣矣。籀廎述林卷七毛公鼎釋文。按孫釋近是，惜未詳盡其義，説文十篇：「巤，毛巤也。象髮在囟上及毛髮巤巤之形，此與籀文子字同。」今以字形審之，巤字當云：从𡿺，𣬉聲。許云：「囟，頭會𡿺蓋也，象形。」八篇匚部𡿺字注云巛象髮囟象𡿺形。𡿺即囟之繁縟字。囟之作𡿺，亦猶頁字作𩑋，八篇頁部籀文顏作𩕾頰作𩓋古文頂作𩕄。百字作𩠐，九篇𩠐百同。子字作𢀈。十四篇𢀈古文子从巛象髮也。𣬉為蠟之初文，象蜂蠟結構形。説文虫部無蠟字，玉篇四零一「蠟，蜜滓也」，音「力闔切」來母葉部，同聲通叚，字亦讀臘。宰椃角「隹王廿祀又五」，臘作，説文「臘，冬至後三戌，臘祭百神」，玉篇八十一臘讀「來盍切」，又六十五鬣讀「力葉切」，五十六⿰口巤，巤骨聲音，「力葉切」。各字不但同母而且同部，「⿰口巤」即鼎銘字也。聲符更旁，字或作嚹，玉篇「嚹，聲也。同嚹」，音「落蓋切」，聲韻並同。

「金⿰口巤」即金爰，説文五篇夊部：「㚇，𡿺蓋也。象皮包覆𡿺，下有兩臂，而夊在下，讀若范。」段玉裁云：司馬彪輿服志「乘輿金錽」，劉昭引蔡邕獨斷曰：「金錽者，馬冠也。高廣各五寸，上如五華形，在馬髦前。」薛綜注東京賦同。按在馬髦前，則正在馬之𡿺蓋，其字本作金㚇，或加金旁耳。馬融廣成頌「揚金㚇而拖玉瓖」，字正作㚇，可證。説文解字注。按段説至確，唐韻㚇讀「亡范切」明母談部。談部韻位第二十，葉部第二十一，古多通韻，知「金⿰口巤」即金㚇之叚借字也。徐同柏從古堂款識學卷十六第二十九葉釋唃，讀觼，吳大澂愙齋集古録四册第九葉劉心源奇觚室吉金文述卷二第五十葉是之。日本高田忠周古籀篇九十九册第廿二葉釋蠃，假為纓。形聲義皆誤。【金文大字典上】

◉聞一多 毛公鼎「金」，夢家釋哊：云讀若巤，即小戎「鋈以觼軜」之軜。案右半从吕从𣬉，𣬉古羽字，説文吕从反巳(꒻)，殷周古文巳作吕作，正一形之倒順，而辰巳字則作子，又作，即説文子之籀文𢀈。是巳吕子兕一字。説文「巤，毛鬣也，象髮在囟上，及毛髮巤巤之形也，此與籀文子字同(意。)從段補。」夢家云從籀文子省。證以金文巤季鼎字等形，其説是也。今按毛公鼎⿰口巤從吕，吕與兕同，既如上述，是⿰口巤即⿰口巤字無疑。廣韻二十八盍「⿰口巤，巤聲」，洞簫賦「獵若折枝」，注：「獵，聲也。」案⿰口巤獵同。夢家但讀其音若巤，未達一間也。⿰口巤即鞿之借字。訂正篇海「鞿，馬靻，本作巤，通作鞿」。廣韻「鞿，馬靻也」，「靻，勒也」。靻為靼之譌，説文「靼，柔革也」，「鞅，頸靼也」，「靬，鞘内環靼也」，鞘，車鞁具也。「䩭，勒靼也」。案勒靼為絡頭之革，説文：「勒，馬頭落銜也。」頭面無別，故亦謂之䩭。周禮巾車「厭翟勒面繢總，安車彫面鷖總」，注：「勒面，謂以如王龍勒之韋為當面飾也。彫者畫之，不龍其韋。」隋書禮儀志載北周五路有彫面，注：「刻漆韋為當顱」，面與䩭同。勒靼謂之䩭，蓋即勒而彫面之類。頸靼為繫頸之革，頸飾謂之纓，鞅纓聲之轉，故亦謂之鞅。釋名釋車：「鞅，嬰也，喉下稱嬰，言纓絡之也。」周禮巾車注：「纓，今馬鞅。」文選張衡西京賦薛注：「纓，馬鞅也。」案説文「紻，纓卷（桊）也」，「纓，冠系也」。鞅與紻同。鞅在馬頸下，如人之有冠纓然，故名。許鄭劉薛四家之説最確。鞅之言翁也。説文：「泱，滃也。」周禮酒正「三曰盎齊」，注：「盎猶翁也，成而翁翁然，蔥白色，如今酇白矣。」説文：「翁，頸毛也」。山海經西山經「有鳥焉，黑文而赤翁」，注：「翁，頭下毛也。」文選七發「翠鬣紫纓」，注：「鬣，首毛也。」亦斥鳥言。鞅謂之鬣，猶翁謂之鬣矣。國語楚語「使長鬣之士相焉」，注：「長鬣，美須顧也。」左傳昭七年「使長鬣者相」，注：「鬣，須也。」馬頸繫鞅纓，若有須鬣者然，故鞅謂之鬣矣。鬣訓靼，而勒靼頸靼均稱靼，毛公鼎以「攸鋚勒，金𪕽，金雁膺」連文，既已有勒，則此鬣字自當指頸靼而言。勒在頭，鬣在頸，膺在胸，敍次井然，其設辭之密如此。夢家讀此字為軜，音雖相近，而案之詩義未能盡合，故弗敢苟同云。【璞堂雜識　中國文字第四十九册】

◉吳振武　□劚（本器）　□䶂（毛公鼎）　下面先⊘對鼎銘作一隸釋，然後再作討論。

韐白（伯）慶易（錫）佽戒䞓

弢（弼）、劚（鉤）雁（膺）、虎裘、豹

裘；用政（整）于六𠂤（師），用

校于比，用獄次（盜）。

銘中「劚雁」的寫法，對我們正確釋讀和了解該賞賜品極有價值⊘。「劚雁」之「劚」左邊原从羽翼之「翼」的象形寫法，右邊从「ㄐ」。此賞賜品在毛公鼎中也出現過，稱「金䶂金雁」。「䶂」字原篆所从的「翼」也是羽翼之「翼」的象形寫法，只不過這一象形寫法的上部被改造成「吕聲」而已（「吕」、「翼」古音甚近）。看容庚等《金文編》1174頁第5欄。中華書局。1985年。北京。按同書同頁第6欄「□」字所从之「翼」則未經改造，完全是羽翼之「翼」的象形寫法。可參看。大家知道，毛公鼎列在「金䶂金雁」之前的賞賜品是「金簟弼（茀）、魚葡（服）、馬四匹、攸（鋚）勒」，而《詩·小雅·采芑》稱「簟茀魚服，鉤膺鞗革」；因此我們一直懷疑毛公鼎中的「䶂」，即相當于《詩經》中屢見的「鉤膺」之「鉤」。而且《大雅·崧高》云「四牡蹻蹻，鉤膺濯濯」，「濯濯」舊訓當明亮講，跟鼎銘所云「金䶂金雁」也是吻合的。現在本銘中居然出現了从「ㄐ」的「劚」字，而且與「雁」連文，正可以證明「劚雁」和「金䶂金雁」之「䶂雁」都是「鉤膺」的古寫。鉤膺是馬飾。「膺」指繁纓（古書也作「樊纓」），關于「鉤膺」之解釋，舊説頗有差異，本文酌取清人馬瑞辰的説法，參其著《毛詩傳箋通釋》中册550—551頁（卷十八），中華書局，1989年，北京。是一種繫在馬頸或馬胸上的裝飾品。這種裝飾品在秦始皇陵銅車馬和出土的漢晉陶馬上都出現過。參王學理《秦始皇陵研究》彩圖2—3頁。上海人民

原器器影及銘拓

（采自《第三屆國際中國古文字學研討會論文集》321頁）

出版社。1994年；陝西省秦俑考古隊《秦始皇陵一號銅車馬清理簡報》，《文物》1991年第1期，1—13頁；秦俑考古隊《秦始皇陵二號銅車馬清理簡報》，《文物》1983年第7期，1—16頁；袁仲一等《秦陵二號銅車馬》，陝西省秦俑考古隊等編《秦陵二號銅車馬》，42、48頁，考古與文物叢刊第一號，《考古與文物》編輯部，1983年。西安：孫機《從胸式繫駕法到鞍套式繫駕法——我國古代車制略説》，《考古》1980年第5期，448—460頁。從《左傳·成公二年》所記因衛侯允許新築大夫仲叔于奚用「曲縣、繁纓以朝」而引出孔子的一番感嘆來看，這種馬飾在先秦時，絶不是一般人所能享用的。參于豪亮《陝西省扶風縣强家村出土虢季家族銅器銘文考釋》，《于豪亮學術文存》，11—12頁，中華書局，1985年，北京。「鉤」則指「婁頷之鉤」(《周禮·春官·巾車》鄭注語，「婁」當繫講)，即出土西周車馬中所見繫在馬嘴上的兩根長條形鉤狀銅飾。參楊英傑《先秦古車挽馬部分鞁具與馬飾考辨》，《文物》1988年第2期，75—80頁，中國科學院考古研究所《灃西發掘報告》147—149頁，文物出版社。1963年，北京；郭寶鈞《浚縣辛村》57—58頁(舉例123、124)，科學出版社，1964年，北京。這種長條形鉤狀銅飾顯然有翼護馬嘴的作用，故其字既可用會意的辦法寫作「⿱吅異」，也可用形聲的辦法寫作「⿰⿱吅異刂」（「鉤」字的基本聲符即為「丩」。「鉤」从「句」聲，「句」本又从「丩」得聲。金文「駒」字即可或从「丩」作，看容庚等《金文編》677頁）。過去有不少學者認為毛公鼎上的「⿱吅異」是从「⿱巛鼠」的，並∅將本銘中的「⿰⿱吅異刂」也釋為「⿱巛鼠」。其實，「⿱巛鼠」和从「⿱巛鼠」之字在金文中都出現過，看容庚等《金文編》712頁；張守中《中山王嚳器文字編》75頁。中華書局。1981年，北京。兩相比較即可知道，將「⿱吅異」、「⿰⿱吅異刂」二字看作从「⿱巛鼠」或釋為「⿱巛鼠」，且不管如何解說，即字形這一關就很難通過。【㸚戒鼎補釋　史學集刊一九九八年第一期】

⿱罒新

◉戴家祥　[古文字形]中山王嚳鼎　含虞老周⿱罒新達參軍之衆

⿱罒新字从横目、从新，張政烺古文字研究第一輯二百二十七葉中山王嚳壺及鼎銘文考釋趙誠同書二六一葉中山壺中山鼎銘文試釋讀為親，商承祚古文字研究第七輯五十六葉中山王嚳鼎壺銘文芻議說同。按古字从見表義者，亦或更旁从目。說文四篇目部睹，古文作覩，八篇見部視，古文作眡，新親俱从亲聲，唐韻新讀「息鄰切」心母真部，親讀「失人切」清母真部，心清皆齒音字。周書金縢「惟朕小子其新逆」，陸德明經典釋文「馬本作親迎」。禮記大學「大學之道在明明德，在新民」。新民亦當讀為親民。呂氏春秋孟春紀「天子親率三公、九卿、諸侯、大夫」，高誘注「率，使也」。張趙二氏讀⿱罒新為親，聲義可通。【金文大字典中】

蟒

[古文字形]蟒見爾雅【汗簡】

◉黃錫全　[古文字形]蟒見爾雅　鄭珍云：「《爾雅》蟒，王蛇。注：『蟒，蛇最大者。』此字《說文》無，始見《字林》。據《小爾雅》莽有大義，大蛇稱蟒，蓋古止作莽。《方言》蝱蟒，蝗也。而《字林》蟒義依《爾雅》，此又更从古虫。」甲骨文莽作[古文字形]（續存下495），金文作[古文字形]（史喜鼎），乃莽字的初文（釋林・釋楙）。馮本及夏韻釋文均作蟒，此寫誤，原當作蟒。【汗簡注釋卷一】

⿴囗⿱㐭心

◉朱德熙　裘錫圭　兆域圖記王命的一段銘文說：王命賙為逃乏闊閔（狹）小大之叫。又（有）事者官[古文字形]之。逮退迋乏者死亡若（赦）。不行王命者，恣（殃）逋（連）子孫。其一從，其一⿸疒酉（藏）⿸广肖（府）。

[古文字形]字方圈内的[古文字形]是「啚」字的簡化，亠是「亩」字頭（看《金文編》304陳猷釜和子禾子釜「稟」字偏旁）。「有事者官⿴囗⿱㐭心之」疑當讀為「有事者官圖之」或「有事者，官圖之」。上引《周禮・春官・冢人》「掌公墓之地，辨其兆域而為之圖」，又《春官・墓大夫》「掌凡邦墓之地域

鷌　䝍　𨞏

為之圖」。銘文「有事諸官」可能即指冢人、墓大夫之類的有司。【平山中山王墓銅器銘文的初步研究　文物一九七九年第一期】

□ 鷌　説文所無郭沫若云當與犅同意犅為特牛鷌為牡馬大鼎　王召走馬雁令取雒鷌卅匹錫大　【金文編】

□ 3·673　右敀𨚕衢尚畢里季䝍　此从買古聲亦貞字　【古陶文字徵】

◉張光裕　刀文曰「節𨞏之法化」；「節𨞏」即「即墨」。節，子結切（廣韻入聲屑韻）；即，子力切（廣韻入聲職韻）；它們在中古都是「精」母字，古韻亦屬「之」部，所以很可能「節𨞏」就是「即墨」的本字。墨下的「□」古泉匯釋「邑」是對的，但他讀作「節墨邑」則似有可議；馬昂貨布文字考釋「□」為「夕」，他説：

夕，聲義通集。周禮地官，夕市。夕時而市，販夫販婦主之……節墨夕，蓋齊之都會也。

以「夕時而市」來解釋刀文，顯是附會之説。我們細看刀文「□」字，實與墨字緊接之文，不能分釋「墨邑」或「墨夕」的；齊「造邦刀」的邦字，所從「邑」旁有時訛作「□」形，可證「□」即邑字的省變，只是鑄字時為了美觀，所以把它置於「墨」下而已。故「𨞏」應隸定作「𨞏」，古地名增益邑旁是常見的。如曾作鄫，成作郕皆是。

「即墨」故城地在今山東平度東南。史記田敬仲完世家「威王召即墨大夫曰：自子之居即墨也。」正義云：

萊州膠水縣南六十里，即墨故城是也。

今山東的即墨却非即墨故城舊址，清一統志卷一七四云：

後漢建初元年，封賈復子宗為即墨侯，國屬北海郡，後魏屬長廣郡，北齊廢，隋復置即墨於不其縣界，非故縣也。

今之即墨在春秋時為萊之棠地，屬古即墨界。續山東考古録黄縣。齊靈公十五年（公元前五六六年）萊為齊所滅（事見左襄六年傳）。棠地便在是年劃入齊國版圖。古即墨故城何時併於齊，史書雖無記載，但以當日齊桓公稱霸而後勢力東至於海而論，恐怕古即墨在靈公滅萊以前已為齊國所有。【先秦泉幣文字辨疑　中國文字第三十六册】

⿰牛觷

◉唐　蘭　後下廿一・五片……殸……⿰牛觷□

右⿰牛觷字。王國維釋解，謂：「從兩手判牛角，與從刀判牛角同意。」殷虚文字類編序。商承祚承之謂：「卜辭從之字，或省從，與刀形相似，而非刀字也。卜辭從，篆文又省從，由又省作，遂與刀形相混矣。」類編四・十六。王氏極賞此說，以為神悟，其實非也。凡麋鹿之角自解，牛角必操刀判之，說文解訓本不誤。古鉩卩解字並從刀。以字形言之，從牛從觷，當是形聲字。本作，已象雙角，不應更作角形，故知非象意字也。⿰牛觷及觷字，今字無之。觷象兩手持角，以象意字聲化例推之，當為从臼角聲。爾雅釋器「角謂之觷」，說文無觷字，徐鉉新修十九文有之，云「治角也」，疑本當作觷矣。⿰牛觷從牛觷聲者，當即觕字，或作⿱臼牛，尤與卜辭作⿱臼牛者近。說文無觕⿱臼牛字，古鉩印習見⿱臼牛字，玉篇觕同觸，⿱臼牛牛古文，是許氏偶遺也。觕⿱臼牛當从牛角聲，此从觷聲，同。

附案說文：「⿰爿角，角長皃，從角爿聲。讀若粗觕。」此四字據小徐本增。「粗⿰爿角」當為「麤觕」，漢書敘傳注晉灼曰「觕音麤觕之觕」，可證。說文乍⿰爿角，從爿聲，並誤。經史多作觕，亦非。其字正當作捔。萬象名義：「敮，徂古反，鹿也大也。此七字原誤次觩下，今正。捔也。當作捔同。」新撰字鏡：「敮且古反，荒疑長之誤角皃，大也。又觤肩反。疑當作助角反。捔，上字。」玉篇：「捔助角切，攙捔也。又古樂切。敮，同上。」廣韻四覺：「捔按士角切攙捔組織。亦作敮。」捔敮同義，則捔必從手無疑。凡從手從攴之字多通。隸書扌旁與牜易混，故經史言麤捔者，多譌作觕。其實觕自觸字之異文，故萬象名義，新撰字鏡，今本玉篇於此二字，分別甚清。獨廣韻十姥徂古切下云「觕牛角直下」，則誤為从牛矣。王仁煦刊謬切韻十二姥似古反下云「捔長角。又助角反。亦敮」。捔字从手，尚未誤。捔字既譌从牛，而隸書牜與爿又易混，唐人寫本爿旁多作牛。故又譌為觕。萬象名義新撰字鏡並無⿰爿角字，蓋原本玉篇所無也。今本玉篇有之，次捔上，乃後人據今本說文所加，不知其即捔字之譌也。蓋今本說文久非許氏之舊，傳寫說脫者，後人往往據他書所引者補之，然他書稱引，已變篆為隸，今又變隸作篆，展轉改寫，自多錯誤矣。捔篆既誤為⿰爿角，說解亦改為从角爿聲，遂若儼有其字。清代學者又過尊說文，不敢輕議，徒知觕為俗譌，而不知⿰爿角亦譌字。說文補攷謂⿰爿角為捔誤，殊有見地。至其本字當作捔，更非墨守之徒所能知矣。　【釋角般⿰牛觷　殷虛文字記】

魌

◉王正書　卜辭有「」字，人形，四肢完備，其頭部戴有尖頂高冠，面部透雕方形眼孔，兩側有對稱附耳，耳下置墜飾，可見這是一個表意明朗的象徵文字。《殷墟書契前編》卷七，37頁。（圖一）。前人曾作注釋，孫詒讓謂其魌頭；葉玉森釋「鬼」字；郭沫若也認為「係象人戴面具之形，當是魌之初文」。郭沫若：《卜辭通纂》131頁，科學出版社。1982年。諸說甚確。然該字究象何形，因受客觀條件所限未及稽考。今試作補闕。

圖一

1.「□」字象形，脱胎于上古巫術中的面具。從神像的臉部看，五官雖勾劃似人形，但頗誇張。特别是張口露牙示猙獰之態。由於貌醜，後世遂有鬼面之稱。自此產生从鬼之形聲字「魌」。「魌」亦即「頬」。《説文》釋頬為「醜也，从頁其聲，今逐疫有頬頭」。魌字又作倛。《周禮・方相氏》孫詒讓《正義》案：「魌正字當作頬，又作倛。」《荀子・非相篇》：「仲尼之狀面如蒙倛。」慎子也説：「毛嬙西施，天下之至姣也，衣之以皮倛，則見者皆走。」可見魌、頬、倛義相通，它們都是古代面具的形聲字。

2.「□」與「皇」字同源。《説文》「皇，大也。从自，自，始也；始王者，三皇，大君也。自，讀若『鼻』，今俗以『始生子』為『鼻子』是。」這是許慎按小篆皇之形體生義，不足信。

皇之形制，經傳無證。甲骨文「皇」像鼻，下不从「王」，故皇从「王」則是以「王」為聲的形聲字。皇字在金文中屢見，禹鼎作「□」，豐兮簋作「□」，彔伯簋作「□」。可見金文中有其原始形態。若按此字形探之，尤如人頭部插有羽飾。《禮記・王制》有其記載「有虞氏皇而祭」，鄭注：「皇，冕屬，畫羽飾焉。」畫羽，即染羽五采，這是因為翟羽有彩，故加之於朱色。有虞氏是上古部落的酋長，他也是一位從事神舞的通天人物，所謂「皇而祭」，也就是頭戴翟羽製成的冠主持祭祀活動。這種裝飾與行為，實與良渚文化中的神像性質相同。僅需指出的是，「皇」字是後起字，因其本義為冠，天子服之，因而成為皇帝的專稱。

3.「□」之本義在商代即謂「終葵氏」。《左傳・定公四年》載成王分康叔以殷民七族中有「終葵氏」。「終葵」何義？史籍載其為「椎」。《禮記・玉藻》「終葵，椎也。」《方言》：「齊人謂椎為終葵。」《周禮・考工記》注：「齊謂椎曰終葵。」郭寶鈞先生曾以此而認為：「終葵氏應即椎工氏族。」此義有誤。「終葵」的本義當示其形而非指其物。《考工記・玉人》「大圭長三尺，杼上終葵首」，鄭注：「椎於杼上，明無所屈也。」王獻唐先生指出：「杼上，猶言上伸；終葵合音為椎，椎者，鋭也。」商代的圭其形如「[illegible]」。故《白虎通・瑞贄》曰：「珪首，兑上。」兑上即圭首由方而尖。《周禮・大宗伯》「以青圭禮東方」，注：「圭鋭象春物初生。」《莊子・馬蹄篇》「孰為珪璋」，李注：「鋭上方下曰珪。」凡此種種，皆述其形而非指其物。《後漢書・馬融傳》曾載有一段古代神話，文詞的內容與巫術有關，如「撫馮夷，策句芒」，「召方相，驅癘疫」，「翬終葵，揚關斧」。清代考據家顧炎武雖知其為巫術行為，卻不解「翬終葵」之本義，他在《日知録》中亦以「終葵」為「椎」名作介，故成「古人以椎逐鬼，若大難之為」的結論。然「椎」何以能逐鬼？實令人費解。此牽强之處，是十分明顯的。

上述謬誤，實因前輩學者限於視野，他們無從目擊原始宗教中代表神巫的真實形象，由此也就不能通達「終葵」的本義。「翬」本為雉鳥，雉鳥別稱為翟，《爾雅》謂伊洛而南稱「翬」。而「終葵」示其形。故「翬終葵，揚關斧」之説，也就是表示原始宗教中的一種巫術裝飾，即戴着用翟羽製成冠飾似「圭」形的面具，手持斧鉞之器，借以通神驅鬼。為此，《左傳》所載殷氏七族中的所謂「終葵氏」，必然是指那些從事祭祀職業的人，而決非以椎為職的手工業氏族。

「終葵」一詞本以面具的造型而得名。然而這種造型又何以會用「終葵」命名？這決不是因齊人稱椎為「終葵」之故。實因「終葵」之稱謂源於上古以祝融為職的重黎。而重黎者卻正是原始宗教中被譽為「人面鳥身」的句芒神。

在以職為氏的商代，「終葵氏」是泛指從事巫術活動的人。而「終葵氏」的代表人物，即為「仲虺」。「仲虺」取自「終葵」的諧音。史載仲虺其人在商代居要職，《左傳・定公六年》有曰：「仲虺居薛，以為湯左相。」《尚書・仲虺之誥》疏也謂仲虺為湯之左相。古之為相，既為政官，亦皆巫祝靈保。巫祝之職在《史記・天官書》中被稱之「傳天數者」，也就是指通曉天文歷法的人。在《尚書・堯典》中被稱為「掌天地四時之官」。這是因為我國上古時代，在氏族部落中曾經實行過「以火紀時」的「火歷」。火歷是根據大火，即心宿二的運行變化，以掌天地四時來判明季節，指導農業生產。為此只有具備天文知識，掌握自然規律的巫祝才能承擔這一職責。按《天官書》所載，我國歷史上最早居「火正」而能光融天下的人是帝嚳高辛時代的重黎。由於祝融之職歷代相承，故商代的仲虺承其職而取其名，這在史料上是有跡可循的。

重黎在古史上或分稱或合稱。《史記・楚世家》：「老童生重黎，重黎為帝高辛居火正，甚有功，能光融天下，帝嚳命曰祝融。」是為合稱。《山海經・大荒西經》「顓頊生老童，老童生重及黎。」《國語・楚語下》記載觀射父之言曰：「乃命南正重司天以屬神，命火正黎司地以屬民。」是又把重和黎分為兩人。在有的記載裏，黎又可被「回」代職。《路史・後紀八》曰：「黎辛，帝嚳以回代之。」也有的史料則直接將「黎」稱作「回」，如《潛夫論・志氏姓》載：「黎，顓頊氏裔子吴回也。」總之，文獻所載位居祝融的重黎，又可稱重或黎，也可稱重回。而「重」與「仲」音同，「回」與「廻」為一聲之轉，故「重回」即「仲廻」。文獻資料在追求上古神話中，位居祝融者必鳥屬，這與圖騰信仰有關。如《白虎通・五行》有曰：「祝融者，屬續，其精為鳥，離為鸞。」高辛時代的重回，既為祝融，亦必鳥形。《尚書・大傳》載：「東方之極，自碣石東至日榑木之野，帝少昊神句芒司之。」高誘注《吕氏春秋・孟春紀》指出：「句芒，少昊氏之裔子曰重，佐木德之帝，死為木官之神。」《左傳・昭公二十九年》記載蔡墨論社稷五祀之辭中也講到「重為句芒」，「木正曰句芒」。而對子句芒的真實形象，前文已經引述「東方句芒，人面鳥身」。這個形象也就是良渚文化禮器上所繪刻的神像。為此，「終葵」一詞的來歷，也就是神巫句芒的別名。史料所載「終葵」為椎，當屬它的引伸義。

4.「□」之本義在周代又俗稱「方相氏」。《周禮・夏官》：「方相氏掌蒙熊皮，黄金四目，玄衣朱裳，執戈揚盾，帥百隸面儺，以索室毆疫。」鄭玄注：「蒙，冒也，冒熊皮者以驚毆疫癘之鬼，如今魌頭也。」《淮南子・精神篇》高誘注亦説：「䫏，䫏頭也，方相氏黄金四目，衣赭，稀世之䫏貌，非生人也，但具像耳目。」古代的方相氏既以戴面具而得名，何故用「方相」稱之？前人的解釋含糊不清，如《周禮・夏官》注：「方相，猶言放想，可畏怖之貌」。「而畏怖之貌」與「方相」之間實没有必然的聯繫。其實方相氏的司職和行為本是從原始宗教巫術中衍化而來。在良渚文化中，凡神巫的臉具都以「方相」表示，且五官猙獰有畏怖之貌，為此，它作為驅鬼的一種有效形貌，經長期渲染而約定俗成為一種特殊稱謂，由此獲得「方相氏」之名。不同的是，方相氏「黄金四目」，而原始面具僅兩目。唐人楊倞《荀子注》引韓侍郎曰：「四目為方相，兩目為倛。」這裏從兩目向四目的演變，它正體現了面具自身發展的先後關係。

5.「□」與「□」字同義。「□」字，籀文。是「魌」字的另一種書寫形式。它出土於山東大汶口文化，目前已發現三個。此字形體可分解為上下兩個部分。其上由方而尖頂，誠如李學勤先生所言「為圭首形」。這個形狀正與甲骨文魌字上部的羽冠相同。良渚文化中的羽冠為翟，翟羽有彩，然該字出土時亦塗有朱色，這正合鄭注《禮記・王制》所云：「皇，冕屬，畫羽飾焉。」為此，它為探斷該字的表意提供了又一重要依據。其下部作倒梯形，其形亦與良渚神像的「方相」面形吻合（圖四，14）。所不同的是，作為記録良渚文化面具的象形文字其面部器官用方框來表示，而該字卻用圓圈來表示，兩者稍有差異，但其本義是一致的。

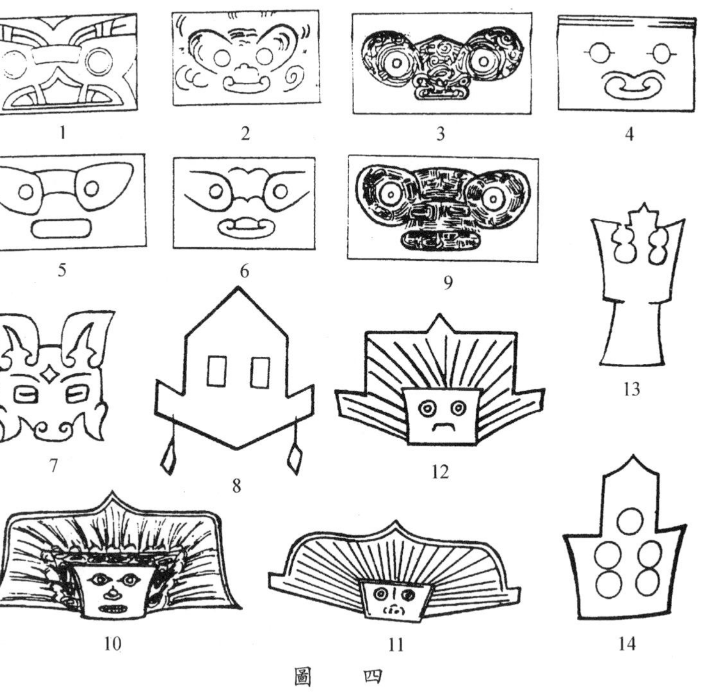

圖　四

為此，這兩個字都是屬於巫術行為中表示面具的象形文字。

「□」作為面具，是巫師通神驅鬼的重要裝飾。無論在原始宗教十分盛行的良渚文化和大汶口文化中，都被看作神的化身而受到人類的頂禮膜拜。反之，巫祝本是人扮演的，而人之所以能變為神，也就必須利用這種被人意識為鬼神化身的符號。由此，用翟羽製成由方而尖的「終葵狀」冠飾，經過了原始人類千百年的渲染，終於相沿成習為一種特定的標志。這種標志不但融貫於當時社會，亦對後世產生了深遠的影響。【甲骨「□」字補釋　考古與文物一九九四年第三期】

◉郭沫若 [glyph]佚九七一[glyph]續三·二二·七、簠徵游田·五一、又佚九七一與此亦係同片

還字此例僅見。為説文所無。王未釋。案當是从辵晨聲之字。「還旅」當即詩「振旅闐闐」小雅采芑之振旅。爾雅釋天及春秋公穀二傳均謂「出為治兵入為振旅」。此言越而非入。周官大司馬職「仲春教振旅。仲秋教治兵」。而此還旅在九月。晚周之制固不足以例殷文也。【卜辭通纂】

◉李孝定 簠徵游田五一片辭云。「丁丑王卜貞。其還旅徃[glyph]于盂。徃來亡災。王乩曰。吉在九囗」。郭引詩小雅之振旅以説此辭。甚是。卜辭从臼與篆文从手一也。此復从辵。振旅之誼益顯。篆文省辵。【甲骨文字集釋第二】

◉戴家祥 [glyph]字从辵从晨,説文所無,以表義更旁例推,與宰儴鼎[glyph]字當為一字。[glyph]字从彳从[glyph],説文十四篇晨,古文作䢅,此从晨,殆籀文與。古文以辵表義者,每多更旁从彳。然還儴兩字俱不見于説文,古字以言表義者,亦或更旁从辵。説文速字籀文作遫,古文作警。玉篇一二七迡亦作訵。説文辵部「遱,連遱也。」三篇言部「謱,謰謱也」。遱謱表義更旁字也。許氏誤分兩部。以此例推,還儴或即譨之別構。楚辭九思「羣司兮譨譨」,王逸注「譨譨,猶愡愡也,言皆競于佞也。」集韻下平十九矦譨譨多言也。音「奴侯切」,泥母侯部。【金文大字典下】

[glyph]僎 説文所無 才僎父鼎 【金文編】

◉戴家祥 [glyph]厚趠齋 厚趠又賫于䢅公 孫詒讓曰:賫字舊無釋。吴引徐同柏説為賴。云「賴从貝剌聲。此从負从朿、朿、剌省。」其説殊迂曲。竊謂此字从𠂤从人从貝,古字未見,以形義求之,疑當為从歸省。後不䀢敢「余來歸」歸作[glyph],从𠂤。陳昉敢「用追享」,追作[glyph],當為遺之異文,皆其比,例此當為持遺之義。古籀餘論卷二第二九頁趠鼎。郭沫若曰:賫疑饋字,从人从貝𠂤聲,𠂤乃𠂤之繁文,从中。兩周金文辭大系考釋二十九頁厚趠齋。【金文大字典下】

◉方濬益 [glyph]儴 説文所無 宰儴鼎 〈0338〉「宰儴宔父丁」

説文。䢅。从晨。囟聲。籀文从林為䢅。古文為[glyph]。小徐繫傳與古文四聲韻皆从艸為[glyph]。今觀此文偏旁正从林。與大徐本所載古文相合。【綴遺齋彝器款識考釋卷三】

𧗿

◉孫詒讓　𢕜字舊無釋。今審當為𢕜字。說文晨部農古文作𦦈。此从其形。其字不見於說文。音義不可考。【古籀餘論卷二】

◉馬叙倫　𢕜當為𢕜。倫謂𢕜從彳𦦈聲。𦦈為農之異文。見說文。甲文亦有之。此蓋借為𦦈。【讀金器刻詞卷中】

◉高　明　所謂𧗿里，皆為臨淄城的行政區域，𧗿大於里。從陶文資料分析，有的𧗿下屬十八個里有製陶工業；也有的𧗿僅四、五個里或一、二個里有製陶工業。造成這種不平衡的原因，可能是𧗿有大小，大𧗿所轄的里多，小𧗿所轄的里少；或有的𧗿製陶業興旺故製陶者多，有的𧗿製陶業不甚興旺，製陶者少；也可能由於目前所發現的資料還很零散，不能完全反映當時的實際情況。

陶文中關於𧗿里的記載，除有全詞與簡詞的區別之外，一般的款式和内容基本一致，只是具體名稱的差別。諸如：

「繇𧗿蔓圆南里迲」（彙編3·122）

「楚郭𧗿蘆里𣁋」（彙編3·350）

「左南郭𧗿辛陶里佑」（彙編3·480）

「王卒左𧗿城圆中嶽里人曰得」（彙編3·497）

繇𧗿、楚郭𧗿、左南郭𧗿、王卒左𧗿，等等，都是當時臨淄城行政區域的名稱，當讀作繇鄉、楚郭鄉、左南郭鄉、王卒左鄉，𧗿即鄉鎮之鄉的本字，而鄉乃後來使用的假借字。鄉字在甲骨文中寫作「𦥑」（甲280），乃饗之本字，古籍多假為鄉鎮之鄉，因久假不歸，宴饗之義已失，故後又別造饗字，以示區分。許慎不僅把鄉字的結構搞錯，將會意誤為形聲，而且也把假借誤解為本義，說什麼「國離邑民所封鄉也，嗇夫別治封圻之内六鄉」，足見在東漢時代，鄉之本字𧗿已不傳，鄉之本義也不存，從而鄉代替了𧗿，鄉行而𧗿亡。但是，戰國時代的齊國，仍使用本字𧗿，而不用借字鄉，這在陶文中反映的很清楚。齊陶文中關於𧗿字的寫法，大抵有以下幾種形體：

[illegible]

關於對此字的考釋，很早就有人注意。最初吴大澂釋為「卷」字，顧廷龍、金祥恆均釋「遷」，周進疑為「鄙」，李先登讀為縣，方濬益謂之鄉字之異文，李學勤初釋鄙，後改釋鄉，鄭超從方、李二氏之說也讀鄉，並謂此字結構「似可分析為從襄省聲」。案吴大澂釋此字為卷，基本不誤；方濬益謂為鄉字異文，更為精闢。但是，他們皆未說明𧗿字的結構與𧗿、鄉兩字的關係。

䢦　艘

在上述諸種字形中，當以「𠨍」為典型，應隸定為衢或衢，从行鄉聲。鄉字《說文》作㒞或𨞬，此字古从人𨞬聲，也省作㒞，說明㒞、𨞬、㒞、衢皆由𨞬得聲，讀音相同，古為心紐元部字；鄉為曉紐陽部，衢鄉不僅聲紐相近，而且韻部相通，古音相同。《何尊》銘云「隹王初鄸宅于成周」，張政烺先生據《周書・召誥》、《洛誥》讀「鄸宅」為「相宅」，極為正確。古衢、鄸、鄉、相都是同音字，可互相假用，故讀衢為鄉與讀鄸為相，皆無可疑。

《說文》云「𨞬，升高也」，段注「升之言登也」，乃有登往高處之義。古人為防備水患則選高處定居，從考古調查經驗證明，凡地勢突出的高地，才會發現古人居住的遺址，可見許慎的解釋則本古義。衢字从行䢅聲，《詩經・小雅・鹿鳴》「示我周行」，毛詩「行，道也」，以示所登的高處而有通往四方的道路。從而可見陶文中的「衢」，無論從字形、字音、字義各方面考查，皆可證明即鄉之本字，乃是被人忘卻了的古體。【從臨淄陶文看衢里製陶業　古文字研究第九輯】

◉吳大澂　朱䢦弦幭　當即䢦之變體。即弦之省文。與鞹通。車軾也。徐同柏釋作幭朱率。猶帶率藻率之率。玉藻凡帶有率無箴功。注。率繂也。言帶用單帛密緝兩邊不見用箴之功也。左氏桓二年傳。藻率鞞鞛。注。藻率用韋為之。所以藉玉也。詩梁山鞹鞃淺幭。傳云。鞃軾中也。幭覆式也。此以朱率飾鞃幭。或亦以韋為之。即吳尊之朱鞹幭也。吳尊幭作𢄼。【毛公鼎釋文】

◉何琳儀　《璽彙》著録兩方私璽，首字作：

三二〇〇　三二〇一

釋文闕釋。按，此字右上乃「兇」之異文。參見石鼓《作原》「椶」作：

「凶」本作形，兩側弧筆相交即成形，而與「西」之簡體混同。璽文可硬性隸定為「⿰舟⿱凶山」，其右旁即「⿱凶山」。《集韻》「⿱凶山，嵕⿱凶山，山峻。」又因「兇」、「㚇」本一字之分化，故「⿱凶山」亦可隸定為「嵏」（《說文》「嵏，九嵏山也。在馮翊谷口。从山，㚇聲」）。「⿰舟⿱凶山」即「艘」。璽文「艘」可讀「鬷」，姓氏。古鬷夭氏之後。見《通志・氏族略・以名為氏》。【古璽雜釋再續　中國文字第十七期】

媵 ⿰金盜 簥 ⿱⺮盜 ⿰食樂

◉戴家祥 千氏叔子盤 千氏叔子作中姬客母媵盤

媵,即媵之別體,意與朕、賸相通。說文無媵。金文均用在女子用器,或謂周代婦女出閣時的隨嫁品。參見賸、朕諸條。

嬇字字書不收。金文通媵,疑即媵字異文。

陳侯毁 敶侯作王嬀媵毁 左傳成公八年「凡諸侯嫁女同姓媵。」釋文,古者同姓娶夫人,則同姓二國媵之」。相當于現在嫁女時親姻家送禮,鐘鼎器銘,正用此意,如陳医簋「敶医乍王嬀媵毁」,即敶医送王嬀出嫁的禮器。金文「嬇」「賸」與此同意,釋名「三品曰姬,五品曰媵」,為媵的另一種意思。【金文大字典下】

◉戴家祥 陳子匜 敶子＝作庠孟為轂母媵⿰金盜

⿰金盜乃盜之別構,亦當屬匜器。從金以示鑄器質料,與盂或作⿰金盂同例,詳見盜字。【金文大字典下】

簥 【汗簡】

◉伍仕謙 秦公鐘有「百䜌」一句,第一字石鼓文作,隸定為⿱⺮盜。《說文》次字的籀文作,此處應釋為羨。《說文》「羨,愿欲也」(從《一切經音義》引)。《詩·皇矣》「無然歆羨」,韓詩,愿也。「羨百蠻,具即其服」,即愿百蠻皆即其服之意。按井侯彝銘,「葬井侯服」;班簋「王命毛伯更虢城公服」,服,通訓為事,「具即其服」即擾(柔)燮百邦,于秦執事之意。【秦公鐘考釋 四川大學學報一九八〇年第二期】

◉林潔明 中⿰食樂盨 中⿰食樂口作鑄旅盨 高田忠周釋為饑。然字明从食从木,不从戈或戍也。樂鼎樂字作,虘鐘「用樂好賓」,作。从與此文形同。當从容庚釋⿰食樂。說文所無。字在銘文用為人名,無義可說。【金文詁林卷五】

◉劉釗 《古璽彙編》3689號璽有字作「□」，《古璽彙編》不釋，按字从肉从鼻，應釋作⿰月鼻。古璽鼻字作「□」(《文編》四、二第8欄)、癟字作「□」(《文編》七、一八第7欄)，陶文劓字作「□」，所从之「鼻」皆與「□」所从之「□」形近。⿰月鼻字見于《集韻》、《廣韻》等書。

【璽印文字釋叢(一) 考古與文物一九九〇年第二期】

□⿱龟泉 唐蘭云字乃从泉龟聲音當如説文木部从木龟聲之⿱龟木讀若薄 戲狄鐘 數=⿱龟泉= □ □癲鐘 □㝬鐘 □井人妄鐘

□號弔鐘 □ □士父鐘 □弔旅魚父鐘 豐=⿱龟泉= □師酉簋 ⿱龟泉尸 □訇簋 □善鼎 ⿱龟泉侯 □旅虎匠 ⿱龟泉

山旅虎 □ □奢虎匠 ⿱龟泉山奢虎 【金文編】

◉羅振玉 古金文有熊字。有□號叔鐘□戲狄鐘□宗周鐘諸形。與卜辭同。【增訂殷墟書契考釋卷中】

◉郭沫若 既審諸器為一人所作，用知⿱龟吾之與⿱龟又縱非一字，古必同音。石鼓文有⿱龟又字，汧沔石云「其胡孔庶，臠之⿱龟又⿱龟又，汪汪趞趞」，字與庶趞為韻，知其聲在魚部也。

又金文恆語屢見「數數⿱龟泉⿱龟泉」字，⿱龟泉字舊誤為熊，近已由唐蘭辨正之。唐云字當从泉龟聲，金文有圖形文字作□(⿱龟泉爵)若□(子⿱龟泉觶)者，即此。字當如⿱龟木讀若薄，見説文木部。數⿱龟泉乃雙聲連語。今案其説至確，蓋「數數⿱龟泉⿱龟泉」猶言蓬蓬勃勃或旁旁薄薄也。號叔鐘亦有此語，⿱龟泉字有作□若□者，分明⿱龟又之泐文，是則⿱龟又字之音亦當如⿱龟木讀若薄矣。薄音在魚部，與數為雙聲，古音輕重脣無別。於石鼓文及金文兩諧，此讀殊無可易也。

⿱龟吾當是⿳龟吾泉之省，遺小子毁及卜辭均有⿳龟吾泉字，孫詒讓云：「當即説文之⿱龟吾字。説文『⿱龟吾，獸也，从龟吾聲，讀若寫』。」吾聲與寫聲亦同在魚部，而吾聲與薄聲尤近，蓋⿱龟泉古本讀如吾，更因形近遂譌成从吾聲作⿳龟吾泉，讀若寫者又後來之音變也。

丙申父癸爵復有□字，乃地名，余謂此即⿱龟泉之緐文，蓋从泉⿱龟吾聲也。⿱龟泉亦古國族名，前引之二圖形文字即其證。此外則師酉毁有「□夷」，善鼎有「□侯」，均是⿱龟泉字。舊均誤為熊。⿱龟泉國於典籍中無可徵，然以聲紐求之，疑即百濮之濮。尚書牧誓彭濮人，某氏傳「濮在江漢之間」。左傳文十六年「麇人率百濮聚於選，將伐楚」，杜注「百濮夷也」。疏引釋例：「建寧郡今湖北石首縣南有濮夷，無君長總統，各以邑落自聚。故稱百濮。」此濮人殆受楚民族之逼迫而移於蜀，張衡蜀都賦「於東則左縣巴中，百濮所充」，注云「今巴中七姓有濮」，其證也。

要之，𪓐乃𪓑之省，𪓑譌為𩩝而從吾聲，與㒵之讀如薄音者相近，故井季𪓑亦稱井季㒵也。

卜辭亦有㒵字，文曰「庚申卜貞王宖㒵亡尤」，「卜辭通纂」三四九片。殆是人名，舊亦誤認為熊，余初更說為高辛氏之才子仲熊，「通纂考釋」第七〇葉。曩已是正之。今更坿正於此。【季𪓑毁　金文叢考】

●李孝定　㒵　後上・九・四　从皀从泉。說文所無。金文亦有此字。舊釋熊。非是。熊古衹作「能」。左傳。「晉公夢黃能入于寢門」。是其義。後以假為賢能能耐之義既久而本義湮。遂假火光熊熊之熊為獸名字耳。金文多用此為重言形況字。亦方國之名。卜辭云。「王賓㒵亡尤」。似為人名。【甲骨文字集釋第十】

●戴家祥　㒵 蓋　㒵 器　𢍃父癸角才㒵

字从皀西泉，五聲，西泉意義相關，為形符重複之例。𪓑當為𪓑之繁體，詳見釋𪓑。【金文大字典下】

●李福泉　㒵夷：即亳夷。

㒵，唐蘭說：「字乃从泉，皀聲，音當如《說文》木部从木皀聲之𣝣，讀若薄。」(《兩周金文辭大系》第六冊，五一頁引)。

㒵字从皀从泉，甚確。《三代吉金文存》卷十四第三七頁有子㒵觶，字作㒵，二一頁有子㒵觚，字作㒵，卷十五第二九頁又有子㒵爵。字的上部均呈兔形，以大耳為特徵。《說文》：「皀，獸也，似兔。」上三字正是从皀从泉。考甲骨文亦有此字。《乙編》四〇六六有㒵（㒵入州）。又《戰後南北所見甲骨録》南北坊間六一頁有子㒵，其文曰：「其祐子㒵，競兄祭牢，王受祐。」由此可見，㒵夷早已同中原取得聯繫，隨後有子㒵在這一帶統治，到周穆王前幾代即已有㒵侯了。(善鼎銘：「王曰：『善，昔先王既令女佐足㒵侯』。」)

㒵音薄，與亳相通，因知㒵夷即亳夷。《史記・秦本紀》可證亳乃西戎之國：「寧公二年，公徙居平陽，遣兵伐蕩社。三年，與亳戰。亳王奔戎，遂滅蕩社。」集解：「西戎之君號曰亳王。」《讀史方輿紀要》指出：「亳在陝西北境。」【訇毁銘文的綜合研究　湖南師範大學學報一九七九年二期】

⿰言⿱夂食

●張日昇　⿰言⿱夂食字从言从⿱夂食。說文所無。孫詒讓謂字从缶。乃飽之異文餢。然字明从言。不从缶。【金文詁林卷三】

𩫏　𤺺　𤸷

◉王　襄　𩫏　𩫏　𩫏　疑亯之繁。【簠室殷契類纂卷五】

◉李孝定　𩫏　从重亯，說文所無。字在卜辭為地名，與𩫏同意，象重屋形，或竟為同字。【甲骨文字集釋第五】

◉考古所　𩫏：在卜辭中多用為地名，在本片卜辭中因辭殘，其義不詳。【小屯南地甲骨】

𤺺 0796　說文所無玉篇𤺺同瘙疥瘙　【古璽文編】

◉周鳳五　𤸷　此字不止一見，字从疒，从虘；或从爿，作𤸷，如218簡云：

東周之客許緝歸胙於蒧郢之歲，夏月己酉之日，許吉以保家為左尹邵㰳貞，以其下心而疾，少氣。恆貞吉。甲寅之日𤶹良𤸷，有敓。

236簡云：

大司馬邵體將楚邦之師徒以救郙之歲，𦣞层之月己卯之日，盬吉以𠈬（保）家為左尹㰳貞，既腹心疾，以上氣，不甘食，舊不𤸷，尚急詳本篇（四）釋𤸷𤸷，……疾難𤸷。

以上二簡記載左尹邵㰳因病占卜，內容類似，用語雷同，則𤸷與𤸷雖偏旁小異，不妨視為同字異構。《包山楚簡》於218簡考釋𤸷字云：

𤸷，讀如阻，止也。《包山楚簡》頁五六，考釋428。文物出版社，一九九一年十月。

又，前此於207簡考釋「𤶹」字云：

𤶹，疑讀作傍。《包山楚簡》頁五五，考釋392。按，此字當釋為病，詳本篇（二）釋𤶹。

合以讀之，則「𤶹良𤸷」讀為「傍良阻」，實嫌不詞。再據以讀「舊不𤸷」、「尚急𤸷」、「疾難𤸷」，解為疾病久不阻，希望疾病速阻，疾病難阻等，雖然勉强可通，但終究不妥帖。

按，就簡文上下看來，此字很可能是形容疾病痊癒的用語，尤其「尚急𤸷」三字，明白指出患病者左尹邵㰳的願望與占卜的目的，更加强了上述假設的可能性。再觀察此字的結構，从疒，从又，虘聲，以聲韻推求，應當就是「瘥」字，見《說文》七下疒部：

瘥，瘉也。从疒，差聲。

瘥與瘻，古音同屬從紐歌部，二字可以通用。

以瘻為瘥，可以通讀所有相關的簡文，如下：

（一）218簡「甲寅之日疾良瘥」，是説「甲寅那天，疾病就大好了」。

（二）220簡「庚、辛有閒，疠急瘥」是説「庚日和辛日，病況略有好轉，疾病很快痊癒」。

（三）236簡「舊不瘥。尚急瘥，……疾難瘥」，是説「疾病久久不癒。希望趕快痊癒，……疾病難以痊癒」。

（四）239簡「尚急瘥」，解同上。

（五）242簡「舊不瘥，尚急瘥」，解同上。

（六）243簡「疠遞瘥」，是説「疾病遲遲不癒」。遞，讀為滯，詳本篇（三）釋𢓊。

（七）245簡「尚急瘥」，解同上。

（八）247簡「舊不瘥，尚急瘥」，解同上。

以上簡文𤸫讀為瘥，可謂文從字順，尤其例（二）220簡，係在己酉日占卜，其占辭為：「恆貞吉，庚、辛有閒，疠急瘥」，《包山楚簡》考釋云：

庚辛，似為庚申之誤。《包山楚簡》頁五六，考釋437。文物出版社，一九九一年十月。

按，庚申為己酉之後的第十一天。改辛為申固未嘗不可，但簡文「庚辛」原可通讀，其實不煩改字。「庚辛」指庚日與辛日，即占卜日己酉的明日與後日，亦即庚戌與辛亥兩天（當然也可能是下一輪的庚申與辛酉日，但總不能推得太遠，否則漫無標準令人無所適從）。簡文「庚辛有閒」是説庚日與辛日病況好轉。閒字也見於先秦文獻，如《論語・子罕》「子疾病，子路使門人為臣，病閒」《集解》引《孔注》：「少差曰閒」；另外，《禮記・文王世子》「（文王有疾）旬又二日乃閒」，《鄭注》：「閒，謂瘳也。」以上無論「少差」與「瘳」，都是疾病痊癒之意，簡文「有閒」與「急𤸫」合觀，𤸫讀為瘥，指疾病痊癒，更可確信。

除上述證據之外，還有《方言・三》的一項資料，如下：

差、間、知，愈也。南楚病愈者謂之差，或謂之間（《郭注》：「言有間隙」），或謂之知。

「南楚病愈者謂之差」一語，進一步證明了讀𤸫為瘥不僅符合文字通假條例，而且充分反映簡文的楚國方言特性。【包山楚簡文字初考　王叔岷先生八十壽辰論文集】

遪　龓　盧　䪫　諻

◉湯餘惠　遪111　原摹未釋，112簡作遪，字當从辵从齊省，可釋為「遪」。《古文四聲韻》去聲「震」引《古孝經》作遪，以為「進」字。遪，古音精紐、脂部；進，古音精紐、真部。二字聲義並通。【包山楚簡讀後記　考古與文物一九九三年第二期】

◉王　襄　疑攏字。【簠室殷契類纂存疑卷三】

◉戴家祥　一　邵王毁　邵王之諻之盧毁　陳仁濤曰：張政烺說：「吴大澂等舊皆釋盧為鐪，窓齋集古録。今依偏旁求之亦不合，从皿从鳶決是薦字。鄭登伯鬲『作叔嫦薦鬲』，叔朕簠『自作鬳匿』，皆與此毁義同。固可證也。」金匱論古初集七十二葉。按張說可从。盧从鳶从皿，當即薦之或體，說文鏞為缶器，古文从缶之字有更旁从皿者，說文十二篇盧，讀若盧同，籀文作鑪，缶言其質，皿則言其器也。字假為薦，爾雅釋詁「薦，進也」，天官籩人「凡祭祀，共其籩篤羞之實」，鄭玄注：「未食未飲曰薦，既食既飲曰羞。」薦毁，猶禮記祭統所云「薦，豆也」。吴氏釋鐪，於形於聲皆無所據。【金文大字典中】

◉戴家祥　郘王子旃鐘　中䪫䪫䪫　王孫遺者鐘「中䪫䪫瘍」，郭沫若認為即鐘聲「既高且颺」之意。此銘瘍作䪫，形旁改从音，表示音聲之颺。【金文大字典下】

◉戴家祥　邵王鼎　邵王之諻之饋鼎　高田忠周曰：諻亦鍠字，爾雅「諻＝，樂也」，注「鐘鼓音是也」。但他器銘云「汜＝　巸＝，男福無期」，與此「諻＝　巸＝」同例，即祝禱語，重言形況字也，蓋謂和樂之意。古籀篇十二第一一葉。邵王毁諻作諻，陳仁濤曰：蓋字體之變化然也，如魯惠公名史記世家作弗湟，集解徐庚曰「表云弗生也」，索隱「系本作弗皇，年表作孝公子弗生」，是皇之變體近于生字。方言六「南楚瀑洭之間母謂之媓」，廣雅·釋親「媓，母也」，余謂此鼎與毁銘之諻，皆當與媓同義而訓母。「邵王之諻」蓋即楚昭王之母也。金匱論古初集七一葉又七三至七四葉邵王之諻毁。【金文大字典下】

⿸㫃壺 ⿰忄蔡 ⿰從頁 ⿱艹⿱炏卒 䊢 ⿰氵⿱帚皿

◉商承祚 ⿸㫃壺 說文所無 ⿸㫃壺弔樊鼎 〈0614〉「⿸㫃壺叔樊作昜姚寶鼎」

⿸㫃壺字从㫃从壺聲。孟上父壺作壺。兮敖壺作壺。與此近似。即周禮夏官之挈壺氏也。周禮「挈壺氏掌挈壺以令軍井⊘凡軍事縣壺以序聚欜」。軍旅樹旌旗。故⿸㫃壺从㫃。則⿸㫃壺乃以官為氏者。漢印中每見壺姓可證。【⿸㫃壺叔樊乍昜姚鼎 十二家吉金圖録】

◉李裕民 ⿰忄蔡《侯馬盟書》宗盟類四之一五四：一。

字从心从蔡，所从之蔡與《魏三體石經》古文𣏟同，隸定為⿰忄蔡。《⿰忄蔡子鼎》之⿰忄蔡作⿰忄蔡（《商周金文録遺》六二），與此形同，只是左右偏旁互易了位置。⿰忄蔡下尚有=形，從盟書中所處地位看，應為另外一字。⿰忄蔡□是參盟人名。【侯馬盟書疑難字考 古文字研究第五輯】

◉徐中舒 ⿰從頁三期 粹一一九四 ⿰從頁三期 粹一一九五 ⿰從頁四期 掇一·四三七

從頁從⿱火皿火從亾皿，《說文》所無。郭沫若謂象人以手於爐上取暖之形殷契粹編考釋，可參。方國名。⿰從頁自，地名。【甲骨文字典卷九】

◉劉心源 ⿱艹⿱炏卒 說文所無 師寰簋 〈1381〉「曰冉曰⿱艹⿱炏卒曰鈴曰達」(A·B)

師寰敨萃从炏从艸，合萃焠二字為之。【奇觚室吉金文述卷四】

◉劉 釗 《文編》附録五二第6欄有字作「䊢」，字从米从「菐」。按「菐」乃「菐」字，金文樸字作「樸」，所从之「菐」與「菐」形近，字應釋為「䊢」。䊢字見于《篇海》。【璽印文字釋叢（一） 考古與文物一九九〇年第二期】

◉高田忠周 ⿰氵⿱帚皿 古籀補釋為饋字云。从帚从朩从皿。朩似米之異文。國語，敢歸之下執政。注歸饋也。論語。歸孔子豚。皇疏。歸猶餉也。當即此字。疑饋之古文。非女歸之歸。何牽强傅會之甚哉。劉氏古文審云。此寑廟之寑。說文寑从宀侵人。侵从人又持帚。若埽之進。又手也。此从水皿帚。即埽義。从朩。古文示字。以此知⿰氵⿱帚皿从示𠬶。乃古文祲字也。此

瀘　瀆　瀗

用為寢字。劉考為是。但其解形有誤。此[米]即下文之[皿]。亦米字尤明者。从示。取祭祀義也。祲為精气感祥也。从米皿。與其義不合。此斷非祲字也。或是从米从示从祲省聲。未詳。【古籀篇七十二】

◉于省吾　[古文]鄂君啓節　内瀘江　[古文]尉从盨　州瀘二邑

「入瀘江」，瀘字舊釋為澮，商承祚謂新發現的舟節，瀘字清楚，並非澮字。瀘借作盧，从盧从盧古字通。瀘江當即水經注的盧江水，在今江西省北部。【鄂君啟節考釋　考古一九六三年第八期】

◉孫詒讓　[古文]毛公鼎　母敢瀗于酉　金文毛公鼎云「母敢[古文]于酉」，文與酒誥同。[古文]亦當即湎字，但从[古文]頗奇詭難識。考説文「面，顔前也」，从百象人面形，金文無面字，而頁，𩠐偏旁則恆字，兩文皆从百，此[古文]形與彼殊遠，豈古人面字與小篆本絶異乎。面訓顔前，小篆从百，説文部首自頁百𩠐外，其與面形體相涉者唯囟，形與[古文]頗近，説文，囟部「囟，頭會𡿺蓋也，古文作[古文]」，又「巤，毛巤也，象髮在囟上及毛髮巤巤之形也，古文作[古文]」。金文別作[古文][古文]二形，子部「[古文]，籀文子，囟有髮，臂脛在几上也」，金文作[古文][古文]三形，此[古文]與囟古文[古文]極相似。古文凡從衡午毋形或衺或正，可以互變，其上兩[古文]，疑即𡿺上之髺，亦即𡿺上髮形之省，猶巤上从𡿺亦省作囱也。下作田，即囟之變，猶孶上从[古文]亦變為曲也。若然，古文湎从[古文]，疑即从𡿺，至小篆乃改从百作面，於字例亦無啎也。説文，匕部𡿺从匕巛，以象髮，囟象𡿺形；巤及籀文子孶所从𡿺形並與彼同。墨子·褉守篇𡿺字作𡿺，即隸古譌變之體，以匕為刀，以𡿺為茁，皆形近貿亂。蓋囟古文作[古文]，與山相近，而巛之為廿，則疑本作[古文]，故三寫成廿。墨子書多古文，𡿺字雖沿譌而與此[古文]形實絶相似，亦足備一左證也。【名原卷下】

◉曾憲通　[古文]天棓𤡨乍瀗　乙二·一三　[古文]字从[古文]从湯，嚴一萍氏釋作蕩，謂蕩有動、有盪、有壞諸義。李學勤釋作瀗，讀為傷，傷者害也，謂彗星出現，古人以為將為下民之害，所以下句説「降于其□方」。選堂先生以為瀗即《漢書·天文志》「大湯」之義，晉灼説「湯猶滌滌也。」【長沙楚帛書文字編】

⿰氵⿱魚廾

◉丁 山 䲆之屬有□字。但在石鼓文作□，通𣪘作□，象手入水中取魚形，卜辭或從网作□後編下第卅五葉，捕魚之意尤顯。漁皆非從二魚也。卜辭漁一作□殷契六第五十葉，雖從四魚與一魚同誼，亦不得謂漁字古從衆魚也。則漁可歸諸魚部，其所從䲆字，亦魚之古文奇字或籀文，猶水林泉灥之例矣。【說文闕義卷四】

⿱宀鼻

□ 寡 說文所無郭沫若釋寬云字形既近音亦同在元部蓋異作也 寡兒鼎 □ 齊侯匜 □ 齊侯盤 【金文編】

⿱宀具

◉郭沫若 寶字原作□，从宀算聲，算即算字。算本从竹具，具本从廾，如馭卣具作□，其明證也。而圅皇父𣪘作□，弭仲簠作□，均从鼎，古文具鼎字每互譌，此亦其一例。寶者當是訓寘訓具，訓陳之饌之本字。「旻獵後，寶在我車」者，言弋獵時亦具陳于車中以備酌飲，語與績紋之作狩獵形相應。【杕氏壺 兩周金文大系圖録考釋】

鬻

◉李孝定 □ 从鬲，郭以為鬻。二者古為一字。从介，說文所無。又疑此字仍是从鬲从匕兩側小點象羹汁形。【甲骨文字詁林第三】

⿰女蔑

◉郭沫若 □前·一·四四·七 □前·一·五二·三 □後·二·九·五

蔑名屢見，或作蔑。山海經：「有寒荒之國，有二人女祭女蔑。」大荒西經。女蔑恐即此人。【卜辭通纂】

◉李孝定 从女从蔑。說文所無。【甲骨文字集釋第十二】

⿰女桒 ⿰女𢍏

◉孫詒讓 金文杞伯鼎云：「杞白每口作鼄𨚕□寶鼎。」此杞伯所作器。自鼎外又有𣪘三、壺一、盆一，其文並同。鼄下一字鼎作□，餘器有□□□□□諸形，大致略同。其文从女从桒，桒即古文𢍏字變體，舊釋婞或釋𡣕，並非。說文夲部云：「𢍏，疾也。从夲，卉聲。拜，从此。」別有𢍏字，今作奏，與此異。而女部無□字。今以金文从𢍏之文，綜合校覈，知古自有此字，而小篆失之也。依說文說「𢷎」从𢍏。攷金文𢷎字多从□从□，與此偏旁正同。又金文𩟄字屢見，或作□陳曼簠，作□叔夜鼎，偏旁亦與此同。說文食部饙或體从賁作餴。而吳彝「𢍏□」字作□，毛公鼎「𢍏䋣較」字又作□，皆叚𢍏為賁也。通校金文，凡从□者，當為𢍏之

嫞

正，凡从𠦍者，為㯥之省變，其字一也。而其讀蓋有三。一、如字，如「㩍」字从㯥為聲是也。一為𧶠之叚借，「㯥𣍾」「㯥較」，及「饋」作「饎」字是也。一則與「峚」同。説文夲部無峚字，而䊮字偏旁从此，許云：从屮，从夲，允聲。金文厥䊮與詩玁狁同字，虢季子白盤作[glyph]，兮田盤作[glyph]，亦變峚為㯥是也。三讀雖異，而形並略同，以相推例，此嫊字聲義雖無可攷，而其偏旁，要必為㯥字無疑也。竊疑此字當與曹通，即邾國之姓，鼄嫊即邾曹也。大戴禮記帝繫篇：「陸終六子，其五曰安，是為曹姓」。「曹姓者，邾氏也」。國語鄭語亦云：曹姓鄒莒。「鄒」「邾」字同，邾小邾，並為曹姓，故其女曰邾曹。哀二十三年左傳，宋景公母景曹，即小邾女也。又友父鬲云「鼄督父朕媵其子口[glyph]寶鬲」，亦即此字。彼為邾人之女，而偁某嫊，尤其塙證。此字从㯥為聲，而與「㯥」本字及「𧶠」音並不合。説文䊮字説解云「从屮从本」，則許不以「峚」為一字。今以「曹」「嫊」推之，疑古自有峚字，鼄嫊正字當作「姝」，从女，峚聲。金文即叚㯥為峚，與䊮字作䊮同。峚蓋从夲得聲，金文嫊字从峚聲，即本聲孳生字。説文夲「讀若滔」。與曹古音同部，故經典皆叚曹為嫊，於形聲字例並合。自叚字行，而正字遂廢，非金文有此字，幾無由知曹姓之自有正字，而「峚」之自為一字，亦無由尋討矣。【名原卷下】

◉柯昌濟 [glyph] 〔孫詒讓〕論邾娷娷字，以為字从夲聲。夲説文讀滔。滔曹同部。為曹之異字是也。唯其字當从𡍮聲為是。古差字國差甔作𡍮。所从與此字所从上形同。乃从𡍮字遷訛之體。蓋字本从𡍮聲。後竟假而从垂。垂曹音紐既不同。字當無从垂之理也。嗟字金文作䖶。知曹𡍮䖶皆同紐之字。故从𡍮音至。同部之字相通。其範圍較為泛廣。似未可執以為據也。

【杞伯盈 韡華閣集古録跋尾】

[glyph] 嫞 説文所無郭沫若云杜乃陶唐氏之後其姓為祁嫞即祁本字从女𦘔聲其讀如祇杜伯作弔嫞鬲【金文編】

◉郭沫若 召伯虎殷之𦘔字，則祇字也。正始石經尚書君奭篇殘字祇若茲祇之古文作[glyph]，即是此字。鄦侯殷有「[glyph]敬禱祀」，語以「祇敬」連文，正合古人辭例，故甹、𦋸、𦘔均非庸字。𦘔與[glyph]結構相似，當是一字，亦斷非庸字也。知𦘔非庸，則嫞字自不能為嫞，……考杜乃陶唐氏之後，左傳襄二十四年「晉士匄曰：昔匄之祖，自虞以上為陶唐氏，……在周為唐杜氏，其姓為祁，晉襄公弟四妃曰杜祁」。左傳文六年「杜祁以君故，讓偪姞而上之；以狄故，讓季隗而己次之」，故班在四，是則嫞若𣪊乃祁之本字矣。以字例而言，嫞當為从女𦘔聲之字，是則𦘔聲當讀如祁。【釋嫞 金文叢考】

◉强運開 [glyph] 杜伯𢀓叔[glyph]尊鬲。説文所無。石鼓有𦘔字。與此左半相同。依魏三體石經以[glyph]為祇之古文與𦘔形近。自

𡤟 𦦫

係一字。此从女从樂。以形聲求之。亦當讀若祇。與姊音近。叔𡤟或即叔姊也。【說文古籀三補卷十二】

□ 5·158 咸𡤟 說文所無玉篇𡤟媄也 □ 5·512 獨字 【古陶文字徵】

◉林清源 090陳子𦦫戈(邱集8264、嚴集7413)

戈銘在胡，云：「塦(陳)子𦦫艁(造)□」。陳字从土，知此為田齊器。第三字作「□」，鄒安釋「召」(周金6·26·2)，劉體智釋「翼」(小校10·39·3)。金文「召」字有繁簡二式，簡者从口、刀聲作「□」(召樂父匜)，繁者異體亦復不鮮，惟其基本體式則作「□」形，从臼、从酉、从□、召聲，象取置酒器之形，與戈銘相去甚遠。金文「翼」字或作「□」(中山王嚳壺)，或作「□」(秦公鎛)，其上从非、从飛互作，下俱从異，「異」字，李師孝定謂象以手扶翼頂上之物(李師孝定：甲骨文字集釋，卷三，頁818—827，金文詁林讀後記，頁395)。而戈銘亦與之迥殊。此字未識，姑隸定為「𦦫」。戈銘「陳子𦦫」，為監造本戈者之名。「艁」字从舟，與說文古文合，為山東諸國銘文特徵，詳研究篇第四章「釋造」。

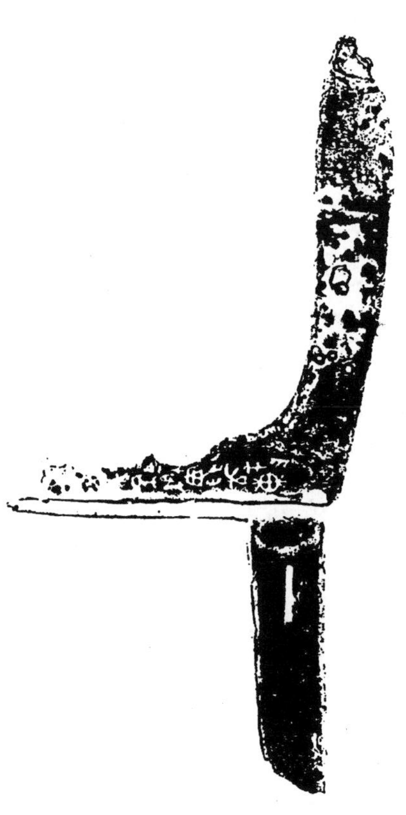

【兩周青銅句兵銘文彙考】

⿰糹蒦　顜　⿺走喪　⿰禾莦　葍

◉戴家祥　虢季子白盤　經⿰糹蒦四方　徐同柏、吴式芬、吴大澂、劉心源及郭沫若等人皆釋維。楊樹達曰：⿰糹蒦當讀為蒦，説文四篇上隹部云「蒦，規蒦，商也，一曰度也」。經⿰糹蒦四方者，經謂經營，⿰糹蒦謂規度，猶詩江漢云「經營四方」。甲骨文金文有隻字，皆作獲字用。⿰糹蒦字从隻，隻當與隻同，从攴从又古多不别也。而獲字實从蒦聲，然則隻與蒦不惟形近，音亦當相近，故从隻聲之⿰糹蒦與蒦通作也。積微居金文説一四八葉虢季子白盤。【金文大字典中】

◉戴家祥　衛鼎　顜　殳季良父壺　用享孝于兄弟婚顜諸老

集韻第三講部：「顜，明也，和也，直也。史記『顜若畫一』。或从見，通作講。」衛鼎「顜」、「白俗父廼顜」。陝西省岐山縣董家村西周銅器窖穴發掘簡報文物一九七六年第五期讀作講。唐蘭謂「與構字通。構，促成」。廣雅釋詁三「構，成也」。文物一九七六年第五期第五十六葉。兩説均可。殳季良父壺「用享孝于兄弟婚顜（媾）諸老」，顜假作媾。【金文大字典下】

◉郭沫若　⿺走喪字原作。分明从走从喪，字書所無。以字例求之，喪當是聲，讀為高尚之尚，或黨善之黨，均可。【井人鐘　兩周金文辭大系圖録考釋】

⿰禾莦　説文所無　魚顛匕　⿰禾莦入⿰禾莦出于省吾謂當讀滑同扣小爾雅滑亂也　【金文編】

◉戴家祥　魚鼎匕　⿰禾莦入⿰禾莦出　⿰禾莦，説文所無。郭沫若認為，依句法而言，可為「載入載出」、「乍入乍出」、「稍入稍出」。疑⿰禾莦即古稍字，用為稍。金文叢考二七零葉。【金文大字典下】

葍　季木1:3　説文所無玉篇葍草名　【古陶文字徵】

韖

◉戴家祥　衛鼎　㢊韖　韖，字書不載。廣韻「韖，韠履也」。釋名「韖韠韠之缺前壅者，胡中所名也」。唐蘭謂「韖字从革，當是皮做的繩索」。文物一九七六年第五期第五十七葉注釋六。韖是索的孳乳字。因質地用皮革，故从革。殷周金文用韖之初義，作為「韠履」意義的韖，或是以後的變化義。【金文大字典下】

韽

◉强運開　。王孫鐘。中歔揚元鳴孔皇　。沇兒鐘文與上同。丁書入坿録云。从倝从言。或是哲。通祈誓。運開按。此篆从倝从音。非从言。當即古文音字。鐘鳴象鸞和之音。易曰。翰音登于天。从倝即从翰省也。【説文古籀三補卷三】

◉戴家祥　沇兒鐘　中韽歔搗　郘王子旃鐘　中韽虘諹

王孫鐘沇兒鐘並有「中韽虘揚」語，此與詩「終風且暴，終温且惠，終窶且貧，終和且貧」的語法完全相同。按：中間且是表示遞進關係的聯詞，説明與後面的韽和諹意義相近，韽字宋人釋為懸，義可通，但形不通。郭沫若曰：韽字遺者鐘作韽，許子鐘作鶾。韽韽均鶾之異，即翰與雗在初亦當是同一物。説文分鶾翰雗為三字，後起之岐異也。兩周金文辭大系考釋。易曰「翰音登于天」，翰的本義當是鳥飛之高，在此引申為樂聲之高。【金文大字典下】

𢿋

◉姚孝遂　粹九五五：「叀阦𢿋，隻又大鹿，亡𢦏？」

郭沫若先生考釋以「阦𢿋」為地名，可能是誤讀「𢿋」為「麓」。甲三五七也有「𢿋」字，其辭為：

「弜𢿋阦」

屈萬里考釋謂當為「狩獵之義」，這是對的。「阦」為地名，「𢿋」為動詞，乃是貞問于阦地狩獵，能否有所擒獲。根據佚二九七：

「丁丑卜，犾貞，王叀　彔𢿋，亡𢦏？」

彔在此即假作麓，足以證明「𢿋」是動詞，不得讀作「麓」。【甲骨刻辭狩獵考　古文字研究第六輯】

鶆

◉吴大澂　从虍从㚘从鳥。説文無此字。古籀文从鳥之字不多見。惟此字與石鼓鳴字耳。且乙敦。【説文古籀補附録】

◉吴大澂　鶆　説文所無　作且乙簋鶆医弔　〈1142〉「乍且乙鶆侯叔尊彝」

鶆字不見于字書。古籀文鳥字多作隹。惟此器與石鼓鳴字从鳥。鶆疑即來字之緐文。爾雅釋鳥。鷹。來鳩。釋文本作鶆。樊注。鶆鳩。爽鳩也。穀梁宣七年。公會齊侯伐萊。釋文。萊。國名。書禹貢。萊夷作牧。傳。萊。今東萊。茲以鶆

鳩之鶆借作萊夷之萊。鷹。鷙鳥。故从虎。【窓齋積古録七册】

◉强運開　□　祖乙鶶矦叔敨。説文無來字。吴窓齋云。爾雅釋鳥。鷹。來鳩。釋文。本亾鶆。樊注。鶆鳩。爽鳩也。此篆从虍从來从鳥。當即鶆之古文。來則其借字也。【説文古籀三補卷四】

◉譚戒甫　左傳昭公二十年。昔爽鳩氏始居此地。杜預注。爽鳩氏。少皡氏之司寇也。爾雅釋鳥説。鷹。鶆鳩。郭璞謂鶆當是鶇字之誤。似不然。考三代吉金文存卷六頁四四有告田彝銘謂作祖乙鶶。侯叔隮彝告田鶶。似即此所謂鶆鳩的緐文。鶇當是形近的誤文。因鶆鳩是鷹。鶆本作鶶。應以从虜為義。來為聲符。虜字當是从鳥从虎省。字彙補有鷈字。謂音梯。鷹鷈也。鷈為虎的俗寫。可知鶶為虎鳥。正謂鷹鷙。故為司寇。主盜賊。其意適合。【西周皇鼎銘研究　考古一九六三年第十二期】

◉嚴一萍　甲骨文有一□字，甚奇。甲骨文編未收，續甲骨文編收于卷四雇字後作附録。迄今所見，共有卜辭四條，以甲骨續存二・一六六版首甲最為完整，其辭曰：

戊子卜㝉貞：王逐□于沚，亡巛。之日王往逐□于沚，允亡巛。隻□八。十三月。（圖一）

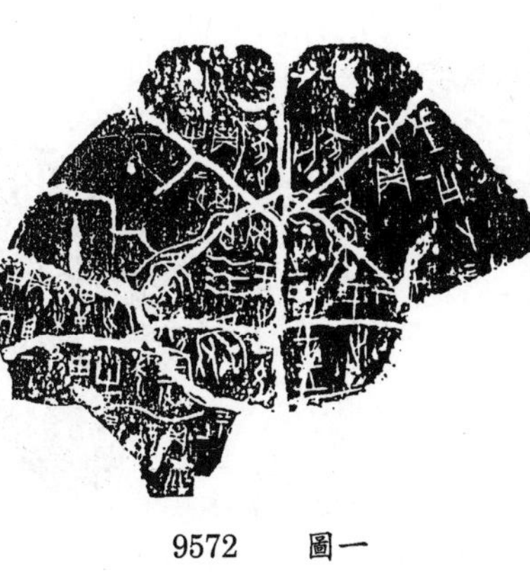

9572　圖一

續存二係摹本，今此拓本著録於甲骨文合集九五七二號，其餘二片為戰後京津新獲甲骨集所收，雖係殘片，與前片似為一甲所折，其一四七八片係左尾甲，曰：

（戊子卜㝉貞王逐□于沚），亡巛。（之日王）往逐（□于沚），允（亡巛）。隻□（八）。（圖二）

一四七八

圖二

又，一四七九片係左腹甲之近邊部分，亦見於殷契拾綴二篇十九片。曰：

（戊子卜㝢貞王逐彘）于沚，（亡巛。之日）王往（逐）彘，允（亡巛），隻（彘八）。（圖三）

一四七九

圖三

小屯乙編三七六四片則為另一事，其辭曰：

癸未卜𣪊貞：多子隻彘。（圖四）

3764　13.0.8185
13.0.8243

圖四

殷契佚存三八九版曰：

癸未卜，永貞：翌戊子王往逐㣇。（圖五）

續編三·三六·八乃同文異版，其辭曰：

癸未卜，貞：翌戊子王往逐㣇。（圖六）

三八九

圖五

圖六

此𡿺究為何種動物，蓄疑者久之。近始確定為鷹之一種。案爾雅釋鳥曰「鷹鶆鳩」，郭注：「鶆當為鵜字之誤耳。左傳作鵜鳩是也。」左傳昭公十七年疏引樊光曰：「來鳩，鵜鳩也。」是樊本亦作來，不以為誤字。爾雅釋文曰「來字或作鶆」，石經作鶆，郝懿行爾雅義疏以「來為正字，鶆為或體」。今以卜辭證之，則鶆為正字，來為省寫。黃侃爾雅音訓曰：「鶆，釋文作來。案說文不，上去，而至下來。名來者，蓋言其下來。」此言恐非朔誼，蓋來字係𡿺之形譌，鶆即𡿺字也。鶆為鷹屬，鷹與鳩，更相禪化，故夏小正：「五月鳩為鷹。六月鷹始摯。」月令：「季夏鷹乃學習，孟秋鷹乃祭鳥。」太平御覽卷九六二引此下有「善擊，官於代郡捕之」八字。鄭康成注月令「鷹始學習」，謂「攫搏也」。說文曰：「鷙，擊殺鳥也。」李調元夏小正箋曰：「月令鷹乃學習，此言始摯，言學擊摯也。」藝文類聚引廣志曰：「有雉鷹，有兔鷹。一歲為黃鷹，二歲撫鷹，三歲青鷹。胡鷹獲麞。」是鷹為大鳥，力能擊殺麞鹿。鶆乃鷹之一種。因鷹善擊摯，故官於代郡捕之。史記匈奴傳曰：「自代並陰山，下至高闕為塞，而置雲中、雁門、代郡。」代郡故治，在今河北省蔚縣東北。蔚縣在河北省之西部，與山西省為鄰。案卜辭逐鶆于沚，沚為沚戓封地，與𢀛方土方為鄰，亦在北方，大約北方自古以來多鷹，官於代郡捕之，猶卜辭之逐鶆于沚，據此以觀，捕鷹之習，由來亦久矣。【釋𡿺 中國文字新十期】

霥

◉方濬益 [古文字]一 [古文字]二 曾伯霥簠 曾伯霥段不黃耇萬年 自吳侃叔釋霥為⿱雨黍，後來諸家多從之。阮録亦沿其說，蓋以此為石鼓文霧字之消文也。今審此字从雨从𣎵，𣎵从木不从禾，則非⿱雨黍字明甚。說文：「桼，木汁可以髼物。象桼如水滴而下。」𣎵正古文桼字。疑霥即桼之籀文，从雨亦以下滴為義也。【綴遺齋彝器考釋卷八十】

𨟚

◉湯餘惠 [古文字]（《璽》2107） [古文字]（《璽》2106）

均為私名璽姓氏。右从邑，知原本是地名。「𨟚」即「𨟚」亦即地名「盧」字古寫。古來以「盧」名地者有二：一在山東，一在河南。從文字本身的線索考慮，字中「西」形皆作三筆交叉，與齊文字四筆交叉者有異，因此不大可能是山東的盧邑，而以西漢時地屬虢州的盧氏縣可能性較大。【略論戰國文字形體研究中的幾個問題 古文字研究第十五期】

蠈 ⿰貝殷 ⿱罒亞 ⿱罒雉 ⿰缶詹

⿱宀意人殘石　此从則聲　【石刻篆文編】

蠈在則切古體記　【汗簡】

◉曹錦炎　⿰貝殷尹為職官名。⿰貝殷字原篆器蓋作、肩部作。殷字，三體石經古文作；長沙出土的戰國楚帛書作；戰國貨幣銘文作；朱德熙、裘錫圭：《平山中山王墓銅器銘文的初步研究》，《文物》1979年第1期。與本銘⿰貝殷字右半構形極近。尹字寫法同于諧尹鉦和者旨留盧(爐)盤，博煒、白堅：《江西靖安出土春秋徐國銅器》，《文物》1980年第8期。兩器亦為徐器。【紹興坡塘出土徐器銘文及其相關問題　文物一九八四年第一期】

◉屈萬里　甲編六三八　掇四五一　隸定之當作⿱罒亞。疑即之繁文。字有征伐之義。此字蓋圍獵之義也。【殷墟文字甲編考釋】

◉李孝定　从重止。从口。説文所無。辭云「叀今日辛⿱罒亞卒　叀翌日壬⿱罒亞卒」甲編六三八。疑圍字古文。圍衛古當是一字。其義則屈説是也。【甲骨文字集釋第二】

◉徐中舒　一期　合三五四　一期　合三五四　從网從雉，《説文》所無。疑為䍙之初文。《説文》：「䍙，网也。从网，每聲。」段注：「网之一也。《篇》、《韻》皆曰『雉网』。」捕鳥方法。【甲骨文字典卷七】

⿰缶詹　説文所無史記貨殖列傳醬千甔从瓦索隱作檐从木漢書作儋从人左傳弛於負擔从扌　國差⿰缶詹　【金文編】

◉阮　元　國差⿰缶詹　攻卒佫鑄西𩫖寶⿰缶詹四秉　⿰缶詹即甔字。廣雅釋器云：「甔，瓶也。亦作擔。」後漢明帝記注引埤蒼云：「擔，大罌也。字或作儋。」史記貨殖列傳云「醬千甔」，徐廣云：「甔，大罌缶。」方言云：「罃，齊之東北，海岱之間，謂之甔。」漢書蒯通傳注引應邵云：「齊人名小罌，為儋，受二斛。」【積古齋鐘鼎彝器款識卷八】

◉吴式芬（齊國差甔）許印林説⊘説文無𦉥字。廣雅作甔。書傳或作擔。或作儋。皆借字。此𦉥形聲分明。足補字書之缺。

【攈古録金文卷三之一】

◉方濬益（國佐𦉥）説文無𦉥字。古通作擔。又作儋。史記貨殖傳。廣雅釋器。皆作甔。【綴遺齋彝器款識考釋卷二十八】

◉高田忠周　阮氏云。案𦉥即甔字。廣雅云。甔瓶也。亦作擔。後漢明帝紀注引埤蒼云。擔大罌也。字或作儋。按甔擔皆説文所無。古字唯作儋也。儋訓何也。何今荷擔之荷字。其引伸罌器之義生焉。史記貨殖傳。漿千儋。索隱引孟康云。罌也。罌受一石。故云儋石是也。而今見此篆。从缶詹聲。葢中古有𦉥字。為器名專字。許氏不録者。經傳無見故乎。【古籀篇三十一】

◉容　庚　𦉥字書所無。即甔字。方言。甔。齊之東北海岱之閒謂之甔。廣雅釋器。甔瓶也。史記貨殖列傳。醬千甔。集解引徐廣。甔大罌。缶字亦作擔。作儋。【周國差𦉥　寶蘊樓彝器圖録】

◉楊樹達　𦉥字方言卷五作甔，其字从瓦，與銘文从缶者義同，二字説文並失載。方言云：「甔，齊之東北海岱之間謂之甔。」廣雅釋器云：「甔，瓶也。」字或作儋，又作擔。史記貨殖傳云「醬千甔」，集解引徐廣曰：「甔，大罌缶。」索隱云：「醬千擔，都甘反。」漢書作儋，孟康曰：「儋，甖也。甖受一石，故云儋石。一音都濫反。」後漢書明帝紀云「生者無擔石之儲」，李賢注引埤蒼云：「甔，大罌也。」此甔為大罌之説也。漢書蒯通傳云「守儋石之録」，應劭注云：「齊人名小罌為儋，受二斛。」此甔為小罌之説也。廣韻二十二覃云：「甔，大甖，可受一石。」此用孟康説也。又二十三談云：「甔，小罌。」此用應劭説也。王念孫廣雅疏證七卷云：「甔，或以為大甖，或以為小罌，古無定訓，疑莫能明也。」樹達按：銘文國差即春秋時之齊國佐，知此確為齊器。然則揚子雲齊人名罌為甔之説審核不誣矣。甔之容量，徐廣及埤蒼以為大罌，而應劭則以為小罌，容二斛，故王念孫有疑莫能明之語。今據寶蘊樓彝器圖釋所實測，謂此器容三斗五升四合，古今量器大小不同，無由與古訓相稽合。按𦉥甔之後起字為罎，廣韻二十覃云「罎，甒屬」是也。今字作罈。竊謂甔之為器，本非定量之名，與豆區釜鍾諸名有别。銘文記罈實酒，貨殖傳云盛醬，今之罈用以盛酒盛醬，與古無殊，涉足酒坊，或大或小，觸目皆是，由今推古，罈之製作，大小定自陶人，容積本無定量，誰則整齊而畫一之？然則大小之説不一，正合物情。王氏以此致疑，殆非通方之論也。【工師佲𦉥再跋　積微居金文説】

◉王恩田　齊國陶文里名中有一個常見的字，有多種寫法：

季53·6　匯3·248　季54·11　季54·1　季60·2　季59·12　季77·7

吴大澂釋窖，又改釋寶。丁佛言初從吴説釋寶或窖，後釋陶。柯昌泗同意釋陶，後又認為内从缶，釋寶較勝。孫文楷釋𦉥。金文从穴的字（《金文編》卷七）和陶文从穴的字（《字徵》176頁）作、，上不从人，八不外出，釋窖與此字形不合。金文陶字作[glyph](荀伯盨)，借為寶。齊國陶文自有「陶」字，已如上述，釋陶亦非。應從孫文楷釋鏳。

《說文》：「产，从人，在厂上」。「詹，从言，从八，从产」。徐鉉注：「产，高也，八，分也。」可見产是从人在厂上會意。引申為「在高而懼」的危。上揭陶文从缶，从詹省聲。[glyph]、[glyph]、[glyph]諸形，从人在屋上會意。宀內的八，乂，或如徐鉉解為「八，分也」，或是表示屋内的樑架結構。國差鏳「鏳」作[glyph]，从缶，詹聲。詹从厂，从八，从言，與《說文》合，只是厂上省人。

鏳，《說文》無，古籍作甔。从缶、从瓦古可互作。或音同作儋。齊人稱罃(罌)為甔，《方言》：「罃，齊之東北海岱之間謂之甔。」《史記・淮陰侯列傳》集解引蘇林《漢書》注，引應劭並曰：「齊人名小罌為儋。」

從器形看，國差鏳是一種小口大腹的器物(圖一：1)。而以詹名里的陶文印記幾乎全部打在與國差鏳器形完全相同的器物上，證明這類陶器也應名之為鏳。陶鏳分兩種，一種有外卷的小口沿(圖一：2)；一種為直領無沿(圖一：3)。均飾細繩紋，頸部素面。陶印一般都打在頸部，個別的打在口沿内側或肩部。

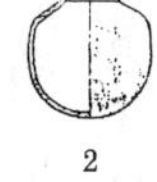

1　2　3

圖一

齊國民營製陶業已經有了明確的專業分工，出現了某個地區或幾個地區只生產同一種產品的現象。齊國民營製陶業的主要產品以豆、鏳為大宗，根據對177件實物標本的統計，結果如下：

器类／數量／地點	豆
豆　里	43
城　圖	27
楚郭鄉	16
高閱鄉	13
子裘子里	8
臧　陽	7
北　里	3
其他11個鄉里	13
總　計	130

器类 / 数量 / 地點	鏳
蒦　圜	25
陶　鄉	7
仚鏳里 鏳　里 中鏳里	6
丘木平里	3
左南郭鄉等 5個鄉里	6
總　計	47

根據以上統計可以看出，生產豆的場家集中在「豆里」等18個鄉里之內。生產鏳的場家集中在「蒦陽」等9個鄉里之內。另外，據考古發現和傳世品觀察，齊國戰國時代的陶鉢(盂)，大都是「楚郭鄉關里」(或省稱關里)的場家生產的。生產豆的鄉里一般不生產鏳。生產鏳的鄉里一般不生產豆。當然也有鏳里中生產豆的，如「鏳里人臧之豆」(季38·8；38·11)，那是極個別的例外。值得注意的是在生產豆的鄉里中，「豆里」高居榜首。而且豆里又是屬於高閭鄉的(匯3·409—11)。兩者相加，佔產品總數的將近一半。可見「豆里」者，為生產豆的場家薈聚之地。同樣生產陶鏳的不少場家其里名稱「鏳里」，如蒦圜鏳里、陶鄉仚鏳里、陶鄉東鏳里、仚鏳里、中鏳里、鏳里、左南郭鄉辛鏳里等。可見「鏳里」的得名，也是由於生產鏳的場家薈聚之地的原故，證明上揭陶文釋鏳不誤。【齊國地名陶文考　考古與文物一九九六年第四期】

⿰⿳生𢆶皿阝

◉彭　曦　許俊成　唯王初女(如)⿰⿳生𢆶皿阝

「王初」，是王即位不久，當是該王的元年。此與《盠器》中《馬尊銘文》之「王初」意同。女，當釋如。《爾雅》：「如往也。」此處意同《春秋》中「如晉」、「如齊」、「如盟」之「如」。⿰⿳生𢆶皿阝，金文中僅見。可能是地名。「如⿰⿳生𢆶皿阝」似有視察、巡視之意。

𢍰

圖一　穆公簋銘文拓本(原大)

【穆公簋蓋銘文簡釋　考古與文物一九八一年第四期】

◉商承祚　𢍰　𢍰字从𢍰从東，乃國名。【殷契佚存】

𥂝 鼬 鄰 鏄

◉徐中舒 [古文字]五期續三・二二・一 從[古文字]從[古文字]酉從皿，《説文》所無。疑為[古文字]之異體。地名。【甲骨文字典卷五】

◉陳松長 [古文字][古文字] 此字見於268簡，在該簡中共出現了兩次，一作「[古文字]」，一作「[古文字]」，釋文均隸定為「鼩」，考釋中未加注語。按，277簡中亦有被釋作「鼩」者，其字形作「[古文字]」，右旁所從的「勺」字，輪廓清晰，與268簡中的兩字迥然有別，因此，這三字似乎不應作同一個字隸定。周代銅器銘文中蟲字寫作「[古文字]」（魚顛匕），而「萬」字則或作「[古文字]」（父己鉦），或作「[古文字]」（父丁觶），其「蟲」的尾部或向左彎曲，或向右旋繞。由是而觀268簡中的兩字，似均應隸定為「鼬」字，「鼬」字《説文》未載，似亦應是一種鼠的專稱。【包山楚簡遣策釋文訂補 第二屆國際中國文字學研討會論文集】

◉柯昌濟 [古文字] 鄰字疑鄰之異文。鄰即左傳養甥之養。楚有養由基。鄧有養甥。蓋南方之氏族。【𩰫鼎 韡華閣集古録跋尾】

◉高田忠周 [古文字]鄰 説文所無 𤼈鼎 〈0632〉「鄰安之孫𩰫大叓（史）申乍（作）其造（祰）鼑（鼎）十」

爽字作[古文字]。敎字作[古文字]。即此[古文字]亦爻無疑。又从食。與肉同意。餋亦𣪘字。又从艸。與殳同意。殳攴通用也。[古文字]亦𣪘字。而𨟓字説文無之。唯玉篇廣韻皆云。鄰。邑名。集韻。鄰音𣪘。山名。在弘農。此義。字亦作崤。公羊僖三十三年傳。肴𡸣之嶔巖。文王所避風雨處。又以殽為之。左僖三十三年傳。晉人及羌戎。敗秦師於殽。或省作肴。後漢書王莽傳。肴𡸣之險。由是觀之。崤函字初借殽為之。又加邑作𨟓。此鼎文是也。又借肴為之。又加邑作郩。俗亦从山遂為崤字。然則左傳為本字。作郩為其異文。即知此篆作𨟓亦殽字異文耳。从邑與郩同意。【古籒篇二十】

◉馬薇廎 釋鏄

[古文字]象紡紗之纏形，／為紡線，[古文字]為紡專，甲骨文專字作[古文字]，與此相似，故[古文字]當為專字。[古文字]从金專聲，鏄也，音團。團，説文「圜也」，謂如球形之圓也。陳侯午敦之「[古文字]鐘」蓋謂圓敦，正如其器之作球形也。釋鏄誤也。【彝銘中所加於器上的形容字 中國文字第四十三册】

鎴 鎨 黼 䥲 饌

◉黃錫全　出土於紀南城内東南部卅號臺基。印面方形，背面有橋型鈕。邊長9、厚3、鈕高8釐米。陽文一字：□鎴

簡報引裘錫圭先生意見，「印文似是兩個字，按印文排列的一般規律，應為『金身』二字，是一顆私印，也有可能是『息金』。『息』是『信』的異體，古印屢見」。　【湖北出土商周文字輯證】

◉黃錫全　侯馬盟書宗盟類「□敢不閛其腹心以事其宔」，第一字，《侯馬盟書》列入存疑字，為參盟人名。

按金文中「彤沙」字，袁盤沙作□，休盤作□，無叀鼎作□；而逆鐘作□，师毁毁作□。郭老説：□「蓋即沙綏字之本字也，其字从尾、沙省聲。」又，《汗簡》録義雲章沙作□，即□訛（□為□訛，□為□誤）。《汗簡》保存了這一古體，並且釋文為沙是很可貴的，足證郭老釋□為沙是確切無疑的。上揭侯馬盟書第一字右旁□即□，實與金文、《汗簡》沙同字，應該隸作鎨，釋為鈔。

《廣韻》有鈔字，素何切。「鈔鑼」為銅器名。侯馬盟書「鈔」為人名。　【利用汗簡考釋古文字　古文字研究第十五輯】

◉唐　蘭　□　蔡侯黼的黼字跟金文的黼字很相像。甫本作𤰈，又十分像東字。戰國時𠭯成侯鐘重十鈞十八益的重字作□可證。那末蔡悼侯本名黼，六國時人誤讀為東，不知又因為什麼變成了東國。　【五省出土重要文物展覽圖録序】

□　䥲裴光遠集綴　【汗簡】

◉戴家祥　□董鼎　匽侯令董饌大保于宗周　□蓋　□器　萬毁　王命萬衆叔緐父歸吴姬饌器

郭沫若曰：「案此乃説文·食部『□，籀文飴，从異省』者也。食之或作□者，猶卿之或作□休盤文。毁之或作□叔狀毁文。龔殆叚為飤，或禩。飤器乃服用之物，金文習見，禩器則為宗彝。作册大鼎『公束鑄武王成王異（禩）鼎』。二者未知孰是。」金文叢考一八〇葉金文餘釋釋𢍰。董鼎「匽矦令董饌大保于宗周」，饌讀作翼，「佐翼」、「輔翼」之義。　【金文大字典下】

⿱𠂤酉　⿰月畾

⿰月畾 3·422　塙闠梪里曰⿰月畾　說文所無玉篇⿰月畾腂腫皃　【古陶文字徵】

◉吳式芬　□⿱𠂤酉　說文所無　遣小子簋　〈1183〉「遣小子𩬆以其友作⿱𠂤酉男王姬䵼彝」　〈2721〉「丙午⿱𠂤酉」

許印林說○⿱𠂤酉釋為招。蓋據薛書父丁爵□。戊命彝□。晉姜鼎□為之。然皆不相似。筠清館父癸角有□□。顧湘舟寄余父丁甗搨本有□。其上皆承貝十言之。蓋貝之量數。與朋義近而不可識。視此銘招字僅多下足。應即同字而未必是招也。【攈古録金文卷二之一】

◉郭沫若　説「省吾為五,又增西形」,不如説⿳五西日為⿱𠂤酉之譌,較為切近也。上⿱𠂤酉當是國名,其地距殷京頗遠。由下片推之,相距之路程當在四十日以上,當在三千里内外。以聲類求之,疑即上虞。上虞之名頗古,據水經注漸江水下:「江水東逕上虞縣南,王莽之會稽也,本司鹽都尉治。地名虞賓。晉太康地記曰:『舜避丹朱於此,故以名縣。百官從之,故縣北有百官橋。』亦云:『禹與諸侯會事訖,因相虞樂,故曰上虞。』二説不同,未詳孰是。」余按二説均係傳説,然漢書地理志已有上虞,屬會稽郡,蓋沿秦之舊。則上虞之名當自殷周以來所舊有矣。【卜辭通纂】

◉孫海波　□前二·四·一　从𠂤从酉。説文所無。地名。上⿱𠂤酉。

金文遣小子𣪘作⿱𠂤酉,與此同。吳大澂謂疑即許書⿳五西日之古文。【甲骨文編卷十】

◉徐中舒　□　甲文金文又有⿱𠂤酉字,地名。丙申角作⿱𠂤象,皆⿱𠂤象之異文,説文誤作⿳五西日,讀若寫。⿱𠂤象⿱𠂤象士父鍾作⿱𠂤夂⿱𠂤夂,又季⿱𠂤酉𣪘稱其皇考為井叔,與井季⿱𠂤夂卣當是同一人所作之器,即⿱𠂤象⿱𠂤酉⿱𠂤夂並通之證。石鼓乙「其朐孔庶臠之⿱𠂤夂⿱𠂤夂𣶒𣶒趚趚」,⿱𠂤夂與庶趚為韻。據此數字推之,⿱𠂤象當讀胥。篆文胥與金文⿱𠂤象形頗近,詩蓼蕭「零露湑兮」,湑並與寫為韻,胥寫庶⿱𠂤夂趚古皆魚部字,故得相通。師酉𣪘⿱𠂤象夷京夷並言⿱𠂤象京,即詩篤公劉之胥京。篤公劉「于胥斯原」、「于京斯依」、「于豳斯館」三語全同。京豳為地名,則胥亦當為地名。京與胥近亦與師酉𣪘合。詩芃芃、蓬蓬、莑莑、唪唪、湑湑,皆有盛意,是數數⿱𠂤象⿱𠂤象即形容武嚴之盛也。【金文嘏辭釋例歷史語言研究所集刊六本一分】

飆出裴光遠集綴　【汗簡】

◉曾憲通　尻于餟□　甲一・一三　何琳儀此字隸作罍，从隹𦝡聲。以𦝡音近雷，因謂其地為雷澤，即伏犧所從出。選堂先生隸此字為餟，謂字从䏿為地名，引《墨子・非攻下》楚熊麗始封于睢，帛文餟即其地。並指出帛書首句主詞宜屬之大熊，以指楚姓，文理始愜。【長沙楚帛書文字編】

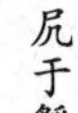

◉葛英會　《包山楚簡》(下稱《包山》)一書所刊布文書類之集箸言、受期及無篇題簡文中，譔是一個關鍵字詞，以受期簡文最為多見。

不譔陳主之傷　(《包山》二二)

不譔長陵邑之死　(《包山》五四)

以上引文，主字簡文从宀从主，傷為从刀昜聲字，如左圖所摹(全為包山簡文)，2、3即譔字。《包山》將2、3隸作譔，4、5隸作𠞊，6、7釋作僕，8、9、10釋作鄴。即2、3、4、5所从為丵，6、7、8、9、10所从為業。仔細觀察這些字，其所从聲符都應是業。其中8所从業字最為規範，與《說文》篆書業字結構相同。可知1所摹即業字。《說文》:「業，从丵从収。附圖1及8所从，就是這種結構。3、4、5、7、9、10的業字偏旁皆从丵从又，又應即収之省。6、7从人从臣，業聲，係《說文》古文僕字。6所从臣移至業下，業所从収全部省略。2所摹譔字，所从業也有省略，大概是由於書寫草率急就造成的。

1. 145　2. 15反　3. 128反
4. 19　5. 36　6. 16
7. 137反　8. 185　9. 41
10. 48

譔，《說文》所無。《集韻》、《類篇》並「普木切，音撲。以言蔽也。」《論語》「詩三百，一言蔽之」，何晏注「蔽，猶當也。」《小爾雅》「蔽,斷也。」簡文⿰言菐即用蔽斷意。

新佸迅尹不為其⿰言菐。（《包山》一五反）

新佸迅尹不為僕剸。（《包山》一六）

上録兩簡所記係同一訟案的同一關節。前者之其指代後者之僕。前簡之⿰言菐與後簡之剸對稱,兩者當為同義或近義詞。《玉篇》「剸,裁也」、《韻會》「剸,截也,斷也」、《禮記·文王世子》「其刑罪則纖剸」之剸即裁斷之意。可知兩簡所記皆訟者指控新佸迅尹不為他的訟案做出決裁。同一句話,兩樣表述,相同内容,兩種措詞,足證⿰言菐、剸為同義詞。

簡文以⿰言菐、剸對舉,猶《周禮·秋官》以弊、斷對稱。《秋官·大司寇》「凡鄉大夫之獄訟,以邦成弊之。」《秋官·士師》「察獄訟之辭以詔司寇斷獄弊訟」,《鄉士》、《遂士》、《縣士》等職皆云「司寇聽之。斷其獄,弊其訟于朝。」《大司寇》注引鄭司農云:「弊之,斷其獄訟也。」《小司寇》正義云:「至於旬日乃弊之者,謂訊得其情,猶必待旬日,乃與羣士、司刑同弊其罪也。」《鄉士》云「司寇聽之,斷其獄,弊其訟於朝」者,是先聽之謂之訊,後斷之謂之弊。

由此,可以認為簡文之剸即典籍之斷,簡文之⿰言菐即典籍之弊。斷、弊用於經典,大概是中原雅言。剸、⿰言菐用於楚簡,可能是荆楚方言。包山簡文之⿰言菐都用為弊斷之意,無一例外。【包山楚簡釋詞三則　于省吾教授百年誕辰紀念文集】

⿸疒縣　鶉　⿰言粦

◉黄錫全　《甲骨文編》附録上十七有字作□,从言从粦,應釋為⿰言粦。字書有⿰口粦無⿰言粦。《集韻》⿰口粦同磾。《玉篇》:「磾誕,言不正。」【甲骨文字釋叢　考古與文物一九九二年第三期】

◉柯昌濟　卜詞曰。癸未卜王曰貞又□于行其又射。此字从鳥形。内从月。當即古鶉字。案卜詞又有□字。正象鶉形。内从月者。鶉肥鳥。故从月。如豚字从豕。从月。是也。古凡肥腯之物皆从敲聲。如豚鶉腯等字是也。【殷墟書契補釋】

◉戴家祥　□十二年矛　上軍工師司馬⿸疒縣

⿸疒縣,説文不載。字彙「力火切,音騍。瘰也」。正字通云:「瘭字之譌」。金文用作人名。【金文大字典中】

◉朱歧祥　[甲骨文]—[甲骨文]—[甲骨文]

[甲骨文]象麋陷於阱中，隸作麕。《説文》無字，字與甾、麕、𪋛、囟等字形相類，屬於殷人設阱捕獸的方法，與網、射等捕法不同。字又作為武丁時子名，有改从口作[甲骨文]、从井作[甲骨文]，由辭例可證。

〈前7・40・1〉庚戌卜，賓貞：子[甲骨文]☐？

〈戩44・2〉丁巳卜，賓貞：子[甲骨文]其出災？

〈海1・9〉☐子[甲骨文]☐出☐？　【甲骨學論叢】

◉戴家祥　[金文]蓋　[金文]器　大段　王才𥂴倀宫　[金文]大鼎　王才𥂴倀宫

吴大澂曰：[金文]，从帚从[米]从皿。[金文]似米之異文。國語「敢歸之下執政」，注：「歸，饋也。」論語「歸孔子豚」，皇疏「歸，猶餉也。」當即此字。疑饋之古文，非女歸之歸。說文古籀補附録八葉。按吴大澂所釋是也。劉心源强運開从之，金文用作宫室名。

【金文大字典中】

◉李伯謙　商代晚期與西周早期的青銅器銘文中，常見有𠔏形圖識，下似一大人雙手舉子，上作床几之形。除此，尚有較多異構和簡化以及外邊范以「亞」框者(圖一)。據以往著録和近幾十年新出土者統計，約有二百個之多。

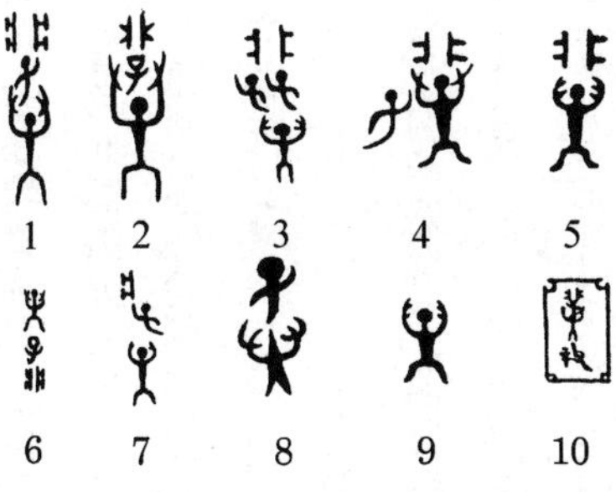

1　2　3　4　5

6　7　8　9　10

圖一　𠔏族族徽

1—8. 父乙簋、盦卣、父辛觚、觶、爵、父丁觚、父癸爵、戈(《金文編》第792—794頁)　9. 觚(《文物》1964年4期第42頁)　10. 尊(《續殷文存》上第54頁)

此圖識學者多視同一般意義上的文字，或釋「析子孫」，或釋「異」，或釋「冀」，或釋「舉」，或釋「子」，意見不一。對于其含義，或云人名，或云地名，或云祭禮名，看法亦頗不同。一九三〇年，郭沫若發表《殷彝中圖形文字之一解》，首釋其為族徽，謂「乃古代國族之名號，蓋所謂『圖騰』之孑遺或轉變」，郭沫若：《殷周青銅器銘文研究》，科學出版社1961年。應是符合實際的結論。

那麼，此圖識究是何族族徽，屬商代哪一族系呢？

秦建明、張懋鎔釋此為「子」，認為子是殷人八大姓氏之一，「而子姓為最顯赫高貴的直系宗嗣」，「帶有𦬚形符號的銅器均是商族之器」。秦建明、張懋鎔：《説𦬚》，《考古與文物》1984年6期。丁山釋作「冀」，謂「乃殷周間諸侯有國之名」，故地在今山西省河津縣一帶。丁山：《説冀》，《中國歷史語言研究所集刊》第一本二分册。葛英會認為此族徽上部所从之「北」乃北字之圖案化變體，「帶有這個徽號的銅器應為北伯器物」，此族「乃燕部族聯合中的一個分族（或部族）」。葛英會：《燕國的部族及部族聯合》，《北京文物與考古》總一輯1983年。黄盛璋認為即甲骨文中微方伯之微族，是「東方殷統治下一個異姓屬國」。黄盛璋：《西周微家族窖藏銅器羣初步研究》，《歷史地理與考古論叢》，齊魯書社1982年。史樹青則主張此乃東夷人方之族徽。史樹青：《無敄鼎的發現及其意義》，《文物》1985年1期。

作為氏族標志的族徽來源很早，孤立地單據族徽本身推定其族系困難很多。但如果聯繫其出土地點、年代分期、族徽合署情況以及甲骨、金文中有關該族活動和族與族關係等記載，進行多方面的綜合研究，要疏理清其族系源流還是有可能的。

此族亦見于武丁甲骨文。字作□，或上部之子字缺刻橫劃而作□。

該族參予征伐制服與商王敵對的方國，證明其與商王有着甚為密切的關係。但又貞問對其是否命令、是否徵召，似又非對待同族的口氣。

彝銘中該族族徽有的是范以亞形的（圖一，10）。對「亞」的含義，唐蘭考證為「爵稱」，《武英殿彝器考釋》第2頁。丁山認為是「内服」諸侯的標志，《甲骨文所見氏族及其制度》第45頁—48頁，科學出版社1956年。陳夢家認為是武職官名。《殷墟卜辭綜述》第510頁，科學出版社1956年。根據對帶亞形族徽的統計，多是與商王有密切關係的國族，其中有的可確指為商之異姓，迄今尚未發現與商同姓者。因此，不排除亞形族徽乃是受商王節制、與商王朝有着貢納關係的異姓方國的標志的可能。聯繫前述該族與商王的關係，也許從另一個側面説明其與商族並無血統的聯繫。

主張其為商族族徽的同志是以釋其為「子」和古代文獻中「商人子姓」的記載為説的。他們舉出扶風莊白一號窖藏中與微氏家族器物史牆盤等同出的商尊、商卣為證陝西省周原考古隊：《陝西扶風莊白一號西周青銅器窖藏發掘簡報》，《文物》1978年3期。認為這兩件銅器既與微氏家族器物同出，亦應為微器，而此微氏家族之微即商之同姓微子啟之微國，則商尊、商卣銘文所署的𦬚形族徽既是商人子姓的證明，又是商族的標志。

這一看法是否正確，需要認真加以分析。

首先，古代的「姓」和「氏」是有區别的。⊘商周銅器上所見各類族徽應是當時社會上存在的各父系氏族(或其分族)的標志，即「氏」名，而非「姓」名。

族徽並非姓徽，彝銘所見族徽均應為「胙之土而命之氏」的氏徽。釋冀為子，認其為子姓所出商族族徽是缺乏根據的。

再者，微氏家族之微是否商之同姓微子啟之後，意見並不一致。⊘即使其確為商之同姓微子啟之後，而窖藏銅器並非清一色微氏遺物，帶「旅」字族徽的《父乙觚》和帶「單」字族徽的《陵乍日乙罍》明顯不屬于微器，這是研究者所公認的。商尊、商卣與此二器一樣，其銘文內容既看不出與微氏家族有何內在聯繫，其族徽又與微氏家族所持有的[illegible]形族徽有别，也很難説其必為微器。有的研究者看到了兩者族徽不同這個矛盾，但認為「冀」是史牆之祖父折任周王朝作册之前該族使用的族徽，「[illegible]」則是折任周王朝作册之後新啟用的族徽。黃盛璋：《西周微家族窖藏銅器羣初步研究》，《歷史地理與考古論叢》，齊魯書社1982年。應該承認，[illegible]形族徽中的「册册」確是作册官職的標志，彝銘中不乏其例。但史牆盤銘明言史牆剌(烈)祖入周前即為微史，亦即作册，此族徽中之「册册」究是折任周王朝作册之後的標志，抑或是微史原有之標志，實難加以分别。我們認為，族徽與職官徽號是既有聯繫又有區别的兩個不同的標記。彝銘中有些僅署族徽不署職官徽號，如《[illegible]鼎》、《[illegible]觚》。羅振玉：《三代吉金文存》2·6·5；14·18·6。中華書局1983年。有些則二者合署，如《宰椃角》即署作「[illegible]」，《父癸鼎》即署作「[illegible]」。羅振玉：《三代吉金文存》16·48；2·48·4。中華書局1983年。顯然，二者均有自己的獨立性，職官徽號的有無甚或變化並不要求族徽也有相應的改變。商周之際雖經過改朝换代的巨大政治事變，原屬于商王朝的許多方國首腦的地位發生了急劇變化，但商代流行的許多族徽卻一直延續使用到了西周。銘末署有冀形族徽的《復尊》、《復卣》琉璃河考古隊：《北京附近發現的西周奴隸殉葬墓》，《考古》1971年5期等已可晚到西周康王時代，與[illegible]形族徽同時並存，這就從根本上否定了兩者有着前後因襲變化的關係。因此，即便證明[illegible]形徽號為子姓之微的族徽，也不能證明冀形徽號必為子姓商族的族徽。

同樣，冀屬東夷之説亦缺乏堅實可靠的證據。

晚商銅器小子□簋羅振玉：《三代吉金文存》8·33·2(名曰《文父丁𣪘》)。中華書局1983年和𥁕卣羅振玉：《三代吉金文存》13·42·2。中華書局1983年均署有此族徽。

小子□簋銘云：

癸巳，□賞小子□貝

十朋，在□□□□命
伐人方𠂤，□□用
乍文父丁䵼彝。
在十月四。𢍰。

作器者小子□因參予伐人方𠂤而受賞作器。

　𥁕卣銘云：

　乙巳，子命小子𥁕先𠃬于
　謹，子光賞𥁕貝二朋，舌貝
　隹（隹）蔑母曆，𥁕用乍母辛
　彝，在十月月隹舌命望人方𠂤：

蓋上有「冀母辛」三字。

　望字作𡈼，从𦣻目，从人。于省吾謂「象舉目遠望」，于省吾：《釋遣》，《甲骨文字釋林》第177頁，中華書局1979年。有偵察、監視義。𥁕因受命監視、偵察人方𠂤的活動而受賞作器。

　小子□和小子𥁕均出身于冀族，而又與該族所屬的東夷人方作對，一般來說是有悖于情理的。時代與小子□簋及𥁕卣基本同時銘末亦署有此族徽的舌鼎，羅振玉：《三代吉金文存》3·53·2。中華書局1983年。銘文記商王以渪地五年的收獲賞賜給作器者小臣舌。據李學勤考證，渪水即河北省的沙河，地近邢臺，應在商王畿內。李學勤：《〈中日歐美澳紐所見所拓所摹金文彙編〉選釋》，《古文字研究論文集》（四川大學學報叢刊第十期）1982年。舌若出身夷族，竟能官至商王左右的小臣，且受到商王如此厚重的賞賜，恐怕也很難于理解。

　最近復出的商晚期器無敄鼎銘末亦為此族徽，史樹青：《無敄鼎的發現及其意義》，《文物》1985年1期。無敄即般甗羅振玉：《三代吉金文存》5·11·1。中華書局1983年。之無敄。般甗全銘為：

　王𡧊人方，無敄
咸。王賞乍册般貝。
用乍父己䵼𩱹

李學勤、史樹青均在敄、咸下斷句，解□作宜。李學勤云「人方無敄是人方酋長，被商王俘虜祭神。」李學勤：《殷代地理簡論》第60頁。科學出版社1959年。史樹青云「王宜人方無敄就是商王殺了人方的無敄，其目的是用以祭社無敄是夷方的首領。」史樹青：《無敄鼎的發現及其意義》，《文物》1985年1期。我們反復揣摩銘文內容而作如上斷句。□，仍依王國維釋為祖，王國維：《觀堂集林》第四冊第1195頁《殷乍父己甗跋》。中華書局1961年。意為征伐。咸，吴其昌謂「咸之本義為殺」，吴其昌：《金文名象疏證》，《武漢大學文哲季刊》五卷三期第529—531頁。譚戒甫謂「亦可假為𢦟，《說文》『𢦟，絕也，……古文讀若咸。』」譚戒甫：《西周〈曶鼎銘〉研究》，《考古》1963年12期。二義相近，從李、史釋文似亦訓為殺義。按《說文解字·口部》「咸，皆也，悉也」，□鼎銘文見吴其昌：《金文曆朔疏證》1·10；陳夢家：《西周銅器斷代（一）》，《考古學報》第九冊1955年銘文「豐伯、薄姑咸𢦏」，即豐伯、薄姑皆被擊敗制服或消滅。然咸亦有同義，《左傳·僖公二十四年》「昔周公吊二叔之不咸」，杜預注云「咸，同也」。《詩經·魯頌·閟宮》「敦商之旅，克咸厥功」，鄭玄箋「咸，同也」。同有協同、參予義，此處釋咸為同，全銘似可讀為：

圖二　㠱族與其他族復合族徽

1—4. 鼎、卣、斝、觚（《三代吉金文存》2·48·7；13·32·5；13·52·2；14·23·9）5.觚（《續殷文存》下第43頁）

商王征伐人方，無敄協同參予其事。商王賞作册般貝，般用作父己隮鼎。般或為無敄下屬，或因謀劃協同出征有功而受賞作器。

如此釋與義不悖，無敄就不是人方首領，而是商王征討人方的參予者了。這和前面提到的同樣署有㠱形族徽的小子□簋、盠卣等的銘文内容不但没有矛盾，而且完全一致。無敄既非人方首領，則無敄鼎及其他銅器上所署的㠱形族徽就不應是人方某族的族徽。

㠱族不是商族，亦不屬東夷人方族系。根據種種情況判斷，它很可能是商代晚期居于商都西北的一個異姓國族。如前所述，甲骨文中有該族征伐𢀛方的記録。關于𢀛方地望，郭沫若謂「當在殷之西北」「或更在河套附近」，郭沫若：《卜辭通纂》第440頁。科學出版社1978年。陳夢家謂「似在今垣曲與安邑之間的中條山區域」。《殷墟卜辭綜述》第274頁，科學出版社1956年。卜辭貞問該族是否征代𢀛方，兩地當相近。

商周銅器彝銘所見㠱族族徽除單署者外，尚有不少復合族徽(圖二)。這些與其合署族徽的國族亦多見于甲骨文，有的根據其與它族的交往關係尚可推知其居地。

關于復合族徽，學者多認為是氏族繁衍分化的結果。啟用新族徽的子氏族為了表示其血統上的淵源關係，在鑄造青銅禮器時，常將自己新啟用的族徽與其所出的母氏族的族徽合署，即所謂復合族徽。凡屬合署族徽的各族在血緣上應有一定關係，原本屬于一個族系。實際情況是否如此，盡管尚需深入討論，但它們之間有着較為密切的關係是可以肯定的。根據以上分析，除[glyph]族居于商都之北，[glyph]與[glyph]均在商都西北部，與推定的㠱族居地的方位恰相一致。【㠱族族系考 考古與文物一九八七年第一期】

嬛

◉施謝捷 季宮父匿銘説：

季宮父乍(作)中(仲)[glyph][glyph]姬𠈵(媵)[glyph](匿)，其萬年子=孫=永寶用。(《三代吉金文存》10.17.1。以下簡稱此書為「三代」。)

銘中「姬」上一字(下文用「△」代替此字)，係季宮父仲姊之名，過去釋「⿰女臽」(强運開《説文古籀三補》12·7，徐中舒《漢語古文字字形表》474頁、一九八五年版《金文編》809頁從之)。釋「⿰女臽」的主要依據是㝬鐘銘「南或𠬝孳敢臽處我土」中「臽」字作[glyph](《金文編》509頁)。實際上，「臽」的構形與「△」右半所从並不相同，且古文字中的「臼」在已確釋的「从臼」字的偏旁裏，亦無一例作[glyph]形者(參《金文編》260頁「舊」、501頁「稻」、737頁「淊」、733頁「滔」等)，因此把「△」釋為「⿰女臽」字，顯然是不妥當的。

我們知道，古文字中作為偏旁的「目」字，可以作[glyph]形，亦可以省作[glyph]形，如甲骨文裏的「馬」字作[glyph](粹1154，《甲骨文編》379頁)、[glyph](寧滬1506，同上)；金文裏的「賜」字作[glyph]、[glyph](並見虢季子白盤，《金文編》235頁)；「屖」字作[glyph]、[glyph](並見屖敖𣪘，同上605頁)；

隫 𠾅

「蔑」字作（師艅毁，同上261頁）、（牆盤，同上）；「眈」字作（𢦚方鼎，同上236頁）、（班毁，《商周青銅器銘文選》168。以下簡稱此書為「銘文選」）等等，是其例。又金文裹「褱」字多見，或作下列諸形：

伯𢦚毁　牆盤　　褱鼎　　𤼈鐘（《金文編》586頁）

據此，我們認為「△」字右半所从即「褱」之異體，偏旁「衣」的寫法與𤼈鐘後一例相似，「罘」的寫法則與上舉諸「从目」字的省簡情形相同，把「△」釋為「⿰女褱」字，顯然非常合適。

「⿰女褱」字，《說文》失收，《汗簡》引《碧落文》、《古文四聲韻》引《王存乂切韻》均有此字，借作「懷」（分別見中華書局一九八三年版34頁、15頁）。《廣韻》：「⿰女褱，和也。」《集韻》：「⿰女褱，安和也。」黃錫全《汗簡注釋》曾指出：「古應有⿰女褱字，鄭珍認為是『臆改心為女』，當誤。」（武漢大學出版社一九九〇年版425頁）現在看來是非常正確的。【金文零釋　于省吾教授百年誕辰紀念文集】

◉李孝定　前・六・三九・四　前・七・五・一　前・七・十八・三　从口从䜌。説文所無。【甲骨文字集釋第二】

◉孫海波　從口，從䜌，與金文同。【甲骨文編卷二】

◉徐錫臺　李自智　玉戈銘文作兩行，共27字。試釋文如下：

六月丙寅，王才（在）豐，令（命）太俅（保）眚（省）南或（國），帥漢，浩（出）殷（殷）南，令（命）隫（濮）侯辟，用鼄走百人。

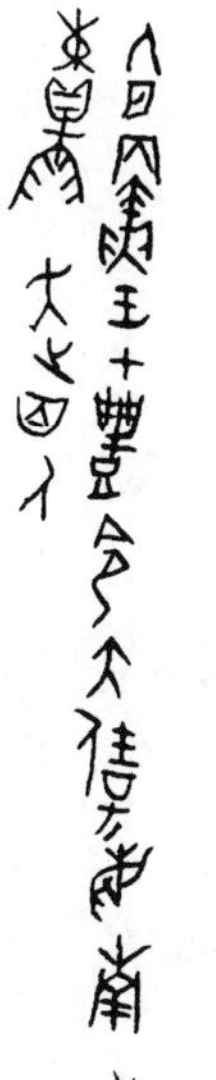

圖三　太保玉戈銘文摹本

「令隫侯辟，用鼄走百人」，⊘如師旂鼎「僕」字作，史僕壺作，趞簋作，令鼎作等，故可隸定為「隫」即「𨻰」字。《廣韻》：「𨻰，蠻夷國名。」《集韻》或作「𨻰」，通作「濮」，也就是武王伐紂時，牧誓八國「庸、蜀、羌、髳、微、盧、彭、濮」中的濮。其時，濮之所在，據顧頡剛先生考證，是在楚國附近，今湖北省境，顧頡剛：《史林雜識・牧誓八國》初編，中華書局，1963年版。亦即江漢流域。召公奉成王之命，沿漢水南下，巡省南方諸侯國，濮亦當在被巡省之列。濮協助武王滅商，有功於周王朝，召公南巡之際，奉王命以百名僕御封賞濮侯，以便使其繼續效忠於周朝廷，此乃情理中的事。【太保玉戈銘補釋　考古與文物一九九三年第三期】

轡

◉葉玉森 轡 商承祚氏曰。案轡敦轡尊其字皆與此同。吴中丞釋穗。謂禾穗下垂形。羅師以所釋未當。故附之于此。商氏待問編卷二弟三葉。森按。此字異體作轡轡轡轡。疑許書轡字以絲運車。與連同意。詩曰。六轡如絲。卜辭之八八八竝象運車之絲形。金文貿鼎轡作轡。與此正同。卜辭轡為地名。【殷墟書契前編集釋卷二】

纆

◉郭沫若 散氏盤銘乃書於宗彝之約劑，其銘末一語「氒左執纆史正仲農」，此乃彝銘署名之一確例。蓋史正之官名仲農者所書之下款也。第四字舊無定釋，余初以意推之，釋綣，讀為券。大系弟一三八葉弟十行。今案此釋不確，字當是纆，乃纆之緐文。説文要䙳為一字，篆文作要據段注本，古文作要。本文上體所从與小篆形近，下體右側復从肉，則䙳字也。或云所从者乃女字，則尤近於許書之古文。字復从糸、自當為縷。縷字説文所無。集韻謂與褸同。案當是要約之要之本字。周禮小宰「六曰聽取予以書契，七曰聽賣買以質劑，八曰聽出入以要會」。鄭司農云「要會謂計最之簿書」。鄭玄云「書契謂出予受入之凡要，凡簿書之最目，獄訟之要辭，皆曰契。」左氏襄十年傳「使王叔氏與伯輿合要，王叔氏不能舉其契」。曲禮「獻粟者執右契」。鄭注云「契，券要也」。質劑於左氏文六年傳又謂之「質要」，杜注云「質要，券契也」。是則書契、質劑、要會，均券書之異名。「氒左執纆」即厥左執券矣。【釋纆 金文餘釋】

緤

◉高 智 包山楚簡有字作「緤」(219)、「緤」(231)、「緤」(270)形，《包山楚簡》將前兩形釋為「絺」字，將後者釋為「緤」字，均不確。我以為前兩形右之所從形當與「業」(《郾王職劍》)形同，是「業」字。「業」、「業」正是從「丵」從「巾」的「業」字。第三形之右者當與「業」(《中山王方壺》)形同，「業」增「口」為「業」形，「業」、「業」中之短横均為飾筆，楚文字中「巾」字多作「巾」形，「常」信陽簡作「常」形，「幅」字信陽簡作「幅」形等均是，故此三字都應釋為「緤」字，在包山楚簡中用為人名。【包山楚簡文字校釋十四則 于省吾教授百年誕辰紀念文集】

繷

◉史樹青 第一簡：一新智繷，一㡀智繷，皆又有蔓足繷。新繷句后

繷字不見於説文，但詩經召南有「何彼襛矣」的句子。説文有襛字，解作「衣厚貌」，朱駿聲説文通訓定聲説襛字古寫作繷。

後漢書崔駰傳「紛縕塞路」，李賢注引方言「縕，盛多也」，今本方言卷十云「南楚凡大而多謂之[glyph]，或謂之[glyph]」，即李賢注所自出，則縕、[glyph]原為一字。此簡的縕字應該作「厚的衣服」解。蔓就是縵字的同音同義字，說文：「縵，繒無文也，从系曼聲。」漢律：「賜衣者縵表白裏。」足字是促字的初文，足縕就是短促的厚衣。穿短衣是楚人的風俗，史記叔孫通傳「服短衣，楚製」，索隱孔文祥云：「高祖楚人，故從其俗裁製。」新智、㞢智的智字，字形與輝縣出土的智君子鑑銘文相近，見輔仁學誌七卷一二合期，唐蘭：智君子鑑攷。智字疑是地名，㞢字說文所無。說文有痤字。又禮記曲禮「介者不拜，為其拜而蓌拜」，釋文云「蓌，挫也」，都作短小解釋，此處的㞢字，就是矬字的古體。此簡應解釋為：「一件新的厚衣，一件短的厚衣，都是用素繒製的既短而厚的衣服。」最後三個字是「新縕后」，就是說：「新縕是楚王的后贈送的。」后字原簡寫作句，句后二字古聲紐同屬舌根音，古韻同屬侯部，是可以通用的。見歷史研究第一期，朱德熙：壽縣出土銅器銘文研究，王句攷。　【長沙仰天湖出土楚簡研究】

◉高鴻縉　[glyph]　吳清卿曰。說文。趯。走顧皃。讀若劬。此趯字當讀如恐懼之懼。劉幼丹曰。意與懼略通。王静安未釋。隸定為趯。縉竊疑之。以為諸家均以[glyph]字形似說文之趯。由趯以牽合文意通懼。但懼字之音在瞿。瞿字之音在䀠。說文。䀠。左右視也，从二目……讀若拘。又若良士瞿瞿。九遇切。今[glyph]僅从一目。一目究非二目。不得有瞿瞿之音。字形字音俱與瞿別。何能通懼。獨王氏矜慎。隸定趯而不釋。蓋亦慮一目非二目也。詩周頌。閔予小子。遭家不造。書文侯之命。嗚呼。閔予小子。嗣造天丕愆。此詩與書前人注。一為成王語。一為平王語。是閔予小子一詞為周天子於國家變亂後誥命之習語。可斷言也。[glyph]字雖不可識。倘謂从趯。目聲。有何不可。字以目為聲則與閔通。況此[glyph]余小子又在烏虖之下。一如文侯之命讀為閔予小子即亦可通　【毛公鼎集釋】

◉施謝捷　甲骨文[glyph]字見于《鐵雲藏龜拾遺》六頁七片：

□亥□，出貞：□[glyph]，☒于□

葉玉森《考釋》未加隸定，只是認為「[glyph]（《殷虛卜辭》2188片）[glyph]（《殷墟卜辭》1913片）為一字，本辭之[glyph]當為繁文，从[glyph]與森、林、芔、艸同」。《殷契佚存》九〇一片：

其[glyph]，不冓大雨？

商承祚《考釋》將字隸定為[glyph]，未加考釋。今[glyph]字尚見于其它甲骨卜辭，其例如下：

□⿰莫隹,亡𢦏?（《南輔》85）

癸丑卜,行貞：翌甲寅毓祖乙歲,朝酌?兹用。○貞：⿰莫隹酌?（《庫方》1025）

辛亥卜,出貞：令⿰莫隹白□○癸卯卜,□□：令□⿰莫隹□（《金璋》413）

《甲骨文編》將其隸定為「⿰莫隹」,列于莫字後,與莫分為二字,謂「从莫从隹,《說文》所無」;李孝定認為「庫一〇二五之⿰莫隹字乃地名字,不可識,當為从隹莫聲。如為朝莫字,何不逕作莫而反从隹?」李孝定:《甲骨文字集釋》0208頁。顯然李孝定不認為⿰莫隹是朝莫字;姚孝遂認為⿰莫隹為莫字繁化,然而不明白『莫』字為什麼要加上『隹』成為『⿰莫隹』字」,並照許慎六書理論,認為『莫』字是會意字,『⿰莫隹』就是从隹莫聲的形聲字」;姚孝遂:《古漢字的形體結構及其發展階段》,載《古文字研究》第四輯。唐蘭則亦認為「⿰莫隹當即莫」,惜亦無詳說。唐蘭:《殷墟文字記·釋朝》。

商承祚、李孝定、姚孝遂、唐蘭將字隸定為「⿰莫隹」,至確。至于認為⿰莫隹為地名字,从莫从隹或从隹莫聲等,均不可據。葉玉森未加隸定,而認為⿰莫隹與[莫 variant]、[莫 variant]為一字,當誤。

我們同意姚孝遂、唐蘭之說,認為⿰莫隹即莫字,亦為後世俗作暮字。這可以通過卜辭加以說明。《戰後寧滬所獲甲骨集》卷七第三七〇片有卜辭:

□,其莫,亡𢦏?

《戩壽堂所藏殷墟文字》一〇頁一二片有辭:

乙酉卜,貞:王其田,莫,亡𢦏?

此二辭與上列《南輔》八五之「□⿰莫隹,亡𢦏」同,均卜問「暮時(田獵)有無災禍」。

又《殷契粹編》六八二片有卜辭:

莫于日中迺往,不雨?

郭沫若《考釋》認為「莫乃古暮字,在此疑假為幕」,此說恐非。「莫于日中迺往」當為「于日中(至)莫迺往」的倒文。金祥恒:《釋⿰莫隹》,載《中國文字》第三輯。同書六九五片有辭:

其莫,不其冓雨?

《殷墟書契續編》四·二一·四有卜辭:

其莫于之迺□,不冓雨?

以上三辭與《佚》九〇一之「其□，不冓大雨」例同，均卜問「暮時(或到暮時)會不會遇雨(或大雨)」。與《庫》一〇二五「貞□酌」無異，同為卜問「暮時要不要舉行酌(祭名)祭」，且《庫》一〇二五「□酌」與「朝酌」對貞，更為□即莫字佳證。

再《甲骨續存》卷一第一九七三片有辭：

叀□(莫)酌？

至於《金璋》四一三片「令□白」，舊以為「□白」為人名字。我們認為「令□白」為「□令白」倒文，□亦為朝莫字。(待考)現在，我們明白「□」即朝莫字，然而姚孝遂、李孝定的疑問還沒有解決，「□」字為什麼要加上「隹」呢？

《說文》：「莫，日且冥也，从日在茻中，茻亦聲。」徐鍇《系傳》：「平野中望日且將落，如在茻中也。今俗作暮。」卜辭莫或作□(《存》一九三八)从林，卜辭从林从茻同，如囿字作□(《前》四·一二·三)又作□(《前》四·五三·三)，無別。《說文》：「日，實也，太陽之精不虧，从□，一，象形。……，□古文，象形。」《系傳》：「陽冰云，古人正圜象日形，其中一點象烏，非□一。蓋篆籀方其外，引其點爾。臣鍇云，無妨。古文自有日中作烏者，日中含一不足譏也。」段玉裁《注》云：「□，古文，象形。蓋象中有烏。」古人多此說，今世人則多非之。商承祚按曰：「甲骨文作日、□、□，金文作□、□，象日中有黑點之形，甲骨文又作口，僅繪其環體，此从~與一義同。《淮南子》日中有踆烏，《春秋元命苞》日中有三足烏，其說非也。」商承祚：《說文中之古文考》，62頁。商說是，但未能考慮到造字初人們的思想在文字中會有所反映這一事實。日字古文亦有作□□等形者，蔣善國：《中國文字之原始及其構造》上，35頁，商務印書館。甚至在漢印中有作「□」形，馬國權：《鳥蟲書論稿》引「日利」印。載《古文字研究》第十輯。从□(烏形)在日中。

我們認為，文字在一定程度上會∅反映人們對客觀世界的觀察和認識。∅古典籍中有關太陽「載于烏」的記載，可能是反映了初民對於習見的太陽運行現象的解釋，蓋由烏鴉「晨去暮來」《漢書·朱博傳》：「……府中列柏樹，常有野烏數千棲止其上，晨去暮來，號曰『朝夕烏』」。所引起聯想的緣故(曰)出石晨彥：《關於上古中國的太陽和月亮的故事》，馮天瑜《上古神話縱橫談》引，上海文藝出版社。這種幼稚的認識我們生活在科學已經相當發達時代的人們難免要斥之為非，然對初民來說，則是其認識水平的極好反映。太陽中存在黑斑這一現象我們現在已經有比較科學的解釋，但這對於已經發現這一現象的初民來說，則是極費解的，便產生了太陽「載烏」、「日中有踆烏」、「日中有三足烏」等認識，與古埃及人認為太陽最初是靠鷹運行極似。這種認識後世文學作品中有所體現，陶淵明的「造夕思鷄鳴，及晨愿烏遷」，陶淵明：《怨詩楚調示龐主薄鄧治中》，《金漢三國晉南北朝詩》上冊462頁，中華書局，1959年5月。

韓愈的「金烏海底初飛來，朱輝散射青霞開」，韓愈：《李花贈張十一署》，《韓昌黎詩系年集釋》上，359—360頁，上海古籍出版社，1984年3月。以「烏」或「金烏」代指太陽，不備引。這類神話在漢代的石刻畫像、磚畫及帛畫中亦常見。聞宥：《四川漢代畫像選集》圖四四「太陽裏面一只金烏」。湖南長沙馬王堆出土帛畫，山東臨潼金雀山出土帛畫，「日中有金烏」。河南南陽畫像石中「金烏載日」。如此等等，不煩備舉。

藉此亦可知生於漢代的許慎解釋日字的古文[字形]，以及由此在後世引起的一系列解釋，絕對不會不受到這種思想影響的。[字形]字中的「～」被人認作烏，不足怪。因此我們推定，商人對於日字的認識定與烏有關，造字時必有所體現。

《説文》：「烏，孝鳥也。象形。」我們所見的烏為一種鳥，與鳥形狀不別，僅存細小特徵的差別，象形字不同於圖畫，是無從區別的，也是沒有必要分別的，其形仍為鳥形無疑。《殷契佚存》六九四片有「[字形]」字（其它字殘泐不清），商承祚《考釋》以為「鳴」，無説。同書七八二片有辭云：「☐[字形]☐于方」，[字形]字《考釋》不釋，辭殘義不明。李孝定將字隸定為唯，亦未釋。李孝定《甲骨文字集釋》1296頁。李氏存疑待攷。雖不解其意，然從字的結構來看，當為「从日从鳥（隹）」。《殷墟文字丙編》三九二·八片有卜辭：

貞酒（祼）于父甲曰鳴不鼎

日本學者高嶋藤一認為『鳴』是祭品，它是一個『受事主語』。〔日〕高嶋藤一：《問「鼎」》，載《古文字研究》第九輯。《庫方》七二〇片辭云：

日鼎

與《丙編》「鳴不鼎」辭似。「鳴」字不見於字書，我們認為是日字的別構專字。「日鼎」與「鳴不鼎」為正反辭，所卜事當同。「鳴」與「唯」同，从日从鳥，正是反映了初民對於太陽這一自然現象的認識。可惜有關辭例太少，尚須以後新材料加以印證，暫存一説。

綜之，「鳴（唯）」即日字別構專字，从日从鳥（隹）。[字形]即為朝莫之莫字，「从[字形]（唯）在茻（或𦬁）中」，與莫字「从日在茻中」結構同。加「隹（鳥）」説明了我國初民的對於自然的幼稚認識（諸如神話傳説）會影響到文字的構造這一事實。[字形]的結構與「慕」「驀」等不同，不是「从隹莫聲」的形聲字，而是會意字，也不是「从隹从莫」。《甲骨文編》將「莫」「[字形]」分為二字，當誤。【釋[字形]考古與文物一九八六年第五期】

櫙 䕭 孷 𣊫 歞

櫙 粤出裴光遠集綴【汗簡】

◉朱芳圃 後上一四·一一 粹一二四八 屯甲五九八 都二〇六三

上揭奇字，从𦰩，从林，或从艸，象兩手奉苣以焚艸木。卜辭云：「其田𢓊䕭，亡𢦏。𡆥。」後上一四·一一。玩其辭意，當為放火燒田之專字。經傳作燎，詩小雅正月「燎之方揚」，鄭箋「火田曰燎」，是其義也。

公羊傳桓公七年：「焚咸丘。焚之者何？樵之也。樵之者何？以火攻也。」何注：「樵，薪也。以樵燒之，故因謂之樵之。樵之，齊人語。」按樵之言燋也。燋燎為疊韻謰辭，係一語根之分化，是樵之猶言燎之矣。【殷周文字釋叢卷上】

◉戴家祥 叔向父段 降余多福緐孷 孷字从子从𢽾，子敉皆讀之部，為聲符加旁字。牆盤「緐眉多孷」，秦公段「魯多孷眉壽無疆」，宋時出土之盄和鐘亦有「屯魯多孷」之語。孷當讀禧。爾雅釋詁「禧，福也」。漢書孝文紀「祠官祝孷」，顏師古集注「孷本作禧，假借用耳」。又賈誼傳「上方受孷坐宣室」，顏注「言受神之福」。楊雄傳「逆孷三神者」，注「孷讀曰禧」。左傳公羊穀梁繼閔公之後者為僖公，史記齊世家稱孷公。禧亦之部字，故說文一篇不再出禧字。【金文大字典下】

◉朱芳圃 𣊫免毁 上揭奇字，从日，噩聲。免毁銘：「昧𣊫，王格于大廟。」昧𣊫為表時成語，經傳作昧爽，書牧誓「時甲子昧爽，王朝至于商郊牧野，乃誓」，是其證。蓋𣊫為本字，爽為音假。𣊫从日噩聲而讀為爽，與喪从亡噩聲而讀為sàng，正可互相印證。【殷周文字釋叢卷下】

歞 諤【汗簡】

霝　⿱巠來　⿱⿰非丮女

◉曾憲通　霝　曰故〔天〕熊霝虘　甲一·五　此字錫永先生疑是䨺字，謂將二亻併為一人寫入二目之間，即省二人為一人，如堯《説文》古文作㚸，甲骨文作𡉰之例。並説䨺虘為神名。嚴一萍氏从之，謂䨺、虘聲相近，䨺虘蓋即虙戲。金祥恒氏則以為帛文霝即雹字，謂「以文字之結構言之，霝从雨从𠣘，隸寫為霓，亦無不可。然以霝虘言之，釋為霓虘於史無徵。故金文改釋為从霝勹（勹）聲，霝虘即雹虘。【長沙楚帛書文字編】

◉高　明　「曰故□能霝虘」

曰，發語詞，故讀作古。如《尚書·堯典》「曰若稽古帝堯」，《牆盤》「曰古文王」等，同屬一種句法。能，饒宗頤謂為古熊字，引《左》昭七年「黃能」，同書《釋文》作「黃熊」為證。「霝虘」，金祥恒、嚴一萍均釋為「庖犧」，如金祥恒云：「余以為『霝』從霝從勹（勹）聲，『霝虘』即雹虘。」又云：「雹虘即《易經繫辭傳》之包犧。」其説至確，古籍中曾作「庖犧」、「伏羲」、「伏戲」、「虙犧」、「宓犧」等稱謂，黃熊乃庖犧氏之號。《禮記·月令》「其帝大皞，其神句芒」，孔穎達疏引《帝王世紀》云：「大皞帝庖犧氏，風姓也，母曰華胥，遂人之世有大人之跡出於雷澤之中，華胥履之生包犧於成紀，蛇身人首，有聖德，為百王先，帝出於震，未有所因，故位在東，主春象日之明，是以稱大皞，一號黃熊氏。」《太平御覽》七八引作：「天下故號曰庖犧氏，是為犧皇，後世音謬故謂之伏犧，或謂之虙犧，一號雄黃氏。」今從繒書來看，當以孔穎達疏引為確，又知帛書熊前一字當為黃，讀作「曰古黃熊庖犧」。【楚繒書研究　古文字研究第十二輯】

◉李孝定　⿱巠來　束契文作𥠳，竝之當作棘，此从㠯，象二矢形，古文字每於字下增一，當即許書巠字。从來即來麥之來。郭氏隸定作⿱巠來是也。巠、來二字均有到義。⿱巠來字不為形聲即為會意，其義當與來至相近。魯氏謂即棘之古文，謂㠯𣎵並象芒束形。按，古象形文無如此作者，魯氏説無佐證，當以存疑為是。字在卜辭為地名。【甲骨文字集釋存疑】

◉李旦丘　⿱⿰非丮女　這個字有很多種類的寫法：番生𣪘作⿱⿰非丮女，諫𣪘作⿱⿰非丮女，克鼎作⿱⿰非丮女，㝉鼎作⿱⿰非丮女，因而隸定的方式也就很紛歧。有定為⿱⿰非丮女者，有定為⿱⿰非丮女者，又有定為⿱⿰非丮女者；三者之中，當以第一種為最善。

⿱⿰非丮女字的構造頗繁縟，欲釋此字，必先去其附益的部份而後可。考金文㚸或又从女作㛸，執或作𡙁，𩫏或作䤪；是从丸从女之婑，可去其女字。至於丮之隸化方式則有二：一為丮或丸，如𩫏，執，𩫏等字所採用之方式是也；一為才，如揚字所採取之方式是也，（金文䅫字今作揚）。在考釋⿱⿰非丮女字的時候，我們只能採取後一方式，假如採取前一方式，便不成其為字了。又⿱⿰非丮女字所从之丠，今人多隸定為非，其實應定為丵。甲骨文朋亜或作拜（後下，第八頁，第五片）而金文之丵（齊侯鎛），今作業，此可證丠之應隸化為丵。把隸化方式弄清楚了之後，再來釋此耩字，就易如反掌了。

字从才从丵，可書作𢶊。這是什麼字？豈不是已經認識了一大半了麼？現在賸下的問題，就只有丵作下面的井字了。查篇海收有搆字別體作搆，丗下所从的正是井字。假使篇海所收之字有所依據，而非杜撰，則耩之應釋為搆，是斷斷乎不容否認的。

國策秦策「秦楚之兵，搆而不離」，註：「搆，連也。」齊策「秦楚搆難」，註：「搆，連也。」搆訓連，而連有並誼。史記大宛傳「並南山」，並，連也。今俗語連字，亦作並字解；如茶壺連茶杯，地皮連房屋之類。搆字在金文中，就是當作並字的意誼用的。

叔夷鐘銘云：「余命汝裁職差左正卿，搆命于外內之事。」即余命汝司左正卿之職，並命于外內之事。

毛公鼎銘云：「及茲卿事寮，太史寮，于父即尹，命女汝搆𤔲公族，雩與參有𤔲，小子司氏虎臣，雩與朕褻事。」即命汝一並管理公族與參有司等等。

克鼎銘云：「易錫女汝田于寒山，易女史小臣靈龠龠鼓鐘，易女井迯𦋃人，搆易女井人。」此即錫汝以寒山等等之外，並賜汝以井人之意。

番生𣪘銘云：「王命搆𤔲公族卿事大史寮。」搆𤔲亦並司之誼。

師𩡧𣪘銘云：「余命女汝死尸我家，搆𤔲我西扁東扁僕馭百工牧臣妾。」即命汝主宰我家，並管理我東扁西扁僕馭等等的意思。

㝛鼎銘云：「遣仲命㝛，搆𤔲鄭田。」搆𤔲亦並司之誼。

微䜌鼎銘云：「王命微䜌，搆𤔲九陂。」搆𤔲亦並司之誼。

伊𣪘銘云：「王乎呼命尹封册命尹，搆官𤔲康宮王臣妾百工。」搆官𤔲即一並管理之意。

師兑𣪘銘云：「余既命女汝正師龢父𤔲左右走馬，今余唯醽𩫏乃命，命女搆𤔲走馬。」搆𤔲走馬即並任走馬之官也。

諫𣪘銘云：「先王既命女搆𤔲王宥囿。」搆𤔲亦並司也。

鄦𣪘銘云：「昔先王既命女作邑，搆五邑祝，今余唯醽𩫏乃命。」祝，説文云「祭主贊詞者」。搆五邑祝，即命女作邑之外，並命汝為五邑之祝也。【金文研究一册】

⿰業戈　⿱豈夒　⿰卤夒

◉顧廷龍　[古文]　⿰業戈。説文所無。吴大澂云。似散氏槃⿰業戈字。潘⿰業戈公。⿰業戈潘　⿰業戈潘【古陶文舂録卷十二】

[古文]　昜鼎銘弗敢[古文]、[古文]字與此略同，疑讀為墮　山陵亓—（甲2—22）、三亓—（甲8—27）【長沙子彈庫帛書文字編】

◉戴家祥　[古文]番生𣪘　⿰卤夒遠能犾　[古文]大克鼎　⿰卤夒遠能犾

孫詒讓釋吴縣潘氏大克鼎「[古文]遠能⿰𡈼丮」一語，證以詩書，謂以[古文]為柔⿰𡈼丮、為邇、為聲近假借。古籀餘論後叙。按⿰卤夒字亦見秦盄和鐘、晉姜鼎，薛尚功歷代鐘鼎彝器款識法帖卷七第七十三葉及卷十第一百十二葉釋為西夏兩字合文，誤也。⿰卤夒字从夒，从卤。卤，即石鼓文田車「君子逌樂」之逌，説文逌「从乃，卣聲。讀若攸」。覰「从見，卤聲。讀若攸」。漢書韋賢傳「方國卤平」。顏師古集註「卤，古攸字」。唐韻柔讀「耳由切」，卤讀「以周切」，韻位都在幽部。⿰卤夒為夒之注音加旁字。「柔遠能邇」為古成語，見尚書堯典，文侯之命，大雅生民及左傳昭公二十年等篇。古者謂相善為相能，「柔遠能邇」，其義正如論語子路「近者悦，遠者來」。禮記中庸所云：「柔遠人，則四方歸之；懷諸侯，則天下畏之。」以聲義求之，孫説無可非也。然就字形言之，猶有未足。説文：「夒，貪獸也。一曰母猴似人，从頁、己、止，及其手足也。」小雅角弓「毋教猱升木」，孔穎達正義引陸璣毛詩草木鳥獸蟲魚疏云：「猱，獮猴也。楚人謂之沐猴，老者為玃，長臂者為猨，白腰者為獑胡，獑胡駿捷於獮猴。」然則猱猨其類大同，故樂記注云「猨，獮猴」；説文「猴，夒也」；「玃，母猴也」；廣韻下平十九侯「獮猴，猱也」。玉篇猴讀「乎溝切」，曉母侯部。夒讀「乃刀切」，泥母宵部。宵侯韻相近，例可通韻，知夒猴本一物也，亦一名也。曰「母猴」，曰「沐猴」，曰「獮猴」，獮蓋獼之字誤。集韻「民卑切」，音彌，皆同母字也。夒本原始象形字，説文犬部無猱字，而有从犬夒聲訓獿獶之獿字。獿即形義符號加旁字。玉篇三六四猱獿同字，猱即獿之聲符更旁字。説文「瓇，玉也。讀若柔」。廣韻下平十八尤，引聲類「瑈，玉名」。集韻上平六豪夒，或作獿蝚，同聲通假字或為擾，説文「擾，煩也。从手夒」。尚書皋陶謨「擾而毅」。史記夏本紀集解：徐廣曰「一作柔」。韓非子説難篇「龍之為鱗，可柔狎而騎也」，史記老子韓非列傳柔作擾。地官大司徒「以佐王安擾邦國」，鄭注「擾，亦安也」。夏官服不氏「掌教猛獸而教擾之」，鄭注「擾馴也。教習之使之馴服」。列子黄帝篇「雖虎狼鵰鶚之類，無不柔者」，安馴義亦同柔，為煩之反訓。聲符更旁字亦作揉。大雅嵩高「揉此萬邦」,毛傳「揉,順也」。秦盄和鐘「[glyph]燮百邦」字又作𡕒,國語楚語「民神雜糅」,史記歷書作「雜擾」。禮記樂記「及優侏儒,獶雜子女,不知父子」,王念孫謂獶雜即糅雜。經義述聞卷十五。鄭注鄉射禮記曰:「糅者,雜也。」説文米部無糅字,而有粈字訓「雜飯也」。夒聲同丑,集韻下平六豪夒、狃同字。論語陽貨篇「公山弗擾以費畔」,左傳定公十二年哀公八年並作公山不狃。傳世經典擾,多从憂作擾,蓋後世傳寫之俗字也。【金文大字典下】

鹵禺 睽 囂

◉徐中舒 [glyph] 蓋一 [glyph] 器一 [glyph] 器二 小臣謎段 逹征自五鹵禺貝

鹵禺從鹵從禺。不見於字書。晉姜鼎易鹵責千兩。見薛氏鐘鼎法帖。免盉易免鹵百陵。阮氏積古齋款識以説文鹵西方鹹地。及左傳襄二十五年表淳鹵之鹵。釋此鹵字。其説絶不可通。晉姜鼎鹵以兩計。免盉之陵聲義既不詳。亦當是計量之稱。鹵以量計。自是鹽鹵之鹵。覃從鹵。銅器作[glyph]。而説文云。味深長。可見古人對於鹵之珍視。因之酬庸物品中有鹵或鹵類物品之鹵禺。【遹敦考釋 歷史語言研究所集刊三本二分】

◉吳闓生 (伯懋父敦)鹵禺即嵎。夷以海濱鹵地故从鹵。史頌敦作鹵禺。【吉金文録卷三】

◉戴家祥 鹵禺,字書不載。徐中舒謂「鹵類物品之鹵禺」。中央研究院歷史語言研究所集刊第三本二分二八八葉遹敦考釋。吳闓生曰:「鹵禺即嵎夷,以海濱鹵地故从鹵。史頌敦作鹵禺。」吉金文録卷三第二葉伯懋父敦。均無詳説,難成定説,有待再考。【金文大字典下】

◉殷滌非 羅長銘 [glyph] 睽字不可識。長銘以為説文有𧢲字,讀阿其所好之阿,不知是此字否。滌非以為此字應寫作睽。【壽縣出土的「鄂君啟金節」 文物一九五八年第四期】

◉馬國權 [glyph],吳大澂釋囂,頗能糾吳式芬孫詒讓兩家釋「喪」之誤失,彼言曰:「[glyph],从虎从四口,疑虓字緐文,虎鳴也。按《説文》:『囂,聲也。』『嘂,高聲也。』『囂,呼也。讀若讙』。故虎鳴亦从四口。」按囂字為《説文》所無,其義為虎鳴甚確。今核之銘辭辭例,囂當為人名,乃職官篚亞者之名也。【鬳角新釋 學術研究一九六二年第六期】

豐 𨟊 𨞰 𩰫祼集

◉王國維 疑豐字。古鑄字從此。【觀堂書札 中國歷史文獻研究集刊第一集】

與楚簡婁字略同,讀為數 是月吕—曆為之正(甲6—27) 【長沙子彈庫帛書文字編】

◉戴家祥 何尊 唯王初𨞰宅于成周 字左从舁,右从邑之繁,集韻有𨞰字,訓「地名」,與銘義不合。從句銘看,𨞰為動詞。唐蘭釋遷甚是。遷者徙也,書多士云「猷告爾多士,予惟時其遷居西爾」,「今爾維時宅爾邑繼爾居,爾厥有幹有年于兹洛,爾小子乃興從爾遷」,與銘義相符。【金文大字典下】

◉羅振玉 象兩手奉雞牲于示前。後或省从一手。其从者,殆亦鳥形。【增訂殷墟書契待問編卷一】

◉葉玉森 在殷為祭名。⊘殷代師行必祭馬神,故曰禡。師行之次,祭禮簡率,或即持隹為祭品歟。【殷契鉤沉】

◉葉玉森 此字變體作諸形,不可識。殷人于唐,于祖乙,祖甲,武丁並行持隹之祭。【殷墟書契前編集釋卷一】

◉吳其昌 「𩰫」者,契文作,从,从倒隹,从示。偶或互易其傎倒作,(《後》一・一九・一三)从,从隹,从倒示。總之,此字示與隹必有一倒矣。但其數量之比率相距懸殊耳。其从「示」與「祭」「叙」「祀」「祝」……諸字之从「示」者意義正同。从从倒隹,則象雙手拱捧鳥𠂒之屬倒執以祭矣。故「𩰫」字誼為倒執鳥類以祭之祭名,猶「祭」字誼為手摘塊肉以祭之祭名矣。此種祀儀,頗通行于殷時,故卜辭中「𩰫」字數見(據其昌所統計凡十六見),至周代而此儀廢,故在昔自宋以來金文四五千器中,此字絶未嘗一見,直至近時鳳翔軍隊發掘秦文公墓,獲《周公東征鼎》(即《豐白鼎》,拓片見《金文厤朔疏證》續補),始有「𩰫于周廟」之語,原文如下:

按其器乃周公俌成王東征管蔡商奄四國之器,即《詩・破斧》所詠「周公東征,四周是皇」者也(詳《厤朔疏證》)。其時方當周初,殷滅未久,故此「𩰫」祭尚或有偶行之者。過此,則「𩰫」字絶不復見,「𩰫」祭殆即永廢矣。意者執鳥以祀先,更不副以餘品,而獨隆為專典，此殆先民佃獵時代實際生活反映之特徵，故演成此⿱集示祭。及至農稼時代，則此實際生活之徵象既逝，其所因緣反映之儀式隨息，因其至宜。此所以「⿱集示」祭行于殷而廢于周歟。【殷虛書契解詁】

◉郭沫若　第一三五片　集字習見，上隹字均倒書，或从臼以倒提之。羅振玉疑是「薦雞之祭」，然此言「集子馬」，則所薦不必是雞。【殷契粹編考釋】

◉饒宗頤　⿱隹廾象以手獻禽於神，或从二手，或省「又」但作「集」。（《天壤》八二，《零拾》二三）古用為獻祭專字，李氏釋為《說文》訓數祭之「𥜽」（《金文研究》）。余謂字从短尾禽之「隹」宜讀為進。《說文》「進，登也」（許言進為閵省聲，實即从隹聲，故集與進同）。《玉篇》「進，升也」。宋玉《高唐賦》「進純犧」，李善注：「進謂祭也。」《盟鼎》「⿱隹廾于周廟」，即「進于周廟」。「⿱隹廾馬」之⿱隹廾，可讀如「進純犧」之進。

又按《拾遺》三·十二「貞⿱隹示馬于且。」《摭續》三六「乙未卜，其風，其⿱隹廾龍。陟于祖……乙未卜，其⿱隹廾龍于父甲。」此處龍為牲名，蓋讀為驪。《周禮·犬人》：「凡幾珥沈辜，用駹可也。」故書駹作龍，可證。「⿱隹廾龍」與「⿱隹廾馬」同為進牲之事，《左傳》襄九年：「宋災，祝宗用馬于四墉，祀盤庚于西門之外。」古祈禳多用馬牲，校人職「凡將事于四海山川，則飾黃駒」。鄭注「殺駒以祈沈禮」是也。【殷代貞卜人物通考】

◉考古所　⿰礻隻：祭名。【小屯南地甲骨】

◉李孝定　[甲骨字形]字从示从収或从又到持隹。羅謂象薦雞之祭。其意是也。葉初釋禡。後又謂不可識。蓋已疑其前說。說文。「禡。師行所止。恐有慢其神下而祭之曰禡。从示。馬聲」。其下一篆為禂或體作䮞。解云。「禱牲馬祭也」。春官甸祝「禂牲禂馬」注杜子春云。「為馬禱無疾。為田禱多獲禽牲」。竊疑禡字之義。當與禂同。非徒从馬得聲也。栔文此字从隹。與禡無涉。葉氏前說謂師行簡率。或即持隹為祭。臆說也。胡先生釋彝。然卜辭金文彝字多有。均不从示。如謂兩手持隹與彝相近。則此與隻亦無多異。金書收此作𥜽。無說。李亞農似亦有此說。許訓𥜽為數祭。栔文此字以字形言。與𥜽無涉。以字義言。卜辭用此亦未見有數祭義。唯一可涉比傅者。則謂此字隹亦聲。與𥜽古音同在十五部用段氏音韻表分部耳。形音義三者僅一項相合。遽謂此即𥜽字。未足以厭人心也。當隸定作⿰礻隻。就字形言。應隸定作「⿰礻⿱隹又」惟不便於書寫。姑作⿰礻隻。說文所無。

「補」李亞農釋𥜽。其說未聞。見考古學報一九五五第九册一七八葉引其所著金文研究說。金文研究一文未見。【甲骨文字集釋第一】

◉姚孝遂　卜辭曾經記載，以狩獵所擒獲的野獸供祭祀時的犧牲：

「子室隻鹿，集于……」 天八二

「其叡虎于父甲濵」 掇二·七七

「叡兕于且……」 拾三·一一

「父丁鼎三兕：

其五兕」 甲八四〇

「用犹于丁」 後下一五·一二

卜辭「集」或「叡」字，所从之「隹」或倒或正，或从「又」，或不从「又」，各家隸定不一。

「集」或「叡」是祭名，有兩種不同的内容，而都與田獵有關。上面所引證的諸條卜辭是既獵之後，以其所獲的野獸致祭于神祖。

另一種「集」祭則是未獵之前，「為田禱多獲禽牲」。周禮甸祝「禂牲禂馬」，注引杜子春云：「禂，禱也，為馬禱無疾，為田禱多獲禽牲。」

周禮大司馬之職，仲春蒐田「獻禽以祭社」；仲夏苗田「獻禽以享礿」；仲秋獮田「致禽以祀祊」；仲冬狩田「獻禽以享烝」。周禮成書較晚，但所叙述的情況，都是古禮的孑遺，可作為卜辭以禽牲致祭于先祖的注腳。穀梁傳桓公四年「四時之田，皆為宗廟之事也」，這種說法是有一定根據的，是符合于古代社會的實際情況的。【甲骨刻辭狩獵考 古文字研究第六輯】

◉孫稚雛 㚇是一個形聲字，从示隻聲，讀如獲，乃獲俘獻祭之專字。【金文釋讀中一些問題的探討(續) 古文字研究第九輯】

◉姚孝遂 肖 丁 卜辭集字作[illegible]諸形。諸家釋讀不一。

羅振玉謂：「象捧雞牲于示前，後或省从一手。」(見類編待問編1·2)

郭沫若隸作集，謂「集字習見，上隹字均倒書，或从臼以倒提之」。(粹135考釋)

吴其昌隸作「㝪」，謂「字誼為倒執鳥類以祭之祭名」。(書契解詁139)

胡光煒說文古文考則謂「此亦彝字之類」。

李亞農摭續27釋㚇，以為「謝神之祭」，金祥恆續甲骨文編從之。

唐蘭天82考釋隸作「祩」，李孝定集釋105隸作「禝」。

此字現從郭沫若隸作集，便于書寫耳。

「集」用為祭名，諸家無異詞。卜辭有「集兕」：

「叀今集兕」「弜集兕」 京津4030

「集兕叀今日」 京津

卜辭又有「集虎」：

「乙未卜，其集虎，陟于且甲」；

「乙未卜，其集虎，于父甲澫」 摭續36

上述辭例，舊均不得其解。天82有辭為「貞子□隻鹿，集于……」。顯然「集」祭與田獵有關。

周禮甸祝「禂牲禂馬」，注引杜子春云：「禂，禱也，為馬禱無疾，為田禱多獲禽牲」之祭。卜辭獵兕，獵虎，獵鹿多有舉行「集」祭者。

「王射兕，集」者，謂商王將獵兕，占問是否先行「集」祭，以求神祖之祐助也。

「集」祭所用之牲還有「馬」、「牛」、「㲋」：

「集子馬自大乙」 粹135

「酻集且乙二牛」 卜通163

「一㲋集」 合206

李學勤簡論據佚427及518，謂：商王𠠱武丁䨓，是祈求獵物的儀式(19頁)，這種理解是正確的。【小屯南地甲骨考釋】

◉高去尋 距骨刻辭的則大乙䨓即是俎祭大乙用䨓的意思。大乙在此處為合文，這種情形也常見於卜辭內。大乙即卜辭內殷人先祖唐，金文內成唐，史記的成湯，在甲骨學上早已成為定論。䨓字常見於卜辭，義意當是一種祭名與祭法。羅振玉曾以為䨓是薦鷄之祭，見殷虛書契考釋六十七頁。胡光煒教授曾疑即彝字之類，見殷虛書契前編集釋所引之胡氏說文古文考。所釋都不恰當，因此字所从的隹不能必定是鷄，卜辭中也有用作祭名的彝字。吴其昌先生對此一字曾有較詳的解説⊘，見殷虛書契解詁(三續)載文哲季刊四卷二號。所釋䨓字的原義可以信從，但殷人䨓祭時所用的祭品已不限於鳥類，此由下列卜辭：

10. 貞䨓冢于□且□。(鐵雲藏龜拾遺三頁十一片)

11. 缺卜，㱿貞，䨓冢缺。(鐵雲藏龜卷二四十八頁二片)

12. 甲辰卜，䨓子馬自大乙，叀乙巳䨓。(殷契粹編135片)

皪　龕　獵

13. 辛酉卜，叀乙丑𩰫，其𠱦𩰫。（殷虛卜辭717片）

可以為證。距骨刻辭「𠛱大乙𩰫」在文例上與上舉的1.2.卜辭、4.骨柶紀事刻辭的「圂且乙𩰫」、「𠛱父甲𩰫」、「劉武丁𩰫」相同，我疑心在上的𠛱字或是祭祀的達名，在下的𩰫字是指祭法。此種用法又由下列卜辭：

14. 丙寅卜，王取圍，𩰫。

貞勿取唐，𩰫。九月。（龜甲獸骨文字卷一十八頁八片）

15. 貞王勿取且乙𩰫。（鄴中片羽一集卷下四五葉七片）

16. 甲申卜貞，王賓小乙，𩰫亡尤。（殷契卜辭二五〇片）

可以想見，但兩者的關係如何則不能確定。【殷墟出土的牛距骨刻辭　中國考古學報第四册】

◉徐中舒　[古文字]　从示从倒隹，或又从[古文字]又、[古文字]収，象倒持禽致於神前，在甲文中多用於祭祀先王，如唐、祖甲、祖丁等。《説文》所無。祭名。【甲骨文字典卷一】

[古文字]　石碣汧殹　帛魚鱳鱳　以帛之通白　則鱳即皪也　説文所無【石刻篆文編】

◉强運開　[古文字]　薛尚功楊升庵釋作鱳。非是。趙古則作鱳。音洛。潘云。音洛。白皃。羅振玉云。白帛為一字。則鱳皪亦一字也。運開按。字彙鱳同皪。廣韻。皪音瀝。的皪白狀。集韻。音洛。白色。或作硌。鱳鱳蓋狀魚之白色也。【石鼓釋文】

◉戴家祥　[古文字]蓋　[古文字]器　[古文字]壺　[古文字]作寶彝　字从[古文字]為余省。从[古文字]，疑即黽省，魯伯愈父鬲鼄字作[古文字]，邾討鼎作[古文字]，所以之黽皆與此字相近。古文从黽與从虫通，如説文十三篇鼄或作蛛，鼅或作蜘。玉篇鳖或作鼈。龕字當為蜍字異體。蜍即蟾蜍，金文用作人名。【金文大字典下】

◉高田忠周　𢦏訓絶也。一曰田器。从犬於音義無涉矣。因謂此字形顯然者。字書無之。古字逸文也。葢疑从犬𢦏聲。唯其義未可知矣。但集韻獵音纖。獸名。韱从𢦏聲。獵亦疑𤞞異文。【古籀篇九十】

⿰角䧹　⿱亡龍　⿰氵櫛　⿱穴齒

◉徐中舒　二期　後上一一・二　從角從　鹰，《說文》所無。郭沫若謂與召伯簋、戈叔鬲之慶字同，故釋慶。卜辭通纂考釋。二器之慶字作　召伯簋、　戈叔慶父鬲，皆從鹰從心，而　乃從鹰從角，似宜有別。地名。【甲骨文字典卷四】

◉徐中舒　　從龍從　亡，《說文》所無。郭沫若謂殆龍之繁文，以亡為聲，當假為隴《殷契粹編考釋》。可參。讀為田隴之隴。【甲骨文字典卷十一】

◉郭沫若　瀿字王國維釋櫛，云「即弟子職云『櫛之遠近乃承厥火』，又云『右手執燭，左手正櫛』之櫛字，廣韻作㸡。」類編・六・二。案此字从水，亦有省水作　前二・一七・四。若　林一・二二・七。者，乃地方之專名。後二者或如王說。然从水則別係一字，當云「从水櫛聲」也。【卜辭通纂】

◉孫海波　　乙三六六一　从齒从它。説文所無。聞一多釋⿱穴齒。按。集韻。⿱穴齒。馬齒長也。篇海。⿱穴齒。齒不正也。【甲骨文編卷二】

◉聞一多　　右一字殷虛文字類編入待問篇，甲骨文編入坿録，于省吾釋⿱穴齒，云即⿱穴齒即⿱穴齒，蠡⿱穴齒謂齒參差，又云蹉跎就足言，蠡⿱穴齒就齒言，則似又謂蠡⿱穴齒為失齒，猶蹉跎為失足也。案于説非是。初期文字往往一字數義數讀，後世更於其形體亦各加區別，故古者一字，往往當於後世數字。即就　之一形言之，或為虫，或為它，或為蟲，或為蜀，或為蚰，或為蜎，或為禹，其流萬端，其源則一而已爾。學者若狃於近習，一概以虫若它釋之，則拘於墟矣。

金文秦公𣪘禹字作　，从　从　，　其本形，　即又，象人手執之，與　加　作　同意。　之本形既祇作　，則　於此即禹之初文。　與　同。此从　从　，當即齲字。説文「𤘅，齒蠹也」，重文作齲。釋名釋疾病「齲，齒朽也，蟲齧之齒缺朽也」。篇海有齵字，云「齒病朽缺也」，立主切，即齲之異文、从虫从齒與契文合，尤為此字當釋齲之切證。

齲一作齵，亦可證此虫即禹之初文。它辭有卜疾齒之文：

甲辰卜□貞㾓（疾）齒，隹……　（粹一五一九）

卜齲猶卜疾齒耳。若齒參差或失齒，則焉用貞卜哉？【釋齲　中國文字第四十九册】

𩰪 鬻 鬻

◉李孝定 𩰪字當隸定作𩰪，容氏以聲近讀為鮑，可備一說；金文之𩰪叔，與文獻所見之鮑叔，無由證其為一人，容書逕收作鮑，可商。【金文詁林讀後記第十一】

◉孫詒讓 金文諸鬻字當从鼎从醬省聲。又从㓹。右似从刀。或更省夕从爿。皆一字也。以諸字偏旁推之。古文牆字疑當从肉从刀。蓋以刀剉肉作醢牆。故从刀。小篆省刀。金文㓹字遂不可通矣。【名原卷下】

◉商承祚 鬻卷一第二十二葉 鬻卷五第三葉 鬻同上 鬻卷六第三十四葉 鬻同上 鬻書契菁華第十葉

此字不見許書。古金文有之。有鬻史頌敦鬻王作鬻鬻日辛角諸形。从匕肉于鼎爿。殆所以薦肉者也。此或加𠃋。象有湆汁。或省匕。或省爿與肉。或省肉與匕。然皆為一字也。【殷虛文字類編卷七】

◉王國維 古器物銘多云作鬻鼎。作鬻彝。亦有單言鬻者。如潘祖蔭所藏二器。其一銘曰「旂婦鬻」。一曰「魯内小臣𤰈生作鬻」。其器則皆鼎也。是鬻為鼎之異名。余按。鬻字於金文或从匕肉从爿从鼎。克鼎史頌鼎史頌敢及上魯内小臣鼎。或从肉从爿从鼎。王作彝及上旂婦鼎。或但从匕肉从爿。日辛角。殷虛卜辭則或从匕肉从鼎。或从匕从鼎。或从爿从鼎。當即詩小雅「或肆或將」。周頌「我將我享」之將字。匕肉於鼎有進奉之義。故引申而為進。為奉。應公鼎云。「用夙夕鬻」。𤔲鼎云。「其用夙夕鬻亯。」皆以鬻亯並言。與周頌同。凡匕肉必於鼎。故鼎亦得鬻名。非鼎之外別有一種名鬻者也。

古鬻字象匕肉於鼎之形。古者鼎中之肉皆載於俎。又匕載之時。匕在鼎左。俎在鼎右。今鬻字之左从匕。則其右之𠀠象俎明矣。俎作𠀠形者。象其西縮有司徹也。據禮經。俎或西肆。或西縮。而獨象其西縮者。从文字結構之便也。【説俎下 觀堂集林卷三】

◉王 襄 鬻 古鬻字。【簠室殷契類纂存疑】

◉葉玉森 卜辭鬻之異體作鬻鬻鬻。別有鬻鬻二文。羅氏亦列于鬻字下。予疑非一字。【殷墟書契前編集釋卷一】

◉于省吾 徐云鬻古文將奉也。詩周頌云。我將我享。唐云。玉篇鬻煑也。𤔲鼎作朕。文考㝬伯鬻牛鼎。【應公鼎 雙劍誃吉金文選】

◉吴其昌 「鬻」者，字當作「鬻」。从鼎、从几(即𠀠)、从匕、从肉。或省几形作鬻(後二・七・五)。或省匕形作鬻(前五・三・七)，或省肉形作鬻(前五・三・六)，實皆非金文也。亦有更省，於鼎形之上，但賸匕形作鬻(前六・三四・六)，或但增几狀作鬻(菁一〇・六)，或但存肉字作鬻(續五・三〇・一五)。雖繁簡懸殊，而其為「鬻」字則一。蓋其朔義，謂以「匕」扱取「鼎」中之「肉」而置之

「几」上也。ㄐ之為几形，為世人所習知。今且有日本住友氏所藏之蟬紋銅几，可為地下遺器之實證。鼎中烹肉既飪，取置于几而有匕並陳，是即楚茨既醉之詩所云「爾殽既將」也（既醉鄭箋云：「殽，謂牲體也」）。「鼎」「匕」「几」「肉」告具，是可將之以獻亯矣。是即我將之詩所云「我將我亯」，金文曆鼎所云「其用夙夕鬻亯」也（周二・四五）。古者設鼎，皆匕、俎從設，儀禮述之最詳。少牢饋食禮云：「雍人概鼎、匕、俎于雍爨。」士昏禮云：「鼎入陳于阼階南，西面，匕、俎從設。」士虞禮云：「鼎入，設于西階前，東面，匕、俎從設。」公食大夫禮云：「陳鼎于碑南，……雍人以俎入，陳于鼎南。旅人南面加匕于鼎。」士喪禮云：「陳一鼎于寢門外。……其實特豚。……素俎在鼎西。西順。覆匕。東柄。」特牲饋食禮云：「佐食舉牲鼎。……贊者錯俎，加匕。」有司徹云：「陳鼎……雍府執二匕以從；……司士合執二俎以從。」鄭玄士昏禮注曰：「匕、俎從鼎而設。匕，所以別出牲體也。俎，所以載也。」儀禮之俎，蓋即古文鬻字所從之几也。楊雄方言五「俎，几也」，廣雅釋器同。一切經音義五引字書：「俎，肉几也。亦曰腳小盤也。」山海經海外西經注亦有「俎，肉几也」之訓。史記項羽本紀索隱：「俎，亦几之類。」是知俎、几同類，有足之俎側視之形，固宜作ㄐㄐ狀矣。「鬻」字正象陳鼎而匕、俎從設之儀，是卜辭、銅器所傳之古象形文，與經傳字書所述之古禮制度合矣。

刀（即匕）、俎、鼎、肉，粲然具陳，可以為亯，亦可以為養，故「鬻」之義亦得引申而為養。詩四牡「不遑將父」，毛傳：「將，養也。」廣雅釋詁一、吕覽盡數高誘注，並同。鼎肉已別出在几，是即且以祭或饗矣。故「將」之義又引伸而為「且」，詩簡兮「方將萬舞」，鄭箋：「將，且也。」論衡知實亦云：「將者，且也。」皆其證也。⊘以匕別出鼎肉于几上，而且以祭或饗，是手將之也；故「將」之義，又引申而為持、為奉。莊子秋水「將甲者」，釋文：「本亦作持甲。」又荀子成相「更將之無鈹滑」，楊倞注：「將，持也。」儀禮聘禮「將命于朝」，禮記鄉飲酒義「將之以敬」，鄭注並云：「將，猶奉也。」皆其證也。

由是而旁茁支義焉。則握節持符，奉命以統率軍隊者。其所將者為軍，斯即以「將軍」名之矣。「鬻」為本字，而經典群籍省「鼎」為「將」，此亦猶卜辭、金文之或省「爿」，或省「匕」，或省「月」耳。「，「肉」出于「鼎」，而入之酉狀之器以沮醞釀腐之，則即成儀禮所述之「醬」，説文所謂「从肉从酉，酒以和𤖅」也。此「鬻」字賦義之源流本末變化之概略也。【殷虚書契解詁】

◉孫海波　[glyph]前一・二二・二　从鼎从爿。説文所無。[glyph]甲二一〇二　或从肉。[glyph]乙八三七　或从爿。【甲骨文編卷七】

◉容　庚　曆鼎「用夙夕鬻享」。即詩「我將我享」之將。【金文編卷七】

◉高鴻縉　[glyph]　此字説文所無。而金文屢見。或作[glyph]。均从鼎[glyph]聲。常用在所作之器名之上。有時器名亦可省去。容庚金文編曰。曆鼎用夙夕（按讀夜）鬻享。即詩我將我享之將。是也。詩箋。將猶奉也。按从鼎之字。未可訓奉。當為祭也。以鼎

祭祖也。詩句將通叚以代鬻耳。金文鬻訓祭。各銘文字俱甚從順。【頌器考釋】

◉饒宗頤　[illegible]「丙子卜。大……其鼎馬三十。」(屯甲一六三三)按卜辭有鼐字(前編一・二二・一)。金文史頌段作[illegible]。字从匕从爿从鼎。王國維釋為詩「我將我亯」之將，此辭鼐但从匕省爿。亦即鬻字(文編七・一一)。將享而用焉，楚茨所謂「或肆或將」是也。他辭云：「甲子卜，夗且乙又鼐。王受又。弜又鼐。」(寧滬一・一原文引有寧滬一九三)並其例。【殷代貞卜人物通考】

◉屈萬里　鼐，羅振玉以為即金文習見之鬻字(殷釋中三八葉)。以字形覘之，所謂从匕肉於鼎，爿殆所以薦肉者也。【殷墟文字甲編考釋】

◉嚴一萍　說文酉部：「䤈，鹽也(當據廣韻韻會引作醢也)，从肉从酉，酒以和䤈也。爿聲[illegible]古文。[illegible]籀文。」今案此字實即金文夗夕[illegible]享」之鬻所譌變，亦即詩「我將我享」之將。上溯甲骨鬻之書體，繁簡不一，其演變頗有可尋：

作[illegible]，从几从肉从鼎(省匕)者。

一、弜鄉[illegible][illegible]隮[illegible]　粹五四一

二、☒唐☒[illegible]☒　前五・三・六

三、戊寅卜貞：[illegible]　京津二一一二(一〇六四重)

四、□□卜貴(貞)　□[illegible]叀□方罒　前・五三・七

五、☒[illegible]☒

六、升歲[illegible]隮，王受又　甲八四四九

或作[illegible]从匕从鼎(省几省肉)者。

一、丙辰卜大(貞)[illegible]兕三　甲一六三三

二、叀[illegible]　粹三九二

三、父丁[illegible]三冢　甲八四〇

四、旦其㪉[illegible]，迺各　足　甲四〇四

五、□□(卜)，□貞：王㞢告舌[illegible]☒　前六・三四・五

六、貞勿[illegible]　前六・三四・六

或作[illegible]从肉从鼎(省匕省几)者。

一、貞□𠪚□　　徵十二・五一

二、乎□𫝀二告　　鐵三九二

或作𤽄从几从鼎(省匕省肉)者。

一、𠭯　　乙八三九

二、𤽄𣎵□𢦏□　　菁一〇・六

三、𠪚若　　乙八八一〇

小屯甲編二四一八骨版契有从𠁁从皿作𤽄者二字，文曰：「三𠁁𤽄」。全篇錯雜，不能通讀，似為習契之作。其从皿，與从鼎，要皆盛物之器以鼎易皿與𠪚實一字。說文古文䵼之从酉，與从皿从鼎無殊，亦𠪚之別體。籀文之𤻮，則又緟復為之。䰞兄簋作𩕢亦可能由此等字形譌變而成。溯其源，皆𩰫之一字所省變。

䰞之訓亯亦可以詩楚茨「或肆或將」，毛傳訓將為齊證之。爾雅釋言「將，齊也」，郭注：「謂分齊也。」齊，徐仙民周禮音蔣細反，讀如劑。郝懿行爾雅義疏謂：「齊之為言劑也。」周禮亨人「以給水火之齊」，注云「齊多少之量」，即劑量其水火也。凌廷堪謂：「升牲體于鼎，即詩所謂肆也；載牲體于俎，即詩所謂將也。」馬瑞辰謂：「古者牲體既亨之後皆先升牲體于鼎而後載之于俎。」(見毛詩傳箋通釋)兩君之說，皆無當于將之訓劑，若必先亨而後升于鼎則劑量其水火即失其用，故知牲體升于鼎，乃在既割之後，未亨之先，然後需劑量其水火，以亯煮之。其「以匕俎从鼎而設」者，為亯煮既成即以匕出牲體載于俎，此即䰞之取象也。象外之意，重在亯煮，故知甲骨金文之𩕢當訓亯，然後卜辭用𠪚如「䰞三豕」之意，皆豁然可通。繇知說文于䰞訓醢者猶昧于源流，差一間耳。歷來治訓詁者多以經傳之將為䵼之叚借，而不知將䵼為一字，又不知䵼所从來，乃誤以將為䵼省。取象不明，借義滋生，如詩邶風燕燕「之子于歸，遠于將之」，傳：「將，行也。」周頌敬之「日就月將」，傳亦訓行，說文作「𨒪，行貌」。又鄭風有女同車「佩玉將將」，說文作：「瑲，玉聲也。」大雅執競「磬筦將將」，三倉：「鎗鎗，金聲也。」荀子富國篇引詩作「管磬瑲瑲」，說文引詩作「管磬𨒪𨒪」。易林革之大有云「南山之楊，華葉將將」，廣雅：「鏘鏘，盛也。」詩陳風東門之楊作「其葉牂牂」。禮記射義「幼壯孝弟」，注：「壯或為將。」虢季盤「䢅武于戎工」，于思泊謂䢅即將也。詩小雅北山「鮮我方將」，傳：「將，壯也。」壯將雙聲，故壯又通作將，將又通相。尚書大傳「又伯之樂無，將陽」，將陽即相羊也。凡此通叚，皆緣聲近。說文䵼，爿聲，牆亦爿聲，將則牆省聲，蓋亦从爿得聲。爿字，今說文無。六書故曰「唐本有爿部」，段氏以之補入片部曰：「反片為爿，讀若牆。」此字甲文已有之。

一　爿牧𢊁方　前四・四五・三

二　爿母庚　乙八七一四、八八〇八同文

三　丁亥(卜貞)☐復☐片未☐幸　前七・三・二

四　己巳卜片劧　菁二・一八　【釋𤖨𩰫爿　中國文字第八册】

◉李孝定　从鼎从肉。或从匕爿聲。説文所無。羅氏謂字从爿。殆所以薦肉。按爿為牀之古文。非薦肉之具。古薦肉以俎字作𠂤。且薦肉之器亦不應列於鼎上。此字實从爿為聲耳。羅説非是。王氏謂即詩周頌「我將我亯」之將。其説甚是。𩰫將並从爿為聲。故得通也。惟兩氏並謂𠂤藏・一二九・二、𩰫前・一・二二・一、𠂤前・六・三四・五、𩰫前・六・三四・六、皆是𩰫字。葉氏則疑非一字。今按。葉氏疑之是也。字不从爿則其音讀不可知。其辭例又與𩰫字所見無一相同者。今舉諸辭如下。(一)𩰫字所見諸辭。「☐歲𩰫隩王受又」甲編・八四九、「鼐光」乙・八八一〇、「弜卿饗宜庭𩰫隩勺」粹・五四一。「鼒唐」前・五・三・六、「☐卜晛☐𩰫叀☐方皿」前・五・五・七、「曰𩰫」簠徵・文字・五十。(二)不从爿諸字所見諸辭。「宁鼒二告」藏一九二・二、「貞鼒」續・五・三〇・十六、「癸丑卜☐唐以勺鼒」甲編・二一〇二、「貞王☐㪔☐鼐☐」前・一・二二・一、「☐貞王有舌鼒」前・六・三四・五、「貞勿令鼒咢」前・六・三四・六、「叀鼒」粹・三九二、「昌于省吾釋旦其𣪘鼒𨓊各落日又正」甲編・四〇四、「父丁鼒三冢」甲編・八四〇、丙辰卜大☐其鼒冢三」甲編・一六三五。諸辭中从爿與不从爿之字雖有同為祭名者。然無確證可以證其確為一字。就字形言。似以分釋為數字為較得也。金文𩰫字多見作𩰫麿鼎𩰫宰峀簋𩰫君夫簋𩰫豆𡭴中鼎𩰫𩰫應公鼎𩰫𩰫善夫克鼎𩰫史頌簋𩰫彔簋𩰫戾生鼎𩰫索諆角。多从匕。或又省鼎。【甲骨文字集釋第七】

◉馬薇廎　前日讀金教授祥恆之釋俎一文，其中所引王觀堂與吴其昌二氏有關𩰫字之解釋，頗感興趣。茲節録如下：

王觀堂曰：「古𩰫字象匕肉於鼎之形，古者鼎中之肉皆載於俎。又匕載之時，匕在鼎左，俎在鼎右，今𩰫字之左從匕，則右之爿象俎明矣。」

吴其昌云：「𩰫者字當作𩰫，蓋其翔義，謂以匕扱取鼎中之肉，而置之平几上也。鼎中烹肉既飪，取置於几而有匕並陳，是即楚茨既醉之詩所云『爾殽既將』也。鼎匕肉告具，是可將之獻亨矣。是即我將之詩所云『我將我享』，金文厤鼎所云『其用夙夕𩰫享』也，古者設鼎，皆匕俎從設，儀禮述之最詳。少牢饋食禮云。『雍人概鼎匕俎于雍爨』，士昏禮云『鼎入，陳于阼階南，西面，匕俎從設』，士虞禮云『鼎入，設于西階前，東面，匕俎從設』，公食大夫禮云『陳鼎于碑南，……雍人以俎入，陳于鼎南，旅人南面加匕于鼎』，士喪禮云『陳一鼎于寢門外……素俎在鼎西，西順，覆匕，東柄』，特牲饋食禮云『佐食舉牲鼎……贊者錯俎，加匕』，有司徹云『陳鼎……雍府執二匕以從……司士合執二俎以從』，鄭玄士昏禮注曰『匕俎从鼎而設，匕所以別出牲體也。俎，所以載也』。」

二氏均謂□字象以匕扱取鼎中之肉而載之於俎之形，至確不易。吴氏復引儀禮之設宴設祭情形作證，實為難得之考證。惟謂䵼字从匕而非从刀，以容庚為誤一節，似有可商。予檢查金文䵼字，皆从□而非从□，因□確為刀字，如□、□皆從此作。匕即説文□字，今所謂湯匙或調羹是也，甲骨文金文皆作□，如□、□皆从此作。古匕，首鋭而薄，柄後有趾突出，所以使懸於鼎脣而不落入湯中也。故□為匕之柄，下丿為其身。匕在鼎上時必柄向上作□形。若作□形，則柄向下，例置於鼎中矣。再檢查甲骨文䵼字，作□、□等形，確是从□(匕)而不從刀，可知金文□字之从刀，係周代文字之誤，而非容庚之誤也。然若吾人再研究䵼字之訓義如何，當更可明瞭从匕从刀之孰是孰非也。(1)王吴二氏皆訓䵼為「將」，查楚茨既醉之「爾殽既將」釋言「將，齊也」，周頌「我將我享」注云「將，奉也」二義均與䵼之字形涵義不合，因䵼字从匕肉俎鼎，何由可得齊、奉之義？其誤可知。(2)䵼字象以匕扱取鼎中之肉而載之於俎之形，實與儀禮之士昏禮、公食大夫禮及特牲饋食禮之情形相符，當是燕饗與祭享義。(3)究之金文亦莫不然。例如小克鼎云「克其日用䵼，朕辟魯休」，剌䵼鼎云「作寶隩，其用盟䵼」，及曆鼎云「其用夙夕䵼享」此三䵼字均可作燕饗解。至於索諆角云「索諆作有羔日辛䵼彝」，及師兑毁云「作皇且城公䵼毁」，則為祭享義矣。本來享與饗有別，朱駿聲云「享與饗有別，享神道也，饗人道也」，然小戴記凡祭享饗燕字皆作饗，左傳則皆作享，是可證䵼可作饗解，又可作享解也。由是可知「䵼享」二字，乃「用饗用享」之意；而非「我將我享」也。古彝器不僅為祭祀之用，而且為燕饗賓客之用，其例甚多，俱見於銘文。如召仲壺「召仲考父自作壺，用祀用饗」，伯康毁「伯康作寶毁，用饗倗友，用饋王父王母」，及曾伯陭壺「用饗賓客，為德無叚，用孝用享，用賜眉壽」，皆饗與享並列。(4)又查玉篇「䵼，煮也，亦作鬺」鬺，説文「煮也」，段注「鬺亦作觴，亦作䵼」，玉篇「鬺同䰞，亦作䵼」，類篇「鬺或作䰙」，博雅「觴，飪也，亯煮也」。約言之，䵼、鬺、䰞、䰙，皆為䵼字，並皆訓亯煮。若䵼之義為亯煮，則字从刀，俎、肉、鼎，謂置肉於俎，以刀切之，入鼎中亯煮，會亯意，何嘗不可，是金文从刀，未為誤也。然若以之解釋小克鼎「克其日用亯，朕辟魯休」或索諆角「作亯彝」，皆不適合。且史記封禪書「皆嘗亯觴上帝鬼神」，註「『徐廣曰鬺亯煮也，師古曰『鬺、亯煮而祀也』」，不知鬺上已有亯字，如訓鬺為亯，則成亯亯上帝鬼神，豈非不通乎？即師古訓亯煮而祀，亯煮二字亦贅也，故鬺之義訓享是也，但字書皆遺此義。至於字書訓煮者，煮亯也，亯乃享之借，古享、亨、亯，皆為一亯字，亯即薦孰之意，已包括亯也。故由(2)儀禮(3)金文(4)字書證之，䵼字甲骨文作□，从匕是也，金文作□从刀，誤也。訓饗或享是也，訓齊訓奉非也。且字應讀式羊切，音商，讀將誤也。【彝銘中所加於器名上的形容字　中國文字第四十三冊】

嬬 繽

◉趙世綱 劉笑春 鬺。《説文》所無。《玉篇》謂煮也,亦作鬺。尹羊切,音商。鬺彝,似為禮器之統稱,有許多𣪘、簠等也都自名為鬺。例如:

中甗:「中,對王休令,鬺父乙𨾦。」

君父𣪘:「用作文公丁鬺彝。」

彔既𣪘:「用作文且(祖)辛公寶彝𣪘。」

免簠:「用旅鬺彝。」

此篇銘文云:「自作鬺彝𪔂鼎。」可知鬺彝並非專指鼎類器。【王子午鼎銘文試釋 文物一九八〇年第十期】

◉考古所 鬺:在卜辭中為祭名。【小屯南地甲骨】

◉趙 誠 □,鬺。或寫作□。从□或□即肉,从□即用以置肉之器具,从鼎為煮肉之器,从數點為肉汁之形,為會意字。甲骨文用作祭名,即進鼎肉以祭。【甲骨文簡明詞典】

◉徐中舒 從鼎從□肉從□匕,或從□爿,爿亦聲,繁省不一。匕肉於鼎,有進奉之義。即《詩·小雅》「或肆或將」,《周頌》「我將我享」之將之本字。鄭箋云:「將猶奉也。」《説文》無鬺字,見於《玉篇》。祭名,進奉之義。【甲骨文字典卷七】

◉戴家祥 □靈終盉 𣪘冬 □遣盨 𣪘冬

「霝終」為金文恒語,常置於並列諸嘏語之最後,如不期𣪘「用匄多福眉壽,永屯霝冬」,追𣪘「用旂匄眉壽永命,畯臣天子霝冬」。此遣盨作「用追孝匄萬年壽嬬冬」,知嬬當為霝之加旁字,「霝冬」之義詳見雨部釋霝。【金文大字典下】

◉徐寶貴 □ 此字見於《古璽彙編》三三九頁,編號為3660的這方璽印中。

按此字所从的「□」是「夤」字,「夤」,《説文》篆文作「□」,籀文作「□」。金文只秦公𣪘一見,作「□」,从「月」,古「月」、「夕」二字於形旁中通用。籀文所从之「寅」作「□」,是秦公𣪘「夤」字所从之「□」省去「□」所剩下的「□」形的譌變,「寅」字戊寅鼎作「□」,古璽文作「□」(《古璽彙編》3841、5642),均與此古璽文所从之「□」下部同。「□」是从「夕」、从「□」省,而將「夕」字與「□」字的直畫連為一筆書寫而成,古陶文亦有「夤」字作「□」(《古陶文彙編》3·488),與此古璽文寫法正相脗合。

通過以上的論證,可以證明「□」是从「糸」、「夤」聲的「繽」字。字書無「繽」字,而有「縯」字,「繽」與「縯」均从「寅」得聲,其音相同，所以「䋲」當是「縯」字的異構。《玉篇》「縯，余忍切」，《集韻》「引也」，《廣韻》「長也」。【戰國璽印文字考釋七篇　考古與文物一九九四年第三期】

𩞁

◉于省吾　一九六一年文物第二期刊登馬承源同志《陳喜壺》一文。「陳喜壺」未見著録。馬同志對于器形以及銘文的釋文、拓本、摹本均分别揭出，有利于大家從事研究。馬同志謂「此壺的絶對年代，當為齊悼公元年」，又謂「當時齊國青銅器的形制和紋飾，在相當程度上，還保留着比較早的式樣」，都具有卓識。但是，在文字的認識和詞句的解説方面，則與鄙見有些出入。今將「銘文釋文」重加訂正（原文説五行二十四字，實則六行二十六字），録之于下：

陳僖再立（涖）事歲，𩞁月己酉，為左（佐）大族，台（以）寺（待）民卯（選）。宗詞客敔（敢）為䤈（禋）壺九。

一、僖字原文釋作喜，據拓本喜字右側从了，非从欠，隱約可辨，應釋為僖，因為古文字的偏旁，往往左右變動不居。原文以為陳僖即陳僖子，子為男子之美稱是對的，但是，引「冉有」稱「有子」為例，證據顯然不足。按國策燕策的「韓獻」，左宣十二年傳作「韓獻子」；吕氏春秋義賞篇的「魏桓」，國策魏策作「魏桓子」；荀子非十二子篇的「陳仲」，孟子滕文公篇作「陳仲子」。這類例子習見于典籍，無須詳舉。春秋哀六年經的「陳乞」，左傳作「陳僖子」，史記田敬仲完世家，陳僖子作「田釐子乞」，係田完六世孫，陳與田、僖與釐並音近字通。陳僖事跡見春秋三傳的哀六年傳、史記齊太公世家和田敬仲完世家，今不備述。

二、𩞁字金文嬴霝德簋作，與此略同。説文：「𩚬設飪也，从丮从食才聲，讀若載。」𩞁字从「甾」得聲，古从「甾」从「才」的字往往音近相通，詳拙箸殷契駢枝「釋𩟗」。金文陳猷釜有「𣪘月」，子和子釜有「䰟月」，此銘作「𩞁月」，均係田齊紀月之異，與爾雅釋天紀月之名不符，存以待考。【關於《陳喜壺》的討論　文物一九六一年第十期】

鼛

◉張日昇　　字从鼓䒠聲。説文所無。吴愙齋謂从支从豐。非是。鼓壴原為一字。數豐疑亦一也。擊鼓之聲。丰丰然宏大。故从壴。䒠聲。據韻會䒠丰一字。丰有盛意。遂引申為豐滿。而以數為鼓聲之專字。其寓於目者為豐。其聞於耳者為數。【金文詁林卷三下】

蘚

◉孫海波 草惡皃,从茻戲聲,經典以苴為之,卜辭以為地名字。後上·十八·九文云:「□卜在𧆑,貞□𧆑方,余从□𠬝,王𠆢曰:大吉。」【甲骨金文研究】

黊

黊 說文所無義如光弔家父匡 悊德不亡孫子之黊 【金文編】

𢿤

◉孫詒讓 宂簠。阮訓為襍。云。命奠定縣之襍政。案吳録又有宂敢。與此宂𠂢是一人。見吳釋文。彼銘云。令女疋図師𤔲。與此簠𢿤字同。而與敕季敢字見薛款識散氏盤字本書並異。其形从𠔀蓋即𠔀啚省。敨敢啚字作見薛款識。說文亩部載古文啚作。與此微異。隸續魏三體石經春秌桓十四季經御廪災。廪字古文作。㠯𠔀為亩。大與𠔀形近。可證也。𢿤字說文所無。其音義不可攷。意必求之。疑即鄙之變體。𢿤蓋从敕聲與鄙从𢿤聲古音同部。周官遂人。造縣鄙五家為鄰。五鄰為里。四里為酇。五酇為鄙。五鄙為縣。五縣為遂。此云𤔲奠還𢿤。猶云司奠縣鄙耳。若如阮說。㠯為縣之襍事。則宂敢言襍不言縣。其說不可通矣。【古籀拾遺卷中】

◉孫詒讓 金文又有𢿤字。如宂簠云。𤔲奠還𢿤罪吳虞罪牧。宂敢云。令女疋周師𤔲𢿤。其文作。作。並从攴。亦說文所無。蓋與楚鐘𧶜字略同。但彼為牆異文。此以文義校之。亦當為穡之借字。舊釋為散誤。𤔲𢿤猶云司嗇。見禮記郊特牲。亦與師寰敢牆事同義。【名原卷上】

◉郭沫若 𢿤本从林聲之字,鐘銘多見之。此當讀為棼。又如僅依聲紐讀為吝字亦可。【大𣪘 兩周金文辭大系圖録考釋】

◉郭沫若 𢿤,職名。下免簠𤔲「奠還𢿤罪吳罪牧」與同𣪘𤔲「昜林吳牧」同例,知𢿤實叚為林衡之林也。【免𣪘 兩周金文辭大系圖録考釋】

𨢾

◉高田忠周 醬 說文所無 廣雅釋器醬也 鄀戻簋 〈1320〉「休台(予)馬醬皇母」

此篆从酉从齊。尤顯然者。說文無之。古字逸文也。廣雅。醶醬也。即此字也。此从齊聲。故銘借為齊。【古籀篇七

⿰夏圣

十六】

◉袁國華 「[古文]」字見「包山楚簡」第255簡，〈釋文〉無釋。「包山楚簡」「齊」字有作[古文]的，構形與「[古文]」字上半相同，此字从「酉」从「齊」，「包山楚簡」「酉」字作[古文]204、[古文]233可以為證。簡255句云「⿰酉齊肉酭一⿱罒廾」，「⿰酉齊」〈博雅〉「⿰酉齊，醬也」；「酭」〈集韻〉「酭，酒也」，「⿰酉齊肉酭，疑即〈説文〉所録的「醬」；「醬，醢也。从肉从酉。酒以和醬也，爿聲。」則所謂「⿰酉齊肉酭」就是「所以調醬肉之酒」；「⿱罒廾」應為計量單位，疑字同郟麥君三器，銅豆之一盤外底銘的[古文]字，確實意義待考。【包山楚簡文字考釋 第二屆國際中國文字學研討會論文集】

◉戴家祥 [古文]鄦侯庫彝 休台馬[古文]皇母 [古文]字从酉，从[古文]，説文所無。以聲義求之，殆即天官酒人「五齊」之齊，从酉者表義加旁字也。鄭玄謂齊者，每有祭祀以度量節作之。【金文大字典下】

◉張燕昌 [古文] ⿰夏圣。薛作憂。鄭云。今作夔。【石鼓文釋存】

◉趙烈文 □為所斿⿰夏圣 首字全失。約分句讀。此處疑有重文。⿰夏圣。薛作憂。鄭作夔。錢大昕云。即優字。斿優與優游同。【石鼓文纂釋】

◉羅振玉 ⿰夏圣 音訓⿰夏圣。薛氏作憂。張氏德容云。説文璿之籀文作⿱㕡圣。叡籀文作⿱㕡圣。可證憂之作⿰夏圣。錢詹事曰。游⿰夏圣即游優。與優游義同。箋曰。如張説。則許書之⿱㕡圣从圣乃从圣之譌也。【石鼓文考釋】

◉何琳儀 石鼓《作原》「為所斿⿰夏圣」。自錢大昕謂「斿⿰夏圣即游優，與優游義同」以來，于省吾《雙劍誃吉金文選》附六。幾成定論。

檢《説文》「[古文]，籀文齋从𩠐省」。「[古文]，籀文禱」。「[古文]，籀文祟从𩠐省」。王國維云「案，此三字齋、𠃬、出皆聲，則疑从𩠐。意古當有⿰示𩠐字，而⿰示𩠐从示从𩠐是又當有𩠐字。⿰示𩠐古文字中未之見，𩠐則項肆簋之[古文]，番生敦之[古文]，《考古圖》所載秦盄龢鐘之[古文]。其所从之[古文]若[古文]與篆文[古文]字均為近之。其字上首下止，實象人形。古之《史篇》與後之《説文》屢經傳寫，遂譌為𩠐矣。⿰示𩠐字象人事神之形，疑即古禱字，後世復加𠃬以為聲。」王國維《史籀篇疏證》一—二頁。

按，王説「𩠐」之構形甚精。以古文字驗之，籀文「[古文]」應隸定「夏」。「夏」與「憂」實一字之分化，然則《作原》之「⿰夏圣」依籀文體例也可隸定「⿰金𩠐」。籀文「[古文]」、「[古文]」、「[古文]」分別以「齋」、「𠃬」、「祟」為音符，「⿰金𩠐」也不應例外。故「⿰金𩠐」應讀「圣」。

檢《海篇大成》「侳」讀「嚣」。「嚣」通「敖」，楚璽「莫嚣」，《左傳》作「莫敖」；《詩·大雅·板》「聽我嚣嚣」，傳「猶嗸嗸也」；均其確證。然則《作原》「斿⿰夏圣」應讀「游敖」，《詩·齊風·載驅》「齊子游敖」；或作「遊遨」，《漢書·孝文帝紀》「千里遊遨」；或作

⿱豕豩

「遊鷟」，《呂氏春秋・察今》「王者乘之遊鷟」。【戰國文字通論】

◉吳其昌　云「于⿱豕豩」，云「戉⿱羴廾」，則此⿱豕豩與⿱羴廾者自可推知其為地名。地名而乃以⿱豕豩與⿱羴廾為稱者，度其地一以多產豕故，一以多產羊故也。殷人質對此兩大牧地，欲記以適當之文字，以謂宜莫如繪示眾多之「豕」「羊」；猶後世繪列眾多之「木」，以為森林之表示矣。但欲表示此牧場區豕或羊數量之眾多，故三倍之而其字作「⿱豕豩」，作「羴」可（如前一・三一・五）。二倍之而其字作「豩」（拾遺・一・五），作「⿱羊羊」（續・五・八・六）亦可。四倍之而其字作「⿱豩豩」（前・四・三五・五）亦無不可也。準此例推，使此牧區而產馬者，則其字自當作「驫」，金文中之驫姒鼎（貞松二・三五）驫姒彝（精華二・一一二）驫羌鐘（善齋一・二四）蓋即其遺地矣。此名⿱豕豩之地，金文中有婦闟所作鼎（殷存・一・七）甗（殷存・一・一〇）罍（周金・五・三〇）卣（陶齋・二・三六）斝（善齋・七・六八）兕觥（窓齋・二一・一〇）等器，婦闟猶云婦闟氏耳。此⿱豕豩與闟二名，是否即為一地。雖不敢遽斷；然必為淵源關係，則頗可信，惜各書皆未嘗記其出土之地，今遂無從推求耳。【殷虛書契解詁】

◉李孝定　栔文犬豕二文形近易混。拾・一・五云「叀豩叀龍」，其義似為名辭。前・一・三一・五⿱豕豩為地名。古象形字二文三文並列每無別。【甲骨文字集釋第九】

觀

觀　觀卣　說文所無類篇俗觀字非　【金文編】

⿱霝心

◉戴家祥　秦公鐘⿱霝心音銑銑　⿱霝心字从心霝聲，在此讀作霝。金文恆言「霝終」，徐中舒認為霝通假作令，令終即善終，令的主要內容是和，如周語所說：「度於天地而順於時動，和於民神而儀於物則。故高朗令終，顯融昭明，命姓受氏，而附之从令名。」詳見釋霝。銘文「⿱霝心音銑銑」表示樂音之龢，即所謂「八音克諧，神人以龢」是也。故⿱霝心字或作⿱雨冊，从龢省，是其證也。【金文大字典中】

◉張亞初　在婦好墓所出的銅尊和銅爵上(《學報》一九七七年第二期《安陽殷墟五號墓的發掘》六五頁),有一個奇字,作□。下部為泉字,上部有的同志釋為束字。束字甲骨文金文作□或□,不作□。我認為此乃量字初文。

量字早期上面从□或□,下面从東或束,作□、□、□、□(參《甲骨文編》二八七頁)金文中的量字,下面也有从東从束兩種寫法,作□、□,或作□(《金文編》九八九頁木工鼎鑄字所从)。以上所引的甲骨文金文材料都較早。就是在較晚的金文偏旁中,東和束也有互相通用的例子(同上七一四頁)。總之,東和束,在古代,作為獨體字,它們一般説來是有嚴格的區別的,很少相混。但是,在偏旁中,它們又往往因為形和音都相近而互相通用(東束雙聲對轉,束為舌上音,東為舌頭音,古無舌上音,故束也讀如東)。這種情況。從商代的甲骨文金文,一直到西周晚期的銘文,都是如此。

因此,□字我們決不能因為下部所从之□與召伯虎簋之束字作□相同,而誤以為就是束字。從上下整體看,這個字釋為量字,是没有問題的。

為了進一步明確量字的演變情況,可圖示如下:

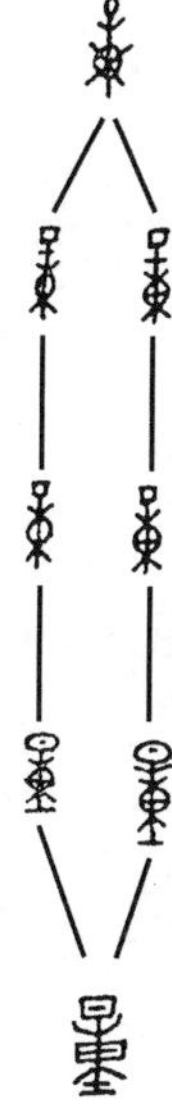

由上可知,□字上部為量字,下部為泉字,我們可以把它隸定為⿱量泉,為書寫方便,亦可寫為⿰量泉。這個字在甲骨文金文中没有見到過,為首次出現。婦好墓所出的尊和爵的銘文,前面冠有子字,顯係人名。子⿰量泉是多子族名單上增添的一名新成員。【甲骨文金文零釋】

◉黄錫全　□囁　此形上部與前口部「虐」作□類似,與夏韻曷韻録《説文》□(撻)字所从之□類同,參見前「撻」。如果此形是虐(達)字,則是假虐為囁。

撻屬透母月部,囁屬泥母葉部,二字並屬舌頭音。【汗簡注釋卷一】

⿱蟲土

◉郭沫若　第一五七七片　⿱蟲土乃人名。它辭有作「蟲告」者。又金文有子癸⿱蟲土觶（集古遺文九·廿四）。當即此人或其國族之器。【殷契粹編考釋】

◉李孝定　从土从蟲或从䖵，説文所無。葉玉森氏嘗謂字从䖵从王，古者蓋以蠶為蟲王，字當釋蠶。一時忘其出處。説殊荒誕，可發一噱。【甲骨文字集釋第十三】

嬰

《正始石經》亂字作嬰——遊亓行（甲1—24）、是胃——絽亡（甲4—12）、女胃〃既——（甲4—27）、胃〃䖍——（甲7—25）、胃〃既——（甲7—32）、帝晒繇吕——遊（?）之行（甲11—31）、——乍（乙7—28）、亓邦又大——（丙8:3—4）〻殘　緹絀遊——（甲1—31）殘　吕——天尚（甲8—32）【長沙子彈庫帛書文字編】

⿱⿰黑禾皿

◉李裕民　《侯馬盟書》宗盟類四之一七九：一。

即黑，盟書黑字作，楚帛書作（墨字偏旁）。此字从黑从禾从皿，隸定為⿱⿰黑禾皿，字書所無。這裏是參盟人名。【侯馬盟書疑難字考　古文字研究第五輯】

⿱竹膚

◉戴家祥　⿱竹膚大史申鼎　鄦安之孫⿱竹膚大史申作其祰鼎十

字从竹从膚，説文所無，銘文用作方國名，或从邑作鄘。孫詒讓認為：説文臚籀文作膚，是膚即臚之省，與盧聲類同，古字可通。⿱竹膚國侯爵當即書牧誓之盧，亦見左傳桓十二年陸氏釋文本或作廬。名原下一六葉。静安先生認為鄘侯敦鄘侯亦即筥侯，闖丘口口戈闖丘即閭丘，足證筥盧之為一字矣。觀堂集林十八王子嬰次盧跋。據郭沫若考證，盧國故地當在今湖北襄陽附近，莒則在山東。【金文大字典中】

◉徐鴻修　金文有⿱徵貝字作[illegible]，或加止符作「遺」。或省辵、又二符作「賁」，多與取字連用，以「取⿱徵貝××寽」的句式見于王室任官之册命。從判斷「⿱徵貝」字音義的角度看，與「取⿱徵貝」相聯的辭例有以下幾點值得特別注意：1.「⿱徵貝」字所代表的實物是以「寽」為計量單位的。寽字後人誤為「鋝」，用作銅的重量單位，周世銅貝有貨幣職能，可知「取⿱徵貝」與官府徵取貨幣的行為有關。2.取⿱徵貝的官員都具有「訊訟罰」的審判權，如《趞鼎》王命趞「訊小大又陷，取遺五寽」。《楊鼎》王命楊「作司工……及司寇，……訊訟，取遺五寽」，《䚄𣪘》王命䚄「訊訟罰，取⿱徵貝五寽」等。《番生𣪘》、《毛公鼎》，雖然只説取遺二十、三十寽而沒有提及「訊訟罰」，但番生受命「𤔲司公族、卿事、太史寮」，毛公則「辪我邦家内外，惷于小大政」。3.取⿱徵貝既與獄訟有關，則被徵者可能是訴訟案件的當事人。從職權看，二人可能都是王室最高執政官，而最高執政有審判權是不言而喻的。以上三點，實際上已經為確定「⿱徵貝」字的音義提供了基本依據，然而，由于「⿱徵貝」字不見于字書，文獻中又沒有「取⿱徵貝」的直接證據，所以各家對此篆的解説仍多歧異。阮元釋債，吴式芬釋賃，孫詒讓釋遺，徐同柏釋賦，郭沫若先生以為「大抵乃貨幣字，苦不能得其讀」，《兩周金文辭大系考釋·趞鼎》。又推斷「恐即貨之初字，从貝坐聲」。《金文叢考》，第267頁。强運開云：「此篆从貝从坐，古貺字也。」《古籀三補》，卷六第8頁。譚戒甫則以為「古時坒既讀皇，而皇與黃同屬唐部匣紐，故此賁字很可讀成黃音並認作黃義」，而「黃」則是黃金專字。《中華文史論叢》第三輯，第79～80頁。以上各説，有的釋義有合理成分而對字形的隸定不够確切，如郭、徐兩説；有的則形、音、義俱誤，如阮、吴、孫、强、譚諸説。唯丁山先生釋徵，云：「徵，篆文作[illegible]，與遺上之[illegible]極近，殆即篆變之訛」，《切其卣三器考釋》，載1947年上海《中央日報·文物周刊》第37期。對字形的隸定最為正確。然而，丁先生以為⿱徵貝字可以省略貝符而逕直讀為徵字，並以《儀禮·士昏禮》「納徵」之徵釋其義，認為「納徵」猶如《左傳·莊公二十二年》所謂「納幣」。「禮經言徵，春秋言幣，是幣即徵矣」，《切其卣三器考釋》，載1947年上海《中央日報·文物周刊》第37期。與《士昏禮》、《左傳》及金文文義卻顯然不合。據《士昏禮》及《左傳》，納徵為婚禮六禮之一，而幣則是納徵的禮品，與「納采用雁」、「納吉用雁」，雁為禮品而納采、納吉為禮名同例。禮與禮品並非一事，故「徵」不可以訓幣，幣亦不可訓徵。否則，按「幣即徵」的公式推理，就會得出「采即雁」、「吉即雁」和「采亦吉」的結論。況且，金文明言「⿱徵貝」的計量單位為「寽」，而以皮、帛為物的「幣」卻是皮只言數而帛以「兩」計，從未見皮、帛以寽計量的記載。丁先生説：「計幣之兩，初當以重言，頗疑古代幣錦重一兩當尺，重六兩當步，五步當束，即後世所謂匹」，《切其卣三器考釋》，載1947年上海《中央日報·文物周刊》第37期。是缺乏實證的，為什麼字形隸定正確而音義仍有問題？愚意以為其故可能在于此字的六書歸屬不當。蓋「⿱徵貝」字从徵从貝為會意字，而非从貝徵聲的形聲字。徵，取也；貝，財貨也。泛言取貝可以表示衆多的義項，而以徵貝表示具有審判權的官員依法向訴訟案件當事人徵收財貨，其含義卻只能在懲罰的範圍中尋求。《書·吕刑》：「墨辟疑赦，其罰百鍰，……剕辟疑赦，其罰惟倍……剕辟疑赦，其罰倍差……宮辟疑赦，其罰六白鍰……大辟疑赦，其罰千鍰。」鍰即寽(鋝)字之誤。與「賫」以寽計正相符合。而罰者為司法官與金文取賫者為有審判權的官員又可以互相印證，可知金文取賫與《吕刑》罰鍰實為一類事。所謂「取賫若干寽」，當是命審判官由「訊訟」所徵的罰金(銅)中分取若干以為賞賜。以罰金義求後起的對應字，賫字當讀為「貲」。《説文》：「貲，小罰以財自贖也，从貝，此聲。漢律：民不繇，貲錢二十二」。漢代小罪貲錢，秦世輕罪貲以甲、盾(見《睡虎地秦墓竹簡》及《韓非子・外儲説右下》等)，周代則以貲金為主(見師旂鼎等)。所貲財物雖不相同而「小罰以財自贖」的字義及其音讀卻始終如一。蓋貲字初始从徵从貝會意而音讀為貲，後世以「此」符代「徵」而變為形聲字，在文字演變中屬于「六書」轉換例。唐蘭先生早已指出：文字的演變有漸變有突變，劇烈突變的途徑有三，其一為「本是用圖形表達的象意文字，改為用音符的形聲文字，例如□改作从貝毌聲的貫；□改作从网矛聲的罞。」(《古文字學導論》，第230頁。「貫」字由一豎穿兩貝會意改為从貝毌聲，「罞」字由麋頭羅网會意改為从网矛聲，與「賫」字演變的軌迹一樣，都是保留會意字的一個形符而將另一形符改用與會意字讀音相同的聲符，由兩符均不標音改為一符表意一符標音，音義雖然一貫而字的形體卻發生了劇烈的突變。因此，對于字形隸定已較為可靠而音義仍有問題的古文字，在確定其六書歸屬時應取慎重態度。在雙形符或多形符字擬定為形聲字難以達到形音義統一的情形下，應充分考慮到會意變形聲的突變例，以會意求其義，以改用符求其音，才有可能找到突變後的對應字。否則，以先入為主之見貿然地將會意字定為形聲字，從不標音的字符中求其音並據音以求義，那就勢必要割斷突變字的原形與變形的聯繫，難以得到形音義統一的合理解釋。【釋賫　山東古文字研究】

鐊

◉于省吾　□五　楚公冡鐘　楚公冡自作鑄鐊鐘

鐊鐘的鐊字所从之昜作□，南宮柳鼎陽字兩見，其所从之昜作□，又師旋簋昜登之昜作□，以上所列諸昜字的構形，均大同小異，昜字上部都有一橫畫，可以互證。楚公冡鐘稱「楚公冡自鑄鐊鐘」。⊘鐊系錫的繁體字，鐊从楊聲，楊字所从之昜作□與師獸簋錫字所从之昜可以互證。郭沫若釋師旋簋「儕女十五昜登」説，昜假為錫，廣雅釋器「赤銅謂之錫」，又作瑒或鐊，爾雅釋器「黃金謂之璗」，説文「璗，金之美者。」所謂黃金或金之美者在古時均指銅而言。見考古學報一九六二年一期。按郭説甚是。小臣宅簋記白懋父之錫品有昜金車，昜即錫之省，以美銅為車飾，故稱之為錫金車。説文有鍚字，訓為馬頭飾，並引詩「鉤膺鏤鍚」為證。按今本詩經韓奕鍚作錫，説者以為説文無錫字，遂謂錫為鍚字的俗省，殊不知古文本有錫字，只是義訓不同而已。左傳文十一年「潘崇復伐麇，至于錫穴」，杜注「錫穴，麇地」。水經注：「漢水又東徑魏興郡之錫縣，故城北為白石灘縣，故春秋之錫

䐈 謨 䡿 瘨

穴地也。」按麇為國名，在今湖北鄖陽縣，麇地有錫穴，同當以出產良銅得名，這和古代謂產丹砂之穴為丹穴是一樣的。總之錫字从昜作[illegible]，與从𦎫廻別，不應釋作錞，也不應釋作鎛或鉦。師𢾰簋的錫鐘，即楚公冢鐘的鐊鐘，文有繁省。錫系良銅，以良銅鑄鐘，故稱之為錫鐘。【讀金文札記五則　考古一九六六年第二期】

◉强運開　[illegible]　薛尚功趙古則均釋作鱄。鄭云今作鮒。楊升庵亦以為鮒字。張德容云。鄭說非也。鄭康成注易井谷射鮒云。鮒。魚微小。虞翻云。鮒。小鮮也。吕覽云。魚之美者洞庭之鱄。爾雅疏云。魚之大者名為鱄。二鮒義迴別。運開按。張說甚是。鱄本魚名。固不必釋鱄為鮒也。【石鼓釋文】

[illegible] 3·1282　獨字　說文所無玉篇謨當即此字　[illegible] 3·1283　同上　[illegible] 3·1284　同上【古陶文字徵】

◉余永梁　[illegible] 書契卷六六十葉　王先生曰：「此當即䡿𨍭二字。古皆讀若門。古文鑄字从此。」【殷虛文字續考　國學論叢一卷四期】

◉曾憲通　[illegible]字簡文作[illegible]（簡240），望山簡有殘文[illegible]，當與此同字。包山簡或作[illegible]（簡247），从爿償聲，字書所無，償又見於簡52、55、64、174，均用為人名，其義不明。此字益以爿旁，依簡文爿、疒形近易混之例，此字既言疾病，當是疒旁之寫訛，疒古牀字，病者之所倚，聲符省兼有表義，當是個从疒从人（或省去）从貝从省、省亦聲的字。《說文》：「省，危高也，讀若臬。」瘨字从疒省亦聲，引申之而有病情危重、危殆之意。簡文屢言左尹邵㰫「下心而疾」、「㽻心疾」、「既腹心疾」，可見邵㰫生前患有嚴重的心臟病，又屢言「上氣」、「少氣」，《素問·九候論》云：「少氣不足息者危。」瘨字从疒省亦聲，有危重、危急、危殆之意，與簡文「疾變，有瘨」、「病有[illegible]」正合。【包山卜筮簡考釋（七篇）　第二屆國際中國文字學研討會論文集】

瀧

◉王　襄　　古龜字。【簠室殷契類纂存疑卷十一】

◉葉玉森　　此字从水从龜，乃地名。與（前六・六五・五）（後上十九・五）同字，羅振玉釋龜（書契考釋），予疑其地殆即名龜，或龜水合文也。【殷墟書契前編集釋卷七】

◉孫海波　甲二七九　用與龜同。貞瀧一牛。【甲骨文編卷十一】

◉陳夢家　　當隸定作湡。或隸定作瀧。占文龜禺禹是一字。【殷墟卜辭綜述】

◉屈萬里　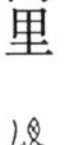　瀧字，不見於字書；其為形聲字，一望而知；則其音讀當如龜也。或釋湡；以字形核之，殊不類。【殷墟書契甲編考釋】

氵繇

◉朱德熙　舟節銘云：

上江，内（入）湘，適𨚕，適洮陽；内（入）耒，適郴；内（入）資、沅、澧、A_1。

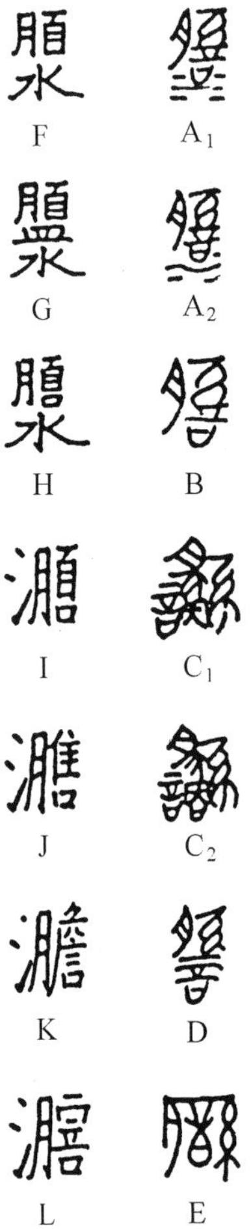

A_1
A_2
B
C_1
C_2
D
E
F
G
H
I
J
K
L

1960年壽縣第二次發現的舟節A_1寫作A_2，字形基本相同。這個字从水从B，過去各家考釋多認為指油水，可是不知道是什麼字，因此有許多種不同的隸定方式，見字表F—L。

戰國文字「繇」字作：C（長沙帛書兩見）、D（信陽楚簡2—011，原文有衣旁）、E（古璽266，原文有心旁）等形。其中C_1、C_2是繁體，D、E是簡體。鄂君啓節A_1、A_2所从的偏旁B與D十分接近，只是「系」旁和「言」旁筆畫略有簡省，顯然是同一個字。由此可知A是一個从「繇」聲的字。油水之「油」，《漢書・地理志》南郡屬縣「高成」下自注作「繇」。「繇」、「繇」古通。因為是水名，所以節文从「水」。油水在今湖北公安縣西北。【鄂君啓節考釋（八篇）　朱德熙古文字論集】

◉張亞初  為从茲从鼎以茲為聲符的[茲鼎]字(綜類三八八頁)。鄭戠句父鼎有[茲鼎]字(大系録二〇〇)。【古文字分類考釋論稿　古文字研究第十七輯】

◉朱德熙　裘錫圭　方壺銘和鼎銘裏都有字(以下用~號代替):

方壺銘11行:余知其忠誇(信)也而謝(專)任之邦,是以游夕飲食,寧有~㬟。

鼎銘21行:是以寡人医任之邦而去之游,無~㬟之慮。

~字从。過去我們在研究燕國官印裏習見的「昱」二字時,曾據邵鐘和壬午劍「虘」字的寫法推斷是「虘」字的簡化。平山器的~字應釋為「慮」,字从「虘」得聲,應該是《廣韻·魚韻》「强魚切」下訓為「怯也」的「懅」字的異體。「懅」與「遽」通,《廣雅·釋詁二》「遽,懼也」。平山器「慮」字兩見,都跟「㬟」字連用。「慮愓」當讀為「遽愓」。《楚辭·大招》「魂兮歸來,不遽愓只」。【平山中山王墓銅器銘文的初步研究　文物一九七九年第一期】

◉饒宗頤 「□辰卜,出(貞)今夕(亡)囚,十月。(在)聑。」(後編上一一·一三)按後編上一一·一二亦云:「貞:在聑。」知此為地名。他辭云「在聑」(續編三·三一·三)。聑即攝。居延簡二〇五·二「居攝」正作「居聑」。左僖元年傳「次于聶北」,杜注:「聶北,邢地。」昭二十年傳:「聊,攝以東。」地在山東博平縣。後編聑之下从肉,隸定可作[阝聶]。蓋聶亦通作牒,見禮記內則釋文。少儀「聶而切之為膾」,鄭注:「聶之言牒也。」卜辭有云:「乙卯卜貞:甹先妣牛。」(乜乙八七二八)聶當讀為牒,蓋切膾之意。【殷代貞卜人物通考】

◉唐　蘭 [王豐]斧　[王豐] 一　[王豐]門鋪　[王豐]

左傳昭公四年「康有酆宮之朝」。服虔説「酆宮,成王廟所在也」。稱為酆宮,可能是建在豐邑,也可能用豐邑的名稱來作為成王宗廟的專名。傳世有豐字器形狀像門上的鋪首。一器寫作[王豐],是王旁豐字。从康王時的盂鼎上文王武王寫作玟珷都有王字旁來看,這些豐字器可能就是康王時代酆宮裡所用的。【西周銅器斷代中的康宮問題　考古學報一九五五年第二十九册】

禴　　襱　　⿰黑殸 ⿰黑殸

◉譚戒甫　[illegible]字亦見它器，此是祭名，「經」「傳」多作禴，又作礿，「禮記」「王制」「祭統」二篇謂為「春祭」，「易」「萃卦」「注」和「釋文」謂為「殷之春祭」，干寶「注」又謂為「非時而祭」；然「周禮」春官、「爾雅釋天」及「説文」「示部」都説為「夏祭」。考「卜辭」有一條，謂「戊辰卜，旅貞：王賓大丁彡，[illegible]農，亡尤，十一月」。[illegible]即禴之初文，謂在「十一月」，則干説為是，而「春祭」説為無據。但至周則確為「夏祭」，如「臣辰盉銘」謂「惟王大龠于宗周，……在五月」，本銘也是在「四月」，時令正合。惟殷貞以大丁彡曰「禴農」，「春秋繁露」謂「礿者以四月食麥」，「周禮」謂「以禴夏享先王」，「逸周書嘗麥篇」謂「維四月孟夏，王初祈禱于宗廟，乃嘗麥于大祖」，「禮記月令篇」謂「孟夏之月，農乃登麥，天子乃以彘嘗麥，先薦寢廟」，這些都和農時相關，頗有殷代「禴農」的遺意。由此看來，康王舉行征伐，正是農人登麥的時候，故臨行禴祭而又啓告武王。

「今本竹書紀年」載殷王「帝辛六年，百伯初禴于畢」，可知周之禴祭始于文王為西伯用于畢的時候。畢即畢原，在豐西三十里，王季及以後文王武王周公都葬在此。「紀年」復載「成王二年春正月，有事于太廟，初用勺」。勺即礿，亦即禴，又可知周到成王才在太廟用禴，此太廟當在成周。此次康王禴啓武王，當不在畢而在太廟，亦因周家創業，惟武王用兵最神、威聲最赫的原故吧。【周初夨器銘文綜合研究　武漢大學學報一九五六年一期】

◉葉玉森　[illegible]續·五·二〇·三　从示从龍。乃古襱字。或龍祭之專名也。【殷契鈎沈】

◉戴家祥　[illegible]蓋　[illegible]器　㑄匜　黜⿰黑殸汝　[illegible]蓋　㑄匜⿰黑殸⿰黑殸汝　唐蘭釋為黷黥、黜黥之黥。詳見⿰黑殸字條。【金文大字典中】

◉唐　蘭　[illegible]蓋　[illegible]器　㑄匜⿰黑殸⿰黑殸汝

原作「⿰黑殸⿰黑殸」即黷黥，是墨刑之一。⿰黑殸字應从黑殸聲。殸字與蔑字一从殳，一从戈，當是同一字的不同寫法。⿰黑殸字从黑殸聲，説文屋字的古文作臺上面所从的声就是這裏的声。此又從殳，與从刀的剭通，所以定為黥。黷黥兩字都从黑，當是墨刑。説文「黥，墨刑在面也」。或作剠，从刀从黑。其實剠字是墨刑的原始字象用刀刻人面的形狀。書吕刑和周禮司刑都有墨刑，黷黥只是墨刑的一種罷了。黑字鄘伯馭簋作[illegible]，本象正面人形即大字，而面部被墨形的人鑄子叔黑臣簋作[illegible]，則在兩臂上下均有裝飾性的點，説文就認為是从炎，是錯了。[illegible]字原作[illegible]不作炎。正由于黑字原是受墨刑的人，所以屬于墨刑的字都从黑，此銘均有裝飾性的點，説文就認為是从炎，是錯了。

黷黥黜三字，説文黥字，以及梁律所謂黵面之刑都是。此銘既有黷黥，又有黜黥，顯然在黥刑之中。又分兩種。易鼎卦九四説

⿱⿰食丮土　　櫗

「其形渥」，有很多別本作「其刑剭」。晁説之易詁訓傳引京房説：「刑在頄為剭」，頄是臉上的顴骨。玉篇「䵦刑也，或作剭。」大概就根據京房本，所以廣韻一屋就説「䵦墨刑也」。據此銘則西周已有䵦字了。黥刑在古書中大都解為鑿額，為此刻顴骨的剭刑略有不同。至于黷古書没有這個字，應與幭通。説文「幭，蓋幭也」。管子小稱説齊桓公死時「乃援素幭以裹首而絶」，可見幭是蓋頭的巾。幭字與幪字聲近相通。方言四：「幪，巾也。」説文：「幪，蓋衣也。」意義也是一樣，那麽黷就是尚書大傳「下刑墨幪」的幪無疑。墨幪是頭上蒙黑巾。只是戰國以後人上了儒家的唯心主義的胡説的當。把唐虞時代的「象刑」把刑法畫成圖象來公布解釋成為只是象征性的刑罰，因而説墨幪用來代替黥刑。那是錯誤的。據此銘則黷䵦是在剭刑的基礎上再加蓋幭的。即先用刀割顴骨處，再用墨填，而又使他蒙黑巾的雙重刑罰，可以糾正舊説之誤。【陝西省岐山縣董家村新出西周重要銅器銘辭的譯文和注釋　文物一九七六年第五期】

◉戴家祥　□蓋　□器　邾大宰簠　鼄大宰櫗子斟鑄其簠

櫗字从木从叢，説文三篇：「叢，聚也。从丵取聲。」「丵，叢生艸也。象丵嶽相竝出也。」叢丵本為一字。叢當為从丵聚省聲，櫗字加木旁，本義應為聚木。櫗字説文所無。金文用作人名。【金文大字典中】

◉金祥恆　甲骨文有□與⿱⿰食丮土，皆从⿰食丮。一見小屯殷虚文字甲編考釋附圖第一〇一片：

癸未卜，在𩦇貞：今囚𠂤九畓，王干𡆥矦告𠂤，王其在𡆥⿱⿰食丮土正？

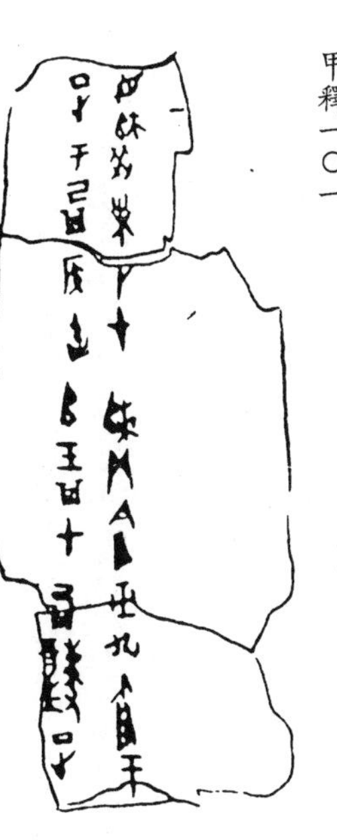

甲釋一〇一

其⿱⿰食丮土，屈翼鵬先生考釋云：「音義未詳」。另一字見於胡厚宣戰後南北所見甲骨録，明義士舊藏甲骨文字第五四九片：

大乙、大丁、大甲，其乍飤□，乍豐唐，又(足)？

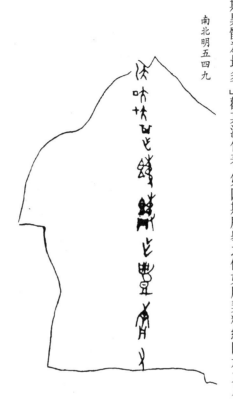

其□，蓋从□从門，門亦聲。□即說文飤。董師彥堂云：「𠭁祭五期皆有之。其字形變易最為繁夥，今所隸定者為五期之一體作□者是也。由今之考定其字以才為聲，即說文之飤。『飤，設飪也。』宋本作『設食也』。蓋以食品祭祀先祖先妣也。……第四期異體為最多。」觀其演化表，第四期所舉之例如殷契粹編四六九片：

南北明五四九

粹四六九

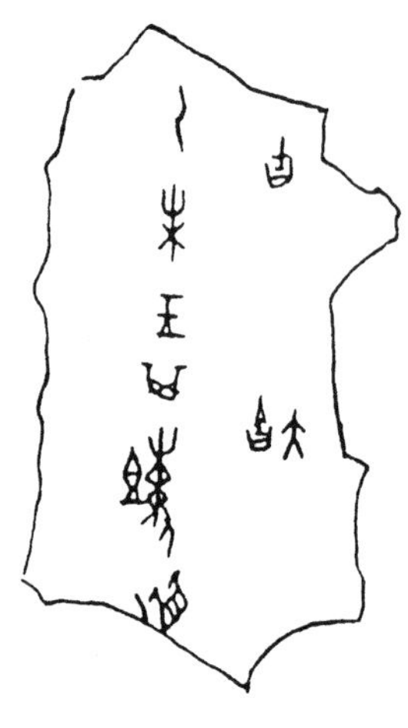

乙未王其飤，湄(日亡𢦏)？

其字作□，與此片同。且「其乍飤𩛥，乍豐唐」，蓋「飤𩛥」與「豐唐」對文。「豐唐」者，豐道也。嚴一萍先生釋□與□，云：「今余鈎稽卜辭，考之故書，知此𡧊字者，殆即詩陳風防有鵲巢「中唐有甓」之唐。傳云：「中，中庭也。唐，堂塗也。」馬瑞辰毛詩傳箋通釋曰：「爾雅釋宫，廟中路謂之唐。」陳奂詩毛氏傳疏曰：「釋宫中庭謂之走，言庭之中，皆有道可走者也。詩中唐，爾雅廟中路，其義一也。」」（見中國文字第十三期）唐，道也。其説是也。豐，王國維釋禮云：「説文示部云：『禮履也，所以事神致福也。从示从豐，豐亦聲。』又豐部『豐行禮之器也，从豆象形。』案殷虚卜辭有豐字，其文曰『癸未卜貞醻豐』（後下八）。古丰玨同字，卜辭玨字作丰羊拜三體，則豐即豐……皆象二玉在器之形。古者行禮以玉，故説文曰豐行禮之器，其説古矣。惟許君不知丰字即玨字，故但以从豆象形解之。實則豐从玨在凵中，从豆，乃會意字。而非象形字也。盛玉以奉神人之器謂之[glyph]，若豐推之而奉神人之酒醴亦謂之醴。又推之而奉神之事，通謂之禮。其初當皆用[glyph]若豐二字。（卜辭之『醻豐』，醻字从酒則豐當段為酒醴字。）其分化為醴禮二字，蓋稍後矣。」（觀堂集林卷六）蓋豐乃禮之本字。祭祀或以酒奉神，故曰醴。「豐唐」者，宗廟醴祭之道也。䬸𨷶（門）者，以䬸義推之，乃以黍稷祭祀，以門區分之也。與後世迎神賽會，舉行之大典所建立牌閼紙門然。卜辭「其乍䬸𨷶，乍豐唐」，謂祫祭其先祖大乙、大丁、大甲，舉行䬸祭與豐（醴）祭而建門築道也。䬸豐合祭之例，如殷虚書契後編下八・二片：

癸未卜，貞：䬸豐，叀㞢（又）酉（酒）用？十二月

後下八・二

此乃卜問䬸豐之祭，不用黍稷，惟用醴酒也。故𨷶，从䬸从門，門亦聲，其義乃䬸門也。小屯殷虚文字甲編之[glyph]，从[glyph]从[glyph]（㞷），其結構與[glyph]相同。从䬸从㞷（往），㞷亦聲（[glyph]與[glyph]同為一字，詳中國文字第十四期釋[glyph]）。卜辭：

癸未卜，在𩈁貞：今囚巫九畓，王子曰矣告𠂤（師），王其在曰[glyph]正。

「王其在曰[glyph]正□」者，言自曰矣告𠂤往正也。其[glyph]（㞷）从䬸者，乃䬸祭後而往也。於字為形聲。王筠説文釋例（卷六）云：「字有不須偏旁而義已足者，則其偏旁為後人遞加也。其加偏旁而義遂異者，是為分別文。其種有二：一則正義為借義所奪，

數

因加偏旁以別之者也。一則本字義多，既加偏旁，則祇分其一義也。其加偏旁而義乃不異者，是謂累增字。」甲骨之⿰壴丮與⿱⿰壴丮土乃王筠所謂「加偏旁，分其一義」之形聲字也。【釋[illegible]　中國文字第十八冊】

◉徐中舒　數=𧰼=　[glyph]猶鐘　數=𧰼=　[glyph]三　虢叔旅鐘　數=𧰼=

數=雖不見經典，但詩屢見其同聲相假之字，如載馳「芃芃其麥」。⊘棫樸「芃芃棫樸」，采菽「其葉蓬蓬」，卷阿「菶菶萋萋」，生民「瓜瓞唪唪」。芃蓬菶唪與數古同屬東部，邦滂並紐，故得相通⊘。詩芃芃、蓬蓬、菶菶、唪唪皆有盛意，是數數𧰼𧰼即形容威嚴之盛也。【金文嘏辭釋例　歷史語言研究所集刊第六本一分】

◉戴家祥　數字从支豐聲，即豐之表義加旁字。說文「支，小擊也」。循聲求義，讀如大雅靈臺「鼉鼓逢逢」之逢。毛傳「逢逢，和也」。釋文「薄紅反。埤蒼云：鼓聲也。字作韸，徐音豐。」按唐韻豐讀「敷戎切」滂母冬部，逢讀「符容切」并母東部，聲韻俱近。集韻上平一東逢韸韼鞏同字。【金文大字典中】

⿱戲皿

◉劉　興　[glyph]

「⿱戲皿」字在金文中初見，它是由「戲」和「皿」兩字拼成，應是器物的名稱，如盨、簠、簋、盉等皆从皿。戲與犧通，例如：伏羲亦可作「伏戲」或「宓犧」。因此，戲即是「犧」，古有犧尊。《禮·明堂位》「尊用犧象」。「九⿱戲皿祝」是官名，尚無查考。《周禮·春官》中有司尊彝：「司尊彝掌六尊六彝之位，詔其酌，辨其用，與其實」。「其朝踐用兩獻尊」。《釋文》云：「獻本作戲。」案獻，鄭讀為犧，犧戲聲近。疏：「司尊彝亦謂之犧人。」又《周禮·秋官·大行人》有「饗用九獻」。因此「九獻」亦可稱「九戲」或「九⿱戲皿」，「九⿱戲皿祝」亦即掌九獻之祝官。【申簋蓋銘考釋　考古與文物一九八三年第二期】

闕

◉鍾柏生　卜辭云：

[glyph](闕)羌方，克闕禽。

……又　……羌……受又又。(《甲》二〇〇二)(《合集》二六九二七)(《三期》)(圖一)

此版卜辭中的「闕羌方克闕禽」，《綜類》讀為「闕方闕」是不對的。屈萬里師的《甲編》考釋及《類纂》的讀法(同例)是正確的。「[glyph]」字的隸定學者有二種不同的意見，一是：屈師《甲編》考釋隸定為「閃」；二是李孝定師及《類纂》隸定為「闕」。李師的隸定，見《集釋》第十二冊三五一五頁。案：「犬」與「豕」在卜辭中有時形體相混，有時又分別甚為清楚。例如在第三期卜辭中，犬官出現頻繁，其「犬」的字形多作：「[甲骨字形]」（《合集》二七八九八）、「[甲骨字形]」（《合集》二七九〇七）、「[甲骨字形]」（《合集》二七九〇三）、「[甲骨字形]」（《合集》二七九一七）、「[甲骨字形]」（《安》一至《安》七貞人狄的偏旁）；而第三期的「豕」字，我們從「彘」「豚」的甲骨字形，可看出作「[甲骨字形]」（《合集》二七五九八）、「[甲骨字形]」（《合集》二八三一二）、「[甲骨字形]」（《合集》二九五四〇）、「[甲骨字形]」（《合集》二九五三七）。我們將上舉「彘」與「豚」字形中的「[甲骨字形]」與「[甲骨字形]」符號拿除。部分「犬」與「豕」的字形有時不易區分。唯有在「犬」足作「[甲骨字形]」或「[甲骨字形]」時，區分較為清楚。其他部位如尾形的長短，頭形的描寫都易相混。《甲》二〇〇二「[甲骨字形]」字的偏旁「[甲骨字形]」，我個人認為它較像卜辭「豕」的寫法。因此認為李師的隸定是正確的。

「⿵門豩」字在卜辭中的意義及用法，李、屈二師皆無說。李師於「⿵門豩」字下云：「從門從豩。說文所無。」屈師於《殷虛文字甲編考釋》二五二頁云：「當作⿵門豩而不知其音義。」筆者從金文「⿵門𧰲」字的諸家考釋中找到了答案。金文「⿵門𧰲」字，見於「婦⿵門𧰲卣」（《三代》十三卷三十二頁至三十三頁）（圖二）、「婦⿵門𧰲甗」（《三代》五卷八頁）。銘文云：

「婦⿵門𧰲乍文姑日癸隮彝。[族徽]」

「⿵門𧰲」字，學者的考釋可分為四類：

第一類釋⿵門𧰲為⿵門豩。其根據是《玉篇》⿵門豩字。第二類釋⿵門𧰲的聲符𧰲同《說文》豩字，馬敘倫更認為豩為豕之異文。馬氏之說與第一類同。第三類釋𧰲同緜。第四類則訓𧰲為豕臭。分析這四類考釋，從古文字字形的觀點而言，是各有其理。在金文中婦⿵門𧰲是人名，無法從其上下文推知其字義。因此單從金文銘文而言，不易判斷此四說誰是誰非。不過其中，諸家認為𧰲與豩、豕同字的推論有待商榷。我們不能以《說文》昏字，籀文作昬，便以此類推，三形二形應通用。⊘從《說文》看來，「豕」便與「豩」不是同一字。《說文》中從「豕」得聲的字與從「豩」得聲的字是各自成類的。從「豩」得聲的字有「豳」「燹」「⿵鬥燹」三字，從「豕」得聲的字有「家」「逐」「遂」「椓」「隊」等，兩者聲音並不相混。甲骨文中有「𧰲」字，沒有證據證明，它可省寫為「豩」，或「豕」。卜辭云：（1）丁卯卜：勿令[甲骨字形]人囚于𧰲。丁卯卜：令[甲骨字形]人囚于𧰲。十一月。（《合集》一〇二二甲、乙）（2）……[甲骨字形]母己于𧰲。（《合集》七〇〇二）（3）……𧰲……㞢……（《合集》九三五二）例（1）（2）中的「𧰲」均用作地名，其字義無可說。因此甲骨文「⿵門豩」字，應非《玉篇》之「⿵門豩」字，而是小篆「⿵鬥燹」字。「⿵鬥燹」字，《說文》云：

「⿵鬥燹：鬭。連結⿵鬥燹紛相牽也。從鬥，燹聲。」

此處從《說文句讀》斷句。燹字，《說文》云：

鑃　⿰金售

「燹，火也。从火，豩聲。」

從甲骨文「鬫」從「豩」聲。小篆「鬩」從「燹」聲。「燹」又從「豩」聲看來，「鬫」與「鬩」兩者是音近而可通叚的。「鬩」之意，《說文》言「鬭」，而「鬭」字《說文》言「遇也」。段注云：

「《周語》：穀洛鬭將毁王宮。謂二水本異道，而忽相接合為一也。」

《禮記·檀弓》：「遇諸市朝不反兵而鬭。」此「鬭」字朱駿聲之叚借為「鬥」，乃對戰之義。以此義讀例(1)，例(1)占卜是問：殷羊與㲋方相遇，並接連地戰鬥，在戰鬥之後，是否能取得勝利擒伏㲋方。「能否擒伏㲋方」是占卜的重點。例(1)的另一條卜辭「……又乂……㲋……受又。」也是占卜與㲋方將行戰事之前乂祭以祈求先人或神靈授予福佑之事。兩則卜辭占卜的事類是相關聯的。第三期卜辭中有大批的資料記載殷人伐㲋方的史實，可參考拙作《殷商卜辭地理論叢》一七八至一八〇頁。《甲》二〇〇二版正是⊘是「鬫」字作為動詞用的例子，可惜的是這種例子只尋得一條。【釋鬫　第二屆國際中國文字學研討會論文集】

◉戴家祥　鐘　鉌=⿰金售=　此銘「鉌=⿰金售=」，⿰壴夫鐘作「⿰夊隹=雒=」，⿰金售即雒，⿰金售字从金是為了和上文鉌字的金旁類化。售即雒之省，用作和義，整句意思是表示鐘鼓之聲相和，詳見釋雍。【金文大字典下】

◉吳大澂　姑馮句鑃　自作商句鑃　鑃，鐸之大者，似鐘而口向上。軍中所用之器，執而鳴之，所以止鼓，疑即古鐃字。周禮大司馬「辨鼓鐸鐲鐃之用」，許氏說「鐃，小鉦也」，以是器之大小觀之，其非小鉦可知。【說文古籀補補遺】

◉高田忠周　古籀補吳氏云。鐸之大者，似鐘而口向上。軍中所用之器。執而鳴之。所以止鼓。當即古鐃字。許氏說鐃。小鉦也。其器甚大。則非小鉦矣。按吳氏依器為攷。似是。然鑃別自一字也。唯其音理。鐃鑃可通用。說見鑃下。說文鐃。小鉦也。从金堯聲。然愚謂字書無鐃鑃同字說。唯集韻云。銚燒器。字亦作鑃。說文。銚。温器也。一曰田器。葢知銚本義為田器。而温器訓當作鑃。鑃為本字。許氏不收鑃字。故以銚兼之。實誤以叚借義為本訓也。但如此銘當叚借為鐃字。又或叚借為鐸。睪翟古音相近。吳云其器鐸之大者。亦鐸之變制。未可知矣。【古籀篇十二】

◉陳直　山海北山經「陽山有獸焉，其狀如牛而赤尾，其頸腎，其狀如勾翟」，郭注云「勾翟，斗也。音劬」。晉人所見勾翟似斗，指倒而言之，勾翟即勾鑃之省文，稱道莫於此。【金文拾遺】

◉陳漢平　古璽文有字作□（5307—字璽），舊不識，《古璽文編》隸定為懸。按此字从心从繇，當釋為𢡱。《詩·黍離》「中心搖搖」，注：「搖搖，憂無所愬。」《爾雅》作愮，即此字。

本稿寫作承文化部文物局郭勞為、謝辰生、彭卿雲、王宜、胡德平諸同志鼎力支持，並經由張政烺先生、李學勤先生幫助審訂選擇修改處理，兹志此一並致謝。【古文字釋叢　出土文獻研究一九八五年第六期】

◉楊樹達　戩壽四七葉之九云：「癸丑，卜，其用旛？」王國維云：「𣃚卜辭作□，即旂之本寫，頌鼎頌𣪘作□，假借為祈求之祈。《釋》七三。樹達按：旛為旂之或作，當釋為旛，釋𣃚，非也。【旛　卜辭求義】

◉伍仕謙　甲文作□或□，从□从□。例：

一　貞燎於□　乙五五〇四

二　貞㞢于□　前一·四七·六

三　……步于□　後下二

四　……于□　鐵九

以上四例為地名。

金文此字多用為祈求之祈，字形有：

□（頌鼎）　□（邾公鐘）　□（欒書缶）

□（太師盧豆）

皆作祈求之祈。

上面□像旗竿之形，□、□皆為兵器。有从言者，言，告也。在旗下稟告，即祈求之意。從前出兵要向祖先及神祈求勝利，為什麼以□、斤等武器祈求呢？《書·牧誓》「稱爾戈，比爾干，立爾矛，余其誓」。這是戰爭前的誓師形式。《左傳》成十六年傳鄢陵之戰，楚王登巢車以觀晉軍，伯州犂對王曰：「張幕，虔卜於先君也，徹幕，將發命也。……左右執兵而下，聽誓也。乘而左右皆下，戰禱也。」可見戰前舉武器以誓以禱，以祈勝利是應有的禮節。祈字當即此意。

總上諸字，可以看出，从□之字，有戰爭之意。□就是武器，把這些有關的字聯繫起來，就可知□之原義。以後這些字發展了，分化了，意義各有所屬。史為史官，為使臣，為官吏，為事務，狩為狩獵，獸為野獸，旛為祈求，戰為戰爭，都是文字發展

分化的必然結果。【甲骨文考釋六則　四川大學學報古文字研究論文集第十輯】

饔

◉高田忠周　从皿雝聲。此當饔字異文。説文食部。餔字異文作遭。金文盛字或作䤋。古食皿兩部通用也。皿可以盛饔。故或从皿。或云从皿者。雝字異文。皿所以養老之意。猶昷字从皿。亦可通矣。要饔雝二字固相通用也。【古籀篇八十八】

◉强運開　[古文]雝卣　饔訓孰食。亦訓朝食。食必以器。故或从血。以餔籀文[古文]例之。知[古文]為籀文饔字。【説文古籀三補卷五】

龔

◉孫海波　[古文]　从龍从丙。説文所無。【甲骨文篇卷十一】

䜌

◉戴家祥　[古文]矢人盤　余又爽䜌　䜌，静安先生、劉幼丹俱讀為闋。闋，妄入宫掖也，讀若蘭。郭沫若、高鴻縉讀為變，孫詒讓謂「䜌當與総音義同」，衆説紛紜，有待再考。【金文大字典上】

譽

◉趙　誠　[古文]中山王譽鼎　中山王譽作鼎于銘曰　[古文]中山王譽鼎　中山王譽命相邦賙斁鄗吉金

[古文]，中山國王之名，上从[古文]，與鑄字所从之上部同。隸定之當作興。下部所从之[古文]，中山王鼎均用作昔者之昔，故隸定為昔，全字當作譽。張政烺同志根據鑄字演變例疑為錯字，今从之。與中山王壺同時出土的一個圓壺，昔者之昔篆作[古文]，與説文、金文甲骨文昔字同，與[古文]形異。存以待考。【中山壺中山鼎銘文試釋　古文字研究第一輯】

孌

◉方濬益　[古文]一　中伯盨　中伯作孌姬旅盨用　仲伯簋　孌即孌。詩泉水「孌彼諸姬」，傳云「好貌」。車舝「思孌季女逝兮」，傳云「美貌」。説文以為嫡之籀文云：「嫡，順也。从女𤔔聲。詩云：婉兮嫡兮，孌籀文嫡」，本部又有孌字云「慕也」，音同戀，與此義别。【綴遺齋彝器考釋卷九】

◉戴家祥　　𢽾𣪘　巠夔先王　　毛公鼎　夔我邦小大猷　　辛鼎　乎家夔德　　　盂鼎　敬夔德巠敏

字从雔从攴，静安先生認為銘文「雔我邦小大猷」與書文王之命「越小大謀猷」的句例相同。見毛公鼎銘考釋。雔讀作越。高田忠周認為字从攴，攴手通，當為擁字，秦策「雍天下之國」，是其證。見古籀篇五十五第九葉。兩説備考。【金文大字典中】

◉屈萬里　　字隸定當作觀。按當是䬖或䬝字。書無逸「無皇曰」之皇。漢石經作兄。詩桑柔「倉皇填兮」。釋文云。「皇本亦作況」。是知皇兄同聲。字書有䬖䬝。字音橫。玉篇云。「暴風也」。韓愈城南聯句。「龍駕聞敲䬝」。朱子考異云。「䬝或作䬖」。是䬝䬖同字。甲骨文習見。卜風之辭。而觀與䚎䚎皆从雚作。則觀為䬝若䬖字。蓋無疑也。【殷墟文字甲編考釋】

◉李孝定　　屈説可从。而其所隸定則微有未安。考其字形似為从雀兄聲。當隸定作䚎。辭云。「今日亡大䚎」。與風同義。字當收入隹部末。補入四卷。【甲骨文字集釋補遺】

◉謝信一　我們再來看　字。甲三九一八：「癸亥卜，狄貞：今日亡大　。」屈翼鵬先生甲編考釋：「　，隸定之當作觀。」按：當是䬖或䬝字。書無逸：「無皇曰」之皇，漢石經作兄。詩桑柔「倉皇填兮」，釋文云：「皇，本亦作況。」是知皇兄同聲。字書有䬝字，音横。玉篇云：「暴風也。」韓愈城南聯句：「龍駕聞敲䬝。」朱子考異云：「䬝，或作䬖。」是䬝䬖同字。甲骨文習見卜風之辭，而觀與䚎（䚎）皆从雚作，則觀為䬝，若䬖字，蓋無疑。屈先生引經證皇兄同聲，蓋本諸吴大澂兄況字説一文。

䬝，廣韻户盲切，集韻胡盲切，並音横，俱入庚韻。兄，廣韻許榮切，集韻呼榮切，同入庚韻。高本漢上古音：

皇　　*g῾wâng/ɣ wâng/huang

䬖(䬝)　　g῾wa̅ng/ɣ wɒng/heng

兄　　x i̯wa̅ng/x i̯wɒng/hiung

也認為兄、皇、䬖，聲音相近。所以屈翼鵬先生「　，隸定之當作觀，當是䬖或䬝字」的説法是對的。

集韻下平聲耕十三：颵，乎萌切，大風也；䫺，呼宏切，大風也，或从厷。大風義同暴風。高氏的中國中古上古音摘要中，䫺、颵同在廿一部，而䬝在十六部；但是此三字字音之差别甚小，可以通假：

䫺(呼宏切)　　*Xmwɛng/Xwɛng/hung

颵(呼萌切)　　g῾wɛng/Xwɛng/hung

飌　g´wǎng/ɣ wbng/heng

自然我們有理由認為䬍、飌與䬠、飌是由一個字演變而來的。所以甲骨文的[glyph]即是小篆飌、䬠、䬍、𩙪的初形，其意義為暴風也，大風也。

末了，我們還要問：[glyph]、[glyph]都能在小篆裡找到痕跡，那麼从鳳从凡的[glyph]是否也有痕跡可尋呢？廣韻東韻有一個䬠字，蒲蒙切，風皃。高氏摘要，風䬠同在十四部：

風　*pi̯ŭm/pi̯ung/feng

䬠　*b´ŭm/b´ung/p´eng

兩字字音相差甚小，所以可能䬠的字形是繼承[glyph]而來的，而由於䬠專用為「風皃」以後，失去原來「風」的讀音，得一新讀音，成一新字眼，而讀作䬠，不同於風。換句話説，䬠所保存的只是[glyph]字的字形，而未保存風字的字音。然而這只是猜測而已，實際上我們不能奢望在小篆中找到所有甲骨文字的痕跡。

但無論如何，本文的結論是：甲骨文[glyph]、[glyph]、[glyph]都是形聲字，而後繁衍為風、䬍、䬉、䬓、䬠、飌、䬍、𩙪。【甲骨文中之鳳、䬍、䬉説　中國文字第十七册】

𧸘

◉戴家祥　[glyph]晉鼎　效父迺話𧸘曰　字从𢿱从貝。艸即林之省。説文七篇「林之為言微也」。「𢿱，分離也」。𢿱為散的本字，散字从肉訓「雜肉」當為肉縻，[glyph]字从隹，訓作鳥禽「飛散」。此字再加貝旁，可能為財富分也。金文皆作人名。【金文大字典下】

䰠

◉石志廉　《商周金文録遺》七三·324著録有䰠觚，中國歷史博物館藏有商「𦤎父辛」鼎。䰠、𦤎均應是氏族徽號。郭沫若同志在《安陽新出土的牛胛骨及其刻辭》(《考古》1972年第2期)中謂其銘曰：「此字在口旁有須，形如鬼怪，當是古之為巫祝者的族徽。」裘錫圭同志在《讀〈安陽新出土的牛胛骨及其刻辭〉》(《考古》1972年第5期)中謂在卜辭中也見此字，如「叀[glyph][glyph]令監□」(《殷契摭佚續編》190)，「叀□[glyph]令監凡」(《寧滬》1.500)，從文例看當是人名，商代人名往往即其族氏。《説文》：「髭，口上須也。」盂鼎有[glyph]字，當是在[glyph]字上加注此聲而成，是髭字的象形初文。

此觚銘文作□，象一人頭生長髮面帶髭須；頭上作相對二耳狀，我們認為象徵着從俘獲的敵人身上割下來的雙耳(戰利品)。因此，此字是一個能征善戰的氏族的標志。【商婦婛□銅觚　文物一九八〇年第十二期】

圖四　商婦婛□觚銘文

𩆸　𤏶

◉郭沫若　□癸　器者減鐘　□五　者減鐘　西清續鑑甲編　工𠭯王皮難之子者減

王國維依聲類以皮𤏶為頗高，則是認𤏶字為從黄焦聲之字。然此說非也。𤏶即難字今作然，乃從火難聲。𤏶古難字也，金文如歸父盤「魯命難老」作□，殳季良父壺「霝終難老」作□，均從黄作。故此斷為𤏶字無疑。漢書五行志「巢𤏶墮地」，又地理志「高奴有洧水可𤏶」，顏師古注云：「𤏶，古然火字。」此即許書然字重文蘸，或从艸𤏶之蘸字也。段注云：「篆當作𤏶。或古本作𤏶，轉寫奪火耳。」【者減鐘韻讀　殷周青銅器銘文研究】

□　石碣避水　四翰𩆸=　說文所無　【石刻篆文編】

◉强運開　□　薛尚功作霸。趙古則作霾。郭云。恐是籀文霾字。張德容云。按黎貍聲同。是郭說所本。運開按。曾伯𩆸匠亾□。又𩆸彝作□。皆𩆸字也。特右旁省去勿耳。【石鼓釋文】

⿰黹䖏 ⿱埶皿 ⿰馬絲 ⿰金膚 ⿰金⿱亡䖵

◉戴家祥 蓋 器 ⿰黹䖏𣪘 ⿰黹䖏 㾓鐘 褱受余爾⿰黹䖏福霝冬

⿰黹䖏字从黹䖏聲，郭沫若釋⿰黹䖏𣪘文曰：⿰黹䖏當說文黹部之⿰黹虘，云「合五采鮮色，从黹虘聲。詩曰：衣裳⿰黹虘⿰黹虘」，語在曹風・蜉蝣，今詩作楚楚。兩周金文辭大系圖録考釋第一一九葉。唐蘭謂⿰黹䖏為假字，訓「積也」。李學勤謂⿰黹䖏為祚之假字，訓「福也」。徐中舒謂⿰黹䖏即處之繁，訓居也。衆說紛紜，莫衷一是。今按：細察銘文，⿰黹䖏𣪘作，㾓鐘一作，釋⿰黹䖏無疑。然㾓鐘又作，史牆盤作，下皆有一且字，當釋作⿰黹䖏。⿰黹䖏字說文所無，从黹䖏聲。集韻「䖏，大也」。字彙補「䖏，徂古切，音麆」。銘文「⿰黹䖏福」凡三見，訓作大福。知⿰黹䖏字从䖏聲，又兼意也。【金文大字典下】

◉張燕昌 郭作⿱竹⿱埶皿。云。籀文⿱埶皿。今省。【石鼓文釋存】

◉戴家祥 一 二 三 叔噩父𣪘 叔噩父作⿰馬絲姬旅𣪘

羅振玉隸定為⿰馬絲。楊樹達認為甲骨文金文皆用𢆶為茲，𢆶即絲字，古文絲茲二字無別，𢆶孳乳為茲，故从絲之⿰馬絲亦變而从茲作鷀。說文四篇「鷀，鸕鷀也。从鳥茲聲」。見積微居金文說一零九葉叔噩父𣪘跋。【金文大字典下】

◉徐家珍 膚呂，郘鐘銘作⿰金膚鋁。邾公華鐘銘「玄鏐赤⿰金膚」（陳夢家氏釋此器之⿰金膚為鑯。但此器⿰金膚字作，與郘鐘作、曾伯霥簠作、鄀彝作、居後彝作、膚造戈作、⿰金膚戈作、邾公牼鐘作，形皆相近，邾公牼鐘省金旁。而與鑯鑄戈之鑯字作完全不同，鑯鑄戈見善齋吉金圖録古兵録卷上第十七頁。陳夢家氏所謂鑯鑄戈銘之鑯鑄。不知何據。且此器與邾公牼鐘為同國之器，彼器既為⿰金膚字，此自當仍釋為⿰金膚）、曾伯霥簠銘「吉金黃⿰金膚」，則膚（⿰金膚）為黃赤色之金屬，殆普通紅黃色之銅也。【中央四八邾公牼鐘銘玄鏐膚呂解 中央日報文物周刊第四十八期】

◉夏 淥 傅天佑 近年出土的稀世珍寶吳王夫差矛，銘文末一字作。張舜徽教授在《光明日報・史學》(336期)上撰文釋作

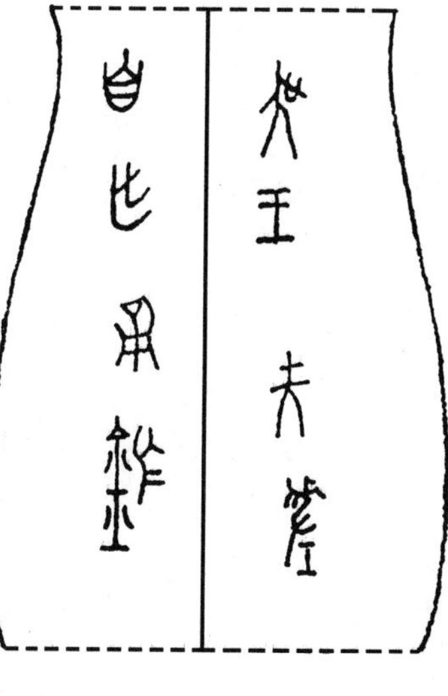

鉡，即矛屬猎的異體，于音義找到了釋鉡的依據。但□部件似亡非亡，似乍非乍，頗有討論餘地。

按甲文「乍」作□、□、□、□、□，金文作□、□、□、□、□、□，《攻吴王監》作□，與矛銘同。甲、金文「亡」的形體作□、□、□、□、□、□的一體雖與矛銘□上部相合，但下面的尾巴若無交待，也難以令人信服。□釋「乍」與楷書接近，與古文字形較遠，而且也存在下部衍筆的問題。

「望」字古作□、□；□，象人登高遠望，或睜目望月之形，為象形文字，向形聲化方向發展，將形符「臣」（睜初文）更換為聲符「亡」，甲骨文出現了□（明1895），金文出現了《無叀鼎》□、《休盤》□的形體，□與□一致。《師趛盨》「止月既望」書作「既亡」。矛銘以聲類求之當釋鍂，《廣韻》「銷也」，為稍訛字，矛也。《正字通》：「鍂，即今之飛矛也，東觀記光武作飛䤵攻赤眉賊，䤵當作鍂。」劉秀發祥于吴、楚舊地，所使用的飛鍂即飛矛，當有其歷史淵源。

鍂與鋒鉈的鉈，為同一語源的詞，鋒鉈為矛的主要特徵，矛、鍂一事一物。故銘讀應為：「吴王夫差自乍（作）甬（用）鍂（矛）。」

【説鍂——吴王夫差矛銘文考釋　語言研究一九八五年第一期】

鑞

◉林清源　鑞鎛戈（邱集8185、嚴集7351）

銘二字，左胡，作「□　□」形，劉體智釋為「鑞鎛」（小校10.17.2.），徐乃昌（安徽金石16.2.2.）從之。戈銘第一字右从金，左旁與盗壺獵字作「□」，蔡侯□尊歠字作「□」形近，故隸定為「□」，可从。戈銘第二字，與𪓊鎛之鎛字作「□」者偏旁全同，惟位置經營略異，舊隸定為「鏄」亦可從。然「鑞鏄」二字，究係地名、人名、抑表本戈之功能特性，難以論定。

本戈曾先後著録於善齋10.17.，小校10.19.2.，安徽金石16.2.2，前二者為拓片，後者為摹圖，就此三處著録以觀，戈胡皆未見穿孔，此殆為土銹所掩。如「宋公緣戈」(例065)，劍古上43所載胡部僅見一穿，而上海博物館藏青銅器86所載則有三穿，此係劍古所載者為土銹剔之未盡之狀。設若上述揣測有誤，則此戈必出自無識商佑僞造之劣品。因戈胡之設，即以其有穿可供縛繩之用，穿與胡並生，有胡必有穿，胡愈長則穿愈多。戈胡苟無穿孔，則於句啄之際，未縛繩之胡極易偏離戈柲，致戈頭傾仄，不便於用，甚者，將使縛繩受扯斷裂，終致戈頭脱落，故戈胡必有穿，無穿者必僞。由是以思，「鑞鏄戈」胡穿若非遭土銹所掩，則可斷言必係僞品，二者當居其一。【兩周青銅句兵銘文彙考】

◉王　輝　秦陵二號銅車馬轡繩末端朱書有「□八」、「□三」等字，簡報釋作鐨，無説。袁仲一、程學華《秦陵二號銅車馬》《考古與文物》叢刊第一號：《秦陵二號銅車馬》3—61頁疑此字為鑞字，以為「鑞八」、「鑞三」是轡繩的編號。按釋為鑞，甚是。《石鼓文·吾車》「君子鼎邋，鼎邋鼎游」，邋字作□。睡虎地秦墓竹簡《日書》中田獵字多作邋，如737簡：「外陽日利建(進)壄(野)外，可以田邋……」820簡：「可請謁，可田邋」。河北平山縣出土的中山王胤嗣好盗圓壺「茅搜田鑞」，鑞字作□。馬王堆帛書《老子》甲本卷後古佚書《明君》「獵射雉(兕)虎」，鑞字作□，並與此字右傍相近。

鑞字《説文》未見，《玉篇》：「錫，鑞也。」《爾雅·釋器》「錫謂之鈏」，郭璞注：「鈏，白鑞。」今人則謂鑞為錫鉛合金。

鑞此處殆指塗飾白色金屬。

古人制車，或塗以黄金，或塗以白銀。《後漢書·輿服志》：「乘輿金根、安車、立車，輪皆朱班重牙，貳轂為轄，金薄繆龍為輿，倚、較。」蔡邕《獨斷》也説：「金根箱輪，皆金鏄正黄，兩臂前後刻金，以作龍虎鳥龜形。」《安徽通志金石古物考稿》16.2後收有一戈，銘「鑞鏄」二字，傳出安徽壽縣。《説文》：「鏄，鏄鱗也，鐘上横木金華也。」段玉裁注：「横木刻為龍，而以黄金塗之，光華爛然，是之謂鏄鱗。鏄之言薄也、迫也，以金傅著之也。」「鑞傅」蓋謂塗飾金屬也。又《詩·秦風·小戎》「陰靷鋈續」，毛傳：「鋈，白金也。」《韻會》按：「《詩》傳毛云白金也。鄭云白金飾續靷之環軜之觼，以白金為飾……然則白金不名鋈。言鋈者謂白金以灌鋈靷環，非謂鋈為白金也。金銀銅錫總名為金，未必皆白金也。今詳詩言鋈續鋈錞，則是以鐵為質，以他金灌沃其外。」所以鋈實際上就是鎏金。《考古與文物》叢刊第一號：《秦陵二號銅車馬》3—61頁。鑞亦用為動詞，言以銀、錫之類金屬塗飾之也。

銅車馬銅俑衣白色，手外層白色，馬通體塗白色，車輿亦以白為底色，這是否象徵鑞，值得研究。【秦器銘文叢考(續)考古與文物一九八九年第五期】

⿰食樂　讌　⿰𦎫隹　⿸广⿰虜邑　戀　⿰氵藝

◉林潔明  高田忠周釋為饑。然字明从食从木。不从戈或戍也。樂鼎樂字作。虘鐘用樂好賓作。从與此文形同。當从容庚釋鑠。說文所無。字在銘文用為人名。無義可說。【金文詁林卷五】

◉黃錫全 讌 見夏韻霰韻，注出《汗簡》，今本《汗簡》無。《玉篇》讌，「讌設也」。《集韻》「讌，合語也」。「醼，合飲也」。通作讌」。【汗簡注釋補遺】

◉楊樹達 伯遲父鼎　伯遲父作⿰𦎫隹鼎 字从隹𦎫聲，蓋假為𦎫，說文五篇「𦎫，孰也，从亯羊讀若純」。按字从亯羊者，亯字後或變作亨。字从亨羊，故其義為孰也。⿰𦎫隹鼎謂𦎫鼎，言孰物之鼎也。【買鼎跋　積微居金文説】

◉强運開  薛尚功趙古則楊升庵俱作廓。鄭作鄂。吴東發云。按字从虢。虢郭古通。均非是。羅振玉云。此字不能知其音讀。下从男。音訓从旻誤。運開按。說文。⿸广虜。廡也。从广。虜聲。讀若鹵。此篆从邑。⿸广虜聲。當是地名。以形聲求之。亦當讀作鹵音。又按。弟五鼓云。舫舟鹵逮□□自⿸广⿰虜邑。可見為地名無疑。此下闕一字。【石鼓釋文】

◉陳漢平 古璽文有字作(0386)、(2676)，舊不識，《古璽文編》隸定為慦。參照古璽文聯字作，樂字作、、，知此字當釋為戀，乃戀字省文。【古文字釋叢　出土文獻研究一九八五年第六期】

◉朱歧祥  象人持封豎立於河旁之形，隸作⿰氵藝。讀如蓺，《說文》「藏也」，字有埋藏意。字屬第五期卜辭，有言「⿰氵藝示」。

《前2·5·3》庚寅王卜在𡵨貞：余其自在茲亖（二）邑酉。今秋其𦎫，其呼，示于商征，余受冬。王占曰：吉。

卜辭謂王貞問師旅駐於亖（二）邑酉的吉凶。今秋已遭受外族攻擊，故宜令人豎埋先人示主於商人征途，俾便吾人受先祖福祐免除災害。【殷墟甲骨文字通釋稿】

⿰氵⿱畕畕

◉于省吾 鄂君啓節 内⿰氵⿱畕畕 先言「入湘，庚𨓺，庚䣬昜」，后言「入⿰氵⿱畕畕」，可見⿰氵⿱畕畕距湘水下游較遠。⿰氵⿱畕畕當即耒水，⿰氵⿱畕畕从⿱畕畕聲，與耒為雙聲疊韻。論語述而「誄曰」的誄字説文引作讄，古文字从畾與从⿱畕畕無别。是从耒从⿱畕畕字通之證。耒水系湘水的枝流。水經注·耒水「耒水出桂陽郴縣南山，又北過其縣之西，又北過便縣之西，又西北過耒陽縣之東，又北過酃縣東，北入於湘。」【鄂君啟節考釋 考古一九六三年第八期】

⿱辰鬲

⿱辰鬲 説文所無玉篇大鼎也師趛鼎 从⿱日辰从辰 㝬肇家鬲 从⿱⿻彐水又从辱郭沫若云廣雅釋器⿱辰鬲鼎也蓋古鬲亦謂之⿱辰鬲 从鬲从辰 琱生鬲。【金文編】

◉徐中舒 從鬲從辰，《説文》所無，見於《玉篇》「⿱辰鬲，大鼎也」。⿱辰鬲即由鬳增繁之字。方國名。【甲骨文字典卷三】

⿰女曡 ⿰曡攴

◉阮 元 ⿰女曡妊壺 侃叔曰。案説文曡字从晶。从宜。亡新改三日為三田。此銘从。古从晶之字或从。曡壘是也。宜與且古亦通用。詩假樂且君且王。釋文。且本作宜。此古文⿰女曡字也。案集韻⿰女曡同姪。吴説良是。考公羊傳何休注。諸侯一娶九女夫人與左右媵各有姪娣。【積古齋鐘鼎彝器款識卷五】

◉方濬益 蘇甫人盤 ⿰女曡字見西清古鑑齊姬盤。亦見積古齋款識。⿰女曡妊壺銘字作⿰曡攴。視此稍簡。吴侃叔引集韻云。⿰女曡同姪。阮文達公曰。攷公羊傳何休注。諸侯一娶九女夫人與左右媵妾各有姪娣。此姪所作之器。此銘曰蘇甫人作⿰女曡改賸盤。亦是為姪作器以媵也。【綴遺齋彝器款識考釋卷七】

◉吴式芬 (晉邦盦)翁祖庚説⊘字从晶。餘不可辨。因攷从晶之字。如壘曑晨於文義并窒礙。惟震曑之曑篆體及文義稍合。竊謂晶乃日之精光。若釋作明字。直云秉德明哲。則文義可通矣。【攈古録金文卷三之三】

◉劉心源 蘇甫人匜 ⿰女曡即姪。汗簡引義雲章姪作。而説文不載。攷⿰女曡妊壺作。索姬盤作索姬之姪。是⿰女曡為姪古文也。【奇觚室吉金文述卷八】

◉孫詒讓 舊皆釋為⿰女曡。其字為説文所無。而説文晶部云，曡。楊雄説以為古理官决罪。三日得其宜乃行之。从晶宜。亡新以从三日大盛。改為三田。今諦宷金文⿰女曡字。偏旁實从且。不从宐。竊疑曡正字當作曡。乃从且从曑省。梁上官鼎曑省作可證。葢取曑重薦俎會意。説文多部云。重夕為多。重日為曑。是其義也。子雲似已不識此字。故誤以為从宐决罪三日得㝉之說。亦絕無理據。恐未必塙也。

嫿字从女。則當為女子名字。古經典未見。惟大戴禮記帝繫篇云。黄帝娶于西陵氏之子。謂之嫘祖氏。史記五帝本紀同。集解徐廣云。祖一作俎。即字也。□國語晉語韋昭注引帝繫作纍。漢書古今人表作絫。司馬貞史記索隱引帝王世紀作累。即絫之俗。張守節史記正義又作傫。山海經海内經作雷。嫘字亦不見於說文。竊疑黄帝妃或本名嫿。後人因晶厽形近變嫿為[illegible]。俗書㬝誤作參。玉篇厽。尚書以為參字。本西伯戡黎馬融說是其例。又誤分為兩字。以厽為絫。以且為祖。遂至𠫬其本始。此肊說無左證。然古書重悂貤謬往往有此。聊記之以備一義。【名原卷下】

◉陳　直　嫿字見穌甫人匜及嫿妊壺。說文未收。案此古取字也。从女。从晶。从且。或作[glyph]。禮記曾子問云。古者取婦三月而廟見。鄭注謂見於且廟。[glyph]即參字省文。且謂祖廟也。非取字而何。【金文拾遺】

◉郭沫若　[glyph]　穌甫人匜及盤有此字。文曰穌甫人作嫿妃襄賸匜(或盤)。乃人名。要當是善意之形容詞。字在此與王邦為韻。其讀當在東陽部。又從图作。图字余讀為房俎之房(見大豐𣪘韻讀)。音韻在此正合。字當以此為聲符。其上從三日者。蓋二十八宿中之房宿也。許書晶部星字作[glyph]。參字作[glyph]。晨字作[glyph]。參。參宿也。古金文參字作[glyph](此宗周鐘文。克鼎舀鼎毛公鼎等參字與此同)。此與許書之或省作[glyph]者近似。上之三○即星之象形也。晨。許以為房星者。乃房星之別名。其同部之[glyph]字。漢人讀為疊。今人亦沿襲之。余謂此即[glyph]字。即房星之本字。周頌時邁首五句云。時邁其邦。昊天其子之。實右序有周。薄言震之。莫不震曡。曡字前人以為疊字。謂此五句無韻。今依余讀房。假為惶。則與首句之時邁其邦為東陽合韻。第二句與第四句之之亦韻也(前人說詩。例以虛字不入韻。不知韻之為物乃相同之音於適當間隔内之返復。不問字之虛實。又曡字毛傳訓懼。毛似亦讀為惶字。凡星名。古文多從◎若○。以會意。參辰已如上揭。曐當是井鬼柳星之星。金文㮚伯星父𣪘作[glyph]。同於小篆。商字金文或作[glyph](商𣪊𣪘)。從商之賫或作[glyph](傳卣)。其所附益之[glyph][glyph]諸形。均星之象形。商乃房心尾之大火。或即心宿。由此等字例以推之。則[glyph]字不當屬於例外。其理甚明。特自漢以來此字即失其讀。亦失其義。遂致淹没至今耳。此銘言秉德嫿嫿。或即讀為煌煌。【晉邦盦韻讀　殷周青銅器銘文研究】

◉郭沫若　嫿字从女曡聲。曡即小篆曡字。此亦足證图之必為宜。說文曡。楊雄說以為古理官決罪。三日得其宜乃行之。从晶。从宜。亡新以為曡从三日太盛。改从三田。今字从女而以為字。當是善意之字。晉公盦言秉德嫿嫿。與此同。余意字當叚為熠。周頌時邁莫不震曡。毛傳訓曡為懼。疏云。曡懼。釋詁文。彼曡作慴。音義同。曡與慴通。則嫿可與熠通矣。說文熠。盛光也。一切經音義十引字林熠熠。盛光照也。詩東山。熠燿其羽。鄭箋云。羽鮮明也。文選笙賦。爛熠爚以放

盬。注云。熠爚。光明貌。【穌甫人匜　兩周金文辭大系圖録考釋】

◉于省吾　晉邦盨余惟今小子敢帥井先王秉德嬞嬞。按穌甫人匜穌甫人盤及嬞妊壺均有嬞字。汗簡下一・六以嬞為古文姪。秉德嬞嬞。嬞嬞應讀為秩秩。釋名釋親屬。姑謂兄弟之女為姪。姪迭也。共行事夫更迭進御也。按秩迭並从失聲。姪可音訓為迭。亦可讀為秩矣。嬞从㬪聲。迭疊並定母四等字。姪秩並澄母三等字。古讀澄歸定。故嬞姪秩字通也。詩小戎。秩秩德音。傳。秩秩。有知也。巧言。秩秩大猷。傳。秩秩。進知也。賓之初筵。左右秩秩。箋。秩秩。知也。假樂。德音秩秩。傳。秩秩。有常也。箋。秩秩。清也。傳箋言知即古智字。有智進智及智義均相若。智者必有條理。故傳箋又訓秩秩為有常為清也。詩言秩秩德音。又言德音秩秩。均以秩秩形容德音。此言秉德秩秩。詞例語義並相仿也。【釋嬞嬞　雙劍誃古文雜釋】

◉馬叙倫　□□□□　吴式芬曰。阮謂安通盦。案安盦古音遠。不得通。疑宴之借字。倫按嬞字不見說文。集韻。嬞同姪。嬞從女㬪聲。穌甫人匜之□劉心源釋姪。齊姬盤之□。高田忠周釋姪。皆據集韻也。此舊釋嬞。而諸器字皆從疊者。說文㬪從晶從宜。而實從宜得聲。宜則從且得聲。且俎一字。金文之□。其夕即說文之肉。□從且而有肉。說文謂置肉於且外。又譌肉之作夕或作𡿨者為仌。與笞上之㐺同形。其實乾肉之昔乃腊字。而笞乃從日□聲。為晞之轉注字。□則□之異文也。俎為廚之初文。竝詳疏證。借為俎豆字耳。以是從宜者或得從且。抑或㬪本作□。傳寫譌為㬪耳。安盦音同影紐。自可通假。白壺。白乍姬㱃殼。㱃為盦省。盦為㿻之轉注字。㿻者。温食之器。【讀金器刻詞卷中】

◉史　言　□為㬪字。亦即疊字。說文解字。「㬪。楊雄説以為古理官決罪。三日得其宜乃行之。从晶从宜。亡新以為疊从三日太盛。改為三田」。說文卷七上。㬪姬為一女名。穌甫人匜中有「嬞妃」。郭沫若同志考證甚詳。兩周金文辭大系圖録考釋釋文二四三頁。歸叔山父為㬪姬所作之𣪘。何以能與散氏之器埋在一起。推其原因。一是散氏兼并歸時得來。一時歸與散有姻婚關係。故者尚有其他原因。尚難肯定。【扶風莊白大隊出土的一批西周銅器文物一九七二年第六期】

劙

◉高田忠周　吴大澂謂為儀禮大射儀袒決遂之遂。蓋為豖字也。劉心源即從吴釋亦謂為燧為璲。銘意可解也。然今審篆形。斷非豖字。此正从刀从象省。此疑剶為劙省文。但劙說文所無。廣雅釋詁。劙解也。玉篇。劙分割也。集韻。劙或作剓。亦作⿱刕力。朱駿聲云。說文。鏫金屬。从金黎聲。叚借為⿱刕力。一曰剥也。字變作劙。此說為是。鏫⿱刕力通用。後人合兩字為剓形。又蠡訓蟲齧木中也。亦叚借為⿱刕力。方言。蠡分也。通俗文。瓠瓢曰蠡。一匏⿱刕力為二之謂也。蠡⿱刕力通用。故或合兩字為劉形也。然則劉雖非正文。亦當晚出古文。張揖等必有所據可識矣。要劉字从刀蠡為聲。猶从㪅聲。而蠡从彖聲。彖从豕聲。此字為劉省不容疑也。【古籀篇二十八】

⿱⿰耒耒猋

◉王永誠　⿱⿰耒耒猋字見於尊銘，其文曰：

王占攸田⿱⿰耒耒猋，乍父丁障。泖。（見三代十一、三十。）

案占乃由之古文，唐蘭釋為由字（見天壤閣甲骨文存考釋六三）。甚是，惟未說於六書何屬。考由字乃象兜鍪之形，是乃胄之古文，於此器則借為訓從之由（引見魯先生古文字學講稿）。□隸定為⿱⿰耒耒猋，乃從猋⿰耒耒聲，⿰耒耒乃从二耒，耒亦聲。⿱⿰耒耒猋字於此器，乃方名兼姓氏之義。是尊銘之義，乃謂「王由攸方田狩於⿱⿰耒耒猋方，⿱⿰耒耒猋氏因作父丁尊」。蓋以紀王之蒞臨也。銘末之泖，乃鑄工之姓氏，即禮記月令所謂「物勒工名以考其誠」者也。則此器乃⿱⿰耒耒猋氏所作，其命名當題為「⿱⿰耒耒猋尊」。

擘銘者或不識由文及⿱⿰耒耒猋字，故多見其命名不當，且將⿱⿰耒耒猋字務為二字，並比附釋義，如

1. 阮元題為「王主父丁尊」，釋⿱⿰耒耒猋為□虓虎，並謂「王主於田獵之所□服二虓虎，神武丕昭」（積古卷一）。攈古、敬吾、懷米之命名與阮氏同。
2. 吳榮光題為「十月戒田尊」，並謂「十月戒田者，於周為狩，於夏為獮」。釋⿱⿰耒耒猋為二犬形，三豕形。（筠清二・十八）
3. 方濬益題為「王父丁罍」，釋⿱⿰耒耒猋為二手形，三虎形，并謂「紀田獵所獲之數」。（綴遺二十六・六）
4. 劉心源題為「王田尊」，釋⿱⿰耒耒猋為麗，豩豕。（奇觚五・十一）
5. 王辰題為「父丁尊」。（續殷上六一）
6. 劉體智題為「乍父丁尊」。闕釋⿱⿰耒耒猋字，附徐頌魚跋，跋文亦襲阮元之誤。（小校五・三十一）
7. 徐同柏題為「攸尊」。（從古十・四）
8. 柯昌濟題為「攸田尊」，釋⿱⿰耒耒猋為甫豩豕。（韡華230頁）
9. 羅振玉題為「王占尊」，羅福頤釋文釋⿱⿰耒耒猋為□猋。（三代十一）
10. 嚴一萍題為「□／猋乍父丁尊」。（金文總集4848）

上舉十事，皆因不審古文，昧於文義，致使同為一器而命多各異。如依阮元及劉心源二氏釋所從之猋為虓虎，豩豕，是務⿱⿰耒耒猋為三文矣。或釋⿱⿰耒耒猋上所從之□為秝，而以為耦字（中華二輯83頁譚戒甫），或以田⿱⿰耒耒猋二字合為一字而作□，以為畋字（殷金文考釋138），

皆未得其實。

考耒之初文作□(三代14、44耒父己觶)，曲柄岐頭，上象耒柄，下象耒耜。案耤字於令鼎作□(三代4、27)，於卜辭作□、□(金祥恒續甲骨文編)，所從之耒并與尊銘同。其作⿰耒耒乃从二耒耒亦聲，是⿱⿰耒耒猋乃从猋⿰耒耒聲。卜辭有⿱⿰耒耒⿰犬犬及⿱⿰耒耒犬字，如云：

1. 癸未卜争貞，王在兹□咸獸。(續編三、40・4片)

2. 戊子卜貞，王其田□亾𢦏。(粹編973片)

3. 戊子卜，王往田于□。(鄴羽三集36・6片)

4. 庚辰貞，曰又戠，其告于父丁，用九牛，在□。(粹編55片)

諸辭之□、□，隸定為⿱⿰耒耒猋、⿱⿰耒耒犬，皆方國之名，魯先生曰：

⿱⿰耒耒猋與卜辭之⿱⿰耒耒猋⿱⿰耒耒犬，音義不殊，既為一地，覈其構體，⿱⿰耒耒⿰犬犬為從犾，⿱⿰耒耒犬為從犬，⿱⿰耒耒猋為從猋，其上皆從二耒耒亦聲，以示群犬曳耒而耕之義，是必犂之初文。字從二耒讀耒聲者，是猶篆文之兢，亦從二丰而讀丰聲也(説詳假借遡原耒)。案从犾非两犬相鬥之義，从猋亦非犬走皃之義，乃借犬力引耒之義。書傳未見以犬輓耒，唯賴卜辭彝銘存之，此考古制有賴於古文者也。其所以從二耒者，乃示耦耕之制，魯先生曰：

其從耒作⿱⿰耒耒⿰犬犬⿱⿰耒耒犬者，乃示耦耕之制，漢書食貨志上之「后稷始甽田，以二耜為耦」者是也。其於耦犂則肇行漢之趙過，食貨志云「趙過為搜粟都尉，用耦犂，二牛三人」者是也。觀乎卜辭之⿱⿰耒耒⿰犬犬，其字從犾，⿱⿰耒耒猋尊之⿱⿰耒耒猋，其字從猋，是即耦犂之所始。逮乎周世以牛代犬，而能任重，故無俟乎耦犂，至漢行之，是亦古之遺制而已。(假借遡原耒)

考彝器別有从⿰耒耒聲構體之字，如

1. 秦公鐘云：「⿰埶刂龢萬民」。(考古卷七、辥民卷七)

2. 叔弓鎛云：「龢⿱⿰耒耒犬而有事」。(博古二十一卷，薛民卷七)

宋人並釋⿰埶刂、⿱⿰耒耒犬為協。近之説者，若徐仲舒則以卜辭之⿱⿰耒耒⿰犬犬，及彝銘之⿰埶刂、⿱⿰耒耒犬俱釋為麗字，而謂秦公鐘之「麗龢萬民」，乃借麗為協(見中研院史語所集刊二本一分)。郭沫若釋⿱⿰耒耒⿰犬犬為□，以為襲擊之本字，而謂鐘銘乃假□為協(青銅器銘文研究下册二十三葉)。唐蘭釋⿱⿰耒耒⿰犬犬⿱⿰耒耒犬為猒及肰之本字，而謂秦公鐘之「⿰埶刂和」猶協和。(天壤閣甲骨文存考釋五十九葉)。

考協之古音胡頰切，屬匣紐奄攝入聲。麗之古音郎計切，屬來紐阿攝。□之古音徒合切，屬定紐音攝入聲。猒之古音如延切，屬日紐安攝。肰之古音於鹽切，屬影紐安攝。麗、□、猒、肰諸字與協字聲韻乖隔，皆非協之假借。尚書堯典有「協和萬

⿰賁鳥　⿰桒鳥

邦」文句，然協與𠜲，𢻔，字形相去甚遠，是不審辨字形字音，而徒襲宋人之說而已。魯先生曰：

案秦公鐘云「𠜲龢萬民」，𠜲即𢻔之異體，從刀者以示耒之有鋒刃，於此鐘讀如理，義謂治理和協萬民也。叔弓鎛云「龢𢻔而有事」，𢻔者從𢦏耒聲，𢦏與白𢦏父鬲之𢦏（三代五卷二十六葉），並為楚辭九辯之𤞤，亦即說文之犺，犺犾古音同屬皛攝疑紐，可證叔弓鎛之𢻔亦即卜辭之𢻔。其云「龢𢻔而有事」者，謂和理爾所司之事也。

魯先生之解字形，釋文義，塙不可易。而尊銘之𢻔則以方名兼姓氏為義，春秋時衛有犁邑（見左傳哀公十一年），衛國近於殷虛，則衛之犁邑，蓋即彝銘之𢻔與卜辭之𢻔矣。【魯實先先生金文治學要旨與貢獻　魯實先先生學術討論會論文集】

◉考古所　：地名。【小屯南地甲骨】

◉蔡運章　甲骨文中的⿰賁鳥字，作

《合集》一〇五〇二

《合集》一〇五〇一

《懷》三一四

諸形，此字舊不識，《甲骨文編》收入附録。從其構形看，上部从鳥，下部所从之朩，當是賁的初文（參見《釋朩》篇）。此字从鳥从賁，可隸定為⿰賁鳥，我們認為當是从鳥、賁聲的⿰賁鳥字初文。

桒、賁皆从卉得聲，可以通用。《說文·食部》：「饙，修飯也，从食，桒聲。饋，饙或从賁。」徐灝《說文段注箋》曰：「饋讀若賁卦之賁，故賁以為聲。《食部》饙或作饋，即其明證。」故⿰桒鳥當是⿰賁鳥字的初文。⿰賁鳥，《說文》失收。《山海經·北山經》：「太行之山有鳥焉，其狀如鵲，白身，赤尾，六足，名曰⿰賁鳥，是善驚，其鳴自詨。」郭璞注：「⿰賁鳥，音犇。詨，今吳人謂呼為詨。」郝懿行疏：「《廣韻》說⿰賁鳥似鵠。《集韻》：⿰賁鳥，鳥名，如鵠，三目，六足。」可見，⿰賁鳥是一種其狀如鵲（或鵠），白身，赤尾的鳥。

現將甲骨文中有關⿰賁鳥字的卜辭，摘録數條，略加說明：

1 癸未卜，㱿貞，多子獲⿰賁鳥？　《合集》一〇五〇一

2 戊子卜，賓貞，王逐⿰賁鳥于沚，亡災？之日王往逐⿰賁鳥于沚，允亡災，獲⿰賁鳥八。　《合集》九五七二

3 于沚……王往……鵗允……獲？《合集》一〇五〇三

4 庚午……逐……鵗……弗……？《懷》三一四

5 ……亡災？……往逐……允……鵗？《合集》一〇五〇二

這些都是有關捕獲鵗鳥的卜辭。這五條卜辭唯一、二兩條完整無損。第一條中，「㱿」是武丁前期卜官的私名。「多子」是對商王諸子的稱呼。這條卜辭的大意是説：「癸未這天占卜，卜官㱿問，商王的孩子們會捕獲鵗鳥吧？」第二條中，「賓」是武丁前期卜官的私名，「王」，指商王武丁。「沚」，地名，卜辭有沚方（《屯》四〇九〇），地望或説在今河南陝縣，陳夢家：《殷墟卜辭綜述》297頁，科學出版社，1957年。或謂在今安徽宿縣附近，趙誠：《甲骨文簡明辭典》146頁，中華書局，1988年。待考。這條卜辭的大意是説：「戊子這天占卜，卜官賓問，商王武丁往沚地追捕鵗鳥没有災禍吧？到那天，商王武丁到沚地逐捕鵗鳥，果然没有災禍，共捕獲八隻。」

綜上所述，我們認為甲骨文中的鵗字，當是鵗字初文。可見《山海經》所載之鵗鳥，當是有根據的。【甲骨金文與古史研究】

𪚼 𪚼

◉唐　蘭　後下三三·一片　今𪚼王其从　佚七八〇片　亞于𪚼

右𪚼字，舊不釋。今按當是從火從𪚼，象以火熟龜，據余所定象意字聲化例，古文字學導論上四五。則龜乃聲也。故卜辭以龜𪚼同叚為秋。説文：「𪚼灼龜不兆也。從火，從龜。春秋傳曰：『龜𪚼不兆』。讀若焦。」𪚼即𪚼字之誤。疑傳文本作「龜𪚼」，𪚼焦音近，得相通叚，而讀者誤認𪚼為龜焦之專字，遂改從龜耳。董作賓乃謂𪚼字不見於説文，何其疎也。

龜字孫詒讓釋夔，契文舉例下四二。亦誤。新撰字鏡九卷龜部，出龜字云：「奇摎反，虬字，無角龍。」又出龜字云：「奇樛反，字書亦虬字也。虬龍之無角者也，在部。」當云在虫部。後條似出原本玉篇。【釋龜𪚼　殷虚文字記】

◉温少峰　袁庭棟　甲文有「」字，唐蘭先生據漢隸之穐字釋此甲文為《説文》之𪚼，卜辭中借為穐，即秋（見《殷虚文字記·釋𪚼》）。這是正確的結論。不過他認為字是「象龜形而具兩角」，乃《萬象名義》二十五之𪚼字，本義為「虬也，龍無角也」。這是錯誤的。因為無論是具角之龜還是無角之龍，世上均不存在，且與字形亦不合，故不可從。

甲文之字，并不象龜，而象昆蟲之形。郭若愚同志在《釋𪚼》一文中認為是「𧓍」即蝗蟲之象形字，是正確的（詳論見本書第四章）。而甲文之𪚼字即是火燒蝗蟲之意。《説文》訛為𪚼，訓為「灼龜不兆……讀若焦」，其實，此字不是把龜版烤焦，而是把蝗蟲燒死、燒焦，故而有黃熟之義。農作物收獲時期呈現之色，正是如此黃熟之色，故而加禾旁即成穐字，表示禾已黃熟，進入收獲季節。此字再一簡化，即為後世之秋字，而古均作穐。《尚書·盤庚上》：「若農服田力穡，乃亦有秋」。《說文》：「秋，禾穀熟也。」正指此意。

明乎此，我們才可能把卜辭中作為「蝗蟲」義的「⿱艹⿱龜灬」的有關卜辭，和作為「⿱艹⿱龜灬」即「秋」之省體的「⿱艹龜」的有關卜辭區別開來，分別研究。現在，我們將卜辭中「⿱艹龜」「⿱艹⿱龜灬」作為「秋天」之義者，舉例如下：

(129) 叀(惟)今⿱艹龜(秋)？于萅？(《粹》一一五一)

(130) 叀(惟)芚(萅)令□田？叀⿱艹龜(秋)令𠂤？(《存》一九九九)

以上二辭，以⿱艹⿱龜灬、⿱艹龜即秋與萅對貞。前文已證萅為季節之名，則與萅相對之⿱艹⿱龜灬、⿱艹龜即秋在卜辭中也應是季節之名。

(131) 今⿱艹⿱龜灬(秋)、王其从？(《後》下三三·一)

(132) 今⿱艹⿱龜灬(秋)，王其大史？(《人》二五二九)

(133) 庚申卜，今⿱艹⿱龜灬(秋)亡𢦔，之(茲)七月。(《乙》八八一八)

(134) ……今⿱艹龜(秋)其有降倣？(《林》二·二六·一三)

(135) ……今⿱艹龜(秋)啚禾年？(《粹》八七八)

(136) 乙亥卜：今⿱艹龜(秋)多雨？(《人》一九八八)

(137) 戊午卜：我貞：今⿱艹龜(秋)，我入商？(《後》下四二·三)

(138) 戊戌卜：㱿貞：𣂔祀六，來⿱艹龜？(《佚》九九一)

由以上諸辭，可知以下數事：1.⿱艹⿱龜灬、⿱艹龜即秋，與萅即春相對，為季節之名。2.「今⿱艹龜」與「來⿱艹龜」相對，是知乃有起訖而又可多次到來之季節。3.由(135)辭知⿱艹龜即秋與禾年有關。4.由(136)辭知秋作為季節，是「多雨」之季。黃河流域多雨之時期是處暑至白露。卜辭中記「今⿱艹龜」而唯一系有月份者是七月。由上可以推知，⿱艹⿱龜灬作為季節，與萅即春相對，就是後世之秋。殷代只分二季，殷代之秋當包括今之夏秋兩季的時間。在這段時間中，有兩次農作物的收獲。一次是夏收，主要是收麥。一次是秋收，主要是收穀子。卜辭中所以將這段時間稱為⿱艹⿱龜灬，乃取作為火燒蝗蟲之本字的⿱艹⿱龜灬字的「黃熟」之義，以表示這段時間是農作黃熟，進行收獲之期。【殷墟卜辭研究——科學技術篇】

⿰車啇

◉張政烺 中山王嚳方壺 亾有⿰車啇息

⿰車啇字書不見，形譎異不可識，當是一形聲字。戰國時期文字滋盲正繁，出現許多新形聲字。此字从車，从人，从牛，皆屬形符，而其基本聲符則是啇，疑讀為適。説文：「適，回避也。」【中山王嚳壺及鼎銘考釋 古文字研究第一輯】

◉何琳儀 中山王方壺銘「亡又⿰車啇息」（《中山》一一二）。

「⿰車啇」，原篆作「」，諸家釋讀頗有分歧。據《古文四聲韻》「商」作「啇」、「[illegible]」等形，可隸定為「⿰車啇」。

「⿰車啇」从「商」得聲。「商」與「尚」、「常」雙聲疊韻。《説苑·修文》「商者，常也。」《廣雅·釋詁》二「商，常也。」王念孫《疏證》「常、商聲相近。故《淮南子·繆稱訓》老子學商容，見舌而知守柔矣。《説苑·敬慎篇》載其事。商容作常摐。《韓策》西有宜陽常阪之塞，《史記·蘇秦傳》常作商。」至于金文和典籍中以「賫」（賜）為「賞」之例更是不勝枚舉。然則从「商」得聲之「⿰車啇」自可讀「尚」或「常」。

《詩·小雅·菀柳》「有菀者柳，不尚息焉」，其中「不」猶「無」，劉淇《助字辨略》二二六頁，中華書局。一九八三年。「尚」讀「常」。于省吾《雙劍誃詩經新證》卷二·二五。壺銘「亡（無）又（有）⿰車啇（常）息」，與《詩》「不（無）尚（常）息焉」辭例相近，適可互證。【戰國文字通論】

⿱⿰氵卿夾

◉王國維 此即弟子職云：「櫛之遠近，乃承厥火。」又云：「右手執燭，左手正櫛。」之櫛字，廣韻作⿰火卿。【轉引自甲骨文字集釋一九八七頁】

◉葉玉森 之異體作，从即从𡗜从水或省。釋⿰火卿似尚未塙。【殷墟書契前編集釋卷二】

◉郭沫若 ⿱⿰氵卿夾字王國維釋櫛。案此字从水，亦有省水作（前二·十七·四）若（林一·廿七·七）者，乃地方之專名。後二省水者或如王説。然从水則別係一字，當云「从水櫛聲也」。【卜辭通纂】

◉徐中舒 五期摭續五○ 從乚水從即從𡗜尞，或省水，同。《説文》所無。王國維釋櫛，並謂櫛字《廣韻》作⿰火卿。其説可參。卜辭⿱⿰氵卿夾，地名。【甲骨文字典卷十】

◉陳秉新 玉篇、集韻有⿰火卿字，博雅訓「煨也」。集韻「本又作⿰火節，燼謂之⿰火節。」⿰火節从節聲，節从即聲。⿰火節與⿰火卿乃一字之異。卜辭⿱⿰氵卿夾，从𡗜（尞的初文）與从火同，即聲，當是⿰火卿字古文。⿱⿰氵卿夾，則是瀄的古文，廣韻：「瀄瀄，汨水聲。一曰水流皃。」卜辭瀄為地名，地望待考。【殷虚征人方卜辭地名彙釋 文物研究第五輯】

◉唐　蘭　[甲骨文]前四·三二·一片　癸未,令㫃族巖囧,由王事。　[甲骨文]前七·三一·四片　……貞令旛從[甲骨文]医巖囧。　[甲骨文]後下三七·四片　貞甫奠令從巖囧。　[甲骨文]續五·二·二片　己卯卜,𢦏。貞令多子族從犬医巖囧,由王事。　五月　[甲骨文]前五·七·七片　貞令多字族眔犬医巖囧,由王事。　原辭不完,此與前六·五一·七片復合,郭沫若説。

右巖字,即璞,舊不能識。郭沫若釋寇,謂「字之左半,於屋下從玉從由,由即説文『東楚名缶曰甾』之甾,是即古寶字。寶乃古人之葆藏。右半或象雙手捧械,或竟從攴,即遷人重器之意。屋頂之着火光者,殆又焚燒燔潰之意也。」甲骨文字研究上釋寇。葉玉森釋鑿,謂「從[甲骨文][甲骨文][甲骨文]象巖穴形,上峙諸峰。從王即玉,從[甲骨文],象盛土石之器。從[甲骨文][甲骨文]象兩手或一手持鑿石之器。全字象初民入巖穴采玉之事,當即古文鑿字。篆文以峰巖形丵嶽並出,故易從丵,復誤[甲骨文]為臼,易玉為金,易[甲骨文][甲骨文]為殳,蜕變之迹,仍可探索。」説契。林義光釋璞,謂「從𤇾業聲,乃璞字。𤇾又從玉[甲骨文]聲,[甲骨文]象屋上火光,當即𤇾。」卜辭[甲骨文]即𤇾惑説,見葉玉森前編集釋四卷四十三葉引。今按三氏之説,各窺一斑未見全豹。此字從[甲骨文],與𡷫字同詳後釋𡷫,乃火字也。詳後釋火。説文「火入山之深也」,今按其字實象高山之狀。此字作巖,象兩手舉辛,或省為一手。撲玉於甾,於山足之意,即璞之本字也。何以言之?從辛之字,恆變為業,如䇂變為䇂,宰變為宰。是[甲骨文]即糞也。古文字之太繁者,後世恆有省畧,如[甲骨文]省為[甲骨文]。此字以撲玉之象為主,火形以示事之所在,甾形以示玉之所盛,均非必要,故其嬗變,當如下圖:

[甲骨文]→[甲骨文]→[甲骨文]

則為璞字矣。由象意化為形聲,則為從玉業聲矣。其義謂初采於山之玉,則秦策所言「鄭人謂玉未理者,璞」矣。説文無璞,乃誤脱之。

商時為象意與形聲文字交錯之會,上古用圖繪表示之象意文字,尚有留存。如此巖字,實完全揭示一古代采玉之圖,此種文化史料,至可寶貴,及變為璞字,則其意盡失矣。

葉玉森解釋字義,近矣,然釋為鑿,則殊穿鑿。林氏釋為璞,是矣,而又誤以火為𤇾。郭氏釋字頗誤,然讀為寇,於卜辭用法畧近,亦不能謂全無所得也。

卜辭婁言「巖囧」者,囧即周字,此為近代金文學家之常識。葉玉森誤釋為金。在前編集釋中猶呶呶争辯,其妄可哂。云「㫃族巖周」,「旛从[甲骨文]医巖周」,及「多子族從犬医巖周」等辭,巖字介於兩名詞之閒,必動詞也。周為殷之鄰敵,是必征伐之事。蓋巖即璞,於此當讀為戩,周王㝬鐘云:「王辜伐其至,戩伐氒都。」戩薄聲近,故詩稱「薄伐玁狁」,虢季子白盤作「博伐厰𢧁」。周為殷人大敵,故必戩伐矣。【釋巖　殷虛文字記】

◉丁 山 武丁時的甲骨文，于吉方、土方、丂方、虎方諸外族，或征或伐或戈或途，獨於周人言𡿺。𡿺字，篆作：

前七・三一・四 後下四七・四 前五・七・七

此字，羅王闕疑，林義光始釋為璞，唐蘭先生伸之曰：「象高山之狀，乃火字。說文所謂，，入山之深也。象兩手舉辛，撲玉於甾，即璞之本字。於此當讀為戣，即戣伐。」山按，唐說極為精諦。右之，碻是菐字初文，象雙手舉杖（即辛）形。書舜典曰：「撲作教刑。」襄公十九年左傳曰：「薄刑用鞭撲，所以威民也。」菐，蓋古代刑名，輕罪者杖為隸僕；凡从辛之字，皆有罪犯之誼者，謂其為曾施鞭撲之人也。而菐之本誼，實象以杖撲擊形，則象深入大山，撲擊黑石（即甾字）而取金玉形，疑是寚字最初寫法。……辭云：

其𡿺。 佚九七六

雀其戈𡿺 佚九六一

𡿺篆作，當是𡿺字簡寫，字則讀為保。左傳成公十三年，晉呂相絕秦曰：「伐我保城，殄滅我費滑。」國語韋昭注：「保城，蓋近滑之城也。」費滑，在今河南偃師縣南；保城，疑當今洛陽之西，潼關之東；此正當商周兩國的交通要道。「其𡿺」之寶，正是「寶周」的省文了。【商周史料考證】

◉徐中舒 唐蘭曰：「此字從……今案其字實象高山之狀。此字作𡿺，象兩手舉辛或省為一手，撲玉於甾，於山足之意，即璞之本字也。……當讀為戣。」見殷虛文字記。按：唐說可從。《戰國策・秦策》：「鄭人謂玉未理者，璞。」璞字《說文》失收，見於《玉篇》：「璞，玉未治者。」讀如戣，擊也。【甲骨文字典卷一】

◉劉 桓 甲骨文有（前7.31.4），唐蘭先生指出：「此字作𡺯，象兩手舉辛（或省為一手），撲玉于甾，于山穴中。足之形意，即璞之本字也。」（《殷虛文字記》）我認為，除了此字隸定从屵 這點外，唐說皆真確無疑。但以其說簡略，尚有遺義，故值得從該字的形音義聯繫上再做探索，算是對唐說之補充。

此字當隸定為𡺯，从屵是因為字之上端象山穴。《說文》「屵，岸高也。从山、厂，厂亦聲。」「厂，山石之厓巖，人可居。」（九篇下）此種「人可居」之「厓屵」即山之穴、洞。

關于𡺯字之形音義，所能補充的有三點：（一）古代采玉是在山中，古書如《荀子・勸學》說「玉在山而草木潤」，李斯《諫逐客書》也說「今陛下致昆山之玉」，大抵秦代以前都是采玉于山。後代才有于水下采玉者，唐李賀《老夫采玉歌》「采玉采玉須水碧」，可為一證。𡺯字即古代采玉于山之象形字。（二）關于采玉所用的工具。《廣雅・釋言》：「鐫，鑿也。」王念孫說：「《方言》：『鏶，梂也，晉趙謂之鏶。』《説文》：『鏶，破木鏶也，一曰琢石也。』高誘注云：『鏶猶鑿也，求金玉也。』《鹽鐵論·通有篇》云：『鑽山石而求金銀。』鑽與鏶聲近義同。」再以此字所从之𢆉對照，可證采玉正是用鑽鑿一類工具。《説文》十二篇下：「由，東楚名缶曰由，象形也。」由係盛玉之器。（三）巖之本義為擊，乃是動詞。在山穴中「兩手舉辛，撲玉于甾」，乃采玉時敲擊的動作。此義引申之，戰争之攻擊亦用巖來表示，卜辭屢見「巖周」，金文《宗周鐘》云王「戩伐𠭯都」，《矢人盤》云「用矢戩散邑」，此从菐聲的字又从戈，正説明因用撲擊來表示動干戈，「戩」便隨字義而加偏旁。古文字動詞與名詞又往往相因，巖本是采玉時之敲擊，而這樣得到的玉便也叫璞。《戰國策·秦策》説「鄭人謂玉未理者璞」，齊策四説：「夫玉生于山，制則破焉，非弗寶貴矣，然夫（一本作「大」）璞不完。璞者，玉石雜糅，采自山中，未經雕琢者也。」在這裏，璞便成為名詞了。

（巖）聽从之，在西周金文中則發生了省變和訛變，以僕字諸形表現得最為清楚。見朱芳圃《殷周文字釋叢》24頁。惟朱氏雖搜集了若干材料，卻因不明字源而未能對此做出合理的解釋，是可惜耳。

史僕壺　静𣪘　令鼎　趞𣪘　召伯𣪘二　旂鼎

璞演變為菐的情況，可列為下表：

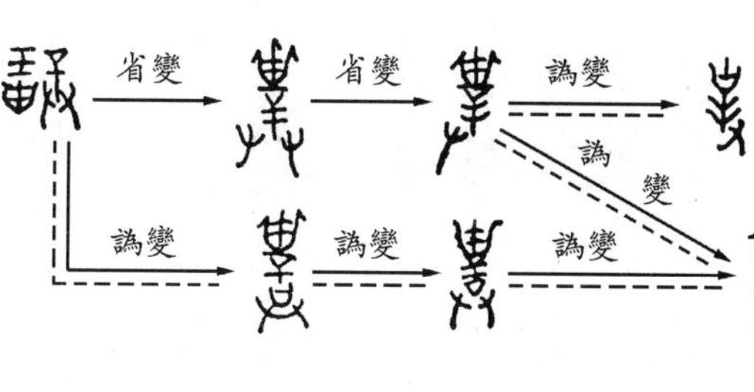

⿰⿱竹膚阝　龜　⿳𦥑召皿

可看出業最初只是將由移到[illegible]上構成的，後來這兩部分漸漸合而為一。由此可見，金文僕字是一個从人業聲的形聲字，其从業聲既可與卜辭文字相聯繫，其字源固歷歷可說。【古代文字研究　內蒙古大學學報一九八〇年第四期】

◉戴家祥　[illegible]⿰⿱竹膚阝侯毁　⿰⿱竹膚阝侯少子析乙孝孫丕巨　⿰⿱竹膚阝金文或作⿱竹膚。孫詒讓曰：⿱竹膚亦國名，故注邑於其旁矣。名原下一六頁。⿱竹膚作為國名，或釋盧，或釋筥，詳見釋筥篇。【金文大字典下】

◉徐中舒　[illegible]一期合集一八一八八　[illegible]一期前六・五一・一　[illegible]一期合集六四八〇　[illegible]四期南明四九六　[illegible]四期南明四六八

從[illegible]臼從龜，象雙手執龜之形。《説文》所無。張政烺謂卜辭中[illegible]示與元示相當，故疑此字為黿之本字而讀為元。《古文字研究》第一輯《釋它示》。按其説可參。

人名，而白[illegible]為而方君長名[illegible]者。

[illegible]示，殷先王集合廟主，疑即元示。【甲骨文字典卷十三】

◉郭沫若　[illegible]　此字前人釋之者實奇異至不可思議。此分明為一人形奉酒甕欲飲而呈喜悦之狀，人形之首乃釋為「格上三矢形」，人形之身、手又釋為「父」字。此種奇釋自宋以來相沿八九百年，直至近人始有能稍稍得其髣髴者。容庚云「象人奠酒於盤之形」，寶蘊樓八十四葉。此已近是矣。然余謂酒甕下一器乃酒甕之座而非「盤形」。知其然者，蝺鐸有此字作[illegible]，鄒適廬：周金文存，卷一補遺。酒甕正陷置於座中。（觀此可知古人釀酒之法正如今之鄉人之釀造甜酒。）

此字亦必為氏族名，於卜辭有二證：

（一）[illegible]其遷，至于攸，若。五乩曰大吉。（前編卷五，三十葉一片。）

（二）辛卯王……小臣[illegible]□其[illegible][illegible]于東對。王乩曰吉。（林泰輔：龜甲獸骨文字，卷二，二十五葉十片。）葉玉森據此例「疑與鼎尊文之[illegible]為同字」（研契枝譚十葉）。案此毫無可疑。

讀第一例可知其必為人名或國族名，第二例雖殘闕，而字在「小臣」之下則其為人名或氏族名尤為顯著，此與「冀」、「天黿」等可以參證。

復次，余以為此與卜辭及金文所常見之⿳𦥑召皿字當同係一字，蓋省人形而為臼，而附之以音符召字也。卜辭亦或作[illegible]，見龜甲獸骨文字卷二，二十九葉一片。並無音符。或省酉作[illegible]，見前編卷二，二十二葉三片。又或省皿作[illegible]，見前編卷二，二十三葉四片。與今行之召字甚相接近。金文召王鼎召王𣪘召字作[illegible]，從卩正此[illegible]形之省變。

案說文「奭」字下注云：「此燕召公名，讀若郝。史篇名醜。」醜與奭無相通之理。余疑醜字殆即此[illegible]字之譌，因召公召字古或有作此者，後人不識，故誤以為召公名醜也。

又此[illegible]在彝銘中每以[illegible]形為之範，自宋以來對此亞字形復多作神秘之解釋。或以為象宗廟之形，或以為兩己相背，或以為兩弓相背。今知亞形中字大抵乃氏族稱號或人名，則此亞形者不過如後人之刻印章加以花邊耳。此由亞形之可有可無已可證，又如父己𣪘之[illegible]，於亞形中範以「箕侯」二字，其為單純之文飾毫無疑義。【殷彝中圖形文字之一解　殷周青銅器銘文研究】

⿰金⿱日棗

◉張　頷　第四字「[illegible]」(⿰金⿱日棗)字所從「金」旁亦如此，其右旁之「⿱日棗」乃「棗」字的別體，亦即「⿰金⿱日棗」字發聲部，字中兩佪「日」字亦為附飾，和長沙仰天湖楚墓竹簡中「鐱」字作「⿰金⿱僉日」的情況相若。兩佪「朿」字相重為「棗」；兩佪「朿」字並列為「棘」。《說文》「朿，木芒也……讀若刺」，段注：「朿今字作刺，刺行而朿廢矣。」段云「朿」為古「刺」之本字是可信的，故「棗」「棘」二字均有「刺」義。一九五五年山西省長治市分水嶺十四號墓中所出土之戰國銅戟，其一有銘文五字為「[illegible]」(見《考古學報》一九五七年第一期《山西長治分水嶺古墓清理》圖九)。第二字和第五字筆劃均有曼漶處。有的同志釋為「宜乘之賚戟」(《文物參考資料》一九五六年八期)；有的同志釋為「宜□之乘戟」(《考古》一九七三年六期)。在《五省出土重要文物展覽圖録》序言中。唐蘭同志釋為「宜無之棗戟」。第四字釋「棗」字是正確的，這和「韓鐘之⿰金⿱日棗鐱」第四字之「⿰金⿱日棗」字是同字的殊構。其發音亦當如「棗」字本音，一如「早」字讀音。河北省平山出土中山王譽鼎銘文中有「[illegible]棄寡人」之句。第一字恰與「韓鐘之⿰金⿱日棗鐱」「⿰金⿱日棗」字右旁所從之「[illegible]」字相同，朱德熙、裘錫圭二同志釋為「早」字是正確的(《文物》一九七九年一期)。但「⿱日棗」字的本身只是「早」字的音假字。從前面所談及的「[illegible]」「[illegible]」二字為例，「日」字亦當為附飾。假「棗」之音賦「早」之義古有常例，如《國語・魯語》「夫婦贄不過棗栗」，韋注「棗取蚤(早)起」之義。《穀梁傳》莊公二十四年「棗栗腶脩」，范注「棗取其早自矜莊……」。故「韓鐘之⿰金⿱日棗鐱」之「⿰金⿱日棗」讀「棗」之音斷無疑礙。但絶非「早」字的音假，正如前面所說「棗」有「刺」之義。「刺」之在于兵器，含有殺傷和鋭利兩佪方面的意思，《春秋》僖公二十八年「公子買戍衛，不卒戍，刺之」，《公羊傳》：「刺之者何？殺之也……內諱殺大夫謂之刺也。」《春秋》成公十六年「刺公子偃」義亦如此。《說文》：「刺……直傷也。」《考工記・盧人》賈疏：「刺謂矛刃胸也。」古人用劍，劈其鍔謂之「擊」，推其鋒謂之「刺」。

《淮南・脩務訓》：「夫怯夫操利劍，擊不能斷，刺不能入……」又云：「夫鈍鈎魚腸劍之始下型，擊不斷，刺不能入；及加砥礪摩其鋒咢(鍔・劍刃旁)則水斷龍舟，陸剸犀甲。」《漢書・王褒傳》云：「及至巧冶，鑄干將之樸，清水淬其鋒，越砥斂其咢……」顏注：「鋒，刃芒端也」，「咢，刃旁也」。綜上所述「韓鐘劍」銘之以「朿」當非音假「早」(或「造」)之義，實乃鋒刃鋭利和壯于殺傷的意思。【韓鐘鑶鐱考釋　古文字研究第五輯】

◉郭沫若　麠字字書所無，然必為會聲之字。⊘麠作□，示鹿頭有大角，蓋如今之馴鹿。【曾大保盆　兩周金文辭大系圖録考釋】

□

◉朱德熙　信陽楚簡有一個从衣从繇的字，凡三見：

□203　□211　□219

所从之衣省去上端，與簡文裏字情形相同：

□213　□215

簡文此字从衣繇聲，古籍所無。211號與紃字連文，根據這一點，我們認為這個字應讀為絛。《説文》系部繇下云：「隨從也，从系䍃聲。」繇古籍作繇，多與由字通，以下略舉數例。《荀子・禮論》「先王恐其不文也，是以繇其期足之日也」，注「繇讀為由」。《漢書・文帝紀》「亦無繇教訓其民」，注「繇讀與由同」。又《元帝紀》「不知所繇」，注「繇與由同」。《後漢書・班彪傳下》「繇數期而創萬世」，注「繇即由也」。《仲尼弟子傳》顏無繇，《家語》作顏無由，《漢書・古今人表》繇余，《韓非・十過》作由余。案由與攸都是幽部喻母四等字，繇由相通，可證繇攸也相通。《漢書・韋賢傳》「大馬繇繇」，注「繇與悠同」，更為繇攸聲通的直接證據。

《説文》系部「絛，扁緒也」，《急就篇》顏師古注：「絛一名偏諸，織絲縷為之。」《禮記・内則》「織紝組紃」注「紃，絛也」，又《雜記下》「韠……紃以五彩」注「施諸縫中，若今時絛也」，《荀子・富國》「布衣紃屨之士」，楊倞注「紃，絛也」。絛紃同類，所以諸書多以絛釋紃，但二者又有區别。《説文》系部「紃，圜采也」。《禮記・内則》「織紝組紃」下，《正義》「似繩者為紃」。《淮南子・説林》「絛可以為繶，不必以紃」。段玉裁以為「絛其陿者，紃其圜者」。總之，絛和紃散言則通，對言則異。211號簡絛紃連稱，可能是兼指二者，也可能是偏指其一。

仰天湖2號簡(圖二)云：

圖三

中□之一□衣，□純，紵縞之綪句

又6號簡(圖三)：

圖二

何馬之□衣絵純絵綪

純和綪都从糸，春又从屯得聲，很像是一個字的異體，但簡文純和綪對舉，肯定是不同的兩個字。春和川都是文部昌母字。《説文》首下云：「古文百也。巛象髮，謂之鬊，鬊即巛也。」案小篆首字所从的巛與川字同形，鬊从春聲，川春音近，所以許慎謂鬊即巛。據此，我們認為簡文綪字當讀為紃。《禮記·雜記下》：「韠長三尺，下廣二尺，上廣一尺，會去上五寸。紕以爵韋六寸，不至下五寸。純以素，紃以五彩。」注云：「紃施諸縫中，若今時條也。」經文純與紃對舉，簡文純與綪對舉，綪就是紃。純是衣緣，紃則是嵌在衣縫中的細帶。2號簡「紵縞之綪」可能是指用細繒編製成的帶子。紵和縞都是細繒。參看史樹青《長沙仰天湖出土楚簡研究》。6號簡「絵綪」當讀為「錦紃」，簡文「絵」皆用為「錦」字。參看史樹青《長沙仰天湖出土楚簡研究》。指彩色的紃。《穆天子傳》(卷三)「好新錦組百組」，有錦組，則也可以有錦紃。上引《禮記·雜記下》「紃以五彩」，説的正是錦紃。

信陽203號簡(圖四)云：

圖四

二笙，一箎竽皆有韜……

案條韜古同音。211及219號簡之韜當讀條，此簡之韜則當讀為韜。《説文》韋部「韜，劍衣也」，《廣雅·釋器》「韜，弓藏也」。字又作弢，作縚。《周書·器服》「矢韋獨」，朱右曾《周書集訓校釋》云：「獨當為韣，韜矢之衣，以韋為之。」又同篇「樂孫詒讓《周書斠補》謂「樂」字下當有「器」字：鉍璪參笙一竽，皆素獨」，朱云：「皆以素布為韣。笙竽舊作冠竽，據玉海訂。」又同篇「縵裡桃枝素獨，簟蒲席皆素獨……縵裡桃枝蒲席皆素獨」。案朱氏讀獨為韣甚是。《禮記·内則》「斂簟而襡之」，鄭玄注「襡，韜也。」

《廣雅·釋器》「韜,韣,弓藏也。」《周書》之獨,即《内則》之燭,亦即《廣雅》之韣,並當訓為韜。韜韣可以施之於弓矢、簟席,亦可以施之於笙竽。簡文「二笙、一篁竽,皆有韜」與《周書》「鉍瑮(朱氏讀為「琴瑟」)參笙一竽,皆素獨」正合。(編按:此簡藝字或仍當讀為條。馬王堆一號漢墓出土一件竽,竽管上繫有兩束絲織物裝飾,疑即此物。朱先生在收入本集的《説「屯(純)、鎮、衠」》一文中引用此簡時,徑將藝字釋為條。)【信陽楚簡考釋 考古學報一九七三年第一期】

⿱亠⿲糸車系

◉裘錫圭 古印裡有一個跟「⿱䜌車」字很相似的字:

外 伏選1.10下

洀 同上

這個字所從的「⿱亠⿰糸系」顯然是「䜌」的省文,東周時代的欒季陶罍刻銘有字,吴大澂方濬益都釋作「欒」。這個字的省略方法跟「⿱亠⿲糸車系」字相似,彼此可以互證。上引印文的兩個「⿱亠⿲糸車系」字都用作姓氏。漢印裡也有用作姓氏的「⿱䜌車」字:

⿱䜌車最众 漢徵14.8上

這也是「⿱亠⿲糸車系」當釋「⿱䜌車」的一個證據。

「⿱䜌車」字不見于《説文》。《賓釋》認為「鑾、⿱䜌車一字」,其説可從。《説文·金部》:「鑾,人君乘車,四馬鑣八鑾鈴,象鸞鳥聲和則敬也。從金,鸞省。」鑾是附着于車馬上的金屬物品,所以其字既可從「金」,也可從「車」。

「⿱亠⿲糸車系」字在古印裡用作姓氏,上引的幾個「⿱䜌車」字,絕大多數也都用作姓氏。它們的字形和用法都這樣相似,應該是一字的異體。「⿱亠⿲糸車系」既然確是「⿱䜌車」字,黄氏釋「⿱䜌車」為「⿱䜌車」就應該是正確的。如果把古印裡其它幾個從「⿱亠⿰糸系」之字一起考察一下,釋「⿱䜌車」為「⿱䜌車」的正確性就完全可以肯定下來。

古印裡有從「肉」從「⿱亠⿰糸系」的一個字:

王 古徵附5上,補補4.6下

郢 尊集一3.38

又有從「心」從「⿱亠⿰糸系」的一個字:

王 古徵附54下,三補3.3上

睪(釋)之 衡藏3.13

⿳宀柬冏

這兩個字，《古徵》把它們當作未識字而收在附録裡。《補補》釋「⿱䜌冏」為「胤」，《三補》釋「⿱𢆶心」為「絲」，都難以相信。但是按照釋「肈」為「⿱䜌聿」的辦法，這兩個字都可以順利地釋出來：「⿱䜌冏」即是「⿱䜌冏」，「⿱𢆶心」即是「戀」。【戰國璽印文字考釋三篇　古文字研究第十輯】

◉蔡運章　利簋銘文中的「⿳宀柬冏師」或稱作⿳宀柬冏、⿱柬冏、柬，屢見于戍嗣鼎、宰椃角、父已簋、王來奠新邑鼎諸器，它是商末周初的一個重要城邑。但是，「⿳宀柬冏師」的地望何在？史學界認識不一。

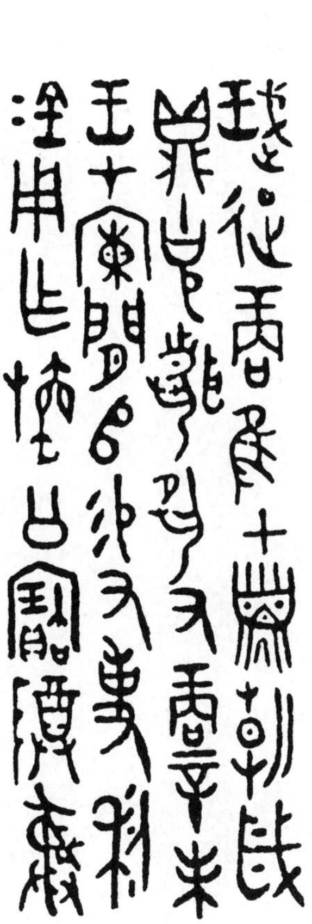

圖一　利簋銘文摹本

我們認為，「⿳宀柬冏師」即偃師，兹有五證：

一、偃師為湯都西亳所在，也是盤庚所遷之殷。《尚書·立政》載：「亦越文王武王，克知三有宅心，灼見三有俊心，以敬事上帝，立民長伯。……夷、微、盧、烝，三亳阪尹。」鄭玄曰：「三亳阪尹者，分為三邑，其長居險，故言阪尹。蓋東成皋、南轘轅、西降谷也。」這是西周初年有關湯都西亳的可靠文獻。《詩·商頌·殷武》載：「天命多辟，設都于禹之績。」春秋時的叔夷鐘銘説：成湯滅夏後「咸有九州，處禹之都」。《春秋繁露·三代改制質文》説：「湯受命而王，應天變夏作殷號，……作宫邑于下洛之陽」。「下洛之陽」指洛水下游的北岸，即洛陽。《史記·殷本記》載「盤庚渡河南，復居成湯之故居」，《集解》引黄甫謐曰：「今偃師是也。」這説明商湯滅夏後把國都遷到洛水之陽的夏都附近，在今河南偃師境内。

商都西亳的地望何在？《漢書·地理志·河南郡》偃師縣下班固自注：「尸鄉，殷湯所都。」《尚書·立政》孔穎達《疏》引鄭玄曰：「亳，今河南偃師縣有湯亭。」《括地志》説：「湯即位，都南亳，後徙西亳，在偃師縣西十四里。」1983年春，我國考古工作者在偃師縣西尸溝一帶發現了一座商代前期的古城遺址。從城内遺迹的地層關係看，該城應建于二里崗下層之前，直到二里崗上層晚期或者更晚才被廢棄。我們從這座古城的遺迹、年代、地望和文獻資料參照分析，認為它就是湯都西亳故城，也是盤庚所徙的殷亳。它是商代的第一座王都，先後共歷成湯、太丁、外丙、仲壬、太甲、沃丁、太庚、小甲、雍已、太戊、盤庚、小辛、小乙等十三王，約二百餘年，直到武丁時才把國都遷到今河南安陽小屯。

二、商都西亳有殷王室的宗廟。《左傳·昭公二十四年》載：「凡邑，有宗廟先君之主曰都，無曰邑。」《墨子·明鬼篇》載：「昔者虞夏商周，三代之聖王，其始建國營都日，必擇國之正壇，置以為宗廟。」這是因為商周奴隸制社會裏，盛行祖先崇拜，國君所處理的許多大事，都要以天下宗主的資格到宗廟裏向祖先請示報告，祈求祖先神靈的保佑。這樣，宗廟所在地就是政治統治的中心。由此可見，商都西亳必定設有殷王室的宗廟。

商都西亳設有殷王室的宗廟，古史有證。《詩·商頌·殷武》載：

陟彼景山，松柏丸丸。是斷是遷，方斲是虔。松桷有梴，旅楹有閑，寢成孔安。

毛傳：「高宗之前王，有廢政教，不修寢廟者，高宗復成湯之道，故新路寢焉。」「景山」在今偃師縣東南二十里，俗稱滹沱嶺，與西亳故城隔伊、洛相望。「高宗」即殷王武丁。這是歌頌武丁遷都安陽前派人登景山、伐松柏、修寢廟的事迹。

殷墟卜辭《乙》五三二一云：

戊戌卜。㞢(侑)伐父戊，用牛于官？

「㞢」讀如侑，祭名。「伐」亦祭名。「父戊」習見于武丁時期有午組卜辭，疑即武丁的父輩名戊者。「官」通作殷，即偃師(詳後)。這條卜辭的大意是說：戊戌這天占卜，殺牛往殷地祭祀父戊可以嗎？這說明商都西亳設有殷王室的宗廟，直到武丁遷都安陽後，這裏的宗廟依然存在。

三、𠷎可讀東聲，與偃字古音相近(同在元部)，可以通假。如前所述。𠷎可省化為東，東、管音近可通，于省吾先生論之甚詳，此不贅述。管讀官聲，故管、官可通。《史記·刺客列傳·集解》引徐廣曰：「椀，一作揎」，是官可通作宛。《釋名·釋州國》說：「燕，宛也。」王先謙曰：「宛，當讀如大宛之宛，从《玉篇》音鴛，燕、宛疊韻。」是宛可通作燕。燕，通作偃。如匽侯盂、克鐘、沇兒鐘等器銘文中的燕字皆作匽，是其佐證。《周禮·漁人》鄭司農注：「梁，水偃也。」《釋文》：「偃，本作匽。」《後漢書·郡國志》劉昭注引《皇覽》曰：「匽師有湯亭。」是偃、匽可通之證。由此可見，𠷎可通作偃，當無疑問。

「𠷎師」之稱始見于利簋銘文。「𠷎」後增置「師」字詞尾，當是因為武王克商回師途中曾在此地停留的緣故。《左傳·隱公十年》杜預注：「師者軍旅之通稱。」西周金文凡與軍旅有關的地名多增置「師」字詞尾，表示某地為駐扎軍隊的地方。例如乍册

𡪞

𡪞 說文所無說文言部有嘉字謂讀若沓此从宀嘉聲屬羌鐘 𡪞敓楚京 【金文編】

矢令簋銘「唯王于伐楚伯，在炎」，召尊銘作「在炎師」。彔戜卣銘：「汝其以成周師氏戍于苦師。」因此，陳夢家先生指出「卜辭金文某𠂤(師)之𠂤乃是師戍所在」，是正確的。因𡪞、偃音近可通，故「𡪞師」亦可書作偃師。

我們在《商都西亳略論》中指出：商湯所都的西亳，《吕氏春秋・慎勢篇》、《慎大覽》稱作「郼」，讀如殷，《具備篇》稱作「郼薄」，讀如殷亳；《尚書・盤庚》、《史記・殷本紀》稱作「殷」，鄭玄解為「殷亳」，皇甫謐曰「今偃師是也」。因郼、殷、偃音近可通，故商都郼、殷都是指偃師講的。

四、武王克商回師途中在偃師停留，古史有證。唐杜佑《通典》卷一七七載：「偃師，武王伐紂，回師息戎，遂名偃師焉。」《元和郡縣圖志・河南道》說：「偃師縣，武王伐紂，于此築城。息偃戎師。因以名焉。」這兩則文獻雖較晚出，但與利簋銘文正相吻合，知其定有所本。《史記・周本紀》載：武王克商，入洛度邑後「營周居洛邑而後去」。《太公金匱》也說：「武王伐紂，都洛邑，未成。」武王營建的洛邑，位于偃師西北。這些文獻亦可作為武王克商回師途中在偃師停留的佐證。

五、「𡪞師」即偃師，與武王營洛及伐紂的往返日程相合。我在《周初金文與武王定都洛邑》一文中談到：武王伐紂時，從正月戊午師渡孟津，到二月癸亥抵達牧野前線，歷時六天。二月甲子到乙丑，牧野一戰，商紂敗亡，武王祭祀社稷，宣告周朝建立，歷時兩天。二月丙寅，武王罷兵西歸，到二月辛未抵達偃師，其間共歷六天，恰與武王伐紂師渡孟津到達牧野前線的進軍日程相同。因其路程相同，故其往返日程也必然相合。再從《逸周書・度邑解》與天亡簋、何尊銘文相互參證後可以看出：二月壬申、癸酉，武王在伊、洛之濱相宅度邑。甲戌，武王由偃師赴太室山祭天。乙亥，武王在太室督視三方，舉行祭天典禮。丙子，武王由太室返回偃師。丁丑，「王飨大宜」，舉行祀社典禮。由此可見，武王到達𡪞師的時間，恰與武王營洛及伐紂的往返日程相合，絶非偶然。

綜上所述。我們認為，利簋銘中的「𡪞師」應即偃師。偃師本名為殷，甲骨文作官，金文作𡪞、𡪞、𡪞柬，古史或作郼，皆因音近可通所致。因武王克商回師途中在此停留，故稱𡪞師，或書作偃師，後世偃師行，而其餘諸名遂廢。【甲骨金文與古史研究】

羉 雪 𥳑 龣

◉羅振玉 象豕在罟下。王氏國維謂即爾雅釋器彘罟謂之羉之羉。【增訂殷虛書契考釋卷中】

◉商承祚 卷六第四十八葉 同上 卷七第十六葉 第十二葉 藏龜第四十三葉 後編下第三十四葉

此字說文所無。从畢从豕。當為爾雅釋器彘罟謂之羉之羉字。【殷虛文字類編卷七】

◉陳夢家 王國維以為罞字(考釋中四九)。亦當是羉字。【殷墟卜辭綜述】

◉高田忠周 雪 說文所無 姜林母作雪簋 〈1067〉「姜林母作雪簋」 伯多父盨 〈1474〉「白(伯)多父乍戌姬多女雪□」

元釋雪非。今審篆形。明从宀。雪字不从宀。又字書無䨻字。且分析雨下形。从二缶从又。與䨻从彗。彗从丯。丯是芔艸象形者自別。如此篆即古字逸文。不可強讀耳。但推文意。多如亦姬名。其下當云寶簋。因謂此字以缶為字聲。故與寶通。然䨻或雹字。雹从包聲。而包匋古字通用。匋缶古音同部。又雹雨之凝結者可取在手。故又从又會意。又即手也。果然此篆从宀雹聲也。其音可知。而其義不明矣。或謂此亦無非寶字異文乎。然此銘下文寶字作常形。不得謂為同字。其通借無疑。故存于此云。【古籀篇七十二】

𥳑 說文所無郭沫若謂即算之繇文當即訓寘訓具訓陳之簺之本字杕氏壺 𥳑在我車 【金文編】

龣 說文所無玉篇東方音也樂器之聲今作角魏書江式傳宮商龣徵羽盟爵 【金文編】

◉高田忠周 說文無龣。野王原本玉篇。龣古學反。禮記。孟春其音龣。鄭玄曰。謂樂器之聲也。三分羽。益一以生龣。龣數六十四。屬木者。以其清濁中民之象也。春氣和則角聲調也。又曰龣為民角。亂則憂其民怒也。白虎通。龣者陽氣躍地也。蒼頡篇東方音也。今並為角字。顧氏所見禮記如此。今本本文作角不作龣。況鄭注白虎通皆作角不作龣。後人改竄可知矣。但說文龠部無龣。許氏所見經作角。然此銘有龣。禮古文家不必為古字。今文家不必無古字也。此銘云盟彭龣㚒。其義未詳。俟他日攷。【古籀篇五十】

◉戴家祥 龣字从龠从彔，說文失收。魏書江式傳「宮商龣徵羽」，以龣為角。玉篇一零六龣：「東方音也，樂器之聲，今作角。」一曰樂器，即號角。文獻通考樂考十一衛公兵法：「軍城及野營行軍在外，日出没時撾鼓千槌，三百三十三槌為一通；鼓音止，角音動，吹十二聲為一迭。三角三鼓而昏明畢。」集韻入聲四覺角、龣俱音「訖岳切」，唐韻角音「古岳切」見母侯部，玉篇龣音「盧谷切」來母侯部，古代牙音見紐在諧聲字中每有讀成舌音來母者，例如唐韻京讀「舉卿切」，見母陽部，从手為掠，掠讀「離灼切」聲在來母。唐韻監讀「古銜切」見母侵部，从艸為藍。藍讀「魯甘切」从水為濫。濫讀「盧瞰切」聲在來母。唐韻各讀「古洛切」見母魚部，从水為洛，从佳為雒。洛雒俱讀「盧各切」从田為略。略讀「離灼切」聲在來母。唐韻兼讀「古甜切」見母談部，从广為廉。廉讀「力兼切」，从石為磏，磏讀「離鹽切」聲在來母。唐韻翏讀「力救切」來母幽部，从水為漻。漻讀「洛蕭切」來母宵部，鎏从漻聲。唐韻「古巧切」聲在見母。龣之與角，其例亦猶是也。龣字从龠，為樂音之本字，作角者，同聲假借字也。【金文大字典下】

䨮

乙八三五二　从雨从龜說文所無桉褚少孫補龜策列傳稱大龜為玉靈此疑即玉靈之本字　乙八四一四　續四・二六・五　續六・二二・八　此从霝　粹一五五〇　陳九二　【甲骨文編】

◉饒宗頤　此字粹編分書作雨龜，雨與霝形近。雨龜後人遂作霝龜與靈龜。易頤卦「舍爾靈龜」。爾雅釋魚十龜，二曰靈龜，敦煌卷子瑞應圖亦繪靈龜（伯希和目二六八三，余於巴黎親見之）曰「雨龜」者，疑謂龜作俯狀，如雨之下降。

集韻云：「黃䨮，龜名。」陳保之藏甲，有文云：「甲戌，王卜貞：A（令）䨮，方至盂方，西戉典西田，勿妥，余一人从多田（甸）正……」【殷代貞卜人物通考】

鑵

◉羅振玉　蓋　仲鑵　中作旅鑵　鑵字不見許書。集韻始有之，訓汲器。玉篇有鑵字。說文新附字亦有之。類篇亦曰汲器，與鑵殆一字。此器形如觶而較大，其為酒器無疑。考卣為中尊，祭時以盛鬱鬯，灌地以降神。然卣為盛酒之器與尊壺同，不可持以灌，必酌酒於他器。洹陽端忠敏公藏寶雞諸酒器，一卣中有勺。此鑵殆受卣中之酒，持以灌地，故視飲器中之觶容量較大而形制全同。此器既用以灌，遂以灌名。从金作者以金為之，故加金也。【鑵蓋跋　丁戊稿】

觴　鬻　𨞛　龞

◉劉心源　[illegible]仲多壺　觴或釋韓，非。説文觴籀文作[illegible]，从爵省。此从爵不省耳，觴者飲人以酒也。左襄二十三年傳「觴曲沃人」，秦策「秦王觴將軍」，即此銘所用義。【奇觚室吉金文述卷六】

◉戴家祥　説文釋觶「鄉飲酒角也」。角也是一種酒器，與爵用同，故作為形旁，兩字可以更換。【金文大字典下】

◉高田忠周　[illegible]鬻　説文所無　玉篇大鼎也　師趛鼎　从弇从辰　〈0624〉「師趛作父考聖公文母聖姬尊鬻」　[illegible]晷肇家鬲　从㬎从辱　〈0731〉「晷肇家鑄乍(作)鬻」

[illegible]即鬲。與他篆作[illegible]同。然與説文从鬲同意也。由是觀之。籀文二火亦或屬鬲。未可知矣。要籀文从古文。非籀始从鬲也。但銘云。鑄乍震。其義難解。或當為裖字叚借義。鑄乍裖者。謂作鑄可煮所受裖肉之鬲也。略鬲字者。與云某𩰫者即為某𩰫鼎之略。同一例耳。【古籀篇五】

◉裘錫圭　古印裡還有從「邑」從「絲」的一個字：

[illegible]杁　古徵附6.6上

[illegible]□　同上

這個字應該釋作「𨞛」。春秋時晉國有欒邑，晉、齊都有欒氏，皆見于《左傳》。在東周金文裡，欒邑、欒氏字多作「䜌」。戰國印裡有「䜌」氏，漢印裡「䜌」、「欒」二氏並見。大概「䜌」、「欒」本是一氏，後來才分化為二。戰國人常常在用作地名、姓氏的文字上加注邑旁，造成專用字。例如古印「吕」氏字多作「郘」，「左」氏字多作「郂」，「魯」氏字多作「鄶」，「齊」氏字多作「𪗋」，「胡」氏字或作「部」，「𨎮」(曹)氏字多作「鄛」，「梁」氏字多作「鄹」，「䅺」(秦)氏字多作「鄵」。「𨞛」字應該是欒邑、欒氏之「欒」(䜌)的後起專用字。【戰國璽印文字考釋三篇　古文字研究第十輯】

◉徐中舒　[illegible]　從[illegible]益從[illegible]龜，《説文》所無。

當為龜類動物，裘錫圭疑即龞字《古文字研究第三輯・釋柲》。【甲骨文字典卷十三】

鶆　鶆

◉戴家祥　[金文]祖乙告田彝　作祖乙鶆侯叔尊彝

吴大澂曰：「鶆疑即來字之緐文。」（寋齋集古録）七册第九葉。譚戒甫同意其説。一九六三年考古第十二期六七一葉。按吴説是也。爾雅釋「鳥鷹來鳩」，釋文來本作鶆。左傳昭公十七年「爽鳩氏，司寇也」，孔穎達疏引樊光曰：「來鳩，爽鳩也。春秋曰爽鳩氏司寇。」鷹鷙，故為司寇。郭璞不知左傳之誤，反謂鶆當作鵣。今得金文證之，知樊本是，而郭注非也。字之所以又从虍者，即形容鶆鳩之善擊，如虎豹之兇猛也。【金文大字典下】

◉劉心源　[金文]告田敨　从虍从鳥从來从屮。字書所無。惟集韻有鵣字。鳥名。同雞。此云[金文]侯當是叚借字。如郲作奄耳。【奇觚室吉金文述卷三】

醿　醿

◉孫詒讓　[金文]盂鼎　「[金文]右从[金文]。上从頁。下从夊。中象手形。則當為夒字。歬艅尊王省。舊釋相誤夒舊釋彝誤京舊釋亯誤夒字作[金文]。與此相近。可㠯互證。此从酉當為醿字。⊘説文所無。⊘或古籀本有此字。而説文佚之。未可知也。【古籀餘論卷三】

◉吴闓生　[金文]盂鼎　醿疑即釂飲酒盡也。【吉金文録卷一】

◉戴家祥　[金文]盂鼎　無敢醿

孫詒讓云[金文]舊釋為醵，今案字形並不類。右从[金文]，上从𦣻，下从夊，中象手形，則當為夒字。前艅尊「王省夒京」，夒字作[金文]，與此相近，可以互證。此从酉當為醿字，但醿字説文所無。古籀餘論卷三盂鼎。按醵从豦聲，豦讀「强魚切」，群母魚部。夒讀「渠追切」，群母脂部。聲同韻近，魚在第五脂第七古多借韻。是醵為醿之聲符更旁字也。説文「醵，會飲也」。禮記禮器「周禮其猶醵與」，鄭注云：「合錢飲酒為醵。王居明堂之禮仲秋乃命國醵。」史記貨殖列傳曰「歲時無以祭祀進醵飲食」。鼎銘云「有□似當讀此蒸祀無敢醿」。皆言祭祀之後繼之以會飲之事而為周公所厲禁者。吴大澂釋醵説文古籀補卷十四第十三葉，未可厚非。【金文大字典下】

霝

◉馬叙倫　（鄭井叔鐘）吴[金文]叔[金文]用[金文]。舊釋鄭邢叔作霝龢鐘用妥賓。孫詒讓曰。霝從開霝聲。説文無此字。金文霝鐘屢見。此蓋十二律之林鐘也。林霝音皆來紐。故可作霝。或作霝。從開即龠之初文。以是律中之林鐘。故從開與。【讀金器刻詞卷下】

⿰⿱食土隻

◉戴家祥 井叔鐘 覃井叔作霝鐘用妥賓 者減鐘 西清續鑑甲編 敹于我霝 馬叙倫所釋可聊備一說。【金文大字典下】

◉李學勤 美國哈佛大學福格藝術博物館藏有商代玉戈一件,戈長22.9釐米,寬6釐米,呈象牙色,一部分沾染朱紅。戈援基部縱刻銘文十字(圖三),字口中也染有紅色物質。對于戈銘的真僞有過不同看法。陳夢家《西周銅器斷代(五)》曾提到這件玉戈,認為時代是殷末,但没有作出釋文。

圖三 玉戈銘文

經仔細考察,可以斷定這件玉戈是真器真銘,銘文隸定如下:

曰⿰⿱食土隻王大乙,才(在)林田,艅⿰女丮。

首字上部接近上刃邊緣,略有磨泐,實為「曰」字。「曰」在此為語首助詞,無義,可參看楊樹達《詞詮》卷九。

第二字見晚殷卜辭《前編》2·39·2:

癸亥卜才(在)□䧹(次)貞,王才(在)䨻,妹其⿰⿱食土隻,□正,王〔弗悔〕?

字的寫法,除右上角略變外,基本相同。同字又見傳出于洛陽的周初青銅器卿尊:

丁巳,王才(在)新邑,初⿰⿱食土隻,……

字形頗有譌變。對比三例,可知此字是祭祀名,字應从「𡉚」聲,葉玉森《殷墟書契前編集釋》釋為「餔」,是不對的。【論美澳收藏的幾件商周文物 文物一九七九年第十二期】

⿱羽⿱北⿱量皿

◉高田忠周 器一 蓋二 器二 三 賢𣪕 晦賢百晦⿱羽⿱北⿱量皿

此篆从皿、从量、从北、从羽,甚顯然者。吴大澂釋翼,非,余謂此亦糧字。古文皿米通用,齍字或作粢可證。皿者所以食,米者所食者,義相涉而通用。又量所以别分輕重。禮運「月以為量」,注猶「分也」。此亦分别之意也,故量字从以會意。此量為聲,上又从羽,羽旄之意。孟子「師行而糧食」,軍旅出行,當糧食於羽旄之下。或云从羽為翔省,又為翌省。翔翌與量,古音正

虆

同部也。此从量聲，又从翔翌聲，重聲字，金文往往有之。故知此糧異文。又按鬻字古文从[古文]，此[古文]亦與彼同，為鬻，即鬲字。合羽為翮字，翮亦與鬲通用。史記楚世家「吞三翮六翼」，索隱「空足曰翮」可證。然此篆从翮亦鬲字義。鬲鼎可以盛糧，故糧字从鬲，猶米皿通用矣。未能決定，存兩按，竢來哲云。【古籀篇八十三】

◉郭沫若　虆。宋人釋業。許書業字古文作[古文]。與此近似。此似從去聲。去在魚部。業在葉部。近人魏建功以業為魚咸之入聲。原注云。魏建功。古陰陽入三聲攷（北京大學國學季刊第二卷第二號）。魏分古韻為古純韻及陰陽入三聲。純韻之語。其陰聲為魚。陽聲為咸為陽。咸之入為硤。陽之入為亦。業聲在硤部。（同刊三五〇葉）則業從去聲亦有説也。【秦公𣪘韻讀　殷周青銅器銘文研究】

◉楊樹達　虆字從古文業，去蓋加聲旁字，與罔字之亡，⿰⻊㞷字之㞷同。去古音在模部，得為古文業之聲旁者，去聲之字如⿰犭去劫皆讀入帖部，業與⿰犭去劫音近，去得為⿰犭去劫之聲旁，亦得為業之聲旁矣。保業者，書康誥云：「往敷求于殷先哲王，用保乂民。」多士云：「亦惟天丕建保乂有殷。」君奭云：「率惟茲有陳，保乂有殷。」康王之誥云：「則亦有熊羆之士不二心之臣保乂王家。」詩小雅南山有臺云：「樂只君子，保艾爾後。」克鼎云：「天子其萬年無疆，保辥周邦，畯尹四方。」宗婦𣪘云：「保辥鄭國。」晉邦盦云：「余咸妥胤士，作為左右，保辥王國。」業與辥乂艾皆同聲，銘文保業，猶書云保乂，詩云保艾，克鼎諸器云保辥也。爾雅釋詁云：「艾，相也。」凡言保業、保乂、保艾、保辥者，皆謂保相也。【秦公𣪘跋　積微居金文説】

◉高鴻縉　[古文]。此字書所無。以其複文推之。當有此字。其義為保護。保衛。从[古文]（人）[古文]聲。保護字从[古文]（人）。猶之保傅等字之从人也。其音當同乂。涅音諧乂音者。其聲母消失。乂韻變為一韻。猶之叔韻變為寂韻。戌韻變為幾韻也。此字複體作[古文]。金文亦失載。其後加[古文]（去）為聲符作[古文]者見於秦公鐘。秦公簋文俱曰。保[古文]氒秦。即保乂厥秦。句法與書君奭。巫咸乂王家。康誥。用保乂民。多士。君奭。保乂有殷。康王之誥。保乂王家。詩小雅。保艾爾後。相同。與克鼎。諫[古文]王家（讀為敬乂王家）。宗婦簋。保[古文]鄭國。晉邦盦。保[古文]王國。亦同。惟[古文]為初字。[古文]為複體。[古文]則異文。乂與艾則通叚字。[古文]字从𠂤（師字古文軍旅也）。从止（或从之止之俱有行動意）。師行所以衛國也。辛聲。辛聲諧乂聲。聲母消失而韻則陰陽對轉也。【中國字例二篇】

⿱⿲貝⿱聿灬貝皿

◉于豪亮　師𣪘鼎　汝克盡乃身　⿱⿲貝⿱聿灬貝皿字為字書所無，从貝盡聲，在古籍中盡字和从盡得聲的字常與進字通假，因此⿱⿲貝⿱聿灬貝皿讀為進。武威漢簡儀禮泰射第七十六簡「有司復位澤獲者述盡取貟獲執之」。今本儀禮大射禮作「釋獲者遂進取貟獲執之」。漢簡的盡字今本作進字。呂氏春秋達鬱「近臣盡規」，許維遹云「盡讀為進」。列子天瑞「終進乎？不知也」。注「進當為盡。此書盡字例多作進也」。黃帝「竭聰明進智力」，釋文云「進音盡」。凡此皆盡與進通假之例。爾雅釋詁「藎，進也」。詩文王「王之藎臣」，傳「藎，進也」。周書皇門「朕藎臣夫」，孔注「藎進也」。凡此皆藎與進通假之例。漢書高帝本紀「蕭何為主吏主進」，師古注「進者，會禮之財也。字本作費，又作贐，音皆同耳。古字假借，故轉而為進。」又游俠傳陳遵「祖父遂，字長子。宣帝微時與有故，相隨博奕，數負進。及宣帝及位，用遂，稍遷至太原太守。乃賜璽書曰『制詔太原太守，官尊祿厚，可以償博進矣』。」進亦讀為贐。綜上所述盡藎贐諸字均與進字相通假，則⿱⿲貝⿱聿灬貝皿字亦當與進字相通假。禮記樂記「禮減而進，以進為文」。注「進謂自勉强也」。銘文「女克⿱⿲貝⿱聿灬貝皿乃身」的⿱⿲貝⿱聿灬貝皿正是「自勉强」之義。這句話的意思是「你能够自己努力」。【古文字研究第九輯】

⿰金囂

◉方濬益　八　邵鐘　玉⿰金囂鼉鼓　邵黛鐘　⿰金囂字从金囂聲，自應讀為囂，說文「囂，聲也」。曰玉⿰金囂必是以玉為之，與磬同類，爾雅釋樂「大磬謂之馨」，郭注「馨形似犁館，以玉石為之」。孫炎曰「馨，喬也；喬，高也」。謂其聲高也。⿰金囂以聲囂，馨以聲高，二字並疊韻，疑一器異名。【綴遺齋彝器考釋卷二】

◉孫詒讓　（邵鐘拓本跋）玉⿰金囂蓋謂特磬。亦即咎繇謨之鳴球。說文無⿰金囂字。而爾雅釋樂云。大磬謂之馨。⿰金囂馨蓋聲近字通。漢武帝内傳有所謂璈者。說文玉篇皆不載。似亦即⿰金囂字之流變。喬踻敖聲類咸相邇。内傳為葛洪所叚託。晉宋俗書或亦有所承受。不盡屬鄉壁虛造與。【籀庼述林卷七】

◉高田忠周　周伯孟說云。⿰金囂疑為釁之奇字。說文。釁。血祭也。象祭竈也。从爨省。从酉。酉所以祭也。从分。分亦聲。臣鉉等曰。分布也。虛振切。錯曰。酉。酒也。分。分牲也。云云。按禮雜記釁廟刲羊流血。無用酒分牲之事。且與釁竈無涉。竊意釁宜从舁从頁从刃為義。而舁刃急疾呼之為聲。蓋舁从舁从同。而釁事舉羊升屋。非一人所能任。則雍人宜有二。為同舁之義。釁事刲羊宜持其頭。故从頁。刲必以刀故从刃。則釁之元文蓋本作爨。其後頁壞作酉。又以其下之儿。合刃之壞。而作分之形。故叔重從為之辭耳。兹銘省同。而借金旁代刃。以取義。其作㗊者。乃四手相對捲握之象形。即舁之本字。非从四口之㗊也。釁事屢見于傳。亦戰勝家故事也。此說妄誕不足為證。左者吳氏古籀補謂囂古字。稍近而未矣。銘語玉⿰金囂與鼉鼓對偁。是必樂器之名。古別有此字。而今失其讀耳。故不敢定。置于此云。又按。樂記鼓聲之聲讙。

謹與嚻義近。此吳所原乎。然如此者。玉字遂不可讀。亦難為證例。但說文鬲部有⿱鄉鬲字。而同部鬴字或从金作釜。依此例推之。⿰金鄉或應為⿱鄉鬲之異文。然字義迴別。不如為特字存于本部矣。【古籀篇十二】

◉馬叙倫（邵鐘）玉⿰金嚻鼉鼓。吳（大澂）謂玉為玉磬。⿰金嚻即嚻聲。非是。劉（心源）釋⿰金嚻為鐃。鐃。說文小鉦也。孫詒讓據爾疋釋樂大磬謂之馨。釋為馨字。强運開謂即璬之本字。三說以孫為長。璬又後起字也。【讀金器刻詞　國學季刊五卷一期】

6·82　⿸厂馬斤　6·85　⿸厂馬句　說文所無廣雅⿸厂馬庵也【古陶文字徵】

◉戴家祥　⿸厂驫氏編鐘　⿸厂驫氏之鐘　其字所从之，象馬首及髦鬣形，比古璽文書的馬字少下綴的二畫，姑定為⿸厂驫。⿸厂驫氏編鐘圖釋三葉。⿸厂驫字不見字書。說文十篇有驫字，訓作「衆馬也」。吳都賦「驫駥飍矞」，注「衆馬走皃」，蓋可所原矣。【金文大字典上】

◉蔡全法

「⿸厂馬」字陶瓮一件，泥質灰陶殘片，器表磨光，戰國時器。1984年11月西城T20井8出土（圖一：10）。「⿸厂馬」陰文印，無外框，横向鈐印于瓮肩部，從厂從馬。《⿸厂驫羌鐘》有「⿸厂驫」，約為戰國初年文字，戰國晚期少見，⿸厂馬為⿸厂驫省，這裏應與韓國陶工姓氏有關。【近年來「鄭韓故城」出土陶文簡釋　中原文物一九八六年第一期】

◉朱芳圃　蔡侯鼎　蔡侯鼎　蔡侯鉼　蔡侯缶　蔡侯簠　蔡侯盤　蔡侯戈

郭沫若曰：「蔡聲侯名，史記蔡世家作產。今器名作⿲由糸由，當即產之異文。番生毀有『朱𤔔弘靳』一語，毛公鼎銘作『朱⿴㗊𤔔弘靳』。說文䜌之古文作，即是⿴㗊𤔔字。𤔔與⿴㗊𤔔至少其音必相同。⿲由糸由之結構與⿴㗊𤔔同例，其音亦必同於䜌。䜌與產，古音同在元部。𤔔从四𡗜，𡗜乃古𤔔字。則此奇字乃田産之産字。」考古學報一、四。陳夢家曰：「番生𣪘的『朱𤔔』，毛公鼎作『朱𤔲』，即此字。」考古學報二・一一八。孫百朋曰：「蔡侯名𤔔，篆書形體與𤔔字相近，即纘字。」壽縣蔡侯墓出土遺物二一。按三説皆牽附難通，誤不待辯。字中从𤔔，兩旁从二𡗜。𤔔即𤔔之省形。説文𠬪部：「𤔔，治也。幺子相亂，𠬪治之也。讀與亂同。」按𤔔象兩手絞絲形。8為絲束，H為絞具。蓋絲易亂，用H收之，則有條不紊，故訓為治，許説失之。𡗜叀同字，圜形之竹器也説詳釋叀。考古代文字在結構上尚未定型化，往往因隙乘間，重疊其體以取美觀。例如：

前六・五〇・七　寧滬二・四五

漁从四魚，涉从四止，美觀之外，別無深意。𤔔从四𡗜，亦猶是也。

字形既明，次言音義。考古文有𩇓字，除結構與𤔔全同外，其受聲表義亦復相同。説文雨部：「靁，陰陽薄動生物者也。从雨，畾，象回轉形。籀文靁，間有回；回，靁聲也。𩇓，古文靁。」又口部：「回，轉也。从口，中象回轉之形。回，古文回。」蓋象水旋之形，説文水部「淵，回水也。从水，象形，左右岸也，中象水皃。故顔回字子淵」，是其證。回象旋轉之水，田象旋轉之物，二字連讀，即肖旋轉之聲。陰陽薄動，其聲回田，與物旋轉之聲相同，故造字象之，讀為ruái luái。

靁讀複音，尚有二證：一、尚書金縢「天大雷電以風」，漢書梅福傳「雷風著災」。一从田，一从回。二、西周末葉楚公逆鎛銘之吴雷，史記楚世家作吴回。

𤔔字音義既明，進而釋𤔔，自可迎刃而解。中𤔔象治絲，治絲必往復纏繞，方能成束。𡗜象圓形之器。前者含有圓意，後者具有圓形，合之表示圓義，而音亦寓於其中。從靁字古讀複音例之，當讀duân luân。自語言單音化後，以一字代表一音，書作檀欒。漢枚乘梁王菟園賦「脩竹檀欒」，藝文類聚六五引。謂竹莖之圓也。一作團欒。唐陸羽詩「披書寓直月團欒」，謂月形之圓也。宋范成大上元紀吴下節物詩「撚粉團欒意，熬稃腷膊聲」，自注「團欒，糰子」，謂粉糰之圓也。【殷周文字釋叢卷中】

◉王人聰　一九五五年安徽壽縣蔡侯墓出土了一批青銅器，這批青銅器中有一部分的銘刻上出現有蔡侯三字，末一字一般隸定為𤔔。𤔔為蔡侯的名字，因此，器為蔡侯所作，這是很容易肯定的。但是𤔔究竟是何字？這位蔡侯是史籍上記載的哪一位蔡侯？卻是一個不易解決的問題。⊘現在我們試從形、音、義三方面對此字再作分析。

在古文字資料中，此字有以下幾種不同的形體：

a.（毛公鼎）　b.（蔡侯缶）　c.（曾侯乙鐘下一2）　d.（曾侯乙鐘下二4）　e.（戰國私印）　f.（余𧊒𣪘）　g.（陳侯因資敦）　h.（《説文》）c、d二式字見湖北省博物館：《隨縣曾侯乙墓鐘磬銘文釋文》所附圖版，《音樂研究》一九八一年，1期）h式字見《説文解字》，其餘見高明：《古文字類編》。

以上諸式字，雖繁簡有別，但其結構的基本成分相同，實為一字。它們的演變關係應是a式為初文，b、c、d三式是由a式孳乳的繁體，f、g二式為a式的簡體，e式為c式之簡化，h式為a式之變體。

從a式分析，可知此字从𤔔从𤰔，𤰔為聲符。在字形演變過程中，所从之𤔔可省作爰亦可省作糸，同意無別。右旁的𤰔字从田得聲，《説文》有「朄」字，朄為𨎅之變體參見孫詒讓：《周禮正義》《春官・大師》注文，其實就是𤰔字的形譌。朄，《説文》云：「擊小鼓引樂聲也，从申柬聲」。朱駿聲指出：「按此字从柬申聲，《説文》無柬部，故附申部，柬非聲也」。朱駿聲：《説文通訓定聲・坤部》。申，審母三等字，古讀如田，與田音近通用，《書・君奭》「申勸寧王之德」（按寧王為文王之誤），《禮記・緇衣》作「田觀文王之德」。小徐本《説文》朄字下云：「朄，讀若引」，《周禮・春官・大師》「令奏鼓𨎅」，鄭司農曰：「𨎅，讀若導引之引」，引為喻母四等字，古音喻四歸定，引古讀亦如田，《詩・周頌・有瞽》「應田縣鼓」，《周禮・春官・大師》鄭注引作「應𨎅縣鼓」，由此可證朱駿聲説朄从申聲是正確的。申與田音近通用，柬與東則因形近而譌，是知朄為𤰔之譌字。今既知𤰔从田聲，而𤔲字从𤰔，亦从田聲，是可以無疑的。

𤰔字亦可以寫作𡍮，古文字从田从土每無別，齊陳之陳，金文作塦，从土。史稱陳公子完奔齊以國為氏，《史記》作田氏，田陳音近相通。錢大昕：《舌音類隔之説不可信》，《十駕齋養新録卷五》。由此可知金文塦字所从之𡍮聲與𤰔音同，實為一字。《説文》謂陳字从申聲，「[illegible]，古文陳」，申古讀如田，申聲也即是田聲，陣與塦亦為同字。𤰔、𡍮同為一字，王國維早就曾指出，他説：「𤔲字金文中屢見，其字从𤔔从𤰔。𤰔疑古𡍮字，古从土之字亦或从田，如封邦一字，而或从土作𡉚，或从田作𤱛（此二字上从㞢皆丰之譌），則𡍮亦可作𤰔。𤔲从𤔔从𤰔，殆即《説文》緟字。陳侯因資敦『邵練高且』已从糸作，蓋由𤔲變練，由練變緟。《説文》糸部，『緟，增益也』。增益之誼正與諸彝器𤔲字誼合」。王國維：《毛公鼎銘考釋》，《觀堂古金文考釋》。王國維此處對𤔲、練、緟三字演變關係的分析，是很正確的。正如塦字可作陣，又可作[illegible]，參見高明：《古文字類編》。即是很好的例證。因此，練、緟是𤔲字的兩種不同寫法，一為𤔲字的省略，一為𤔲字的變體，絶無可疑。

從以上的分析，前揭諸式字的形音已很清楚，下面再考察其字義。a式字見毛公鼎，銘文全句是「今余唯𤔲先王命」，𤔲讀申，《爾雅・釋詁》：「申，重也。」《儀禮・士昏禮》「申之以父母之命」與此文例相同。b式字見蔡侯缶，為人名。c式d式字，見曾侯乙鐘，全句是「妥賓之才（在）楚號為坪皇，其在𩁹（或𩃬）號為遲則」，此字與楚字對文，知為國名，當即申息之申。e式字見戰國私印，為人名。f式字見余𤔲𣪘，全句是「余𤔲作寶𣪘」，亦為人名。g式字見陳侯因資敦，全句是「其𨾊（惟）因資揚皇考，𤔲練高且

(祖)黄啻(帝)」，⿱召又即紹，《說文》云「繼也，綤，古文紹」。善鼎「今余唯肈䌛先王令(命)」，⿱召又練即肈䌛。《國語・晉語》「延及寡君之紹續昆裔」，⿱召又練義同紹續。h式字見《說文》「緟，增益也」，增益與重、繼，義亦相因。從以上的驗證，可知讀䌛為申，在各句的文義上並無窒礙。

䌛可讀為申，但並不一定是紳的古字。紳，《說文》云「大帶也」，大帶是其本義，大帶用以束身，引伸為紳束。可是在金文中，尚未見有䌛字可作大帶解的。䌛與紳是否完全同義，需待研究。其次，申字也訓申束，《淮南子・道應訓》「約車申轅」，高誘注：「申，束也」。再如前揭c、d二式句例中，⿱𤰔糸、⿱𤰔又亦通申，據此也未嘗不可説䌛是申的古字。因此，在例證未充之前，似可不必先作此推論。

通過以上的分析，我們可以得出如下的結論，蔡昭侯本名⿰䌛䌛，為䌛之繁體，䌛从𤰔聲，亦即从田聲，田、申音近相通，《史記・蔡世家》昭侯名申，用的是通假字。蔡侯墓出土的銅器群中，銘文有蔡侯⿰䌛䌛三字的，是蔡昭侯所作之器。【蔡侯⿰䌛䌛考　古文字研究第十二期】